diccionario bilingüe

mini

English-Spanish
Español-Inglés

diccionario bilingüe

mini

English-Spanish
Español-Inglés

VOX
DICCIONARIOS

Dirección editorial: Jordi Induráin Pons

Coordinación editorial: Sofía Acebo García

Coordinación de la obra: Andrew Hastings

Revisión: Francisco Figueroba Rubio

Esta obra ha sido realizada bajo la iniciativa y coordinación general del Editor, por su propio equipo de redactores y con la colaboración de:

Victoria Arranz Corzana, Isabel Ferrer Marrades, Gemma Gómez Ribalta, Victoria Ordóñez Diví, José María Ruiz Vaca, Cristina Ruiz Vegas, Roser Sala Teixidó

Español latinoamericano: Talia Bugel

Realización: José M.ª Díaz de Mendívil Pérez
y Juan Ignacio García Ballesteros

Diseño de cubierta: Francesc Sala

Tercera edición: 2015
Cuarta edición: 2023
Primera reimpresión: marzo de 2024

Bac de Roda 64, edificio D, 1.ª planta, 08019 Barcelona
clientes@grupoanaya.com - www.vox.es

ISBN: 978-84-9974-402-5
Depósito legal: B-2345-2023
4E2I

PAPEL DE FIBRA CERTIFICADA

Contents/Índice

Abbreviations - abreviaturas

abbreviation, acronym	*abbr*	abreviatura, sigla
adjective, adjectival	*adj*	adjetivo, adjetival
adverb, adverbial	*adv*	adverbio, adverbial
agriculture	AGR	agriculura
somebody	*algn*	alguien
American Spanish	AM	español de AMÉRICA
anatomy	ANAT	anatomía
Andean Spanish	ANDES	español andino
(= *BOL, CHILE, ECUAD, COL & PERU*)		
architecture	ARCH, ARQ	arquitectura
slang	*arg*	argot
Argentina	ARG	Argentina
artes	ART	artes
astrology	ASTROL	astrología
astronomy	ASTRON	astronomía
automobiles	AUTO	automóviles
auxiliary	*aux*	auxiliar
aviation	AV	aviación
biology	BIOL	biología
Bolivia	BOL	Bolivia
botany	BOT	botánica
Central America	CAM	América central
Caribbean	CARIB	Caribe
(= *CUBA, PR, VEN & Rep. Dominicana*)		
cinema	CINEM	cine

Colombia	COL	Colombia
commercial	COMM, COM	comercio
computing	COMPUT	informática
conditional	*cond*	conticional
conjunction	*conj*	conjunción
sewing	COST	costura
Costa Rica	CRICA	Costa Rica
Cono Sur	CSUR (= *CHILE & ARG*)	Cono Sur
Cuba	CUBA	Cuba
cooking	CULIN	cocina
chemistry	CHEM	química
Chile	CHILE	Chile
sport	DEP	deportes
determiner	*det*	determinante
Ecuador	ECUAD	Ecuador
education	EDUC	educación
electricity	ELEC	electricidad
euphemism	*euf, euph*	eufemismo
familiar	*fam*	familiar
figurative	*fig*	uso figurado
finance	FIN	finanzas
physics	FÍS	física
formal	*fml*	formal
future	*fut*	futuro
British English	GB	inglés británico
geography	GEOG	geografía
grammar	GRAM	gramática

Guatemala	GUAT	Guatemala
history	HIST	historia
indicative	*ind*	indicativo
computing	INFORM	informática
imperative	*imperat*	imperativo
interjection	*interj*	interjección
invariable	*inv*	invariable
ironic	*iron, irón*	irónico
phrase	*loc*	locución
law	Jur	derecho
literary	*lit*	literario
ships & sailing	MAR	marítimo, náutica
mathematics	MATH, MAT	matemáticas
medicine	MED	medicina
meteorology	METEOR	meteorología
Mexico	MÉX	México
military	MIL	militar
music	MUS, MÚS	música
noun	*n*	nombre
femenine noun	*nf*	nombre femenino
masculine noun	*nm*	nombre masculino
masculine noun	*nmf*	nombre masculino

(same form for both genders - forma única para ambos géneros)

masculine and feminine noun	*nm,f*	nombre masculino y femenino

(different form for feminine - forma femenina diferente)

masculine or feminine noun	*nm & f*	nombre de género ambiguo

(may be either masculine or feminine - puede ser masculino o feminino)

plural noun	*npl*	nombre plural
number	*num*	numeral
Panama	PAN	Panamá
Paraguay	PAR	Paraguay
pejorative	*pej, pey*	peyorativo
perfect	*perf*	perfecto
person	*pers*	persona
Peru	PERÚ	Perú
phrase	*phr*	locución
physics	PHYS	física
pluperfect	*pluperf*	pluscuamperfecto
politics	POL	política
past participle	*pp*	participio pasado
preposition	*prep*	preposición
present	*pres*	presente
preterite	*pret*	pretérito
Puerto Rico	PRICO	Puerto Rico
proper noun	*prn*	nombre propio
pronoun	*pron*	pronombre
past	*pt*	pasado
chemistry	QUÍM	química
radio	RAD	radio
religion	REL	religión
River Plate	RPL	Río de la Plata
	(= *ARG, URUG & PAR*)	
somebody	sb	alguien
sewing	SEW	costura
singular	*sing*	singular

slang	*sl*	argot
sport	Sp	deportes
something	sth	algo
subjunctive	*subj*	subjuntivo
technical	TECH, TÉC	técnico
theatre	THEAT, TEAT	teatro
television	TV	televisión
Uruguay	URUG	Uruguay
North American English	US	inglés norteamericano
Venezuela	VEN	Venezuela
intransitive verb	*vi*	verbo intransitivo
reflexive verb	*vpr*	verbo pronominal
transitive verb	*vt*	verbo transitivo
vulgar	*vulg*	vulgar
zoology	ZOOL	zoología
approximate equivalent	≈	equivalente aproximado
see	→	véase
registered trademark	®	marca registrada

Fonética de las entradas inglesas

Todas las entradas inglesas en este diccionario llevan transcripción fonética basada en el sistema de la Asociación Fonética Internacional (AFI). He aquí una relación de los símbolos empleados. El símbolo ' delante de una sílaba indica que es ésta la acentuada.

Las consonantes

[p]	pan [pæn], happy ['hæpɪ], slip [slɪp].
[b]	big [bɪg], habit ['hæbɪt], stab [stæb].
[t]	top [tɒp], sitting ['sɪtɪŋ], bit [bɪt].
[d]	drip [drɪp], middle ['mɪdl], rid [rɪd].
[k]	card [kɑːd], maker ['meɪkə], sock [sɒk].
[g]	god [gɒd], mugger ['mʌgə], dog [dɒg].
[tʃ]	chap [tʃæp], hatchet ['hætʃɪt], beach [biːtʃ].
[dʒ]	jack [dʒæk], digest [daɪ'dʒest], wage [weɪdʒ].
[f]	fish [fɪʃ], coffee ['kɒfɪ], wife [waɪf].
[v]	very ['verɪ], never ['nevə], give [gɪv].
[θ]	thing [θɪŋ], cathode ['kæθəʊd], filth [fɪlθ].
[ð]	they [ðeɪ], father ['fɑːðə], loathe [ləʊð].
[s]	spit [spɪt], stencil ['stensl], niece [niːs].
[z]	zoo ['zuː], weasel ['wiːzl], buzz [bʌz].
[ʃ]	show [ʃəʊ], fascist [fæ'ʃɪst], gush [gʌʃ].
[ʒ]	gigolo ['ʒɪgələʊ], pleasure ['pleʒə], massage ['mæsɑːʒ].
[h]	help [help], ahead [ə'hed].
[m]	moon [muːn], common ['kɒmən], came [keɪm].
[n]	nail [neɪl], counter ['kaʊntə], shone [ʃɒn].
[ŋ]	linger ['fɪŋgə], sank [sæŋk], thing [θɪŋ].
[l]	light [laɪt], illness ['ɪlnəs], bull [bʊl].
[r]	rug [rʌg], merry ['merɪ].
[j]	young [jʌŋ], university [juːnɪ'vɜːsɪtɪ], Europe ['jʊərəp].
[w]	want [wɒnt], rewind [riː'waɪnd].
[x]	loch [lɒx].

Las vocales y los diptongos

[iː]	sheep [ʃiːp], sea [siː], scene [siːn], field [fiːld].
[ɪ]	ship [ʃɪp], pity ['pɪtɪ], roses ['rəʊzɪz], babies ['beɪbɪz], college ['kɒlɪdʒ].
[e]	shed [ʃed], instead [ɪn'sted], any ['enɪ], bury ['berɪ], friend [frend].
[æ]	fat [fæt], thank [θæŋk], plait [plæt].
[ɑː]	rather ['rɑːðə], car [kɑː], heart [hɑːt], clerk [klɑːk], palm [pɑːm], aunt [ɑːnt].
[ɒ]	lock [lɒk], wash [wɒʃ], trough [trɒf], because [bɪ'kɒz].
[ɔː]	horse [hɔːs], straw [strɔː], fought [fɔːt], cause [kɔːz], fall [fɔːl], boar [bɔː], door [dɔː].
[ʊ]	look [lʊk], pull [pʊl], woman ['wʊmən], should [ʃʊd].
[uː]	loop [luːp], do [duː], soup [suːp], elude [ɪ'luːd], true [truː], shoe [ʃuː], few [fjuː].
[ʌ]	cub [kʌb], ton [tʌn], young [jʌŋ], flood [flʌd], does [dʌz].
[ɜː]	third [θɜːd], herd [hɜːd], heard [hɜːd], curl [kɜːl], word [wɜːd], journey ['dʒɜːnɪ].
[ə]	actor ['æktə], honour ['ɒnə], about [ə'baʊt].
[eɪ]	cable ['keɪbl], way [weɪ], plain [pleɪn], freight [freɪt], prey [preɪ], great [greɪt].
[əʊ]	go [gəʊ], toad [təʊd], toe [təʊ], though [ðəʊ], snow [snəʊ].
[aɪ]	lime [laɪm], thigh [θaɪ], height [haɪt], lie [laɪ], try [traɪ], either ['aɪðə].
[aʊ]	house [haʊs], cow [kaʊ].
[ɔɪ]	toy [tɔɪ], soil [sɔɪl].
[ɪə]	near [nɪə], here [hɪə], sheer [ʃɪə], idea [aɪ'dɪə], museum [mjuː'zɪəm], weird [wɪəd], pierce [pɪəs].
[eə]	hare [heə], hair [heə], wear [weə].
[ʊə]	pure [pjʊə], during ['djʊərɪŋ], tourist ['tʊərɪst].

English
Spanish

A

a [eɪ, ə] **1** *det* un, una. **2**: **£2 a kilo** dos libras el kilo.
▲ Se usa delante de las palabras que empiezan con sonido no vocálico. Véase también an.
aback [əˈbæk] *adv* hacia atrás. • **to be taken aback** asombrarse.
abandon [əˈbændən] *vt* abandonar.
abattoir [ˈæbətwɑː] *n* matadero.
abbess [ˈæbes] *n* abadesa.
abbey [ˈæbɪ] *n* abadía.
abbot [ˈæbət] *n* abad *m*.
abbreviate [əˈbriːvɪeɪt] *vt* abreviar.
abbreviation [əˈbriːvɪˈeɪʃn] **1** *n* (*shortening*) abreviación *f*. **2** (*shortened form*) abreviatura.
abdicate [ˈæbdɪkeɪt] *vt* - *vi* abdicar.
abdication [æbdɪˈkeɪʃn] *n* abdicación *f*.
abdomen [ˈæbdəmən] *n* abdomen *m*.
abduct [æbˈdʌkt] *vt* raptar, secuestrar.
abduction [æbˈdʌkʃn] *n* rapto, secuestro.
aberration [æbəˈreɪʃn] *n* aberración *f*.
abhor [əbˈhɔː] *vt* aborrecer, detestar.
abhorrent [əbˈhɒrənt] *adj* detestable.
abide [əˈbaɪd] *vt* (*bear, stand*) soportar, aguantar. ♦ **to abide by** *vt* (*promise*) cumplir con; (*rules, decision*) acatar.
abiding [əˈbaɪdɪŋ] *adj* duradero,-a.
ability [əˈbɪlɪtɪ] **1** *n* (*capability*) capacidad *f*. **2** (*talent*) talento, aptitud *f*.
ablaze [əˈbleɪz] *adj* ardiendo, en llamas.
able [ˈeɪbl] *adj* (*capable*) hábil, capaz. • **to be able to** poder: **will you be able to come?** ¿podrás venir?
abnormal [æbˈnɔːml] **1** *adj* (*not normal*) anormal. **2** (*unusual*) inusual.
aboard [əˈbɔːd] *adv* a bordo.
abolish [əˈbɒlɪʃ] *vt* abolir.
abolition [æbəˈlɪʃn] *n* abolición *f*.
aborigine [æbəˈrɪdʒɪnɪ] *n* aborigen *mf*.
abort [əˈbɔːt] *vi* abortar.
abortion [əˈbɔːʃn] *n* aborto.
abound [əˈbaʊnd] *vi* abundar (in/with, en).
about [əˈbaʊt] **1** *prep* (*concerning*) sobre, acerca de: **to speak about ...** hablar de ...; **what is the book about?** ¿de qué trata el libro? **2** (*showing where*) por, en. ‖ **3** *adv* (*approximately*) alrededor de: **about £500** unas quinientas libras. **4** (*near*) por aquí, por ahí. **5** (*available*) disponible. • **to be about to ...** estar a punto de ...; **how about / what about: how/what about a drink?** ¿te apetece tomar algo?

above [ə'bʌv] **1** *prep* (*higher than*) por encima de. **2** (*more than*) más de, más que: **those above the age of 65** los mayores de 65 años. ‖ **3** *adv* arriba, en lo alto. **4** (*in writing*) arriba: **see above** véase arriba. • **above all** sobre todo.
above-board [əbʌv'bɔːd] *adj* legal.
abroad [ə'brɔːd] *adv* el extranjero: **she lives abroad** vive en el extranjero.
abrupt [ə'brʌpt] **1** *adj* (*sudden*) repentino,-a. **2** (*rude*) brusco,-a, arisco,-a.
abscond [əb'skɒnd] *vi* fugarse.
absence ['æbsns] **1** *n* (*of person*) ausencia. **2** (*of thing*) falta, carencia.
absent ['æbsnt] **1** *adj* ausente. ‖ **2 to absent oneself** *phr* ([æb'sent]) ausentarse.
absentee [æbsn'tiː] *n* ausente *mf*.
absent-minded [æbsnt'maɪndɪd] *adj* distraído,-a.
absolute ['æbsəluːt] *n* absoluto,-a.
absolutely [æbsə'luːtlɪ] **1** *adv* totalmente, completamente. ‖ **2** *interj* ¡por supuesto!, ¡desde luego!
absolution [æbsə'luːʃn] *n* absolución *f*.
absolve [əb'zɒlv] *vt* absolver.
absorb [əb'zɔːb] **1** *vt* (*soak up*) absorber. **2** *fig* (*ideas etc*) asimilar. • **to be absorbed in sth** estar absorto,-a en algo.
absorption [əb'zɔːpʃn] *n* absorción *f*.
abstain [əb'steɪn] *vi* abstenerse.
abstention [æb'stenʃn] *n* abstención *f*.
abstinence ['æbstɪnəns] *n* abstinencia.
abstract ['æbstrækt] **1** *adj* abstracto,-a. ‖ **2** *n* resumen *m*. ‖ **3** *vt* ([æb'strækt]) resumir.
abstraction [æb'strækʃn] **1** *n* abstracción *f*. **2** (*absent-mindedness*) distracción *f*, ensimismamiento.
absurd [əb'sɜːd] *adj* absurdo,-a.
abundance [ə'bʌndəns] *n* abundancia.
abundant [ə'bʌndənt] *adj* abundante.
abuse [ə'bjuːs] **1** *n* (*verbal*) insultos *mpl*; (*physical*) malos tratos *mpl*. **2** (*misuse*) abuso. ‖ **3** *vt* ([ə'bjuːz]) (*verbally*) insultar; (*physically*) maltratar. **4** (*misuse*) abusar de.
abusive [ə'bjuːsɪv] *adj* (*insulting*) injurioso,-a, insultante.
abysmal [ə'bɪzml] *adj* *fam* malísimo,-a, fatal.
abyss [ə'bɪs] *n* abismo.
academic [ækə'demɪk] **1** *adj* académico,-a. ‖ **2** *n* profesor,-ra de universidad. ▪ **academic year** curso escolar.
accede [æk'siːd] **1** *vi* *fml* (*agree*) acceder (to, a). **2** *fml* (*to throne*) ascender (to, a), subir (to, a).
accelerate [æk'seləreɪt] *vt* - *vi* acelerar.
accelerator [ək'seləreɪtə] *n* acelerador *m*.
accent ['æksənt] **1** *n* acento. ‖ **2** *vt* ([æk'sent]) acentuar.
accept [ək'sept] **1** *vt* (*gift, offer etc*) aceptar. **2** (*admit to be true*) admitir, creer.
acceptance [ək'septəns] **1** *n* (*act of accepting*) aceptación *f*. **2** (*approval*) acogida.
access ['ækses] **1** *n* acceso. ‖ **2** *vt* COMPUT acceder a.

accessory [æk'sesərɪ] **1** *n* accesorio. **2** (*accomplice*) cómplice *mf*.

accident ['æksɪdənt] *n* accidente *m*. • **by accident** por casualidad.

accidental [æksɪ'dentl] *adj* (*chance*) fortuito, casual: **an accidental remark** un comentario fortuito; **it was accidental** ha sido un accidente.

acclaim [ə'kleɪm] **1** *n* aclamación *f*. ‖ **2** *vt* aclamar.

accommodate [ə'kɒmədeɪt] *vt* (*guests etc*) alojar, hospedar.

accompany [ə'kʌmpənɪ] *vt* acompañar.

accomplice [ə'kɒmplɪs] *n* cómplice *mf*.

accomplish [ə'kɒmplɪʃ] *vt* lograr.

accomplishment [ə'kɒmplɪʃmənt] **1** *n* (*act of achieving*) realización *f*. **2** (*achievement*) logro

accord [ə'kɔːd] **1** *n* acuerdo. ‖ **2** *vt* conceder, otorgar. ‖ **3** *vi* concordar. • **of one's own accord** por propia voluntad; **with one accord** unánimemente.

accordance [ə'kɔːdns] *n*. • **in accordance with** de acuerdo con.

according to [ə'kɔːdɪŋtʊ] **1** *prep* según. **2** (*consistent with*) de acuerdo (to, con).

accordingly [æ'kɔːdɪŋlɪ] **1** *adv* (*appropriately*) como corresponde. **2** (*therefore*) por consiguiente.

account [ə'kaʊnt] **1** *n* cuenta: **to open an account** abrir una cuenta. **2** (*report*) relato, descripción *f*, versión *f*. **3** (*importance*) importancia. ♦ **to account for** *vi* explicar. • **on account** a cuenta; **on account of** por, a causa de; **on no account** bajo ningún concepto; *to gave an account of* describir, narrar; **to take into account** tener en cuenta.

accountant [ə'kaʊntənt] *n* contable *mf*.

accumulate [ə'kjuːmjʊleɪt] **1** *vt* acumular. ‖ **2** *vi* acumularse.

accuracy ['ækjʊrəsɪ] **1** *n* (*of numbers, instrument, information*) exactitud *f*, precisión *f*. **2** (*of translation*) fidelidad *f*. **3** (*of shot*) precisión *f*.

accurate ['ækjʊrət] **1** *adj* (*numbers etc*) exacto,-a, preciso,-a. **2** (*translation*) fiel. **3** (*instrument*) de precisión. **4** (*shot*) certero,-a. **5** (*information etc*) exacto,-a.

accuse [ə'kjuːz] *vt* acusar (of, de).

accustomed [ə'kʌstəmd] *adj* acostumbrado,-a (to, a). • **to get accustomed to** acostumbrarse a.

ace [eɪs] *n* as *m*.

ache [eɪk] **1** *n* dolor *m*. ‖ **2** *vi* doler: **my head aches** me duele la cabeza, tengo dolor de cabeza.

achieve [ə'tʃiːv] *vt* (*attain*) lograr.

achievement [ə'tʃiːvmənt] **1** *n* (*completion*) realización *f*. **2** (*attainment*) logro. **3** (*feat*) hazaña, proeza.

aching ['eɪkɪŋ] *adj* dolorido,-a.

acid ['æsɪd] **1** *n* ácido. ‖ **2** *adj* ácido, -a.

acidity [ə'sɪdɪtɪ] *n* acidez *f*.

acknowledge [ək'nɒlɪdʒ] **1** *vt* (*admit*) reconocer, admitir. **2** (*an acquaintance*) saludar. • **to acknowledge receipt of** acusar recibo de.

acknowledgement [ək'nɒlɪdʒmənt] **1** *n* reconocimiento. **2** (*of letter etc*) acuse *m* de recibo.

acne ['æknɪ] *n* acné *m*.

acorn ['eɪkɔːn] *n* bellota.

acoustic [ə'kuːstɪk] *adj* acústico,-a.

acquaint [ə'kweɪnt] *vt* informar (with, de): **to be acquainted with sb/sth** conocer a algn/algo.

acquaintance [ə'kweɪntəns] **1** *n* (*knowledge*) conocimiento. **2** (*person*) conocido,-a.

acquiesce [ækwɪ'es] *vi* consentir (in, en).

acquire [ə'kwaɪə] *vt* adquirir. • **to acquire a taste for sth** tomarle gusto a algo.

acquit [ə'kwɪt] *vt* absolver, declarar inocente.

acre ['eɪkə] *n* acre *m*.

▲ Un acre son 0,4047 hectáreas.

acrimony ['ækrɪmənɪ] *n* acritud *f*.

acrobat ['ækrəbæt] *n* acróbata *mf*.

across [ə'krɒs] **1** *prep* (*movement*) a través de: **to go across the road** cruzar la carretera; **to swim across a river** cruzar un río nadando/a nado. **2** (*position*) al otro lado de: **they live across the road** viven enfrente. ‖ **3** *adv* de un lado a otro: **he ran/swam across** cruzó corriendo/nadando.

act [ækt] **1** *n* (*gen*) acto, hecho, acción *f*. **2** (*performance*) acto, número. **3** (*part of play*) acto. **4** (*of parliament*) ley *f*. ‖ **5** *vi* actuar. **6** (*in court*) representar. **7** (*in play, film*) trabajar. ■ **act of God** fuerza mayor.

acting ['æktɪŋ] **1** *n* THEAT (*profession*) profesión *f* de actor/actriz; (*performance*) interpretación *f*. ‖ **2** *adj* en funciones.

action ['ækʃn] **1** *n* acción *f*. **2** MIL combate *m*, acción *f*. **3** JUR demanda. • **actions speak louder than words** hechos son amores y no buenas razones; **killed in action** muerto,-a en combate.

active ['æktɪv] **1** *adj* activo,-a. **2** (*volcano*) en actividad. **3** (*energetic*) vivo,-a, vigoroso,-a.

activity [æk'tɪvɪtɪ] *n* actividad *f*.

actor ['æktə] *n* actor *m*.

actress ['æktrəs] *n* actriz *f*.

actual ['æktʃʊəl] **1** *adj* (*real*) real: **there's no actual evidence** no hay pruebas reales. **2** (*specific*) exacto,-a: **it's a book about wine, but I don't know the actual title** es un libro sobre el vino, pero no sé el título exacto. **3** (*very same*) mismo,-a: **this is the actual gun the murderer used** esta es la misma arma que utilizó el asesino. **4** (*itself*) en sí, propiamente dicho,-a: **the actual plot was weak, but I liked film** el argumento en sí era flojo, pero la película me gustó. • **in actual fact** en realidad.

actually ['æktʃʊəlɪ] **1** *adv* (*in fact*) en realidad, de hecho. **2** (*really*) de verdad: **have you actually seen a ghost?** ¿de verdad que has visto un fantasma?

actuate ['æktjʊeɪt] *vt* accionar.

acute [ə'kjuːt] **1** *adj* (*keen*) agudo,-a; (*hearing etc*) muy fino,-a; (*mind*) perspicaz. **2** (*severe*) agudo,-a.

ad [æd] *n fam* anuncio.

AD ['eɪ'diː] *abbr* (Anno Domini) d.C.

adapt [ə'dæpt] **1** *vt* adaptar. ‖ **2** *vi* adaptarse.

adaptor [ə'dæptə] *n* ELEC ladrón *m*.

add [æd] **1** *vt* añadir. ‖ **2** *vt* - *vi* sumar. ♦ **to add to** *vt* aumentar, incrementar ♦ **to add up 1** *vt* - *vi* sumar. **2** *vi fig* cuadrar:.

adder ['ædə] *n* víbora.

addict ['ædɪkt] **1** *n* adicto,-a. **2** *fam* (*fanatic*) fanático,-a.

addictive [ə'dɪktɪv] *adj*. • **to be addictive** crear adicción.

addition [ə'dɪʃn] **1** *n* adición *f*, añadidura. **2** MATH adición *f*, suma. • **in addition to** además de.
additive ['ædɪtɪv] *n* aditivo.
address [ə'dres] **1** *n* (*on letter*) dirección *f*. **2** (*speech*) discurso, alocución *f*. ‖ **3** *vt* (*speak to*) dirigirse a. **4** (*letter*) poner la dirección en.
adept [ə'dept] *adj* experto,-a, perito,-a.
adequate ['ædɪkwət] **1** *adj* (*enough*) suficiente. **2** (*satisfactory*) adecuado, -a.
adhere [əd'hɪə] **1** *vi* (*stick*) adherirse (to, a), pegarse (to, a). **2** (*to a cause*) adherirse (to, a). **3** (*to rules*) observar (to, -), acatar (to, -).
adhesive [əd'hiːsɪv] **1** *adj* adhesivo,-a. ‖ **2** *n* adhesivo.
adjacent [ə'dʒeɪsənt] *adj* adyacente.
adjective ['ædʒɪktɪv] *n* adjetivo.
adjourn [ə'dʒɜːn] *vt* aplazar, posponer.
adjust [ə'dʒʌst] **1** *vt* (*machine etc*) ajustar, regular. ‖ **2** *vi* (*person*) adaptarse.
adjustable spanner [ə'dʒʌstəbl 'spænə] *n* llave *f* inglesa.
adjustment [ə'dʒʌstmənt] **1** *n* ajuste *m*. **2** (*of person*) adaptación *f*.
administer [əd'mɪnɪstə] **1** *vt* (*control*) administrar. **2** (*give*) administrar, dar.
admiral ['ædmərəl] *n* almirante *mf*.
admire [əd'maɪə] *vt* admirar.
admirer [əd'maɪərə] *n* admirador,-ra.
admission [əd'mɪʃn] **1** *n* (*to hospital*) ingreso. **2** (*price*) entrada. **3** (*acknowledgement*) reconocimiento.
admit [əd'mɪt] **1** *vt* (*allow in*) admitir; (*to hospital*) ingresar. **2** (*acknowledge*) reconocer.
admittance [əd'mɪtns] *n* entrada. • **"No admittance"** "Prohibida la entrada".
admittedly [əd'mɪtɪdlɪ] *adv* lo cierto es que.
adopt [ə'dɒpt] *vt* adoptar.
adore [ə'dɔː] *vt* adorar.
adrenalin [ə'drenəlɪn] *n* adrenalina.
adrift [ə'drɪft] *adj* a la deriva.
adult ['ædʌlt] **1** *adj* adulto,-a. ‖ **2** *n* adulto.
adulterate [ə'dʌltəreɪt] *vt* adulterar.
advance [əd'vɑːns] **1** *n* (*movement*) avance *m*. **2** (*progress*) adelanto, progreso. **3** (*payment*) anticipo. ‖ **4** *vt* (*move forward*) adelantar, avanzar. **5** (*promote*) ascender. **6** (*encourage*) promover, fomentar. **7** (*pay*) adelantar, anticipar. ‖ **8** *vi* (*move forward*) avanzar.
advanced [əd'vɑːnst] *adj* avanzado,-a.
advantage [əd'vɑːntɪdʒ] *n* ventaja. • **to take advantage of** (*thing*) aprovechar; (*person*) aprovecharse de.
adventure [əd'ventʃə] *n* aventura.
adventurous [əd'ventʃərəs] **1** *adj* aventurero,-a. **2** (*risky*) arriesgado,-a.
adverb ['ædvɜːb] *n* adverbio.
adverse ['ædvɜːs] *adj* adverso,-a.
advert ['ædvɜːt] *n fam* anuncio.
advertise ['ædvətaɪz] *vt* anunciar.
advertiser ['ædvətaɪzə] *n* anunciante *mf*.
advertising ['ædvətaɪzɪŋ] *n* publicidad *f*.
advice [əd'vaɪs] *n* consejos *mpl*.
advise [əd'vaɪz] **1** *vt* aconsejar. **2** (*inform*) informar; *to advise against sth* desaconsejar algo.

adviser [əd'vaɪzə] *n* consejero,-a.
aerial ['eərɪəl] **1** *n* antena. ‖ **2** *adj* aéreo,-a.
aerodynamic [eərəʊdaɪ'næmɪk] *adj* aerodinámico,-a.
aeroplane ['eərəpleɪn] *n* avión *m.*
aerosol ['eərəsɒl] *n* aerosol *m,* spray *m.*
aesthetic [iːs'θetɪk] *adj* estético,-a.
affair [ə'feə] *n* (*matter*) asunto. ■ **foreign affairs** asuntos exteriores.
affect [ə'fekt] **1** *vt* afectar. **2** (*move*) conmover, impresionar.
affected [ə'fektɪd] *adj* afectado,-a, falso,-a.
affection [ə'fekʃn] *n* afecto, cariño.
affectionate [ə'fekʃnət] *adj* afectuoso,-a, cariñoso,-a.
affiliation [əfɪlɪ'eɪʃn] *n* afiliación *f.*
affinity [ə'fɪnɪtɪ] *n* afinidad *f.*
affirm [ə'fɜːm] *vt* asegurar, afirmar.
affirmative [ə'fɜːmətɪv] **1** *adj* afirmativo,-a. ‖ **2** *n* afirmativo.
affluence ['æflʊəns] *n* riqueza, prosperidad *f.*
affluent ['æflʊənt] *adj* rico,-a, próspero,-a.
afford [ə'fɔːd] **1** *vt* permitirse, costear: **I can't afford to pay £750 for a coat** no puedo (permitirme) pagar 750 libras por un abrigo. **2** *fml* dar, proporcionar.
affordable [ə'fɔːdəbl] *adj* asequible.
afield [ə'fiːld] *adv*. • **far afield** lejos.
afraid [ə'freɪd] *adj* temeroso,-a. • **to be afraid** tener miedo.
afresh [ə'freʃ] *adv* de nuevo.
Africa ['æfrɪkə] *n* África. ■ **South Africa** Sudáfrica.
African ['æfrɪkən] *adj* - *n* africano, -a. ■ **South African** sudafricano, -a.
after ['ɑːftə] **1** *prep* (*time*) después de: **after class** después de la clase. **2** (*following*) detrás de: **the police are after us** la policía nos está persiguiendo. ‖ **3** *adv* después: **the day after** el día después. ‖ **4** *conj* después de que: **after he left, I went to bed** después de que se marchara, me acosté.
aftermath ['ɑːftəmɑːθ] *n* secuelas *fpl.*
afternoon [ɑːftə'nuːn] *n* tarde *f.*
afterwards ['ɑːftəwədz] *adv* después, luego.
again [ə'gen, ə'geɪn] *prep* de nuevo, otra vez. • **now and again** de vez en cuando.
against [ə'genst, ə'geɪnst] **1** *prep* contra. **2** (*opposed to*) en contra de: **it's against the law** va en contra de la ley.
age [eɪdʒ] **1** *n* edad *f.* ‖ **2** *vi* - *vt* envejecer. • **of age** mayor de edad; **under age** menor de edad. ■ **age of consent** edad núbil; **the Middle Ages** la Edad Media.
aged ['eɪdʒɪd] **1** *adj* viejo,-a, anciano, -a. **2** ([eɪdʒd]) de ... años.
agency ['eɪdʒnsɪ] *n* agencia.
agenda [ə'dʒendə] *n* orden *f* del día.
ages ['eɪdʒɪz] *npl* años *mpl.*
aggravate ['ægrəveɪt] **1** *vt* (*make worse*) agravar. **2** *fam* (*annoy*) irritar, molestar.
aggressive [ə'gresɪv] *adj* agresivo,-a.
agitate ['ædʒɪteɪt] *vt* (*shake*) agitar. • **to agitate for/against** hacer campaña a favor/contra de; **to agitate oneself** ponerse nervioso,-a.

agitated ['ædʒɪteɪtɪd] *adj* nervioso,-a.
ago [ə'gəʊ] *adv* hace, atrás: **two years ago** hace dos años.
agony ['ægənɪ] **1** *n* (*pain*) dolor *m*. **2** (*anguish*) angustia.
agree [ə'griː] **1** *vi* - *vt* (*be in agreement*) estar de acuerdo. **2** (*reach an agreement*) ponerse de acuerdo. **3** (*say yes*) acceder, consentir. **4** (*square*) concordar, encajar. **5** (*food*) sentar bien.
agreeable [ə'griːəbl] **1** *adj* (*pleasant*) agradable. **2** (*in agreement*) conforme.
agreement [ə'griːmənt] *n* acuerdo.
agriculture ['ægrɪkʌltʃə] *n* agricultura.
ahead [ə'hed] *adv* (*in front*) delante: **Tom went on ahead to look for water** Tom se adelantó a por agua. • **ahead of time** antes de tiempo; **go ahead!** ¡adelante!; **to plan ahead** planear; **to think ahead** pensar en el futuro.
aid [eɪd] **1** *n* ayuda, auxilio. ‖ **2** *vt* ayudar, auxiliar.
AIDS [eɪdz] *n* sida *m*.
ailment ['eɪlmənt] *n* dolencia.
aim [eɪm] **1** *n* (*marksmanship*) puntería. **2** (*objective*) meta, objetivo. ♦ **to aim at** *vt* apuntar a ♦ **to aim to** *vt* tener la intención de. • **to take aim** apuntar; **to miss one's aim** errar el tiro.
air [eə] **1** *n* aire *m*. **2** (*feeling*) aire *m*, aspecto. ‖ **3** *vt* (*clothes*) airear, orear. **4** (*room*) ventilar. **5** (*opinions*) airear; (*knowledge*) hacer alarde de. • **to put on airs** darse tono. ■ **air conditioning** aire *m* acondicionado; **air force** fuerzas *fpl* aéreas; **air hostess** azafata.
aircraft ['eəkrɑːft] *n* avión *m*.
airline ['eəlaɪn] *n* compañía aérea.
airman ['eəmən] *n* aviador *m*.
airplane ['eəpleɪn] *n* US avión *m*.
airport ['eəpɔːt] *n* aeropuerto.
airsick ['eəsɪk] *adj* mareado,-a *(en el avión)*.
airtight ['eətaɪt] *adj* hermético,-a.
airway ['eəweɪ] **1** *n* ANAT vía respiratoria. **2** *(for planes)* ruta aérea.
airy ['eərɪ] **1** *adj* (*ventilated*) bien ventilado,-a. **2** (*carefree*) despreocupado,-a.
aisle [aɪl] **1** *n* (*in theatre, plane*) pasillo. **2** (*in church*) nave *f* lateral.
akin [ə'kɪn] *adj* parecido,-a (to, -a).
alarm [ə'lɑːm] **1** *n* alarma. **2** (*fear*) temor *m*. ‖ **3** *vt* alarmar, asustar. ■ **alarm clock** despertador *m*.
alas [ə'lɑːs] *interj* ¡ay!, ¡ay de mí!
Albanian [æl'beɪnɪən] **1** *adj* - *n* albanés, -esa. ‖ **2** *n* (*language*) albanés *m*.
albeit [ɔːl'biːɪt] *conj fml* aunque.
ale [eɪl] *n* cerveza.
alert [ə'lɜːt] **1** *adj* (*quick to act*) alerta, vigilante. **2** (*lively*) vivo,-a. ‖ **3** *n* alarma. ‖ **4** *vt* alertar, avisar. • **on the alert** alerta, sobre aviso.
alibi ['ælɪbaɪ] *n* coartada.
alien ['eɪlɪən] **1** *adj* extranjero,-a. **2** extraterrestre. **3** extraño,-a. ‖ **4** *n* (*foreigner*) extranjero,-a. **5** extraterrestre *mf*.
alienate ['eɪlɪəneɪt] *vt* ganarse la antipatía de.
alight [ə'laɪt] **1** *adj* encendido,-a, ardiendo. ‖ **2** *vi fml* apearse. ♦ **to alight on** *vt* posarse en.
align [ə'laɪn] *vt* - *vi* alinear(se).
alike [ə'laɪk] **1** *adj* igual. ‖ **2** *adv* igualmente: **men and women**

alike tanto hombres como mujeres.
alimony ['ælɪmənɪ] *n* pensión *f* alimenticia.
alive [ə'laɪv] **1** *adj* (*not dead*) vivo,-a. **2** (*lively*) lleno,-a de vida.
alkaline ['ælkəlaɪn] *adj* alcalino,-a.
all [ɔːl] **1** *adj* todo,-a; todos,-as. ‖ **2** *pron* (*everything*) todo, la totalidad. **3** (*everybody*) todos *mpl*, todo el mundo. ‖ **4** *adv* completamente, muy: **you're all dirty!** ¡estás todo sucio! • **after all** después de todo; **all but** casi; **all of a sudden** de pronto, de repente; **all over** en todas partes: **at all** (emphatic negative) en absoluto; **it's all the same to me** me da lo mismo; **not at all** (you're welcome) no hay de qué.
all right [ɔːl'raɪt] **1** *adj* - *adv* (*acceptable*) bien, bueno. **2** (*well, safe*) bien. ‖ **3** *adv* (*accepting*) vale, bueno.
allegation [ælə'geɪʃn] *n* acusación *f*, imputación *f*.
alleged [ə'ledʒd] *adj* presunto,-a.
allegiance [ə'liːdʒəns] *n* lealtad *f*.
allergy ['ælədʒɪ] *n* alergia.
alleviate [ə'liːvɪeɪt] *vt* aliviar.
alley ['ælɪ] *n* callejuela, callejón *m*.
allied ['ælaɪd] **1** *adj* POL aliado,-a. **2** (*related*) relacionado,-a, afín.
alligator ['ælɪgeɪtə] *n* caimán *m*.
allocate ['æləkeɪt] *vt* asignar.
allotment [ə'lɒtmənt] **1** *n* (*of time money*) asignación *f*. **2** (*land*) huerto, parcela.
allow [ə'laʊ] **1** *vt* (*permit*) permitir, dejar. **2** (*set aside*) conceder, dar, asignar. ♦ **to allow for** *vt* tener en cuenta.
allowance [ə'laʊəns] **1** *n* prestación *f*, subsidio; dietas *fpl*. **2** US paga semanal. • **to make allowances for** tener en cuenta.
alloy ['ælɔɪ] *n* aleación *f*.
allude [ə'luːd] *vi* aludir (to, a).
alluring [ə'ljʊərɪŋ] *adj* seductor,-ra.
allusion [ə'luːʒn] *n* alusión *f*.
ally ['ælaɪ] **1** *n* aliado,-a. ‖ **2** *vt* aliar. ‖ **3** *vi* aliarse.
almighty [ɔːl'maɪtɪ] **1** *adj* todopoderoso,-a. **2** *fam* enorme, tremendo,-a.
almond ['ɑːmənd] *n* almendra.
almost ['ɔːlməʊst] *adv* casi.
alone [ə'ləʊn] **1** *adj* (*unaccompanied*) solo,-a. ‖ **2** *adv* (*only*) solo, solamente.
along [ə'lɒŋ] **1** *prep* a lo largo de. ‖ **2** *adv* hacia delante. • **along with** junto con.
alongside [əlɒŋ'saɪd] **1** *prep* al lado de. ‖ **2** *adv* al lado.
aloof [ə'luːf] **1** *adv* a distancia. ‖ **2** *adj* distante.
aloud [ə'laʊd] *adv* en voz alta.
alphabet ['ælfəbet] *n* alfabeto.
Alps ['ælps] *npl* los Alpes.
already [ɔːl'redɪ] *adv* ya.
also ['ɔːlsəʊ] *adv* también.
alter ['ɔːltə] **1** *vt* (*gen*) cambiar; (*clothing*) arreglar. ‖ **2** *vi* cambiarse.
alternate [ɔːl'tɜːnət] **1** *adj* alterno, -a. ‖ **2** *vt* (['ɔːltɜːneɪt]) alternar. ‖ **3** *vi* alternarse.
alternative [ɔːl'tɜːnətɪv] **1** *adj* alternativo,-a. ‖ **2** *n* (*option*) alternativa.
although [ɔːl'ðəʊ] *conj* aunque.
altitude ['æltɪtjuːd] *n* altitud *f*, altura.
altogether [ɔːltə'geðə] **1** *adv* (*completely*) del todo. **2** (*on the whole*) en

conjunto. • **in the altogether** *fam* en cueros.
aluminium [æljʊ'mɪnɪəm] *n* GB aluminio.
always ['ɔːlweɪz] *adv* siempre.
a.m. ['eɪ'em] *abbr* (ante meridiem) de la mañana.
amalgamate [ə'mælgəmeɪt] **1** *vt* (*metals*) amalgamar; (*companies*) fusionar. ‖ **2** *vi* (*fusionar*) fusionarse.
amass [ə'mæs] *vt* acumular.
amaze [ə'meɪz] *vt* asombrar, pasmar.
amazing [ə'meɪzɪŋ] *adj* asombroso,-a.
ambassador [æm'bæsədə] *n* embajador,-a.
amber ['æmbə] *adj - n* ámbar.
ambience ['æmbɪəns] *n* ambiente *m*.
ambiguity [æmbɪ'gjuːɪtɪ] *n* ambigüedad *f*.
ambition [æm'bɪʃn] *n* ambición *f*.
ambulance ['æmbjʊləns] *n* ambulancia.
ambush ['æmbʊʃ] **1** *n* emboscada. ‖ **2** *vt* tender una emboscada a.
amenable [ə'miːnəbl] *adj* receptivo,-a: **she's amenable to reason** atiende a razones.
amend [ə'mend] **1** *vt* (*law*) enmendar. **2** (*error*) corregir.
amenities [ə'miːnɪtɪz] *npl* servicios *mpl*.
American [ə'merɪkən] **1** *adj - n* (*gen*) americano,-a. **2** (*from USA*) estadounidense.
amiable ['eɪmɪəbl] *adj* amable.
amicable ['æmɪkəbl] *adj* amistoso,-a.
amid [ə'mɪd] *prep* en medio de, entre.
amiss [ə'mɪs] *adj - adv* mal. • **to take amiss** tomar a mal.
ammonia [ə'məʊnɪ] *n* amoníaco.
ammunition [æmjʊ'nɪʃn] *n* municiones *fpl*.
amnesty ['æmnəstɪ] *n* amnistía.
amok [ə'mɒk] *adv*. • **to run amok** volverse loco,-a.
among [ə'mʌŋ] *prep* entre.
amoral [eɪ'mɒrl] *adj* amoral.
amount [ə'maʊnt] *n* cantidad *f*, suma. ♦ **to amount to** *vt* ascender a; *fig* equivaler a.
ampere ['æmpeə] *n* amperio *m*.
amphibian [æm'fɪbɪən] *n* anfibio.
amphitheatre ['æmfɪθɪətə] *n* anfiteatro.
ample ['æmpl] **1** *adj* (*enough*) suficiente, bastante. **2** (*plenty*) más que suficiente. **3** (*spacious*) amplio,-a.
amplifier ['æmplɪfaɪə] *n* amplificador *m*.
amplify ['æmplɪfaɪ] *vt* (*sound*) amplificar.
amputate ['æmpjʊteɪt] *vt* amputar.
amuse [ə'mjuːz] *vt* entretener, divertir. • **to amuse oneself** entretenerse.
amusement [ə'mjuːzmənt] **1** *n* (*enjoyment*) diversión *f*, entretenimiento. **2** (*pastime*) pasatiempo.
amusing [ə'mjuːzɪŋ] **1** *adj* (*fun*) entretenido,-a, divertido,-a. **2** (*funny*) gracioso,-a.
an [ən, æn] **1** *det* un,-a: **an orange** una naranja. **2** (*per*) por: **50 kilometers an hour** 50 kilómetros por hora.

▲ Se usa delante de las palabras que empiezan por un sonido vocálico. Véase también a.

anaesthetize [ə'niːsθətaɪz] *vt* GB anestesiar.
analogue ['ænəlɒg] *adj* GB analógico, -a.

analogy [ə'nælədʒɪ] *n* analogía, semejanza.
analyse ['ænəlaɪz] *vt* analizar.
anarchist ['ænəkɪst] *n* anarquista *mf*.
anarchy ['ænəkɪ] *n* anarquía.
anatomy [ə'nætəmɪ] *n* anatomía.
ancestor ['ænsestə] *n* antepasado.
anchor ['æŋkə] **1** *n* ancla, áncora. || **2** *vt* - *vi* anclar.
anchovy ['æntʃəvɪ] *n* (*salted*) anchoa; (*fresh*) boquerón *m*.
ancient ['eɪnʃnt] **1** *adj* antiguo,-a; (*monument*) histórico,-a. **2** *fam* viejísimo,-a.
and [ænd, ənd] *conj* y; e.
anecdote ['ænɪkdəʊt] *n* anécdota.
anesthetize [ə'niːsθətaɪz] *vt* US anestesiar.
angel ['eɪndʒl] *n* ángel *m*.
anger ['æŋgə] **1** *n* cólera, ira. || **2** *vt* enfadar, enojar.
angle ['æŋgl] **1** *n* ángulo. || **2** *vi* pescar *con caña*.
angler ['æŋglə] *n* pescador,-ra *de caña*. ■ **angler fish** rape *m*.
Anglican ['æŋglɪkən] *adj* - *n* anglicano,-a.
angling ['æŋglɪŋ] *n* pesca *con caña*.
Anglosaxon [æŋgləʊ'sæksn] *adj* - *n* anglosajón,-ona.
angry ['æŋgrɪ] *adj* enfadado,-a, enojado,-a. • **to get angry** enfadarse, enojarse.
anguish ['æŋgwɪʃ] *n* angustia.
animate ['ænɪmət] **1** *adj* animado, -a, vivo,-a. || **2** *vt* (['ænɪmeɪt]) animar.
ankle ['æŋkl] *n* tobillo.
annex [ə'neks] **1** *vt* anexar. || **2** *n* (['aneks]) US anexo.
annihilate [ə'naɪəleɪt] *vt* aniquilar.
anniversary [ænɪ'vɜːsərɪ] *n* aniversario.
announce [ə'naʊns] *vt* anunciar.
announcement [ə'naʊnsmənt] *n* anuncio.
announcer [ə'naʊnsə] *n* (*TV & radio*) presentador,-ra.
annoy [ə'nɔɪ] *vt* molestar, fastidiar.
annoyance [ə'nɔɪəns] *n* molestia.
annoyed [ə'nɔɪd] *adj* enfadado,-a.
annoying [ə'nɔɪɪŋ] *adj* molesto,-a, enojoso,-a.
annual ['æŋjʊəl] *adj* anual.
anomaly [ə'nɒməlɪ] *n* anomalía.
anonymous [ə'nɒnɪməs] *adj* anónimo,-a.
another [ə'nʌðə] *adj* - *pron* otro,-a.
answer ['ɑːnsə] **1** *n* (*reply*) respuesta. **2** (*solution*) solución *f*. || **3** *vt* - *vi* responder, contestar. ♦ **to answer back** *vt* - *vi* replicar ♦ **to answer for** *vt* responder por, responder de. • **to answer the door** abrir la puerta; **to answer the phone** contestar al teléfono.
ant [ænt] *n* hormiga.
antagonize [æn'tægənaɪz] *vt* enfadar, enojar.
antenna [æn'tenə] **1** *n* (*pl* antennae [æn'teniː]) ZOOL antena. **2** (*pl* antennas) TV RAD antena.
anthem ['ænθəm] *n* himno.
anthology [æn'θɒlədʒɪ] *n* antología.
anthropologist [ænθrə'pɒlədʒɪst] *n* antropólogo,-a.
antibiotic ['æntɪbaɪ'ɒtɪk] **1** *n* antibiótico. || **2** *adj* antibiótico,-a.
anticipate [æn'tɪsɪpeɪt] **1** *vt* (*expect*) esperar. **2** (*forsee*) prever.
anticlockwise [æntɪ'klɒkwaɪz] *adj* en el sentido contrario al de las agujas del reloj.

antics ['æntɪks] *npl* payasadas *fpl.*
antidote ['æntɪdəʊt] *n* antídoto.
antifreeze ['æntɪfriːz] *n* anticongelante *m.*
antique [æn'tiːk] **1** *adj* antiguo,-a. ‖ **2** *n* antigüedad *f.*
antiseptic [æntɪ'septɪk] **1** *adj* antiséptico,-a. ‖ **2** *n* antiséptico.
antlers ['æntləz] *npl* cornamenta *f sing.*
anus ['eɪnəs] *n* (*pl* anuses) ano.
anvil ['ænvɪl] *n* yunque *m.*
anxiety [æŋ'zaɪətɪ] *n* (*worry*) ansiedad *f*, preocupación *f.*
anxious ['æŋkʃəs] *adj* ansioso,-a.
any ['enɪ] **1** *adj* (*in questions*) algún, -una; (*negative*) ningún,-una; (*no matter which*) cualquier,-ra; (*every*) todo,-a: **have you got any money/gloves?** ¿tienes dinero/guantes?; **without any difficulty** sin ninguna dificultad; **any old rag will do** cualquier trapo sirve. ‖ **2** *pron* (*in questions*) alguno,-a; (*negative*) ninguno,-a; (*no matter which*) cualquiera: **I asked for some snails, but they hadn't got any** pedí caracoles pero no tenían. ‖ **3** *adv*: **I don't work there any more** ya no trabajo allí.
anybody ['enɪbɒdɪ] *pron* (*in questions*) alguien, alguno,-a; (*negative*) nadie, ninguno,-a; (*no matter who*) cualquiera.
anyhow ['enɪhaʊ] **1** *adv* (*despite that*) en todo caso. **2** (*changing the subject*) bueno, pues. **3** (*carelessly*) de cualquier forma.
anyone ['enɪwʌn] *pron* → **anybody**.
anything ['enɪθɪŋ] *pron* (*in questions*) algo, alguna cosa; (*negative*) nada; (*no matter what*) cualquier cosa.
anyway ['enɪweɪ] *adv* →**anyhow**.
anywhere ['enɪweə] **1** *adv* en algún sitio; a algún sitio. **2** en ningún sitio; a ningún sitio. **3** donde sea, en cualquier sitio; a donde sea, a cualquier sitio.
apart [ə'pɑːt] *adv* separado,-a. • **apart from** aparte de; **to fall apart** deshacerse.
apartment [ə'pɑːtmənt] *n* piso.
apathetic [æpə'θetɪk] *adj* apático,-a.
ape [eɪp] **1** *n* simio. ‖ **2** *vt* imitar.
apex ['eɪpeks] *n* ápice *m*; (*of triangle*) vértice *m.*
aphrodisiac [æfrə'dɪzɪæk] **1** *n* afrodisíaco. ‖ **2** *adj* afrodisíaco,-a.
apiece [ə'piːs] *adv* cada uno,-a.
apologetic [əpɒlə'dʒetɪk] *adj* compungido,-a, arrepentido,-a.
apologize [ə'pɒlədʒaɪz] *vi* disculparse.
apology [ə'pɒlədʒɪ] *n* disculpa.
apostle [ə'pɒsl] *n* apóstol *m.*
apostrophe [ə'pɒstrəfɪ] *n* apóstrofo.
appal [ə'pɔːl] *vt* horrorizar.
apparent [ə'pærənt] **1** *adj* (*obvious*) evidente. **2** (*seeming*) aparente.
appeal [ə'piːl] **1** *n* (*request*) ruego, llamamiento; (*plea*) súplica. **2** (*attraction*) atractivo. **3** JUR apelación *f.* ‖ **4** *vi* (*request*) pedir, solicitar; (*plead*) suplicar: **to appeal for help** pedir ayuda. **5** (*attract*) atraer: **it doesn't appeal to me** no me atrae. **6** JUR apelar.
appear [ə'pɪə] **1** *vi* (*become visible*) aparecer. **2** (*before a court etc*) com-

parecer (before, ante). **3** (*on stage etc*) actuar. **4** (*seem*) parecer. • **to appear on television** salir en la televisión.

appearance [ə'pɪərəns] **1** *n* aparición *f*. **2** comparecencia. **3** actuación *f*. **4** apariencia, aspecto.

appendix [ə'pendɪks] *n* apéndice *m*.

appetite ['æpɪtaɪt] *n* apetito.

appetizer ['æpɪtaɪzə] *n* aperitivo.

applaud [ə'plɔːd] **1** *vt - vi* (*clap*) aplaudir. || **2** *vt* (*praise*) alabar.

applause [ə'plɔːz] *n* aplausos *mpl*.

apple ['æpl] *n* manzana.

appliance [ə'plaɪəns] *n* aparato.

applicant ['æplɪkənt] *n* (*for job*) candidato,-a.

application [æplɪ'keɪʃn] **1** *n* (*gen*) aplicación *f*. **2** (*for job*) solicitud *f*.

apply [ə'plaɪ] **1** *vt* (*ointment, theory etc*) aplicar. || **2** *vi* (*be true*) aplicarse, ser aplicable. **3** (*for job*) solicitar: **to apply for information** pedir información.

appoint [ə'pɔɪnt] **1** *vt* (*person for job*) nombrar. **2** (*day, date etc*) fijar, señalar.

appointment [ə'pɔɪntmənt] **1** *n* (*meeting*) cita; (*with doctor, dentist etc*) hora. **2** (*person for job*) nombramiento.

appraise [ə'preɪz] *vt* valorar, evaluar.

appreciate [ə'priːʃɪeɪt] **1** *vt* (*be thankful for*) agradecer. **2** (*understand*) entender. **3** (*value*) valorar, apreciar. || **4** *vi* revalorizarse.

appreciation [əpriːʃɪ'eɪʃn] **1** *n* agradecimiento, gratitud *f*. **2** comprensión *f*. **3** evaluación *f*. **4** apreciación *f*, aumento en valor.

apprehend [æprɪ'hend] **1** *vt* detener, capturar. **2** comprender.

apprentice [ə'prentɪs] *n* aprendiz, -za.

approach [ə'prəʊtʃ] **1** *n* (*coming near*) aproximación *f*, acercamiento. **2** (*way in*) entrada, acceso. **3** (*to problem*) enfoque *m*. || **4** *vi - vi* (*come near*) acercarse, aproximarse. || **5** *vt* (*tackle - problem*) enfocar, abordar; (*- person*) dirigirse a.

approbation [æprə'beɪʃn] *n* aprobación *f*.

appropriate [ə'prəʊprɪət] **1** *adj* apropiado,-a, adecuado,-a. || **2** *vt* (*allocate*) asignar, destinar. **3** (*steal*) apropiarse de.

appropriation [əprəʊprɪ'eɪʃn] **1** *n* (*allocation*) asignación *f*. **2** (*seizure*) apropiación *f*.

approval [ə'pruːvl] *n* aprobación *f*, visto bueno. • **on approval** a prueba.

approve [ə'pruːv] *vt* aprobar, dar el visto bueno a. ♦ **to approve of** *vt* aprobar.

approx [ə'prɒx] *abbr* aprox.

approximate [ə'prɒksɪmət] **1** *adj* aproximado,-a. || **2** *vi* ([ə'prɒksɪmeɪt]) aproximarse (**to**, a).

apricot ['eɪprɪkɒt] *n* albaricoque *m*.

April ['eɪprɪl] *n* abril *m*.

apron ['eɪprən] *n* delantal *m*.

apt [æpt] **1** *adj* (*suitable*) apropiado, -a; (*remark*) acertado,-a. **2** (*liable to*) propenso,-a.

aquarium [ə'kweərɪəm] *n* (*pl* aquariums o aquaria [ə'kweərɪə]) acuario.

aqueduct ['ækwɪdʌkt] *n* acueducto.

arable ['ærəbl] *adj* cultivable.

arbitrary [ˈɑːbɪtrərɪ] *adj* arbitrario,-a.
arbitrate [ˈɑːbɪtreɪt] *vt - vi* arbitrar.
arc [ɑːk] *n* arco.
arcade [ɑːˈkeɪd] **1** *n* (*shopping*) galería comercial. **2** (*amusements*) salón *m* recreativo.
arch [ɑːtʃ] **1** *n* ARCH arco; (*vault*) bóveda. || **2** *vt* arquear, enarcar. **3** (*vault*) abovedar. || **4** *vi* arquearse. **5** (*vault*) formar bóveda.
archaeology [ɑːkɪˈɒlədʒɪ] *n* arqueología.
archbishop [ˈɑːtʃˈbɪʃəp] *n* arzobispo.
archery [ˈɑːtʃərɪ] *n* tiro con arco.
architect [ˈɑːkɪtekt] *n* arquitecto,-a.
architecture [ˈɑːkɪtektʃə] *n* arquitectura.
archives [ˈɑːkaɪvz] *npl* archivo.
ardent [ˈɑːdnt] *adj* apasionado,-a, fervoroso,-a.
arduous [ˈɑːdjuəs] *adj* arduo,-a.
area [ˈeərɪə] **1** *n* área, superficie *f*. **2** región *f*; zona. **3** campo.
arena [əˈriːnə] **1** *n* (*stadium*) estadio. **2** (*ring*) ruedo. **3** *fig* ámbito.
argue [ˈɑːgjuː] **1** *vi* (*quarrel*) discutir. **2** (*reason*) argüir, argumentar.
argument [ˈɑːgjumənt] **1** *n* discusión *f*, disputa. **2** argumento.
arid [ˈærɪd] *adj* árido,-a.
Aries [ˈeəriːz] *n* aries *m*.
arise [əˈraɪz] **1** *vi* (*pt* arose; pp arisen [əˈrɪzən]) (*crop up*) surgir. **2** (*old use*) levantarse.
aristocracy [ærɪsˈtɒkrəsɪ] *n* aristocracia.
arithmetic [əˈrɪθmətɪk] *n* aritmética.
arm [ɑːm] **1** *n* ANAT brazo. **2** (*of coat etc*) manga; (*of chair*) brazo. || **3** *vt* armar. || **4** *vi* armarse. || **5 arms** *npl* (*weapons*) armas *fpl*. • **arm in arm** cogidos,-as del brazo; **with open arms** con los brazos abiertos; **to keep sb at arm's length** mantener a algn a distancia.
armchair [ˈɑːmˈtʃeə] *n* sillón *m*.
armour [ˈɑːmə] **1** *n* MIL armadura. **2** (*on vehicle*) blindaje *m*.
armpit [ˈɑːmpɪt] *n* sobaco, axila.
army [ˈɑːmɪ] *n* ejército.
around [əˈraʊnd] **1** *adv* (*near, in the area*) alrededor: **don't leave your money around, put it away** no dejes tu dinero por ahí, guárdalo. **2** (*from place to place*) **they cycle around together** van juntos en bicicleta. **3** (*available, in existence*): **£1 coins have been around for some time** hace tiempo que circulan las monedas de una libra. **4** (*to face the opposite way*): **turn around please** dese la vuelta por favor. || **5** *prep* (*approximately*) alrededor de. **6** (*near*): **there aren't many shops around here** hay pocas tiendas por aquí. **7** (*all over*): **there were clothes around the room** había ropa por toda la habitación. **8** (*in a circle or curve*) alrededor de. • **around the corner** a la vuelta de la esquina.
arouse [əˈraʊz] **1** *vt* (*awake*) despertar. **2** (*sexually*) excitar.
arrange [əˈreɪndʒ] **1** *vt* arreglar; colocar, ordenar. **2** planear, organizar. **3** acordar. • **to arrange to do sth** quedar en hacer algo.
arrangement [əˈreɪndʒmənt] **1** *n* (*of flowers*) arreglo *floral*. **2** (*agree-*

ment) acuerdo, arreglo. **3** MUS adaptación *f*. ‖ **4 arrangements** *npl* (*plans*) planes *mpl*; (*preparations*) preparativos *mpl*.

arrest [ə'rest] **1** *n* arresto, detención *f*. ‖ **2** *vt* arrestar, detener. **3** *fml* (*stop*) detener.

arrival [ə'raɪvl] *n* llegada.

arrive [ə'raɪv] *vi* llegar.

arrow ['ærəʊ] *n* flecha.

arse [ɑːs] *n vulg* culo.

arson ['ɑːsn] *n* incendio provocado.

art [ɑːt] **1** *n* arte *m*. **2** arte *m*, habilidad *f*. ‖ **3 arts** *npl* letras *fpl*. ■ **arts and crafts** artes *mpl* y oficios.

artery ['ɑːtərɪ] *n* arteria.

artichoke ['ɑːtɪtʃəʊk] *n* alcachofa.

article ['ɑːtɪkl] *n* artículo. ■ **article of clothing** prenda de vestir; **leading article** editorial *m*.

articulate [ɑː'tɪkjʊlət] **1** *adj* (*person*) que se expresa con facilidad; (*speech*) claro,-a. ‖ **2** *vt* ([ɑː'tɪkjʊleɪt]) articular. **3** (*pronounce*) pronunciar.

artificial [ɑːtɪ'fɪʃl] **1** *adj* (*flowers, light etc*) artificial. **2** (*limb, hair*) postizo,-a. **3** (*smile etc*) afectado,-a, fingido,-a.

artist ['ɑːtɪst] **1** *n* artista *mf*. **2** (*painter*) pintor,-ra.

as [æz, əz] **1** *adv* como: **dressed as a monkey** disfrazado,-a de mono. **2** (*in comparatives*): **as big as** tan grande como; **as much as** tanto,-a como. ‖ **3** *conj* (*while*) mientras; (*when*) cuando. **4** (*because*) ya que. **5** (*although*) aunque. • **as a rule** como regla general; **as far as I know** que yo sepa; **as for** en cuanto a; **as regards** en cuanto a; **as if** como si; **as long as** mientras; **as of** desde; **as soon as** tan pronto como; **as though** como si; **as well as** además de; **as yet** hasta ahora.

a.s.a.p. ['eɪ'es'eɪ'piː] *abbr* (as soon as possible) tan pronto como sea posible.

asbestos [æz'bestəs] *n* amianto.

ascend [ə'send] *vt* - *vi* ascender, subir.

ascent [ə'sent] *n* (*slope*) subida; (*climb*) ascenso, escalada.

ascertain [æsə'teɪn] *vt* averiguar.

ascribe [əs'kraɪb] *vt* atribuir.

ash [æʃ] **1** *n* (*burnt remains*) ceniza. **2** (*tree*) fresno.

ashamed [ə'ʃeɪmd] *adj* avergonzado,-a.

ashore [ə'ʃɔː] *adv* (*position*) en tierra; (*movement*) a tierra. • **to go ashore** desembarcar.

ashtray ['æʃtreɪ] *n* cenicero.

aside [ə'saɪd] **1** *adv* al lado, a un lado. ‖ **2** *n* THEAT aparte *m*. • **to set aside** apartar, reservar; **to step aside** apartarse.

ask [ɑːsk] **1** *vt* (*inquire*) preguntar. **2** (*request*) pedir. **3** (*invite*) invitar. ♦ **to ask after** *vt* preguntar por ♦ **to ask for** *vt* pedir ♦ **to ask out** *vt* invitar a salir.

asleep [ə'sliːp] *adj* - *adv* dormido,-a.

asparagus [æs'pærəgəs] *n* (*plant*) espárrago.

aspect ['æspekt] **1** *n* aspecto. **2** (*of building*) orientación *f*.

aspire [əs'paɪə] *vi* aspirar (to, a).

ass [æs] **1** *n* burro. **2** US *vulg* culo.

assailant [ə'seɪlənt] *n* atacante *mf*, agresor,-ra.

assassin [ə'sæsɪn] *n* asesino,-a.

assault [ə'sɔːlt] **1** *n* MIL asalto. **2** JUR agresión *f*. ‖ **3** *vt* MIL asaltar. **4** JUR agredir.

assemble [ə'sembl] **1** *vt* (*bring together*) reunir. **2** (*put together*) montar.

assembly [ə'semblɪ] **1** *n* reunión *f*. **2** TECH montaje *m*.

assent [ə'sent] **1** *n* asentimiento. ‖ **2** *vi* asentir (to, a).

assert [ə'sɜːt] *vt* (*declare*) afirmar. • **to assert oneself** imponerse.

assess [ə'ses] **1** *vt* (*value*) tasar, valorar. **2** (*calculate*) calcular. **3** *fig* evaluar.

asset ['æset] **1** *n* (*quality*) calidad *f* positiva, ventaja. ‖ **2 assets** *npl* COMM bienes *mpl*.

assign [ə'saɪn] **1** *vt* (*allot*) asignar. **2** (*choose*) designar.

assignment [ə'saɪnmənt] **1** *n* (*mission*) misión *f*. **2** (*task*) tarea.

assimilate [ə'sɪmɪleɪt] *vt* - *vi* asimilar(se).

assist [ə'sɪst] *vt* ayudar.

assistance [ə'sɪstəns] *n* ayuda.

associate [ə'səʊʃɪɪt] **1** *adj* (*company*) asociado,-a. **2** (*member*) correspondiente. ‖ **3** *n* (*partner*) socio,-a. ‖ **4** *vt* [ə'səʊʃɪeɪt] asociar. ‖ **5** *vi* asociarse. • **to associate with sb** relacionarse con algn.

assortment [ə'sɔːtmənt] *n* surtido, variedad *f*.

assume [ə'sjuːm] **1** *vt* (*suppose*) suponer. **2** (*power, responsibility*) tomar, asumir. **3** (*attitude, expression*) adoptar.

assumption [ə'sʌmpʃn] **1** *n* (*supposition*) suposición *f*. **2** (*of power*) toma.

assurance [ə'ʃʊərəns] **1** *n* (*guarantee*) garantía. **2** (*confidence*) confianza. **3** (*insurance*) seguro.

assure [ə'ʃʊə] *vt* asegurar.

astonish [əs'tɒnɪʃ] *vt* asombrar, sorprender.

astound [əs'taʊnd] *vt* pasmar.

astray [ə'streɪ] *adj* - *adv* extraviado,-a. • **to go astray** descarriarse.

astrology [əs'trɒlədʒɪ] *n* astrología.

astronaut ['æstrənɔːt] *n* astronauta *mf*.

astronomy [əs'trɒnəmɪ] *n* astronomía.

astute [əs'tjuːt] *adj* astuto,-a, sagaz.

asylum [ə'saɪləm] *n* asilo, refugio.

at [æt, ət] **1** *prep* (*position*) en, a: **at home** en casa; **at school** en el colegio; **at work** en el trabajo. **2** (*time*) a: **at two o'clock** a las dos; **at night** por la noche; **at the beginning/end** al principio/final. **3** (*direction, violence*): **to shout at sb** gritarle a algn; **to shoot at** disparar contra. **4** (*rate*) a: **at £1000 a ton** a mil libras la tonelada; **three at a time** de tres en tres. **5** (*ability*): **he's good at French/painting** va bien en francés/pinta bien. • **at first** al principio; **at last!** ¡por fin!; **at least** por lo menos; **at once** en seguida.

atheism ['eɪθɪɪzm] *n* ateísmo.

athletic [æθ'letɪk] **1** *adj* atlético,-a. **2** (*sporty*) deportista.

Atlantic [ət'læntɪk] *adj* atlántico,-a.

atlas ['ætləs] *n* atlas *m inv*.

atmosphere ['ætməsfɪə] **1** *n* atmósfera. **2** (*ambience*) ambiente *m*.

atom ['ætəm] *n* átomo.

atrocious [ə'trəʊʃəs] **1** *adj* (*cruel*) atroz. **2** *fam* fatal, malísimo,-a.

attach [ə'tætʃ] **1** *vt* (*fasten*) sujetar. **2** (*tie*) atar. **3** (*stick*) pegar. **4** (*docu-

ment) adjuntar. • **to attach importance to** considerar importante; **to be attached to** tener cariño a.
attachment [əˈtætʃmənt] **1** *n* TECH accesorio. **2** COMPUT (*to e-mail*) archivo adjunto, anexo. **3** (*fondness*) cariño.
attack [əˈtæk] **1** *n* ataque *m*. ‖ **2** *vt* atacar.
attain [əˈteɪn] **1** *vt* (*ambition*) lograr. **2** (*rank*) llegar a.
attempt [əˈtempt] **1** *n* (*try*) intento, tentativa. ‖ **2** *vt* intentar. • **to make an attempt on sb's life** atentar contra la vida de algn.
attend [əˈtend] **1** *vt* (*be present at*) asistir a. **2** (*care for*) atender, cuidar. **3** (*accompany*) acompañar. ‖ **4** *vi* (*be present*) asistir. ♦ **to attend to 1** *vt* ocuparse de. **2** *vt* (*in shop*) despachar.
attendance [əˈtendəns] **1** *n* asistencia. **2** asistentes *mpl*.
attendant [əˈtendnt] *n* (*in car park, museum*) vigilante *mf*; (*in cinema*) acomodador,-ra.
attention [əˈtenʃn] **1** *n* atención *f*. **2** MIL ¡firmes! • **to pay attention** prestar atención.
attentive [əˈtentɪv] **1** *adj* atento,-a. **2** (*helpful*) solícito,-a.
attic [ˈætɪk] *n* desván *m*, buhardilla.
attire [əˈtaɪə] *n* traje *m*, vestido.
attitude [ˈætɪtjuːd] *n* actitud *f*.
attorney [əˈtɜːnɪ] *n* US abogado,-a.
attraction [əˈtrækʃn] **1** *n* (*power*) atracción *f*. **2** (*thing*) atractivo. **3** (*incentive*) aliciente *m*.
attractive [əˈtræktɪv] **1** *adj* (*person*) atractivo,-a. **2** (*offer*) interesante.
attribute [ˈætrɪbjuːt] **1** *n* atributo. ‖ **2** *vt* ([əˈtrɪbjuːt]) atribuir.
aubergine [ˈəʊbəʒiːn] *n* berenjena.
auction [ˈɔːkʃn] **1** *n* subasta. ‖ **2** *vt* subastar.
audacity [ɔːˈdæsɪtɪ] *n* audacia.
audience [ˈɔːdɪəns] **1** *n* (*spectators*) público, espectadores *mpl*. **2** (*interview*) audiencia.
audit [ˈɔːdɪt] **1** *n* revisión *f* de cuentas. ‖ **2** *vt* revisar.
audition [ɔːˈdɪʃn] *n* prueba.
auditor [ˈɔːdɪtə] *n* revisor,-ra de cuentas.
augment [ɔːgˈment] **1** *vt fml* aumentar. ‖ **2** *vi fml* aumentarse.
August [ˈɔːgəst] *n* agosto.
aunt [ɑːnt] *n* tía.
aura [ɔːrə] *n* (*of person*) aura; (*of place*) sensación *f*.
auspices [ˈɔːspɪsɪz] *npl* auspicios *mpl*.
austerity [ɒsˈterɪtɪ] *n* austeridad *f*.
Australian [ɒˈstreɪlɪən] *adj* - *n* australiano,-a.
Austrian [ˈɒstrɪən] *adj* - *n* austríaco,-a.
authentic [ɔːˈθentɪk] *adj* auténtico,-a.
author [ˈɔːθə] *n* autor,-ra, escritor, -ra.
authoritative [ɔːˈθɒrɪtətɪv] **1** *adj* (*reliable*) autorizado,-a, fidedigno, -a. **2** (*authoritarian*) autoritario,-a.
authority [ɔːˈθɒrɪtɪ] *n* autoridad *f*. • **on good authority** de buena tinta.
authorize [ˈɔːθəraɪz] *vt* autorizar.
autobiography [ɔːtəbaɪˈɒgrəfɪ] *n* autobiografía.
autograph [ˈɔːtəgrɑːf] *n* autógrafo.
automatic [ɒtəˈmætɪk] *adj* automático,-a.
autonomy [ɔːˈtɒnəmɪ] *n* autonomía.

autopsy ['ɔːtəpsɪ] *n* autopsia.
autoteller ['ɔːtəʊtelə] *n* cajero automático.
autumn ['ɔːtəm] *n* otoño.
auxiliary [ɔːg'zɪljərɪ] *adj* auxiliar.
available [ə'veɪləbl] **1** *adj* (*thing*) disponible. **2** (*person*) libre.
avalanche ['ævəlɑːnʃ] *n* alud *m*; *fig* avalancha.
avenge [ə'vendʒ] *vt* vengar.
avenue ['ævənjuː] *n* avenida.
average ['ævərɪdʒ] **1** *n* promedio, media. ‖ **2** *adj* medio,-a. **3** (*not special*) corriente, regular. ‖ **4** *vt* hacer un promedio de. **5** (*calculate*) determinar el promedio de. • **on average** por término medio.
avert [ə'vɜːt] *vt* (*avoid*) evitar. • **to avert one's eyes** apartar la vista.
avid ['ævɪd] *adj* ávido,-a.
avocado [ævə'kɑːdəʊ] *n* aguacate *m*.
avoid [ə'vɔɪd] **1** *vt* evitar. **2** (*question*) eludir. **3** (*person*) esquivar.
await [ə'weɪt] *vt fml* aguardar, esperar.
awake [ə'weɪk] **1** *adj* despierto,-a. ‖ **2** *vt* (*pt* awoke; pp awaked o awoken) despertar. ‖ **3** *vi* despertarse.
award [ə'wɔːd] **1** *n* (*prize*) premio. **2** (*grant*) beca. **3** (*damages*) indemnización *f*. ‖ **4** *vt* (*prize, grant*) otorgar, conceder. **5** (*damages*) adjudicar.
aware [ə'weə] *adj* consciente.
away [ə'weɪ] **1** *adv* lejos, fuera, alejándose: **the wedding is 6 weeks away** faltan 6 semanas para la boda. **2** (*indicating continuity*): **they worked away all day** trabajaron todo el día. • **to be away** estar fuera; (*from school*) estar ausente; **to go away** irse, marcharse; **to run away** irse corriendo.
awe [ɔː] **1** *n* (*fear*) temor *m*. **2** (*wonder*) asombro.
awful ['ɔːfʊl] **1** *adj* (*shocking*) atroz, horrible. **2** *fam* (*very bad*) fatal, horrible, espantoso,-a.
awkward ['ɔːkwəd] **1** *adj* (*clumsy*) torpe. **2** (*difficult*) difícil. **3** (*embarrassing*) embarazoso,-a, delicado,-a. **4** (*inconvenient*) inconveniente, oportuno,-a. **5** (*uncomfortable*) incómodo,-a.
awning ['ɔːnɪŋ] *n* toldo.
ax [æks] *n* US hacha.
axe [æks] *n* GB hacha.
axis ['æksɪs] *n* eje *m*.
azure ['eɪʒə] **1** *adj* azul celeste. ‖ **2** *n* azul *m* celeste.

B

B and B [ˈbiːənˈbiː] *abbr casa de huéspedes que ofrece habitación y desayuno.*

BA [ˈbiːˈeɪ] *abbr* (Bachelor of Arts) licenciado,-a en letras.

baa [bɑː] *vi* balar.

babble [ˈbæbl] **1** *vi - vt* (*excitedly*) barbullar. **2** (*meaninglessly*) balbucear. ‖ **3** *vi* (*water*) murmurar. ‖ **4** *n* (*confused voices*) murmullo.

baby [ˈbeɪbɪ] *n* bebé *m*.

baby-sitter [ˈbeɪbɪsɪtə] *n* canguro *mf*.

bachelor [ˈbætʃələ] *n* soltero.

back [bæk] **1** *adj* trasero,-a, posterior. ‖ **2** *n* ANAT espalda. **3** (*of animal, book*) lomo. **4** (*of chair*) respaldo. **5** (*of cheque*) dorso. ‖ **6** *adv* (*at the rear*) atrás; (*towards the rear*) hacia atrás; (*time*) hace: **several years back** hace varios años. ‖ **7** *vt* (*support*) apoyar, respaldar. **8** FIN financiar. **9** (*bet on*) apostar por. ‖ **10** *vt - vi* (*vehicle*) dar marcha atrás a. ‖ **11** *vi* retroceder. ♦ **to back away** *vi* retirarse ♦ **to back down** *vi* claudicar ♦ **to back out** *vi* volverse atrás. • **back to front** al revés; **behind sb's back** a espaldas de algn; **to answer back** replicar; **to be back** estar de vuelta; **to hit back** (*strike*) devolver el golpe; (*answer*) contraatacar; **to have one's back to the wall** estar entre la espada y la pared; **to put/give back** devolver. ■ **back pay** atrasos *mpl*; **back street** callejuela.

backache [ˈbækeɪk] *n* dolor *m* de espalda.

backbone [ˈbækbəʊn] **1** *n* columna vertebral, espinazo. **2** *fig* carácter *m*.

backer [ˈbækə] **1** *n* FIN promotor, -ra. **2** (*supporter*) partidario,-a.

backfire [bækˈfaɪə] *vt* fallar: **our plan backfired** nos salió el tiro por la culata.

background [ˈbækgraʊnd] **1** *n* fondo. **2** *fig* (*origin*) origen *m*; (*education*) formación *f*.

backhand [ˈbækhænd] *n* revés *m*.

backpack [ˈbækpæk] *n* mochila.

backup [ˈbækʌp] *n* (*suppport*) apoyo. ■ **backup copy** copia de seguridad.

backward [ˈbækwəd] **1** *adj* hacia atrás. **2** (*child*) atrasado,-a. **3** (*country*) subdesarrollado,-a.

backwards [ˈbækwədz] **1** *adv* hacia atrás. **2** (*the wrong way*) al revés.

bacon [ˈbeɪkn] *n* tocino, bacon *m*.

bacterium [bækˈtɪərɪəm] *n* (*pl* bacteria [bækˈtɪərɪə]) bacteria.

bad [bæd] **1** *adj* (*comp* worse; *superl* worst) malo,-a; (*before masc noun*) mal. **2** (*rotten*) podrido,-a. **3** (*serious*) grave. **4** (*harmful*) nocivo, -a, perjudicial. ‖ **5** *n* lo malo. • **to come to a bad end** acabar mal; **to go bad** pudrirse; **to go from bad to worse** ir de mal en peor.

baddy [ˈbædɪ] *n fam* malo,-a de la película.

badge [bædʒ] **1** *n* insignia, distintivo. **2** (*metallic*) chapa.

badger ['bædʒə] **1** *n* ZOOL tejón *m*. ‖ **2** *vt* acosar, importunar.

badly ['bædlɪ] **1** *adv* mal. **2** (*seriously*) gravemente. **3** (*very much*) muchísimo,-a.

bad-tempered [bæd'tempəd] *adj*. • **to be bad-tempered** (*always*) tener mal carácter; (*temporarily*) estar de mal humor.

baffle ['bæfl] *vt* desconcertar.

bag [bæg] **1** *n* (*paper, plastic*) bolsa; (*large*) saco. **2** (*handbag*) bolso. **3** *fam* (*woman*) arpía. ‖ **4** *vt* (*put in bags*) embolsar, ensacar. **5** *fam* (*catch*) cazar. • **bags of** montones de.

baggage ['bægɪdʒ] *n* equipaje *m*.

baggy ['bægɪ] *adj* holgado,-a.

bagpipes ['bægpaɪps] *npl* gaita *f sing*.

bail [beɪl] *n* JUR fianza. ♦ **to bail out** *vt fig* sacar de un apuro.

bailiff ['beɪlɪf] **1** *n* JUR alguacil *m*. **2** (*steward*) administrador,-ra.

bait [beɪt] **1** *n* cebo. ‖ **2** *vt* cebar. **3** (*torment*) atosigar.

bake [beɪk] *vt* cocer al horno. ■ **baked beans** alubias *fpl* cocidas.

bakery ['beɪkrɪ] *n* panadería.

balance ['bæləns] **1** *n* equilibrio. **2** (*scales*) balanza. **3** FIN saldo. **4** (*remainder*) resto. ‖ **5** *vt* poner en equilibrio. **6** FIN (*budget*) equilibrar; (*account*) saldar. ‖ **7** *vi* mantenerse en equilibrio. **8** FIN cuadrar. • **to balance the books** cuadrar las cuentas.

balcony ['bælkənɪ] *n* balcón *m*.

bald [bɔːld] **1** *adj* calvo,-a. **2** (*tyre*) desgastado,-a. **3** (*style*) escueto,-a.

balk [bɔːk] **1** *vt* poner obstáculos a, frustrar. ‖ **2** *vi* negarse.

Balkan ['bɔːlkən] *adj* balcánico,-a. ■ **the Balkans** los Balcanes.

ball [bɔːl] **1** *n* pelota; (*football*) balón *m*; (*golf, billiards*) bola. **2** (*of wool*) ovillo. **3** (*dance*) baile *m*, fiesta. ‖ **4 balls** *npl vulg* cojones *mpl*.

ballad ['bæləd] *n* balada.

ballet ['bæleɪ] *n* ballet *m*.

balloon [bə'luːn] *n* globo.

ballot ['bælət] **1** *n* (*vote*) votación *f*. **2** (*paper*) papeleta. ‖ **3** *vt* hacer votar.

ballpoint ['bɔːlpɔɪnt] *n* bolígrafo.

balm [bɑːm] *n* bálsamo.

balmy ['bɑːmɪ] *adj* (*weather*) suave.

Baltic ['bɔːltɪk] *adj* báltico,-a.

balustrade [bælə'streɪd] *n* balaustrada.

bamboo [bæm'buː] *n* bambú *m*.

ban [bæn] **1** *n* prohibición *f*. ‖ **2** *vt* prohibir.

band [bænd] **1** *n* MUS banda; (*pop*) conjunto. **2** (*strip*) faja, tira. **3** (*youths*) pandilla; (*thieves*) banda. • **to band together** unirse.

bandage ['bændɪdʒ] **1** *n* venda, vendaje *m*. ‖ **2** *vt* vendar.

bandy-legged ['bændɪ'legd] *adj* estevado,-a.

bang [bæŋ] **1** *n* (*blow*) golpe *m*. **2** (*noise*) ruido; (*of gun*) estampido; (*explosion*) estallido; (*of door*) portazo. ‖ **3** *vt* - *vi* golpear. ‖ **4** *adv fam* justo: **bang in the middle** justo en medio. • **to bang the door** dar un portazo.

banger ['bæŋə] **1** *n* petardo. **2** GB *fam* salchicha. **3** *fam* tartana.

bangle ['bæŋgl] *n* ajorca, brazalete *m*.

banister ['bænɪstə] *n* barandilla.

bank [bæŋk] **1** *n* FIN banco. **2** (*of river*) ribera; (*edge*) orilla. **3** (*mound*)

loma; (*embankment*) terraplén *m*. **4** (*slope*) pendiente *f*. **5** (*sandbank*) banco. ‖ **6** *vt* ingresar, depositar. ♦ **to bank on** *vt* contar con. ▪ **bank holiday** GB día festivo.
banker ['bæŋkə] *n* banquero,-a.
banking ['bæŋkɪŋ] *n* banca.
bankruptcy ['bæŋkrʌptsɪ] *n* bancarrota.
banner ['bæntə] **1** *n* bandera. **2** (*placard*) pancarta.
banquet ['bæŋkwɪt] *n* banquete *m*.
banter ['bæntə] **1** *n* bromas *fpl*, chanzas *fpl*. ‖ **2** *vi* bromear.
baptism ['bæptɪzm] *n* bautismo.
baptize [bæp'taɪz] *vt* bautizar.
bar [bɑː] **1** *n* (*iron, gold*) barra. **2** (*prison*) barrote *m*. **3** (*soap*) pastilla. **4** (*chocolate*) tableta. **5** (*on door*) tranca. **6** (*obstacle*) obstáculo. **7** *vt* (*door*) atrancar; (*road, access*) cortar. **8** (*ban*) prohibir, vedar. ‖ **9** *prep* excepto.
barbarian [bɑː'beərɪən] *adj* - *n* bárbaro,-a.
barbed [bɑːbd] *adj* armado,-a con púas, punzante.
barber ['bɑːbə] *n* barbero.
bare [beə] **1** *adj* (*naked*) desnudo, -a; (*head*) descubierto,-a; (*feet*) descalzo, -a. **2** (*land*) raso,-a. **3** (*empty*) vacío,-a. **4** (*basic*) mero,-a. ‖ **5** *vt* desnudar; (*uncover*) descubrir.
barely ['beəlɪ] *adv* apenas.
bargain ['bɑːgən] **1** *n* (*agreement*) trato. **2** (*good buy*) ganga. ‖ **3** *vi* (*negotiate*) negociar. **4** (*haggle*) regatear. ♦ **to bargain for** *vt* contar con.
barge [bɑːdʒ] **1** *n* gabarra. ‖ **2** *vi* irrumpir (through/into, en).
bark [bɑːk] **1** *n* (*of tree*) corteza. **2** (*of dog*) ladrido. ‖ **3** *vi* ladrar. • **to bark up the wrong tree** ir descaminado,-a.
barley ['bɑːlɪ] *n* cebada.
barmaid ['bɑːmeɪd] *n* camarera.
barmy ['bɑːmɪ] *adj fam* chiflado,-a.
barn [bɑːn] *n* granero.
barometer [bə'rɒmɪtə] *n* barómetro.
baron ['bærən] *n* barón *m*.
baroness ['bærənəs] *n* baronesa.
baroque [bə'rɒk] *adj* barroco,-a.
barrack ['bærək] *vt* abuchear.
barracks ['bærəks] *n* cuartel *m*.
barrel ['bærl] **1** *n* (*of beer*) barril *m*; (*of wine*) tonel *m*, cuba. **2** (*of gun*) cañón.
barren ['bærən] *adj* estéril.
barricade [bærɪ'keɪd] **1** *n* barricada. ‖ **2** *vt* poner barricadas en.
barrier ['bærɪə] *n* barrera.
barrister ['bærɪstə] *n* abogado,-a.
barrow ['bærəʊ] *n* carretilla.
base [beɪs] **1** *adj* bajo,-a, vil. **2** (*metal*) común. ‖ **3** *n* base *f*. ‖ **4** *vt* basar. **5** MIL (*troops*) estacionar.
basement ['beɪsmənt] *n* sótano.
bash [bæʃ] **1** *n fam* golpe *m*. **2** *fam* (*try*) intento. ‖ **3** *vt fam* golpear. • **to have a bash at sth** *fam* probar algo, intentar algo.
basic ['beɪsɪk] **1** *adj* básico,-a. ‖ **2 the basics** *npl* lo esencial.
basin ['beɪsn] **1** *n* (*bowl*) cuenco. **2** (*washbasin*) lavabo. **3** GEOG cuenca.
bask [bɑːsk] *vi* tumbarse al sol.
basket ['bɑːskɪt] *n* cesta, cesto.
bass [beɪs] **1** *adj* MUS bajo,-a. ‖ **2** *n* MUS (*singer*) bajo. **3** MUS (*notes*) graves *mpl*.
bass [bæs] *n* **1** lubina, róbalo. **2** perca.
bassoon [bə'suːn] *n* fagot *m*.

bastard ['bæstəd] **1** *adj* - *n* (*illegitimate*) bastardo,-a. ‖ **2** *n vulg* (*as insult*) cabrón *m*.
bat [bæt] **1** *n* ZOOL murciélago. **2** SP bate *m*; (*table tennis*) pala. ‖ **3** *vi* batear. ‖ **4** *vt* pestañear. • **without batting an eyelid** sin inmutarse.
batch [bætʃ] *n* lote *m*, remesa; (*bread etc*) hornada.
bath [bɑːθ] **1** *n* baño. **2** (*tub*) bañera. ‖ **3** *vt* bañar. ‖ **4** *vi* bañarse. ‖ **5** **baths** *npl* piscina *f sing* municipal. • **to have a bath** bañarse.
bathe [beɪð] **1** *vi* bañarse. ‖ **2** *vt* MED lavar.
bather ['beɪðə] *n* bañista *mf*.
bathing ['beɪðɪŋ] *n* baño.
bathrobe ['bɑːθrəʊb] *n* albornoz *m*.
bathroom ['bɑːθruːm] *n* cuarto de baño.
bathtub ['bɑːθtʌb] *n* bañera.
baton ['bætən] **1** *n* (*truncheon*) porra. **2** MUS batuta. **3** SP testigo.
battalion [bə'tæljən] *n* batallón *m*.
batter ['bætə] **1** *n* CULIN pasta para rebozar. **2** SP bateador,-ra. ‖ **3** *vt* golpear, apalear. • **in batter** rebozado,-a.
battery ['bætərɪ] **1** *n* ELEC (*wet*) batería; (*dry*) pila. **2** MIL batería.
battle ['bætl] **1** *n* batalla. ‖ **2** *vi* luchar.
bay [beɪ] **1** *n* GEOG bahía; (*large*) golfo. **2** (*tree*) laurel *m*. ‖ **3** *vi* ladrar. ▪ **bay window** ventana saliente; **loading bay** cargadero.
BC ['biː'siː] *abbr* (before Christ) a. C.
be [biː] **1** *vi* (*permanent characteristic, essential quality, nationality, occupation, origin, ownership, authorship*) ser: **she's clever** ella es inteligente. **2** (*location, temporary state*) estar. **3** (*age*) tener: **Philip is 17** Philip tiene 17 años. **4** (*price*) costar, valer: **a single ticket is £7.50** un billete de ida sola cuesta 7,50 £. ‖ **5** **be** + *ger* estar: **it is raining** está lloviendo. **6** (*passive*) ser: **it has been sold** ha sido vendido,-a, se ha vendido. **7** (*obligation*): **you are not to come here again** no debes volver aquí. **8** (*future*): **the King is to visit Egypt** el Rey visitará Egipto. • **there is/are** hay; **there was/were** había; **there will be** habrá; **there would be** habría.
▲ pres 1st pers am, 2nd pers sing & all pl are, 3rd pers sing is; pt 1st & 3rd pers sing was; 2nd pers sing & all pl were; pp been.
beach [biːtʃ] **1** *n* playa. ‖ **2** *vt* varar.
bead [biːd] **1** *n* (*on necklace*) cuenta. **2** (*of liquid*) gota.
beak [biːk] *n* pico.
beaker ['biːkə] **1** *n* taza alta. **2** CHEM vaso de precipitación *f*.
beam [biːm] **1** *n* ARCH viga. **2** (*of light*) rayo. **3** (*of ship*) manga. **4** (*smile*) sonrisa radiante. ‖ **5** *vi* (*shine*) brillar. **6** (*smile*) sonreír. ‖ **7** *vt* irradiar, emitir.
bean [biːn] **1** *n* alubia, judía, haba. **2** (*of coffee*) grano. • **to be full of beans** rebosar vitalidad; **to spill the beans** descubrir el pastel.
bear [beə] **1** *n* ZOOL oso. **2** FIN bajista *mf*. ‖ **3** *vt* (*pt* bore; pp borne) (*carry*) llevar. **4** (*weight*) soportar, aguantar. **5** (*fruit*) producir, dar. **6** (*give birth*) dar a luz: **he was born in London** nació en Londres. ♦ **to bear out** *vt* confirmar ♦ **to bear up** *vi* mantenerse firme ♦ **to bear with** *vt* tener paciencia con. • **to bear in**

mind tener presente; **to bear a resemblance to** parecerse a.
beard [bɪəd] *n* barba.
bearer ['beərə] *n* (*of news, cheque etc*) portador,-ra; (*of passport*) titular *mf*.
bearing ['beərɪŋ] **1** *n* (*posture*) porte *m*. **2** (*relevance*) relación *f*. • **to lose one's bearings** (*get lost*) desorientarse; (*be confused*) perder el norte.
beast [biːst] *n* bestia, animal *m*.
beat [biːt] **1** *vt* (*pt* beat; pp beaten ['biːtən]) (*hit*) golpear; (*metals*) martillear; (*person*) azotar; (*drum*) tocar. **2** CULIN batir. **3** (*defeat*) vencer, derrotar. ‖ **4** *vi* (*heart*) latir. ‖ **5** *n* (*of heart*) latido. **6** MUS ritmo. **7** (*of policeman*) ronda. ‖ **8** *adj fam* agotado, -a. • **to beat about the bush** andarse por las ramas.
beater ['biːtə] *n* CULIN batidora.
beautician [bjuː'tɪʃn] *n* esteticista *mf*.
beautiful ['bjuːtɪfʊl] **1** *adj* hermoso,-a, bonito,-a. **2** (*wonderful*) maravilloso, -a.
beauty ['bjuːtɪ] *n* belleza, hermosura. ■ **beauty parlour** salón de belleza; **beauty spot** (*on face*) lunar *m*; (*place*) lugar pintoresco.
because [bɪ'kɒz] **1** *conj* porque. ‖ **2** **because of** *prep* a causa de.
become [bɪ'kʌm] **1** *vi* (*pt* became; pp become) (*with noun*) convertirse en, hacerse, llegar a ser: **what has become of Peter?** ¿qué ha sido de Peter? **2** (*with adj*) volverse, ponerse: **to become sad** entristecerse. **3** (*suit*) favorecer.
becoming [bɪ'kʌmɪŋ] *adj* (*dress etc*) que sienta bien.
bed [bed] **1** *n* cama. **2** (*of flowers*) macizo. **3** (*of river*) lecho; (*of sea*) fondo. • **to go to bed** acostarse; **to get out of bed on the wrong side** *fam* levantarse con el pie izquierdo.
bedclothes ['bedkləʊðz] *npl* ropa de cama.
bedding ['bedɪŋ] *n* ropa de cama.
bedroom ['bedruːm] *n* dormitorio.
bedspread ['bedspred] *n* cubrecama.
bee [biː] *n* abeja.
beech [biːtʃ] *n* haya.
beef [biːf] **1** *n* carne *f* de vaca. ‖ **2** *vi fam* quejarse.
beehive ['biːhaɪv] *n* colmena.
beeline ['biːlaɪn] *n* línea recta. • **to make a beeline for** ir directamente hacia.
beer [bɪə] *n* cerveza.
beetle ['biːtəl] *n* escarabajo.
beetroot ['biːtruːt] *n* remolacha.
before [bɪ'fɔː] **1** *prep* (*order, time*) antes de. **2** (*place*) delante de; (*in the presence of*) ante. ‖ **3** *conj* (*earlier than*) antes de + *inf*, antes de que + *subj*: **before you go** antes de irte, antes de que te vayas. • **the day before yesterday** antes de ayer.
beforehand [bɪ'fɔːhænd] **1** *adv* (*earlier*) antes. **2** (*in advance*) de antemano, con antelación.
beg [beg] **1** *vi* mendigar. ‖ **2** *vt* (*ask for*) pedir. **3** (*beseech*) suplicar, rogar. • **I beg your pardon?** ¿cómo ha dicho usted?/¿qué ha dicho?
beggar ['begə] *n* mendigo,-a.
begin [bɪ'gɪn] *vt* - *vi* (*pt* began; pp begun) empezar, comenzar.
beginner [bɪ'gɪnə] *n* principiante *mf*.
behalf [bɪ'hɑːf] *n*. • **on behalf of** en nombre de.

behave [bɪ'heɪv] *vi* comportarse. • **to behave oneself** portarse bien.
behaviour [bɪ'heɪvjə] *n* conducta, comportamiento.
behind [bɪ'haɪnd] **1** *prep* (*place*) detrás de. **2** (*in time*) después de. || **3** *adv* detrás. **4** (*late*) atrasado,-a. || **5** *n fam* trasero. • **behind sb's back** a espaldas de algn; **behind schedule** atrasado,-a; **behind the scenes** entre bastidores; **to leave sth behind** olvidar algo.
being ['biːɪŋ] **1** *n* (*living thing*) ser *m*. **2** (*existence*) existencia. • **for the time being** por ahora.
belated [bɪ'leɪtɪd] *adj* tardío,-a.
belch [beltʃ] **1** *n* eructo. || **2** *vi* eructar. || **3** *vt* vomitar.
Belgian ['beldʒən] *adj* - *n* belga.
Belgium ['beldʒəm] *n* Bélgica.
belief [bɪ'liːf] **1** *n* creencia. **2** (*opinion*) opinión *f*. **3** (*faith*) fe *f*.
believe [bɪ'liːv] **1** *vt* creer: **believe me** créeme. **2** (*suppose*) creer, suponer. || **3** *vi* creer (in, en). **4** (*trust*) confiar (in, en). **5** (*support*) ser partidario,-a (in, de).
believer [bɪ'liːvə] *n* creyente *mf*.
belittle [bɪ'lɪtl] *vt* menospreciar.
bell [bel] **1** *n* (*of church etc*) campana. **2** (*on bicycle, door etc*) timbre *m*. **3** (*cowbell*) cencerro. • **that rings a bell** eso me suena.
belly ['belɪ] **1** *n* (*person*) vientre *m*, barriga. **2** (*animal*) panza. ▪ **belly button** *fam* ombligo; **belly laugh** carcajada.
belong [bɪ'lɒŋ] **1** *vi* pertenecer (to, a). **2** (*to a club*) ser socio,-a (to, de).
belongings [bɪ'lɒŋɪŋz] *npl* pertenencias *fpl*.
beloved [bɪ'lʌvd] **1** *adj* querido,-a, amado,-a. || **2** *n* ([bɪ'lʌvɪd]) amado,-a.
below [bɪ'ləʊ] **1** *prep* debajo de, por debajo de. || **2** *adv* abajo. • **below zero** bajo cero.
belt [belt] **1** *n* cinturón *m*. **2** TECH correa. **3** (*area*) zona. || **4** *vt fam* pegar. ♦ **to belt along** *vi* ir a todo gas. ▪ **a blow below the belt** un golpe bajo.
bemused [bɪ'mjuːzd] *adj* perplejo,-a.
bench [bentʃ] **1** *n* banco. **2** JUR tribunal.
bend [bend] **1** *n* (*in road etc*) curva. **2** (*in pipe*) ángulo. || **3** *vt* (*pt & pp* bent) doblar. **4** (*head*) inclinar. || **5** *vi* doblarse. **6** (*road*) torcer. ♦ **to bend down** *vi* agacharse ♦ **to bend over** *vi* inclinarse. • **round the bend** loco,-a perdido,-a.
beneath [bɪ'niːθ] **1** *prep* bajo, debajo de. || **2** *adv* abajo, debajo.
beneficial [benɪ'fɪʃl] *adj* beneficioso, -a, provechoso,-a.
benefit ['benɪfɪt] **1** *n* (*advantage*) beneficio, provecho. **2** (*good*) bien *m*. **3** (*allowance*) subsidio. || **4** *vt* beneficiar. || **5** *vi* beneficiarse.
benign [bɪ'naɪn] *adj* benigno,-a.
bent [bent] **1** *adj* torcido,-a, doblado,-a. **2** *fam* (*corrupt*) corrupto,-a. || **3** *n* inclinación *f*. • **bent on** empeñado,-a en.
bequeath [bɪ'kwiːð] *vt* legar.
bequest [bɪ'kwest] *n* legado.
bereaved [bɪ'riːvd] *adj* desconsolado, -a *(por la muerte de un ser querido)*.
beret ['bereɪ] *n* boina.
berk [bɜːk] *n* GB *fam* idiota.
berry ['berɪ] *n* baya.
berserk [bə'sɜːk] *adj* enloquecido,-a.

berth [bɜːθ] **1** *n* (*in harbour*) amarradero. **2** (*on ship*) camarote *m*, litera. ‖ **3** *vt* poner en dique. ‖ **4** *vi* atracar.
beside [bɪˈsaɪd] *prep* al lado de.
besides [bɪˈsaɪdz] **1** *prep* (*as well as*) además de. **2** (*except*) excepto. ‖ **3** *adv* además.
best [best] **1** *adj* (*superl of good*) mejor. ‖ **2** *adv* (*superl of well*) mejor. ‖ **3** *n* lo mejor. • **all the best!** ¡que te vaya bien!; **as best you can** lo mejor que puedas; **at best** en el mejor de los casos; **the best part of** la mayor parte de; **to do one's best** esmerarse; **to make the best of** sacar el mejor partido de. ■ **best man** padrino de boda.
bet [bet] **1** *n* apuesta. ‖ **2** *vt* - *vi* apostar.
betray [bɪˈtreɪ] **1** *vt* traicionar. **2** (*secret*) revelar.
betrayal [bɪˈtreɪəl] *n* traición *f*.
better [ˈbetə] **1** *adj* (*comp of good*) mejor. ‖ **2** *adv* (*comp of well*) mejor. ‖ **3** *vt* (*improve*) mejorar. **4** (*surpass*) superar. • **better late than never** más vale tarde que nunca; **had better** más vale que + *subj*; **so much the better** tanto mejor; **to get better** mejorar. ■ **better half** media naranja.
between [bɪˈtwiːn] **1** *prep* entre. ‖ **2** *adv* en medio. • **between the lines** entre líneas; **between you and me** en confianza.
beverage [ˈbevərɪdʒ] *n* bebida.
beware [bɪˈweə] *vi* tener cuidado.
bewilder [bɪˈwɪldə] *vt* desconcertar.
bewitch [bɪˈwɪtʃ] *vt* (*put spell on*) hechizar; (*fascinate*) fascinar.
beyond [bɪˈjɒnd] **1** *prep* más allá de. ‖ **2** *adv* más allá. ‖ **3 the beyond** *n* el más allá. • **beyond belief** increíble; **beyond doubt** indudablemente; **it's beyond me** no lo entiendo.
bias [ˈbaɪəs] **1** *n* (*prejudice*) parcialidad *f*, prejuicio. **2** (*inclination*) tendencia. ‖ **3** *vt* predisponer.
biased [ˈbaɪəst] *adj* parcial.
bib [bɪb] *n* babero.
Bible [ˈbaɪbl] *n* Biblia.
bicker [ˈbɪkə] *vi* discutir.
bicycle [ˈbaɪsɪkl] *n* bicicleta.
bid [bɪd] **1** *n* (*at auction*) puja. **2** (*attempt*) intento. **3** (*offer*) oferta. ‖ **4** *vt* (*pt & pp* bid) (*at auction*) pujar. **5** (*pt* bid o bade; pp bid o bidden) (*say*) decir. **6** (*order*) ordenar, mandar. **7** (*offer*) ofrecer. ‖ **8** *vi* (*pt & pp* bid) (*at auction*) pujar.
bidder [ˈbɪdə] *n* postor,-ra.
bide [baɪd] *vt* - *vi* (*pt* bode o bided). • **to bide one's time** esperar el momento oportuno.
big [bɪg] *adj* grande. ■ **big game** caza mayor; **big noise** pez gordo; **big shot** pez gordo.
bighead [ˈbɪghed] *n* sabihondo,-a, creído,-a.
big-hearted [bɪgˈhɑːtɪd] *adj* de buen corazón, generoso,-a.
bigmouth [ˈbɪgmaʊθ] *n* bocazas.
bigot [ˈbɪgət] *n* fanático,-a.
bike [baɪk] **1** *n fam* (*bicycle*) bici *f*. **2** *fam* (*motorcycle*) moto *f*.
bikini [bɪˈkiːnɪ] *n* biquini *m*.
bilingual [baɪˈlɪŋgwəl] *adj* bilingüe.
bill [bɪl] **1** *n* factura; (*in restaurant*) cuenta. **2** (*law*) proyecto de ley. **3** US (*banknote*) billete *m*. **4** (*poster*) cartel *m*. ‖ **5** *vt* facturar. **6** THEAT programar. • **to fit the bill** cumplir los requisitos; **to top the bill** THEAT

encabezar el reparto. ■ **bill of exchange** letra de cambio; **Bill of Rights** declaración de derechos.
billboard ['bɪlbɔːd] *n* US valla publicitaria.
billiards ['bɪlɪədz] *n* billar *m.*
billion ['bɪlɪən] **1** *n* (*a million million*) billón *m.* **2** (*a thousand million*) mil millones *mpl.*
bin [bɪn] **1** *n* arca, cajón *m.* **2** cubo de la basura; papelera.
bind [baɪnd] **1** *vt* (*pt & pp* bound) (*tie up*) atar. **2** CULIN ligar. **3** (*book*) encuadernar. **4** (*bandage*) vendar. **5** (*require*) obligar. ‖ **6** *n fam* fastidio, molestia.
binding ['baɪndɪŋ] **1** *n* SEW ribete *m.* **2** (*of skis*) fijación *f.* **3** (*of book*) encuadernación *f.* ‖ **4** *adj* obligatorio,-a.
binge [bɪndʒ] *n* borrachera.
binoculars [bɪ'nɒkjʊləz] *npl* gemelos *mpl.*
biography [baɪ'ɒgrəfɪ] *n* biografía.
biology [baɪ'ɒlədʒɪ] *n* biología.
biosphere ['baɪəsfɪə] *n* biosfera.
birch [bɜːtʃ] *n* (*tree*) abedul *m.*
bird [bɜːd] **1** *n* (*large*) ave *f*; (*small*) pájaro. **2** GB (*girl*) chica. • **a bird in the hand is worth two in the bush** más vale pájaro en mano que ciento volando; **to kill two birds with one stone** matar dos pájaros de un tiro. ■ **bird of prey** ave *f* de rapiña.
birdseed ['bɜːdsiːd] *n* alpiste *m.*
bird-watcher ['bɜːdwɒtʃə] *n* ornitólogo,-a.
birth [bɜːθ] **1** *n* (*of baby*) nacimiento. **2** MED parto. **3** (*descent*) linaje *m.* • **to give birth to** dar a luz a. ■ **birth certificate** partida de nacimiento.
birthday ['bɜːθdeɪ] *n* cumpleaños *m inv.*
birthmark ['bɜːθmɑːk] *n* lunar *m.*
bisect [baɪ'sekt] *vt* bisecar.
bishop ['bɪʃəp] *n* obispo.
bison ['baɪsn] *n* bisonte *m.*
bit [bɪt] **1** *n* (*small piece*) trozo, pedacito. **2** (*small amount*) poco. **3** (*of bridle*) bocado. **4** (*of drill*) broca. • **bit by bit** poco a poco; **bits and pieces** trastos; **to come to bits** romperse; **to take to bits** desmontar; **to go to bits** *fig* ponerse histérico,-a.
bitch [bɪtʃ] **1** *n* hembra; (*of dog*) perra. **2** *pej* (*woman*) bruja. ‖ **3** *vi fam* quejarse.
bite [baɪt] **1** *n* (*act*) mordisco. **2** (*of insect*) picadura. **3** (*of dog etc*) mordedura. **4** (*of food*) bocado. ‖ **5** *vt* - *vi* (*pt* bit; pp bitten) morder. **6** (*insect*) picar. **7** (*fish*) picar.
biting ['baɪtɪŋ] *adj* (*wind*) cortante; (*comment*) mordaz.
bitter ['bɪtə] **1** *adj* (*gen*) amargo,-a. **2** (*weather*) glacial. **3** (*person*) amargado, -a. **4** (*fight*) enconado,-a. ‖ **5** *n* cerveza amarga.
bitterness ['bɪtənəs] amargura.
bizarre [bɪ'zɑː] *adj* raro,-a, extraño,-a.
blab [blæb] **1** *vi fam* parlotear. **2** *fam* (*tell secret*) cantar, descubrir el pastel.
black [blæk] **1** *adj* negro,-a. **2** (*gloomy*) aciago,-a, negro,-a. ‖ **3** *n* (*colour*) negro. **4** (*person*) negro,-a. ♦ **to black out 1** *vt* apagar las luces de. **2** *vi* (*faint*) desmayarse. • **to put down sth in black and white** poner algo por escrito. ■ **black coffee** café solo; **black eye** ojo morado, ojo a la funerala.

blackberry ['blækbərɪ] *n* mora, zarzamora.
blackbird ['blækbɜːd] *n* mirlo.
blackboard ['blækbɔːd] *n* pizarra.
blackcurrant [blæk'kʌrənt] *n* grosella negra.
blacken ['blækn] **1** *vt* ennegrecer. **2** *fig* (*defame*) manchar.
blackhead ['blækhed] *n* espinilla.
blackmail ['blækmeɪl] **1** *n* chantaje *m*. ‖ **2** *vt* hacer chantaje a, chantajear.
blackness ['blæknəs] *n* negrura, oscuridad *f*.
blackout ['blækaʊt] **1** *n* apagón *m*. **2** (*fainting*) pérdida de conocimiento.
blacksmith ['blæksmɪθ] *n* herrero.
bladder ['blædə] *n* vejiga.
blade [bleɪd] **1** *n* (*of sword, knife etc*) hoja. **2** (*of iceskate*) cuchilla. **3** (*of propeller, oar*) pala. **4** (*of grass*) brizna.
blame [bleɪm] **1** *n* culpa. ‖ **2** *vt* culpar, echar la culpa a.
bland [blænd] *adj* soso,-a.
blank [blæŋk] **1** *adj* en blanco. **2** vacío,-a. ‖ **3** *n* espacio en blanco. • **my mind went blank** me quedé en blanco; **to draw a blank** no tener éxito.
blanket ['blæŋkɪt] **1** *n* manta. ‖ **2** *adj* general.
blare [bleə] *n* estruendo. ♦ **to blare out** *vi* sonar muy fuerte.
blasphemy ['blæsfɪmɪ] *n* blasfemia.
blast [blɑːst] **1** *n* (*of wind*) ráfaga. **2** (*of water air etc*) chorro. **3** (*of horn etc*) toque *m*. **4** (*explosion*) explosión *f*, voladura. **5** (*shock wave*) onda expansiva. ‖ **6** *vt* (*explode*) volar, hacer volar. **7** (*criticize*) criticar. ‖ **8** *interj* ¡maldita sea! • **at full blast** a todo volumen.
blasted ['blɑːstɪd] *adj* maldito,-a.
blast-off ['blɑːstɒf] *n* despegue *m*.
blatant ['bleɪtnt] *adj* descarado,-a.
blaze [bleɪz] **1** *n* incendio. **2** llamarada. **3** resplandor *m*. ‖ **4** *vi* arder. **5** brillar con fuerza. • **like blazes** a toda pastilla, a todo gas; **to blaze a trail** abrir un camino.
bleach [bliːtʃ] **1** *n* lejía. ‖ **2** *vt* blanquear.
bleak [bliːk] **1** *adj* (*countryside*) desolado,-a. **2** (*weather*) desapacible. **3** (*future*) poco prometedor,-ra.
bleary ['blɪərɪ] **1** *adj* (*from tears*) nubloso,-a. **2** (*from tiredness*) legañoso,-a.
bleed [bliːd] *vt* - *vi* (*pt & pp* bled) sangrar. • **to bleed sb dry** sacarle a algn hasta el último céntimo; **to bleed to death** morir desangrado,-a.
bleeding ['bliːdɪŋ] *adj vulg* puñetero,-a.
bleep [bliːp] **1** *n* pitido. ‖ **2** *vi* pitar. ‖ **3** *vt* localizar con un busca.
blemish ['blemɪʃ] **1** *n* imperfección *f*. **2** (*on fruit*) maca. **3** *fig* mancha.
blend [blend] **1** *n* mezcla, combinación *f*. ‖ **2** *vt* - *vi* (*mix*) mezclar (se), combinar(se). **3** (*match*) matizar(se), armonizar(se).
blender ['blendə] *n* CULIN batidora.
bless [bles] *vt* bendecir.
blessing ['blesɪŋ] **1** *n* bendición *f*. **2** (*advantage*) ventaja.
blind [blaɪnd] **1** *adj* ciego,-a. ‖ **2** *n* (*on window*) persiana. ‖ **3** *vt* cegar, dejar ciego,-a. **4** (*dazzle*) deslumbrar.
blindfold ['blaɪndfəʊld] **1** *n* venda. ‖ **2** *vt* vendar los ojos a. ‖ **3** *adj* - *adv* con los ojos vendados.
blindness ['blaɪndnəs] *n* ceguera.

blink [blɪŋk] **1** *n* parpadeo. ‖ **2** *vi* parpadear. • **on the blink** *fam* averiado,-a.
bliss [blɪs] *n* felicidad *f*, dicha.
blister ['blɪstə] **1** *n* (*on skin*) ampolla. **2** (*on paint*) burbuja. ‖ **3** *vt* - *vi* ampollar(se).
blizzard ['blɪzəd] *n* tormenta de nieve.
bloated ['bləʊtɪd] *adj* hinchado,-a.
blob [blɒb] **1** *n* gota. **2** mancha.
block [blɒk] **1** *n* bloque *m*. **2** (*of wood, stone*) taco. **3** (*building*) edificio, bloque *m*. **4** (*group of buildings*) manzana. **5** (*obstruction*) bloqueo. ‖ **6** *vt* (*pipe etc*) obstruir, cegar, embozar. **7** (*streets etc*) bloquear.
blockage ['blɒkɪdʒ] *n* obstrucción *f*.
blockhead ['blɒkhed] *n* zoquete *mf*.
bloke [bləʊk] *n* GB *fam* tipo, tío.
blond [blɒnd] *adj* - *n* rubio,-a.
▲ Suele escribirse **blonde** cuando se refiere a una mujer.
blood [blʌd] **1** *n* sangre *f*. **2** (*ancestry*) alcurnia. ▪ **blood group** grupo sanguíneo; **blood pressure** tensión arterial.
bloodless ['blʌdləs] **1** *adj* (*pale*) pálido,-a. **2** (*revolution etc*) incruento,-a, sin derramamiento de sangre.
bloodstream ['blʌdstriːm] *n* corriente *f* sanguínea.
bloody ['blʌdɪ] **1** *adj* (*battle*) sangriento,-a. **2** *fam* (*damned*) puñetero,-a, condenado,-a.
bloom [bluːm] **1** *n* flor *f*. ‖ **2** *vi* florecer.
blossom ['blɒsəm] **1** *n* flor *f*. ‖ **2** *vi* florecer.
blot [blɒt] **1** *n* (*of ink*) borrón *m*. ‖ **2** *vt* (*stain*) manchar. **3** (*dry*) secar. ♦ **to blot out 1** *vt* (*hide*) ocultar. **2** *vt* (*memory*) borrar.
blotch [blɒtʃ] *n* mancha.
blotting-paper ['blɒtɪŋpeɪpə] *n* papel *m* secante.
blouse [blaʊz] *n* blusa.
blow [bləʊ] **1** *n* golpe *m*. ‖ **2** *vi* (*pt* blew; pp blown [bləʊn]) (*wind*) soplar. **3** (*instrument*) sonar. **4** (*fuse*) fundirse. **5** (*tyre*) reventarse. ‖ **6** *vt* (*instrument*) tocar; (*whistle*) pitar; (*horn*) tocar. **7** *fam* (*money*) despilfarrar. ♦ **to blow out 1** *vt* apagar. **2** *vi* apagarse ♦ **to blow over 1** *vi* (*storm*) amainar. **2** *vi* (*scandal*) olvidarse ♦ **to blow up 1** *vt* (*explode*) hacer explotar. **2** *vt* (*inflate*) hinchar. **3** *vi* (*explode*) explotar. **4** *vi* (*lose one's temper*) salirse de sus casillas. • **blow you!** *fam* ¡vete a hacer puñetas!; **to blow one's nose** sonarse la nariz.
blowlamp ['bləʊlæmp] *n* soplete *m*.
blowout ['bləʊaʊt] **1** *n* AUTO reventón *m*. **2** *fam* comilona.
blowpipe ['bləʊpaɪp] *n* cerbatana.
blowtorch ['bləʊtɔːtʃ] *n* soplete *m*.
blue [bluː] **1** *adj* azul. **2** (*sad*) triste. **3** (*depressed*) deprimido,-a. **4** (*obscene*) verde. ‖ **5** *n* azul *m*. • **once in a blue moon** de Pascuas a Ramos; **out of the blue** como llovido del cielo. ▪ **the blues** (*depression*) melancolía; (*music*) el blues.
blueberry ['bluːbərɪ] *n* arándano.
blueprint ['bluːprɪnt] **1** *n* cianotipo. **2** *fig* anteproyecto.
bluetit ['bluːtɪt] *n* herrerillo común.
bluff [blʌf] **1** *adj* (*person*) francote, campechano,-a. ‖ **2** *n* farol *m*, fanfarronada. ‖ **3** *vi* tirarse un farol, fanfarronear.

blunder ['blʌndə] **1** *n* plancha, metedura de pata. || **2** *vi* meter la pata.
blunt [blʌnt] **1** *adj* (*knife*) desafilado, -a. **2** franco,-a. || **3** *vt* desafilar.
bluntly ['blʌntlɪ] *adv* sin rodeos.
blur [blɜː] *n* borrón *m*.
blurt out ['blɜːt'aʊt] *vt* espetar, soltar.
blush [blʌʃ] **1** *n* rubor *m*, sonrojo *m*. || **2** *vi* ruborizarse, sonrojarse.
blustery ['blʌstərɪ] *adj* ventoso,-a.
boar [bɔː] *n* verraco, jabalí.
board [bɔːd] **1** *n* (*piece of wood*) tabla, tablero. **2** (*food*) comida, pensión *f*. **3** (*committee*) junta, consejo. || **4** *vt* (*ship etc*) subirse a, embarcar en.
boarding ['bɔːdɪŋ] *n* embarque *m*. ■ **boarding card** tarjeta de embarque; **boarding house** casa de huéspedes; **boarding school** internado.
boast [bəʊst] **1** *n* jactancia. || **2** *vi* jactarse. || **3** *vt* ostentar, presumir de.
boastful ['bəʊstfʊl] *adj* jactancioso,-a.
boat [bəʊt] *n* barco; (*small*) barca; (*large*) buque *m*; (*launch*) lancha.
bob [bɒb]. ● **to bob up and down** moverse arriba y abajo.
bobbin ['bɒbɪn] *n* bobina.
bode [bəʊd] *vt* - *vi* presagiar. ● **to bode ill/well** ser de buen/mal agüero.
bodice ['bɒdɪs] *n* corpiño.
bodily ['bɒdɪlɪ] **1** *adj* físico,-a, corporal. || **2** *adv* físicamente. **3** (*en masse*) como un solo hombre.
body ['bɒdɪ] **1** *n* cuerpo. **2** (*corpse*) cadáver *m*. **3** (*organization*) organismo, entidad *f*.
body-building ['bɒdɪbɪldɪŋ] *n* culturismo.
bodyguard ['bɒdɪgɑːd] *n* guardaespaldas *m inv*.
bodywork ['bɒdɪwɜːk] *n* AUTO carrocería.
bog [bɒg] **1** *n* pantano, cenagal *m*. **2** *vulg* (*toilet*) meódromo. ● **to get bogged down** atascarse, encallarse.
bogus ['bəʊgəs] *adj* falso,-a.
boil [bɔɪl] **1** *n* MED furúnculo. || **2** *vt* - *vi* CULIN hervir, cocer. ♦ **to boil down to** *vt* reducirse a. ● **to come to the boil** empezar a hervir.
boiler ['bɔɪlə] *n* caldera.
boiling ['bɔɪlɪn] *adj* hirviente. ■ **boiling point** punto de ebullición.
boisterous ['bɔɪstrəs] *adj* bullicioso,-a.
bold [bəʊld] **1** *adj* (*brave*) valiente. **2** (*daring*) audaz, atrevido,-a. **3** (*cheeky*) descarado,-a. ■ **bold type** negrita.
boldness ['bəʊldnəs] **1** *n* (*courage*) valor *m*. **2** (*daring*) audacia. **3** (*cheek*) descaro.
bolshie ['bɒlʃɪ] *adj* GB *fam* respondón, -ona.
bolt [bəʊlt] **1** *n* (*on door etc*) cerrojo; (*small*) pestillo. **2** (*screw*) perno, tornillo. **3** (*lightning*) rayo. || **4** *vt* (*lock*) cerrar con cerrojo. **5** (*screw*) sujetar con tornillos. **6** *fam* (*food*) engullir. || **7** *vi* (*person*) escaparse; (*horse*) desbocarse. ● **bolt upright** tieso,-a; **to make a bolt for it** escaparse.
bomb [bɒm] **1** *n* bomba. || **2** *vt* MIL bombardear; (*terrorist*) colocar una bomba en.
bombastic [bɒm'bæstɪk] *adj* rimbombante, ampuloso,-a.
bomber ['bɒmə] **1** *n* MIL bombardero. **2** (*terrorist*) terrorista.

bombshell ['bɒmʃel] **1** *n* MIL obús *m*. **2** *fig* bomba. **3** *fam* mujer *f* explosiva.
bona fide [bəʊnə'faɪdɪ] *adj* genuino,-a.
bond [bɒnd] **1** *n* (*link*) lazo, vínculo. **2** FIN bono, obligación *f*. **3** JUR fianza. **4** (*agreement*) pacto, compromiso. **5** (*adhesion*) unión *f*. ‖ **6** *vt* - *vi* (*stick*) pegar(se).
bondage ['bɒndɪdʒ] *n* esclavitud *f*.
bone [bəʊn] **1** *n* hueso. **2** (*of fish*) espina. ‖ **3** *vt* deshuesar. ■ **bone of contention** manzana de la discordia.
bone-idle [bəʊn'aɪdl] *adj* holgazán, -ana.
bonfire ['bɒnfaɪə] *n* hoguera.
bonkers ['bɒŋkəz] *adj* GB *fam* chalado,-a.
bonnet ['bɒnɪt] **1** *n* (*child's*) gorro, gorra. **2** AUTO capó *m*.
bonny ['bɒnɪ] *adj* hermoso,-a, lindo,-a.
bonus ['bəʊnəs] *n* prima.
bony ['bəʊnɪ] *adj* huesudo,-a.
boo [buː] **1** *interj* ¡bu! ‖ **2** *n* abucheo. ‖ **3** *vt* - *vi* abuchear.
boob [buːb] **1** *n fam* metedura de pata. ‖ **2** *vi fam* meter la pata. ‖ **3** **boobs** *npl fam* tetas *fpl*.
booby prize ['buːbɪpraɪz] *n* premio de consolación *f*.
book [bʊk] **1** *n* libro. ‖ **2** *vt* (*reserve*) reservar. **3** (*police*) multar; (*referee*) amonestar. ‖ **4** **books** *npl* COMM libros *mpl*, cuentas *fpl*.
bookcase ['bʊkkeɪs] *n* librería, estantería.
booking ['bʊkɪŋ] *n* reserva *f*.
bookkeeping ['bʊkkiːpɪŋ] *n* teneduría de libros.
booklet ['bʊklət] *n* folleto.
bookseller ['bʊkselə] *n* librero,-a.
bookshelf ['bʊkʃelf] **1** *n* estante *m*. ‖ **2** **bookshelves** *npl* librería.
bookstore ['bʊkstɔː] *n* librería.
boom [buːm] **1** *n* (*noise*) estampido, retumbo. **2** *fig* (*success*) boom *m*, auge *m*. **3** (*barrier*) barrera. ‖ **4** *vi* tronar. **5** (*prosper*) estar en auge.
boor [bʊə] *n* patán *m*.
boost [buːst] **1** *n* empuje *m*. **2** *fig* estímulo. ‖ **3** *vt* aumentar.
boot [buːt] **1** *n* bota. **2** GB maletero. ‖ **3** *vt* - *vi* COMPUT arrancar. ♦ **to boot out** *vt* echar a patadas.
booth [buːð] **1** *n* cabina. **2** (*at fair*) puesto.
booty ['buːtɪ] *n* botín *m*.
booze [buːz] **1** *n fam* bebida, alcohol *m*. ‖ **2** *vi fam* mamar.
border ['bɔːdə] *n* (*of country*) frontera. ♦ **to border on** *vt* lindar con; *fig* rayar en.
bore [bɔː] **1** *n* (*person*) pelmazo,-a, pesado,-a; (*thing*) lata, rollo. **2** (*of gun*) ánima, alma; (*calibre*) calibre *m*. ‖ **3** *vt* aburrir. **4** (*perforate*) horadar. • **to bore a hole in** abrir un agujero en.
bored [bɔːd] *adj* aburrido,-a.
boring ['bɔːrɪŋ] *adj* aburrido,-a.
born [bɔːn] *pp* → **bear**. • **to be born** nacer.
borough ['bʌrə] **1** *n* ciudad *f*. **2** (*district*) barrio.
borrow ['bɒrəʊ] *vt* tomar prestado, -a, pedir prestado,-a.
bosom ['bʊzm] **1** *n* pecho. **2** (*centre*) seno.
boss [bɒs] *n* jefe,-a. ♦ **to boss around** *vt* mangonear.
bossy ['bɒsɪ] *adj* mandón,-ona.

botanist ['bɒtənɪst] *n* botánico,-a.
botany ['bɒtənɪ] *n* botánica.
botch [bɒtʃ] **1** *n* chapuza. ‖ **2** *vt* hacer una chapuza de.
both [bəʊθ] **1** *adj - pron* ambos, -as, los/las dos. ‖ **2** *conj* a la vez. • **both ... and** tanto ... como.
bother ['bɒðə] **1** *n* molestia. **2** problemas *mpl*. ‖ **3** *vt - vi* molestar(se). **4** preocupar(se).
bottle ['bɒtl] **1** *n* botella; frasco. **2** GB *fam* agallas *fpl*. ‖ **3** *vt* embotellar; envasar. ▪ **bottle opener** abrebotellas *m inv*.
bottom ['bɒtəm] **1** *n* (*of sea, box, garden, street etc*) fondo; (*of bottle*) culo; (*of hill, page*) pie *m*; (*of dress*) bajo; (*of trousers*) bajos *mpl*. **2** (*buttocks*) trasero, culo. ‖ **3** *adj* de abajo. • **to get to the bottom of sth** llegar al fondo de algo.
bough [baʊ] *n* rama.
boulder ['bəʊldə] *n* roca.
bounce [baʊns] **1** *n* (*of ball*) bote *m*. **2** *fig* (*energy*) vitalidad *f*. ‖ **3** *vi* rebotar.
bound [baʊnd] **1** *adj* (*tied*) atado,-a. **2** (*forced*) obligado,-a. **3** (*book*) encuadernado,-a. ‖ **4** *n* salto, brinco. ‖ **6** *vi* saltar. • **bound for** con destino a, con rumbo a; **to be bound to** ser seguro que.
boundary ['baʊndərɪ] *n* límite *m*, frontera.
bouquet [bu:'keɪ] **1** *n* (*flowers*) ramillete *m*. **2** (*wine*) aroma.
bourgeois ['bʊəʒwɑ:] *adj - n* burgués,-esa.
bout [baʊt] **1** *n* (*period*) rato. **2** (*of illness*) ataque *m*. **3** (*boxing*) encuentro.
bow [baʊ] **1** *n* (*with body*) reverencia. **2** MAR proa. **3** ([bəʊ]) (*weapon*) arco. **4** (*of violin*) arco. **5** (*knot*) lazo. ‖ **6** *vi* (*in respect*) inclinarse, hacer una reverencia. **7** (*wall*) arquearse. ▪ **bow tie** pajarita.
bowel ['baʊəl] **1** *n* intestino. ‖ **2 bowels** *npl* entrañas *fpl*.
bowl [bəʊl] **1** *n* CUL cuenco. **2** (*for washing - hands*) palangana; (*- clothes*) barreño. **3** (*of toilet*) taza. **4** (*ball*) bocha. ‖ **5** *vi* (*play bowls*) jugar a las bochas. **6** (*cricket*) lanzar la pelota.
bowler ['bəʊlə] *n* (*hat*) bombín *m*
box [bɒks] **1** *n* (*gen*) caja; (*large*) cajón *m*. **2** THEAT palco. ‖ **3** *vt* (*put in boxes*) poner en cajas, encajonar. ‖ **4** *vi* (*as sport*) boxear. ▪ **box office** taquilla.
boxing ['bɒksɪŋ] *n* boxeo. ▪ **Boxing Day** GB día *m* de san Esteban, 26 de diciembre.
boy [bɔɪ] *n* (*baby*) niño; (*child*) chico, muchacho; (*youth*) joven *m*.
boyfriend ['bɔɪfrend] *n* novio.
boyhood ['bɔɪhʊd] *n* niñez *f*.
boyish ['bɔɪɪʃ] *adj* muchachil, juvenil.
bra [brɑ:] *n* sujetador *m*.
brace [breɪs] **1** *n* (*clamp*) abrazadera. **2** (*support*) riostra. **3** (*drill*) berbiquí *m*. **4** (*on teeth*) aparato. **5** (*two*) par *m*. ‖ **6** *vt* reforzar. ‖ **7 braces** *npl* tirantes *mpl*.
bracelet ['breɪslət] *n* brazalete *m*.
bracing ['breɪsɪŋ] *adj* tonificante.
bracket ['brækɪt] **1** *n* paréntesis *m inv*; (*square*) corchete *m*. **2** (*for shelf*) soporte *m*. **3** (*group*) horquilla, banda.
brag [bræg] **1** *n* jactancia. ‖ **2** *vi* jactarse (about, de).
braid [breɪd] **1** *n* galón *m*. **2** US (*plait*) trenza.
brain [breɪn] *n* cerebro. ▪ **brain wave** idea genial.

brainy ['breɪnɪ] *adj fam* inteligente.
brake [breɪk] **1** *n* freno. || **2** *vt* frenar.
branch [brɑːntʃ] **1** *n* (*tree*) rama. **2** (*road etc*) ramal *m*. **3** COMM sucursal *f*. || **4** *vi* bifurcarse.
brand [brænd] **1** *n* COMM marca. **2** (*type*) clase *f*. **3** (*cattle*) hierro. || **4** *vt* marcar.
brand-new [bræn'njuː] *adj* flamante.
brass [brɑːs] **1** *n* latón *m*. **2** *fam* (*money*) pasta.
brave [breɪv] **1** *adj* valiente. || **2** *n* guerrero indio. || **3** *vt* desafiar.
brawl [brɔːl] **1** *n* reyerta, pelea. || **2** *vi* pelearse.
breach [briːtʃ] **1** *n* (*opening*) brecha, abertura. **2** (*violation*) incumplimiento.
bread [bred] **1** *n* pan *m*. **2** *sl* (*money*) guita, pasta.
breadth [bredθ] *n* anchura.
break [breɪk] **1** *n* rotura, ruptura. **2** (*pause*) interrupción *f*, pausa. **3** (*chance*) oportunidad *f*. || **4** *vt* (*pt* broke; pp broken) romper. **5** (*record*) batir. **6** (*promise*) faltar a. **7** (*news*) comunicar. **8** (*code*) descifrar. **9** (*journey*) interrumpir. || **10** *vi* romperse. **11** (*storm*) estallar. **12** (*voice*) cambiar. **13** (*health*) quebrantarse. ♦ **to break down 1** *vt* derribar. **2** *vt* (*analyse*) desglosar. **3** *vi* (*car*) averiarse; (*driver*) tener una avería. **4** *vi* (*appliance*) estropearse ♦ **to break in** *vt* domar ♦ **to break into** *vt* (*house*) entrar por la fuerza en; (*safe*) forzar ♦ **to break out. 1** *vi* (*prisoners*) escaparse. **2** *vi* (*war etc*) estallar ♦ **to break up 1** *vt* - *vi* (*crowd*) disolver(se). **2** *vi* (*couple*) separarse. **3** *vi* (*school*) empezar las vacaciones.
breakdown ['breɪkdaʊn] **1** *n* avería. **2** MED crisis *f nerviosa*. **3** (*in negotiations*) ruptura. **4** (*financial*) desglose *m*.
breakfast ['brekfəst] **1** *n* desayuno. || **2** *vi* desayunar.
break-in ['breɪkɪn] *n* entrada forzada.
breakthrough ['breɪkθruː] *n* avance.
breast [brest] *n* pecho.
breaststroke ['breststrəʊk] *n* braza.
breath [breθ] *n* aliento.
breathalyze ['breθəlaɪz] *vt* hacer la prueba del alcohol a.
breathe [briːð] *vt* - *vi* respirar.
breeches ['brɪtʃɪz] *npl* pantalones *mpl*.
breed [briːd] **1** *n* raza. || **2** *vt* (*pt & pp* bred) criar. || **3** *vi* reproducirse.
breeze [briːz] *n* brisa.
brew [bruː] **1** *n* (*tea etc*) infusión *f*. **2** (*potion*) brebaje *m*. || **3** *vt* (*beer*) elaborar. **4** (*tea etc*) preparar.
brewery ['brʊərɪ] *n* cervecería.
bribe [braɪb] **1** *n* soborno. || **2** *vt* sobornar.
bric-a-brac ['brɪkəbræk] *n* baratijas *fpl*.
brick [brɪk] *n* ladrillo.
bricklayer ['brɪkleɪə] *n* albañil *m*.
bride [braɪd] *n* novia, desposada.
bridegroom ['braɪdgruːm] *n* novio, desposado.
bridesmaid ['braɪdzmeɪd] *n* dama de honor.
bridge [brɪdʒ] **1** *n* puente *m*. **2** (*of nose*) caballete *m*. **3** (*on ship*) puente *m* de mando.
brief [briːf] **1** *adj* (*short*) breve; (*concise*) conciso,-a. || **2** *n* (*report*) informe *m*. **3** JUR expediente *m*. **4** MIL

instrucciones *fpl.* ‖ **5** *vt* (*inform*) informar. **6** (*instruct*) dar instrucciones a.
briefcase [ˈbriːfkeɪs] *n* maletín *m*, cartera.
bright [braɪt] **1** *adj* (*light, eyes etc*) brillante. **2** (*day*) despejado,-a. **3** (*colour*) vivo,-a. **4** (*future*) prometedor,-ra. **5** (*clever*) inteligente. **6** (*cheerful*) alegre, animado,-a.
brighten [ˈbraɪtn] *vi* animarse. ♦ **to brighten up. 1** *vi* despejarse. **2** *vi* animarse. **3** *vt* animar.
brightness [ˈbraɪtnəs] **1** *n* luminosidad *f.* **2** resplandor *m.* **3** claridad *f.* **4** viveza. **5** inteligencia.
brilliant [ˈbrɪljənt] **1** *adj* brillante, reluciente. **2** (*person*) brillante, genial. **3** *fam* estupendo,-a, fantástico,-a.
brim [brɪm] **1** *n* (*of glass*) borde *m.* **2** (*of hat*) ala. ‖ **3** *vi* rebosar (with, de).
bring [brɪŋ] **1** *vt* (*pt & pp* brought) traer. **2** (*lead*) conducir, llevar. ♦ **to bring about** *vt* provocar, causar ♦ **to bring back** *vt* (*return*) devolver. ♦ **to bring down 1** *vt* (*cause to fall*) derribar. **2** *vt* (*reduce*) hacer bajar ♦ **to bring forward** *vt* adelantar ♦ **to bring in 1** *vt* (*introduce*) introducir. **2** *vt* (*yield*) producir. **3** *vt* JUR (*verdict*) emitir ♦ **to bring off** *vt* conseguir, lograr ♦ **to bring on** *vt* (*illness*) provocar ♦ **to bring out** *vt* sacar; (*book etc*) publicar ♦ **to bring round 1** *vt* (*persuade*) persuadir, convencer. **2** *vt* (*revive*) hacer volver en sí ♦ **to bring to** *vt* hacer volver en sí ♦ **to bring up 1** *vt* (*educate*) criar, educar. **2** *vt* (*mention*) plantear. **3** *vt* (*vomit*) devolver.
brisk [brɪsk] *adj* enérgico,-a.
Britain [ˈbrɪtn] *n* Bretaña. ▪ **Great Britain** Gran Bretaña.
British [ˈbrɪtɪʃ] **1** *adj* británico,-a. ‖ **2 the British** *npl* los británicos.
brittle [ˈbrɪtl] *adj* quebradizo,-a, frágil.
broad [brɔːd] *adj* ancho,-a; amplio, -a, extenso,-a. ▪ **broad bean** haba.
broadcast [ˈbrɔːdkɑːst] **1** *n* RAD TV emisión *f.* ‖ **2** *vt* (*pt & pp* broadcast) RAD TV emitir, transmitir. **3** (*make known*) difundir.
broaden [ˈbrɔːdn] *vt* ensanchar. • **to broaden the mind** ampliar los horizontes.
brochure [ˈbrəʊʃə] *n* folleto.
broil [brɔɪl] *vt* US asar a la parrilla.
broke [brəʊk] **1** *pt* →**break**. ‖ **2** *adj fam* (*penniless*) sin blanca.
broken [ˈbrəʊkn] **1** *pp* →**break**. ‖ **2** *adj* roto,-a. **3** (*machine*) estropeado, -a. **4** (*bone*) fracturado,-a. **5** (*person*) destrozado,-a. **6** (*language*) chapurreado,-a.
broker [ˈbrəʊkə] *n* (*on stock exchange*) corredor,-ra *m*, bróker *mf*; (*intermediary*) intermediario,-a.
bronze [brɒnz] **1** *n* bronce *m.* ‖ **2** *adj* (*colour*) bronceado,-a.
brooch [brəʊtʃ] *n* broche *m.*
brood [bruːd] **1** *n* (*birds*) nidada. ‖ **2** *vi* (*hen*) empollar. **3** *fig* considerar, rumiar.
brook [brʊk] *n* arroyo, riachuelo.
broom [bruːm] *n* escoba.
bros [brɒs] *abbr* hnos.
broth [brɒθ] *n* caldo.
brother [ˈbrʌðə] *n* hermano.
brother-in-law [ˈbrʌðərɪnlɔː] *n* cuñado.
brotherly [ˈbrʌðəlɪ] *adj* fraternal.

brow [braʊ] **1** *n* (*eyebrow*) ceja. **2** (*forehead*) frente *f*. **3** (*of hill*) cresta.
brown [braʊn] **1** *adj* marrón. **2** (*hair etc*) castaño,-a. **3** (*skin*) moreno,-a. || **4** *vt* CULIN dorar. **5** (*tan*) broncear(se).
browse [braʊz] **1** *vi* (*animal - grass*) pacer; (- *leaves*) ramonear. **2** (*person - in shop*) mirar; (- *through book*) hojear; *to browse the Web* navegar por Internet.
browser ['braʊzə] *n* COMPUT navegador.
bruise [bruːz] **1** *n* morado, magulladura, contusión *f*. || **2** *vt* - *vi* (*body*) magullar(se), contusionar(se).
brunette [bruː'net] **1** *n* morena. || **2** *adj* moreno,-a.
brush [brʌʃ] **1** *n* (*for teeth, clothes etc*) cepillo. **2** (*artist's*) pincel *m*. **3** (*house painter's*) brocha. **4** (*undergrowth*) maleza. || **5** *vt* cepillar. **6** (*touch lightly*) rozar. ♦ **to brush up** *vt* refrescar, repasar.
Brussels ['brʌslz] *prn* Bruselas. ■ **Brussels sprouts** coles *fpl* de Bruselas.
brutal ['bruːtl] *adj* brutal, cruel.
brutality [bruː'tælɪtɪ] *n* brutalidad *f*, crueldad *f*.
brutish ['bruːtɪʃ] *adj* brutal, bestial.
bubble ['bʌbl] **1** *n* burbuja. || **2** *vi* burbujear.
bubbly ['bʌblɪ] **1** *adj* burbujeante. **2** (*person*) vivaz.
buck [bʌk] **1** *n* (*gen*) macho; (*deer*) ciervo. **2** US *fam* dólar *m*. || **3** *vi* (*horse*) corcovear. • **to pass the buck to sb** echar el muerto a algn.
bucket ['bʌkɪt] *n* cubo.
buckle ['bʌkl] **1** *n* hebilla. || **2** *vt* abrochar. || **3** *vi* torcerse. **4** (*knees*) doblarse.
bud [bʌd] **1** *n* (*leaf*) yema; (*flower*) capullo. || **2** *vi* brotar.
budding ['bʌdɪŋ] *adj* en ciernes.
buddy ['bʌdɪ] *n* US *fam* amigote *m*.
budge [bʌdʒ] **1** *vt* mover. || **2** *vi* moverse. || **3** *vt* - *vi* (*give way*) ceder.
budgerigar ['bʌdʒərɪgɑː] *n* periquito.
budget ['bʌdʒɪt] **1** *n* presupuesto. || **2** *vt* - *vi* presupuestar.
buffer ['bʌfə] **1** *n* tope *m*. **2** COMPUT memoria intermedia.
buffet ['bʌfeɪ] **1** *n* (*bar*) bar *m*; (*at station*) cantina, bar *m*. **2** (*meal*) bufé *m* libre. **3** (['bʌfɪt]) (*slap*) bofetada. || **4** *vt* abofetear.
bug [bʌg] **1** *n* (*insect*) bicho. **2** *fam* (*microbe*) microbio. **3** COMPUT (*error*) error *m*. || **4** (*annoy*) molestar.
bugger ['bʌgə] **1** *n* (*sodomite*) sodomita *m*. **2** *vulg* (*bastard*) cabrón, -ona. **3** *vulg* (*thing*) coñazo. || **4** *vt* sodomizar. || **5** **bugger!** *interj vulg* ¡joder! ♦ **to bugger about** *vi vulg* hacer el gilipollas ♦ **to bugger off** *vi vulg* largarse ♦ **to bugger up** *vt vulg* joder.
build [bɪld] **1** *n* (*physique*) constitución *f*. || **2** *vt* (*pt & pp* **built**) construir. ♦ **to build up** *vt* - *vi* acumular (se).
builder ['bɪldə] *n* constructor,-ra.
building ['bɪldɪŋ] **1** *n* edificio. **2** (*action*) construcción *f*, edificación *f*. ■ **building site** obra; **building society** sociedad *f* hipotecaria.
build-up ['bɪldʌp] **1** *n* aumento. **2** (*of gas*) acumulación *f*. **3** (*of troops*) concentración *f*.
built-up [bɪlt'ʌp] *adj* urbanizado,-a.
bulb [bʌlb] **1** *n* bulbo. **2** bombilla.

Bulgarian [bʌl'geərɪən] **1** *adj* - *n* búlgaro, -a. ‖ **2** *n* (*language*) búlgaro.
bulge [bʌldʒ] **1** *n* bulto. ‖ **2** *vi* hincharse.
bulk [bʌlk] **1** *n* (*mass*) volumen *m*, masa. **2** (*greater part*) mayor parte *f*. • **in bulk** COMM a granel.
bull [bʊl] *n* toro
bullet ['bʊlɪt] *n* bala.
bulletin ['bʊlɪtɪn] *n* boletín *m*.
bull's-eye ['bʊlzaɪ] *n* (*target*) diana.
bullshit ['bʊlʃɪt] *n vulg* chorradas *fpl*.
bully ['bʊlɪ] **1** *n* matón *m*. ‖ **2** *vt* intimidar, atemorizar.
bum [bʌm] **1** *n* GB *fam* culo. **2** US *fam* (*tramp*) vagabundo,-a. **3** *fam* (*idler*) vago,-a. ‖ **4** *vt fam* gorrear.
bumblebee ['bʌmblbiː] *n* abejorro.
bump [bʌmp] **1** *n* (*swelling*) chichón *m*. **2** (*in road*) bache *m*. **3** (*blow*) choque *m*, batacazo. ‖ **4** *vt* - *vi* chocar (into, con), dar (into, contra). ♦ **to bump into** *vt* encontrar por casualidad, tropezar con ♦ **to bump off** *vt* matar.
bumper ['bʌmpə] *n* parachoques.
bumpkin ['bʌmpkɪn] *n* paleto,-a.
bun [bʌn] **1** *n* panecillo; bollo. **2** magdalena. **3** moño.
bunch [bʌntʃ] **1** *n* manojo. **2** (*flowers*) ramo. **3** (*grapes*) racimo. **4** (*people*) grupo.
bundle ['bʌndl] **1** *n* (*clothes*) fardo. **2** (*wood*) haz *m*. **3** (*papers*) fajo.
bung [bʌŋ] **1** *n* tapón *m*. ‖ **2** *vt fam* (*put*) poner. **3** GB *fam* (*throw*) lanzar.
bungle ['bʌngl] *vt* chapucear.
bunion ['bʌnjən] *n* juanete *m*.
bunk [bʌŋk] *n* litera.
bunny ['bʌnɪ] *n fam* conejito.
buoy [bɔɪ] *n* boya.
buoyant ['bɔɪənt] **1** *adj* flotante. **2** FIN con tendencia alcista. **3** (*person*) animado,-a.
burden ['bɜːdn] **1** *n* carga. ‖ **2** *vt* cargar.
bureau ['bjʊərəʊ] **1** *n* (*pl* bureaus o bureaux) (*desk*) escritorio. **2** US (*chest of drawers*) cómoda. **3** (*office*) oficina.
burglar ['bɜːglə] *n* ladrón,-ona.
burgle ['bɜːgl] *vt* robar.
burial ['berɪəl] *n* entierro.
burn [bɜːn] **1** *n* quemadura. ‖ **2** *vt* quemar. ‖ **3** *vi* arder, quemarse. ♦ **to burn down 1** *vt* incendiar. **2** *vi* incendiarse ♦ **to burn out 1** *vi* (*fire*) extinguirse.
burning ['bɜːnɪŋ] **1** *adj* (*on fire*) incendiado,-a, ardiendo. **2** (*passionate*) ardiente.
burp [bɜːp] **1** *n fam* eructo. ‖ **2** *vi fam* eructar.
burrow ['bʌrəʊ] **1** *n* madriguera. ‖ **2** *vi* excavar una madriguera.
burst [bɜːst] **1** *n* explosión *f*, estallido. **2** (*of tyre*) reventón *m*. **3** (*of activity*) arranque *m*. **4** (*of applause*) salva. **5** (*of gunfire*) ráfaga. ‖ **6** *vt* - *vi* (*pt & pp* burst) reventar(se). • **to burst into tears** echarse a llorar.
bury ['berɪ] *vt* enterrar.
bush [bʊʃ] **1** *n* (*plant*) arbusto. **2** (*land*) monte *m*.
bushy ['bʊʃɪ] *adj* espeso,-a, tupido,-a.
business ['bɪznəs] **1** *n* (*commerce*) los negocios. **2** (*firm*) negocio, empresa. **3** (*duty*) deber *m*. **4** (*affair*) asunto.
businessman ['bɪznəsmən] *n* hombre *m* de negocios, empresario.
businesswoman ['bɪznəswʊmən] *n* mujer *f* de negocios, empresaria.

bust [bʌst] **1** *n* busto. || **2** *vt fam* romper. || **3** *adj fam* roto,-a. • **to go bust** *fam* quebrar.

bustle ['bʌsl] *n* bullicio.

busy ['bɪzɪ] **1** *adj* (*person*) ocupado,-a, atareado,-a. **2** (*street*) concurrido,-a. **3** (*day*) ajetreado,-a. **4** (*telephone*) ocupado,-a.

but [bʌt] **1** *conj* pero. **2** (*after negative*) sino. || **3** *prep* excepto, salvo, menos. • **but for** (*past*) si no hubiese sido por; (*present*) si no fuese por.

butane ['bjuːteɪn] *n* butano.

butcher ['bʊtʃə] *n* carnicero,-a.

butler ['bʌtlə] *n* mayordomo.

butt [bʌt] **1** *n* (*of cigarette*) colilla. **2** (*of rifle*) culata. **3** (*barrel*) tonel *m*. **4** (*target*) blanco. **5** (*with head*) cabezazo. **6** US *fam* culo. || **7** *vt* (*with head*) topetar. ♦ **to butt in** *vi* entrometerse.

butter ['bʌtə] **1** *n* mantequilla. || **2** *vt* untar con mantequilla. ♦ **to butter up** *vt fam* dar coba a. • **to look as if butter wouldn't melt in one's mouth** parecer una mosquita muerta.

butterfingers ['bʌtəfɪŋgəz] *n* manazas.

butterfly ['bʌtəflaɪ] *n* mariposa.

buttock ['bʌtək] *n* nalga.

button ['bʌtn] **1** *n* botón *m*. || **2** *vt* abrochar. || **3** *vi* abrocharse.

buy [baɪ] **1** *n* compra. || **2** *vt* (*pt & pp* bought) comprar. **3** (*bribe*) sobornar. **4** *fam* (*believe*) tragar.

buyer ['baɪə] *n* comprador,-ra.

buzz [bʌz] **1** *n* zumbido. || **2** *vi* zumbar. • **to give sb a buzz** dar un toque a algn, llamar a algn.

by [baɪ] **1** *prep* (*showing agent*) por: **painted by Fraser** pintado por Fraser. **2** (*manner*) por: **by air/road** por avión/carretera; **by car/train** en coche/tren; **by hand** a mano; **by heart** de memoria. **3** (*showing difference*) por: **I won by 3 points** gané por tres puntos; **better by far** muchísimo mejor. **4** (*not later than*) para: **I need it by ten** lo necesito para las diez. **5** (*during*) de: **by day/night** de día/noche. **6** (*near*) junto a, al lado de: **sit by me** siéntate a mi lado. **7** (*according to*) según: **by the rules** según las reglas. **8** (*measurements*) por: **6 metres by 4** 6 metros por 4. **9** (*rate*) por: **paid by the hour** pagado,-a por horas; **two by two** de dos en dos. || **10** *adv* de largo: **he passed by, he didn't stop** pasó de largo, no se detuvo. • **by and by** con el tiempo; **by oneself** solo,-a.

bye [baɪ] *interj fam* ¡adiós!, ¡hasta luego!

by-law ['baɪlɔː] *n* ley *f* municipal.

bypass ['baɪpɑːs] **1** *n* AUTO variante *f*. **2** MED by-pass *m*.

by-product ['baɪprɒdʌkt] *n* subproducto, derivado.

bystander ['baɪstændə] *n* espectador,-ra.

C

cab [kæb] **1** *n* taxi *m*. **2** cabina de conductor; cabina de maquinista.
cabbage ['kæbɪdʒ] *n* col *f*, repollo.
cabin ['kæbɪn] **1** *n* (*wooden*) cabaña. **2** (*on ship*) camarote *m*. **3** (*of plane*) cabina.
cabinet ['kæbɪnət] **1** *n* (*ministers*) gabinete *m*. **2** (*furniture*) armario; (*glass fronted*) vitrina.
cable ['keɪbl] *n* (*electric*) cable *m*. ■ **cable car** teleférico, telecabina.
cache [kæʃ] **1** *n* alijo. **2** COMPUT caché *m*.
cackle ['kækl] **1** *n* cacareo. **2** (*laugh*) risa socarrona. ‖ **3** *vi* cacarear. **4** (*laugh*) reír socarronamente.
caffeine ['kæfiːn] *n* cafeína.
cage [keɪdʒ] **1** *n* jaula. ‖ **2** *vt* enjaular.
cagey ['keɪdʒɪ] *adj fam* cauteloso,-a.
cagoule [kə'guːl] *n* chubasquero.
cake [keɪk] *n* pastel *m*, tarta. • **to sell like hot cakes** venderse como rosquillas; **it's a piece of cake** *fam* es pan comido, está chupado,-a.
calamity [kə'læmɪtɪ] *n* calamidad *f*.
calcium ['kælsɪəm] *n* calcio.
calculate ['kælkjʊleɪt] **1** *vt* calcular. ‖ **2** *vi* hacer cálculos, calcular.
calculator ['kælkjʊleɪtə] *n* calculadora.
calendar ['kælɪndə] *n* calendario.
calf [kaːf] **1** *n* (*pl* **calves**) ZOOL ternero, -a, becerro,-a. **2** ANAT pantorrilla.
call [kɔːl] **1** *n* (*shout*) grito. **2** (*on phone*) llamada. **3** (*at airport*) aviso, llamada. **4** (*of animal*) grito; (*of bird*) reclamo. **5** (*demand*) demanda. **6** (*appeal*) llamada, llamamiento. **7** (*visit*) visita. ‖ **8** *vt* (*gen*) llamar: **what is he called?** ¿cómo se llama? **9** (*on phone*) llamar a, telefonear. **10** (*meeting, strike*) convocar; (*flight*) anunciar. ‖ **11** *vi* (*gen*) llamar. **12** (*visit*) pasar: **she called on her way to work** pasó camino del trabajo. **13** (*train*) efectuar parada. ♦ **to call for 1** *vt* (*pick up*) pasar a buscar. **2** *vt* (*demand*) exigir. **3** *vt* (*need*) necesitar: **this calls for a celebration** esto hay que celebrarlo ♦ **to call off** *vt* (*suspend*) suspender ♦ **to call on 1** *vt* (*visit*) visitar. **2** *vt fml* (*urge*) instar: **he called on them to negotiate** les instó a negociar ♦ **to call out 1** *vt* (*troops*) sacar a la calle. **2** *vt* (*doctor*) hacer venir. **3** *vt* (*workers*) llamar a la huelga ♦ **to call up** *vt* (*telephone*) llamar. • **on call** de guardia; **to call into question** poner en duda; **to pay a call on** visitar; **let's call it a day** *fam* dejémoslo por hoy. ■ **call box** GB cabina telefónica; **call girl** prostituta.
caller ['kɔːlə] **1** *n* visita *mf*, visitante *mf*. **2** (*telephone*) persona que llama.
callous ['kæləs] *adj* duro,-a, insensible.

calm [kɑːm] 1 *adj* (*sea*) en calma, sereno,-a. 2 (*person*) tranquilo,-a, sosegado,-a. ‖ 3 *n* (*of sea*) calma. 4 (*of person*) tranquilidad *f*, serenidad *f*. ‖ 5 *vt* tranquilizar, calmar. ♦ **to calm down** *vt* tranquilizar, calmar.
calorie ['kælərɪ] *n* caloría.
camel ['kæml] *n* camello.
camera ['kæmrə] *n* cámara. • **in camera** a puerta cerrada.
cameraman ['kæmrəmən] *n* cámara *m*.
camomile ['kæməmaɪl] *n* BOT manzanilla, camomila.
camouflage ['kæməflɑːʒ] 1 *n* camuflaje *m*. ‖ 2 *vt* camuflar.
camp [kæmp] 1 *n* campamento. ‖ 2 *vi* acampar. ▪ **camp bed** cama plegable; **camp site** camping *m*, campamento.
campaign [kæm'peɪn] 1 *n* campaña. ‖ 2 *vi* hacer campaña.
camper ['kæmpə] 1 *n* campista *mf*. 2 US (*vehicle*) caravana.
can [kæn] 1 *n* lata. 2 bidón *m*. ‖ 3 *aux* poder: **can you come tomorrow?** ¿puedes venir mañana? ‖ 4 *vt* saber: **he can swim** sabe nadar. 5 poder: **you can't smoke here** no se puede fumar aquí. 6 (*put in cans*) enlatar.
Canadian [kə'neɪdɪən] *adj* - *n* canadiense.
canary [kə'neərɪ] *n* canario.
cancel ['kænsl] 1 *vt* cancelar. 2 COMM anular. 3 (*cross out*) tachar.
cancellation [kæns'leɪʃn] 1 *n* cancelación *f*. 2 COMM anulación *f*.
cancer ['kænsə] 1 *n* MED cáncer *m*. 2 **Cancer** ASTROL cáncer *m inv*.
candidate ['kændɪdɪt] *n* candidato,-a.
candle ['kændl] *n* (*at home*) vela; (*in church*) cirio.
candlestick ['kændlstɪk] *n* candelero.
candy ['kændɪ] *n* US caramelo.
cane [keɪn] 1 *n* BOT caña. 2 (*stick*) bastón *m*; (*for punishment*) vara. 3 (*furniture*) mimbre *m*.
canister ['kænɪstə] *n* bote *m*, lata.
canned [kænd] 1 *adj* (*food*) enlatado, -a. 2 *fam* (*drunk*) mamado,-a.
cannon ['kænən] *n* cañón *m*.
canoe [kə'nuː] 1 *n* canoa, piragua. ‖ 2 *vi* ir en canoa, ir en piragua.
canon ['kænən] 1 *n* (*rule*) canon *m*. 2 (*priest*) canónigo.
canteen [kæn'tiːn] 1 *n* (*restaurant*) cantina. 2 (*cutlery*) cubertería.
canvas ['kænvəs] 1 *n* lona. 2 ART lienzo.
canyon ['kænjən] *n* cañón *m*.
cap [kæp] 1 *n* (*man's*) gorro; (*soldier's*) gorra; (*nurse's*) cofia. 2 (*of pen*) capuchón *m*; (*of bottle*) chapa, tapa. ‖ 3 *vt* (*crown*) cubrir; (*figuratively*) coronar. • **to cap it all** para colmo.
capability [keɪpə'bɪlɪtɪ] *n* capacidad *f*, aptitud *f*, habilidad *f*.
capacity [kə'pæsɪtɪ] 1 *n* (*of container*) capacidad *f*, cabida. 2 (*of theatre*) capacidad *f*, aforo. 3 (*ability*) capacidad *f*. 4 (*position*) condición *f*, calidad *f*. • **to be filled to capacity** estar al completo.
cape [keɪp] 1 *n* GEOG cabo. 2 (*garment*) capa corta.
caper ['keɪpə] 1 *n* BOT alcaparra. 2 (*prank*) travesura.
capital ['kæpɪtl] 1 *n* GEOG capital *f*. 2 FIN capital *m*. 3 (*letter*) mayúscula.
capitalism ['kæpɪtəlɪzm] *n* capitalismo.

capitalist ['kæpɪtəlɪst] *adj* - *n* capitalista.
capitulate [kə'pɪtjʊleɪt] *vi* capitular.
capricious [kə'prɪʃəs] *adj* caprichoso, -a, antojadizo,-a.
Capricorn ['kæprɪkɔːn] *n* ASTROL capricornio *m inv*.
capsize [kæp'saɪz] **1** *vi* volcar. ‖ **2** *vt* hacer volcar.
capsule ['kæpsjuːl] *n* cápsula.
captain ['kæptɪn] *n* capitán *m*.
caption ['kæpʃn] *n* pie *m* de foto.
captivate ['kæptɪveɪt] *vt* cautivar.
captive ['kæptɪv] *adj* - *n* cautivo,-a.
capture ['kæptʃə] **1** *n* (*of person*) captura, apresamiento; (*of town*) toma. ‖ **2** *vt* (*person*) capturar, apresar; (*town*) tomar. **3** (*mood etc*) captar.
car [kɑː] **1** *n* AUTO coche *m*, automóvil *m*. **2** (*railways*) vagón *m*, coche *m*. ■ **car park** aparcamiento; **car wash** túnel *m* de lavado.
caramel ['kærəmel] **1** *n* CULIN azúcar quemado. **2** (*sweet*) caramelo.
carat ['kærət] *n* quilate *m*.
carbohydrate [kɑːbəʊ'haɪdreɪt] *n* hidrato de carbono.
carbon ['kɑːbn] *n* CHEM carbono. ■ **carbon dioxide** dióxido de carbono; **carbon paper** papel *m* carbón.
carburettor ['kɑːbjʊrətə] *n* carburador.
card [kɑːd] **1** *n* carta, naipe *m*. **2** tarjeta. **3** ficha. **4** carné *m*. **5** cartulina.
cardboard ['kɑːdbɔːd] *n* cartón *m*.
cardinal ['kɑːdɪnl] **1** *adj* cardinal. ‖ **2** *n* REL cardenal *m*.
care [keə] **1** *n* (*attention, protection, carefulness*) cuidado; (*medical*) asistencia. **2** (*worry*) preocupación *f*, inquietud *f*. **3** (*custody*) custodia. ‖ **4** *vi* (*be worried*) preocuparse: **I don't care** me tiene sin cuidado. **5** *fml* (*like, want*) apetecer. ‖ **6** *vt* (*mind*) importar: **I don't care** no me importa. ♦ **to care for 1** *vt* (*look after*) cuidar. **2** *vt* (*like*) gustar, interesar. ● **take care!** ¡cuídate!; **to take care of** (*child etc*) cuidar; (*business matters*) ocuparse de, hacerse cargo de.
career [kə'rɪə] **1** *n* (*profession*) carrera. **2** (*working life*) vida profesional.
careful ['keəfʊl] **1** *adj* cuidadoso,-a. **2** (*cautious*) prudente.
careless ['keələs] *adj* descuidado, -a; negligente; hecho,-a a la ligera.
caress [kə'res] *vt* acariciar.
caretaker ['keəteɪkə] *n* conserje *m*.
cargo ['kɑːgəʊ] *n* carga, cargamento.
Caribbean [kærɪ'bɪən] *adj* caribeño,-a. ■ **the Caribbean** el Caribe.
carnation [kɑː'neɪʃn] *n* clavel *m*.
carol ['kærəl] *n* villancico.
carp [kɑːp] **1** *n* (*fish*) carpa. ‖ **2** *vi* refunfuñar, quejarse.
carpenter ['kɑːpɪntə] *n* carpintero.
carpet ['kɑːpɪt] **1** *n* alfombra. ‖ **2** *vt* enmoquetar.
carriage ['kærɪdʒ] **1** *n* HIST carruaje *m*. **2** (*railway*) vagón *m*, coche *m*.
carrier ['kærɪə] **1** *n* transportista *mf*. **2** MED portador,-ra.
carrot ['kærət] *n* zanahoria.
carry ['kærɪ] **1** *vt* (*gen*) llevar. **2** (*goods etc*) transportar. **3** ARCH (*load*) sostener. **4** COMM tener en existencia. **5** (*responsibility, penalty*) conllevar. **6** (*news, story*) publicar. **7** (*disease*) ser portador,-ra de. ♦ **to carry off 1** *vt* realizar con éxito. **2** *vt* (*prize*) llevarse ♦ **to carry on** *vt* seguir, continuar ♦ **to carry out** *vt* llevar a cabo, realizar; (*order*) cum-

plir. • **to get carried away** exaltarse, dejarse llevar.

carsick ['kɑːsɪk] *adj* mareado,-a.

cart [kɑːt] **1** *n* (*horse-drawn*) carro. **2** (*handcart*) carretilla.

carton ['kɑːtn] **1** *n* (*of food*) envase *m* de cartón. **2** (*of cigarettes*) cartón *m*.

cartoon [kɑː'tuːn] **1** *n* (*drawing*) chiste *m*. **2** (*film*) dibujos animados. **3** (*comic strip*) historieta, tira cómica.

cartridge ['kɑːtrɪdʒ] **1** *n* MIL cartucho. **2** (*for pen*) recambio.

carve [kɑːv] **1** *vt* (*wood*) tallar. **2** (*stone*) esculpir. **3** (*meat*) cortar, trinchar.

cascade [kæs'keɪd] *n* cascada.

case [keɪs] **1** *n* (*gen*) caso. **2** JUR causa. **3** (*suitcase*) maleta. **4** (*box*) caja. **5** (*for glasses*) estuche *m*, funda. • **in any case** en todo caso, en cualquier caso; **just in case** por si acaso.

cash [kæʃ] **1** *n* efectivo, metálico. ‖ **2** *vt* (*cheque*) cobrar. ■ **cash desk** caja; **cash dispenser** cajero automático; **cash register** caja registradora.

cashew [kə'ʃuː] *n* anacardo.

cashier [kæ'ʃɪə] *n* cajero,-a.

casserole ['kæsərəʊl] **1** *n* (*dish*) cazuela. **2** (*food*) guisado.

cast [kɑːst] **1** *n* THEAT reparto. **2** TECH molde *m*. **3** (*for broken bone*) yeso, escayola. ‖ **4** *vt* (*pt & pp* cast) (*fishing*) lanzar. **5** THEAT dar el papel de. **6** TECH moldear. ♦ **to cast off** *vt* desechar. • **to cast a shadow** proyectar una sombra; **to cast a spell on** hechizar. ■ **cast iron** hierro colado.

castaway ['kɑːstəweɪ] *n* náufrago,-a.

caster ['kɑːstə] *n* ruedecilla. ■ **caster sugar** azúcar *m & f* extrafino.

Castilian [kæ'stɪlɪən] **1** *adj - n* castellano, -a. ‖ **2** *n* (*language*) castellano.

castle ['kɑːsl] **1** *n* castillo. **2** (*chess*) torre *f*.

castrate [kæs'treɪt] *vt* castrar, capar.

casual ['kæʒjʊəl] **1** *adj* fortuito,-a, casual. **2** (*clothes*) informal. **3** (*not serious*) superficial: **a casual glance** una ojeada. **4** (*worker*) ocasional. **5** (*unconcerned*) despreocupado,-a.

casualty ['kæʒjʊəltɪ] **1** *n* (*of accident*) herido,-a, víctima. **2** MIL baja. ■ **casualty department** urgencias *fpl*.

cat [kæt] *n* gato,-a.

Catalan ['kætəlæn] **1** *adj - n* catalán,-ana. ‖ **2** *n* (*language*) catalán.

catalogue ['kætəlɒg] **1** *n* catálogo. ‖ **2** *vt* catalogar.

Catalonia [kætə'ləʊnɪə] *n* Cataluña.

catalyst ['kætəlɪst] *n* catalizador *m*.

catapult ['kætəpʌlt] **1** *n* (*weapon*) catapulta. **2** (*toy*) tirachinas *m inv*. ‖ **3** *vt* catapultar.

cataract ['kætərækt] **1** *n* (*waterfall*) catarata, cascada. **2** MED catarata.

catch [kætʃ] **1** *vt* (*pt & pp* caught) (*gen*) coger, atrapar. **2** (*train etc*) coger, tomar, AM agarrar. **3** (*surprise*) pillar, sorprender. **4** (*intercept*) alcanzar: **I ran and caught him** corrí y lo alcancé. **5** (*disease*) contraer, contagiarse: **to catch a cold** coger un resfriado. **6** (*hear*) oír. ‖ **7** *vi* (*sleeve etc*) engancharse (on, en). ‖ **8** *n* (*of ball*) parada. **9** (*of fish*) pesca. **10** *fam* (*trick, snag*) pega. ♦ **to catch on** *vi* caer en la cuenta ♦ **to catch**

out *vt* pillar, sorprender ♦ **to catch up 1** *vt* atrapar, alcanzar. **2** *vt* (*with news*) ponerse al día. • **to catch fire** prender fuego, encenderse; **to catch sb's eye** captar la atención de algn; **to catch sight of** entrever.
catching ['kætʃɪŋ] *adj* contagioso,-a.
catchy ['kætʃɪ] *adj* pegadizo,-a.
category ['kætɪgrɪ] *n* categoría.
cater ['kɘɪtə] **1** *vi* (*food*) proveer comida. **2** (*provide*) atender.
caterer ['keɪtərə] *n* proveedor,-ra.
caterpillar ['kætəpɪlə] *n* oruga.
cathedral [kə'θiːdrəl] *n* catedral *f*.
Catholic ['kæθlɪk] *adj* - *n* católico,-a.
cattle ['kætl] *n* ganado vacuno.
cauliflower ['kɒlɪflaʊə] *n* coliflor *f*.
cause [kɔːz] **1** *n* (*gen*) causa. **2** (*reason*) razón *f*, motivo. ‖ **3** *vt* causar. • **to cause sb to do sth** hacer que algn haga algo.
caution ['kɔːʃn] **1** *n* cautela, precaución *f*. **2** (*warning*) aviso, advertencia. ‖ **3** *vt* advertir, amonestar.
cautious ['kɔːʃəs] *adj* cauteloso,-a, prudente.
cavalry ['kævəlrɪ] *n* caballería.
cave [keɪv] *n* cueva. ♦ **to cave in** *vi* hundirse.
caveman ['keɪvmæn] *n* cavernícola *mf*.
cavern ['kævn] *n* caverna.
cavity ['kævɪtɪ] **1** *n* cavidad *f*. **2** caries.
cease [siːs] *vi* - *vt* cesar.
cease-fire [siːs'faɪə] *n* alto el fuego.
cedar ['siːdə] *n* cedro.
ceiling ['siːlɪŋ] **1** *n* (*house*) techo. **2** (*limit*) tope *m*.
celebrate ['selɪbreɪt] *vt* - *vi* celebrar.
celebrity [sɪ'lebrɪtɪ] *n* celebridad *f*, famoso,-a.
celery ['selərɪ] *n* apio.
cell [sel] **1** *n* (*prison etc*) celda. **2** BIOL célula. **3** ELEC elemento, pila.
cellar ['selə] **1** *n* sótano. **2** bodega.
cellphone ['selfəʊn] *n* teléfono móvil.
celluloid ['seljʊlɔɪd] *n* celuloide *m*.
cellulose ['seljʊləʊs] *n* celulosa.
Celtic ['keltɪk] *adj* celta.
cement [sɪ'ment] **1** *n* cemento. ‖ **2** *vt* unir con cemento. **3** (*seal*) cimentar. ■ **cement mixer** hormigonera.
cemetery ['semɪtrɪ] *n* cementerio.
censor ['sensə] **1** *n* censor,-ra. ‖ **2** *vt* censurar.
censorship ['sensəʃɪp] *n* censura.
census ['sensəs] *n* censo, padrón *m*.
cent [sent] *n* centavo, céntimo. • **per cent** por ciento.
centenary [sen'tiːnərɪ] *n* centenario.
centigrade ['sentɪgreɪd] *adj* centígrado.
centimetre ['sentɪmiːtə] *n* centímetro.
centipede ['sentɪpiːd] *n* ciempiés *m inv*.
central ['sentrəl] *adj* central.
centralize ['sentrəlaɪz] *vt* centralizar.
centre ['sentə] **1** *n* centro. ‖ **2** *vt* centrar.
century ['sentʃərɪ] *n* siglo.
ceramic [sɪ'ræmɪk] **1** *adj* de cerámica. ‖ **2 ceramics** *npl* cerámica *f sing*.
ceremony ['serɪmənɪ] *n* ceremonia.
certain ['sɜːtn] **1** *adj* (*sure*) seguro,-a. **2** (*particular*) cierto,-a. **3** (*unknown*) cierto,-a: **a certain Mr Buck** un tal Sr Buck. • **for certain** con toda seguridad; **to a certain extent** hasta

cierto punto; **to make certain of** asegurarse de.

certainly ['sɜːtnlɪ] *adv* desde luego, por supuesto.

certainty ['sɜːtntɪ] *n* certeza. • **it's a certainty that** es seguro que.

certificate [sə'tɪfɪkət] *n* (*gen*) certificado.

certify ['sɜːtɪfaɪ] *vt* certificar.

cervix ['sɜːvɪks] **1** *n* (*pl* cervixes o cervices) (*neck*) cerviz *f*. **2** (*uterus*) cuello del útero.

cesspit ['sespɪt] *n* pozo negro.

chafe [tʃeɪf] **1** *vt* rozar, escoriar. ‖ **2** *vi* irritarse (at, por).

chain [tʃeɪn] **1** *n* cadena. **2** cordillera. **3** serie *f*. ‖ **4** *vt* encadenar. • **to chain smoke** fumar un cigarrillo tras otro.

chair [tʃeə] **1** *n* silla. **2** (*with arms*) sillón *m*. **3** (*position*) presidencia. **4** (*university*) cátedra. ‖ **5** *vt* presidir. ■ **chair lift** telesilla.

chairman ['tʃeəmən] *n* presidente *m*.

chairperson ['tʃeəpɜːsn] *n* presidente,-a.

chairwoman ['tʃeəwʊmən] *n* presidenta.

chalet ['ʃæleɪ] *n* chalet *m*, chalé *m*.

chalice ['tʃælɪs] *n* cáliz *m*.

chalk [tʃɔːk] **1** *n* creta. **2** (*for writing*) tiza.

challenge ['tʃælɪndʒ] **1** *n* reto, desafío. ‖ **2** *vt* retar, desafiar. **3** (*fact, point*) poner en duda, cuestionar. **4** JUR recusar.

challenger ['tʃælɪndʒə] *n* SP contendiente *mf*, rival *mf*.

chamber ['tʃeɪmbə] **1** *n* cámara. **2** (*of gun*) recámara.

chambermaid ['tʃeɪmbəmeɪd] *n* camarera.

chameleon [kə'miːlɪən] *n* camaleón *m*.

champagne [ʃæm'peɪn] *n* champán *m*; cava *m*.

champion ['tʃæmpɪən] **1** *n* campeón, -ona. **2** *fig* (*defender*) defensor,-ra. ‖ **3** *vt fig* defender.

championship ['tʃæmpɪənʃɪp] *n* campeonato.

chance [tʃɑːns] **1** *n* azar *m*. **2** ocasión *f*, oportunidad *f*. **3** posibilidad *f*. ‖ **4** *vt* arriesgar. • **by chance** por casualidad; **on the off chance** por si acaso; **to chance on sth** encontrar algo por casualidad; **to chance to do sth** hacer algo por casualidad; **to have a good chance of doing sth** tener buenas posibilidades de hacer algo; **to take a chance** arriesgarse.

chancellor ['tʃɑːnsələ] **1** *n* canciller *m*. **2** GB (*of university*) rector,-ra.

chancy ['tsɑːnsɪ] *adj fam* arriesgado,-a.

chandelier [ʃændɪ'lɪə] *n* (*lamp*) araña.

change [tʃeɪndʒ] **1** *n* cambio. **2** (*money*) cambio, vuelta. ‖ **3** *vt - vi* cambiar. • **to change one's mind** cambiar de opinión. ■ **change of clothes** muda de ropa; **change of heart** cambio de parecer.

changeable ['tʃeɪndʒəbl] **1** *adj* (*weather*) variable. **2** (*person*) inconstante.

changing ['tʃeɪndʒɪŋ] *adj* cambiante. ■ **changing room** vestuario.

channel ['tʃænl] **1** *n* GEOG canal *m*. **2** RAD TV canal *m*, cadena. **3** (*medium*) vía. ‖ **4** *vt* canalizar, encauzar.

chap [tʃæp] *n fam* tío, tipo.

chapel ['tʃæpl] *n* capilla.

chapter ['tʃæptə] *n* (*in book*) capítulo.
character ['kærɪktə] **1** *n* carácter *m*. **2** THEAT personaje *m*.
charcoal ['tʃɑːkəʊl] **1** *n* carbón *m* vegetal. **2** ART carboncillo.
charge [tʃɑːdʒ] **1** *n* (*price*) precio, coste *m*. **2** JUR cargo. **3** MIL carga, ataque *m*. **4** ELEC carga. ‖ **5** *vt* cobrar. **6** JUR acusar (with, de). **7** ELEC cargar. ‖ **8** *vi* MIL cargar, atacar. • **to be in charge of** estar a cargo de; **to charge sb with murder** acusar a algn de asesinato; **to take charge of** hacerse cargo de.
charger ['tʃɑːdʒə] *n* ELEC cargador *m*.
charity ['tʃærɪtɪ] **1** *n* caridad *f*. **2** (*organization*) organización *f* benéfica.
charm [tʃɑːm] **1** *n* encanto. **2** amuleto. **3** hechizo. ‖ **4** *vt* cautivar. • **to work like a charm** funcionar a las mil maravillas.
charming ['tʃɑːmɪŋ] *adj* encantador, -ra.
chart [tʃɑːt] **1** *n* (*table*) tabla; (*graph*) gráfico. **2** MAR carta de navegación. • **the charts** la lista de éxitos.
charter ['tʃɑːtə] **1** *n* (*document*) carta; (*of university etc*) estatutos *mpl*. ‖ **2** *vt* (*plane etc*) fletar.
chase [tʃeɪs] **1** *n* persecución *f*. ‖ **2** *vt* perseguir.
chasm ['kæzm] *n* sima, abismo.
chaste [tʃeɪst] *adj* casto,-a.
chat [tʃæt] **1** *n* (*talk*) charla. ‖ **2** *vi* (*talk*) charlar. **3** COMPUT chatear, charlar. ♦ **to chat up** *vt fam* intentar ligar con.
chatter ['tʃætə] **1** *n* cháchara, parloteo. **2** castañeteo. ‖ **3** *vi* chacharear, parlotear. **4** castañetear.
chatty ['tʃætɪ] *adj* parlanchín,-ina.
cheap [tʃiːp] **1** *adj* barato,-a. **2** (*contemptible*) vil, bajo,-a.
cheapen ['tʃiːpn] **1** *vt* abaratar. **2** *fig* degradar.
cheat [tʃiːt] **1** *n* tramposo,-a. ‖ **2** *vi* hacer trampa. ‖ **3** *vt* engañar, timar.
check [tʃek] **1** *n* comprobación *f*, verificación *f*. **2** US nota, cuenta. **3** cuadro. ‖ **4** *vt* comprobar, revisar, verificar. **5** detener. **6** contener, refrenar. ♦ **to check in 1** *vi* (*at airport*) facturar. **2** *vi* (*at hotel*) registrarse.
checkmate ['tʃek'meɪt] **1** *n* jaque *m* mate. ‖ **2** *vt* dar mate a.
checkup ['tʃekʌp] *n* chequeo, reconocimiento.
cheek [tʃiːk] **1** *n* ANAT mejilla. **2** *fig* descaro.
cheekbone ['tʃiːkbəʊn] *n* pómulo.
cheeky ['tʃiːkɪ] *n* descarado,-a.
cheer [tʃɪə] **1** *n* viva *m*, vítor *m*. ‖ **2** *vt* - *vi* vitorear, aclamar. ♦ **to cheer up. 1** *vt* animar, alegrar. **2** *vi* animarse, alegrase.
cheerful ['tʃɪəfʊl] *adj* alegre.
cheers [tʃɪəz] **1** *interj* ¡salud! **2** (*thanks*) ¡gracias!
cheese [tʃiːz] *n* queso.
cheesed off [tʃiːzd'ɒf] *adj* GB *fam* harto,-a.
cheetah ['tʃiːtə] *n* guepardo.
chemical ['kemɪkl] **1** *adj* químico, -a. ‖ **2** *n* producto químico.
chemist ['kemɪst] **1** *n* químico,-a. **2** GB farmacéutico,-a.
chemistry ['kemɪstrɪ] *n* química.
chemist's ['kemɪsts] *n* farmacia.
cherish ['tʃerɪʃ] **1** *vt* apreciar, valorar. **2** (*hope*) abrigar.
cherry ['tʃerɪ] *n* cereza.
chess [tʃes] *n* ajedrez *m*.

chest [tʃest] **1** *n* ANAT pecho. **2** cofre *m*, arca. ▪ **chest of drawers** cómoda.
chestnut ['tʃesnʌt] **1** *n* (*nut*) castaña. ‖ **2** *adj* (*colour*) castaño,-a.
chew [tʃuː] *vt* mascar, masticar. ● **to chew sth over** darle vueltas a algo.
chewing gum ['tʃuːɪŋgʌm] *n* chicle *m*.
chick [tʃɪk] *n* polluelo, pollito,-a.
chicken ['tʃɪkɪn] **1** *n* (*fowl*) pollo. **2** *fam* (*coward*) gallina *mf*. ‖ **3** *adj fam* gallina. ♦ **to chicken out** *vi fam* rajarse.
chickenpox ['tʃɪkɪnpɒks] *n* varicela.
chickpea ['tʃɪkpiː] *n* garbanzo.
chicory ['tʃɪkərɪ] *n* achicoria.
chief [tʃiːf] **1** *adj* principal. ‖ **2** *n* jefe *m*.
child [tʃaɪld] **1** *n* (*pl* children) niño, -a. **2** (*son*) hijo; (*daughter*) hija.
childbirth ['tʃaɪldbɜːθ] *n* parto.
childhood ['tʃaɪldhʊd] *n* infancia.
childish ['tʃaɪldɪʃ] *adj* infantil, inmaduro,-a.
Chilean ['tʃɪlɪən] *adj* - *n* chileno,-a.
chill [tʃɪl] **1** *adj* helado,-a. ‖ **2** *n* frío. **3** MED resfriado. ‖ **4** *vt* enfriar.
chilly ['tʃɪlɪ] *adj* frío,-a. ● **to feel chilly** tener frío.
chime [tʃaɪm] **1** *n* (*of bells*) repique *m*; (*of clock*) campanada. ‖ **2** *vi* (*bells*) sonar, repicar; (*clock*) dar la hora.
chimney ['tʃɪmnɪ] *n* chimenea. ▪ **chimney sweep** deshollinador *m*.
chin [tʃɪn] *n* barbilla, mentón *m*.
china ['tʃaɪnə] *n* loza, porcelana.
Chinese [tʃaɪ'niːz] **1** *adj* - *n* chino,-a.
chink [tʃɪŋk] **1** *n* (*crack*) grieta. **2** (*noise*) tintineo. ‖ **3** *vi* tintinear.
chip [tʃɪp] **1** *n* CULIN patata frita. **2** COMPUT chip *m*. **3** (*of wood*) astilla; (*of stone*) lasca. **4** (*in plate, glass*) desportilladura. **5** (*in casino*) ficha. ‖ **6** *vt* (*wood*) astillar; (*stone*) resquebrajar; (*plate, glass*) desportillar; (*paint*) descascarillar. ‖ **7** *vi* (*wood*) astillarse; (*stone*) resquebrajarse; (*plate, glass*) desportillarse; (*paint*) desconcharse.
chiropodist [kɪ'rɒpədɪst] *n* podólogo, -a, pedicuro,-a.
chisel ['tʃɪzl] **1** *n* formón *m*, escoplo. **2** cincel *m*. ‖ **3** *vt* tallar. **4** cincelar.
chock [tʃɒk] *n* calzo, cuña.
chocolate ['tʃɒklət] **1** *n* (*substance*) chocolate *m*. **2** (*sweet*) bombón.
choice [tʃɔɪs] **1** *n* elección *f*, selección *f*. **2** (*option*) opción *f*, alternativa. ‖ **3** *adj* selecto,-a.
choir ['kwaɪə] *n* coro.
choke [tʃəʊk] **1** *n* AUTO estárter *m*. ‖ **2** *vt* ahogar, sofocar. **3** (*block*) atascar. ‖ **4** *vi* ahogarse, sofocarse; (*on food*) atragantarse.
choose [tʃuːz] *vt* (*pt* chose; pp chosen) escoger, elegir.
choosy ['tʃuːzɪ] *adj fam* exigente.
chop [tʃɒp] **1** *n* hachazo; golpe *m*. **2** CULIN chuleta. ‖ **3** *vt* cortar. ♦ **to chop down** *vt* talar ♦ **to chop up** *vt* CULIN picar. ● **to get the chop** *fam* ser despedido, -a de un trabajo.
chopstick ['tʃɒpstɪk] *n* palillo.
chord [kɔːd] **1** *n* MATH cuerda. **2** MUS acorde *m*.
chore [tʃɔː] *n* tarea, faena.
chorus ['kɔːrəs] **1** *n* coro. **2** (*of song*) estribillo.
christen ['krɪsn] *vt* bautizar.
chrome [krəʊm] *n* cromo.

chronic ['krɒnɪk] *adj* crónico,-a.
chronicle ['krɒnɪkl] *n* crónica.
chronology [krə'nɒlədʒɪ] *n* cronología.
chrysanthemum [krɪ'sænθəməm] *n* crisantemo.
chubby ['tʃʌbɪ] *adj* regordete.
chuck [tʃʌk] *vt* (*throw*) tirar. ♦ **to chuck out 1** *vt* (*person*) echar. **2** *vt* (*thing*) tirar.
chuckle ['tʃʌkl] **1** *vi* reír para sus adentros. ‖ **2** *n* risita.
chum [tʃʌm] *n fam* compinche *mf*.
chunk [tʃʌŋk] *n fam* cacho, pedazo.
church [tʃɜːtʃ] *n* iglesia.
churchyard ['tʃɜːtʃjɑːd] *n* cementerio.
chute [ʃuːt] *n* tobogán *m*.
cider ['saɪdə] *n* sidra.
cigar [sɪ'gɑː] *n* puro.
cigarette [sɪgə'ret] *n* cigarrillo.
cinnamon ['sɪnəmən] *n* canela.
cipher ['saɪfə] *n* código.
circle ['sɜːkl] **1** *n* círculo. **2** THEAT piso. ‖ **3** *vt* (*move around*) rodear. **4** (*draw*) trazar un círculo alrededor de. ‖ **5** *vi* dar vueltas. • **to come full circle** *fig* completar un ciclo; **to go round in circles** dar vueltas.
circuit ['sɜːkɪt] **1** *n* circuito. **2** (*of track*) vuelta.
circulate ['sɜːkjʊleɪt] **1** *vi* circular. ‖ **2** *vt* hacer circular.
circulation [sɜːkjʊ'leɪʃn] **1** *n* circulación *f*. **2** (*newspaper*) tirada.
circumcise ['sɜːkəmsaɪz] *vt* circuncidar.
circumference [sə'kʌmfərəns] *n* circunferencia.
circumstance ['sɜːkəmstəns] *n* circunstancia.
circus ['sɜːkəs] *n* (*show*) circo.
cistern ['sɪstən] *n* cisterna.
cite [saɪt] *vt* citar.
citizen ['sɪtɪzn] *n* ciudadano,-a.
citric ['sɪtrɪk] *adj* cítrico,-a.
city ['sɪtɪ] *n* ciudad *f*.
civic ['sɪvɪk] **1** *adj* (*duty, right*) cívico,-a. **2** (*municipal*) público,-a.
civil ['sɪvl] **1** *adj* civil. **2** (*polite*) cortés. ■ **civil servant** funcionario,-a.
civilian [sɪ'vɪljən] *adj - n* civil.
civilize ['sɪvɪlaɪz] *vt* civilizar.
claim [kleɪm] **1** *n* (*demand*) reclamación *f*. **2** (*right*) derecho. **3** (*assertion*) afirmación *f*. ‖ **4** *vt* (*assert*) afirmar, sostener. **5** (*right etc*) reclamar. • **to lay claim to** reclamar el derecho a.
clam [klæm] *n* almeja. ♦ **to clam up** *vi fam* no decir ni mu.
clamber ['klæmbə] *vi* trepar.
clammy ['klæmɪ] **1** *adj* (*weather*) bochornoso,-a. **2** (*hand*) pegajoso,-a.
clamour ['klæmə] **1** *n* clamor *m*, griterío. ‖ **2** *vi* clamar: **to clamour for sth** pedir algo a gritos.
clamp [klæmp] **1** *n* abrazadera. ‖ **2** *vt* sujetar.
clampdown ['klæmpdaʊn] *n* restricción.
clap [klæp] **1** *n* (*applause*) aplauso. **2** (*noise*) ruido seco: **a clap of thunder** un trueno. **3** (*tap*) palmada. ‖ **4** *vt - vi* (*applaud*) aplaudir. • **to clap one's hands** dar palmadas; **to clap sb on the back** dar una palmada en la espalda a algn.
clarify ['klærɪfaɪ] *vt - vi* aclarar(se), clarificar(se).
clash [klæʃ] **1** *n* (*fight*) choque *m*, enfrentamiento. **2** (*conflict*) conflicto. **3** (*noise*) estruendo. ‖ **4** *vi* (*opposing forces*) chocar. **5** (*dates*) coin-

cidir. **6** (*colours*) desentonar. **7** (*cymbals*) sonar.

clasp [klɑːsp] **1** *n* (*on jewellery*) broche *m*. **2** (*on belt*) hebilla. **3** (*grasp*) apretón *m*. ‖ **4** *vt* asir, agarrar.

class [klɑːs] **1** *n* (*gen*) clase *f*. ‖ **2** *vt* clasificar.

classified ['klæsɪfaɪd] **1** *adj* clasificado,-a. **2** (*secret*) secreto,-a.

classify ['klæsɪfaɪ] *vt* clasificar.

classmate ['klɑːsmeɪt] *n* compañero,-a de clase.

classroom ['klɑːsrʊm] *n* aula, clase *f*.

classy ['klɑːsɪ] *adj fam* con clase.

clatter ['klætə] **1** *n* ruido, estrépito. ‖ **2** *vi* hacer ruido.

clause [klɔːz] *n* (*in contract*) cláusula.

claw [klɔː] **1** *n* garra. **2** uña. **3** pinza. ‖ **4** *vt* - *vi* arañar.

clay [kleɪ] *n* arcilla.

clean [kliːn] **1** *adj* limpio,-a. ‖ **2** *vt* limpiar. ♦ **to clean out 1** *vt* limpiar a fondo. **2** *vt fam* dejar sin blanca a ♦ **to clean up** *vt* limpiar.

clean-cut [kliːn'kʌt] *adj* definido,-a.

cleaner ['kliːnə] **1** *n* encargado,-a de la limpieza. **2** limpiador *m*.

cleaner's ['kliːnəz] *n* tintorería. ● **to take sb to the cleaner's** dejar a algn sin blanca.

cleanliness ['klenlɪnəs] *n* limpieza.

cleanse [klenz] *vt* limpiar.

clear [klɪə] **1** *adj* (*explanation*) claro, -a. **2** (*glass etc*) transparente. **3** (*sky, road, view etc*) despejado,-a. **4** (*writing, voice*) claro,-a. **5** (*television picture*) nítido,-a. **6** (*thinking, mind*) lúcido,-a. ‖ **7** *vt* (*room, desk, road etc*) despejar. **8** (*table after a meal*) levantar. **9** (*accused person*) absolver. **10** (*obstacle*) salvar. ‖ **11** *vi* (*fog, clouds, smoke*) despejarse. ♦ **to clear away** *vt* quitar ♦ **to clear off** *vi fam* largarse ♦ **to clear out 1** *vi* largarse. **2** *vt* (*room etc*) vaciar. **3** *vt* (*old things*) tirar ♦ **to clear up 1** *vt* (*solve*) aclarar. **2** *vt* (*tidy*) ordenar. ● **to be clear about sth** tener algo claro; **in the clear** (*from danger*) fuera de peligro; (*from suspicion*) fuera de toda sospecha.

clearance ['klɪərəns] **1** *n* (*of area*) despejo. **2** (*space*) espacio libre. **3** (*permission*) permiso, autorización *f*. ■ **clearance sale** COMM liquidación *f*.

cleavage ['kliːvɪdʒ] *n fam* (*in dress*) escote *m*.

clench [klentʃ] *vt* (*teeth, fist*) apretar.

clergyman ['klɜːdʒɪmən] *n* clérigo.

clerical ['klerɪkəl] **1** *adj* REL eclesiástico,-a. **2** (*to do with clerks*) de oficina.

clerk [klɑːk, us klɜːrk] **1** *n* oficinista *mf*. **2** US (*in shop*) dependiente,-a.

clever ['klevə] **1** *adj* (*person*) listo,-a, espabilado,-a. **2** (*idea*) ingenioso, -a. ■ **clever Dick** sabelotodo *mf*.

click [klɪk] **1** *n* (*of camera, door*) clic *m*. **2** (*with tongue*) chasquido. ‖ **3** *vt* (*tongue*) chasquear. ‖ **4** *vi* (*make noise*) hacer clic. **5** (*realize*) caer en la cuenta: **suddenly, it clicked** de pronto, lo entendí.

cliff [klɪf] *n* acantilado; precipicio.

climax ['klaɪmæks] **1** *n* clímax *m*, punto culminante. **2** (*orgasm*) orgasmo.

climb [klaɪm] **1** *n* subida. ‖ **2** *vt* subir. **3** trepar a. **4** escalar. ‖ **5** *vi* subirse. **6** trepar. ♦ **to climb down 1** *vi* bajarse. **2** *vi fig* ceder.

climber ['klaɪmə] *n* SP alpinista.

clinch [klɪntʃ] *vt fam* (*deal*) cerrar.

clinic ['klɪnɪk] *n* clínica.

clip [klɪp] **1** *n* clip *m*. **2** (*for hair*) pasador *m*. **3** (*of film*) clip *m*, fragmento. ‖ **4** *vt* (*cut*) cortar. **5** *fam* (*hit*) dar un cachete a.
clippers ['klɪpəz] *npl* (*for nails*) cortaúñas.
cloak [kləʊk] *n* capa.
cloakroom ['kləʊkrʊm] **1** *n* (*for coats*) guardarropa. **2** GB (*toilet*) servicios *mpl*.
clock [klɒk] *n* reloj *m*. • **against the clock** contra reloj; **round the clock** día y noche; **to put the clock back** atrasar los relojes; **to put the clock forward** adelantar los relojes.
clockwise ['klɒkwaɪz] *adj* - *adv* en el sentido de las agujas del reloj.
clockwork ['klɒkwɜːk] *n* mecanismo de relojería. • **like clockwork** como una seda.
clog [klɒg] **1** *n* zueco. ‖ **2** *vt* obstruir. ‖ **3** *vi* obstruirse.
cloister ['klɔɪstə] *n* claustro.
clone [kləʊn] *n* clon *m*.
close [kləʊz] **1** *vt* ([kləʊz]) (*shut*) cerrar. ‖ **2** *vi* cerrarse, cerrar. ‖ **3** *adj* (*near*) cercano,-a. **4** (*friend*) íntimo, -a. ‖ **5** *adv* (*near*) cerca. ♦ **to close down** *vt* - *vi* cerrar definitivamente ♦ **to close in 1** *vi* (*days*) acortarse. **2** *vi* (*night*) caer. **3** *vi* (*get nearer*) acercarse. • **to bring to a close** concluir; **to close ranks** cerrar filas; **to draw to a close** tocar a su fin. ▪ **close season** temporada de veda.
closed [kləʊzd] *adj* cerrado,-a.
closet ['klɒzɪt] *n* US armario.
close-up ['kləʊsʌp] *n* primer plano.
closing ['kləʊzɪŋ] *n* cierre *m*. ▪ **closing ceremony** acto de clausura; **closing date** fecha límite; **closing time** hora de cierre.
closure ['kləʊʒə] *n* cierre *m*.
clot [klɒt] **1** *n* (*of blood*) coágulo. **2** GB *fam* tonto,-a. ‖ **3** *vi* coagularse.
cloth [klɒθ] **1** *n* (*fabric*) tela. **2** (*rag*) trapo.
clothe [kləʊð] *vt* (*pt & pp* clothed o clad) vestir.
clothes [kləʊðz] *npl* ropa *f sing*. • **in plain clothes** de paisano,-a. ▪ **clothes hanger** percha; **clothes peg** pinza.
clothing ['kləʊðɪŋ] *n* ropa.
cloud [klaʊd] *n* nube *f*. ♦ **to cloud over** *vi* nublarse.
cloudy ['klaʊdɪ] **1** *adj* (*sky*) nublado,-a. **2** (*liquid*) turbio,-a.
clout [klaʊt] **1** *n fam* tortazo. **2** *fam* influencia. ‖ **3** *vt fam* dar un tortazo,-a.
clove [kləʊv] **1** *n* (*spice*) clavo. **2** (*of garlic*) diente *m*.
clover ['kləʊvə] *n* trébol *m*.
club [klʌb] **1** *n* (*organization*) club *m*, sociedad *f*. **2** (*stick*) porra, garrote *m*. ‖ **3** *vt* aporrear.
clue [kluː] *n* pista, indicio: **he hasn't got a clue** no tiene ni idea.
clumsy ['klʌmzɪ] *adj* torpe.
cluster ['klʌstə] **1** *n* grupo. ‖ **2** *vi* agruparse, apiñarse.
clutch [klʌtʃ] **1** *n* TECH embrague *m*. ‖ **2** *vt* estrechar. ♦ **to clutch at** *vt* intentar agarrar.
clutter ['klʌtə] **1** *n* desorden *m*, confusión *f*. ‖ **2** *vt* llenar, atestar.
coach [kəʊtʃ] **1** *n* AUTO autocar *m*. **2** (*carriage*) carruaje *m*. **3** (*on train*) coche *m*. **4** (*tutor*) profesor,-ra particular. **5** (*trainer*) entrenador,-ra. ‖ **6** *vt* preparar, entrenar. ▪ **coach station** terminal *f* de autobuses.

coagulate [kəʊ'ægjʊleɪt] *vi* coagularse.
coal [kəʊl] *n* carbón *m*, hulla. • **to haul sb over the coals** echar un rapapolvo a algn.
coarse [kɔːs] **1** *adj* (*material*) basto,-a. **2** (*person*) grosero,-a, ordinario,-a.
coast [kəʊst] **1** *n* costa, litoral *m*. ‖ **2** *vi* (*in car*) ir en punto muerto. **3** (*on bicycle*) ir sin pedalear. • **the coast is clear** *fam* no hay moros en la costa.
coastal ['kəʊstl] *adj* costero,-a.
coastguard ['kəʊstgɑːd] *n* guardacostas *m inv*.
coastline ['kəʊstlaɪn] *n* costa, litoral *m*.
coat [kəʊt] **1** *n* (*garment*) abrigo. **2** (*of paint*) capa, mano *f*. **3** (*of animal*) pelaje *m*. ‖ **4** *vt* cubrir (with, de). ▪ **coat of arms** escudo de armas.
coating ['kəʊtɪŋ] *n* capa, baño.
coax [kəʊks] *vt* (*person*) persuadir.
cob [kɒb] *n* mazorca.
cobalt ['kəʊbɔːlt] *n* cobalto.
cobble ['kɒbl] *n* adoquín *m*.
cobbler ['kɒblə] **1** *n* zapatero. ‖ **2 cobblers** *npl vulg* (*nonsense*) chorradas *fpl*.
cobweb ['kɒbweb] *n* telaraña.
cock [kɒk] **1** *n* (*male hen*) gallo. **2** (*any male bird*) macho. **3** *vulg* (*penis*) polla. ♦ **to cock up** *vt* GB *fam* fastidiar.
cockatoo [kɒkə'tuː] *n* cacatúa.
cockerel ['kɒkrəl] *n* gallo joven.
cockle ['kɒkl] *n* berberecho.
cockpit ['kɒkpɪt] *n* (*in plane*) cabina del piloto.
cockroach ['kɒkrəʊtʃ] *n* cucaracha.
cocky ['kɒkɪ] *adj fam* creído,-a.
cocoa ['kəʊkəʊ] *n* cacao.
coconut ['kəʊkənʌt] *n* coco.
cocoon [kə'kuːn] *n* capullo.
cod [kɒd] *n* bacalao.
code [kəʊd] **1** *n* código. **2** (*for telephone*) prefijo. ‖ **3** *vt* poner en clave, codificar.
coffee ['kɒfɪ] *n* café *m*. ▪ **coffee grinder** molinillo de café.
coffeepot ['kɒfɪpɒt] *n* cafetera.
coffin ['kɒfɪn] *n* ataúd *m*, féretro.
cog [kɒg] **1** *n* diente *m* de engranaje. **2** *fig* pieza.
cogent ['kəʊdʒənt] *adj* convincente.
cogwheel ['kɒgwiːl] *n* rueda dentada.
coil [kɔɪl] **1** *n* (*of rope*) rollo. **2** (*of hair*) rizo, moño. **3** TECH bobina. ‖ **4** *vt* - *vi* enrollar(se), enroscar(se).
coin [kɔɪn] **1** *n* moneda. ‖ **2** *vt* acuñar. **3** *fig* inventar.
coincidence [kəʊ'ɪnsɪdəns] *n* coincidencia.
colander ['kʌləndə] *n* colador *m*.
cold [kəʊld] **1** *adj* frío,-a. ‖ **2** *n* frío. **3** MED resfriado, catarro. • **to be cold** (*person*) tener frío; (*thing*) estar frío,-a; (*weather*) hacer frío; **to catch a cold** resfriarse; **to give sb the cold shoulder** hacerle el vacío a algn; **to have a cold** estar resfriado,-a; **to knock sb out cold** dejar a algn inconsciente. ▪ **cold sore** herpes *m*, pupa.
cold-blooded [kəʊld'blʌdɪd] **1** *adj* (*evil*) cruel. **2** ZOOL de sangre fría.
cold-hearted [kəʊld'hɑːtɪd] *adj* insensible.
coldness ['kəʊldnəs] *n* frialdad *f*.
collapse [kə'læps] **1** *n* (*of building*) derrumbamiento. **2** (*of roof*) hundimiento. **3** (*of plan*) fracaso. **4** MED colapso. ‖ **5** *vi* (*building*) derrumbar-

se. **6** (*roof*) hundirse. **7** (*person*) desplomarse. **8** (*plan*) venirse abajo.

collar ['kɒlə] **1** *n* cuello. **2** collar *m*. ‖ **3** *vt fam* pillar, pescar.

collarbone ['kɒləbəʊn] *n* clavícula.

collateral [kə'lætrəl] **1** *adj* colateral. ‖ **2** *n* FIN garantía subsidiaria.

collect [kə'lekt] **1** *vt* (*gather*) reunir, juntar. **2** (*stamps etc*) coleccionar. **3** (*taxes*) recaudar. **4** (*pick up, meet*) ir a buscar, recoger. ‖ **5** *vi* (*things*) acumularse. **6** (*people*) congregarse. **7** (*for charity*) hacer una colecta.

collection [kə'lekʃn] **1** *n* colección *f*. **2** colecta. **3** recogida. **4** recaudación *f*.

collective [kə'lektɪv] **1** *adj* colectivo,-a. ‖ **2** *n* cooperativa.

collector [kə'lektə] *n* coleccionista.

college ['kɒlɪdʒ] **1** *n* (*techinical, art*) escuela, instituto. **2** (*of university*) colegio universitario.

collide [kə'laɪd] *vi* colisionar, chocar.

colliery ['kɒljərɪ] *n* mina de carbón.

cologne [kə'ləʊn] *n* colonia.

colon ['kəʊlən] **1** *n* ANAT colon *m*. **2** (*punctuation*) dos puntos.

colonel ['kɜːnl] *n* coronel *m*.

colonist ['kɒlənɪst] *n* colono, colonizador,-ra.

colonize ['kɒlənaɪz] *vt* colonizar.

colony ['kɒlənɪ] *n* colonia.

color ['kʌlə] *n* - *vt* - *vi* US →**colour**.

colour ['kʌlə] **1** *n* color *m*. ‖ **2** *vt* (*dye*) colorear. **3** *fig* influir. ‖ **4** *vi* sonrojarse, ruborizarse. • **to be off colour** no encontrarse bien; **to lose colour** palidecer. ▪ **colour bar** discriminación *f* racial.

colour-blind ['kʌləblaɪnd] *adj* daltónico,-a.

coloured ['kʌləd] **1** *adj* (*drawing etc*) en color. **2** *euph* (*person*) de color.

colourful ['kʌləfʊl] **1** *adj* (*story*) lleno, -a de color. **2** (*multicoloured*) vivo,-a. **3** (*person*) pintoresco,-a.

colouring ['kʌlərɪŋ] **1** *n* (*substance*) colorante *m*. **2** (*colour*) colorido.

column ['kɒləm] *n* columna.

comb [kəʊm] **1** *n* peine *m*. ‖ **2** *vt* (*hair*) peinar. **3** (*area*) rastrear, peinar.

combine [kəm'baɪn] **1** *vt* (*gen*) combinar. ‖ **2** *vi* (*elements*) combinarse; (*teams*) unirse; (*companies*) fusionarse. ‖ **3** *n* (['kɒmbaɪn]) grupo de compañías.

come [kʌm] **1** *vi* (*pt* came; pp come) (*move*) venir: **can I come with you?** ¿puedo ir contigo?; **coming!** ¡ya voy! **2** (*arrive*) llegar. ♦ **to come about** *vi* ocurrir, suceder ♦ **to come across 1** *vt* encontrar por casualidad. **2** *vi* causar una impresión ♦ **to come along** *vi* progresar, avanzar ♦ **to come apart** *vi* romperse, partirse ♦ **to come at** *vt* atacar ♦ **to come back** *vi* volver, regresar ♦ **to come before 1** *vt* (*in time*) preceder. **2** *vt fig* ser más importante que ♦ **to come by** *vt* conseguir ♦ **to come down** *vi* (*prices*) bajar ♦ **to come down with** *vt fam* (*illness*) coger ♦ **to come forward 1** *vi* avanzar. **2** *vi* (*volunteer*) ofrecerse, presentarse ♦ **to come from** *vt* ser de ♦ **to come in 1** *vi* entrar: **come in!** ¡adelante! **2** *vi* (*train*) llegar ♦ **to come into** *vt* (*inherit*) heredar ♦ **to come off 1** *vi* (*happen*) tener lugar. **2** *vi* (*be successful*) tener éxito. **3** *vi* (*break off*) desprenderse ♦ **to come on 1** *vi* progresar, avanzar. **2** *vi fam* (*start*) empezar ♦ **to come**

out 1 *vi* salir. **2** *vi* (*stain*) quitarse ♦ **to come out with** *vt* soltar ♦ **to come round 1** *vi* volver en sí. **2** *vi* dejarse convencer. **3** *vi* (*visit*) visitar ♦ **to come through 1** *vi* (*arrive*) llegar. **2** *vt* (*survive*) sobrevivir ♦ **to come to 1** *vi* (*regain consciousness*) volver en sí. **2** *vt* (*total*) subir a, ascender a ♦ **to come up 1** *vi* (*arise*) surgir. **2** *vi* (*approach*) acercarse. **3** *vi* (*sun*) salir ♦ **to come up against** *vt* topar con ♦ **to come up to** *vt* llegar a ♦ **to come up with** *vt* (*idea*) tener; (*solution*) encontrar. • **come what may** pase lo que pase; **to come in handy** ser útil; **to come to an end** acabar, terminar; **to come together** juntarse; **to come to one's senses** volver en sí; *fig* recobrar la razón; **to come true** hacerse realidad; **come again?** *fam* ¿cómo?

comedian [kə'mi:djən] *n* cómico.

comedy ['kɒmɪdɪ] *n* comedia.

comfort ['kʌmfət] **1** *n* (*well-being*) comodidad *f.* **2** (*consolation*) consuelo. ‖ **3** *vt* consolar.

comforting ['kʌmfətɪŋ] *adj* reconfortante.

comfy ['kʌmfɪ] *adj fam* cómodo,-a.

coming ['kʌmɪŋ] **1** *adj* próximo,-a. **2** (*generation*) venidero,-a.

comma ['kɒmə] *n* coma. ▪ **inverted comma** comilla.

command [kə'mɑ:nd] **1** *n* (*order*) orden *f.* **2** (*control*) mando. **3** Comput comando, instrucción *f.* **4** (*knowledge*) dominio: **he has a good command of Greek** domina el griego. ‖ **5** *vt - vi* (*order*) mandar, ordenar.

commander [kə'mɑ:ndə] *n* comandante *m.*

commandment [kə'mɑ:ndmənt] *n* mandamiento.

commend [kə'mend] **1** *vt* (*praise*) elogiar. **2** (*recommend*) recomendar.

comment ['kɒment] **1** *n* comentario. ‖ **2** *vi* comentar.

commercial [kə'mɜ:ʃl] **1** *adj* comercial. ‖ **2** *n* TV anuncio *m.*

commercialize [kə'mɜ:ʃəlaɪz] *vt* comercializar.

commission [kə'mɪʃn] **1** *n* comisión *f.* **2** (*task*) encargo. ‖ **3** *vt* (*order*) encargar, comisionar.

commit [kə'mɪt] *vt* (*crime*) cometer. • **to commit oneself** comprometerse; **to commit suicide** suicidarse.

commitment [kə'mɪtmənt] *n* compromiso.

committee [kə'mɪtɪ] *n* comité *m.*

commodity [kə'mɒdɪtɪ] *n* producto, artículo.

common ['kɒmən] **1** *adj* (*not special*) corriente, usual. **2** (*shared*) común. **3** (*vulgar*) vulgar, bajo,-a, ordinario,-a. • **to be common knowledge** ser de dominio público. ▪ **common cold** resfriado común; **House of Commons** Cámara de los Comunes.

commotion [kə'məʊʃn] *n* alboroto.

commune ['kɒmju:n] **1** *n* comuna, comunidad *f.* ‖ **2** *vi* ([kə'mju:n]) comulgar, estar en comunión (with, con).

communication [kəmju:nɪ'keɪʃn] **1** *n* (*contact*) comunicación *f.* **2** (*message*) comunicado.

communion [kə'mju:njən] *n* comunión *f.*

communist ['kɒmjʊnɪst] *adj - n* comunista.

community [kə'mjuːnɪtɪ] *n* comunidad *f*. ■ **community centre** centro social; **community spirit** civismo.
compact [kəm'pækt] **1** *adj* compacto, -a. ‖ **2** *n* (*pact*) pacto.
companion [kəm'pænjən] **1** *n* compañero,-a. **2** (*nurse*) acompañante *mf*.
company ['kʌmpənɪ] **1** *n* compañía. **2** *fam* (*visitors*) visita.
comparative [kəm'pærətɪv] **1** *adj* GRAM comparativo,-a. **2** (*relative*) relativo,-a. **3** (*subject*) comparado,-a.
compare [kəm'peə] **1** *vt* comparar (with, con). ‖ **2** *vi* compararse. • **beyond compare** sin comparación.
comparison [kəm'pærɪsn] *n* comparación *f*.
compass ['kʌmpəs] **1** *n* (*magnetic*) brújula. **2** (*for drawing*) compás *m*.
compassionate [kəm'pæʃənət] *adj* compasivo,-a.
compel [kəm'pel] *vt* obligar, forzar.
compensate ['kɒmpənseɪt] **1** *vt* (*counter balance*) compensar. **2** (*money*) indemnizar.
compensation [kɒmpən'seɪʃn] **1** *n* (*reward*) compensación *f*. **2** (*money*) indemnización *f*.
compete [kəm'piːt] *vi* competir.
competence ['kɒmpɪtəns] *n* competencia.
competition [kɒmpɪ'tɪʃn] **1** *n* concurso, competición *f*. **2** competencia, rivalidad *f*.
competitive [kəm'petɪtɪv] **1** *adj* (*person*) de espíritu competitivo. **2** (*price etc*) competitivo,-a.
competitor [kəm'petɪtə] **1** *n* (*rival*) competidor,-ra. **2** (*contestant*) participante *mf*, concursante *mf*.
complacent [kəm'pleɪsnt] *adj* satisfecho,-a de sí mismo,-a.
complain [kəm'pleɪn] *vt* quejarse.
complaint [kəm'pleɪnt] **1** *n* queja. **2** COMM reclamación *f*. **3** MED dolencia.
complete [kəm'pliːt] **1** *adj* completo, -a. **2** (*finished*) acabado,-a, terminado,-a. **3** (*utter*) total. ‖ **4** *vt* completar. **5** (*finish*) acabar, terminar.
completion [kəm'pliːʃn] *n* finalización.
complex ['kɒmpleks] *adj* - *n* complejo.
complexion [kəm'plekʃn] *n* cutis *m*.
complicate ['kɒmplɪkeɪt] *vt* complicar.
compliment ['kɒmplɪmənt] **1** *n* cumplido. ‖ **2** *vt* (['kɒmplɪment]) felicitar (on, por). ‖ **3 compliments** *npl* saludos *mpl*: **my compliments to the chef** felicite al cocinero de mi parte. • **with the compliments of ...** obsequio de ...
comply [kəm'plaɪ] *vi* obedecer, cumplir.
compose [kəm'pəʊz] *vt* componer. • **to compose oneself** serenarse.
composed [kəm'pəʊzd] *adj* sereno,-a.
composer [kəm'pəʊzə] *n* compositor,-ra.
composition [kɒmpə'zɪʃn] **1** *n* composición *f*. **2** (*essay*) redacción *f*.
compound ['kɒmpaʊnd] **1** *adj* compuesto,-a. ‖ **2** *n* compuesto. **3** (*enclosure*) recinto. ‖ **4** *vt* ([kəm-

'paʊnd]) (*worsen*) agravar. **5** (*compose*) componerse (of, de), consistir (of, en).

comprehend [kɒmprɪ'hend] *vt* comprender.

comprehensive [kɒmprɪ'hensɪv] **1** *adj* (*thorough*) completo,-a. **2** (*broad*) amplio,-a, extenso,-a. ▪ **comprehensive insurance** seguro a todo riesgo.

comprise [kəm'praɪz] **1** *vt* constar de. **2** componer, componerse.

compromise ['kɒmprəmaɪz] **1** *n* arreglo, acuerdo. ‖ **2** *vi* transigir. ‖ **3** *vt* comprometer.

compulsive [kəm'pʌlsɪv] **1** *adj* fascinante. **2** empedernido,-a.

compulsory [kəm'pʌlsərɪ] *adj* obligatorio,-a.

computer [kəm'pjuːtə] *n* ordenador *m*. ▪ **computer science** informática.

computing [kəm'pjuːtɪŋ] *n* informática.

comrade ['kɒmreɪd] *n* compañero,-a; Pol camarada *mf*.

con [kɒn] **1** *n fam* estafa, timo. ‖ **2** *vt fam* estafar, timar.

Con [kɒn] *abbr* GB conservador,-ra.

conceal [kən'siːl] *vt* ocultar.

concede [kən'siːd] **1** *vt* (*accept*) reconocer, admitir. ‖ **2** *vi* - *vt* (*give up*) ceder.

conceit [kən'siːt] *n* vanidad *f*.

conceited [kən'siːtɪd] *adj* engreído,-a.

conceivably [kən'siːvəblɪ] *adv* posiblemente.

conceive [kən'siːv] *vt* - *vi* concebir.

concentrate ['kɒnsəntreɪt] **1** *vt* concentrar. ‖ **2** *vi* concentrarse.

concept ['kɒnsept] *n* concepto.

conception [kən'sepʃn] **1** *n* Med concepción *f*. **2** (*idea*) concepto, idea.

concern [kən'sɜːn] **1** *n* (*worry*) preocupación *f*, inquietud *f*. **2** (*matter*) asunto. **3** Comm negocio. ‖ **4** *vt* (*affect*) afectar, concernir, importar a. **5** (*worry*) preocupar. **6** (*have to do with*) tener que ver con. • **as far as I'm concerned** por lo que a mí se refiere; **it's no concern of mine** no es asunto mío; **to whom it may concern** a quien corresponda.

concerning [kən'sɜːnɪŋ] *prep* referente a, sobre.

concert ['kɒnsət] *n* concierto.

concerted [kən'sɜːtɪd] *adj* concertado, -a.

conciliation [kənsɪlɪ'eɪʃn] *n* conciliación *f*.

concise [kən'saɪs] *adj* conciso,-a.

conclude [kən'kluːd] **1** *vt* - *vi* concluir. **2** llegar a; firmar; cerrar. ‖ **3** *vi* terminar, concluir.

conclusion [kən'kluːʒn] **1** *n* conclusión *f*. **2** (*end*) final *m*.

concoct [kən'kɒkt] **1** *vt* (*sauce, drink*) preparar. **2** (*story, excuse*) inventar.

concourse ['kɒŋkɔːs] *n* vestíbulo.

concrete ['kɒŋkriːt] **1** *adj* concreto,-a, específico,-a. ‖ **2** *n* hormigón *m*.

condemn [kən'dem] **1** *vt* condenar. **2** (*building*) declarar inhabitable.

condensation [kɒnden'seɪʃn] **1** *n* condensación *f*. **2** (*on window*) vaho.

condense [kən'dens] **1** *vt* condensar. ‖ **2** *vi* condensarse.

condescend [kɒndɪ'send] **1** *vi* (*deign*) dignarse. **2** (*patronize*) tratar con condescendencia.
condiment ['kɒndɪmənt] *n* condimento.
condition [kən'dɪʃn] **1** *n* condición *f*, estado; MED afección *f*. ‖ **2** *vt* condicionar. **3** (*treat*) acondicionar.
conditioner [kən'dɪʃənə] *n* suavizante *m*.
condolences [kən'dəʊlənsɪz] *npl* pésame *m sing*. • **please accept my condolences** le acompaño en el sentimiento; **to offer one's condolences** dar el pésame.
condone [kən'dəʊn] *vt* consentir.
conducive [kən'djuːsɪv] *adj* propicio,-a (to, para).
conduct ['kɒndəkt] **1** *n* (*behaviour*) conducta. **2** (*control*) dirección. ‖ **3** *vt* ([kɒn'dʌkt]) (*run*) dirigir, llevar a cabo, realizar. **4** (*behave*) comportarse. **5** (*heat etc*) ser conductor,-ra de. ‖ **6** *vt* - *vi* MUS dirigir.
conductor [kən'dʌktə] **1** *n* MUS director,-ra. **2** (*on bus*) cobrador *m*. **3** (*of heat etc*) conductor *m*.
cone [kəʊn] **1** *n* (*shape*) cono. **2** (*ice cream*) cucurucho. **3** (*of pine etc*) piña.
confectionery [kən'fekʃənərɪ] *n* dulces.
confer [kən'fɜː] **1** *vt* (*award*) conferir, conceder. ‖ **2** *vi* (*consult*) consultar (with, con).
conference ['kɒnfrəns] **1** *n* (*convention*) congreso. **2** (*meeting*) reunión *f*. • **to be in conference** estar reunido,-a. ▪ **conference call** teleconferencia.
confess [kən'fes] **1** *vt* confesar. ‖ **2** *vi* confesarse.
confide [kən'faɪd] *vt* - *vi* confiar.
confidence ['kɒnfɪdəns] **1** *n* confianza. **2** confianza, seguridad *f*. **3** confidencia.
confident ['kɒnfɪdnt] *adj* seguro,-a.
confine [kən'faɪn] **1** *vt* (*limit*) limitar. **2** (*shut up*) encerrar.
confinement [kən'faɪnmənt] **1** *n* reclusión *f*. **2** MED parto.
confirm [kən'fɜːm] *vt* confirmar.
confirmed [kən'fɜːmd] *adj* empedernido,-a, inveterado,-a.
conflict ['kɒnflɪkt] **1** *n* conflicto. ‖ **2** *vi* ([kən'flɪkt]) chocar, estar en conflicto.
conflicting [kən'flɪktɪŋ] **1** *adj* contradictorio,-a. **2** contrario,-a.
conform [kən'fɔːm] **1** *vi* conformarse, avenirse. **2** (*to rules etc*) ajustarse.
conformity [kən'fɔːmɪtɪ] *n* conformidad *f*. • **in conformity with** conforme a.
confront [kən'frʌnt] **1** *vt* afrontar. **2** enfrentarse con.
confuse [kən'fjuːz] **1** *vt* (*bewilder*) desconcertar. **2** (*muddle*) confundir. **3** (*complicate*) complicar.
confused [kən'fjuːzd] **1** *adj* (*person*) confundido,-a. **2** (*mind, ideas*) confuso,-a.
confusing [kən'fjuːzɪŋ] *adj* confuso,-a.
congeal [kən'dʒiːl] *vi* coagularse.
congenial [kən'dʒiːnjəl] *adj* agradable.
congested [kən'dʒestɪd] **1** *adj* (*roads etc*) colapsado,-a, congestionado,-a. **2** MED congestionado,-a.
congratulate [kən'grætjʊleɪt] *vt* felicitar (on, por).

congratulations [kəngrætjʊ'leɪʃns] *npl* felicidades *fpl*, enhorabuena *f sing*.
congress ['kɒŋgres] *n* congreso.
conical ['kɒnɪkl] *adj* cónico,-a.
conifer ['kɒnɪfə] *n* conífera.
conjecture [kən'dʒektʃə] **1** *n* conjetura. ‖ **2** *vt* conjeturar.
conjunction [kən'dʒʌŋkʃn] *n* conjunción *f*. • **in conjunction with** conjuntamente con.
conjure ['kʌndʒə] **1** *vi* hacer magia. ‖ **2** *vt* hacer aparecer. ♦ **to conjure up** *vt* (*memories*) evocar.
conjurer ['kʌndʒərə] *n* mago,-a, prestidigitador,-ra.
conjuror ['kʌndʒərə] *n* mago,-a.
connect [kə'nekt] **1** *vt* conectar. **2** comunicar, unir. **3** relacionar, asociar. **4** pasar, poner. ‖ **5** *vi* enlazar.
connection [kə'nekʃn] **1** *n* unión *f*, enlace *m*. **2** TECH conexión *f*. **3** *fig* relación *f*. **4** (*railways*) correspondencia.
connexion [kə'nekʃn] **1** *n* unión *f*, enlace *m*. **2** TECH conexión *f*. **3** *fig* relación *f*. **4** (*railways*) correspondencia.
conquer ['kɒŋkə] **1** *vt* (*lands*) conquistar. **2** (*enemy*) vencer a.
conquest ['kɒŋkwest] *n* conquista.
conscience ['kɒnʃəns] *n* conciencia.
consciousness ['kɒnʃəsnəs] **1** *n* conciencia. **2** MED conocimiento.
conscript ['kɒnskrɪpt] **1** *n* recluta. ‖ **2** *vt* ([kən'skrɪpt]) reclutar.
consent [kən'sent] **1** *n* consentimiento. ‖ **2** *vi* consentir (to, en).
consequence ['kɒnsɪkwəns] **1** *n* consecuencia. **2** importancia.
conservation [kɒnsə'veɪʃn] *n* conservación *f*.
conservationist [kɒnsə'veɪʃnɪst] *n* ecologista *mf*.
conservative [kən'sɜːvətɪv] **1** *adj* POL conservador,-ra. **2** (*safe*) cauteloso,-a. ‖ **3** *n* conservador,-ra.
conservatory [kən'sɜːvətrɪ] **1** *n* invernadero. **2** MUS conservatorio.
conserve [kən'sɜːv] **1** *vt* (*save*) ahorrar. **2** (*preserve*) conservar. ‖ **3** *n* conserva.
consider [kən'sɪdə] *vt* considerar.
considerate [kən'sɪdərət] *adj* considerado,-a.
consideration [kənsɪdə'reɪʃn] *n* consideración *f*. • **to take into consideration** tener en cuenta.
considering [kən'sɪdərɪŋ] **1** *prep* teniendo en cuenta. ‖ **2** *conj* teniendo en cuenta que.
consist [kən'sɪst] **1** *vi* consistir (of, en). **2** (*comprise*) constar (of, de).
consistency [kən'sɪstənsɪ] **1** *n* (*coherence*) consecuencia, coherencia. **2** (*firmness*) consistencia.
consistent [kən'sɪstənt] **1** *adj* (*coherent*) consecuente, coherente. **2** (*regular*) constante.
consolation [kɒnsə'leɪʃn] *n* consolación *f*, consuelo.
console ['kɒnsəʊl] **1** *n* consola. ‖ **2** *vt* ([kən'səʊl]) consolar.
conspicuous [kəns'pɪkjʊəs] *adj* llamativo,-a, visible.
conspire [kən'spaɪə] *vi* conspirar.
constable ['kʌnstəbl] *n* policía *mf*.
constant ['kɒnstənt] **1** *adj* (*unchanging*) constante. **2** (*continuous*) continuo,-a. **3** (*loyal*) leal. ‖ **4** *n* constante *f*.
constipated ['kɒnstɪpeɪtɪd] *adj* estreñido,-a.

constituency [kən'stɪtjʊənsɪ] *n* circunscripción *f*, distrito electoral.
constituent [kəns'tɪtjʊənt] **1** *adj* (*part*) constitutivo,-a. **2** Pol constituyente. ‖ **3** *n* componente *m*. **4** Pol elector,-ra.
constitute ['kɒnstɪtjuːt] *vt* constituir.
constrict [kən'strɪkt] *vt* apretar.
construct [kəns'trʌkt] *vt* construir.
consul ['kɒnsl] *n* cónsul *mf*.
consulate ['kɒnsjʊlət] *n* consulado.
consult [kən'sʌlt] *vt* - *vi* consultar.
consultant [kən'sʌltənt] **1** *n* asesor,-ra. **2** Med especialista *mf*.
consultation [kɒnsəl'teɪʃn] *n* consulta.
consume [kən'sjuːm] *vt* consumir.
consumer [kən'sjuːmə] *n* consumidor, -ra.
consumption [kən'sʌmpʃn] **1** *n* consumo. **2** Med tisis *f*.
contact ['kɒntækt] **1** *n* contacto. ‖ **2** *vt* ponerse en contacto con. ▪ **contact lens** lentilla, lente de contacto.
contagious [kən'teɪdʒəs] *adj* contagioso,-a.
contain [kən'teɪn] *vt* contener.
container [kən'teɪnə] **1** *n* recipiente *m*, envase *m*. **2** Comm contenedor *m*.
contamination [kəntæmɪ'neɪʃn] *n* contaminación *f*, polución *f*.
contemplate ['kɒntempleɪt] **1** *vt* (*look at*) contemplar. **2** (*consider*) considerar.
contemporary [kən'temprərɪ] *adj* - *n* contemporáneo,-a.
contempt [kən'tempt] **1** *n* desprecio, menosprecio. **2** Jur desacato. • **to hold in contempt** despreciar.
contend [kən'tend] **1** *vi* competir. **2** enfrentarse a. ‖ **3** *vt* sostener.
content ['kɒntent] **1** *n* contenido. ‖ **2** *adj* ([kən'tent]) contento,-a, satisfecho,-a. ‖ **3** *vt* contentar.
contented [kən'tentɪd] *adj* contento, -a, satisfecho,-a.
contention [kən'tenʃn] **1** *n* controversia, contienda. **2** parecer *m*.
contentious [kən'tenʃəs] *adj* polémico,-a.
contest ['kɒntest] **1** *n* concurso. **2** contienda, lucha. ‖ **3** *vt* ([kən'test]) luchar por, competir por. **4** presentarse como candidato,-a.
contestant [kən'testənt] **1** *n* concursante *mf*. **2** candidato,-a.
continue [kən'tɪnjuː] *vt* - *vi* continuar, seguir.
continuity [kɒntɪ'njuːɪtɪ] *n* continuidad *f*.
contort [kən'tɔːt] **1** *vt* contorsionar. ‖ **2** *vi* contorsionarse.
contraband ['kɒntrəbænd] *n* contrabando.
contraceptive [kɒntrə'septɪv] **1** *adj* anticonceptivo,-a. ‖ **2** *n* anticonceptivo *m*.
contract ['kɒntrækt] **1** *n* contrato. ‖ **2** *vi* ([kən'trækt]) (*become smaller*) contraerse. ‖ **3** *vt* (*illness, marriage, muscle*) contraer.
contractor [kən'træktə] *n* contratista.
contradict [kɒntrə'dɪkt] *vt* contradecir.
contrary ['kɒntrərɪ] **1** *adj* contrario,-a. **2** ([kɒn'treərɪ]) (*stubborn*) terco,-a. ‖ **3** *n* contrario. • **contrary to** en contra de.
contrast ['kɒntræst] **1** *n* contraste *m*. ‖ **2** *vt* - *vi* ([kɒn'træst]) contrastar. • **in contrast to** a diferencia de.

contribute [kən'trɪbjuːt] **1** *vt* - *vi* contribuir. ‖ **2** *vi* colaborar.
contributor [kən'trɪbjʊtə] **1** *n* contribuyente *mf*. **2** (*to newspaper*) colaborador,-ra.
contrive [kən'traɪv] *vt* idear, inventar. • **to contrive to do sth** arreglárselas para hacer algo.
contrived [kən'traɪvd] *adj* artificial.
control [kən'trəʊl] **1** *n* (*command*) control *m*. **2** (*device*) mando, control *m*. **3** (*restraint*) dominio. ‖ **4** *vt* controlar. • **to be in control** estar al mando; **to go out of control** descontrolarse.
controller [kən'trəʊlə] **1** *n* FIN interventor,-ra. **2** RAD TV director, -ra de programación *f*.
controversy [kən'trɒvəsɪ] *n* controversia, polémica.
convene [kən'viːn] **1** *vt* convocar. ‖ **2** *vi* reunirse.
convenience [kən'viːnjəns] *n* conveniencia, comodidad *f*. ■ **convenience food** comida preparada.
convenient [kən'viːnjənt] **1** *adj* conveniente. **2** bien situado,-a.
convent ['kɒnvənt] *n* convento.
converge [kən'vɜːdʒ] *vi* converger.
conversant [kən'vɜːsənt] *adj* versado, -a (with, en).
conversation [kɒnvə'seɪʃn] *n* conversación *f*.
converse ['kɒnvɜːs] **1** *adj* opuesto, -a. ‖ **2** *n* lo opuesto.
conversion [kən'vɜːʃn] *n* conversión *f*.
convert ['kɒnvɜːt] **1** *n* converso,-a. ‖ **2** *vt* ([kən'vɜːt]) convertir. ‖ **3** *vi* convertirse (into/to, en); (*religion*) convertirse (to, a).
convertible [kən'vɜːtəbl] **1** *adj* convertible. **2** AUTO descapotable *m*.
convex ['kɒnveks] *adj* convexo,-a.
convey [kən'veɪ] **1** *vt* llevar, transportar. **2** comunicar, expresar.
conveyor belt [kən'veɪəbelt] *n* cinta transportadora.
convict ['kɒnvɪkt] **1** *n* presidiario, -a. ‖ **2** *vt* ([kən'vɪkt]) JUR declarar culpable.
conviction [kən'vɪkʃn] **1** *n* (*belief*) convicción *f*. **2** JUR condena.
convince [kən'vɪns] *vt* convencer.
cook [kʊk] **1** *n* cocinero,-ra. ‖ **2** *vt* guisar, cocinar; (*meals*) preparar. ‖ **3** *vi* cocinar, cocer.
cooker ['kʊkə] *n* (*stove*) cocina.
cooking ['kʊkɪŋ] *n* cocina. • **to do the cooking** cocinar.
cool [kuːl] **1** *adj* (*cold*) fresco,-a. **2** (*calm*) tranquilo,-a. **3** (*unfriendly*) frío,-a. **4** *sl* (*hip*) guay, genial. ‖ **5** *vt* refrescar, enfriar. ‖ **6** *vi* enfriarse. ♦ **to cool down** *vt* - *vi* (*food*) enfriar (se); (*person*) calmar(se). • **to keep/lose one's cool** mantener/perder lacalma.
coolness ['kuːlnəs] **1** *n* fresco, frescor *m*. **2** frialdad *f*. **3** serenidad *f*.
cooperate [kəʊ'ɒpəreɪt] *vi* cooperar.
cooperative [kəʊ'ɒprətɪv] **1** *adj* (*collective*) cooperativo,-a. **2** (*helpful*) cooperador,-ra. ‖ **3** *n* cooperativa.
coordinate [kəʊ'ɔːdɪneɪt] *vt* coordinar.
cop [kɒp] *n fam* (*policeman*) poli *mf*. ♦ **to cop out** *vi fam* rajarse. • **it's not much cop** *fam* no es nada del otro mundo.

cope [kəʊp] *vi* arreglárselas: **I just can't cope!** ¡es que no doy abasto! ♦ **to cope with** *vt* (*work*) poder con; (*problem*) hacer frente a.
copper ['kɒpə] **1** *n* (*metal*) cobre *m*. **2** GB *fam* (*coin*) pela, perra. **3** *fam* (*policeman*) poli *mf*.
copy ['kɒpɪ] **1** *n* copia. **2** (*of book etc*) ejemplar *m*. ‖ **3** *vt* - *vi* copiar.
cord [kɔːd] *n* cuerda.
corduroy ['kɔːdərɔɪ] *n* pana.
core [kɔː] *n* núcleo, centro. • **to the core** *fig* hasta la médula.
cork [kɔːk] *n* (*material*) corcho.
corkscrew ['kɔːkskruː] *n* sacacorchos.
corn [kɔːn] **1** *n* (*maize*) maíz *m*. **2** MED callo. **3** (*cereal*) cereales *mpl*.
corner ['kɔːnə] **1** *n* (*exterior angle*) esquina. **2** (*interior angle*) rincón *m*. ‖ **3** *vt* arrinconar. **4** COMM acaparar. • **in a tight corner** en un aprieto; **just round the corner** a la vuelta de la esquina.
cornet ['kɔːnɪt] **1** *n* MUS corneta. **2** GB (*ice-cream*) cucurucho.
cornflour ['kɔːnflaʊə] *n* harina de maíz.
corny ['kɔːnɪ] **1** *adj fam* gastado,-a, sobado,-a. **2** *fam* cursi, sensiblero,-a.
coroner ['kɒrənə] *n* juez *mf* de instrucción *f*.
corporal ['kɔːpərəl] *n* MIL cabo.
corporation [kɔːpə'reɪʃn] **1** *n* COMM corporación *f*. **2** GB (*council*) ayuntamiento.
corps [kɔː] *n* (*pl* corps [kɔːz]) cuerpo.
corpse [kɔːps] *n* cadáver *m*.
corpuscle ['kɔːpəsl] *n* glóbulo.
correct [kə'rekt] **1** *adj* (*right*) correcto, -a. **2** (*accurate*) exacto,-a. **3** (*proper*) formal. ‖ **4** *vt* corregir.
correspond [kɒrɪs'pɒnd] **1** *vi* corresponderse. **2** (*write*) escribirse.
corridor ['kɒrɪdɔː] *n* pasillo.
corrode [kə'rəʊd] *vt* corroer.
corrugated ['kɒrəgeɪtɪd] *vt* ondulado, -a.
corrupt [kə'rʌpt] **1** *adj* corrompido, -a, corrupto,-a. ‖ **2** *vt* - *vi* corromper.
Corsican ['kɔːsɪkən] *adj* - *n* corso,-a.
cosmetic [kɒz'metɪk] *n* cosmético. ■ **cosmetic surgery** cirugía estética.
cosmic ['kɒzmɪk] *adj* cósmico,-a.
cosmopolitan [kɒzmə'pɒlɪtn] *adj* cosmopolita.
cost [kɒst] **1** *n* coste *m*, costo, precio. ‖ **2** *vi* (*pt & pp* cost) costar, valer. ‖ **3 costs** *npl* JUR costas *fpl*. • **whatever the cost** cueste lo que cueste.
costly ['kɒstlɪ] *adj* costoso,-a.
costume ['kɒstjuːm] *n* (*outfit*) traje *m*; (*for party*) disfraz *m*. ■ **costume jewellery** bisutería.
cosy ['kəʊzɪ] *adj* acogedor,-ra.
cot [kɒt] *n* cuna.
cottage ['kɒtɪdʒ] *n* casa de campo. ■ **cottage cheese** requesón *m*.
cotton ['kɒtn] **1** *n* algodón *m*. **2** (*thread*) hilo. ♦ **to cotton on** *vi* caer en la cuenta.
couch [kaʊtʃ] **1** *n* canapé *m*, sofá *m*. ‖ **2** *vt* expresar.
couchette [kuː'ʃet] *n* litera.
cough [kɒf] **1** *n* tos *f*. ‖ **2** *vi* toser.
council ['kaʊnsɪl] **1** *n* ayuntamiento. **2** consejo. **3** REL concilio.
councillor ['kaʊnsɪlə] *n* concejal *mf*.
counsel ['kaʊnsəl] **1** *n* (*advice*) consejo. **2** JUR abogado,-a. ‖ **3** *vt* aconsejar.

count [kaʊnt] **1** *n* cuenta, recuento. **2** (*noble*) conde *m.* || **3** *vt* contar. **4** (*consider*) considerar. || **5** *vi* contar. ♦ **to count in** *vt fam* incluir, contar con ♦ **to count on 1** *vt* contar con ♦ **to count out 1** *vt* ir contando. **2** *vt fam* no contar con. • **to keep count** llevar la cuenta; **to lose count** perder la cuenta.

counter ['kaʊntə] **1** *n* mostrador *m.* **2** ficha. || **3** *vt* contrarrestar. || **4** *vi* contestar, replicar. || **5** *adv* en contra.

counteract [kaʊntə'rækt] *vt* contrarrestar.

counterfeit ['kaʊntəfɪt] **1** *adj* falso, -a. || **2** *n* falsificación *f.* || **3** *vt* falsificar.

counterpart ['kæʊntəpɑːt] *n* homólogo,-a.

counterproductive [kaʊntəprə'dʌktɪv] *adj* contraproducente.

countess ['kaʊntəs] *n* condesa.

countless ['kaʊntləs] *adj* incontable, innumerable.

country ['kʌntrɪ] **1** *n* (*political*) país *m.* **2** (*rural area*) campo. **3** (*region*) tierra, región *f.*

countryman ['kʌntrɪmən] **1** *n* campesino. **2** (*compatriot*) compatriota *m.*

countryside ['kʌntrɪsaɪd] **1** *n* campo. **2** (*scenery*) paisaje *m.*

countrywoman ['kʌntrɪwʊmən] **1** *n* campesina. **2** (*compatriot*) compatriota *mf.*

county ['kaʊntɪ] *n* condado.

coup [kuː] *n* golpe *m.*

couple ['kʌpl] **1** *n* (*things*) par *m.* **2** (*people*) pareja. || **3** *vt* (*connect*) enganchar, conectar. || **4** *vi* (*mate*) aparearse.

courage ['kʌrɪdʒ] *n* valor *m*, valentía.

courageous [kə'reɪdʒəs] *adj* valiente.

courgette [kʊə'ʒet] *n* calabacín *m.*

courier ['kʊərɪə] **1** *n* (*messenger*) mensajero,-a. **2** (*guide*) guía *mf* turístico,-a.

course [kɔːs] **1** *n* (*of ship, plane*) rumbo. **2** (*of river*) curso. **3** (*series*) serie *f*, ciclo. **4** (*lessons*) curso. **5** (*of meal*) plato. **6** (*for golf*) campo. • **during the course of** durante; **of course** desde luego, por supuesto.

court [kɔːt] **1** *n* JUR tribunal *m.* **2** (*tennis etc*) pista. **3** (*courtyard*) patio. **4** (*royal*) corte *f.* || **5** *vt* cortejar. • **to take sb to court** llevar a algn a juicio.

courtesy ['kɜːtɪsɪ] *n* cortesía.

courtship ['kɔːtʃɪp] *n* cortejo.

courtyard ['kɔːt'jɑːd] *n* patio.

cousin ['kʌzn] *n* primo,-a.

cove [kəʊv] *n* cala, ensenada.

covenant ['kʌvnənt] *n* convenio, pacto.

cover ['kʌvə] **1** *n* (*covering*) cubierta; (*lid*) tapa. **2** (*of book*) cubierta; (*of magazine*) portada. **3** (*insurance*) cobertura. **4** (*shelter*) abrigo, protección *f.* || **5** *vt* (*gen*) cubrir (with, de). **6** (*with lid*) tapar. **7** (*insurance*) asegurar. **8** (*deal with*) abarcar. **9** (*report on*) cubrir, informar sobre. ♦ **to cover up 1** *vt* (*put sth over*) cubrir. **2** *vt* (*hide*) encubrir. **3** *vi* cubrirse, taparse. • **to take cover** refugiarse; **under cover of** al amparo de, al abrigo de. ■ **cover charge** precio del cubierto.

coverage ['kʌvərɪdʒ] **1** *n* reportaje *m.* **2** (*insurance*) cobertura.

cover-up ['kʌvərʌp] *n* encubrimiento.
cow [kaʊ] *n* vaca.
coward ['kaʊəd] *n* cobarde *mf*.
cowboy ['kaʊbɔɪ] *n* vaquero.
coy [kɔɪ] *adj* tímido,-a.
crab [kræb] *n* cangrejo.
crack [kræk] **1** *vt* (*split*) rajar; (*earth*) agrietar. **2** (*safe*) forzar; (*egg, nut*) cascar. **3** (*whip*) chasquear, hacer restallar. **4** (*head*) golpearse. **5** (*joke*) soltar. ‖ **6** *vi* (*split*) rajarse, agrietarse. **7** (*voice*) quebrarse. **8** (*break down*) hundirse, venirse abajo. **9** (*make noise*) crujir. ‖ **10** *n* (*in cup*) raja; (*in ice etc*) grieta. **11** (*of whip*) restallido. **12** (*attempt*) intento. ‖ **13** *adj fam* de primera. • **to get cracking** *fam* poner manos a la obra.
crackle ['krækl] **1** *n* crujido. ‖ **2** *vi* crepitar.
cradle ['kreɪdl] **1** *n* cuna. **2** (*construction*) andamio colgante. ‖ **3** *vt* acunar.
craft [krɑːft] **1** *n* (*skill*) arte *m*. **2** (*occupation*) oficio. **3** (*boat*) embarcación *f*.
craftsman ['krɑːftsmən] *n* artesano.
crafty ['krɑːftɪ] *adj* astuto,-a.
cram [kræm] *vt* llenar, atestar.
cramp [kræmp] **1** *n* calambre *m*. ‖ **2** *vt* limitar, restringir. • **to cramp sb's style** *fam* cortar las alas a algn.
crane [kreɪn] **1** *n* (*bird*) grulla común. **2** (*device*) grúa. ‖ **3** *vt* (*stretch*) estirar.
cranky ['kræŋkɪ] *adj fam* chiflado,-a.
crap [kræp] **1** *n fam* mierda. **2** *fam* gilipolleces. ‖ **3** *vi fam* cagar.
crash [kræʃ] **1** *vi* chocar (into, con); (*car, plane*) estrellarse (into, contra). **2** COMM quebrar. ‖ **3** *n* (*noise*) estallido, estrépito. **4** (*collision*) choque *m*. **5** COMM quiebra.
crave [kreɪv] *vi* ansiar (for, -).
craving ['kreɪvɪŋ] *n* (*strong desire*) ansia; (*in pregnancy*) antojo.
crawl [krɔːl] **1** *vi* (*adult*) arrastrarse; (*baby*) gatear. • **to crawl with** estar apestado,-a de; **to make sb's flesh crawl** poner los pelos de punta a algn.
craze [kreɪz] *n* manía, moda.
crazy ['kreɪzɪ] *adj fam* loco,-a, chiflado. • **to drive crazy** volver loco,-a.
creak [kriːk] **1** *vi* crujir; chirriar. ‖ **2** *n* crujido; chirrido.
cream [kriːm] **1** *n* crema; (*of milk*) nata. **2** *fig* la flor y nata.
crease [kriːs] **1** *n* (*wrinkle*) arruga; (*ironed*) raya. ‖ **2** *vt - vi* (*wrinkle*) arrugar(se).
create [kriː'eɪt] **1** *vt* (*produce*) crear. **2** (*develop*) producir, causar.
credit ['kredɪt] **1** *n* mérito, reconocimiento. **2** COMM crédito; (*in accountancy*) haber *m*: **credit and debit** debe y haber. ‖ **3** *vt* creer, dar crédito a. **4** COMM abonar, ingresar. ‖ **5 credits** *npl* CINEM TV créditos *mpl*. • **on credit** a crédito; **to do sb credit** honrar a algn; **to take credit for sth** atribuirse el mérito de algo.
creditor ['kredɪtə] *n* acreedor,-ra.
creek [kriːk] **1** *n* GB cala. **2** US riachuelo.
creep [kriːp] **1** *vi* (*pt & pp* crept) (*insect*) arrastrarse; (*animal*) deslizarse; (*plant*) trepar; (*person*) moverse lenta y silenciosamente. ‖ **2** *n fam* (*person*) asqueroso,-a.

cremation [krɪ'meɪʃn] *n* incineración *f*.
crematorium [kremə'tɔːrɪəm] *n* crematorio.
crescent ['kresnt] *n* medialuna.
crest [krest] **1** *n* cresta. **2** cima, cumbre *f*. **3** blasón *m*.
crestfallen ['krestfɔːln] *adj* abatido,-a.
crevice ['krevɪs] *n* raja, hendedura.
crew [kruː] *n* AV MAR tripulación *f*. ▪ **crew cut** corte *m* al cero.
crick [krɪk] *n* tortícolis *f inv*.
cricket ['krɪkɪt] *n* (*insect*) grillo.
crime [kraɪm] **1** *n* (*serious offence*) crimen *m*. **2** (*minor offence*) delito.
criminal ['krɪmɪnl] *adj* - *n* criminal *mf*. ▪ **criminal record** antecedentes *mpl* penales.
crimson ['krɪmzn] *adj* - *n* carmesí.
cringe [krɪndʒ] *vi* abatirse, encogerse.
crinkle ['krɪŋkl] **1** *vt* arrugar. ‖ **2** *vi* arrugarse.
cripple ['krɪpl] **1** *n* lisiado,-a. ‖ **2** *vt* (*person*) lisiar, tullir. **3** (*industry*) paralizar.
crisp [krɪsp] **1** *adj* (*toast etc*) crujiente. **2** (*lettuce*) fresco,-a. **3** (*weather*) frío,-a y seco,-a. **4** (*style*) directo,-a. ‖ **5** *n* GB patata frita *(de bolsa)*.
criticism ['krɪtɪsɪzm] *n* crítica.
Croatia [krəʊ'eɪʃn] *n* Croacia.
Croatian [krəʊ'eɪʃn] **1** *adj* - *n* croata. ‖ **2** *n* (*language*) croata *m*.
crochet ['krəʊʃeɪ] **1** *n* ganchillo. ‖ **2** *vi* hacer ganchillo.
crockery ['krɒkərɪ] *n* loza.
crocus ['krəʊkəs] *n* azafrán *m*.
crony ['krəʊnɪ] *n* compinche *mf*.
crook [krʊk] **1** *n* gancho. **2** (*shepherd's*) cayado. **3** *fam* delincuente *mf*.
crooked ['krʊkɪd] **1** *adj* torcido,-a. **2** *fam* deshonesto,-a.
crop [krɒp] **1** *n* cultivo; (*harvest*) cosecha. **2** (*hair*) pelado corto. **3** (*of bird*) buche *m*. ‖ **4** *vt* (*hair*) cortar al rape. ♦ **to crop up** *vi fam* surgir.
cross [krɒs] **1** *adj* enojado,-a. ‖ **2** *n* cruz *f*. **3** cruce *m*. ‖ **4** *vt* cruzar. ♦ **to cross off** *vt* borrar, tachar ♦ **to cross out** *vt* borrar, tachar ♦ **to cross over** *vt* pasar, atravesar. • **it crossed my mind that ...** se me ocurrió que ...
crossbar ['krɒsbɑː] *n* travesaño.
crossbow ['krɒsbəʊ] *n* ballesta.
cross-country [krɒs'kʌntrɪ] *adj* - *adv* campo través.
cross-eyed ['krɒsaɪd] *adj* bizco,-a.
crossing ['krɒsɪŋ] **1** *n* cruce *m*. **2** MAR travesía.
crossroads ['krɒsrəʊdz] *n* encrucijada.
crosswise ['krɒswaɪz] *adv* en diagonal.
crossword ['krɒswɜːd] *n* crucigrama *m*.
crotch [krɒtʃ] *n* entrepierna.
crouch [kraʊtʃ] *vi* agacharse.
crow [krəʊ] **1** *n* cuervo. ‖ **2** *vi* (*pt* crowed o crew) (*cock*) cantar. ▪ **crow's-feet** patas *fpl* de gallo.
crowbar ['krəʊbɑː] *n* palanca.
crowd [kraʊd] **1** *n* multitud *f*, gentío. ‖ **2** *vt* llenar, atestar. ‖ **3** *vi* apiñarse.
crown [kraʊn] **1** *n* corona. **2** copa. **3** ANAT coronilla. ‖ **4** *vt* coronar.
crucial ['kruːʃl] *adj* crucial, decisivo,-a.

crude [kruːd] **1** *n* (*manner*) tosco,-a, grosero,-a. **2** (*oil*) crudo,-a.
cruelty ['kruːəltɪ] *n* crueldad *f.*
cruise [kruːz] *n* crucero.
crumb [krʌm] *n* miga, migaja.
crumble ['krʌmbl] **1** *vt* desmenuzar, desmigar. ‖ **2** *vi* desmoronarse.
crumple ['krʌmpl] **1** *vt* arrugar. ‖ **2** *vi* arrugarse.
crunch [krʌntʃ] **1** *vt* mascar. **2** hacer crujir. ‖ **3** *vi* crujir. ‖ **4** *n* crujido.
crush [krʌʃ] **1** *vt* (*crowd*) aglomeración *f*, gentío. ‖ **2** *n fam* enamoramiento.
crust [krʌst] **1** *n* (*of bread*) corteza. **2** (*pastry*) pasta. **3** (*of earth*) corteza.
crutch [krʌtʃ] *n* muleta.
cry [kraɪ] **1** *vt - vi* (*shout*) gritar. ‖ **2** *vi* llorar, lamentarse. ‖ **3** *n* grito. **4** (*weep*) llanto. ♦ **to cry out** *vi* gritar: **to cry out for sth** pedir algo a gritos.
cryptic ['krɪptɪk] *adj* enigmático,-a.
crystal ['krɪstl] *n* cristal *m.*
cub [kʌb] *n* cachorro,-a.
Cuban ['kjuːbən] *adj - n* cubano,-a.
cube [kjuːb] **1** *n* cubo. **2** terrón *m.* ■ **cube root** raíz cúbica.
cubic ['kjuːbɪk] *adj* cúbico,-a.
cubicle ['kjuːbɪkl] *n* cubículo.
cuckoo ['kʊkuː] *n* cuco común.
cucumber ['kjuːkʌmbə] *n* pepino.
cuddle ['kʌdl] **1** *vt* abrazar. ‖ **2** *vi* abrazarse. ‖ **3** *n* abrazo.
cuff [kʌf] **1** *n* (*of sleeve*) puño. ‖ **2** *vt* abofetear. ■ **cuff links** gemelos *mpl.*
culprit ['kʌlprɪt] *n* culpable *mf.*
cumbersome ['kʌmbəsəm] *adj* (*awkward*) incómodo,-a.
cunning ['kʌnɪŋ] **1** *adj* astuto,-a. ‖ **2** *n* astucia, maña.
cup [kʌp] **1** *n* taza. **2** SP copa.
cupboard ['kʌbəd] *n* armario.
curator ['kjʊəreɪtə] *n* conservador, -ra.
curb [kɜːb] **1** *n* (*control*) freno, restricción *f.* ‖ **2** *vt* refrenar, contener.
curd [kɜːd] *n* cuajada.
cure [kjʊə] **1** *vt* curar. ‖ **2** *n* cura.
curfew ['kɜːfjuː] *n* toque *m* de queda.
curiosity [kjʊərɪ'ɒsɪtɪ] *n* curiosidad *f.*
curious ['kjʊərɪəs] *adj* curioso,-a.
curl [kɜːl] **1** *vt* rizar. ‖ **2** *vi* rizarse. ‖ **3** *n* rizo, bucle *m.* **4** (*of smoke*) espiral *f.*
curly ['kɜːlɪ] *adj* rizado,-a.
currant ['kʌrənt] *n* pasa.
currency ['kʌrənsɪ] *n* moneda.
current ['kʌrənt] **1** *adj* actual; en curso. **2** corriente, común; último, -a. ‖ **3** *n* corriente *f.*
curriculum [kə'rɪkjələm] *n* plan *m* de estudios.
curse [kɜːs] **1** *n* maldición *f.* **2** (*oath*) palabrota. **3** *fig* azote *m.* ‖ **4** *vt - vi* maldecir. • **to put a curse on sb** maldecir a algn.
cursory ['kɜːsərɪ] *adj* rápido,-a, superficial.
curt [kɜːt] *adj* seco,-a, brusco,-a.
curtail [kɜː'teɪl] *vt* reducir.
curtain ['kɜːtn] *n* cortina; THEAT telón *m.* • **to drop the curtain** bajar el telón.
curve [kɜːv] **1** *n* curva. ‖ **2** *vi* torcer, hacer una curva.
cushion ['kʊʃn] **1** *n* (*for sitting*) cojín *m*; (*large*) almohadón *m.* ‖ **2** *vt fig* suavizar, amortiguar.
custard ['kʌstəd] *n* natillas *fpl.*
custody ['kʌstədɪ] *n* custodia. • **to take into custody** detener.
custom ['kʌstəm] *n* costumbre *f.*

customary ['kʌstəmərɪ] *adj* habitual.
customer ['kʌstəmə] *n* cliente *mf*.
customs ['kʌstʌmz] *n* aduana. ▪ **customs duties** derechos *mpl* de aduana, aranceles *mpl*.
cut [kʌt] **1** *vt* cortar. **2** (*stone, glass*) tallar. **3** (*divide up*) dividir. ‖ **4** *n* corte *m*. **5** (*share*) parte *f*. **6** (*reduction*) recorte *m*: **a wage cut** un recorte salarial. ‖ **7** *adj* cortado,-a. ♦ **to cut down** *vt* talar, cortar. ♦ **to cut in** *vi* interrumpir ♦ **to cut off** *vt* cortar; (*isolate*) aislar: **after the storm, the town was cut off** tras la tormenta, la ciudad quedó incomunicada ♦ **to cut out 1** *vt* recortar; (*dress*) cortar. **2** *vt* (*exclude*) eliminar, suprimir. • **to cut one's hair** cortarse el pelo; **to cut corners** simplificar. ▪ **cold cuts** fiambres *mpl*.
cute [kjuːt] *adj* mono,-a.
cutlery ['kʌtlərɪ] *n* cubertería.
cutlet ['kʌtlət] *n* chuleta.
cutting ['kʌtɪŋ] **1** *n* recorte *m*. **2** BOT esqueje *m*. ‖ **3** *adj* cortante.
cuttlefish ['kʌtlfɪʃ] *n* jibia, sepia.
cv ['siː'viː] *abbr* (curriculum vitae) CV.
cyanide ['saɪənaɪd] *n* cianuro.
cycle ['saɪkl] **1** *n* ciclo. **2** (*bicycle*) bicicleta. ‖ **3** *vi* ir en bicicleta.
cycling ['saɪklɪŋ] *n* ciclismo.
cylinder ['sɪlɪndə] **1** *n* cilindro. **2** (*gas*) bombona.
cynic ['sɪnɪk] *n* cínico,-a.
Cypriot ['sɪprɪət] *adj* - *n* chipriota,-a.
Cyprus ['saɪprəs] *n* Chipre *m*.
cyst [sɪst] *n* quiste *m*.
czar [zɑː] *n* zar *m*.
Czech [tʃek] **1** *adj* - *n* checo,-a. ‖ **2** *n* (*language*) checo. ▪ **Czech Republic** República Checa.

D

dad [dæd] *n fam* papá *m*.
daffodil ['dæfədɪl] *n* narciso.
daft [dɑːft] *adj fam* (*person*) chalado,-a; (*idea*) tonto,-a.
dagger ['dægə] *n* daga, puñal *m*.
daily ['deɪlɪ] **1** *adj* diario,-a, cotidiano, -a. ‖ **2** *adv* diariamente. ‖ **3** *n* diario.
dairy ['deərɪ] **1** *n* (*on farm*) vaquería. **2** (*shop*) lechería.
daisy ['deɪzɪ] *n* margarita.
dam [dæm] **1** *n* (*barrier*) dique *m*. **2** (*reservoir*) embalse *m*, presa. ‖ **3** *vt* represar, embalsar. **4** construir un dique.
damage ['dæmɪdʒ] **1** *vt* dañar. **2** *fig* perjudicar. ‖ **3** *n* daño. **4** *fig* perjuicio. ‖ **5 damages** *npl* daños y perjuicios.
damaging ['dæmɪdʒɪŋ] *adj* perjudicial.
dame [deɪm] **1** *n* dama. **2** US *fam* tía.
damn [dæm] **1** *interj fam* ¡maldito, -a sea! ‖ **2** *adj fam* maldito,-a. ‖ **3** *vt* condenar. • **I don't give a damn** me importa un bledo.
damned [dæmd] *adj* maldito,-a.
damp [dæmp] *adj* húmedo,-a.
dampen ['dæmpn] *vt* humedecer.
dance [dɑːns] **1** *n* baile *m*; (*classical, tribal*) danza. ‖ **2** *vi* - *vt* bailar.
dancer ['dɑːnsə] **1** *n* bailador,-ra. **2** (*professional*) bailarín,-ina.
dandruff ['dændrəf] *n* caspa.
Dane [deɪn] *n* danés,-esa.
danger ['deɪndʒə] **1** *n* peligro. **2** (*risk*) riesgo.
dangerous ['deɪndʒərəs] **1** *adj* peligroso,-a. **2** (*illness*) grave.
Danish ['deɪnɪʃ] **1** *adj* - *n* danés, -esa. ‖ **2** *n* (*language*) danés *m*.
dare [deə] **1** *vi* atreverse (to, a), osar (to, -). ‖ **2** *vt* desafiar. ‖ **3** *n* reto, desafío: **I dare say ...** creo que ....
daring ['deərɪŋ] **1** *adj* audaz, osado,-a. ‖ **2** *n* osadía, atrevimiento.
dark [dɑːk] **1** *adj* oscuro,-a. **2** (*hair, skin*) moreno,-a. **3** *fig* (*gloomy*) triste; (*future*) negro,-a. **4** *fig* (*secret*) misterioso,-a. ‖ **5** *n* oscuridad *f*. **6** (*nightfall*) anochecer *m*. • **to be in the dark** *fig* estar a oscuras, no saber nada.
darken ['dɑːkn] **1** *vt* oscurecer. ‖ **2** *vi* oscurecerse.
darkness ['dɑːknəs] *n* oscuridad *f*, tinieblas *fpl*.
darling ['dɑːlɪŋ] **1** *n* querido,-a, amado,-a. ‖ **2** *adj* querido,-a.
dart [dɑːt] **1** *n* dardo. **2** (*rush*) movimiento rápido. **3** SEW pinza. ‖ **4** *vt* echar. ‖ **5** *vi* lanzarse, precipitarse.
dartboard ['dɑːtbɔːd] *n* diana.
dash [dæʃ] **1** *n* (*rush*) carrera. **2** (*small amount*) poco; (*of salt etc*) pizca; (*of liquid*) chorro. **3** (*mark*) raya. **4** (*style*) elegancia. ‖ **5** *vt* lanzar, arrojar. **6** (*smash*) romper, estrellar; *fig* desvanecer. ‖ **7** *vi* (*rush*) correr. ♦

to dash off *vt* escribir deprisa y corriendo.

dashboard ['dɑːʃbɔːd] *n* salpicadero.

data ['deɪtə] *npl* datos *mpl.*

date [deɪt] **1** *n* fecha. **2** (*appointment*) cita, compromiso. **3** BOT dátil *m.* ‖ **4** *vt* fechar, datar. **5** US *fam* salir con. • **out of date** (*gen*) anticuado,-a; (*clothes*) pasado,-a de moda; (*technology*) desfasado,-a; (*food, ticket*) caducado,-a; **up to date** actualizado,-a, al día.

dated ['deɪtɪd] *adj* anticuado,-a.

daub [dɔːb] **1** *n* revestimiento, capa. ‖ **2** *vt* embadurnar; (*with oil*) untar. ‖ **3** *vi fam* pintarrajear.

daughter ['dɔːtə] *n* hija.

daughter-in-law ['dɔːtərɪnlɔː] *n* nuera.

daunt [dɔːnt] *vt* intimidar.

dawn [dɔːn] **1** *n* alba, amanecer *m.* **2** *fig* albores *mpl.* ‖ **3** *vi* amanecer. • **it dawned on me that ...** caí en la cuenta de que ...

day [deɪ] **1** *n* día *m.* **2** (*period of work*) jornada. **3** (*era*) época, tiempo. • **by day** de día; **the day after tomorrow** pasado mañana; **these days** hoy en día. ▪ **day off** día *m* libre.

daybreak ['deɪbreɪk] *n* amanecer *m.*

daydream ['deɪdriːm] **1** *n* ensueño. ‖ **2** *vi* soñar despierto,-a.

daylight ['deɪlaɪt] *n* luz *f* de día.

daze [deɪz] **1** *n* aturdimiento. ‖ **2** *vt* aturdir.

dazzle ['dæzl] **1** *n* deslumbramiento. ‖ **2** *vt* deslumbrar.

dead [ded] **1** *adj* muerto,-a. **2** (*still*) estancado,-a. **3** (*numb*) entumecido,-a. **4** (*sound*) sordo,-a. **5** (*total*) total, absoluto,-a: **dead silence** silencio total. ‖ **6** *adv* (*totally*) totalmente. **7** (*exactly*) justo. ▪ **dead end** callejón *m* sin salida.

deadline ['dedlaɪn] *n* (*date*) fecha límite; (*time*) hora límite.

deadlock ['dedlɒk] *n* punto muerto.

deadly ['dedlɪ] *adj* mortal; (*weapon, gas*) mortífero,-a.

deaf [def] *adj* sordo,-a.

deaf-and-dumb [defən'dʌm] *adj* sordomudo,-a.

deafen ['defn] *vt* ensordecer.

deal [diːl] **1** *n* trato, pacto. **2** (*amount*) cantidad *f.* **3** (*cards*) reparto. ‖ **4** *vt* (*pt & pp* dealt) (*give*) dar; (*blow*) asestar. ‖ **5** *vi* comerciar (in, en). ♦ **to deal with 1** *vt* COMM tratar con. **2** *vt* (*manage*) abordar, ocuparse de. **3** *vt* (*treat*) tratar de.

dealer ['diːlə] **1** *n* comerciante *mf.* **2** (*cards*) repartidor,-ra.

dealings ['diːlɪŋz] *npl* trato *m sing.*

dear [dɪə] **1** *adj* querido,-a. **2** (*expensive*) caro,-a. ‖ **3** *n* querido,-a, cariño. ‖ **4** *adv* caro. • **dear me!** ¡caramba!, ¡vaya por Dios!; **Dear Sir** Muy señor mío; **oh dear!** ¡caramba!, ¡vaya por Dios!

dearly ['dɪəlɪ] *adv* mucho.

death [deθ] *n* muerte *f.*

debit ['debɪt] **1** *n* FIN débito. ‖ **2** *vt* cargar en cuenta. ▪ **debit balance** saldo negativo.

debris ['deɪbriː] *n* escombros *mpl.*

debt [det] *n* deuda. • **to get into debt** endeudarse; **to pay off a debt** saldar una deuda; **to run up debts** endeudarse.

debtor ['detə] *n* deudor,-ra.

decade ['dekeɪd] *n* década, decenio.

decaffeinated [dɪ'kæfɪneɪtɪd] *adj* descafeinado,-a.

decay [dɪ'keɪ] **1** *n* descomposición *f*. **2** (*ruin*) deterioro. **3** (*of teeth*) caries *f inv*. **4** *fig* decadencia. || **5** *vi* descomponerse. **6** (*deteriorate*) desmoronarse. **7** (*teeth*) cariarse. **8** *fig* corromperse.

deceased [dɪ'siːst] *adj* - *n* difunto,-a.

deceit [dɪ'siːt] *n* engaño, falsedad *f*.

deceive [dɪ'siːv] *vt* engañar.

December [dɪ'sembə] *n* diciembre *m*.

decent ['diːsnt] **1** *adj* decente. **2** adecuado,-a, razonable. **3** *fam* bueno,-a.

deception [dɪ'sepʃn] *n* engaño, mentira, decepción *f*.

decide [dɪ'saɪd] *vt* - *vi* decidir(se). • **to decide on** optar por.

decided [dɪ'saɪdɪd] **1** *adj* (*resolute*) decidido,-a. **2** (*clear*) marcado,-a, claro,-a.

decision [dɪ'sɪʒn] *n* decisión *f*.

decisive [dɪ'saɪsɪv] **1** *adj* decisivo,-a. **2** (*firm*) decidido,-a.

deck [dek] **1** *n* cubierta. **2** (*of bus, coach*) piso. **3** US (*of cards*) baraja.

deckchair ['dektʃeə] *n* tumbona, silla de playa.

declaration [deklə'reɪʃn] *n* declaración *f*.

declare [dɪ'kleə] **1** *vt* declarar. || **2** *vi* pronunciarse.

decline [dɪ'klaɪn] **1** *n* (*decrease*) disminución *f*. **2** (*decay*) deterioro; (*health*) empeoramiento. || **3** *vi* disminuir. **4** (*decay*) deteriorarse; (*health*) empeorarse. || **5** *vt* (*refuse*) rehusar, rechazar. **6** GRAM declinar.

decorate ['dekəreɪt] **1** *vt* decorar, adornar. **2** (*honour*) condecorar. || **3** *vt* - *vi* (*paint*) pintar; (*wallpaper*) empapelar.

decrease [dɪ'kriːs] **1** *n* disminución *f*. || **2** *vt* - *vi* disminuir, reducir.

decree [dɪ'kriː] **1** *n* decreto. || **2** *vt* decretar.

dedication [dedɪ'keɪʃn] **1** *n* dedicación *f*, entrega. **2** (*in book etc*) dedicatoria.

deduce [dɪ'djuːs] *vt* deducir, inferir.

deduct [dɪ'dʌkt] *vt* restar, descontar.

deed [diːd] **1** *n* (*act*) acto. **2** (*feat*) hazaña. **3** JUR escritura.

deem [diːm] *vt* juzgar, considerar.

deep [diːp] **1** *adj* hondo,-a, profundo, -a. **2** (*sound, voice*) grave. **3** (*colour*) intenso,-a. **4** (*serious*) grave. || **5** *adv* profundamente. || **6** *n* profundidad *f*.

deepen ['diːpn] **1** *vt* profundizar. || **2** *vi* intensificarse.

deer [dɪə] *n* (*pl* deer) ciervo.

default [dɪ'fɔːlt] **1** *n* negligencia. **2** incumplimiento de pago. **3** JUR rebeldía. **4** SP incomparecencia.

defeat [dɪ'fiːt] **1** *n* derrota. **2** *fig* fracaso. || **3** *vt* derrotar, vencer. **4** *fig* frustrar.

defect ['diːfekt] **1** *n* defecto; (*flaw*) desperfecto. || **2** *vi* ([dɪ'fekt]) desertar.

defective [dɪ'fektɪv] **1** *adj* defectuoso,-a. **2** (*lacking*) deficiente.

defence [dɪ'fens] *n* defensa.

defend [dɪ'fend] *vt* defender.

defendant [dɪ'fendənt] *n* acusado,-a.

defender [dɪ'fendə] *n* defensor,-ra.

defensive [dɪ'fensɪv] **1** *adj* defensivo, -a. || **2** *n* defensiva.

defiance [dɪ'faɪəns] *n* desafío. • **in defiance of** a despecho de.

defiant [dɪ'faɪənt] *adj* desafiante, provocativo,-a.

define [dɪ'faɪn] *vt* definir.
definite ['defɪnət] **1** *adj* definido,-a. **2** (*clear*) claro,-a, preciso,-a. **3** (*fixed*) determinado,-a.
definition [defɪ'nɪʃn] **1** *n* definición *f*. **2** (*clarity*) nitidez *f*.
definitive [dɪ'fɪnɪtɪv] *adj* definitivo,-a.
deflate [dɪ'fleɪt] **1** *vt* desinflar, deshinchar. ‖ **2** *vi* desinflarse, deshincharse.
deflect [dɪ'flekt] *vt* - *vi* desviar(se).
deform [dɪ'fɔːm] *vt* deformar.
defrost [diː'frɒst] *vt* - *vi* descongelar(se).
deft [deft] *adj* diestro,-a, hábil.
defunct [dɪ'fʌŋkt] *adj* difunto,-a.
defy [dɪ'faɪ] **1** *vt* desafiar; (*law*) desacatar, desobedecer. **2** (*challenge*) retar.
degenerate [dɪ'dʒenəreɪt] *vi* degenerar.
degrade [dɪ'greɪd] *vt* degradar, rebajar.
degree [dɪ'griː] **1** *n* grado. **2** (*stage*) punto, etapa. **3** EDUC título. • **by degrees** poco a poco; **to some degree** hasta cierto punto; **to take a degree in sth** licenciarse en algo.
dejected [dɪ'dʒektɪd] *adj* abatido,-a.
delay [dɪ'leɪ] **1** *n* retraso. ‖ **2** *vt* (*defer*) aplazar, diferir. **3** *vt* -*vi* retrasar (se); (*person*) entretener(se).
delegate ['delɪgət] **1** *adj* - *n* delegado,-a. ‖ **2** *vt* (['delɪgeɪt]) delegar.
delete [dɪ'liːt] *vt* borrar, suprimir.
deliberate [dɪ'lɪbrət] **1** *adj* deliberado,-a, premeditado,-a. **2** (*slow*) pausado,-a, lento,-a.
delicacy ['delɪkəsɪ] **1** *n* delicadeza. **2** (*fragility*) fragilidad *f*. **3** (*food*) manjar *m (exquisito)*.
delicate ['delɪkət] **1** *adj* delicado,-a; (*handiwork*) fino,-a. **2** (*fragile*) frágil. **3** (*subtle*) suave.
delicious [dɪ'lɪʃəs] **1** *adj* delicioso,-a. **2** (*taste, smell*) exquisito,-a.
delight [dɪ'laɪt] **1** *n* placer *m*, gusto. **2** encanto, delicia. ‖ **3** *vt* deleitar, encantar, dar gusto. ‖ **4** *vi* deleitarse.
delighted [dɪ'laɪtɪd] *adj* encantado,-a.
delightful [dɪ'laɪtful] **1** *adj* encantador,-ra, ameno,-a. **2** delicioso,-a.
delinquent [dɪ'lɪŋkwənt] **1** *adj* delincuente. ‖ **2** *n* delincuente *mf*.
deliver [dɪ'lɪvə] **1** *vt* (*goods etc*) entregar, repartir. **2** (*hit, kick*) dar. **3** (*say*) pronunciar. **4** (*doctor*) asistir al parto de. **5** *fml* (*free*) liberar.
delivery [dɪ'lɪvrɪ] **1** *n* (*of goods etc*) entrega, reparto; (*of mail*) reparto. **2** (*of baby*) parto, alumbramiento. • **cash on delivery** entrega contra reembolso. ▪ **delivery note** albarán *m* de entrega; **delivery room** sala de partos.
deluge ['deljuːdʒ] **1** *n* diluvio. **2** (*flood*) inundación *f*. ‖ **3** *vt* inundar.
delusion [dɪ'luːʒn] **1** *n* engaño. **2** (*false belief*) ilusión *f*.
demand [dɪ'mɑːnd] **1** *n* solicitud *f*; (*for pay rise etc*) reclamación *f*, petición *f*. **2** (*claim*) exigencia. **3** COMM demanda. ‖ **4** *vt* exigir; (*rights etc*) reclamar. • **on demand** a petición.
demanding [dɪ'mɑːndɪŋ] **1** *adj* exigente. **2** (*tiring*) agotador,-ra.
demented [dɪ'mentɪd] *adj* demente.
democracy [dɪ'mɒkrəsɪ] *n* democracia.
demolish [dɪ'mɒlɪʃ] **1** *vt* derribar, demoler. **2** *fig* destruir.

demolition [deməˈlɪʃn] *n* demolición *f*, derribo.
demon [ˈdiːmən] *n* demonio, diablo.
demonstrate [ˈdemənstreɪt] **1** *vt* demostrar. **2** (*show*) mostrar. ‖ **3** *vi* (*protest*) manifestarse.
demonstration [demənˈstreɪʃn] **1** *n* demostración *f*. **2** (*march*) manifestación *f*.
denial [dɪˈnaɪəl] **1** *n* mentís *m inv*. **2** (*refusal*) denegación *f*, negativa.
denim [ˈdenɪm] **1** *n* tela vaquera. ‖ **2** *adj* vaquero,-a, tejano,-a.
Denmark [ˈdenmɑːk] *n* Dinamarca.
dense [dens] **1** *adj* denso,-a, espeso, -a. **2** *fam* (*person*) corto,-a.
density [ˈdensɪtɪ] *n* densidad *f*.
dent [dent] **1** *n* abolladura. ‖ **2** *vt* abollar.
dental [ˈdentl] *adj* dental. ▪ **dental surgeon** odontólogo,-a.
dentures [ˈdentʃəz] *npl* dentadura *f sing* postiza.
deny [dɪˈnaɪ] *vt* negar.
deodorant [diːˈəʊdərənt] *n* desodorante *m*.
depart [dɪˈpɑːt] **1** *vi fml* partir, salir. **2** *fig* desviarse, apartarse (**from**, de).
department [dɪˈpɑːtmənt] *n* departamento; (*in office, store*) sección *f*. ▪ **department store** grandes almacenes *mpl*.
departure [dɪˈpɑːtʃə] *n* partida, marcha; (*of plane, train etc*) salida.
depend [dɪˈpend] *vi* depender (**on**, de). ♦ **to depend on 1** *vt* confiar en, fiarse de. **2** *vt* depender de. ● **that/it (all) depends** según (todo) depende.
dependable [dɪˈpendəbl] *adj* fiable.
dependence [dɪˈpəndəns] *n* dependencia (**on/upon**, de).
depict [dɪˈpɪkt] **1** *vt* pintar, representar, retratar. **2** *fig* describir.
deplore [dɪˈplɔː] *vt* deplorar, lamentar.
deposit [dɪˈpɒzɪt] **1** *n* sedimento. **2** (*mining*) yacimiento. **3** (*wine*) poso. **4** (*bank*) depósito. **5** COMM depósito; (*first payment*) entrada. ‖ **6** *vt* depositar. **7** (*into account*) ingresar. ▪ **deposit account** cuenta de ahorros.
depress [dɪˈpres] **1** *vt* deprimir. **2** (*reduce*) reducir, disminuir.
depression [dɪˈpreʃn] **1** *n* depresión *f*. **2** COMM crisis *f inv* económica.
deprivation [deprɪˈveɪʃn] *n* privación *f*.
deprive [dɪˈpraɪv] *vt* privar (**of**, de).
depth [depθ] **1** *n* profundidad *f*; (*of cupboard etc*) fondo. **2** (*of sound, voice*) gravedad *f*. **3** (*of emotion, colour*) intensidad *f*. ● **in depth** a fondo; **to be out of one's depth** (*in water*) no tocar fondo; (*in subject, job*) estar perdido,-a.
deputy [ˈdepjʊtɪ] **1** *n* (*substitute*) substituto,-a, suplente *mf*. **2** POL diputado,-a. ▪ **deputy chairman** vicepresidente.
deranged [dɪˈreɪndʒd] *adj fml* trastornado,-a, loco,-a.
derelict [ˈderɪlɪkt] *adj* abandonado,-a.
derivative [deˈrɪvətɪv] **1** *adj pej* poco original. ‖ **2** *n* derivado.
derive [dɪˈraɪv] **1** *vt* derivar, sacar (**from**, de). ‖ **2** *vi* GRAM derivarse.
derogatory [dɪˈrɒgətrɪ] *adj* despectivo,-a, peyorativo,-a.

descend [dɪ'send] *vt* - *vi* descender. ♦ **to descend on/upon** 1 *vt* atacar. 2 *vt fig* visitar.
descent [dɪ'sent] 1 *n* descenso, bajada. 2 pendiente *f*. 3 ascendencia.
describe [dɪ'skraɪb] 1 *vt* describir. 2 (*arc etc*) trazar.
desert ['dezət] 1 *n* desierto. ‖ 2 *vt* ([dɪ'zɜːt]) abandonar, dejar. ‖ 3 *vi* MIL desertar.
deserve [dɪ'zɜːv] *vt* merecerse.
deserving [dɪ'zɜːvɪŋ] 1 *adj* que vale, digno,-a. 2 meritorio,-a.
design [dɪ'zaɪn] 1 *n* dibujo; diseño, creación *f*. 2 plano, proyecto. 3 boceto. 4 *fig* plan *m*, intención *f*. ‖ 5 *vt* diseñar; crear. 6 concebir, idear. ‖ 7 *vi* diseñar.
designate ['dezɪgneɪt] 1 *vt fml* (*indicate*) indicar, señalar. 2 (*appoint*) designar. ‖ 3 *adj* (['dezɪgnət]) designado,-a.
desirable [dɪ'zaɪərəbl] 1 *adj* deseable, atractivo,-a. 2 (*residence*) de alto standing. 3 (*advisable*) conveniente.
desire [dɪ'zaɪə] 1 *n* deseo. ‖ 2 *vt* desear.
desk [desk] *n* (*in school*) pupitre *m*; (*in office*) escritorio. ▪ **desk work** trabajo de oficina.
desktop ['desktɒp] *n* COMPUT escritorio. ▪ **desktop computer** ordenador *m* de sobremesa; **desktop publishing** autoedición *f*.
desolate ['desələt] *adj* (*place*) desolado,-a, desierto,-a.
despair [dɪs'peə] 1 *n* desesperación *f*. ‖ 2 *vi* desesperarse.
desperate ['desprət] 1 *adj* (*wild*) desesperado,-a. 2 (*critical*) grave. 3 (*need*) apremiante, urgente.
despicable [dɪ'spɪkəbl] *adj* despreciable, vil, bajo,-a.
despise [dɪ'spaɪz] *vt* despreciar, menospreciar.
despite [dɪ'spaɪt] *prep* a pesar de.
despondent [dɪ'spɒndənt] *adj* desalentado,-a, desanimado,-a.
dessert [dɪ'zɜːt] *n* postre *m*.
destination [destɪ'neɪʃn] *n* destino.
destined ['destɪnd] 1 *adj* destinado,-a. 2 *fig* condenado,-a.
destiny ['destɪnɪ] *n* destino.
destitute ['destɪtjuːt] *adj* indigente. • **destitute of** desprovisto,-a de.
destroy [dɪ'strɔɪ] 1 *vt* destruir. 2 (*animal*) matar.
destroyer [dɪ'strɔɪə] 1 *n* (*warship*) destructor *m*. 2 (*person, thing*) destructor,-ra.
destructive [dɪ'strʌktɪv] *adj* destructor, -ra; (*tendency, power*) destructivo,-a.
detached [dɪ'tætʃt] 1 *adj* separado,-a, suelto,-a. 2 (*impartial*) desinteresado, -a, imparcial. ▪ **detached house** casa independiente; **detached retina** desprendimiento de retina.
detail ['diːteɪl] 1 *n* detalle *m*, pormenor *m*. 2 MIL cuadrilla. ‖ 3 *vt* detallar, enumerar. 4 MIL destacar. ‖ 5 **details** *npl* (*information*) información *f sing*. • **to go into detail** entrar en detalles.
detain [dɪ'teɪn] 1 *vt* (*hold*) detener. 2 (*delay*) retener, entretener.
detect [dɪ'tekt] *vt* detectar, descubrir.
detective [dɪ'tektɪv] *n* detective *mf*. ▪ **detective story** novela policíaca.
detention [dɪ'tenʃn] *n* detención *f*. • **to get detention** (*in school*) quedarse castigado,-a.
deter [dɪ'tɜː] *vt* disuadir (from, de).
determination [dɪtɜːmɪ'neɪʃn] *n* decisión *f*.

determined [dɪ'tɜːmɪnd] *adj* decidido,-a, resuelto,-a.
deterrent [dɪ'terənt] **1** *adj* disuasivo, -a. ‖ **2** *n* fuerza disuasoria.
detest [dɪ'test] *vt* detestar.
detonate ['detəneɪt] **1** *vi* estallar, detonar. ‖ **2** *vt* hacer estallar.
detour ['diːtʊə] *n* desvío.
detract [dɪ'trækt] *vt* quitar mérito (from, a).
devalue [diː'væljuː] *vt* devaluar.
develop [dɪ'veləp] **1** *vt* desarrollar. **2** explotar; urbanizar. **3** revelar. ‖ **4** *vi* desarrollarse.
development [dɪ'veləpmənt] **1** *n* desarrollo. **2** (*advance*) avance *m*. **3** (*change*) cambio, novedad *f*. **4** (*of resources*) explotación *f*; (*of site etc*) urbanización *f*. **5** (*of film*) revelado.
device [dɪ'vaɪs] **1** *n* mecanismo, dispositivo. **2** (*plan*) ardid *m*, estratagema.
devil ['devl] *n* diablo.
devious ['diːvɪəs] *adj* tortuoso,-a.
devise [dɪ'vaɪz] *vt* idear, concebir.
devoid [dɪ'vɔɪd] *adj* desprovisto,-a.
devote [dɪ'vəʊt] *vt* consagrar, dedicar.
devoted [dɪ'vəʊtɪd] *adj* fiel, leal.
devotion [dɪ'vəʊʃn] **1** *n* consagración *f*, dedicación *f*. **2** (*fondness*) afecto, cariño. **3** REL devoción *f*.
devour [dɪ'vaʊə] *vt* devorar.
devout [dɪ'vaʊt] **1** *adj* devoto,-a, piadoso,-a. **2** (*sincere*) sincero,-a.
dew [djuː] *n* rocío.
diabetic [daɪə'betɪk] *adj* - *n* diabético,-a.
diagnosis [daɪəg'nəʊsɪs] *n* (*pl diagnoses* [daɪəg'nəʊsiːz]) diagnóstico.
diagonal [daɪ'ægənl] *adj* - *n* diagonal.
diagram ['daɪəgræm] *n* diagrama *m*, esquema *m*; (*graph*) gráfico.
dial ['daɪəl] **1** *n* (*of clock, barometer*) esfera. **2** (*on radio*) dial *m*. **3** (*telephone*) disco. ‖ **4** *vt* marcar.
dialogue ['daɪəlɒg] *n* diálogo.
diameter [daɪ'æmɪtə] *n* diámetro.
diamond ['daɪəmənd] **1** *n* diamante *m*. **2** (*shape*) rombo.
diaper ['daɪəpə] *n* US pañal *m*.
diaphragm ['daɪəfræm] *n* diafragma *m*.
diary ['daɪərɪ] **1** *n* diario. **2** agenda.
dice [daɪs] *n* (*pl* dice) dado.
dictate ['dɪkteɪt] **1** *n* mandato. ‖ **2** *vt* ([dɪk'teɪt]) dictar; (*impose*) imponer. ‖ **3** *vi* mandar.
dictator [dɪk'teɪtə] *n* dictador,-ra.
dictatorship [dɪk'teɪtəʃɪp] *n* dictadura.
dictionary ['dɪkʃənrɪ] *n* diccionario.
die [daɪ] *vi* morir. ♦ **to die away** *vi* desvanecerse ♦ **to die down 1** *vi* extinguirse. **2** *vi fig* disminuir ♦ **to die off** *vi* morir uno por uno ♦ **to die out** *vi* desaparecer. • **to be dying for/to** *fam* morirse de ganas de.
differ ['dɪfə] **1** *vi* diferir, diferenciarse. **2** (*disagree*) discrepar.
difference ['dɪfrəns] **1** *n* diferencia. **2** (*disagreement*) desacuerdo.
differentiate [dɪfə'renʃɪeɪt] *vt* - *vi* diferenciar, distinguir.
difficult ['dɪfɪklt] *adj* difícil.
difficulty ['dɪfɪkltɪ] **1** *n* dificultad *f*. **2** (*problem*) apuro, aprieto.
diffident ['dɪfɪdənt] *adj* discreto,-a.
diffuse [dɪ'fjuːs] **1** *adj* difuso,-a. **2** *pej* prolijo,-a. ‖ **3** *vt* - *vi* ([dɪ'fjuːz]) difundir. ‖ **4** *vi* difundirse.
dig [dɪg] **1** *vt* (*pt & pp* dug) cavar; excavar. **2** clavar, hincar. ‖ **3** *n* co-

dazo. **4** *fam* (*gibe*) pulla. ♦ **to dig out/up** *vt* desenterrar.
digest ['daɪdʒest] **1** *n* resumen *m*, compendio. || **2** *vt* - *vi* ([dɪ'dʒest]) digerir.
digger ['dɪgə] **1** *n* (*machine*) excavadora. **2** (*person*) excavador,-ra.
digit ['dɪdʒɪt] *n* dígito.
dignified ['dɪgnɪfaɪd] *adj* solemne.
dignify ['dɪgnɪfaɪ] *vt* dignificar.
dignitary ['dɪgnɪtərɪ] *n* dignatario.
dignity ['dɪgnɪtɪ] *n* dignidad *f*.
dilapidated [dɪ'læpɪdeɪtɪd] *adj* (*building*) en estado ruinoso; (*furniture*) desvencijado,-a; (*car*) destartalado,-a.
dilate [daɪ'leɪt] *vt* - *vi* dilatar(se).
dilute [daɪ'luːt] **1** *vt* diluir. **2** *fig* atenuar, suavizar.
dim [dɪm] **1** *adj* (*light*) débil, difuso, -a, tenue. **2** (*hazy*) oscuro,-a. **3** (*memory etc*) borroso,-a. **4** *fam* (*person*) tonto,-a. || **5** *vt* (*light*) bajar. **6** (*eyes*) empañar. **7** *fig* (*memory*) borrar, difuminar.
diminish [dɪ'mɪnɪʃ] *vt* - *vi* reducir(se).
din [dɪn] *n* alboroto, estrépito.
dine [daɪn] *vi* cenar.
diner ['daɪnə] **1** *n* (*person*) comensal *mf*. **2** US restaurante *m* barato.
dinghy ['dɪŋgɪ] *n* bote *m*.
dingy ['dɪndʒɪ] **1** *adj* (*dirty*) sucio,-a, sórdido,-a. **2** (*faded*) desteñido,-a.
dining car ['daɪnɪŋkɑː] *n* coche *m* restaurante.
dining room ['daɪnɪŋrʊm] *n* comedor *m*.
dinner ['dɪnə] *n* comida; cena.
dip [dɪp] **1** *n* (*drop*) declive *m*, pendiente *f*. **2** *fam* (*bathe*) chapuzón *m*. || **3** *vt* sumergir, bañar, mojar. || **4** *vi* (*drop*) bajar. • **to dip the lights** poner las luces cortas.
diplomacy [dɪ'pləʊməsɪ] *n* diplomacia.
dire ['daɪə] **1** *adj* extremo,-a. **2** (*terrible*) terrible.
direct [dɪ'rekt, 'daɪrekt] **1** *adj* directo,-a. **2** franco,-a, sincero,-a. || **3** *adv* directamente; directo; en directo. || **4** *vt* dirigir.
direction [dɪ'rekʃn, daɪ'rekʃn] **1** *n* dirección *f*. || **2 directions** *npl* (*to place*) señas *fpl*; (*for use*) instrucciones *fpl*, modo *m sing* de empleo.
directness [dɪ'rektnəs, daɪ'rektnəs] *n* franqueza, sinceridad *f*.
director [dɪ'rektə, daɪ'rektə] *n* director,-ra.
directory [dɪ'rektrɪ, daɪ'rektrɪ] **1** *n* guía telefónica. **2** callejero.
dirt [dɜːt] **1** *n* suciedad *f*. **2** tierra.
dirty ['dɜːtɪ] **1** *adj* sucio,-a. **2** indecente; verde. **3** *fam* bajo,-a, vil. || **4** *vt* - *vi* ensuciar(se). • **to get dirty** ensuciarse; **to give sb a dirty look** fulminar a algn con la mirada. ■ **dirty trick** cochinada; **dirty word** palabrota.
disability [dɪsə'bɪlɪtɪ] **1** *n* (*condition*) invalidez *f*, discapacidad *f*. **2** (*handicap*) impedimento, hándicap *m*.
disabled [dɪs'eɪbld] *adj* minusválido,-a.
disagree [dɪsə'griː] **1** *vi* (*differ*) discrepar. **2** (*food*) sentar mal.
disagreement [dɪsə'griːmənt] *n* desacuerdo.
disappear [dɪsə'pɪə] *vi* desaparecer.
disappearance [dɪsə'pɪərəns] *n* desaparición *f*.
disappoint [dɪsə'pɔɪnt] *vt* decepcionar.
disappointment [dɪsə'pɔɪntmənt] *n* desilusión *f*, decepción *f*.

disapprove [dɪsə'pruːv] *vi* desaprobar.
disbelief [dɪsbɪ'liːf] *n* incredulidad *f.*
discard [dɪs'kɑːd] **1** *vt* desechar, deshacerse de. **2** *fig* descartar.
discern [dɪ'sɜːn] *vt* percibir, discernir.
discerning [dɪ'sɜːnɪŋ] *adj* perspicaz, sagaz.
discharge ['dɪstʃɑːdʒ] **1** *n* ELEC descarga. **2** (*of smoke*) emisión *f.* **3** (*of gas*) escape *m.* **4** (*of prisoner*) liberación *f*, puesta en libertad. **5** (*of patient*) alta. **6** MIL licencia. **7** (*of worker*) despido. ‖ **8** *vt* - *vi* ([dɪs'tʃɑːdʒ]) (*pour*) verter. **9** (*unload*) descargar. **10** (*let out*) emitir. ‖ **11** *vt* (*prisoner*) liberar, soltar. **12** (*patient*) dar de alta. **13** MIL licenciar. **14** (*dismiss*) despedir. **15** (*pay*) saldar.
disciple [dɪ'saɪpl] *n* discípulo,-a.
discipline ['dɪsɪplɪn] **1** *n* disciplina. **2** (*punishment*) castigo. ‖ **3** *vt* disciplinar. **4** (*punish*) castigar.
disclose [dɪs'kləʊz] *vt* revelar.
discolour [dɪs'kʌlə] **1** *vt* desteñir. ‖ **2** *vi* desteñirse.
discomfort [dɪs'kʌmfət] **1** *n* incomodidad *f.* **2** (*pain*) malestar *m*, molestia.
disconnect [dɪskə'nekt] *vt* desconectar; (*gas etc*) cortar.
discontent [dɪskən'tent] *n* descontento.
discount ['dɪskaʊnt] **1** *n* descuento. ‖ **2** *vt* ([dɪs'kaʊnt]) descontar, rebajar. **3** (*disregard*) descartar.
discourage [dɪs'kʌrɪdʒ] **1** *vt* desanimar, desalentar. **2** (*deter*) disuadir.
discouragement [dɪs'kʌrɪdʒmənt] **1** *n* desaliento, desánimo. **2** disuasión.
discover [dɪ'skʌvə] *vt* descubrir.
discrepancy [dɪ'skrepənsɪ] *n* discrepancia.
discretion [dɪ'skreʃn] *n* discreción *f.*
discriminate [dɪ'skrɪmɪneɪt] *vi* discriminar (against, -).
discuss [dɪ'skʌs] **1** *vt* - *vi* discutir. ‖ **2** *vt* (*talk over*) hablar de.
disdain [dɪs'deɪn] **1** *n* desdén *m*, menosprecio. ‖ **2** *vt* desdeñar.
disdainful [dɪs'deɪnfʊl] *adj* desdeñoso,-a.
disease [dɪ'ziːz] *n* enfermedad *f.*
disembark [dɪsɪm'bɑːk] *vt* - *vi* desembarcar.
disgrace [dɪs'greɪs] **1** *n* desgracia. **2** (*shame*) escándalo, vergüenza. ‖ **3** *vt* deshonrar.
disgraceful [dɪs'greɪsfʊl] *adj* vergonzoso,-a.
disguise [dɪs'gaɪz] **1** *n* disfraz *m.* ‖ **2** *vt* disfrazar (as, de). **3** *fig* disimular. • **in disguise** disfrazado,-a.
disgust [dɪs'gʌst] **1** *n* asco, repugnancia. ‖ **2** *vt* repugnar, dar asco.
disgusting [dɪs'gʌstɪŋ] **1** *adj* asqueroso,-a, repugnante. **2** (*intolerable*) intolerable.
dish [dɪʃ] *n* plato; (*for serving*) fuente *f.* ♦ **to dish out** *vt fam* repartir ♦ **to dish up** *vt* servir.
dishcloth ['dɪʃklɒθ] *n* paño de cocina.
dishevelled [dɪ'ʃevld] *adj* despeinado, -a; desaliñado,-a, desarreglado,-a.
dishonest [dɪs'ɒnɪst] **1** *adj* poco honrado,-a. **2** fraudulento,-a.
dishonour [dɪs'ɒnə] **1** *n* deshonra. ‖ **2** *vt* deshonrar.
dishwasher ['dɪʃwɒʃə] *n* lavavajillas *m inv*.

disintegrate [dɪs'ɪntɪgreɪt] **1** *vt* desintegrar, disgregar. ‖ **2** *vi* desintegrarse, disgregarse.
disinterested [dɪs'ɪntrəstɪd] *adj* desinteresado,-a, imparcial.
disjointed [dɪs'dʒɔɪntɪd] *adj fig* inconexo,-a.
dislike [dɪs'laɪk] **1** *n* aversión *f*, antipatía. ‖ **2** *vt* (*thing*) no gustar; (*person*) no gustar, tener antipatía a.
dislocate ['dɪsləkeɪt] *vt* dislocar.
dislodge [dɪs'lɒdʒ] *vt* desalojar, sacar.
disloyal [dɪs'lɔɪəl] *adj* desleal.
dismal ['dɪzməl] *adj* triste, sombrío,-a.
dismantle [dɪs'mæntl] **1** *vt* desmontar. ‖ **2** *vi* desmontarse.
dismay [dɪs'meɪ] **1** *n* consternación *f*. ‖ **2** *vt* consternar, acongojar.
dismiss [dɪs'mɪs] **1** *vt* despedir; destituir. **2** dar permiso para retirarse. **3** descartar. **4** JUR desestimar, denegar.
dismissal [dɪs'mɪsl] **1** *n* despido; destitución *f*. **2** abandono. **3** JUR desestimación *f*, denegación *f*.
disobey [dɪsə'beɪ] **1** *vt - vi* desobedecer. ‖ **2** *vt* (*law*) violar.
disorder [dɪs'ɔːdə] *n* desorden *m*.
disorderly [dɪs'ɔːdəlɪ] **1** *adj* desordenado,-a. **2** alborotado,-a, escandaloso,-a.
disorientate [dɪs'ɔːrɪənteɪt] *vt* desorientar.
dispatch [dɪ'spætʃ] **1** *n* (*report*) despacho, parte *m*, comunicado. **2** (*press*) reportaje *m (de corresponsalía)*. **3** (*sending*) despacho, envío. **4** *fml* (*haste*) rapidez *f*. ‖ **5** *vt* enviar, despachar.
dispel [dɪ'spel] *vt* disipar.
dispense [dɪ'spens] **1** *vt* distribuir, repartir. **2** suministrar, administrar. **3** preparar y despachar. ♦ **to dispense with** *vt* prescindir de, pasar sin.
dispenser [dɪ'spensə] *n* máquina expendedora.
disperse [dɪ'spɜːs] *vt - vi* dispersar (se).
displace [dɪs'pleɪs] **1** *vt* desplazar; dislocar. **2** sustituir, reemplazar.
display [dɪ'spleɪ] **1** *n* (*of goods*) exposición *f*. **2** (*of force, military*) exhibición *f*, despliegue *m*. **3** COMPUT visualización *f*. ‖ **4** *vt* exhibir, mostrar; (*goods*) exponer. **5** COMPUT visualizar.
disposal [dɪ'spəʊzl] *n* eliminación *f*. • **at sb's disposal** a la disposición de algn.
dispose [dɪ'spəʊz] *vt* disponer, colocar. ♦ **to dispose of** *vt* (*rubbish*) tirar; (*object*) deshacerse de.
disposition [dɪspə'zɪʃn] *n fml* carácter.
dispossess [dɪspə'zes] *vt* desposeer.
disproportionate [dɪsprə'pɔːʃnət] *adj* desproporcionado,-a.
disprove [dɪs'pruːv] *vt* refutar.
dispute ['dɪspjuːt] **1** *n* discusión *f*, controversia; (*quarrel*) disputa. ‖ **2** *vt* ([dɪ'spjuːt]) (*doubt*) refutar. ‖ **3** *vt - vi* (*argue*) disputar, discutir.
disqualify [dɪs'kwɒlɪfaɪ] **1** *vt* SP descalificar. **2** (*make unfit*) incapacitar.
disregard [dɪsrɪ'gɑːd] **1** *n* indiferencia. ‖ **2** *vt* no hacer caso de.
disrupt [dɪs'rʌpt] *vt* trastornar.
dissatisfaction [dɪssætɪs'fækʃn] *n* insatisfacción *f*, descontento.

dissect [dɪ'sekt, daɪ'sekt] *vt* disecar.
dissent [dɪ'sent] **1** *n* disensión *f*. ‖ **2** *vi* disentir.
dissertation [dɪsə'teɪʃən] **1** *n* disertación *f*. **2** EDUC tesina.
dissident ['dɪsɪdənt] *adj* - *n* disidente.
dissimilar [dɪ'sɪmɪlə] *adj* diferente.
dissociate [dɪ'səʊʃɪeɪt] *vt* disociar.
dissolution [dɪsə'luːʃn] *n* disolución *f*; (*of agreement*) rescisión *f*.
dissolve [dɪ'zɒlv] **1** *vt* disolver. ‖ **2** *vi* disolverse. **3** *fig* deshacerse.
dissuade [dɪ'sweɪd] *vt* disuadir (from, de).
dissuasion [dɪ'sweɪʒn] *n* disuasión *f*.
distance ['dɪstəns] **1** *n* distancia. ‖ **2** *vt* distanciar. • **in the distance** a lo lejos; **to keep one's distance** mantener la distancia.
distant ['dɪstənt] **1** *adj* lejano,-a. **2** (*cold*) distante, frío,-a.
distasteful [dɪs'teɪstfʊl] **1** *adj* desagradable. **2** (*joke etc*) de mal gusto.
distend [dɪ'stend] *vt* - *vi* dilatar(se).
distillery [dɪ'stɪlərɪ] *n* destilería.
distinct [dɪ'stɪŋkt] **1** *adj* distinto,-a. **2** (*clear*) marcado,-a, inconfundible.
distinctive [dɪ'stɪŋktɪv] *adj* característico,-a, distintivo,-a.
distinguish [dɪ'stɪŋgwɪʃ] *vt* - *vi* distinguir.
distort [dɪ'stɔːt] *vt* deformar; *fig* distorsionar.
distortion [dɪ'stɔːʃn] *n* deformación *f*; *fig* distorsión *f*.
distract [dɪ'strækt] *vt* distraer.
distraction [dɪ'strækʃn] **1** *n* distracción *f*. **2** (*confusion*) confusión *f*.
distress [dɪ'stres] **1** *n* aflicción *f*. ‖ **2** *vt* afligir.
distressing [dɪ'stresɪŋ] *adj* penoso,-a.
distribute [dɪ'strɪbjuːt] *vt* distribuir.
district ['dɪstrɪkt] *n* (*of town*) distrito, barrio; (*of country*) región *f*.
distrust [dɪs'trʌst] **1** *n* desconfianza, recelo. ‖ **2** *vt* desconfiar, recelar.
disturb [dɪ'stɜːb] **1** *vt* molestar. **2** (*interrupt*) interrumpir. **3** (*worry*) perturbar, inquietar. **4** (*stir*) mover.
disuse [dɪs'juːs] *n* desuso.
ditch [dɪtʃ] **1** *n* zanja, foso, cuneta; acequia. ‖ **2** *vt fam* dejar tirado,-a.
dither ['dɪðə] *vi* vacilar, titubear.
ditto ['dɪtəʊ] *adv* ídem.
dive [daɪv] **1** *n* (*into water*) zambullida, inmersión *f*; (*of diver*) buceo. **2** (*birds, planes*) picado. **3** SP salto. **4** *fam* antro. ‖ **5** *vi* (*into water*) zambullirse, tirarse de cabeza; (*under water*) bucear. **6** (*birds, planes*) bajar en picado. **7** SP saltar. **8** (*dash*) moverse rápidamente.
diver ['daɪvə] **1** *n* buceador,-ra; (*professional*) buzo. **2** (*athlete*) saltador,-ra.
diverge [daɪ'vɜːdʒ] *vi* divergir; (*roads*) bifurcarse.
diversion [daɪ'vɜːʃn] **1** *n* desvío, desviación *f*. **2** distracción *f*.
divert [daɪ'vɜːt] **1** *vt* desviar. **2** (*distract*) distraer.
divide [dɪ'vaɪd] **1** *vt* dividir, separar. **2** repartir. ‖ **3** *vi* bifurcarse. **4** dividirse, separarse.
dividend ['dɪvɪdend] **1** *n* dividendo. **2** *fig* beneficio.
divine [dɪ'vaɪn] *adj* divino,-a.

diving ['daɪvɪŋ] **1** *n* submarinismo. **2** saltos *mpl* de trampolín.
divisor [dɪ'vaɪzə] *n* divisor *m*.
divorce [dɪ'vɔːs] **1** *n* divorcio. ‖ **2** *vt* - *vi* divorciarse de.
divulge [daɪ'vʌldʒ] *vt* divulgar.
DIY ['diː'aɪ'waɪ] *abbr* GB bricolaje *m*.
dizziness ['dɪzɪnəs] *n* mareo; (*of heights*) vértigo.
dizzy ['dɪzɪ] *adj* mareado,-a.
do [duː] **1** *aux* (*pt* did; pp done) (*questions and negatives*): **do you smoke?** ¿fumas?; **I don't want to dance** no quiero bailar. **2** (*emphatic*): **do come with us!** ¡anda, vente con nosotros! **3** (*substituting main verb*): **he likes them and so do I** a él le gustan, y a mí también. **4** (*in question tags*): **you don't smoke, do you?** no fumas, ¿verdad? ‖ **5** *vt* hacer, realizar. **6** (*suffice*) ser suficiente. ‖ **7** *vi* (*act*) hacer: **do as I tell you** haz lo que te digo. **8** (*proceed*): **how are you doing?** ¿cómo te van las cosas? **9** (*suffice*) bastar, servir: **that will do** (así) basta. ‖ **10** *n fam* ocasión *f*; fiesta. ♦ **to do away with 1** *vt* abolir. **2** *vt fam* acabar con, eliminar ♦ **to do in 1** *vt fam* (*kill*) matar, cargarse. **2** *vt* (*tire*) agotar: **I'm done in** estoy hecho,-a polvo ♦ **to do up 1** *vt fam* (*fasten, belt*) abrocharse; (*laces*) atar. **2** *vt* (*wrap*) envolver. **3** *vt* (*dress up*) arreglar; (*decorate*) renovar ♦ **to do with** *vt* (*need*): **I could do with a rest** un descanso me vendría muy bien ♦ **to do without** *vt* pasar sin. • **how do you do?** (*greeting*) ¿cómo está usted?; (*answer*) mucho gusto, encantado,-a; **to do one's best** hacer lo mejor posible; **to do one's hair** peinarse; **well done!** *fam* ¡enhorabuena! ■ **do's and don'ts** normas *pl* de conducta.
dock [dɒk] **1** *n* MAR muelle *m*; (*for cargo*) dársena. **2** JUR banquillo (*de los acusados*). ‖ **3** *vt* - *vi* MAR atracar (at, a). ‖ **4** *vt* (*animal's tail*) cortar; (*wages*) recortar.
docker ['dɒkə] *n* estibador *m*.
dockyard ['dɒkjɑːd] *n* astillero.
doctor ['dɒktə] **1** *n* médico,-a, doctor, -ra. ‖ **2** *vt* (*alter*) falsificar, amañar. **3** (*animal*) capar, castrar.
document ['dɒkjʊmənt] **1** *n* documento. ‖ **2** *vt* documentar.
doddle ['dɒdl] *n fam* pan *m* comido.
dodge [dɒdʒ] **1** *n* regate *m*, evasión *f*. **2** *fam* truco, astucia. ‖ **3** *vt* - *vi* (*blow etc*) esquivar. ‖ **4** *vt* (*pursuer*) despistar, dar esquinazo a. **5** (*tax*) evadir.
dodgy ['dɒdʒɪ] *adj* de poco fiar.
dog [dɒg] **1** *n* perro,-a. ‖ **2** *vt* acosar.
doggy ['dɒgɪ] *n* perrito,-a.
do-it-yourself [duːɪtjɔː'self] *n* bricolaje *m*.
dole [dəʊl]. • **to be on the dole** estar en el paro.
doll [dɒl] *n* muñeca. • **to get dolled up** emperifollarse.
dollar ['dɒlə] *n* dólar *m*.
dolphin ['dɒlfɪn] *n* delfín *m*.
dome [dəʊm] *n* ARCH cúpula.
domestic [də'mestɪk] **1** *adj* doméstico,-a. **2** hogareño,-a, casero,-a. **3** POL nacional. ‖ **4** *n* criado,-a.
dominate ['dɒmɪneɪt] *vt* - *vi* dominar.
domineering [dɒmɪ'nɪərɪŋ] *adj pej* dominante.
Dominican [də'mɪnɪkən] *adj* - *n* dominicano,-a. ■ **Dominican Republic** República Dominicana.

donate [dəʊ'neɪt] *vt* donar; (*money*) hacer un donativo de.

donation [dəʊ'neɪʃn] **1** *n* (*act*) donación *f*. **2** (*gift*) donativo.

done [dʌn] **1** *adj* (*finished*) terminado,-a, acabado,-a. **2** (*cooked*) cocido,-a; (*meat*) hecho,-a. ‖ **3 done!** *interj fam* ¡trato hecho!

donkey ['dɒŋkɪ] *n* burro,-a.

donor ['dəʊnə] *n* donante *mf*.

doodle ['du:dl] **1** *vi* garabatear, garrapatear. ‖ **2** *n* garabato.

doom [du:m] **1** *n* (*fate*) destino; (*ruin*) perdición *f*. ‖ **2** *vt* condenar.

door [dɔ:] **1** *n* puerta. **2** (*doorway*) portal *m*. • **(from) door to door** de puerta en puerta; **next door (to)** (en) la casa de al lado (de); **by the back door** *fig* por la puerta falsa; **to be on the door** *fam* hacer de portero,-a.

doorbell ['dɔ:bel] *n* timbre *m*.

doorman ['dɔ:mən] *n* portero.

doorway ['dɔ:weɪ] *n* entrada, portal *m*.

dope [dəʊp] **1** *n sl* droga. **2** *fam* (*person*) imbécil *mf*. ‖ **3** *vt fam* (*food, drink*) poner droga en. **4** SP dopar.

dopey ['dəʊpɪ] **1** *adj* (*silly*) estúpido,-a. **2** *fam* (*with drugs, sleep*) grogui.

dormitory ['dɔ:mɪtrɪ] **1** *n* (*room*) dormitorio. **2** US colegio mayor.

dosage ['dəʊsɪdʒ] *n* (*amount*) dosis *f*; (*written on leaflet*) posología.

dose [dəʊs] *n* dosis *f inv*.

dot [dɒt] **1** *n* punto. ‖ **2** *vt* poner el punto a. **3** (*spot*) salpicar. • **on the dot** *fam* en punto.

dote [dəʊt] *vi* adorar (**on/upon**, -).

double ['dʌbl] **1** *adj* - *adv* doble. ‖ **2** *n* doble *m*. **3** (*person*) imagen *f* viva. ‖ **4** *vt* doblar, duplicar. ‖ **5** *vi* doblarse, duplicarse. ♦ **to double up 1** *vt* retorcer. **2** *vi* doblarse. **3** *vi* (*share*) compartir. • **to double as** hacer las veces de; **on the double** enseguida. ▪ **double bass** contrabajo; **double bed** cama de matrimonio; **double cream** nata para montar; **double chin** papada; **double talk** ambigüedades *fpl*.

double-cross [dʌbl'krɒs] *vt* engañar.

double-decker [dʌbl'dekə] *n* GB autobús *m* de dos pisos.

doubt [daʊt] **1** *n* duda, incertidumbre *f*. ‖ **2** *vt* (*distrust*) dudar/ desconfiar de. **3** (*not be sure*) dudar. • **no doubt** sin duda.

doubtful ['daʊtfʊl] **1** *adj* dudoso, -a; de duda. **2** improbable.

doubtless ['daʊtləs] *adv* sin duda.

dough [dəʊ] **1** *n* CULIN masa. **2** *fam* (*money*) pasta.

dove [dʌv] *n* paloma.

down [daʊn] **1** *prep* abajo, hacia abajo: **down the street** calle abajo. **2** (*along*) por: **cut it down the middle** córtalo por la mitad. ‖ **3** *adv* abajo, hacia abajo; (*to the floor*) al suelo; (*to the ground*) a tierra: **she fell down and broke her leg** se cayó y se rompió la pierna. **4** (*at lower level*) abajo: **down here/ there** aquí/allí abajo. **5** (*less*): **sales are down this year** las ventas han bajado este año. **6** (*on paper*): **to write sth down** apuntar algo. ‖ **7** *adj fam* depre, deprimido. ‖ **8** *vt* (*knock to floor*) derribar. **9** *fam* (*drink*) tomarse de un trago. ‖ **10** *n* (*on bird*) plumón *m*; (*hair*) pelusa, pelusilla. • **down with ...!** ¡abajo

...!; **face down** boca abajo. ■ **down payment** entrada.

downcast ['daʊnkɑːst] *adj* abatido,-a.

downfall ['daʊnfɔːl] *n fig* perdición *f*.

downgrade [daʊn'greɪd] *vt* degradar.

downhearted [daʊn'hɑːtɪd] *adj* desanimado,-a.

downhill [daʊn'hɪl] **1** *adv* cuesta abajo. ‖ **2** *adj* en pendiente; (*skiing*) de descenso. • **to go downhill** empeorar.

download ['daʊn'ləʊd] *vt* bajar, descargar.

downpour ['daʊnpɔː] *n* chaparrón *m*.

downright ['daʊnraɪt] *adj* total.

downstairs [daʊn'steəz] **1** *adv* abajo: **to go downstairs** bajar la escalera. **2** (*on ground floor*) en la planta baja.

downtown [daʊn'taʊn] *adv* US (*movement*) al centro de la ciudad; (*position*) en el centro de la ciudad.

downward ['daʊnwəd] **1** *adj* descendente. **2** Fin a la baja.

downwards ['daʊnwədz] *adv* hacia abajo: **face downwards** boca abajo.

doze [dəʊz] **1** *n* cabezada. ‖ **2** *vi* dormitar, echar una cabezada. ♦ **to doze off** *vi* quedarse dormido,-a.

dozen ['dʌzn] *n* docena.

dozy ['dəʊzɪ] **1** *adj* (*sleepy*) amodorrado,-a. **2** (*stupid*) idiota.

drab [dræb] **1** *adj* (*colour*) pardo,-a. **2** (*dreary*) monótono,-a, gris.

draft [drɑːft] **1** *n* (*rough copy*) borrador *m*; (*sketch*) esbozo. **2** (*bill*) letra de cambio, giro. ‖ **3** *vt* (*letter*) hacer un borrador de; (*plan*) redactar.

drag [dræg] **1** *n* arrastre *m*. **2** resistencia; *fig* estorbo. **3** *fam* lata, rollo. **4** *fam* calada, chupada. ‖ **5** *vt* arrastrar. **6** rastrear, dragar. ‖ **7** *vi* arrastrarse. **8** rezagarse. ♦ **to drag on** *vi* prolongarse ♦ **to drag out** *vt* alargar, prolongar ♦ **to drag up** *vt fam* (*revive*) sacar a relucir. • **in drag** vestido de mujer.

drain [dreɪn] **1** *n* (*pipe*) desagüe *m*; (*for sewage*) alcantarilla. ‖ **2** *vt* drenar; desecar, avenar. **3** apurar; vaciar. **4** escurrir. ‖ **5** *vi* escurrirse. • **to go down the drain** echarse a perder, irse al traste.

dramatic [drə'mætɪk] **1** *adj* dramático,-a. **2** emocionante.

drape [dreɪp] **1** *vt* cubrir (with/in, con). **2** (*part of body*) dejar colgado,-a.

draught [drɑːft] *n* corriente *f* de aire. • **on draught** a presión, de barril.

draughtsman ['drɑːftsmən] *n* delineante *mf*.

draw [drɔː] **1** *n* (*raffle*) sorteo. **2** (*score*) empate *m*. **3** (*attraction*) atracción *f*. ‖ **4** *vt* (*pt* drew; pp drawn) (*picture*) dibujar; (*line, circle*) trazar. **5** (*pull*) arrastrar, tirar de. **6** (*curtains; open*) descorrer; (*close*) correr. **7** (*take out*) sacar; (*sword*) desenvainar. **8** (*salary*) cobrar; (*cheque*) girar, librar. **9** (*attract*) atraer. **10** (*breath*) aspirar. **11** (*conclusion*) sacar. ‖ **12** *vi* (*sketch*) dibujar. **13** (*move*) moverse: **the train drew into/out of the station** el tren entró en/salió de la estación. ♦ **to draw back 1** *vi* retroceder. **2** *vi* (*pull out*) echarse para atrás ♦ **to draw on** *vt* recurrir a ♦ **to draw out** *vt* (*lengthen*) alargar

♦ **to draw up 1** *vt* (*contract*) preparar; (*plan*) esbozar. **2** *vi* (*arrive*) llegar. • **to draw apart** separarse; **to draw attention to** llamar la atención sobre; **to draw blood** hacer sangrar; **to draw near** acercarse; **to draw the line** decir basta.

drawback ['drɔːbæk] *n* inconveniente.

drawer ['drɔːə] *n* cajón *m*.

drawing ['drɔːɪŋ] *n* dibujo. ▪ **drawing pin** GB chincheta; **drawing room** sala de estar, salón *m*.

drawn [drɔːn] **1** *adj* empatado,-a. **2** ojeroso,-a.

dread [dred] **1** *n* temor *m*, pavor *m*. ‖ **2** *vt* - *vi* temer, tener pavor a.

dreadful ['dredfʊl] **1** *adj* terrible, espantoso,-a. **2** *fam* fatal, horrible.

dream [driːm] **1** *n* sueño. **2** (*while awake*) ensueño. **3** *fam* maravilla. ‖ **4** *vt* - *vi* soñar. ♦ **to dream up** *vt fam pej* inventarse.

dreary ['drɪərɪ] **1** *adj* triste, deprimente. **2** *fam* aburrido,-a.

dredge [dredʒ] *vt* - *vi* dragar, rastrear.

drench [drentʃ] *vt* mojar, empapar.

dress [dres] **1** *n* vestido. **2** ropa. ‖ **3** *vt* vestir. **4** vendar. **5** aderezar; aliñar. ‖ **6** *vi* vestirse. ♦ **to dress up 1** *vi* (*child*) disfrazarse (as, de); (*formal*) ponerse de tiros largos. **2** *vt fig* disfrazar. ▪ **dress rehearsal** THEAT ensayo general.

dressing ['dresɪŋ] **1** *n* vendaje. **2** aliño. ▪ **dressing gown** batín *m*; **dressing table** tocador *m*.

dribble ['drɪbl] **1** *n* (*of liquid*) gotas *fpl*, hilo. **2** (*of saliva*) baba. ‖ **3** *vi* (*liquid*) gotear. **4** (*baby*) babear. ‖ **5** *vt* dejar caer. **6** SP driblar.

drift [drɪft] **1** *n* (*flow*) flujo. **2** (*of snow*) ventisquero; (*of sand*) montón *m*. **3** *fig* (*meaning*) significado. ‖ **4** *vi* (*snow etc*) amontonarse. **5** (*boat*) ir a la deriva. **6** *fig* (*person*) vagar.

drill [drɪl] **1** *n* (*tool*) taladro. **2** MIL instrucción *f*. **3** (*exercise*) ejercicio. **4** (*material*) dril *m*. **5** (*dentist's*) fresa. ‖ **6** *vt* taladrar. **7** MIL instruir. ‖ **8** *vi* taladrar. **9** MIL entrenarse.

drink [drɪŋk] **1** *n* bebida; (*alcoholic*) copa. ‖ **2** *vt* - *vi* (*pt* drank; pp drunk) beber. ‖ **3** *vi* brindar. ♦ **to drink in** *vt* (*scene etc*) apreciar. • **to have sth to drink** tomar algo.

drinking ['drɪŋkɪŋ] *n*. ▪ **drinking water** agua potable.

drip [drɪp] **1** *n* goteo. **2** MED gota a gota *m inv*. **3** *fam* (*person*) soso,-a. ‖ **4** *vi* gotear. ‖ **5** *vt* dejar caer gota a gota.

drive [draɪv] **1** *n* paseo en coche. **2** (*road*) calle *f*. **3** (*energy*) energía, ímpetu *m*. **4** (*campaign*) campaña. **5** TECH transmisión *f*; AUTO tracción *f*. **6** COMPUT unidad *f* de disco. ‖ **7** *vt* (*pt* drove; pp driven) conducir. **8** llevar, acompañar. **9** impulsar. **10** arrear; mandar. **11** clavar. **12** volver. ♦ **to drive at** *vt fam* insinuar.

drivel ['drɪvl] *n* tonterías *fpl*.

driver ['draɪvə] **1** *n* conductor,-ra. **2** taxista. **3** camionero,-a. **4** piloto.

driving ['draɪvɪŋ] *adj*. ▪ **driving licence** carné *m* de conducir; **driving school** autoescuela.

drizzle ['drɪzl] **1** *n* llovizna. ‖ **2** *vi* lloviznar.

drone [drəʊn] **1** *n* (*bee*) zángano. **2** (*noise*) zumbido. ‖ **3** *vi* zumbar.

droop [druːp] **1** *n* caída, inclinación *f*. ‖ **2** *vi* inclinarse, caerse. **3** (*flower*) marchitarse.

drop [drɒp] **1** *n* (*of liquid*) gota. **2** (*sweet*) pastilla. **3** (*descent*) pendiente *f*, desnivel *m*. **4** (*fall*) caída. || **5** *vt* dejar caer: **he dropped the glass** se le cayó el vaso. **6** *fam* (*leave*) dejar. **7** (*abandon*) abandonar. **8** (*omit*) comerse; omitir. **9** Sp (*from team*) no seleccionar. **10** (*in knitting*) soltar. || **11** *vi* (*fall*) caerse. **12** (*voice, price etc*) bajar, caer. **13** (*wind*) amainar. ♦ **to drop away** *vi* disminuir ♦ **to drop by/in/round** *vi* dejarse caer, pasar ♦ **to drop off 1** *vi fam* quedarse dormido,-a. **2** *vi* (*lessen*) disminuir ♦ **to drop out** *vi* (*of school*) dejar los estudios; (*match*) retirarse.

drought [draʊt] *n* sequía.

drove [drəʊv] **1** *n* (*of cattle*) manada. **2** (*of people*) multitud *f*.

drown [draʊn] **1** *vt* ahogar. **2** (*flood*) inundar. || **3** *vi* ahogarse.

drowse [draʊz] *vi* dormitar.

drowsy ['draʊzɪ] *adj* somnoliento,-a.

drug [drʌg] **1** *n* (*medicine*) medicamento, medicina. **2** (*narcotic*) droga, estupefaciente *m*, narcótico. || **3** *vt* drogar. • **to be on/take drugs** drogarse.

drum [drʌm] **1** *n* (*musical instrument*) tambor *m*. **2** (*container*) bidón *m*. **3** (*part of machine*) tambor *m*. || **4** *vi* (*play drum*) tocar el tambor. || **5 drums** *npl* batería *f sing*.

drummer ['drʌmə] *n* (*in band*) tambor *mf*; (*in pop group*) batería *mf*.

drunk [drʌŋk] *adj* - *n* borracho,-a. • **to get drunk** emborracharse.

drunken ['drʌŋkn] *adj* borracho,-a.

dry [draɪ] **1** *adj* seco,-a. **2** (*dull*) aburrido,-a. || **3** *vt* secar. || **4** *vi* secarse.

dry-clean [draɪ'kliːn] *vt* limpiar en seco.

dryer ['draɪə] *n* secadora.

dryness ['draɪnəs] *n* sequedad *f*.

dub [dʌb] **1** *vt* (*subtitle*) doblar (into, a). **2** (*nickname*) apodar.

dubious ['djuːbɪəs] *adj* dudoso,-a.

Dubliner ['dʌblɪnə] *n* dublinés,-esa.

duchess ['dʌtʃəs] *n* duquesa.

duck [dʌk] **1** *n* pato,-a. **2** Culin pato. || **3** *vt* (*lower*) agachar. **4** (*go under water*) zambullir. || **5** *vi* (*lower*) agacharse. **6** (*go under water*) zambullirse.

duckling ['dʌklɪŋ] *n* patito.

dud [dʌd] **1** *adj fam* (*not working*) defectuoso,-a; (*useless*) inútil; (*battery*) sin carga. **2** *fam* (*fake*) falso,-a. || **3** *n fam* (*useless thing*) birria, porquería.

due [djuː] **1** *adj* debido,-a. **2** (*payable*) pagadero,-a. **3** (*expected*) esperado,-a: **I'm due for a rise** me toca una subida de sueldo; **the train is due at five** el tren debe llegar a las cinco. || **4** *n* merecido: **to give sb his/her due** dar a algn su merecido. || **5** *adv* derecho hacia. || **6 dues** *npl* cuota *f sing*. • **in due course/time** a su debido tiempo; **to be due to** deberse a. ■ **due date** plazo, vencimiento.

duel ['djuːəl] **1** *n* duelo. || **2** *vi* batirse en duelo.

duke [djuːk] *n* duque *m*.

dull [dʌl] **1** *adj* apagado,-a; gris. **2** sordo,-a. **3** torpe. **4** monótono,-a, pesado,-a. || **5** *vt* aliviar; amortiguar.

dumb [dʌm] **1** *adj* mudo,-a. **2** *fam* (*stupid*) tonto,-a.

dumbfounded [dʌm'faʊndɪd] *adj* pasmado,-a.

dummy ['dʌmɪ] **1** *n* (*sham*) imitación *f*. **2** (*model*) maniquí *m*. **3** GB (*for baby*) chupete *m*. **4** *fam* imbécil *mf*.
dump [dʌmp] **1** *n* (*tip*) vertedero; (*for cars*) cementerio de coches. **2** *fam pej* (*town*) poblacho; (*dwelling*) tugurio. ‖ **3** *vt* (*tip*) verter; (*leave*) dejar. **4** COMPUT volcar.
dumpy ['dʌmpɪ] *adj fam* rechoncho,-a.
dune [djuːn] *n* duna.
dung [dʌŋ] *n* estiércol *m*.
dungeon ['dʌndʒən] *n* mazmorra.
duplicate ['djuːplɪkət] **1** *adj* duplicado,-a. ‖ **2** *n* duplicado. ‖ **3** *vt* (['djuːplɪkeɪt]) duplicar.
duration [djʊə'reɪʃn] *n* duración *f*.
during ['djʊərɪŋ] *prep* durante.
dusk [dʌsk] *n* anochecer *m*.
dust [dʌst] **1** *n* polvo. ‖ **2** *vt* desempolvar, quitar el polvo a.
dustbin ['dʌstbɪn] *n* GB cubo de la basura.
duster ['dʌstə] **1** *n* paño, trapo. **2** (*for blackboard*) borrador *m*.
dustman ['dʌstmən] *n* GB basurero.
dustpan ['dʌstpæn] *n* recogedor *m*.
dusty ['dʌstɪ] *adj* polvoriento,-a.
Dutch [dʌtʃ] **1** *adj* - *n* holandés, -esa, neerlandés,-esa. ‖ **2** *n* (*language*) neerlandés.
duty ['djuːtɪ] **1** *n* deber *m*, obligación *f*. **2** (*task*) cometido. **3** (*tax*) impuesto. • **to be on/off duty** estar/no estar de servicio/guardia; **to do one's duty** cumplir con su deber.
duty-free ['djuːtɪfriː] **1** *adj* libre de impuestos. ‖ **2** *adv* sin pagar impuestos.
duvet ['duːveɪ] *n* edredón *m* nórdico.
dwarf [dwɔːf] *n* enano,-a.
dwell [dwel] *vi* (*pt & pp* dwelt) *fml* habitar, morar. ♦ **to dwell on/upon** *vt* insistir en.
dwindle ['dwɪndl] *vi* menguar.
dye [daɪ] **1** *n* tinte *m*, colorante *m*. ‖ **2** *vt* teñir. ‖ **3** *vi* teñirse.
dyke [daɪk] *n* dique *m*, barrera.
dynamic [daɪ'næmɪk] *adj* dinámico,-a.
dynamo ['daɪnəməʊ] *n* dinamo *f*.
dynasty ['dɪnəstɪ] *n* dinastía.

E

E [iːst] *abbr* (east) E.
each [iːtʃ] **1** *adj* cada: **each day** todos los días. ‖ **2** *adv* - *pron* cada uno,-a. • **each other** el/la uno,-a al/a la otro, -a: **we love each other** nos queremos.
eager ['iːgə] *adj* ávido,-a, ansioso,-a.
eagle ['iːgl] *n* águila.
ear [ɪə] **1** *n* oreja. **2** oído. **3** espiga.
eardrum ['ɪədrʌm] *n* tímpano.
early ['ɜːlɪ] **1** *adj* temprano,-a: **early in the morning** a primera hora de la mañana. ‖ **2** *adv* temprano. • **in the early morning** de madrugada.
earn [ɜːn] *vt* ganar.
earnest ['ɜːnɪst] *adj* serio,-a, formal. • **in earnest** en serio.
earnings ['ɜːnɪŋz] *npl* ingresos *mpl*.
earphones ['ɪəfəʊnz] *npl* auriculares *mpl*.
earring ['ɪərɪŋ] *n* pendiente *m*.
earth [ɜːθ] **1** *n* tierra. **2** (*fox's*) madriguera. • **what/where on earth ...?** ¿qué/ dónde demonios ...?
earthquake ['ɜːθkweɪk] *n* terremoto.
ease [iːz] **1** *n* (*lack of difficulty*) facilidad *f*. **2** (*lack of worry*) tranquilidad *f*. **3** (*comfort*) comodidad *f*. ‖ **4** *vt* (*pain*) aliviar. ‖ **5** *vi* (*tension*) disminuir. ♦ **to ease off** *vi* disminuir. • **at ease** relajado,-a; **to set sb's mind at ease** tranquilizar a algn.
easily ['iːzɪlɪ] **1** *adv* fácilmente. **2** (*by a long way*) con mucho.
east [iːst] **1** *n* este *m*, oriente *m*. ‖ **2** *adj* oriental, (del) este. ‖ **3** *adv* hacia el este.
Easter ['iːstə] **1** *n* REL Pascua (de Resurrección). **2** (*holiday*) Semana Santa.
eastern ['iːstn] *adj* oriental.
eastward ['iːstwəd] *adj* hacia el este.
easy ['iːzɪ] **1** *adj* fácil, sencillo,-a. **2** (*comfortable*) cómodo,-a, holgado, -a. • **take it easy!** ¡tranquilo,-a! ■ **easy chair** sillón *m*.
easy-going ['iːzɪgəʊɪŋ] *adj* calmado, -a, tranquilo,-a.
eat [iːt] *vt* - *vi* (*pt* ate; pp eaten) comer. ♦ **to eat away** *vt* desgastar; (*metal*) corroer ♦ **to eat into** *vt* *fig* consumir ♦ **to eat out** *vi* comer fuera.
ebony ['ebənɪ] *n* ébano.
eccentric [ɪk'sentrɪk] *adj* - *n* excéntrico,-a.
echo ['ekəʊ] **1** *n* eco. ‖ **2** *vt* repetir. ‖ **3** *vi* hacer eco, resonar.
eclipse [ɪ'klɪps] **1** *n* eclipse *m*. ‖ **2** *vt* eclipsar.
ecologist [ɪ'kɒlədʒɪst] *n* ecólogo,-a, ecologista *mf*.
ecology [ɪ'kɒlədʒɪ] *n* ecología.
economic [iːkə'nɒmɪk] **1** *adj* económico,-a. **2** (*profitable*) rentable.

economics [iːkəˈnɒmɪks] *n* economía, ciencias *fpl* económicas.
economist [ɪˈkɒnəmɪst] *n* economista.
economize [iːˈkɒnəmaɪz] *vi* ahorrar.
economy [ɪˈkɒnəmɪ] *n* economía.
ecosystem [ˈiːkɒsɪstɪm] *n* ecosistema.
ecstasy [ˈekstəsɪ] *n* éxtasis *m inv*.
eczema [ˈeksɪmə] *n* eccema *m*.
edge [edʒ] **1** *n* borde *m*. **2** canto. **3** filo. **4** orilla. **5** afueras *fpl*. • **on edge** nervioso,-a.
edible [ˈedɪbl] *adj* comestible.
edict [ˈiːdɪkt] *n* edicto.
edit [ˈedɪt] **1** *vt* (*prepare for printing*) preparar para la imprenta. **2** (*correct*) corregir. **3** (*newspaper etc*) dirigir. **4** CINEM TV montar, editar; (*cut*) cortar.
editor [ˈedɪtə] **1** *n* editor,-ra; redactor, -ra. **2** director,-ra. **3** montador,-ra.
educated [ˈedjʊkeɪtɪd] *adj* culto,-a.
education [edjʊˈkeɪʃn] **1** *n* (*gen*) educación *f*. **2** (*instruction*) enseñanza. **3** (*studies*) estudios *mpl*.
eel [iːl] *n* anguila.
eerie [ˈɪərɪ] *adj* misterioso,-a.
effect [ɪˈfekt] **1** *n* efecto. ‖ **2** *vt* efectuar. ‖ **3 effects** *npl* (*property*) efectos *mpl*. • **in effect** de hecho; **to come into effect** entrar en vigor; **to take effect** (*drug etc*) surtir efecto.
effective [ɪˈfektɪv] **1** *adj* eficaz. **2** efectivo,-a. **3** impresionante.
efficiency [ɪˈfɪʃənsɪ] **1** *n* (*of person*) eficiencia, competencia. **2** (*of product*) eficacia. **3** (*of machine*) rendimiento.
efficient [ɪˈfɪʃnt] **1** *adj* eficiente. **2** eficaz. **3** de buen rendimiento.
effort [ˈefət] **1** *n* esfuerzo. **2** intento.
egg [eg] *n* huevo. ♦ **to egg on** *vt* animar. ▪ **boiled egg** huevo pasado por agua; **fried egg** huevo frito; **hard-boiled egg** huevo duro.
eggplant [ˈegplɑːnt] *n* berenjena.
ego [ˈiːgəʊ] **1** *n* (*in psychology*) yo. **2** *fam* amor *m* propio.
egoist [ˈiːgəʊɪst] *n* egoísta *mf*.
Egypt [ˈiːdʒɪpt] *n* Egipto.
Egyptian [ɪˈdʒɪpʃn] **1** *adj* - *n* egipcio,-a. ‖ **2** *n* (*language*) egipcio.
eiderdown [ˈaɪdədaʊn] *n* edredón *m*.
eight [eɪt] *num* ocho.
eighteen [eɪˈtiːn] *num* dieciocho.
eighteenth [eɪˈtiːnθ] *adj* - *n* decimoctavo,-a.
eighth [eɪtθ] *adj* - *n* octavo,-a.
eightieth [ˈeɪtɪɪθ] *adj* - *n* octogésimo,-a.
eighty [ˈeɪtɪ] *num* ochenta.
Eire [ˈeərə] *n* Eire *m*, Irlanda.
either [ˈaɪðə, ˈiːðə] **1** *adj* (*affirmative*) cualquiera. **2** (*negative*) ni el uno/la una ni el otro/la otra, ninguno,-a. **3** cada, los/las dos, ambos,-as: **with a gun in either hand** con una pistola en cada mano. ‖ **4** *conj* o: **either red or green** o rojo o verde. ‖ **5** *adv* tampoco.
eject [iːˈdʒekt] **1** *vt* (*throw out*) expulsar. ‖ **2** *vi* (*from plane*) eyectar, eyectarse.
elaborate [ɪˈlæbərət] **1** *adj* detallado,-a. **2** complicado,-a.
elastic [ɪˈlæstɪk] *adj* - *n* elástico,-a. ▪ **elastic band** goma elástica.
elbow [ˈelbəʊ] **1** *n* codo. **2** recodo.

elder ['eldə] *adj* - *n* mayor.
elderly ['eldəlɪ] *adj* mayor, anciano,-a.
eldest ['eldɪst] *adj* mayor.
elect [ɪ'lekt] *vt* elegir.
electric [ɪ'lektrɪk] **1** *adj* eléctrico,-a. **2** *fig* electrizante. ■ **electric shock** descarga eléctrica.
electrical [ɪ'lektrɪkl] *adj* eléctrico, -a. ■ **electrical appliance** electrodoméstico.
electrician [ɪlek'trɪʃn] *n* electricista *mf*.
electrode [ɪ'lektrəʊd] *n* electrodo.
electronic [ɪlek'trɒnɪk] *adj* electrónico,-a.
electronics [ɪlek'trɒnɪks] *n* electrónica.
elegance ['elɪgəns] *n* elegancia.
element ['elɪmənt] **1** *n* (*gen*) elemento. **2** (*component*) componente *m*. **3** ELEC resistencia.
elementary [elɪ'mentərɪ] *adj* elemental. ■ **elementary education** enseñanza primaria.
elephant ['elɪfənt] *n* elefante *m*.
elevate ['elɪveɪt] **1** *vt* elevar. **2** (*in rank*) ascender.
elevator ['elɪveɪtə] **1** *n* US ascensor *m*. **2** GB escalera mecánica.
eleven [ɪ'levn] *num* once.
eleventh [ɪ'levnθ] *adj* - *n* undécimo,-a.
eliminate [ɪ'lɪmɪneɪt] *vt* eliminar.
elk [elk] *n* alce *m*.
eloquent ['eləkwənt] *adj* elocuente.
else [els] *adv* más: **anything else?** ¿algo más?; **nobody else** nadie más. • **or else** si no: **behave yourself or else** pórtate bien, si no (ya verás).
elsewhere [els'weə] *adv* en otro sitio.
elude [ɪ'lu:d] *vt* eludir.
e-mail ['i:meɪl] **1** *n* correo electrónico. || **2** *vt* enviar por correo electrónico.
embankment [ɪm'bæŋkmənt] **1** *n* terraplén *m*. **2** (*river bank*) dique *m*.
embargo [em'bɑ:gəʊ] **1** *n* embargo. || **2** *vt* (*prohibit*) prohibir. **3** (*seize*) embargar.
embark [ɪm'bɑ:k] **1** *vt* embarcar. || **2** *vi* embarcarse. • **to embark on sth** emprender algo.
embarrass [ɪm'bærəs] *vt* avergonzar. • **to be embarrassed** sentir vergüenza.
embarrassing [ɪm'bærəsɪŋ] *adj* embarazoso,-a, violento,-a.
embarrassment [ɪm'bærəsmənt] **1** *n* vergüenza. **2** molestia, estorbo.
embassy ['embəsɪ] *n* embajada.
embrace [ɪm'breɪs] **1** *n* abrazo. || **2** *vt* abrazar. || **3** *vi* abrazarse. || **4** *vt* (*include*) abarcar. **5** (*religion etc*) abrazar.
embroider [ɪm'brɔɪdə] **1** *vt* bordar. **2** *fig* adornar.
emerald ['emərəld] *n* esmeralda.
emerge [ɪ'mɜ:dʒ] *vi* emerger, aparecer: **it emerged that ...** resultó que ....
emergency [ɪ'mɜ:dʒənsɪ] **1** *n* emergencia. **2** MED urgencia.
emigrate ['emɪgreɪt] *vi* emigrar.
eminence ['emɪnəns] *n* eminencia.
emirate ['emɪrət] *n* emirato.
emit [ɪ'mɪt] *vt* emitir.
emotion [ɪ'məʊʃn] *n* emoción *f*.
emperor ['empərə] *n* emperador *m*.
emphasis ['emfəsɪs] *n* énfasis *m inv*. • **to place emphasis on** hacer hincapié en.
emphasize ['emfəsaɪz] *vt* subrayar.

empire ['empaɪə] *n* imperio.
employ [ɪm'plɔɪ] **1** *n* empleo. || **2** *vt* emplear.
employee [em'plɔɪiː] *n* empleado,-a.
employer [em'plɔɪə] *n* patrón,-ona.
empress ['emprəs] *n* emperatriz *f*.
empty ['emptɪ] **1** *adj* vacío,-a. || **2** *vt* vaciar. || **3** *vi* vaciarse.
enable [ɪ'neɪbl] *vt* permitir.
enamel [ɪ'næml] *n* esmalte *m*.
enchanting [ɪn'tʃɑːntɪŋ] *adj* encantador,-ra.
enclose [ɪn'kləʊz] **1** *vt* cercar, rodear. **2** (*with letter*) adjuntar.
encore ['ɒŋkɔː] **1** *interj* ¡otra! || **2** *n* repetición *f*.
encounter [ɪn'kaʊntə] **1** *n* encuentro. || **2** *vt* encontrar, encontrarse con.
encourage [ɪn'kʌrɪdʒ] **1** *vt* (*cheer*) animar. **2** (*develop*) fomentar.
end [end] **1** *n* (*of rope*) cabo; (*of street*) final *m*; (*of table*) extremo; (*point*) punta. **2** (*time*) fin *m*, final *m*, conclusión *f*. **3** (*aim*) objeto, objetivo. || **4** *vt* acabar. || **5** *vi* acabarse, terminarse. ♦ **to end up** *vi* acabar, terminar. • **at the end of** al final de; **in the end** al fin.
endanger [ɪn'deɪndʒə] *vt* poner en peligro.
endeavour [ɪn'devə] **1** *n* esfuerzo, empeño. || **2** *vi* esforzarse.
endive ['endaɪv] *n* endibia.
endless ['endləs] *adj* interminable.
endurance [ɪn'djʊərəns] *n* resistencia.
endure [ɪn'djʊə] **1** *vt* soportar, resistir. || **2** *vi* durar.
enemy ['enəmɪ] *n* enemigo,-a.
energy ['enədʒɪ] *n* energía.
enforce [ɪn'fɔːs] *vt* (*law*) hacer cumplir.
engage [ɪn'geɪdʒ] *vt* contratar. • **to engage sb in conversation** entablar conversación con algn.
engaged [ɪn'geɪdʒd] **1** *adj* (*to be married*) prometido,-a. **2** (*busy*) ocupado, -a; (*phone*) comunicando. • **to get engaged** prometerse.
engagement [ɪn'geɪdʒmənt] **1** *n* (*to be married*) petición *f* de mano; (*period*) noviazgo. **2** (*appointment*) compromiso, cita. **3** MIL combate *m*.
engine ['endʒɪn] **1** *n* motor *m*. **2** (*of train*) máquina, locomotora. ▪ **engine driver** maquinista *mf*.
engineer [endʒɪ'nɪə] **1** *n* ingeniero, -a. **2** US maquinista *mf*.
engineering [endʒɪ'nɪərɪŋ] *n* ingeniería.
England ['ɪŋglənd] *n* Inglaterra.
English ['ɪŋglɪʃ] **1** *adj* inglés,-esa. || **2** *n* (*language*) inglés *m*. ▪ **English Channel** Canal *m* de la Mancha.
Englishman ['ɪŋglɪʃmən] *n* inglés *m*.
Englishwoman ['ɪŋglɪʃwʊmən] *n* (*pl* Englishwomen) inglesa.
engrave [ɪn'greɪv] *vt* grabar.
enhance [ɪn'hɑːns] *vt* realzar.
enjoy [ɪn'dʒɔɪ] *vt* gozar de, disfrutar de. • **to enjoy oneself** divertirse.
enjoyable [ɪn'dʒɔɪəbl] *adj* agradable.
enjoyment [ɪn'dʒɔɪmənt] *n* placer *m*, gusto, goce *m*, disfrute *m*.
enlarge [ɪn'lɑːdʒ] *vt* - *vi* aumentar, ampliarse.
enlighten [ɪn'laɪtn] *vt* iluminar.
enlist [ɪn'lɪst] *vt* - *vi* alistar(se).
enormous [ɪ'nɔːməs] *adj* enorme.

enough [ɪ'nʌf] **1** *adj* bastante, suficiente. ‖ **2** *adv* bastante. ‖ **3** *n* lo suficiente.
enquire [ɪŋ'kwaɪə] **1** *vi* preguntar. **2** JUR investigar.
enquiry [ɪŋ'kwaɪərɪ] **1** *n* pregunta. **2** JUR investigación *f*.
enrage [ɪn'reɪdʒ] *vt* enfurecer.
enrich [ɪn'rɪtʃ] *vt* enriquecer.
enrol [ɪn'rəʊl] *vt* - *vi* matricular(se).
ensue [ɪn'sjuː] **1** *vi* seguir. **2** resultar.
ensure [ɪn'ʃʊə] *vt* asegurar.
entail [ɪn'teɪl] **1** *vt* suponer, implicar, acarrear. **2** JUR vincular.
entangle [ɪn'tæŋgl] *vt* enredar.
enter ['entə] **1** *vt* (*gen*) entrar en. **2** (*join*) ingresar en; (*competition*) inscribirse a. **3** (*write down*) anotar, apuntar. **4** COMPUT dar entrada a. ‖ **5** *vi* entrar. ♦ **to enter into 1** *vt* (*negotiations*) iniciar. **2** *vt* (*contract*) firmar. **3** *vt* (*conversation*) entablar.
enterprise ['entəpraɪz] **1** *n* empresa. **2** (*spirit*) energía, iniciativa, espíritu *m* emprendedor.
entertain [entə'teɪn] **1** *vt* (*amuse*) entretener, divertir. **2** (*act as host*) agasajar. **3** (*consider*) considerar.
entertainer [entə'teɪnə] *n* artista *mf*.
entertainment [entə'teɪnmənt] **1** *n* (*amusement*) entretenimiento, diversión *f*. **2** THEAT espectáculo.
enthral [ɪn'θrɔːl] *vt* cautivar.
entice [ɪn'taɪs] *vt* atraer.
entire [ɪn'taɪə] *adj* entero,-a, completo,-a, íntegro,-a.
entitle [ɪn'taɪtl] *vt* dar derecho a. • **to be entitled** (*book*) titularse; (*person*) tener derecho (to, a).
entity ['entɪtɪ] *n* entidad *f*.
entrails ['entreɪlz] *npl* entrañas *fpl*.
entrance ['entrəns] **1** *n* entrada. **2** THEAT entrada en escena. ‖ **3** *vt* ([en'trɑːns]) encantar, hechizar.
entrepreneur [ɒntrəprə'nɜː] *n* empresario,-a.
entrust [ɪn'trʌst] *vt* confiar.
entry ['entrɪ] **1** *n* entrada. **2** (*competition*) participante *mf*.
enunciate [ɪ'nʌnsɪeɪt] **1** *vt* pronunciar. **2** (*express*) expresar.
envelope ['envələʊp] *n* sobre *m*.
envious ['envɪəs] *adj* envidioso,-a.
environment [ɪn'vaɪrənmənt] **1** *n* medio ambiente *m*. **2** *fig* contexto.
envisage [ɪn'vɪzɪdʒ] **1** *vt* prever. **2** (*imagine*) concebir.
envy ['envɪ] **1** *n* envidia. ‖ **2** *vt* envidiar.
epic ['epɪk] *adj* épico,-a.
epidemic [epɪ'demɪk] *n* epidemia.
equal ['iːkwəl] **1** *adj* igual. ‖ **2** *n* igual *mf*. ‖ **3** *vt* MATH ser igual a, equivaler a. **4** (*match*) igualar. • **all things being equal** en igualdad de circunstancias.
equalize ['iːkwəlaɪz] *vi* SP igualar el marcador.
equate [ɪ'kweɪt] *vt* equiparar.
equation [ɪ'kweɪʒn] *n* ecuación *f*.
equator [ɪ'kweɪtə] *n* ecuador *m*.
equipment [ɪ'kwɪpmənt] **1** *n* equipo. **2** (*act of equipping*) equipamiento.
equivalent [ɪ'kwɪvələnt] **1** *adj* equivalente. ‖ **2** *n* equivalente *m*.
eradicate [ɪ'rædɪkeɪt] *vt* erradicar.
erase [ɪ'reɪz] *vt* borrar.
eraser [ɪ'reɪzə] *n* goma de borrar; (*blackboard*) borrador.
erect [ɪ'rekt] **1** *adj* erguido,-a. **2** erecto,-a. ‖ **3** *vt* levantar, erigir.

erode [ɪ'rəʊd] **1** *vt* (*rock*) erosionar. **2** (*metal*) corroer, desgastar.
erosion [ɪ'rəʊʒn] **1** *n* (*of rock*) erosión *f*. **2** (*of metal*) corrosión *f*, desgaste *m*.
erotic [ɪ'rɒtɪk] *adj* erótico,-a.
errand ['erənd] *n* encargo, recado.
erratic [ɪ'rætɪk] *adj* irregular.
erupt [ɪ'rʌpt] **1** *vi* (*volcano*) entrar en erupción. **2** (*violence*) estallar.
escalate ['eskəleɪt] **1** *vi* (*war*) intensificarse. **2** (*prices*) aumentar.
escalation [eskə'leɪʃn] **1** *n* (*war*) escalada. **2** (*prices*) subida, aumento.
escalator ['eskəleɪtə] *n* escalera mecánica.
escapade [eskə'peɪd] *n* aventura.
escape [ɪ'skeɪp] **1** *n* fuga, huida. **2** escape *m*. ‖ **3** *vi* escaparse, fugarse, huir. ‖ **4** *vt* evitar, librarse de.
escort [e'skɔːt] **1** *n* acompañante *mf*. **2** MIL escolta. ‖ **3** *vt* ([ɪ'skɔːt]) acompañar. **4** MIL escoltar.
essay ['eseɪ] **1** *n* (*school*) redacción *f*; (*university*) trabajo. **2** (*literary*) ensayo.
essential [ɪ'senʃl] **1** *adj* (*central*) esencial. **2** (*vital*) vital, indispensable. ‖ **3** *n* esencia.
establish [ɪ'stæblɪʃ] **1** *vt* establecer, fundar, crear. **2** (*proof*) demostrar. **3** (*facts*) constatar. **4** (*precedent*) sentar. **5** (*fame*) consolidar.
establishment [ɪ'stæblɪʃmənt] **1** *n* (*shop*) establecimiento. **2** GB **the Establishment** el poder.
estate [ɪ'steɪt] **1** *n* (*in country*) finca. **2** (*with houses*) urbanización *f*. **3** (*goods*) bienes *mpl*. ■ **estate agent** agente *mf* inmobiliario,-a; **estate car** GB coche *m* familiar.
esteem [ɪ'stiːm] **1** *vt* apreciar. **2** (*regard*) juzgar, considerar. ‖ **3** *n* aprecio.
estimate ['estɪmət] **1** *n* (*calculation*) cálculo. **2** (*for work*) presupuesto. ‖ **3** *vt* (['estɪmeɪt]) calcular.
estimation [estɪ'meɪʃn] *n* opinión *f*, juicio.
Estonian [e'stəʊnɪən] **1** *adj* - *n* estonio,-a. ‖ **2** *n* (*language*) estonio.
estuary ['estjʊərɪ] *n* estuario.
eternity [ɪ'tɜːnɪtɪ] *n* eternidad *f*.
ethic ['eθɪk] *n* ética.
ethnic ['eθnɪk] *adj* étnico,-a.
ethyl ['eθɪl] *n* CHEM etilo. ■ **ethyl alcohol** alcohol *m* etílico.
etiquette ['etɪket] *n* protocolo, etiqueta.
eucalyptus [juːkə'lɪptəs] *n* eucalipto.
euphemism ['juːfɪmɪzm] *n* eufemismo.
Europe ['jʊərəp] *n* Europa.
European [jʊərə'pɪən] *adj* - *n* europeo,-a.
euthanasia [juːθə'neɪzɪə] *n* eutanasia.
evacuate [ɪ'vækjʊeɪt] **1** *vt* (*people*) evacuar. **2** (*place*) desalojar, desocupar.
evade [ɪ'veɪd] *vt* evadir, eludir, evitar.
evaluate [ɪ'væljʊeɪt] **1** *vt* evaluar. **2** MATH calcular.
evaporate [ɪ'væpəreɪt] *vt* - *vi* evaporar/se).
evasive [ɪ'veɪsɪv] *adj* evasivo,-a.
eve [iːv] *n* víspera, vigilia.
even ['iːvn] **1** *adj* (*level*) llano,-a. **2** (*smooth*) liso,-a. **3** (*uniform*) uniforme, regular. **4** (*evenly matched*) igual, igualado,-a. **5** (*number*) par. ‖ **6** *adv*

hasta, incluso. **7** (*with negative*) siquiera: **not even John was there** ni siquiera John estaba allí. || **8** *vt* igualar. ♦ **to even out** *vt* - *vi* igualar. • **even as** mientras; **even if** aunque + *subj*; **even so** incluso, aun así; **even though** aunque, aun cuando.
evening ['iːvnɪŋ] *n* tarde; noche.
event [ɪ'vent] **1** *n* suceso, acontecimiento. **2** (*case*) caso. **3** SP prueba. • **at all events** en todo caso; **in any event** pase lo que pase; **in the event of** en caso de.
eventual [ɪ'ventʃʊəl] **1** *adj* (*final*) final. **2** (*resulting*) consiguiente.
ever ['evə] **1** *adv* (*never*) nunca, jamás: **nobody ever comes** no viene nunca nadie. **2** (*at some time*) alguna vez: **have you ever seen her?** ¿la has visto alguna vez? **3** (*at any time*): **better than ever** mejor que nunca. **4** (*with questions*) demonios: **¿what ever shall I do?** ¿qué demonios hago? • **ever so ...** muy ...; **for ever** para siempre; **hardly ever** casi nunca.
everlasting [evə'lɑːstɪŋ] *adj* eterno,-a.
every ['evrɪ] *adj* cada, todos,-as: **every day** cada día, todos los días; **every other day** un día sí un día no. • **every now and then** de vez en cuando.
everybody ['evrɪbɒdɪ] *pron* todos, -as, todo el mundo.
everyday ['evrɪdeɪ] *adj* diario,-a.
everyone ['evrɪwʌn] *pron* → **everybody**.
everything ['evrɪθɪŋ] *pron* todo.
everywhere ['evrɪweə] **1** *adv* (*situation*) en/por todas partes. **2** (*movement*) a todas partes.
evict [ɪ'vɪkt] *vt* desahuciar.
evidence ['evɪdəns] **1** *n* (*proof*) pruebas *fpl*. **2** (*signs*) indicios *mpl*. **3** JUR testimonio. • **to give evidence** prestar declaración.
evident ['evɪdənt] *adj* evidente, patente.
evil ['iːvl] **1** *adj* malo,-a, malvado, -a. **2** perjudicial. || **3** *n* mal *m*.
evocative [ɪ'vɒkətɪv] *adj* evocador,-ra.
evoke [ɪ'vəʊk] *vt* evocar.
evolution [iːvə'luːʃn] *n* evolución *f*.
evolve [ɪ'vɒlv] **1** *vt* desarrollar. || **2** *vi* evolucionar, desarrollarse.
exact [ɪg'zækt] **1** *adj* exacto,-a. **2** (*thorough*) preciso,-a. || **3** *vt* exigir, imponer.
exacting [ɪg'zæktɪŋ] *adj* exigente.
exaggerate [ɪg'zædʒəreɪt] *vt* - *vi* exagerar.
exam [ɪg'zæm] *n fam* examen *m*.
examination [ɪgzæmɪ'neɪʃn] **1** *n* EDUC examen *m*. **2** MED reconocimiento. **3** JUR interrogatorio.
examine [ɪg'zæmɪn] **1** *vt* (*inspect*) inspeccionar. **2** EDUC examinar. **3** MED hacer un reconocimiento a. **4** JUR interrogar.
example [ɪg'zɑːmpl] **1** *n* ejemplo. **2** (*specimen*) ejemplar *m*.
exasperate [ɪg'zɑːspəreɪt] *vt* irritar.
excavate ['ekskəveɪt] *vt* excavar.
excavator ['ekskəveɪtə] **1** *n* (*person*) excavador,-ra. **2** (*machine*) excavadora.
exceed [ɪk'siːd] *vt* exceder.
excel [ɪk'sel] **1** *vt* aventajar, superar. || **2** *vi* sobresalir.
excellent ['eksələnt] *adj* excelente.
except [ɪk'sept] **1** *prep* excepto, salvo. || **2** *vt* excluir, exceptuar.

exception [ɪk'sepʃn] *n* excepción *f.* • **to take exception to sth** ofenderse por algo.
excess [ɪk'ses] **1** *n* exceso. **2** COMM excedente *m.* • **in excess of** superior a.
excessive [ɪk'sesɪv] *adj* excesivo,-a.
exchange [ɪks'tʃeɪndʒ] **1** *n* cambio. **2** intercambio. **3** canje. **4** lonja. **5** central telefónica. ‖ **6** *vt* cambiar; intercambiar. **7** canjear. • **in exchange for** a cambio de. ▪ **exchange rate** tipo de cambio.
exchequer [ɪks'tʃekə] *n* tesoro público.
excite [ɪk'saɪt] **1** *vt* emocionar, excitar. **2** provocar, despertar.
excited [ɪk'saɪtɪd] *adj* emocionado,-a, entusiasmado,-a; excitado,-a.
excitement [ɪk'saɪtmənt] **1** *n* emoción *f.* **2** (*commotion*) agitación *f*, alboroto.
exciting [ɪk'saɪtɪŋ] *adj* emocionante, apasionante.
exclaim [ɪks'kleɪm] *vt* - *vi* exclamar.
exclamation mark [eksklə'meɪʃn mɑːk] *n* signo *m* de admiración.
exclude [ɪks'kluːd] *vt* excluir.
excluding [ɪk'sluːdɪŋ] *prep* excepto.
exclusive [ɪks'kluːsɪv] **1** *adj* exclusivo, -a. **2** (*select*) selecto,-a. • **exclusive of** con exclusión de.
excruciating [ɪk'skruːʃɪeɪtɪŋ] *adj* insoportable.
excuse [ɪk'skjuːs] **1** *n* disculpa. **2** (*pretext*) excusa. ‖ **3** *vt* ([ɪk'skjuːz]) perdonar, disculpar. **4** (*justify*) justificar. • **excuse me** (*interrupting*) perdone, por favor; (*leaving*) disculpe; **to excuse sb from doing sth** eximir a algn de hacer algo.
execute ['eksɪkjuːt] **1** *vt* (*put to death*) ejecutar, ajusticiar. **2** (*perform*) ejecutar. **3** (*order*) cumplir. **4** (*music etc*) interpretar. **5** JUR (*will*) cumplir.
execution [eksɪ'kjuːʃn] **1** *n* (*gen*) ejecución *f.* **2** (*of order*) cumplimiento. **3** (*of music etc*) interpretación *f.*
executive [ɪg'zekjʊtɪv] *adj* - *n* ejecutivo,-a.
exempt [ɪg'zempt] **1** *adj* exento,-a, libre. ‖ **2** *vt* eximir.
exercise ['eksəsaɪz] **1** *n* ejercicio. ‖ **2** *vt* ejercer. ‖ **3** *vi* hacer ejercicio. ▪ **exercise book** cuaderno.
exert [ɪg'zɜːt] *vt* ejercer. • **to exert oneself** esforzarse.
exhale [eks'heɪl] *vt* - *vi* espirar.
exhaust [ɪg'zɔːst] **1** *n* escape *m.* **2** gases de combustión *f.* ‖ **3** *vt* agotar. ▪ **exhaust pipe** tubo de escape.
exhausted [ɪg'zɔːstɪd] *adj* agotado,-a.
exhibit [ɪg'zɪbɪt] **1** *n* (*on show*) objeto en exposición. **2** JUR prueba instrumental. ‖ **3** *vt* (*art etc*) exponer. **4** (*manifest*) mostrar, dar muestras de.
exhibition [eksɪ'bɪʃn] **1** *n* (*art etc*) exposición *f.* **2** (*display*) demostración *f.*
exile ['eksaɪl] **1** *n* exilio. **2** desterrado, -a, exiliado,-a. ‖ **3** *vt* exiliar.
exist [ɪg'zɪst] *vi* existir.
exit ['eksɪt] **1** *n* salida. **2** THEAT mutis *m.* ‖ **3** *vi* THEAT hacer mutis.
expand [ɪk'spænd] **1** *vt* ampliar. ‖ **2** *vi* ampliarse. ‖ **3** *vt* (*gas, metal*) dilatar. ‖ **4** *vi* (*gas, metal*) dilatarse. ‖ **5** *vt* (*trade*) desarrollar. ‖ **6** *vi* (*trade*)

desarrollarse. ♦ **to expand on** *vt* ampliar.

expanse [ɪk'spæns] *n* extensión *f.*

expansion [ɪk'spænʃn] **1** *n* ampliación *f*, expansión *f.* **2** dilatación *f.*

expatriate [ek'spætrɪət] *adj* - *n* expatriado,-a.

expect [ɪk'spekt] **1** *vt* esperar. **2** (*suppose*) suponer, imaginar. • **to be expecting** *fam* estar embarazada.

expedient [ɪk'spiːdjənt] **1** *adj* conveniente. ‖ **2** *n* expediente *m*, recurso.

expedition [ekspɪ'dɪʃn] *n* expedición *f.*

expel [ɪk'spel] *vt* expulsar.

expend [ɪk'spend] **1** *vt* (*money*) gastar. **2** (*resources*) consumir, agotar.

expendable [ɪk'spendəbl] *adj* prescindible.

expenditure [ɪk'spendɪtʃə] *n* gasto.

expense [ɪk'spens] **1** *n* gasto, desembolso. ‖ **2 expenses** *npl* COMM gastos *mpl* de representación *f.*

expensive [ɪk'spensɪv] *adj* caro,-a, costoso,-a.

experience [ɪk'spɪərɪəns] **1** *n* experiencia. ‖ **2** *vt* experimentar; tener.

experiment [ɪk'sperɪmənt] **1** *n* experimento. ‖ **2** *vi* experimentar.

expert ['ekspɜːt] *adj* - *n* experto,-a.

expertise [ekspɜː'tiːz] *n* pericia.

expire [ɪk'spaɪə] **1** *vi* expirar, morir. **2** vencer; caducar.

expiry [ɪk'spaɪərɪ] **1** *n* expiración *f.* **2** (*of contract*) vencimiento. ▪ **expiry date** fecha de caducidad *f.*

explain [ɪk'spleɪn] **1** *vt* - *vi* explicar. **2** (*clarify*) aclarar.

explanation [eksplə'neɪʃn] **1** *n* explicación *f.* **2** (*clarification*) aclaración *f.*

explicit [ɪk'splɪsɪt] *adj* explícito,-a.

explode [ɪk'spləʊd] **1** *vt* hacer estallar, hacer explotar. ‖ **2** *vi* estallar, explotar, hacer explosión.

exploit ['eksplɔɪt] **1** *n* hazaña, proeza. ‖ **2** *vt* ([ɪk'splɔɪt]) explotar.

export ['ekspɔːt] **1** *n* (*trade*) exportación *f.* **2** (*article*) artículo de exportación *f.* ‖ **3** *vt* ([ɪk'spɔːt]) exportar.

expose [ɪk'spəʊz] **1** *vt* (*gen*) exponer. **2** (*reveal truth about*) descubrir.

exposure [ɪk'spəʊʒə] **1** *n* (*gen*) exposición *f.* **2** (*revelation of truth*) descubrimiento. **3** (*photo*) fotografía. • **to die of exposure** morir de frío.

express [ɪk'spres] **1** *adj* expreso,-a. **2** urgente. ‖ **3** *n* expreso, tren *m* expreso. ‖ **4** *vt* expresar. ‖ **5** *adv* urgente.

expressive [ɪk'spresɪv] *adj* expresivo, -a.

exquisite ['ekskwɪzɪt] *adj* exquisito,-a.

extend [ɪk'stend] **1** *vt* extender. **2** (*enlarge*) ampliar. **3** (*lengthen*) alargar. **4** (*prolong*) alargar; (*visa etc*) prorrogar. **5** (*limb*) alargar. **6** (*give*) dar. ‖ **7** *vi* (*stretch*) alargarse, extenderse. **8** (*stick out*) sobresalir.

extension [ɪk'stenʃn] **1** *n* (*gen*) extensión *f*, ampliación *f.* **2** (*time*) prórroga.

extent [ɪk'stent] **1** *n* extensión *f.* **2** (*limit*) límite *m.* • **to a certain extent** hasta cierto punto; **to a greater or lesser extent** en mayor o menor grado; **to a large**

extent en gran parte; **to what extent?** ¿hasta qué punto?
extermination [ɪkstɜːmɪ'neɪʃn] *n* exterminio.
extinct [ɪk'stɪŋkt] **1** *adj* (*volcano*) extinto,-a. **2** (*animal*) extinguido,-a.
extinguish [ɪk'stɪŋgwɪʃ] *vt* extinguir.
extortion [ɪk'stɔːʃn] *n* extorsión *f.*
extra ['ekstrə] **1** *adj* extra, adicional, más. **2** (*spare*) de sobra. ‖ **3** *n* extra. **4** (*charge*) suplemento.
extract ['ekstrækt] **1** *n* extracto. ‖ **2** *vt* ([ɪk'strækt]) extraer.
extraordinary [ɪk'strɔːdnrɪ] **1** *adj* extraordinario,-a. **2** (*strange*) raro,-a.
extraterrestrial [ekstrətə'restrɪəl] *adj* - *nmf* extraterrestre.
extravagant [ɪk'strævəgənt] **1** *adj* (*wasteful*) derrochador,-ra. **2** (*exaggerated*) exagerado,-a, excesivo,-a.
extreme [ɪk'striːm] **1** *adj* extremo, -a; (*case*) excepcional. ‖ **2** *n* extremo.
extricate ['ekstrɪkeɪt] *vt* librar.
exuberant [ɪg'zjuːbərənt] *adj* (*person*) eufórico,-a.
exude [ɪg'zjuːd] **1** *vt* - *vi* (*charm, confidence*) emanar. **2** (*wound, resine*) exudar.
eye [aɪ] **1** *n* (*gen*) ojo. ‖ **2** *vt* mirar. • **to turn a blind eye to** hacer la vista gorda a.
eyeball ['aɪbɔːl] *n* globo ocular.
eyebrow ['aɪbraʊ] *n* ceja.
eyelash ['aɪlæʃ] *n* pestaña.
eyelid ['aɪlɪd] *n* párpado.
eyesight ['aɪsaɪt] *n* vista.
eyesore ['aɪsɔː] *n* monstruosidad *f.*
eyewitness ['aɪ'wɪtnəs] *n* testigo *mf* presencial.

F

fable ['feɪbl] *n* fábula.

fabric ['fæbrɪk] **1** *n* tela, tejido. **2** *fig* estructura.

face [feɪs] **1** *n* cara, rostro, semblante *m*. **2** (*surface*) superficie *f*. **3** (*of card, coin*) cara. **4** (*of dial*) cuadrante *m*. **5** (*of watch*) esfera. **6** *fig* (*of earth*) faz *f*. **7** (*look*) apariencia. ‖ **8** *vt* (*look onto*) dar a, mirar hacia. **9** (*confront*) hallarse frente a, encontrarse ante. **10** (*deal with*) afrontar, enfrentarse con/a. **11** (*tolerate*) soportar. **12** (*cover*) revestir (with, de). ‖ **13** *vi* mirar hacia. ♦ **to face up to** *vt* afrontar. • **in the face of** ante; **to pull faces** hacer muecas; **to save face** guardar las apariencias. ■ **face value** valor *m* nominal.

facelift ['feɪslɪft] **1** *n* lifting *m*, estiramiento facial. **2** *fig* renovación *f*.

facile ['fæsaɪl] *adj pej* superficial.

facility [fə'sɪlɪtɪ] **1** *n* facilidad *f*. ‖ **2 facilities** *npl* instalaciones, servicios.

fact [fækt] **1** *n* hecho. **2** (*truth*) realidad *f*: **in fact** de hecho, en realidad. • **as a matter of fact** en realidad.

faction ['fækʃn] *n* (*group*) facción *f*.

factory ['fæktrɪ] *n* fábrica.

faculty ['fækltɪ] **1** *n* (*department*) facultad *f*. **2** US (*staff*) profesorado.

fad [fæd] **1** *n* capricho. **2** moda.

fade [feɪd] **1** *vt* desteñir. ‖ **2** *vi* desteñirse, perder el color. **3** (*light*) apagarse. ♦ **to fade away** *vi* desvanecerse.

fag [fæg] **1** *n fam* lata, rollo. **2** GB *fam* pitillo. **3** US *fam* marica *m*.

fail [feɪl] **1** *n* EDUC suspenso. ‖ **2** *vt* - *vi* fallar. **3** EDUC suspender. ‖ **4** *vi* fracasar. **5** COMM quebrar. • **to fail to** (*be unable to*) no lograr; (*neglect*) dejar de; **without fail** sin falta.

failing ['feɪlɪŋ] **1** *n* defecto, fallo. ‖ **2** *prep* a falta de.

failure ['feɪljə] **1** *n* fracaso. **2** quiebra. **3** suspenso. **4** (*breakdown*) fallo, avería.

faint [feɪnt] **1** *adj* débil. **2** pálido,-a. **3** vago,-a. ‖ **4** *vi* desmayarse.

fair [feə] **1** *adj* (*just*) justo,-a, equitativo,-a. **2** (*considerable*) considerable. **3** (*weather*) bueno,-a. **4** (*hair*) rubio,-a; (*skin*) blanco,-a. **5** *fml* bello,-a. ‖ **6** *n* (*market*) mercado. **7** (*show*) feria.

fairly ['feəlɪ] **1** *adv* justamente. **2** (*quite*) bastante.

fairness ['feənəs] **1** *n* justicia. **2** (*of hair*) color *m* rubio; (*of skin*) palidez *f*.

fairy ['feərɪ] **1** *n* hada. **2** *fam* marica *m*.

faith [feɪθ] *n* fe *f*.

faithful ['feɪθfʊl] *adj* fiel (to, a/con).

faithfully ['feɪθfʊlɪ] *adv* fielmente. • **yours faithfully** (*in letter*) le saluda atentamente.

fake [feɪk] **1** *n* falsificación *f*. **2** (*person*) impostor,-ra, farsante *mf*. ‖ **3** *adj* falso,-a, falsificado,-a. ‖ **4** *vt* falsificar. **5** (*pretend*) fingir.

fall [fɔːl] **1** *n* caída. **2** (*of rock*) desprendimiento: **fall of snow** nevada. **3** (*decrease*) baja, descenso. **4** US otoño. ‖ **5** *vi* (*pt* fell; pp fallen) caer(se). **6** (*decrease*) bajar. ‖ **7 falls** *npl* cascada *f sing*. ♦ **to fall back** *vi* retroceder ♦ **to fall back on** *vt* recurrir a, echar mano de ♦ **to fall behind** *vi* retrasarse ♦ **to fall for 1** *vt* (*be tricked*) dejarse engañar por. **2** *vt fam* (*in love*) enamorarse de ♦ **to fall off** *vi* caer, caerse ♦ **to fall out** *vi* reñir (with, con) ♦ **to fall through** *vi* fracasar. • **to fall asleep** dormirse; **to fall flat** *fig* salir mal.

fallacy ['fæləsɪ] *n* falacia.

false [fɔːls] *adj* falso,-a. ▪ **false alarm** falsa alarma; **false bottom** doble fondo; **false start** salida nula; **false teeth** dentadura postiza.

falsify ['fɔːlsɪfaɪ] **1** *vt* falsificar. **2** (*misrepresent*) falsear.

falter ['fɔːltə] *vi* vacilar, titubear; (*voice*) fallar.

familiar [fə'mɪlɪə] **1** *adj* familiar. **2** al corriente (with, de). **3** íntimo,-a.

familiarize [fə'mɪljəraɪz] **1** *vt* familiarizar. **2** (*divulge*) popularizar.

family ['fæmɪlɪ] *n* familia. • **to run in the family** venir de familia. ▪ **family doctor** médico,-a de cabecera; **family film** película apta para todos los públicos; **family name** US apellido; **family tree** árbol *m* genealógico.

famine ['fæmɪn] *n* hambre *f*.

famished ['fæmɪʃt] *adj* muerto,-a de hambre.

famous ['feɪməs] *adj* famoso,-a.

fan [fæn] **1** *n* abanico. **2** ELEC ventilador *m*. **3** (*follower*) aficionado,-a; (*of pop star etc*) admirador,-ra, fan *mf*. **4** (*of football*) hincha *mf*. ‖ **5** *vt* abanicar; ELEC ventilar. **6** *fig* avivar. ♦ **to fan out** *vi* abrirse en abanico.

fanciful ['fænsɪfʊl] **1** *adj* (*idea*) imaginario,-a. **2** (*extravagant*) caprichoso,-a, rebuscado,-a.

fancy ['fænsɪ] **1** *n* fantasía, imaginación *f*. **2** (*whim*) capricho, antojo. ‖ **3** *adj* de fantasía. ‖ **4** *vt* imaginarse, figurarse. **5** (*like*) apetecer. • **fancy that!** ¡figúrate! ▪ **fancy dress** disfraz *m*.

fang [fæŋ] *n* colmillo.

fantasy ['fæntəsɪ] *n* fantasía.

far [fɑː] **1** *adj* lejano,-a. **2** (*more distant*) opuesto,-a, extremo,-a. ‖ **3** *adv* lejos (from, de). **4** (*with comp*) mucho. • **as/so far as I know** que yo sepa; **by far** con mucho; **far away** lejos; **so far** (*until now*) hasta ahora; (*to a point*) hasta cierto punto.

farce [fɑːs] *n* farsa.

fare [feə] **1** *n* (*price*) tarifa, precio del billete. **2** (*passenger*) viajero,-a, pasajero,-a. **3** (*food*) comida. ‖ **4** *vi* desenvolverse: **he fared well in the exam** le fue bien el examen.

farewell [feə'wel] **1** *interj* ¡adiós! ‖ **2** *n* despedida.

far-fetched [fɑː'fetʃt] *adj* rebuscado, -a, inverosímil.

farm [fɑːm] **1** *n* granja. || **2** *vt* cultivar, labrar.
farmer ['fɑːmə] *n* granjero,-a, agricultor,-ra.
farming ['fɑːmɪŋ] *n* agricultura.
farmyard ['fɑːmjɑːd] *n* corral *m*.
far-sighted [fɑː'saɪtɪd] *adj* previsor,-ra.
fart [fɑːt] **1** *n fam* pedo. || **2** *vi fam* tirarse un pedo.
fascinate ['fæsɪneɪt] *vt* fascinar.
fascism ['fæʃɪzm] *n* fascismo.
fascist ['fæʃɪst] *adj* - *n* fascista.
fashion ['fæʃn] **1** *n* (*style*) moda. **2** (*way*) modo. || **3** *vt* (*clay*) formar; (*metal*) labrar. • **in fashion** de moda; **out of fashion** pasado,-a de moda.
fashionable ['fæʃnəbl] *adj* de moda.
fast [fɑːst] **1** *adj* (*quick*) rápido,-a. **2** (*tight etc*) firme, seguro,-a. **3** (*colour*) sólido,-a. **4** (*clock*) adelantado,-a. || **5** *adv* rápidamente, deprisa. **6** (*securely*) firmemente: **fast asleep** profundamente dormido,-a. || **7** *vi* ayunar. || **8** *n* ayuno. • **to stand fast** mantenerse firme; **not so fast!** *fam* ¡un momento!
fasten ['fɑːsn] **1** *vt* (*attach*) fijar, sujetar. **2** (*tie*) atar. **3** (*door*) cerrar. || **4** *vi* (*door*) cerrarse; (*belt, dress*) abrochar(se).
fastener ['fɑːsnə] *n* cierre *m*.
fastidious [fæ'stɪdɪəs] *adj* quisquilloso,-a.
fat [fæt] **1** *adj* gordo,-a. **2** (*thick*) grueso,-a. || **3** *n* grasa. • **to get fat** engordar.
fatality [fə'tælɪtɪ] *n* víctima mortal.
fate [feɪt] **1** *n* destino. **2** (*end*) suerte *f*.
fateful ['feɪtfʊl] *adj* fatídico,-a.
father ['fɑːðə] **1** *n* padre *m*. || **2** *vt* engendrar.
father-in-law ['fɑːðərɪnlɔː] *n* suegro.
fatherly ['fɑːðəlɪ] *adj* paternal.
fatigue [fə'tiːg] **1** *n* fatiga, cansancio. || **2** *vt fml* fatigar, cansar.
fatten ['fætn] *vt* cebar, engordar.
fatty ['fætɪ] **1** *adj* (*food*) graso,-a. **2** (*person*) gordito,-a.
faucet ['fɔːsɪt] *n* US grifo.
fault [fɔːlt] **1** *n* (*defect*) defecto; (*in merchandise*) defecto, desperfecto. **2** (*blame*) culpa. **3** (*mistake*) error *m*, falta. **4** (*in earth*) falla. **5** (*tennis*) falta. || **6** *vt* criticar. • **to be at fault** tener la culpa; **to find fault with** poner reparos a.
fault-finding ['fɔːltfaɪndɪŋ] *adj* criticón,-ona.
faultless ['fɔːltləs] *adj* perfecto,-a.
faulty ['fɔːltɪ] *adj* defectuoso,-a.
favour ['feɪvə] **1** *n* favor *m*. || **2** *vt* favorecer. **3** (*approve*) estar a favor de. • **in favour of** partidario,-a de.
favourite ['feɪvrɪt] *adj* preferido,-a.
fear [fɪə] **1** *n* miedo, temor *m*. || **2** *vt* - *vi* temer, tener miedo (a). • **I fear (that) ...** me temo que ...
fearful ['fɪəfʊl] **1** *adj* miedoso,-a. **2** terrible, espantoso,-a, tremendo,-a.
fearless ['fɪələs] *adj* intrépido,-a.
feasible ['fiːzəbl] *adj* factible, viable.
feast [fiːst] **1** *n* festín *m*, banquete *m*. **2** *fam* comilona.
feat [fiːt] *n* proeza, hazaña.
feather ['feðə] *n* pluma.
feature ['fiːtʃə] **1** *n* rasgo, facción *f*. **2** rasgo, característica. **3** reportaje

especial. || **4** *vt* poner de relieve. **5** tener como protagonista. || **6** *vi* figurar.

February ['februərɪ] *n* febrero.

fed up [fed ʌp] *adj fam* harto,-a (with, de).

federation [fedə'reɪʃn] *n* federación *f*.

fee [fiː] *n* (*doctor's etc*) honorarios *mpl*; (*membership*) cuota.

feeble ['fiːbl] *adj* débil.

feed [fiːd] **1** *n* (*for cattle*) pienso. || **2** *vt* (*pt & pp* fed) alimentar, dar de comer a; *fig* cebar. || **3** *vi* alimentarse.

feedback ['fiːdbæk] **1** *n* realimentación *f*. **2** *fig* reacción *f*.

feel [fiːl] **1** *n* tacto, sensación. || **2** *vt* (*pt & pp* felt) tocar, palpar. **3** (*search*) tantear. **4** (*sense*) sentir; (*notice*) notar, apreciar. **5** (*believe*) creer. || **6** *vi* sentir(se), encontrarse. **7** (*seem*) parecer. **8** (*opinion*) opinar. • **to feel like** apetecer: **to feel like doing sth** tener ganas de hacer algo.

feeler ['fiːlə] *n* (*of insect*) antena.

feeling ['fiːlɪŋ] **1** *n* sentimiento, sensación *f*. **2** compasión *f*. **3** impresión *f*. **4** sensibilidad *f*, talento. **5** sentir *m*, opinión *f*. || **6** *adj* sensible, compasivo,-a.

feign [feɪn] *vt* fingir, aparentar.

feint [feɪnt] *n fml* (*fencing*) finta.

feline ['fiːlaɪn] *adj* - *n* felino,-a.

fell [fel] **1** *pt* →**fall**. || **2** *adj* feroz. || **3** *vt* (*tree*) talar. **4** (*enemy*) derribar.

fellow ['feləʊ] **1** *n fam* tipo, tío. **2** (*member*) socio,-a.

felony ['felənɪ] *n* delito mayor.

felt [felt] *n* fieltro.

felt-tip ['felttɪp] *adj*. ▪ **felt-tip pen** rotulador *m*.

female ['fiːmeɪl] **1** *n* hembra. **2** mujer *f*; chica. || **3** *adj* femenino,-a. **4** hembra.

feminine ['femɪnɪn] *adj* femenino,-a.

fence [fens] **1** *n* valla, cerca. **2** *fam* perista *mf*. || **3** *vi* practicar la esgrima. **4** *fig* contestar con evasivas. || **5** *vt* cercar, vallar.

fencing ['fensɪŋ] **1** *n* SP esgrima. **2** (*fences*) cercado. **3** (*material*) material *m* para cercas.

fend [fend] *vi* valerse.

fender ['fendə] **1** *n* pantalla. **2** US parachoques *m inv*.

fennel ['fenl] *n* hinojo.

ferment ['fɜːmənt] **1** *n* fermento. || **2** *vt* - *vi* ([fə'ment]) fermentar.

fern [fɜːn] *n* helecho.

ferocious [fə'rəʊʃəs] *adj* feroz.

ferret ['ferɪt] *n* hurón *m*. ♦ **to ferret out** *vt* descubrir.

ferrous ['ferəs] *adj* ferroso,-a.

fertile ['fɜːtaɪl] *adj* fértil, fecundo,-a.

fertilize ['fɜːtɪlaɪz] **1** *vt* fertilizar, abonar. **2** (*egg*) fecundar.

fertilizer ['fɜːtɪlaɪzə] *n* fertilizante *m*, abono.

fervent ['fɜːvnt] *adj* ferviente, fervoroso,-a.

fetch [fetʃ] **1** *vt* ir a por, ir a buscar, buscar. **2** *fam* venderse por.

fetish ['fetɪʃ] *n* fetiche *m*, manía.

fetishist ['fetɪʃɪst] *n* fetichista *mf*.

feud [fjuːd] *n* enemistad *f* (duradera).

fever ['fiːvə] *n* fiebre *f*.

feverish ['fiːvərɪʃ] *adj* febril.

few [fjuː] **1** *adj - pron* (*not many*) pocos,-as. **2** unos,-as cuantos,-as, algunos,-as: **a few of them** algunos de ellos. • **as few as** solamente; **no fewer than** no menos de.

fib [fɪb] *n fam* bola.

fibre ['faɪbə] *n* fibra.

fibreglass ['faɪbəglaːs] *n* fibra de vidrio.

fickle ['fɪkl] *adj* inconstante, voluble.

fiction ['fɪkʃn] **1** *n* (*novels*) novela, narrativa. **2** (*invention*) ficción *f*.

fictitious [fɪk'tɪʃəs] *adj* ficticio,-a.

fiddle ['fɪdl] **1** *n fam* violín *m*. **2** *fam* estafa, trampa. ‖ **3** *vi fam* juguetear (with, con). ‖ **4** *vt fam* falsificar.

fiddler ['fɪdlə] *n fam* violinista *mf*.

fidelity [fɪ'delɪtɪ] *n* fidelidad *f*.

fidget ['fɪdʒɪt] **1** *n* persona inquieta. ‖ **2** *vi* no poder estar(se) quieto, -a. • **to fidget with** jugar con.

fidgety ['fɪdʒɪtɪ] *adj* inquieto,-a.

field [fiːld] **1** *n* campo. **2** yacimiento. **3** campo, terreno.

fiend [fiːnd] **1** *n* demonio, diablo. **2** *fam* fanático,-a.

fierce [fɪəs] **1** *adj* feroz. **2** *fig* fuerte, intenso,-a.

fiery ['faɪərɪ] **1** *adj* (*colour*) encendido, -a. **2** *fig* fogoso,-a.

fifteen [fɪf'tiːn] *num* quince.

fifteenth [fɪf'tiːnθ] *adj - n* decimoquinto,-a.

fifth [fɪfθ] *adj - n* quinto,-a.

fiftieth ['fɪftɪəθ] *adj - n* quincuagésimo, -a.

fifty ['fɪftɪ] *num* cincuenta.

fig [fɪg] *n* higo.

fight [faɪt] **1** *n* lucha. **2** pelea. **3** (*boxing*) combate *m*. ‖ **4** *vi* (*pt & pp* fought) pelearse, discutir. ‖ **5** *vt - vi fig* luchar, combatir. ♦ **to fight back** *vi* resistir, defenderse ♦ **to fight off 1** *vt* rechazar. **2** *vt fig* (*illness*) librarse de, cortar.

fighter ['faɪtə] **1** *n* combatiente *mf*. **2** boxeador,-ra. **3** *fig* luchador,-ra.

figurative ['fɪgrətɪv] *adj* figurado,-a.

figure ['fɪgə, US 'fɪgjər] **1** *n* (*shape*) forma. **2** (*of body*) figura, tipo. **3** (*personality*) figura, personaje *m*. **4** MATH cifra, número. ‖ **5** *vi* (*appear*) figurar, constar. ‖ **6** *vt* US suponer. ♦ **to figure out** *vt fam* comprender. • **that figures!** ¡ya me parecía a mí!

file [faɪl] **1** *n* (*tool*) lima. **2** (*folder*) carpeta. **3** COMPUT archivo. **4** (*line*) fila. ‖ **5** *vt* (*smooth*) limar. **6** (*put away*) archivar. **7** JUR presentar. ‖ **8** *vi* desfilar. • **in single file** en fila india.

filing ['faɪlɪŋ] *n* clasificación *f*. ▪ **filing cabinet** archivador *m*.

fill [fɪl] **1** *n* saciedad *f*. ‖ **2** *vt* llenar (with, de). **3** (*cover*) cubrir. **4** CULIN rellenar. **5** (*tooth*) empastar. ♦ **to fill in 1** *vt* (*space, form*) rellenar. **2** *vt* (*inform*) poner al corriente (on, de) ♦ **to fill in for** *vt* sustituir a. • **to have had one's fill** estar harto,-a (of, de).

fillet ['fɪlɪt] **1** *n* filete *m*. ‖ **2** *vt* cortar a filetes.

filling ['fɪlɪŋ] **1** *n* empaste. **2** relleno. ▪ **filling station** gasolinera.

film [fɪlm] **1** *n* película, film(e) *m*. **2** capa. **3** película. ‖ **4** *vt* rodar, filmar.

filter ['fɪltə] **1** *n* filtro. ‖ **2** *vt* filtrar. ‖ **3** *vi* filtrarse.

filth [fɪlθ] *n* suciedad *f*, porquería.

filthy ['fɪlθɪ] *adj* sucio,-a, asqueroso,-a.

fin [fɪn] *n* aleta.
final ['faɪnl] **1** *adj* final, último,-a. **2** (*definitive*) definitivo,-a. ‖ **3** *n* SP final *f*.
finalize ['faɪnəlaɪz] *vt* ultimar.
finally ['faɪnəlɪ] **1** *adv* (*at last*) por fin. **2** (*definitively*) definitivamente.
finance ['faɪnæns] **1** *vt* financiar. ‖ **2** *n* finanzas. ‖ **3 finances** *npl* fondos.
financier [faɪ'nænsɪə] *n* financiero,-a.
find [faɪnd] **1** *n* hallazgo. ‖ **2** *vt* (*pt & pp* found) encontrar, hallar. **3** (*discover*) descubrir. **4** JUR declarar. ♦ **to find out 1** *vt* - *vi* averiguar. **2** *vi* (*discover*) enterarse (about, de).
findings ['faɪndɪŋz] *npl* conclusiones .
fine [faɪn] **1** *n* multa. ‖ **2** *vt* multar. ‖ **3** *adj* (*thin*) fino,-a. **4** (*subtle*) sutil. **5** (*excellent*) excelente. **6** *iron* menudo,-a. ‖ **7** *adv* (*finely*) fino, finamente. **8** *fam* (*very well*) muy bien.
finger ['fɪŋgə] **1** *n* dedo. ‖ **2** *vt* tocar.
fingernail ['fɪŋgəneɪl] *n* uña.
fingertip ['fɪŋgətɪp] *n* yema del dedo. • **to have sth at one's fingertips** *fig* saberse algo al dedillo.
finish ['fɪnɪʃ] **1** *n* fin *m*, final *m*. **2** SP llegada. **3** (*surface*) acabado. ‖ **4** *vt* - *vi* (*end*) acabar, terminar. ‖ **5** *vt* (*consume*) acabar, agotar: **finish (up) your potatoes** termínate las patatas. **6** *fam* (*use up*) acabar, agotar. ♦ **to finish with 1** *vt* acabar con. **2** *vt* (*person*) romper con.
Finland ['fɪnlənd] *n* Finlandia.
Finn [fɪn] *n* (*person*) finlandés,-esa.
Finnish ['fɪnɪʃ] **1** *adj* finlandés,-a. ‖ **2** *n* (*language*) finlandés *m*.
fir [fɜː] *n* abeto.
fire ['faɪə] **1** *n* fuego. **2** incendio, fuego. **3** estufa. ‖ **4** *vt* disparar; lanzar. **5** cocer. **6** *fig* inflamar, enardecer. **7** *fam* despedir, echar. ‖ **8** *vi* disparar (at, sobre). • **to catch fire** incendiarse; **to set fire to sth** incendiar algo. ▪ **fire engine** camión *m* de bomberos; **fire extinguisher** extintor *m*; **fire station** parque *m* de bomberos; **fire hydrant** boca de incendio.
fireman ['faɪəmən] *n* bombero.
fireplace ['faɪəpleɪs] **1** *n* chimenea. **2** (*hearth*) hogar *m*.
firewall ['faɪəwɔːl] *n* cortafuego.
firewood ['faɪəwʊd] *n* leña.
fireworks ['faɪəwɜːks] *npl* fuegos *mpl* artificiales.
firm [fɜːm] **1** *adj* firme. ‖ **2** *n* empresa.
firmly ['fɜːmlɪ] *adv* firmemente.
first [fɜːst] **1** *adj* - *n* primero,-a. ‖ **2** *adv* primero. • **at first** al principio; **at first sight** a primera vista; **first of all** en primer lugar. ▪ **first aid kit** botiquín *m* de primeros auxilios; **first floor** GB primer piso; US planta baja; **first name** nombre *m* de pila.
first-class ['fɜːstklɑːs] **1** *adj* de primera clase. **2** *fig* excelente. ‖ **3** *adv* en primera.
firstly ['fɜːstlɪ] *adv* en primer lugar, ante todo.
fish [fɪʃ] **1** *n* pez *m*. **2** CULIN pescado. ‖ **3** *vi* pescar (for, -).
fisherman ['fɪʃəmən] *n* pescador *m*.
fishing ['fɪʃɪŋ] *n* pesca. ▪ **fishing rod** caña de pescar.
fishmonger ['fɪʃmʌŋgə] *n* GB pescadero,-a.

fishy ['fɪʃɪ] **1** *adj* (*taste, smell*) a pescado. **2** (*suspicious*) sospechoso,-a.
fist [fɪst] *n* puño.
fistful ['fɪstfʊl] *n* puñado.
fit [fɪt] **1** *n* MED ataque *m*, acceso. **2** *fig* arranque *m*, arrebato. **3** SEW corte *m*. || **4** *vt* ir bien a. **5** (*slot*) encajar en. **6** (*install*) poner, colocar. || **7** *vi* caber. **8** (*match*) cuadrar. || **9** *adj* (*suitable*) apto,-a, adecuado,-a: **he isn't fit to drive** no está en condiciones de conducir. **10** (*healthy*) en (plena) forma. ♦ **to fit in 1** *vi* (*adapt*) encajar. **2** *vi* (*match*) cuadrar. ♦ **to fit out** *vt* equipar.
five [faɪv] *num* cinco.
fix [fɪks] **1** *vt* (*fasten*) fijar. **2** (*repair*) arreglar. **3** (*dishonestly*) amañar. **4** US (*get ready*) preparar. || **5** *n fam* apuro, aprieto. ♦ **to fix on** *vt* decidir por, optar por ♦ **to fix up** *vt* proveer (with, de). • **to fix one's eyes on sth** fijar los ojos en algo.
fixation [fɪk'seɪʃn] *n* obsesión *f*.
fixed [fɪkst] *adj* fijo,-a.
fizz [fɪz] **1** *n* burbujeo. || **2** *vi* burbujear.
fizzle ['fɪzl] *vi* chisporrotear.
fizzy ['fɪzɪ] *adj* gaseoso,-a, con gas.
flabbergasted ['flæbəgɑːstɪd] *adj* pasmado,-a, atónito,-a.
flabby ['flæbɪ] *adj* fofo,-a.
flag [flæg] **1** *n* bandera. **2** MAR pabellón *m*. **3** (*for charity*) banderita.
flagship ['flægʃɪp] *n* buque *m* insignia.
flair [fleə] *n* talento, don *m*.
flake [fleɪk] **1** *n* (*of snow, oats*) copo. **2** (*of skin, soap*) escama. **3** (*of paint*) desconchón *m*. || **4** *vi* (*gen*) descamarse. **5** (*paint*) desconcharse.
flame [fleɪm] *n* llama.
flamingo [flə'mɪŋgəʊ] *n* flamenco.
flan [flæn] *n* CULIN tarta rellena.
flank [flæŋk] **1** *n* ijada, ijar *m*. **2** MIL flanco. || **3** *vt* flanquear, bordear.
flannel ['flænl] *n* franela.
flap [flæp] **1** *n* (*of envelope, pocket*) solapa. **2** (*of tent*) faldón *m*. || **3** *vt* batir. || **4** *vi* (*wings*) aletear. **5** (*flag*) ondear.
flare [fleə] **1** *n* (*flame*) llamarada. **2** (*signal*) bengala. || **3** *vi* llamear. ♦ **to flare up** *vi* estallar.
flash [flæʃ] **1** *n* destello: **like a flash** como un rayo. **2** (*burst*) ráfaga. **3** (*photography*) flash *m*. || **4** *vi* destellar. || **5** *vt* (*light*) despedir, lanzar; (*torch*) encender. **6** (*send*) enviar. ▪ **flash of lightning** relámpago.
flashy ['flæʃɪ] *adj* llamativo,-a.
flask [flæsk] **1** *n* frasco. **2** CHEM matraz *m*.
flat [flæt] **1** *adj* (*surface*) llano,-a, plano,-a. **2** (*tyre*) desinflado,-a. **3** (*battery*) descargado,-a. **4** (*drink*) sin gas. **5** *fig* (*dull*) monótono,-a, soso,-a. **6** (*firm*) rotundo,-a. **7** MUS bemol. || **8** *n* (*plain*) superficie *f* plana, llanura. **9** (*of hand*) palma. **10** GB (*apartment*) piso. || **11** *adv* (*exactly*): **in ten seconds flat** en diez segundos justos. ▪ **flat rate** precio fijo; **flat roof** azotea.
flatly ['faltlɪ] *adv* rotundamente.
flatten ['flætn] **1** *vt* allanar. || **2** *vi* allanarse, aplanarse. || **3** *vt* (*crush*) aplastar.
flatter ['flætə] *vt* adular, halagar.
flattery ['flætərɪ] *n* adulación *f*, halago.
flaunt [flɔːnt] *vt* hacer alarde de.

flavour ['fleɪvə] **1** *n* sabor *m*. **2** *fig* atmósfera. ‖ **3** *vt* sazonar, condimentar.

flavouring ['fleɪvərɪŋ] *n* condimento.

flaw [flɔː] **1** *n* (*failing*) defecto. **2** (*fault*) desperfecto.

flea [fliː] *n* pulga.

flee [fliː] **1** *vt* (*pt & pp* fled [fled]) huir de. ‖ **2** *vi* huir (from, de).

fleece [fliːs] **1** *n* (*on sheep*) lana; (*sheared*) vellón *m*. ‖ **2** *vt fam* (*cheat*) desplumar, robar.

fleet [fliːt] **1** *n* armada. **2** flota.

fleeting ['fliːtɪŋ] *adj* fugaz, efímero,-a.

flesh [fleʃ] *n* carne *f*.

fleshy ['fleʃɪ] *adj* gordo,-a.

flex [fleks] **1** *n* GB cable *m*. ‖ **2** *vt* (*body, joints*) doblar; (*muscles*) flexionar.

flick [flɪk] **1** *n* (*jerk*) movimiento brusco. ‖ **2** *vt* (*switch*) pulsar. **3** (*whip*) chasquear.

flicker ['flɪkə] **1** *n* parpadeo. **2** *fig* (*trace*) indicio. ‖ **3** *vi* (*eyes*) parpadear; (*flame*) vacilar.

flight [flaɪt] **1** *n* vuelo. **2** huida, fuga.

flighty ['flaɪtɪ] *adj fig* frívolo,-a.

flimsy ['flɪmzɪ] **1** *adj* (*thin*) fino,-a. **2** (*structure*) poco sólido,-a. **3** *fig* (*excuse*) poco creíble.

flinch [flɪntʃ] **1** *vi* (*wince*) estremecerse. **2** (*shun*) retroceder.

fling [flɪŋ] **1** *n* (*throw*) lanzamiento. **2** (*wild time*) juerga. **3** (*affair*) lío (amoroso). ‖ **4** *vt* (*pt & pp* flung) arrojar, tirar, lanzar.

flint [flɪnt] **1** *n* pedernal *m*. **2** piedra.

flip [flɪp] **1** *n* capirotazo. ‖ **2** *vt* (*toss*) echar (al aire). **3** (*turn over*) dar la vuelta a. ‖ **4** *vi fam* (*freak out*) perder los estribos. ‖ **5 flip!** *interj fam* ¡ostras!

flippant ['flɪpənt] *adj* frívolo,-a.

flirt [flɜːt] **1** *n* coqueto,-a. ‖ **2** *vi* coquetear.

float [fləʊt] *vi* flotar.

flock [flɒk] **1** *n* (*of sheep, goats*) rebaño; (*of birds*) bandada. **2** *fam* (*crowd*) tropel *m*. **3** REL grey *f*. ‖ **4** *vi* acudir en masa. • **to flock together** congregarse.

flog [flɒg] **1** *vt* azotar. **2** *fam* vender.

flood [flʌd] **1** *n* inundación *f*. **2** (*of river*) riada. **3** *fig* torrente *m*, avalancha. ‖ **4** *vt* inundar. ‖ **5** *vi* desbordarse.

floor [flɔː] **1** *n* (*surface*) suelo, piso, planta. ‖ **2** *vt* (*knock down*) derribar. **3** *fig* dejar perplejo,-a.

flop [flɒp] **1** *n fam* fracaso. ‖ **2** *vi fam* (*fall heavily*) dejarse caer. **3** *fam* fracasar.

florid ['flɒrɪd] *adj pej* recargado,-a.

florist ['flɒrɪst] *n* florista *mf*.

flour ['flaʊə] *n* harina.

flourish ['flʌrɪʃ] **1** *n* (*gesture*) ademán *m*, gesto. ‖ **2** *vt* (*wave*) ondear, agitar. ‖ **3** *vi* florecer.

flourishing ['flʌrɪʃɪŋ] *adj* floreciente.

flow [fləʊ] **1** *n* (*gen*) flujo. **2** (*of river*) corriente *f*. **3** (*of traffic*) circulación *f*. ‖ **4** *vi* fluir, manar. **5** (*traffic*) circular. **6** (*blood, ideas*) correr, fluir. • **to flow into** desembocar en. ■ **flow chart** (*gen*) diagrama *m* de flujo; COMPUT organigrama *m*.

flower ['flaʊə] **1** *n* flor *f*. ‖ **2** *vi* florecer.

flowerpot ['flaʊəpɒt] *n* maceta, tiesto.

flowery ['flaʊərɪ] **1** *adj* (*pattern*) de flores. **2** (*style*) florido,-a.

flowing ['fləʊɪŋ] **1** *adj* (*liquid*) que fluye. **2** (*style*) fluido,-a, suelto,-a.

flu [fluː] *n* gripe *f*.

fluctuate ['flʌktjʊeɪt] *vi* fluctuar.

fluency ['fluːənsɪ] **1** *n* fluidez *f*. **2** (*of language*) dominio (in, de).

fluent ['fluːənt] *adj* fluido,-a.

fluff [flʌf] **1** *n* pelusa, lanilla. ‖ **2** *vt fam* pifiarla (-, en), equivocarse (-, en). ♦ **to fluff out/up** *vt* - vi encrespar(se), erizar(se).

fluffy ['flʌfɪ] *vi* mullido,-a.

fluid ['fluːɪd] **1** *adj* fluido,-a. ‖ **2** *n* fluido.

fluke [fluːk] *n fam* chiripa.

flurry ['flʌrɪ] **1** *n* (*of snow*) nevisca. **2** *fig* (*burst*) oleada. ‖ **3** *vt* poner nervioso, -a.

flush [flʌʃ] **1** *adj* (*level*) a ras (with, de). ‖ **2** *n* (*blush*) rubor *m*. ‖ **3** *vt* (*clean*) limpiar con agua. **4** *fig* (*enemy*) hacer salir. ‖ **5** *vi* (*blush*) ruborizarse. • **to flush the lavatory** tirar de la cadena.

flute [fluːt] *n* flauta.

flutter ['flʌtə] **1** *n* agitación *f*. **2** (*of wings*) aleteo. **3** (*of eyelashes*) parpadeo. **4** *fam* (*bet*) apuesta. ‖ **5** *vi* (*wave*) ondear. **6** (*butterfly*) revolotear.

fly [flaɪ] **1** *n* (*insect*) mosca. ‖ **2** *vi* (*pt* flew; pp flown) volar. **3** (*flag*) estar izado,-a. **4** (*sparks*) saltar. **5** (*leave quickly*) irse volando. ‖ **6** *vt* Av pilotar. **7** (*travel over*) sobrevolar. **8** (*kite*) hacer volar. **9** (*flag*) izar. ‖ **10 flies** *npl* (*zip*) bragueta *f sing*.

flying ['flaɪɪŋ] **1** *n* Av aviación *f*. **2** (*action*) vuelo. ‖ **3** *adj* (*soaring*) volante. **4** (*quick*) rápido,-a.

flyover ['flaɪəʊvə] *n* GB paso elevado.

foam [fəʊm] **1** *n* espuma. ‖ **2** *vi* (*bubble*) hacer espuma. ▪ **foam rubber** gomaespuma.

foamy ['fəʊmɪ] *adj* espumoso,-a.

fob [fɒb] *vt*. • **to fob off** embaucar, engañar; **to fob sb off with excuses** darle largas a algn.

focus ['fəʊkəs] **1** *n* foco. ‖ **2** *vt* (*pt & pp* focused o focussed) enfocar. ‖ **3** *vi* centrarse (on, en). • **in focus** enfocado,-a; **out of focus** desenfocado,-a.

fog [fɒg] **1** *n* niebla. ‖ **2** *vt* - *vi* to fog up, empañar.

foible ['fɔɪbl] *n* (*habit*) manía.

foil [fɔɪl] **1** *n* (*metal paper*) papel *m* de aluminio. **2** (*contrast*) contraste *m*. ‖ **3** *vt fml* frustrar.

fold [fəʊld] **1** *n* (*crease*) pliegue *m*. **2** (*for sheep*) redil *m*, aprisco. ‖ **3** *vt* doblar, plegar. ‖ **4** *vi* doblarse, plegarse. • **to fold one's arms** cruzar los brazos.

folder ['fəʊldə] *n* carpeta.

folding ['fəʊldɪŋ] *adj* plegable.

foliage ['fəʊlɪɪdʒ] *n fml* follaje *m*.

folk [fəʊk] **1** *adj* popular. ‖ **2 folks** *npl* gente *f sing*. **3** *fam* (*family*) familia *f sing*.

follow ['fɒləʊ] **1** *vt* - *vi* seguir. **2** (*understand*) entender, seguir. ‖ **3** *vt* (*pursue*) perseguir. ‖ **4** *vi* (*be logical*) seguir, deducirse. ♦ **to follow out** *vt* ejecutar ♦ **to follow through** *vt* llevar a cabo ♦ **to follow up** *vt* profundizar en.

follower ['fɒləʊə] *n* seguidor,-ra.

following ['fɒləʊɪŋ] *adj* siguiente.
follow-up ['fɒləʊʌp] *n* continuación *f*.
fond [fɒnd] **1** *adj* (*loving*) cariñoso,-a. **2** (*partial*) aficionado,-a.
fondle ['fɒndl] *vt* acariciar.
fondness ['fɒndnəs] **1** *n* cariño. **2** (*liking*) afición *f* (for, a/por).
font [fɒnt] *n* pila bautismal.
food [fuːd] *n* comida, alimento.
foodstuffs ['fuːdstʌfs] *npl* alimentos *mpl*, productos *mpl* alimenticios.
fool [fuːl] **1** *n* tonto,-a, imbécil *mf*. **2** (*jester*) bufón,-ona. ‖ **3** *vt* engañar. ‖ **4** *vi* bromear. ♦ **to fool about** *vi* hacer el tonto. • **to make a fool of** poner en ridículo a; **to play the fool** hacer el tonto.
foolish ['fuːlɪʃ] *adj* estúpido,-a.
foolproof ['fuːlpruːf] *adj* infalible.
foot [fʊt] **1** *n* (*pl* feet) (*gen*) pie *m*. **2** (*of animal*) pata. ‖ **3** *vt fam* (*pay*) pagar. • **on foot** a pie; **to set foot in** entrar en; **to get off on the wrong foot** *fam* empezar con mal pie; **to put one's foot down** (*be firm*) imponerse; **to put one's feet up** descansar, relajarse.
football ['fʊtbɔːl] **1** *n* fútbol *m*. **2** (*ball*) balón *m*.
footballer ['fʊtbɔːlə] *n* futbolista *mf*.
footpath ['fʊtpɑːθ] *n* sendero.
footprint ['fʊtprɪnt] *n* huella, pisada.
footstep ['fʊtstep] *n* paso, pisada.
footwear ['fʊtweə] *n* calzado.
for [fɔː] **1** *prep* (*intended*) para: **it's for you** es para ti. **2** (*purpose*) para: **what's this for?** ¿para qué sirve esto? **3** (*in lieu of*) por: **do it for me** hazlo por mí. **4** (*because of*) por. **5** (*during*) por, durante: **for two weeks** durante dos semanas. **6** (*distance*): **I walked for five miles** caminé cinco millas. **7** (*destination*) para, hacia. **8** (*price*) por: **I got it for £500** lo conseguí por 500 £. **9** (*in favour of*) a favor de. **10** (*despite*) a pesar de. **11** (*as*) como: **what do they use for fuel?** ¿qué utilizan como combustible? **12 for + object + inf it's time for you to go** es hora de que te marches. ‖ **13** **conj** ya que. • **as for me** por mi parte; **for good** para siempre; **for one thing** para empezar; **what for?** ¿para qué?
forage ['fɒrɪdʒ] *n* forraje *m*.
forbid [fə'bɪd] *vt* (*pt* forbade; pp forbidden [fə'bɪdən]) prohibir.
forbidding [fə'bɪdɪŋ] *adj* severo,-a.
force [fɔːs] **1** *n* fuerza. **2** Mil cuerpo. ‖ **3** *vt* forzar. • **by force** a/por la fuerza; **to come into force** entrar en vigor.
forceful ['fɔːsfʊl] *adj* enérgico,-a.
ford [fɔːd] **1** *n* vado. ‖ **2** *vt* vadear.
forearm ['fɔːrɑːm] *n* antebrazo.
forecast ['fɔːkɑːst] **1** *n* pronóstico, previsión *f*. ‖ **2** *vt* (*pt & pp* forecast o forecasted ['fɔːkɑːstɪd]) pronosticar.
forefront ['fɔːfrʌnt] *n* vanguardia.
foregoing [fɔː'gəʊɪŋ] *adj* precedente.
foreground ['fɔːgraʊnd] *n* primer plano.
forehead ['fɒrɪd, 'fɔːhed] *n* frente *f*.
foreign ['fɒrɪn] **1** *adj* extranjero,-a. **2** (*policy etc*) exterior. **3** (*strange*) ajeno,-a. ▪ **Foreign Office** GB Ministerio de Asuntos Exteriores.
foreigner ['fɒrɪnə] *n* extranjero,-a.

foreman ['fɔːmən] *n* capataz *m*.
foremost ['fɔːməʊst] *adj* principal.
forensic [fə'rensɪk] *adj* forense.
foresee [fɔː'siː] *vt* (*pt* foresaw [fɔː'sɔː], *pp* foreseen [fɔː'siːn]) prever.
foresight ['fɔːsaɪt] *n* previsión *f*.
forest ['fɒrɪst] *n* bosque *m*; selva.
forestall [fɔː'stɔːl] *vt* anticiparse a.
forestry ['fɒrɪstrɪ] *n* silvicultura.
foretell [fɔː'tel] *vt* (*pt & pp* foretold) presagiar, pronosticar.
forethought ['fɔːθɔːt] **1** *n* previsión *f*. **2** JUR premeditación *f*.
forever [fə'revə] *adv* (para) siempre.
foreword ['fɔːwɜːd] *n* prólogo.
forfeit ['fɔːfɪt] **1** *n* pena, multa. **2** (*in games*) prenda. ‖ **3** *vt* perder, renunciar a.
forge [fɔːdʒ] **1** *n* (*apparatus*) fragua. **2** (*blacksmith's*) herrería. ‖ **3** *vt* (*counterfeit*) falsificar. **4** (*metal*) forjar, fraguar.
forgery ['fɔːdʒərɪ] *n* falsificación *f*.
forget [fə'get] *vt* (*pt* forgot; pp forgotten) olvidar, olvidarse de. • **to forget oneself** *fig* perder los estribos.
forgetful [fə'getfʊl] *adj* despistado,-a.
forgive [fə'gɪv] *vt* (*pt* forgave; pp forgiven [fə'gɪvn]) perdonar.
forgiveness [fə'gɪvnəs] *n* perdón *m*.
fork [fɔːk] **1** *n* tenedor *m*. **2** AGR horca. **3** (*in road*) bifurcación *f*. ‖ **4** *vi* bifurcarse. ♦ **to fork out** *vt fam* (*money*) soltar, aflojar.
form [fɔːm] **1** *n* (*gen*) forma. **2** (*kind*) clase *f*, tipo. **3** (*formality*) formas *fpl*. **4** (*document*) formulario. **5** EDUC curso. ‖ **6** *vt* formar. ‖ **7** *vi* formarse. • **off form** en baja forma; **on form** en forma. ▪ **form of address** tratamiento.
formal ['fɔːml] **1** *adj* formal. **2** (*dress*) de etiqueta. **3** (*person, language*) ceremonioso,-a.
format ['fɔːmæt] **1** *n* formato. ‖ **2** *vt* COMPUT formatear.
former ['fɔːmə] **1** *adj* anterior. **2** (*one-time*) antiguo,-a. **3** (*person*) ex-: **the former champion** el excampeón.
formidable ['fɔːmɪdəbl] **1** *adj* formidable. **2** (*daunting*) temible.
forsake [fə'seɪk] **1** *vt* (*pt* forsook [fɔː'sʊk]; *pp* forsaken [fɔː'seɪkən]) *fml* abandonar. **2** (*give up*) renunciar a.
fort [fɔːt] *n* fuerte *m*, fortaleza.
forth [fɔːθ] *adv* en adelante. • **and so forth** y así sucesivamente.
forthcoming [fɔːθ'kʌmɪŋ] **1** *adj* próximo,-a. **2** (*available*) disponible.
fortieth ['fɔːtɪəθ] *adj* - *n* cuadragésimo,-a.
fortify ['fɔːtɪfaɪ] **1** *vt* MIL fortificar. **2** *fig* fortalecer.
fortnight ['fɔːtnaɪt] *n* GB quincena.
fortunate ['fɔːtʃənət] *adj* afortunado,-a.
fortune ['fɔːtʃən] **1** *n* (*gen*) fortuna. **2** (*luck*) suerte *f*.
forty ['fɔːtɪ] *num* cuarenta.
forward ['fɔːwəd] **1** *adv* (*gen*) hacia adelante. **2** (*time*) en adelante. ‖ **3** *adj* hacia adelante. **4** (*position*) delantero,-a, frontal. **5** (*advanced*) adelantado,-a. **6** (*person*) atrevido,-a, descarado,-a. ‖ **7** *n* SP delantero,-a. ‖ **8** *vt* (*send on*) remitir. **9** *fml*

(*further*) adelantar. • **to bring sth forward** adelantar algo; **to put the clock forward** adelantar el reloj.
fossil ['fɒsl] *n* fósil *m*.
foster ['fɒstə] *vt* (*child*) criar. ▪ **foster child** hijo,-a adoptivo,-a; **foster mother** madre *f* adoptiva.
foul [faʊl] **1** *adj* asqueroso,-a. **2** (*smell*) fétido,-a. **3** *fml* (*evil*) vil, atroz. ‖ **4** *n* SP falta. ‖ **5** *vt* (*dirty*) ensuciar. ‖ **6** *vt* SP cometer una falta contra. ♦ **to foul up** *vt fam* estropear.
found [faʊnd] **1** *vt* (*establish*) fundar. **2** TECH fundir.
foundation [faʊn'deɪʃn] **1** *n* (*act, organization*) fundación *f*. **2** (*basis*) fundamento, base *f*. ‖ **3 foundations** *npl* cimientos *mpl*.
fountain ['faʊntən] *n* fuente *f*.
four [fɔː] *num* cuatro. • **on all fours** a gatas.
fourteen [fɔː'tiːn] *num* catorce.
fourteenth [fɔː'tiːnθ] *adj* - *n* decimocuarto,-a.
fourth [fɔːθ] *adj* - *n* cuarto,-a.
fowl [faʊl] *n* (*pl* fowl) ave *f* de corral.
fox [fɒks] **1** *n* zorro,-a. ‖ **2** *vt fam* (*trick*) engañar.
foyer ['fɔɪeɪ, 'fɔɪə] *n* vestíbulo.
fraction ['frækʃn] *n* fracción *f*.
fracture ['fræktʃə] **1** *n* fractura. ‖ **2** *vt* fracturar. ‖ **3** *vi* fracturarse, romperse.
fragile ['frædʒaɪl] **1** *adj* frágil. **2** *fig* (*health*) delicado,-a.
fragment ['frægmənt] **1** *n* fragmento. ‖ **2** *vi* ([fræg'ment]) fragmentarse.
frail [freɪl] *adj* frágil, delicado,-a.
frame [freɪm] **1** *n* (*of building, machine*) armazón *f*. **2** (*of bed*) armadura. **3** (*of bicycle*) cuadro. **4** (*of human, animal*) cuerpo. **5** (*of window, door etc*) marco. ‖ **6** *vt* (*picture*) enmarcar. **7** (*door*) encuadrar. **8** *fml* (*question*) formular.
framework ['freɪmwɜːk] **1** *n* armazón *f*. **2** *fig* estructura.
France [frɑːns] *n* Francia.
frank [fræŋk] *adj* franco,-a.
frantic ['fræntɪk] **1** *adj* (*hectic*) frenético,-a. **2** (*anxious*) desesperado,-a.
fraternize ['frætənaɪz] *vi* fraternizar.
fraud [frɔːd] **1** *n* (*act*) fraude *m*. **2** (*person*) impostor,-ra.
fray [freɪ] **1** *n* (*fight*) combate *m*. ‖ **2** *vi* (*cloth*) deshilacharse; (*become worn*) desgastarse. **3** *fig* (*nerves*) crisparse.
freak [friːk] **1** *n* (*monster*) monstruo. **2** *sl* (*fan*) fanático,-a. ‖ **3** *adj* (*unusual*) insólito,-a. ♦ **to freak out** *vt* - *vi sl* flipar, alucinar.
freckle ['frekl] *n* peca.
free [friː] **1** *adj* (*gen*) libre. **2** (*without cost*) gratuito,-a. **3** (*generous*) generoso,-a. ‖ **4** *adv* (*gratis*) gratis. **5** (*loose*) suelto,-a. ‖ **6** *vt* (*liberate*) poner en libertad. **7** (*release*) liberar. **8** (*let loose, disengage*) soltar. • **feel free!** ¡tú mismo,-a!; **to run free** andar suelto,-a.
freedom ['friːdəm] *n* libertad *f*.
freemason ['friːmeɪsn] *n* (franc) masón,-ona.
free-range [friː'reɪndʒ] *adj* de corral.
freeway ['friːweɪ] *n* US autopista.
freeze [friːz] **1** *n* helada. **2** COMM congelación *f*. ‖ **3** *vt* (*pt* froze; pp

frozen) congelar. || **4** *vi* (*liquid*) helarse; (*food*) congelarse. **5** *fig* quedarse inmóvil.

freezer ['fri:zə] *n* congelador *m*.

freezing ['fri:zɪŋ] **1** *adj* helado. || **2** *n* congelación *f*.

freight [freɪt] **1** *n* (*transport*) transporte *m*. **2** (*goods*) carga, flete *m*. ■ **freight train** tren *m* de mercancías.

French [frentʃ] **1** *adj* francés,-a. || **2** *n* (*language*) francés *m*. ■ **French bean** judía verde; **French fries** patatas fritas.

frenzy ['frenzɪ] *n* frenesí *m*.

frequency ['fri:kwənsɪ] *n* frecuencia.

fresh [freʃ] **1** *adj* (*gen*) fresco,-a. **2** (*water*) dulce. **3** (*air*) puro,-a. **4** (*complexion*) sano,-a. **5** *fig* (*new*) nuevo,-a. • **in the fresh air** al aire libre. ■ **fresh water** agua dulce.

freshen ['freʃn] **1** *vt* refrescar. || **2** *vi* refrescarse. ♦ **to freshen up 1** *vt* asear. **2** *vi* asearse.

freshly ['freʃlɪ] *adv* recién.

freshness ['freʃnəs] **1** *n* (*brightness*) frescura. **2** (*cool*) frescor *m*. **3** (*newness*) novedad *f*.

fret [fret] **1** *n* (*on guitar*) traste *m*. || **2** *vi* preocuparse. ♦ **to fret for** *vt* añorar.

Fri ['fraɪdɪ] *abbr* (Friday) viern.

Friday ['fraɪdɪ] *n* viernes *m inv*.

fridge [frɪdʒ] *n* nevera, frigorífico.

fried [fraɪd] *adj* frito,-a.

friend [frend] *n* amigo,-a. • **to make friends (with sb)** hacerse amigo,-a (de algn).

friendly ['frendlɪ] **1** *adj* (*person*) simpático,-a. **2** (*atmosphere*) acogedor,-ra.

friendship ['frendʃɪp] *n* amistad *f*.

fright [fraɪt] **1** *n* (*shock*) susto. **2** (*fear*) miedo. • **to get a fright** pegarse un susto; **to take fright** asustarse; **to look a fright** *fam* estar hecho,-a un adefesio.

frighten ['fraɪtn] *vt* asustar, espantar. ♦ **to frighten away/off** *vt* ahuyentar.

frightened ['fraɪtnd] *adj* asustado,-a. • **to be frightened** tener miedo.

frightening ['fraɪtnɪŋ] *adj* espantoso,-a.

frill [frɪl] **1** *n* (*on dress*) volante *m*. **2** (*decoration*) adorno.

fringe [frɪndʒ] **1** *n* (*decorative*) fleco. **2** (*of hair*) flequillo. **3** (*edge*) borde *m*.

frisk [frɪsk] *vt* registrar, cachear.

frisky ['frɪskɪ] **1** *adj* (*child, animal*) retozón,-ona, juguetón,-ona. **2** (*adult*) lleno,-a de vitalidad.

fro [frəʊ] **to and fro** *phr* de un lado para otro.

frog [frɒg] *n* rana.

frolic ['frɒlɪk] *vi* juguetear, retozar.

from [frɒm] **1** *prep* (*gen*) de. **2** (*number, position*) de, desde. **3** (*time*) desde, a partir de. **4** (*train, plane*) procedente de. **5** (*according to*) según, por.

front [frʌnt] **1** *n* (*forward part*) parte *f* delantera. **2** METEOR frente *m*. **3** *fig* (*business etc*) tapadera. || **4** *adj* delantero,-a, de delante. || **5** *vi* dar (on/onto, a). • **in front (of)** delante (de); **from the front** por delante, de frente. ■ **front door** puerta principal.

frontier ['frʌntɪə] *n* frontera.

frost [frɒst] **1** *n* (*covering*) escarcha. **2** (*freezing*) helada. ‖ **3** *vi* to frost (over), helarse.
frosty ['frɒstɪ] *adj* helado,-a.
froth [frɒθ] **1** *n* (*gen*) espuma. **2** (*from mouth*) espumarajos *mpl*. ‖ **3** *vi* espumar.
frothy ['frɒθɪ] *adj* espumoso,-a.
frown [fraʊn] **1** *n* ceño. ‖ **2** *vi* fruncir el ceño. ♦ **to frown upon** *vt fig* desaprobar, censurar.
fruit [fruːt] **1** *n* fruta. **2** Bot fruto. ‖ **3** *vi* dar fruto. ■ **fruit machine** máquina tragaperras; **fruit salad** macedonia.
fruitful ['fruːtfʊl] *adj* fructífero,-a.
frustration [frʌ'streɪʃn] *n* frustración *f*.
fry [fraɪ] **1** *vt* freír. ‖ **2** *vi* freírse. ‖ **3** *npl* (*fish*) alevines *mpl*.
frying pan ['fraɪɪŋpæn] *n* sartén *f*.
ft ['fʊt, 'fiːt] *abbr* (foot, feet) pie *m*.
fuck [fʌk] *vt* - *vi vulg* joder, follar. • **fuck (it)!** *vulg* ¡joder!; **fuck off!** *vulg* ¡vete a la mierda!
fucking ['fʌkɪŋ] *adj vulg* jodido,-a.
fuel [fjʊəl] **1** *n* combustible *m*. **2** (*for motors*) carburante *m*. ‖ **3** *vt* - *vi* (*plane*) abastecer(se) de combustible. ‖ **4** *vt fig* empeorar.
fugitive ['fjuːdʒɪtɪv] *n* fugitivo,-a.
fulfil [fʊl'fɪl] **1** *vt* (*promise*) cumplir. **2** (*task*) efectuar. **3** (*need*) satisfacer.
fulfilment [fʊl'fɪlmənt] **1** *n* realización *f*. **2** (*of duty*) cumplimiento.
full [fʊl] **1** *adj* (*gen*) lleno,-a. **2** (*entire, complete*) completo,-a. **3** (*clothing*) holgado,-a. ‖ **4** *adv* (*directly*) justo, de lleno. • **at full speed** a toda velocidad; **full well** perfectamente; **in full** en su totalidad; **to be full of oneself** ser un/una engreído,-a; **in full swing** *fam* en pleno auge. ■ **full stop** punto.
full-time [fʊl'taɪm] **1** *adj* de jornada completa. ‖ **2** *adv* a jornada completa.
fully ['fʊlɪ] *adv* completamente, enteramente.
fume [fjuːm] **1** *vi* echar humo. **2** *fig* (*person*) subirse por las paredes. ‖ **3 fumes** *npl* humos *mpl*, vapores *mpl*.
fumigate ['fjuːmɪgeɪt] *vt* fumigar.
fun [fʌn] **1** *n* diversión *f*. ‖ **2** *adj* divertido,-a. • **in/for fun** en broma; **to be (great) fun** ser (muy) divertido,-a; **to have fun** divertirse, pasarlo bien; **to make fun of** reírse de.
function ['fʌŋkʃn] **1** *n* (*purpose*) función *f*. **2** (*ceremony*) acto, ceremonia. ‖ **3** *vi* funcionar.
functional ['fʌŋkʃənl] *adj* funcional.
fund [fʌnd] **1** *n* fondo. ‖ **2** *vt* patrocinar.
fundamental [fʌndə'mentl] **1** *adj* fundamental. ‖ **2 fundamentals** *npl* fundamentos *mpl*.
funeral ['fjuːnərl] *n* entierro, funerales *mpl*. ■ **funeral procession** cortejo fúnebre; **funeral parlor** US funeraria.
funfair ['fʌnfeə] *n* GB feria, parque *m* de atracciones.
fungus ['fʌŋgəs] *n* hongo.
funnel ['fʌnl] *n* (*for liquid*) embudo.
funny ['fʌnɪ] **1** *adj* (*amusing*) gracioso, -a, divertido,-a. **2** (*strange*) raro, -a, extraño,-a, curioso,-a.
fur [fɜː] **1** *n* pelo, pelaje *m*. **2** piel *f*. **3** sarro. ■ **fur coat** abrigo de pieles.

furious ['fjʊərɪəs] *adj* furioso,-a.
furnace ['fɜːnəs] *n* horno.
furnish ['fɜːnɪʃ] **1** *vt* (*house etc*) amueblar. **2** *fml* (*supply*) suministrar.
furniture ['fɜːnɪtʃə] *n* mobiliario, muebles *mpl*. • **a piece of furniture** un mueble.
furry ['fʌrɪ] *adj* peludo,-a.
further ['fɜːðə] **1** *adj* - *adv comp* → **far**. ‖ **2** *adj* (*new*) nuevo,-a. **3** (*additional*) adicional. **4** (*later*) ulterior, posterior. ‖ **5** *adv* más: **further along** más adelante. **6** *fml* (*besides*) además. ‖ **7** *vt* fomentar, promover.
furthermore [fɜːðə'mɔː] *adv fml* además.
furthest ['fɜːðɪst] *adj* - *adv superl* → **far**.
furtive ['fɜːtɪv] *adj* furtivo,-a.
fury ['fjʊərɪ] *n* furia, furor *m*.
fuse [fjuːz] **1** *n* ELEC fusible *m*, plomo. **2** (*of bomb*) mecha; (*detonator*) espoleta. ‖ **3** *vt* (*gen*) fundir. ‖ **4** *vi* (*gen*) fundirse. ‖ **5** *vt fig* (*merge*) fusionar. ‖ **6** *vi fig* (*merge*) fusionarse.
fusion ['fjuːʒn] *n* fusión *f*.
fuss [fʌs] **1** *n* alboroto, jaleo. ‖ **2** *vi* preocuparse (over, de). • **to kick up a fuss** armar un escándalo; **to make a fuss** quejarse.
fussy ['fʌsɪ] *adj* quisquilloso,-a.
futile ['fjuːtaɪl] *adj* vano,-a, inútil.
future ['fjuːtʃə] **1** *adj* futuro,-a. ‖ **2** *n* futuro, porvenir *m*. **3** GRAM futuro.

G

gab [gæb] **1** *n* labia. || **2** *vi* charlar. • **to have the gift of the gab** tener mucha labia.
gabble [gæbl] **1** *n* farfulla. || **2** *vt* farfullar.
gadget [gædʒɪt] *n* aparato, chisme *m*.
Gaelic [geɪlɪk] **1** *adj - n* gaélico,-a. || **2** *n* gaélico.
gag [gæg] **1** *n* mordaza. **2** (*joke*) chiste *m*, broma. || **3** *vt* amordazar.
gain [geɪn] **1** *n* (*achievement*) logro. **2** (*profit*) ganancia, beneficio. **3** (*increase*) aumento. || **4** *vt* (*achieve*) lograr, conseguir. **5** (*obtain*) ganar. **6** (*increase*) aumentar. || **7** *vi* (*clock*) adelantarse. **8** (*shares*) subir. **9** (*weight*) engordar.
galaxy ['gæləksɪ] *n* galaxia.
gale [geɪl] *n* vendaval *m*. ▪ **gales of laughter** carcajadas.
Galician [gə'lɪʃɪən] **1** *adj - n* gallego, -a. || **2** *n* gallego.
gall [gɔːl] **1** *n fig* descaro. || **2** *vt* irritar.
gallant ['gælənt] **1** *adj* (*brave*) valiente. **2** (*chivalrous*) galante.
gallery ['gælərɪ] **1** *n* galería. **2** THEAT gallinero.
galley ['gælɪ] **1** *n* (*ship*) galera. **2** (*kitchen*) cocina.
gallop ['gæləp] **1** *n* galope *m*. || **2** *vi* galopar.
gallows ['gæləʊz] *n* horca, patíbulo.
galore [gə'lɔː] *adv* en abundancia.
gamble ['gæmbl] **1** *n* jugada, empresa arriesgada. **2** (*risk*) riesgo. || **3** *vi* jugar. || **4** *vt* (*bet*) apostar, jugar.
gambling ['gæmblɪŋ] *n* juego. ▪ **gambling den** casa de juego.
gambol ['gæmbl] *vi* brincar, retozar.
game [geɪm] **1** *n* juego. **2** (*match*) partido. **3** (*of cards, chess etc*) partida. **4** (*hunting*) caza; *fig* presa. || **5** *adj* dispuesto,-a, listo,-a. || **6** **games** *npl* EDUC educación *f sing* física.
gamekeeper [geɪmkiːpə] *n* guardabosque *mf*.
gamut ['gæmət] *n* gama, serie *f*.
gang [gæŋ] **1** *n* (*criminals*) banda. **2** (*youths*) pandilla. **3** (*workers*) cuadrilla. ♦ **to gang up on** *vt* unirse contra.
gangway ['gæŋweɪ] **1** *n* (*passage*) pasillo. **2** MAR (*disembarking*) pasarela.
gaol [dʒeɪl] *n* cárcel *f*.
gap [gæp] **1** *n* (*hole*) abertura, hueco. **2** (*empty space*) espacio. **3** (*blank*) blanco. **4** (*time*) intervalo. **5** (*deficiency*) laguna.
garage ['gærɑːʒ, 'gærɪdʒ] **1** *n* garaje *m*. **2** (*for repairs*) taller *m* mecánico. **3** (*for petrol etc*) gasolinera.
garbage ['gɑːbɪdʒ] *n* basura.
garden ['gɑːdn] *n* jardín *m*.
gargle ['gɑːgl] *vi* hacer gárgaras.
garish ['geərɪʃ] *adj* chillón,-ona.
garlic ['gɑːlɪk] *n* ajo.
garment ['gɑːmənt] *n* prenda.

garter ['gɑːtə] *n* (*garment*) liga.
gas [gæs] **1** *n* gas *m*. **2** US gasolina. ▪ **gas mask** máscara antigás; **gas station** gasolinera.
gaseous ['gæsɪəs] *adj* gaseoso,-a.
gash [gæʃ] **1** *n* raja. ‖ **2** *vt* rajar.
gate [geɪt] **1** *n* (*entrance*) puerta; (*metal barier*) verja. **2** (*at airport*) puerta.
gatecrash ['geɪtkræʃ] *vt - vi fam* colarse.
gateway ['geɪtweɪ] *n* puerta.
gather ['gæðə] **1** *vt* (*collect*) juntar. **2** (*call together*) reunir. **3** (*pick up*) recoger. **4** (*fruit, flowers*) coger. **5** (*taxes*) recaudar. **6** (*speed*) ganar. **7** SEW fruncir. **8** (*deduce*) deducir, inferir. ‖ **9** *vi* (*come together*) reunirse. **10** (*build up*) acumularse.
gathering ['gæðərɪŋ] *n* reunión *f*.
gaudy ['gɔːdɪ] *adj* (*colour*) chillón, -ona.
gauge [geɪdʒ] **1** *n* (*device*) indicador *m*. **2** (*measure*) medida estándar. **3** (*gun*) calibre. **4** (*railways*) ancho de vía. ‖ **5** *vt* (*measure*) medir. **6** *fig* juzgar.
gauze [gɔːz] *n* gasa.
gawp [gɔːp] *vi* mirar boquiabierto,-a.
gay [geɪ] **1** *adj* (*happy, lively*) alegre. **2** (*appearance*) vistoso,-a. ‖ **3** *adj -n* gay, homosexual.
gaze [geɪz] **1** *n* mirada fija. ‖ **2** *vi* mirar fijamente (at, a).
gazelle [gə'zel] *n* gacela.
gear [gɪə] **1** *n* TECH engranaje *m*. **2** AUTO marcha, velocidad *f*. **3** (*clothes*) ropa.
gearbox ['gɪəbɒks] *n* caja de cambios.
gee [dʒiː] *interj* US ¡caramba!
gem [dʒem] **1** *n* gema, piedra preciosa. **2** *fig* joya.
Gemini ['dʒemɪnaɪ] *n* géminis *m*.
gender ['dʒendə] **1** *n* GRAM género. **2** (*sex*) sexo.
gene [dʒiːn] *n* gen *m*.
generalize ['dʒenərəlaɪz] *vt - vi* generalizar.
generate ['dʒenəreɪt] *vt* ELEC generar; *fig* producir.
generation [dʒenə'reɪʃn] *n* generación.
generic [dʒɪ'nerɪk] *adj* genérico,-a.
generous ['dʒenərəs] **1** *adj* generoso,-a. **2** (*abundant*) abundante, copioso,-a.
genetic [dʒə'netɪk] *adj* genético,-a.
genital ['dʒenɪtl] *adj* genital.
genius ['dʒiːnɪəs] **1** *n* (*person*) genio. **2** (*gift*) don *m*.
genre ['ʒɑːnrə] *n* género.
gent [dʒent] **1** *n fam* caballero. **2** *fam* servicio de caballeros.
genteel [dʒen'tiːl] **1** *adj* fino,-a. **2** *pej* cursi.
gentle ['dʒentl] **1** *adj* (*person*) amable. **2** (*breeze, movement, touch etc*) suave. **3** (*hint*) discreto,-a. **4** (*animal*) manso,-a.
gentleman ['dʒentlmən] *n* caballero.
genuine ['dʒenjʊɪn] **1** *adj* (*object*) genuino,-a, auténtico,-a. **2** (*person, feeling*) sincero,-a.
geography [dʒɪ'ɒgrəfɪ] *n* geografía.
geology [dʒɪ'ɒlədʒɪ] *n* geología.
geometry [dʒɪ'ɒmɪtrɪ] *n* geometría.
geranium [dʒɪ'reɪnɪəm] *n* geranio.
germ [dʒɜːm] *n* germen *m*.
German ['dʒɜːmən] **1** *adj - n* alemán,-ana. ‖ **2** (*language*) alemán *m*.
Germany ['dʒɜːmnɪ] *n* Alemania.
gesticulate [dʒes'tɪkjʊleɪt] *vi* gesticular.
gesture ['dʒestʃə] **1** *n* ademán *m*, gesto. **2** (*token*) muestra, detalle *m*.

|| **3** *vi* hacer un ademán. • **as a gesture of** en señal de.

get [get] **1** *vt* (*pt* got; pp got, US gotten) (*obtain*) obtener, conseguir: **she got £2,000 for her car** le dieron 2.000 £ por el coche. **2** (*receive*) recibir: **I got a bike** me regalaron una bici. **3** (*fetch*) traer. **4** (*catch*) coger: **he got the flu** cogió la gripe. **5** (*take*) tomar, coger. **6** (*persuade*) persuadir, convencer. **7** (*meals, drinks*) preparar, hacer: **can I get you a coffee?** ¿te hago un café? **8** *fam* (*jokes*) entender. **9** (*annoy*) molestar, reventar. || **10** *vi* (*become*) ponerse, volverse: **he got angry** se puso furioso; **to get better** mejorar. **11** (*go*) ir: **how do you get there?** cómo se va hasta allí? **12** (*arrive*) llegar. **13** (*come to*) llegar a: **you'll get to like it in the end** acabará gustándote. ♦ **to get about** *vi* (*move about*) moverse; (*travel*) viajar ♦ **to get across 1** *vt* (*cross*) cruzar. **2** *vt* (*communicate*) comunicar ♦ **to get ahead** *vi* progresar ♦ **to get along 1** *vi* (*manage*) arreglárselas. **2** *vi* (*leave*) marcharse ♦ **to get along with** *vt* llevarse (bien) con ♦ **to get around** *vi* (*travel*) viajar ♦ **to get at 1** *vt* (*reach*) alcanzar, llegar a. **2** *vt* (*insinuate*) insinuar. **3** *vt* (*criticize*) meterse con ♦ **to get away** *vi* escaparse ♦ **to get away with** *vt* salir impune de ♦ **to get back 1** *vi* (*return*) volver. **2** *vt* (*recover*) recuperar ♦ **to get behind** *vi* atrasarse ♦ **to get by** *vi* (*manage*) arreglárselas ♦ **to get down 1** *vt* (*depress*) deprimir. **2** *vi* (*descend*) bajarse ♦ **to get down to** *vt* ponerse a ♦ **to get in 1** *vi* (*arrive*) llegar. **2** *vi* (*enter*) entrar; (*car*) subir ♦ **to get into 1** *vt* (*arrive*) llegar a. **2** *vt* (*enter*) entrar en; (*car*) subir a ♦ **to get off 1** *vt* (*remove*) quitar. **2** *vt* (*vehicle, horse etc*) bajarse de. **3** *vi* (*begin*) comenzar. **4** *vi* (*escape*) escaparse, librarse ♦ **to get off with** *vt* (*partner*) ligar ♦ **to get on 1** *vt* (*vehicle*) subir a, subirse a; (*bicycle, horse etc*) montar. **2** *vi* (*make progress*) progresar, avanzar; (*succeed*) tener éxito. **3** *vi* (*be friendly*) llevarse bien. **4** *vi* (*continue*) seguir ♦ **to get on for** *vt* ser casi: **it's getting on for 5 o'clock** son casi las cinco ♦ **to get out 1** *vt* (*thing*) sacar; (*stain*) quitar. **2** *vi* (*leave*) salir. **3** *vi* (*escape*) escapar ♦ **to get out of** *vt* (*avoid*) librarse de ♦ **to get over 1** *vt* (*illness*) recuperarse de. **2** *vt* (*obstacle*) salvar ♦ **to get over with** *vt* acabar con ♦ **to get round 1** *vt* (*obstacle*) salvar. **2** *vt* (*person*) convencer ♦ **to get through 1** *vi* (*on telephone*) conseguir hablar (to, con). **2** *vi* (*arrive*) llegar. **3** *vt* (*finish*) acabar; (*consume*) consumir; (*money*) gastar; (*drink*) beber. **4** *vt* (*exam*) aprobar. **5** *vt* (*make understand*) hacer entender ♦ **to get together** *vi* reunirse, juntarse. ♦ **to get up** *vi* - *vt* levantar(se). ♦ **to get up to** *vt* hacer. • **to get on one's nerves** irritar; **to get ready** prepararse; **to get rid of** deshacerse de; **to get to know sb** llegar a conocer a algn.

getup ['getʌp] *n fam* indumentaria.

ghastly ['gɑːstlɪ] *adj* horroroso,-a.

ghost [gəʊst] *n* fantasma *m*. ■ **Holy Ghost** Espíritu Santo.

giant ['dʒaɪənt] *adj* - *n* gigante,-a.

gibberish ['dʒɪbərɪʃ] *n* galimatías.

gibbet ['dʒɪbɪt] *n* horca, patíbulo.

gibe [dʒaɪb] **1** *n* mofa. || **2** *vi* mofarse.
giddy ['gɪdɪ] *adj* mareado,-a.
gift [gɪft] **1** *n* (*present*) regalo. **2** (*talent*) don *m*.
gifted ['gɪftɪd] *adj* dotado,-a.
giggle ['gɪgl] **1** *n* risita tonta. || **2** *vi* reírse tontamente.
gild [gɪld] *vt* dorar.
gills [gɪl] *npl* (*of fish*) agallas.
gilt [gɪlt] **1** *adj* dorado,-a. || **2** *n* dorado.
gimmick ['gɪmɪk] *n* reclamo.
ginger ['dʒɪndʒə] **1** *n* jengibre *m*. || **2** *adj* pelirrojo,-a.
gipsy ['dʒɪpsɪ] *n* gitano,-a.
giraffe [dʒɪ'rɑːf] *n* jirafa.
girl [gɜːl] *n* chica, muchacha, joven.
girlfriend ['gɜːlfrend] **1** *n* novia. **2** US amiga, compañera.
gist [dʒɪst] *n* esencia.
give [gɪv] **1** *vt* (*pt* gave; pp given ['gɪvn]) dar. **2** (*as a gift*) dar, regalar; (*as donation*) donar: **we gave her a mobile phone** le regalamos un móvil. **3** (*pay*) dar, pagar. || **4** *vi* dar de sí, ceder. || **5** *n* (*elasticity*) elasticidad *f*. ♦ **to give away 1** *vt* (*as a gift*) regalar. **2** *vt* (*betray*) delatar, traicionar ♦ **to give back** *vt* devolver ♦ **to give in 1** *vi* (*yield*) ceder, rendirse. **2** *vt* (*hand in*) entregar ♦ **to give off** *vt* (*send out*) desprender ♦ **to give out 1** *vt* (*distribute*) repartir. **2** *vt* (*announce*) anunciar. **3** *vi* (*run out*) acabarse, agotarse ♦ **to give over 1** *vi* (*stop*) parar. **2** *vt* (*hand over*) entregar ♦ **to give up 1** *vt* dejar: **to give up smoking** dejar de fumar. **2** *vi* (*surrender*) rendirse. • **to give the game away** descubrir el pastel; **to give way** (*yield*) ceder.
glacier ['glæsɪə] *n* glaciar *m*.
glad [glæd] *adj* feliz, contento,-a. • **to be glad of** agradecer.
gladly ['glædlɪ] *adv* de buena gana, con mucho gusto.
glamour ['glæmə] **1** *n* atractivo. **2** (*charm*) encanto.
glance [glɑːns] **1** *n* vistazo, mirada. || **2** *vi* echar un vistazo (at, a), echar una mirada (at, a). • **at first glance** a primera vista.
gland [glænd] *n* glándula.
glare [gleə] **1** *n* luz *f* deslumbrante. **2** (*dazzle*) deslumbramiento. **3** (*look*) mirada feroz. || **4** *vi* deslumbrar. **5** (*look*) mirar ferozmente (at, -).
glass [glɑːs] **1** *n* (*material*) vidrio, cristal *m*. **2** (*for drinking*) vaso; (*with stem*) copa. || **3 glasses** *npl* (*spectacles*) gafas *fpl*.
glaze [gleɪz] **1** *n* (*pottery*) vidriado. **2** (*varnish*) barniz. || **3** *vt* (*pottery*) vidriar, esmaltar. **4** (*windows*) poner cristales a. **5** CULIN glasear.
gleam [gliːm] **1** *n* destello. || **2** *vi* relucir, brillar. • **a gleam of hope** un rayo de esperanza.
glee [gliː] *n* regocijo.
glen [glen] *n* cañada.
glide [glaɪd] **1** *n* (*gentle movement*) deslizamiento. **2** AV planeo. || **3** *vi* (*move gently*) deslizarse. **4** AV planear.
glimpse [glɪmps] **1** *n* visión *f* fugaz. || **2** *vt* vislumbrar. • **to catch a glimpse of** vislumbrar.
glint [glɪnt] **1** *n* destello, centelleo. || **2** *vi* destellar, centellear.
glisten ['glɪsn] *vi* brillar, relucir.
glitter ['glɪtə] **1** *n* brillo. || **2** *vi* brillar, relucir.
gloat [gləʊt] *vi* regocijarse (over, con).

global ['gləʊbl] **1** *adj* mundial. **2** (*total*) global.
globe [gləʊb] **1** *n* globo. **2** (*map*) globo terrestre.
gloom [gluːm] **1** *n* (*darkness*) penumbra. **2** (*sadness*) tristeza. **3** (*pessimism*) pesimismo.
glorify ['glɔːrɪfaɪ] *vt* glorificar.
glorious ['glɔːrɪəs] **1** *adj* glorioso,-a. **2** espléndido,-a, magnífico,-a.
glory ['glɔːrɪ] **1** *n* gloria. **2** *fig* esplendor *m*. ‖ **3** *vi* gloriarse (in, de).
gloss [glɒs] **1** *n* lustre *m*, brillo. **2** (*explanation*) glosa. ‖ **3** *vt* glosar. ♦ **to gloss over** *vt* pasar por alto. ■ **gloss paint** esmalte *m* brillante.
glossy ['glɒsɪ] *adj* brillante, lustroso,-a.
glove [glʌv] *n* guante *m*.
glow [gləʊ] **1** *n* (*light*) luz *f*. **2** (*brightness*) brillo. **3** *fig* (*feeling*) sensación *f* de bienestar/satisfacción. ‖ **4** *vi* brillar.
glowing ['gləʊɪŋ] *adj fig* entusiasta, favorable.
glue [gluː] **1** *n* cola, pegamento. ‖ **2** *vt* encolar, pegar.
glum [glʌm] *adj* desanimado,-a.
glut [glʌt] *n* superabundancia.
gnarled [nɑːld] *adj* nudoso,-a.
gnash [næʃ] *vi* hacer rechinar.
gnaw [nɔː] *vt* roer.
go [gəʊ] **1** *vi* (*pt* went; pp gone) ir. **2** (*leave*) marcharse, irse; (*bus, train etc*) salir: **it's late, I'm going** es tarde, me marcho. **3** (*vanish*) desaparecer. **4** (*function*) ir, funcionar. **5** (*become*) volverse, ponerse, quedarse: **he's gone deaf** se ha vuelto sordo. **6** (*fit*) entrar, caber: **the car won't go in the garage** el coche no entra en el garaje. **7** (*break*) romperse, estropearse: **the telly's gone again!** ¡la tele ha vuelto a estropearse! ‖ **8** *vt* (*make a noise*) hacer: **it goes tick-tock** hace tic-tac. ‖ **9** *n* (*energy*) energía, empuje *m*. **10** (*turn*) turno: **it's my go now** ahora me toca a mí. **11** (*try*) intento: **let me have a go** deja que lo intente yo. ♦ **to go along with 1** *vt* (*agree*) estar de acuerdo con. **2** *vt* (*accompany*) acompañar ♦ **to go away** *vi* marcharse ♦ **to go back** *vi* volver ♦ **to go back on** *vt* romper ♦ **to go by** *vi* pasar ♦ **to go down 1** *vi* (*prices etc*) bajar; (*tyre*) deshincharse. **2** *vi* (*be received*) ser acogido,-a ♦ **to go down with** *vt* (*illness*) coger, pillar ♦ **to go for 1** *vt* (*attack*) atacar. **2** *vt* (*fetch*) ir a buscar. **3** *vt fam* (*like*) gustar ♦ **to go into 1** *vt* (*investigate*) investigar. **2** *vt* (*crash*) chocar contra ♦ **to go off 1** *vi* (*bomb*) estallar; (*alarm*) sonar; (*gun*) dispararse. **2** *vi* (*food*) estropearse. **3** *vt* perder el interés por ♦ **to go on 1** *vi* (*continue*) seguir. **2** *vi* (*happen*) pasar. **3** *vi* (*complain*) quejarse (about, de) ♦ **to go out 1** *vi* (*gen*) salir. **2** *vi* (*fire, light*) apagarse ♦ **to go over** *vt* (*check, revise*) revisar ♦ **to go over to** *vt* pasarse a ♦ **to go round 1** *vi* dar vueltas, girar. **2** *vi* (*be enough*) haber bastante: **I don't think the beer will go round** no creo que haya bastante cerveza para todos. **3** *vi* (*spend time*) salir, estar: **he goes round with a funny crowd** se le ve con gente extraña. **4** *vi* (*rumour*) circular, correr ♦ **to go through 1** *vt* (*undergo*) sufrir, padecer. **2** *vt* (*examine*) examinar; (*search*) registrar. **3** *vi* ser aprobado,-a ♦ **to go through with** *vt* llevar a cabo ♦ **to go under**

vi hundirse; *fig* fracasar ♦ **to go up** 1 *vi* (*rise, increase*) subir. 2 *vi* (*explode*) estallar ♦ **to go without** *vt* pasar sin, prescindir de. • **to have a go at** criticar a; **to make a go of sth** tener éxito en algo.

goal [gəʊl] 1 *n* SP meta, portería. 2 SP gol *m*, tanto. 3 fin *m*, objeto.

goalkeeper ['gəʊlkiːpə] *n* portero.

goat [gəʊt] *n* (*female*) cabra; (*male*) macho cabrío.

gobble ['gɒbl] *vt* engullir.

go-between ['gəʊbɪtwiːn] 1 *n* intermediario,-a. 2 alcahueta.

god [gɒd] *n* dios *m*. • **for God's sake!** ¡por Dios!; **God willing** si Dios quiere.

godchild ['gɒdtʃaɪld] *n* ahijado,-a.

goddess ['gɒdəs] *n* diosa.

godfather ['gɒdfɑːðə] *n* padrino.

godmother ['gɒdmʌðə] *n* madrina.

goggle ['gɒgl] 1 *vi* quedarse atónito,-a. ‖ 2 **goggles** *npl* gafas *fpl* protectoras.

going ['gəʊɪŋ] 1 *n* (*leaving*) ida. 2 (*pace*) paso, ritmo. 3 (*conditions*) estado del camino. ‖ 4 *adj* (*current*) actual. 5 (*business*) que marcha bien.

goings-on [gəʊɪŋz'ɒn] *npl fam* cosas *fpl*: **there have been some strange goings-on** han pasado cosas raras.

gold [gəʊld] 1 *n* (*metal*) oro. 2 (*colour*) dorado.

golden ['gəʊldn] 1 *adj* de oro. 2 (*colour*) dorado,-a.

golfer ['gɒlfə] *n* jugador,-a de golf.

good [gʊd] 1 *adj* (*comp* better; superl best) (*gen*) bueno,-a. 2 (*healthy*) saludable. ‖ 3 *interj* ¡bien! ‖ 4 *n* bien *m*. ‖ 5 **goods** *npl* (*possessions*) bienes *mpl*. 6 COMM género *m sing*, artículos *mpl*. • **as good as** prácticamente; **a good deal (of)** bastante; **for good** para siempre; **good afternoon** buenas tardes; **Good Friday** Viernes Santo; **to do good** hacer bien.

goodbye [gʊd'baɪ] 1 *n* adiós *m*. ‖ 2 *interj* ¡adiós! • **to say goodbye to** despedirse de.

good-for-nothing ['gʊdfənʌθɪŋ] 1 *adj* inútil. ‖ 2 *n* inútil *mf*.

good-humoured [gʊd'hjuːməd] *adj* de buen humor.

good-looking [gʊd'lʊkɪŋ] *adj* guapo, -a.

goodness ['gʊdnəs] 1 *n* (*virtue*) bondad *f*. 2 (*in food*) lo nutritivo. • **for goodness sake!** ¡por Dios!; **my goodness!** ¡Dios mío!

goodwill [gʊd'wɪl] *n* buena voluntad *f*.

goody ['gʊdɪ] 1 *n fam* el bueno. ‖ 2 **goodies** *npl fam* cosas *fpl* buenas.

goody-goody ['gʊdɪgʊdɪ] *adj - n fam* santurrón,-ona.

goose [guːs] *n* (*pl* geese) ganso, oca.

gore [gɔː] 1 *n* sangre *f* derramada. ‖ 2 *vt* cornear.

gorge [gɔːdʒ] *n* desfiladero. • **to gorge oneself** atiborrarse.

gorgeous ['gɔːdʒəs] 1 *adj* magnífico, -a, espléndido,-a. 2 guapísimo,-a.

gory ['gɔːrɪ] *adj* sangriento,-a.

gosh [gɒʃ] *interj fam* ¡cielos!

go-slow [gəʊ'sləʊ] *n* huelga de celo.

gospel ['gɒspl] *n* evangelio.

gossip ['gɒsɪp] 1 *n* (*talk*) cotilleo, chismorreo. 2 (*person*) cotilla *mf*, chismoso,-a. ‖ 3 *vi* cotillear, chismorrear.

gossipy ['gɒsɪpɪ] *adj* (*style*) informal.

gout [gaʊt] *n* MED gota.

govern ['gʌvn] **1** *vt* gobernar. **2** GRAM regir. **3** (*determine*) dictar.
government ['gʌvnmənt] *n* gobierno.
governor ['gʌvnə] **1** *n* (*town*) gobernador,-ra. **2** (*prison*) director, -ra. **3** (*school*) administrador,-ra.
gown [gaʊn] **1** *n* vestido largo. **2** toga. **3** bata.
grab [græb] **1** *vt* (*seize*) asir, coger. **2** *fam* entusiasmar.
grace [greɪs] **1** *n* (*fineness*) gracia, elegancia. **2** (*blessing*) bendición *f*. **3** (*courtesy*) delicadeza, cortesía. **4** (*delay*) plazo. ‖ **5** *vt* (*adorn*) adornar. **6** (*honour*) honrar.
graceful ['greɪsfʊl] *adj* elegante.
gracious ['greɪʃəs] **1** *adj* gracioso. **2** cortés. **3** amable. **4** gracioso,-a. ‖ **5** *interj* ¡Dios mío!
grade [greɪd] **1** *n* (*degree*) grado. **2** (*of quality*) clase *f*, calidad *f*. **3** US (*mark*) nota. **4** US (*form*) clase *f*. ‖ **5** *vt* clasificar. • **to make the grade** tener éxito.
gradient ['greɪdɪənt] *n* pendiente *f*.
graduate ['grædjʊət] **1** *n* graduado,-a, licenciado,-a. ‖ **2** *vt* (['grædjʊeɪt]) graduar. ‖ **3** *vi* graduarse (in, en).
graft [grɑːft] **1** *n* AGR MED injerto. **2** GB *fam* trabajo duro. **3** US *fam* corrupción *f*. ‖ **4** *vt* AGR MED injertar. ‖ **5** *vi* GB *fam* currar, pringar. **6** US *fam* timar, estafar.
grain [greɪn] **1** *n* (*gen*) grano. **2** (*cereals*) cereales *mpl*. **3** fibra. **4** veta.
grammar ['græmə] *n* gramática.
grammatical [grə'mætɪkl] **1** *adj* gramatical. **2** (*correct*) correcto,-a.
gramme [græm] *n* gramo.
grand [grænd] **1** *adj* (*splendid*) grandioso,-a, espléndido,-a. **2** (*impressive*) impresionante. **3** (*person*) distinguido,-a. **4** *fam* (*great*) fenomenal.
grandchild ['græntʃaɪld] *n* nieto,-a.
granddad ['grændæd] *n fam* abuelo.
granddaughter ['grændɔːtə] *n* nieta.
grandeur ['grændʒə] *n* grandeza.
grandfather ['grænfɑːðə] *n* abuelo.
grandiose ['grændɪəʊs] *adj* grandioso,-a.
grandma ['grænmɑː] *n fam* abuela.
grandmother ['grænmʌðə] *n* abuela.
grandpa ['grænpɑː] *n fam* abuelo.
grandparents ['grænpeərənts] *npl* abuelos *mpl*.
grandson ['grænsʌn] *n* nieto.
grandstand ['grændstænd] *n* tribuna.
granny ['grænɪ] *n fam* abuela.
grant [grɑːnt] **1** *n* EDUC beca. **2** (*subsidy*) subvención *f*. ‖ **3** *vt* conceder. **4** (*admit*) reconocer. • **to take sb for granted** no valorar a algn; **to take sth for granted** dar algo por sentado.
grape [greɪp] *n* uva.
grapefruit ['greɪpfruːt] *n* pomelo.
graph [grɑːf] *n* gráfica.
grasp [grɑːsp] **1** *n* (*firm hold*) asimiento. **2** (*of hands*) apretón *m*. **3** (*understanding*) comprensión *f*. ‖ **4** *vt* (*hold firmly*) asir, agarrar. **5** (*understand*) comprender. • **to have a good grasp of** dominar.
grass [grɑːs] **1** *n* hierba. **2** (*lawn*) césped *m*. **3** (*pasture*) pasto. **4** *sl* (*drug*) hierba. ‖ **5** *vi* delatar (on, a).
grate [greɪt] **1** *n* (*in fireplace*) rejilla, parrilla. **2** (*fireplace*) chimenea. ‖ **3** *vt* CULIN rallar. ‖ **4** *vi* rechinar.
grateful ['greɪtfʊl] *adj* agradecido,-a.

grater ['greɪtə] *n* rallador *m*.
gratification [grætɪfɪ'keɪʃn] **1** *n* placer *m*, satisfacción *f*. **2** gratificación *f*.
gratify ['grætɪfaɪ] *vt* satisfacer.
gratitude ['grætɪtjuːd] *n* gratitud *f*.
gratuitous [grə'tjuːɪtəs] *adj* gratuito, -a.
gratuity [grə'tjuːɪtɪ] **1** *n* gratificación *f*. **2** (*tip*) propina.
grave [greɪv] **1** *n* tumba. ‖ **2** *adj* (*serious*) grave, serio,-a.
gravedigger ['greɪvdɪgə] *n* sepulturero,-a, enterrador,-ra.
gravel ['grævl] *n* grava, gravilla.
graveyard ['greɪvjɑːd] *n* cementerio.
gravity ['grævɪtɪ] *n* gravedad *f*.
gravy ['greɪvɪ] *n* CULIN salsa.
graze [greɪz] **1** *n* (*wound*) roce *m*, rasguño. ‖ **2** *vt* (*scrape*) rozar, rascar. ‖ **3** *vi* (*feed*) pacer, pastar.
grease [griːs] **1** *n* grasa. ‖ **2** *vt* engrasar.
greasy ['griːsɪ] **1** *adj* grasiento,-a; graso,-a. **2** resbaladizo,-a.
great [greɪt] **1** *adj* grande; gran. **2** considerable, importante. **3** *fam* estupendo,-a, fantástico,-a.
greatly ['greɪtlɪ] *adv* muy, mucho.
greatness ['greɪtnəs] *n* grandeza.
Greece [griːs] *n* Grecia.
greed [griːd] **1** *n* codicia, avaricia. **2** (*food*) gula.
greedy ['griːdɪ] **1** *adj* codicioso,-a, avaro,-a. **2** (*food*) glotón,-ona.
Greek [griːk] **1** *adj* - *n* griego,-a. ‖ **2** *n* (*language*) griego.
green [griːn] **1** *adj* verde. **2** novato,-a; ingenuo,-a. **3** pálido,-a. ‖ **4** *n* verde. **5** gree. ‖ **6 greens** *npl* verduras *fpl*. • **to be green with envy** morirse de envidia. ▪ **green bean** judía verde.
greengrocer ['griːngrəʊsə] *n* verdulero,-a.
greenhouse ['griːnhaʊs] *n* invernadero.
Greenland ['griːnlənd] *n* Groenlandia.
greet [griːt] **1** *vt* saludar. **2** (*welcome*) dar la bienvenida a. **3** (*receive*) recibir.
greeting ['griːtɪŋ] **1** *n* saludo. **2** (*welcome*) bienvenida.
gremlin ['gremlɪn] *n* duende *m*.
grenade [grɪ'neɪd] *n* granada.
grey [greɪ] **1** *adj* (*gen*) gris. **2** (*hair*) cano,-a. **3** (*gloomy*) triste. ‖ **4** *n* gris *m*.
greyhound ['greɪhaʊnd] *n* galgo.
grid [grɪd] **1** *n* reja, parrilla. **2** ELEC red *f* nacional. **3** (*on map*) cuadrícula.
grief [griːf] *n* dolor *m*, pena. • **to come to grief** sufrir un percance; (*fail*) fracasar; **good grief!** ¡Dios mío!
grievance [griːvəns] **1** *n* (*complaint*) queja. **2** (*claim*) reivindicación.
grieve [griːv] **1** *vt* afligir. ‖ **2** *vi* estar afligido,-a.
grievous [griːvəs] **1** *adj* doloroso,-a, penoso,-a. **2** (*serious*) muy grave.
grim [grɪm] **1** *adj* terrible. **2** lúgubre, deprimente. **3** severo,-a, muy serio, -a; ceñudo,-a.
grimace ['grɪməs] **1** *n* mueca. ‖ **2** *vi* hacer una mueca.
grime [graɪm] *n* mugre *f*, suciedad *f*.
grimy ['graɪmɪ] *adj* mugriento,-a.
grin [grɪn] **1** *n* sonrisa. ‖ **2** *vi* sonreír.
grind [graɪnd] **1** *vt* (*pt & pp* **ground**) (*coffee, corn etc*) moler; (*stone*) pulverizar. **2** (*sharpen*) afilar. **3** (*teeth*) hacer rechinar. ‖ **4** *n* *fam* rutina.
grinder ['graɪndə] *n* molinillo.

grip [grɪp] **1** *vt* (*hold firmly*) asir, agarrar; (- *hand*) apretar. ‖ **2** *n* asimiento; (*handshake*) apretón *m*; (*of tyre*) adherencia. **3** (*control*) dominio. • **to lose one's grip** perder el control.

gripe [graɪp] **1** *vi fam* (*complain*) quejarse. ‖ **2** *n* (*complaint*) queja.

grit [grɪt] **1** *n* (*fine*) arena; (*coarse*) gravilla. **2** *fam* valor *m*. • **to grit one's teeth** apretar los dientes.

grizzly bear [grɪzlɪ'beə] *n* oso pardo.

groan [grəʊn] **1** *n* gemido, quejido. **2** *fam* gruñido. ‖ **3** *vi* gemir. **4** crujir. **5** *fam* quejarse.

grocer ['grəʊsə] *n* tendero,-a.

groceries ['grəʊsərɪz] *npl* comestibles .

groggy ['grɒgɪ] **1** *adj fam* grogui, atontado,-a. **2** *fam* (*weak*) débil.

groin [grɔɪn] *n* ingle *f*.

groom [gru:m] **1** *n* novio. **2** mozo de cuadra. ‖ **3** *vt* cuidar, asear. **4** preparar.

groove [gru:v] *n* ranura.

grope [grəʊp] **1** *vi* andar a tientas. ‖ **2** *vt sl* sobar.

gross [grəʊs] **1** *adj* (*fat*) obeso,-a. **2** (*coarse*) grosero,-a. **3** (*injustice*) grave. **4** (*error*) craso,-a. **5** (*weight, amount*) bruto,-a. ‖ **6** *vt* ganar en bruto.

grotty ['grɒtɪ] *adj* GB *fam* asqueroso, -a, malísimo,-a.

grouch [graʊtʃ] *vi fam* refunfuñar.

ground [graʊnd] **1** *pt & pp* → **grind**. ‖ **2** *adj* molido,-a. ‖ **3** *n* (*floor*) tierra, suelo. **4** (*terrain*) terreno. **5** (*for football, battle etc*) campo. ‖ **6 grounds** *npl* (*reasons*) razón *f sing*, motivo. **7** (*gardens*) jardines *mpl*. ■ **ground floor** planta baja.

group [gru:p] **1** *n* grupo, conjunto. ‖ **2** *vi* agruparse, juntarse.

grow [grəʊ] **1** *vi* (*pt* grew; pp grown) crecer. **2** (*increase*) aumentarse. **3** (*become*) hacerse, volverse. ‖ **4** *vt* (*crops*) cultivar. **5** (*beard*) dejarse. ♦ **to grow into** *vt* convertirse en ♦ **to grow on** *vt* llegar a gustar ♦ **to grow up** *vi* hacerse mayor.

growl [graʊl] **1** *n* gruñido. ‖ **2** *vi* gruñir.

grown-up ['grəʊnʌp] *adj* - *n* adulto,-a.

growth [grəʊθ] **1** *n* crecimiento; aumento. **2** bulto; tumor *m*.

grubby ['grʌbɪ] *adj* sucio,-a.

grudge [grʌdʒ] **1** *n* resentimiento, rencor *m*. ‖ **2** *vt* (*unwillingly*) hacer a regañadientes. **3** (*envy*) envidiar.

gruesome ['gru:səm] *adj* horrible.

gruff [grʌf] **1** *adj* (*manner*) rudo,-a, malhumorado,-a. **2** (*voice*) bronco,-a.

grumble ['grʌmbl] **1** *n* queja. ‖ **2** *vi* refunfuñar (**about**, por).

grumbler ['grʌmblə] *n* refunfuñón, -ona.

grumpy ['grʌmpɪ] *adj* gruñón,-ona.

grunt [grʌnt] **1** *n* gruñido. ‖ **2** *vi* gruñir.

guarantee [gærən'ti:] **1** *n* garantía. ‖ **2** *vt* garantizar. **3** (*assure*) asegurar.

guarantor [gærən'tɔ:] *n* garante *mf*.

guard [gɑ:d] **1** *n* MIL guardia. **2** (*on train*) jefe *m* de tren. **3** (*on machine*) dispositivo de seguridad *f*. ‖ **4** *vt* guardar, proteger, defender; (*prisoner*) vigilar. ‖ **5** *vi* guardarse. • **off one's guard** desprevenido,-a.

guardian ['gɑ:dɪən] **1** *n* guardián, -ana. **2** JUR tutor,-ra.

guess [ges] **1** *vt* - *vi* adivinar. **2** *fam* (*imagine*) suponer. ‖ **3** *n* conjetura. **4** (*estimate*) cálculo.
guest [gest] **1** *n* (*invited*) invitado,-a. **2** (*in hotel*) cliente,-a, huésped,-a.
guesthouse ['gesthaʊs] *n* casa de huéspedes.
guffaw [gʌ'fɔː] **1** *n* carcajada. ‖ **2** *vi* reírse a carcajadas.
guidance ['gaɪdns] **1** *n* (*gen*) orientación *f*. **2** (*advice*) consejo.
guide [gaɪd] **1** *n* (*person*) guía *mf*. **2** (*book, device*) guía. ‖ **3** *vt* guiar, orientar.
guidebook ['gaɪdbʊk] *n* guía.
guile [gaɪl] *n* astucia.
guilt [gɪlt] **1** *n* culpa. **2** culpabilidad.
guilty ['gɪltɪ] *adj* culpable.
guinea ['gɪnɪ] *n* guinea. ■ **guinea pig** conejillo de Indias.
guitar [gɪ'tɑː] *n* guitarra.
gulf [gʌlf] **1** *n* GEOG golfo. **2** *fig* abismo.
gull [gʌl] *n* gaviota.
gullible ['gʌlɪbl] *adj* crédulo,-a.
gulp [gʌlp] **1** *n* trago. ‖ **2** *vt* tragar. ‖ **3** *vi* (*with fear*) tragar saliva.
gum [gʌm] **1** *n* ANAT encía. **2** (*substance*) goma; (*glue*) goma, pegamento. ‖ **3** *vt* engomar, pegar con goma.
gun [gʌn] **1** *n* (*gen*) arma de fuego. **2** (*handgun*) pistola, revólver *m*. **3** (*rifle*) rifle *m*, fusil *m*. **4** (*shotgun*) escopeta. **5** (*cannon*) cañón *m*. ♦ **to gun down** *vt* matar a tiros. ■ **gun dog** perro de caza.
gunfire ['gʌnfaɪə] **1** *n* fuego, disparos *mpl*. **2** (*shooting*) tiroteo.
gunman ['gʌnmən] *n* pistolero.
gunner ['gʌnə] *n* artillero.
gunpowder ['gʌnpaʊdə] *n* pólvora.
gunshot ['gʌnʃɒt] *n* disparo.
gurgle ['gɜːgl] **1** *n* (*water*) gorgoteo. **2** (*baby*) gorjeo. ‖ **3** *vi* (*water*) gorgotear. **4** (*baby*) gorjear.
gush [gʌʃ] **1** *n* chorro. ‖ **2** *vi* brotar a borbotones. **3** (*person*) ser efusivo,-a.
gust [gʌst] *n* ráfaga, racha.
gusty ['gʌstɪ] *adj* (*wind*) racheado,-a.
gut [gʌt] **1** *n* ANAT intestino, tripa. **2** (*catgut*) cuerda de tripa. ‖ **3** *vt* (*fish*) destripar. **4** (*building*) destruir el interior de. ‖ **5 guts** *npl* (*entrails*) entrañas *fpl*, vísceras *fpl*. **6** *fam* (*courage*) agallas *fpl*.
gutter ['gʌtə] **1** *n* (*in street*) arroyo, canalón *m*. **2** (*on roof*) canal *m*. ■ **gutter press** prensa amarilla.
guy [gaɪ] *n fam* tipo, tío, individuo.
guzzle ['gʌzl] *vt* zamparse, engullirse.
gymnast ['dʒɪmnæst] *n* gimnasta *mf*.
gymnastics [dʒɪm'næstɪks] *n* gimnasia.
gynaecologist [gaɪnɪ'kɒlədʒɪst] *n* ginecólogo,-a.
gypsum ['dʒɪpsəm] *n* yeso.
gypsy ['dʒɪpsɪ] *adj* - *n* gitano,-a.
gyrate [dʒaɪ'reɪt] *vi* girar, dar vueltas.

H

habit ['hæbɪt] **1** *n* hábito, costumbre *f.* **2** (*garment*) hábito.
habitual [hə'bɪtjʊəl] **1** *adj* (*usual*) habitual, acostumbrado,-a. **2** (*liar etc*) empedernido,-a.
haddock ['hædək] *n* eglefino.
haemorrhage ['hemərɪdʒ] *n* hemorragia.
haemorrhoids ['hemərɔɪdz] *npl* hemorroides *fpl.*
hail [heɪl] **1** *n* METEOR granizo, pedrisco. ‖ **2** *vi* METEOR granizar. **3** (*call*) llamar. **4** (*acclaim*) aclamar. • **to hail from** ser de.
hailstone ['heɪlstəʊn] *n* granizo.
hair [heə] **1** *n* (*on head*) cabello, pelo. **2** (*on body*) vello.
hairdo ['heədu:] *n* (*pl* **hairdos**) *fam* peinado.
hairdresser ['headresə] *n* peluquero,-a.
hairdryer ['heədraɪə] *n* secador *m.*
hairpin ['heəpɪn] *n* horquilla.
hairspray ['heəspreɪ] *n* laca para el pelo.
hairstyle ['heəstaɪl] *n* peinado.
hairy ['heərɪ] **1** *adj* peludo,-a. **2** *fig* espeluznante.
hake [heɪk] *n* merluza.
half [hɑ:f] **1** *n* (*pl* **halves**) mitad *f.* ‖ **2** *adv* medio,-a. **3** medio, a medias. • **to go halves on** pagar a medias.
half-brother ['hɑ:fbrʌðə] *n* hermanastro.
half-caste ['hɑ:fkɑ:st] *adj - n* mestizo,-a.
half-hearted [hɑ:f'hɑ:tɪd] *adj* poco entusiasta.
half-sister ['hɑ:fsɪstə] *n* hermanastra.
half-time [hɑ:f'taɪm] *n* SP descanso.
half-way ['hɑ:fweɪ] **1** *adj* intermedio, -a. ‖ **2** *adv* a medio camino.
half-wit ['hɑ:fwɪt] *n* imbécil *mf.*
hall [hɔ:l] **1** *n* vestíbulo. **2** sala. ▪ **hall of residence** colegio mayor.
hallmark ['hɔ:lmɑ:k] **1** *n* (*on gold etc*) contraste *m.* **2** *fig* sello.
hallucination [həlu:sɪ'neɪʃn] *n* alucinación *f.*
halo ['heɪləʊ] *n* halo.
halt [hɔ:lt] **1** *n* alto, parada. ‖ **2** *vt* parar. ‖ **3** *vi* pararse, detenerse.
halve [hɑ:v] **1** *vt* partir en dos. **2** (*reduce*) reducir a la mitad.
ham [hæm] *n* jamón *m.*
hammer ['hæmə] **1** *n* martillo. ‖ **2** *vt - vi* golpear con un martillo. ‖ **3** *vt fam* (*trounce*) dar una paliza a.
hammock ['hæmək] *n* hamaca.
hand [hænd] **1** *n* mano *f.* **2** (*worker*) trabajador,-ra, operario,-a; MAR tripulante *mf.* **3** (*of clock*) manecilla. **4** (*handwriting*) letra. **5** (*of cards*) mano. **6** (*applause*) aplauso. ‖ **7** *vt* dar, entregar. ♦ **to hand back** *vt* devolver ♦ **to hand in** *vt* entregar, presentar ♦ **to hand out** *vt* repartir

♦ **to hand over** *vt* entregar ♦ **to hand round** *vt* ofrecer. • **at first hand** de primera mano; **at hand** a mano; **by hand** a mano; **hands up!** ¡manos arriba!; **on the one/ other hand** por una/otra parte; **to hold hands** estar cogidos,-as de la mano; **to lend a hand** echar una mano.

handbag ['hændbæg] *n* bolso.

handball ['hændbɔːl] *n* balonmano.

handful ['hændfʊl] *n* puñado.

handicap ['hændɪkæp] **1** *n* MED incapacidad *f*, invalidez *f*. **2** SP hándicap *m*. ‖ **3** *vt* obstaculizar.

handicapped ['hændɪkæpt] **1** *adj* (*physically*) minusválido,-a; (*mentally*) retrasado,-a. **2** *fig* desfavorecido,-a.

handkerchief ['hæŋkətʃiːf] *n* pañuelo.

handle ['hændl] **1** *n* (*of door*) manilla. **2** (*of drawer*) tirador *m*. **3** (*of cup*) asa. **4** (*of knife*) mango. ‖ **5** *vt* manejar. **6** (*people*) tratar. **7** (*tolerate*) aguantar. ‖ **8** *vi* (*car*) comportarse.

handshake ['hændʃeɪk] *n* apretón *m* de manos.

handsome ['hænsəm] **1** *adj* (*man*) guapo,-a. **2** (*generous*) generoso,-a.

handwriting ['hændraɪtɪŋ] *n* letra.

handy ['hændɪ] **1** *adj* hábil. **2** práctico,-a, útil. **3** a mano.

hang [hæŋ] **1** *vt* (*pt & pp* hung) (*gen*) colgar. **2** (*wallpaper*) colocar. **3** (*pt & pp* hanged) JUR ahorcar. ‖ **4** *vi* (*pt & pp* hung) colgar, pender; (*float*) flotar. **5** (*pt & pp* hanged) JUR ser ahorcado,-a. **6** (*pt & pp* hung) (*dress etc*) caer. ‖ **7** *n* (*of dress etc*) caída. ♦ **to hang about, hang around** **1** *vi* (*wait*) esperar. **2** *vi* (*waste time*) perder el tiempo ♦ **to hang back** *vi* quedarse atrás ♦ **to hang out** **1** *vt* tender. **2** *vi fam* frecuentar ♦ **to hang up** *vt* - *vi* colgar. • **to get the hang of** cogerle el truquillo a.

hanger ['hæŋə] *n* percha.

hang-glider ['hæŋglaɪdə] *n* ala delta.

hanging ['hæŋɪŋ] **1** *adj* colgante. ‖ **2** *n* ejecución *f* en la horca.

hangover ['hæŋəʊvə] *n* resaca.

hang-up ['hæŋʌp] *n fam* complejo, manía.

hanky-panky [hæŋkɪ'pæŋkɪ] *n fam* (*underhand activity*) chanchullos *mpl*; (*sexual*) ñacañaca.

haphazard [hæp'hæzəd] **1** *adj* desordenado,-a. **2** improvisado,-a.

happen ['hæpn] *vi* ocurrir: **if you happen to ...** si por casualidad ...

happiness ['hæpɪnəs] *n* felicidad *f*.

happy ['hæpɪ] **1** *adj* (*cheerful*) feliz, alegre. **2** (*glad*) contento,-a.

harass ['hærəs] *vt* acosar, hostigar.

harbour ['hɑːbə] *n* puerto.

hard [hɑːd] **1** *adj* (*gen*) duro,-a. **2** (*difficult*) difícil. **3** (*harsh*) severo,-a. ‖ **4** *adv* fuerte. • **hard of hearing** duro,-a de oído; **to work hard** trabajar mucho; **to be hard up** *fam* estar sin blanca. ■ **hard court** pista rápida; **hard shoulder** arcén *m*.

harden ['hɑːdn] **1** *vt* endurecer. ‖ **2** *vi* endurecerse.

hard-headed ['hɑːdhedɪd] *adj* frío,-a.

hardly ['hɑːdlɪ] *adv* apenas.

hardness ['hɑːdnəs] **1** *n* dureza. **2** (*difficulty*) dificultad *f*.

hardship ['hɑːdʃɪp] *n* apuro.

hardware ['hɑːdweə] **1** *n* ferretería. **2** COMPUT hardware *m*.
hare [heə] *n* liebre *f*.
haricot bean [hærɪkəʊ'biːn] *n* alubia.
harm [hɑːm] **1** *n* mal *m*, daño, perjuicio. ‖ **2** *vt* dañar, perjudicar.
harmful ['hɑːmfʊl] *adj* dañino,-a.
harmless ['hɑːmləs] *adj* inofensivo,-a.
harmonious [hɑː'məʊnɪəs] *adj* armonioso,-a.
harmony ['hɑːmənɪ] *n* armonía.
harness ['hɑːnəs] **1** *n* arnés *m*, arreos *mpl*. ‖ **2** *vt* (*horse*) poner los arreos a. **3** (*resources*) aprovechar.
harp [hɑːp] *n* arpa. ♦ **to harp on about** *vt* insistir en.
harpoon [hɑː'puːn] **1** *n* arpón *m*. ‖ **2** *vt* arponear.
harsh [hɑːʃ] **1** *adj* cruel, severo,-a. **2** deslumbrante. **3** áspero,-a.
harvest ['hɑːvɪst] **1** *n* cosecha. **2** (*grapes*) vendimia. ‖ **3** *vt* cosechar. **4** (*grapes*) vendimiar.
harvester ['hɑːvɪstə] **1** *n* segador, -ra. **2** (*machine*) segadora.
hash [hæʃ] **1** *n* CULIN picadillo. **2** *fam* hachís *m*. • **to make a hash of sth** estropear algo.
hashish ['hæʃiːʃ] *n* hachís *m*.
hassle ['hæsl] **1** *n fam* rollo. **2** *fam* (*argument*) discusión *f*. ‖ **3** *vt fam* fastidiar.
haste [heɪst] *n* prisa.
hasten ['heɪsn] *vt* - *vi* apresurar(se).
hasty ['heɪstɪ] **1** *adj* apresurado,-a. **2** (*rash*) precipitado,-a.
hat [hæt] *n* sombrero.
hatch [hætʃ] **1** *n* (*gen*) trampilla; (*on ship*) escotilla. ‖ **2** *vt* incubar. **3** *fig* tramar. ‖ **4** *vi* salir del cascarón.
hatchet ['hætʃɪt] *n* hacha.
hate [heɪt] **1** *n* odio. ‖ **2** *vt* odiar, detestar. **3** (*regret*) lamentar.
hatred ['heɪtrɪd] *n* odio.
haul [hɔːl] **1** *n* (*pull*) tirón *m*. **2** (*fish*) redada. **3** (*loot*) botín *m*. ‖ **4** *vt* tirar de, arrastrar.
haulage ['hɔːlɪdʒ] *n* transporte *m*.
haunt [hɔːnt] **1** *n* sitio preferido. ‖ **2** *vt* frecuentar. **3** (*thought*) obsesionar. **4** (*ghost - place*) rondar por; (*- person*) atormentar.
haunted ['hɔːntɪd] *adj* encantado,-a.
have [hæv] **1** *vt* (*3rd pers pres sing* has; pt & pp had) (*possess*) tener, poseer. **2** (*food*) comer; (*drink*) beber; (*cigarette*) fumar: **to have breakfast** desayunar; **to have lunch** comer; **to have tea** merendar; **to have dinner** cenar. **3** (*shower, bath*) tomar. **4** (*illness*) tener. **5** (*party, meeting*) hacer, celebrar. **6** (*baby*) tener, dar a luz. **7** (*cause to happen*) hacer, mandar: **he had the house painted** hizo pintar la casa. **8** (*allow*) permitir, consentir: **I won't have it!** ¡no lo consentiré! ‖ **9** *aux* haber: **I have seen a ghost** he visto un fantasma. ♦ **to have on 1** *vt* (*wear*) llevar puesto,-a. **2** *vt* (*tease*) tomar el pelo ♦ **to have out** *vt* (*tooth*) sacarse; (*appendix*) operarse de. • **had better** más vale que: **have got** GB tener; **to have done with** acabar con; **to have had it** (*be broken*) estar estropeado,-a; (*be in trouble*) estar apañado,-a; **to have just** acabar de; **to have sb on** tomarle el pelo a algn; **to have sth on** tener algo planeado, tener algo que hacer; **to have it in for sb** tenerla tomada con algn;

to have it out with sb ajustar las cuentas con algn; **to have to** tener que, haber de; **to have to do with** tener que ver con.
haven ['heɪvən] *n fig* refugio.
haversack ['hævəsæk] *n* mochila.
havoc ['hævək] *n* estragos *mpl*.
hawk [hɔːk] *n* halcón *m*.
hay [heɪ] *n* heno.
hay-fever ['heɪfiːvə] *n* fiebre *f* del heno.
hazard ['hæzəd] **1** *n* riesgo, peligro. ‖ **2** *vt* arriesgar, poner en peligro.
haze [heɪz] *n* neblina.
hazel ['heɪzl] **1** *n* avellano. ‖ **2** *adj* (*colour*) avellana.
hazelnut ['heɪzlnʌt] *n* avellana.
hazy ['heɪzɪ] **1** *adj* brumoso,-a. **2** *fig* vago,-a, confuso,-a.
he [hiː] *pron* él.
head [hed] **1** *n* cabeza. **2** cabezal *m*. **3** cabecera. **4** principio. **5** espuma. **6** cabo. **7** director,-ra. ‖ **8** *vt* encabezar. **9** (*ball*) rematar de cabeza. ♦ **to head for** *vt* dirigirse hacia. • **heads or tails?** ¿cara o cruz?
headache ['hedeɪk] *n* dolor *m* de cabeza.
header ['hedə] *n* cabezazo.
heading ['hedɪŋ] **1** *n* encabezamiento. **2** (*letterhead*) membrete *m*.
headlamp ['hedlæmp] *n* faro.
headlight ['hedlaɪt] *n* faro.
headline ['hedlaɪn] *n* titular *m*.
headmaster ['hedmɑːstə] *n* director *m*.
headmistress [hed'mɪstrəs] *n* directora.
headphones ['hedfəʊnz] *npl* auriculares *mpl*.
headquarters ['hedkwɔːtəz] **1** *npl* sede. **2** MIL cuartel general.
headstrong ['hedstrɒŋ] *adj* obstinado,-a, testarudo,-a.
headteacher ['hed'tiːtʃə] *n* director, -ra.
heal [hiːl] **1** *vt* curar. ‖ **2** *vi* curarse.
health [helθ] **1** *n* salud *f*. **2** (*service*) sanidad *f*.
healthy ['helθɪ] **1** *adj* sano,-a. **2** (*good for health*) saludable.
heap [hiːp] **1** *n* montón *m*. ‖ **2** *vt* amontonar.
hear [hɪə] *vt - vi* (*pt & pp* heard [hɜːd]) oír. • **to hear from** tener noticias de.
hearing ['hɪərɪŋ] **1** *n* oído. **2** JUR audiencia.
hearse [hɜːs] *n* coche *m* fúnebre.
heart [hɑːt] **1** *n* corazón *m*. **2** (*courage*) valor *m*. **3** (*of lettuce etc*) cogollo. • **by heart** de memoria.
heartbeat ['hɑːtbiːt] *n* latido.
heartbreaking ['hɑːtbreɪkɪŋ] *n* desgarrador,-ora.
hearten ['hɑːtn] *vt* animar.
hearth [hɑːθ] *n* hogar *m*, chimenea.
heartless ['hɑːtləs] *adj* cruel.
heat [hiːt] **1** *n* calor *m*. **2** (*heating*) calefacción *f*. **3** SP eliminatoria. ‖ **4** *vt* calentar. ‖ **5** *vi* calentarse. • **on heat** en celo.
heated ['hiːtɪd] *adj fig* (*argument*) acalorado,-a.
heater ['hiːtə] *n* calentador *m*.
heating ['hiːtɪŋ] *n* calefacción *f*.
heave [hiːv] **1** *n* (*pull*) tirón *m*. ‖ **2** *vt* (*pull*) tirar. **3** *fam* (*throw*) lanzar. ‖ **4** *vi* subir y bajar; (*chest*) suspirar.
heaven ['hevn] **1** *n* cielo. **2** *fam* gloria.

heavenly ['hevnlɪ] **1** *adj* celestial. **2** *fig* divino,-a. **3** ASTRON celeste. ▪ **heavenly body** cuerpo celeste.
heavy ['hevɪ] **1** *adj* pesado,-a. **2** fuerte. **3** denso,-a. **4** profundo,-a. **5** abundante.
heckle ['hekl] *vt* interrumpir.
hectare ['hektɑː] *n* hectárea.
hectic ['hektɪk] *adj* agitado,-a, ajetreado,-a.
hedge [hedʒ] **1** *n* seto vivo. **2** *fig* protección *f*. ‖ **3** *vi* contestar con evasivas.
hedgehog ['hedʒhɒg] *n* erizo.
heed [hiːd] **1** *n* atención *f*. ‖ **2** *vt* prestar atención a.
heel [hiːl] **1** *n* talón. **2** (*on shoe*) tacón.
hefty ['heftɪ] *adj* fuerte.
height [haɪt] **1** *n* altura. **2** (*altitude*) altitud *f*. **3** (*of person*) estatura.
heighten ['haɪtn] *vt fig* intensificar.
heinous ['heɪnəs] *adj* atroz.
heir [eə] *n* heredero.
heiress ['eərəs] *n* heredera.
helium ['hiːlɪəm] *n* helio.
hell [hel] *n* infierno. • **a hell of a** *fam* (*good*) estupendo,-a, fantástico,-a; (*bad*) fatal, horrible.
hellish ['helɪʃ] *adj fam* infernal.
hello! [he'ləʊ] **1** *interj* ¡hola! **2** ¡diga!
helmet ['helmət] *n* casco.
help [help] **1** *n* ayuda. ‖ **2** *interj* ¡socorro! ‖ **3** *vt* ayudar. **4** (*avoid*) evitar. • **help yourself** sírvete tú mismo, -a; **I can't help it** no lo puedo evitar.
helper ['helpə] *n* ayudante *mf*.
helpful ['helpfʊl] **1** *adj* (*thing*) útil. **2** (*person*) amable.
helping ['helpɪŋ] *n* ración *f*.
helpless ['helpləs] **1** *adj* indefenso, -a. **2** (*powerless*) impotente.
helter-skelter [heltə'skeltə] **1** *adv* atropelladamente. ‖ **2** *n* (*at fair*) tobogán *m*.
hem [hem] **1** *n* dobladillo. ‖ **2** *vt* hacer un dobladillo en. ♦ **to hem in** *vt* cercar, rodear.
he-man ['hiːmæn] *n* machote *m*.
hen [hen] *n* gallina.
hence [hens] **1** *adv* (*so*) por eso. **2** (*from now*) de aquí a.
her [hɜː] **1** *pron* (*direct object*) la: **I love her** la quiero. **2** (*indirect object*) le; (*with other pronouns*) se: **give her the money** dale el dinero. **3** (*after preposition*) ella: **go with her** vete con ella. ‖ **4** *adj* su, sus; (*emphatic*) de ella.
herb [hɜːb] *n* hierba.
herbalist ['hɜːbəlɪst] *n* herbolario,-a.
herd [hɜːd] *n* (*of cattle*) manada; (*of goats*) rebaño; (*of pigs*) piara.
here [hɪə] *adv* aquí.
hereditary [hɪ'rədɪtrɪ] *adj* hereditario, -a.
heredity [hɪ'redɪtɪ] *n* herencia.
heresy ['herəsɪ] *n* herejía.
heritage ['herɪtɪdʒ] *n* herencia, patrimonio.
hermit ['hɜːmɪt] *n* ermitaño.
hero ['hɪərəʊ] *n* héroe *m*.
heroic [hɪ'rəʊkɪk] *adj* heroico,-a.
heroin ['herəʊɪn] *n* (*drug*) heroína. ▪ **heroin addict** heroinómano,-a.
heroine ['herəʊɪn] *n* heroína.
herring ['herɪŋ] *n* arenque *m*.
hers [hɜːz] *pron* (el) suyo, (la) suya, (los) suyos, (las) suyas.
herself [hɜː'self] **1** *pron* se. **2** (*emphatic*) ella misma, sí misma.
hesitant ['hezɪtənt] *adj* indeciso,-a.

hesitate ['hezɪteɪt] *vi* vacilar, dudar.
hesitation [hezɪ'teɪʃn] *n* duda.
heterogeneous [hetərəʊ'dʒiːnɪəs] *adj* heterogéneo,-a.
hexagon ['heksəgən] *n* hexágono.
hey! [heɪ] *interj* ¡oye!, ¡oiga!
hi! [haɪ] *interj* ¡hola!
hibernate ['haɪbəneɪt] *vi* hibernar.
hiccough ['hɪkʌp] **1** *n* hipo. ‖ **2** *vi* tener hipo.
hidden ['hɪdn] *adj* escondido,-a, oculto,-a.
hide [haɪd] **1** *n* piel *f*, cuero. ‖ **2** *vt* (*pt* hid; pp hid o hidden) esconder. ‖ **3** *vi* esconderse.
hideous ['hɪdɪəs] **1** *adj* horroroso,-a. **2** (*ugly*) horrendo,-a.
hiding ['haɪdɪŋ] *n* paliza. • **to go into hiding** esconderse.
hierarchy ['haɪərɑːkɪ] *n* jerarquía.
high [haɪ] **1** *adj* alto,-a. **2** (*food*) pasado,-a. **3** (*game*) manido,-a. **4** *sl* (*on drugs*) colocado,-a. • **high and low** por todas partes. ▪ **high chair** trona; **high school** instituto; **high tide** pleamar *f*.
highlight ['haɪlaɪt] *vt* hacer resaltar.
highly ['haɪlɪ] *adv* muy; (*favourably*) muy bien.
Highness ['haɪnəs] *n* Alteza *mf*.
high-pitched ['haɪpɪtʃt] *adj* agudo,-a.
highway ['haɪweɪ] *n* US autovía.
hijack ['haɪdʒæk] **1** *n* secuestro. ‖ **2** *vt* secuestrar.
hike [haɪk] **1** *n* (*walk*) excursión *f*. ‖ **2** *vi* ir de excursión.
hiker ['haɪkə] *n* excursionista *mf*.
hilarious [hɪ'leərɪəs] *adj* graciosísimo,-a.
hill [hɪl] **1** *n* colina. **2** (*slope*) cuesta.
hillside ['hɪlsaɪd] *n* ladera.
hilly ['hɪlɪ] *adj* montañoso,-a.
hilt [hɪlt] *n* empuñadura. • **up to the hilt** al máximo.
him [hɪm] **1** *pron* (*direct object*) lo: **I love him** lo quiero. **2** (*indirect object*) le; (*with other pronouns*) se: **give him the money** dale el dinero. **3** (*after preposition*) él: **we went with him** fuimos con él.
himself [hɪm'self] **1** *pron* se. **2** (*emphatic*) él mismo, sí mismo.
hind [haɪnd] *adj* trasero,-a.
hinder ['hɪndə] *vt* - *vi* entorpecer.
hindrance ['hɪndrəns] *n* estorbo.
hindsight ['haɪndsaɪt] *n* retrospectiva.
hinge [hɪndʒ] *n* bisagra, gozne *m*. • **to hinge on** depender de.
hint [hɪnt] **1** *n* insinuación *f*, indirecta. **2** (*advice*) consejo. **3** (*clue*) pista. ‖ **4** *vt* insinuar. ‖ **5** *vi* lanzar indirectas.
hip [hɪp] *n* cadera.
hippopotamus [hɪpə'pɒtəməs] *n* hipopótamo.
hire ['haɪə] **1** *n* alquiler *m*. ‖ **2** *vt* alquilar. • **on hire purchase** a plazos.
his [hɪz] **1** *adj* su, sus: **his dog** su perro. **2** (*emphatic*) de él. ‖ **3** *pron* (el) suyo, (la) suya, (los) suyos, (las) suyas.
hiss [hɪs] **1** *n* siseo, silbido. ‖ **2** *vi* sisear, silbar.
historian [hɪs'tɔːrɪən] *n* historiador,-ra.
historic [hɪs'tɒrɪk] *adj* histórico,-a.
history ['hɪstrɪ] *n* historia.
hit [hɪt] **1** *n* (*blow*) golpe *m*. **2** (*success*) éxito. **3** COMPUT visita. ‖ **4** *vt*

(*pt & pp* hit) golpear, pegar: . **5** (*crash into*) chocar contra. **6** (*affect*) afectar. **7** (*reach*) alcanzar. • **to hit it off with** llevarse bien con; **to score a direct hit** dar en el blanco.

hit-and-miss ['hɪtənmɪs] *adj* a la buena de Dios.

hitch [hɪtʃ] **1** *n* (*problem*) tropiezo, dificultad *f.* ‖ **2** *vt* (*tie*) enganchar, atar. ‖ **3** *vi fam* (*travel*) hacer autoestop.

hitch-hiker ['hɪtʃhaɪkə] *n* autoestopista *mf.*

HIV ['eɪtʃ'aɪ'viː] *abbr* (human immunodeficiency virus) VIH *m.* • **to be diagnosed HIV negative** dar negativo,-a en la prueba del sida. ▪ **HIV carrier** seropositivo,-a.

hive [haɪv] *n* colmena.

hoard [hɔːd] **1** *n* provisión *f.* **2** (*money*) tesoro. ‖ **3** *vt* acumular. **4** (*money*) atesorar.

hoarse [hɔːs] *adj* ronco,-a, áspero,-a.

hoax [həʊks] **1** *n* trampa, engaño. ‖ **2** *vt* engañar.

hobble ['hɒbl] *vi* cojear.

hog [hɒg] **1** *n* cerdo. ‖ **2** *vt* acaparar.

hoist [hɔɪst] **1** *n* grúa. **2** (*lift*) montacargas *m inv.* ‖ **3** *vt* levantar. **4** (*flag*) izar.

hold [həʊld] **1** *n* (*grip*) agarro. **2** (*place to grip*) asidero. **3** (*on ship, plane*) bodega. ‖ **4** *vt* (*pt & pp* held) aguantar, sostener; (*tightly*) agarrar. **5** (*contain*) dar cabida a. **6** (*meeting*) celebrar; (*conversation*) mantener. **7** (*think*) creer, considerar. **8** (*keep*) guardar. ‖ **9** *vi* resistir; *fig* seguir siendo válido,-a. ♦ **to hold back 1** *vt* retener. **2** *vt* (*information*) ocultar ♦ **to hold forth** *vi* hablar largo y tendido ♦ **to hold on 1** *vi* agarrar fuerte. **2** *vi* (*wait*) esperar; (*on telephone*) no colgar ♦ **to hold out 1** *vt* (*hand*) tender. **2** *vi* durar; (*person*) resistir ♦ **to hold over** *vt* aplazar ♦ **to hold up 1** *vt* (*rob*) atracar, asaltar. **2** *vt* (*delay*) retrasar. **3** *vt* (*raise*) levantar. **4** *vt* (*support*) aguantar, sostener ♦ **to hold with** *vt* estar de acuerdo con. • **to get hold of** asir.

holder ['həʊldə] **1** *n* poseedor,-ra; (*of passport*) titular *mf.* **2** (*container*) recipiente *m.*

holding ['həʊldɪŋ] **1** *n* posesión *f.* **2** COMM holding *m.*

hold-up ['həʊldʌp] **1** *n* atraco. **2** (*delay*) retraso. **3** AUTO atasco.

hole [həʊl] **1** *n* agujero; hoyo. **2** bache *m.*

holiday ['hɒlɪdeɪ] **1** *n* (*one day*) fiesta. **2** (*period*) vacaciones *fpl.*

Holland ['hɒlənd] *n* Holanda.

hollow ['hɒləʊ] **1** *adj* hueco,-a. **2** *fig* falso,-a. ‖ **3** *n* hueco. **4** hondonada.

holly ['hɒlɪ] *n* acebo.

holy ['həʊlɪ] **1** *adj* santo,-a, sagrado,-a. **2** (*blessed*) bendito,-a.

home [həʊm] **1** *n* hogar *m*, casa. **2** (*institution*) asilo. ‖ **3** *adj* casero,-a. • **at home** en casa; **make yourself at home** póngase cómodo,-a; *to feel at home* estar a gusto; *to go home* irse a casa; *to leave home* irse de casa. ▪ **home help** asistenta; **home page** página inicial.

homeless ['həʊmləs] *adj* sin techo, sin hogar.

homesick ['həʊmsɪk] *adj* nostálgico,-a.

homesickness ['həʊmsɪknəs] *n* añoranza, morriña.

homework ['həʊmwɜːk] *n* deberes *mpl*.
homicide ['hɒmɪsaɪd] **1** *n* (*crime*) homicidio. **2** (*criminal*) homicida *mf*.
homogeneous [hɒmə'dʒiːnɪəs] *adj* homogéneo,-a.
honest ['ɒnɪst] **1** *adj* honrado,-a, honesto,-a. **2** sincero,-a, franco,-a.
honesty ['ɒnɪstɪ] *n* honradez *f*.
honey ['hʌnɪ] **1** *n* miel *f*. **2** US cariño.
honk [hɒŋk] **1** *n* (*goose*) graznido. **2** (*car horn*) bocinazo. || **3** *vi* (*goose*) graznar. **4** (*car*) tocar la bocina.
honour ['ɒnə] **1** *n* honor *m*, honra. || **2** *vt* honrar. **3** (*cheque*) pagar; (*promise*) cumplir. ■ **Your Honour** Su Señoría.
honourable ['ɒnərəbl] **1** *adj* (*person*) honrado,-a; (*title*) honorable. **2** (*actions*) honroso,-a.
hood [hʊd] **1** *n* capucha. **2** capota. **3** US AUTO (*bonnet*) capó *m*.
hoof [huːf] **1** *n* pezuña. **2** casco.
hook [hʊk] **1** *n* gancho. **2** (*for fishing*) anzuelo. **3** (*boxing*) gancho. || **4** *vt* enganchar. ♦ **to hook up** *vt* conectar.
hoop [huːp] *n* aro.
hoot [huːt] **1** *n* (*of owl*) ululato, grito. **2** (*of car*) bocinazo. || **3** *vi* (*owl*) ulular, gritar. **4** (*car*) dar un bocinazo; (*driver*) tocar la bocina.
hop [hɒp] **1** *n* salto. **2** BOT lúpulo. || **3** *vi* saltar (con un solo pie).
hope [həʊp] **1** *n* esperanza. || **2** *vt* - *vi* esperar.
hopeful ['həʊpfʊl] **1** *adj* esperanzado, -a. **2** (*promising*) prometedor,-ra.
hopeless ['həʊpləs] **1** *adj* desesperado,-a. **2** *fam* (*useless*) inútil.
horizon [hə'raɪzn] *n* horizonte *m*.
hormone ['hɔːməʊn] *n* hormona.
horn [hɔːn] **1** *n* ZOOL asta, cuerno. **2** AUTO bocina. **3** MUS trompa.
horoscope ['hɒrəskəʊp] *n* horóscopo.
horrid ['hɒrɪd] *adj* horroroso,-a.
horrify ['hɒrɪfaɪ] *vt* horrorizar.
horror ['hɒrə] *n* horror *m*. ■ **horror film** película de terror.
hors d'oeuvre [ɔː'dɜːvrə] *n* entremés *m*.
horse [hɔːs] *n* caballo.
horseman ['hɔːsmən] *n* jinete *m*.
horseshoe ['hɔːsʃuː] *n* herradura.
horsewoman ['hɔːswʊmən] *n* amazona.
horticulture ['hɔːtɪkʌltʃə] *n* horticultura.
hose [həʊz] **1** *n* manguera. || **2** *npl* calcetines *mpl*; medias *fpl*.
hospital ['hɒspɪtl] *n* hospital *m*.
host [həʊst] **1** *n* anfitrión *m*. **2** TV presentador *m*. **3** (*large number*) multitud *f*. **4** REL hostia. || **5** *vt* TV presentar.
hostage ['hɒstɪdʒ] *n* rehén *mf*.
hostel ['hɒstl] *n* residencia; albergue *m*.
hostess ['həʊstəs] **1** *n* anfitriona. **2** (*on plane etc*) azafata. **3** (*in club*) camarera. **4** TV presentadora.
hostility [hɒ'stɪlɪtɪ] *n* hostilidad *f*.
hot [hɒt] **1** *adj* caliente. **2** METEOR caluroso,-a, cálido,-a. **3** CULIN picante. • **to be hot** (*person*) tener calor; (*weather*) hacer calor.
hotchpotch ['hɒtʃpɒtʃ] *n fam* revoltijo.
hotelier [həʊ'telɪeɪ] *n* hotelero,-a.
hotplate ['hɒtpleɪt] *n* placa de cocina.

hound [haʊnd] *n* perro de caza.
hour ['aʊə] *n* hora.
hourly ['aʊəlɪ] *adj* cada hora.
house [haʊs] **1** *n* casa. **2** POL cámara. **3** THEAT sala. || **4** *vt* ([haʊz]) alojar.
household ['haʊshəʊld] *n* casa.
housekeeper ['haʊski:pə] *n* ama de llaves.
housekeeping ['haʊski:pɪŋ] **1** *n* (*running*) administración *f* de la casa. **2** (*money*) dinero para los gastos de la casa.
house-trained ['haʊstreɪnd] *adj* (*pet*) adiestrado,-a.
housewife ['haʊswaɪf] *n* ama de casa.
housework ['haʊswɜ:k] *n* tareas *fpl* de la casa.
housing ['haʊzɪŋ] **1** *n* vivienda. **2** TECH caja. ▪ **housing estate** urbanización *f*.
hovel ['hɒvl] *n* cuchitril *m*.
hover ['hɒvə] **1** *vi* permanecer inmóvil (en el aire). **2** (*bird*) cernerse.
hovercraft ['hɒvəkra:ft] *n* hovercraft *m*.
how [haʊ] **1** *adv* cómo. **2** (*in exclamations*) qué. • **how are you?** ¿cómo estás?; **how do you do?** ¿cómo está usted?; **how much** cuánto, -a; **how many** cuántos,-as.
however [haʊ'evə] **1** *conj* sin embargo, no obstante. || **2** *adv*: **however much** por más que, por mucho que.
howl [haʊl] **1** *n* aullido. || **2** *vi* aullar.
hub [hʌb] **1** *n* cubo. **2** *fig* centro, eje.
hubbub ['hʌbʌb] *n* bullicio.
hubby ['hʌbɪ] *n fam* marido.
huddle ['hʌdl] **1** *n* montón *m*. || **2** *vi* acurrucarse. **3** apiñarse.
huff [hʌf] *n* enfado, enojo.
hug [hʌg] **1** *n* abrazo. || **2** *vt* abrazar.
huge [hju:dʒ] *adj* enorme, inmenso,-a.
hull [hʌl] **1** *n* (*of ship*) casco. || **2** *vt* desvainar.
hullabaloo [hʌləbə'lu:] *n* barullo.
hum [hʌm] **1** *n* zumbido. || **2** *vi* zumbar. || **3** *vt* - *vi* (*sing*) tararear, canturrear.
human ['hju:mən] **1** *adj* - *n* humano,-a.
humanity [hju:'mænɪtɪ] **1** *n* humanidad *f*. **2** (*mankind*) género humano.
humble ['hʌmbl] **1** *adj* humilde. || **2** *vt* humillar.
humbleness ['hʌmblnəs] *n* humildad *f*.
humid ['hju:mɪd] *adj* húmedo,-a.
humidity [hju:'mɪdɪtɪ] *n* humedad *f*.
humiliate [hju:'mɪlɪeɪt] *vt* humillar.
humility [hju:'mɪlɪtɪ] *n* humildad *f*.
humming-bird ['hʌmɪŋbɜ:d] *n* colibrí.
humorist ['hju:mərɪst] *n* humorista *mf*.
humorous ['hju:mərəs] *adj* (*funny*) gracioso,-a.
humour ['hju:mə] **1** *n* humor *m*. || **2** *vt* complacer.
hump [hʌmp] **1** *n* giba. || **2** *vt* cargar.
hunch [hʌntʃ] **1** *n* presentimiento. || **2** *vt* encorvar.
hundred ['hʌndrəd] *num* cien, ciento.
hundredth ['hʌndrədθ] *adj* - *n* centésimo,-a.
hundredweight ['hʌndrədweɪt] *n* quintal *m*.
Hungarian [hʌŋ'geərɪən] **1** *adj* - *n* húngaro,-a. || **2** *n* (*language*) húngaro.

Hungary ['hʌŋgərɪ] *n* Hungría.
hunger ['hʌŋgə] *n* hambre *f.* • **to hunger for** ansiar.
hungry ['hʌŋgrɪ] *adj* hambriento,-a. • **to be hungry** tener hambre.
hunk [hʌŋk] *n fam* pedazo.
hunt [hʌnt] **1** *n* caza. **2** (*search*) búsqueda. ‖ **3** *vt* - *vi* cazar.
hunter ['hʌntə] *n* cazador *m.*
hunting ['hʌntɪŋ] *n* caza, montería.
hurdle ['hɜːdl] **1** *n* valla. **2** obstáculo.
hurl [hɜːl] *vt* lanzar, arrojar.
hurricane ['hʌrɪkən] *n* huracán *m.*
hurried ['hʌrɪd] *adj* apresurado,-a.
hurry ['hʌrɪ] **1** *n* prisa. ‖ **2** *vt* dar prisa a, apresurar. ‖ **3** *vi* darse prisa. • **to be in a hurry** tener prisa.
hurt [hɜːt] **1** *n* daño, dolor *m,* mal *m.* ‖ **2** *adj* (*physically*) herido,-a. **3** (*offended*) dolido,-a. ‖ **4** *vt* (*pt & pp* hurt) (*physically*) lastimar, hacer daño. **5** (*offend*) herir, ofender. ‖ **6** *vi* doler.
hurtful ['hɜːtfʊl] *adj* hiriente.
hurtle ['hɜːtl] *vi* precipitarse.
husband ['hʌzbənd] *n* marido, esposo.
hush [hʌʃ] **1** *n* silencio. ‖ **2** *vt* callar.
husky ['hʌskɪ] *adj* ronco,-a.
hustle ['hʌsl] **1** *n* bullicio. ‖ **2** *vt* dar prisa a. ‖ **3** *vi* apresurarse.
hustler ['hʌslə] **1** *n* estafador,-ra. **2** US *sl* puta; chapero.
hut [hʌt] **1** *n* cabaña. **2** cobertizo.
hutch [hʌtʃ] *n* conejera.
hybrid ['haɪbrɪd] *adj* - *n* híbrido,-a.
hydrant ['haɪdrənt] *n* boca de riego.
hydroelectric [haɪdrəʊɪ'lektrɪk] *adj* hidroeléctrico,-a.
hyena [haɪ'iːnə] *n* hiena.
hygiene ['haɪdʒiːn] *n* higiene *f.*
hymn [hɪm] *n* himno. ■ **hymn book** cantoral *m.*
hyphen ['haɪfn] *n* guión *m.*
hypnotize ['hɪpnətaɪz] *vt* hipnotizar.
hypochondriac [haɪpəʊ'kɒndrɪæk] *n* hipocondríaco,-a.
hypocrisy [hɪ'pɒkrɪsɪ] *n* hipocresía.
hypothesis [haɪ'pɒθɪsɪs] *n* hipótesis.
hysterical [hɪ'sterɪkl] *adj* histérico,-a.

I

I [aɪ] *pron* yo.
Iberia [aɪ'bɪərɪə] *n* Iberia.
Iberian [aɪ'bɪərɪən] *adj* - *n* ibero,-a, íbero,-a, ibérico,-a.
ice [aɪs] **1** *n* hielo. **2** (*ice-cream*) helado. ‖ **3** *vt* (*cake*) glasear. ♦ **to ice over/up** *vi* helarse. ■ **ice cube** cubito.
icebox ['aɪsbɒks] *n* nevera.
ice-cream [aɪs'kriːm] *n* helado.
Iceland ['aɪslənd] *n* Islandia.
Icelandic [aɪs'lændɪk] *adj* - *n* islandés, -esa.
ice-skate ['aɪsskeɪt] *vi* patinar sobre hielo.
icicle ['aɪsɪkl] *n* carámbano.
icing ['aɪsɪŋ] *n* glaseado. ■ **icing sugar** azúcar *m & f* glas.
icon ['aɪkən] *n* icono.
icy ['aɪsɪ] **1** *adj* helado,-a. **2** glacial.
ID ['aɪ'diː] *abbr* identificación *f*. ■ **ID card** DNI *m*.
idea [aɪ'dɪə] **1** *n* idea. **2** opinión.
idealize [aɪ'dɪəlaɪz] *vt* idealizar.
identical [aɪ'dəntɪkl] *adj* idéntico,-a.
identification [aɪdentɪfɪ'keɪʃn] **1** *n* identificación. **2** documentación. ■ **identification parade** rueda de identificación.
identify [aɪ'dentɪfaɪ] *vt* identificar.
identity [aɪ'dentɪtɪ] *n* identidad *f*.
ideology [aɪdɪ'ɒlədʒɪ] *n* ideología.
idiom ['ɪdɪəm] *n* locución.
idiot ['ɪdɪət] *n* idiota *mf*.
idiotic [ɪdɪ'ɒtɪk] *adj* idiota.
idle ['aɪdl] **1** *adj* (*lazy*) perezoso,-a. **2** (*not working*) parado,-a. **3** (*gossip etc*) frívolo,-a; (*threat*) futil. ♦ **to idle away** *vt* desperdiciar.
idol ['aɪdl] *n* ídolo.
ie ['aɪ'iː] *abbr* esto es, a saber; i.e.
if [ɪf] **1** *conj* (*gen*) si. **2** (*although*) aunque. • **as if** como si; **if so** de ser así.
igloo ['ɪgluː] *n* iglú *m*.
ignition [ɪg'nɪʃn] **1** *n* ignición *f*. **2** AUTO encendido. ■ **ignition key** llave *f* de contacto.
ignorance ['ɪgnərəns] *n* ignorancia.
ignore [ɪg'nɔː] **1** *vt* ignorar. **2** no hacer caso de. **3** pasar por alto.
ill [ɪl] **1** *adj* enfermo,-a. **2** malo,-a. ‖ **3** *n* mal. ‖ **4** *adv* mal: **I can ill afford it** mal me lo puedo permitir. ■ **ill health** mala salud; **ill will** rencor *m*.
illegal [ɪ'liːgl] *adj* ilegal.
illegitimate [ɪlɪ'dʒɪtɪmət] *adj* ilegítimo,-a.
illicit [ɪ'lɪsɪt] *adj* ilícito,-a.
illiterate [ɪ'lɪtərət] **1** *adj* - *n* analfabeto,-a. **2** (*uneducated*) inculto,-a.
illness ['ɪlnəs] *n* enfermedad *f*.
illogical [ɪ'lɒdʒɪkl] *adj* ilógico,-a.
illuminate [ɪ'luːmɪneɪt] *vt* iluminar.
illusion [ɪ'luːʒn] *n* ilusión *f*. • **to be under the illusion that ...** engañarse pensando que ...
illustrate ['ɪləstreɪt] *vt* ilustrar.
illustration [ɪləs'treɪʃn] **1** *n* ilustración *f*. **2** (*example*) ejemplo.

image [ˈɪmɪdʒ] *n* (*gen*) imagen *f*.
imagine [ɪˈmædʒɪn] **1** *vt* imaginar. **2** suponer.
imbalance [ɪmˈbæləns] *n* desequilibrio.
imitate [ˈɪmɪteɪt] *vt* imitar.
immaculate [ɪˈmækjʊlət] *adj* inmaculado,-a; (*clothes*) impecable.
immature [ɪməˈtjʊə] *adj* inmaduro,-a.
immediate [ɪˈmiːdɪət] **1** *adj* inmediato,-a. **2** (*near*) próximo,-a, cercano,-a.
immense [ɪˈmens] *adj* inmenso,-a.
immerse [ɪˈmɜːs] *vt* sumergir.
immigrant [ˈɪmɪgrənt] *adj* - *n* inmigrante.
immigration [ɪmɪˈgreɪʃn] *n* inmigración *f*.
imminent [ˈɪmɪnənt] *adj* inminente.
immobile [ɪˈməʊbaɪl] *adj* inmóvil.
immortal [ɪˈmɔːtl] **1** *adj* inmortal. **2** *fig* imperecedero,-a.
immunity [ɪˈmjuːnɪtɪ] *n* inmunidad *f*.
imp [ɪmp] **1** *n* diablillo. **2** *fig* (*child*) pillo.
impact [ˈɪmpækt] **1** *n* impacto. **2** (*crash*) choque *m*.
impair [ɪmˈpeə] **1** *vt* perjudicar, afectar. **2** (*weaken*) debilitar.
impassive [ɪmˈpæsɪv] *adj* impasible.
impatient [ɪmˈpeɪʃnt] *adj* impaciente.
impending [ɪmˈpendɪŋ] *adj* inminente.
imperative [ɪmˈperætɪv] **1** *adj* (*vital*) esencial, imprescindible. ‖ **2** *n* GRAM imperativo.
imperfect [ɪmˈpɜːfekt] *adj* imperfecto, -a. **2** (*faulty*) defectuoso,-a.
imperfection [ɪmpəˈfekʃn] *n* imperfección *f*.
impersonate [ɪmˈpɜːsəneɪt] **1** *vt* hacerse pasar por. **2** (*actor*) imitar.
impertinent [ɪmˈpɜːtɪnənt] *adj* impertinente.
implausible [ɪmˈplɔːzəbl] *adj* inverosímil, poco convincente.
implement [ˈɪmplɪmənt] **1** *n* instrumento,; (*tool*) herramienta. ‖ **2** *vt* ([ˈɪmplɪment]) poner en práctica. **3** (*law*) aplicar.
implicate [ˈɪmplɪkeɪt] *vt* implicar, involucrar.
implicit [ɪmˈplɪsɪt] **1** *adj* implícito,-a. **2** (*complete*) absoluto,-a, incondicional.
imply [ɪmˈplaɪ] **1** *vt* (*involve*) implicar. **2** (*mean*) significar. **3** (*hint*) insinuar.
impolite [ɪmpəˈlaɪt] *adj* maleducado,-a.
import [ˈɪmpɔːt] **1** *n* artículo de importación. **2** importación. **3** *fml* importancia. ‖ **4** *vt* [ɪmˈpɔːt] importar.
importance [ɪmˈpɔːtəns] *n* importancia.
impose [ɪmˈpəʊz] *vt* imponer. • **to impose on** abusar de.
impotence [ˈɪmpətəns] *n* impotencia.
impractical [ɪmˈpræktɪkl] *adj* poco práctico,-a.
imprecise [ɪmprɪˈsaɪs] *adj* impreciso,-a.
impress [ɪmˈpres] *vt* impresionar.
impression [ɪmˈpreʃn] **1** *n* (*gen*) impresión *f*. **2** (*imitation*) imitación *f*.
impressive [ɪmˈpresɪv] *adj* impresionante.
imprisonment [ɪmˈprɪznmənt] *n* encarcelamiento.
improbable [ɪmˈprɒbəbl] **1** *adj* improbable. **2** (*story*) inverosímil.

impromptu [ɪm'prɒmptjuː] **1** *adj* improvisado,-a. || **2** *adv* de improviso, improvisadamente.
improper [ɪm'prɒpə] **1** *adj* impropio, -a. **2** inadecuado,-a. **3** deshonesto,-a.
improve [ɪm'pruːv] **1** *vt* (*gen*) mejorar. **2** (*knowledge*) perfeccionar. ♦ **to improve on** *vt* mejorar respecto a.
improvement [ɪm'pruːvmənt] **1** *n* mejora. **2** perfeccionamiento. • **to be an improvement** ser mejor.
improvise ['ɪmprəvaɪz] *vt - vi* improvisar.
in [ɪn] **1** *prep* en, dentro de: **in May** en mayo; **in the box** en la caja; **in the morning** por la mañana; **in twenty minutes** dentro de veinte minutos. **2** en: **put it in your pocket** métetelo en el bolsillo; **we arrived in Bonn** llegamos a Bonn. **3** en, vestido,-a de: **the man in black** el hombre de negro. **4** en: **written in Greek** escrito en griego. || **5** *adv* dentro. **6** en casa. **7** de moda. **8** en el poder. **9** al: **in doing that** al hacer eso. **10** de: **the biggest in the world** el más grande del mundo. • **in so far as** en la medida en que; **to be in for sth** estar a punto de recibir algo; **to be in on sth** estar enterado,-a de algo; **to be (well) in with sb** llevarse (muy) bien con algn. ▪ **ins and outs** detalles *mpl*, pormenores *mpl*.
inability [ɪnə'bɪlɪtɪ] *n* incapacidad *f*.
inaccurate [ɪn'ækjʊrət] *adj* inexacto, -a, incorrecto,-a.
inadequate [ɪn'ædɪkwət] **1** *adj* insuficiente. **2** (*person*) inepto.
inappropriate [ɪnə'prəʊprɪət] **1** *adj* inadecuado, -a. **2** (*inopportune*) inoportuno,-a.
inaugurate [ɪ'nɔːgjʊreɪt] **1** *vt* inaugurar. **2** (*as president*) investir.
incapable [ɪn'keɪpəbl] *adj* incapaz.
incentive [ɪn'sentɪv] *n* incentivo.
incest ['ɪnsest] *n* incesto.
inch [ɪntʃ] *n* pulgada.
incident ['ɪnsɪdnt] *n* incidente *m*.
incision [ɪn'sɪʒn] *n* incisión *f*.
incisive [ɪn'saɪsɪv] **1** *adj* incisivo,-a. **2** (*mind*) penetrante. **3** (*voice*) agudo,-a.
incisor [ɪn'saɪzə] *n* diente *m* incisivo.
incite [ɪn'saɪt] *vt* incitar.
incline ['ɪnklaɪn] **1** *n* pendiente *f*, cuesta. || **2** *vt* ([ɪn'klaɪn]) inclinar. || **3** *vi* (*tend*) tender (to, a). **4** (*slope*) inclinarse.
including [ɪn'kluːdɪŋ] *prep* incluso, inclusive.
inclusive [ɪn'kluːsɪv] *adj* inclusivo, -a. • **to be inclusive of** incluir.
incoherence [ɪnkəʊ'hɪərəns] *n* incoherencia.
income ['ɪnkʌm] *n* ingresos *mpl*, renta. ▪ **income tax** impuesto sobre la renta.
incoming ['ɪnkʌmɪŋ] *adj* entrante.
incompetent [ɪn'kɒmpɪtənt] *adj* incompetente, inepto,-a.
incomplete [ɪnkəm'pliːt] **1** *adj* incompleto,-a. **2** (*unfinished*) inacabado,-a.
inconceivable [ɪnkən'siːvəbl] *adj* inconcebible.
inconclusive [ɪnkən'kluːsɪv] **1** *adj* (*discussion etc*) no decisivo,-a. **2** (*proof*) no concluyente.
incongruous [ɪn'kɒŋgrʊəs] *adj* incongruente.
inconsiderate [ɪnkən'sɪdərət] *adj* desconsiderado,-a.

inconsistent [inkən'sıstənt] *adj* inconsecuente, contradictorio,-a: **it's inconsistent with the facts** no concuerda con los hechos.

inconspicuous [ınkən'spıkjʊəs] *adj* que pasa desapercibido,-a.

inconvenience [ınkən'viːnıəns] **1** *n* inconveniente *m*, molestia. ‖ **2** *vt* molestar.

inconvenient [ınkən'viːnıənt] *adj* (*gen*) molesto,-a; (*place*) mal situado,-a; (*time*) inoportuno,-a.

incorporate [ın'kɔːpəreıt] *vt* incorporar.

increase ['ınkriːs] **1** *n* aumento. ‖ **2** *vt* - *vi* ([ın'kriːs]) aumentar; subir.

increasing [ın'kriːsıŋ] *adj* creciente.

incredulous [ın'kredjʊləs] *adj* incrédulo,-a.

incriminate [ın'krımıneıt] *vt* incriminar.

incubate ['ınkjʊbeıt] *vt* - *vi* incubar.

incur [ın'kɜː] **1** *vt* incurrir en. **2** (*debt*) contraer.

indebted [ın'detıd] **1** *adj* endeudado, -a. **2** *fig* agradecido,-a.

indecent [ın'diːsnt] *adj* indecente.

indecisive [ındı'saısıv] *adj* indeciso,-a.

indeed [ın'diːd] **1** *adv* en efecto, efectivamente. **2** (*intensifier*) realmente, de veras: **thank you very much indeed** muchísimas gracias.

indefinite [ın'defınət] *adj* indefinido, -a.

indemnity [ın'demnıtı] **1** *n* indemnidad *f*. **2** (*compensation*) indemnización *f*. **3** (*exemption*) inmunidad.

independence [ındı'pendəns] *n* independencia.

in-depth [ın'depθ] *adj* exhaustivo, -a, a fondo.

index ['ındeks] *n* índice *m*.

Indian ['ındıən] *adj* - *n* indio,-a.

indicate ['ındıkeıt] **1** *vt* indicar. ‖ **2** *vi* AUTO poner el intermitente.

indication [ındı'keıʃn] *n* indicio, señal *f*.

indicator ['ındıkeıtə] **1** *n* (*gen*) indicador *f*. **2** (*in car*) intermitente *m*.

indifferent [ın'dıfrənt] **1** *adj* indiferente. **2** (*mediocre*) mediocre, regular.

indignant [ın'dıgnənt] *adj* (*person*) indignado,-a.

indisposed [ındı'spəʊzd] *adj* indispuesto,-a.

indisputable [ındı'spjuːtəbl] **1** *adj* (*argument, winner etc*) indiscutible. **2** (*evidence*) irrefutable.

indistinct [ındı'stıŋkt] *adj* (*memory*) vago,-a; (*shape*) borroso,-a, poco definido,-a.

individual [ındı'vıdjʊəl] **1** *adj* (*separate*) individual. **2** (*different*) particular, personal. ‖ **3** *n* individuo.

indoor ['ındɔː] *adj* interior; (*clothes etc*) de estar por casa; (*swimming pool, tennis court*) cubierto,-a. ■ **indoor football** fútbol *m* sala; **indoor pool** piscina cubierta.

indoors [ın'dɔːz] *adv* dentro.

induce [ın'djuːs] **1** *vt* (*gen*) inducir. **2** (*cause*) causar, producir.

indulge [ın'dʌldʒ] **1** *vt* satisfacer. **2** (*person*) complacer; (*child*) mimar. • **to indulge in** darse el lujo de.

indulgence [ın'dʌlʒəns] **1** *n* indulgencia. **2** (*luxury*) pequeño lujo.

industrial [ın'dʌstrıəl] *adj* industrial. ■ **industrial accident** accidente *m* laboral; **industrial action** huelga; **industrial dispute** conflicto laboral; **industrial estate** polígono industrial.

industrialist [ɪn'dʌstrɪəlɪst] *n* industrial *mf*, empresario,-a.

industrious [ɪn'dʌstrɪəs] *adj* trabajador,-ra, aplicado,-a.

industry ['ɪndəstrɪ] **1** *n* industria. **2** (*hard work*) diligencia.

inedible [ɪn'edɪbl] *adj* incomestible.

ineffective [ɪnɪ'fektɪv] **1** *adj* ineficaz, inútil. **2** (*person*) inepto,-a.

inefficiency [ɪnɪ'fɪʃnsɪ] **1** *n* ineficacia. **2** (*of person*) incompetencia, ineptitud *f*.

inefficient [ɪnɪ'fɪʃənt] **1** *adj* ineficaz, ineficiente. **2** incompetente, inepto,-a.

inequality [ɪnɪ'kwɒlɪtɪ] *n* desigualdad *f*.

inertia [ɪ'nɜːʃə] *n* inercia.

inescapable [ɪnɪ'skeɪpəbl] *adj* ineludible.

inexpensive [ɪnɪk'spensɪv] *adj* barato, -a.

inexpert [ɪn'ekspɜːt] *adj* inexperto,-a.

infamous ['ɪnfəməs] *adj* infame.

infancy ['ɪnfənsɪ] *n* infancia.

infant ['ɪnfənt] *n* niño,-a.

infection [ɪn'fekʃn] **1** *n* (*of wound*) infección *f*. **2** (*with illness*) contagio.

infectious [ɪn'fekʃəs] *adj* infeccioso,-a, contagioso,-a.

inferiority [ɪnfɪərɪ'ɒrɪtɪ] *n* inferioridad *f*.

infertile [ɪn'fɜːtaɪl] *adj* estéril.

infest [ɪn'fest] *vt* infestar.

infidelity [ɪnfɪ'delɪtɪ] *n* infidelidad *f*.

infiltrate ['ɪnfɪltreɪt] *vt* infiltrarse en.

infinite ['ɪnfɪnət] *adj* infinito,-a.

infinity [ɪn'fɪnɪtɪ] **1** *n* MATH infinito. **2** *fig* infinidad *f*.

infirm [ɪn'fɜːm] *adj* enfermizo,-a.

infirmary [ɪn'fɜːmərɪ] **1** *n* hospital *m*. **2** (*in school etc*) enfermería.

inflate [ɪn'fleɪt] **1** *vt* inflar, hinchar. ‖ **2** *vi* inflarse, hincharse.

inflation [ɪn'fleɪʃn] *n* inflación *f*.

inflexible [ɪn'fleksɪbl] **1** *adj* inflexible. **2** rígido,-a.

inflict [ɪn'flɪkt] **1** *vt* infligir. **2** ocasionar.

influence ['ɪnflʊəns] **1** *n* influencia. ‖ **2** *vt* influir en.

influential [ɪnflʊ'enʃl] *adj* influyente.

influenza [ɪnflʊ'enzə] *n* gripe *f*.

influx ['ɪnflʌks] *n* afluencia.

inform [ɪn'fɔːm] *vt* informar. • **to inform on sb** delatar a algn.

informal [ɪn'fɔːml] *adj* (*gen*) informal; (*language*) coloquial.

informality [ɪnfɔː'mælɪtɪ] *n* sencillez *f*.

informant [ɪn'fɔːmənt] *n* informante *mf*, informador,-a.

information [ɪnfə'meɪʃn] **1** *n* información *f*. **2** conocimientos *mpl*.

informer [ɪn'fɔːmə] **1** *n* delator,-ra. **2** (*to police*) informador,-ra, chivato,-a.

infrared [ɪnfrə'red] *adj* infrarrojo,-a.

infringe [ɪn'frɪndʒ] *vt* infringir. • **to infringe on** usurpar, invadir.

infuriate [ɪn'fjʊərɪeɪt] *vt* enfurecer.

infuriating [ɪn'fjʊərɪeɪtɪŋ] *adj* exasperante, irritante.

ingenious [ɪn'dʒiːnɪəs] *adj* ingenioso, -a.

ingenuity [ɪndʒɪ'njuːɪtɪ] *n* ingenio.

ingot ['ɪŋgət] *n* lingote *m*.

ingredient [ɪn'griːdɪənt] **1** *n* ingrediente *m*. **2** *fig* componente *m*.

inhabit [ɪn'hæbɪt] *vt* habitar, vivir en.

inhabitant [ɪn'hæbɪtənt] *n* habitante.

inhale [ɪn'heɪl] **1** *vt* aspirar; MED inhalar. ‖ **2** *vi* (*smoker*) tragarse el humo.
inherit [ɪn'herɪt] *vt* heredar.
initial [ɪ'nɪʃl] **1** *adj* inicial. ‖ **2** *n* inicial *f*. ‖ **3** *vt* firmar con las iniciales.
initiative [ɪ'nɪʃɪətɪv] *n* iniciativa.
injection [ɪn'dʒekʃn] *n* inyección *f*.
injure ['ɪndʒə] *vt* herir.
injury ['ɪndʒərɪ] *n* herida.
injustice [ɪn'dʒʌstɪs] *n* injusticia.
ink [ɪŋk] *n* tinta.
inland ['ɪnlənd] **1** *adj* de tierra adentro. ‖ **2** *adv* ([ɪn'lænd]) (*travel*) tierra adentro; (*live*) en el interior. ▪ **Inland Revenue** GB Hacienda Pública.
inlet ['ɪnlet] **1** *n* (*in coast*) cala, ensenada. **2** TECH entrada.
inmate ['ɪnmeɪt] **1** *n* (*gen*) residente *mf*. **2** (*of prison*) preso,-a. **3** (*of hospital*) enfermo,-a. **4** (*of asylum*) interno,-a.
inn [ɪn] *n* posada, fonda, taberna.
innate [ɪ'neɪt] *adj* innato,-a.
inner ['ɪnə] *adj* interior. ▪ **inner tube** cámara.
innocence ['ɪnəsns] *n* inocencia.
innocent ['ɪnəsnt] *adj* - *n* inocente.
innovation [ɪnə'veɪʃn] *n* innovación *f*.
innuendo [ɪnjʊ'endəʊ] *n* insinuación *f*.
inoculate [ɪ'nɒkjʊleɪt] *vt* inocular.
input ['ɪnpʊt] **1** *n* entrada; (*of money*) inversión *f*; (*of data*) input *m*, entrada. ‖ **2** *vt* (*pt & pp* input) COMPUT entrar, introducir.
inquest ['ɪnkwest] *n* investigación *f*.
inquire [ɪn'kwaɪə] *vt* preguntar. • **"Inquire within"** "Razón aquí"; **to inquire about sth** preguntar por algo; **to inquire into sth** investigar algo.
inquiry [ɪn'kwaɪərɪ] *n* investigación *f*. • **"Inquiries"** "Información".
inquisitive [ɪn'kwɪzɪtɪv] *adj* curioso,-a.
insane [ɪn'seɪn] *adj* demente, loco,-a.
inscribe [ɪn'skraɪb] *vt* inscribir, grabar.
insect ['ɪnsekt] *n* insecto.
insecure [ɪnsɪ'kjʊə] *adj* inseguro,-a.
insensitive [ɪn'sensɪtɪv] *adj* insensible.
insert [ɪn'sɜːt] *vt* insertar, introducir.
inside [ɪn'saɪd] **1** *n* interior *m*. ‖ **2** *adj* interior, interno,-a. ‖ **3** *adv* (*position*) dentro; (*movement*) adentro. ‖ **4** *prep* dentro de. ‖ **5 insides** *npl* entrañas *fpl*. • **inside out** al revés.
insider [ɪn'saɪdə] *n* persona enterada.
insight ['ɪnsaɪt] **1** *n* (*faculty*) perspicacia, penetración *f*. **2** (*idea*) idea.
insincere [ɪnsɪn'sɪə] *adj* falso,-a.
insinuate [ɪn'sɪnjʊeɪt] *vt* insinuar.
insist [ɪn'sɪst] *vi* insistir (on, en).
inspect [ɪn'spekt] **1** *vt* (*gen*) inspeccionar. **2** (*luggage*) registrar. **3** (*troops*) pasar revista a.
inspection [ɪn'spekʃn] **1** *n* (*gen*) inspección *f*. **2** (*of luggage*) registro. **3** (*of troops*) revista.
inspector [ɪn'spektə] **1** *n* (*gen*) inspector,-ra. **2** (*on train*) revisor,-ra.
inspire [ɪn'spaɪə] **1** *vt* (*gen*) inspirar. **2** (*encourage*) animar.
install [ɪn'stɔːl] *vt* instalar.
instalment [ɪn'stɔːlmənt] **1** *n* (*of payment*) plazo. **2** (*of book etc*) entrega. **3** (*of series*) episodio, capítulo.
instance ['ɪnstəns] *n* ejemplo, caso.
instant ['ɪnstənt] **1** *n* instante. ‖ **2** *adj* inmediato,-a. **3** instantáneo,-a.

instantly [ˈɪnstəntlɪ] *adv* al instante.
instead [ɪnˈsted] *adv*. • **instead of** en lugar de, en vez de.
instigate [ˈɪnstɪgeɪt] *vt* instigar.
instinct [ˈɪnstɪŋkt] *n* instinto.
institute [ˈɪnstɪtjuːt] **1** *n* instituto. **2** colegio, asociación *f*. ‖ **3** *vt* instituir.
institution [ɪnstɪˈtjuːʃn] **1** *n* institución *f*. **2** (*home*) asilo.
instruct [ɪnˈstrʌkt] **1** *vt* instruir. **2** (*order*) ordenar, mandar.
instruction [ɪnˈstrʌkʃn] **1** *n* instrucción *f*. ‖ **2 instructions** *npl* indicaciones *fpl*.
instructor [ɪnˈstrʌktə] **1** *n* (*gen*) instructor,-ra. **2** (*of driving*) profesor, -ra. **3** SP monitor,-ra.
insulate [ˈɪnsjʊleɪt] *vt* aislar.
insulation [ɪnsjʊˈleɪʃn] *n* aislamiento.
insulin [ˈɪnsjʊlɪn] *n* insulina.
insult [ˈɪnsʌlt] **1** *n* (*words*) insulto. **2** (*action*) afrenta. ‖ **3** *vt* ([ɪnˈsʌlt]) insultar.
insurance [ɪnˈʃʊərəns] *n* seguro.
insure [ɪnˈʃʊə] *vt* asegurar.
intact [ɪnˈtækt] *adj* intacto,-a.
intake [ˈɪnteɪk] *n* consumo.
integral [ˈɪntɪgrəl] **1** *adj* integral. **2** incorporado,-a.
integrate [ˈɪntɪgreɪt] *vi* integrarse.
integrity [ɪnˈtegrɪtɪ] *n* integridad *f*.
intellect [ˈɪntɪlekt] *n* intelecto.
intellectual [ɪntɪˈlektjʊəl] **1** *adj* intelectual. ‖ **2** *n* intelectual *mf*.
intelligence [ɪnˈtelɪdʒəns] **1** *n* inteligencia. **2** (*information*) información *f*.
intend [ɪnˈtend] *vt* proponerse.
intended [ɪnˈtendɪd] **1** *adj* (*desired*) deseado,-a. **2** (*intentional*) intencionado,-a. • **intended for** para, dirigido,-a a.
intense [ɪnˈtens] **1** *adj* intenso,-a. **2** (*person*) muy serio,-a.
intensity [ɪnˈtensɪtɪ] *n* intensidad *f*.
intent [ɪnˈtent] *adj* - *n*. • **to be intent on** estar decidido,-a a; **with intent to** con la intención de.
intention [ɪnˈtenʃn] *n* intención *f*.
intentionally [ɪnˈtenʃnəlɪ] *adv* adrede.
intercede [ɪntəˈsiːd] *vi* interceder.
interchange [ˈɪntətʃeɪndʒ] **1** *n* intercambio. **2** AUTO enlace *m*.
intercom [ˈɪntəkɒm] *n* interfono.
intercourse [ˈɪntəkɔːs] **1** *n* trato. **2** (*sexual*) coito, relaciones *fpl* sexuales.
interest [ˈɪntrɪst] **1** *n* interés *m*. **2** participación *f*. ‖ **3** *vt* interesar. • **in the interests of ...** en pro de ...; **to be of interest** interesar; **to take an interest in** interesarse por.
interesting [ˈɪntrɪstɪŋ] *adj* interesante.
interfere [ɪntəˈfɪə] **1** *vi* (*meddle*) entrometerse. **2** PHYS interferir. • **to interfere with** (*hinder*) dificultar, estorbar; (*block*) obstaculizar.
interference [ɪntəˈfɪərəns] **1** *n* (*meddling*) intromisión *f*. **2** (*hindrance*) dificultad *f*, estorbo. **3** PHYS interferencia.
interior [ɪnˈtɪərɪə] *adj* - *n* interior.
interjection [ɪntəˈdʒekʃn] **1** *n* interjección *f*. **2** comentario.
interlude [ˈɪntəluːd] **1** *n* intermedio. **2** (*in music*) interludio.
intermediate [ɪntəˈmiːdɪət] *adj* intermedio,-a.
intermission [ɪntəˈmɪʃn] *n* intermedio.

intern ['ɪntɜːn] **1** *n* US MED interno,-a. || **2** *vt* ([ɪn'tɜːn]) internar.
internal [ɪn'tɜːnl] *adj* interior; (*in group, body, organization*) interno,-a. ■ **Internal Revenue** US Hacienda Pública.
interpret [ɪn'tɜːprət] *vt* interpretar.
interpreter [ɪn'tɜːprɪtə] *n* intérprete *mf*.
interrogation [ɪnterə'geɪʃn] *n* interrogatorio.
interrogative [ɪntə'rɒgətɪv] **1** *adj* interrogativo,-a. || **2** *n* palabra interrogativa; oración *f* interrogativa.
interrupt [ɪntə'rʌpt] *vt* - *vi* interrumpir.
interval ['ɪntəvl] **1** *n* intervalo. **2** (*in play etc*) descanso, intermedio.
intervene [ɪntə'viːn] **1** *vi* intervenir. **2** sobrevenir, ocurrir. **3** transcurrir.
interview ['ɪntəvjuː] **1** *n* entrevista. || **2** *vt* entrevistar.
intestine [ɪn'testɪn] *n* intestino.
intimacy ['ɪntɪməsɪ] *n* intimidad *f*.
intimate ['ɪntɪmət] **1** *adj* íntimo,-a. || **2** *vt* (['ɪntɪmeɪt]) dar a entender, insinuar.
intimidate [ɪn'tɪmɪdeɪt] *vt* intimidar.
into ['ɪntʊ] *prep* en, dentro de. • **to be into sth** *fam* apetecerle algo a algn; (*hobby*) ser aficionado,-a a algo.
intonation [ɪntə'neɪʃn] *n* entonación *f*.
intoxicated [ɪn'tɒksɪkeɪtɪd] *adj* ebrio,-a.
intrigue [ɪn'triːg] **1** *n* intriga. || **2** *vt* - *vi* intrigar.
introduce [ɪntrə'djuːs] **1** *vt* introducir. **2** presentar. **3** promulgar.
introduction [ɪntrə'dʌkʃn] **1** *n* introducción *f*. **2** (*of person*) presentación *f*.
introvert ['ɪntrəvɜːt] *n* introvertido,-a.
intrude [ɪn'truːd] **1** *vi* entrometerse. **2** (*disturb*) molestar, estorbar.
intruder [ɪn'truːdə] *n* intruso,-a.
intrusion [ɪn'truːʒn] **1** *n* intrusión *f*. **2** (*on privacy*) invasión *f*.
invade [ɪn'veɪd] *vt* invadir.
invader [ɪn'veɪdə] *n* invasor,-ra.
invalid [ɪn'vælɪd] **1** *adj* inválido,-a, nulo,-a. || **2** *n* (*person; disabled*) inválido,-a; (*ill*) enfermo,-a.
invalidate [ɪn'vælɪdeɪt] *vt* invalidar.
invaluable [ɪn'væljʊəbl] *adj* inestimable.
invent [ɪn'vent] *vt* inventar.
invention [ɪn'venʃn] **1** *n* (*thing*) invento. **2** (*action*) invención *f*.
inventor [ɪn'ventə] *n* inventor,-ra.
inventory ['ɪnventrɪ] *n* inventario.
invert [ɪn'vɜːt] *vt* invertir.
invertebrate [ɪn'vɜːtɪbrət] *adj* - *n* invertebrado,-a.
inverted [ɪn'vɜːtɪd] *adj* invertido,-a. ■ **inverted commas** comillas.
invest [ɪn'vest] **1** *vt* (*money*) invertir. || **2** *vi* invertir dinero en; (*buy*) comprar.
investigation [ɪnvestɪ'geɪʃn] *n* investigación *f*.
investment [ɪn'vestmənt] *n* (*money*) inversión *f*.
invincible [ɪn'vɪnsɪbl] *adj* invencible.
invite [ɪn'vaɪt] **1** *vt* invitar. **2** (*comments etc*) solicitar; (*problems etc*) provocar.
inviting [ɪn'vaɪtɪŋ] *adj* tentador,-ra.

invoice ['ɪnvɔɪs] **1** *n* factura. || **2** *vt* facturar.
involve [ɪn'vɒlv] **1** *vt* involucrar, comprometer. **2** (*affect*) tener que ver con, afectar a. **3** (*entail*) suponer, implicar.
involved [ɪn'vɒlvd] *adj* complicado,-a. • **to get involved in** meterse en, enredarse en.
involvement [ɪn'vɒlvmənt] **1** *n* participación *f*. **2** (*in crime*) complicidad *f*. **3** (*relationship*) relación *f*.
inward ['ɪnwəd] **1** *adj* interior. || **2** *adv* hacia adentro.
inwards ['ɪnwədz] *adv* hacia adentro.
iodine ['aɪədiːn] *n* yodo.
irate [aɪ'reɪt] *adj* furioso,-a.
Ireland ['aɪələnd] *n* Irlanda. ■ **Northern Ireland** Irlanda del Norte.
iris ['aɪrɪs] **1** *n* iris. **2** BOT lirio.
Irish ['aɪrɪʃ] **1** *adj* - *n* irlandés,-esa. || **2** *n* (*language*) irlandés *m*. • **Northern Irish** norirlandés,-esa.
iron ['aɪən] **1** *n* hierro. **2** (*appliance*) plancha. || **3** *vt* (*clothes*) planchar.
ironing ['aɪənɪŋ] *n* (*not ironed*) ropa por planchar; (*ironed*) ropa planchada. • **to do the ironing** planchar.
ironmonger ['aɪənmʌŋgə] *n* ferretero,-a.
irresponsible [ɪrɪ'spɒnsəbl] *adj* irresponsable.
irrigation [ɪrɪ'geɪʃn] *n* riego.
irritate ['ɪrɪteɪt] *vt* irritar.
irritating ['ɪrɪteɪtɪŋ] *adj* irritante.
Islam ['ɪzlɑːm] *n* islam *m*.
Islamic [ɪz'læmɪk] *adj* islámico,-a.
island ['aɪlənd] *n* isla.
isle [aɪl] *n* isla.
isolate ['aɪsəleɪt] *vt* aislar.
isolation [aɪsə'leɪʃn] *n* aislamiento.
Israelite ['ɪzrɪəlaɪt] *adj* - *n* israelita.
issue ['ɪʃuː] **1** *n* asunto, tema *m*. **2** edición *f*; número. **3** emisión *f*. **4** expedición *f*. || **5** *vt* publicar. **6** emitir. **7** expedir. **8** dar; promulgar.
isthmus ['ɪsməs] *n* istmo.
it [ɪt] **1** *pron* (*subject*) él, ella, ello. **2** (*object; direct*) lo, la; (*indirect*) le. **3** (*after prep*) él, ella, ello.
IT ['aɪ'tiː] *abbr* informática.
Italian [ɪ'tæliən] **1** *adj* - *n* italiano, -a. || **2** *n* (*language*) italiano.
italics [ɪ'tælɪks] *n* cursiva.
Italy ['ɪtəlɪ] *n* Italia.
itch [ɪtʃ] **1** *n* picor *m*. || **2** *vi* picar. • **to be itching to do sth** estar impaciente por hacer algo.
itchy [ɪtʃɪ] *adj* que pica.
item ['aɪtəm] **1** *n* artículo, cosa. **2** (*on agenda*) asunto. **3** (*on bill*) partida. **4** (*piece of news*) noticia.
itemize ['aɪtəmaɪz] **1** *vt* hacer una lista de. **2** (*specify*) detallar.
itinerary [aɪ'tɪnərərɪ] *n* itinerario.
its [ɪts] *adj* su, sus.
itself [ɪt'self] **1** *pron* (*reflexive*) se. **2** (*emphatic*) él mismo, ello mismo, ella misma. **3** (*after prep*) sí, sí mismo,-a.
ivory ['aɪvərɪ] *n* marfil *m*.
ivy ['aɪvɪ] *n* hiedra.

J

jab [dʒæb] **1** *n* pinchazo. ‖ **2** *vt* pinchar.
jabber ['dʒæbə] *vi - vt* farfullar.
jack [dʒæk] **1** *n* AUTO gato. **2** (*in cards*) jota; (*Spanish pack*) sota.
jackal ['dʒækɔːl] *n* chacal *m*.
jacket ['dʒækɪt] *n* chaqueta.
jackpot ['dʒækpɒt] *n* premio gordo.
jaded ['dʒeɪdɪd] *adj* agotado,-a, cansado,-a.
jagged ['dʒægɪd] *adj* dentado,-a.
jail [dʒeɪl] **1** *n* cárcel *f*, prisión *f*. ‖ **2** *vt* encarcelar.
jailer ['dʒeɪlə] *n* carcelero,-a.
jam [dʒæm] **1** *n* confitura, mermelada. **2** (*tight spot*) aprieto. **3** (*traffic*) embotellamiento, atasco. ‖ **4** *vt* (*crowd*) atestar, apiñar. **5** (*cram*) embutir, meter. **6** RAD interferir con. ‖ **7** *vi* (*become stuck*) atascarse: **the lock has jammed** se ha atascado la cerradura.
jamboree [dʒæmbə'riː] *n* (*party*) juerga.
jammy ['dʒæmɪ] *adj fam* suertudo,-a.
jam-packed [dʒæm'pækt] *adj fam* atestado,-a.
jangle ['dʒæŋgl] *vt-vi* (hacer) sonar de un modo discordante.
janitor ['dʒænɪtə] *n* portero.
January ['dʒænjʊərɪ] *n* enero.
Japan [dʒə'pæn] *n* Japón *m*.
Japanese [dʒæpə'niːz] **1** *adj - n* japonés, -esa. ‖ **2** *n* (*language*) japonés *m*.
jar [dʒɑː] *n* tarro, pote *m*.
jargon ['dʒɑːgən] *n* jerga, jerigonza.
jasmin ['dʒæzmɪn] *n* jazmín *m*.
jaundice ['dʒɔːndɪs] *n* ictericia.
javelin ['dʒævlɪn] *n* jabalina.
jaw [dʒɔː] *n* mandíbula.
jay [dʒeɪ] *n* arrendajo común.
jazz [dʒæz] *n* jazz *m*. ♦ **to jazz up** *vt* animar, alegrar.
jazzy ['dʒæzɪ] *adj fam* llamativo,-a.
jealous ['dʒeləs] *adj* celoso,-a.
jealousy ['dʒeləsɪ] *n* celos *mpl*.
jeans [dʒiːnz] *npl* vaqueros *mpl*.
jeer [dʒɪə] **1** *vi* burlarse (at, de). **2** (*boo*) abuchear. ‖ **3** *n* burla. **4** (*boo*) abucheo.
jelly ['dʒelɪ] **1** *n* (*preserve*) jalea. **2** (*dessert*) gelatina.
jellyfish ['dʒelɪfɪʃ] *n* medusa.
jeopardy ['dʒepədɪ] *n* peligro.
jerk [dʒɜːk] **1** *n* tirón *m*, sacudida. **2** *fam* imbécil *mf*. ‖ **3** *vt* sacudir, tirar de. ‖ **4** *vi* dar una sacudida. ♦ **to jerk off** *vi vulg* hacerse una paja.
jest [dʒest] *n* broma.
jet [dʒet] **1** *n* AV reactor *m*. **2** (*stream*) chorro. ‖ **3** *vi* salir disparado,-a. **4** *fam* viajar en avión.
jetty ['dʒetɪ] *n* malecón *m*.
Jew [dʒuː] *n* judío.

jewel ['dʒuːəl] **1** *n* (*jewellery*) joya, alhaja. **2** (*stone*) piedra preciosa.
jeweller ['dʒuːələ] *n* joyero,-a.
jewellery ['dʒuːəlrɪ] *n* joyas *fpl*.
Jewish ['dʒʊɪʃ] *adj* judío,-a.
jiffy ['dʒɪfɪ] *n fam* instante.
jigsaw ['dʒɪgsɔː] *n* rompecabezas *m inv*.
jingle ['dʒɪŋgl] **1** *n* (*sound*) tintineo. **2** TV sintonía. ‖ **3** *vi* tintinear.
jinx [dʒɪŋks] **1** *n* gafe. **2** mala suerte.
jitters ['dʒɪtəz] *npl fam* nervios *mpl*.
jittery ['dʒɪtərɪ] *adj* nervioso,-a.
job [dʒɒb] *n* trabajo. • **it's a good job that ...** menos mal que ...; **out of a job** parado,-a.
jobless ['dʒɒbləs] *adj* parado,-a.
jockstrap ['dʒɒkstræp] *n* suspensorio.
jog [dʒɒg] **1** *n* (*pace*) trote *m*. ‖ **2** *vt* empujar, sacudir. **3** (*memory*) refrescar. ‖ **4** *vi* hacer footing, correr.
jogging ['dʒɒgɪŋ] *n* footing *m*.
join [dʒɔɪn] **1** *vt* juntar, unir. **2** reunirse con. **3** unirse a, incorporarse a. **4** alistarse en. **5** hacerse socio,-a de. **6** afiliarse a. ‖ **7** *vi* juntarse. **8** confluir. ♦ **to join in** *vi* participar.
joiner ['dʒɔɪnə] *n* carpintero.
joint [dʒɔɪnt] **1** *n* junta, juntura, unión *f*; (*wood*) ensambladura. **2** ANAT articulación *f*. **3** *sl* (*drugs*) porro. **4** *sl* (*place*) antro. ‖ **5** *adj* conjunto,-a, compartido,-a.
jointly ['dʒɔɪntlɪ] *adv* conjuntamente.
joke [dʒəʊk] **1** *n* (*story*) chiste *m*. **2** (*action*) broma. ‖ **3** *vi* bromear. • **to crack a joke** contar un chiste; **to play a joke on** gastar una broma a.
joker ['dʒəʊkə] **1** *n* (*person*) bromista *mf*. **2** (*card*) comodín *m*.
jolly ['dʒɒlɪ] **1** *adj* alegre. ‖ **2** *adv* muy. • **jolly good!** ¡estupendo!
jolt [dʒəʊlt] **1** *n* sacudida. ‖ **2** *vt* sacudir. ‖ **3** *vi* dar tumbos.
jostle ['dʒɒsl] **1** *vt* empujar. ‖ **2** *vi* dar empujones.
jot [dʒɒt] *n* pizca. • **not to care a jot** no importar lo más mínimo.
journal ['dʒɜːnl] **1** *n* (*magazine*) revista. **2** (*diary*) diario.
journalism ['dʒɜːnlɪzm] *n* periodismo.
journalist ['dʒɜːnlɪst] *n* periodista *mf*.
journey ['dʒɜːnɪ] **1** *n* viaje *m*. **2** (*distance*) trayecto.
joy [dʒɔɪ] *n* gozo, júbilo, alegría.
joyful ['dʒɔɪfʊl] *adj* jubiloso,-a, alegre.
jubilant ['dʒuːbɪlənt] *adj* jubiloso,-a.
jubilee ['dʒuːbɪliː] *n* aniversario.
judder ['dʒʌdə] *vi* dar sacudidas.
judge [dʒʌdʒ] **1** *n* juez, jueza. ‖ **2** *vt - vi* juzgar. ‖ **3** *vt* (*calculate*) calcular.
judgement ['dʒʌdʒment] **1** *n* juicio, criterio. **2** juicio, opinión *f*. **3** fallo.
jug [dʒʌg] *n* jarro.
juggler ['dʒʌglə] *n* malabarista *mf*.
juice [dʒuːs] **1** *n* jugo. **2** zumo.
juicy ['dʒuːsɪ] *adj* jugoso,-a.
July [dʒuː'laɪ] *n* julio.
jumble ['dʒʌmbl] **1** *n* revoltijo, confusión *f*. ‖ **2** *vt* mezclar.
jumbo ['dʒʌmbəʊ] **1** *adj* gigante. ‖ **2** *n* (*plane*) jumbo.
jump [dʒʌmp] **1** *n* salto. ‖ **2** *vt - vi* saltar. ‖ **3** *vi* (*rise sharply*) dar un salto. ♦ **to jump at** *vt* aceptar sin pensarlo.
jumper ['dʒʌmpə] **1** *n* GB jersey *m*. **2** US (*skirt*) pichi *m*.

jumpy ['dʒʌmpɪ] *adj* nervioso,-a.
junction ['dʒʌŋkʃn] **1** *n* (*railways*) empalme *m*. **2** (*roads*) cruce *m*.
June [dʒuːn] *n* junio.
jungle ['dʒʌŋgl] *n* jungla, selva.
junior ['dʒuːnɪə] **1** *adj* - *n* (*in age*) menor, más joven. **2** (*in rank*) subalterno,-a. || **3** *n* US (*after name*) hijo,-a.
juniper ['dʒuːnɪpə] *n* enebro.
junk [dʒʌnk] **1** *n* trastos *mpl*. **2** (*boat*) junco. ■ **junk food** comida basura.
junkie ['dʒʌŋkɪ] *n sl* yonqui *mf*.
jurisdiction [dʒʊərɪs'dɪkʃn] *n* jurisdicción *f*.
juror ['dʒʊərə] *n* jurado.
jury ['dʒʊərɪ] *n* jurado.
just [dʒʌst] **1** *adj* justo,-a. || **2** *adv* exactamente, justo. **3** solamente: **there's just one left** solo queda uno. **4** justo ahora: **I'm just about to leave** estoy a punto de salir. **5** justo: **just in time** justo a tiempo. • **just about** prácticamente; **just in case** por si acaso; **just now** ahora mismo; **to have just done sth** acabar de hacer algo.
justice ['dʒʌstɪs] *n* justicia.
justify ['dʒʌstɪfaɪ] *vt* justificar.
jut [dʒʌt] *vi* sobresalir.
juvenile ['dʒuːvɪnaɪl] **1** *adj* juvenil. **2** (*childish*) infantil. || **3** *n* menor *mf*.

K

kaleidoscope [kəˈlaɪdəskəʊp] *n* calidoscopio.
kangaroo [kæŋgəˈruː] *n* canguro.
keel [kiːl] *n* quilla. ♦ **to keel over** *vi* (*ship*) zozobrar; (*person*) desplomarse.
keen [kiːn] **1** *adj* entusiasta. **2** agudo,-a; penetrante; cortante. **3** fuerte. **4** (*price*) competitivo,-a. • **keen on** aficionado,-a a; **I'm not very keen on it** no me gusta demasiado; **to take a keen interest in** mostrar un gran interés por.
keep [kiːp] **1** *n* sustento, manutención *f*. **2** torreón *m*, torre *f* del homenaje. ‖ **3** *vt* (*pt & pp* kept) guardar. **4** tener guardado,-a. **5** retener, detener; entretener: **sorry to keep you waiting** discúlpeme por hacerlo esperar. **6** tener. **7** llevar. **8** escribir. **9** mantener. **10** cumplir. **11** acudir a, no faltar a. **12** mantener. **13** criar. ‖ **14** *vi* no dejar de. **15** (*food*) conservarse (bien). ♦ **to keep away** *vt* mantener a distancia ♦ **to keep back** *vt* (*money*) reservar, guardar; (*information*) ocultar *vt* (*enemy*) tener a raya ♦ **keep back from** *vi* mantenerse lejos de ♦ **to keep down** *vt* (*oppress*) oprimir ♦ **to keep in** *vt* no dejar salir ♦ **to keep on** **1** *vi* (*go on*) seguir, continuar. **2** *vt* (*clothes*) no quitarse ♦ **to keep out** **1** *vt* no dejar entrar. **2** *vi* no entrar ♦ **to keep up** **1** *vt* mantener. **2** *vt* (*from sleeping*) mantener despierto,-a, tener en vela. • **keep the change** quédese con la vuelta; **to keep going** seguir (adelante); **to keep one's head** no perder la cabeza; **to keep quiet** no hacer ruido; **to keep sb company** hacerle compañía a algn; **to keep sth to oneself** guardar algo para sí.
keeper [ˈkiːpə] *n* (*in zoo*) guardián, -ana; (*in park*) guarda *mf*.
keeping [ˈkiːpɪŋ] *n* cuidado, custodia. • **in keeping with** en consonancia con.
kennel [ˈkenl] **1** *n* caseta para perros. ‖ **2 kennels** *npl* (*boarding*) residencia *f sing* canina.
kerb [kɜːb] *n* bordillo.
kettle [ˈketl] *n* hervidor *m*.
key [kiː] **1** *n* llave *f*. **2** clave *f*. **3** tecla. **4** Mus tono. ‖ **5** *adj* clave. ■ **key ring** llavero.
keyboard [ˈkiːbɔːd] *n* teclado.
keyhole [ˈkiːhəʊl] *n* ojo de la cerradura.
kick [kɪk] **1** *n* (*by person*) puntapié *m*, patada. **2** (*by animal*) coz *f*. **3** (*thrill*) emoción *f*. ‖ **4** *vt* (*person*) dar una patada a. **5** (*animal*) dar coces a. ♦ **to kick out** *vt* echar. • **to kick the bucket** *fam* estirar la pata; **to kick up a fuss** *fam* armar un escándalo.
kick-off [ˈkɪkɒf] *n* Sp saque *m* inicial.

kid [kɪd] **1** *n* cabrito. **2** cabritilla. **3** *fam* niño,-a, chico,-a. || **4** *vt* tomar el pelo a. || **5** *vi* estar de broma.
kidnap ['kɪdnæp] *vt* secuestrar.
kidney ['kɪdnɪ] *n* riñón *m*.
kill [kɪl] *vt* matar. ♦ **to kill off** *vt* exterminar.
killer ['kɪlə] *n* asesino,-a.
killing ['kɪlɪŋ] *n* (*of animal*) matanza; (*of person*) asesinato.
killjoy ['kɪldʒɔɪ] *n* aguafiestas *mf inv*.
kiln [kɪln] *n* horno.
kilometre [kɪ'lɒmɪtə] *n* kilómetro.
kin [kɪn] *n* parientes *mpl*, familia.
kind [kaɪnd] **1** *adj* simpático,-a, amable. || **2** *n* (*sort*) tipo, género, clase *f*. • **in kind** (*payment*) en especie; (*treatment*) con la misma moneda; **to be so kind as to** tener la bondad de.
kind-hearted [kaɪnd'hɑːtɪd] *adj* bondadoso,-a.
kindle ['kɪndl] *vt* encender.
kindly ['kaɪndlɪ] **1** *adj* bondadoso, -a, amable. || **2** *adv* bondadosamente. **3** (*please*) por favor.
kindness ['kaɪndnəs] **1** *n* bondad *f*, amabilidad *f*. **2** favor *m*.
king [kɪŋ] *n* rey *m*.
kingdom ['kɪŋdəm] *n* reino.
kink [kɪŋk] **1** *n* (*in hair*) rizo. **2** *fig* (*peculiarity*) vicio, manía.
kinky ['kɪŋkɪ] *adj fam* (*weird*) peculiar; (*sexually*) pervertido, -a.
kiosk ['kiːɒsk] **1** *n* quiosco. **2** (*telephone*) cabina telefónica.
kip [kɪp] *vi fam* dormir.
kipper ['kɪpə] *n* arenque *m* ahumado.
kiss [kɪs] **1** *n* beso. || **2** *vt - vi* besar (se).
kitchen ['kɪtʃɪn] *n* cocina.
kite [kaɪt] *n* cometa.
kitten ['kɪtn] *n* gatito,-a.
kitty ['kɪtɪ] **1** *n fam* minino,-a. **2** *fam* (*money*) bote *m*.
kleptomaniac [kleptə'meɪnɪæk] *n* cleptómano,-a.
knack [næk] *n* maña, truquillo.
knackered ['nækəd] *adj fam* reventado,-a, hecho,-a polvo; escoñado,-a.
knapsack ['næpsæk] *n* mochila.
knead [niːd] *vt* amasar.
knee [niː] *n* rodilla.
kneecap ['niːkæp] *n* rótula.
kneel [niːl] *vi* arrodillarse.
knickers ['nɪkəz] *npl* bragas *fpl*.
knife [naɪf] **1** *n* cuchillo. || **2** *vt* apuñalar.
knight [naɪt] **1** *n* HIST caballero. **2** (*chess*) caballo. || **3** *vt* armar caballero.
knit [nɪt] **1** *vt* (*pt & pp* knit o knitted) tejer. || **2** *vi* hacer punto. **3** MED soldarse.
knitting ['nɪtɪŋ] *n* punto, calceta.
knob [nɒb] **1** *n* (*on door - large*) pomo; (*- small*) tirador *m*. **2** (*on stick*) puño. **3** (*natural*) bulto, protuberancia. **4** (*on radio etc*) botón *m*.
knobbly ['nɒblɪ] *adj* nudoso,-a.
knock [nɒk] **1** *n* (*blow*) golpe *m*. **2** *fig* (*bad luck*) revés *m*. || **3** *vt* golpear. **4** (*criticize*) criticar. || **5** *vi* (*at door*) llamar. ♦ **to knock down 1** *vt* (*building*) derribar. **2** *vt* (*with a car*) atropellar ♦ **to knock off 1** *vt* tirar. **2** *vt fam* (*steal*) birlar, mangar. **3** *vt fam* (*kill*) liquidar a. **4** *vt* (*price*) rebajar. **5** *vi* (*stop work*) acabar, salir del trabajo ♦ **to knock out** *vt* dejar sin conocimiento ♦ **to knock over** *vt* (*object*) volcar; (*with a car*) atrope-

llar ♦ **to knock up 1** *vt* GB *fam* despertar. **2** *vt* US *fam* dejar preñada.

knockers ['nɒkəz] *npl fam* tetas *fpl*.

knock-kneed [nɒk'niːd] *adj* patizambo,-a.

knockout ['nɒkaʊt] **1** *n* fuera *m* de combate. **2** SP eliminatoria. **3** *fam* maravilla.

knot [nɒt] **1** *n* nudo. ‖ **2** *vt* anudar.

know [nəʊ] **1** *vt* - *vi* (*pt* knew; pp known) conocer, saber. • **as far as I know** que yo sepa; **to know by sight** conocer de vista; **to know how to do sth** saber hacer algo.

know-all ['nəʊɔːl] *n* sabelotodo *mf*.

know-how ['nəʊhaʊ] *n* conocimientos *mpl* prácticos.

knowing ['nəʊɪŋ] *adj* (*smile, look*) de complicidad.

knowingly ['nəʊɪŋlɪ] *adv* intencionadamente, a sabiendas, adrede.

knowledge ['nɒlɪdʒ] **1** *n* (*awareness*) conocimiento. **2** (*learning*) conocimientos *mpl*.

knowledgeable ['nɒlɪdʒəbl] *adj* erudito, -a, entendido,-a.

knuckle ['nʌkl] *n* nudillo. ♦ **to knuckle down** *vi fam* ponerse a trabajar en serio ♦ **to knuckle under** *vi* pasar por el aro.

L

label ['leɪbl] **1** *n* etiqueta. ‖ **2** *vt* etiquetar.
laboratory [lə'bɒrətərɪ] *n* laboratorio.
labour ['leɪbə] **1** *n* trabajo. **2** (*task*) tarea, faena. **3** (*workforce*) mano *f* de obra. • **Labour Party** partido laborista.
labourer ['leɪbərə] *n* peón *m*.
labyrinth ['læbərɪnθ] *n* laberinto.
lace [leɪs] **1** *n* (*of shoe*) cordón *m*. **2** (*material*) encaje *m*. ‖ **3** *vt* (*shoes*) atar.
lack [læk] **1** *n* falta, carencia. ‖ **2** *vt* carecer de.
lacking ['lækɪŋ] *adj* carente de.
lacquer ['lækə] **1** *n* laca, fijador *m*. ‖ **2** *vt* (*paint*) lacar; (*hair*) poner laca a.
lad [læd] *n* muchacho, chaval *m*.
ladder ['lædə] **1** *n* escalera. **2** (*in stocking*) carrera.
laden ['leɪdn] *adj* cargado,-a.
lading ['leɪdɪŋ] *n* embarque *m*.
ladle ['leɪdl] *n* cucharón *m*.
lady ['leɪdɪ] *n* señora, dama.
ladybird ['leɪdɪbɜːd] *n* mariquita.
ladylike ['leɪdɪlaɪk] *adj* delicado,-a.
lag [læg] **1** *n* retraso. ‖ **2** *vt* TECH revestir. • **to lag behind** rezagarse.
lager ['lɑːgə] *n* cerveza rubia.
lagoon [lə'guːn] *n* laguna.
lair [leə] *n* guarida.
lake [leɪk] *n* lago.
lamb [læm] *n* cordero.
lame [leɪm] *adj* cojo,-a.
lameness ['leɪmnəs] *n* cojera.
lament [lə'ment] **1** *n* lamento. ‖ **2** *vt* lamentar. ‖ **3** *vi* lamentarse.
laminate ['læmɪnət] **1** *n* laminado. ‖ **2** *vt* (['læmɪneɪt]) laminar.
lamp [læmp] *n* lámpara.
lamp-post ['læmppəʊst] *n* farola.
lance [lɑːns] **1** *n* (*spear*) lanza. **2** MED lanceta.
land [lænd] **1** *n* (*gen*) tierra. **2** (*soil*) suelo, tierra. **3** (*property*) terreno, finca. ‖ **4** *vi* (*plane*) aterrizar. ‖ **5** *vt* (*fish*) sacar del agua. **6** *fig* conseguir. ‖ **7** *vt - vi* (*from ship*) desembarcar.
landing ['lændɪŋ] **1** *n* (*plane*) aterrizaje *m*. **2** (*on stairs*) descansillo, rellano. **3** (*of people*) desembarco.
landlady ['lændleɪdɪ] **1** *n* (*of flat*) propietaria, casera, dueña.
landlord ['lænlɔːd] *n* propietario, casero.
landmark ['lændmɑːk] **1** *n* lugar/edificio muy conocido. **2** *fig* hito.
landowner ['lændəʊnə] *n* propietario,-a, terrateniente *mf*.
landscape ['lændskeɪp] *n* paisaje *m*.
landslide ['lændslaɪd] *n* desprendimiento de tierras.
lane [leɪn] **1** *n* camino. **2** AUTO carril *m*. **3** SP calle *f*. **4** AV MAR ruta.
language ['læŋgwɪdʒ] **1** *n* lenguaje *m*. **2** lengua, idioma *m*.
lank [læŋk] *adj* lacio,-a.

lanky ['læŋkɪ] *adj* larguirucho,-a.
lantern ['læntən] *n* linterna, farol *m*.
lap [læp] **1** *n* regazo; (*knees*) rodillas *fpl*. **2** SP vuelta; *fig* etapa. ‖ **3** *vt* SP doblar.
lapel [lə'pel] *n* solapa.
lapse [læps] **1** *n* (*in time*) lapso. **2** (*slip*) desliz *m*; (*speaking*) lapsus *m inv*. ‖ **3** *vi* (*err*) cometer un desliz. **4** (*contract*) caducar, vencer.
laptop ['læptɒp] *n* COMPUT *m* portátil.
lard [lɑːd] *n* manteca de cerdo.
larder ['lɑːdə] *n* despensa.
large [lɑːdʒ] **1** *adj* grande; (*before sing noun*) gran. **2** (*sum*) importante. • **at large** suelto,-a, en libertad.
largely ['lɑːdʒlɪ] *adv* en gran parte.
lark [lɑːk] **1** *n* alondra. **2** broma. ♦ **to lark about/around** *vi* hacer tonterías, hacer el indio.
larynx ['lærɪŋks] *n* laringe *f*.
lash [læʃ] **1** *n* latigazo, azote *m*. **2** tralla. **3** pestaña. ‖ **4** *vt* azotar. **5** atar. ♦ **to lash out 1** *vi* repartir golpes a diestro y siniestro. **2** *vi* (*spend*) despilfarrar ♦ **to lash out at** *vt* criticar ♦ **to lash out on** *vt* gastar mucho dinero en.
lass [læs] *n* chica, chavala, muchacha.
lasso [læ'suː] *n* lazo.
last [lɑːst] **1** *adj* último,-a, final. **2** pasado,-a. ‖ **3** *adv* por última vez. **4** en última posición. ‖ **5** *vt - vi* durar. • **at last** al fin, por fin; **last but one** penúltimo,-a; **to the last** hasta el final.
lasting ['lɑːstɪŋ] *adj* duradero,-a.
latch [lætʃ] *n* picaporte *m*, pestillo.
late [leɪt] **1** *adj* tardío,-a. **2** (*in period*) tarde: **in late May** a finales de mayo. **3** *euph* difunto,-a. ‖ **4** *adv* tarde. • **to arrive late** llegar tarde.
lately ['leɪtlɪ] *adv* últimamente.
later ['leɪtə] **1** *adj* más tardío,-a. **2** (*more recent*) más reciente. **3** (*in series*) posterior. ‖ **4** *adv* más tarde. **5** (*afterwards*) después, luego.
latest ['leɪtɪst] *adj* último,-a. • **at the latest** a más tardar.
lathe [leɪð] *n* torno.
lather ['lɑːðə] **1** *n* (*of soap*) espuma. ‖ **2** *vt* enjabonar. ‖ **3** *vi* hacer espuma.
latitude ['lætɪtjuːd] *n* latitud *f*.
latter ['lætə] *adj* último,-a.
laugh [lɑːf] **1** *n* risa. ‖ **2** *vi* reír, reírse. • **to laugh at** reírse de.
laughable ['lɑːfəbl] *adj* ridículo,-a.
laughing ['lɑːfɪŋ] **1** *adj* risueño,-a. ‖ **2** *n* risas *fpl*.
laughing-stock ['lɑːfɪŋstɒk] *n* hazmerreír *m inv*.
laughter ['lɑːftə] *n* risas *fpl*.
launch [lɔːntʃ] **1** *n* lanzamiento; botadura; estreno. **2** lancha. ‖ **3** *vt* lanzar; botar; estrenar.
launder ['lɔːndə] **1** *vt* (*clothes*) lavar y planchar. **2** (*money*) blanquear.
laundry ['lɔːndrɪ] **1** *n* lavandería. **2** colada; ropa lavada.
lavatory ['lævətrɪ] **1** *n* wáter *m*. **2** (*room*) lavabo, baño. **3** (*public*) servicios *mpl*.
lavender ['lævɪndə] *n* lavanda.
lavish ['lævɪʃ] **1** *adj* pródigo,-a, generoso,-a. **2** abundante. **3** lujoso, -a. ‖ **4** *vt* prodigar.
law [lɔː] **1** *n* ley *f*. **2** (*subject*) derecho. **3 the law** *fam* la pasma.

lawful ['lɔːfʊl] *adj* legal, legítimo,-a.
lawn [lɔːn] *n* césped *m*.
lawnmower ['lɔːnməʊə] *n* cortacésped *m & f*.
lawsuit ['lɔːsjuːt] *n* pleito.
lawyer ['lɔːjə] *n* abogado,-a.
lax [læks] **1** *adj* laxo,-a. **2** (*careless*) descuidado,-a.
laxative ['læksətɪv] *adj - n* laxante.
lay [leɪ] **1** *vt* (*pt & pp* laid) poner. **2** tender. **3** echar. **4** poner. ‖ **5** *adj* laico,-a, seglar. **6** lego,-a, no profesional. ♦ **to lay down 1** *vt* (*tools*) dejar; (*arms*) deponer. **2** *vt* (*wine*) guardar (en bodega) ♦ **to lay in** *vt* proveerse de ♦ **to lay into** *vt* atacar ♦ **to lay off 1** *vt* (*worker*) despedir. **2** *vt fam* dejar en paz ♦ **to lay on** *vt* proveer ♦ **to lay out 1** *vt* tender, extender. ♦ **to lay up** *vt* almacenar. • **to lay one's hands on sb** pillar a algn.
layabout ['leɪəbaʊt] *n fam* holgazán, -ana.
lay-by ['leɪbaɪ] *n* área de descanso.
layer ['leɪə] *n* capa; (*of rock*) estrato.
layman ['leɪmən] **1** *n* REL laico. **2** (*not expert*) profano.
layout ['leɪaʊt] **1** *n* disposición *f*. **2** (*of town*) trazado.
lazy ['leɪzɪ] *adj* perezoso,-a.
lb [paʊnd] *abbr* libra.
lead [led] **1** *n* (*metal*) plomo. **2** (*in pencil*) mina.
lead [liːd] **1** *n* delantera; ventaja. **2** correa. **3** cable *m*. **4** (*clue*) pista. ‖ **5** *vt* (*pt & pp* lead [led]) llevar, conducir. **6** liderar, dirigir. ‖ **7** *vi* ir primero, -a; (*in race*) llevar la delantera. **8** tener el mando. **9** conducir. • **to be in the lead** ir en cabeza; **to lead sb on** engañar a algn; **to lead sb to believe sth** llevar a algn a creer algo; **to lead the way** enseñar el camino; **to take the lead** tomar la delantera.
leader [liːdə] **1** *n* POL líder *mf*, dirigente *mf*. **2** (*in newspaper*) editorial *m*.
leadership ['liːdəʃɪp] **1** *n* liderazgo. **2** dotes *mpl* de mando. **3** dirección *f*.
leading ['liːdɪŋ] *adj* destacado,-a.
leaf [liːf] *n* hoja.
leaflet ['liːflət] *n* folleto.
league [liːg] *n* liga.
leak [liːk] **1** *n* (*of gas, fluid*) escape *m*; *fig* filtración *f*. **2** (*hole*) agujero. **3** (*in roof*) gotera. **4** *fam* (*piss*) meada. ‖ **5** *vi* (*gas, fluid*) escaparse; (*information*) filtrarse. **6** (*pipe*) tener un escape. **7** (*roof*) gotear.
leaky ['liːkɪ] **1** *adj* (*pipe*) que tiene escapes. **2** (*roof*) que tiene goteras.
lean [liːn] **1** *adj* (*person*) delgado,-a, flaco,-a. **2** (*meat*) magro,-a. ‖ **3** *vt* (*pt & pp* leant o leaned) apoyar. ‖ **4** *vi* apoyarse. **5** inclinarse.
leap [liːp] **1** *n* salto, brinco. ‖ **2** *vi* (*pt & pp* leapt o leaped) saltar, brincar. ▪ **leap year** año bisiesto.
learn [lɜːn] **1** *vt - vi* (*pt & pp* learnt o learned) aprender. ‖ **2** *vt* (*find out about*) enterarse de.
learned ['lɜːnɪd] *adj* erudito,-a.
learner ['lɜːnə] *n* estudiante *mf*.
learning ['lɜːnɪŋ] *n* conocimientos *mpl*.
lease [liːs] **1** *n* contrato de arrendamiento. ‖ **2** *vt* arrendar.
leash [liːʃ] *n* correa.
least [liːst] **1** *adj* mínimo,-a, menor. ‖ **2** *adv* menos. ‖ **3** *n* lo menos.

• **at least** por lo menos; **not in the least** en lo más mínimo.
leather ['leðə] *n* piel *f*, cuero.
leave [liːv] **1** *n* permiso; (*holidays*) vacaciones *fpl*. ‖ **2** *vt* (*pt & pp* left) dejar, abandonar; (*go out of*) salir de. **3** (*forget*) olvidarse. ‖ **4** *vi* marcharse, irse. ♦ **to leave out** *vt* (*omit*) omitir. • **to take one's leave** despedirse de.
lecherous ['letʃərəs] *adj* lujurioso,-a.
lectern ['lektən] *n* atril *m*.
lecture ['lektʃə] **1** *n* conferencia. **2** (*in university*) clase *f*. **3** (*reproof*) sermón *m*. ‖ **4** *vi* dar una conferencia. **5** (*in university*) dar clase. **6** (*scold*) sermonear. ‖ **7** *vt* echar una reprimenda a.
lecturer ['lektʃərə] **1** *n* conferenciante *mf*. **2** (*in university*) profesor, -ra.
ledge [ledʒ] **1** *n* repisa. **2** (*of rock*) saliente *m*.
leek [liːk] *n* puerro.
left [left] **1** *adj* izquierdo,-a. **2** Pol de izquierdas. ‖ **3** *n* izquierda. ‖ **4** *adv* a la izquierda, hacia la izquierda. • **on the left** a mano izquierda; **to be left over** quedar, sobrar.
left-hand ['lefthænd] *adj* izquierdo,-a.
left-handed [left'hændɪd] *adj* zurdo, -a.
leftist ['leftɪst] **1** *adj* izquierdista. ‖ **2** *n* izquierdista *mf*.
left-luggage office [left'lʌgɪdʒ 'ɒfɪs] *n* consigna.
left-wing ['leftwɪŋ] *adj* de izquierdas.
leg [leg] **1** *n* pierna. **2** pata. **3** muslo. • **to pull sb's leg** tomar el pelo a algn.
legacy ['legəsɪ] *n* legado, herencia.
legal ['liːgl] **1** *adj* legal, legítimo,-a, lícito,-a. **2** legal, jurídico,-a.
legalize ['liːgəlaɪz] *vt* legalizar.
legend ['ledʒənd] *n* leyenda.
legitimate [lɪ'dʒɪtɪmət] *adj* legítimo, -a.
leisure ['leʒə] *n* ocio, tiempo libre.
leisurely ['leʒəlɪ] *adj* sin prisa.
lemon ['lemən] *n* limón *m*.
lemonade [lemə'neɪd] *n* limonada.
lend [lend] *vt* (*pt & pp* lent) prestar. • **to lend a hand** echar una mano.
length [leŋθ] **1** *n* longitud *f*: **it's 5 metres in length** mide 5 metros de largo. **2** duración *f*. **3** trozo. **4** tramo; largo.
lengthen ['leŋθn] *vt* - *vi* alargar (se).
lengthy ['leŋθɪ] *adj* largo,-a.
lenient ['liːnɪənt] *adj* indulgente.
lens [lenz] **1** *n* lente *f*. **2** (*of camera*) objetivo. **3** Anat cristalino.
Lent [lent] *n* Rel Cuaresma.
lentil ['lentɪl] *n* lenteja.
Leo [liːəʊ] *n* leo.
less [les] *adj* - *adv* - *prep* menos.
lessen ['lesn] **1** *vt* - *vi* disminuir(se).
lesser ['lesə] *adj* menor.
lesson ['lesn] *n* lección *f*, clase *f*.
lest [lest] *conj fml* para que no.
let [let] **1** *vt* (*pt & pp* let) dejar, permitir. **2** arrendar, alquilar. ‖ **3** *aux*: **let us pray** oremos. ♦ **to let down 1** *vt* (*deflate*) deshinchar. **2** *vt* (*lengthen*) alargar. **3** *vt* (*disappoint*) defraudar ♦ **to let in** *vt* dejar entrar ♦ **to let off 1** *vt* (*bomb*) hacer explotar. **2** *vt* (*forgive*) perdonar ♦ **to let on** *vi fam* descubrir el pastel. ♦ **to let out 1** *vt* dejar salir. **2** *vt*

(*rent*) alquilar. **3** *vt* (*utter*) soltar ♦ **to let through** *vt* dejar pasar ♦ **to let up** *vi* cesar. • **let alone ...** y mucho menos ...; **to let alone** dejar en paz, no tocar; **to let go of** soltar; **to let loose** soltar, desatar; **to let off steam** desfogarse; **to let sb in on sth** revelar algo a algn; **tolet sb know** hacer saber a algn.

letdown ['letdaʊn] *n* decepción *f*.

letter ['letə] **1** *n* (*of alphabet*) letra. **2** (*message*) carta. ■ **letter box** buzón *m*.

lettuce ['letɪs] *n* lechuga.

level ['levl] **1** *adj* llano,-a, plano,-a. **2** (*equal*) a nivel, nivelado,-a. || **3** *n* nivel *m*. || **4** *vt* nivelar. **5** (*raze*) arrasar. • **on the level** *fam* de fiar, honrado, -a. ■ **level crossing** paso a nivel.

lever ['liːvə] *n* palanca.

lewd [luːd] **1** *adj* lascivo,-a. **2** (*obscene*) obsceno,-a.

liability [laɪə'bɪlɪtɪ] **1** *n* JUR responsabilidad *f*. || **2 liabilities** *npl* pasivo.

liable ['laɪəbl] **1** *adj* JUR responsable. **2** (*to colds etc*) propenso,-a. • **to be liable to do sth** tener tendencia a hacer algo.

liaise [lɪ'eɪz] *vi* comunicarse.

liaison [lɪ'eɪzn] **1** *n* enlace *m*. **2** (*love affair*) amorío.

liar ['laɪə] *n* mentiroso,-a.

libel ['laɪbl] **1** *n* libelo, difamación *f*. || **2** *vt* difamar.

liberal ['lɪbrəl] **1** *adj* liberal. **2** (*abundant*) abundante. || **3** *n* POL liberal *mf*.

liberate ['lɪbəreɪt] *vt* liberar.

liberty ['lɪbətɪ] *n* libertad *f*.

Libra ['liːbrə] *n* libra.

librarian [laɪ'breərɪən] *n* bibliotecario,-a.

library ['laɪbrərɪ] *n* biblioteca.

licence ['laɪsəns] *n* licencia, permiso.

license ['laɪsəns] *vt* autorizar.

lichen ['laɪkn] *n* liquen *m*.

lick [lɪk] **1** *n* lamedura. || **2** *vt* lamer.

licorice ['lɪkrɪs] *n* regaliz *m*.

lid [lɪd] *n* tapa, tapadera.

lie [laɪ] **1** *n* (*untruth*) mentira. || **2** *vi* (*pt & pp* lied) (*tell lies*) mentir. **3** (*pt* lay; pp lain) (*in a flat position; act*) acostarse, tumbarse; (*state*) estar acostado,-a, estar tumbado,-a. **4** (*be buried*) yacer. **5** (*be situated*) estar situado,-a. **6** (*remain*) permanecer. ♦ **to lie back** *vi* recostarse ♦ **to lie down** *vi* acostarse, tumbarse. • **to lie low** estar escondido,-a.

lieu [luː] **in lieu of** *phr* en lugar de.

lieutenant [leftenənt] *n* teniente *m*.

life [laɪf] *n* vida. ■ **life belt** salvavidas *m inv*; **life jacket** chaleco salvavidas; **life sentence** cadena perpetua.

life-boat ['laɪfbəʊt] **1** *n* (*on ship*) bote *m* salvavidas. **2** (*on shore*) lancha de salvamento.

lifeguard ['laɪfgɑːd] *n* socorrista *mf*.

lifelike ['laɪflaɪk] **1** *adj* natural. **2** (*portrait*) fiel.

lifelong [laɪflɒŋ] *adj* de toda la vida.

lifetime ['laɪftaɪm] *n* vida.

lift [lɪft] **1** *n* GB ascensor *m*. **2** *fig* (*boost*) estímulo. || **3** *vt - vi* levantar. || **4** *vt fam* (*steal*) afanar, birlar. • **to give sb a lift** llevar a algn en coche.

lift-off ['lɪftɒf] *n* despegue *m*.

light [laɪt] **1** *n* luz *f*. **2** luz *f*, lámpara. **3** (fuego. || **4** *vt* (*pt & pp* lighted o lit) encender. **5** iluminar, alumbrar. || **6** *vi* encenderse. || **7** *adj* ligero,-a. **8** claro, -a. **9** con mucha claridad. • **in the light of** en vista de; **to come to light** salir a la luz; **to travel light** viajar con poco equipaje. ▪ **light bulb** bombilla.

lighten ['laɪtn] **1** *vt* (*colour*) aclarar. **2** (*illuminate*) iluminar. **3** (*make less heavy*) aligerar. || **4** *vi* relampaguear.

lighter ['laɪtə] *n* encendedor *m*.

lighthouse ['laɪthaʊs] *n* faro.

lighting ['laɪtɪŋ] **1** *n* (*act*) iluminación *f*. **2** (*system*) alumbrado.

lightly ['laɪtlɪ] **1** *adv* ligeramente. **2** (*not seriously*) a la ligera.

lightning ['laɪtnɪŋ] *n* rayo.

like [laɪk] **1** *adj* (*similar*) semejante, parecido,-a. **2** (*equal*) igual. || **3** *prep* como. || **4** *vt* gustar: **would you like me to leave?** ¿quieres que me vaya? || **5** *n* cosa parecida. || **6 likes** *npl* gustos *mpl*. • **like father, like son** de tal palo tal astilla; **like this** así; **to look like** parecerse a; **to feel like** tener ganas de.

likeable ['laɪkəbl] *adj* simpático,-a.

likelihood ['laɪklɪhʊd] *n* probabilidad *f*.

likely ['laɪklɪ] **1** *adj* probable. || **2** *adv* probablemente.

liken ['laɪkn] *vt* comparar.

likeness ['laɪknəs] **1** *n* semejanza, parecido. **2** (*portrait*) retrato.

likewise ['laɪkwaɪz] **1** *adv* también. **2** (*the same*) lo mismo.

liking ['laɪkɪŋ] *n* gusto, preferencia. • **to be to sb's liking** gustarle a algn.

Lilo® ['laɪləʊ] *n* colchoneta.

lily ['lɪlɪ] *n* lirio, azucena.

limb [lɪmb] *n* miembro.

lime [laɪm] **1** *n* CHEM cal *f*. **2** (*citrus fruit*) lima. **3** (*tree*) tilo.

limit ['lɪmɪt] **1** *n* límite *m*. || **2** *vt* limitar. ▪ **limited company** sociedad anónima.

limp [lɪmp] **1** *n* cojera. || **2** *vi* cojear. || **3** *adj* flojo,-a, fláccido,-a. **4** (*weak*) débil.

line [laɪn] **1** *n* (*gen*) línea. **2** (*drawn on paper*) raya. **3** (*cord*) cuerda. **4** US (*queue*) cola. || **5** *vt* (*clothes*) forrar. **6** TECH revestir. ♦ **to line up 1** *vt* poner en fila. **2** *vt fam* preparar, organizar.

linear ['lɪnɪə] *adj* lineal.

lined [laɪnd] **1** *adj* (*paper*) rayado, -a. **2** (*garment*) forrado,-a.

linen ['lɪnɪn] **1** *n* lino. **2** ropa blanca.

liner ['laɪnə] *n* transatlántico.

linesman ['laɪnzmən] *n* juez *mf* de línea.

linger ['lɪŋgə] **1** *vi* (*stay*) quedarse. **2** (*persist*) persistir.

lingering ['lɪŋgərɪŋ] **1** *adj* (*slow*) lento, -a. **2** (*persistent*) persistente.

linguistics [lɪŋ'gwɪstɪks] *n* lingüística.

lining ['laɪnɪŋ] **1** *n* forro. **2** TECH revestimiento.

link [lɪŋk] **1** *vt* unir, conectar. **2** *fig* vincular. || **3** *n* eslabón *m*. **4** enlace *m*. **5** *fig* vínculo.

linkage ['lɪŋkɪdʒ] *n* conexión *f*.

lion ['laɪən] *n* león *m*.

lioness ['laɪənəs] *n* leona.

lip [lɪp] **1** *n* labio. **2** (*of cup etc*) borde *m*. **3** *fam* (*cheek*) impertinencia.

lipstick ['lɪpstɪk] *n* pintalabios *m inv*.

liqueur [lɪ'kjʊə] *n* licor *m*.

liquid ['lɪkwɪd] *adj - n* líquido,-a.
liquidate ['lɪkwɪdeɪt] *vt* liquidar.
liquidize ['lɪkwɪdaɪz] *vt* licuar.
liquor ['lɪkə] *n* bebidas *fpl* alcohólicas.
liquorice ['lɪkərɪs] *n* regaliz *m*.
lisp [lɪsp] **1** *n* ceceo. ‖ **2** *vi* cecear.
list [lɪst] **1** *n* lista. **2** MAR escora. ‖ **3** *vt* hacer una lista de. ‖ **4** *vi* MAR escorar.
listen ['lɪsn] **1** *vi* escuchar. **2** (*pay attention*) prestar atención.
listener ['lɪsnə] *n* oyente *mf*.
listless ['lɪstləs] *adj* decaído,-a.
literacy ['lɪtrəsɪ] *n* alfabetización *f*.
literary ['lɪtrərɪ] *adj* literario,-a.
literate ['lɪtrət] *adj* alfabetizado,-a.
literature ['lɪtrɪtʃə] **1** *n* literatura. **2** (*booklets etc*) información *f*.
litre ['liːtə] *n* litro.
litter ['lɪtə] **1** *n* basura; (*paper*) papeles *mpl*. **2** (*of young*) camada. ‖ **3** *vt* ensuciar, dejar en desorden: **littered with books** lleno de libros.
little ['lɪtl] **1** *adj* (*small*) pequeño,-a. **2** (*not much*) poco,-a. ‖ **3** *pron* poco. • **little by little** poco a poco.
live [laɪv] **1** *adj* vivo,-a. **2** en directo. **3** con corriente. **4** real. ‖ **5** *vt - vi* ([lɪv]) vivir. • **to live it up** pasárselo bomba.
livelihood ['laɪvlɪhʊd] *n* sustento.
liveliness ['laɪvlɪnəs] *n* vivacidad.
lively ['laɪvlɪ] **1** *adj* (*person*) vivo,-a. **2** (*event, place*) animado,-a.
liven up [laɪvn'ʌp] *vt - vi* animar (se).
liver ['lɪvə] *n* hígado.
livestock ['laɪvstɒk] *n* ganado.
livid ['lɪvɪd] **1** *adj* lívido. **2** furioso,-a.
living ['lɪvɪŋ] **1** *adj* vivo,-a. ‖ **2** *n* vida. ▪ **living room** sala de estar.
lizard ['lɪzəd] *n* lagarto; (*small*) lagartija.
load [ləʊd] **1** *n* carga. **2** (*weight*) peso. ‖ **3** *vt - vi* cargar. • **loads of ...** montones de ...
loaded ['ləʊdɪd] **1** *adj* cargado,-a. **2** tendencioso,-a. **3** *fam* forrado,-a.
loaf [ləʊf] **1** *n* pan *m*; (*French*) barra. **2** *fam* (*head*) mollera. ‖ **3** *vi* holgazanear.
loafer ['ləʊfə] *n* vago,-a.
loan [ləʊn] **1** *n* préstamo. ‖ **2** *vt* prestar.
loath [ləʊθ] *adj* reacio,-a.
loathe [ləʊð] *vt* detestar, odiar.
lobby ['lɒbɪ] **1** *n* vestíbulo. **2** POL grupo de presión *f*. ‖ **3** *vt* POL presionar.
lobe [ləʊb] *n* lóbulo.
lobster ['lɔbstə] *n* bogavante *m*. ▪ **spiny lobster** langosta.
local ['ləʊkl] **1** *adj* (*gen*) local. **2** (*person*) del barrio, del pueblo, de la ciudad. **3** (*government*) municipal, regional. ‖ **4** *n* (*person*) lugareño,-a.
locate [ləʊ'keɪt] **1** *vt* (*find*) localizar. **2** (*situate*) situar, ubicar.
location [ləʊ'keɪʃn] **1** *n* (*place*) lugar *m*. **2** (*act of placing*) ubicación *f*. **3** (*finding*) localización *f*.
loch [lɒk] *n* (*in Scotland*) lago.
lock [lɒk] **1** *n* (*on door etc*) cerradura. **2** (*in canal*) esclusa. **3** (*of hair*) mecha, mechón *m*. ‖ **4** *vt* cerrar con llave.
locker ['lɒkə] *n* taquilla, armario.
locket ['lɒkɪt] *n* guardapelo.
locksmith ['lɒksmɪθ] *n* cerrajero.
locomotive [ləʊkə'məʊtɪv] **1** *adj* locomotor,-ra. ‖ **2** *n* locomotora.
locust ['ləʊkəst] *n* langosta.

lodge [lɒdʒ] **1** *n* casita. **2** (*porter's*) portería. || **3** *vi* (*as guest*) alojarse, hospedarse. **4** (*fix*) quedarse. || **5** *vt* (*complaint*) presentar.
lodger ['lɒdʒə] *n* inquilino,-a.
lodging ['lɒdʒɪŋ] *n* alojamiento.
log [lɒg] **1** *n* tronco; (*for fire*) leño. || **2** *vt* registrar. ♦ **to log in/log on** *vi* COMPUT entrar ♦ **to log off/log out** *vi* COMPUT salir (del sistema).
logic ['lɒdʒɪk] *n* lógica.
loin [lɔɪn] *n* CULIN (*pork*) lomo; (*beef*) solomillo.
loincloth ['lɔɪnklɒθ] *n* taparrabos.
loiter ['lɔɪtə] **1** *vi* (*lag behind*) rezagarse. **2** (*suspiciously*) merodear.
loll [lɒl] *vi* (*sit*) repantigarse.
lollipop ['lɒlɪpɒp] **1** *n* piruleta. **2** (*iced*) polo.
lolly ['lɒlɪ] **1** *n fam* piruleta, pirulí. **2** *fam* polo. **3** *fam* pasta.
lone [ləʊn] **1** *adj* solo,-a. **2** (*solitary*) solitario,-a.
lonely ['ləʊnlɪ] **1** *adj* solo,-a, solitario, -a. **2** (*place*) aislado,-a.
long [lɒŋ] **1** *adj* largo,-a: **how long is the film?** ¿cuánto dura la película? || **2** *adv* mucho tiempo: **how long have you had this problem?** ¿desde cuándo tienes este problema? || **3 to long for** *vi* anhelar. **4 to long to** tener muchas ganas de. • **as long as** mientras, con tal que; **in the long run** a la larga; **long ago** hace mucho tiempo; **so long** hasta la vista. ▪ **long jump** salto de longitud.
longing ['lɒŋɪŋ] *n* ansia, anhelo.
longitude ['lɒndʒɪtjuːd] *n* longitud *f*.
long-range [lɒŋ'reɪndʒ] *adj* de largo alcance.
long-standing [lɒŋ'stændɪŋ] *adj* antiguo,-a.
long-term [lɒŋ'tɜːm] *adj* a largo plazo.
longways ['lɒŋweɪz] *adv* a lo largo.
loo [luː] *n fam* wáter *m*, servicio.
look [lʊk] **1** *vi* mirar. || **2** *n* mirada. **3** (*appearance*) aspecto, apariencia. ♦ **to look after** *vt* (*take care of*) cuidar ♦ **to look ahead** *vi* mirar al futuro ♦ **to look at** *vt* mirar ♦ **to look down on** *vt* despreciar ♦ **to look for** *vt* buscar ♦ **to look forward to** *vt* esperar (con ansia) ♦ **to look into** *vt* investigar ♦ **to look on 1** *vt* considerar. **2** *vi* mirar ♦ **to look onto** *vt* dar a ♦ **to look out** *vi* vigilar ♦ **to look round 1** *vi* volver la cabeza. **2** *vt* (*town*) visitar ♦ **to look through** *vt* examinar, revisar; (*book, quickly*) hojear ♦ **to look up 1** *vi* mejorar. **2** *vt* buscar.
lookalike ['lʊkəlaɪk] *n* doble *mf*, sosia *m*.
lookout ['lʊkaʊt] **1** *n* (*person*) vigía *mf*. **2** (*place*) atalaya. • **to be on the lookout for** estar al acecho de.
loony ['luːnɪ] *adj fam* chalado,-a.
loop [luːp] *n* (*in string*) lazo.
loose [luːs] **1** *adj* suelto,-a. **2** flojo, -a; holgado,-a. **3** desatado,-a. || **4** *vt* soltar. • **on the loose** suelto,-a.
loosen ['luːsn] *vt* - *vi* soltar(se).
loot [luːt] **1** *n* (*spoils*) botín *m*. **2** *fam* (*money*) pasta. || **3** *vt* - *vi* saquear.
lope [ləʊp] *vi* andar con paso largo.
lopsided [lɒp'saɪdɪd] *adj* torcido,-a, desequilibrado,-a.
loquacious [lə'kweɪʃəs] *adj* locuaz.
lord [lɔːd] **1** *n* señor *m*. **2** (*title*) lord *m*. ▪ **the Lord's Prayer** el padrenuestro.

lorry ['lɒrɪ] *n* camión *m*.
lose [luːz] **1** *vt* - *vi* (*pt & pp* lost) (*gen*) perder. **2** (*clock*) atrasarse.
loser ['luːzə] *n* perdedor,-a.
loss [lɒs] *n* pérdida.
lost [lɒst] *adj* perdido,-a. • **to get lost** perderse.
lot [lɒt] **1** *n* (*fate*) suerte *f*. **2** US (*land*) solar *m*. **3** (*in auction*) lote *m*. **4** (*large number*) cantidad *f*: **a lot** mucho; **a lot of ...** muchísimo,-a; **lots of ...** cantidad de ... • **to cast lots** echar suertes.
loud [laʊd] **1** *adj* (*sound*) fuerte. **2** (*voice*) alto,-a. **3** (*colour*) chillón, -ona. **4** (*behaviour*) vulgar, ordinario,-a. || **5** *adv* fuerte, alto.
loudmouth ['laʊdmaʊθ] *n pej* bocazas.
loudspeaker [laʊd'spiːkə] *n* altavoz *m*.
lounge [laʊndʒ] **1** *n* salón *m*. || **2** *vi* holgazanear. **3** (*on sofa etc*) repantigarse.
louse [laʊs] **1** *n* (*pl* lice) piojo. **2** (*pl* louses) *fam* canalla *mf*.
lousy ['laʊzɪ] **1** *adj* (*infested*) piojoso,-a. **2** *fam* (*awful*) fatal, malísimo, -a; (*vile*) asqueroso,-a.
lovable ['lʌvəbl] *adj* adorable.
love [lʌv] **1** *n* amor *m*. **2** (*tennis*) cero. || **3** *vt* amar a, querer a. **4** (*like a lot*) tener afición a: **I love fish** me encanta el pescado. • **not for love or money** por nada del mundo.
lovely ['lʌvlɪ] *adj* maravilloso,-a; (*beautiful*) precioso,-a; (*charming*) encantador,-ra.
lover ['lʌvə] *n* amante *mf*.
loving ['lʌvɪŋ] *adj* afectuoso,-a.
low [ləʊ] **1** *adj* (*gen*) bajo,-a. **2** (*depressed*) abatido,-a. || **3** *adv* bajo. || **4** *vi* mugir. ■ **low tide** bajamar *f*.
lower ['ləʊə] **1** *adj* inferior. || **2** *vt* (*gen*) bajar. **3** (*flag*) arriar.
low-fat ['ləʊ'fæ] *adj* bajo,-a en grasas.
lowly ['ləʊlɪ] *adj* humilde, modesto,-a.
loyal ['lɔɪəl] *adj* leal, fiel.
loyalty ['lɔɪəltɪ] *n* lealtad *f*, fidelidad *f*.
lozenge ['lɒzɪndʒ] *n* pastilla.
luck [lʌk] *n* suerte *f*.
luckless ['lʌkləs] *adj* desafortunado,-a.
lucky ['lʌkɪ] *adj* afortunado,-a.
ludicrous ['luːdɪkrəs] *adj* ridículo,-a.
lug [lʌg] **1** *vt fam* (*carry*) cargar con. || **2** *n* GB *fam* (*ear*) oreja.
luggage ['lʌgɪdʒ] *n* equipaje *m*.
lukewarm ['luːkwɔːm] *adj* templado,-a.
lull [lʌl] **1** *n* momento de calma, recalmón *m*. || **2** *vt* adormecer.
lullaby ['lʌləbaɪ] *n* nana.
lumber ['lʌmbə] **1** *n* (*wood*) madera. **2** (*junk*) trastos *mpl* viejos. || **3** *vi* moverse pesadamente.
lumberjack ['lʌmbədʒæk] *n* leñador.
luminous ['luːmɪnəs] *adj* luminoso, -a.
lump [lʌmp] **1** *n* pedazo, trozo. **2** (*sugar*) terrón *m*. **3** (*swelling*) bulto. **4** (*in sauce*) grumo. ♦ **to lump together** *vt* juntar. • **to lump it** *fam* apechugar. ■ **lump sum** suma global.
lumpy ['lʌmpɪ] **1** *adj* lleno,-a de bultos. **2** (*sauce*) grumoso,-a.
lunacy ['luːnəsɪ] *n* locura.
lunatic ['luːnətɪk] *adj* - *n* loco,-a.
lunch [lʌntʃ] **1** *n* comida, almuerzo. || **2** *vi* comer, almorzar.

luncheon ['lʌntʃn] *n fml* almuerzo.
lung [lʌŋ] *n* pulmón *m.*
lunge [lʌndʒ] **1** *n* arremetida, embestida. ‖ **2** *vi* arremeter, embestir.
lurch [lɜːtʃ] **1** *n* sacudida, tumbo, bandazo. ‖ **2** *vi* dar sacidudas, dar bandazos. **3** (*person*) tambalearse. • **to leave in the lurch** dejar en la estacada.
lure [ljʊə] *vt* atraer.
lurid ['ljuərɪd] **1** *adj* chillón,-ona. **2** horripilante, espeluznante.
lurk [lɜːk] *vi* estar al acecho.
luscious ['lʌʃəs] *adj* delicioso,-a.
lush [lʌʃ] *adj* exuberante.
lust [lʌst] **1** *n* codicia. **2** (*sexual*) lujuria. ♦ **to lust after** *vt* codiciar.
lustful ['lʌstfʊl] *adj* lujurioso,-a.
lusty ['lʌstɪ] *adj* fuerte, robusto,-a.
lute [luːt] *n* laúd *m.*
luxury ['lʌkʃərɪ] *n* lujo.
lying ['laɪɪŋ] **1** *adj* mentiroso,-a. ‖ **2** *n* mentiras *fpl.*
lynch [lɪntʃ] *vt* linchar.
lynx [lɪŋks] *n* lince *m.*
lyric ['lɪrɪk] **1** *adj* lírico,-a. ‖ **2 lyrics** *npl* (*of song*) letra *f sing.*
lyricist ['lɪrɪsɪst] *n* letrista *mf.*

M

mac [mæk] *n* impermeable *m*.
machine [məˈʃiːn] *n* máquina, aparato. ▪ **machine gun** ametralladora.
machinery [məˈʃiːnərɪ] **1** *n* (*machines*) maquinaria. **2** (*workings*) mecanismo.
mackerel [ˈmækrəl] *n* caballa.
mackintosh [ˈmækɪntɒʃ] *n* impermeable *m*.
mad [mæd] **1** *adj* loco,-a. **2** disparatado,-a, insensato,-a. **3** desenfrenado,-a. **4** rabioso,-a. • **to be mad about** estar loco,-a por; **to be mad** estar enfadado,-a (at/with, con); **to drive sb mad** volver loco,-a a algn; **to go mad** volverse loco,-a.
madam [ˈmædəm] *n fml* señora.
madden [ˈmædn] *vt* enfurecer.
made-up [ˈmeɪdʌp] **1** *adj* (*face*) maquillado,-a. **2** (*invented*) inventado,-a.
madhouse [ˈmædhaʊs] *n fam* casa de locos, manicomio.
madly [ˈmædlɪ] **1** *adv* (*wildly*) locamente. **2** (*hurriedly*) precipitadamente. **3** *fam* (*very*) terriblemente.
madman [ˈmædmən] *n* loco.
madness [ˈmædnəs] *n* locura.
magic [ˈmædʒɪk] **1** *n* magia. ‖ **2** *adj* mágico,-a.
magical [ˈmædʒɪkl] *adj* mágico,-a.
magician [məˈdʒɪʃn] *n* mago,-a.
magistrate [ˈmædʒɪstreɪt] *n* juez *mf*.
magnet [ˈmægnət] *n* imán *m*.
magnificent [mægˈnɪfɪsnt] *adj* magnífico,-a, espléndido,-a.
magnify [ˈmægnɪfaɪ] **1** *vt* (*increase*) aumentar, ampliar. **2** (*overdo*) exagerar.
magnifying glass [ˈmægnɪfaɪɪŋglɑːs] *n* lupa.
maid [meɪd] **1** *n* criada. **2** camarera.
maiden [ˈmeɪdn] **1** *n* doncella. ‖ **2** *adj* (*unmarried*) soltera. **3** (*voyage*) inaugural.
mail [meɪl] **1** *n* correo. ‖ **2** *vt* enviar por correo. ▪ **mail order** venta por correo.
mailbox [ˈmeɪlbɔks] *n* US buzón *m*.
maim [meɪm] *vt* mutilar, lisiar.
main [meɪn] **1** *adj* (*chief*) principal. **2** (*essential*) esencial. ‖ **3** *n* ELEC red *f* eléctrica. ▪ **main course** plato principal.
mainland [ˈmeɪnlənd] *n* continente *m*.
maintain [meɪnˈteɪn] *vt* mantener.
maintenance [ˈmeɪntənəns] **1** *n* mantenimiento. **2** JUR pensión *f*.
maisonette [meɪzəˈnet] *n* dúplex.
maize [meɪz] *n* maíz *m*.
majesty [ˈmædʒəstɪ] *n* majestad *f*.
major [ˈmeɪdʒə] **1** *adj* (*main*) mayor, principal. **2** (*important*) importante, considerable. ‖ **3** *n* MIL comandante *m*.
majority [məˈdʒɒrɪtɪ] *n* mayoría. ▪ **majority rule** gobierno mayoritario.

make [meɪk] **1** *vt* (*pt & pp* made) (*gen*) hacer. **2** hacer: **it made me cry** me hizo llorar. **3** obligar. **4** ganar: **how much do you make a year?** ¿cuánto ganas al año? **5** conseguir: **I made it!** ¡lo conseguí! ‖ **6** *n* marca. ♦ **to make for 1** *vt* (*move towards*) dirigirse hacia. **2** *vt* (*result in*) contribuir a ♦ **to make out 1** *vt* (*write - list, receipt*) hacer; (*- cheque*) extender. **2** *vt* (*see*) distinguir; (*writing*) descifrar. **3** *vt* (*understand*) entender. **4** *vi* (*manage*) arreglárselas ♦ **to make up 1** *vt* (*invent*) inventar. **2** *vt* (*package*) empaquetar. **3** *vt* (*complete*) completar. **4** *vt* (*constitute*) componer, formar. **5** *vt - vi* (*cosmetics*) maquillar(se). ♦ **to make up for** *vt* compensar. • **to be made of** ser de, estar hecho,-a de; **to make a decision** tomar una decisión; **to make a living** ganarse la vida; **to make a mistake** equivocarse; **to make believe** fingir; **to make do** arreglárselas; **to make it up with sb** hacer las paces; **to make sense** tener sentido; **to make sb angry** enfadar a algn; **to make sth clear** aclarar algo; **to make sth known** dar a conocer algo; **to make sure** asegurarse; **to make the best/ most of sth** sacar el máximo provecho de algo; **to make up one's mind** decidirse.

make-believe ['meɪkbɪliːv] *n* fantasía.

maker ['meɪkə] *n* fabricante *mf.*

make-up ['meɪkʌp] **1** *n* (*cosmetics*) maquillaje *m.* **2** (*composition*) composición *f.* **3** (*of person*) carácter *m.*

making ['meɪkɪŋ] **1** *n* (*manufacture*) fabricación *f.* **2** (*construction*) construcción *f.* **3** (*creation*) creación *f.* • **to have the makings of sth** tener madera de algo.

male [meɪl] **1** *adj - n* (*animal, plant*) macho. ‖ **2** *adj* (*sex*) masculino,-a. ‖ **4** *n* (*person*) varón *m.* ▪ **male chauvinism** machismo.

malicious [mə'lɪʃəs] **1** *adj* (*wicked*) malévolo,-a. **2** (*bitter*) rencoroso,-a.

malignant [mə'lɪgnənt] **1** *adj* (*person*) malvado,-a. **2** MED maligno,-a.

malnutrition [mælnjuː'trɪʃn] *n* desnutrición *f.*

malpractice [mæl'præktɪs] **1** *n* MED negligencia. **2** JUR procedimiento ilegal.

malt [mɔːlt] *n* malta.

mammal ['mæml] *n* mamífero.

mammoth ['mæməθ] **1** *n* mamut *m.* ‖ **2** *adj* gigantesco,-a, descomunal.

man [mæn] **1** *n* (*pl* men) hombre *m.* **2** (*chess*) pieza; (*draughts*) ficha. ‖ **3** *vt* (*boat, plane*) tripular. **4** (*post*) servir. ▪ **the man in the street** ciudadano de a pie.

manage ['mænɪdʒ] **1** *vt* dirigir, llevar. **2** administrar. **3** manejar. ‖ **4** *vi* poder. **5** (*financially*) arreglárselas, apañarse.

management ['mænɪdʒmənt] **1** *n* dirección *f.* **2** junta directiva.

manager ['mænɪdʒə] **1** *n* (*of company*) director,-ra, gerente *mf.* **2** (*of property*) administrador,-ra. **3** (*of restaurant etc*) encargado,-a. **4** (*of actor*) representante *mf.* **5** (*sports*) entrenador *m.*

manageress [mænɪdʒə'res] **1** *n* directora, gerente *f.* **2** encargada, jefa.
mandate ['mændeɪt] *n* mandato.
mane [meɪn] *n* crin *f*; melena.
mangle ['mæŋgl] **1** *n* escurridor *m*, rodillo. ‖ **2** *vt* escurrir. **3** destrozar. **4** aplastar.
manhood ['mænhʊd] *n* madurez *f.*
maniac ['meɪnɪæk] **1** *n* MED maníaco,-a. **2** *fam* (*fanatic*) fanático,-a. **3** *fam* (*madman*) loco,-a.
manipulate [mə'nɪpjʊleɪt] *vt* manipular.
mankind [mæn'kaɪnd] *n* la humanidad *f.*
manly ['mænlɪ] *adj* varonil, viril, macho.
man-made [mæn'meɪd] **1** *adj* (*lake etc*) artificial. **2** (*fabric etc*) sintético,-a.
manner ['mænə] **1** *n* manera, modo. **2** comportamiento. ‖ **3 manners** *npl* modales *mpl.*
• **in a manner of speaking** por decirlo así; **to be bad manners** ser de mala educación.
manoeuvre [mə'nuːvə] **1** *n* maniobra. ‖ **2** *vt - vi* maniobrar. ‖ **3** *vt* (*person*) manipular.
manslaughter ['mænslɔːtə] *n* homicidio involuntario.
manually ['mænjʊəlɪ] *adv* a mano.
manufacture [mænjʊ'fæktʃə] **1** *n* fabricación *f.* **2** confección *f.* **3** elaboración *f.* ‖ **4** *vt* fabricar. **5** confeccionar. **6** elaborar.
many ['menɪ] *adj - pron* (*comp* more; superl most) muchos,-as.
• **as many ... as** tantos,-as ... como; **how many?** ¿cuántos,-as?; **not many** pocos,-as; **too many** demasiados,-as.
map [mæp] **1** *n* (*of country, region*) mapa *m.* **2** (*of town, transport*) plano. ♦ **to map out** *vt* (*plan*) proyectar, planear.
maple ['meɪpl] *n* arce *m.*
marathon ['mærəθən] **1** *n* maratón *m.* ‖ **2** *adj* maratoniano,-a.
marble ['mɑːbl] **1** *n* mármol *m.* **2** (*glass ball*) canica. ‖ **3** *adj* de mármol.
march [mɑːtʃ] **1** *n* MIL marcha; (*walk*) caminata. **2** (*demonstration*) manifestación *f.* **3** *fig* (*of time*) paso. ‖ **4** *vi* MIL marchar, hacer una marcha; (*walk*) caminar. ♦ **to march past** *vi* desfilar.
March [mɑːtʃ] *n* marzo.
mare [meə] *n* yegua.
margin ['mɑːdʒɪn] *n* margen *m.*
marigold ['mærɪgəʊld] *n* maravilla.
marine [mə'riːn] **1** *n* marino,-a. **2** soldado de infantería de marina.
marital ['mærɪtl] *adj* matrimonial.
▪ **marital status** estado civil.
maritime ['mærɪtaɪm] *adj* marítimo,-a.
mark [mɑːk] **1** *n* (*imprint*) huella. **2** (*stain*) mancha. **3** (*sign*) señal *f*, marca. **4** EDUC nota. ‖ **5** *vt* marcar. **6** (*stain*) manchar. **7** (*indicate*) señalar. **8** EDUC puntuar, calificar. ♦ **to mark down 1** *vt* (*lower prices*) rebajar. **2** *vt* (*write*) anotar, apuntar ♦ **to mark out 1** *vt* (*area*) delimitar. **2** *vt* (*person*) destinar.
marker ['mɑːkə] *n* jalón *m.*
market ['mɑːkɪt] *n* mercado.
• **on the market** a la venta.
marksman ['mɑːksmən] *n* tirador *m.*
marmalade ['mɑːməleɪd] *n* mermelada *(de cítricos)*.

maroon [mə'ruːn] **1** *adj* granate. ‖ **2** *n* granate *m*. ‖ **3** *vt* aislar, abandonar.

marriage ['mærɪdʒ] **1** *n* matrimonio. **2** (*wedding*) boda.

married ['mærɪd] *adj* casado,-a (to, con).

• **to get married** casarse.

marrow ['mærəʊ] **1** *n* (*of bone*) tuétano, médula. **2** Bot calabacín *m*.

marry ['mærɪ] **1** *vt* (*take in marriage*) casarse con. **2** (*unite in marriage*) casar.

marsh [mɑːʃ] **1** *n* (*bog*) pantano, ciénaga *f*. **2** (*near sea or river*) marisma.

marshal ['mɑːʃl] **1** *n* mariscal *m*. **2** oficial *mf*. **3** US jefe,-a de policía.

marvellous ['mɑːvləs] *adj* maravilloso,-a, estupendo,-a.

marzipan ['mɑːzɪpæn] *n* mazapán *m*.

mascara [mæ'skɑːrə] *n* rímel *m*.

masculine ['mɑːskjʊlɪn] **1** *adj* masculino,-a. ‖ **2** *n* masculino.

mash [mæʃ] **1** *vt* (*crush*) triturar. ‖ **2** *n fam* puré *m* de patatas.

mask [mɑːsk] **1** *n* máscara. **2** Med mascarilla. ‖ **3** *vt* enmascarar.

mason ['meɪsn] *n* albañil *m*.

mass [mæs] **1** *n* masa. **2** montón *m*. **3** Rel misa. ‖ **4** *vi* congregarse.

• **to mass produce** fabricar en serie. ■ **mass media** medios *mpl* de comunicación *(de masas)*.

massacre ['mæsəkə] **1** *n* masacre *f*, carnicería, matanza. ‖ **2** *vt* masacrar.

massive ['mæsɪv] **1** *adj* (*solid*) macizo,-a. **2** (*huge*) enorme, descomunal.

mast [mɑːst] *n* mástil *m*.

master ['mɑːstə] **1** *n* amo. **2** (*owner*) dueño. **3** (*teacher*) profesor *m* de instituto. **4** (*expert*) maestro. ‖ **5** *vt* dominar.

masterpiece ['mɑːstəpiːs] *n* obra maestra.

mat [mæt] **1** *n* (*rug*) alfombrilla. **2** (*doormat*) felpudo. ‖ **3** *adj* mate.

match [mætʃ] **1** *n* cerilla. **2** igual *mf*. **3** Sp partido. ‖ **4** *vt* igualar. **5** combinar con.

• **to match up to** estar a la altura de; **to be a good match** (*clothes etc*) hacer juego; (*people*) hacer buena pareja.

mate [meɪt] **1** *n* (*companion*) compañero,-a. **2** Zool pareja; (*male*) macho; (*female*) hembra. **3** Mar piloto. ‖ **4** *vi* aparearse, acoplarse.

material [mə'tɪərɪəl] **1** *adj* material. **2** importante, sustancial. ‖ **3** *n* materia. **4** tela, tejido. **5** material *m*.

maths [mæθs] *n fam* mates *fpl*.

matter ['mætə] **1** *n* (*substance*) materia. **2** (*affair, subject*) asunto, cuestión *f*. ‖ **3** *vi* importar.

• **as a matter of fact** en realidad, de hecho; **it's a matter of ...** es cuestión de ...; **no matter ...**: **no matter what I do** haga lo que haga; **the matter**: **what's the matter?** ¿qué pasa?, ¿qué ocurre?; **there's nothing the matter** no pasa nada; **to make matters worse** para colmo de desgracias.

matter-of-fact [mætərəv'fækt] *adj* práctico,-a, realista.

mattress ['mætrəs] *n* colchón *m*.

mature [mə'tʃʊə] **1** *adj* maduro,-a. **2** Fin vencido,-a. ‖ **3** *vt* - *vi* madurar. ‖ **4** *vi* Fin vencer.

mauve [məʊv] *adj* - *n* malva.

may [meɪ] **1** *aux* poder, ser posible: **he may come** es posible que venga, puede que venga. **2** (*permission*) poder: **may I go?** ¿puedo irme? **3** (*wish*) ojalá: **may it be so** ojalá sea así.
• **come what may** pase lo que pase; **may as well**: **you may as well buy the big one** ya puestos, cómprate el grande.
May [meɪ] *n* mayo.
maybe ['meɪbiː] *adv* quizá, tal vez.
mayonnaise [meɪə'neɪz] *n* mayonesa.
mayor [meə] *n* alcalde *m*.
maze [meɪz] *n* laberinto.
me [miː] **1** *pron* me; (*with prep*) mí: **follow me** sígueme; **it's for me** es para mí. **2** (*emphatic*) yo: **it's me!** ¡soy yo!
meadow ['medəʊ] *n* prado, pradera.
meal [miːl] **1** *n* comida. **2** harina.
mean [miːn] **1** *adj* (*miserly*) tacaño, -a. **2** (*unkind*) malo,-a. **3** (*humble*) humilde. **4** (*average*) medio,-a. ‖ **5** *n* media. ‖ **6** *vt* (*pt & pp* meant) (*signify*) querer decir. **7** (*be important*) significar: **this means a lot to me** esto significa mucho para mí. **8** (*intend*) tener intención de: **I didn't mean to do it** lo hice sin querer. **9** (*entail*) suponer, implicar. **10** (*destine*) destinar (for, para).
•**to mean it** decirlo en serio; **to mean well** tener buenas intenciones.
meaning ['miːnɪŋ] *n* sentido, significado.
meaningful ['miːnɪŋfʊl] *adj* significativo,-a.
means [miːnz] **1** *npl* (*way*) medio, manera. ‖ **2** *n* (*pl* means) (*resources*) medios *mpl*, recursos *mpl* económicos.
•**by all means!** ¡naturalmente!; **by means of** mediante; **by no means** de ningún modo.
meantime ['miːntaɪm] **in the meantime** *phr* mientras tanto, entretanto.
meanwhile ['miːnwaɪl] *adv* mientras tanto, entretanto.
measles ['miːzlz] *n* sarampión *m*.
▪ **German measles** rubéola.
measure ['meʒə] **1** *n* medida. ‖ **2** *vt* medir. **3** tomar las medidas de. ♦ **to measure up** *vi* estar a la altura.
measurement ['meʒəmənt] **1** *n* (*act*) medición *f*. **2** (*length*) medida.
meat [miːt] **1** *n* carne *f*. **2** *fig* esencia.
meatball ['miːtbɔːl] *n* albóndiga.
mechanic [mɪ'kænɪk] *n* mecánico,-a.
mechanics [mɪ'kænɪks] **1** *n* mecánica. **2** (*ways*) mecanismos *mpl*.
meddle ['medl] *vi* entrometerse (in, en).
mediate ['miːdɪeɪt] *vi* mediar.
medical ['medɪkl] **1** *adj* médico,-a. ‖ **2** *n fam* chequeo. ▪ **medical record** historial *m* médico.
medicine ['medsɪn] *n* medicina.
meditate ['medɪteɪt] *vi* meditar.
Mediterranean [medɪtə'reɪnɪən] *adj* - *n* mediterráneo,-a.
medium ['miːdɪəm] **1** *n* (*pl* media) medio. **2** (*TV, radio etc*) medio de comunicación *f*. **3** (*environment*) medio ambiente. **4** (*person*) médium *mf*. ‖ **5** *adj* mediano,-a.
meek [miːk] *adj* manso,-a, dócil.

meet [miːt] **1** *vt* (*pt & pp* met) (*by chance*) encontrar, encontrarse con. **2** (*by arrangement*) reunirse con. **3** (*get to know*) conocer. **4** (*collect*) ir a buscar, venir a buscar: **I'll meet you at the station** te iré a buscar a la estación. **5** (*requirements*) satisfacer. **6** (*expenses*) cubrir. ‖ **7** *vi* (*by chance*) encontrarse. **8** (*by arrangement*) reunirse, verse. **9** (*get acquainted*) conocerse. **10** SP enfrentarse. **11** (*join*) unirse; (*rivers*) confluir; (*roads*) empalmar. ‖ **12** *n* SP encuentro. **13** (*hunting*) partida de caza. ♦ **to meet up** *vi fam* (*by arrangement*) quedar ♦ **to meet with** *vt* (*difficulty*) tropezar con; (*success*) tener.
•**pleased to meet you!** ¡encantado,-a de conocerle!; **to make ends meet** *fam* llegar a fin de mes.

meeting ['miːtɪŋ] **1** *n* (*gen*) reunión *f*. **2** FIN junta. **3** POL mítin *m*. **4** (*chance encounter*) encuentro. **5** (*by arrangement*) cita.

melancholy ['melənkəlɪ] **1** *n* melancolía. ‖ **2** *adj* melancólico,-a.

melody ['melədɪ] *n* melodía.

melt [melt] **1** *vt* (*ice, snow*) derretir. **2** (*metal*) fundir. **3** *fig* (*anger etc*) atenuar. ‖ **4** *vi* (*ice, snow*) derretirse. **5** (*metal*) fundirse. **6** *fig* (*anger etc*) atenuarse, disiparse. ♦ **to melt away 1** *vi* (*ice, snow*) derretirse. **2** *vi* (*money, people*) desaparecer. **3** *vi* (*feeling*) desvanecerse.

member ['membə] **1** *n* (*gen*) miembro. **2** (*of club*) socio,-a. **3** POL afiliado,-a. ■ **member of staff** empleado,-a; **Member of Parliament** POL diputado,-a.

memoirs ['memwɑːz] *npl* memorias.

memorial [mə'mɔːrɪəl] *adj* conmemorativo,-a.

memorize ['meməraɪz] *vt* memorizar.

memory ['memərɪ] **1** *n* (*ability*) memoria. **2** (*recollection*) recuerdo.
•**from memory** de memoria; **in memory of sb** en memoria de algn.

menace ['menəs] **1** *n* amenaza. **2** *fam* (*person*) pesado,-a. ‖ **3** *vt* amenazar.

mend [mend] **1** *n* remiendo. ‖ **2** *vt* reparar, arreglar. **3** remendar.
•**to mend one's ways** reformarse.

mental ['mentl] **1** *adj* mental. **2** *fam* (*mad*) chalado,-a, tocado,-a. ■ **mental asylum** manicomio.

mention ['menʃn] **1** *n* mención *f*. ‖ **2** *vt* mencionar, hacer mención de.
•**don't mention it!** ¡de nada!, ¡no hay de qué!

menu ['menjuː] **1** *n* (*list*) carta. **2** (*fixed meal*) menú *m*. **3** COMPUT menú *m*.

merchandise ['mɜːtʃəndaɪz] *n* mercancías *fpl*, géneros *mpl*.

merchant ['mɜːtʃənt] *n* comerciante *mf*. ■ **merchant navy** marina mercante.

merciless ['mɜːsɪləs] *adj* despiadado,-a.

mercury ['mɜːkjʊrɪ] *n* mercurio.

mercy ['mɜːsɪ] *n* misericordia, clemencia, compasión *f*.
•**at the mercy of** a la merced de.

merge [mɜːdʒ] **1** *vt vi* (*gen*) unir(se); (*roads*) empalmar. **2** COMM fusionar(se).

merger ['mɜːdʒə] *n* fusión *f*.

merit ['merɪt] **1** *n* mérito. ‖ **2** *vt* merecer.

mermaid ['mɜːmeɪd] *n* sirena.

merry ['merɪ] *adj* alegre.
•**merry Christmas!** ¡Feliz Navidad!
merry-go-round ['merɪgəʊraʊnd] *n* tiovivo, caballitos *mpl*.
mesh [meʃ] **1** *n* malla. **2** TECH engranaje *m*. ‖ **3** *vi* engranar.
mess [mes] **1** *n* desorden *m*. **2** lío, follón *m*. **3** comedor *m*. ♦ **to mess about/around 1** *vi* (*idle*) gandulear. **2** *vi* (*act the fool*) hacer el tonto. **3** *vt* fastidiar ♦ **to mess up 1** *vt fam* (*make untidy*) desordenar. **2** *vt* (*spoil*) estropear. **3** *vt* (*dirty*) ensuciar.
•**to look a mess** *fam* estar horroroso,-a; **to make a mess of** *fam* estropear.
message ['mesɪdʒ] *n* mensaje *m*.
•**to get the message** *fam* entender.
messenger ['mesɪndʒə] *n* mensajero,-a.
messy ['mesɪ] **1** *adj* (*untidy*) desordenado,-a. **2** (*dirty*) sucio,-a.
metallic [mə'tælɪk] *adj* metálico,-a.
meteor ['miːtɪə] *n* meteoro, bólido.
meteorite ['miːtɪəraɪt] *n* meteorito.
meter ['miːtə] *n* contador *m*.
method ['meθəd] **1** *n* método. **2** (*technique*) técnica.
meticulous [mə'tɪkjʊləs] *adj* meticuloso,-a.
metre ['miːtə] *n* metro.
metric ['metrɪk] *adj* métrico,-a.
mew [mjuː] **1** *n* maullido. ‖ **2** *vi* maullar.
mezzanine ['mezəniːn] *n* entresuelo.
microbe ['maɪkrəʊb] *n* microbio.
microwave ['maɪkrəʊweɪv] *n* (*wave*) microonda; (*oven*) microondas *m inv*.
midday [mɪd'deɪ] *n* mediodía *m*.
middle ['mɪdl] **1** *adj* de en medio, central. **2** mediano,-a. ‖ **3** *n* medio, centro. **4** mitad *f*.
•**in the middle of** en medio de; (*activity*) metido,-a en. ▪ **middle name** segundo nombre.
middleman ['mɪdlmən] *n* intermediario.
middle-of-the-road [mɪdləvðə'rəʊd] *adj fig* moderado,-a.
midget ['mɪdʒɪt] **1** *n* enano,-a. ‖ **2** *adj* diminuto,-a. **3** en miniatura.
midnight ['mɪdnaɪt] *n* medianoche *f*.
midway ['mɪdweɪ] **1** *adv* a medio camino. ‖ **2** *adj* intermedio,-a.
midwife ['mɪdwaɪf] *n* comadrona.
might [maɪt] *n* poder *m*, fuerza.
•**with all one's might** con todas sus fuerzas.
migrant ['maɪgrənt] **1** *adj* (*animal*) migratorio,-a. **2** (*person*) emigrante.
migrate [maɪ'greɪt] *vi* emigrar.
mild [maɪld] **1** *adj* (*person*) apacible. **2** (*climate, soap etc*) suave.
mile [maɪl] *n* milla.
•**it's miles away** *fam* está lejísimos.
military ['mɪlɪtrɪ] *adj* militar.
milk [mɪlk] **1** *n* leche *f*. ‖ **2** *vt* (*cow etc*) ordeñar. ▪ **milk shake** batido.
milkman ['mɪlkmən] *n* lechero.
milky ['mɪlkɪ] **1** *adj* lechoso,-a; (*coffee*) con mucha leche. **2** (*colour*) pálido,-a.
mill [mɪl] **1** *n* molino. ‖ **2** *vt* moler. ♦ **to mill about** *vi* arremolinarse.
millennium [mɪ'lenɪəm] *n* milenio.
millimetre ['mɪlɪmiːtə] *n* milímetro.
million ['mɪljən] *n* millón *m*.

millionaire [mɪljəˈneə] *n* millonario,-a.
millionth [ˈmɪljənθ] *adj* - *n* millonésimo,-a.
mime [maɪm] **1** *n* (*art*) mímica. **2** (*person*) mimo. || **3** *vt* imitar.
mimic [ˈmɪmɪk] **1** *n* mimo. || **2** *adj* mímico,-a. || **3** *vt* (*pt & pp* mimicked) imitar.
mince [mɪns] **1** *n* GB carne *f* picada. || **2** *vt* picar.
•**not to mince one's words** no tener pelos en la lengua.
mind [maɪnd] **1** *n* (*intellect*) mente *f*. **2** (*mentality*) mentalidad *f*. || **3** *vt* (*heed*) hacer caso de. **4** (*look after*) cuidar. **5** (*be careful*) tener cuidado con. || **6** *vt* - *vi* (*object*) importar: **I don't mind staying** no tengo inconveniente en quedarme.
•**mind out!** ¡ojo!, ¡cuidado!; **mind you ...** ten en cuenta que ...; **mind your own business** no te metas; **never mind** da igual; **to bear sth in mind** tener algo en cuenta; **to change one's mind** cambiar de opinión; **to lose one's mind** perder el juicio; **to make up one's mind** decidirse.
mindless [ˈmaɪndləs] *adj* absurdo,-a.
mine [maɪn] **1** *pron* (el) mío, (la) mía, (los) míos, (las) mías. || **2** *n* mina. || **3** *vt* (*minerals*) extraer.
miner [ˈmaɪnə] *n* minero,-a.
mingle [ˈmɪŋgl] *vt* - *vi* mezclar(se).
miniature [ˈmɪnɪtʃə] **1** *n* miniatura. || **2** *adj* en miniatura. **3** (*tiny*) diminuto,-a.
minimal [ˈmɪnɪml] *adj* mínimo,-a.
minimum [ˈmɪnɪməm] *adj* - *n* mínimo,-a.
mining [ˈmaɪnɪŋ] *n* minería.
minister [ˈmɪnɪstə] **1** *n* ministro,-a. **2** REL pastor,-ra.
ministry [ˈmɪnɪstrɪ] **1** *n* ministerio. **2** REL sacerdocio.
mink [mɪŋk] *n* visón *m*.
minor [ˈmaɪnə] *adj* - *n* menor.
minority [maɪˈnɒrɪtɪ] **1** *n* minoría. || **2** *adj* minoritario,-a.
mint [mɪnt] **1** *n* BOT menta. **2** (*sweet*) pastilla de menta. || **3** *vt* acuñar.
•**in mint condition** en perfecto estado.
minus [ˈmaɪnəs] **1** *prep* menos: **minus five degrees** cinco grados bajo cero. || **2** *adj* negativo,-a.
minute [ˈmɪnɪt] **1** *n* minuto. **2** momento: **just a minute!** ¡un momentito! || **3 minutes** *npl* (*notes*) actas *fpl*. || **4** *adj* ([maɪˈnjuːt]) (*tiny*) diminuto,-a.
miracle [ˈmɪrəkl] *n* milagro.
mirage [mɪˈrɑːʒ] *n* espejismo.
mirror [ˈmɪrə] **1** *n* espejo; (*in car*) retrovisor *m*. || **2** *vt* reflejar.
misbehave [mɪsbɪˈheɪv] *vi* portarse mal.
miscalculate [mɪsˈkælkjʊleɪt] *vt* - *vi* calcular mal.
miscarriage [mɪsˈkærɪdʒ] *n* aborto (*espontáneo*).
miscellaneous [mɪsɪˈleɪnɪəs] *adj* diverso,-a, variado,-a.
mischief [ˈmɪstʃɪf] *n* travesura.
mischievous [ˈmɪstʃɪvəs] **1** *adj* (*naughty - person*) travieso,-a. **2** (*- look*) pícaro,-a.
misconception [mɪskənˈsepʃn] *n* idea equivocada.
misconduct [mɪsˈkɒndʌkt] **1** *n* mala conducta. || **2** *vt* [mɪskənˈdʌkt] gestionar mal.
miser [ˈmaɪzə] *n* avaro,-a.

miserable ['mɪzərəbl] **1** *adj* (*unhappy*) desgraciado,-a. **2** (*bad*) desagradable. **3** (*paltry*) miserable.

misery ['mɪzərɪ] **1** *n* (*wretchedness*) desgracia, desdicha. **2** (*suffering*) sufrimiento. **3** (*poverty*) miseria.

misfortune [mɪs'fɔːtʃn] *n* desgracia.

misgiving [mɪs'gɪvɪŋ] *n* duda, recelo.

misguided [mɪs'gaɪdɪd] *adj* equivocado,-a.

mishap ['mɪshæp] *n* percance.

mislay [mɪs'leɪ] *vt* extraviar, perder.

mislead [mɪs'liːd] *vt* engañar.

misplace [mɪs'pleɪs] **1** *vt* (*trust etc*) depositar en quien no se lo merece. **2** (*lose*) perder, extraviar.

misprint ['mɪsprɪnt] *n* errata.

miss [mɪs] **1** *n* señorita. **2** fallo; tiro errado. ‖ **3** *vt* - *vi* fallar; errar. ‖ **4** *vt* perder. **5** no ver; no oír. **6** echar de menos; añorar. **7** echar en falta. ‖ **8** *vi* faltar: **nobody is missing** no falta nadie. ♦ **to miss out** *vt* (*omit*) saltarse.

•**to miss the boat** *fig* perder la ocasión; **to give sth a miss** *fam* pasar de algo.

missile ['mɪsaɪl] *n* misil *m*.

missing ['mɪsɪŋ] *adj* (*object*) perdido,-a, extraviado,-a; (*person*) desaparecido,-a.

missionary ['mɪʃnərɪ] *n* misionero,-a.

mist [mɪst] *n* niebla. ♦ **to mist over/up** *vi* empañarse.

mistake [mɪs'teɪk] **1** *n* equivocación *f*, error *m*; (*in test*) falta. ‖ **2** *vt* (*pt* mistook; pp mistaken [mɪs'teɪkən]) (*misunderstand*) entender mal. **3** (*confuse*) confundir (for, con).

•**by mistake** por error o descuido; **to make a mistake** equivocarse.

mister ['mɪstə] *n* señor *m*.

mistress ['mɪstrəs] **1** *n* (*of house*) ama, señora. **2** (*lover*) amante *f*.

mistrust [mɪs'trʌst] **1** *n* desconfianza, recelo. ‖ **2** *vt* desconfiar de.

misty ['mɪstɪ] *adj* neblinoso,-a.

misunderstanding [mɪsʌndə'stændɪŋ] *n* malentendido.

misuse [mɪs'juːs] **1** *n* mal uso. **2** (*of power*) abuso. ‖ **3** *vt* ([mɪs'juːz]) emplear mal. **4** (*power*) abusar de.

mitten ['mɪtn] *n* manopla.

mix [mɪks] **1** *n* mezcla. ‖ **2** *vt* (*gen*) mezclar. ♦ **to mix up 1** *vt* mezclar. **2** *vt* (*confuse*) confundir. **3** *vt* (*mess up*) revolver.

mixed [mɪkst] **1** *adj* variado,-a. **2** contradictorio,-a. **3** mixto,-a.

mixer ['mɪksə] *n* batidora.

mix-up ['mɪksʌp] *n* lío, confusión *f*.

moan [məʊn] **1** *n* gemido, quejido. ‖ **2** *vi* gemir. **3** *pej* (*complain*) quejarse (about, de).

mobile ['məʊbaɪl] *adj* - *n* móvil. ■ **mobile home** caravana, remolque *m*.

mock [mɒk] **1** *adj* (*object*) de imitación. **2** (*event*) de prueba, simulado,-a. ‖ **3** *vt* burlarse de. ‖ **4** *vi* burlarse (at, de).

mockery ['mɒkərɪ] **1** *n* (*ridicule*) burla, mofa. **2** (*farce*) farsa.

model ['mɒdl] **1** *n* (*gen*) modelo. ‖ **2** *adj* (*plane etc*) en miniatura. **3** (*exemplary*) ejemplar. ‖ **4** *vt* modelar. **5** (*clothes*) presentar.

moderate ['mɒdrət] **1** *adj* moderado,-a. **2** mediano,-a. ‖ **3** *adj* - *n* centrista *mf*. ‖ **4** *vt* - *vi* moderar(se).

modern ['mɒdn] **1** *adj* moderno,-a. **2** (*literature etc*) contemporáneo,-a.
modernize ['mɒdənaɪz] *vt* modernizar, actualizar.
modest ['mɒdɪst] **1** *adj* modesto,-a. **2** (*rise, success*) discreto,-a.
modesty ['mɒdɪstɪ] *n* modestia.
modify ['mɒdɪfaɪ] *vt* modificar.
moist [mɔɪst] *adj* (*damp*) húmedo,-a.
moisten ['mɔɪsn] *vt* humedecer.
moisture ['mɔɪstʃə] *n* humedad *f*.
moisturizer ['mɔɪstʃəraɪzə] *n* hidratante *m*.
molar ['məʊlə] *n* muela.
mole [məʊl] **1** *n* topo. **2** lunar *m*.
molest [mə'lest] *vt* (*trouble*) hostigar, acosar; (*sexually*) agredir sexualmente.
mom [mɒm] *n* US *fam* mamá *f*.
moment ['məʊmənt] *n* momento.
•**at any moment** de un momento a otro: **at every moment** constantemente; **at the moment** en este momento; **at the last moment** a última hora; **for the moment** de momento.
momentum [məʊ'mentəm] **1** *n* PHYS momento. **2** *fig* ímpetu *m*, impulso.
Mon ['mʌndɪ] *abbr* (Monday) lun.
monarch ['mɒnək] *n* monarca *m*.
monarchy ['mɒnəkɪ] *n* monarquía.
monastery ['mɒnəstrɪ] *n* monasterio.
Monday ['mʌndɪ] *n* lunes *m inv*.
monetary ['mʌnɪtrɪ] *adj* monetario,-a.
money ['mʌnɪ] *n* dinero.
•**to get one's money's worth** sacar partido del dinero; **to make money** (*person*) ganar dinero; (*business*) rendir; **to be in the money** *fam* ser rico,-a.
moneybox ['mʌnɪbɒks] *n* hucha.
moneyed ['mʌnɪd] *adj* adinerado,-a.
monitor ['mɒnɪtə] **1** *n* monitor *m*. **2** responsable *mf*. ‖ **3** *vt* escuchar. **4** seguir de cerca.
monk [mʌŋk] *n* monje *m*.
monkey ['mʌŋkɪ] *n* mono.
monologue ['mɒnəlɒg] *n* monólogo.
monopoly [mə'nɒpəlɪ] *n* monopolio.
monotony [mə'nɒtənɪ] *n* monotonía.
monster ['mɒnstə] **1** *n* monstruo. ‖ **2** *adj* enorme.
monstrous ['mɒnstrəs] **1** *adj* enorme, monstruoso,-a. **2** escandaloso,-a.
month [mʌnθ] *n* mes *m*.
monthly ['mʌnθlɪ] **1** *adj* mensual. ‖ **2** *adv* mensualmente, cada mes.
■ **monthly instalment** mensualidad *f*.
moo [muː] **1** *n* mugido. ‖ **2** *vi* mugir.
mood [muːd] *n* humor *m*.
• **to be in the mood for** tener ganas de.
moody ['muːdɪ] *adj* malhumorado,-a.
moon [muːn] *n* luna.
•**once in a blue moon** de Pascuas a Ramos.
moor [mʊə] **1** *n* páramo, brezal *m*. ‖ **2** *vt* amarrar; (*with anchor*) anclar.
mop [mɒp] **1** *n* fregona. **2** *fam* (*of hair*) mata de pelo. ‖ **3** *vt* fregar. ♦ **to mop up** *vt* enjuagar, limpiar.
mope [məʊp] *vi* estar deprimido,-a.
moped ['məʊped] *n* ciclomotor.
moral ['mɒrl] **1** *adj* moral. ‖ **2** *n* moraleja. ‖ **3 morals** *npl* moral *f sing*.

morbid ['mɔːbɪd] *adj* enfermizo,-a.

more [mɔː] *adj* - *adv* más.
• **... any more** ya no ...: **I don't live here any more** ya no vivo aquí; **more and more expensive** cada vez más caro,-a; **more or less** más o menos; **once more** una vez más; **the more he has, the more he wants** cuanto más tiene más quiere.

moreover [mɔː'rəʊvə] *adv fml* además.

morning ['mɔːnɪŋ] *n* mañana

moron ['mɔːrɒn] *n pej* imbécil *mf*.

morsel ['mɔːsl] **1** *n* bocado. **2** *fig* pizca.

mortally ['mɔːtlɪ] *adv* mortalmente.

mortar ['mɔːtə] *n* mortero.

mortgage ['mɔːgɪdʒ] **1** *n* hipoteca. || **2** *vt* hipotecar.

mosaic [mə'zeɪɪk] *adj* mosaico.

Moslem ['mɒzləm] *adj* - *n* musulmán,-ana.

mosque [mɒsk] *n* mezquita.

moss [mɒs] *n* musgo.

most [məʊst] **1** *adj* (*majority*) la mayoría: **most people** la mayoría de la gente. || **2** *adv* más: **the most difficult question** la pregunta más difícil. || **3** *pron* la mayor parte. **4** (*people*) la mayoría.
• **at most** como máximo; **for the most part** por lo general; **to make the most of sth** aprovechar algo al máximo.

MOT ['em'əʊ'tiː] *abbr* ITV *f*.

moth [mɒθ] **1** *n* mariposa nocturna. **2** (*of clothes*) polilla.

mother ['mʌðə] **1** *n* madre *f*. || **2** *vt* (*give birth*) dar a luz. **3** (*care of excessively*) mimar. ■ **mother country** patria.

motherhood ['mʌðəhʊd] *n* maternidad *f*.

mother-in-law ['mʌðərɪnlɔː] *n* (*pl* mothers-in-law) suegra.

motif [məʊ'tiːf] **1** *n* ART motivo. **2** (*subject*) tema.

motion ['məʊʃn] **1** *n* movimiento. **2** gesto, ademán *m*. **3** moción *f*. || **4** *vi* hacer señas. || **5** *vt* indicar con señas.

motive ['məʊtɪv] **1** *n* motivo. **2** JUR móvil *m*.

motorbike ['məʊtəbaɪk] *n fam* moto *f*.

motorcycle ['məʊtəsaɪkl] *n* moto *f*.

motorist ['məʊtərɪst] *n* automovilista.

motorway ['məʊtəweɪ] *n* GB autopista.

motto ['mɒtəʊ] *n* lema *m*.

mould [məʊld] **1** *n* moho. **2** molde *m*. || **3** *vt* moldear; modelar.

mouldy ['məʊldɪ] *adj* mohoso,-a.

mound [maʊnd] *n* montón *m*.

mount [maʊnt] **1** *n* monte *m*. **2** montura. **3** marco. || **4** *vt* montar en. **5** enmarcar. ♦ **to mount up** *vi* acumularse.

mountain ['maʊntən] *n* montaña. ■ **mountain range** cordillera, sierra.

mountaineer [maʊntə'nɪə] *n* montañero,-a.

mountainous ['maʊntənəs] *adj* montañoso,-a.

mourn [mɔːn] **1** *vt* (*dead person*) llorar la muerte de. **2** (*lost thing*) echar de menos.

mourning ['mɔːnɪŋ] *n* luto, duelo.

mouse [maʊs] *n* (*pl* mice) ratón *m*.

moustache [məs'tɑːʃ] *n* bigote *m*.

mouth [maʊθ] **1** *n* boca. **2** (*of river*) desembocadura. **3** (*of cave*) entrada. || **4** *vt* ([maʊð]) (*words*) articular. **5** (*insults*) proferir.
•**by word of mouth** de palabra; **down in the mouth** deprimido,-a.

mouthful ['maʊθfʊl] *n* (*of food*) bocado; (*of drink*) sorbo; (*of air*) bocanada.

move [muːv] **1** *n* movimiento. **2** (*in game*) turno, jugada. **3** (*to new home*) mudanza. || **4** *vt* (*gen*) mover. **5** (*emotionally*) conmover. **6** (*persuade*) convencer, inducir. || **7** *vi* moverse. **8** (*travel, go*) ir. **9** (*in boardgame*) mover. ♦ **to move along** *vi* avanzar ♦ **to move away 1** *vi* apartarse. **2** *vi* (*change house*) mudarse. ♦ **to move forward 1** *vt* - *vi* avanzar. **2** *vt* (*clock*) adelantar ♦ **to move in 1** *vi* (*into new home*) instalarse. **2** *vi* (*go into action*) intervenir ♦ **to move on** *vi* (*advance*) avanzar •**to make a move** (*take action*) dar un paso; **to get a move on** *fam* darse prisa.

movement ['muːvmənt] **1** *n* movimiento. **2** traslado. **3** mecanismo.

movie ['muːvɪ] *n* US película.

moving ['muːvɪŋ] **1** *adj* (*that moves*) en movimiento; (*part, target*) móvil. **2** (*causing motion*) motor,-ra, motriz. **3** (*emotional*) conmovedor,-ra. ▪ **moving staircase** escalera mecánica.

mow [məʊ] *vt* (*pp* mowed o mown [məʊn]) segar.

much [mʌtʃ] **1** *adj* (*comp* more; *superl* most) mucho,-a. || **2** *adv* - *pron* mucho.
• **as much ... as** tanto,-a ... como; **how much?** ¿cuánto?; **so much** tanto.

muck [mʌk] **1** *n* (*dirt*) suciedad *f*. **2** (*manure*) estiércol *m*. ♦ **to muck about/around** *vi* perder el tiempo ♦ **to muck in** *vi fam* echar una mano ♦ **to muck up 1** *vt* (*dirty*) ensuciar. **2** *vt* (*spoil, ruin*) echar a perder.

mud [mʌd] *n* barro, lodo.

muddle ['mʌdl] **1** *n* (*mess*) desorden *m*. **2** (*mix-up*) lío. || **3** *vt* (*confuse*) confundir. ♦ **to muddle through** *vi* arreglárselas.
• **in a muddle** hecho,-a un lío.

muddy ['mʌdɪ] **1** *adj* fangoso,-a, lodoso,-a. **2** turbio,-a.

mug [mʌg] **1** *n* (*large cup*) taza. **2** (*tankard*) jarra. **3** GB *fam* (*dupe*) primo,-a, ingenuo,-a. || **4** *vt* (*attack*) atracar.

mugger ['mʌgə] *n* atracador,-ra.

muggy ['mʌgɪ] *adj* bochornoso,-a.

multiple ['mʌltɪpl] **1** *adj* múltiple. || **2** *n* múltiplo.

multiply ['mʌltɪplaɪ] *vt* - *vi* multiplicar(se).

multitude ['mʌltɪtjuːd] *n* multitud *f*.

mum [mʌm] *n* GB *fam* mamá *f*.

mumble ['mʌmbl] *vt* - *vi* murmurar.

mummy ['mʌmɪ] **1** *n* (*corpse*) momia. **2** GB *fam* (*mother*) mamá *f*.

mumps [mʌmps] *n* paperas *fpl*.

munch [mʌntʃ] *vt* - *vi* mascar.

murder ['mɜːdə] **1** *n* asesinato, homicidio. || **2** *vt* asesinar, matar.

murky ['mɜːkɪ] **1** *adj* oscuro,-a, tenebroso,-a. **2** turbio,-a.

murmur ['mɜːmə] **1** *n* (*of voice, river*) murmullo; (*of wind*) susurro; (*of traffic*) rumor *m*. || **2** *vt* - *vi* murmurar.

muscle ['mʌsl] *n* músculo.

muse [mjuːz] **1** *vi* meditar, reflexionar (on/over, sobre). || **2** *n* musa.

mushroom ['mʌʃrʊm] **1** *n* BOT seta, hongo. || **2** *vi* crecer rápidamente.

music ['mjuːzɪk] *n* música.
• **to face the music** dar la cara. ▪ **music score** partitura; **music stand** atril *m*.

musician [mjuː'zɪʃn] *n* músico,-a.

Muslim ['mʌzlɪm] *adj* - *n* musulmán,-ana.

mussel ['mʌsl] *n* mejillón *m*.

must [mʌst] **1** *aux* (*obligation*) deber, tener que: **I must leave** debo marcharme. **2** (*probability*) deber de: **she must be ill** debe de estar enferma. || **3** *n* mosto. **4** *fam* (*need*) cosa imprescindible: **a visit to the palace is a must** una visita al palacio es imprescindible.

mustard ['mʌstəd] *n* mostaza.

mute [mjuːt] *adj* - *n* mudo,-a.

muted ['mjuːtɪd] **1** *adj* (*sound*) apagado,-a, sordo,-a. **2** (*colour*) apagado,-a, suave.

mutiny ['mjuːtɪnɪ] **1** *n* motín *m*. || **2** *vi* amotinarse.

mutter ['mʌtə] **1** *n* refunfuño. || **2** *vi* refunfuñar.

muzzle ['mʌzl] **1** *n* (*snout*) hocico. **2** (*device*) bozal *m*. **3** (*of gun*) boca. || **4** *vt* (*dog*) poner bozal a. **5** *fig* amordazar.

my [maɪ] **1** *adj* mi, mis. || **2** *interj* ¡caramba!

myopia [maɪ'əʊpɪə] *n* miopía.

myself [maɪ'self] **1** *pron* (*reflexive*) me. **2** (*after preposition*) mí.
• **by myself** yo mismo,-a, yo solo,-a.

mystery ['mɪstrɪ] *n* misterio.

mystic ['mɪstɪk] *adj* - *n* místico,-a.

mystify ['mɪstɪfaɪ] *vt* dejar perplejo,-a,.

mystique [mɪs'tiːk] *n* misterio.

myth [mɪθ] *n* mito.

N

nag [næg] **1** *vt* dar la tabarra a. ‖ **2** *vi* quejarse.
nail [neɪl] **1** *n* ANAT uña. **2** (*metal*) clavo. ‖ **3** *vt* clavar.
naive [naɪ'iːv] *adj* ingenuo,-a.
naked ['neɪkɪd] *adj* desnudo,-a. • **with the naked eye** a simple vista.
name [neɪm] **1** *n* nombre *m*. **2** (*surname*) apellido. ‖ **3** *vt* poner nombre, llamar. **4** (*appoint*) nombrar.
nameless ['neɪmləs] **1** *adj* (*unknown*) anónimo,-a. **2** (*fear*) indescriptible.
namely ['neɪmlɪ] *adv* a saber.
nap [næp] *n* siesta. • **to catch napping** coger desprevenido,-a; **to catch a nap** echarse una siesta.
nape [neɪp] *n* nuca, cogote *m*.
napkin ['næpkɪn] *n* servilleta.
nappy ['næpɪ] *n* pañal *m*.
narrate [nə'reɪt] *vt* narrar.
narrative ['nærətɪv] **1** *adj* narrativo,-a. ‖ **2** *n* narración *f*. **3** narrativa.
narrow ['nærəʊ] **1** *adj* estrecho,-a. ‖ **2** *vt* - *vi* estrechar(se). ♦ **to narrow down** *vt* reducir.
narrowly ['nærəʊlɪ] *adv* por poco.
narrow-minded [nærəʊ'maɪndɪd] *adj* estrecho,-a de miras.
nasty ['nɑːstɪ] **1** *adj* repugnante. **2** malintencionado,-a. **3** serio,a, feo,-a. **4** peliagudo,-a, difícil.
nation ['neɪʃn] *n* nación *f*.
national ['næʃnəl] **1** *adj* nacional. ‖ **2** *n* súbdito,-a.
nationality [næʃə'nælɪtɪ] *n* nacionalidad *f*.
nationalize [næʃnə'laɪz] *vt* nacionalizar.
nationwide [neɪʃn'waɪd] *adv* por todo el país.
native ['neɪtɪv] **1** *adj* natal. **2** originario,-a. ‖ **3** *n* natural *mf*. **4** indígena *mf*.
natter ['nætə] *vi fam* charlar.
natty ['nætɪ] *adj* (*smart*) elegante.
natural ['nætʃrəl] **1** *adj* natural. **2** (*born*) nato,-a. • **by nature** por naturaleza.
nature ['neɪtʃə] **1** *n* naturaleza. **2** (*type*) índole *f*.
naturist ['neɪtʃərɪst] *n* naturista *mf*.
naught [nɔːt] *n* nada.
naughty ['nɔːtɪ] **1** *adj* travieso,-a. **2** (*risqué*) atrevido,-a.
nauseating ['nɔːzɪeɪtɪŋ] *adj* nauseabundo,-a.
nautical ['nɔːtɪkl] *adj* náutico,-a.
nave [neɪv] *n* nave *f*.
navel ['neɪvl] *n* ombligo.
navigate ['nævɪgeɪt] **1** *vt* gobernar. ‖ **2** *vi* navegar.
navigator ['nævɪgeɪtə] *n* navegante.
navy ['neɪvɪ] *n* marina de guerra, armada. ▪ **navy blue** azul marino.
near [nɪə] **1** *adj* cercano,-a. **2** próximo,-a. **3** casi. ‖ **4** *adv* cerca. **5** a

punto de. ‖ **6** *prep* cerca de. ‖ **7** *vt* acercarse a.

nearby ['nɪəbaɪ] **1** *adj* cercano,-a. ‖ **2** *adv* cerca.

nearly ['nɪəlɪ] *adv* casi.

neat [niːt] **1** *adj* ordenado,-a; bien arreglado,-a. **2** pulcro,-a. **3** claro, -a. **4** hábil. **5** solo,-a.

necessary ['nesɪsrɪ] *adj* necesario,-a.

necessitate [nɪ'sesɪteɪt] *vt* exigir.

necessity [nɪ'sesɪtɪ] **1** *n* necesidad *f*. **2** (*item*) requisito indispensable. • **of necessity** por necesidad.

neck [nek] *n* cuello.

necklace ['nekləs] *n* collar *m*.

neckline ['neklaɪn] *n* escote *m*.

need [niːd] **1** *n* necesidad *f*. ‖ **2** *vt* necesitar. ‖ **3** *aux* tener que.

needle ['niːdl] **1** *n* aguja. ‖ **2** *vt fam* pinchar.

needy ['niːdɪ] *adj* necesitado,-a.

negative ['negətɪv] **1** *adj* negativo, -a. ‖ **2** *n* negación *f*. **3** negativa. **4** negativo.

neglect [nɪ'glekt] **1** *n* descuido, negligencia. ‖ **2** *vt* descuidar.

negligée ['neglɪdʒeɪ] *n* salto de cama.

negotiate [nɪ'gəʊʃɪeɪt] **1** *vt - vi* negociar. ‖ **2** *vt* (*obstacle*) salvar.

neigh [neɪ] **1** *n* relincho. ‖ **2** *vi* relinchar.

neighbour ['neɪbə] *n* vecino,-a.

neighbourhood ['neɪbəhʊd] **1** *n* (*area*) barrio. **2** (*vicinity*) zona. • **in the neighbourhood of** cerca de.

neighbouring ['neɪbərɪŋ] *adj* vecino,-a.

neighbourly ['neɪbəlɪ] *adj* amable.

neither ['naɪðə, 'niːðə] **1** *adj - pron* ninguno,-a de los dos/las dos: **neither of us** ninguno de los dos. ‖ **2** *adv - conj* ni: **it's neither good nor bad** no es ni bueno ni malo. • **neither ... nor...** ni ... ni ....

nephew ['nevjuː] *n* sobrino.

nerve [nɜːv] **1** *n* nervio. **2** (*daring*) valor *m*. **3** (*cheek*) descaro.

nervous ['nɜːvəs] **1** *adj* nervioso, -a. **2** (*afraid*) miedoso,-a, tímido,-a.

nervousness ['nɜːvəsnəs] **1** *n* nerviosismo, nerviosidad *f*. **2** (*fear*) miedo.

nest [nest] **1** *n* nido. ‖ **2** *vi* anidar.

nestle ['nesl] *vi* acomodarse.

net [net] **1** *n* red *f*. ‖ **2** *adj* neto,-a. ‖ **3** *vt* coger con red. **4** (*earn*) ganar neto,-a.

Netherlands ['neðələndʒ] *n* los Países Bajos.

nettle ['netl] **1** *n* ortiga. ‖ **2** *vt* irritar.

network ['netwɜːk] *n* red *f*.

neuter ['njuːtə] **1** *adj* neutro,-a. ‖ **2** *n* GRAM neutro. ‖ **3** *vt* castrar.

neutral ['njuːtrəl] **1** *adj* neutro,-a. **2** POL neutral. ‖ **3** *n* AUTO punto muerto.

never ['nevə] *adv* nunca, jamás.

nevertheless [nevəðə'les] *adv* sin embargo.

new [njuː] *adj* nuevo,-a.

newborn ['njuːbɔːn] *adj* recién nacido,-a.

newcomer ['njuːkʌmə] *n* recién llegado,-a.

newly ['njuːlɪ] *adv* recién.

newlywed ['njuːlɪwed] *n* recién casado,-a.

news [njuːz] *n* noticias *fpl*.

newspaper ['njuːspeɪpə] *n* diario, periódico.

newsworthy ['njuːzwɜːðɪ] *adj* de interés periodístico.

next [nekst] **1** *adj* (*following*) próximo,-a, siguiente. **2** (*time*) próximo, -a. **3** (*room, house etc*) de al lado. || **4** *adv* luego, después. • **next to** al lado de. ▪ **next of kin** pariente(s).
nib [nɪb] *n* plumilla.
nibble ['nɪbl] **1** *n* mordisco. **2** (*piece*) bocadito. || **3** *vt* - *vi* mordisquear.
nice [naɪs] **1** *adj* (*person*) amable, simpático,-a, majo,-a. **2** (*thing*) agradable. **3** (*pretty*) bonito,-a, mono,-a.
nick [nɪk] **1** *n* mella, muesca. **2** GB *sl* (*gaol*) chirona. || **3** *vt* mellar. **4** *fam* (*steal*) birlar, mangar. **5** *fam* (*arrest*) pillar. • **in the nick of time** justo a tiempo; **in good nick** *sl* en buenas condiciones.
nickel ['nɪkl] *n* (*metal*) níquel *m*.
nickname ['nɪkneɪm] **1** *n* apodo. || **2** *vt* apodar.
niece [niːs] *n* sobrina.
niggle ['nɪgl] **1** *n* duda. **2** preocupación *f*. || **3** *vi* preocupar.
night [naɪt] *n* noche *f*. • **at/by night** de noche.
nightdress ['naɪtdres] *n* camisón *m*.
nightgown ['naɪtgaʊn] *n* camisón *m*.
nightingale ['naɪtɪŋgeɪl] *n* ruiseñor *m*.
nightly ['naɪtlɪ] *adv* cada noche.
nightmare ['naɪtmeə] *n* pesadilla.
nil [nɪl] **1** *n* nada. **2** SP cero.
nimble ['nɪmbl] *adj* ágil.
nine [naɪn] *num* nueve.
nineteen [naɪn'tiːn] *num* diecinueve.
nineteenth [naɪn'tiːnθ] *adj* - *n* decimonono,-a.
ninetieth ['naɪntɪəθ] *adj* - *n* nonagésimo,-a.
ninety ['naɪntɪ] *num* noventa.
ninth [naɪnθ] *adj* - *n* nono,-a, noveno,-a.
nip [nɪp] **1** *n* (*pinch*) pellizco. **2** (*bite*) mordisco. **3** (*drink*) trago. || **4** *vt* - *vi* pellizcar. **5** (*bite*) mordisquear. || **6** *vi* (*go quickly*) ir (en un momento). • **to nip in the bud** cortar de raíz.
nipper ['nɪpə] *n fam* chaval,-la.
nipple ['nɪpl] **1** *n* (*female*) pezón *m*. **2** (*male*) tetilla. **3** (*teat*) boquilla.
nippy ['nɪpɪ] **1** *adj fam* (*quick*) rápido,-a. **2** *fam* (*cold*) fresquito,-a.
nit [nɪt] **1** *n* liendre *f*. **2** *fam* imbécil *mf*.
no [nəʊ] **1** *adv* no. || **2** *adj* ninguno, -a; (*before masc sing*) ningún: **I have no time** no tengo tiempo.
noble ['nəʊbl] *adj* - *n* noble.
nobody ['nəʊbədɪ] *pron* - *n* nadie.
nocturnal [nɒk'tɜːnl] *adj* nocturno,-a.
nod [nɒd] **1** *n* saludo *(con la cabeza)*. **2** (*in agreement*) asentimiento. || **3** *vi* saludar *(con la cabeza)*. **4** (*agree*) asentir. ♦ **to nod off** *vi* dormirse.
nohow ['nəʊhaʊ] *adv* de ninguna manera.
noise [nɔɪz] *n* ruido, sonido.
noisy ['nɔɪzɪ] *adj* ruidoso,-a.
nomad ['nəʊməd] *adj* - *n* nómada.
nominate ['nɒmɪneɪt] **1** *vt* nombrar. **2** (*propose*) proponer.
nonchalant ['nɒnʃələnt] *adj* impasible.
none [nʌn] **1** *pron* ninguno,-a. **2** nadie.
nonentity [nɒ'nentɪtɪ] *n* nulidad *f*.
nonetheless [nʌnðə'les] *adv* no obstante.
nonsense ['nɒnsəns] *n* tonterías *fpl*.
nonstick [nɒn'stɪk] *adj* antiadherente.

nonstop [nɒn'stɒp] **1** *adj* directo,-a. **2** continuo,-a. || **3** *adv* sin parar.
noodle ['nuːdl] *n* fideo.
nook [nʊk] *n* rincón *m*.
noon [nuːn] *n* mediodía *m*.
nor [nɔː] **1** *conj* ni. **2** tampoco: **nor do I** yo tampoco.
norm [nɔːm] *n* norma.
normality [nɔː'mælɪtɪ] *n* normalidad *f*.
north [nɔːθ] **1** *n* norte *m*. || **2** *adj* del norte. || **3** *adv* al norte.
northeast [nɔːθ'iːst] **1** *n* nordeste *m*, noreste *m*. || **2** *adj* del nordeste, del noreste. || **3** *adv* al nordeste, hacia el nordeste.
northerner ['nɔːðnə] *n* norteño,-a.
northwest [nɔːθ'west] **1** *n* noroeste *m*. || **2** *adj* del noroeste. || **3** *adv* al noroeste, hacia el noroeste.
Norway ['nɔːweɪ] *n* Noruega.
Norwegian [nɔː'wiːdʒən] **1** *adj - n* noruego,-a. || **2** *n* (*language*) noruego.
nose [nəʊz] **1** *n* nariz *f*; hocico. **2** olfato.
nosey-parker [nəʊzɪ'pɑːkə] *n fam* entrometido,-a, metomentodo *mf*.
nostril ['nɒstrɪl] *n* fosa nasal.
not [nɒt] *adv* no. • **thanks, not at all** gracias, de nada.
notch [nɒtʃ] *n* muesca.
note [nəʊt] **1** *vt* (*notice*) notar, observar. **2** (*write down*) apuntar, anotar. || **3** *n* MUS nota; (*key*) tecla. **4** (*money*) billete *m*. || **5 notes** *npl* apuntes *mpl*. • **of note** de importancia.
notebook ['nəʊtbʊk] **1** *n* libreta, cuaderno. **2** COMPUT ordenador *m* portátil.
noted ['nəʊtɪd] *adj* conocido,-a, célebre.
nothing ['nʌθɪŋ] *pron* nada. • **for nothing** gratis; en vano, en balde; **if nothing else** al menos; **nothing but** tan solo.
notice ['nəʊtɪs] **1** *n* (*sign*) letrero. **2** (*announcement*) anuncio. **3** (*warning*) aviso. || **4** *vt* notar, darse cuenta de. • **to take no notice of** no hacer caso de; **until further notice** hasta nuevo aviso.
noticeboard ['nəʊtɪsbɔːd] *n* tablón *m* de anuncios.
notify ['nəʊtɪfaɪ] *vt* notificar, avisar.
notion ['nəʊʃn] *n* noción *f*, idea.
notorious [nəʊ'tɔːrɪəs] *adj pej* célebre.
notwithstanding [nɒtwɪθ'stændɪŋ] **1** *adv* no obstante. || **2** *prep* a pesar de.
nought [nɔːt] *n* cero.
noun [naʊn] *n* nombre *m*, sustantivo.
nourish ['nʌrɪʃ] *vt* nutrir, alimentar.
nourishing ['nʌrɪʃɪŋ] *adj* nutritivo,-a.
nourishment ['nʌrɪʃmənt] *n* nutrición.
Nov ['nəʊvembə] *abbr* nov.
novel ['nɒvl] **1** *adj* original. || **2** *n* novela.
novelist ['nɒvlɪst] *n* novelista *mf*.
novelty ['nɒvltɪ] *n* novedad *f*.
November [nəʊ'vembə] *n* noviembre *m*.
novice ['nɒvɪs] **1** *n* novato,-a. **2** REL novicio,-a.
now [naʊ] **1** *adv* ahora. **2** (*these days*) hoy en día, actualmente. • **from now on** de ahora en adelante; **now and then** de vez en cuando; **now that** ahora que.

nowadays ['naʊədeɪz] *adv* hoy día.
nowhere ['nəʊweə] *adv* en ninguna parte. • **nowhere else** en ninguna otra parte.
noxious ['nɒkʃəs] *adj* nocivo,-a.
nozzle ['nɒzl] *n* boquilla.
nuance [njuː'ɑːns] *n* matiz *m*.
nucleus ['njuːklɪəs] *n* núcleo.
nude [njuːd] *adj* - *n* desnudo,-a.
nudge [nʌdʒ] **1** *n* codazo. ‖ **2** *vt* dar un codazo a.
nudist ['njuːdɪst] *adj* - *n* nudista.
nudity ['njuːdɪtɪ] *n* desnudez *f*.
nuisance ['njuːsns] **1** *n* (*thing*) molestia, fastidio, lata. **2** (*person*) pesado,-a.
null [nʌl] *adj* nulo,-a.
numb [nʌm] **1** *adj* entumecido,-a. ‖ **2** *vt* entumecer.
number ['nʌmbə] **1** *n* número. ‖ **2** *vt* numerar. **3** (*count*) contar: **his days are numbered** tiene los días contados.
numberplate ['nʌmbəpleɪt] *n* GB placa de la matrícula.
numbness ['nʌmnəs] *n* entumecimiento.
numeral ['njuːmərəl] *n* número, cifra.
numerical [njuː'merɪkl] *adj* numérico,-a.
numerous ['njuːmərəs] *adj* numeroso,-a.
nun [nʌn] *n* monja, religiosa.
nunnery ['nʌnərɪ] *n* convento.
nurse [nɜːs] **1** *n* enfermero,-a. **2** niñera. ‖ **3** *vt* cuidar. **4** amamantar. **5** guardar.
nursery ['nɜːsrɪ] **1** *n* (*kindergarten*) guardería. **2** (*for plants*) vivero. ▪ **nursery school** parvulario.
nursing ['nɜːsɪŋ] *n* enfermería.
nut [nʌt] **1** *n* BOT fruto seco. **2** TECH tuerca. **3** *fam* (*fanatic*) forofo, -a, fanático,-a. **4** *fam* (*nutcase*) chalado,-a.
nutcase ['nʌtkeɪs] *n fam* chalado,-a.
nutcracker ['nʌtkrækə] *n* cascanueces.
nutrition [njuː'trɪʃn] *n* nutrición *f*.
nutritious [njuː'trɪʃəs] *adj* nutritivo,-a.
nutshell ['nʌtʃel] *n* cáscara. • **in a nutshell** en pocas palabras.
nutter ['nʌtə] *n fam* chalado,-a.

O

oaf [əʊf] *n* palurdo,-a, zoquete *mf*.
oak [əʊk] *n* roble *m*.
oar [ɔː] *n* remo.
oath [əʊθ] **1** *n* juramento. **2** (*swearword*) palabrota.
oats [əʊts] *npl* avena *f sing*.
obedient [əˈbiːdɪənt] *adj* obediente.
obese [əʊˈbiːs] *adj* obeso,-a.
obey [əˈbeɪ] *vt* obedecer.
obituary [əˈbɪtjʊərɪ] *n* necrología.
object [ˈɒbdʒɪkt] **1** *n* (*thing*) objeto. **2** (*aim*) objetivo. ‖ **3** *vt* ([əbˈdʒekt]) objetar. ‖ **4** *vi* oponerse.
objection [əbˈdʒekʃn] *n* objeción *f*, inconveniente *m*. • **to have no objection** no tener ningún reparo.
objectionable [əbˈdʒekʃənəbl] *adj* desagradable.
objective [əbˈdʒektɪv] *adj* - *n* objetivo,-a.
obligation [ɒblɪˈgeɪʃn] *n* obligación *f*.
oblige [əˈblaɪdʒ] **1** *vt* (*compel*) obligar. **2** (*do a favour*) hacer un favor a. • **much obliged** muy agradecido,-a.
obliging [əˈblaɪdʒɪŋ] *adj* complaciente.
obliterate [əˈblɪtəreɪt] *vt* borrar.
oblivion [əˈblɪvɪən] *n* olvido.
oblivious [əˈblɪvɪəs] *adj* inconsciente.
oblong [ˈɒblɒŋ] **1** *adj* oblongo,-a. ‖ **2** *n* rectángulo.
obnoxious [əbˈnɒkʃəs] *adj* repugnante.
obscene [ɒbˈsiːn] *adj* obsceno,-a.
obscure [əbsˈkjʊə] **1** *adj* oscuro,-a. **2** (*unknown*) poco conocido,-a. ‖ **3** *vt* oscurecer.
observe [əbˈzɜːv] **1** *vt* (*gen*) observar. **2** (*law*) cumplir.
observer [əbˈzɜːvə] *n* observador,-ra.
obsess [əbˈses] *vt* obsesionar.
obsolete [ˈɒbsəliːt] *adj* obsoleto,-a.
obstacle [ˈɒbstəkl] *n* obstáculo.
obstinacy [ˈɒbstɪnəsɪ] *n* obstinación *f*.
obstruct [əbˈstrʌkt] **1** *vt* (*block*) obstruir. **2** (*hinder*) obstaculizar.
obtain [əbˈteɪn] *vt* obtener, conseguir.
obtrusive [əbˈtruːsɪv] *adj* molesto,-a.
obtuse [əbˈtjuːs] *adj* obtuso,-a.
obvious [ˈɒbvɪəs] *adj* evidente.
occasion [əˈkeɪʒn] **1** *n* (*time*) vez *f*, ocasión *f*. **2** (*event*) acontecimiento. ‖ **3** *vt* ocasionar. • **on the occasion of** con motivo de.
occasionally [əˈkeɪʒnəlɪ] *adv* de vez en cuando, ocasionalmente.
occult [ˈɒkʌlt] *adj* oculto,-a. ▪ **the occult** las ciencias ocultas.
occupant [ˈɒkjʊpənt] **1** *n* ocupante *mf*. **2** (*of flat*) inquilino,-a.
occupation [ɒkjʊˈpeɪʃn] **1** *n* ocupación *f*. **2** (*job*) profesión *f*.
occupy [ˈɒkjʊpaɪ] *vt* ocupar.
occur [əˈkɜː] **1** *vi* ocurrir, suceder. **2** (*come to mind*) ocurrirse.
occurrence [əˈkʌrəns] *n* suceso.
ocean [ˈəʊʃn] *n* océano.

ochre ['əʊkə] **1** *adj* ocre. ‖ **2** *n* ocre *m*.
o'clock [ə'klɒk] *adv* (*hora*) en punto.
October [ɒk'təʊbə] *n* octubre *m*.
octopus ['ɒktəpəs] *n* pulpo.
odd [ɒd] **1** *adj* (*strange*) extraño,-a, raro,-a. **2** (*number*) impar. **3** (*after numbers*) y pico. **4** (*sock etc*) suelto, -a, desparejado,-a. **5** (*occasional*) esporádico,-a.
oddity ['ɒdɪtɪ] *n* rareza.
odds [ɒdz] *npl* probabilidades *fpl*. • **it makes no odds** lo mismo da; **to be at odds** estar reñidos,-as; **to succeed against the odds** triunfar a pesar de las dificultades. ■ **odds and ends** cositas *fpl*, cosas *fpl* sueltas.
of [ɒv, unstressed əv] *prep* de.
off [ɒf] **1** *prep* (*from*) de: **it fell off the wall** se cayó de la pared. **2** (*close*) cerca: **off the coast** cerca de la costa. **3** (*removed from*): **there's a button off your coat** a tu abrigo le falta un botón. **4** (*deducted from*): **there's 15% off the price** hay un descuento del 15%. ‖ **5** *adv* (*away*): **he ran off** se fue corriendo. **6** (*on holiday*): **two days off** dos días libres. ‖ **7** *adj* (*ill - from school*) ausente; (- *from work*) de baja. **8** (*machinery*) desconectado,-a. **9** (*gas, electricity*) apagado,-a. **10** (*water, tap*) cerrado,-a. **11** (*event*) suspendido,-a. **12** (*bad*) pasado,-a; (*milk*) agrio,-a.
offence [ə'fens] **1** *n* ofensa. **2** JUR infracción *f*, delito.
offender [ə'fendə] *n* delincuente *mf*.
offer ['ɒfə] **1** *n* oferta. ‖ **2** *vt* ofrecer.
offering ['ɒfərɪŋ] *n* ofrecimiento.
offhand [ɒf'hænd] **1** *adv* de improviso. ‖ **2** *adj* descortés, brusco,-a.
office ['ɒfɪs] *n* (*room*) despacho. • **in office** en el poder; **to take office** tomar posesión del cargo.
officer ['ɒfɪsə] **1** *n* MIL oficial *m*. **2** (*police*) agente, policía *mf*.
official [ə'fɪʃl] **1** *adj* oficial. ‖ **2** *n* funcionario,-a.
off-key [ɒf'kiː] *adj* MUS desafinado,-a.
off-licence ['ɒflaɪsəns] *n* GB tienda de bebidas alcohólicas.
offset [ɒf'set] *vt* (*pt & pp offset*) compensar.
often ['ɒfn] *adv* a menudo. • **every so often** de vez en cuando.
oh [əʊ] *interj* ¡oh!
ohm [əʊm] *n* ohmio, ohm *m*.
oil [ɔɪl] **1** *n* aceite *m*. **2** (*petroleum*) petróleo. **3** (*paint*) óleo, pintura al óleo. ‖ **4** *vt* engrasar, lubricar, lubrificar. ■ **oil slick** marea negra; **oil tanker** petrolero.
oilcan ['ɔɪlkæn] *n* aceitera.
oily ['ɔɪlɪ] **1** *adj* aceitoso,-a, grasiento,-a. **2** (*skin*) graso,-a.
ointment ['ɔɪntmənt] *n* ungüento.
okay [əʊ'keɪ] **1** *interj* ¡vale! ‖ **2** *n* visto bueno. ‖ **3** *vt* dar el visto bueno a.
old [əʊld] **1** *adj* (*gen*) viejo,-a. **2** (*person*) mayor, viejo,-a. **3** (*wine*) añejo, -a. **4** (*former*) antiguo,-a. ■ **old age** vejez *f*, senectud *f*; **old boy** antiguo alumno; **old girl** antigua alumna; **old maid** solterona; **old people's home** residencia de ancianos.
old-fashioned [əʊld'fæʃnd] *adj* anticuado,-a.
olive ['ɒlɪv] **1** *n* (*tree*) olivo. **2** (*fruit*) aceituna, oliva.
omelette ['ɒmlət] *n* tortilla.
omen ['əʊmən] *n* agüero, presagio.
ominous ['ɒmɪnəs] *adj* de mal agüero.

omission [əʊ'mɪʃn] *n* omisión *f.*

omit [əʊ'mɪt] **1** *vt* (*leave out*) omitir. **2** (*not do*) pasar por alto. **3** (*forget*) olvidar.

omnibus ['ɒmnɪbəs] *n* (*collection*) antología.

on [ɒn] **1** *prep* (*gen*) en. **2** (*on top of*) sobre, encima de, en: **on the floor** en el suelo; **on the table** sobre la mesa. **3** (*about*) sobre: **a talk on birds** una charla sobre las aves. **4** (*time expressions*): **on my birthday** el día de mi cumpleaños; **on Sunday** el domingo; **on Sundays** los domingos. **5** (*indicating means*): **he's on the phone** está al teléfono. ‖ **6** *adv* (*machinery*) conectado, -a, puesto,-a. **7** (*gas, electricity*) encendido,-a. **8** (*water, tap*) abierto, -a. **9** (*clothes*) puesto,-a: **what dress did she have on?** ¿qué vestido llevaba? • **and so on** y así sucesivamente; **it's on the house** invita la casa; **on and off** de vez en cuando; **on and on** sin parar.

once [wʌns] **1** *adv* una vez. **2** antes. ‖ **3** *conj* una vez que. • **all at once** repentinamente; **at once** (*at the same time*) a la vez; (*immediately*) enseguida; **once upon a time** érase una vez.

oncoming ['ɒnkʌmɪŋ] *adj* que viene de frente.

one [wʌn] **1** *adj* un, una. **2** único,-a. ‖ **3** *num* uno. ‖ **4** *pron* uno,-a: **a red one** uno,-a rojo,-a; **one has to be careful** hay que ir con cuidado; **the one who** el que, la que; **this one** este,-a. • **one another** el uno al otro.

one-eyed ['wʌnaɪd] *adj* tuerto,-a.

one-off ['wʌnɒf] *adj fam* único,-a.

onerous ['ɒnərəs] *adj* oneroso,-a.

oneself [wʌn'self] **1** *pron* uno,-a mismo,-a, sí mismo,-a: **to enjoy oneself** divertirse. **2** (*alone*) uno,-a mismo,-a. • **by oneself** solo.

one-sided ['wʌnsaɪdɪd] **1** *adj* (*unequal*) desigual. **2** (*view*) parcial.

one-time ['wʌntaɪm] *adj* antiguo,-a.

one-way ['wʌnweɪ] **1** *adj* (*street*) de sentido único. **2** (*ticket*) de ida.

onion ['ʌnɪən] *n* cebolla.

onlooker ['ɒnlʊkə] *n* espectador,-ra.

only ['əʊnlɪ] **1** *adj* único,-a. ‖ **2** *adv* únicamente. ‖ **3** *conj* pero. • **if only** ojalá.

onrush ['ɒnrʌʃ] *n* arremetida.

onset ['ɒnset] *n* principio.

onto ['ɒntʊ] **1** *prep* (*on*) sobre. **2** (*aware of*): **the police are onto the thieves** la policía está siguiendo la pista de los ladrones.

onwards ['ɒnwədz] *adj* adelante.

oops [uːps] *interj* ¡ay!

ooze [uːz] **1** *n* fango, cieno. ‖ **2** *vi* rezumar. ‖ **3** *vt* (*charm etc*) irradiar.

opal ['əʊpl] *n* ópalo.

opaque [əʊ'peɪk] *adj* opaco,-a.

open ['əʊpən] **1** *adj* abierto,-a. **2** (*sincere*) sincero,-a. ‖ **3** *vt - vi* abrir(se). ■ **open season** temporada de caza.

open-air ['əʊpneə] *adj* al aire libre.

opener ['əʊpnə] *n* abridor *m.*

opening ['əʊpənɪŋ] **1** *n* (*act*) comienzo. **2** (*hole*) brecha. **3** (*chance*) oportunidad *f.* **4** (*vacancy*) vacante *f.* ■ **opening night** noche *f* de estreno.

open-minded [əʊpən'maɪndɪd] *adj* tolerante.

operate ['ɒpəreɪt] **1** *vt* (*machine*) hacer funcionar. **2** (*switch*) accionar. **3** (*business*) dirigir. ‖ **4** *vi* (*machine*) funcionar. **5** MED operar (on, a).

operation [ɒpəˈreɪʃn] **1** *n* operación *f*. **2** funcionamiento. **3** operación.
operative [ˈɒprətɪv] **1** *adj* JUR vigente. ‖ **2** *n* operario,-a.
operator [ˈɒpəreɪtə] **1** *n* (*telephone*) telefonista *mf*. **2** (*employee*) operario,-a.
opinion [əˈpɪnɪən] *n* opinión *f*. • **to have a high/low opinion of sb** tener buen/mal concepto de algn.
opponent [əˈpəʊnənt] *n* adversario,-a.
opportunity [ɒpəˈtjuːnɪtɪ] *n* oportunidad *f*.
oppose [əˈpəʊz] *vt* oponerse a.
opposed [əˈpəʊzd] *adj* opuesto,-a. • **as opposed to** en vez de.
opposing [əˈpəʊzɪŋ] *adj* contrario,-a.
opposite [ˈɒpəzɪt] **1** *adj* (*facing*) de enfrente. **2** (*contrary*) opuesto,-a. ‖ **3** *prep* enfrente de. ‖ **4** *adv* enfrente. ‖ **5** *n* antítesis *f inv*, contrario. ■ **opposite sex** sexo opuesto.
oppress [əˈpres] *vt* oprimir.
opt [ɒpt] *vi* optar.
optician [ɒpˈtɪʃn] *n* óptico,-a. ■ **optician's** óptica.
optimism [ˈɒptɪmɪzm] *n* optimismo.
optimist [ˈɒptɪmɪst] *n* optimista *mf*.
optimize [ˈɒptɪmaɪz] *vt* optimizar.
optimum [ˈɒptɪməm] **1** *adj* óptimo,-a. ‖ **2** *n* grado óptimo.
option [ˈɒpʃn] *n* opción *f*.
or [ɔː] **1** *conj* o. **2** (*with negative*) ni. • **or else** de lo contrario, si no.
oracle [ˈɒrəkl] *n* oráculo.
orange [ˈɒrɪndʒ] *adj* - *n* naranja. ■ **orange blossom** azahar *m*.
oratory [ˈɒrətrɪ] **1** *n* (*speech*) oratoria. **2** (*chapel*) oratorio, capilla.
orbit [ˈɔːbɪt] **1** *n* órbita. ‖ **2** *vt* girar alrededor de.
orchard [ˈɔːtʃəd] *n* huerto.
orchestra [ˈɔːkɪstrə] *n* orquesta.
orchid [ˈɔːkɪd] *n* orquídea.
ordeal [ɔːˈdiːl] *n fig* calvario.
order [ˈɔːdə] **1** *n* orden *f*. **2** pedido. **3** orden *m*, serie *f*. **4** condiciones *fpl*. ‖ **5** *vt* (*command*) ordenar, mandar. **6** (*organize*) ordenar. **7** (*ask for*) pedir. • **in order to** para, a fin de; **"Out of order"** "No funciona".
orderly [ˈɔːdəlɪ] **1** *adj* ordenado,-a, metódico,-a. **2** disciplinado,-a. ‖ **3** *n* MED auxiliar *mf*, ayudante *mf*.
ordinary [ˈɔːdɪnrɪ] *adj* normal, corriente. • **out of the ordinary** fuera de lo común.
ore [ɔː] *n* mineral *m*, mena.
organ [ˈɔːgən] *n* órgano.
organism [ˈɔːgənɪzm] *n* organismo.
organization [ɔːgənaɪˈzeɪʃn] *n* organización *f*.
organize [ˈɔːgənaɪz] *vt* - *vi* organizar(se).
orgasm [ˈɔːgæzm] *n* orgasmo.
orgy [ˈɔːdʒɪ] *n* orgía.
orientate [ˈɔːrɪənteɪt] *vt* orientar.
origin [ˈɒrɪdʒɪn] *n* origen *m*.
original [əˈrɪdʒɪnl] *adj* - *n* original. • **in the original** en versión original.
originate [əˈrɪdʒɪneɪt] **1** *vt* originar, crear. ‖ **2** *vi* tener su origen (in/from, en).
ornament [ˈɔːnəmənt] **1** *n* ornamento, adorno. ‖ **2** *vt* adornar, decorar.
ornamental [ɔːnəˈmentl] *adj* ornamental, decorativo,-a.
ornate [ɔːˈneɪt] *adj* recargado,-a.
orphan [ˈɔːfn] *n* huérfano,-a.
orthodox [ˈɔːθədɒks] *adj* ortodoxo,-a.
oscillate [ˈɒsɪleɪt] *vi* oscilar.
ostensible [ɒˈstensɪbl] *adj* aparente.

ostentatious [ɒsten'teɪʃəs] *adj* ostentoso,-a.
ostrich ['ɒstrɪtʃ] *n* avestruz *m.*
other ['ʌðə] *adj - pron* otro,-a. • **every other day** días alternos; **other than** (*except*) aparte de, salvo.
otherwise ['ʌðəwaɪz] **1** *adv* (*differently*) de otra manera. **2** (*apart from that*) por lo demás. || **3** *conj* si no, de lo contrario.
otter ['ɒtə] *n* nutria.
ouch [aʊtʃ] *interj* ¡ay!
ought [ɔːt] *aux* (*obligation*) deber.
ounce [aʊns] *n* onza.
▲ equivale a 28,35 g.
our ['aʊə] *adj* nuestro,-a.
ours ['aʊəz] *pron* (el) nuestro, (la) nuestra, (los) nuestros, (las) nuestras.
ourselves [aʊə'selvz] **1** *pron* nos. **2** (*emphatic*) nosotros,-as mismos,-as.
out [aʊt] **1** *adv* fuera, afuera: **he ran out** salió corriendo. **2** fuera: **he's out** ha salido. **3** (*wrong*) equivocado, -a: **my calculation was out by £50** mi cálculo tenía un error de 50 £. **4**: **white socks are out** los calcetines blancos ya no se llevan. **5** inconsciente. **6** en huelga. **7** apagado,-a. **8** fuera; eliminado,-a. **9** publicado,-a. **10**: **the Sun is out** ha salido el Sol. **11** (*dismissed*) despedido,-a. || **12 out of** *prep* fuera de. **13** de: **made out of wood** hecho,-a de madera. **14** por: **out of spite** por despecho. **15** sin: **we're out of tea** se nos ha acabado el té. **16** de cada: **eight women out of ten** ocho de cada diez mujeres. • **out of date** anticuado,-a; caducado,-a; **out of doors** al aire libre; **out of favour** en desgracia.
outboard ['aʊtbɔːd] *adj* fueraborda.
outbreak ['aʊtbreɪk] **1** *n* estallido. **2** comienzo. **3** brote *m.*
outburst ['aʊtbɜːst] *n* explosión *f*, arranque *m.*
outcome ['aʊtkʌm] *n* resultado.
outcry ['aʊtkraɪ] *n* protesta.
outdated [aʊt'deɪtɪd] *adj* anticuado,-a.
outdo [aʊt'duː] *vt* (*pt* **outdid** [aʊt'dɪd]; *pp* outdone [aʊt'dʌn) superar.
outdoor [aʊt'dɔː] *adj* al aire libre.
outer ['aʊtə] *adj* exterior, externo,-a.
outfit ['aʊtfɪt] **1** *n* conjunto, traje. **2** equipo. **3** *fam* grupo.
outflow ['aʊtfləʊ] *n* desagüe, flujo.
outgoing [aʊt'gəʊɪŋ] **1** *adj* (*departing*) saliente. **2** (*sociable*) sociable. || **3 outgoings** *npl* gastos *mpl.*
outing ['aʊtɪŋ] *n* salida, excursión *f.*
outlaw ['aʊtlɔː] **1** *n* forajido,-a, proscrito,-a. || **2** *vt* prohibir.
outlet ['aʊtlet] *n* salida.
outline ['aʊtlaɪn] **1** *n* contorno, perfil *m.* **2** (*summary*) resumen *m.* || **3** *vt* perfilar. **4** (*summarize*) resumir.
outlive [aʊt'lɪv] *vt* sobrevivir a.
outlook ['aʊtlʊk] **1** *n* (*view*) vista. **2** (*point of view*) punto de vista. **3** (*prospect*) perspectiva.
outnumber [aʊt'nʌmbə] *vt* ser más que.
output ['aʊtpʊt] **1** *n* producción *f.* **2** COMPUT salida.
outrage ['aʊtreɪdʒ] **1** *n* (*feeling*) indignación, atropello. **2** (*violent action*) atrocidad *f.* || **3** *vt* ultrajar.
outrageous [aʊt'reɪdʒəs] **1** *adj* (*shocking*) escandaloso,-a, indignante. **2** (*unusual*) extravagente.
outright [aʊt'raɪt] **1** *adv* directamente. **2** (*kill*) instantáneamente. **3**

categóricamente. ‖ **4** *adj* (['aʊtraɪt]) (*absolute*) absoluto,-a, total.
outset ['aʊtset] *n* principio.
outside [aʊt'saɪd] **1** *n* exterior *m*. ‖ **2** *prep* fuera de. ‖ **3** *adv* fuera, afuera. ‖ **4** *adj* (['aʊtsaɪd]) exterior. • **at the outside** como máximo.
outsider [aʊt'saɪdə] *n* forastero,-a.
outskirts ['aʊtskɜːts] *npl* afueras *fpl*.
outstanding [aʊt'stændɪŋ] **1** *adj* (*excellent*) destacado,-a, sobresaliente. **2** (*payment, question*) pendiente.
outstrip [aʊt'strɪp] *vt* dejar atrás.
outward ['aʊtwəd] **1** *adj* (*appearance, sign*) exterior, externo,-a. **2** (*journey*) de ida. ‖ **3 outwards** *adv* hacia fuera.
outwit [aʊt'wɪt] *vt* ser más listo,-a que.
oval ['əʊvl] **1** *adj* oval. ‖ **2** *n* óvalo.
ovary ['əʊvərɪ] *n* ovario.
oven ['ʌvn] *n* horno.
over ['əʊvə] **1** *adv*: **come over here** ven aquí; **over there** allí. **2**: **he fell over** se cayó. **3**: **children of twelve and over** niños mayores de doce años. **4**: **over and over again** una y otra vez. ‖ **5** *adj* acabado,-a: **the class is over** la clase ha acabado. ‖ **6** *prep* encima de: **there's a sign over the door** hay un letrero encima de la puerta. **7** cubriendo: **he put his hand over his mouth** se tapó la boca con la mano. **8** más de: **over a hundred** más de cien. **9** al otro lado de: **they live over the road** viven al otro lado de la calle, viven enfrente. **10** durante. **11** recuperado,-a de. **12** por: **over the phone** por teléfono. **13** por: **they had an argument over a woman** discutieron por una mujer. • **all over** en todas partes.
overall ['əʊvərɔːl] **1** *adj* global, total. **2** (*general*) general. ‖ **3** *adv* ([əʊvər'ɔːl]) en total. **4** (*in general*) en conjunto. ‖ **5 overalls** *npl* ['əʊvərɔːlz] (*prenda*) mono *m sing*.
overboard ['əʊvəbɔːd] *adv* por la borda. • **to go overboard** *fam* pasarse.
overcast ['əʊvəkɑːst] *adj* nublado,-a.
overcharge [əʊvə'tʃɑːdʒ] *vt* cobrar demasiado.
overcoat ['əʊvəkəʊt] *n* abrigo.
overcome [əʊvə'kʌm] **1** *vt* (*pt* overcame; pp overcome) (*deal with*) vencer, superar. **2** (*overwhelm*) abrumar.
overcrowded [əʊvə'kraʊdɪd] *adj* atestado,-a.
overdo [əʊvə'duː] **1** *vt* (*pt* **overdid** [əʊvə'dɪd]; pp **overdone** [əʊvə'dʌn]) exagerar. **2** CULIN cocer demasiado.
overdose ['əʊvədəʊs] *n* sobredosis *f inv*.
overdraft ['əʊvədrɑːft] *n* descubierto.
overdue [əʊvə'djuː] **1** *adj* atrasado, -a. **2** vencido,-a y sin pagar.
overestimate [əʊvər'estɪmeɪt] *vt* sobreestimar.
overflow ['əʊvəfləʊ] **1** *n* (*excess*) desbordamiento. **2** (*in bath etc*) desagüe *m*. ‖ **3** *vi* ([əʊvə'fləʊ]) desbordarse.
overhaul ['əʊvəhɔːl] **1** *n* revisión *f* general. ‖ **2** *vt* ([əʊvə'hɔːl]) repasar, revisar.
overhead ['əʊvəhed] **1** *adj* elevado,-a. ‖ **2** *adv* ([əʊvə'hed]) en lo alto, por encima. ‖ **3 overheads** *npl* (['əʊvəhedz]) gastos *mpl* generales.

overlap [əʊvəˈlæp] *vi* superponerse.
overlook [əʊvəˈlʊk] **1** *vt* (*not see*) pasar por alto. **2** (*ignore*) hacer la vista gorda a. **3** (*have a view*) dar a, tener vistas a.
overnight [əʊvəˈnaɪt] **1** *adj* (*during the night*) de noche. **2** (*sudden*) de la noche a la manaña. || **3** *adv* (*during the night*) durante la noche. • **to stay overnight** pasar la noche.
overpower [əʊvəˈpaʊə] **1** *vt* dominar. **2** *fig* abrumar.
overrate [əʊvəˈreɪt] *vt* sobrevalorar.
override [əʊvəˈraɪd] **1** *vt* (*pt* overrode [əʊvəˈrəʊd]; pp overridden [əʊvəˈrɪdən]) predominar. **2** desautorizar.
overrule [əʊvəˈruːl] **1** *vt* denegar, invalidar. **2** desautorizar.
overrun [əʊvəˈrʌn] *vt* (*pt* overran; pp overrun) invadir.
overseas [əʊvəˈsiːz] *adj* de ultramar.
overseer [ˈəʊvəsɪə] *n* supervisor,-ra.
oversight [ˈəʊvəsaɪt] *n* descuido.
oversleep [əʊvəˈsliːp] *vi* (*pt & pp* overslept [əʊvəˈslept]) dormirse.
overstep [əʊvəˈstep] *vt* sobrepasar.
overt [ˈəʊvɜːt, əʊˈvɜːt] *adj* declarado,-a.
overtake [əʊvəˈteɪk] *vt* (*pt* overtook [əʊvəˈtʊk]; pp overtaken [əʊvəˈteɪkən]) AUTO adelantar a.
overthrow [əʊvəˈθrəʊ] *vt* (*pt* overthrew [əʊvəˈθruː]; pp overthrown [əʊvəˈθrəʊn]) derribar, derrocar.
overtime [ˈəʊvətaɪm] *n* horas *fpl* extra.
overturn [əʊvəˈtɜːn] *vt* - *vi* volcar.
overwhelm [əʊvəˈwelm] **1** *vt* (*defeat*) arrollar. **2** *fig* (*overcome*) abrumar.
overwhelming [əʊvəˈwelmɪŋ] *adj* aplastante, arrollador,-ra.
ovulation [ɒvjʊˈleɪʃn] *n* ovulación *f*.
ovum [ˈəʊvəm] *n* (*pl* ova [ˈəʊvə]) óvulo.
owe [əʊ] *vt* deber.
owing [ˈəʊɪŋ] *adj* que se debe. • **owing to** debido a.
owl [aʊl] *n* búho, mochuelo, lechuza.
own [əʊn] **1** *adj* propio,-a. || **2** *pron*: **my/your/his own** lo mío/tuyo/suyo. || **3** *vt* poseer. ♦ **to own up** *vi* confesar.
owner [ˈəʊnə] *n* dueño,-a, propietario,-a, poseedor,-ra.
ownership [ˈəʊnəʃɪp] *n* propiedad *f*.
ox [ɒks] *n* (*pl* **oxen** [ˈɒksən]) buey *m*.
oxide [ˈɒksaɪd] *n* óxido.
oxygen [ˈɒksɪdʒən] *n* oxígeno.
oyster [ˈɔɪstə] *n* ostra.
oz [aʊns] *abbr* (ounce) onza.
ozone [ˈəʊzəʊn] *n* ozono.

P

pace [peɪs] **1** *n* paso. **2** (*rhythm*) marcha, ritmo. • **to keep pace with sb** seguir el ritmo de algn; **to keep pace with sth** mantenerse al corriente de algo.
pacemaker ['peɪsmeɪkə] **1** *n* Sp liebre *f*. **2** Med marcapasos *m inv*.
pacific [pə'sɪfɪk] *adj* pacífico,-a.
pacifist ['pæsɪfɪst] *adj* - *n* pacifista.
pacify ['pæsɪfaɪ] *vt* pacificar, apaciguar.
pack [pæk] **1** *n* (*packet*) paquete *m*. **2** (*of cards*) baraja. **3** (*of thieves*) banda. **4** (*of wolves*) manada. **5** (*of hounds*) jauría. **6** (*of lies*) sarta. || **7** *vt* (*packet*) empaquetar. **8** (*fill*) abarrotar. **9** (*compress*) apretar. || **10** *vi* hacer las maletas. ♦ **to pack up 1** *vi* (*finish work*) terminar de trabajar. **2** *vi* (*machine*) estropearse.
package ['pækɪdʒ] **1** *n* paquete *m*. || **2** *vt* empaquetar, envasar. ■ **package tour** viaje *m* organizado.
packaging ['pækɪdʒɪŋ] *n* embalaje *m*.
packet ['pækɪt] *n* paquete *m*. • **to cost a packet** costar un ojo de la cara.
pact [pækt] *n* pacto.
pad [pæd] **1** *n* almohadilla. **2** (*of paper*) taco, bloc *m*. **3** *fam* casa, piso. || **4** *vt* acolchar.
padding ['pædɪŋ] **1** *n* (*in chair*) relleno, acolchado. **2** (*in writing etc*) paja.
paddle ['pædl] **1** *n* (*for canoe*) pala. || **2** *vt* - *vi* remar con pala. || **3** *vi* chapotear.
paddock ['pædək] *n* cercado, prado.
padlock ['pædlɒk] *n* candado.
pagan ['peɪgn] *adj* - *n* pagano,-a.
page [peɪdʒ] **1** *n* página. **2** botones. || **3** *vt* avisar por megafonía.
pageboy ['peɪdʒbɔɪ] *n* paje *m*.
pail [peɪl] *n* cubo.
pain [peɪn] **1** *n* (*ache*) dolor *m*. **2** (*person*) pesado,-a. || **3** *vt* doler. • **on pain of** so pena de; **to be a pain in the neck** (*persona*) ser un plomo; (*thing*) ser una lata; **to take pains to** esforzarse en.
painful ['peɪnfʊl] *adj* doloroso,-a.
painkiller ['peɪnkɪlə] *n* analgésico.
painstaking ['peɪnzteɪkɪŋ] *adj* meticuloso,-a, minucioso,-a.
paint [peɪnt] **1** *n* pintura. || **2** *vt* - *vi* pintar.
paintbrush ['peɪntbrʌʃ] **1** *n* (*for walls*) brocha. **2** (*artist's*) pincel *m*.
painting ['peɪntɪŋ] **1** *n* (*activity*) pintura. **2** (*picture*) cuadro.
pair [peə] **1** *n* (*of shoes, socks etc*) par *m*: **a pair of scissors** unas tijeras. **2** (*of people*) pareja. ♦ **to pair off** *vi* formar pareja ♦ **to pair up** *vt* - *vi* emparejar(se).
pal [pæl] *n fam* camarada *mf*, colega *mf*.
palace ['pæləs] *n* palacio.

pale [peɪl] **1** *adj* (*person*) pálido,-a. **2** (*colour*) claro,-a. ‖ **3** *vi* palidecer.
pall [pɔːl] **1** *n* (*of smoke*) cortina. ‖ **2** *vi* aburrir, cansar.
palm [pɑːm] **1** *n* palma. **2** palmera.
paltry ['pɔːltrɪ] *adj* mísero,-a.
pamper ['pæmpə] *vt* mimar.
pamphlet ['pæmflət] **1** *n* (*for publicity*) folleto. **2** (*political*) panfleto.
pan [pæn] *n* cazo, olla. ▪ **frying pan** sartén *f*.
pancake ['pænkeɪk] *n* crepe *f*, tortita.
panda ['pændə] *n* oso panda. ▪ **panda car** coche *m* patrulla.
pane [peɪn] *n* cristal *m*, vidrio.
panel ['pænl] **1** *n* (*in wall, door*) panel *m*. **2** (*of instruments*) tablero, cuadro. **3** (*group of people*) grupo, equipo. **4** (*jury*) jurado.
pang [pæŋ] *n* punzada, dolor *m* agudo.
panic ['pænɪk] **1** *n* pánico. ‖ **2** *vi* tener miedo.
pansy ['pænzɪ] **1** *n* BOT pensamiento. **2** *fam* mariquita *m*.
pant [pænt] **1** *n* jadeo, resuello. ‖ **2** *vi* jadear, resollar.
panties ['pæntɪz] *npl* bragas *fpl*.
pantry ['pæntrɪ] *n* despensa.
pants [pænts] **1** *npl* calzoncillos *mpl*; bragas. **2** US pantalones.
paper ['peɪpə] **1** *n* papel *m*. **2** diario, periódico. **3** examen *m*. **4** estudio, ensayo. ‖ **5** *vt* empapelar. ▪ **paper shop** quiosco de periódicos.
paperback ['peɪpəbæk] *n* libro en rústica.
paperwork ['peɪpəwɜːk] *n* papeleo.
paprika ['pæprɪkə] *n* pimentón *m*.
par [pɑː] **1** *n* igualdad *f*. **2** par *m*. • **on a par with** al mismo nivel que.
parable ['pærəbl] *n* parábola.
parabolic [pærə'bɒlɪk] *adj* parabólico,-a.
parachute ['pærəʃuːt] **1** *n* paracaídas *m inv*. ‖ **2** *vi* lanzarse en paracaídas.
parade [pə'reɪd] **1** *n* desfile *m*. **2** MIL revista. ‖ **3** *vi* desfilar. **4** MIL pasar revista. ‖ **5** *vt* (*show off*) hacer alarde de.
paradise ['pærədaɪs] *n* paraíso.
paradox ['pærədɒks] *n* paradoja.
paragraph ['pærəgrɑːf] *n* párrafo.
parakeet ['pærəkiːt] *n* periquito.
parallel ['pærəlel] **1** *adj* paralelo,-a. ‖ **2** *n* GEOG paralelo. **3** MATH paralela. **4** (*similarity*) paralelismo. ‖ **5** *vt* ser análogo,-a a.
paralyse ['pærəlaɪz] *vt* paralizar.
paralytic [pærə'lɪtɪk] *adj* - *n* paralítico,-a.
paramount ['pærəmaʊnt] *adj* supremo,-a, vital, fundamental.
paranoid ['pærənɔɪd] *adj* - *n* paranoico,-a.
parcel [pɑːsl] *n* paquete *m*. ♦ **to parcel out** *vt* repartir ♦ **to parcel up** *vt* empaquetar.
parched [pɑːtʃt] **1** *adj* abrasado,-a, reseco,-a. **2** muerto,-a de sed.
pardon ['pɑːdn] **1** *n* perdón *m*. **2** JUR indulto, amnistía. ‖ **3** *vt* perdonar. • **pardon?** ¿perdón?, ¿cómo dice?; **pardon me!** ¡perdón!, ¡disculpe!
parenthesis [pə'renθəsɪs] *n* paréntesis.
parish ['pærɪʃ] *n* parroquia.
parishioner [pə'rɪʃənə] *n* feligrés,-esa.
park [pɑːk] **1** *n* parque *m*. ‖ **2** *vt* - *vi* aparcar.
parliament ['pɑːləmənt] *n* parlamento.

parlour ['pɑːlə] *n* salón *m*.
parody ['pærədɪ] **1** *n* parodia. ‖ **2** *vt* parodiar.
parole [pə'rəʊl] *n* libertad *f* condicional.
parrot ['pærət] *n* loro.
parsley ['pɑːslɪ] *n* perejil *m*.
parsnip ['pɑːsnɪp] *n* chirivía.
parson ['pɑːsn] *n* párroco, cura *m*.
part [pɑːt] **1** *n* (*gen*) parte *f*. **2** TECH pieza. **3** THEAT papel *m*. ‖ **4** *vt* separar. **5** (*hair*) peinar con raya. ‖ **6** *vi* (*lovers*) separarse. ♦ **to part with** *vi* separarse de. • **for my part** por mi parte; **to take an important part in** desempeñar un papel importante; **to take part in** participar en.
partial ['pɑːʃl] *adj* parcial. • **to be partial to** ser aficionado,-a a.
participate [pɑː'tɪsɪpeɪt] *vi* participar.
participle ['pɑːtɪsɪpl] *n* participio.
particle ['pɑːtɪkl] *n* partícula.
particular [pə'tɪkjʊlə] **1** *adj* (*specific*) particular. **2** (*special*) especial. **3** (*fussy*) exigente. ‖ **4 particulars** *npl* detalles *mpl*.
parting ['pɑːtɪŋ] **1** *n* (*goodbye*) despedida. **2** (*in hair*) raya.
partition [pɑː'tɪʃn] **1** *n* partición *f*. **2** (*wall*) tabique *m*. ‖ **3** *vt* partir, dividir.
partner ['pɑːtnə] **1** *n* (*in activity*) compañero,-a. **2** COMM socio,-a. **3** SP pareja. **4** (*spouse*) cónyuge *mf*.
part-time [pɑːt'taɪm] *adv* a tiempo parcial.
party ['pɑːtɪ] **1** *n* (*event*) fiesta. **2** POL partido. **3** (*group*) grupo. **4** (*in contract*) parte *f*.
pass [pɑːs] **1** *n* GEOG puerto. **2** (*document*) pase *m*. **3** (*in exam*) aprobado. ‖ **4** *vt* - *vi* (*gen*) pasar. **5** (*overtake*) adelantar. **6** (*exam*) aprobar. ♦ **to pass away** *vi* fallecer ♦ **to pass by** *vi* pasar, pasar cerca ♦ **to pass on** *vi* (*die*) pasar a mejor vida ♦ **to pass out** *vi* desmayarse ♦ **to pass through** *vi* estar de paso ♦ **to pass up** *vt* dejar pasar. • **to pass water** orinar.
passage ['pæsɪdʒ] **1** *n* (*street*) pasaje *m*. **2** (*in building*) pasillo. **3** (*movement*) paso. **4** (*extract*) pasaje *m*.
passageway ['pæsɪdʒweɪ] **1** *n* (*in a house*) pasillo. **2** (*alley*) callejón.
passenger ['pæsɪndʒə] *n* viajero, -a, pasajero,-a.
passer-by [pɑːsə'baɪ] *n* transeúnte *mf*.
passing ['pɑːsɪŋ] **1** *adj* (*fashion*) pasajero,-a. **2** (*remark*) de pasada.
passion ['pæʃn] *n* pasión *f*.
passionate ['pæʃnət] *adj* apasionado,-a.
passive ['pæsɪv] *adj* pasivo,-a.
passover ['pɑːsəʊvə] *n* Pascua judía.
passport ['pɑːspɔːt] *n* pasaporte *m*.
password ['pɑːswɜːd] *n* contraseña.
past [pɑːst] **1** *adj* pasado,-a. **2** último,-a. **3** (*over*) acabado,-a, terminado,-a. **4** (*former*) antiguo,-a, anterior. ‖ **5** *n* pasado. ‖ **6** *prep* más allá de: **it's just past the cinema** está un poco más allá del cine. **7** por delante de: **she ran past me** pasó por mi lado corriendo. **8** y: **five past six** las seis y cinco.
paste [peɪst] **1** *n* (*gen*) pasta. **2** (*glue*) engrudo. ‖ **3** *vt* pegar.
pasteurized ['pɑːstʃəraɪzd] *adj* pasteurizado,-a.
pastime ['pɑːstaɪm] *n* pasatiempo.

pastry ['peɪstrɪ] **1** *n* (*mixture*) pasta. **2** (*cake*) pastel *m*.
pasture ['pɑːstʃə] *n* pasto.
pasty ['pæstɪ] **1** *n* CULIN empanada. || **2** *adj* ['peɪstɪ] (*pale*) pálido,-a.
pat [pæt] **1** *n* golpecito, palmadita. **2** porción *f*. || **3** *vt* dar golpecitos a. • **to know sth off pat** saberse algo al dedillo.
patch [pætʃ] **1** *n* (*mend*) remiendo. **2** (*over eye*) parche *m*. **3** (*of ground*) trozo, parcela. **4** (*of colour, damp etc*) mancha. || **5** *vt* remendar. ■ **a bad patch** una mala racha.
patent ['peɪtənt] **1** *adj* (*obvious*) evidente. || **2** *n* patente *f*. || **3** *vt* patentar. ■ **patent leather** charol *m*.
paternity [pə'tɜːnɪtɪ] *n* paternidad *f*.
path [pɑːθ] **1** *n* camino, sendero. **2** (*of bullet*) trayectoria.
pathetic [pə'θetɪk] **1** *adj* patético, -a. **2** (*awful*) malísimo,-a.
pathway ['pɑːθweɪ] *n* camino.
patience ['peɪʃns] **1** *n* paciencia. **2** (*card game*) solitario.
patient ['peɪʃnt] *adj* - *n* paciente.
patriotic [pætrɪ'ɒtɪk] *adj* patriótico,-a.
patriotism ['pætrɪətɪzm] *n* patriotismo.
patrol [pə'trəʊl] **1** *n* patrulla. || **2** *vi* - *vt* patrullar (-, por).
patron ['peɪtrən] **1** *adj* (*sponsor*) patrocinador,-ra. **2** (*customer*) cliente, -a habitual. **3** (*of arts*) mecenas *m inv*. ■ **patron saint** patrón,-ona, santo,-a patrón,-ona.
patronage ['pætrənɪdʒ] *n* patrocinio.
patronize ['pætrənaɪz] **1** *vt* (*shop etc*) frecuentar. **2** (*sponsor*) patrocinar. **3** (*arts*) proteger. **4** *pej* tratar con condescendencia.
patter ['pætə] **1** *n* tamborileo. **2** correteo. **3** *fam* labia. || **4** *vt* golpetear, tamborilear. **5** corretear.
pattern ['pætn] **1** *n* modelo. **2** patrón *m*. **3** dibujo, diseño. **4** pauta.
pause [pɔːz] **1** *n* pausa. || **2** *vi* hacer una pausa. **3** detenerse.
pave [peɪv] *vt* pavimentar. • **to pave the way** *fig* preparar el terreno.
pavement ['peɪvmənt] *n* acera.
paw [pɔː] *n* pata; garra, zarpa.
pawn [pɔːn] **1** *n* (*in chess*) peón *m*. || **2** *vt* empeñar.
pay [peɪ] **1** *n* paga, sueldo. || **2** *vt* - *vi* (*pt & pp* **paid**) pagar. || **3** *vi* (*be profitable*) ser rentable. ♦ **to pay back** *vt* devolver ♦ **to pay in** *vt* ingresar ♦ **to pay off 1** *vt* (*debt*) saldar. **2** *vt* (*mortgage*) acabar de pagar. **3** *vt* (*worker*) dar el finiquito a. **4** *vi* (*be successful*) salir bien. ■ **pay packet** (*wages*) paga.
payable ['peɪəbl] *adj* pagadero,-a.
payment ['peɪmənt] *n* pago.
PC ['piː'siː]1(*abbreviation*) **1** (**postcard**) postal *f*. **2** (**personal computer**) PC.
PC ['piː'siː] *abbr* agente *mf* de policía.
PE ['piː'iː] *abbr* educación física.
pea [piː] *n* guisante *m*.
peace [piːs] **1** *n* paz *f*. **2** (*calm*) tranquilidad *f*.
peaceful ['piːsfʊl] **1** *adj* pacífico,-a. **2** (*calm*) tranquilo,-a.
peach [piːtʃ] *n* melocotón *m*.
peacock ['piːkɒk] *n* pavo real.
peak [piːk] **1** *n* (*mountain*) pico. **2** (*highest point*) apogeo. **3** (*of cap*) visera. || **4** *adj* (*maximum*) máximo,-a. || **5** *vi* alcanzar su punto máximo. ■ **peak hour** hora punta; **peak season** temporada alta.

peal [pi:l] **1** *n* (*of bells*) repique *m*. **2** (*of thunder*) estrépito, estruendo. || **3** *vt* - *vi* (*bells*) repicar.
peanut ['pi:nʌt] *n* cacahuete *m*.
pear [peə] *n* pera.
pearl [pɜ:l] *n* perla.
peasant ['peznt] **1** *n* campesino,-a. **2** *pej* inculto,-a.
peat [pi:t] *n* turba.
pebble ['pebl] *n* guija, guijarro, china.
peck [pek] **1** *n* (*with beak*) picotazo. **2** *fam* (*kiss*) beso. || **3** *vt* (*with beak*) picotear.
peckish ['pekɪʃ] *adj* algo hambriento,-a.
peculiar [pɪ'kju:lɪə] **1** *adj* extraño, -a, raro,-a. **2** peculiar, propio,-a.
peculiarity [pɪkju:lɪ'ærɪtɪ] **1** *n* rareza. **2** característica, peculiaridad *f*.
pedal ['pedl] **1** *n* pedal *m*. || **2** *vi* pedalear.
peddle ['pedl] **1** *vt* - *vi* vender *(de puerta en puerta)*. **2** (*drugs*) traficar con.
pedestrian [pɪ'destrɪən] *n* peatón *m*. ■ **pedestrian crossing** paso de peatones.
pee [pi:] **1** *n fam* pis *m*. || **2** *vi fam* hacer pis.
peek [pi:k] **1** *n* ojeada. || **2** *vi* mirar, espiar. • **to have a peek** echar una ojeada.
peel [pi:l] **1** *n* (*gen*) piel *f*. **2** (*of orange etc*) corteza. || **3** *vt* pelar. || **4** *vi* pelarse.
peep [pi:p] **1** *n* (*look*) ojeada. **2** (*noise*) pío. • **to have a peep** echar una ojeada.
peer [pɪə] **1** *n* par *m*. || **2** *vi* mirar atentamente.
peeved ['pi:vd] *adj fam* molesto,-a.
peg [peg] **1** *n* (*for hanging clothes*) pinza. **2** (*hanger*) percha, colgador *m*.
pejorative [pə'dʒɒrətɪv] *adj* peyorativo,-a, despectivo,-a.
pelt [pelt] **1** *n* piel, pellejo. || **2** *vt* atacar: **they pelted him with eggs** le tiraron huevos. || **3** *vi* (*rain*) llover a cántaros. **4** (*run*) correr.
pen [pen] **1** *n* bolígrafo. **2** corral *m*. || **3** *vt* escribir. **4** acorralar.
penalize ['pi:nlaɪz] **1** *vt* (*punish*) castigar. **2** SP penalizar.
penalty ['penltɪ] *n* pena, castigo.
penance ['penəns] *n* penitencia.
penchant ['pɒnʃɒn] *n* tendencia.
pencil ['pensl] *n* lápiz *m*. ■ **pencil case** plumier *m*, estuche *m*; **pencil sharpener** sacapuntas *m inv*.
pendant ['pendnt] *n* colgante *m*.
pending ['pendɪŋ] **1** *adj* pendiente. || **2** *prep* en espera de.
pendulum ['pendjʊləm] *n* péndulo.
penetrate ['penɪtreɪt] *vt* penetrar.
penetrating ['penɪtreɪtɪŋ] **1** *adj* (*gen*) penetrante. **2** (*mind*) perspicaz.
penguin ['peŋgwɪn] *n* pingüino.
penitent ['penɪtent] **1** *adj* (*sorry*) arrepentido,-a. || **2** *n* REL penitente *mf*.
penknife ['pennaɪf] *n* cortaplumas.
penniless ['penɪləs] *adj* sin dinero.
penny ['penɪ] *n* (*pl* **pence**) GB penique *m*. • **to spend a penny** *fam* ir al servicio.
pension ['penʃn] *n* pensión *f*. • **to pension sb off** jubilar a algn.
pensioner ['penʃnə] *n* jubilado,-a.
penultimate [pɪ'nʌltɪmət] *adj* penúltimo,-a.
people ['pi:pl] **1** *npl* (*gen*) gente *f sing*. || **2** *n* (*pl* **people**) pueblo.
pepper ['pepə] **1** *n* (*spice*) pimienta. **2** (*vegetable*) pimiento.

peppermint ['pepəmɪnt] *n* menta.
per [pɜː] *prep* por. • **as per** según: **per cent** por ciento; **per person** por persona.
perceive [pə'siːv] *vt* percibir, ver.
perception [pə'sepʃn] *n* percepción *f*.
perch [pɜːtʃ] **1** *n* (*for bird*) percha. **2** (*fish*) perca. **3** (*high position*) posición *f* privilegiada. ‖ **4** *vi* (*bird*) posarse.
percussion [pɜː'kʌʃn] *n* percusión *f*.
perfect ['pɜːfɪkt] **1** *adj* perfecto,-a. **2** (*total*) total, absoluto,-a, completo,-a. ‖ **3** *vt* ([pə'fekt]) perfeccionar.
perforate ['pɜːfəreɪt] *vt* perforar.
perform [pə'fɔːm] **1** *vt* hacer, ejecutar, realizar. **2** (*piece of music*) interpretar. **3** (*play*) representar. ‖ **4** *vi* (*actor*) actuar. **5** (*machine*) funcionar.
performance [pə'fɔːməns] **1** *n* ejecución *f*, realización *f*. **2** Mus interpretación *f*. **3** Theat representación *f*. **4** (*of machine*) funcionamiento. **5** (*of car*) rendimiento. **6** (*fuss*) lío.
performer [pə'fɔːmə] **1** *n* Theat actor, actriz. **2** Mus intérprete *mf*.
perfume ['pɜːfjuːm] **1** *n* perfume *m*. ‖ **2** *vt* perfumar.
perhaps [pə'hæps] *adv* quizá, quizás.
period ['pɪərɪəd] **1** *n* período. **2** (*class*) clase *f*. **3** (*menstruation*) regla. **4** (*full stop*) punto final. ‖ **5** *adj* de época.
periodical [pɪərɪ'ɒdɪkl] **1** *adj* periódico,-a. ‖ **2** *n* revista.
peripheral [pə'rɪfərəl] **1** *adj* (*minor*) secundario,-a. **2** (*at edge*) periférico. ‖ **3** *n* Comput unidad *f* periférica.
periphery [pə'rɪfərɪ] *n* periferia.
perish ['perɪʃ] **1** *vi* (*die*) perecer, fenecer. ‖ **2** *vt* - *vi* (*decay*) estropear(se).
perjury ['pɜːdʒərɪ] *n* perjurio.
perk [pɜːk] *n fam* beneficio. ♦ **to perk up** *vi* animarse, reanimarse.
permanent ['pɜːmənənt] **1** *adj* permanente. **2** (*job, address*) fijo,-a.
permission [pə'mɪʃn] *n* permiso.
permit ['pɜːmɪt] **1** *n* permiso. **2** (*pass*) pase *m*. ‖ **3** *vt* ([pə'mɪt]) permitir.
perpetrate ['pɜːpɪtreɪt] *vt* perpetrar.
perpetual [pə'petjʊəl] **1** *adj* perpetuo,-a. **2** (*continual*) incesante.
persecute ['pɜːsɪkjuːt] *vt* perseguir.
persevere [pɜːsɪ'vɪə] *vi* perseverar.
persist [pə'sɪst] *vi* **1** persistir. **2** empeñarse.
person ['pɜːsn] *n* persona.
personal ['pɜːsənl] **1** *adj* (*gen*) personal. **2** (*private*) particular, privado,-a. **3** (*in person*) en persona.
personality [pɜːsə'nælɪtɪ] *n* personalidad *f*.
personify [pɜː'sɒnɪfaɪ] *vt* personificar.
personnel [pɜːsə'nel] *n* personal *m*.
perspective [pə'spektɪv] *n* perspectiva.
perspiration [pɜːspɪ'reɪʃn] *n* sudor *m*.
perspire [pə'spaɪə] *vt* - *vi* sudar.
persuade [pə'sweɪd] *vt* persuadir. • **to persuade sb to do sth** convencer a algn para que haga algo.
persuasion [pə'sweɪʒn] **1** *n* (*act*) persuasión *f*. **2** (*ability*) persuasiva. **3** (*belief*) creencia.
pert [pɜːt] **1** *adj* (*hat*) coqueto,-a. **2** (*cheeky*) fresco,-a, descarado,-a.
perturb [pə'tɜːb] *vt* perturbar.

pervade [pɜːˈveɪd] *vt* impregnar.
perverse [pəˈvɜːs] *adj* perverso,-a.
perversion [pəˈvɜːʃn] **1** *n* perversión *f*. **2** (*of truth etc*) tergiversación *f*.
pervert [ˈpɜːvɜːt] **1** *n* pervertido,-a. ‖ **2** *vt* pervertir. **3** ([pəˈvɜːt]) tergiversar.
pessimist [ˈpesɪmɪst] *n* pesimista *mf*.
pest [pest] **1** *n* insecto nocivo, plaga. **2** *fam* (*person*) pelma *mf*.
pester [ˈpestə] *vt* molestar.
pet [pet] **1** *n* animal *m* doméstico. **2** (*person*) favorito,-a. ‖ **3** *adj* (*favourite*) favorito,-a. ‖ **4** *vt* acariciar. ‖ **5** *vi fam* besuquearse.
petal [ˈpetl] *n* pétalo.
peter out [piːtərˈaʊt] *vi* acabarse.
petition [pəˈtɪʃn] **1** *n* petición *f*, solicitud *f*. ‖ **2** *vt* presentar una solicitud a.
petrol [ˈpetrəl] *n* gasolina.
petticoat [ˈpetɪkəʊt] **1** *n* (*underskirt*) enaguas *fpl*. **2** (*slip*) combinación *f*.
petty [ˈpetɪ] **1** *adj* (*trivial*) insignificante. **2** (*mean*) mezquino,-a. ▪ **petty cash** dinero para gastos menores; **petty officer** suboficial *m* de marina.
pew [pjuː] *n* banco *(de iglesia)*.
pewter [ˈpjuːtə] *n* peltre *m*.
phantom [ˈfæntəm] *n* fantasma *m*.
pharmacy [ˈfɑːməsɪ] *n* farmacia.
phase [feɪz] *n* fase *f*. ♦ **to phase in** *vt* introducir progresivamente ♦ **to phase out** *vt* retirar progresivamente.
PhD [ˈpiːˈeɪtʃˈdiː] *abbr* doctor,-ra.
pheasant [ˈfeznt] *n* faisán *m*.
Philippines [ˈfɪlɪpiːnz] *n* Filipinas.
philosopher [fɪˈlɒsəfə] *n* filósofo,-a.
philosophy [fɪˈlɒsəfɪ] *n* filosofía.
phlegm [flem] *n* flema.
phone [fəʊn] *n* - *vt* - *vi fam* → **telephone**. ▪ **phone book** listín *m* telefónico; **phone box** cabina telefónica; **phone line** (*connection*) línea telefónica; **phone number** número de teléfono.
phonetics [fəˈnetɪks] *n* fonética.
phony [ˈfəʊnɪ] *adj fam* falso,-a.
phosphate [ˈfɒsfeɪt] *n* fosfato.
phosphorus [ˈfɒsfərəs] *n* fósforo.
photocopy [ˈfəʊtəʊkɒpɪ] **1** *n* fotocopia. ‖ **2** *vt* fotocopiar.
photograph [ˈfəʊtəgrɑːf] **1** *n* fotografía. ‖ **2** *vt* - *vi* fotografiar.
photographer [fəˈtɒgrəfə] *n* fotógrafo,-a.
photography [fəˈtɒgrəfɪ] *n* fotografía.
phrasal verb [freɪzlˈvɜːb] *n* verbo compuesto, verbo preposicional.
phrase [freɪz] **1** *n* frase *f*. ‖ **2** *vt* expresar.
phrasebook [ˈfreɪzbʊk] *n* manual de conversación.
physical [ˈfɪzɪkl] *adj* físico,-a.
physician [fɪˈzɪʃn] *n* médico,-a.
physicist [ˈfɪzɪsɪst] *n* físico,-a.
physics [ˈfɪzɪks] *n* física.
physiology [fɪzɪˈɒlədʒɪ] *n* fisiología.
physique [fɪˈziːk] *n* físico.
pianist [ˈpɪənɪst] *n* pianista *mf*.
pick [pɪk] **1** *n* (*tool*) pico. ‖ **2** *vt* (*choose*) escoger. **3** (*flowers, fruit*) coger. **4** (*pocket*) robar. **5** (*lock*) forzar. **6** (*teeth*) mondarse. **7** (*nose*) hurgarse. ♦ **to pick off** *vt* matar uno a uno ♦ **to pick on** *vt* meterse con ♦ **to pick out 1** *vt* (*choose*) escoger. **2** *vt* (*see*) distinguir ♦ **to pick up 1** *vt* (*take*) coger; (*from floor*) recoger. **2**

vt (*acquire*) conseguir. **3** *vt* (*go and get*) ir a buscar. **4** *vt* (*learn*) aprender. **5** *vt fam* (*sex partner*) ligarse. • **take your pick** escoge el/la que quieras; **the pick of** la flor y nata de; **to pick a fight with** buscar camorra con; **to pick holes in** encontrar defectos en.

pickle ['pɪkl] **1** *n* CULIN encurtido; (*líquido*) escabeche *m*. **2** (*mess*) aprieto.

pickpocket ['pɪkpɒkɪt] *n* carterista *mf*.

picnic ['pɪknɪk] **1** *n* merienda, picnic *m*. ‖ **2** *vi* hacer un picnic.

pictorial [pɪk'tɔːrɪəl] *adj* ilustrado,-a.

picture ['pɪktʃə] **1** *n* pintura, cuadro. **2** retrato. **3** dibujo. **4** fotografía. **5** lámina. **6** película. **7** TV imagen *f*. ‖ **8** *vt* pintar, retratar. **9** (*imagine*) imaginarse.

pie [paɪ] **1** *n* (*sweeet*) pastel *m*, tarta. **2** (*savoury*) pastel *m*, empanada.

piece [piːs] **1** *n* (*bit*) trozo. **2** (*part*) pieza. **3** (*coin*) moneda. **4** MUS pieza. ♦ **to piece together** *vt* reconstruir. • **to take to pieces** desmontar; **in one piece** sano y salvo; intacto,-a; **a piece of cake** *fam* pan comido.

piecemeal ['piːsmiːl] *adv* poco a poco.

pier [pɪə] **1** *n* muelle *m*, embarcadero. **2** (*pillar*) pilar *m*.

pierce [pɪəs] *vt* perforar, agujerear.

piercing ['pɪəsɪŋ] **1** *adj* (*look*) penetrante. **2** (*scream*) desgarrador,-a.

piety ['paɪətɪ] *n* piedad *f*.

pig [pɪg] **1** *n* cerdo,-a. **2** (*glutton*) glotón,-ona. **3** *sl* (*copper*) madero. • **to make a pig of oneself** darse un atracón.

pigeon ['pɪdʒɪn] *n* paloma.

pigeonhole ['pɪdʒɪnhəʊl] *n* casilla.

pig-headed [pɪg'hedɪd] *adj* terco,-a.

piglet ['pɪglət] *n* cochinillo, lechón *m*.

pigsty ['pɪgstaɪ] *n* pocilga.

pigtail ['pɪgteɪl] *n* trenza.

pile [paɪl] **1** *n* (*heap*) montón *m*. **2** ARCH pilote *m*. **3** *fam* (*fortune*) fortuna. ‖ **4 piles** *npl* MED almorranas *fpl*. ♦ **to pile up** *vt* - *vi* amontonar(se).

pile-up ['paɪlʌp] *n* choque *m* en cadena.

pilgrim ['pɪlgrɪm] *n* peregrino,-a.

pill [pɪl] *n* píldora, pastilla. • **to be on the pill** tomar la píldora.

pillow ['pɪləʊ] *n* almohada.

pilot ['paɪlət] *adj* - *n* piloto. ‖ **2** *vt* pilotar.

pimento [pɪ'mentəʊ] *n* pimiento morrón.

pimple ['pɪmpl] *n* grano.

pin [pɪn] **1** *n* (*for sewing*) alfiler *m*. **2** TECH clavija. ‖ **3** *vt* (*notice*) clavar. ♦ **to pin down 1** *vt* (*identify*) definir, precisar. **2** *vt* (*prevent from*) inmovilizar.

pinafore ['pɪnəfɔː] *n* delantal *m*.

pincers ['pɪnsəz] **1** *npl* (*tool*) tenazas *fpl*. **2** (*crab's etc*) pinzas *fpl*.

pinch [pɪntʃ] **1** *n* (*nip*) pellizco. **2** (*bit*) pizca. ‖ **3** *vt* (*nip*) pellizcar. **4** (*shoes*) apretar. **5** *fam* (*steal*) birlar, afanar.

pine [paɪn] **1** *n* pino. ‖ **2 to pine (away)** *vi* consumirse. ■ **pine cone** piña; **pine nut** piñón *m*.

pineapple ['paɪnæpl] *n* piña.

ping-pong ['pɪŋpɒŋ] *n* pimpón.

pink [pɪŋk] **1** *adj* rosa, de color rosa, rosado,-a. ‖ **2** *n* (*colour*) rosa *m*. **3** BOT clavel *m*.

pint [paɪnt] *n* pinta.
pioneer [paɪəˈnɪə] **1** *n* pionero,-a. ‖ **2** *vt* iniciar.
pip [pɪp] **1** *n* pepita. **2** pitido, señal *f*.
pipe [paɪp] **1** *n* (*for gas, water*) tubería, cañería. **2** (*for smoking*) pipa. **3** Mus caramillo. ‖ **4** *vt* llevar por tubería. ♦ **to pipe down** *vi* callarse.
pipeline [ˈpaɪplaɪn] **1** *n* (*for water*) tubería. **2** (*for gas*) gasoducto. **3** (*oil*) oleoducto. • **in the pipeline** en trámite.
piper [ˈpaɪpə] *n* gaitero,-a.
piping [ˈpaɪpɪŋ] *n* tuberías *mpl*. • **piping hot** muy caliente.
piracy [ˈpaɪərəsɪ] *n* piratería.
pirate [ˈpaɪərət] **1** *n* pirata *m*. ‖ **2** *vt* piratear.
Pisces [ˈpaɪsiːz] *n* piscis *m inv*.
piss [pɪs] **1** *n fam* meada. ‖ **2** *vi fam* mear. ♦ **to piss off 1** *vi sl* largarse. ‖ **2** *vt sl* cabrear, poner de mala leche. • **to take the piss** cachondearse (out of, de); **to piss it down** *fam* llover a cántaros.
pissed [pɪst] *adj* GB *fam* trompa, pedo.
pistol [ˈpɪstl] *n* pistola.
pit [pɪt] **1** *n* (*hole*) hoyo, foso. **2** (*mine*) mina. **3** US (*in fruit*) hueso. ‖ **4** *vt* (*mark*) picar. • **to pit one's strength/wits against** medirse con.
pitch [pɪtʃ] **1** *n* Mus tono. **2** Sp campo, terreno. **3** (*degree*) grado, nivel *m*. **4** (*slope*) pendiente *f*. **5** (*throw*) lanzamiento. ‖ **6** *vt* (*throw*) tirar, arrojar, lanzar. **7** (*set*) fijar. **8** (*tent*) plantar, armar. ‖ **9** *vi* (*fall*) caerse. ♦ **to pitch into** *vt* atacar: **he pitched into his work** se puso a trabajar. ■ **pitched battle** batalla campal.
pitiful [ˈpɪtɪful] **1** *adj* lastimoso,-a. **2** (*bad*) lamentable.
pity [ˈpɪtɪ] **1** *n* pena, lástima. ‖ **2** *vt* compadecerse de.
pivot [ˈpɪvət] **1** *n* pivote *m*, eje *m*. ‖ **2** *vi* girar.
placate [pləˈkeɪt] *vt* aplacar, apaciguar.
place [pleɪs] **1** *n* lugar *m*, sitio. **2** (*seat*) asiento, sitio. **3** (*in school etc*) plaza. **4** (*in race etc*) posición *f*. **5** *fam* (*house*) casa, piso. ‖ **6** *vt* colocar. **7** (*remember*) recordar. • **to place an order** hacer un pedido; **to take place** tener lugar; **to take the place of** sustituir.
plague [pleɪg] **1** *n* plaga. **2** peste *f*. ‖ **3** *vt* plagar. **4** acosar, importunar.
plaice [pleɪs] *n* (*fish*) solla.
plaid [plæd] *n* tejido escocés.
plain [pleɪn] **1** *adj* (*clear*) claro,-a, evidente: **the plain truth** la pura verdad. **2** (*simple*) sencillo,-a. **3** (*unattractive*) sin atractivo. **4** (*frank*) franco,-a, directo,-a. **5** (*without pattern*) liso,-a. **6** (*chocolate*) sin leche. ‖ **7** *n* llanura. • **in plain clothes** de paisano. ■ **plain yoghurt** yogur *m* natural.
plan [plæn] **1** *n* (*project*) plan *m*. **2** (*map, drawing*) plano. ‖ **3** *vt* planear.
plane [pleɪn] **1** *n* (*surface*) plano. **2** Av avión *m*. ‖ **3** *vt* cepillar. ■ **plane tree** plátano.
planet [ˈplænət] *n* planeta *m*.
plank [plæŋk] *n* tablón *m*, tabla.
plant [plɑːnt] **1** *n* Bot planta. **2** fábrica. ‖ **3** *vt* plantar. **4** sembrar. **5** colocar. ■ **plant pot** maceta, tiesto.

plaque [plæk] *n* placa.
plaster ['plɑːstə] **1** *n* yeso. **2** escayola. **3** tirita®. ‖ **4** *vt* enyesar. **5** cubrir.
plastic ['plæstɪk] *adj* - *n* plástico,-a.
plasticine® ['plæstɪsiːn] *n* plastilina®.
plate [pleɪt] **1** *n* (*dish*) plato. **2** (*sheet*) placa. **3** (*illustration*) grabado, lámina. ‖ **4** *vt* chapar.
plateau ['plætəʊ] *n* meseta.
platform ['plætfɔːm] **1** *n* (*gen*) plataforma. **2** (*stage*) tarima, tribuna, estrado. **3** (*railway*) andén *m*.
platinum ['plætɪnəm] *n* platino.
plausible ['plɔːzɪbl] *adj* verosímil.
play [pleɪ] **1** *n* (*gen*) juego. **2** THEAT obra de teatro. **3** TECH (*movement*) juego. ‖ **4** *vt* - *vi* (*gen*) jugar. **5** MUS tocar. ‖ **6** *vt* THEAT (*part*) hacer el papel de. ♦ **to play along** *vi* seguir la corriente ♦ **to play down** *vt* quitar importancia a ♦ **to play on** *vt* aprovecharse de ♦ **to play up 1** *vt* causar problemas a. **2** *vi* (*machine*) no funcionar bien. **3** *vi* (*child*) dar guerra. • **to play a trick on** hacer una mala jugada a; **to play hard to get** hacerse de rogar; **to play the fool** hacer el indio; **to play truant** hacer novillos; **to play it by ear** decidir sobre la marcha. ▪ **play on words** juego de palabras.
player ['pleɪə] **1** *n* (*of game*) jugador,-ra. **2** THEAT actor *m*, actriz *f*.
playful ['pleɪfʊl] *adj* juguetón,-ona.
playground ['pleɪgraʊnd] *n* patio.
playhouse ['pleɪhaʊs] *n* teatro.
playtime ['pleɪtaɪm] *n* recreo.
plea [pliː] **1** *n* (*appeal*) petición. **2** (*excuse*) excusa. **3** JUR declaración *f*.
plead [pliːd] **1** *vi* suplicar (with,-). ‖ **2** *vt* alegar. **3** declararse.
pleasant ['pleznt] **1** *adj* agradable. **2** simpático,-a, amable.
please [pliːz] **1** *vt* - *vi* agradar, gustar, placer, complacer. ‖ **2** *interj* por favor. • **as you please** como quieras.
pleased [pliːzd] *adj* satisfecho,-a. • **pleased to meet you!** ¡encantado,-a!, ¡mucho gusto!
pleasing ['pliːzɪŋ] *adj* agradable.
pleasure ['pleʒə] *n* placer *m*. • **it gives me great pleasure to ...** me complace ...; **it's my pleasure** de nada; **with pleasure** con mucho gusto.
pleat [pliːt] **1** *n* pliegue *m*. ‖ **2** *vt* plisar.
plentiful ['plentɪfʊl] *adj* abundante.
plenty ['plentɪ] *n* abundancia. • **plenty of** de sobra, en abundancia.
pliable ['plaɪəbl] *adj* flexible.
pliers ['plaɪəz] *npl* alicates *mpl*.
plimsolls ['plɪmslz] *npl* GB playeras.
plod [plɒd] **1** *vi* (*walk*) andar pesadamente. **2** (*work*) trabajar laboriosamente.
plonk [plɒŋk] **1** *vt* dejar caer. ‖ **2** *n* (*sound*) ruido seco. **3** *fam* (*wine*) vino peleón.
plot [plɒt] **1** *n* (*conspiracy*) conspiración *f*, complot *m*. **2** (*of book, film etc*) trama, argumento. **3** (*of land*) parcela, terreno. ‖ **4** *vt* (*plan*) tramar. **5** (*graph*) trazar. ‖ **6** *vi* conspirar.
plough [plaʊ] **1** *n* arado. ‖ **2** *vt* - *vi* arar, labrar.
plug [plʌg] **1** *n* tapón *m*. **2** ELEC enchufe *m*, clavija; enchufe *m*, toma.

3 bujía. ♦ **to plug in** *vt* - *vi* enchufar(se).
plughole ['plʌghəʊl] *n* desagüe *m*.
plum [plʌm] *n* ciruela.
plumbing ['plʌmɪŋ] *n* fontanería.
plummet ['plʌmət] *vi* caer en picado.
plump [plʌmp] *adj* rechoncho,-a, rollizo,-a. ♦ **to plump for** *vt* optar por.
plunder ['plʌndə] **1** *n* pillaje *m*, saqueo. **2** botín *m*. ‖ **3** *vt* saquear.
plunge [plʌndʒ] **1** *n* zambullida. ‖ **2** *vi* (*dive*) tirarse de cabeza. ‖ **3** *vt* (*immerse*) sumergir. **4** (*thrust*) hundir. • **to take the plunge** dar el paso decisivo.
plus [plʌs] **1** *prep* más. ‖ **2** *adj* MATH positivo,-a. ‖ **3** *n* ventaja. ▪ **plus sign** signo de más.
plush [plʌʃ] *adj fam* lujoso,-a.
plywood ['plaɪwʊd] *n* contrachapado.
pm ['piː'em] *abbr* (post meridiem): **at 4 pm** a las cuatro de la tarde.
PM ['piː'em] *abbr* GB (Prime Minister) primer,-a ministro,-a.
poach [pəʊtʃ] **1** *vi* cazar en vedado. ‖ **2** *vt* CULIN hervir; (*eggs*) escalfar.
pocket ['pɒkɪt] *n* bolsillo.
pocketbook ['pɒkɪtbʊk] **1** *n* US (*handbag*) bolso. **2** US (*notebook*) libreta.
pod [pɒd] *n* vaina.
podgy ['pɒdʒɪ] *adj* regordete,-a.
poem ['pəʊəm] *n* poema *m*, poesía.
poetry ['pəʊətrɪ] *n* poesía.
point [pɔɪnt] **1** *n* punta. **2** momento. **3** punto: **freezing point** punto de congelación. **4** tanto. **5** cuestión *f*. **6** coma: **5 point 66** 5 coma 66. **7** sentido: **what's the point of arguing?** ¿de qué sirve discutir? ‖ **8** *vi* indicar; señalar. ‖ **9** *vt* apuntar. ‖ **10 points** *n* (*on railway*) agujas. ♦ **to point out** *vt* señalar. • **beside the point** fuera de propósito; **on the point of** a punto de; **there's no point in ...** no vale la pena ...; **to come to the point** ir al grano; **up to a point** hasta cierto punto.
point-blank [pɔɪnt'blæŋk] **1** *adj* (*refusal*) categórico,-a. **2** (*shot*) a quemarropa.
pointed ['pɔɪntɪd] **1** *adj* (*sharp*) puntiagudo,-a. **2** (*comment*) intencionado,-a.
pointless ['pɔɪntləs] *adj* sin sentido.
poise [pɔɪz] *n* porte *m*, elegancia.
poison ['pɔɪzn] **1** *n* veneno. ‖ **2** *vt* envenenar.
poisonous ['pɔɪznəs] *adj* venenoso,-a.
poke [pəʊk] **1** *n* empujón *m*; codazo. ‖ **2** *vt* empujar; dar un codazo. **3** atizar. **4** asomar.
poker ['pəʊkə] *n* atizador *m*.
Poland ['pəʊlənd] *n* Polonia.
polarize ['pəʊləraɪz] *vt* - *vi* polarizar(se).
pole [pəʊl] **1** *n* poste. **2** polo. **3** pértiga. ▪ **pole vault** salto con pértiga.
Pole [pəʊl] *n* polaco,-a.
polemic [pə'lemɪk] *adj* - *n* polémico,-a.
police [pə'liːs] *npl* policía *f sing*. ▪ **police car** coche *m* patrulla; **police record** antecedentes *mpl* policiales.
policeman [pə'liːsmən] *n* policía.
policy ['pɒlɪsɪ] **1** *n* política. **2** póliza.

polish ['pɒlɪʃ] **1** *n* pulimento; (*wax*) cera; (*for shoes*) betún *m*. **2** (*shine*) lustre *m*, brillo. || **3** *vt* (*floor*) abrillantar. **4** (*style*) pulir. ♦ **to polish off 1** *vt* (*work*) despachar. **2** *vt* (*food*) zamparse.
Polish ['pəʊlɪʃ] **1** *adj* - *n* polaco,-a. || **2** *n* (*language*) polaco.
polite [pə'laɪt] *adj* cortés.
politic ['pɒlɪtɪk] *adj* prudente.
political [pə'lɪtɪkl] *adj* político,-a.
politician [pɒlɪ'tɪʃn] *n* político,-a.
poll [pəʊl] **1** *n* votación *f*. **2** (*opinion poll*) encuesta, sondeo.
pollute [pɒ'luːt] *vt* contaminar.
pollution [pɒ'luːʃn] *n* contaminación *f*.
polo ['pəʊləʊ] *n* polo. ▪ **polo neck** cuello alto.
pomegranate ['pɒmɪgrænət] *n* BOT granada.
pomp [pɒmp] *n* pompa.
pompous ['pɒmpəs] *adj* pomposo,-a.
pond [pɒnd] *n* estanque *m*.
ponder ['pɒndə] *vt* considerar.
pong [pɒŋ] **1** *n fam* tufo. || **2** *vt fam* apestar.
ponytail ['pəʊnɪteɪl] *n* cola de caballo.
poodle ['puːdl] *n* caniche *m*.
poof [pʊf] *n sl* marica *m*.
pool [puːl] **1** *n* charco. **2** estanque *m*. **3** fondo común. **4** billar *m* americano. || **5** *vt* juntar; poner en común.
poor [pʊə] **1** *adj* pobre. **2** (*bad quality*) malo,-a, de mala calidad.
poorly ['pʊəlɪ] **1** *adj* (*ill*) mal, malo, -a. || **2** *adv* mal.
pop [pɒp] **1** *n* (*sound*) estallido. **2** (*of cork*) taponazo. **3** *fam* (*drink*) gaseosa. **4** *fam* (*music*) música pop. **5** *fam* (*dad*) papá *m*. || **6** *vt* (*put*) poner: **pop it in your pocket** métetelo en el bolsillo. || **7** *vt* - *vi* reventar, estallar. ♦ **to pop in** *vi* entrar un momento ♦ **to pop out** *vi* salir un momento ♦ **to pop up** *vi* aparecer.
pope [pəʊp] *n* papa *m*, pontífice *m*.
poplar ['pɒplə] *n* álamo, chopo.
poppy ['pɒpɪ] *n* amapola.
popularity [pɒpjʊ'lærɪtɪ] *n* popularidad *f*.
population [pɒpjʊ'leɪʃn] *n* población *f*. ▪ **population explosion** explosión *f* demográfica.
porcelain ['pɔːslɪn] *n* porcelana.
porch [pɔːtʃ] *n* pórtico, entrada.
pore [pɔː] *n* poro. ♦ **to pore over** *vt* estudiar detenidamente.
pork [pɔːk] *n* carne *f* de cerdo.
port [pɔːt] **1** *n* (*place*) puerto. **2** MAR babor *m*. **3** (*wine*) vino de Oporto.
portable ['pɔːtəbl] *adj* portátil.
porter ['pɔːtə] *n* portero,-a.
portion ['pɔːʃn] **1** *n* (*part*) porción *f*, parte *f*. **2** (*helping*) ración *f*. ♦ **to portion out** *vt* repartir.
portrait ['pɔːtreɪt] *n* retrato.
portray [pɔː'treɪ] **1** *vt* (*paint*) retratar. **2** (*describe*) describir.
Portuguese [pɔːtj'giːz] **1** *adj* - *n* portugués,-esa. || **2** *n* (*language*) portugués *m*.
pose [pəʊz] **1** *n* actitud *f*, postura. **2** afectación *f*. || **3** *vt* plantear. **4** representar. || **5** *vi* presumir. **6** posar. • **to pose as** hacerse pasar por.
posh [pɒʃ] *adj* GB *fam* (*place*) elegante; (*person*) pijo,-a.
position [pə'zɪʃn] **1** *n* posición *f*. **2** postura, actitud *f*. **3** puesto, empleo. **4** situación *f*. || **5** *vt* colocar.

positive ['pɒzɪtɪv] **1** *adj* positivo,-a. **2** seguro,-a. **3** *fam* auténtico,-a.

possess [pə'zes] **1** *vt* (*own*) poseer, tener. **2** (*grip*) apoderarse de.

possible ['pɒsɪbl] *adj* posible. • **as much as possible** todo lo posible; **as soon as possible** cuanto antes.

post [pəʊst] **1** *n* (*wooden*) poste *m*. **2** (*job*) puesto, cargo. **3** (*mail*) correo. **4** MIL puesto. ‖ **5** *vt* (*letter*) echar al correo. **6** (*notice*) poner. **7** (*send*) enviar, destinar. ■ **post office box** apartado de correos.

postage ['pəʊstɪdʒ] *n* franqueo, porte. ■ **postage and packing** gastos *mpl* de envío.

postal ['pəʊstl] *adj* postal. ■ **postal order** giro postal.

postbox ['pəʊstbɒks] *n* buzón *m*.

postcard ['pəʊstkɑːd] *n* tarjeta postal.

postcode ['pəʊstkəʊd] *n* código postal.

posterior [pɒ'stɪərɪə] **1** *adj* posterior. ‖ **2** *n fam* trasero.

postman ['pəʊstmən] *n* cartero.

postmark ['pəʊstmɑːk] *n* matasellos.

postmortem [pəʊst'mɔːtəm] *n* autopsia.

postpone [pəs'pəʊn] *vt* aplazar.

postscript ['pəʊstskrɪpt] *n* posdata.

posture ['pɒstʃə] *n* postura.

pot [pɒt] **1** *n* (*for jam*) pote *m*, tarro. **2** (*teapot*) tetera. **3** (*coffee pot*) cafetera. **4** (*of paint*) bote *m*. **5** (*for cooking*) olla. **6** (*flower pot*) maceta, tiesto. **7** (*chamber pot*) orinal *m*. **8** *sl* maría, hierba.

potassium [pə'tæsɪəm] *n* potasio.

potato [pə'teɪtəʊ] *n* patata.

pothole ['pɒthəʊl] **1** *n* cueva. **2** bache.

potter ['pɒtə] *n* alfarero,-a. ♦ **to potter about/around** *vi* entretenerse.

pottery ['pɒtərɪ] **1** *n* (*craft, place*) alfarería. **2** (*objects*) cerámica.

potty ['pɒtɪ] **1** *n* orinal *m*. ‖ **2** *adj fam* chiflado,-a.

pouch [paʊtʃ] **1** *n* (*small bag*) bolsa. **2** (*for tobacco*) petaca.

poultry ['pəʊltrɪ] *n* aves *fpl* de corral.

pounce [paʊns] *vi* abalanzarse (on, sobre).

pound [paʊnd] **1** *n* libra. **2** perrera. **3** depósito de coches. ‖ **4** *vt* machacar. **5** golpear. ‖ **6** *vi* palpitar.

pour [pɔː] **1** *vt* (*liquid*) verter; (*substance*) echar. ‖ **2** *vi* (*rush*) correr, fluir. **3** (*rain*) llover a cántaros.

poverty ['pɒvətɪ] *n* pobreza.

powder ['paʊdə] **1** *n* polvo. ‖ **2** *vt* empolvar.

power ['paʊə] **1** *n* (*strength*) fuerza. **2** (*ability*) poder *m*, capacidad *f*. **3** (*faculty*) facultad *f*. **4** ELEC fuerza, corriente *f*. **5** (*authority*) poder *m*, autoridad *f*. **6** (*energy*) energía. **7** MATH TECH potencia. ‖ **8** *vt* propulsar. • **in power** en el poder. ■ **power cut** apagón *m*; **power point** toma de corriente; **power station** central *f* eléctrica.

powerful ['paʊəfʊl] **1** *adj* poderoso,-a. **2** fuerte. **3** potente, eficaz.

powerless ['paʊələs] *adj* impotente.

practicable ['præktɪkəbl] *adj* factible.

practically ['præktɪklɪ] *adv* casi.

practice ['præktɪs] **1** *vt* - *vi* practicar. **2** (*profession*) ejercer. || **3** *vi* SP entrenar. **4** THEAT ensayar. || **5** *n* práctica. **6** (*training*) entrenamiento. **7** MUS ensayo. **8** (*habit*) costumbre *f*. **9** (*of profession*) ejercicio. **10** (*doctor's office*) consulta. **11** (*lawyer's office*) bufete *m*.
practise ['præktɪs] **1** *vt* - *vi* practicar. **2** (*profession*) ejercer. || **3** *vi* SP entrenar. **4** THEAT ensayar.
practitioner [præk'tɪʃnə] *n* médico,-a.
prairie ['preərɪ] *n* pradera, llanura.
praise [preɪz] **1** *n* elogio. || **2** *vt* alabar.
pram [præm] *n* GB cochecito de niño.
prank [præŋk] *n* travesura, broma.
prattle ['prætl] **1** *n* charla, parloteo. || **2** *vi* charlar, parlotear.
prawn [prɔːn] *n* gamba.
pray [preɪ] *vi* orar, rezar.
prayer [preə] **1** *n* REL oración *f*. **2** (*entreaty*) ruego, súplica. ▪ **prayer book** misal *m*.
preach [priːtʃ] *vt* - *vi* predicar.
precarious [prɪ'keərɪəs] *adj* precario,-a, inseguro,-a.
precede [prɪ'siːd] *vt* - *vi* preceder.
precept ['priːsept] *n* precepto.
precinct ['priːsɪŋkt] *n* distrito, zona.
precious ['preʃəs] **1** *adj* (*valuable*) precioso,-a. **2** (*dear*) querido,-a. || **3** *adv* muy.
precipice ['precɪpɪs] *n* precipicio.
precipitate [prɪ'sɪpɪtət] **1** *adj* precipitado,-a. || **2** *vt* ([prɪ'sɪpɪteɪt]) precipitar.
precise [prɪ'saɪs] **1** *adj* preciso,-a, exacto,-a. **2** (*meticulous*) meticuloso,-a.
preclude [prɪ'kluːd] *vt* excluir.
precocious [prɪ'kəʊʃəs] *adj* precoz.
preconceived [priːkən'siːvd] *adj* preconcebido,-a.
predator ['predətə] *n* depredador *m*.
predestine [priː'destɪn] *vt* predestinar.
predicament [prɪ'dɪkəmənt] *n* apuro.
predict [prɪ'dɪkt] *vt* predecir, vaticinar.
predominate [prɪ'dɒmɪneɪt] *vi* predominar.
pre-empt [priː'empt] *vt* adelantarse a.
preface ['prefəs] *n* prefacio, prólogo.
prefer [prɪ'fɜː] **1** *vt* preferir. **2** JUR (*charge*) presentar.
preference ['prefrəns] *n* preferencia.
pregnancy ['pregnənsɪ] *n* embarazo.
pregnant ['pregnənt] **1** *adj* (*animal*) preñada. || **2** *n* (*woman*) embarazada. • **to be pregnant by sb** quedarse embarazada de algn.
prejudice ['predʒədɪs] *n* prejuicio.
prejudicial [predʒə'dɪʃl] *adj* perjudicial.
preliminary [prɪ'lɪmɪnrɪ] **1** *adj* preliminar. || **2** *n* preliminar *m*.
premature [premə'tjʊə] *adj* prematuro,-a.
premier ['premɪə] **1** *adj* primero,-a, principal. || **2** *n* primer,-ra ministro,-a.
première ['premɪeə] *n* estreno.
premise ['premɪs] **1** *n* premisa. || **2** **premises** *npl* local *m sing*.
premium ['priːmɪəm] *n* prima.
preoccupy [priː'ɒkjʊpaɪ] *vt* preocupar.

prepaid [priːˈpeɪd] *adj* pagado,-a por adelantado.

preparation [prepəˈreɪʃn] **1** *n* preparación *f*. **2** preparado. || **3 preparations** *npl* preparativos *mpl*.

preparatory [prɪˈpærətrɪ] *adj* preparatorio,-a, preliminar.

prepare [prɪˈpeə] *vt* - *vi* preparar (se).

prepared [prɪˈpeəd] **1** *adj* listo,-a, preparado,-a. **2** dispuesto,-a.

preposition [prepəˈzɪʃn] *n* preposición.

preposterous [prɪˈpɒstrəs] *adj* absurdo,-a, descabellado,-a.

Presbyterian [prezbɪˈtɪərɪən] *adj* - *n* presbiteriano,-a.

preschool [priːˈskuːl] *adj* preescolar.

prescribe [prɪsˈkraɪb] **1** *vt* (*order*) prescribir. **2** (*medicine*) recetar.

prescription [prɪsˈkrɪpʃn] *n* receta. • **on prescription** con receta médica.

presence [ˈprezns] *n* presencia.

present [ˈpreznt] **1** *adj* presente. **2** actual. || **3** *n* presente *m*, actualidad *f*. **4** regalo. || **5** *vt* ([prɪˈzent]) presentar. **6** entregar, dar. **7** representar. **8** presentar. • **at present** actualmente; **at the present time** actualmente; **for the present** por ahora; **to present a problem** plantear un problema.

presenter [prɪˈzentə] **1** *n* RAD locutor,-ra. **2** TV presentador,-ra.

presently [ˈprezntlɪ] **1** *adv* GB pronto. **2** US ahora.

preservation [prezəˈveɪʃn] *n* conservación *f*, preservación *f*.

preservative [prɪˈzɜːvətɪv] *n* conservante *m*.

preserve [prɪˈzɜːv] **1** *n* CULIN conserva. **2** coto, vedado. || **3** *vt* conservar.

preside [prɪˈzaɪd] *vi* presidir.

president [ˈprezɪdnt] *n* presidente,-a.

press [pres] **1** *n* prensa. **2** imprenta. || **3** *vt* pulsar, apretar. **4** prensar. **5** planchar. **6** (*urge*) presionar. ♦ **to press ahead/on** *vi* seguir adelante ♦ **to press for** *vt* exigir, reclamar. ▪ **press briefing** rueda de prensa; **press release** comunicado de prensa.

pressing [ˈpresɪŋ] *adj* urgente.

press-up [ˈpresʌp] *n* flexión *f*.

pressure [ˈpreʃə] **1** *n* presión *f*. **2** (*tension*) tensión *f*. **3** (*t*) presionar. • **to put pressure on** presionar a.

pressurize [ˈpreʃəraɪz] **1** *vt* TECH presurizar. **2** (*force*) presionar.

prestige [presˈtiːʒ] *n* prestigio.

presumably [prɪˈzjuːməblɪ] *adv* se supone que.

presume [prɪˈzjuːm] *vt* - *vi* suponer.

presumption [prɪˈzʌmpʃn] **1** *n* suposición. **2** presunción.

presumptuous [prɪˈzʌmptjʊəs] *adj* presuntuoso,-a.

pretence [prɪˈtens] **1** *n* fingimiento, simulación. **2** pretensión *f*. • **under false pretences** con engaño.

pretend [prɪˈtend] **1** *vt* - *vi* (*feign*) aparentar, fingir. || **2** *vi* (*claim*) pretender.

pretentious [prɪˈtenʃəs] *adj* pretencioso,-a, presumido,-a.

pretty [ˈprɪtɪ] **1** *adj* bonito,-a, guapo,-a, mono,-a. || **2** *adv* bastante. • **pretty much** más o menos. • **pretty well** casi.

prevail [prɪˈveɪl] **1** *vi* (*be usual*) predominar. **2** (*win*) prevalecer (over, sobre). • **to prevail upon** convencer, persuadir.
prevalent [ˈprevələnt] *adj* predominante.
prevaricate [prɪˈværɪkeɪt] *vi* andarse con evasivas.
prevent [prɪˈvent] **1** *vt* (*stop*) impedir. **2** (*avoid*) evitar.
prevention [prɪˈvenʃn] *n* prevención *f*.
preview [ˈpriːvjuː] *n* preestreno.
previous [ˈpriːvɪəs] *adj* previo,-a.
previously [ˈpriːvɪəslɪ] *adv* con anterioridad.
prey [preɪ] **1** *n* presa. **2** víctima. ♦ **to prey on 1** *vt* (*to live off*) alimentarse de. **2** *vt* (*trouble*) atormentar.
price [praɪs] **1** *n* precio, importe *m*. ‖ **2** *vt* poner un precio a. • **at any price** a toda costa.
pricey [ˈpraɪsɪ] *adj fam* caro,-a.
prick [prɪk] **1** *n* pinchazo. **2** *vulg* gilipollas. **3** *vulg* polla. ‖ **4** *vt* pinchar. • **to prick up one's ears** aguzar el oído.
prickle [ˈprɪkl] *vt* - *vi* pinchar, picar.
prickly [ˈprɪklɪ] **1** *adj* (*thorny*) espinoso,-a. **2** (*touchy*) irritable.
pricy [ˈpraɪsɪ] *adj fam* caro,-a.
pride [praɪd] **1** *n* orgullo. **2** (*self respect*) amor *m* propio. • **to pride oneself on** enorgullecerse de.
priest [priːst] *n* sacerdote *m*.
priestess [ˈpriːstes] *n* sacerdotisa.
primarily [praɪˈmerɪlɪ] *adv* ante todo.
primary [ˈpraɪmərɪ] **1** *adj* (*main*) principal. **2** (*basic*) primario,-a.
primate [ˈpraɪmeɪt] **1** *n* ZOOL primate *m*. **2** ([ˈpraɪmət]) REL primado.
prime [praɪm] **1** *adj* primero,-a, principal. **2** MATH primo. **3** (*best quality*) selecto,-a, de primera. ■ **prime of life** flor *f* de la vida.
prince [prɪns] *n* príncipe *m*.
princess [ˈprɪnses] *n* princesa.
principal [ˈprɪnsɪpl] **1** *adj* principal. ‖ **2** *n* director,-ra. **3** FIN capital.
principle [ˈprɪnsɪpl] *n* principio.
print [prɪnt] **1** *n* impresión *f*, huella. **2** letra. **3** copia. **4** grabado. **5** estampado. ‖ **6** *vt* imprimir. **7** publicar. **8** sacar una copia de. ♦ **to print out** *vt* COMPUT imprimir.
printer [ˈprɪntə] **1** *n* (*person*) impresor,-ra. **2** (*machine*) impresora.
printing [ˈprɪntɪŋ] **1** *n* (*action*) impresión *f*. **2** (*art*) imprenta.
prior [ˈpraɪə] *adj* anterior, previo,-a. • **prior to** antes de.
priority [praɪˈbrɪtɪ] *n* prioridad *f*.
prison [ˈprɪzn] *n* prisión *f*, cárcel *f*.
prisoner [ˈprɪznə] **1** *n* (*in jail*) preso,-a. **2** (*captive*) prisionero,-a.
privacy [ˈpraɪvəsɪ] *n* intimidad *f*.
private [ˈpraɪvət] **1** *adj* privado,-a. **2** particular. **3** confidencial. **4** privado,-a. ‖ **5** *n* MIL soldado raso. ■ **private eye** detective *m* privado; **private income** renta personal.
privilege [ˈprɪvɪlɪdʒ] *n* privilegio.
prize [praɪz] **1** *n* premio. ‖ **2** *adj* de primera. ‖ **3** *vt* apreciar.
pro [prəʊ] **1** *n* (*advantage*) pro. **2** (*professional*) profesional *mf*.
probation [prəˈbeɪʃn] *n* JUR libertad *f* condicional.
probe [prəʊb] **1** *n* sonda. **2** (*investigation*) investigación *f*. ‖ **3** *vt* sondar, sondear. **4** (*investigate*) investigar.
problem [ˈprɒbləm] *n* problema *m*.

procedure [prə'siːdʒə] *n* procedimiento.
proceed [prə'siːd] **1** *vi* continuar, proseguir, seguir. **2** proceder. ‖ **3 proceeds** *npl* (['prəʊsiːdz]) beneficios.
proceedings [prə'siːdɪŋz] *npl* actas *fpl*.
process ['prəʊses] **1** *n* proceso. ‖ **2** *vt* (*gen*) procesar. **3** (*photo*) revelar. • **to be in the process of doing sth** estar en vías de hacer algo.
procession [prə'seʃn] *n* desfile.
proclaim [prə'kleɪm] *vt* proclamar.
prod [prɒd] **1** *n* empujón *m*, pinchazo. ‖ **2** *vt* empujar, pinchar.
produce [prə'djuːs] **1** *vt* producir. **2** enseñar. **3** provocar. **4** realizar. **5** dirigir. ‖ **6** *n* (['prɒdjuːs]) productos *mpl* (agrícolas).
producer [prə'djuːsə] **1** *n* productor,-ra. **2** RAD TV realizador,-ra. **3** CINEM director,-ra.
product ['prɒdəkt] **1** *n* (*gen*) producto. **2** (*result*) resultado, fruto.
production [prə'dʌkʃn] **1** *n* producción *f*. **2** presentación *f*. **3** representación *f*.
productive [prə'dʌktɪv] **1** *adj* (*efficient*) productivo,-a. **2** (*fruitful*) fructífero,-a.
productivity [prɒdʌk'tɪvɪtɪ] *n* productividad *f*.
professor [prə'fəsə] *n* catedrático,-a.
proficiency [prə'fɪʃnsɪ] *n* competencia.
proficient [prə'fɪʃnt] *adj* hábil, competente.
profile ['prəʊfaɪl] *n* perfil *m*. • **in profile** de perfil; **to have a high profile** ocupar un lugar destacado.
profit ['prɒfɪt] **1** *n* FIN ganancia, beneficio. **2** (*advantage*) provecho. ‖ **3** *vi* sacar provecho (from, de).
profitable ['prɒfɪtəbl] **1** *adj* FIN rentable. **2** (*advantageous*) provechoso,-a.
profuse [prə'fjuːs] *adj* profuso,-a.
programmer ['prəʊgræmə] *n* programador,-ra.
progress ['prəʊgres] **1** *n* progreso, avance *m*. ‖ **2** *vi* ([prəʊ'gres]) progresar. • **in progress** en curso; **to make progress** avanzar.
progressive [prə'gresɪv] **1** *adj* (*gradual*) progresivo,-a. **2** POL progresista.
prohibit [prə'hɪbɪt] *vt* prohibir.
project ['prɒdʒekt] **1** *n* (*plan*) proyecto. **2** (*at school*) trabajo. ‖ **3** *vt* ([prə'dʒekt]) proyectar. ‖ **4** *vi* sobresalir.
prolong [prə'lɒŋ] *vt* prolongar, alargar.
promenade [prɒmə'nɑːd] *n* paseo marítimo.
prominence ['prɒmɪnəns] **1** *n* prominencia. **2** importancia.
promise ['prɒmɪs] **1** *n* promesa. ‖ **2** *vt* - *vi* prometer.
promising ['prɒmɪsɪŋ] *adj* prometedor,-ra.
promote [prə'məʊt] **1** *vt* (*in rank*) ascender. **2** (*encourage*) fomentar. **3** COMM promocionar. • **to be promoted** SP subir de categoría.
prompt [prɒmpt] **1** *adj* inmediato, -a, rápido,-a. **2** (*punctual*) puntual. ‖ **3** *adv* en punto. ‖ **4** *vt* (*motivate*) inducir, impulsar. **5** THEAT apuntar.
prone [prəʊn] *adj* boca abajo. • **prone to** propenso,-a a.

pronoun ['prəʊnaʊn] *n* pronombre *m*.
pronounce [prə'naʊns] **1** *vt* pronunciar. **2** declarar. **3** dictar.
pronunciation [prənʌnsɪ'eɪʃn] *n* pronunciación *f*.
proof [pruːf] **1** *n* (*gen*) prueba. **2** (*alcohol*) graduación *f*. • **proof against** a prueba de.
prop [prɒp] **1** *n* (*object*) puntal *m*. **2** (*person*) apoyo. **3** THEAT accesorio. ♦ **to prop up 1** *vt* (*roof*) apuntalar. **2** *vt* (*person*) apoyar, sostener.
propagate ['prɒpəgeɪt] **1** *vt* propagar. ‖ **2** *vi* propagarse.
propel [prə'pel] *vt* propulsar, impulsar.
propeller [prə'pelə] *n* hélice *f*.
propensity [prə'pensɪtɪ] *n* propensión *f*.
proper ['prɒpə] **1** *adj* adecuado,-a. **2** decente. **3** propiamente dicho, -a. **4** *fam* auténtico,-a, correcto,-a; digno,-a. ■ **proper noun** nombre *m* propio.
properly ['prɒpəlɪ] *adv* bien.
property ['prɒpətɪ] *n* propiedad *f*.
prophecy ['prɒfəsɪ] *n* profecía.
prophet ['prɒfɪt] *n* profeta *m*.
prophetic [prə'fetɪk] *adj* profético,-a.
proportionate [prə'pɔːʃnət] *adj* proporcionado,-a.
proposal [prə'pəʊzl] *n* propuesta.
propose [prə'pəʊz] **1** *vt* (*suggest*) proponer. **2** (*intend*) pensar, tener la intención de. ‖ **3** *vi* declararse (to, a).
proposition [prɒpə'zɪʃn] *n* propuesta.
proprietor [prə'praɪətə] *n* dueño,-a.
prose [prəʊz] *n* prosa.
prosecute ['prɒsɪkjuːt] *vt* procesar.
prosecution [prɒsɪ'kjuːʃn] **1** *n* (*action*) proceso, juicio. **2** (*person*) acusación *f*.
prosecutor ['prɒsɪkjuːtə] *n* fiscal *mf*.
prospect ['prɒspekt] **1** *n* perspectiva. **2** (*probability*) probabilidad *f*. ‖ **3** *vt* ([prə'spekt]) explorar. ‖ **4** *vi* buscar.
prospective [prə'spektɪv] **1** *adj* (*future*) futuro,-a. **2** (*possible*) posible.
prospectus [prə'spektəs] *n* prospecto.
prosper ['prɒspə] *vi* prosperar.
prosperous ['prɒsprəs] *adj* próspero,-a.
prostate ['prɒsteɪt] *n* próstata.
prostrate ['prɒstreɪt] **1** *adj* postrado,-a. ‖ **2** *vt* ([prɒ'streɪt]) postrar.
protagonist [prəʊ'tægənɪst] **1** *n* protagonista *mf*. **2** defensor,-ra.
protect [prə'tekt] *vt* proteger.
protector [prə'tektə] **1** *n* (*person*) protector,-ra. **2** (*object*) protector *m*.
protein ['prəʊtiːn] *n* proteína.
protest ['prəʊtest] **1** *n* protesta. ‖ **2** *vt* - *vi* ([prə'test]) protestar. ■ **protest march** manifestación *f*.
Protestant ['prɒtɪstənt] *adj* - *n* protestante.
prototype ['prəʊtətaɪp] *n* prototipo.
protrude [prə'truːd] *vi* sobresalir.
proud [praʊd] *adj* orgulloso,-a. • **to be proud of** enorgullecerse de.
prove [pruːv] **1** *vt* (*pp* proved o proven ['pruːvn]) (*demonstrate*) probar, demostrar. ‖ **2** *vi* (*turn out to be*) resultar.
proverb ['prɒvɜːb] *n* proverbio.
provide [prə'vaɪd] **1** *vt* proporcionar, suministrar. **2** estipular. ♦ **to**

provide for **1** *vt* (*family*) mantener. **2** *vt* (*future event*) prevenir.
provided [prə'vaɪdɪd] *conj* siempre que, con tal que.
providence ['prɒvɪdəns] *n* providencia.
provident ['prɒvɪdnt] *adj* previsor, -ra.
providential [prɒvɪ'denʃl] *adj* providencial.
province ['prɒvɪns] *n* provincia. • **it's not my province** no es de mi competencia.
provincial [prə'vɪnʃl] **1** *adj* provincial. **2** *pej* provinciano,-a.
provision [prə'vɪʒn] **1** *n* suministro, provisión *f*. **2** JUR disposición *f*. • **to make provision for** prever.
proviso [prə'vaɪzəʊ] *n* condición *f*.
provocative [prə'vɒkətɪv] **1** *adj* provocativo,-a. **2** provocador,-a.
provoke [prə'vəʊk] *vt* provocar.
provoking [prə'vəʊkɪŋ] *adj* provocador,-ra.
prow [praʊ] *n* proa.
prowess ['praʊəs] *n* destreza.
prowl [praʊl] *vi* merodear.
proxy ['prɒksɪ] **1** *n* (*authorization*) poder *m*. **2** (*person*) apoderado,-a.
prude [pruːd] *n* remilgado,-a.
prudent ['pruːdnt] *adj* prudente.
prudish ['pruːdɪʃ] *adj* remilgado, -a.
prune [pruːn] **1** *n* ciruela pasa. ‖ **2** *vt* podar.
pry [praɪ] *vi* husmear.
PS ['piː'es] *abbr* (postscript) P. D.
psalm [sɑːm] *n* salmo.
psyche ['saɪkɪ] *n* psique *f*.
psychological [saɪkə'lɒdʒɪkl] *adj* psicológico,-a.
psychology [saɪ'kɒledʒɪ] *n* psicología.
psychopath ['saɪkəʊpæθ] *n* psicópata.
psychosis [saɪ'kəʊsɪs] *n* psicosis *f inv*.
pub [pʌb] *n* bar *m*, pub *m*, taberna.
puberty ['pjuːbətɪ] *n* pubertad *f*.
pubic ['pjuːbɪk] *adj* púbico,-a.
public ['pʌblɪk] **1** *adj* público,-a. ‖ **2** *n* público. ▪ **public convenience** GB aseos públicos; **public house** bar, pub; **public prosecutor** fiscal *mf*; **public servant** funcionario,-a; **public utility** servicio público.
publicity [pʌ'blɪsɪtɪ] *n* publicidad *f*.
publicize [pʌblɪ'saɪz] **1** *vt* divulgar, hacer público,-a. **2** promocionar.
publish ['pʌblɪʃ] *vt* publicar, editar.
publisher ['pʌblɪʃə] **1** *n* (*person*) editor,-ra. **2** (*company*) editorial *f*.
puddle ['pʌdl] *n* charco.
puff [pʌf] **1** *n* (*action*) soplo. **2** (*at cigarette*) calada. **3** (*of wind*) ráfaga; (*of smoke*) bocanada. ‖ **4** *vi* soplar. **5** (*pant*) jadear. ♦ **to puff up** *vt - vi* hinchar(se). ▪ **puff pastry** hojaldre *m*.
pull [pʊl] **1** *n* tirón *m*. **2** atracción *f*. **3** *fam* influencia. ‖ **4** *vt* tirar de. **5** (*drag*) arrastrar. **6** *fam* atraer. ♦ **to pull apart** *vt* (*machine*) desmontar ♦ **to pull away** *vi* (*vehicle*) alejarse ♦ **to pull down** *vt* (*gen*) bajar; (*building*) derribar ♦ **to pull in** **1** *vt* (*customer*) atraer. **2** *vi* (*train*) entrar en la estación ♦ **to pull off** **1** *vt* (*achieve*) llevar a cabo. **2** *vt* (*remove*) quitar, sacar ♦ **to pull out** **1** *vt* (*gen*) sacar; (*tooth*) arrancar. **2** *vi* (*train*) salir de la estación. **3** *vi* (*withdraw*) retirarse ♦ **to pull through** *vi* reponerse ♦ **to pull up** **1** *vt* (*sock*) subir. **2** *vt* (*plant*) arrancar. **3** *vi* detenerse. • **to pull a face** hacer una mueca; **to pull**

a gun on sb amenazar a algn con una pistola; **to pull oneself together** serenarse; **to pull sb's leg** tomar el pelo a algn; **to pull to pieces** hacer pedazos; **to pull strings** mover hilos; **to pull a fast one on sb** *fam* hacer una mala jugada a algn.

pullover ['pʊləʊvə] *n* jersey *m*.

pulp [pʌlp] **1** *n* (*of fruuit*) pulpa. **2** (*wood*) pasta (*de papel*).

pulpit ['pʊlpɪt] *n* púlpito.

pulsate [pʌl'seɪt] *vi* palpitar, latir.

pulse [pʌls] **1** *n* pulsación *f*. **2** ANAT pulso. **3** BOT legumbre *f*. ‖ **4** *vi* palpitar, latir.

pump [pʌmp] **1** *n* (*for air, liquids*) bomba. **2** (*for petrol*) surtidor *m*. **3** (*shoe*) zapatilla. ‖ **4** *vt* (*drain*) bombear. **5** *fam* (*for information*) sonsacar.

pumpkin ['pʌmpkɪn] *n* calabaza.

pun [pʌn] *n* juego de palabras.

punch [pʌntʃ] **1** *n* (*blow*) puñetazo. **2** (*drink*) ponche *m*. **3** (*tool*) punzón *m*; (*for tickets*) perforadora. **4** (*vigour*) empuje *m*. ‖ **5** *vt* dar un puñetazo a. **6** (*make a hole in*) perforar; (*ticket*) picar.

punch-up ['pʌntʃʌp] *n fam* riña, pelea.

punctuate ['pʌŋktjʊeɪt] *vt* puntuar.

puncture ['pʌŋktʃə] **1** *n* pinchazo. ‖ **2** *vt* pinchar. ‖ **3** *vi* pincharse.

punish ['pʌnɪʃ] *vt* castigar.

puny ['pjuːnɪ] *adj* endeble, canijo,-a.

pup [pʌp] *n* cría, cachorro,-a.

pupil ['pjuːpɪl] **1** *n* (*student*) alumno, -a. **2** ANAT pupila.

puppet ['pʌpɪt] *n* títere *m*, marioneta.

puppy ['pʌpɪ] *n* cachorro,-a.

purchase ['pɜːtʃəs] **1** *n* compra. ‖ **2** *vt* comprar, adquirir.

pure ['pjʊə] *adj* puro,-a.

purely ['pjʊəlɪ] *adv* simplemente.

purge [pɜːdʒ] **1** *n* purga. ‖ **2** *vt* purgar.

Puritan ['pjʊərɪtn] *adj* - *n* puritano,-a.

purity ['pjʊərɪtɪ] *n* pureza.

purple ['pɜːpl] *adj* - *n* púrpura.

purpose ['pɜːpəs] **1** *n* (*intention*) propósito. **2** (*use*) utilidad *f*. • **on purpose** a propósito.

purr [pɜː] **1** *n* ronroneo. ‖ **2** *vi* ronronear.

purse [pɜːs] **1** *n* GB monedero. **2** US bolso.

pursue [pə'sjuː] **1** *vt* (*follow*) perseguir. **2** (*continue with*) proseguir, seguir con.

pursuit [pə'sjuːt] **1** *n* (*chase*) persecución *f*. **2** (*search*) búsqueda. **3** (*occupation*) actividad *f*, pasatiempo.

push [pʊʃ] **1** *n* empujón *m*, empuje *m*. ‖ **2** *vt* - *vi* (*gen*) empujar. ‖ **3** *vt* (*button*) pulsar, apretar. **4** *fam* (*try to sell*) promocionar. **5** *fam* (*person*) presionar. **6** *sl* (*drugs*) vender, pasar. ♦ **to push around** *vt* dar órdenes a ♦ **to push off** *vi fam* largarse ♦ **to push on** *vi* seguir, continuar. • **to give sb the push** (*in relationship*) dejar a algn; (*from job*) poner a algn de patitas en la calle; **to push one's luck** arriesgarse demasiado.

pushchair ['pʊʃtʃeə] *n* cochecito de niño.

pusher ['pʊʃə] *n fam* (*of drugs*) camello.

pushover ['pʊʃəʊvə] *n fam* cosa fácil.

pushy ['pʊʃɪ] *adj fam* insistente.
pussy ['pʊsɪ] *n* minino.
put [pʊt] **1** *vt* poner, colocar. **2** expresar. **3** escribir. **4** SP (*shot*) lanzar. ♦ **to put across. 1** *vt* comunicar ♦ **to put away** *vt* guardar ♦ **to put back** *vt* aplazar, retrasar. ♦ **to put down 1** *vt* dejar. **2** *vt* sofocar. **3** *vt* sacrificar. **4** *vt fam* humillar ♦ **to put down to** *vt* atribuir a ♦ **to put forward 1** *vt* proponer. **2** *vt* adelantar ♦ **to put in 1** *vt* dedicar. **2** *vt* presentar ♦ **to put in for** *vt* solicitar ♦ **to put off 1** *vt* aplazar. **2** *vt* distraer. **3** *vt* desanimar ♦ **to put on 1** *vt* poner. **2** *vt* ganar. **3** *vt* montar ♦ **to put out 1** *vt* apagar. **2** *vt* molestar ♦ **to put over** *vt* comunicar, transmitir ♦ **to put through 1** *vt* conectar. **2** *vt* someter ♦ **to put to** *vt* proponer ♦ **to put together 1** *vt* reunir, juntar. **2** *vt* montar ♦ **to put up 1** *vt* levantar. **2** *vt* alojar. **3** *vt* construir. **4** *vt* colgar. **5** *vt* aumentar ♦ **to put up with** *vt* soportar, aguantar. • **put together** juntos,-as; **to be hard put to do sth** verse apurado,-a para hacer algo; **to put an end to** acabar con; **to put it about that** hacer correr la voz que; **to put one over on sb** engañar a algn; **to put right** arreglar; **to put sb up to sth** incitar a algn a hacer algo; **to put the blame on** echar la culpa a; **to put the clocks back/forward** retrasar/adelantar la hora; **to put to bed** acostar; **to put to death** ejecutar; **to put to sea** zarpar; **to put two and two together** atar cabos; **to put up a fight** ofrecer resistencia; **to put paid to** *fam* acabar con; **to stay put** *fam* quedarse quieto,-a.
putty ['pʌtɪ] *n* masilla.
puzzle ['pʌzl] **1** *n* rompecabezas *m inv*. **2** misterio. ‖ **3** *vt* dejar perplejo, -a. ♦ **to puzzle out** *vt* descifrar, resolver. • **to puzzle about/over sth** dar vueltas a algo (en la cabeza).
puzzled ['pʌzld] *adj* perplejo,-a.
puzzling ['pʌzlɪŋ] *adj* desconcertante.
pygmy ['pɪgmɪ] *adj* - *n* pigmeo,-a.
pylon ['paɪln] *n* torre.
pyramid ['pɪrəmɪd] *n* pirámide *f*.

Q

quack [kwæk] **1** *n* graznido. **2** curandero,-a. ‖ **3** *vi* graznar.
quad [kwɒd] **1** *n* GB patio interior. **2** *fam* cuatrillizo,-a.
quadrangle ['kwɒdræŋgl] *n* patio interior.
quadrant ['kwɒdrənt] *n* cuadrante *m*.
quadruped ['kwɒdrəped] *n* cuadrúpedo.
quadruple ['kwɒdrʊpl] **1** *n* cuádruplo. ‖ **2** *adj* cuádruple. ‖ **3** *vt* cuadruplicar.
quadruplet ['kwɒdrʊplət] *n* cuatrillizo,-a.
quaint [kweɪnt] **1** *adj* pintoresco,-a, típico,-a. **2** singular, original.
quake [kweɪk] **1** *n fam* terremoto. ‖ **2** *vi* temblar.
qualification [kwɒlɪfɪ'keɪʃn] **1** *n* (*for job*) requisito. **2** (*paper*) diploma *m*, título. **3** (*reservation*) salvedad *f*, reserva.
qualified ['kwɒlɪfaɪd] *adj* (*for job*) capacitado,-a.
qualify ['kwɒlɪfaɪ] **1** *vt* capacitar. **2** modificar, matizar. ‖ **3** *vi* reunir las condiciones necesarias. **4** obtener el título. **5** Sp calificarse.
quality ['kwɒlɪtɪ] **1** *n* calidad *f*. **2** (*attribute*) cualidad *f*.
qualm [kwɑːm] *n* duda, inquietud.
quandary ['kwɒndrɪ] *n* dilema *m*.
quantify ['kwɒntɪfaɪ] *vt* cuantificar.
quantity ['kwɒntɪtɪ] *n* cantidad *f*. ■ **quantity surveyor** aparejador,-ra.
quarantine ['kwɒrəntiːn] **1** *n* cuarentena. ‖ **2** *vt* poner en cuarentena.
quarrel ['kwɒrl] **1** *n* riña, pelea. ‖ **2** *vi* reñir, pelear.
quarrelsome ['kwɒrlsəm] *adj* pendenciero,-a.
quarry ['kwɒrɪ] *n* cantera.
quart [kwɔːt] *n* cuarto de galón.
quarter ['kwɔːtə'] **1** *vt* dividir en cuatro. **2** (*reduce*) reducir a la cuarta parte. **3** (*lodge*) alojar. ‖ **4** *n* cuarto. **5** (*area*) barrio. **6** (*three months*) trimestre *m*. ‖ **7 quarters** *npl* alojamiento *m sing*. • **from all quarters** de todas partes; **to give no quarter** no dar cuartel.
quarterly ['kwɔːtəlɪ] **1** *adj* trimestral. ‖ **2** *n* revista trimestral.
quartet [kwɔː'tet] *n* cuarteto.
quartz [kwɔːts] *n* cuarzo.
quash [kwɒʃ] **1** *vt* sofocar. **2** Jur anular.
quaver ['kweɪvə'] **1** *n* (*note*) corchea. **2** (*voice*) trémolo. ‖ **3** *vi* temblar.
quay [kiː] *n* muelle *m*.
queasy ['kwiːzɪ] *adj* mareado,-a.
queen [kwiːn] *n* reina.
queer [kwɪə'] *adj* (*odd*) raro,-a, extraño,-a.
quell [kwel] *vt* reprimir, sofocar.

quench [kwentʃ] **1** *vt* saciar. **2** (*fire*) apagar.
query ['kwɪərɪ] **1** *n* pregunta, duda. || **2** *vt* poner en duda.
quest [kwest] *n* búsqueda.
question ['kwestʃn] **1** *n* pregunta. **2** (*matter*) cuestión *f*. || **3** *vt* interrogar. **4** (*cast doubt on*) cuestionar. • **out of the question** imposible; **to call into question** poner en duda. ▪ **question mark** interrogante *m*.
queue [kjuː] **1** *n* cola. || **2** *vi* hacer cola.
quibble ['kwɪbl] **1** *n* pega. || **2** *vi* poner pegas.
quick [kwɪk] **1** *adj* rápido,-a. **2** (*clever*) espabilado,-a, despierto,-a.
quicken ['kwɪkn] *vt* - *vi* acelerar(se).
quickie ['kwɪkɪ] *n fam* uno,-a rápido,-a.
quick-witted [kwɪk'wɪtɪd] *adj* listo,-a.
quid [kwɪd] *n* (*pl* quid) GB libra.
quiet ['kwaɪət] **1** *adj* (*silent*) callado,-a, silencioso,-a. **2** (*peaceful*) tranquilo,-a. || **3** *n* (*silence*) silencio. **4** (*calm*) tranquilidad *f*, calma. • **on the quiet** a la chita callando.
quieten ['kwaɪətn] **1** *vt* callar. **2** (*calm down*) tranquilizar.
quietness ['kwaɪətnəs] **1** *n* (*silence*) silencio. **2** (*calm*) tranquilidad *f*.
quilt [kwɪlt] **1** *n* colcha, edredón *m*. || **2** *vt* acolchar.
quintet [kwɪn'tet] *n* quinteto.
quip [kwɪp] **1** *n* ocurrencia, chiste *m*. || **2** *vi* bromear.
quirk [kwɜːk] **1** *n* manía. **2** avatar.
quirky ['kwɜːkɪ] *adj* raro,-a.
quit [kwɪt] **1** *vt* dejar, abandonar. **2** (*stop*) dejar de. || **3** *vi* marcharse. • **to call it quits** hacer las paces.
quite [kwaɪt] **1** *adv* (*rather*) bastante. **2** (*totally*) completamente, realmente.
quiver ['kwɪvəʳ] **1** *n* temblor *m*. || **2** *vi* temblar, estremecerse.
quiz [kwɪz] *n* RAD TV concurso.
quotation [kwəʊ'teɪʃn] **1** *n* cita. **2** FIN cotización *f*. **3** COMM presupuesto. ▪ **quotation marks** comillas *fpl*.
quote [kwəʊt] **1** *n* cita. || **2** *vt* citar. **3** COMM dar el precio de. **4** FIN cotizar.
quotient ['kwəʊʃnt] *n* cociente *m*.

R

r [raɪt] *abbr* (right) derecho,-a; (*abbreviation*) dcho,-a.
rabbi ['ræbaɪ] *n* rabí *m,* rabino.
rabbit ['ræbɪt] *n* conejo. • **to rabbit on** no parar de hablar.
rabid ['ræbɪd] **1** *adj* rabioso,-a. **2** *fig* furioso,-a.
rabies ['reɪbiːz] *n* rabia.
raccoon [rə'kuːn] *n* mapache *m.*
race [reɪs] **1** *n* (*people*) raza. **2** Sp carrera. ‖ **3** *vi* correr, competir.
racehorse ['reɪhɔːs] *n* caballo de carreras.
racing ['reɪsɪŋ] *n* carreras *fpl.*
racism ['reɪsɪzm] *n* racismo.
rack [ræk] **1** *n* estante *m.* **2** Auto baca. **3** (*on train*) rejilla. **4** (*for plates*) escurreplatos *m inv.* ‖ **5** *vt* atormentar. • **to rack one's brains** devanarse los sesos.
racket ['rækɪt] **1** *n* Sp raqueta. **2** (*din*) alboroto, ruido. **3** *fam* (*fraud*) timo.
racoon [rə'kuːn] *n* mapache *m.*
racy ['reɪsɪ] *adj* atrevido,-a.
radiate ['reɪdɪeɪt] *vt* - *vi* irradiar.
radical ['rædɪkl] *adj* - *n* radical.
radioactive [reɪdɪəʊ'æktɪv] *adj* radiactivo,-a.
radio-controlled [reɪdɪəʊkɒn'trəʊld] *adj* teledirigido,-a.
radish ['rædɪʃ] *n* rábano.
radium ['reɪdɪəm] *n* radio.
radius ['reɪdɪəs] *n* (*pl* radii ['reɪdɪaɪ]) radio.
RAF ['ɑːr'eɪ'ef] *abbr* GB (Royal Air Force) fuerzas aéreas británicas.
raffle ['ræfl] **1** *n* rifa. ‖ **2** *vt* - *vi* rifar.
raft [rɑːft] *n* balsa.
rag [ræg] **1** *n* harapo, pingajo. **2** trapo. **3** broma pesada.
•**in rags** harapiento,-a, andrajoso,-a.
rage [reɪdʒ] **1** *n* rabia, furor *m,* cólera. ‖ **2** *vi* (*person*) rabiar. **3** (*fire etc*) hacer estragos.
•**to be all the rage** hacer furor; **to fly into a rage** montar en cólera.
ragged ['rægɪd] **1** *adj* (*person*) andrajoso,-a. **2** (*clothes*) deshilachado,-a.
raid [reɪd] **1** *n* Mil incursión *f,* ataque *m.* **2** (*by police*) redada. **3** (*robbery*) atraco. ‖ **4** *vt* (*police*) hacer una redada en. **5** (*rob*) atracar, asaltar.
rail [reɪl] **1** *n* barra. **2** pasamano, barandilla. **3** raíl *m,* carril *m,* riel *m.*
•**to rail against** despotricar contra.
railings ['reɪlɪŋz] *npl* verja *f sing.*
railroad ['reɪlrəʊd] *n* ferrocarril *m.*
railway ['reɪlweɪ] *n* ferrocarril *m.*
rain [reɪn] **1** *n* lluvia. ‖ **2** *vi* llover.
•**in the rain** bajo la lluvia. ▪ **rain forest** selva tropical.
rainbow ['reɪnbəʊ] *n* arco iris.
raincoat ['reɪnkəʊt] *n* impermeable *m.*
rainfall ['reɪnfɔːl] **1** *n* precipitación *f.* **2** (*quantity*) pluviosidad *f.*
rainy ['reɪnɪ] *adj* lluvioso,-a.
raise [reɪz] **1** *vt* (*lift up*) levantar. **2** (*increase*) subir. **3** (*laugh etc*) provocar. **4**

(*children*) criar, educar. **5** (*matter*) plantear. || **6** *n* aumento de sueldo.
raisin ['reɪzn] *n* pasa.
rally ['rælɪ] **1** *n* reunión *f.* **2** POL mitin *m.* || **3** *vi* reponerse. ♦ **to rally round** *vi* prestar su apoyo.
ram [ræm] **1** *n* ZOOL carnero. **2** TECH pisón *m.* || **3** *vt* TECH apisonar. **4** apretar, embutir. **5** chocar contra.
ramble ['ræmbl] **1** *n* excursión *f.* || **2** *vi* ir de excursión. **3** (*digress*) divagar.
rambler ['ræmblə] *n* excursionista *mf.*
rampant ['ræmpənt] *adj* incontrolado,-a.
ranch [ræntʃ] *n* rancho, hacienda.
rancid ['rænsɪd] *adj* rancio,-a.
random ['rændəm] *adj* fortuito,-a.
•**at random** al azar.
randy ['rændɪ] *adj fam* cachondo,-a.
range [reɪndʒ] **1** *n* (*choice*) gama, surtido. **2** (*reach*) alcance *m.* **3** (*of mountains*) cordillera, sierra. || **4** *vi* variar, oscilar: **they range from ... to...** van desde ... hasta ... **5** (*wander*) vagar (**over**, por).
rank [ræŋk] **1** *n* (*line*) fila. **2** MIL (*position*) graduación *f.* || **3** *vi* (*be*) figurar, estar. || **4** *adj* (*plants*) exuberante. **5** (*smelly*) fétido,-a. **6** (*complete*) total.
ranking ['ræŋkɪŋ] *n* clasificación *f*,.
ransack ['rænsæk] **1** *vt* saquear, desvalijar. **2** (*search*) registrar.
ransom ['rænsəm] **1** *n* rescate *m.* || **2** *vt* rescatar. • **to hold to ransom** pedir rescate por.
rap [ræp] **1** *n* golpe *m* seco. **2** MUS rap *m.* || **3** *vi* golpear.
•**to take the rap** pagar el pato.
rape [reɪp] **1** *n* violación *f.* **2** BOT colza. || **3** *vt* violar.
rapid ['ræpɪd] *adj* rápido,-a.
rapist ['reɪpɪst] *n* violador,-ra.
rapport [ræ'pɔː] *n* compenetración *f.*
rapt [ræpt] *adj* absorto,-a.
rare [reə] **1** *adj* (*uncommom*) poco común, raro,-a. **2** (*air*) enrarecido,-a. **3** CULIN poco hecho,-a.
rarely ['reəlɪ] *adv* raras veces.
rascal ['rɑːskl] *n* bribón *m*, pillo.
rash [ræʃ] **1** *adj* imprudente. || **2** *n* MED sarpullido. **3** (*series*) sucesión *f.*
rasher ['ræʃə] *n* (*of bacon*) loncha.
raspberry ['rɑːzbərɪ] *n* frambuesa.
rat [ræt] *n* rata.
rate [reɪt] **1** *vt* considerar. **2** (*fix value*) tasar. || **3** *n* tasa, índice *m.* **4** (*speed*) velocidad *f.* **5** (*price*) tarifa, precio.
•**at any rate** de todos modos; **at the rate of** a razón de; **first rate** de primera categoría.
ratepayer ['reɪtpeɪə] *n* GB contribuyente *mf.*
rather ['rɑːðə] *adv* bastante, algo.
•**I would rather** preferiría; **or rather** o mejor dicho; **rather than** en vez de.
rating ['reɪtɪŋ] **1** *n* valoración *f.* **2** MAR marinero.
ratio ['reɪʃɪəʊ] *n* razón *f*, relación *f.*
ration ['ræʃn] **1** *n* ración *f.* || **2** *vt* racionar.
rattle ['rætl] **1** *n* (*baby's*) sonajero. **2** (*instrument*) carraca, matraca. **3** (*noise*) traqueteo. || **4** *vi* sonar. || **5** *vt* hacer sonar. **6** *fam* poner nervioso,-a. ♦ **to rattle on** *vi* hablar sin parar ♦ **to rattle through** *vt* despachar rápidamente.
rattlesnake ['rætlsneɪk] *n* serpiente *f* de cascabel.
rave [reɪv] **1** *vi* delirar. **2** (*rage*) enfurecerse. **3** *fam* entusiasmarse.

raven ['reɪvn] *n* cuervo.
ravenous ['rævnəs] *adj* voraz.
ravine [rə'viːn] *n* barranco.
ravishing ['rævɪʃɪŋ] *adj* deslumbrante.
raw [rɔː] **1** *adj* crudo,-a. **2** bruto,-a. **3** novato,-a. ▪ **raw material** materia prima.
ray [reɪ] **1** *n* rayo. **2** raya. **3** Mus re.
rayon ['reɪɒn] *n* rayón *m*.
razor ['reɪzə] **1** *n* navaja de afeitar. **2** (*electric*) maquinilla de afeitar.
Rd [rəʊd] *abbr* (Road) calle.
re [riː] **1** *prep* respecto a, con referencia a. ‖ **2** *n* [reɪ] Mus re *m*.
reach [riːtʃ] **1** *n* alcance *m*. ‖ **2** *vt* llegar a. **3** alcanzar. **4** (*contact*) contactar.
• **within reach of** al alcance de.
react [rɪ'ækt] *vi* reaccionar.
reaction [rɪ'ækʃn] *n* reacción *f*.
read [riːd] **1** *vt* (*pt & pp* read [red]) leer. **2** descifrar. **3** interpretar. **4** estudiar, cursar. ‖ **5** *vi* indicar, marcar. **6** decir, poner. ♦ **to read up on** *vt* investigar.
reader ['riːdə] *n* lector,-ra.
readily ['redɪlɪ] **1** *adv* (*easily*) fácilmente. **2** (*willingly*) de buena gana.
reading ['riːdɪŋ] **1** *n* lectura. **2** (*of instrument*) indicación *f*.
ready ['redɪ] **1** *n* preparado,-a, listo,-a. **2** dispuesto,-a. **3** rápido,-a.
ready-made [redɪ'meɪd] *adj* hecho,-a.
real [rɪəl] **1** *adj* verdadero,-a. ‖ **2** *adv fam* muy. ▪ **real estate** bienes *mpl* inmuebles.
realistic [rɪə'lɪstɪk] *adj* realista.
reality [rɪ'ælɪtɪ] *n* realidad *f*.
realization [rɪəlaɪ'zeɪʃn] **1** *n* realización *f*. **2** comprensión *f*.
realize ['rɪəlaɪz] **1** *vi* darse cuenta de. ‖ **2** *vt* realizar.
really ['rɪəlɪ] *adv* realmente.
realm [relm] **1** *n* reino. **2** campo.
reap [riːp] *vt* cosechar.
rear [rɪə] **1** *adj* trasero,-a, último,-a, posterior. ‖ **2** *n* parte *f* de atrás. **3** (*of room*) fondo. **4** *fam* (*of person*) trasero. ‖ **5** *vt* (*raise*) criar. **6** (*lift up*) levantar. ‖ **7 to rear (up)** *vi* encabritarse.
rearrange [riːə'reɪndʒ] **1** *vt* (*objects*) colocar de otra manera. **2** (*event*) cambiar la fecha/hora de.
rear-view ['rɪəvjuː] *adj*. ▪ **rear-view mirror** retrovisor *m*.
reason ['riːzn] **1** *n* razón *f*. ‖ **2** *vi* razonar.
• **it stands to reason** es lógico.
reassurance [riːə'ʃʊərəns] *n* tranquilidad *f*, consuelo.
reassure [riːə'ʃʊə] *vt* tranquilizar.
rebate ['riːbeɪt] *n* Fin devolución *f*.
rebel ['rebl] **1** *adj* - *n* rebelde. ‖ **2** *vi* ([rɪ'bel]) rebelarse.
rebellion [rɪ'belɪən] *n* rebelión *f*.
rebuke [rɪ'bjuːk] **1** *n* reproche *m*, reprimenda. ‖ **2** *vt* reprender.
recall [rɪ'kɔːl] **1** *n* llamada. **2** memoria. ‖ **3** *vt* llamar. **4** retirar. **5** recordar.
receipt [rɪ'siːt] *n* recibo.
receive [rɪ'siːv] *vt* recibir.
receiver [rɪ'siːvə] **1** *n* receptor,-ra. **2** auricular *m*.
reception [rɪ'sepʃn] **1** *n* (*gen*) recepción *f*. **2** (*welcome*) acogida. **3** (*at wedding*) banquete *m*.
recess ['riːses] **1** *n* hueco. **2** descanso. **3** período de vacaciones.
recharge [riː'tʃɑːdʒ] *vt* recargar.
recipe ['resəpɪ] *n* receta.
recipient [rɪ'sɪpɪənt] *n* receptor,-ra.

reciprocate [rɪ'sɪprəkeɪt] **1** *vi* corresponder. ‖ **2** *vt* (*invitation*) devolver.
recite [rɪ'saɪt] *vt* - *vi* recitar.
reckless ['rekləs] **1** *adj* (*hasty*) precipitado,-a. **2** (*careless*) temerario,-a.
reckon ['rekn] **1** *vt* - *vi* (*count*) contar. **2** (*calculate*) calcular. ‖ **3** *vt* (*think*) considerar. ♦ **to reckon on** *vt* contar con ♦ **to reckon with 1** *vt* tener en cuenta. **2** *vt* (*deal with*) vérselas con.
reckoning ['reknɪŋ] *n* cálculos *mpl.*
reclaim [rɪ'kleɪm] **1** *vt* reclamar. **2** ganar. **3** reciclar.
recline [rɪ'klaɪn] *vt* - *vi* reclinar(se).
recognize ['rekəgnaɪz] *vt* reconocer.
recollect [rekə'lekt] *vt* - *vi* recordar.
recommend [rekə'mend] *vt* recomendar.
recompense ['rekmpens] **1** *n* recompensa. ‖ **2** *vt* recompensar.
reconcile ['rekənsaɪl] **1** *vt* (*people*) reconciliar. **2** (*ideas*) conciliar.
•**to reconcile oneself to** resignarse a.
record ['rekɔːd] **1** *n* constancia escrita. **2** historial *m.***3** Mus disco. **4** Sp récord *m*, marca. ‖ **5** *vt* ([rɪ'kɔːd]) hacer constar. **6** anotar. **7** grabar.
• **off the record** confidencialmente.
recorder [rɪ'kɔːdə] *n* Mus flauta dulce.
recording [rɪ'kɔːdɪŋ] *n* grabación *f.*
recount [rɪ'kaʊnt] **1** *vt* contar, relatar. ‖ **2** *n* (['riːkaʊnt]) recuento.
recourse [rɪ'kɔːs] *n* recurso.
• **to have recourse to** recurrir a.
recover [rɪ'kʌvə] *vt* - *vi* recuperar(se).
recovery [rɪ'kʌvərɪ] *n* recuperación *f.*
recreation [rekrɪ'eɪʃn] *n* diversión *f.*
recruit [rɪ'kruːt] **1** *n* recluta *m.* ‖ **2** *vt* reclutar.
rectangle ['rektæŋgl] *n* rectángulo.
rectify ['rektɪfaɪ] *vt* rectificar, corregir.
recuperate [rɪk'uːpəreɪt] *vi* recuperar.
recur [rɪ'kɜː] *vi* repetirse, reproducirse.
recycle [riː'saɪkl] *vt* reciclar.
recycling [riː'saɪklɪŋ] *n* reciclaje *m.*
red [red] **1** *adj* rojo,-a. ‖ **2** *n* rojo. ‖ **3** *adj* (*hair*) pelirrojo,-a. • **to be in the red** estar en números rojos; **to turn red** sonrojarse. ▪ **red corpuscle** glóbulo rojo; **red wine** vino tinto.
reddish ['redɪʃ] *adj* rojizo,-a.
redeem [rɪ'diːm] **1** *vt* rescatar, recuperar. **2** Rel redimir. **3** (*promise*) cumplir.
red-handed [red'hændɪd] *adj* con las manos en la masa, in fraganti.
redhead ['redhed] *n* pelirrojo,-a.
red-hot [red'hɒt] *adj* al rojo vivo.
reduce [rɪ'djuːs] *vt* - *vi* reducir(se).
redundancy [rɪ'dʌndənsɪ] *n* despido.
redundant [rɪ'dʌndənt] **1** *adj* redundante. **2** (*worker*) despedido,-a.
reed [riːd] *n* caña, junco.
reef [riːf] *n* arrecife *m.*
reek [riːk] **1** *n* tufo. ‖ **2** *vi* apestar.
reel [riːl] **1** *n* carrete *m.* **2** bobina. ‖ **3** *vi* (*head*) dar vueltas.
refer [rɪ'fɜː] **1** *vt* remitir, enviar. ‖ **2** *vi* referirse. **3** consultar .
referee [refə'riː] **1** *n* árbitro. **2** garante *m*, avalador,-ra. ‖ **3** *vt* arbitrar.
reference ['refrəns] *n* referencia. ▪ **reference book** libro de consulta.
refill ['riːfɪl] **1** *n* recambio. ‖ **2** *vt* ([riː'fɪl]) rellenar.
refine [rɪ'faɪn] *vt* refinar.
refinery [rɪ'faɪnərɪ] *n* refinería.
reflect [rɪ'flekt] **1** *vt* reflejar. ‖ **2** *vi* (*think*) reflexionar. ♦ **to reflect on** *vt* perjudicar.

reflection [rɪ'flekʃn] **1** *n* (*image*) reflejo. **2** (*thought*) reflexión *f*. **3** (*aspersion*) descrédito.
reflex ['riːfleks] *adj* reflejo,-a.
reform [rɪ'fɔːm] **1** *n* reforma. ‖ **2** *vt* reformar.
refrain [rɪ'freɪn] **1** *n* MUS estribillo. ‖ **2** *vi* abstenerse (from, de).
refresh [rɪ'freʃ] *vt* refrescar.
refrigerate [rɪ'frɪdʒəreɪt] *vt* refrigerar.
refrigerator [rɪ'frɪdʒəreɪtə] *n* nevera.
refuel [riː'fjʊəl] *vt* - *vi* repostar.
refuge ['refjuːdʒ] *n* refugio.
refugee [refjuː'dʒiː] *n* refugiado,-a.
refund ['riːfʌnd] **1** *n* reembolso. ‖ **2** *vt* ([riː'fʌnd]) reembolsar.
refusal [rɪ'fjuːzəl] *n* negativa.
refuse ['refjuːs] **1** *n* basura. ‖ **2** *vt* ([rɪ'fjuːz]) rechazar. ‖ **3** *vi* negarse.
regain [rɪ'geɪn] *vt* recobrar, recuperar.
regard [rɪ'gɑːd] **1** *vt* considerar. ‖ **2** *n* respeto, consideración *f*. ‖ **3 regards** *npl* recuerdos *mpl*.
• **with regard to** con respecto a; **without regard to** sin hacer caso de.
regarding [rɪ'gɑːdɪŋ] *prep* respecto a.
regardless [rɪ'gɑːdləs] **1** *adv* a pesar de todo. ‖ **2 regardless of** *prep* sin tener en cuenta.
regime [reɪ'ʒiːm] *n* régimen *m*.
regiment ['redʒɪmənt] *n* regimiento.
register ['redʒɪstə] **1** *n* registro. ‖ **2** *vi* registrarse; matricularse; inscribirse. ‖ **3** *vt* certificar.
registrar [redʒɪs'trɑː] **1** *n* registrador,-ra. **2** secretario,-a. **3** GB médico,-a.
registration [redʒɪs'treɪʃn] **1** *n* registro. **2** matrícula.
registry ['redʒɪstrɪ] *n* registro. ■ **registry office** registro civil.
regret [rɪ'gret] **1** *n* remordimiento. **2** (*sadness*) pesar *m*. ‖ **3** *vt* lamentar.
regretful [rɪ'gretfʊl] *adj* arrepentido,-a.
regular ['regjʊlə] **1** *adj* regular. **2** (*methodical*) metódico,-a. **3** (*normal*) normal. ‖ **4** *n fam* cliente *mf* habitual.
regulation [regjʊ'leɪʃn] **1** *n* regulación *f*. **2** (*rule*) regla.
rehabilitate [riːhə'bɪlɪteɪt] *vt* rehabilitar.
rehearsal [rɪ'hɜːsl] *n* ensayo.
rehearse [rɪ'hɜːs] *vt* ensayar.
reign [reɪn] **1** *n* reinado. ‖ **2** *vi* reinar.
reimburse [riːɪm'bɜːs] *vt* reembolsar.
rein [reɪn] **1** *n* rienda. ‖ **2 reins** *npl* (*child's*) andadores *mpl*.
reindeer ['reɪndɪə] *n* reno.
reinforce [riːɪn'fɔːs] *vt* reforzar. ■ **reinforced concrete** hormigón *m* armado.
reinstate [riːɪn'steɪt] *vt* (*to job*) readmitir, reincorporar.
reject ['riːdʒekt] **1** *n* desecho. ‖ **2** *vt* ([rɪ'dʒekt]) rechazar, rehusar.
rejoice [rɪ'dʒɔɪs] *vi* alegrarse.
rejuvenate [rɪ'dʒuːvəneɪt] *vt* rejuvenecer.
relapse [rɪ'læps] **1** *n* recaída. **2** reincidencia. ‖ **3** *vi* recaer. **4** reincidir.
relate [rɪ'leɪt] **1** *vt* relatar, contar. **2** relacionar. ‖ **3** *vi* estar relacionado, -a. **4** identificarse, entenderse.
relation [rɪ'leɪʃn] **1** *n* (*connection*) relación *f*. **2** (*family*) pariente,-a.
relationship [rɪ'leɪʃnʃɪp] **1** *n* relación *f*. **2** (*between people*) relaciones *fpl*.
relative ['relətɪv] **1** *adj* relativo,-a. ‖ **2** *n* pariente,-a.
relax [rɪ'læks] *vt* - *vi* relajar(se).

relaxation [riːlæk'seɪʃn] **1** *n* relajación *f*. **2** (*rest*) descanso. **3** (*pastime*) diversión *f*.
release [rɪ'liːs] **1** *n* puesta en libertad. **2** CINEM estreno. ‖ **3** *vt* poner en libertad. **5** CINEM estrenar. **6** (*record*) sacar. **7** (*let go of*) soltar.
relent [rɪ'lent] *vi* ablandarse.
relevant ['reləvənt] *adj* pertinente.
reliable [rɪ'laɪəbl] **1** *adj* fiable, de fiar. **2** fidedigno,-a.**3** seguro,-a.
reliance [rɪ'laɪəns] *n* dependencia.
relic ['relɪk] **1** *n* vestigio. **2** REL reliquia.
relief [rɪ'liːf] **1** *n* alivio. **2** auxilio, socorro. **3** relevo. **4** relieve *m*.
relieve [rɪ'liːv] **1** *vt* aliviar. **2** (*brighten up*) alegrar. **3** (*take over from*) relevar.
relish ['relɪʃ] **1** *n* gusto, deleite *m*. **2** CULIN condimento. ‖ **3** *vt* disfrutar de.
reluctance [rɪ'lʌktəns] *n* reticencia.
reluctant [rɪ'lʌktənt] *adj* reacio,-a.
rely [rɪ'laɪ] *vi* confiar en, contar con.
remain [rɪ'meɪn] **1** *vi* (*stay*) quedarse, permanecer. **2** (*be left*) quedar, sobrar. ‖ **3 remains** *npl* restos *mpl*.
remainder [rɪ'meɪndə] *n* resto.
remaining [rɪ'meɪnɪŋ] *adj* restante.
remark [rɪ'mɑːk] **1** *n* observación *f*, comentario. ‖ **2** *vt* observar, comentar.
remarkable [rɪ'mɑːkəbl] *adj* notable.
remedy ['remədɪ] **1** *n* remedio. ‖ **2** *vt* remediar.
remember [rɪ'membə] **1** *vt* recordar, acordarse de. **2** conmemorar.
• **remember me to ...** recuerdos a ... de mi parte.
remind [rɪ'maɪnd] *vt* recordar.
reminder [rɪ'maɪndə] *n* recordatorio.
reminisce [remɪ'nɪs] *vi* rememorar.
remit [rɪ'mɪt] *vt* remitir.
remnant ['remnənt] **1** *n* resto. **2** retal.
remorse [rɪ'mɔːs] *n* remordimiento.
remote [rɪ'məʊt] *adj* remoto,-a. ■ **remote control** mando a distancia.
removal [rɪ'muːvl] **1** *n* eliminación *f*. **2** mudanza. **3** extracción.
remove [rɪ'muːv] **1** *vt* quitar, eliminar. **2** (*dismiss*) despedir. ‖ **3** *vi* trasladarse.
render ['rendə] **1** *vt* (*give*) dar, prestar. **2** (*make*) hacer, convertir en. **3** (*song*) cantar; (*music*) interpretar.
rendezvous ['rɒndɪvuː] *n* cita.
rendition ['rendɪʃn] *n* interpretación *f*.
renew [rɪ'njuː] **1** *vt* renovar. **2** (*start again*) reanudar.
renewal [rɪ'njuːəl] **1** *n* renovación *f*. **2** (*new start*) reanudación *f*.
renovate ['renəveɪt] *vt* restaurar.
renown [rɪ'naʊn] *n* renombre *m*, fama.
rent [rent] **1** *n* alquiler *m*. arriendo. ‖ **2** *vt* alquilar, arrendar.
rental ['rentl] *n* alquiler *m*.
reopen [riː'əʊpən] *vt* - *vi* reabrir(se).
reorganize [riː'ɔːgənaɪz] *vt* reorganizar.
repair [rɪ'peə] **1** *n* reparación *f*. ‖ **2** *vt* reparar, arreglar.
• **in good repair** en buen estado.
repay [riː'peɪ] *vt* devolver.
repayment [riː'peɪmənt] *n* devolución.
repeal [rɪ'piːl] **1** *n* abrogación *f*, revocación *f*. ‖ **2** *vt* abrogar, revocar.
repeat [rɪ'piːt] **1** *n* repetición *f*. ‖ **2** *vt* repetir.
repel [rɪ'pel] **1** *vt* (*gen*) repeler. **2** (*disgust*) repugnar.

repent [rɪ'pent] *vi* - *vt* arrepentir(se).
repertoire ['repətwɑː] *n* repertorio.
replace [rɪ'pleɪs] **1** *vt* devolver a su sitio. **2** reemplazar, sustituir.
replacement [rɪ'pleɪsmənt] **1** *n* sustitución *f*. **2** (*person*) sustituto, -a. **3** (*part*) pieza de cambio.
replay ['riːpleɪ] **1** *n* repetición *f*. ‖ **2** *vt* ([riː'pleɪ]) repetir.
reply [rɪ'plaɪ] **1** *n* respuesta, contestación *f*. ‖ **2** *vi* responder, contestar.
report [rɪ'pɔːt] **1** *n* informe *m*. **2** (*news*) noticia. **3** RAD TV reportaje *m*. ‖ **4** *vt* informar sobre. **5** (*to authority*) denunciar. ‖ **6** *vi* (*for work*) presentarse.
reporter [rɪ'pɔːtə] *n* reportero,-a.
repose [rɪ'pəʊz] **1** *n* reposo. ‖ **2** *vi* reposar, descansar.
represent [reprɪ'zent] *vt* representar.
representative [reprɪ'zentətɪv] **1** *adj* representativo,-a. ‖ **2** *n* representante *mf*. **3** US POL diputado,-a.
reprieve [rɪ'priːv] **1** *n* indulto. **2** *fig* respiro, tregua. ‖ **3** *vt* indultar.
reprimand ['reprɪmɑːnd] **1** *n* reprimenda, reprensión *f*. ‖ **2** *vt* reprender.
reprisal [rɪ'praɪzl] *n* represalia.
reproach [rɪ'prəʊtʃ] **1** *n* reproche *m*. ‖ **2** *vt* reprochar.
reproduce [riːprə'djuːs] **1** *vt* reproducir. ‖ **2** *vi* reproducirse.
repudiate [rɪ'pjuːdɪeɪt] *vt* rechazar.
repulse [rɪ'pʌls] *vt* rechazar.
reputable ['repjʊtəbl] **1** *adj* acreditado,-a. **2** (*person*) de confianza.
reputation [repjʊ'teɪʃn] *n* reputación *f*.
repute [rɪ'pjuːt] *n* reputación *f*, fama.
request [rɪ'kwest] **1** *n* solicitud *f*, petición *f*. ‖ **2** *vt* pedir, solicitar.
require [rɪ'kwaɪə] **1** *vt* requerir, exigir. **2** (*need*) necesitar.
requirement [rɪ'kwaɪəment] **1** *n* requisito, condición *f*. **2** necesidad *f*.
rescue ['reskjuː] **1** *n* rescate *m*. ‖ **2** *vt* rescatar.
rescuer ['reskjʊə] *n* salvador,-ra.
research [rɪ'sɜːtʃ] **1** *n* investigación *f*. ‖ **2** *vt* - *vi* investigar.
resemblance [rɪ'zembləns] *n* parecido, semejanza.
resemble [rɪ'zembl] *vt* parecerse a.
resent [rɪ'zent] *vt* tomar a mal.
resentment [rɪ'zentmənt] *n* resentimiento, rencor *m*.
reservation [rezə'veɪʃn] *n* reserva.
reserve [rɪ'zɜːv] **1** *n* reserva. ‖ **2** *vt* reservar.
reservoir ['rezəvwɑː] *n* embalse *m*.
reside [rɪ'zaɪd] *vi* residir.
residue ['rezɪdjuː] *n* residuo.
resign [rɪ'zaɪn] *vt* - *vi* dimitir.
• **to resign oneself** resignarse.
resignation [rezɪg'neɪʃn] **1** *n* dimisión *f*. **2** (*acceptance*) resignación *f*.
resist [rɪ'zɪst] **1** *vt* resistir (a). **2** (*fight*) oponer resistencia a.
resistance [rɪ'zɪstəns] *n* resistencia.
resolute ['rezəluːt] *adj* resuelto,-a.
resolution [rezə'luːʃn] *n* resolución *f*.
resolve [rɪ'zɒlv] **1** *n* resolución *f*. ‖ **2** *vt* resolver. ‖ **3** *vi* resolverse.
resort [rɪ'zɔːt] **1** *n* lugar *m* de vacaciones. **2** recurso. ‖ **3** *vi* recurrir.
resource [rɪ'zɔːs] *n* recurso.
resourceful [rɪ'zɔːsfʊl] *adj* ingenioso,-a.
respect [rɪ'spekt] **1** *n* respeto. ‖ **2** *vt* respetar.

respectable [rɪ'spektəbl] **1** *adj* respetable. **2** (*decent*) decente, presentable.
respiratory ['resprətrɪ] *adj* respiratorio,-a.
respite ['respaɪt] *n* respiro, alivio.
respond [rɪ'spɒnd] *vi* responder.
response [rɪ'spɒns] *n* respuesta.
responsible [rɪ'spɒnsəbl] *adj* responsable.
responsive [rɪ'spɒnsɪv] *adj* receptivo,-a.
rest [rest] **1** *n* descanso, reposo. **2** (*peace*) paz *f*. **3 the rest** lo demás, los demás. ‖ **4** *vi* descansar. **5** (*be calm*) quedarse tranquilo,-a. ‖ **6** *vt* (*lean*) apoyar. ♦ **to rest with** *vi* corresponder a.
restless ['restləs] *adj* inquieto,-a.
restoration [restə'reɪʃn] **1** *n* restauración *f*. **2** (*return*) devolución *f*.
restore [rɪ'stɔː] **1** *vt* restaurar. **2** (*return*) devolver. **3** (*order*) restablecer.
restrain [rɪ'streɪn] *vt* contener.
restraint [rɪ'streɪnt] **1** *n* limitación *f*. **2** (*moderation*) moderación *f*.
restrict [rɪ'strɪkt] *vt* restringir.
result [rɪ'zʌlt] **1** *n* resultado. **2** (*consequence*) consecuencia. ‖ **3** *vi* to result from, resultar de. ♦ **to result in** *vt* producir, causar.
resume [rɪ'zjuːm] *vt* - *vi* reanudar(se).
résumé ['rezjuːmeɪ] *n* resumen *m*.
resurrect [rezə'rekt] *vt* resucitar.
resurrection [rezə'rekʃn] *n* resurrección *f*.
resuscitate [rɪ'sʌsɪteɪt] *vt* - *vi* resucitar.
retail ['riːteɪl] **1** *n* venta al por menor. ‖ **2** *vt* vender al por menor.
retain [rɪ'teɪn] **1** *vt* retener, conservar. **2** (*in possession*) guardar.
retaliate [rɪ'tælɪeɪt] *vi* vengarse.
retaliation [rɪtælɪ'eɪʃn] *n* represalias.
retarded [rɪ'tɑːdɪd] *adj* retrasado,-a.
retch [retʃ] *vi* tener arcadas.
reticent ['retɪsnt] *adj* reticente.
retire [rɪ'taɪə] **1** *vi* jubilarse. **2** retirarse. **3** acostarse.
retirement [rɪ'taɪəmənt] *n* jubilación *f*.
retiring [rɪ'taɪərɪŋ] **1** *adj* (*shy*) retraído,-a, tímido,-a. **2** (*from post*) saliente.
retract [rɪ'trækt] **1** *vt* retractarse de. **2** retraer; replegar.
retreat [rɪ'triːt] **1** *n* retirada. **2** (*place*) retiro, refugio. ‖ **3** *vi* retirarse.
retribution [retrɪ'bjuːʃn] *n* justo castigo.
retrieve [rɪ'triːv] *vt* recuperar.
retrospective [retrə'spektɪv] **1** *adj* retrospectivo,-a. **2** (*law*) retroactivo,-a.
return [rɪ'tɜːn] **1** *n* vuelta, regreso, retorno. **2** (*giving back*) devolución *f*. **3** (*profit*) beneficio. ‖ **4** *vi* volver, regresar. ‖ **5** *vt* (*give back*) devolver. **6** POL elegir. **7** (*verdict*) pronunciar. • **in return for** a cambio de. ▪ **return ticket** billete *m* de ida y vuelta.
reunion [riː'juːnɪən] *n* reencuentro.
reunite [riːjuː'naɪt] *vt* reunir.
reveal [rɪ'viːl] *vt* revelar, descubrir.
revel ['revl] *vi* disfrutar mucho.
revelry ['revlrɪ] *n* juerga.
revenge [rɪ'vendʒ] **1** *n* venganza. ‖ **2** *vt* vengar.
• **to revenge oneself** vengarse.
revenue ['revənjuː] *n* renta.
reverberate [rɪ'vɜːbəreɪt] *vt* resonar.
revere [rɪ'vɪə] *vt* reverenciar.
reverend ['revrənd] *adj* reverendo,-a.

reversal [rɪ'vɜːsl] **1** *n* (*in order*) inversión *f*. **2** (*change*) cambio completo.
reverse [rɪ'vɜːs] **1** *adj* inverso,-a. || **2** *n* lo contrario. **3** reverso. **4** AUTO marcha atrás. **5** revés *m*. || **6** *vt* invertir. || **7** *vi* dar marcha atrás.
revert [rɪ'vɜːt] *vi* volver (to, a).
review [rɪ'vjuː] **1** *n* revista. **2** (*examination*) examen *m*. **3** (*of film, book etc*) crítica. || **4** *vt* (*troops*) pasar revista a. **5** (*examine*) examinar. **6** (*film, book etc*) hacer una crítica.
reviewer [rɪ'vjuːə] *n* crítico,-a.
revise [rɪ'vaɪz] **1** *vt* revisar. **2** corregir. **3** modificar. || **4** *vt* - *vi* repasar.
revision [rɪ'vɪʒn] **1** *n* revisión *f*. **2** corrección *f*. **3** modificación *f*. **4** repaso.
revitalize [riː'vaɪtlaɪz] *vt* revivificar.
revival [rɪ'vaɪvl] **1** *n* renacimiento. **2** reactivación *f*. **3** reestreno.
revive [rɪ'vaɪv] **1** *vt* reanimar, reavivar. **2** reactivar. **3** reestrenar.
revoke [rɪ'vəʊk] *vt* revocar.
revolt [rɪ'vəʊlt] **1** *n* revuelta, rebelión *f*. || **2** *vi* sublevarse. || **3** *vt* repugnar.
revolting [rɪ'vəʊltɪŋ] *adj* repugnante.
revolve [rɪ'vɒlv] *vi* girar, dar vueltas.
revolving [rɪ'vɒlvɪŋ] *adj* giratorio,-a.
reward [rɪ'wɔːd] **1** *n* recompensa. || **2** *vt* recompensar.
rewind [riː'waɪnd] *vt* rebobinar.
rhetoric ['retərɪk] *n* retórica.
rheumatism ['ruːmətɪzm] *n* reuma *m*.
rhinoceros [raɪ'nɒsərəs] *n* rinoceronte *m*.
rhyme [raɪm] **1** *n* rima. || **2** *vt* - *vi* rimar.
• **without rhyme or reason** sin ton ni son.
rhythm ['rɪðm] *n* ritmo.
rib [rɪb] *n* costilla.
ribbon ['rɪbn] **1** *n* cinta. **2** (*for hair*) lazo.
rice [raɪs] *n* arroz *m*. ■ **rice field** arrozal *m*.
rich [rɪtʃ] **1** *adj* rico,-a. **2** (*luxurious*) suntuoso,-a. **3** (*fertile*) fértil. **4** (*food*) pesado,-a. **5** (*voice*) sonoro,-a.
rickety ['rɪkətɪ] **1** *adj* desvencijado,-a. **2** (*unsteady*) tambaleante.
ricochet ['rɪkəʃeɪ] **1** *n* rebote *m*. || **2** *vi* rebotar.
rid [rɪd] *vt* (*pt & pp* rid o ridded).
• **to get rid of** deshacerse de.
ride [raɪd] **1** *n* paseo, viaje *m*, vuelta. || **2** *vi* (*pt* rode; pp ridden) montar a caballo. **3** viajar. || **4** *vt* montar. **5** montar en, andar en.
• **to take sb for a ride** tomar el pelo a algn.
rider ['raɪdə] **1** *n* (*on horse*) jinete *m*, amazona. **2** (*on bicycle*) ciclista *mf*. **3** (*on motorcycle*) motorista *mf*.
ridge [rɪdʒ] *n* GEOG cresta.
ridicule ['rɪdɪkjuːl] **1** *n* ridículo. || **2** *vt* ridiculizar, poner en ridículo.
ridiculous [rɪ'dɪkjʊləs] *adj* ridículo,-a.
riding ['raɪdɪŋ] *n* equitación *f*.
rife [raɪf] *adj* abundante.
• **to be rife** abundar.
rift [rɪft] **1** *n* hendedura, grieta. **2** *fig* ruptura, desavenencia.
rig [rɪg] **1** *n* plataforma petrolífera. || **2** *vt* aparejar. **3** *fam* amañar. ♦ **to rig up** *vt* improvisar.
right [raɪt] **1** *adj* derecho,-a. **2** correcto,-a. **3** justo,-a. **4** adecuado,-a. **5** *fam* auténtico,-a. || **6** *adv* a la derecha. **7** bien, correctamente. **8** muy. || **9** *n* derecha. **10** derecho.

• **all right!** ¡bien!, ¡conforme!, ¡vale!; **it serves you** *etc* **right** te *etc* está bien empleado; **right away** enseguida; **right now** ahora mismo; **to be right** tener razón; **to put right** arreglar. ▪ **right and wrong** el bien y el mal; **right angle** ángulo recto.
righteous ['raɪtʃəs] **1** *adj* recto,-a, justo,-a. **2** (*justified*) justificado,-a.
rightful ['raɪtfʊl] *adj* legítimo,-a.
right-hand ['raɪthænd] *adj* derecho,-a.
rightly ['raɪtlɪ] *adv* con razón.
right-wing ['raɪtwɪŋ] *adj* Pol de derechas.
rile [raɪl] *vt fam* irritar.
rim [rɪm] *n* borde *m*, canto.
rind [raɪnd] *n* corteza.
ring [rɪŋ] **1** *n* anillo. **2** anilla, aro. **3** círculo. **4** pista, arena. **5** ring *m*, cuadrilátero. **6** tañido, toque *m*. **7** llamada. ‖ **8** *vi* (*pt* rang; pp rung) (*bell*) sonar. **9** (*ears*) zumbar. ‖ **10** *vt* (*call*) llamar. **11** (*bell*) tocar. **12** (*pt & pp* ringed) (*bird*) anillar. **13** (*encircle*) rodear.
ringing ['rɪŋɪŋ] **1** *n* campaneo, repique *m*. **2** (*in ears*) zumbido.
rinse [rɪns] **1** *vt* aclarar. **2** (*dishes, mouth*) enjuagar.
riot ['raɪət] **1** *n* disturbio. **2** (*in prison*) motín *m*. ‖ **3** *vi* amotinarse.
rioter ['raɪətə] **1** *n* (*in prison*) amotinado,-a. **2** (*in street*) alborotador,-ra.
rip [rɪp] **1** *n* rasgadura. ‖ **2** *vt* - *vi* rasgar. ♦ **to rip off 1** *vi* arrancar. **2** *vt fam* timar.
RIP ['ɑːr'aɪ'piː] *abbr* D.E.P.
ripe [raɪp] *adj* maduro,-a.
ripen ['raɪpn] *vt* - *vi* madurar.
rip-off ['rɪpɒf] *n fam* timo.
ripple ['rɪpl] **1** *n* onda. **2** (*sound*) murmullo. ‖ **3** *vt* rizar. ‖ **4** *vi* murmurar.
rise [raɪz] **1** *n* ascenso. **2** aumento. **3** cuesta. ‖ **4** *vi* (*pt* rose; pp risen ['rɪzən]) ascender. **5** aumentar. **6** ponerse de pie. **7** levantarse. **8** salir. **9** nacer. **10** crecer. **11** elevarse. • **to give rise to** dar origen a.
rising ['raɪzɪŋ] *n* levantamiento.
risk [rɪsk] **1** *n* riesgo, peligro. ‖ **2** *vt* arriesgar.
• **to risk sth** exponerse a algo.
risky ['rɪskɪ] *adj* arriesgado,-a.
rite [raɪt] *n* rito.
rival ['raɪvl] **1** *adj* - *n* competidor, -ra, rival. ‖ **2** *vt* competir con, rivalizar con.
rivalry ['raɪvlrɪ] *n* rivalidad *f*.
river ['rɪvə] *n* río.
river-bed ['rɪvəbed] *n* lecho.
riverside ['rɪvəsaɪd] *n* ribera, orilla.
rivet ['rɪvɪt] **1** *n* remache *m*. ‖ **2** *vt* remachar. **3** *fig* fijar, absorber.
riveting ['rɪvɪtɪŋ] *adj fig* fascinante.
road [rəʊd] **1** *n* carretera. **2** camino. • **in the road** *fam* estorbando. ▪ **road sweeper** barrendero,-a; **road safety** seguridad *f* vial; **road sign** señal *f* de tráfico.
roadblock ['rəʊdblɒk] *n* control *m* policial.
roadway ['rəʊdweɪ] *n* calzada.
roam [rəʊm] *vt* - *vi* vagar.
roar [rɔː] **1** *n* bramido. **2** rugido. **3** griterío. ‖ **4** *vi* rugir, bramar.
roaring ['rɔːrɪŋ] *adj fig* tremendo,-a.
roast [rəʊst] **1** *adj* asado,-a. ‖ **2** *n* asado. ‖ **3** *vt* asar. **4** (*coffee, nuts etc*) tostar. ‖ **5** *vi* asarse.
rob [rɒb] **1** *vt* robar. **2** (*bank*) atracar.
robber ['rɒbə] **1** *n* ladrón,-ona. **2** (*of bank*) atracador,-ra.

robbery ['rɒbərɪ] **1** *n* robo. **2** atraco.
robe [rəʊb] **1** *n* bata. **2** toga.
robin ['rɒbɪn] *n* petirrojo.
rock [rɒk] **1** *n* roca. **2** MUS rock *m*. || **3** *vt* mecer. || **4** *vi* mecerse. || **5** *vt* acunar. **6** sacudir.
• **on the rocks** arruinado,-a; (*drink*) con hielo.
rocket ['rɒkɪt] **1** *n* cohete *m*. || **2** *vi* (*rise*) dispararse.
rocking-chair ['rɒkɪŋtʃeə] *n* mecedora.
rocky ['rɒkɪ] *adj* rocoso,-a.
rod [rɒd] **1** *n* vara. **2** (*thick*) barra.
rodent ['rəʊdnt] *n* roedor *m*.
rogue [rəʊg] *n* pícaro, bribón *m*.
role [rəʊl] *n* papel *m*.
roll [rəʊl] **1** *n* rollo. **2** lista. **3** bollo, panecillo. || **4** *vt* hacer rodar. **5** enroscar. **6** enrollar. **7** allanar. || **8** *vi* rodar. ♦ **to roll out** *vt* (*pastry*) extender ♦ **to roll up 1** *vt - vi* enrollar (se). **2** *vi* (*into a ball*) enroscar(se).
• **to roll up one's sleeves** arremangarse; **to be rolling in it** *fam* estar forrado,-a.
roller ['rəʊlə] **1** *n* rodillo. **2** (*wave*) ola grande. **3** (*for hair*) rulo. ■ **roller coasting** montaña rusa.
roller-skate ['rəʊləskeɪt] *vi* patinar sobre ruedas.
rolling ['rəʊlɪŋ] *adj* ondulante. ■ **rolling pin** rodillo; **rolling stock** material *m* rodante.
romance [rəʊ'mæns] **1** *n* romance *m*. **2** (*novel*) novela romántica. **3** (*quality*) lo romántico. **4** (*affair*) idilio.
Romania [ruː'meɪnɪə] *n* Rumanía.
Romanian [ruː'meɪnɪən] **1** *adj - n* rumano,-a. || **2** *n* (*language*) rumano.
romantic [rəʊ'mæntɪk] *adj* romántico,-a.
romp [rɒmp] *vi* jugar, retozar.
rompers ['rɒmpəz] *npl* pelele *m sing*.
roof [ruːf] **1** *n* tejado; techado. **2** techo.
roof-rack ['ruːfræk] *n* baca.
rook [rʊk] **1** *n* (*bird*) grajo. **2** (*in chess*) torre *f*.
room [ruːm] **1** *n* cuarto, habitación *f*. **2** (*space*) espacio, sitio.
roomy ['ruːmɪ] *adj* espacioso,-a.
roost [ruːst] **1** *n* percha. || **2** *vi* posarse.
root [ruːt] *n* raíz *f*.
rope [rəʊp] **1** *n* cuerda. || **2** *vt* atar. ♦ **to rope in** *vt fam* enganchar.
rosary ['rəʊzərɪ] *n* rosario.
rose [rəʊz] **1** *n* (*flower*) rosa. **2** (*bush*) rosal *m*.
rosé ['rəʊzeɪ] *n* vino rosado.
rosemary ['rəʊzmərɪ] *n* romero.
roster ['rɒstə] *n* lista.
rosy ['rəʊzɪ] **1** *adj* rosado,-a, sonrosado,-a. **2** (*future*) prometedor,-ra.
rot [rɒt] **1** *n* putrefacción *f*. || **2** *vt* pudrir. || **3** *vi* pudrirse.
rotate [rəʊ'teɪt] **1** *vt* hacer girar, dar vueltas a. || **2** *vi* girar. || **3** *vt - vi fig* alternar.
rotten ['rɒtn] **1** *adj* podrido,-a. **2** (*tooth*) picado,-a. **3** *fam* malísimo,-a.
rotter ['rɒtə] *n fam* sinvergüenza *mf*.
rough [rʌf] **1** *adj* áspero,-a, basto,-a. **2** (*road*) lleno,-a de baches. **3** (*edge*) desigual. **4** (*terrain*) escabroso,-a. **5** (*sea*) agitado,-a. **6** (*weather*) tempestuoso,-a. **7** (*wine*) áspero,-a. **8** (*rude*) rudo,-a. **9** (*violent*) violento,-a. **10** (*approximate*) aproximado,-a. **11** *fam* (*bad*) fatal. ■ **rough copy** borrador *m*; **rough sea** marejada; **rough version** borrador *m*.

roughen ['rʌfn] *vt* poner áspero,-a.
roughness ['rʌfnəs] **1** *n* aspereza. **2** (*violence*) violencia.
round [raʊnd] **1** *adj* redondo,-a. ‖ **2** *n* círculo. **3** serie *f*, tanda. **4** ronda; asalto. **5** ronda. **6** disparo. ‖ **7** *adv* por ahí. ‖ **9** *prep* alrededor de. ♦ **to round off** *vt* completar, acabar ♦ **to round up 1** *vt* redondear. **2** *vt* acorralar. **3** *vt* reunir.
• **all the year round** durante todo el año; **round the clock** día y noche; **round the corner** a la vuelta de la esquina; **the other way round** al revés; **to go round** dar vueltas.
roundabout ['raʊndəbaʊt] **1** *adj* indirecto,-a. ‖ **2** *n* tiovivo. **3** AUTO rotonda.
round-up ['raʊndʌp] **1** *n* rodeo. **2** redada. **3** resumen *m*.
rouse [raʊz] **1** *vt* despertar. ‖ **2** *vi* despertarse. ‖ **3** *vt* (*provoke*) provocar.
rousing ['raʊzɪŋ] **1** *adj* apasionante. **2** (*moving*) conmovedor,-ra.
rout [raʊt] **1** *n* derrota. ‖ **2** *vt* derrotar.
route [ruːt] **1** *n* ruta, camino, vía. **2** (*of bus*) línea, trayecto.
routine [ruː'tiːn] *n* rutina.
rove [rəʊv] *vi* vagar, errar.
row [raʊ] **1** *n* riña, pelea. **2** (*noise*) jaleo, ruido. **3** ([rəʊ]) (*line*) fila, hilera. ‖ **4** *vi* ([raʊ]) pelearse. **5** ([rəʊ]) (*in a boat*) remar.
rowdy ['raʊdɪ] **1** *adj* alborotador, -ra. **2** (*noisy*) ruidoso,-a.
rowing ['rəʊɪŋ] *n* remo.
royal ['rɔɪəl] *adj* real.
royalist ['rɔɪəlɪst] *adj* - *n* monárquico,-a.
royalty ['rɔɪəltɪ] **1** *n* realeza. ‖ **2 royalties** *npl* derechos *mpl* (de autor).
RSVP ['ɑːr'es'viː'piː] *abbr* S. R. C.
rub [rʌb] **1** *n* friega. ‖ **2** *vt* frotar; (*hard*) restregar. ‖ **3** *vi* rozar. ♦ **to rub out** *vt* borrar.
• **to rub it in** *fam* restregarlo por las narices a algn.
rubber ['rʌbə] **1** *n* caucho, goma. **2** goma de borrar. ▪ **rubber band** goma elástica.
rubbish ['rʌbɪʃ] **1** *n* (*refuse*) basura. **2** *fam* (*thing*) birria. **3** (*nonsense*) tonterías *fpl*.
rubble ['rʌbl] *n* escombros *mpl*.
ruby ['ruːbɪ] *n* rubí *m*.
rucksack ['rʌksæk] *n* mochila.
ructions ['rʌkʃnz] *npl fam* follón *m sing*.
rudder ['rʌdə] *n* timón *m*.
ruddy ['rʌdɪ] **1** *adj* colorado,-a. **2** GB *fam* maldito,-a.
rude [ruːd] **1** *adj* maleducado,-a, descortés. **2** (*simple*) rudo,-a, tosco, -a. **3** (*improper*) grosero,-a.
rudeness ['ruːdnəs] **1** *n* falta de educación *f*. **2** (*simplicity*) rudeza, tosquedad *f*. **3** (*impropriety*) grosería.
ruffle ['rʌfl] **1** *n* chorrera. **2** volante *m*. ‖ **3** *vt* agitar. **4** erizar. **5** despeinar. **6** irritar.
rug [rʌg] *n* alfombra, alfombrilla.
rugged ['rʌgɪd] *adj* escabroso,-a.
ruin [ruːɪn] **1** *n* ruina. ‖ **2** *vt* arruinar. **3** (*spoil*) estropear.
ruined ['ruːɪnd] **1** *adj* arruinado,-a. **2** estropeado,-a. **3** en ruinas.
rule [ruːl] **1** *n* regla, norma. **2** dominio. **3** reinado. **4** regla. ‖ **5** *vt* - *vi* gobernar, mandar. **6** reinar. **7** decretar. ♦ **to rule out** *vt* excluir, descartar.

• as a rule por regla general.
ruler ['ruːlə] **1** *n* gobernante *mf*, dirigente *mf*. **2** soberano,-a. **3** regla.
rum [rʌm] *n* ron *m*.
rumble ['rʌmbl] **1** *n* retumbo, ruido sordo. **2** borborigmo. || **3** *vi* retumbar. **4** hacer ruidos.
ruminate ['ruːmɪneɪt] *vt* - *vi* rumiar.
rump [rʌmp] **1** *n* ancas. **2** trasero.
rumple ['rʌmpl] **1** *vt* arrugar. **2** (*hair*) despeinar.
rumpus ['rʌmpəs] *n fam* jaleo.
run [rʌn] **1** *vi* (*pt* ran; pp run) (*gen*) correr. **2** (*flow*) discurrir. **3** (*drip*) gotear. **4** (*operate*) funcionar. **5** (*last*) durar. **6** (*bus, train*) circular. **7** (*colour*) desteñirse. || **8** *vt* (*race*) correr en. **9** (*take by car*) llevar. **10** (*manage*) dirigir, regentar. **11** (*organize*) montar. **12** (*operate*) hacer funcionar. **13** COMPUT (*macro, program*) pasar. || **14** *n* carrera. **15** (*trip*) viaje *m*; (*for pleasure*) paseo. **16** (*sequence*) racha. **17** (*ski run*) pista. **18** (*in stocking*) carrera. **♦ to run after** *vt* perseguir **♦ to run along** *vi* irse **♦ to run away** *vi* escaparse **♦ to run down 1** *vt* (*knock down*) atropellar. **2** *vt* (*criticize*) criticar. **3** *vt* (*battery*) agotar **♦ to run in 1** *vt* (*car*) rodar. **2** *vt* (*criminal*) detener **♦ to run into 1** *vt* (*car*) chocar con. **2** *vt* (*meet*) tropezar con **♦ to run off 1** *vi* (*escape*) escaparse. **2** *vt* (*print*) imprimir **♦ to run out** *vi* acabarse: **I've run out of sugar** se me ha acabado el azúcar **♦ to run over 1** *vt* (*knock down*) atropellar. **2** *vi* (*overflow*) rebosar. **3** *vi* (*spill*) derramar **♦ to run through 1** *vt* ensayar. **2** *vt* (*read*) echar un vistazo a **♦ to run up 1** *vt* (*debts*) acumular. **2** *vt* (*flag*) izar.
• in the long run a la larga.
rung [rʌŋ] *n* escalón *m*.
runner ['rʌnə] *n* corredor,-ra.
runner-up [rʌnər'ʌp] *n* (*pl* runners-up) subcampeón,-ona.
running ['rʌnɪŋ] **1** *n* atletismo. || **2** *adj* corriente. **3** (*continuous*) continuo,-a. || **4** *adv* seguido,-a.
• in the running con posibilidades de ganar. **▪ running costs** gastos *mpl* de mantenimiento.
runny ['rʌnɪ] **1** *adj* blando,-a, líquido,-a. **2** (*nose*) que moquea.
runway ['rʌnweɪ] *n* pista de aterrizaje.
rupture ['rʌptʃə] **1** *n* hernia. **2** *fig* ruptura. || **3** *vt* romper.
• to rupture oneself herniarse.
rush [rʌʃ] **1** *n* prisa, precipitación *f*. **2** (*movement*) avance *m* impetuoso. **3** BOT junco. || **4** *vt* precipitar. || **5** *vi* apresurarse. || **6** *vt* (*job etc*) hacer de prisa. **7** *fam* cobrar. **▪ rush hour** hora punta.
rusk [rʌsk] *n* galleta.
rust [rʌst] **1** *n* óxido. || **2** *vt* - *vi* oxidar(se).
rustic ['rʌstɪk] *adj* rústico,-a.
rustle ['rʌsl] **1** *n* crujido. || **2** *vt* hacer crujir. || **3** *vi* robar ganado. **4** crujir.
rustler ['rʌslə] *n* cuatrero,-a.
rusty ['rʌstɪ] *adj* oxidado,-a.
rut [rʌt] **1** *n* surco. **2** ZOOL celo.
• in a rut esclavo,-a de la rutina.
ruthless ['ruːθləs] *adj* cruel.
rye [raɪ] *n* centeno.

S

sack [sæk] **1** *n* saco. || **2** *vt* MIL saquear. **3** *fam* despedir a, echar del trabajo a.
• **to get the sack** *fam* ser despedido,-a; **to hit the sack** *fam* irse al catre.

sacred ['seɪkrəd] *adj* sagrado,-a.

sacrifice ['sækrɪfaɪs] **1** *n* sacrificio. **2** (*offering*) ofrenda. || **3** *vt* sacrificar.

sad [sæd] *adj* triste.

saddle ['sædl] **1** *n* silla *(de montar)*. **2** sillín *m*. || **3** *vt* ensillar.

sadness ['sædnəs] *n* tristeza.

safe [seɪf] **1** *adj* ileso,-a. **2** a salvo. **3** inocuo,-a. **4** seguro,-a. || **5** *n* caja fuerte. • **safe and sound** sano,-a y salvo,-a; **safe from** a salvo de; **to be on the safe side** para mayor seguridad.

safeguard ['seɪfgɑːd] **1** *n* salvaguarda. || **2** *vt* salvaguardar.

safely ['seɪflɪ] **1** *adv* con toda seguridad. **2** sin contratiempos. **3** sin peligro, con seguridad.

safety ['seɪftɪ] *n* seguridad *f*. ▪ **safety drill** instrucciones *fpl* de seguridad; **safety pin** imperdible *m*.

saffron ['sæfrən] *n* azafrán *m*.

sag [sæg] **1** *vi* (*roof*) hundirse. **2** *fig* flaquear, decaer.

Sagittarius [sædʒɪ'teərɪəs] *n* sagitario.

sail [seɪl] **1** *n* (*canvas*) vela. || **2** *vt* navegar. || **3** *vi* ir en barco. **4** (*leave*) zarpar.
• **to set sail** zarpar; **to sail through sth** *fig* encontrar algo muy fácil.

sailing ['seɪlɪŋ] *n* (*gen*) navegación.

sailor ['seɪlə] *n* marinero.

saint [seɪnt] *n* san *m*, santo,-a.

sake [seɪk] *n* bien *m*.
• **for old times' sake** por los viejos tiempos; **for the sake of** por, por el bien de; **for God's/goodness'/Heaven's sake!** ¡por el amor de Dios!

salad ['sæləd] *n* ensalada.

salary ['sælərɪ] *n* salario, sueldo.

sale [seɪl] **1** *n* (*gen*) venta. **2** liquidación *f*, rebajas *fpl*. **3** subasta.
• **for sale** en venta; **on sale** rebajado,-a, en liquidación.

salesclerk ['seɪlzklɑːk] *n* dependiente,-a.

salesman ['seɪlzmən] **1** *n* vendedor. **2** dependiente. **3** representante.

saleswoman ['seɪlzwʊmən] **1** *n* vendedora. **2** dependienta. **3** representante *f*.

salt [sɔːlt] **1** *n* sal *f*. || **2** *adj* salado,-a. || **3** *vt* (*cure*) curar. **4** (*put salt on*) salar.
• **the salt of the earth** *fig* la sal de la tierra. ▪ **salt beef** cecina; **salt pork** tocino.

salty ['sɔːltɪ] *adj* salado,-a.

salute [sə'luːt] **1** *n* saludo. || **2** *vt* - *vi* saludar.

salvage ['sælvɪdʒ] **1** *n* (*rescue*) salvamento, rescate *m*. **2** (*property*)

objetos *mpl* recuperados. ‖ **3** *vt* salvar, rescatar.
same [seɪm] **1** *adj* mismo,-a. ‖ **2 the same** *pron* lo mismo. ‖ **3** *adv* igual, del mismo modo. • **all the same** a pesar de todo; **at the same time** a la vez, al mismo tiempo; **same here** *fam* yo también; **the same to you!** *fam* ¡igualmente!
sample ['sɑːmpl] **1** *n* muestra. ‖ **2** *vt* (*gen*) probar; (*wine*) catar.
sanction ['sæŋkʃn] **1** *n* sanción *f*. ‖ **2** *vt* sancionar.
sanctuary ['sæŋktjʊərɪ] **1** *n* (*holy place*) santuario. **2** (*asylum*) asilo. **3** (*for animals*) reserva.
sand [sænd] *n* arena.
sandal ['sændl] *n* sandalia.
sandpaper ['sændpeɪpə] **1** *n* papel *m* de lija. ‖ **2** *vt* lijar.
sandstone ['sændstəʊn] *n* arenisca.
sandwich ['sænwɪdʒ] **1** *n* sándwich *m*, bocadillo. ‖ **2** *vt* meter, encajonar.
sandy ['sændɪ] **1** *adj* (*beach*) arenoso,-a. **2** (*hair*) rubio rojizo.
sane [seɪn] **1** *adj* (*not mad*) cuerdo, -a. **2** (*sensible*) sensato,-a.
sanitary ['sænɪtərɪ] **1** *adj* (*concerned with health*) sanitario,-a, de sanidad. **2** (*clean*) higiénico,-a. ■ **sanitary towel** compresa.
sanitation [sænɪ'teɪʃn] *n* sanidad *f* pública.
sanity ['sænɪtɪ] **1** *n* (*mental health*) cordura, juicio. **2** (*sense*) sensatez *f*.
sap [sæp] **1** *n* savia. ‖ **2** *vt fig* minar, debilitar.
sapphire ['sæfaɪə] *n* zafiro.
sarcasm ['sɑːkæzm] *n* sarcasmo.
sarcastic [sɑː'kæstɪk] *adj* sarcástico,-a.
sardine [sɑː'diːn] *n* sardina.
sash [sæʃ] **1** *n* faja. **2** marco.
Sat ['sætədɪ] *abbr* (Saturday) sáb.
satchel ['sætʃl] *n* cartera *(de colegial)*.
satellite ['sætəlaɪt] *n* satélite *m*. ■ **satellite dish** antena parabólica.
satin ['sætɪn] *n* satén *m*, raso.
satire ['sætaɪə] *n* sátira.
satirical [sə'tɪrɪkl] *adj* satírico,-a.
satisfy ['sætɪsfaɪ] **1** *vt* satisfacer. **2** cumplir. **3** convencer.
saturate ['sætʃəreɪt] **1** *vt* (*fill*) saturar. **2** (*soak*) empapar.
Saturday ['sætədɪ] *n* sábado.
sauce [sɔːs] **1** *n* CULIN salsa. **2** *fam* (*cheek*) frescura, descaro. ■ **sauce boat** salsera.
saucepan ['sɔːspən] **1** *n* cazo, cacerola. **2** (*large*) olla.
saucer ['sɔːsə] *n* platillo.
saunter ['sɔːntə] *vi* pasearse.
sausage ['sɒsɪdʒ] **1** *n* (*uncooked*) salchicha. **2** (*cooked*) embutido.
savage ['sævɪdʒ] **1** *adj* (*fierce*) feroz. **2** (*cruel*) salvaje, cruel. ‖ **3** *n* salvaje *mf*. ‖ **4** *vt* embestir.
save [seɪv] **1** *vt* salvar. **2** guardar. **3** ahorrar, ahorrarse. ‖ **4** *prep fml* salvo.
saving ['seɪvɪŋ] **1** *n* ahorro, economía. ‖ **2 savings** *npl* ahorros *mpl*. ■ **savings bank** caja de ahorros.
saviour ['seɪvɪə] *n* salvador,-ra.
savour ['seɪvə] *n* sabor *m*.
savoury ['seɪvrɪ] **1** *adj* salado,-a. ‖ **2** *n* canapé *m*, entremés *m*.
saw [sɔː] **1** *n* (*tool*) sierra. ‖ **2** *vt* - *vi* (*pp* sawed o sawn [sɔːn]) serrar.
sawdust ['sɔːdʌst] *n* serrín *m*.
saxophone ['sæksəfəʊn] *n* saxofón *m*.

say [seɪ] **1** *vt* (*pt & pp* said) decir. **2** (*clock, meter*) marcar. **3** (*suppose*) poner, suponer. ‖ **4** *n* opinión *f*. • **it is said that ...** se dice que ...; **that is to say** es decir; **to have one's say** dar su opinión; **to say the least** como mínimo; **you don't say!** *fam* ¡no me digas!

saying ['seɪɪŋ] *n* dicho, decir *m*.

scab [skæb] *n* costra, postilla.

scaffold ['skæfəʊld] *n* andamio.

scald [skɔːld] **1** *n* escaldadura. ‖ **2** *vt* (*burn*) escaldar. **3** (*liquid*) calentar.

scale [skeɪl] **1** *n* (*gen*) escala. **2** (*of fish etc*) escama. ‖ **3** *vt* (*climb up*) escalar. **4** (*fish*) escamar. ‖ **5 scales** *npl* balanza; báscula. ♦ **to scale down** *vt* reducir ♦ **to scale up** *vt* ampliar. • **on a large/small scale** a gran/pequeña escala. ■ **scale drawing** dibujo a escala; **scale model** maqueta.

scalp [skælp] *n* cuero cabelludo.

scalpel ['skælpl] *n* bisturí *m*.

scan [skæn] **1** *vt* escrutar. **2** echar un vistazo a, examinar. ‖ **3** *n* ecografía.

scandal ['skændl] **1** *n* (*event*) escándalo. **2** (*gossip*) chismes *mpl*.

Scandinavia [skændɪ'neɪvɪə] *n* Escandinavia.

scant [skænt] *adj* escaso,-a.

scar [skɑː] **1** *n* (*physical*) cicatriz *f*. **2** *fig* marca, huella. ‖ **3** *vt* dejar cicatriz en.

scarce [skeəs] *adj* escaso,-a. • **to be scarce** escasear.

scarcely ['skeəslɪ] *adv* apenas.

scarcity ['skeəsɪtɪ] *n* escasez *f*.

scare [skeə] **1** *n* (*fright*) susto. **2** (*widespread*) alarma, pánico. ‖ **3** *vt* asustar, espantar. ‖ **4** *vi* asustarse, espantarse.

scarf [skɑːf] **1** *n* (*pl* scarfs o **scarves** [skɑːvz]) (*square*) pañuelo. **2** (*long, woollen*) bufanda.

scarlet ['skɑːlət] *adj* - *n* escarlata. ■ **scarlet fever** escarlatina.

scary ['skeərɪ] *adj* (*film, story*) de miedo.

scatter ['skætə] **1** *vt* - *vi* (*disperse*) dispersar(se). **2** (*spread*) esparcir(se).

scavenge ['skævɪndʒ] **1** *vi* hurgar, escarbar. ‖ **2** *vt* buscar en la basura.

scenario [sɪ'nɑːrɪəʊ] **1** *n* guión *m*. **2** posible situación *f*.

scene [siːn] **1** *n* (*gen*) escena. **2** (*place*) escenario. **3** (*view*) vista, panorama *m*. • **behind the scenes** entre bastidores; **the scene of the crime** el lugar del crimen; **to make a scene** armar un escándalo.

scenery ['siːnərɪ] **1** *n* paisaje *m*. **2** THEAT decorado.

scent [sent] **1** *n* olor *m*. **2** perfume *m*. **3** pista, rastro. ‖ **4** *vt* olfatear; presentir. **5** perfumar.

schedule ['ʃedjuːl, 'skedjuːl] **1** *n* programa *m*. **2** lista. **3** US horario. ‖ **4** *vt* programar, fijar. • **on schedule** a la hora prevista; **ahead of schedule** adelantado,-a; **behind schedule** retrasado,-a.

scheme [skiːm] **1** *n* (*plan*) plan *m*, programa *m*. **2** (*plot*) intriga; (*trick*) ardid *m*. ‖ **3** *vi* conspirar, tramar.

scholar ['skɒlə] **1** *n* erudito,-a. **2** becario,-a.

scholarship ['skɒləʃɪp] **1** *n* (*grant*) beca. **2** (*learning*) erudición *f*.

school [skuːl] **1** *n* (*gen*) escuela. **2** (*of university*) facultad *f*. **3** (*of fish*) banco. ‖ **4** *vt* (*teach*) enseñar, instruir.

schoolchild ['sku:ltʃaɪld] *n* (*pl* schoolchildren ['sku:ltʃɪldrən]) alumno,-a.
schooling ['sku:lɪŋ] *n* estudios *mpl*.
schoolmaster ['sku:lmɑ:stə] **1** *n* profesor *m*. **2** maestro.
schoolmistress ['sku:lmɪstrəs] **1** *n* profesora. **2** maestra.
science ['saɪəns] *n* ciencia.
scientific [saɪən'tɪfɪk] *adj* científico,-a.
scientist ['saɪəntɪst] *n* científico,-a.
scissors ['sɪzəz] *npl* tijeras *fpl*.
scoff [skɒf] **1** *vi* mofarse, burlarse. **2** *fam* zamparse.
scold [skəʊld] *vt* reñir, regañar.
scoop [sku:p] **1** *n* (*for sugar etc*) pala; (*for ice-cream*) cucharón *m*. **2** (*amount - of suggar etc*) cucharada; (*- of ice-cream*) bola. **3** (*exclusive*) exclusiva.
scope [skəʊp] **1** *n* (*range*) alcance *m*; (*of undertaking*) ámbito. **2** (*room*) posibilidades *fpl*.
scorch [skɔ:tʃ] *vt* chamuscar.
score [skɔ:] **1** *n* SP puntuación *f*. **2** resultado. **3** MUS partitura. ‖ **4** *vt - vi* SP marcar. ‖ *vt* lograr, conseguir. • **on that score** a ese respecto; **to keep the score** seguir el marcador.
scorn [skɔ:n] **1** *n* desdén *m*, desprecio. ‖ **2** *vt* desdeñar, despreciar.
Scorpio ['skɔ:pɪəʊ] *n* escorpión *m*.
scorpion ['skɔ:pɪən] *n* escorpión *m*.
Scot [skɒt] *n* escocés,-esa.
Scotland ['skɒtlənd] *n* Escocia.
Scottish ['skɒtɪʃ] **1** *adj* escocés, -esa. ‖ **2 the Scottish** *npl* los escoceses *mpl*.
scoundrel ['skaʊndrəl] *n* canalla *m*.
scout [skaʊt] *n* explorador,-ra.
scowl [skaʊl] *vi* fruncir el ceño.
scramble ['skræmbl] **1** *n* subida. **2** lucha. ‖ **3** *vi* trepar. **4** pelearse. ‖ **5** *vt* revolver, mezclar. ▪ **scrambled eggs** huevos *mpl* revueltos.
scrap [skræp] **1** *vt* desechar. ‖ **2** *n* trozo, pedazo. ‖ **3 scraps** *npl* restos *mpl*; (*of food*) sobras *fpl*. ▪ **scrap metal** chatarra; **scrap paper** papel *m* borrador.
scrape [skreɪp] **1** *n* (*act*) raspado. **2** (*predicament*) lío, apuro. ‖ **3** *vt* (*paint*) raspar. **4** (*skin*) hacerse un rasguño en. ♦ **to scrape along** *vi* ir tirando ♦ **to scrape through** *vt* (*exam*) aprobar por los pelos.
scratch [skrætʃ] **1** *n* arañazo; raya. ‖ **2** *vt* arañar, rasguñar; rayar. **3** rascar. • **to be up to scratch** dar la talla; **to start from scratch** partir de cero.
scream [skri:m] **1** *n* grito, chillido. ‖ **2** *vt - vi* gritar. • **it was a scream** *fam* fue la monda.
screech [skri:tʃ] **1** *n* chillido. **2** chirrido. ‖ **3** *vi* chillar. **4** chirriar.
screen [skri:n] **1** *n* biombo. **2** pantalla. **3** *fig* cortina. ‖ **4** *vt* proteger. **5** ocultar. **6** examinar. **7** proyectar.
screw [skru:] **1** *n* (*for fastening*) tornillo. **2** (*propeller*) hélice *f*. ‖ **3** *vt* atornillar. ‖ **4** *vt - vi vulg* (*have sex with*) joder. ♦ **to screw up 1** *vt* (*face*) hacer una mueca. **2** *vt sl* (*ruin*) jorobar. • **to screw money out of sb** *fam* sacarle dinero a algn.
screwdriver ['skru:draɪvə] *n* destornillador *m*.
scribble ['skrɪbl] **1** *n* garabatos *mpl*. ‖ **2** *vt - vi* garabatear.
script [skrɪpt] **1** *n* (*writing*) escritura. **2** (*handwriting*) letra. **3** CINEM guión *m*.

scrounge [skraʊndʒ] **1** *vi* gorrear, vivir de gorra. ‖ **2** *vt* gorrear (from, de/a). • **to scrounge off sb** vivir a costa de algn.
scrub [skrʌb] **1** *n* (*undergrowth*) maleza. **2** (*cleaning*) fregado. ‖ **3** *vt* (*gen*) fregar.
scruff [skrʌf] *n* cogote *m*.
scruffy ['skrʌfɪ] *adj* desaliñado,-a.
scruple ['skru:pl] *n* escrúpulo.
scrutinize ['skru:tɪnaɪz] *vt* escudriñar, examinar a fondo.
sculpture ['skʌlptʃə] *n* escultura.
scum [skʌm] **1** *n* espuma. **2** *fig* escoria.
scurry ['skʌrɪ] *vi* correr. ♦ **to scurry away/off** *vi* escabullirse.
sea [si:] *n* mar *m* & *f*. • **at sea** (*sailing*) en el mar; (*disoriented*) desorientado, -a; **by the sea** a orillas del mar.
seafood ['si:fu:d] *n* marisco.
seagull ['si:gʌl] *n* gaviota.
seal [si:l] **1** *n* ZOOL foca. **2** (*stamp*) sello. ‖ **3** *vt* (*envelope*) sellar; (*bottle*) tapar. ♦ **to seal off 1** *vt* (*close*) cerrar. **2** *vt* (*block*) cerrar el acceso a. ■ **seal of approval** visto bueno.
seam [si:m] **1** *n* (*stitching*) costura. **2** TECH juntura, junta. **3** MED sutura. **4** (*of mineral*) veta.
seamstress ['semstrəs] *n* costurera.
search [sɜ:tʃ] **1** *n* búsqueda. **2** registro. ‖ **3** *vi* buscar. ‖ **4** *vt* registrar; cachear. • **in search of** en busca de. ■ **search engine** motor *m* de búsqueda; **search party** equipo de rescate; **search warrant** orden *f* de registro.
searchlight ['sɜ:tʃlaɪt] *n* reflector.
seasick ['si:sɪk] *adj* mareado,-a.
seaside ['si:saɪd] *n* playa, costa.
season ['si:zn] **1** *n* estación *f*. **2** época. **3** temporada. ‖ **4** *vt* sazonar. • **in season** (*fruit*) en sazón; (*animal*) en celo; (*tourism*) en temporada alta. ■ **season ticket** abono.
seat [si:t] **1** *n* asiento. **2** localidad *f*. **3** sillín *m*. **4** sede *f*, centro. **5** escaño. • **to take a seat** tomar asiento. ■ **seat belt** cinturón *m* de seguridad.
secluded [sɪ'klu:dɪd] *adj* apartado,-a.
second ['seknd] **1** *adj* segundo,-a. ‖ **2** *n* (*time*) segundo. ‖ **3** *adv* segundo, en segundo lugar. ‖ **4** *vt* (*support*) apoyar, secundar. **5** ([sɪ'kɒnd]) GB (*transfer*) trasladar temporalmente. • **to have second thoughts about sth** dudar de algo. ■ **second hand** (*of watch*) segundero.
secondary ['sekəndərɪ] *adj* secundario,-a.
secondly ['sekndlɪ] *adv* en segundo lugar.
secrecy ['si:krəsɪ] *n* secreto.
secret ['si:krət] **1** *adj* secreto,-a. ‖ **2** *n* secreto.
secretary ['sekrətrɪ] *n* secretario,-a.
secrete [sɪ'kri:t] *vt* secretar, segregar.
secretly ['si:krətlɪ] *adv* en secreto.
sect [sekt] *n* secta.
section ['sekʃn] **1** *n* (*gen*) sección *f*. ‖ **2** *vt* cortar, seccionar.
secular ['sekjʊlə] *adj* laico,-a.
secure [sɪ'kjʊə] **1** *adj* seguro,-a. ‖ **2** *vt* sujetar, fijar; asegurar. **3** proteger. **4** obtener, conseguir.
security [sɪ'kjʊərɪtɪ] **1** *n* (*safety*) seguridad *f*. **2** (*property*) fianza, aval *m*. ‖ **3 securities** *npl* COMM valores *mpl*.
sedative ['sedətɪv] **1** *adj* sedativo, -a, sedante. ‖ **2** *n* calmante *m*, sedante *m*.

seduce [sɪ'djuːs] *vt* seducir.
see [siː] **1** *vt - vi* (*pt* saw; pp seen) ver. **2** procurar. **3** acompañar. ‖ **4** *n* sede *f*. ♦ **to see about** *vt* ocuparse de ♦ **to see off** *vt* despedirse de ♦ **to see out** *vt* durar. ♦ **to see through** *vt* verle el plumero a ♦ **to see to** *vt* ocuparse de. • **see you later!** ¡hasta luego!; **to see red** ponerse hecho,-a una furia.
seed [siːd] **1** *n* (*of plant*) semilla; (*of fruit*) pepita. **2** SP cabeza *m* de serie.
seek [siːk] **1** *vt* (*pt & pp* sought) (*look for*) buscar. **2** (*ask for*) solicitar.
seem [siːm] *vi* parecer. • **so it seems** eso parece.
seeming ['siːmɪŋ] *adj* aparente.
seep [siːp] *vi* filtrarse.
see-through ['siːθruː] *adj* transparente.
segregate ['segrɪgeɪt] *vt* segregar.
seize [siːz] **1** *vt* (*grab*) coger. **2** JUR incautar **3** MIL tomar. ♦ **to seize up** *vi* agarrotarse.
seizure ['siːʒə] **1** *n* JUR incautación. **2** MED ataque *m (de apoplejía)*.
seldom ['seldəm] *adv* raramente.
select [sɪ'lekt] **1** *vt* escoger, elegir. **2** SP seleccionar. ‖ **3** *adj* selecto,-a.
selection [sɪ'lekʃn] **1** *n* selección *f*. **2** (*choosing*) elección *f*. **3** (*range*) surtido.
self [self] *n* (*pl* selves [selvz]) yo, identidad *f* propia: **my other self** mi otro yo.
self-assured [selfə'ʃʊəd] *adj* seguro,-a de sí mismo,-a.
self-centred [self'sentəd] *adj* egocéntrico,-a.
self-conscious [self'kɒnʃəs] *adj* cohibido,-a, tímido,-a.
self-employed [selfɪm'plɔɪd] *adj* (*job*) autónomo,-a.
selfish ['selfɪʃ] *adj* egoísta.
selfishness ['selfɪʃnəs] *n* egoísmo.
self-respect [selfrɪ'spekt] *n* amor *m* propio, dignidad *f*.
sell [sel] *vt - vi* (pt & pp sold) vender. ♦ **to sell off 1** *vt* liquidar. **2** *vt* vender ♦ **to sell out 1** *vi* claudicar. **2** *vt* agotarse ♦ **to sell up** *vi* venderlo todo.
sell-by date ['selbaɪdeɪt] *n* fecha de caducidad *f*.
Sellotape® ['seləteɪp] *n* Celo®.
semester [sɪ'mestə] *n* semestre *m*.
semicolon [semɪ'kəʊlən] *n* punto y coma.
semidetached [semɪdɪ'tætʃt] **1** *adj* adosado,-a. ‖ **2** *n* casa adosada.
seminar ['semɪnɑ] *n* seminario.
senate ['senət] *n* senado.
senator ['senətə] *n* senador,-ra.
send [send] **1** *vt* (*pt & pp* sent) enviar, mandar. **2** volver: **the noise sent her mad** el ruido la volvió loca. ♦ **to send away** *vt* despachar ♦ **to send back 1** *vt* (*goods etc*) devolver. **2** *vt* (*person*) hacer volver ♦ **to send for 1** *vt* (*person*) mandar llamar a. **2** *vt* (*thing, by post*) pedir por correo ♦ **to send in 1** *vt* (*post*) mandar, enviar. **2** *vt* (*visitor*) hacer pasar ♦ **to send off 1** *vt* (*post*) enviar. **2** *vt* (*football*) expulsar. • **to send sb packing** *fam* mandar a algn a freír espárragos; **to send sth flying** hacer saltar por los aires; **to send word** mandar recado.
sender ['sendə] *n* remitente *mf*.
send-off ['sendɒf] *n fam* despedida.
senior ['siːnɪə] **1** *adj* (*in age*) mayor; (*in rank*) superior. **2** (*with longer ser-*

vice) de más antigüedad. ‖ **3** *n* (*in age*) mayor *mf*; (*in rank*) superior *m*. ■ **senior citizen** jubilado,-a.

sensational [sen'seɪʃənl] **1** *adj* sensacional. **2** (*exaggerated*) sensacionalista.

sense [sens] **1** *n* (*gen*) sentido. **2** (*feeling*) sentimiento, sensación *f*. **3** (*wisdom*) juicio, sentido común. **4** (*meaning*) significado. ‖ **5** *vt* sentir, percibir. • **in a sense** en cierto modo; **there's no sense in ...** ¿de qué sirve ...?; **to come to one's senses** recobrar el juicio; **to make sense of sth** entender algo.

senseless ['sensləs] *adj* absurdo,-a.

sensibility [sensɪ'bɪlɪtɪ] *n* sensibilidad *f*.

sensible ['sensɪbl] *adj* sensato,-a.

sensitive ['sensɪtɪv] **1** *adj* sensible. **2** susceptible. **3** confidencial.

sentence ['sentəns] **1** *n* frase *f*, oración *f*. **2** JUR sentencia, fallo, condena. ‖ **3** *vt* JUR condenar (to, a). • **to pass sentence on sb** imponer una pena a algn.

sentry ['sentrɪ] *n* centinela *m & f*.

Sep [sep'tembə] *abbr* (September) Sep.

separate ['sepərəɪt] **1** *vt* separar. **2** dividir (into, en). ‖ **3** *vi* separarse. ‖ **4** *adj* (['seprət]) separado,-a. **5** (*different*) distinto,-a.

separately ['seprətlɪ] *adv* por separado.

September [səp'tembə] *n* septiembre *m*.

sequel ['siːkwəl] **1** *n* (*consequence*) secuela. **2** (*follow up*) continuación *f*.

sequence ['siːkwəns] **1** *n* (*scene*) secuencia. **2** (*series*) sucesión *f*.

serene [sə'riːn] *adj* tranquilo,-a.

sergeant ['sɑːdʒənt] **1** *n* MIL sargento. **2** (*of police*) cabo.

serial ['sɪərɪəl] *n* TV serial *m*; (*book*) novela por entregas. ■ **serial killer** asesino,-a en serie.

series ['sɪəriːz] **1** *n* (*pl* series) serie *f*. **2** (*of films, lectures*) ciclo.

serious ['sɪərɪəs] **1** *adj* serio,-a. **2** (*causing concern*) grave.

seriously ['sɪərɪəslɪ] *adv* en serio.

seriousness ['sɪərɪəsnəs] *n* seriedad *f*, gravedad *f*.

servant ['sɜːvnt] *n* criado,-a.

serve [sɜːv] **1** *vt* - *vi* servir. **2** despachar. **3** SP sacar. ‖ **4** *vt* equipar. • **to serve time** cumplir una condena; **it serves him** *etc* right *fam* lo tiene bien merecido.

service ['seːvɪs] **1** *n* servicio. **2** revisión *f*; puesta a punto. **3** oficio. **4** juego, servicio. **5** saque *m*, servicio. • **at your service** a su disposición;.

serviette [sɜːvɪ'et] *n* GB servilleta.

set [set] **1** *n* juego; colección *f*. **2** conjunto. **3** plató; decorado. **4** aparato. ‖ **5** *adj* fijo,-a. **6** rígido,-a; inflexible. **7** listo,-a. ‖ **8** *vt* (*pt & pp* set) poner, colocar. **9** fijar. **10** ajustar. **11** montar. **12** marcar. ‖ **13** *vi* ponerse. **14** cuajar; endurecerse. ♦ **to set about** *vt* empezar a, ponerse a ♦ **to set aside 1** *vt* guardar, reservar. **2** *vt* dejar de lado ♦ **to set back 1** *vt* (*at a distance*) apartar. **2** *vt* retrasar. **3** *vt fam* costar ♦ **to set down** *vt* poner por escrito ♦ **to set in** *vi* comenzar; surgir ♦ **to set off 1** *vi* salir, ponerse en camino. **2** *vt* hacer estallar. ♦ **to set out 1** *vi* partir, salir. **2** *vi* proponerse. **3** *vt* disponer, exponer ♦ **to set up 1** *vt* levantar. **2** *vt* crear. **3** *vt* planear, convocar. • **to**

be set on doing sth estar empeñado,-a en hacer algo; **to set sb free** poner a algn en libertad; **to set the pace** marcar el paso; **to set to work** ponerse a trabajar. ■ **set lunch** menú *m* del día; **set phrase** frase *f* hecha; **set price** precio fijo.

setback ['setbæk] *n* revés *m*.

setting ['setɪŋ] **1** *n* engaste *m*. **2** marco; escenario. **3** posición *f*.

settle ['setl] **1** *vt* acordar. **2** resolver. **3** calmar. **4** pagar. **5** colonizar, poblar. ‖ **6** *vi* posarse. **7** acomodarse. **8** afincarse,. **9** estabilizarse. ♦ **to settle down 1** *vi* instalarse, afincarse. **2** *vi* sentar la cabeza. **3** *vi* adaptarse ♦ **to settle for** *vt* conformarse con ♦ **to settle in** *vi* adaptarse; instalarse ♦ **to settle on** *vt* decidirse por.

settlement ['setlmənt] **1** *n* poblado; colonia. **2** acuerdo. **3** pago.

setup ['setʌp] **1** *n* (*arrangement*) sistema *m*, organización *f*. **2** *fam* montaje *m*.

seven ['sevn] *num* siete.

seventeen [sevn'tiːn] *num* diecisiete.

seventeenth [sevn'tiːnθ] *adj* - *n* decimoséptimo,-a.

seventh ['sevnθ] *adj* - *n* séptimo,-a.

seventieth ['sevntɪəθ] *adj* - *n* septuagésimo,-a.

seventy ['sevntɪ] *num* setenta.

sever ['sevə] *vt* cortar.

several ['sevrəl] *adj* - *pron* (*a few*) varios,-as.

severe [sɪ'vɪə] **1** *adj* severo,-a. **2** agudo,-a; grave; duro,-a.

sew [səʊ] *vt* - *vi*) coser.

sewage ['sjuːɪdʒ] *n* aguas *fpl* residuales. ■ **sewage system** alcantarillado.

sewer [sjʊə] *n* alcantarilla, cloaca.

sewing ['səʊɪŋ] *n* costura.

sex [seks] *n* sexo. ■ **sex appeal** atractivo sexual.

sexist ['seksɪst] *adj* - *n* sexista.

shabby ['ʃæbɪ] **1** *adj* (*clothes*) raído, -a, desharrapado,-a. **2** (*person*) mal vestido,-a. **3** (*mean*) mezquino,-a.

shack [ʃæk] *n* choza.

shade [ʃeɪd] **1** *n* (*shadow*) sombra. **2** (*of lamp*) pantalla. **3** (*of colour*) matiz *m*. ‖

shadow ['ʃædəʊ] *n* sombra.

shady ['ʃeɪdɪ] **1** *adj* (*place*) a la sombra. **2** *fam* (*suspicious*) sospechoso,-a.

shaft [ʃɑːft] **1** *n* (*of axe, tool*) mango; (*of arrow*) astil *m*. **2** TECH eje *m*. **3** (*of mine*) pozo; (*of lift*) hueco. **4** (*of light*) rayo.

shaggy ['ʃægɪ] *adj* (*person*) desgreñado,-a; (*dog*) peludo,-a.

shake [ʃeɪk] **1** *n* (*act*) sacudida. **2** (*milkshake*) batido. ‖ **3** *vt* (*pt* shook; pp shaken ['ʃeɪkən]) (*agitate*) sacudir, agitar; (*building etc*) hacer temblar. **4** (*shock*) conmocionar. ‖ **5** *vi* temblar. ♦ **to shake off 1** *vt* (*get rid*) sacudirse. **2** *vt* (*elude*) quitarse de encima ♦ **to shake up 1** *vt* (*liquid*) agitar. **2** *vt* (*shock*) conmocionar. **3** *vt* (*rearrange*) reorganizar. • **to shake hands** darse la mano; **to shake one's head** negar con la cabeza.

shake-up ['ʃeɪkʌp] *n fig* reorganización.

shaky ['ʃeɪkɪ] **1** *adj* tembloroso,-a; inestable. **2** débil. **3** *fig* sin fundamento.

shall [ʃæl, unstressed ʃəl] **1** *aux*: **I shall go tomorrow** iré mañana. **2** (*offers*): **shall I close the window?** ¿cierro la ventana? **3**: **you shall**

leave immediately debes irte enseguida.
shallow ['ʃæləʊ] **1** *adj* (*not deep*) poco profundo,-a. **2** *fig* superficial.
sham [ʃæm] **1** *n* farsa. || **2** *adj* falso,-a.
shambles ['ʃæmbəlz] *n* desorden *m*.
shame [ʃeɪm] **1** *n* vergüenza. **2** lástima, pena. || **3** *vt* avergonzar. • **what a shame!** ¡qué pena!
shameless ['ʃeɪmləs] *adj* desvergonzado,-a.
shampoo [ʃæm'puː] *n* champú.
shape [ʃeɪp] **1** *n* (*gen*) forma; (*shadow*) figura, silueta. **2** (*condition*) estado. || **3** *vt* (*gen*) dar forma a; (*clay*) modelar. **4** (*influence*) determinar, formar. || **5 to shape (up)** *vi* desenvolverse. • **out of shape** en baja forma; **to get into shape** ponerse en forma.
shapeless ['ʃeɪpləs] *adj* sin forma.
share [ʃeə] **1** *n* (*portion*) parte *f*. **2** Fin acción *f*. || **3** *vt* - *vi* compartir. || **4** *vt* (*divide*) repartir, dividir.
shareholder ['ʃeəhəʊldə] *n* accionista.
shark [ʃɑːk] *n* Zool tiburón.
sharp [ʃɑːp] **1** *adj* afilado,-a; puntiagudo,-a. **2** avispado,-a. **3** fuerte; agudo,-a. **4** brusco,-a. **5** nítido,-a. **6** mordaz. || **7** *adv* en punto.
sharpen ['ʃɑːpn] **1** *vt* (*knife*) afilar; (*pencil*) sacar punta a. **2** *fig* agudizar.
shatter ['ʃætə] **1** *vt* (*break*) hacer añicos. **2** (*destroy*) destrozar. **3** (*exhaust*) agotar. • **to be shattered** estar destrozado,-a.
shave [ʃeɪv] **1** *n* afeitado. || **2** *vi* - *vt* afeitar(se).
shaver ['ʃeɪvə] *n* máquina de afeitar.
shawl [ʃɔːl] *n* chal *m*.
she [ʃiː] *pron* ella.
shear [ʃɪə] **1** *vt* (*pp* sheared o shorn) esquilar. || **2 shears** *npl* tijeras *fpl (grandes)*.
sheath [ʃiːθ] **1** *n* (*pl* sheaths [ʃiːðz]) vaina; funda. **2** preservativo.
shed [ʃed] **1** *n* (*in garden*) cobertizo; (*workman's*) barraca. || **2** *vt* (*pt & pp* shed) (*pour forth*) derramar. **3** (*get rid of*) deshacerse de. • **to shed its skin** mudar de piel.
sheep [ʃiːp] *n* (*pl* sheep) oveja.
sheer [ʃɪə] **1** *adj* (*cliff*) escarpado,-a. **2** (*stockings etc*) fino,-a.
sheet [ʃiːt] **1** *n* (*on bed*) sábana. **2** (*of paper*) hoja; (*of metal, glass etc*) lámina. ▪ **sheet metal** chapa de metal; **sheet music** partitura.
shelf [ʃelf] **1** *n* (*on wall*) estante *m*. || **2 shelves** *npl* estantería *f sing*.
shell [ʃel] **1** *n* (*of egg, nut*) cáscara. **2** (*of pea*) vaina. **3** (*of tortoise, lobster*) caparazón *m*. **4** (*of snail, oyster*) concha. **5** (*of building*) armazón *m*. **6** Mil proyectil *m*. || **7** *vt* (*nuts*) descascarar. **8** Mil bombardear. ♦ **to shell out** *vt fam* soltar, pagar.
shellfish ['ʃelfɪʃ] *n* (*pl* shellfish) marisco.
shelter ['ʃeltə] **1** *n* protección *f*. **2** refugio. || **3** *vt* amparar. || **4** *vi* refugiarse.
shepherd ['ʃepəd] *n* pastor *m*.
sherry ['ʃerɪ] *n* vino de jerez *m*.
shield [ʃiːld] **1** *n* Mil escudo; (*of police*) placa. || **2** *vt* proteger (from, de).
shift [ʃɪft] **1** *n* (*change*) cambio. **2** (*of work, workers*) turno. || **3** *vt* (*change*) cambiar; (*move*) desplazar. || **4** *vi* (*change*) cambiar; (*move*) desplazarse.
shin [ʃɪn] *n* espinilla.
shine [ʃaɪn] **1** *n* brillo, lustre *m*. || **2** *vi* (*pt & pp* shone) brillar; relucir. **3** *fig* (*excel*) sobresalir.

shingle [ˈʃɪŋgl] **1** *n* (*pebbles*) guijarros *mpl*. ‖ **2 shingles** *npl* MED herpes.
shining [ˈʃaɪnɪŋ] **1** *adj* brillante, reluciente. **2** destacado,-a.
shiny [ˈʃaɪnɪ] *adj* brillante.
ship [ʃɪp] **1** *n* barco, buque *m*. ‖ **2** *vt* enviar.
shipment [ˈʃɪpmənt] **1** *n* (*goods*) cargamento. **2** (*act*) envío.
shipping [ˈʃɪpɪŋ] **1** *n* barcos *mpl*. **2** envío; transporte.
shipwreck [ˈʃɪprek] *n* naufragio.
shipyard [ˈʃɪpjɑːd] *n* astillero.
shirt [ʃɜːt] *n* camisa.
shit [ʃɪt] **1** *n vulg* mierda. ‖ **2** *vi* (*pt & pp* shitted o shit) *vulg* cagar.
shiver [ˈʃɪvə] **1** *n* escalofrío. ‖ **2** *vi* tiritar, estremecerse.
shock [ʃɒk] **1** *n* choque, sacudida. **2** golpe. **3** susto. **4** MED shock. ‖ **5** *vt* conmocionar. **6** asustar.
shocking [ˈʃɒkɪŋ] **1** *adj* espantoso, -a. **2** chocante. **3** chillón.
shoddy [ˈʃɒdɪ] *adj* chapucero,-a.
shoe [ʃuː] **1** *n* zapato. **2** (*for horse*) herradura. ‖ **3** *vt* (*pt & pp* shod) (*horse*) herrar.
shoemaker [ˈʃuːmeɪkə] *n* zapatero,-a.
shoot [ʃuːt] **1** *n* BOT brote *m*, retoño. ‖ **2** *vt* (*pt & pp* shot) pegar un tiro a. **3** disparar. **4** rodar; fotografiar. ♦ **to shoot down** *vt* (*aircraft*) derribar ♦ **to shoot out** *vi* salir disparado,-a ♦ **to shoot past** *vi* pasar volando. ■ **shooting star** estrella fugaz.
shop [ʃɒp] **1** *n* (*gen*) tienda. **2** (*business*) comercio, negocio. **3** (*workshop*) taller *m*. ‖ **4** *vi* hacer compras. • **to set up shop** abrir un negocio; **to talk shop** hablar del trabajo. ■ **shop assistant** dependiente,-a; **shop window** escaparate *m*.
shoplifting [ˈʃɒplɪftɪŋ] *n* hurto.
shopper [ˈʃɒpə] *n* comprador,-ra.
shore [ʃɔː] *n* orilla; costa. • **on shore** en tierra.
short [ʃɔːt] **1** *adj* corto,-a. **2** (*person*) bajo,-a. **3** (*brief*) breve, corto,-a. **4** (*curt*) seco,-a, brusco,-a. ‖ **5** *n* ELEC cortocircuito. • **at short notice** con poca antelación; **in short** en pocas palabras; **for short** para abreviar; **to be short of** andar escaso,-a de; **to be sth short** faltar algo; **to cut short** interrumpir. ■ **short cut** atajo.
shortage [ˈʃɔːtɪdʒ] *n* falta, escasez *f*.
shorten [ˈʃɔːtn] *vt* - *vi* acortar(se).
shortly [ˈʃɔːtlɪ] *adv* dentro de poco. • **shortly after** poco después.
short-term [ˈʃɔːttɜːm] *adj* a corto plazo.
shot [ʃɒt] **1** *n* tiro, disparo. **2** bala. **3** tirador,-ra. **4** intento. **5** foto; toma. • **to be off like a shot** salir disparado,-a; **to have a shot at sth** intentar hacer algo; **not by a long shot** *fig* ni mucho menos.
should [ʃʊd] **1** *aux* deber. **2** deber de. • **I should like to** quisiera; **I should think so** me imagino que sí.
shoulder [ˈʃəʊldə] **1** *n* hombro. **2** espalda. ‖ **3** *vt* cargar con. • **to give sb the cold shoulder** volver la espalda a algn. ■ **shoulder bag** bolso (de bandolera); **shoulder blade** omoplato, omóplato.
shout [ʃaʊt] **1** *n* grito. ‖ **2** *vt* - *vi* gritar.
shove [ʃʌv] **1** *n* empujón *m*. ‖ **2** *vt* - *vi* empujar. ♦ **to shove off** *vi fam* largarse.
shovel [ˈʃʌvl] *n* pala.
show [ʃəʊ] **1** *n* THEAT (*entertainment*) espectáculo; (*performance*)

función *f.* **2** RAD TV programa *m.* **3** (*exhibition*) exposición *f.* **4** (*display*) demostración *f.* ‖ **5** *vt* (*pp* showed o shown) (*gen*) mostrar. **6** (*teach*) enseñar. **7** (*indicate*) indicar. **8** (*at exhibition*) exponer. **9** (*guide*) llevar, acompañar. ‖ **10** *vt* - *vi* CINEM TV poner. ‖ **11** *vi* notarse, verse: **the stain doesn't show** no se ve la mancha. ♦ **to show off** *vi* fardar, fanfarronear ♦ **to show up 1** *vt* hacer resaltar, destacar. **2** *vt* dejar en ridículo. **3** *vi fam* presentarse, aparecer. • **to be on show** estar expuesto,-a; **to make a show of** hacer gala de; **to show sb in** hacer pasar a algn; **to steal the show** llevarse la palma.

shower ['ʃaʊə] **1** *n* ducha. **2** chaparrón *m.* **3** lluvia. ‖ **4** *vi* ducharse.

show-off ['ʃəʊɒf] *n fam* fanfarrón, -ona.

showy ['ʃəʊɪ] *adj* ostentoso,-a, llamativo,-a.

shred [ʃred] **1** *n* (*gen*) triza; (*of cloth*) jirón *m*; (*of paper*) tira. **2** *fig* (*bit*) pizca. ‖ **3** *vt* (*paper*) hacer trizas; (*cloth*) hacer jirones; (*vegetables*) rallar.

shrewd [ʃru:d] *adj* astuto,-a.

shriek [ʃri:k] **1** *n* grito. ‖ **2** *vi* chillar.

shrill [ʃrɪl] *adj* agudo,-a, chillón, -ona.

shrimp [ʃrɪmp] *n* camarón *m*, gamba.

shrine [ʃraɪn] **1** *n* (*holy place*) santuario. **2** (*chapel*) capilla; (*remote*) ermita.

shrink [ʃrɪŋk] **1** *vt* (*pt* shrank; pp shrunk) encoger. ‖ **2** *vi* encogerse. ♦ **to shrink away from** *vi* retroceder.

shrivel ['ʃrɪvl] *vi* marchitarse.

shrub [ʃrʌb] *n* arbusto.

shrug [ʃrʌg] *vi* encogerse de hombros. ♦ **to shrug off** *vt* quitar importancia a.

shudder ['ʃʌdə] **1** *n* escalofrío. ‖ **2** *vi* estremecerse.

shuffle ['ʃʌfl] *vt* (*cards*) barajar; (*papers*) revolver.

shush! [ʃʊʃ] *interj* ¡chis!, ¡chitón!

shut [ʃʌt] **1** *vt* (*pt & pp* shut) cerrar. ‖ **2** *vi* cerrarse. ♦ **to shut away 1** *vt* (*person*) encerrar. **2** *vt* (*papers*) guardar bajo llave ♦ **to shut down** *vt* - *vi* cerrar(se) ♦ **to shut off 1** *vt* (*interrupt*) cortar, cerrar. **2** *vt* (*isolate*) aislar (from, de) ♦ **to shut up 1** *vt* (*close*) cerrar. **2** *vt fam* (*quieten*) hacer callar. **3** *vi fam* (*stop talking*) callar, callarse.

shutdown ['ʃʌtdaʊn] *n* cierre *m.*

shutter ['ʃʌtə] **1** *n* postigo, contraventana. **2** obturador *m.*

shuttle ['ʃʌtl] **1** *n* (*by air*) puente *m* aéreo; (*bus, train*) servicio regular. **2** (*spacecraft*) transbordador *m.*

shy [ʃaɪ] **1** *adj* tímido,-a. ‖ **2** *vi* espantarse (at, de). • **to be shy to do sth** no atreverse a hacer algo; **to shy away from sth** huir de algo.

shyness ['ʃaɪnəs] *n* timidez *f.*

sick [sɪk] **1** *adj* (*ill*) enfermo,-a. **2** (*nauseated*) mareado,-a. **3** (*morbid*) morboso,-a. • **to be sick** (*throw up*) vomitar; (*fed up*) estar harto,-a (of, de). ■ **sick leave** baja por enfermedad.

sicken ['sɪkn] **1** *vt* poner enfermo,-a. **2** (*revolt*) dar asco. ‖ **3** *vi* caer enfermo,-a, ponerse enfermo,-a.

sickening ['sɪknɪŋ] *adj* repugnante.

sickly ['sɪklɪ] **1** *adj* (*unhealthy*) enfermizo,-a. **2** (*pale*) pálido,-a. **3** (*smell, taste*) empalagoso,-a.

sickness ['sɪknəs] **1** *n* (*disease*) enfermedad *f*. **2** (*nausea*) náusea, mareo.

side [saɪd] **1** *n* lado. **2** costado. **3** borde; orilla. **4** bando. ‖ **5** *vi* ponerse del lado (with, de). • **side by side** uno,-a al lado de otro,-a; **to look on the bright side** ver el lado bueno de las cosas; **to put sth to one side** apartar algo; **to take sides with sb** ponerse de parte de algn. ■ **side dish** acompañamiento; **side effect** efecto secundario.

sideboard ['saɪdbɔːd] **1** *n* aparador *m*. ‖ **2 sideboards** *npl* patillas *fpl*.

sidelight ['saɪdlaɪt] *n* luz *f* de posición.

sidetrack ['saɪdtræk] *vt* despistar.

sidewalk ['saɪdwɔːk] *n* US acera.

sideways ['saɪdweɪz] **1** *adj* lateral; de soslayo. ‖ **2** *adv* de lado. **3** de soslayo.

siege [siːdʒ] *n* sitio, cerco. • **to lay siege to** sitiar, cercar.

sieve [sɪv] **1** *n* tamiz *m*; criba; colador *m*. ‖ **2** *vt* tamizar; cribar; colar.

sift [sɪft] *vt* tamizar, cribar.

sigh [saɪ] **1** *n* suspiro. ‖ **2** *vi* suspirar.

sight [saɪt] **1** *n* (*gen*) vista. **2** (*spectacle*) espectáculo. **3** (*thing seen*) imagen *f*. **4** (*on gun*) mira. ‖ **5** *vt* observar, ver; (*land*) divisar. ‖ **6 sights** *npl* (*of city*) atracciones *fpl*, monumentos *mpl*. ‖ **7 a sight** *adv fam* mucho. • **at first sight** a primera vista; **in sight** a la vista; **to catch sight of** ver, divisar; **to come into sight** aparecer.

sightseeing ['saɪtsiːɪŋ] *n* visita turística.

sign [saɪn] **1** *n* signo. **2** señal. **3** letrero. **4** rastro. ‖ **5** *vt* - *vi* firmar. ♦ **to sign away** *vt* ceder ♦ **to sign in** *vi* firmar el registro ♦ **to sign on/up** *vt* (*worker*) contratar; (*player*) fichar. • **as a sign of** como muestra de.

signal ['sɪgnl] **1** *n* señal *f*. **2** sintonía. ‖ **3** *vi* hacer señales; señalar. ‖ **4** *vt* indicar, señalar. **5** hacer señas.

signature ['sɪgnɪtʃə] *n* firma.

significance [sɪg'nɪfɪkəns] *n* trascendencia, importancia.

signify ['sɪgnɪfaɪ] *vt* (*mean*) significar.

signpost ['saɪnpəʊst] *n* poste *m* indicador.

silence ['saɪləns] **1** *n* silencio. ‖ **2** *vt* acallar, hacer callar.

silent ['saɪlənt] **1** *adj* (*gen*) silencioso,-a. **2** (*not talking*) callado,-a. **3** (*film, letter*) mudo,-a. • **to be silent** callarse.

silk [sɪlk] *n* seda.

silly ['sɪlɪ] **1** *adj* tonto,-a, necio,-a. **2** (*absurd*) absurdo,-a. • **to do sth silly** hacer una tontería.

silver ['sɪlvə] **1** *n* plata. **2** monedas *fpl* de plata. ‖ **3** *adj* plateado,-a. ■ **silver foil** papel *m* de plata.

silversmith ['sɪlvəsmɪθ] *n* platero,-a.

similar ['sɪmɪlə] *adj* parecido,-a.

similarity [sɪmɪ'lærɪtɪ] *n* semejanza.

simmer ['sɪmə] **1** *vt* cocer a fuego lento. ‖ **2** *vi* cocerse a fuego lento.

simple ['sɪmpl] **1** *adj* (*gen*) sencillo,-a. **2** (*foolish*) simple, tonto,-a.

simplicity [sɪm'plɪsɪtɪ] **1** *n* (*gen*) sencillez *f*. **2** (*foolishness*) simpleza.

simplify ['sɪmplɪfaɪ] *vt* simplificar.

simulate ['sɪmjʊleɪt] *vt* simular.

sin [sɪn] **1** *n* pecado. ‖ **2** *vi* pecar.

since [sɪns] **1** *adv* desde entonces. ‖ **2** *prep* desde. ‖ **3** *conj* desde que. **4** ya que, puesto que.

sincere [sɪn'sɪə] *adj* sincero,-a.

sincerely [sɪn'sɪəlɪ] *adv* sinceramente. • **yours sincerely** (*in letter*) atentamente.
sinful ['sɪnfʊl] **1** *adj* (*person*) pecador,-ra. **2** (*thought, act*) pecaminoso,-a.
sing [sɪŋ] *vt* - *vi* (*pt* sang; pp sung) cantar.
singer ['sɪŋə] *n* cantante *mf*.
single ['sɪŋgl] **1** *adj* solo,-a. **2** único,-a. **3** individual. **4** soltero,-a. ‖ **5** *n* GB billete *m* sencillo. ♦ **to single out 1** *vt* (*choose*) escoger. **2** *vt* (*distinguish*) destacar.
single-handed [sɪŋgl'hændɪd] *adj* - *adv* sin ayuda, solo,-a.
singly ['sɪŋglɪ] *adv* uno por uno.
sinister ['sɪnɪstə] *adj* siniestro,-a.
sink [sɪŋk] **1** *n* fregadero. **2** US lavabo. ‖ **3** *vt* (*pt* sank; pp sunk) hundir. **4** (*ruin*) acabar con.
sinner ['sɪnə] *n* pecador,-ra.
sip [sɪp] **1** *n* sorbo. ‖ **2** *vt* beber a sorbos.
sir [sɜː] *n fml* señor *m*. • **Dear Sir** muy señor mío.
siren ['saɪərən] *n* sirena.
sirloin ['sɜːlɔɪn] *n* solomillo.
sister ['sɪstə] **1** *n* hermana. **2** REL sor *f*. ▪ **sister ship** barco gemelo.
sister-in-law ['sɪstərɪnlɔː] *n* (*pl* sisters-in-law) cuñada.
sit [sɪt] **1** *vt* (*pt* & *pp* sat) sentar. ‖ **2** *vi* sentarse. **3** (*for artist*) posar. **4** (*be a member*) ser miembro: **he sits on a jury** es miembro de un jurado. **5** (*have meeting*) reunirse. ‖ **6** *vt* GB (*exam*) presentarse a. ♦ **to sit about/around** *vi fam* no hacer nada ♦ **to sit down** *vi* sentarse ♦ **to sit in for** *vt* sustituir a ♦ **to sit on 1** *vt* (*be member of*) formar parte de. **2** *vt fam* (*delay*) retener, no tramitar ♦ **to sit out/through** *vt* aguantar (hasta el final) ♦ **to sit up 1** *vi* (*in bed*) incorporarse. **2** *vi* (*stay up late*) quedarse levantado,-a.
site [saɪt] **1** *n* (*location*) emplazamiento, zona. **2** (*area*) terreno.
sit-in ['sɪtɪn] *n* sentada, protesta.
sitting ['sɪtɪŋ] **1** *n* (*of meal*) turno. **2** (*meeting*) sesión *f*. ▪ **sitting room** sala de estar, salón.
six [sɪks] *num* seis.
sixteen [sɪks'tiːn] *num* dieciséis.
sixteenth [sɪks'tiːnθ] *adj* - *n* decimosexto,-a.
sixth [sɪksθ] *adj* - *n* sexto,-a.
sixtieth ['sɪkstɪəθ] *adj* - *n* sexagésimo,-a.
sixty ['sɪkstɪ] *num* sesenta.
size [saɪz] **1** *n* tamaño. **2** talla; número. ♦ **to size up** *vt* evaluar. • **to cut sb down to size** *fig* bajarle los humos a algn.
skate [skeɪt] **1** *n* patín *m*. ‖ **2** *vi* patinar.
skeleton ['skelɪtn] **1** *n* (*of person, animal*) esqueleto. **2** (*of building, ship*) armazón *m*. ‖ **3** *adj* reducido,-a.
sketch [sketʃ] **1** *n* boceto, bosquejo, esbozo. **2** esquema *m*. **3** sketch *m*. ‖ **4** *vt* bosquejar, esbozar.
skid [skɪd] **1** *n* patinazo, derrape *m*. ‖ **2** *vi* patinar, derrapar.
skier ['skɪə] *n* esquiador,-ra.
skiing ['skɪɪŋ] *n* esquí *m*.
skilful ['skɪlfʊl] *adj* diestro,-a, hábil.
skill [skɪl] **1** *n* (*ability*) habilidad *f*, destreza. **2** (*technique*) técnica, arte *m*.
skilled [skɪld] **1** *adj* (*specialized*) cualificado,-a. **2** (*able*) hábil, experto,-a.

skim [skɪm] **1** *vt* (*milk*) desnatar, descremar. **2** (*brush against*) rozar.
skin [skɪn] **1** *n* piel *f*; cutis *m*; tez *f*. **2** pellejo. **3** monda, mondadura. **4** capa. **5** nata. || **6** *vt* desollar, despellejar. **7** pelar. • **to save one's skin** *fam* salvar el pellejo.
skin-diving ['skɪndaɪvɪŋ] *n* buceo.
skinny ['skɪnɪ] *adj fam* flaco,-a.
skip [skɪp] **1** *n* salto, brinco. **2** (*container*) contenedor *m*. || **3** *vi* dar brincos. || **4** *vt fig* saltarse. ▪ **skipping rope** comba.
skirmish ['skɜːmɪʃ] *n* Mil escaramuza; (*fight*) refriega, pelea.
skirt [skɜːt] *n* (*garment*) falda.
skittle ['skɪtl] *n* bolo.
skull [skʌl] *n* cráneo, calavera.
sky [skaɪ] *n* cielo.
skylight ['skaɪlaɪt] *n* tragaluz.
skyscraper ['skaɪskreɪpə] *n* rascacielos.
slab [slæb] **1** *n* (*of stone*) losa. **2** (*of cake*) trozo. **3** (*of chocolate*) tableta.
slack [slæk] **1** *adj* (*not taut, not strict*) flojo,-a. **2** (*careless*) descuidado,-a. **3** (*sluggish*) flojo,-a; (*season*) bajo, -a. || **4** *n* parte *f* floja. || **5** *vi pej* gandulear.
slacken ['slækn] **1** *vt* aflojar. || **2** *vi* aflojarse. **3** reducirse, disminuir.
slam [slæm] **1** *n* (*sound*) golpe *m*; (*of door*) portazo. || **2** *vt* (*shut*) cerrar de golpe. **3** *fig* (*attack*) criticar duramente. || **4** *vi* cerrarse de golpe.
slander ['slɑːndə] **1** *n* difamación *f*, calumnia. || **2** *vt* difamar, calumniar.
slant [slɑːnt] **1** *n* inclinación; declive. || **2** *vt* - *vi* inclinar(se).
slap [slæp] **1** *n* palmadita; cachete; bofetada. || **2** *adv fam* justo, de lleno. || **3** *vt* pegar; abofetear.
slash [slæʃ] **1** *n* tajo; navajazo. **2** barra oblicua. **3** *sl* meada. || **4** *vt* dar un tajo a; acuchillar. **5** *fig* rebajar, reducir. • **to have a slash** *vulg* mear.
slate [sleɪt] **1** *n* pizarra. || **2** *vt* GB (*attack*) criticar duramente.
slaughter ['slɔːtə] **1** *n* matanza. || **2** *vt* masacrar. **3** *fam* dar una paliza a.
slave [sleɪv] *n* esclavo,-a.
slavery ['sleɪvərɪ] *n* esclavitud *f*.
slay [sleɪ] *vt* (*pt* slew; pp slain) matar.
sledge [sledʒ] *n* trineo.
sleek [sliːk] **1** *adj* liso,-a, lustroso, -a. **2** impecable, elegante.
sleep [sliːp] **1** *n* sueño. || **2** *vt* - *vi* (*pt & pp* slept) dormir. ♦ **to sleep in** *vi* quedarse en la cama, dormir hasta tarde ♦ **to sleep through** *vt* no oír, no despertarse con. • **to sleep on sth** *fig* consultar algo con la almohada; **to sleep it off** *fam* dormir la mona; **to sleep like a log/top** dormir como un tronco.
sleeping ['sliːpɪŋ] *adj* durmiente, dormido,-a. ▪ **sleeping bag** saco de dormir; **sleeping pill** somnífero.
sleepwalker ['sliːpwɔːkə] *n* sonámbulo,-a.
sleepy ['sliːpɪ] *adj* soñoliento,-a. • **to be sleepy** tener sueño; **to make sleepy** dar sueño.
sleet [sliːt] **1** *n* aguanieve *f*. || **2** *vi* caer aguanieve.
sleeve [sliːv] **1** *n* (*of garment*) manga. **2** (*of record*) funda. • **to have sth up one's sleeve** guardar una carta en la manga.
sleigh [sleɪ] *n* trineo.
slender ['slendə] *adj* delgado,-a.

slice [slaɪs] **1** *n* rebanada; lonja, loncha; tajada; rodaja. **2** *fig* parte *f*. ‖ **3** *vt* cortar a rebanadas. ♦ **to slice off/through** *vt* cortar.
slick [slɪk] *n* marea negra.
slide [slaɪd] **1** *n* (*movement*) desliz *m*; (*slip*) resbalón *m*. **2** (*in playground*) tobogán *m*. **3** (*film*) diapositiva. **4** (*of microscope*) portaobjetos *m inv*. ‖ **5** *vi* (*pt & pp* slid [slɪd]) deslizarse. **6** (*slip*) resbalar. • **to let sth slide** no ocuparse de algo. ▪ **slide rule** regla de cálculo; **sliding door** puerta corredera.
slight [slaɪt] *adj* ligero,-a.
slim [slɪm] **1** *adj* delgado,-a, esbelto,-a. **2** *fig* remoto,-a. ‖ **3** *vi* adelgazar.
sling [slɪŋ] **1** *n* MED cabestrillo. **2** (*cat-apult*) honda. ‖ **3** *vt* (*pt & pp* slung) tirar, arrojar.
slip [slɪp] **1** *n* (*slide*) resbalón *m*. **2** *fig* (*mistake*) error *m*; (*moral*) desliz *m*. **3** (*women's*) combinación *f*. **4** (*of paper*) trocito. ‖ **5** *vi* resbalar. **6** (*move quickly*) escabullirse. **7** (*decline*) empeorar. ♦ **to slip away/by** *vi* pasar volando ♦ **to slip off** *vt* (*clothes*) quitarse ♦ **to slip up** *vi* equivocarse. • **to give sb the slip** dar el esquinazo a algn; **to let a chance slip** dejar escapar una oportunidad; **to slip one's memory/mind** írsele a uno de la memoria.
slipper ['slɪpə] *n* zapatilla.
slippery ['slɪpərɪ] **1** *adj* (*ground*) resbaladizo,-a. **2** (*viscous*) escurridizo,-a.
slit [slɪt] **1** *n* (*opening*) abertura, hendedura; (*cut*) corte *m*. ‖ **2** *vt* (*pt & pp* slit) cortar, rajar, hender.
sliver ['slɪvə] *n* astilla.
slob [slɒb] *n fam* dejado,-a.
slope [sləʊp] **1** *n* (*incline*) cuesta, pendiente *f*. ‖ **2** *vi* inclinarse.
sloppy ['slɒpɪ] **1** *adj* (*person*) descuidado,-a. **2** (*work*) chapucero,-a.
sloshed [slɒʃt] *adj fam* borracho,-a.
slot [slɒt] *n* ranura; muesca. ▪ **slot machine** tragaperras *f inv*.
slow [sləʊ] **1** *adj* (*gen*) lento,-a; (*clock*) atrasado,-a. **2** (*person*) torpe. ‖ **3** *adv* despacio. ♦ **to slow down** *vi* (*gen*) ir más despacio; (*vehicle*) reducir la velocidad. • **in slow motion** a cámara lenta.
slug [slʌg] *n* babosa.
slum [slʌm] **1** *n* (*area*) barrio bajo. **2** (*place*) casucha, tugurio.
slump [slʌmp] **1** *n* (*crisis*) crisis *f* económica; (*drop*) bajón *m*. ‖ **2** *vi* (*economy*) hundirse; (*prices*) desplomarse; (*demand*) caer en picado. **3** (*fall*) caer.
slur [slɜː] **1** *n* calumnia, difamación *f*. ‖ **2** *vt* pronunciar mal.
slush [slʌʃ] *n fam* sentimentalismo.
sly [slaɪ] **1** *adj* astuto,-a, taimado,-a. **2** (*secretive*) furtivo,-a. • **on the sly** a escondidas.
smack [smæk] **1** *n* bofetada, cachete. **2** *sl* caballo. ‖ **3** *vt* abofetear. ♦ **to smack of** *vt fig* oler a. • **to smack one's lips** *fig* relamerse.
small [smɔːl] **1** *adj* pequeño,-a. **2** escaso,-a. **3** insignificante. • **small wonder that ...** no me extraña que ...; **in the small hours** a altas horas de la noche.
smallpox ['smɔːlpɒks] *n* viruela.
smart [smɑːt] **1** *adj* (*elegant*) elegante, fino,-a. **2** US listo,-a, inteligente. **3** (*quick*) rápido,-a. ‖ **4** *vi* pi-

car, escocer. ■ **the smart set** la gente bien.

smash [smæʃ] 1 *n* estrépito. 2 choque violento. 3 smash, mate. ‖ 4 *vt* - *vi* hacer(se) pedazos. 5 estrellar (se). ‖ 6 *vt* aplastar. 7 pegar, golpear.

smashing ['smæʃɪŋ] *adj* GB *fam* estupendo,-a, fenomenal.

smattering ['smætrɪŋ] *n* nociones.

smear [smɪə] 1 *n* (*stain*) mancha. 2 (*slander*) calumnia, difamación *f*. ‖ 3 *vt* (*spread*) untar. 4 (*stain*) manchar. 5 (*slander*) calumniar, difamar.

smell [smel] 1 *n* (*sense*) olfato. 2 (*odour*) olor *m*. ‖ 3 *vt* oler. 4 (*pt & pp* smelled o smelt) *fig* olfatear. ‖ 5 *vi* oler.

smelly ['smelɪ] *adj* apestoso,-a.

smelt [smelt] *vt* fundir.

smile [smaɪl] 1 *n* sonrisa. ‖ 2 *vi* sonreír.

smock [smɒk] *n* blusón *m*.

smoke [sməʊk] 1 *n* humo. ‖ 2 *vt* - *vi* (*cigarettes etc*) fumar. ‖ 3 *vt* (*meat etc*) ahumar. ‖ 4 *vi* echar humo. ■ **smoke screen** cortina de humo.

smoked [sməʊkt] *adj* ahumado,-a.

smoker ['sməʊkə] *n* fumador,-ra.

smoky ['sməʊkɪ] 1 *adj* humeante. 2 lleno,-a de humo. 3 ahumado,-a.

smooth [smu:ð] 1 *adj* (*gen*) liso,-a. 2 (*road*) llano,-a. 3 (*liquid*) sin grumos. 4 (*wine etc*) suave. 5 *fig* (*flight etc*) agradable, tranquilo,-a. 6 *pej* (*person*) zalamero,-a, meloso,-a. ‖ 7 *vt* alisar. ♦ **to smooth back/down/out** *vt* alisar. • **to smooth things over** limar asperezas.

smother ['smʌðə] 1 *vt* (*suffocate*) asfixiar. 2 (*cover*) cubrir (with, de). ‖ 3 *vi* asfixiarse.

smoulder ['sməʊldə] 1 *vi* (*fire*) arder sin llama. 2 (*passion*) arder.

smudge [smʌdʒ] 1 *n* borrón *m*. ‖ 2 *vt* emborronar.

smug [smʌg] *adj* engreído,-a.

smuggler ['smʌglə] *n* contrabandista.

snag [snæg] *n fig* pega, problema *m*.

snail [sneɪl] *n* caracol *m*.

snake [sneɪk] *n* serpiente; culebra.

snap [snæp] 1 *n* ruido seco; chasquido. ‖ 2 *adj* instantáneo,-a. ‖ 3 *vt* espetar. ‖ 4 *vt* - *vi* chasquear. ‖ 5 *vi* partirse *(en dos)*. 6 hablar bruscamente.

snapshot ['snæpʃɒt] *n* instantánea.

snarl [snɑ:l] 1 *n* (*growl*) gruñido. ‖ 2 *vi* (*growl*) gruñir.

snatch [snætʃ] 1 *n* (*bit*) trozo, fragmento. 2 *fam* robo, hurto. ‖ 3 *vt* arrebatar. 4 *fam* (*steal*) robar; (*kidnap*) secuestrar. • **to snatch an opportunity** aprovechar una ocasión; **to snatch some sleep** sacar tiempo para dormir.

sneak [sni:k] 1 *n fam* soplón,-ona. ‖ 2 *vt fam* (*tell tales*) chivarse (on, de). ♦ **to sneak away/off** *vi* escabullirse ♦ **to sneak in/out** *vi* entrar/salir a hurtadillas ♦ **to sneak up** *vt* acercarse sigilosamente.

sneakers ['sni:krz] *npl* US zapatillas *fpl*.

sneer [snɪə] 1 *n* (*remark*) comentario desdeñoso. ‖ 2 *vi* burlarse (at, de).

sneeze [sni:z] 1 *n* estornudo. ‖ 2 *vi* estornudar.

sniff [snɪf] 1 *n* (*inhaling*) inhalación *f*; (*by dog*) olfateo, husmeo. ‖ 2 **to sniff at** *vt* - *vi* oler; (*suspiciously*) husmear.

snip [snɪp] **1** *n* (*cut*) tijeretazo. **2** (*small piece*) recorte *m*. **3** GB *fam* (*bargain*) ganga, chollo. ‖ **4** *vt* (*cut*) cortar. ♦ **to snip off** *vt* cortar con tijeras.
sniper ['snaɪpə] *n* francotirador,-ra.
snooze [snuːz] **1** *n fam* cabezada. ‖ **2** *vi fam* dormitar.
snore [snɔː] **1** *n* ronquido. ‖ **2** *vi* roncar.
snort [snɔːt] *vi* resoplar.
snow [snəʊ] **1** *n* nieve *f*. ‖ **2** *vi* nevar. • **snowed under with work** agobiado,-a de trabajo.
snowfall ['snəʊfɔːl] *n* nevada.
snowflake ['snəʊfleɪk] *n* copo de nieve.
snowman ['snəʊmæn] *n* muñeco de nieve.
snub [snʌb] **1** *n* desaire *m*. ‖ **2** *vt* (*person*) desairar; (*offer*) rechazar.
snug [snʌg] **1** *adj* cómodo,-a; calentito,-a. **2** ajustado,-a, ceñido,-a.
so [səʊ] **1** *adv* tan: **she's so tired that ...** está tan cansada que ... **2** (*intensifier*) mucho: **I miss you so** te echo mucho de menos. **3** (*confirmation*) así: **It's Mary – So it is!** Es María – ¡Así es! **4** (*reply - yes*) que sí; (*- no*) que no: **I guess so** supongo que sí; **I don't think so** creo que no. **5** (*also*) también. ‖ **6** *conj* así que, por lo tanto. • **and so on** y así sucesivamente; **an hour or so** una hora más o menos; **if so** en ese caso; **not so ... as ...** no tan ... como ...; **so as to** para; **so many** tantos, -as; **so much** tanto,-a; **so (that) ...** para (que) ...; **so what?** *fam* ¿y qué?
soak [səʊk] **1** *vt* (*immerse*) poner en remojo. **2** (*wet*) empapar. ♦ **to soak through** *vi* penetrar, calar ♦ **to soak up** *vt* absorber. • **soaked to the skin** calado,-a hasta los huesos.
soap [səʊp] *n* jabón. ▪ **soap opera** (*on TV*) telenovela.
soapy ['səʊpɪ] *adj* jabonoso,-a.
soar [sɔː] *vi* remontar el vuelo.
sob [sɒb] **1** *n* sollozo. ‖ **2** *vi* sollozar.
sober ['səʊbə] **1** *adj* sobrio,-a. **2** sensato,-a, serio,-a. **3** discreto,-a. ♦ **to sober up** *vi* pasársele a uno la borrachera.
so-called ['səʊkɔːld] *adj* supuesto,-a.
soccer ['sɒkə] *n* fútbol *m*.
social ['səʊʃl] **1** *adj* (*gen*) social. **2** (*sociable*) sociable.
socialism ['səʊʃəlɪzm] *n* socialismo.
socialist ['səʊʃəlɪst] *adj* - *n* socialista.
socialize ['səʊʃəlaɪz] *vi* relacionarse.
society [sə'saɪətɪ] **1** *n* (*gen*) sociedad *f*. **2** (*company*) compañía.
sociology [səʊsɪ'ɒlədʒɪ] *n* sociología.
sock [sɒk] *n* calcetín *m*.
socket ['sɒkɪt] **1** *n* (*of eye*) cuenca. **2** ELEC enchufe *m*.
sod [sɒd] **1** *n* terrón. **2** *fam* cabrón, -ona. **3** *fam* desgraciado,-a. • **sod it!** *fam* ¡maldito,-a sea!
soda ['səʊdə] *n* CHEM sosa. ▪ **soda water** soda, sifón *m*.
soft [sɒft] **1** *adj* (*not hard*) blando, -a. **2** (*smooth, quiet*) suave. **3** (*weak*) débil. ▪ **soft drink** refresco.
soften ['sɒfn] **1** *vt* ablandar. **2** suavizar. ‖ **3** *vi* ablandarse. **4** suavizarse.
soggy ['sɒgɪ] *adj* (*wet*) empapado,-a.
soil [sɔɪl] **1** *n* tierra. ‖ **2** *vt* ensuciar.
solder ['sɒldə] **1** *n* soldadura. ‖ **2** *vt* soldar.
soldier ['səʊldʒə] *n* soldado.

sole [səʊl] **1** *n* planta. **2** suela. **3** lenguado. ‖ **4** *adj* único,-a.
solemn ['sɒləm] *adj* solemne.
solicitor [sə'lɪsɪtə] **1** *n* JUR abogado, -a, procurador,-ra. **2** (*for wills*) notario,-a.
solid ['sɒlɪd] **1** *adj* sólido,-a. **2** macizo,-a. **3** entero,-a. **4** puro,-a. ‖ **5** *n* sólido.
solidify [sə'lɪdɪfaɪ] *vt - vi* solidificar (se).
solidity [sə'lɪdɪtɪ] *n* solidez *f*.
solitary ['sɒlɪtrɪ] **1** *adj* (*alone*) solitario,-a. **2** (*only, sole*) solo,-a.
solitude ['sɒlɪtju:d] *n* soledad *f*.
solo ['səʊləʊ] **1** *n* solo. ‖ **2** *adj* en solitario. ‖ **3** *adv* solo,-a, a solas.
solve [sɒlv] *vt* resolver, solucionar.
sombre ['sɒmbə] *adj* sombrío,-a.
some [sʌm] **1** *adj* unos,-as, algunos,-as. **2** un poco (de): **some coffee** un poco de café **3** (*certain*) cierto,-a, alguno,-a. **4** algún,-una: **some day** algún día. ‖ **5** *pron* (*unspecified*) algunos,-as, unos,-as. **6** algo, un poco: **can I have some?** ¿puedo coger un poco? • **in some ways** en cierto modo; **some ... or other** algún,-una ... que otro,-a; **some other time** en otro momento.
somebody ['sʌmbədɪ] *pron* alguien. • **somebody else** otro,-a, otra persona.
somehow ['sʌmhaʊ] **1** *adv* de algún modo. **2** por alguna razón.
someone ['sʌmwʌn] *pron* → **somebody**.
something ['sʌmθɪŋ] *n* algo. • **something else** otra cosa.
sometime ['sʌmtaɪm] **1** *adv* un día, algún día. ‖ **2** *adj* antiguo,-a, ex-. • **sometime or other** un día de estos.
sometimes ['sʌmtaɪmz] *adv* a veces.
somewhat ['sʌmwɒt] *adv* un tanto.
somewhere ['sʌmweə] **1** *adv* (*position*) en alguna parte; (*direction*) a alguna parte. ‖ **2** *pron* un lugar, un sitio. • **somewhere else** en otra parte.
son [sʌn] *n* hijo.
song [sɒŋ] **1** *n* canción. **2** canto.
son-in-law ['sʌnɪnlɔ:] *n* (*pl* sons-in-law) yerno, hijo político.
soon [su:n] **1** *adv* pronto. **2** temprano. • **as soon as** en cuanto; **as soon as possible** cuanto antes; **I would as soon ...** preferiría ...; **soon afterwards** poco después.
sooner ['su:nə] *adv* más temprano. • **I would sooner** preferiría; **no sooner ...** nada más ...: **sooner or later** tarde o temprano.
soothe [su:ð] **1** *vt* (*nerves*) calmar. **2** (*pain*) aliviar.
sordid ['sɔ:dɪd] *adj* sórdido,-a.
sore [sɔ:] **1** *adj* (*painful*) dolorido, -a, inflamado,-a. ‖ **2** *n* llaga, úlcera. ▪ **sore throat** dolor *m* de garganta.
sorely ['sɔ:lɪ] *adv* profundamente, muy.
sorrow ['sɒrəʊ] *n* pena, pesar, dolor.
sorry ['sɒrɪ] **1** *adj* (*pitiful*) triste, lamentable. ‖ **2** *interj* ¡perdón!, ¡disculpe! • **to be sorry** sentirlo: **to feel sorry for sb** compadecer a algn.
sort [sɔ:t] **1** *n* (*type*) clase *f*, tipo. **2** *fam* (*person*) tipo. ‖ **3** *vt* clasificar. ♦ **to sort out 1** *vt* clasificar, ordenar. **2** *vt* (*solve*) arreglar, solucionar. • **all sorts of** todo tipo de; **of sorts**

de alguna clase; **out of sorts** (*unwell*) pachucho,-a; (*moody*) de mal humor; **sort of** más o menos; **to be sort of ...** *fam* estar como ....

so-so ['səʊsəʊ] *adv fam* así así, regular.

soul [səʊl] *n* alma.

sound [saʊnd] **1** *n* sonido. **2** ruido. **3** GEOG estrecho. ‖ **4** *vt* tocar. ‖ **5** *vi* sonar. **6** *fig* (*seem*) parecer. ‖ **7** *adj* (*healthy*) sano,-a. **8** fuerte, robusto, -a. **9** profundo,-a.

soundproof ['saʊndpruːf] **1** *adj* insonorizado,-a. ‖ **2** *vt* insonorizar.

soundtrack ['saʊndtræk] *n* banda sonora.

soup [suːp] **1** *n* sopa. **2** consomé *m.*

sour ['saʊə] **1** *adj* ácido,-a, agrio,-a. **2** (*milk*) cortado,-a, agrio,-a. **3** *fig* (*bitter*) amargado,-a.

source [sɔːs] *n* fuente.

south [saʊθ] **1** *n* sur *m.* ‖ **2** *adj* del sur. ‖ **3** *adv* hacia el sur, al sur.

southeast [saʊθ'iːst] **1** *n* sudeste *m.* ‖ **2** *adj* del sudeste. ‖ **3** *adv* al sudeste.

southern ['sʌðən] *adj* del sur.

southwest [saʊθ'west] **1** *n* sudoeste *m.* ‖ **2** *adj* del sudoeste. ‖ **3** *adv* al sudoeste.

sovereign ['sɒvrın] *adj - n* soberano,-a.

sow [saʊ] *n* cerda, puerca.

sow [səʊ] *vt* (*pp* sowed o sown) sembrar.

space [speıs] **1** *n* (*gen*) espacio. **2** (*room*) sitio, lugar *m.* ‖ **3** *vt* espaciar.

spade [speıd] **1** *n* pala. **2** pica.

Spain [speın] *n* España.

span [spæn] **1** *n* (*of time*) lapso, espacio. **2** (*of wing*) envergadura; (*of arch etc*) luz *f,* ojo. ‖ **3** *vt* (*bridge etc*) atravesar. **4** (*life etc*) abarcar.

Spaniard ['spænjəd] *n* español,-la.

Spanish ['spænıʃ] **1** *adj* español,-la. ‖ **2** *n* (*language*) español *m.*

spank [spæŋk] *vt* zurrar, pegar.

spanner ['spænə] *n* llave *f* de tuerca.

spare [speə] **1** *adj* (*extra*) de sobra. ‖ **2** *n* pieza de recambio. ‖ **3** *vt* prescindir de. **4** escatimar. **5** (*save*) ahorrar. ▪ **spare time** tiempo libre.

spark [spɑːk] **1** *n* chispa. ‖ **2** *vi* echar chispas. ‖ **3** *vt* provocar. ♦ **to spark off** *vt* provocar. ▪ **spark plug** bujía.

sparkle ['spɑːkl] **1** *n* (*of gem, eyes*) centelleo, brillo. **2** (*of person*) viveza. ‖ **3** *vi* (*gem, eyes*) centellear. **4** (*person*) brillar.

sparse [spɑːs] *adj* (*thin*) escaso,-a.

spasm ['spæzm] **1** *n* MED espasmo. **2** (*of anger, coughing*) acceso.

spat [spæt] *n* polaina.

spate [speıt] *n* (*of letters*) avalancha; (*of accidents*) racha.

spatter ['spætə] *vt* salpicar, rociar.

speak [spiːk] **1** *vi* (*pt* spoke; pp spoken) hablar. **2** pronunciar un discurso. ‖ **3** *vt* decir: **he spoke the truth** dijo la verdad. **4** hablar. ♦ **to speak out** *vi* hablar claro ♦ **to speak up** *vi* hablar más fuerte ♦ **to speak (up) for** *vi* salir en defensa de. • **so to speak** por así decirlo; **to be nothing to speak of** no ser nada especial; **to speak one's mind** hablar sin rodeos.

speaker ['spiːkə] **1** *n* interlocutor, -ra. **2** conferenciante *mf.* **3** hablante *mf.* **4** altavoz.

spear [spıə] *n* lanza.

specialist ['speʃlɪst] *n* especialista *mf*.

specialize ['speʃəlaɪz] *vi* especializarse.

specific [spə'sɪfɪk] **1** *adj* (*particular*) específico,-a. **2** (*exact*) preciso,-a. ‖ **3 specifics** *npl* datos *mpl concretos*.

specifications [spesɪfɪ'keɪʃnz] *npl* datos *mpl* específicos.

specify ['spesɪfaɪ] *vt* especificar.

speck [spek] **1** *n* (*of dust, soot*) mota. **2** (*trace*) pizca. **3** (*dot*) punto.

spectacle ['spektəkl] **1** *n* espectáculo. ‖ **2 spectacles** *npl* gafas *fpl*.

spectator [spek'teɪtə] *n* espectador,-ra.

spectre ['spektə] *n* espectro.

speculate ['spekjʊleɪt] *vi* especular.

speech [spiːtʃ] **1** *n* habla. **2** pronunciación *f*. **3** discurso.

speechless ['spiːtʃləs] *adj* mudo,-a.

speed [spiːd] **1** *n* velocidad. ‖ **2** *vi* (*pt & pp* speeded o sped) ir a toda prisa. ♦ **to speed past** *vi* pasar volando ♦ **to speed up 1** *vt - vi* acelerar(se). **2** *vt - vi* apresurar(se).

speedometer [spɪ'dɒmɪtə] *n* velocímetro.

speedy ['spiːdɪ] *adj* rápido,-a, veloz.

spell [spel] **1** *n* (*magical*) hechizo, encanto. **2** (*period*) temporada; (*short*) racha. **3** (*shift*) tanda. ‖ **4** *vt - vi* (*pt & pp* spelled o spelt) (*letter by letter*) deletrear. **5** (*write*) escribir correctamente. ‖ **6** *vt fig* (*denote*) representar.

spelling ['spelɪŋ] *n* ortografía.

spend [spend] **1** *vt* (*pt & pp* spent) (*money*) gastar (on, en). **2** (*time*) pasar.

spending ['spendɪŋ] *n* gasto. ■ **spending power** poder *m* adquisitivo.

sphere [sfɪə] *n* esfera.

spice [spaɪs] **1** *n* especia. **2** *fig* sazón *m*, sal *f*. ‖ **3** *vt* condimentar.

spicy ['spaɪsɪ] *adj* sazonado,-a; picante.

spider ['spaɪdə] *n* araña. ■ **spider's web** telaraña.

spike [spaɪk] **1** *n* (*sharp point*) punta. **2** (*metal rod*) pincho. **3** (*on shoes*) clavo. **4** Bot espiga. **5** (*stake*) estaca.

spiky ['spaɪkɪ] **1** *adj* (*sharp*) puntiagudo,-a. **2** *fam* (*hair*) de punta.

spill [spɪl] **1** *n* derrame *m*. ‖ **2** *vt - vi* (*pt & pp* spilled o spilt) derramar (se). ♦ **to spill over** *vt* desbordarse. • **to spill the beans** *fam* descubrir el pastel.

spin [spɪn] **1** *n* (*turn*) vuelta, giro. **2** (*of ball*) efecto. ‖ **3** *vt* (*pt* spun o span; pp spun) (*turn*) hacer girar, dar vueltas (a). **4** (*clothes*) centrifugar. ‖ **5** *vt - vi* (*cotton, wool etc*) hilar. ♦ **to spin out** *vt* prolongar. • **to go for a spin** dar una vuelta (en coche o moto); **to spin sb a yarn** *fam* pegarle un rollo a algn.

spinach ['spɪnɪdʒ] *n* espinacas *fpl*.

spin-dryer [spɪn'draɪə] *n* secadora.

spine [spaɪn] **1** *n* Anat columna vertebral, espina dorsal. **2** (*of book*) lomo. **3** Zool púa.

spinster ['spɪnstə] *n* soltera.

spirit ['spɪrɪt] **1** *n* (*gen*) espíritu *m*. **2** (*ghost*) fantasma *m*. **3** (*force, vitality*) vigor *m*, ánimo; (*personality*) carácter *m*. **4** Chem alcohol *m*. ‖ **5 spirits** *npl* (*mood*) humor *m sing*, moral *f sing*. **6** (*drink*) licores *mpl*. ♦ **to spirit away/off** *vt* llevarse como por arte de magia. • **to be in high/low spirits** estar animado, -a/desanimado,-a.

spit [spɪt] **1** *n* saliva, esputo. || **2** *vt - vi* (*pt & pp* spat) escupir. ♦ **to spit out** *vt* escupir.

spite [spaɪt] *n* rencor *m*, ojeriza. • **in spite of** a pesar de, pese a; **out of spite** por despecho.

spiteful ['spaɪtfʊl] *adj* rencoroso,-a.

splash [splæʃ] **1** *n* (*noise*) chapoteo. **2** (*spray*) salpicadura, rociada. **3** *fig* (*of light etc*) mancha. || **4** *vt* salpicar, rociar (with, de). || **5** *vi* chapotear. || **6** *interj* ¡plaf! ♦ **to splash out** *vi fam* derrochar dinero. • **to make a splash** causar sensación.

splint [splɪnt] *n* tablilla.

split [splɪt] **1** *n* (*crack*) grieta, hendidura. **2** (*tear*) desgarrón *m*. **3** *fig* (*division*) ruptura. **4** POL escisión *f*. || **5** *adj* (*damaged*) partido,-a, hendido,-a. **6** (*divided*) dividido,-a. || **7** *vt - vi* (*pt & pp* split) (*crack*) agrietar(se). **8** (*in two*) partir(se). **9** (*tear*) rajar(se), rasgar(se). **10** (*divide*) dividir(se). || **11** *vi* POL escindirse. **16** *sl* largarse. ♦ **to split up 1** *vt* partir, dividir. **2** *vi* dispersarse; (*couple*) separarse. • **in a split second** en una fracción de segundo.

spoil [spɔɪl] **1** *vt* (*pt & pp* spoiled o spoilt [spɔɪlt]) (*child etc*) mimar. || **2** *vi - vt* estropear(se), echar(se) a perder. || **3 spoils** *npl* botín *m sing*.

spoke [spəʊk] *n* radio, rayo.

spokesman ['spəʊksmən] *n* portavoz.

sponge [spʌndʒ] **1** *n* esponja. || **2** *vt* lavar/limpiar con una esponja. || **3** *vi pej* vivir de gorra, gorrear. ■ **sponge cake** bizcocho.

sponger ['spʌndʒə] *n pej* gorrón, -ona.

sponsor ['spɒnsə] **1** *n* (*gen*) patrocinador,-ra. **2** REL (*man*) padrino; (*woman*) madrina. || **3** *vt* (*gen*) patrocinar. **4** REL apadrinar.

spooky ['spuːkɪ] *adj fam* escalofriante.

spoon [spuːn] *n* cuchara; (*small*) cucharilla, cucharita.

spoonful ['spuːnfʊl] *n* cucharada.

sport [spɔːt] **1** *n* deporte *m*. || **2** *vt* lucir.

sportsman ['spɔːtsmən] *n* deportista *m*.

sportswoman ['spɔːtswʊmən] *n* deportista.

spot [spɒt] **1** *n* punto; lunar *m*. **2** mancha. **3** grano. **4** sitio, lugar *m*. **5** aprieto, apuro. **6** *fam* poquito. || **7** *vt* descubrir. **8** darse cuenta de. **9** motear.

spotless ['spɒtləs] **1** *adj* limpísimo, -a, impecable. **2** *fig* intachable.

spotlight ['spɒtlaɪt] *n* foco.

spouse [spaʊz] *n* cónyuge *mf*.

spout [spaʊt] **1** *n* (*of jug*) pico; (*of fountain*) surtidor *m*; (*of roof - gutter*) canalón *m*. **2** (*of water*) chorro. || **3** *vt* echar, arrojar. || **4** *vi* salir a chorros.

sprain [spreɪn] **1** *n* torcedura. || **2** *vt* torcerse.

spray [spreɪ] **1** *n* rociada; espuma. **2** pulverización *f*. **3** espray *m*. || **5** *vt* rociar; pulverizar. ■ **spray can** aerosol *m*, espray *m*.

spread [spred] **1** *n* (*gen*) extensión *f*. **2** (*of ideas, news*) difusión *f*. **3** (*of disease, fire*) propagación *f*. **4** (*of wings, sails*) envergadura. **5** *fam* (*meal*) comilona. || **6** *vt - vi* (*pt & pp* spread) (*gen*) extender(se). **7** (*unfold*) desplegar(se). **8** (*news etc*) difundir(se). **9** (*butter etc*) untar. || **10** *vi* (*disease, fire*) propagarse.

spreadsheet ['spredʃiːt] *n* hoja de cálculo.

spree [spriː] *n* juerga, parranda.

spring [sprɪŋ] **1** *n* (*season*) primavera. **2** (*source*) manantial *m*, fuente *f*. **3** (*of furniture etc*) muelle *m*; (*of watch, lock etc*) resorte *m*; (*of car*) ballesta. **4** (*elasticity*) elasticidad *f*. || **5** *vi* (*pt* sprang; pp sprung) (*jump*) saltar. || **6** *vt fig* soltar (on, a). ♦ **to spring up** *vi* aparecer, surgir. ■ **spring onion** cebolleta.

springboard ['sprɪŋbɔːd] *n* trampolín *m*.

sprinkle ['sprɪŋkl] **1** *vt* rociar, salpicar. **2** espolvorear.

sprint [sprɪnt] **1** *n* (*in sport*) esprint *m*. || **2** *vi* (*in sport*) esprintar; (*run fast*) correr a toda velocidad.

sprout [spraʊt] **1** *n* brote *m*, retoño. || **2** *vi* (*plant*) brotar. **3** *fig* (*appear*) crecer rápidamente.

spur [spɜː] **1** *n* (*rider's*) espuela. **2** ZOOL espolón *m*. **3** (*incentive*) aguijón *m*, estímulo. || **4** *vt* (*horse*) espolear. **5** (*urge on*) estimular, incitar.

spurt [spɜːt] **1** *n* (*of liquid*) chorro. **2** (*of speed, effort etc*) racha, ataque *m*. **3** SP esfuerzo, sprint *m* final. || **4** *vi* (*liquid*) salir a chorro. **5** (*runner*) acelerar.

spy [spaɪ] **1** *n* espía *mf*. || **2** *vi* espiar (on, a).

squabble ['skwɒbl] **1** *n* disputa, riña. || **2** *vi* disputar, reñir (over, por).

squad [skwɒd] **1** *n* MIL pelotón *m*. **2** (*of police*) brigada. ■ **squad car** coche *m* patrulla.

squalid ['skwɒlɪd] **1** *adj* (*filthy*) sucio,-a, mugriento,-a. **2** (*poor*) miserable.

squalor ['skwɒlə] **1** *n* (*dirtiness*) suciedad *f*, mugre *f*. **2** (*poverty*) miseria.

squander ['skwɒndə] *vt* derrochar.

square [skweə] **1** *n* casilla. **2** plaza. **3** MATH cuadrado. **4** *fam* carroza. || **5** *adj* cuadrado,-a. **6** bueno,-a, decente. **7** *fam* justo,-a. || **8** *adv* exactamente. || **9** *vt* - *vi* cuadrar. || **10** *vt* ajustar, arreglar. ■ **square brackets** corchetes; **squared paper** papel *m* cuadriculado.

squash [skwɒʃ] **1** *n* (*crowd*) apiñamiento. **2** (*drink*) zumo. **3** BOT calabaza. || **4** *vt* aplastar. **5** *fig* (*person*) hacer callar. || **6** *vi* aplastarse.

squat [skwɒt] **1** *adj* rechoncho,-a, achaparrado,-a. || **2** *vi* agacharse. **3** ocupar ilegalmente.

squawk [skwɔːk] **1** *n* graznido, chillido. || **2** *vi* graznar, chillar.

squeak [skwiːk] **1** *n* chillido. **2** chirrido. || **3** *vi* chillar; chirriar, rechinar.

squeal [skwiːl] **1** *n* chillido. || **2** *vi* (*person, animal*) chillar. **3** (*brakes*) chirriar. **4** *fam* (*tell*) cantar, chivarse (on, de).

squeamish ['skwiːmɪʃ] *adj* impresionable.

squeeze [skwiːz] **1** *n* (*of hand*) apretón *m*. **2** (*difficulty*) aprieto. || **3** *vt* (*gen*) apretar. **4** (*lemon etc*) exprimir. **5** (*sponge*) estrujar.

squid [skwɪd] *n* calamar.

squint [skwɪnt] **1** *n* MED bizquera. **2** *fam* (*look*) vistazo, ojeada. || **3** *vi* MED bizquear.

squirrel ['skwɪrl] *n* ardilla.

squirt [skwɜːt] **1** *n* chorro. **2** *fam pej* (*person*) mequetrefe *mf*. ‖ **3** *vt* lanzar a chorro.

stab [stæb] **1** *n* puñalada, navajazo. ‖ **2** *vt* - *vi* apuñalar, acuchillar. ▪ **stab of pain** punzada de dolor.

stabilize ['steɪblaɪz] *vt* - *vi* estabilizar(se).

stable ['steɪbl] **1** *adj* estable. **2** equilibrado,-a. ‖ **3** *n* cuadra, establo.

stack [stæk] **1** *n* montón *m*. ‖ **2** *vt* apilar, amontonar.

staff [stɑːf] **1** *n* personal. **2** báculo.

stag [stæg] *n* ciervo, venado. ▪ **stag party** despedida de soltero.

stage [steɪdʒ] **1** *n* etapa. **2** escena. • **by this stage** a estas alturas.

stagger ['stægə] **1** *vi* tambalearse. ‖ **2** *vt* escalonar. **3** dejar atónito,-a.

stain [steɪn] **1** *n* mancha. ‖ **2** *vt* manchar. ‖ **3** *vi* mancharse.

stainless ['steɪnləs] *adj* inoxidable.

stair [steə] **1** *n* escalón *m*, peldaño. ‖ **2 stairs** *npl* escalera *f sing*.

staircase ['steəkeɪs] *n* escalera.

stake [steɪk] **1** *n* (*stick*) estaca, palo. **2** (*bet*) apuesta, puesta. **3** (*interest*) intereses *mpl*. ‖ **4** *vt* (*bet*) apostar. ♦ **to stake out** *vt* delimitar. • **at stake** en juego.

stale [steɪl] **1** *adj* (*bread*) duro,-a; (*food*) pasado,-a. **2** (*smell*) a cerrado. **3** (*joke*) gastado,-a.

stalk [stɔːk] **1** *n* (*of plant*) tallo. **2** (*of fruit*) rabo, rabillo. ‖ **3** *vt* acechar. ‖ **4** *vi* andar con paso majestuoso.

stall [stɔːl] **1** *vi* calarse, pararse. **2** *fam* andarse con rodeos. ‖ **3** *n* puesto; caseta. ‖ **4 stalls** *npl* platea.

stallion ['stælɪən] *n* semental *m*.

stammer ['stæmə] **1** *n* tartamudeo. ‖ **2** *vi* tartamudear.

stamp [stæmp] **1** *n* sello; timbre. **2** tampón. ‖ **3** *vt* poner sello a. **4** sellar. ‖ **5** *vi* patear; zapatear. ♦ **to stamp out** *vt fig* acabar con.

stance [stæns] *n* postura.

stand [stænd] **1** *n* posición, postura. **2** pie. **3** puesto; estand. **4** plataforma. **5** Sp tribuna. ‖ **6** *vi* (*pt & pp* stood) estar de pie; ponerse de pie, levantarse; quedarse de pie. **7** encontrarse. **8** seguir en pie. **9** estar. ‖ **10** *vt* poner, colocar. **11** *fam* aguantar. ♦ **to stand back** *vi* apartarse, alejarse (from, de) ♦ **to stand by 1** *vi* (*remain inactive*) quedarse sin hacer nada. **2** *vi* (*be ready*) estar preparado,-a. **3** *vt* (*person*) respaldar a; (*decision etc*) atenerse a ♦ **to stand for 1** *vt* (*signify*) significar. **2** *vt* (*put up with*) tolerar. **3** *vt* (*support*) defender ♦ **to stand in for** *vt* sustituir a ♦ **to stand out** *vi* destacar ♦ **to stand up 1** *vi* ponerse de pie. **2** *vt fam* dejar plantado,-a ♦ **to stand up for** *vt fig* defender. • **as things stand** tal como están las cosas; **to stand to reason** ser lógico,-a; **to stand up to sb** *fig* hacer frente a algn.

standard ['stændəd] **1** *n* (*level*) nivel *m*. **2** (*principle*) criterio. **3** (*norm*) norma. **4** (*flag*) estandarte *m*. **5** (*measure*) patrón *m*. ‖ **6** *adj* normal, corriente.

standby ['stændbaɪ] *n* sustituto,-a. • **to be on standby** (*passenger*) estar en lista de espera.

standing ['stændɪŋ] **1** *adj* de pie. ‖ **2** *n* rango, estatus *m*.

standstill ['stændstɪl] *n* paralización.

staple ['steɪpl] **1** *n* grapa. || **2** *vt* grapar.

stapler ['steɪplə] *n* grapadora.

star [stɑː] **1** *n* estrella. || **2** *adj* estelar. || **3** *vi* protagonizar (in,-). ■ **star sign** signo del zodiaco.

starch [stɑːtʃ] *n* almidón *m*; (*of potatoes*) fécula.

stardom ['stɑːdəm] *n* estrellato.

stare [steə] **1** *n* mirada fija. || **2** *vi* mirar fijamente, clavar la vista. • **to stare into space** mirar al vacío.

starfish ['stɑːfɪʃ] *n* estrella de mar.

stark [stɑːk] **1** *adj* (*landscape*) desolado,-a. **2** (*décor*) sobrio,-a. **3** *fig* (*truth etc*) crudo,-a. || **4** *adv* completamente. • **stark mad** loco,-a de remate; **stark naked** *fam* en cueros.

starry ['stɑːrɪ] *adj* estrellado,-a.

start [stɑːt] **1** *n* (*beginning*) principio. **2** (*of race*) salida. **3** (*advantage*) ventaja. **4** (*fright*) susto. || **5** *vt* - *vi* (*gen*) empezar. **6** (*car, engine*) arrancar. || **7** *vi* (*jerk*) sobresaltarse. ♦ **to start back** *vi* emprender la vuelta ♦ **to start off/out 1** *vi* (*begin*) empezar. **2** *vi* (*leave*) salir, partir ♦ **to start up** *vt* - *vi* (*car etc*) arrancar. • **to make an early start** salir a primera hora.

starter ['stɑːtə] **1** *n* Sp (*official*) juez *mf* de salida. **2** Auto motor *m* de arranque. **3** (*dish*) primer plato. • **for starters** *fig* para empezar.

startle [stɑːtl] *vt* asustar, sobresaltar.

starvation [stɑː'veɪʃn] *n* hambre *f*.

starve [stɑːv] **1** *vi* (*go hungry*) pasar hambre. **2** (*be hungry*) morirse de hambre. || **3** *vt* matar de hambre.

state [steɪt] **1** *n* estado. || **2** *adj* estatal. || **3** *vt* afirmar. **4** exponer. **5** fijar. ■ **state education** enseñanza pública; **state of mind** estado de ánimo.

stately ['steɪtlɪ] *adj* majestuoso,-a.

statement ['steɪtmənt] **1** *n* declaración. **2** comunicado. **3** Fin extracto de cuentas.

statesman ['steɪtsmən] *n* estadista.

station ['steɪʃn] **1** *n* (*railway, bus*) estación *f*. **2** (*radio*) emisora; (*TV*) canal *m*. **3** (*position*) puesto. || **4** *vt* Mil estacionar. **5** (*position*) colocar.

stationary ['steɪʃnrɪ] **1** *adj* (*still*) inmóvil. **2** (*unchanging*) estacionario,-a.

stationery ['steɪʃnrɪ] **1** *n* papel de carta. **2** artículos de escritorio.

statistics [stə'tɪstɪks] **1** *n* estadística. || **2** *npl* estadísticas.

status ['steɪtəs] **1** *n* estado, condición *f*. **2** estatus, prestigio.

staunch [stɔːntʃ] *adj* fiel, leal.

stay [steɪ] **1** *n* estancia. || **2** *vi* quedarse, permanecer. **3** alojarse. ♦ **to stay in** *vi* quedarse en casa ♦ **to stay on** *vi* quedarse ♦ **to stay out** *vi* quedarse fuera ♦ **to stay up** *vi* no acostarse. • **to stay away from sth** no acercarse a algo.

steady ['stedɪ] **1** *adj* firme; estable. **2** constante, regular. **3** sereno,-a. **4** fijo,-a. || **5** *vt* estabilizar.

steak [steɪk] *n* bistec *m*, filete *m*.

steal [stiːl] *vt* - *vi* (*pt* stole; pp stolen) robar, hurtar. ♦ **to steal away** *vi* escabullirse.

steam [stiːm] **1** *n* vapor *m*. ‖ **2** *vt* cocer al vapor. ‖ **3** *vi* echar vapor.
steel [stiːl] *n* acero.
steep [stiːp] **1** *adj* (*hill*) empinado, -a, escarpado,-a. **2** *fig* (*price etc*) excesivo,-a. ‖ **3** *vt* remojar.
steer [stɪə] **1** *vt* (*gen*) dirigir. **2** (*vehicle*) conducir. **3** (*ship*) gobernar. **4** *fig* (*conversation*) llevar.
steering ['stɪərɪŋ] *n* dirección *f*. ■ **steering wheel** volante *m*.
stem [stem] **1** *n* Bot tallo. **2** (*of glass*) pie *m*. **3** Gram raíz *f*. ‖ **4** *vt* contener. ♦ **to stem from** *vt* derivarse de.
stench [stentʃ] *n* hedor *m*, peste *f*.
step [step] **1** *n* (*gen*) paso. **2** (*stair*) escalón *m*, peldaño. **3** (*formality*) gestión *f*, trámite *m*. ‖ **4** *vi* dar un paso, andar. ‖ **5 steps** *npl* (*outdoor*) escalinata *f sing*; (*indoor*) escalera *f sing*. ♦ **to step aside** *vi* apartarse ♦ **to step back 1** *vi* (*move back*) retroceder. **2** *vi* (*become detached*) distanciarse ♦ **to step down** *vi* renunciar (from, a) ♦ **to step in** *vi* intervenir ♦ **to step out** *vi* salir ♦ **to step up** *vt fam* aumentar. • **to step on sth** pisar algo; **to take steps** tomar medidas; **to watch one's step** *fig* ir con cuidado.
stepbrother ['stepbrʌðə] *n* hermanastro.
stepchild ['steptʃaɪld] *n* hijastro,-a.
stepdaughter ['stepdɔːtə] *n* hijastra.
stepfather ['stepfɑːðə] *n* padrastro.
stepmother ['stepmʌðə] *n* madrastra.
stepsister ['stepsɪstə] *n* hermanastra.
stepson ['stepsʌn] *n* hijastro.
sterile ['steraɪl] **1** *adj* (*barren*) estéril. **2** (*germ-free*) esterilizado,-a.
sterling ['stɜːlɪŋ] **1** *n* libra esterlina. ‖ **2** *adj* puro,-a, de ley.
stern [stɜːn] **1** *adj* austero,-a. ‖ **2** *n* popa.
stew [stjuː] **1** *n* estofado, guisado. ‖ **2** *vt* (*meat*) estofar, guisar; (*fruit*) cocer.
steward ['stjuːəd] *n* (*on ship*) camarero; (*on plane*) auxiliar *m* de vuelo.
stewardess ['stjuːədes] *n* (*on ship*) camarera; (*on plane*) azafata.
stick [stɪk] **1** *n* (*rod*) palo. **2** (*for walking*) bastón *m*. **3** Mus batuta. **4** (*of celery etc*) rama. ‖ **5** *vt* (*pt & pp* stuck) (*pointed object*) clavar, hincar. **6** *fam* poner, meter. **7** (*fix, glue*) pegar. **8** *fam* (*bear*) aguantar. ‖ **9** *vi* (*become attached*) pegarse. **10** (*get caught*) atrancarse; (*machine part*) encasquillarse. ♦ **to stick around** *vi fam* quedarse ♦ **to stick at** *vt* seguir con ♦ **to stick by** *vt fam* (*friend*) apoyar; (*promise*) cumplir con ♦ **to stick out 1** *vi* (*protrude*) sobresalir. **2** *vi fam* (*be obvious*) saltar a la vista. **3** *vt* sacar ♦ **to stick to 1** *vt* (*keep to*) atenerse a. **2** *vt* (*carry out*) cumplir con ♦ **to stick up 1** *vi* (*project*) salir, sobresalir; (*hair*) estar de punta. **2** *vt* (*raise*) levantar ♦ **to stick up for** *vt fam* defender. • **to stick one's neck out** *fig* jugarse el tipo; **to get hold of the wrong end of the stick** *fam* coger el rábano por las hojas.
sticker ['stɪkə] *n* pegatina.
sticky ['stɪkɪ] **1** *adj* (*tacky*) pegajoso, -a. **2** (*weather*) bochornoso,-a. **3** *fam* (*situation*) difícil.

stiff [stɪf] **1** *adj* (*rigid*) rígido,-a, tieso,-a. **2** (*joint*) entumecido,-a. **3** (*firm*) espeso,-a. **4** (*manner*) estirado,-a. **5** *fig* (*difficult*) duro,-a. **6** *fam* (*drink*) fuerte.

stiffen ['stɪfn] **1** *vt* (*fabric*) reforzar; (*collar*) almidonar. **2** (*paste*) endurecer. **3** (*make stronger*) fortalecer. || **4** *vi* (*person*) ponerse rígido,-a; (*joint*) entumecerse. **5** (*become stronger*) fortalecerse.

stifle ['staɪfl] *vt* ahogar, sofocar.

still [stɪl] **1** *adj* (*not moving*) quieto,-a. **2** (*calm*) tranquilo,-a. **3** (*drink*) sin gas. || **4** *adv* todavía, aún. **5** (*even so*) aun así. **6** (*however*) sin embargo. || **7** *n fml* silencio. **8** CINEM vista fija. ■ **still life** ART naturaleza muerta.

stillness ['stɪlnəs] *n* calma, quietud.

sting [stɪŋ] **1** *n* aguijón *m*. **2** picadura. **3** escozor. || **4** *vt* - *vi* (*pt & pp* stung) picar.

stingy ['stɪndʒɪ] *n* tacaño,-a, roñoso,-a.

stink [stɪŋk] **1** *n* peste *f*, hedor *m*. || **2** *vi* (*pt* stank o stunk; pp stunk) apestar.

stir [stɜː] **1** *vt* (*coffee etc*) remover. **2** (*move*) mover, agitar. **3** (*affect*) conmover. || **4** *vi* (*move*) moverse; (*get up*) levantarse. || **5** *n fig* conmoción *f*. ♦ **to stir up 1** *vt* (*cause*) provocar. **2** *vt* (*water, mud*) remover. • **to stir to action** incitar a la acción.

stirrup ['stɪrəp] *n* estribo.

stitch [stɪtʃ] **1** *n* (*sewing*) puntada. **2** (*knitting*) punto. **3** MED punto de sutura. || **4** *vt* coser (on, a). **5** MED suturar. • **to be in stitches** *fam* troncharse de risa.

stock [stɒk] **1** *n* reserva. **2** existencias *fpl*, stock *m*. **3** capital social. **4** ganado. **5** caldo. **6** linaje *m*. || **7** *adj pej* consabido,-a. || **8** *vt* tener (en el almacén). **9** surtir. **10** llenar. ♦ **to stock up** *vi* abastecerse. ■ **stock exchange** bolsa.

stockbroker ['stɒkbrəʊkə] *n* corredor,-ra de bolsa.

stocking ['stɒkɪŋ] *n* media.

stocky ['stɒkɪ] *adj* robusto,-a.

stole [stəʊl] *n* estola.

stomach ['stʌmək] *n* estómago.

stone [stəʊn] **1** *n* (*mineral*) piedra. **2** (*of fruit*) hueso. **3** (*weight*) 6,348 kg. || **4** *adj* de piedra. || **5** *vt* (*person*) apedrear.

stoned [stəʊnd] **1** *adj sl* (*on drugs*) colocado,-a. **2** *fam* (*drunk*) trompa.

stony ['stəʊnɪ] **1** *adj* (*with stones*) pedregoso,-a. **2** (*unfriendly*) glacial.

stool [stuːl] *n* taburete *m*.

stoop [stuːp] **1** *n* encorvamiento. || **2** *vi* (*bend*) inclinarse, agacharse. **3** (*habitually*) ser cargado,-a de espaldas. ♦ **to stoop to** *vt fig* rebajarse a.

stop [stɒp] **1** *n* (*halt*) parada, alto. **2** GRAM punto. **3** (*for bus etc*) parada. || **4** *vt* parar. **5** (*prevent*) impedir, evitar. **6** (*production*) paralizar. **7** (*put an end to*) poner fin a. **8** (*suspend*) suspender. **9** (*cease*) dejar de. || **10** *vi* detenerse. **11** (*cease*) terminar. || **12** *interj* ¡pare!, ¡alto! ♦ **to stop by** *vi fam* pasar (at, por) ♦ **to stop off** *vi* hacer una parada (at/in, en) ♦ **to stop up** *vt* tapar, taponar. • **to come to a stop** pararse. ■ **stop sign** señal *f* de stop.

stopover ['stɒpəʊvə] *n* escala.

stoppage ['stɒpɪdʒ] **1** *n* interrupción, paro. **2** deducción. **3** obstrucción.

stopper ['stɒpə] *n* tapón *m*.

stopwatch ['stɒpwɒtʃ] *n* cronómetro.
storage ['stɔːrɪdʒ] *n* almacenaje *m*.
store [stɔː] **1** *n* (*supply*) provisión *f*, reserva. **2** (*shop*) tienda; (*warehouse*) almacén *m*. ‖ **3** *vt* (*put in storage*) almacenar; (*keep*) guardar. ♦ **to store up** *vt* acumular. • **in store** de reserva.
storey ['stɔːrɪ] *n* piso, planta.
stork [stɔːk] *n* cigüeña.
storm [stɔːm] **1** *n* (*gen*) tormenta; (*at sea*) tempestad *f*; (*with wind*) borrasca. **2** *fig* (*uproar*) revuelo. ‖ **3** *vi* **to storm in/out/off** entrar/salir/marcharse furiosamente.
stormy ['stɔːmɪ] **1** *adj* tormentoso,-a. **2** acalorado,-a.
story ['stɔːrɪ] **1** *n* (*gen*) historia. **2** (*tale*) cuento. **3** (*account*) relato. **4** (*article*) artículo. **5** (*plot*) argumento.
stout [staʊt] **1** *adj* (*fat*) robusto,-a. **2** (*strong*) sólido,-a. **3** (*determined*) resuelto,-a. ‖ **4** *n* cerveza negra.
stove [stəʊv] **1** *n* estufa. **2** cocina; hornillo.
stow [stəʊ] *vt* guardar.
straight [streɪt] **1** *adj* recto,-a. **2** liso,-a. **3** seguido,-a. **4** honrado,-a. **5** sincero,-a. **6** serio,-a. **7** solo,-a. **8** *fam* hetero. ‖ **9** *adv* en línea recta. **10** directamente. **11** enseguida. **12** con claridad. ‖ **13** *n* recta. • **straight ahead** todo recto; **straight off** sin pensarlo.
straightaway [streɪtə'weɪ] *adv* en seguida.
straighten ['streɪtn] **1** *vt* (*gen*) enderezar, poner bien. **2** (*hair*) estirar. ♦ **to straighten out** *vt* - *vi* resolver(se) ♦ **to straighten up** **1** *vt* ordenar. **2** *vt* poner derecho,-a.
straightforward [streɪt'fɔːwəd] *adj* franco,-a, honrado,-a.
strain [streɪn] **1** *n* (*gen*) presión *f*, tensión *f*. **2** (*nervous*) estrés *m*, tensión *f*. **3** MED torcedura. **4** (*breed*) raza. **5** (*streak*) vena. ‖ **6** *vt* (*stretch*) estirar. **7** (*muscle*) torcerse; (*voice, eyes*) forzar. **8** (*filter*) colar. ‖ **9** *vi* tirar (at, de).
strainer ['streɪnə] *n* colador *m*.
strait [streɪt] *n* GEOG estrecho.
strand [strænd] **1** *n* (*of thread*) hebra, hilo. **2** (*of rope*) ramal *m*. **3** (*of hair*) pelo. **4** (*of pearls*) sarta. ‖ **5** *vt* MAR varar. **6** *fig* abandonar.
strange [streɪndʒ] **1** *adj* extraño,-a, raro,-a. **2** desconocido,-a.
stranger ['streɪndʒə] *n* extraño,-a.
strangle ['stræŋgl] *vt* estrangular.
strap [stræp] **1** *n* correa. **2** tirante.
strategy ['strætədʒɪ] *n* estrategia.
straw [strɔː] **1** *n* paja. **2** paja, pajita. • **that's the last straw!** *fam* ¡es el colmo!
strawberry ['strɔːbrɪ] *n* fresa.
stray [streɪ] **1** *adj* perdido,-a. ‖ **2** *n* animal extraviado. ‖ **3** *vi* extraviarse.
streak ['striːk] **1** *n* (*line*) raya, lista. **2** (*in hair*) mecha, mechón *m*. **3** *fig* (*of madness etc*) vena; (*of luck*) racha.
stream [striːm] **1** *n* arroyo, riachuelo. **2** corriente *f*. **3** flujo; chorro. **4** *fig* oleada, torrente *m*. ‖ **5** *vi* manar, correr, chorrear. **6** *fig* desfilar.
streamer ['striːmə] *n* serpentina.
street [striːt] *n* calle *f*. ■ **street lamp** farola.
strength [streŋθ] **1** *n* (*gen*) fuerza. **2** (*of currency*) valor *m*. **3** (*of emotion, colour*) intensidad *f*. **4** (*power*) potencia.

strengthen ['streŋθn] *vt - vi* fortalecer(se). **2** intensificar(se)

strenuous ['strenjʊəs] *adj* fatigoso,-a.

stress [stres] **1** *n* tensión *f* nerviosa. **2** TECH tensión *f*. **3** (*emphasis*) hincapié *m*. **4** GRAM acento. ‖ **5** *vt* recalcar. **6** GRAM acentuar. • **to be under stress** estar estresado,-a; **to lay great stress on sth** hacer hincapié en algo.

stretch [stretʃ] **1** *n* (*gen*) extensión *f*. **2** (*elasticity*) elasticidad *f*. **3** (*length*) trecho, tramo. **4** (*of time*) intervalo. ‖ **5** *vt - vi* (*spread*) extender(se). **6** (*elastic*) estirar. ♦ **to stretch out 1** *vt - vi* alargar(se). **2** *vi* estirarse; tumbarse.

stretcher ['stretʃə] *n* camilla.

stride [straɪd] **1** *n* zancada, trancada. ‖ **2** *vi* (*pt* strode; pp stridden ['strɪdən]) andar a zancadas. • **to take sth in one's stride** *fig* tomarse las cosas con calma.

strike [straɪk] **1** *n* huelga. **2** golpe *m*. **3** hallazgo. **4** ataque. ‖ **5** *vt* (*pt & pp* struck) golpear. **6** chocar contra. **7** descubrir. **8** acuñar. **9** encender. **10** dar, tocar. **11** cerrar. ‖ **12** *vi* atacar. **13** hacer huelga. **14** tocar la hora. ♦ **to strike back** *vi* devolver el golpe ♦ **to strike down** *vt* abatir ♦ **to strike off 1** *vt* tachar. **2** *vt* JUR suspender ♦ **to strike up** *vt* entablar. • **it strikes me that ...** se me ocurre que ...; **to be struck dumb** quedarse mudo,-a; **to strike out on one's own** volar con sus propias alas; **to strike it rich** *fam* hacerse rico,-a.

striker ['straɪkə] **1** *n* (*worker*) huelguista *mf*. **2** (*footballer*) delantero,-a.

striking ['straɪkɪŋ] **1** *adj* (*noticeable*) llamativo,-a. **2** (*on strike*) en huelga.

string [strɪŋ] **1** *n* (*gen*) cuerda; (*lace*) cordón *m*. **2** (*of garlic, lies*) ristra. **3** (*of events*) serie *f*. ‖ **4** *vt* (*pt & pp* strung) (*beads*) ensartar. **5** (*racket etc*) encordar. • **to pull strings for sb** *fig* mover hilos para ayudar algn.

stringent ['strɪndʒənt] *adj* estricto,-a.

strip [strɪp] **1** *n* (*of paper, leather*) tira. **2** (*of land*) franja. **3** (*cartoon*) historieta. ‖ **4** *vt* (*paint etc*) quitar; (*room*) vaciar. **5** (*undress*) desnudar (se). ♦ **to strip down** *vt* desmontar ♦ **to strip of** *vi* despojar.

stripe [straɪp] *n* raya, lista.

strive [straɪv] *vi* (*pt* strove; pp striven ['strɪvən]) esforzarse (after/for, por).

stroke [strəʊk] **1** *n* (*gen*) golpe *m*. **2** (*of bell*) campanada. **3** (*of engine*) tiempo. **4** (*of brush*) pincelada; (*of pen*) trazo. **5** MED apoplejía. ‖ **6** *vt* acariciar.

stroll [strəʊl] **1** *n* paseo. ‖ **2** *vi* pasear.

strong [strɒŋ] **1** *adj* (*gen*) fuerte. **2** (*firm*) acérrimo,-a. **3** (*forceful*) enérgico,-a.

strong-minded [strɒŋ'maɪndɪd] *adj* resuelto,-a, decidido,-a.

stroppy ['strɒpɪ] *adj* GB *fam* de mala uva.

structure ['strʌktʃə] **1** *n* estructura. **2** (*thing constructed*) construcción *f*. ‖ **3** *vt* estructurar.

struggle ['strʌgl] **1** *n* lucha. **2** (*physical*) pelea, forcejeo. ‖ **3** *vi* (*contend*) luchar. **4** (*physically*) forcejear.

strut [strʌt] **1** *n* ARCH puntal *m*, riostra. ‖ **2** *vi* pavonearse.

stub [stʌb] **1** *n* (*of cigarette*) colilla. **2** (*of pencil, candle*) cabo. **3** (*of cheque*) matriz *f*. **4** (*of receipt*) resguardo.

stubble ['stʌbl] **1** *n* (*in field*) rastrojo. **2** (*on chin*) barba incipiente.

stubborn ['stʌbən] *adj* terco,-a.

stud [stʌd] **1** *n* (*on clothing*) tachón *m*. **2** (*on furniture*) tachuela. **3** (*animal*) semental *m*. ‖ **4** *vt* tachonar (with, de).

study ['stʌdɪ] **1** *n* estudio. ‖ **2** *vt* - *vi* estudiar. ‖ **3** *vt* analizar, examinar.

stuff [stʌf] **1** *n fam* cosas *fpl*, trastos *mpl*. ‖ **2** *vt* rellenar. **3** disecar. **4** atiborrar. • **to do one's stuff** *fam* hacer uno lo suyo; **to stuff oneself** *fam* hartarse de comida.

stuffing ['stʌfɪŋ] *n* relleno.

stuffy ['stʌfɪ] **1** *adj* cargado,-a, mal ventilado,-a. **2** (*person*) estirado,-a.

stumble ['stʌmbl] **1** *n* tropezón *m*, traspié *m*. ‖ **2** *vi* tropezar.

stump [stʌmp] **1** *n* tocón. **2** cabo. **3** muñón, chueca. ‖ **4** *vt fam* desconcertar.

stun [stʌn] **1** *vt* (*daze*) aturdir, atontar. **2** (*shock*) sorprender.

stunning ['stʌnɪŋ] **1** *adj* (*shocking*) pasmoso. **2** (*incredible*) estupendo,-a.

stunt [stʌnt] **1** *n* CINEM escena peligrosa. **2** (*trick*) truco. ‖ **3** *vt* atrofiar. ▪ **stunt man/woman** doble *mf*.

stupid ['stju:pɪd] **1** *adj* tonto,-a, imbécil. ‖ **2** *n* tonto,-a, imbécil *mf*.

sturdy ['stɜ:dɪ] *adj* robusto,-a, fuerte.

stutter ['stʌtə] **1** *n* tartamudeo. ‖ **2** *vi* tartamudear.

sty [staɪ] *n* pocilga.

style [staɪl] **1** *n* (*gen*) estilo. **2** (*of hair*) peinado. **3** (*fashion*) moda.

stylish ['staɪlɪʃ] **1** *adj* (*smart*) elegante. **2** (*fashionable*) a la moda.

suave [swɑ:v] *adj* afable.

subconscious [sʌb'kɒnʃəs] **1** *adj* subconsciente. ‖ **2** *n* subconsciente *m*.

subdue [səb'dju:] **1** *vt* (*conquer*) someter, dominar. **2** (*feelings etc*) contener. **3** (*colour*) atenuar, suavizar.

subject ['sʌbdʒekt] **1** *n* (*topic*) tema *m*. **2** (*at school*) asignatura. **3** (*citizen*) súbdito. ‖ **4** *adj* (*gen*) sujeto,-a (to, a). **5** (*fine*) expuesto,-a (to, a). **6** (*delay*) susceptible (to, de). ‖ **7** *vt* ([səb'dʒekt]) someter.

subjective [səb'dʒektɪv] *adj* subjetivo,-a.

submerge [səb'mɜ:dʒ] **1** *vt* sumergir. ‖ **2** *vi* sumergirse.

submission [səb'mɪʃn] **1** *n* sumisión. **2** presentación.

submit [səb'mɪt] **1** *vt* (*person*) someter. **2** (*application etc*) presentar. ‖ **3** *vi* (*surrender*) someterse.

subscribe [səb'skraɪb] **1** *vi* (*to magazine*) suscribirse (to, a). **2** (*opinion*) estar de acuerdo (to, con).

subscriber [səb'scraɪbə] *n* (*to magazine*) suscriptor,-ra; (*to service*) abonado,-a.

subscription [səb'skɪpʃn] *n* (*to magazine*) suscripción *f*; (*to service*) abono.

subsequent ['sʌbsɪkwənt] *adj* subsiguiente, posterior.
subside [səb'saɪd] **1** *vi* (*sink*) hundirse. **2** (*weather, anger*) amainar, apaciguarse.
subsidiary [səb'sɪdɪərɪ] **1** *adj* secundario,-a. ‖ **2** *n* filial *f*, sucursal *f*.
subsidize ['sʌbsɪdaɪz] *vt* subvencionar.
subsidy ['sʌbsɪdɪ] *n* subvención.
subsistence [səb'sɪstns] *n* subsistencia.
substance ['sʌbstəns] **1** *n* sustancia. **2** *fig* (*essence*) esencia.
substantial [səb'stænʃl] **1** *adj* (*considerable*) importante, sustancial. **2** (*solid*) sólido,-a. **3** (*meal*) abundante.
substitute ['sʌbstɪtjuːt] **1** *n* (*person*) sustituto,-a, suplente *mf*. **2** (*food*) sucedáneo. ‖ **3** *vt* sustituir.
subtle ['sʌtl] **1** *adj* (*gen*) sutil. **2** (*taste etc*) delicado,-a. **3** (*remark*) agudo,-a.
subtract [səb'trækt] *vt* restar.
suburb ['sʌbɜːb] *n* barrio periférico. ▪ **the suburbs** las afueras.
subway ['sʌbweɪ] **1** *n* GB paso subterráneo. **2** US metro.
succeed [sək'siːd] **1** *vi* (*gen*) triunfar; (*plan*) salir bien. ‖ **2** *vt* suceder a. • **to succeed in doing sth** conseguir hacer algo.
success [sək'ses] *n* éxito. • **to be a success** tener éxito.
successful [sək'sesfʊl] **1** *adj* de éxito; acertado,-a. **2** próspero,-a; feliz.
successive [sək'sesɪv] *adj* sucesivo,-a.
successor [sək'səsə] *n* sucesor,-ra.
succumb [sə'kʌm] *vi* sucumbir (to, a).
such [sʌtʃ] **1** *adj* (*of that sort*) tal, semejante. **2** tan ... como; tanto,-a ... que: **he was in such a hurry that he forgot his briefcase** tenía tanta prisa que se olvidó el maletín. ‖ **3** *adv* muy, mucho,-a; tan, tanto,-a: **she's such a clever woman** ¡es una mujer tan inteligente!; **there were such a lot of books** había muchos libros. • **at such and such a time** a tal hora; **in such a way that ...** de tal modo que ...
suck [sʌk] **1** *n* chupada. ‖ **2** *vt* - *vi* (*gen*) chupar; (*baby*) mamar. ‖ **3** *vt* (*whirlpool*) tragar.
suckle ['sʌkl] **1** *vt* amamantar. ‖ **2** *vi* mamar.
sudden ['sʌdn] **1** *adj* repentino,-a. **2** inesperado,-a, imprevisto,-a. • **all of a sudden** de repente.
sue [suː] *vt* - *vi* demandar (for, por).
suede [sweɪd] **1** *n* ante *m*, gamuza. ‖ **2** *adj* de ante, de gamuza.
suffer ['sʌfə] **1** *vt* - *vi* sufrir (from, de). ‖ **2** *vt* (*bear*) aguantar, soportar.
suffering ['sʌfərɪŋ] **1** *n* sufrimiento. **2** (*pain*) dolor *m*.
suffocate ['sʌfəkeɪt] *vt* - *vi* asfixiar (se).
sugar ['ʃʊgə] **1** *n* azúcar *m & f*. ‖ **2** *vt* echar azúcar. ▪ **sugar bowl** azucarero.
sugary ['ʃʊgərɪ] **1** *adj* azucarado,-a. **2** almibarado,-a, meloso,-a.
suggest [sə'dʒest] **1** *vt* sugerir. **2** aconsejar. **3** implicar.
suggestion [sə'dʒestʃn] **1** *n* (*proposal*) sugerencia. **2** (*insinuation*) insinuación *f*. **3** (*hint*) sombra, traza.

suggestive [sə'dʒestɪv] **1** *adj* (*indicative*) sugestivo,-a. **2** (*indecent*) provocativo,-a.
suicide ['sjuːɪsaɪd] *n* suicidio. • **to commit suicide** suicidarse.
suit [sjuːt] **1** *n* traje *m*. **2** pleito. ‖ **3** *vt* convenir a, venir bien a. **4** sentar bien, favorecer. • **suit yourself!** ¡como quieras!; **suits me!** ¡a mí me está bien!; **to follow suit** seguir el ejemplo.
suitable ['sjuːtəbl] **1** *adj* conveniente. **2** adecuado,-a, apto,-a.
suitcase ['suːtkeɪs] *n* maleta.
suitor ['sjuːtə] *n* pretendiente *mf*.
sulk [sʌlk] *vi* estar de mal humor.
sullen ['sʌlən] *adj* hosco,-a, huraño,-a.
sulphur ['sʌlfə] *n* azufre *m*.
sultry ['sʌltrɪ] **1** *adj* (*muggy*) bochornoso,-a, sofocante. **2** (*seductive*) sensual.
sum [sʌm] **1** *n* (*gen*) suma. **2** (*of invoice, money*) importe *m*. ♦ **to sum up** *vt* resumir. • **in sum** en suma, en resumen.
summarize ['sʌməraɪz] *vt* resumir.
summer ['sʌmə] **1** *n* verano. ‖ **2** *adj* (*weather*) veraniego,-a. **3** (*resort*) de veraneo.
summit ['sʌmɪt] *n* cumbre *f*.
summon ['sʌmən] *vt* llamar. • **to summon up one's strength** armarse de valor.
summons ['sʌmənz] **1** *n* (*call*) llamamiento. **2** Jur citación *f*. ‖ **3** *vt* Jur citar.
sun [sʌn] *n* sol *m*. • **to sun oneself** tomar el sol.
Sun ['sʌndɪ] *abbr* (Sunday) dom.
sunbathe ['sʌnbeɪð] *vi* tomar el sol.
sunburnt ['sʌnbɜːnt] *adj* quemado,-a.
Sunday ['sʌndeɪ] *n* domingo. ■ **Sunday school** catequesis *f inv*.
sundial ['sʌndaɪəl] *n* reloj *m* de sol.
sunflower ['sʌnflaʊə] *n* girasol *m*.
sunglasses ['sʌnglɑːsɪz] *npl* gafas *fpl* de sol.
sunny ['sʌnɪ] **1** *adj* soleado,-a. **2** alegre. • **to be sunny** hacer sol.
sunrise ['sʌnraɪz] *n* salida del sol.
sunset ['sʌnset] *n* puesta del sol.
sunshade ['sʌnʃeɪd] **1** *n* (*parasol*) sombrilla. **2** (*awning*) toldo.
sunshine ['sʌnʃaɪn] *n luz f* de sol.
sunstroke ['sʌnstrəʊk] *n* insolación *f*.
suntan ['sʌntæn] *n* bronceado.
superb [suː'pɜːb] *adj* estupendo,-a.
superhuman [suːpə'hjuːmən] *adj* sobrehumano,-a.
superior [suː'pɪərɪə] **1** *adj - n* (*gen*) superior. **2** (*haughty*) altanero,-a.
superstitious [sjuːpə'stɪʃəs] *adj* supersticioso,-a.
supervise ['suːpəvaɪz] **1** *vt* (*watch over*) vigilar. **2** (*activity*) supervisar.
supper ['sʌpə] *n* cena. • **to have supper** cenar.
supple ['sʌpl] *adj* flexible.
supplement ['sʌplɪmənt] **1** *n* suplemento. ‖ **2** *vt* (['sʌplɪment]) complementar.
supplier [sə'plaɪə] *n* suministrador,-ra.
supply [sə'plaɪ] **1** *vt* (*gen*) suministrar; (*person, company etc*) abastecer, proveer. **2** (*troops*) aprovisionar. **3** (*information*) facilitar. ‖ **4** *n* (*provision*) abastecimiento. **5** (*stock*) existencias *fpl*. ‖ **6 supplies** *npl*

(*food*) víveres *mpl.* • **supply and demand** la oferta y la demanda.

support [sə'pɔːt] **1** *n* apoyo. **2** ayuda económica. ‖ **3** *vt* sostener. **4** apoyar, respaldar. **5** seguir. **6** mantener. • **to support oneself** ganarse la vida.

supporter [sə'pɔːtə] **1** *n* partidiario,-a. **2** seguidor,-ra; hincha *mf,* forofo,-a.

supportive [sə'pɔːtɪv] *adj* comprensivo,-a.

suppose [sə'pəʊz] **1** *vt* suponer. **2** (*suggestion*): **suppose we leave now?** ¿y si nos fuéramos ya? • **I suppose so/not** supongo que sí/no; **to be supposed to ...** (*supposition*) se supone que ...; (*obligation*) deber ...: **you're supposed to be in bed** deberías estar en la cama.

suppress [sə'pres] **1** *vt* (*text*) suprimir. **2** (*feelings, revolt etc*) reprimir.

sure [ʃʊə] **1** *adj* seguro,-a. ‖ **2** *adv* (*of course*) claro. **3** (*certainly*) seguro. **4** US (*really*): **he sure is handsome** ¡qué guapo es! • **sure enough** efectivamente; **to be sure to ...** no olvidarse de ...; **to make sure** asegurarse (of, de).

surf [sɜːf] **1** *n* (*waves*) oleaje *m.* **2** (*foam*) espuma. ‖ **3** *vi* hacer surf. • **to surf the Net** navegar por Internet.

surface ['sɜːfəs] **1** *n* (*gen*) superficie *f.* **2** (*of road*) firme *m.*

surge [sɜːdʒ] **1** *n* (*of sea*) oleaje *m.* **2** (*growth*) alza, aumento. **3** (*of people*) oleada. **4** (*of emotion*) arranque *m,* arrebato. ‖ **5** *vi* (*sea*) agitarse, encresparse.

surgeon ['sɜːdʒn] *n* cirujano,-a.

surgery ['sɜːdʒərɪ] **1** *n* cirugía. **2** GB (*consulting room*) consultorio.

surgical ['sɜːdʒɪkl] *adj* quirúrgico,-a.

surname ['sɜːneɪm] *n* apellido.

surpass [sɜː'pɑːs] *vt* superar.

surplus ['sɜːpləs] **1** *adj* sobrante. ‖ **2** *n* sobrante *m,* excedente *m.* **3** superávit *m.*

surprise [sə'praɪz] **1** *n* sorpresa. ‖ **2** *adj* inesperado,-a. ‖ **3** *vt* sorprender. • **to take sb by surprise** coger desprevenido,-a a algn.

surrender [sə'rendə] **1** *n* rendición *f;* entrega. ‖ **2** *vt* - *vi* rendir(se).

surround [sə'raʊnd] *vt* rodear.

surrounding [sə'raʊndɪŋ] **1** *adj* circundante. ‖ **2 surroundings** *npl* (*of place*) alrededores *mpl.* **3** (*environment*) entorno *m sing.*

surveillance [sɜː'veɪləns] *n* vigilancia.

survey ['sɜːveɪ] **1** *n* (*of opinion*) sondeo; (*of trends etc*) encuesta, estudio. **2** (*of building, land*) reconocimiento; (*in topography*) medición *f.* **3** (*view*) panorama. ‖ **4** *vt* ([sə'veɪ]) (*look at*) contemplar. **5** (*study*) analizar. **6** (*building, land*) inspeccionar.

surveyor [sə'veɪə] *n* agrimensor,-ra.

survive [sə'vaɪv] *vt* - *vi* sobrevivir a.

survivor [sə'vaɪvə] *n* superviviente *mf.*

susceptible [sə'septɪbl] **1** *adj* (*to attack etc*) susceptible. **2** (*to illness*) propenso,-a. **3** (*to flattery etc*) sensible.

suspect ['sʌspekt] **1** *adj* - *n* sospechoso,-a. ‖ **2** *vt* ([sə'spekt]) (*gen*) sospechar. **3** (*imagine*) imaginar.

suspend [sə'spend] **1** *vt* (*stop*) suspender. **2** (*pupil*) expulsar. **3** SP (*player*) sancionar. ▪ **suspended sentence** JUR condena condicional.

suspender [sə'spendə] 1 *n* liga. ‖ 2 **suspenders** *npl* tirantes *mpl*.
suspense [səs'spens] 1 *n* (*anticipation*) incertidumbre *f*. 2 (*intrigue*) suspense *m*.
suspension [sə'spenʃn] 1 *n* suspensión. 2 expulsión. 3 SP sanción.
suspicion [sə'spɪʃn] 1 *n* sospecha. 2 (*mistrust*) recelo, desconfianza.
sustain [sə'steɪn] 1 *vt* (*gen*) sostener. 2 (*nourish*) sustentar. 3 (*suffer*) sufrir.
swagger ['swægə] *vi* contonearse.
swallow ['swɒləʊ] 1 *n* (*of drink*) trago; (*of food*) bocado. 2 (*bird*) golondrina. ‖ 3 *vt* - *vi* tragar. ‖ 4 *vt* (*believe*) tragarse.
swamp [swɒmp] 1 *n* pantano, ciénaga. ‖ 2 *vt* (*flood*) inundar (by/with, de). 3 (*sink*) hundir. 4 (*overwhelm*) abrumar (with, de).
swan [swɒn] *n* cisne *m*.
swap [swɒp] *vt* - *vi fam* intercambiar. ♦ **to swap round** *vt* cambiar de sitio.
swarm [swɔːm] 1 *n* enjambre *m*. ‖ 2 *vi* enjambrar. 3 *fig* rebosar (with, de).
swarthy ['swɔːðɪ] *adj* moreno,-a.
swat [swɒt] *vt* aplastar.
sway [sweɪ] 1 *n* (*movement*) balanceo, vaivén *m*. 2 (*influence*) dominio. ‖ 3 *vt* (*swing*) balancear(se). 4 (*influence*) convencer. ‖ 5 *vi* (*totter*) tambalearse.
swear [sweə] 1 *vt* - *vi* (*pt* swore; pp sworn) (*vow*) jurar. ‖ 2 *vi* (*curse*) decir palabrotas; (*blaspheme*) blasfemar. ♦ **to swear by** *vt fam* tener entera confianza en. • **to be sworn in** jurar el cargo.
sweat [swet] 1 *n* sudor *m*. 2 *fam* (*hard work*) trabajo duro. ‖ 3 *vt* - *vi* sudar. • **to sweat it out** *fam* aguantar.
sweatshirt ['swetʃɜːt] *n* sudadera.
Swede [swiːd] *n* (*person*) sueco,-a.
Sweden ['swiːdn] *n* Suecia.
Swedish ['swiːdɪʃ] 1 *adj* - *n* sueco,-a. ‖ 2 *n* (*language*) sueco.
sweep [swiːp] 1 *n* (*of broom*) barrido. 2 (*of arm*) movimiento amplio, gesto amplio. 3 (*police*) redada. 4 *fam* (*person*) deshollinador,-ra. ‖ 5 *vt* - *vi* (*pt & pp* swept) (*with broom*) barrer. ‖ 6 *vt* (*spread*) recorrer. 7 (*carry away*) arrastrar. ♦ **to sweep aside** *vt fig* rechazar. • **to sweep in/out/past** entrar/salir/pasar rápidamente.
sweeping ['swiːpɪŋ] 1 *adj* (*broad*) amplio,-a. 2 (*victory etc*) arrollador,-ra.
sweet [swiːt] 1 *adj* dulce. 2 agradable. ‖ 3 *n* golosina. 4 postre. • **to have a sweet tooth** ser goloso,-a. ▪ **sweet corn** maíz; **sweet potato** boniato.
sweetener ['swiːtnə] *n* edulcorante *m*.
sweetheart ['swiːthɑːt] 1 *n* (*dear*) cariño. 2 (*loved one*) novio,-a.
swell [swel] 1 *vi* (*pp* swollen) hincharse.
swelling ['swelɪŋ] *n* hinchazón *f*.
swerve [swɜːv] 1 *n* viraje *m brusco*. ‖ 2 *vt* - *vi* desviar(se) bruscamente.
swift [swɪft] *adj fml* rápido,-a, veloz.
swim [swɪm] 1 *n* baño. ‖ 2 *vi* (*pt* swam; pp swum) nadar.
swimmer ['swɪmə] *n* nadador,-ra.
swimming ['swɪmɪŋ] *n* natación *f*. ▪ **swimming baths** piscina *f sing*

(interior); **swimming costume/ trunks** bañador *m sing*; **swimming pool** piscina.
swimsuit ['swɪmsuːt] *n* bañador.
swindle ['swɪndl] **1** *n* estafa, timo. || **2** *vt* estafar, timar.
swine [swaɪn] *n* cerdo.
swing [swɪŋ] **1** *n* (*movement*) balanceo, oscilación *f*. **2** (*plaything*) columpio. **3** *fig* (*change*) giro. || **4** *vt* - *vi* (*pt & pp* swung) (*to and fro*) balancear(se). **5** (*arms etc*) menear (se). **6** (*on plaything*) columpiar(se). **7** *fig* girar, virar. • **in full swing** en plena marcha.
swirl [swɜːl] **1** *n* (*gen*) remolino. **2** (*of smoke*) voluta. **3** (*of skirt*) vuelo. || **4** *vi* arremolinarse. **5** (*person*) dar vueltas.
Swiss [swɪs] *adj* - *n* suizo,-a.
switch [swɪtʃ] **1** *n* interruptor *m*, llave *f*. **2** cambio repentino. **3** intercambio, canje. || **4** *vt* cambiar de. **5** desviar. ♦ **to switch off** *vt* (*radio, TV etc*) apagar; (*current*) cortar ♦ **to switch on** *vt* (*light*) encender; (*radio, TV*) poner ♦ **to switch over** *vi* cambiar.
Switzerland ['swɪtsələnd] *n* Suiza.
swivel ['swɪvl] *vt* - *vi* girar(se).
swoop [swuːp] **1** *vi* (*bird*) abalanzarse. **2** (*plane*) bajar en picado.
sword [sɔːd] *n* espada.
swot [swɒt] **1** *n fam* empollón, -ona. || **2** *vi fam* empollar.
syllable ['sɪləbl] *n* sílaba.
syllabus ['sɪləbəs] *n* programa *m* de estudios.
symbol ['sɪmbl] *n* símbolo.
sympathetic [sɪmpə'θetɪk] **1** *adj* (*showing pity*) compasivo,-a. **2** (*understanding*) comprensivo,-a (to, con). **3** (*approving*) favorable.
sympathize ['sɪmpəθaɪz] **1** *vi* (*show pity*) compadecerse (with, de). **2** (*understand*) comprender (with,-).
sympathy ['sɪmpəθɪ] **1** *n* compasión, lástima. **2** pésame. **3** comprensión *f*.
symptom ['sɪmptəm] *n* síntoma *m*.
synchronize ['sɪŋkrənaɪz] *vt* sincronizar.
syndicate ['sɪndɪkət] *n* organización *f*, agrupación.
syndrome ['sɪndrəʊm] *n* síndrome *m*.
synthetic [sɪn'θetɪk] **1** *adj* sintético,-a. || **2** *n* fibra sintética.
syringe [sɪ'rɪndʒ] *n* jeringa, jeringuilla.
syrup ['sɪrəp] **1** *n* MED jarabe *m*. **2** CULIN almíbar *m*.
system ['sɪstəm] *n* sistema *m*.

T

ta [tɑː] *interj* GB *fam* ¡gracias!
tab [tæb] **1** *n* (*flap*) lengüeta. **2** (*label*) etiqueta.
table ['teɪbl] **1** *n* mesa. **2** tabla, cuadro. ‖ **3** *vt* presentar. ▪ **table tennis** tenis *m* de mesa.
tablecloth ['teɪblklɒθ] *n* mantel *m*.
tablespoon ['teɪblspuːn] *n* cucharón *m*.
tablet ['tæblət] *n* pastilla.
tacit ['tæsɪt] *adj* tácito,-a.
tack [tæk] **1** *n* (*nail*) tachuela. **2** (*direction*) táctica. ‖ **3** *vt* clavar con tachuelas. **4** Sew hilvanar. • **to change tack** cambiar de táctica.
tackle ['tækl] **1** *n* equipo, aparejos *mpl*. **2** (*pulleys etc*) polea. ‖ **3** *vt* (*deal with*) abordar.
tacky ['tækɪ] **1** *adj* (*sticky*) pegajoso, -a. **2** (*cheap*) hortera.
tact [tækt] *n* tacto.
tactful ['tæktfʊl] *adj* discreto,-a.
tag [tæg] **1** *n* (*label*) etiqueta. **2** (*game*) pillapilla *m*. **3** (*phrase*) coletilla. ‖ **4** *vt* etiquetar. ♦ **to tag on** *vt* añadir.
tail [teɪl] **1** *vt* seguir. ‖ **2** *n* cola. ‖ **3** **tails** *npl* (*of coin*) cruz *f sing*.
tailback ['teɪlbæk] *n* caravana, cola.
tailor ['teɪlə] *n* sastre,-a.
tailor-made [teɪlə'meɪd] *adj* hecho,-a a la medida.
take [teɪk] **1** *vt* (*pt* took; pp taken) tomar, coger. **2** (*accept*) aceptar. **3** (*transport, carry*) llevar. **4** (*need*) requerir, necesitar. **5** (*write down*) apuntar, anotar. **6** (*occupy*) ocupar. **7** (*stand*) aguantar: **he can't take a joke** no sabe aceptar una broma. **8** (*suppose*) suponer. **9** (*time*) llevar, tardar. ‖ **10** *n* Cinem toma. ♦ **to take after** *vt* parecerse a ♦ **to take away 1** *vt* llevarse. **2** *vt* quitar. **3** *vt* restar ♦ **to take back 1** *vt* devolver. **2** *vt* retractarse ♦ **to take down 1** *vt* desmontar. **2** *vt* descolgar. **3** *vt* apuntar ♦ **to take in 1** *vt* dar cobijo a. **2** *vt* engañar. **3** *vt* asimilar ♦ **to take off 1** *vt* quitarse. **2** *vi* despegar ♦ **to take on 1** *vt* hacerse cargo de. **2** *vt* (*worker*) contratar, emplear ♦ **to take out** *vt* sacar. ♦ **to take over 1** *vt* apoderarse de. **2** *vi* tomar el poder ♦ **to take over from** *vt* relevar ♦ **to take to 1** *vt* tomar cariño a. **2** *vt* (*start to do*) empezar a ♦ **to take up 1** *vt* ocupar. **2** *vt* aceptar. **3** *vt* empezar a. • **to take it out on sb** tomarla con algn: **to take sth up with sb** tratar algo con algn; **to take to one's heels** darse a la fuga.
takeoff ['teɪkɒf] **1** *n* Av despegue *m*. **2** (*imitation*) imitación *f*.
takings ['teɪkɪŋz] *npl* recaudación.
tale [teɪl] *n* cuento.
talk [tɔːk] **1** *vt* - *vi* hablar. ‖ **2** *n* conversación *f*, charla. **3** (*rumour*) rumor *m*. ♦ **to talk over** *vt* discutir ♦ **to talk round** *vt* convencer. • **to talk**

sb into sth convencer a algn para que haga algo; **to talk sb out of sth** disuadir a algn de hacer algo.
talkative ['tɔːkətɪv] *adj* hablador,-ra.
talker ['tɔːkə] *n* hablador,-ra.
talking-to ['tɔːkɪŋtuː] *n fam* bronca.
tall [tɔːl] *adj* alto,-a. ■ **tall story** cuento chino.
tambourine [tæmbə'riːn] *n* pandereta.
tame [teɪm] **1** *adj* (*by nature*) manso,-a, dócil. **2** (*tamed*) domesticado,-a. **3** *fig* (*dull*) soso,-a. || **4** *vt* domesticar.
tamper ['tæmpə] **1 to tamper with** *vt* (*meddle with*) interferir en, manipular. **2** (*document*) falsificar.
tan [tæn] **1** *n* color *m* canela. **2** (*suntan*) bronceado. || **3** *vt* (*leather*) curtir. || **4** *vt - vi* (*skin*) broncear(se), poner(se) moreno,-a.
tangerine [tændʒəriːn] *n* mandarina.
tangle ['tæŋgl] **1** *n* enredo. || **2** *vt* enredar. || **3** *vi* enredarse, enmarañarse. ♦ **to tangle with** *vt* meterse con.
tank [tæŋk] **1** *n* depósito, tanque *m*. **2** MIL tanque *m*.
tanker ['tæŋkə] **1** *n* buque *m* cisterna. **2** petrolero. **3** camión *m* cisterna.
tantamount ['tæntəmaʊnt] **tantamount to** *prep* equivalente a.
tantrum ['tæntrəm] *n* berrinche.
tap [tæp] **1** *n* (*for water*) grifo. **2** (*blow*) golpecito. || **3** *vt* (*hit*) golpear suavemente. **4** *fig* (*resources*) explotar. **5** (*phone*) pinchar, intervenir. ■ **tap dance** claqué *m*.
tape [teɪp] **1** *n* cinta. || **2** *vt* (*with adhesive tape*) pegar con cinta. **3** (*record*) grabar. ■ **tape measure** cinta métrica.
tapestry ['tæpəstrɪ] *n* tapiz *m*.
tar [tɑː] *n* alquitrán *m*.
target ['tɑːgɪt] **1** *n* (*of arrow*) blanco. **2** (*aim*) meta.
tarmac ['tɑːmæk] *n* asfalto.
tart [tɑːt] tarta, pastel.
task [tɑːsk] *n* tarea, labor *f*.
taste [teɪst] **1** *n* (*sense*) gusto. **2** (*flavour*) sabor *m*. **3** (*liking*) afición *f*. || **4** *vt* (*food*) probar. **5** (*wine*) catar. || **6** *vi* saber (of, a).
tasteful ['teɪstful] *adj* de buen gusto.
tasteless ['teɪstləs] **1** *adj* de mal gusto. **2** insípido,-a, soso,-a.
tasty ['teɪstɪ] *adj* sabroso,-a.
ta-ta [tæ'tɑː] *interj* GB *fam* ¡adiós!
tattered ['tætəd] *adj* andrajoso,-a.
tatters ['tætəz] *npl* harapos, andrajos.
tattoo [tə'tuː] **1** *n* (*on skin*) tatuaje *m*. **2** MIL retreta. || **3** *vt* tatuar.
tatty ['tætɪ] **1** *adj* (*furniture*) en mal estado. **2** (*clothes*) raído,-a.
taunt [tɔːnt] **1** *n* mofa, pulla. || **2** *vt* mofarse de.
Taurus ['tɔːrəs] *n* tauro.
taut [tɔːt] *adj* tirante, tieso,-a.
tavern ['tævən] *n* taberna, mesón *m*.
tax [tæks] **1** *n* impuesto. || **2** *vt* (*thing*) gravar. **3** (*person*) cobrar impuestos a.
taxation [tæk'seɪʃn] *n* impuestos *mpl*.
taxpayer ['tækspeɪə] *n* contribuyente *mf*.
TB ['tiː'biː] *abbr* tuberculosis *f*.
tea [tiː] **1** *n* té *m*. **2** (*light meal*) merienda. **3** (*full meal*) cena. ■ **tea set** juego de té; **tea spoon** cucharilla.

teach [tiːtʃ] **1** *vt* (*pt & pp* taught) enseñar. **2** (*subject*) dar clases de. || **3** *vi* dar clases.
teacher ['tiːtʃə] *n* profesor,-ra; *(primary school)* maestro,-a.
teaching ['tiːtʃɪŋ] *n* enseñanza.
teacloth ['tiːklɒθ] *n* paño de cocina.
teacup ['tiːkʌp] *n* taza de té.
team [tiːm] *n* equipo.
teapot ['tiːpɒt] *n* tetera.
tear [tɪə] **1** *n* lágrima. **2** ([teə]) (*rip*) rasgón *m*, desgarrón *m*. || **3** *vt* ([teə]) (*pt* tore; pp torn) (*rip*) rasgar, desgarrar. ♦ **to tear down** *vt* derribar ♦ **to tear into** *vt* arremeter contra ♦ **to tear up** *vt* romper en pedazos. • **to burst into tears** romper a llorar. ■ **tear gas** gas *m* lacrimógeno.
teardrop ['tɪədrɒp] *n* lágrima.
tearful ['tɪəfʊl] *adj* lloroso,-a.
tease [tiːz] *vt* tomar el pelo a.
teaspoon ['tiːspuːn] *n* cucharilla.
teat [tiːt] **1** *n* teta. **2** tetina.
technician [tek'nɪʃn] *n* técnico,-a.
technology [tek'nɒlədʒɪ] *n* tecnología.
teddy ['tedɪ] *n* osito de peluche.
tedious ['tiːdɪəs] *adj* tedioso,-a.
teenager ['tiːneɪdʒə] *n* adolescente.
teeny ['tiːnɪ] *adj fam* chiquitín,-ina.
tee-shirt ['tiːʃɜːt] *n* camiseta.
teetotaller [tiː'təʊtlə] *n* abstemio,-a.
telepathy [tɪ'lepəθɪ] *n* telepatía.
telephone ['telɪfəʊn] **1** *n* teléfono. || **2** *vt* - *vi* llamar por teléfono. ■ **telephone box** cabina telefónica; **telephone directory** guía telefónica.
telescope ['telɪskəʊp] *n* telescopio.
televise ['telɪvaɪz] *vt* televisar.
television ['telɪvɪʒn] **1** *n* (*medium*) televisión *f*. **2** (*set*) televisor *m*.
tell [tel] **1** *vt* (*inform*) decir. **2** (*story*) contar. **3** (*one from another*) distinguir. || **4** *vi* (*know*) saber: **you never can tell** nunca se sabe. ♦ **to tell apart** *vt* distinguir ♦ **to tell off** *vt* reñir ♦ **to tell on 1** *vt* (*have effect*) afectar a. **2** *vt* (*tell tales*) chivar.
teller ['telə] *n* (*in bank*) cajero,-a.
telling-off [telɪŋ'ɒf] *n fam* bronca.
telltale ['telteɪl] *n* chivato,-a.
telly ['telɪ] *n fam* tele *f*.
temper ['tempə] **1** *n* humor *m*. **2** (*bad temper*) mal genio. **3** (*nature*) temperamento. || **4** *vt* templar, suavizar. • **to be in a temper** estar de mal humor; **to lose one's temper** enfadarse.
temperate ['temprət] **1** *adj* (*person*) moderado,-a. **2** (*climate*) templado,-a.
temperature ['temprətʃə] **1** *n* temperatura. **2** fiebre.
tempest ['tempəst] *n* tempestad *f*.
temple ['templ] **1** *n* (*religious*) templo. **2** ANAT sien *f*.
temporary ['temprərɪ] *adj* provisional.
tempt [tempt] *vt* tentar.
ten [ten] *adj* - *n* diez *m*.
tenacious [tə'neɪʃəs] *adj* tenaz.
tenant ['tenənt] *n* inquilino,-a.
tend [tend] **1** *vi* tender a. || **2** *vt* cuidar.
tender ['tendə] **1** *adj* (*meat etc*) tierno,-a. **2** (*loving*) tierno,-a, cariñoso, -a. **3** (*sore*) dolorido,-a. || **4** *n* COMM oferta.
tenderness ['tendənəs] *n* ternura.

tenement ['tenəmənt] *n* bloque *m* de pisos.

tense [tens] **1** *adj* tenso,-a. ‖ **2** *n* GRAM tiempo. ‖ **3** *vt* tensar. ‖ **4** *vi* tensarse.

tent [tent] *n* tienda de campaña.

tentacle ['tentəkl] *n* tentáculo.

tentative ['tentətɪv] **1** *adj* de prueba, provisional. **2** indeciso,-a.

tenth [tenθ] *adj* - *n* décimo,-a.

tenuous ['tenjʊəs] *adj* tenue, sutil.

tenure ['tenjə] *n* tenencia, posesión *f*.

tepid ['tepɪd] *adj* tibio,-a.

term [tɜːm] **1** *vt* calificar de, llamar. ‖ **2** *n* EDUC trimestre *m*. **3** (*period*) período. **4** (*expression, word*) término. ‖ **5 terms** *npl* COMM condiciones *fpl*. **6** (*relations*) relaciones *fpl*. • **in terms of** por lo que se refiere a; **to be on good terms with** tener buenas relaciones con; **to come to terms with sth** aceptar algo.

terminate ['tɜːmɪneɪt] *vt* - *vi* terminar.

terminus ['tɜːmɪnəs] *n* (*pl* terminuses o termini ['tɜːmɪnaɪ]) término.

terrace ['terəs] **1** *n* (*patio*) terraza. **2** (*of houses*) hilera. ‖ **3 terraces** *npl* SP gradas *fpl*.

terrain [tə'reɪn] *n* terreno.

terrible ['terɪbl] **1** *adj* (*as intensifier*) terrible. **2** *fam* (*very bad*) fatal.

terrific [tə'rɪfɪk] *adj* fabuloso,-a.

terrify ['terɪfaɪ] *vt* aterrar, aterrorizar.

territory ['terɪtrɪ] *n* territorio.

terror ['terə] *n* terror *m*, espanto.

terrorism ['terərɪzm] *n* terrorismo.

terrorize ['terəraɪz] *vt* aterrorizar.

terse [tɜːs] *adj* lacónico,-a.

test [test] **1** *n* (*trial*) prueba. **2** EDUC examen *m*, test *m*. **3** MED análisis *m*. ‖ **4** *vt* probar, poner a prueba. ▪ **test tube** tubo de ensayo; **test tube baby** bebé *m* probeta.

testify ['testɪfaɪ] **1** *vt* declarar, testificar. ‖ **2** *vi* prestar declaración.

text [tekst] *n* texto.

textbook ['tekstbʊk] *n* libro de texto.

textile ['tekstaɪl] *adj* - *n* textil.

texture ['tekstʃə] *n* textura.

Thai [taɪ] **1** *adj* - *n* tailandés,-esa. ‖ **2** *n* (*language*) tailandés *m*.

than [ðæn, ðn] **1** *conj* que. **2** de: **more than once** más de una vez.

thank [θæŋk] **1** *vt* dar las gracias a, agradecer. ‖ **2 thanks** *npl* gracias *fpl*. • **thanks to** gracias a.

thankful ['θæŋkfʊl] *adj* agradecido,-a.

thanksgiving [θæŋks'gɪvɪŋ] *n* acción *f* de gracias.

that [ðæt] **1** *adj* (*pl* those) ese, esa; (*remote*) aquel, aquella: **look at that cow** mira esa vaca. ‖ **2** *pron* ese *m*, esa; (*remote*) aquel *m*, aquella: **this is mine, that is yours** esta es mía, esa es tuya. **3** (*indefinite*) eso; (*remote*) aquello: **what's that?** ¿qué es eso? **4** (*relative*) que: **the car (that) he drives** el coche que tiene. **5** (*with preposition*) que, el/la que, el/la cual: **the door (that) he went through** la puerta por la que pasó. ‖ **6** *conj* que: **I know (that) it's true** sé que es verdad. ‖ **7** *adv fam* tan: **it's not that dear!** ¡no es tan caro! • **that is** es decir; **that's it!** ¡basta!, ¡se acabó!; **that much** tanto,-a; **that's right** eso es.

thatch [θætʃ] *n* paja.

thaw [θɔː] **1** *n* deshielo. || **2** *vt* descongelar. || **3** *vi* descongelarse.
the [ðə] **1** *det* el, la; (*plural*) los, las. || **2** *adv*: **the sooner, the better** cuanto antes mejor.
▲ Delante de una vocal se pronuncia [ðə]; con énfasis [ðiː].
theatre ['θɪətə] **1** *n* teatro. **2** MED quirófano.
theft [θeft] *n* robo, hurto.
their [ðeə] *adj* su; (*plural*) sus.
theirs [ðeəz] *pron* (el) suyo, (la) suya; (*plural*) (los) suyos, (las) suyas.
them [ðem, ðəm] **1** *pron* (*direct object*) los, las; (*indirect object*) les. **2** (*with preposition, stressed*) ellos, ellas.
theme [θiːm] *n* tema *m*. ▪ **theme park** parque *m* temático.
themselves [ðəm'selvz] **1** *pron* ellos mismos, ellas mismas. **2** se. **3** sí mismos, sí mismas.
then [ðen] *adv* entonces, luego, después. **2** pues, en ese caso. • **now and then** de vez en cuando.
theology [θɪ'ɒlədʒɪ] *n* teología.
theory ['θɪərɪ] *n* teoría.
therapy ['θerəpɪ] *n* terapia.
there [ðeə] *adv* allí, allá, ahí. • **there is/are** hay; **there was/were** había; **there you are** ahí tienes.
therefore ['ðeəfɔ] *adv* por lo tanto.
thermal ['θɜːməl] **1** *adj* termal. **2** PHYS térmico,-a.
thermometer [θe'mɒmɪtə] *n* termómetro.
thermostat ['θɜːməstæt] *n* termostato.
these [ðiːz] *adj- pron* estos,-as.
they [ðeɪ] *pron* ellos,-as.
thick [θɪk] **1** *adj* grueso,-a: **two inches thick** de dos pulgadas de grueso. **2** espeso,-a. **3** poblado,-a, tupido,-a. **4** *fam* corto,-a de alcances, de pocas luces.
thicken ['θɪkn] *vt - vi* espesar(se).
thickness ['θɪknəs] *n* espesor.
thief [θiːf] *n* ladrón,-ona.
thigh [θaɪ] *n* muslo.
thimble ['θɪmbl] *n* dedal *m*.
thin [θɪn] **1** *n* (*person*) delgado,-a, flaco,-a. **2** (*slice, material*) fino,-a. **3** (*hair, vegetation etc*) ralo,-a. **4** (*liquid*) claro,-a, poco espeso,-a. || **5** *vt* (*liquid*) diluir. ♦ **to thin down 1** *vt* aclarar. **2** *vi* adelgazar.
thing [θɪŋ] *n* cosa. • **for one thing** entre otras cosas; **poor thing!** ¡pobrecito,-a!; **the thing is ...** el caso es que ...
think [θɪŋk] **1** *vt - vi* (*pt & pp* thought) (*gen*) pensar. **2** (*imagine*) pensar, imaginar: **I thought so** me lo imaginaba. || **3** *vt* (*believe*) pensar, creer. **4** (*remember*) acordarse. ♦ **to think back** *vi* recordar ♦ **to think over** *vt* meditar, reflexionar ♦ **to think up** *vt* inventar, idear. • **think nothing of it** no tiene importancia.
thinker ['θɪŋkə] *n* pensador,-ra.
third [θɜːd] *adj - n* tercero,-a.
thirsty ['θɜːstɪ] *adj* sediento,-a. • **to be thirsty** tener sed.
thirteen [θɜː'tiːn] *num* trece.
thirteenth [θɜː'tiːnθ] *adj - n* decimotercero,-a.
thirtieth ['θɜːtɪəθ] *adj - n* trigésimo,-a.
thirty ['θɜːtɪ] *num* treinta.
this [ðɪs] **1** *adj - pron* este, esta. || **2** *adv* así. • **like this** así.

thorn [θɔːn] *n* espina, pincho.
thorough ['θʌrə] **1** *adj* (*deep*) profundo,-a. **2** (*careful*) cuidadoso,-a, minucioso,-a. **3** (*total*) total.
those [ðəʊz] *adj* - *n* esos,-as; (*remote*) aquellos,-as.
though [ðəʊ] **1** *conj* aunque, si bien. ‖ **2** *adv* sin embargo. • **as though** como si; **even though** aunque.
thought [θɔːt] **1** *n* (*gen*) pensamiento. **2** (*idea*) idea. **3** (*consideration*) consideración *f.*
thoughtful ['θɔːtfʊl] **1** *adj* (*pensive*) pensativo,-a, meditabundo, -a. **2** (*considerate*) considerado,-a, atento,-a.
thoughtfulness ['θɔːtfʊlnəs] **1** *n* (*pensiveness*) meditación *f.* **2** (*consideration*) consideración *f*, atención *f.*
thoughtless ['θɔːtləs] **1** *adj* (*person*) desconsiderado,-a. **2** (*unthinking*) irreflexivo,-a.
thousand ['θaʊznd] *adj* - *n* mil.
thousandth ['θaʊzənθ] *adj* - *n* milésimo,-a.
thrash [θræʃ] **1** *vt* dar una paliza a. **2** (*defeat*) derrotar. ‖ **3** *vi* revolcarse.
thrashing ['θræʃɪŋ] *n* zurra, paliza.
thread [θred] **1** *n* (*filament*) hilo. **2** (*of screw*) rosca. ‖ **3** *vt* (*needle*) enhebrar. **4** (*beads*) ensartar.
threat [θret] *n* amenaza.
threaten ['θretn] *vt* - *vi* amenazar.
three [θriː] *num* tres.
threshold ['θreʃəʊld] *n* umbral *m.*
thrifty ['θrɪftɪ] *adj* económico,-a, frugal.
thrill [θrɪl] **1** *n* emoción *f.* ‖ **2** *vt* emocionar. ‖ **3** *vi* emocionarse.
thrilling ['θrɪlɪŋ] *adj* emocionante.
thrive [θraɪv] **1** *vi* (*pt* throve o thrived; pp thrived o thriven ['θrɪvən]) (*grow*) crecer. **2** (*prosper*) prosperar.
throat [θrəʊt] *n* garganta.
throb [θrɒb] **1** *n* latido, palpitación *f.* ‖ **2** *vi* latir, palpitar.
throne [θrəʊn] *n* trono.
throng [θrɒŋ] *n* muchedumbre.
throttle ['θrɒtl] *vt* estrangular.
through [θruː] **1** *prep* por, a través de. **2** por, a causa de. **3** durante todo,-a. **4** hasta el final de. ‖ **5** *adv* de un lado a otro. **6** hasta el final: **he read the book through** leyó todo el libro. ‖ **7** *adj* directo,-a. • **to be through with** haber acabado con; **through and through** de arriba abajo.
throughout [θruː'aʊt] **1** *prep* por, en todo,-a. **2** durante todo,-a, a lo largo de. ‖ **3** *adv* por todas partes, en todas partes. **4** completamente. **5** del principio al fin.
throw [θrəʊ] **1** *n* lanzamiento, tiro. **2** tirada. ‖ **3** *vt* (*pt* threw; pp thrown [θrəʊn]) tirar, arrojar, lanzar. **4** poner. ♦ **to throw away 1** *vt* (*discard*) tirar. **2** *vt* (*chance*) desaprovechar ♦ **to throw back** *vt* devolver ♦ **to throw in** *vt fam* incluir *(gratis)* ♦ **to throw off** *vt* librarse de ♦ **to throw out 1** *vt* (*kick out*) echar. **2** *vt* (*reject*) rechazar ♦ **to throw up** *vi* vomitar.
thru [θruː] *prep* - *adv* US → **through**: **Monday thru Friday** de lunes a viernes.

thrust [θrʌst] **1** *n* empuje *m*. **2** estocada. || **3** *vt* empujar. **4** clavar.
thud [θʌd] *n* ruido sordo.
thug [θʌg] *n* matón *m*.
thumb [θʌm] *n* pulgar *m*.
thumbtack ['θʌmtæk] *n* US chincheta.
thump [θʌmp] **1** *n* golpe *m*. || **2** *vt* golpear.
thunder ['θʌndə] **1** *n* trueno. || **2** *vi* tronar.
thunderstorm ['θʌndəstɔːm] *n* tormenta.
Thurs ['θɜːzdɪ] *abbr* (Thursday) jue.
Thursday ['θɜːzdɪ] *n* jueves *m inv*.
thus [ðʌs] *adv* así, de este modo.
thwart [θwɔːt] *vt* desbaratar, frustrar.
thyme [taɪm] *n* tomillo.
tick [tɪk] **1** *n* ZOOL garrapata. **2** (*noise*) tictac *m*. **3** (*mark*) señal *f*. **4** *fam* instante *m*. **5** *fam* crédito. || **6** *vi* (*clock*) hacer tictac. || **7** *vt* señalar, marcar. ♦ **to tick off 1** *vt* (*mark off*) marcar. **2** *vt* (*scold*) regañar.
ticking-off [tɪkɪŋ'ɒf] *n fam* rapapolvo.
tickle ['tɪkl] *vt* hacer cosquillas a.
ticklish ['tɪklɪʃ] *adj*. • **to be ticklish** (*person*) tener cosquillas; (*situation*) ser delicado,-a.
tick-tock ['tɪktɒk] *n* tictac *m*.
tide [taɪd] *n* marea.
tidy ['taɪdɪ] **1** *adj* (*room*) ordenado, -a. **2** (*appearance*) arreglado,-a. ♦ **to tidy up 1** *vt* (*room*) ordenar; (*person*) arreglar, acicalar. **2** *vi* recoger.
tie [taɪ] **1** *n* corbata. **2** lazo, vínculo. **3** empate. **4** atadura. || **5** *vt* atar; sujetar. || **6** *vi* empatar.
tiff [tɪf] *n fam* desavenencia.
tiger ['taɪgə] *n* tigre *m*.
tight [taɪt] **1** *adj* apretado,-a. **2** (*rope*) tirante, tenso,-a. **3** (*clothes*) ajustado,-a. **4** (*severe*) riguroso,-a. **5** (*schedule*) apretado,-a. **6** (*match*) reñido,-a. **7** *fam* (*stingy*) agarrado, -a. **8** *fam* (*scarce*) escaso,-a. || **9** *adv* con fuerza: **hold tight!** ¡agárrate fuerte! || **10 tights** *npl* ([taɪts]) panties *mpl*, medias *fpl*. **11** (*thick*) leotardos *mpl*. ■ **tight spot** aprieto, brete *m*.
tighten ['taɪtn] **1** *vt* apretar; (*rope*) tensar. || **2** *vi* apretarse; (*rope*) tensarse.
tightrope ['taɪtrəʊp] *n* cuerda floja.
tile [taɪl] **1** *n* (*wall*) azulejo. **2** (*floor*) baldosa. **3** (*roof*) teja.
till [tɪl] **1** *prep* hasta. || **2** *conj* hasta que. || **3** *n* (*for cash*) caja.
tilt [tɪlt] **1** *n* inclinación *f*, ladeo. || **2** *vt* inclinar. || **3** *vi* inclinarse, ladearse. • **at full tilt** a toda velocidad.
timber ['tɪmbə] **1** *n* madera *(de construcción)*. **2** (*beam*) viga.
time [taɪm] **1** *n* (*gen*) tiempo. **2** rato. **3** hora; **what time is it?** ¿qué hora es? **4** época. **5** vez *f*: **how many times?** ¿cuántas veces?; **two at a time** de dos en dos. **6** MUS compás *m*. || **7** *vt* cronometrar. **8** elegir el mejor momento para. || **9 times** *prep* por, multiplicado por. • **at any time** en cualquier momento; **at no time** nunca; **at the same time** al mismo tiempo; **at times** a veces; **behind the times** anticuado; **for the time being** de momento; **from time to time** de vez en cuando; **in time** (*in the long run*) con el tiempo; (*not late*) con tiempo de sobra; (*on time*) puntual;

it's about time ya va siendo hora; **on time** puntualmente; **to have a good time** divertirse; **to play for time** intentar ganar tiempo.
timely ['taɪmlɪ] *adj* oportuno,-a.
timer ['taɪmə] *n* temporizador *m*.
timetable ['taɪmteɪbl] *n* horario.
tin [tɪn] **1** *n* (*metal*) estaño. **2** (*can*) lata. **3** (*for baking*) molde *m*. || **4** *vt* enlatar. ■ **tin opener** abrelatas *m inv*.
tinfoil ['tɪnfɔɪl] *n* papel *m* de estaño.
tinge [tɪndʒ] **1** *n* tinte . || **2** *vt* teñir.
tingle ['tɪŋgl] **1** *n* hormigueo. || **2** *vi* sentir hormigueo.
tinkle ['tɪŋkl] **1** *n* tintineo. || **2** *vi* tintinear.
tinned [tɪnd] *adv* en conserva.
tinsel ['tɪnsl] *n* espumillón *m*.
tint [tɪnt] **1** *n* tinte *m*, matiz *f*. || **2** *vt* teñir, matizar.
tiny ['taɪnɪ] *adj* diminuto,-a.
tip [tɪp] **1** *n* extremo, punta. **2** (*money*) propina. **3** (*advice*) consejo. **4** (*for rubbish*) vertedero, basurero. || **5** *vt* (*tilt*) inclinar. **6** (*rubbish*) verter. **7** (*give money*) dar una propina a. || **8** *vi* (*tilt*) inclinarse, ladearse. ♦ **to tip off** *vt* dar un soplo a ♦ **to tip over/up** **1** *vt* volcar. **2** *vi* volcarse.
tip-off ['tɪpɒf] *n fam* soplo.
tipsy ['tɪpsɪ] *adj* achispado,-a.
tiptoe ['tɪptəʊ] *n*. • **on tiptoe** de puntillas.
tiptop ['tɪptɒp] *adj fam* de primera.
tire ['taɪə] *vt* - *vi* cansar(se). ♦ **to tire out** *vt* agotar, cansar.
tired ['taɪəd] *adj* cansado,-a.
tireless ['taɪələs] *adj* incansable.
tiresome ['taɪəsəm] *adj* molesto,-a.
tiring ['taɪərɪŋ] *adj* agotador,-ra.
tissue ['tɪʃuː] **1** *n* (*handkerchief*) pañuelo de papel. **2** Biol tejido.
tit [tɪt] *n fam* teta.
titbit ['tɪtbɪt] *n* golosina.
title ['taɪtl] *n* título.
titter ['tɪtə] **1** *n* risita ahogada. || **2** *vi* reírse disimuladamente.
to [tʊ, t] **1** *prep* (*gen*) a. **2** (*towards*) hacia. **3** (*as far as*) a, hasta: **to count to ten** contar hasta diez. **4** (*telling time*) menos: **ten to two** las dos menos diez. **5** (*in order to*) para, a fin de: **he's doing it to help you** lo hace para ayudarte. **6** (*with indirect object*) a, para. • **to and fro** de acá para allá.
toad [təʊd] *n* sapo.
toast [təʊst] **1** *n* pan *m* tostado. **2** (*drink*) brindis *m*. || **3** *vt* (*bread*) tostar. **4** (*drink*) brindar por.
toaster ['təʊstə] *n* tostador *m*.
tobacconist [tə'bækənɪst] *n* estanquero,-a. ■ **tobacconist's** estanco.
toboggan [tə'bɒgn] *n* trineo.
today [tə'deɪ] **1** *n* hoy *m*. || **2** *adv* (*this day*) hoy. **3** (*nowadays*) hoy en día.
toddler ['tɒdlə] *n* niño,-a que empieza a andar.
to-do [tə'duː] *n* lío, jaleo.
toe [təʊ] **1** *n* (*of foot*) dedo del pie. **2** (*of shoe*) puntera.
together [tə'geðə] *adv* juntos,-as. • **all together** todos,-as juntos,-as; **to come together** juntarse; **together with** junto con.
toil [tɔɪl] **1** *n* trabajo, esfuerzo. || **2** *vi* afanarse, esforzarse.
toilet ['tɔɪlət] **1** *n* (*at home*) wáter *m*, lavabo. **2** (*public*) servicios *mpl*. **3** (*washing*) aseo. ■ **toilet bag** neceser *m*; **toilet paper** papel *m* higiénico.

token ['təʊkn] **1** *n* (*symbol*) señal *f*, prueba. **2** (*coupon*) vale *m*. **3** (*coin*) ficha. || **4** *adj* simbólico,-a. • **by the same token** del mismo modo.
toll [təʊl] **1** *n* (*fee*) peaje *m*. **2** (*figure*) número: **the death toll** el número de víctimas mortales. **3** (*of bell*) tañido. || **4** *vt* - *vi* tañer, doblar.
tomb [tuːm] *n* tumba, sepulcro.
tombstone ['tuːmstəʊn] *n* lápida.
tomcat ['tɒmkæt] *n* gato macho.
tomorrow [tə'mɒrəʊ] *adv* - *n* mañana.
ton [tʌn] *n* tonelada.
tone [təʊn] *n* tono. ♦ **to tone down** *vt* atenuar, suavizar.
tongs [tɒŋz] *npl* tenacillas, pinzas.
tongue [tʌŋ] *n* lengua. • **to hold one's tongue** callarse. ▪ **tongue twister** trabalenguas *m inv*.
tonic ['tɒnɪk] *adj* - *n* tónico,-a.
tonight [tə'naɪt] *adv* - *n* esta noche.
tonsil ['tɒnsl] *n* amígdala.
too [tuː] **1** *adv* (*excessively*) demasiado. **2** (*also*) también. **3** (*besides*) además. • **too many** demasiados, -as; **too much** demasiado,-a.
tool [tuːl] *n* herramienta, instrumento.
tooth [tuːθ] **1** *n* (*pl* teeth) diente *m*; muela. **2** púa. **3** diente *m*.
toothless ['tuːθləs] *adj* desdentado,-a.
toothpick ['tuːθpɪk] *n* mondadientes.
top [tɒp] **1** *n* (*highest point*) parte *f* superior, parte de arriba. **2** (*of mountain*) cumbre *m*. **3** (*of tree*) copa. **4** (*surface*) superficie *f*. **5** (*of bottle*) tapón *m*, tapa. **6** (*of list*) cabeza. **7** (*toy*) peonza. **8** (*clothes*) blusa corta, top *m*. || **9** *adj* (*highest*) de arriba, superior, más alto,-a. **10** (*best*) mejor. || **11** *vt* (*be first in*) encabezar. **12** (*better*) superar. ♦ **to top up** *vt* llenar hasta arriba. • **at the top of one's voice** a voz en grito; **at top speed** a toda velocidad; **from top to bottom** de arriba abajo; **on top of** encima de; **to go over the top** pasarse de la raya. ▪ **top hat** chistera.
topic ['tɒpɪk] *n* tema *m*.
topical ['tɒpɪkl] *adj* de actualidad.
topple ['tɒpl] **1** *vt* volcar. **2** *fig* derribar, derrocar. || **3** *vi* caer.
torch [tɔːtʃ] **1** *n* antorcha. **2** linterna.
torn [tɔːn] *adj* rasgado,-a, roto,-a.
tortoise ['tɔːtəs] *n* tortuga *(de tierra)*.
torture ['tɔːtʃə] **1** *n* tortura, tormento. || **2** *vt* torturar, atormentar.
Tory ['tɔːrɪ] *adj* - *n* GB POL conservador,-a.
toss [tɒs] **1** *n* (*of head*) sacudida. **2** (*of coin*) sorteo a cara o cruz. || **3** *vt* (*head*) sacudir, menear. **4** (*ball*) arrojar, lanzar. || **5** *vi* (*move*) moverse, agitarse. ♦ **to toss up for** *vt* echar a cara y cruz.
tot [tɒt] **1** *n* (*child*) chiquitín,-na. **2** *fam* (*drink*) trago. ♦ **to tot up** *vt* sumar.
total ['təʊtl] **1** *adj* - *n* total *m*. || **2** *vt* - *vi* sumar.
totter ['tɒtə] *vi* tambalearse.
touch [tʌtʃ] **1** *n* toque *m*. **2** (*sense*) tacto. **3** (*detail*) detalle *m*. **4** *fam* habilidad *f*. || **5** *vt* tocar. **6** (*move*) conmover. **7** (*equal*) igualar. || **8** *vi* tocarse. ♦ **to touch down** *vi* (*plane*) aterrizar. ♦ **to touch off** *vt* provocar ♦ **to touch up** *vt* retocar. • **to**

get in touch with ponerse en contacto con.
touchdown ['tʌtʃdaʊn] **1** *n* aterrizaje *m.* **2** amerizaje *m.* **3** SP ensayo.
touched [tʌtʃt] **1** *adj* conmovido,-a. **2** (*crazy*) tocado,-a.
touching ['tʌtʃɪŋ] *adj* conmovedor,-ra.
touchy ['tʌtʃɪ] *adj* susceptible.
tough [tʌf] **1** *adj* fuerte, resistente. **2** (*difficult, severe*) difícil. **3** (*meat*) duro,-a. ▪ **tough luck** mala suerte *f.*
toughen ['tʌfn] *vt - vi* endurecer (se).
toughness ['tʌfnəs] **1** *n* (*of material*) dureza, resistencia. **2** (*difficulty*) dificultad *f.* **3** (*severity*) severidad *f.*
tour [tʊə] **1** *n* (*journey*) viaje *m.* **2** (*round building*) visita. **3** SP THEAT gira. ‖ **4** *vt* (*country*) recorrer. **5** (*building*) visitar.
tow [təʊ] *vt* remolcar. • **on tow** a remolque; **to give a tow** remolcar.
towards [tə'wɔːdz] **1** *prep* hacia. **2** hacia, alrededor de. **3** para con. **4** para.
towel ['taʊəl] *n* toalla.
tower ['taʊə] **1** *n* torre *f.* ‖ **2** *vi* elevarse. ♦ **to tower above/over** *vt* destacar sobre. ▪ **tower block** bloque *m* de pisos.
towering ['taʊərɪŋ] *adj* alto,-a.
town [taʊn] **1** *n* ciudad *f.* **2** población *f,* municipio, pueblo. **3** centro. • **on the town** de juerga; **to paint the town red** ir de juerga. ▪ **town clerk** secretario,-a del ayuntamiento; **town council** ayuntamiento; **town hall** ayuntamiento; **town planning** urbanismo.
toy [tɔɪ] *n* juguete *m.*
trace [treɪs] **1** *n* indicio, rastro. ‖ **2** *vt* (*draw*) trazar. **3** (*copy*) calcar. **4** (*track*) seguir la pista de.
track [træk] **1** *n* (*marks*) pista, huellas *fpl.* **2** (*path*) camino. **3** SP pista. **4** (*for motor-racing*) circuito. **5** (*of railway*) vía. ‖ **6** *vt* seguir la pista de. ♦ **to track down** *vt* localizar, encontrar.
tracksuit ['træksuːt] *n* chándal *m.*
trade [treɪd] **1** *n* (*job*) oficio. **2** (*business*) negocio; (*industry*) industria. **3** (*commerce*) comercio. ‖ **4** *vi* comerciar. ‖ **5** *vt* (*exchange*) cambiar, trocar. ▪ **trade union** sindicato obrero.
trader ['treɪdə] *n* comerciante *mf.*
trading ['treɪdɪŋ] *n* comercio. ▪ **trading estate** polígono industrial.
tradition [trə'dɪʃn] *n* tradición *f.*
traffic ['træfɪk] **1** *n* AUTO tráfico, circulación *f.* **2** (*trade*) tráfico. ‖ **3** *vi* traficar. ▪ **traffic jam** embotellamiento, atasco; **traffic light** semáforo; **traffic sign** señal *f* de tráfico; **traffic warden** vigilante *mf* de zona azul.
trafficker ['træfɪkə] *n* traficante *mf.*
tragedy ['trædʒədɪ] *n* tragedia.
trail [treɪl] **1** *n* rastro, pista. **2** (*path*) camino, sendero. **3** (*of comet, jet*) estela. ‖ **4** *vt* (*follow*) seguir, seguir la pista de. ‖ **5** *vt - vi* (*drag*) arrastrar (se). **6** (*lag behind*) rezagarse.
train [treɪn] **1** *n* tren *m.* **2** (*of dress*) cola. ‖ **3** *vi* SP entrenarse. **4** (*teach*) formarse. ‖ **5** *vt* (*teach*) formar. **6** (*animal*) adiestrar. ‖ **7** *vt - vi* (*gun*) apuntar (on, a).
trainee [treɪ'niː] *n* aprendiz,-za.

trainer ['treɪnə] **1** *n* Sp entrenador,-ra. **2** (*of dogs*) amaestrador,-ra. **3** (*shoe*) zapatilla.
training ['treɪnɪŋ] **1** *n* (*for job*) formación *f*. **2** Sp entrenamiento. **3** (*of dogs*) amaestramiento.
tramp [træmp] *n* vagabundo,-a.
trample ['træmpl] *vt* pisotear.
trampoline ['træmpliːn] *n* cama elástica.
tranquillize ['træŋkwɪlaɪz] *vt* tranquilizar.
transaction [træn'zækʃn] *n* transacción *f*.
transcend [træn'send] *vt* sobrepasar.
transfer ['trænsfɜː] **1** *n* (*of money*) transferencia. **2** (*of employee*) traslado. **3** Jur traspaso. || **4** *vt* ([træns'fɜː]) (*money*) transferir. **5** Jur traspasar. || **6** *vi* (*change*) hacer trasbordo.
transform [træns'fɔːm] **1** *vt* transformar. || **2** *vi* transformarse.
transfusion [træns'fjuːʒn] *n* transfusión *f de sangre*.
transit ['trænsɪt] *n* tránsito, paso.
translate [træns'leɪt] *vt* traducir.
translator [træns'leɪtə] *n* traductor,-ra.
translucent [trænz'luːsnt] *adj* translúcido,-a.
transmit [trænz'mɪt] *vt* transmitir.
transpire [træns'paɪə] **1** *vt - vi* transpirar. || **2** *vi* (*become apparent*) resultar. **3** (*happen*) ocurrir, pasar.
transplant ['trænsplɑːnt] **1** *n* trasplante *m*. || **2** *vt* ([træns'plɑːnt]) transplantar.
transport ['trænspɔːt] **1** *n* transporte *m*. || **2** *vt* ([træns'pɔːt]) transportar.
trap [træp] **1** *n* trampa. || **2** *vt* atrapar.
trapeze [trə'piːz] *n* trapecio.
trash [træʃ] *n* US basura.
trashy ['træʃɪ] *adj* de pacotilla.
traumatic [trɔː'mætɪk] *adj* traumático,-a.
travel ['trævl] **1** *n* viajes *mpl*. || **2** *vi* viajar. ▪ **travel agency** agencia de viajes; **travel brochure** catálogo turístico.
traveller ['trævlə] **1** *n* viajero,-a. **2** Comm viajante *mf*.
travel-sick ['trævlsɪk] *adj* mareado,-a.
trawler ['trɔːlə] *n* barco de arrastre.
tray [treɪ] *n* bandeja.
treacherous ['tretʃərəs] **1** *adj* traidor,-ra, traicionero,-a. **2** muy peligroso,-a.
tread [tred] **1** *n* (*step*) paso. **2** (*on tyre*) banda, dibujo. || **3** *vt - vi* (*pt* trod; pp trodden o trod) pisar.
treason ['triːzn] *n* traición *f*.
treasure ['treʒə] **1** *n* tesoro. || **2** *vt* (*value*) apreciar mucho.
treasurer ['trəʒərə] *n* tesorero,-a.
treasury ['treʒərɪ] *n* tesorería. ▪ **The Treasury** Ministerio de Hacienda.
treat [triːt] **1** *n* (*present*) regalo. **2** (*pleasure*) placer *m*, deleite *m*. || **3** *vt* tratar. **4** (*invite*) convidar, invitar.
treatment ['triːtmənt] **1** *n* tratamiento. **2** (*behaviour*) trato, conducta.
treaty ['triːtɪ] *n* tratado.
treble ['trebl] **1** *adj* triple. **2** Mus de tiple. || **3** *vt - vi* triplicar(se).
tree [triː] *n* árbol *m*.
trek [trek] *n* viaje; caminata.

tremble ['trembl] *vi* temblar, estremecerse.
tremendous [trɪ'mendəs] **1** *adj* (*impressive*) tremendo,-a, inmenso,-a. **2** *fam* (*great*) fantástico,-a, estupendo,-a.
tremor ['tremə] *n* temblor *m.*
trench [trentʃ] **1** *n* (*ditch*) zanja. **2** MIL trinchera.
trend [trend] *n* tendencia.
trespass ['trespəs] **1** *n* entrada ilegal. || **2** *vi* entrar ilegalmente. • **"No trespassing"** "Prohibido el paso".
trestle ['tresl] *n* caballete *m.*
trial ['traɪəl] **1** *n* JUR proceso, juicio. **2** (*test*) prueba. **3** (*suffering*) aflicción *f.*
triangle ['traɪæŋgl] *n* triángulo.
tribe [traɪb] *n* tribu *f.*
tribute ['trɪbjuːt] **1** *n* (*acknowledgement*) homenaje *m.* **2** (*payment*) tributo.
trice [traɪs] *n.* • **in a trice** en un santiamén.
trick [trɪk] **1** *n* (*skill, magic*) truco. **2** (*deception*) ardid *m*, engaño. **3** (*joke*) broma. **4** (*cards won*) baza. || **5** *vt* engañar. **6** (*swindle*) timar, estafar.
trickery ['trɪkərɪ] *n* artimañas.
trickle ['trɪkl] **1** *n* goteo. || **2** *vi* gotear.
tricky ['trɪkɪ] **1** *adj* taimado,-a, astuto,-a. **2** difícil, delicado,-a.
trifling ['traɪflɪŋ] *adj* insignificante.
trigger ['trɪgə] **1** *n* (*of camera*) disparador *m.* **2** (*of gun*) gatillo. || **3** *vt* desencadenar. ♦ **to trigger off** *vt* provocar, desencadenar.
trill [trɪl] **1** *n* trino. || **2** *vt* - *vi* trinar.
trillion ['trɪlɪən] **1** *n* billón *m.* **2** GB (formerly) trillón *m.*
trim [trɪm] **1** *adj* (*neat*) bien arreglado,-a. **2** (*slim*) esbelto,-a. || **3** *n* (*cut*) recorte *m.* **4** (*condition*) estado. || **5** *vt* (*cut*) recortar. **6** (*decorate*) decorar. • **in trim** en forma.
trimmings ['trɪmɪŋs] **1** *npl* decoración. **2** guarnición.
trip [trɪp] **1** *n* viaje *m.* **2** (*excursion*) excursión *f.* **3** *sl* (*drugs*) viaje *m.* || **4** *vi* tropezar. || **5** **trip (up)** *vt* poner la zancadilla a. ♦ **to trip over** *vi* tropezar (*y caerse*).
tripe [traɪp] *n* CULIN callos.
triple ['trɪpl] **1** *adj* triple. || **2** *vt* - *vi* triplicar(se).
triplet ['trɪplət] *n* trillizo,-a.
trite [traɪt] *adj* gastado,-a, trillado,-a.
triumph ['traɪəmf] **1** *n* triunfo. || **2** *vi* triunfar.
trolley ['trɒlɪ] *n* carro, carrito.
trombone [trɒm'bəʊn] *n* trombón *m.*
troop [truːp] **1** *n* (*of people*) grupo, banda. **2** MIL tropa. || **3** *vi* ir en masa.
trophy ['trəʊfɪ] *n* trofeo.
tropic ['trɒpɪk] *n* trópico.
trot [trɒt] **1** *n* trote *m.* || **2** *vi* trotar. • **on the trot** seguidos,-as.
trotter ['trɒtə] *n* (*pig's*) mano *f*, pie *m.*
trouble ['trʌbl] **1** *n* (*problem*) problema *m*, dificultad *f.* **2** (*worry*) preocupación *f.* **3** (*anxiety*) ansiedad *f*, pena. **4** (*inconvenience*) molestia. || **5** *vt* (*worry*) preocupar. **6** (*bother*) molestar. || **7** *vi* (*bother*) molestarse. || **8** **troubles** *npl* (*worries*) preocupaciones *fpl.* **9** (*strife*) conflictos *mpl*, disturbios *mpl.* • **to be in trouble** estar en un apuro, tener proble-

mas; **it's not worth the trouble** no vale la pena. ▪ **trouble spot** punto conflictivo.

troublemaker ['trʌblmeɪkə] *n* alborotador,-ra.

troublesome ['trʌblsəm] *adj* molesto,-a, fastidioso,-a.

trough [trɒf] **1** *n* abrevadero. **2** comedero. **3** depresión.

trounce [traʊns] *vt* zurrar.

trousers ['traʊzəz] *npl* pantalón *m sing*.

trout [traʊt] *n* trucha.

trowel ['traʊəl] **1** *n* (*for cement*) paleta. **2** (*garden tool*) desplantador *m*.

truant ['truːənt] *n*. • **to play truant** hacer novillos.

truce [truːs] *n* tregua.

truck [trʌk] **1** *n* GB vagón *m*. **2** US camión *m*. ▪ **truck driver** camionero,-a.

trucker ['trʌkə] *n* US camionero,-a.

true [truː] **1** *adj* verdadero,-a, cierto,-a. **2** (*genuine*) auténtico,-a, genuino,-a. **3** (*faithful*) fiel, leal. **4** (*exact*) exacto,-a. • **it's true** es verdad; **to come true** hacerse realidad.

truffle ['trʌfl] *n* trufa.

truly ['truːlɪ] *adv* verdaderamente. • **yours truly** atentamente.

trump [trʌmp] **1** *n* triunfo. ‖ **2** *vt* matar con un triunfo. ♦ **to trump up** *vt* inventar. ▪ **trump card** baza.

truncheon ['trʌntʃn] *n* porra.

trunk [trʌŋk] **1** *n* tronco. **2** baúl *m*. **3** trompa. **4** US maletero. ‖ **5 trunks** *npl* bañador *m sing*.

trust [trʌst] **1** *n* confianza, fe *f*. **2** (*responsibility*) responsabilidad *f*. **3** FIN trust *m*. ‖ **4** *vt* (*have confidence in*) confiar en. **5** (*hope*) esperar.

trustee [trʌs'tiː] *n* fideicomisario,-a.

trustful ['trʌstfʊl] *adj* confiado,-a.

trusting ['trʌstɪŋ] *adj* confiado,-a.

trustworthy ['trʌstwɜːðɪ] **1** *adj* digno,-a de confianza. **2** fidedigno,-a.

truth [truːθ] *n* verdad *f*.

truthful ['truːθfʊl] **1** *adj* (*story*) verídico,-a. **2** (*person*) veraz.

try [traɪ] **1** *n* (*attempt*) intento, tentativa. **2** (*rugby*) ensayo. ‖ **3** *vt* - *vi* (*attempt*) intentar. ‖ **4** *vt* (*sample*) probar. **5** JUR juzgar. **6** (*test*) poner a prueba. ♦ **to try on** *vt* probarse ♦ **to try out** *vt* probar. • **to have a try at sth** intentar hacer algo.

trying ['traɪɪŋ] *adj* pesado,-a, difícil.

T-shirt ['tiːʃɜːt] *n* camiseta.

tub [tʌb] **1** *n* tina. **2** (*bath*) bañera.

tubby ['tʌbɪ] *adj* rechoncho,-a.

tube [tjuːb] **1** *n* (*cylinder*) tubo. **2** ANAT trompa. **3** GB (*underground*) metro. • **by tube** en metro.

tuber ['tjuːbə] *n* tubérculo.

tuck [tʌk] *n* pliegue *m*. ♦ **to tuck in 1** *vi* comer con apetito. **2** *vt* (*sheets, clothes etc*) meter. **3** *vt* (*person*) arropar.

Tues ['θjuːzdɪ] *abbr* (Tuesday) mar.

Tuesday ['tjuːzdɪ] *n* martes *m inv*.

tuft [tʌft] **1** *n* (*hair*) mechón *m*. **2** (*grass*) mata. **3** (*feathers*) copete *m*.

tug [tʌg] **1** *n* (*pull*) tirón *m*, estirón *m*. **2** (*boat*) remolcador *m*. ‖ **3** *vt* tirar de, arrastrar. **4** (*boat*) remolcar.

tuition [tjʊ'ɪʃn] *n* enseñanza.

tulip ['tjuːlɪp] *n* tulipán *m*.

tumble ['tʌmbl] **1** *n* caída. ‖ **2** *vi* caer. ▪ **tumble dryer** secadora.

tumbler ['tʌmblə] *n* vaso.

tummy ['tʌmɪ] *n fam* barriga.

tuna ['tjuːnə] *n* (*pl* tuna) atún *m*, bonito.

tune [tjuːn] **1** *n* melodía. ‖ **2** *vt* MUS afinar. **3** (*engine*) poner a punto. **4** RAD sintonizar. ♦ **to tune in to** *vt* RAD sintonizar. • **in tune** afinado,-a; **out of tune** desafinado,-a; **to sing out of tune** desafinar.

tunic ['tjuːnɪk] *n* túnica.

tuning fork ['tjuːnɪŋfɔːk] *n* diapasón *m*.

Tunisia [tjuː'nɪsɪə] *n* Túnez.

tunny ['tʌnɪ] *n* atún *m*, bonito.

turban ['tɜːbn] *n* turbante *m*.

turbot ['tɜːbət] *n* (*pl* **turbot**) rodaballo.

turf [tɜːf] *n* césped *m*. ♦ **to turf out** *vt fam* poner de patitas en la calle. ▪ **the turf** las carreras de caballos.

Turk [tɜːk] *n* (*person*) turco,-a.

turkey ['tɜːkɪ] *n* pavo.

Turkey ['tɜːkɪ] *n* Turquía.

Turkish ['tɜːkɪʃ] **1** *adj* - *n* turco,-a. ‖ **2** *n* (*language*) turco.

turmoil ['tɜːmɔɪl] *n* confusión *f*.

turn [tɜːn] **1** *n* (*change of direction*) vuelta, giro. **2** (*rotation*) vuelta. **3** (*bend*) curva, recodo. **4** (*in game*) turno: **whose turn is it?** ¿a quién le toca? **5** (*favour*) favor *m*. **6** (*turning*) bocacalle *f*. **7** *fam* (*shock*) susto. ‖ **8** *vt* (*knob*) girar. **9** (*chair*) dar la vuelta a. **10** (*corner*) doblar. **11** (*page*) pasar. ‖ **12** *vi* (*rotate*) girar, dar vueltas. **13** (*person*) volverse, dar la vuelta. **14** (*direction*) torcer, girar: **the car turned left** el coche giró a la izquierda. **15** (*become*) hacerse, ponerse, volverse: **his face turned red** se le puso la cara colorada. ♦ **to turn away 1** *vt* no dejar entrar. **2** *vi* apartarse ♦ **to turn back 1** *vt* hacer retroceder. **2** *vi* volver, volverse ♦ **to turn down 1** *vt* (*reject*) rechazar. **2** *vt* (*radio etc*) bajar ♦ **to turn in 1** *vt* entregar a la policía. **2** *vi fam* acostarse ♦ **to turn into** *vt* convertir, transformar ♦ **to turn off 1** *vt* (*electricity*) desconectar; (*light, gas*) apagar; (*water*) cerrar; (*machine*) parar. **2** *vt* (*off road*) salir de ♦ **to turn on 1** *vt* (*electricity*) conectar; (*light*) encender; (*gas, tap*) abrir; (*machine*) poner en marcha. **2** *vt* (*attack*) atacar. **3** *vt fam* excitar ♦ **to turn out 1** *vt* (*gas, light*) apagar. **2** *vt* (*produce*) producir. **3** *vt* (*empty*) vaciar. **4** *vi* (*prove to be*) salir, resultar. **5** *vi* (*attend*) acudir. **6** *vi* (*crowds*) salir a la calle ♦ **to turn over 1** *vt* (*reverse*) dar la vuelta a. **2** *vt* (*idea*) dar vueltas a. **3** *vt* (*hand over*) entregar. **4** *vt* COMM facturar. **5** *vi* darse la vuelta, volcarse ♦ **to turn to 1** *vt* (*resort*) recurrir. **2** *vt* (*page*) buscar ♦ **to turn up 1** *vi* (*be found*) aparecer. **2** *vi* (*arrive*) presentarse, llegar. **3** *vt* (*light, gas etc*) subir. • **by turns** sucesivamente; **to take turns** turnarse.

turning ['tɜːnɪŋ] *n* bocacalle *f*, esquina. ▪ **turning point** punto decisivo.

turnip ['tɜːnɪp] *n* nabo.

turnout ['tɜːnaʊt] *n* asistencia.

turnover ['tɜːnəʊvə] *n* COMM facturación *f*.

turn-up ['tɜːnʌp] *n* GB vuelta.

turpentine ['tɜːpəntaɪn] *n* aguarrás *m*.

turquoise ['tɜːkwɔɪz] *n* turquesa.

turtle ['tɜːtl] *n* tortuga.

turtleneck ['tɜːtlnek] *n* cuello cisne.

tussle ['tʌsl] **1** *n* pelea. ‖ **2** *vi* pelearse.

tuxedo [tʌk'siːdəʊ] *n* US esmoquin *m*.

twaddle ['twɒdl] *n fam* tonterías *fpl*.
tweet [twiːt] **1** *n* pío. ‖ **2** *vi* piar.
tweezers ['twiːzəz] *npl* pinzas *fpl*.
twelfth [twelfθ] **1** *adj* - *n* duodécimo,-a. ■ **twelfth night** noche *f* de reyes.
twelve [twelv] *num* doce.
twentieth ['twentɪəθ] *adj* - *n* vigésimo,-a.
twenty ['twentɪ] *num* veinte.
twice [twaɪs] *adv* dos veces: **twice as big** el doble de grande.
twig [twɪg] *n* ramita.
twilight ['twaɪlaɪt] *n* crepúsculo.
twin [twɪn] *n* gemelo,-a, mellizo,-a. ■ **twin room** habitación *f* con dos camas.
twinge [twɪndʒ] *n* punzada.
twinkle ['twɪŋkl] **1** *n* centelleo, brillo. ‖ **2** *vi* centellear. **3** (*eyes*) brillar.
twirl [twɜːl] **1** *vt* - *vi* (*baton*) girar rápidamente. **2** (*spin*) retorcer.
twist [twɪst] **1** *n* (*in road*) recodo, vuelta. **2** (*action*) torsión *f*. **3** MED torcedura. ‖ **4** *vt* -*vi* torcer(se).
twit [twɪt] *n fam* tonto,-a.
twitch [twɪtʃ] **1** *n* (*pull*) tirón *m*. **2** (*nervous*) tic *m* nervioso. ‖ **3** *vt* tirar. ‖ **4** *vi* moverse nerviosamente.
twitter ['twɪtə] **1** *n* gorjeo. ‖ **2** *vi* gorjear.
two [tuː] *num* dos *m*.
twofaced [tuː'feɪst] *adj* hipócrita.
two-piece ['tuːpiːs] *adj* de dos piezas.
tycoon [taɪ'kuːn] *n* magnate *m*.
type [taɪp] **1** *n* tipo, clase *f*. **2** (*letter*) letra, carácter *m*. ‖ **3** *vt* escribir a máquina, mecanografiar.
typhoid ['taɪfɔɪd] *n* fiebre *f* tifoidea.
typhoon [taɪ'fuːn] *n* tifón *m*.
typing ['taɪpɪŋ] *n* mecanografía.
tyranny ['tɪrənɪ] *n* tiranía.
tyrant ['taɪərənt] *n* tirano,-a.
tyre ['taɪə] *n* neumático.

U

udder ['ʌdə] *n* ubre *f.*

UFO ['juː'ef'əʊ] *abbr* ovni *m.*

ugly ['ʌglɪ] **1** *adj* feo,-a. **2** (*situation etc*) desagradable.

UK ['juː'keɪ] *abbr* Reino Unido.

ulcer ['ʌlsə] **1** *n* llaga. **2** úlcera.

ultimate ['ʌltɪmət] *adj* último,-a, final.

umbrella [ʌm'brelə] *n* paraguas *m inv.*

umpire ['ʌmpaɪə] **1** *n* árbitro. ‖ **2** *vt* arbitrar.

umpteen [ʌmp'tiːn] *adj fam* la tira de, un montón de.

umpteenth [ʌmp'tiːnθ] *adj* enésimo,-a.

UN ['juː'en] *abbr* ONU *f.*

unable [ʌn'eɪbl] *adj* incapaz.

unabridged [ʌnə'brɪdʒd] *adj* íntegro,-a.

unaccompanied [ʌnə'kʌmpənɪd] **1** *adj* solo,-a. **2** MUS sin acompañamiento.

unadulterated [ʌnə'dʌltəreɪtɪd] *adj* puro,-a.

unadvisable [ʌnəd'vaɪzəbl] *adj* poco aconsejable.

unanimous [juː'nænɪməs] *adj* unánime.

unarmed [ʌn'ɑːmd] *adj* desarmado,-a.

unassuming [ʌnə'sjuːmɪŋ] *adj* modesto,-a.

unattainable [ʌnə'teɪnəbl] *adj* inasequible.

unattended [ʌnə'tendɪd] *adj* sin vigilar.

unavoidable [ʌnə'vɔɪdəbl] *adj* inevitable, ineludible.

unaware [ʌnə'weə] *adj* inconsciente. • **to be unaware of** ignorar.

unawares [ʌnə'weəz] *adv* desprevenido,-a.

unbalanced [ʌn'bælənst] *adj* desequilibrado,-a.

unbearable [ʌn'beərəbl] *adj* insoportable.

unbeatable [ʌn'biːtəbl] **1** *adj* (*rival*) invencible, insuperable. **2** (*price etc*) inmejorable.

unbelievable [ʌnbɪ'liːvəbl] *adj* increíble.

unbiassed [ʌn'baɪəst] *adj* imparcial.

unborn [ʌn'bɔːn] **1** *adj* aún no nacido,-a. **2** *fig* nonato,-a.

unbutton [ʌn'bʌtn] *vt* desabrochar.

uncanny [ʌn'kænɪ] *adj* misterioso,-a.

uncertain [ʌn'sɜːtn] **1** *adj* incierto,-a, dudoso,-a. **2** (*indecisive*) indeciso,-a.

unchanged [ʌn'tʃeɪndʒd] *adj* igual.

uncle ['ʌnkl] *n* tío.

unclear [ʌn'klɪər] *adj* poco claro,-a.

uncomfortable [ʌn'kʌmfətəbl] *adj* incómodo,-a.

uncommon [ʌn'kɔmən] **1** *adj* poco común. **2** (*strange*) insólito,-a.

uncompromising [ʌn'kɔmprəmaɪzɪŋ] *adj* inflexible, intransigente.
unconcerned [ʌnkən'sɜːnd] *adj* indiferente.
unconscious [ʌn'kɔnʃəs] *adj* inconsciente.
uncooperative [ʌnkəʊ'ɒprətɪv] *adj* poco cooperativo,-a.
uncork [ʌn'kɔːk] *vt* descorchar.
uncouth [ʌn'kuːθ] *adj* (*manners*) tosco,-a, inculto,-a; (*person*) ordinario,-a.
uncover [ʌn'kʌvə] **1** *vt* destapar. **2** (*secret*) revelar.
undecided [ʌndɪ'saɪdɪd] **1** *adj* indeciso,-a. **2** (*question*) no resuelto,-a.
undeniable [ʌndɪ'naɪəbl] *adj* innegable, indiscutible.
under ['ʌndə] **1** *prep* bajo, debajo de. **2** menos de. **3** conforme a, según. ‖ **4** *adv* abajo, debajo.
underclothes ['ʌndəkləʊðz] *npl* ropa interior.
underdeveloped [ʌndədɪ'veləpt] *adj* subdesarrollado,-a.
underdone [ʌndə'dʌn] *adj* CULIN poco hecho,-a.
underestimate [ʌndər'estɪmət] **1** *n* infravaloración *f*. ‖ **2** *vt* ([ʌndər'estɪmeɪt]) subestimar.
undergo [ʌndə'gəʊ] *vt* (*pt* underwent; pp undergone [ʌndə'gɔn]) experimentar, sufrir.
undergraduate [ʌndə'grædjʊət] *n* universitario,-a no licenciado,-a.
underground ['ʌndəgraʊnd] **1** *adj* subterráneo. **2** *fig* clandestino,-a. ‖ **3** *n* (*railway*) metro. **4** (*resistance*) resistencia. ‖ **5** *adv* ([ʌndə'graʊnd]) bajo tierra. **6** (*secretly*) en secreto.
undergrowth ['ʌndəgrəʊθ] *n* maleza.
underhand ['ʌndəhænd] *adj* deshonesto,-a.
underline [ʌndə'laɪn] *vt* subrayar.
undermine [ʌndə'maɪn] **1** *vt* (*health*) minar, debilitar. **2** (*cliff*) socavar.
underneath [ʌndə'niːθ] **1** *prep* - *adv* debajo de. ‖ **2** parte *f* inferior.
underpants ['ʌndəpænts] *npl* calzoncillos *mpl*, eslip *m sing*.
underpass ['ʌndəpæs] *n* paso subterráneo.
underrated [ʌndə'reɪtɪd] *adj* infravalorado,-a.
underskirt ['ʌndəskɜːt] *n* viso.
understand [ʌndə'stænd] **1** *vt* (*pt & pp* understood) entender, comprender. **2** (*believe*) tener entendido.
understanding [ʌndə'stændɪŋ] **1** *n* entendimiento. **2** (*agreement*) acuerdo. **3** (*condition*) condición *f*. **4** (*interpretation*) interpretación *f*. ‖ **5** *adj* comprensivo,-a.
understatement [ʌndə'steɪtmənt] *n* atenuación *f*: **it's an understatement to say that ...** es quedarse corto decir...
undertake [ʌndə'teɪk] **1** *vt* (*pt* undertook; pp undertaken [ʌndə'teɪkən]) emprender; (*responsibility*) asumir. **2** (*promise*) comprometerse (to, a).
undertaker ['ʌndəteɪkə] *n* empresario,-a de pompas fúnebres.
underwater [ʌndə'wɔːtə] **1** *adj* submarino,-a. ‖ **2** *adv* bajo el agua.
undeserved [ʌndɪ'zɜːvd] *adj* inmerecido,-a.
undeveloped [ʌndɪ'veləpt] **1** *adj* sin desarrollar. **2** (*land*) sin edificar.

undo [ʌn'duː] **1** *vt* (*pt* undid; pp undone [ʌn'dʌn]) deshacer. **2** (*button*) desabrochar.

• **to leave sth undone** dejar algo sin hacer.

undoubted [ʌn'daʊtɪd] *adj* indudable.

undress [ʌn'dres] *vt* - *vi* desnudar (se).

undue [ʌn'djuː] *adj* excesivo,-a.

unduly [ʌn'djuːlɪ] *adv* indebidamente.

uneasy [ʌn'iːzɪ] *adj* intranquilo,-a, inquieto,-a.

uneconomical [ʌniːkə'nɒmɪkl] *adj* poco rentable.

uneducated [ʌn'edjʊkeɪtɪd] *adj* inculto,-a, ignorante.

unemployment [ʌnɪm'plɔɪmənt] *n* paro, desempleo.

unequal [ʌn'iːkwəl] *adj* desigual.

uneven [ʌn'iːvn] **1** *adj* desigual. **2** irregular. **3** lleno,-a de baches.

uneventful [ʌnɪ'ventfʊl] *adj* sin acontecimientos, tranquilo,-a.

unexpected [ʌnɪk'spektɪd] *adj* inesperado,-a.

unfair [ʌn'feə] *adj* injusto,-a.

unfaithful [ʌn'feɪθfʊl] *adj* infiel.

unfashionable [ʌn'fæʃnəbl] *adj* pasado,-a de moda.

unfasten [ʌn'fɑːsn] **1** *vt* desabrochar. **2** (*untie*) desatar. **3** (*open*) abrir.

unfinished [ʌn'fɪnɪʃt] *adj* inacabado,-a, incompleto,-a.

unfit [ʌn'fɪt] **1** *adj* no apto,-a. **2** (*physically*) desentrenado,-a: **to be unfit** no estar en forma. **3** (*injured*) lesionado,-a. **4** (*incompetent*) incompetente.

unfold [ʌn'fəʊld] **1** *vt* desplegar, abrir. ‖ **2** *vi* desplegarse, abrirse.

unforeseen [ʌnfɔː'siːn] *adj* imprevisto,-a.

unforgettable [ʌnfə'getəbl] *adj* inolvidable.

unforgivable [ʌnfə'gɪvəbl] *adj* imperdonable.

unfortunate [ʌn'fɔːtʃnət] **1** *adj* desgraciado,-a. **2** (*remark*) desafortunado,-a.

unfriendly [ʌn'frendlɪ] *adj* poco amistoso, antipático,-a.

unfurnished [ʌn'fɜːnɪʃt] *adj* sin amueblar.

ungrateful [ʌn'greɪtfʊl] *adj* desagradecido,-a.

unhappy [ʌn'hæpɪ] **1** *adj* infeliz, triste. **2** (*unsuitable*) desafortunado,-a.

unharmed [ʌn'hɑːmd] *adj* ileso,-a.

unhealthy [ʌn'helθɪ] **1** *adj* malsano,-a. **2** (*ill*) enfermizo,-a. **3** (*unnatural*) morboso,-a.

unheard-of [ʌn'hɜːdəv] *adj* inaudito,-a.

unhinge [ʌn'hɪndʒ] *vt* desquiciar.

unhook [ʌn'hʊk] **1** *vt* desenganchar. **2** descolgar. **3** desabrochar.

unhurt [ʌn'hɜːt] *adj* ileso,-a.

unicorn ['juːnɪkɔːn] *n* unicornio.

uniform ['juːnɪfɔːm] *adj* - *n* uniforme.

unify ['juːnɪfaɪ] *vt* unificar.

unimaginative [ʌnɪ'mædʒɪnətɪv] *adj* poco imaginativo,-a.

unimportant [ʌnɪm'pɔːtənt] *adj* insignificante, sin importancia.

uninhabited [ʌnɪ'hæbɪtɪd] *adj* deshabitado,-a.

unintentional [ʌnɪn'tenʃənl] *adj* involuntario,-a.

uninteresting [ʌnˈɪntrəstɪŋ] *adj* sin interés.
uninterrupted [ʌnɪntəˈrʌptɪd] *adj* ininterrumpido,-a, continuo,-a.
union [ˈjuːnɪən] **1** *n* unión *f.* **2** (*of workers*) sindicato.
unique [juːˈniːk] *adj* único,-a.
unison [ˈjuːnɪsn] **in unison** *phr* al unísono.
unit [ˈjuːnɪt] *n* unidad *f.*
unite [juːˈnaɪt] **1** *vt* unir. ‖ **2** *vi* unirse.
unity [ˈjuːnɪtɪ] *n* unidad *f.*
universe [ˈjuːnɪvɜːs] *n* universo.
university [juːnɪˈvɜːsitɪ] **1** *n* universidad *f.* ‖ **2** *adj* universitario,-a.
unjust [ʌnˈdʒʌst] *adj* injusto,-a.
unjustified [ʌnˈdʒʌstɪfaɪd] *adj* injustificado,-a.
unkind [ʌnˈkaɪnd] **1** *adj* poco amable. **2** (*cruel*) cruel.
unknown [ʌnˈnəʊn] *adj* desconocido,-a.
unlawful [ʌnˈlɔːfʊl] *adj* ilegal.
unleash [ʌnˈliːʃ] **1** *vt* soltar. **2** *fig* desatar.
unless [ənˈles] *conj* a menos que.
unlike [ʌnˈlaɪk] *prep* a diferencia de.
unlikely [ʌnˈlaɪklɪ] *adj* improbable.
unlimited [ʌnˈlɪmɪtɪd] *adj* ilimitado,-a.
unload [ʌnˈləʊd] *vt* descargar.
unlock [ʌnˈlɔk] *vt* abrir *(con llave)*.
unlucky [ʌnˈlʌkɪ] *adj* desafortunado,-a, desgraciado,-a.
unmade [ʌnˈmeɪd] **1** *adj* (*bed*) sin hacer. **2** (*road*) sin asfaltar.
unmanageable [ʌnˈmænɪdʒəbl] *adj* ingobernable, indomable.
unmanned [ʌnˈmænd] *adj* (*spacecraft*) no tripulado,-a.
unmarried [ʌnˈmærɪd] *adj* soltero,-a.
unmoved [ʌnˈmuːvd] *adj* impasible.
unnerve [ʌnˈnɜːv] *vt* desconcertar, poner nervioso,-a.
unnoticed [ʌnˈnəʊtɪst] *adj* inadvertido,-a.
unobtainable [ʌnəbˈteɪnəbl] *adj* imposible de conseguir.
unobtrusive [ʌnɒbˈtruːsɪv] *adj* discreto,-a.
unoccupied [ʌnˈɔkjʊpaɪd] **1** *adj* (*house*) deshabitado,-a. **2** (*person*) desocupado,-a. **3** (*post*) vacante.
unorthodox [ʌnˈɔːθədɒks] **1** *adj* poco ortodoxo,-a. **2** REL heterodoxo,-a.
unpack [ʌnˈpæk] **1** *vt* desempaquetar. **2** (*suitcase*) deshacer. ‖ **3** *vi* deshacer las maletas.
unpaid [ʌnˈpeɪd] **1** *adj* sin pagar. **2** (*work*) no retribuido,-a.
unpleasant [ʌnˈpleznt] *adj* desagradable.
unplug [ʌnˈplʌg] *vt* desenchufar.
unpolluted [ʌnpəˈluːtɪd] *adj* no contaminado,-a.
unpopular [ʌnˈpɔpjʊlə] *adj* impopular.
unprecedented [ʌnˈpresɪdentɪd] *adj* sin precedente, inaudito,-a.
unpredictable [ʌnprɪˈdɪktəbl] *adj* imprevisible.
unpretentious [ʌnprɪˈtenʃəs] *adj* modesto,-a, sin pretensiones.
unprincipled [ʌnˈprɪnsɪpld] *adj* sin escrúpulos.
unprofitable [ʌnˈprɔfɪtəbl] *adj* poco rentable.
unpublished [ʌnˈpʌblɪʃt] *adj* inédito,-a.

unqualified [ʌn'kwɔlɪfaɪd] **1** *adj* sin título. **2** (*absolute*) incondicional.
unquestionable [ʌn'kwestʃənəbl] *adj* incuestionable, indiscutible.
unravel [ʌn'rævl] **1** *vt* desenmarañar. ‖ **2** *vi* desenmarañarse.
unreadable [ʌn'riːdəbl] *adj* ilegible.
unreal [ʌn'rɪəl] *adj* irreal.
unreasonable [ʌn'riːznəbl] **1** *adj* poco razonable. **2** (*excessive*) desmesurado,-a.
unreliable [ʌnrɪ'laɪəbl] **1** *adj* (*person*) de poca confianza. **2** (*machine*) poco fiable. **3** (*news*) poco fidedigno,-a.
unrest [ʌn'rest] *n* malestar *m*.
unripe [ʌn'raɪp] *adj* inmaduro,-a.
unroll [ʌn'rəʊl] *vt - vi* desenrollar(se).
unruly [ʌn'ruːlɪ] **1** *adj* revoltoso,-a. **2** (*hair*) rebelde.
unsavoury [ʌn'seɪvrɪ] *adj* desagradable.
unscathed [ʌn'skeɪðd] *adj* indemne, ileso,-a.
unscrew [ʌn'skruː] *vt* destornillar.
unseasonable [ʌn'siːznəbl] *adj* atípico,-a.
unselfish [ʌn'selfɪʃ] *adj* desinteresado,-a.
unsettle [ʌn'setl] *vt* perturbar.
unsettled [ʌn'setld] *adj* inestable.
unshaven [ʌn'ʃeɪvn] *adj* sin afeitar.
unsightly [ʌn'saɪtlɪ] *adj* feo,-a.
unskilled [ʌn'skɪld] **1** *adj* (*worker*) no cualificado,-a. **2** (*job*) no especializado,-a.
unsophisticated [ʌnsə'fɪstɪkeɪtɪd] *adj* ingenuo,-a, sencillo,-a.
unsteady [ʌn'stedɪ] *adj* inseguro,-a.
unsuccessful [ʌnsək'sesful] *adj* fracasado,-a, sin éxito.
unsuitable [ʌn'suːtəbl] **1** *adj* (*person*) no apto,-a. **2** (*thing*) inapropiado,-a.
unsure [ʌn'ʃʊə] *adj* inseguro,-a.
unsurmountable [ʌnsə'maʊntəbl] *adj* insuperable.
unsuspecting [ʌnsəs'pektɪŋ] *adj* confiado,-a.
untangle [ʌn'tæŋgl] *vt* desenmarañar.
untidy [ʌn'taɪdɪ] **1** *adj* desordenado,-a. **2** (*scruffy*) desaliñado,-a, desaseado,-a.
untie [ʌn'taɪ] **1** *vt* desatar. **2** soltar.
until [ən'tɪl] **1** *prep* hasta. ‖ **2** *conj* hasta que.
untimely [ʌn'taɪmlɪ] **1** *adj* inoportuno,-a. **2** (*premature*) prematuro,-a.
untrained [ʌn'treɪnd] **1** *adj* inexperto,-a. **2** sin formación profesional.
untrue [ʌn'truː] **1** *adj* falso,-a. **2** (*unfaithful*) infiel.
untrustworthy [ʌn'trʌstwɜːðɪ] *adj* poco fiable.
untruthful [ʌn'truːθful] *adj* mentiroso,-a.
unused [ʌn'juːzd] **1** *adj* no usado,-a. **2** ([ʌn'juːst]) no acostumbrado,-a.
unusual [ʌn'juːʒʊəl] *adj* insólito,-a.
unveil [ʌn'veɪl] *vt* descubrir.
unwanted [ʌn'wɒntɪd] **1** *adj* indeseado,-a. **2** (*child*) no deseado,-a.
unwelcome [ʌn'welkəm] *adj* inoportuno,-a, molesto,-a.
unwell [ʌn'wel] *adj* indispuesto,-a.
unwieldy [ʌn'wiːldɪ] *adj* engorroso,-a.
unwilling [ʌn'wɪlɪŋ] *adj* reacio,-a.
unwillingness [ʌn'wɪlɪŋnəs] *n* desgana.
unwind [ʌn'waɪnd] **1** *vt* (*pt & pp* unwound) desenrollar. ‖ **2** *vi* desenrollarse. **3** *fam* (*relax*) relajarse.

unwise [ʌn'waɪz] *adj* imprudente.
unwitting [ʌn'wɪtɪŋ] *adj* inconsciente.
unworthy [ʌn'wɜːðɪ] *adj* indigno,-a.
unwrap [ʌn'ræp] *vt* desenvolver.
up [ʌp] **1** *adv* arriba, hacia arriba: **to sit up in bed** incorporarse; **to walk up** subir andando. **2** levantado,-a. **3** hacia: **he came up and ...** se acercó y ... **4** (*northwards*) hacia el norte: **we went up to Scotland** fuimos a Escocia. **5** más alto,-a: **turn the radio up** sube la radio. **6** acabado,-a: **eat it up** acábatelo, cómetelo todo. **7** (*into pieces*) a trozos, a porciones, a raciones. || **8** *prep*: **to go up the stairs** subir la escalera. **9** en lo alto de: **up a tree** en lo alto de un árbol. || **10** *vt fam* subir, aumentar.
• **close up** muy cerca; **to be up to sth** estar tramando algo; **to feel up to doing sth** sentirse con fuerzas para hacer algo; **up to** hasta; **it's not up to much** *fam* no vale gran cosa; **it's up to you** *fam* es cosa tuya; **to up and go** *fam* coger e irse; **what's up?** *fam* ¿qué pasa? ▪ **ups and downs** altibajos *mpl*.
upbringing ['ʌpbrɪŋɪŋ] *n* educación *f*.
update ['ʌpdeɪt] **1** *n* actualización *f*. || **2** *vt* (['ʌpdeɪt]) actualizar.
upgrade [ʌp'greɪd] **1** *vt* ascender. **2** mejorar. **3** actualizar. || **4** *n* (['ʌpgreɪd]) actualización *f*.
uphill ['ʌphɪl] **1** *adj* ascendente. **2** *fig* difícil. || **3** *adv* ([ʌp'hɪl]) cuesta arriba.
uphold [ʌp'həʊld] **1** *vt* (*pt & pp* upheld) (*defend*) defender. **2** (*confirm*) confirmar.
upholstery [ʌp'həʊlstrɪ] *n* tapicería.
upkeep ['ʌpkiːp] *n* mantenimiento.
uplift [ʌp'lɪft] *vt* edificar, inspirar.
upon [ə'pɒn] *prep* → **on**.
upper ['ʌpə] *adj* superior. ▪ **upper house** cámara alta.
uppermost ['ʌpəməʊst] **1** *adj* más alto,-a. **2** *fig* principal.
upright ['ʌpraɪt] **1** *adj* derecho,-a, vertical. **2** (*honest*) recto,-a, honrado,-a. || **3** *adv* derecho. || **4** *n* SP poste *m*.
uprising [ʌp'raɪzɪŋ] *n* sublevación *f*.
uproar ['ʌprɔː] *n* alboroto, tumulto.
uproot [ʌp'ruːt] *vt* desarraigar.
upset [ʌp'set] **1** *adj* disgustado,-a, ofendido,-a. || **2** *vt* (*pt & pp* upset) (*annoy*) contrariar; (*worry*) preocupar; (*displease*) disgustar. **3** (*plans*) desbaratar. **4** (*overturn*) volcar. **5** (*spill*) derramar. || **6** *n* (['ʌpset]) revés *m*, contratiempo.
• **to have an upset stomach** estar mal del estómago.
upshot ['ʌpʃɒt] *n* resultado.
upside down [ʌpsaɪd'daʊn] *adv* al revés.
upstairs [ʌp'steəz] **1** *adv* (*position*) en el piso de arriba. || **2** *n* piso de arriba. || **3** *adj* (['ʌpsteəz]) de arriba.
upsurge ['ʌpsɜːdʒ] *n* subida.
up-to-date [ʌptə'deɪt] **1** *adj* al día. **2** (*modern*) moderno,-a.
upward ['ʌpwəd] **1** *adj* hacia arriba, ascendente. || **2** *adv* hacia arriba.
uranium [jʊ'reɪnɪəm] *n* uranio.
urge [ɜːdʒ] **1** *n* impulso. || **2** *vt* encarecer; instar.
urgency ['ɜːdʒənsɪ] *n* urgencia.

urinal [jʊ'raɪnl] *n* urinario.
urine ['jʊərɪn] *n* orina.
us [ʌs, unstressedz] **1** *pron* nos; nosotros,-as. **2** *fam* me: **give us a kiss** dame un beso.
US ['juː'es] *abbr* EE.UU.
USA ['juː'es'ɑːmɪ] *abbr* EE.UU.
usage ['juːzɪdʒ] *n* uso.
use [juːs] **1** *n* uso, empleo. **2** (*usefulness*) utilidad *f*. ‖ **3** *vt* usar, utilizar, emplear. **4** ([juːz]) (*consume*) gastar. **5** (*exploit unfairly*) aprovecharse de.
• **used to** soler, acostumbrar: **I used to be fat** antes estaba gorda; **he used to get up early** solía levantarse temprano; **in use** en uso; **"Not in use"** "No funciona"; **of use** útil; **out of use** en desuso; **what's the use of ...?** ¿de qué sirve ... ?
used [juːst] **1** *adj* usado,-a. **2** (*accustomed*) acostumbrado,-a.
useful ['juːsfʊl] *adj* útil, provechoso,-a.
usefulness ['juːsfʊlnəs] *n* utilidad *f*.
useless ['juːsləs] *adj* inútil.
usual ['juːʒʊəl] *adj* usual, habitual.
• **as usual** como de costumbre.
usually [ ] *adv* normalmente.
utensil [juː'tensl] *n* utensilio.
utility [juː'tɪlɪtɪ] **1** *n* utilidad *f*. **2** (*company*) empresa de servicio público.
utilize ['juːtɪlaɪz] *vt* utilizar.
utmost ['ʌtməʊst] *adj* sumo,-a.
• **one's utmost** todo lo posible.
utter ['ʌtə] **1** *adj* absoluto,-a, total. ‖ **2** *vt* pronunciar, articular.
U-turn ['juːtɜːn] *n* cambio de sentido.

V

v [vɜːs] **1** *abbr* (verse) v. **2** (['vɜːses]) (versus) contra. **3** (['verɪ]) (very) muy.

vacancy ['veɪkənsɪ] **1** *n* (*job*) vacante *f*. **2** (*room*) habitación *f* libre.
• **"No vacancies"** "Completo".

vacate [və'keɪt] **1** *vt* (*job*) abandonar, dejar vacante. **2** (*house*) desocupar.

vacation [və'keɪʃn] *n* vacaciones *fpl*.

vaccinate ['væksɪneɪt] *vt* vacunar.

vacuum ['vækjʊəm] **1** *n* vacío. ‖ **2** *vt* pasar la aspiradora por. ■ **vacuum cleaner** aspiradora.

vacuum-packed ['vækjʊəmpækt] *adj* envasado,-a al vacío.

vague [veɪg] *adj* vago,-a.

vain [veɪn] **1** *adj* (*conceited*) vanidoso,-a. **2** (*useless*) vano,-a, fútil.

valiant ['vælɪənt] *adj* valiente.

valid ['vælɪd] *adj* válido,-a.

valley ['vælɪ] *n* valle *m*.

valuable ['væljʊəbl] **1** *adj* valioso, -a. ‖ **2 valuables** *npl* objetos *mpl* de valor.

valuation [væljʊ'eɪʃn] *n* valoración *f*.

value ['vælju:] **1** *n* valor *m*. ‖ **2** *vt* valorar.
• **it's good value for money** bien vale lo que cuesta.

valve [vælv] *n* válvula.

van [væn] **1** *n* AUTO camioneta, furgoneta. **2** GB (*on train*) furgón *m*.

vandal [vændl] *n* vándalo,-a.

vandalize ['vændəlaɪz] *vt* destrozar.

vanilla [və'nɪlə] *n* vainilla.

vanish ['vænɪʃ] *vi* desaparecer.

vanity ['vænɪtɪ] *n* vanidad *f*.

vapour ['veɪpə] *n* vapor *m*, vaho.

variance ['veərɪəns] *n* discrepancia.

varied ['veərɪd] *adj* variado,-a.

variety [və'raɪətɪ] *n* variedad *f*.

various ['veərɪəs] **1** *adj* (*different*) diversos,-as, distintos,-as. **2** (*several*) varios,-as.

varnish ['vɑːnɪʃ] **1** *n* barniz *m*. ‖ **2** *vt* barnizar.

vary ['veərɪ] *vt* - *vi* variar.

vase [vɑːz] *n* jarrón *m*, florero.

vast [vɑːst] *adj* inmenso,-a, enorme.

vat [væt] *n* tina, cuba.

VAT [væt, 'viː'eɪ'tiː] *abbr* IVA *m*.

Vatican ['vætɪkən] *n* el Vaticano.

vault [vɔːlt] **1** *n* (*ceiling*) bóveda. **2** (*in bank*) cámara acorazada. **3** (*for dead*) panteón *m*; (*in church*) cripta. **4** (*gymnastics*) salto. ‖ **5** *vt* - *vi* saltar.

veal [viːl] *n* ternera.

veer [vɪə] *vi* virar, girar, desviarse.

vegetable ['vedʒɪtəbl] **1** *adj* vegetal. ‖ **2** *n* (*plant*) vegetal *m*. **3** (*as food*) hortaliza, verdura, legumbre *f*.

vegetarian [vedʒɪ'teərɪən] *adj* - *n* vegetariano,-a.

veil [veɪl] **1** *n* velo. ‖ **2** *vt* velar.

vein [veɪn] **1** *n* ANAT vena. **2** BOT vena, nervio. **3** (*of mineral*) veta.
velvet [ˈvelvɪt] *n* terciopelo.
vending machine [ˈvendɪŋməʃiːn] *n* máquina expendedora.
vendor [ˈvendə] *n* vendedor,-ra.
veneer [vəˈnɪə] *n* chapa.
venerate [ˈvenəreɪt] *vt* venerar.
vengeance [ˈvendʒəns] *n* venganza. • **with a vengeance** a rabiar, con ganas.
vengeful [ˈvendʒfʊl] *adj* vengativo,-a.
venison [ˈvenɪsn] *n* carne *f* de venado.
venom [ˈvenəm] **1** *n* (*poison*) veneno. **2** (*malice*) odio.
vent [vent] **1** *n* (*opening*) abertura. **2** (*hole*) orificio, respiradero. **3** (*grille*) rejilla de ventilación *f*. ‖ **4** *vt* descargar. • **to give vent to one's feelings** desahogarse.
ventilate [ˈventɪleɪt] *vt* ventilar.
venture [ˈventʃə] **1** *n* empresa arriesgada, aventura. ‖ **2** *vt* arriesgar, aventurar. ‖ **3** *vi* aventurarse.
venue [ˈvenjuː] *n* lugar *m*.
veranda [vəˈrændə] *n* veranda, terraza.
verb [vɜːb] *n* verbo.
verdict [ˈvɜːdɪkt] **1** *n* JUR veredicto. **2** (*opinion*) opinión *f*.
verge [vɜːdʒ] **1** *n* (*edge*) borde *m*, margen *m*. **2** (*of road*) arcén *m*. ♦ **to verge on** *vt* rayar en. • **on the verge of** a punto de.
verify [ˈverɪfaɪ] *vt* verificar, comprobar.
vermin [ˈvɜːmɪn] **1** *n* (*pl* vermin) alimaña. **2** bichos *mpl*.
verruca [vəˈruːkə] *n* verruga.
verse [vɜːs] **1** *n* (*gen*) estrofa; (*in Bible*) versículo. **2** (*genre*) verso, poesía.
versed [vɜːst] *adj* versado,-a.
versus [ˈvɜːsəs] *prep* contra.
vertebra [ˈvɜːtɪbrə] *n* (*pl* vertebrae [ˈvɜːtɪbriː]) vértebra.
vertebrate [ˈvɜːtɪbrət] **1** *adj* vertebrado,-a. ‖ **2** *n* vertebrado.
verve [vɜːv] *n* brío, empuje *m*.
very [ˈverɪ] **1** *adv* muy. **2** (*emphatic): at the very latest* a más tardar; *at the very end* al final de todo. ‖ **3** *adj* (*precise*) mismo,-a, mismísimo,-a.
vessel [ˈvesl] **1** *n* nave *f*, buque *m*. **2** recipiente *m*, vasija. **3** ANAT vaso.
vest [vest] **1** *n* (*undershirt*) camiseta. **2** US (*waistcoat*) chaleco.
vet [vet] **1** *n fam* veterinario,-a. ‖ **2** *vt* GB investigar, examinar.
veterinary [ˈvetrɪnrɪ] *adj* veterinario,-a.
veto [ˈviːtəʊ] **1** *n* veto. ‖ **2** *vt* vetar.
via [ˈvaɪə] *prep* vía, por vía de, por.
viable [ˈvaɪəbl] *adj* viable, factible.
viaduct [ˈvaɪədʌkt] *n* viaducto.
vibrate [vaɪˈbreɪt] **1** *vt* hacer vibrar. ‖ **2** *vi* vibrar.
vicar [ˈvɪkə] **1** *n* (*Anglican*) párroco. **2** (*Catholic*) vicario.
vicarious [vɪˈkeərɪəs] *adj* experimentado,-a por otro.
vice [vaɪs] **1** *n* (*immoral action*) vicio. **2** (*tool*) tornillo de banco.
vice versa [vaɪsˈvɜːsə] *adv* viceversa.
vicinity [vɪˈsɪnɪtɪ] *n* inmediaciones. • **in the vicinity of** cerca de.
vicious [ˈvɪʃəs] **1** *adj* (*cruel*) cruel. **2** (*violent*) violento,-a. **3** (*dangerous*) peligroso,-a.
victim [ˈvɪktɪm] *n* víctima.
victor [ˈvɪktə] *n* vencedor,-ra.

victorious [vɪk'tɔːrɪəs] *adj* victorioso,-a.
victory ['vɪktrɪ] *n* victoria, triunfo.
video ['vɪdɪəʊ] *n* vídeo.
vie [vaɪ] *vi* competir.
view [vjuː] **1** *n* (*scene*) vista, panorama *m*. **2** (*opinion*) punto de vista. ‖ **3** *vt* (*look at*) mirar. **4** (*see*) ver. • **in view of** en vista de; **with a view to** con el propósito de; **to take a poor view of** *fam* ver con malos ojos.
viewer ['vjuːə] *n* telespectador,-ra.
viewpoint ['vjuːpɔɪnt] *n* punto de vista.
vigil ['vɪdʒɪl] *n* vigilia. • **to keep vigil** velar.
vigilant ['vɪdʒɪlənt] *adj* atento,-a.
vigorous ['vɪgərəs] *adj* vigoroso,-a.
vigour ['vɪgə] *n* vigor *m*, energía.
vile [vaɪl] **1** *adj* (*evil*) vil. **2** *fam* (*disgusting*) malísimo,-a.
village ['vɪlɪdʒ] *n* pueblo; (*small*) aldea.
villain ['vɪlən] **1** *n* CINEM malo,-a. **2** GB *fam* criminal *m*, delincuente *mf*.
vindicate ['vɪndɪkeɪt] **1** *vt* (*action, decision*) justificar. **2** (*right*) reivindicar.
vindictive [vɪn'dɪktɪv] *adj* vengativo,-a.
vine [vaɪn] *n* vid *f*; parra.
vinegar ['vɪnɪgə] *n* vinagre *m*.
vineyard ['vɪnjɑːd] *n* viña, viñedo.
vintage ['vɪntɪdʒ] *n* cosecha.
vinyl ['vaɪnl] *n* vinilo.
violate ['vaɪəleɪt] *vt* violar.
violence ['vaɪələns] *n* violencia.
violent ['vaɪələnt] *adj* violento,-a.
violet ['vaɪələt] **1** *n* BOT violeta *f*. ‖ **2** *adj* - *n* violeta.
viper ['vaɪpə] *n* víbora.
virgin ['vɜːdʒɪn] *adj* - *n* virgen.
virginity [vɜː'dʒɪnɪtɪ] *n* virginidad *f*.
Virgo ['vɜːgəʊ] *n* virgo *m inv*.
virile ['vɪraɪl] *adj* viril, varonil.
virtual ['vɜːtjʊəl] *adj* virtual.
virtue ['vɜːtjuː] *n* virtud *f*.
virus ['vaɪrəs] *n* virus *m*. ▪ **virus checker** antivirus *m*.
visa ['viːzə] *n* visado.
vise [vaɪs] *n* US tornillo de banco.
visibility [vɪzɪ'bɪlɪtɪ] *n* visibilidad *f*.
vision ['vɪʒn] **1** *n* (*gen*) visión *f*. **2** (*eyesight*) vista.
visit ['vɪzɪt] **1** *n* visita. ‖ **2** *vt* visitar.
visitor ['vɪzɪtə] **1** *n* (*at home*) invitado,-a. **2** (*tourist*) visitante *mf*. **3** (*in hotel*) cliente,-a.
visor ['vaɪzə] *n* visera.
vista ['vɪstə] *n* vista, panorama *m*.
visual ['vɪzjʊəl] *adj* visual. ▪ **visual display unit** pantalla.
visualize ['vɪzjʊəlaɪz] *vt* imaginar.
vital ['vaɪtl] **1** *adj* vital. **2** (*basic*) esencial, fundamental. ‖ **3 vitals** *npl* órganos *mpl* vitales.
vitality [vaɪ'tælɪtɪ] *n* vitalidad *f*.
vitally ['vaɪtlɪ] *adv* sumamente.
vivacious [vɪ'veɪʃəs] *adj* vivaz, animado,-a.
vivid ['vɪvɪd] **1** *adj* (*colour*) vivo,-a, intenso,-a. **2** (*description*) gráfico,-a.
vocabulary [və'kæbjʊlərɪ] *n* léxico.
vocal ['vəʊkl] **1** *adj* (*music, organ*) vocal. **2** (*noisy*) ruidoso,-a. ▪ **vocal chords** cuerdas *fpl* vocales.
vocalist ['vəʊklɪst] *n* cantante.
vocation [vəʊ'keɪʃn] *n* vocación *f*.
voice [vɔɪs] *n* voz *f*. ▪ **voice mail** buzón *m* de voz.
void [vɔɪd] **1** *adj* vacío,-a. **2** JUR nulo,-a, inválido,-a. ‖ **3** *n* vacío.
volatile ['vɒlətaɪl] *adj* volátil.

volcano [vɒl'keɪnəʊ] *n* volcán *m*.
volition [və'lɪʃn] *n* volición *f*, voluntad *f*.
volley ['vɒlɪ] **1** *n* descarga. **2** volea.
volt [vəʊlt] *n* voltio.
voltage ['vəʊltɪdʒ] *n* voltaje *m*, tensión *f*.
voluble ['vɒljʊbl] *adj* hablador,-ra.
volume ['vɒljuːm] **1** *n* (*book*) tomo. **2** (*loudness*) volumen *m*.
voluntary ['vɒləntrɪ] *adj* voluntario,-a.
volunteer [vɒlən'tɪə] **1** *n* voluntario,-a. ‖ **2** *vt* ofrecer. ‖ **3** *vi* ofrecerse.
vomit ['vɒmɪt] **1** *n* vómito. ‖ **2** *vt* - *vi* vomitar.
voracious [və'reɪʃəs] *adj* voraz.
vortex ['vɔːteks] **1** *n* (*pl* vortexes o vortices ['vɔːtɪsiːz]) vórtice *m*. **2** *fig* vorágine *f*.
vote [vəʊt] **1** *n* (*gen*) voto. **2** (*voting*) votación *f*. **3** (*right to vote*) sufragio, derecho al voto. ‖ **4** *vt* - *vi* votar. ‖ **5** *vt* (*elect*) elegir (*por votación*). **6** *fam* (*declare*) considerar.
voter ['vəʊtə] *n* votante *mf*.
vouch [vaʊtʃ] *vi*. • **to vouch for** responder de.
voucher ['vaʊtʃə] *n* vale *m*, bono.
vow [vaʊ] **1** *n* (*gen*) promesa solemne. **2** REL voto. ‖ **3** *vt* jurar.
vowel ['vaʊəl] *n* vocal *f*.
voyage ['vɔɪɪdʒ] *n* viaje *m*.
vulgar ['vʌlgə] **1** *adj* ordinario,-a, grosero,-a, vulgar. **2** de mal gusto.
vulgarity [vʌl'gærɪtɪ] **1** *n* (*coarseness*) ordinariez *f*, grosería, vulgaridad *f*. **2** (*bad taste*) mal gusto.
vulture ['vʌltʃə] *n* buitre *m*.
vulva ['vʌlvə] *n* (*pl* vulvas or vulvae ['vʌlviː]) vulva.

W

wad [wɒd] **1** *n* (*of paper*) taco. **2** (*of notes*) fajo.
wade [weɪd] *vi* andar por el agua: **to wade across a river** vadear un río.
wafer [ˈweɪfə] **1** *n* (*biscuit*) barquillo, oblea. **2** REL hostia.
waffle [ˈwɒfl] **1** *n* CULIN gofre *m*. **2** GB *fam* (*talk*) palabrería. ‖ **3** *vi* GB *fam* hablar mucho sin decir nada.
waft [wɒft] **1** *vt* llevar por el aire. ‖ **2** *vi* moverse por el aire, flotar.
wag [wæg] **1** *n* (*of tail*) meneo. ‖ **2** *vt* menear. ‖ **3** *vi* menearse.
wage [weɪdʒ] *n* sueldo, salario. • **to wage war on** hacer la guerra a.
wager [ˈweɪdʒə] **1** *n* apuesta. ‖ **2** *vt* apostar.
wagon [ˈwægn] **1** *n* (*horse-drawn*) carro. **2** (*railway*) vagón *m*.
wail [weɪl] **1** *n* lamento, gemido. ‖ **2** *vi* lamentarse, gemir.
waist [weɪst] *n* cintura, talle *m*.
waistcoat [ˈweɪskəʊt] *n* chaleco.
waistline [ˈweɪstlaɪn] *n* cintura.
wait [weɪt] **1** *n* espera. ‖ **2** *vi* esperar. • **to wait up** esperar levantado.
waiter [ˈweɪtə] *n* camarero.
waiting [ˈweɪtɪŋ] *n* espera.
waitress [ˈweɪtrəs] *n* camarera.
wake [weɪk] **1** *n* (*of ship*) estela. **2** (*for dead*) velatorio. ‖ **3** *vt* (*pt* woke; pp woken) despertar. ♦ **to wake up** *vt* - *vi* despertar(se).
waken [ˈweɪkn] *vt* - *vi* despertar(se).
Wales [weɪlz] *n* País *m* de Gales.
walk [wɔːk] **1** *n* (*stroll*) paseo. **2** (*long*) caminata. **3** (*gait*) andares *mpl*. ‖ **4** *vi* andar, caminar: **I'll walk there** iré andando, iré a pie. ‖ **5** *vt* (*dog*) pasear. **6** (*person*) acompañar. ♦ **to walk off with 1** *vt* (*win*) ganar con facilidad. **2** *vt fam* (*steal*) mangar, birlar ♦ **to walk out 1** *vi* (*leave*) marcharse. **2** *vi* (*strike*) ir a la huelga ♦ **to walk out on** *vt* abandonar. • **to go for a walk** dar un paseo; **to walk all over sb** tratar a algn a patadas. ▪ **walk of life** condición *f* social.
walking stick [ˈwɔːkɪŋstɪk] *n* bastón *m*.
walkout [ˈwɔːkaʊt] *n* huelga.
walkover [ˈwɔːkəʊvə] *n fam* paseo.
wall [wɔːl] **1** *n* (*outside*) muro. **2** (*interior*) pared *f*. **3** (*defensive*) muralla. **4** (*in garden*) tapia.
wallet [ˈwɒlɪt] *n* cartera.
wallop [ˈwɒləp] **1** *n fam* golpazo. ‖ **2** *vt fam* pegar fuerte.
wallpaper [ˈwɔːlpeɪpə] **1** *n* papel *m* pintado. ‖ **2** *vt* empapelar.
wally [ˈwɒlɪ] *n fam* inútil *mf*.
walnut [ˈwɔːlnʌt] *n* nuez *f*.
walrus [ˈwɔːlrəs] *n* morsa.
waltz [wɔːls] *n* vals *m*.
wand [wɒnd] *n* varita.
wander [ˈwɒndə] **1** *vi* vagar, deambular. ‖ **2** *vt* vagar por, reco-

rrer. • **to wander from the point** divagar, irse por las ramas.
wane [weɪn] *vi* menguar.
wangle ['wæŋgl] *vt fam* agenciarse.
wank [wæŋk] **1** *n vulg* paja. ‖ **2** *vi vulg* hacerse una paja.
wanker ['wænkə] *n vulg* gilipollas.
want [wɒnt] **1** *n* necesidad *f*. **2** falta, carencia. **3** miseria. ‖ **4** *vt* querer. **5** *fam* necesitar. • **for want of** por falta de; **to be in want** estar necesitado,-a.
wanted ['wɒntɪd] *adj* (*needed*) necesario,-a: **"Wanted"** "Se busca".
war [wɔː] *n* guerra.
ward [wɔːd] **1** *n* (*in hospital*) sala. **2** GB POL distrito electoral. **3** JUR pupilo,-a. ♦ **to ward off 1** *vt* (*illness*) prevenir, evitar. **2** *vt* (*blow*) parar.
warden [wɔːdn] **1** *n* vigilante *mf*, guardián,-ana. **2** US alcaide *m*.
wardrobe ['wɔːdrəʊb] **1** *n* (*cupboard*) armario ropero. **2** (*clothes*) vestuario.
warehouse ['weəhaʊs] *n* almacén *m*.
wares [weəz] *npl* mercancías *fpl*.
warfare ['wɔːfeə] *n* guerra.
warily ['weərɪlɪ] *adv* con cautela.
warlike ['wɔːlaɪk] *adj* belicoso,-a.
warm [wɔːm] **1** *adj* (*hot*) caliente; (*tepid*) tibio,-a, templado,-a. **2** (*climate, colour*) cálido,-a. **3** (*day, welcome*) caluroso,-a. **4** (*clothes*) de abrigo. ‖ **5** *vt* (*heat*) calentar. **6** (*heart*) alegrar. ♦ **to warm up 1** *vt* - *vi* calentar. **2** *vi* SP hacer calentamiento. • **to be warm** (*person*) tener calor; (*weather*) hacer calor. **to warm to sb** coger simpatía a algn.
warm-hearted [wɔːm'hɑːtɪd] *adj* afectuoso,-a.
warmth [wɔːmθ] **1** *n* (*heat*) calor *m*. **2** (*friendliness*) afecto, cordialidad *f*.
warn [wɔːn] **1** *vt* avisar, advertir, prevenir. **2** llamar la atención.
warning ['wɔːnɪŋ] **1** *n* aviso, advertencia. **2** amonestación *f*.
warp [wɔːp] **1** *n* (*thread*) urdimbre *f*. **2** (*in wood*) alabeo. ‖ **3** *vt* alabear, combar. ‖ **4** *vi* alabearse, combarse.
warrant ['wɔrənt] **1** *n* JUR orden *f* judicial. ‖ **2** *vt* justificar.
warranty ['wɒrəntɪ] *n* garantía.
warren ['wɒrən] **1** *n* madriguera. **2** *fig* laberinto.
warrior ['wɒrɪə] *n* guerrero,-a.
wart [wɔːt] *n* verruga.
wary ['weərɪ] *adj* cauto,-a, cauteloso,-a.
wash [wɒʃ] **1** *n* (*action*) lavado. **2** (*dirty clothes*) ropa sucia; (*clean clothes*) colada. **3** (*of ship, plane*) estela. **4** MED enjuague *m*. ‖ **5** *vt* (*clean*) lavar; (*- hands, hair*) lavarse; (*- dishes*) fregar, lavar. **6** (*carry away*) llevar, arrastrar. ♦ **to wash up 1** *vi* fregar los platos. **2** US (*wash oneself*) lavarse. • **to have a wash** lavarse; **that won't wash!** *fam* ¡eso no cuela!
washbasin ['wɒʃbeɪsn] *n* lavabo.
washer ['wɒʃə] **1** *n* (*metal*) arandela. **2** (*rubber*) junta. **3** (*machine*) lavadora.
washing ['wɒʃɪŋ] **1** *n* lavado. **2** ropa sucia. **3** colada. ■ **washing line** tendedero.
washing-up [wɒʃɪŋ'ʌp] **1** *n* (*action*) fregado. **2** (*dishes*) platos *mpl*. • **to do the washing up** fregar los platos, lavar los platos.
washroom ['wɒʃruːm] *n* US servicios.

wasp [wɒsp] *n* avispa.
waste [weɪst] **1** *n* desperdicio. **2** derroche *m*, despilfarro. **3** desechos *mpl*. ‖ **4** *adj* desechado,-a. **5** yermo,-a, baldío,-a. ‖ **6** *vt* desperdiciar, malgastar; despilfarrar, derrochar.
wasteful ['weɪstfʊl] *adj* despilfarrador,-ra, derrochador,-ra.
wastepaper basket [weɪst'peɪpəbɑːskɪt] *n* papelera.
watch [wɔtʃ] **1** *n* reloj *m*. **2** vigilancia. ‖ **3** *vt* mirar; ver. **4** observar. **5** vigilar. **6** tener cuidado con, prestar atención a. • **watch out!** ¡ojo!, ¡cuidado!
watchdog ['wɒtʃdɒg] **1** *n* (*dog*) perro guardián. **2** (*person*) guardián, -ana.
watchful ['wɔtʃfʊl] *adj* vigilante.
watchman ['wɔtʃmən] *n* vigilante *m*.
water ['wɔːtə] **1** *n* agua. ‖ **2** *vt* (*plant, garden*) regar. **3** (*animals*) abrevar. ‖ **4** *vi* (*eyes*) llorar. ♦ **to water down 1** *vt* (*dilute*) aguar. **2** *vt fig* descafeinar. • **to get into hot water** meterse en un buen lío; **to hold water** (*vessel*) retener el agua; (*argument*) aguantarse; **to keep one's head above water** mantenerse a flote; **to pass water** orinar; **under water** inundado,-a. ▪ **water lily** nenúfar *m*.
watercolour ['wɔːtəkʌlə] *n* acuarela.
watercress ['wɔːtkres] *n* berros *mpl*.
waterfall ['wɔːtəfɔːl] *n* cascada.
watering ['wɔːtərɪŋ] *n* riego. ▪ **watering can** regadera.
waterlogged ['wɔːtəlɒgd] *adj* empapado,-a, anegado,-a.
watermelon ['wɔːtəmelən] *n* sandía.
waterproof ['wɔːtəpruːf] **1** *adj* (*fabric*) impermeable. **2** (*watch*) sumergible. ‖ **3** *vt* impermeabilizar.
watertight ['wɔːtətaɪt] **1** *adj* (*seal, bottle*) hermético,-a. **2** (*boat*) estanco,-a. **3** (*argument*) irrebatible, irrefutable.
waterway ['wɔːtəweɪ] *n* vía fluvial.
watery ['wɔːtərɪ] **1** *adj* acuoso,-a. **2** aguado,-a.
wave [weɪv] **1** *n* (*in sea*) ola. **2** (*in hair*) onda. **3** PHYS onda. **4** (*of hand*) ademán *m*. **5** (*of crime etc*) ola, oleada. ‖ **6** *vi* (*greet*) saludar. **7** (*flag*) ondear. ‖ **8** *vt* agitar. **9** (*hair*) marcar, ondular. • **to make waves** causar problemas.
wavy ['weɪvɪ] *adj* ondulado,-a.
wax [wæks] *n* cera.
way [weɪ] **1** *n* camino. **2** dirección *f*: **on the way to work** yendo al trabajo. **3** manera, modo. ‖ **4** *adv fam* muy: **way back** hace muchísimo. • **a long way from** lejos de; **by the way** a propósito; **by way of** vía, por vía de; **on the way** por el camino; **on the way down** bajando; **on the way up** subiendo; **to get out of the way** quitarse de en medio; **to get under way** ponerse en marcha; **to give way** ceder el paso; **to lose one's way** perderse; **in a bad way** *fam* mal.
we [wiː, wɪ] *pron* nosotros,-as.
weak [wiːk] *adj* débil, flojo,-a.
weaken ['wiːkn] *vt* debilitar.
weakness ['wiːknəs] **1** *n* (*state*) debilidad *f*. **2** (*fault*) fallo.
wealth [welθ] *n* riqueza.
wealthy ['welθɪ] *adj* rico,-a.

weapon ['wepn] *n* arma.
wear [weə] **1** *n* (*use*) uso. **2** (*damage*) desgaste *m*, deterioro. **3** (*clothing*) ropa. || **4** *vt* (*pt* wore; pp worn) (*clothes*) llevar puesto,-a, vestir; (*shoes*) calzar. **5** *vt* - *vi* (*damage*) desgastar(se). ♦ **to wear away** *vt* - *vi* erosionar(se). ♦ **to wear off** *vi* desaparecer ♦ **to wear out 1** *vi* gastarse, desgastarse. **2** *vt* agotar. ■ **wear and tear** desgaste *m*.
weary ['wɪərɪ] *adj* cansado,-a.
weather ['weðə] *n* tiempo. • **to be under the weather** no encontrarse muy bien.
weave [wiːv] **1** *n* tejido. || **2** *vt* - *vi* (*pt* wove; pp woven) tejer. **3** (*zigzag*) serpentear. || **4** *vt fig* (*plot*) tramar.
web [web] **1** *n* (*of spider*) telaraña. **2** *fig* red *f*.
wed [wed] *vt* (*pt & pp* wedded o wed) casarse con.
Wed ['wenzdɪ] *abbr* (Wednesday) miér.
wedding ['wedɪŋ] *n* boda. ■ **wedding cake** tarta nupcial.
wedge [wedʒ] **1** *n* cuña, calce *m*. || **2** *vt* acuñar, calzar.
Wednesday ['wenzdɪ] *n* miércoles.
wee [wiː] **1** *adj* pequeñito,-a. || **2** *n fam* pipí *m*. || **3** *vi* hacer pipí.
weed [wiːd] **1** *n* (*plant*) mala hierba. **2** *fam* canijo,-a.
weedy ['wiːdɪ] *adj pej* debilucho,-a.
week [wiːk] *n* semana. • **a week today** dentro de ocho días.
weekly ['wiːklɪ] **1** *adj* semanal. || **2** *adv* semanalmente. || **3** *n* semanario.
weep [wiːp] *vi* (*pt & pp* wept) llorar.
weigh [weɪ] *vt* pesar. ♦ **to weigh down 1** *vt* sobrecargar. **2** *vt fig* abrumar, agobiar ♦ **to weigh up** *vt* evaluar. • **to weigh anchor** levar anclas.
weight [weɪt] **1** *n* peso. **2** (*piece of metal*) pesa. || **3** *vt* cargar con peso. • **to put on weight** engordar.
weightlifting ['weɪtlɪftɪŋ] *n* halterofilia.
weir [wɪə] *n* presa.
weird [wɪəd] *adj* raro,-a, extraño,-a.
weirdo ['wɪədəʊ] *n fam* tipo raro.
welcome ['welkəm] **1** *adj* bienvenido,-a. **2** grato,-a, agradable. || **3** *n* bienvenida, acogida. || **4** *vt* acoger, recibir. **5** aplaudir. • **you're welcome** no hay de qué, de nada.
weld [weld] **1** *n* soldadura. || **2** *vt* soldar.
welfare ['welfeə] *n* bienestar *m*.
well [wel] **1** *n* pozo. || **2** *adj* - *adv* bien. || **3** *vi* manar, brotar. || **4** *interj* bueno, pues. **5** (*surprise*) ¡vaya! • **as well** también; **as well as** además de; **it would be as well to ...** no estaría de más + *inf*; **just as well** menos mal; **pretty well** casi; **to do well** tener éxito, prosperar; **to get well** reponerse; **well done** CULIN bien hecho,-a; (*congratulating*) ¡muy bien!
well-behaved [welbɪ'heɪvd] *adj* educado,-a.
well-being [wel'biːɪŋ] *n* bienestar *m*.
well-built [wel'bɪlt] *adj* fornido,-a.
wellington ['welɪŋtən] *n* bota de goma.
well-known [wel'nəʊn] *adj* conocido,-a, famoso,-a.
well-meaning [wel'miːnɪŋ] *adj* bien intencionado,-a.
well-off [wel'ɒf] *adj* rico,-a.

well-to-do [weltə'duː] *adj* acomodado,-a.
Welsh [welʃ] **1** *adj* - *n* galés,-esa. ‖ **2** *n* (*language*) galés *m*.
west [west] **1** *n* oeste *m*, occidente *m*. ‖ **2** *adj* occidental, del oeste. ‖ **3** *adv* al oeste, hacia el oeste.
westerly ['westəlɪ] *adj* del oeste.
western ['westn] **1** *adj* occidental, del oeste. ‖ **2** *n* película del oeste.
westward ['westwəd] *adj* hacia el oeste.
wet [wet] **1** *adj* mojado,-a. **2** (*permanently, naturally*) húmedo,-a. **3** (*weather*) lluvioso,-a. **4** (*paint*) fresco,-a. **5** *fam* (*person*) soso,-a. ‖ **6** *n* (*damp*) humedad *f*. **7** *vt* mojar.
wetness ['wetnəs] *n* humedad *f*.
whack [wæk] **1** *n* (*blow*) porrazo. **2** *fam* (*share*) parte *f*. ‖ **3** *vt* golpear.
whacked [wækt] *adj fam* agotado, -a.
whacking ['wækɪŋ] *adj fam* enorme.
whale [weɪl] *n* ballena.
wharf [wɔːf] *n* muelle.
what [wɔt] **1** *adj* qué: **what time is it?** ¿qué hora es? **2** qué: **what a (smart) car!** ¡qué coche (más chulo)! **3**: **what oil we have is here** todo el aceite que tenemos está aquí. ‖ **4** *pron* qué: **what is it?** ¿qué es? **5** lo que: **that's what he said** eso es lo que dijo. ‖ **6** *interj* ¡cómo!: **what!, you've lost it!** ¡cómo! ¡lo has perdido!
whatever [wɔt'evə] **1** *adj* (*any*) cualquiera que: **whatever colour you like** el color que tú quieras. **2** (*at all*) en absoluto: **with no money whatever** sin absolutamente nada de dinero. ‖ **3** *pron* (todo) lo que: **whatever you do** hagas lo que hagas.
whatsoever [wɔtsəʊ'evə] *adj* → **whatever**.
wheat [wiːt] *n* trigo.
wheel [wiːl] **1** *n* rueda. ‖ **2** *vt* empujar. ‖ **3** *vi* girar. **4** (*birds*) revolotear. ‖ **5 steering wheel** *n* volante *m*.
wheelbarrow ['wiːlbærəʊ] *n* carretilla de mano.
wheelchair ['wiːltʃeə] *n* silla de ruedas.
when [wen] **1** *adv* cuándo. ‖ **2** *conj* - *pron* cuando.
whenever [wen'evə] **1** *conj* cuando quiera que, siempre que. ‖ **2** *adv* cuando sea: **today or whenever** hoy o cuando sea. **3** cuándo.
where [weə] **1** *adv* dónde; adónde: **where is it?** ¿dónde está?; **where did you go?** ¿adónde fuiste? **2** en cualquier parte, donde sea. ‖ **3** *pron* donde.
whereabouts ['weərəbaʊts] **1** *n* paradero. ‖ **2** *adv* ([weərə'baʊts]) dónde; (*direction*) adónde.
whereas [weər'æz] *conj* mientras que.
whereby [weə'baɪ] *adv* por el/la/lo cual.
wherever [weər'evə] **1** *adv* dónde; (*direction*) adónde: **wherever did you put it** ¿dónde diablos lo pusiste? ‖ **2** *conj* dondequiera que.
whether ['weðə] *conj* si: **whether it rains or not** llueva o no llueva.
which [wɪtʃ] **1** *adj* qué: **which size do you want?** ¿qué tamaño quieres? ‖ **2** *pron* cuál, cuáles: **which do you want?** ¿cuál quieres? **3** que; el/la/lo que, el/la/lo cual, los/las que, los/las cuales: **the shop in which ...** la tien-

da en la que/cual ... **4** el/la cual, los/las cuales: **two glasses, one of which was dirty** dos copas, una de las cuales estaba sucia. **5** lo que/cual: **he lost, which was a shame** perdió, lo cual fue una lástima.

whichever [wɪtʃ'evər] **1** *adj* (no importa) el/la/los/las que: **whichever model you choose** no importa el modelo que elijas. || **2** *pron* cualquiera, el/la/los/las que: **take whichever you want** coge el que quieras.

while [waɪl] **1** *n* rato, tiempo. || **2** *conj* (*during the time that*) mientras. **3** (*although*) aunque. **4** (*whereas*) mientras que. • **after a while** al cabo de un rato; **for a while** un rato; **once in a while** de vez en cuando; **to be worth one's while** valer la pena; **to while away the time** pasar el rato.

whilst [waɪlst] *conj* → **while**.

whim [wɪm] *n* antojo, capricho.

whimper ['wɪmpər] **1** *n* gemido. || **2** *vi* lloriquear, gemir.

whine [waɪn] **1** *n* quejido; gemido. || **2** *vi* quejarse; gemir.

whip [wɪp] **1** *n* (*lash*) látigo; (*for riding*) fusta. || **2** *vt* (*horse*) fustigar; (*person*) zurrar. **3** CULIN batir; (*cream, egg whites*) montar. **4** *fam* (*steal*) birlar. ♦ **to whip off** *vt* quitar deprisa. • **to whip past** pasar deprisa. ■ **whipped cream** nata montada.

whirl [wɜːl] **1** *n* (*turn*) giro, vuelta. **2** (*of dust, leaves*) remolino, torbellino. || **3** *vi* girar. || **4** *vt* dar vueltas a.

whirlpool ['wɜːlpuːl] *n* remolino.

whirlwind ['wɜːlwɪnd] *n* torbellino.

whirr [wɜː] **1** *n* zumbido. || **2** *vi* zumbar.

whisk [wɪsk] **1** *n* (*movement*) movimiento brusco. **2** CULIN batidor *m*; (*electric*) batidora. || **3** *vt* (*swish*) sacudir. **4** CULIN batir. **5** (*do quickly*) hacer algo rápidamente: **she whisked out her pen** sacó rápidamente su bolígrafo.

whisker ['wɪskə] **1** *n* pelo. || **2** **whiskers** *npl* patillas. **3** bigotes *mpl*.

whisper ['wɪspə] **1** *n* susurro. || **2** *vt* - *vi* susurrar.

whistle ['wɪsl] **1** *n* silbato, pito. **2** silbido, pitido. || **3** *vt* - *vi* silbar.

white [waɪt] **1** *adj* blanco,-a. || **2** *n* (*colour*) blanco. **3** (*of egg*) clara. ■ **white coffee** café con leche; **white lie** mentira piadosa.

whiteness ['waɪtnəs] *n* blancura.

whitewash ['waɪtwɔʃ] **1** *n* jalbegue *m*, cal *f*. || **2** *vt* (*whiten*) enjalbegar, encalar. **3** (*cover up*) encubrir.

Whitsun ['wɪtsʌn] *n* Pentecostés *m inv*.

whizz [wɪz] **1** *n* zumbido. || **2** *vi* zumbar, silbar. • **to whizz past** pasar zumbando.

whizz-kid ['wɪzkɪd] *n fam* lince *m*, hacha.

who [huː] **1** *pron* quién, quiénes: **who did it?** ¿quién lo hizo? **2** que: **those who want to go** los que quieran ir. **3** quien, quienes, el/la cual, los/las cuales.

whoever [huː'evə] **1** *pron* (*in questions*) quién. **2** (*no matter who*) quienquiera que, cualquiera que.

whole [həʊl] **1** *adj* (*entire*) entero,-a: **the whole day** todo el día. **2** (*intact*) intacto,-a. || **3** *n* conjunto, todo. • **as a whole** en conjunto; **on the whole** en general; **the whole of** todo,-a. ■ **whole milk** leche entera.

wholemeal ['həʊlmiːl] *adj* integral.
wholesale ['həʊlseɪl] **1** *adj - adv* COMM al por mayor. ‖ **2** *adv fig* en masa. ‖ **3** *adj* masivo,-a. ‖ **4** *n* venta al por mayor.
wholesaler ['həʊlseɪlə] *n* mayorista *mf.*
wholesome ['həʊlsəm] *adj* sano,-a.
wholly ['həʊlɪ] *adv* enteramente.
whom [huːm] **1** *pron fml* a quién, a quiénes: **with whom?** ¿con quién? **2** a quien, a quienes: **the man with whom she was seen** el hombre con quien la vieron.
whoop [huːp] **1** *n* grito, alarido. ‖ **2** *vi* gritar.
whopper ['wɒpə] **1** *n fam* (*big thing*) cosa enorme. **2** *fam* (*lie*) trola, bola.
whopping ['wɒpɪŋ] *adj fam* enorme.
whore [hɔː] *n* puta.
whose [huːz] **1** *pron* (*in questions*) de quién, de quiénes: **whose is this?** ¿de quién es esto? ‖ **2** *adj* (*in questions*) de quién, de quiénes: **whose dog is this?** ¿de quién es este perro? **3** (*relative*) cuyo,-a, cuyos,-as: **the woman whose car was stolen** la mujer cuyo coche robaron.
why [waɪ] **1** *adv* por qué. ‖ **2** *interj* ¡vaya!, ¡toma! ‖ **3** *n* porqué *m,* causa.
wicked ['wɪkɪd] *adj* malo,-a.
wicker ['wɪkə] *n* mimbre *m.*
wide [waɪd] **1** *adj* ancho,-a. **2** amplio,-a. • **wide open** de par en par.
widely ['waɪdlɪ] *adv* generalmente.
widen ['waɪdn] **1** *vt* (*road, river*) ensanchar. **2** (*horizons, scope*) extender. ‖ **3** *vi* (*road, river*) ensancharse. **4** (*influence*) extenderse.
widespread ['waɪdspred] *adj* generalizado,-a.
widow ['wɪdəʊ] *n* viuda.
widower ['wɪdəʊə] *n* viudo.
width [wɪdθ] *n* ancho, anchura.
wield [wiːld] **1** *vt* (*weapon*) manejar, empuñar. **2** (*power*) ejercer.
wife [waɪf] *n* esposa, mujer *f.*
wig [wɪg] *n* peluca.
wiggle ['wɪgl] *vt - vi* menear(se).
wild [waɪld] **1** *adj* (*gen*) salvaje. **2** (*plant*) silvestre. **3** (*country*) agreste. **4** (*angry*) furioso,-a. **5** (*violent*) violento,-a. **6** (*uncontrolled*) incontrolado,-a. **7** (*guess*) al azar. ‖ **8** *n* tierra virgen. • **in the wild** en estado salvaje; **to be wild about** estar loco,-a por.
wilderness ['wɪldənəs] *n* desierto.
wildlife ['waɪldlaɪf] *n* fauna.
wilful ['wɪlfʊl] **1** *adj* (*obstinate*) terco,-a, testarudo,-a. **2** JUR premeditado,-a.
will [wɪl] **1** *n* (*gen*) voluntad *f.* **2** JUR testamento. ‖ **3** *vt* (*wish*) desear, querer. **4** (*order*) ordenar, mandar. **5** JUR dejar en testamento. ‖ **6** *aux* (*future*): **she will be here tomorrow** estará aquí manaña; **it won't rain, will it?** no lloverá, ¿verdad? **7** (*be disposed to*): **will you help me?**, no I won't ¿quieres ayudarme? no quiero. **8** (*insistence*): **he will leave the door open,** es que no hay manera de que cierre la puerta. **9** (*can*) poder: **this phone will accept credit cards** este teléfono acepta las tarjetas de crédito. **10** (*supposition*): **that will be the house** aquella será la casa, aquella debe de ser la casa.
willing ['wɪlɪŋ] *adj* **1** complaciente. **2** dispuesto,-a.

willingness ['wılıŋnəs] *n* buena voluntad *f.*
willow ['wıləʊ] *n* sauce *m.*
willy-nilly [wılı'nılı] **1** *adv (any old way)* a la buena de Dios. **2** *(like it or not)* a la fuerza.
wilt [wılt] *vi* marchitarse.
win [wın] **1** *n* victoria, éxito. ‖ **2** *vt - vi* (*pt & pp* won) ganar. ♦ **to win over/round** *vt* convencer, persuadir.
wince [wıns] **1** *n* mueca de dolor. ‖ **2** *vi* hacer una mueca de dolor.
wind [wınd] **1** *n* METEOR viento, aire *m.* **2** (*breath*) aliento. **3** (*flatulence*) gases *mpl,* flato. ‖ **4** *vt* dejar sin aliento. **5** ([waınd]; pt & pp wound) (*wrap*) envolver. **6** (*on reel*) arrollar, devanar. **7** (*clock*) dar cuerda a. **8** (*handle*) dar vueltas a. ‖ **9** *vi* (*road*) serpentear. ♦ **to wind down 1** *vi* (*clock*) quedarse sin cuerda. **2** *vi* (*person*) relajarse. **3** *vt* AUTO (*window*) bajar ♦ **to wind up 1** *vt* (*clock*) dar cuerda a. **2** *vt - vi* concluir. **3** *vi fam* acabar. • **to break wind** ventosear; **to get wind of** olerse; **to get the wind up** *fam* ponerse nervioso,-a. ■ **wind power** energía eólica.
winding ['waındıŋ] *adj* sinuoso,-a.
windmill ['wındmıl] *n* molino de viento.
window ['wındəʊ] **1** *n* ventana. **2** ventanilla. **3** escaparate. ■ **window cleaner** limpiacristales.
windpipe ['wındpaıp] *n* tráquea.
windscreen ['wındskriːn] *n* AUTO parabrisas *m inv.*
wind-shield ['wındʃiːld] *n* US AUTO parabrisas *m inv.*
windy ['wındı] *adj* ventoso,-a. • **it's windy** hace viento.
wine [waın] *n* vino.
wing [wıŋ] **1** *n* ala. **2** AUTO aleta. **3** SP banda. ‖ **4 wings** *npl* THEAT bastidores *mpl.*
wink [wıŋk] **1** *n* guiño. ‖ **2** *vi* guiñar el ojo.
winner ['wınə] *n* ganador,-ra.
winning ['wınıŋ] **1** *adj* (*team, horse*) ganador,-ra. **2** (*ticket etc*) premiado,-a. **3** (*attractive*) atractivo,-a, encantador,-ra. ‖ **4 winnings** *npl* ganancias *fpl.*
winter ['wıntə] *n* invierno.
wipe [waıp] **1** *vt* limpiar. **2** secar. ♦ **to wipe out 1** *vt* (*destroy*) aniquilar, exterminar. **2** *vt* (*erase*) borrar.
wiper ['waıpə] *n* limpiaparabrisas.
wire ['waıə] **1** *n* alambre *m.* **2** cable *m.*
wiring ['waırıŋ] *n* cableado.
wiry ['waıərı] *adj* (*person*) nervudo,-a.
wisdom ['wızdəm] **1** *n* (*learning*) sabiduría. **2** (*sense*) prudencia, juicio. ■ **wisdom tooth** muela del juicio.
wise [waız] **1** *adj* (*learned*) sabio,-a. **2** (*sensible*) juicioso,-a, prudente. ■ **the Three Wise Men** los Reyes Magos.
wish [wıʃ] **1** *n* deseo. ‖ **2** *vt - vi* (*desire*) desear. **3** (*want*) querer. • **I wish that** ojalá; **I wish to ...** quisiera ...; **to wish sb good luck** desear buena suerte a algn; **(with) best wishes** muchos recuerdos.
wit [wıt] **1** *n* (*humour*) ingenio. **2** (*intelligence*) inteligencia. **3** (*person*) persona ingeniosa. • **to be at one's wits' end** estar para volverse loco, -a; **to collect one's wits** serenarse.
witch [wıtʃ] *n* bruja. ■ **witch doctor** hechicero.

witchcraft [ˈwɪtʃkrɑːft] *n* brujería.
with [wɪð] *prep* con: **with me** conmigo.
withdraw [wɪðˈdrɔː] **1** *vt* (*pt* withdrew; pp withdrawn) (*gen*) retirar. **2** (*words*) retractar. ‖ **3** *vi* retirarse.
withdrawal [wɪðˈdrɔːəl] **1** *n* retirada. **2** reintegro.
withdrawn [wɪðˈdrɔːn] *adj* introvertido,-a.
wither [ˈwɪðə] *vt* - *vi* marchitar.
within [wɪˈðɪn] **1** *prep* (*inside*) dentro de. **2** (*in range of*) al alcance de: **within hearing** al alcance del oído. **3** (*distance*) a menos de. ‖ **4** *adv* dentro.
without [wɪˈðaʊt] *prep* sin.
withstand [wɪðˈstænd] *vt* (*pt & pp* withstood [wɪðˈstʊd]) resistir, aguantar.
witness [ˈwɪtnəs] **1** *n* testigo *mf*. ‖ **2** *vt* (*see*) presenciar. **3** (*document*) firmar como testigo. • **to bear witness to** dar fe de.
witty [ˈwɪtɪ] *adj* ingenioso,-a.
wizard [ˈwɪzəd] **1** *n* (*magician*) brujo, hechicero. **2** *fam* (*genius*) genio, lince *m*.
wobble [ˈwɒbl] **1** *n* tambaleo, bamboleo. ‖ **2** *vi* tambalearse, bambolear.
woe [wəʊ] *n* aflicción *f*, desgracia.
wolf [wʊlf] *n* lobo. ♦ **to wolf down** *vt* zamparse.
woman [ˈwʊmən] *n* (*pl* women [ˈwɪmɪn]) mujer *f*.
womb [wuːm] *n* útero, matriz *f*.
wonder [ˈwʌndə] **1** *n* (*marvel*) maravilla. **2** (*surprise*) admiración *f*, asombro. ‖ **3** *vi* (*speculate*) preguntarse. **4** (*marvel*) asombrarse. • **I shouldn't wonder if ...** no me sorprendería que + *subj*; **it makes you wonder** te da en qué pensar; **no wonder (that) ...** no es de extrañar que ...; **to wonder about sth** pensar en algo.
wonderful [ˈwʌndəfʊl] *adj* maravilloso,-a.
wonky [ˈwɒŋkɪ] **1** *adj* GB *fam* (*wobbly*) poco firme. **2** (*twisted*) torcido,-a.
wood [wʊd] **1** *n* (*timber*) madera. **2** (*for fire*) leña. **3** (*forest*) bosque *m*.
wooden [ˈwʊdn] *adj* de madera.
woodland [ˈwʊdlənd] *n* bosque.
woodwork [ˈwʊdwɜːk] **1** *n* carpintería. **2** maderaje.
woody [ˈwʊdɪ] **1** *adj* (*wooded*) arbolado,-a. **2** (*like wood*) leñoso,-a.
woof! [wʊf] *interj* ¡guau!
wool [wʊl] *n* lana: **all wool** pura lana.
woollen [ˈwʊlən] **1** *adj* (*jersey etc*) de lana. **2** (*industry*) lanero,-a.
woolly [ˈwʊlɪ] **1** *adj* de lana. **2** lanoso,-a. **3** confuso,-a.
word [wɜːd] *n* palabra. • **by word of mouth** oralmente; **from the word go** desde el principio; **in a word** en pocas palabras; **in other words** o sea; **to have a word with sb** hablar con algn; **to have words with sb** discutir con algn; **to keep one's word** cumplir su palabra.
work [wɜːk] **1** *vt* - *vi* (*gen*) trabajar. ‖ **2** *vi* (*machine, plan etc*) funcionar. **3** (*medicine*) surtir efecto. ‖ **4** *n* (*gen*) trabajo. **5** (*literary etc*) obra. ‖ **7** **works** *npl* (*factory*) fábrica *f sing*. **8** (*parts*) mecanismo *m sing*. ♦ **to work out 1** *vt* (*calculate*) calcular. **2** *vt* (*plan*) planear, pensar. **3** *vt* (*solve*) solucionar. **4** *vi* (*calculation*) salir. **5**

vi (*turn out well*) ir bien, salir bien. • **at work** trabajando; **out of work** parado,-a; **to get worked up** exaltarse; **to have one's work cut out to do sth** vérselas y deseárselas para hacer algo; **to make short work of sth** despachar algo deprisa; **to set to work** ponerse a trabajar; **to work loose** soltarse, aflojarse; **to work to rule** hacer huelga de celo; **to work wonders** hacer maravillas.

workbook ['wɜːkbʊk] *n* cuaderno de ejercicios.

worker ['wɜːkə] **1** *n* (*gen*) trabajador,-ra. **2** (*manual*) obrero,-a, operario,-a.

workforce ['wɜːkfɔːs] *n* mano *f* de obra.

working [wɜːkɪŋ] **1** *adj* de trabajo. **2** laboral. **3** laborable. **4** que trabaja. ‖ **5 workings** *npl* funcionamiento *m sing*. ▪ **working class** clase obrera.

workman [wɜːkmən] *n* obrero.

workmanship ['wɜːkmənʃɪp] **1** *n* habilidad *f*. **2** trabajo.

workout [wɜːkaʊt] *n* entrenamiento.

workshop ['wɜːkʃɒp] *n* taller *m*.

world [wɜːld] *n* mundo. • **all over the world** en todo el mundo; **it's a small world** el mundo es un pañuelo; **out of this world** fenomenal, estupendo,-a; **to have the best of both worlds** tenerlo todo; **to think the world of** adorar.

worldly ['wɜːldlɪ] *adj* mundano,-a.

worldwide ['wɜːldwaɪd] *adj* mundial.

worm [wɜːm] **1** *n* (*grub*) gusano. **2** (*earthworm*) lombriz *f*.

worn-out [wɔːn'aʊt] **1** *adj* (*clothes, tyre*) gastado,-a. **2** (*person*) rendido, -a, agotado,-a.

worry ['wʌrɪ] **1** *n* inquietud *f*, preocupación *f*. ‖ **2** *vt* - *vi* inquietar(se), preocupar(se).

worse [wɜːs] **1** *adj* - *adv comp* peor. ‖ **2** *n* lo peor. • **to get worse** empeorar; **to get worse and worse** ir de mal en peor.

worsen ['wɜːsn] *vt* - *vi* empeorar.

worship ['wɜːʃɪp] **1** *n* (*veneration*) adoración *f*. **2** (*ceremony*) culto. ‖ **3** *vt* adorar, rendir culto a.

worst [wɜːst] *adj* - *adv superl* peor. • **at the worst** en el peor de los casos.

worth [wɜːθ] **1** *n* valor *m*. ‖ **2** *adj* que vale. • **to be worth** valer; **to be worth it** valer la pena.

worthless ['wɜːθləs] **1** *adj* (*object*) sin valor. **2** (*person*) despreciable.

worthwhile [wɜːθ'waɪl] *adj* que vale la pena.

worthy ['wɜːðɪ] *adj* digno,-a.

would [wʊd] **1** *aux*: **she would tell you if she knew** te lo diría si lo supiese. **2**: **he wouldn't help me** no quiso ayudarme. **3**: **that would have been Jim** ese sería Jim. **4** soler: **we would often go out together** salíamos juntos a menudo.

wound [wuːnd] **1** *n* herida. ‖ **2** *vt* herir.

wrap [ræp] *vt* envolver. ♦ **to wrap up** *vi* abrigarse. • **wrapped up in** absorto,-a en.

wrapper ['ræpə] *n* envoltorio.

wrapping ['ræpɪŋ] *n* envoltorio. ▪ **wrapping paper** (*plain*) papel *m* de envolver; (*fancy*) papel *m* de regalo.

wrath [rɒθ] *n* cólera, ira.
wreath [ri:θ] *n* corona.
wreck [rek] **1** *n* MAR (*action*) naufragio. **2** MAR (*ship*) barco naufragado. **3** (*of car etc*) restos *mpl*. **4** (*of building*) ruinas *fpl*. **5** (*person*) ruina. ‖ **6** *vt* MAR hacer naufragar. **7** (*destroy*) destrozar, destruir, arruinar.
wrestle ['resl] *vi* luchar.
wretch [retʃ] *n* desgraciado,-a.
wretched ['retʃɪd] **1** *adj* (*pitiable*) desgraciado,-a. **2** (*unhappy*) infeliz, desdichado,-a. **3** *fam* (*very bad*) horrible, malísimo,-a.
wriggle ['rɪgl] **1** *vt* menear, mover. ‖ **2** *vi* retorcerse, menearse. • **to wriggle out of sth** escaparse de algo.
wring [rɪŋ] **1** *vt* (*pt & pp* wrung) (*twist*) torcer, retorcer. **2** (*clothes*) escurrir. • **to wring sb's neck** retorcerle el pescuezo a algn; **to wring sth out of sb** arrancarle algo a algn.
wrinkle ['rɪŋkəl] **1** *n* arruga. ‖ **2** *vt* arrugar. ‖ **3** *vi* arrugarse.
wrist [rɪst] *n* muñeca.
write [raɪt] **1** *vt* - *vi* (*pt* wrote; pp written) escribir. ‖ **2** *vt* (*cheque*) extender. ♦ **to write down** *vt* anotar, apuntar ♦ **to write off 1** *vt* (*debt*) anular. **2** *vt* (*project*) dar por perdido,-a ♦ **to write out** *vt* (*cheque etc*) extender ♦ **to write up** *vt* redactar, escribir.
write-off ['raɪtɒf] *n* siniestro total.
writer ['raɪtə] *n* escritor,-ra, autor,-ra.
writing ['raɪtɪŋ] **1** *n* escritura. **2** letra. **3** profesión *f* de autor. ‖ **4** **writings** *npl* obras *fpl*.
wrong [rɔŋ] **1** *adj* (*incorrect*) equivocado,-a, incorrecto,-a. **2** (*evil*) malo,-a. **3** (*unfair*) injusto,-a. **4** (*unsuitable*) inadecuado,-a; (*time*) inoportuno,-a. ‖ **5** *adv* mal, equivocadamente. ‖ **6** *n* (*evil*) mal *m*. **7** (*injustice*) injusticia. ‖ **8** *vt* ser injusto,-a con. • **to be in the wrong** no tener razón; tener la culpa; **to be wrong** estar equivocado,-a; **to go wrong** equivocarse; estropearse; fallar.
wrongly ['rɒŋlɪ] *adv* mal, sin razón, equivocadamente.
wrought [rɔ:t] *adj* (*iron*) forjado,-a.
wry [raɪ] *adj* irónico,-a.

X-Y-Z

Xerox® ['zɪərɒks] **1** *n* xerocopia. || **2** *vt* xerocopiar.

Xmas ['eksməs, 'krɪsməs] *n* →**Christmas**.

X-ray ['eksreɪ] **1** *n* rayo X. **2** (*photograph*) radiografía. || **3** *vt* radiografiar.

xylophone ['zaɪləfəʊn] *n* xilófono.

yacht [jɒt] **1** *n* (*boat*) yate *m*. **2** (*with sails*) velero, yate *m*.

yachting ['jɒtɪŋ] *n* deporte *m* de la vela.

yam [jæm] *n* ñame *m*.

yank [jæŋk] **1** *n fam* tirón *m*. || **2** *vt fam* tirar de.

Yankee ['jæŋkɪ] *adj* - *n pej* yanqui.

yap [jæp] **1** *n* ladrido. || **2** *vt* ladrar.

yard [jɑːd] **1** *n* patio. **2** US jardín *m*. **3** (*measure*) yarda.

▲La medida equivale a 0,914 metros.

yardstick ['jɑːdstɪk] *n fig* criterio.

yarn [jɑːn] **1** *n* (*cotton, woollen*) hilo. **2** (*story*) cuento, rollo.

yawn [jɔːn] **1** *n* bostezo. || **2** *vi* bostezar.

yeah [jeə] *adv fam* sí.

year [jɪəː] **1** *n* año. **2** EDUC curso.

yearly ['jɪəlɪ] *adj* anual.

yearn [jɜːn] *vi* anhelar.

yeast [jiːst] *n* levadura.

yell [jel] **1** *n* grito. || **2** *vi* gritar.

yellow ['jeləʊ] **1** *adj* - *n* amarillo,-a. **2** *fam* (*cowardly*) miedica, gallina. || **3** *vt* volver amarillo. || **4** *vi* amarillear.

yelp [jelp] **1** *n* gañido. || **2** *vi* dar un gañido.

yen [jen] **1** *n* deseo. **2** FIN yen *m*.

yes [jes] **1** *adv* - *n* sí. **2** (*on phone*) ¿diga?

yes-man ['jesmæn] *n* cobista *mf*: **he's a yes-man** a todo dice que sí.

yesterday ['jestədɪ] *adv* ayer.

yet [jet] **1** *adv* todavía, aún. || **2** *conj* no obstante, sin embargo.

yield [jiːld] **1** *n* rendimiento. **2** AGR cosecha. **3** FIN rédito. || **4** *vt* producir. **5** FIN rendir. || **6** *vi* (*surrender*) rendirse, ceder. **7** (*break*) ceder.

yob ['jɒbɴəʊœ] *n fam* gamberro,-a.

yoghurt ['jɒgət] *n* yogur *m*.

yokel ['jəʊkl] *n* palurdo,-a.

yolk [jəʊk] *n* yema.

yonder ['jɔndə] **1** *adj* aquel, aquella, aquellos,-as. || **2** *adv* allá.

you [juː] **1** *pron* (*subject - familiar*) tú; (*plural*) vosotros,-as. **2** (*subject - polite*) usted; (*plural*) ustedes. **3** (*subject - impersonal*) se. **4** (*object - familiar*) ti; (*before verb*) te; (*plural*) vosotros, -as; (*before verb*) os. **5** (*object - polite*) usted; (*before verb*) le; (*plural*) ustedes; (*before verb*) les. **6** (*object - impersonal*) te: **they treat you well** te tratan bien.

young [jʌŋ] *adj* joven. ▪ **the young** los jóvenes.

youngster ['jʌŋstə] *n* joven *mf.*
your [jɔː] **1** *adj* tu, tus; vuestro,-a, vuestros,-as. **2** su, sus.
yours [jɔːz] **1** *pron* (el) tuyo, (la) tuya, (los) tuyos, (las) tuyas; (el) vuestro, (la) vuestra, (los) vuestros, (las) vuestras. **2** (el) suyo, (la) suya, (los) suyos, (las) suyas.
yourself [jɔː'self] **1** *pron* te; tú mismo,-a. **2** se; usted mismo,-a.
yourselves [jɔː'selvz] **1** *pron* os; vosotros,-as mismos,-as. **2** se; ustedes mismos,-as.
youth [juːθ] **1** *n* juventud *f.* **2** (*young person*) joven *mf.*
youthful ['juːθfʊl] *adj* joven, juvenil.
yucky ['jʌkɪ] *adj fam* asqueroso,-a.
yule [juːl] *n* Navidad *f.*
yummy ['jʌmɪ] *adj fam* de rechupete.

Zambian ['zæmbɪən] *adj* - *n* zambiano,-a.
zany ['zeɪnɪ] **1** *adj fam* (*eccentric*) estrafalario,-a. **2** (*mad*) chiflado,-a.
zeal [ziːl] *n* celo, entusiasmo.
zealot ['zelət] *n* fanático,-a.
zealous ['zeləs] *adj* celoso,-a, entusiasta.
zebra ['ziːbrə, 'zebrə] *n* cebra. ■ **zebra crossing** paso de peatones, paso de cebra.
zephyr ['zefə] *n* céfiro.
zero ['zɪərəʊ] *n* cero.
zest [zest] *n* entusiasmo.
zigzag ['zɪgzæg] **1** *n* zigzag *m.* ‖ **2** *vt* zigzaguear.
zinc [zɪŋk] *n* cinc *m*, zinc *m.*
zip [zɪp] *n* cremallera. ♦ **to zip up** *vt* cerrar con cremallera. ■ **zip code** US código postal.
zipper ['zɪpə] *n* US cremallera.
zodiac ['zəʊdɪæk] *n* zodiaco, zodíaco.
zone [zəʊn] *n* zona.
zoological [zʊə'lɒdʒɪkl] *adj* zoológico,-a.
zoology [zʊ'ɔlədʒɪ] *n* zoología.
zoom [zuːm] **1** *n* (*noise*) zumbido. **2** (*of camera*) zoom *m*, teleobjetivo. ‖ **3** *vt* - *vi* pasar zumbando. ‖ **4** *vi* (*plane*) empinarse. ■ **zoom lens** teleobjetivo.

Apéndices

Appendices

Tablas de verbos irregulares ingleses

Infinitivo	Pasado simple	Participio pasado
arise	arose	arisen
awake	awoke	awaked/awoken
be	was/were	been
bear	bore	borne/born
beat	beat	beaten
become	became	become
begin	began	begun
behold	beheld	beheld
bend	bent	bent
beseech	besought/beseeched	besought/beseeched
beset	beset	beset
bid	bid/bade[1]	bid/bidden[1]
bide	bode/bided	bided
bind	bound	bound
bite	bit	bitten
bleed	bled	bled
blow	blew	blown
break	broke	broken
breed	bred	bred
bring	brought	brought
broadcast	broadcast	broadcast
build	built	built
burn	burnt/burned	burnt/burned
burst	burst	burst
buy	bought	bought
cast	cast	cast
catch	caught	caught
choose	chose	chosen
cleave	cleft/cleaved/clove	cleft/cleaved/cloven

Infinitivo	Pasado simple	Participio pasado
cling	clung	clung
clothe	clothed/clad	clothed/clad
come	came	come
cost	cost	cost
creep	crept	crept
crow	crowed/crew	crowed
cut	cut	cut
deal	dealt	dealt
dig	dug	dug
do	did	done
draw	drew	drawn
dream	dreamed/dreamt	dreamed/dreamt
drink	drank	drunk
drive	drove	driven
dwell	dwelt	dwelt
eat	ate	eaten
fall	fell	fallen
feed	fed	fed
feel	felt	felt
fight	fought	fought
find	found	found
flee	fled	fled
fling	flung	flung
fly	flew	flown
forbear	forbore	forborne
forbid	forbade	forbidden
forecast	forecast/forecasted	forecast/forecasted
for(e)go	for(e)went	for(e)gone
foresee	foresaw	foreseen
foretell	foretold	foretold
forget	forgot	forgotten

Infinitivo	Pasado simple	Participio pasado
forgive	forgave	forgiven
forsake	forsook	forsaken
freeze	froze	frozen
get	got	got, US gotten
give	gave	given
go	went	gone
grind	ground	ground
grow	grew	grown
hang	hung/hanged[1]	hung/hanged[1]
have	had	had
hear	heard	heard
hide	hid	hidden/hid
hit	hit	hit
hold	held	held
hurt	hurt	hurt
input	input	input
keep	kept	kept
kneel	knelt	knelt
knit	knit/knitted	knit/knitted
know	knew	known
lay	laid	laid
lead	led	led
lean	leant/leaned	leant/leaned
leap	leapt/leaped	leapt/leaped
learn	learnt/learned	learnt/learned
leave	left	left
lend	lent	lent
let	let	let
lie	lied/lay[1]	lied/lain[1]
light	lighted/lit	lighted/lit
lose	lost	lost

Infinitivo	Pasado simple	Participio pasado
make	made	made
may	might	-
mean	meant	meant
meet	met	met
mislead	misled	misled
misread	misread	misread
misspell	misspelled/misspelt	misspelled/misspelt
mistake	mistook	mistaken
mow	mowed	mowed/mown
offset	offset	offset
outdo	outdid	outdone
outgrow	outgrew	outgrown
overcome	overcame	overcome
overdo	overdid	overdone
overhear	overheard	overheard
override	overrode	overridden
overrun	overran	overrun
oversee	oversaw	overseen
oversleep	overslept	overslept
overtake	overtook	overtaken
overthrow	overthrew	overthrown
pay	paid	paid
prove	proved	proved/proven
put	put	put
read	read	read
rebuild	rebuilt	rebuilt
rend	rent	rent
rid	rid/ridded	rid/ridded
ride	rode	ridden
ring	rang	rung
rise	rose	risen

Infinitivo	Pasado simple	Participio pasado
run	ran	run
saw	sawed	sawed/sawn
say	said	said
see	saw	seen
seek	sought	sought
sell	sold	sold
send	sent	sent
set	set	set
sew	sewed	sewed/sewn
shake	shook	shaken
shear	sheared	sheared/shorn
shed	shed	shed
shine	shone	shone
shoe	shod	shod
shoot	shot	shot
show	showed	showed/shown
shrink	shrank	shrunk
shut	shut	shut
sing	sang	sung
sink	sank	sunk
sit	sat	sat
slay	slew	slain
sleep	slept	slept
slide	slid	slid
sling	slung	slung
slink	slunk	slunk
slit	slit	slit
smell	smelled/smelt	smelled/smelt
sow	sowed	sown
speak	spoke	spoken
speed	speeded/sped	speeded/sped

Infinitivo	Pasado simple	Participio pasado
spell	spelled/spelt	spelled/spelt
spend	spent	spent
spill	spilled/spilt	spilled/spilt
spin	spun/span	spun
spit	spat	spat
split	split	split
spoil	spoiled/spoilt	spoiled/spoilt
spread	spread	spread
spring	sprang	sprung
stand	stood	stood
steal	stole	stolen
stick	stuck	stuck
sting	stung	stung
stink	stank/stunk	stunk
strew	strewed	strewed/strewn
stride	strode	stridden
strike	struck	struck
string	strung	strung
strive	strove	striven
sublet	sublet	sublet
swear	swore	sworn
sweep	swept	swept
swell	swelled	swollen
swim	swam	swum
swing	swung	swung
take	took	taken
teach	taught	taught
tear	tore	torn
tell	told	told
think	thought	thought
thrive	throve/thrived	thrived/thriven

Infinitivo	Pasado simple	Participio pasado
throw	threw	thrown
tread	trod	trodden/trod
undercut	undercut	undercut
undergo	underwent	undergone
understand	understood	understood
undertake	undertook	undertaken
underwrite	underwrote	underwritten
undo	undid	undone
unwind	unwound	unwound
uphold	upheld	upheld
upset	upset	upset
wake	woke	woken
waylay	waylaid	waylaid
wear	wore	worn
wed	wedded/wed	wedded/wed
weep	wept	wept
win	won	won
withdraw	withdrew	withdrawn
withhold	withheld	withheld
withstand	withstood	withstood
wring	wrung	wrung
write	wrote	written

[1] Para la diferencia véase la entrada.

Spanish verb conjugation tables

Models for the conjugation of regular verbs

Simple tenses

1st conjugation - **AMAR**

Pres Ind	amo, amas, ama, amamos, amáis, aman.
Past Ind	amé, amaste, amó, amamos, amasteis, amaron.
Imperf Ind	amaba, amabas, amaba, amábamos, amabais, amaban.
Fut Ind	amaré, amarás, amará, amaremos, amaréis, amarán.
Cond	amaría, amarías, amaría, amaríamos, amaríais, amarían.
Pres Subj	ame, ames, ame, amemos, améis, amen.
Imperf Subj	amara, amaras, amara, amáramos, amarais, amaran; amase, amases, amase, amásemos, amaseis, amasen.
Fut Subj	amare, amares, amare, amáremos, amareis, amaren.
Imperat	ama (tú), ame (él/Vd.), amemos (nos.) amad (vos.) amen (ellos/Vds.).
Gerund	amando.
Past Part	amado,-a.

2nd conjugation - **TEMER**

Pres Ind	temo, temes, teme, tememos, teméis, temen.
Past Ind	temí, temiste, temió, temimos, temisteis, temieron.
Imperf Ind	temía, temías, temía, temíamos, temíais, temían.
Fut Ind	temeré, temerás, temerá, temeremos, temeréis, temerán.
Cond	temería, temerías, temería, temeríamos, temeríais, temerían.
Pres Subj	tema, temas, tema, temamos, temáis, teman.
Imperf Subj	temiera, temieras, temiera, temiéramos, temierais, temieran; temiese, temieses, temiese, temiésemos, temieseis, temiesen.
Fut Subj	temiere, temieres, temiere, temiéremos, temiereis, temieren.
Imperat	teme (tú), tema (él/Vd.), temamos (nos.) temed (vos.) teman (ellos/Vds.).
Gerund	temiendo.
Past Part	temido,-a.

3rd conjugation - **PARTIR**

Pres Ind	parto, partes, parte, partimos, partís, parten.
Pres Ind	partí, partiste, partió, partimos, partisteis, partieron.
Imperf Ind	partía, partías, partía, partíamos, partíais, partían.
Fut Ind	partiré, partirás, partirá, partiremos, partiréis, partirán.
Cond	partiría, partirías, partiría, partiríamos, partiríais, partirían.
Pres Subj	parta, partas, parta, partamos, partáis, partan.
Imperf Subj	partiera, partieras, partiera, partiéramos, partierais, partieran; partiese, partieses, partiese, partiésemos, partieseis, partiesen.
Fut Subj	partiere, partieres, partiere, partiéremos, partiereis, partieren.
Imperat	parte (tú), parta (él/Vd.), partamos (nos.) partid (vos.) partan (ellos/Vds.).
Gerund	partiendo.
Past Part	partido,-a.

Note that the imperative proper has forms for the se*cond* person (tú and vosotros) only; all other forms are taken from the present subjunctive.

Compound tenses

Pres Perf	he, has, ha, hemos, habeis, han amado/temido/partido
Pluperf	había, habías, había, habíamos, habíais, habían amado/temido/partido
Fut Perf	habré, habrás, habrá, habremos, habreis, habrán amado/temido/partido
Cond Perf	habría, habrías, habría, habríamos, habríais, habrían amado/temido/partido
Past Anterior	hube, hubiste, hubo, hubimos, hubisteis, hubieron amado/temido/partido
Pres Perf Subj	haya, hayas, haya, hayamos, hayáis, hayan amado/temido/partido
Pluperf Subj	hubiera, hubieras, hubiera, hubiéramos, hubierais, hubieran amado/temido/partido hubiese, hubieses, hubiese, hubiésemos, hubieseis, hubiesen amado/temido/partido.

Models for the conjugation of irregular verbs

Only the tenses which present irregularities are given here; other tenses follow the regular models above. Irregularities are shown in bold type.

1. SACAR (c *changes to* qu *before* e)
Pres Ind saqué, sacaste, sacó, sacamos, sacasteis, sacaron.
Pres Subj saque, saques, saque, saquemos, saquéis, saquen.
Imperat saca (tú), saque (él/Vd.), saquemos (nos.), sacad (vos.), saquen (ellos/Vds.).

2. MECER (***c*** *changes to* ***z*** *before* ***a*** *and* ***o***)
Pres Ind mezo, meces, mece, mecemos, mecéis, mecen.
Pres Subj meza, mezas, meza, mezamos, mezáis, mezan.
Imperat mece (tú), meza (él/Vd.), mezamos (nos.), meced (vos.), mezan (ellos/Vds.).

3. ZURCIR (***c*** *changes to* ***z*** *before* ***a*** *and* ***o***)
Pres Ind zurzo, zurces, zurce, zurcimos, zurcís, zurcen.
Pres Subj zurza, zurzas, zurza, zurzamos, zurzáis, zurzan.
Imperat zurce (tú), zurza (él/Vd.), zurzamos (nos.), zurcid (vos.), zurzan (ellos/Vds.).

4. REALIZAR (***z*** *changes to* ***c*** *before* ***e***)
Pres Ind realicé, realizaste, realizó, realizamos, realizasteis, realizaron.
Pres Subj realice, realices, realice, realicemos, realicéis, realicen.
Imperat realiza (tú), realice (él/Vd.), realicemos (nos.), realizad (vos.), realicen (ellos/Vds.).

5. PROTEGER (***g*** *changes to* ***j*** *before* ***a*** *and* ***o***)
Pres Ind protejo, proteges, protege, protegemos, protegéis, protegen.
Pres Subj proteja, protejas, proteja, protejamos, protejáis, protejan.
Imperat protege (tú), proteja (él/Vd.), protejamos (nos.), proteged (vos.), protejan (ellos/Vds.).

6. DIRIGIR (***g*** *changes to* ***j*** *before* ***a*** *and* ***o***)
Pres Ind dirijo, diriges, dirige, dirigimos, dirigís, dirigen.
Pres Subj dirija, dirijas, dirija, dirijamos, dirijáis, dirijan.

Imperat dirige (tú), dirija (él/Vd.), dirijamos (nos.), dirigid (vos.), dirijan (ellos/Vds.).

7. LLEGAR (***g*** *changes to* ***gu*** *before* ***e***)

Pres Ind llegué, llegaste, llegó, llegamos, llegasteis, llegaron.
Pres Subj llegue, llegues, llegue, lleguemos, lleguéis, lleguen.
Imperat llega (tú), llegue (él/Vd.), lleguemos (nos.), llegad (vos.), lleguen (ellos/Vds.).

8. DISTINGUIR (***gu*** *changes to* ***g*** *before* ***a*** *and* ***o***)

Pres Ind distingo, distingues, distingue, distinguimos, distinguís, distinguen.
Pres Subj distinga, distingas, distinga, distingamos, distingáis, distingan.
Imperat distingue (tú), distinga (él/Vd.), distingamos (nos.), distinguid (vos.), distingan (ellos/Vds.).

9. DELINQUIR (***qu*** *changes to* ***c*** *before* ***a*** *and* ***o***)

Pres Ind delinco, delinques, delinque, delinquimos, delinquís, delinquen.
Pres Subj delinca, delincas, delinca, delincamos, delincáis, delincan.
Imperat delinque (tú), delinca (él/Vd.), delincamos (nos.), delinquid (vos.), delincan (ellos/Vds.).

10. ADECUAR* (*unstressed* ***u***)

Pres Ind adecuo, adecuas, adecua, adecuamos, adecuáis, adecuan.
Pres Subj adecue, adecues, adecue, adecuemos, adecuéis, adecuen.
Imperat adecua (tú), adecue (él/Vd.), adecuemos (nos.), adecuad (vos.), adecuen (ellos/Vds.).

11. ACTUAR (*stressed* ***ú*** *in certain persons of certain tenses*)

Pres Ind actúo, actúas, actúa, actuamos, actuáis, actúan.
Pres Subj actúe, actúes, actúe, actuemos, actuéis, actúen.
Imperat actúa (tú), actúe (él/Vd.), actuemos (nos.), actuad (vos.), actúen (ellos/Vds.).

12. CAMBIAR* (*unstressed* ***i***)

Pres Ind cambio, cambias, cambia, cambiamos, cambiáis, cambian.
Pres Subj cambie, cambies, cambie, cambiemos, cambiéis, cambien.

Imperat cambia (tú), cambie (él/Vd.), cambiemos (nos.), cambiad (vos.), cambien (ellos/Vds.).

13. DESVIAR (*stressed* ***í*** *in certain persons of certain tenses*)

Pres Ind desvío, desvías, desvía, desviamos, desviáis, desvían.

Pres Subj desvíe, desvíes, desvíe, desviemos, desviéis, desvíen.

Imperat desvía (tú), desvíe (él/Vd.), desviemos (nos.), desviad (vos.), desvíen (ellos/Vds.).

14. AUXILIAR (***i*** *may be stressed* ***or*** *unstressed*)

Pres Ind auxilío, auxilías, auxilía, auxiliamos, auxiliáis, auxilían.
auxilio, auxilias, auxilia, auxiliamos, auxiliáis, auxilian.

Pres Subj auxilíe, auxilíes, auxilíe, auxiliemos, auxiliéis, auxilíen.
auxilie, auxilies, auxilie, auxiliemos, auxiliéis, auxilien.

Imperat auxilía (tú), auxilíe (él/Vd.), auxiliemos (nos.), auxiliad, (vos.), auxilíen (ellos/Vds.)
auxilia (tú), auxilie (él/Vd.), auxiliemos (nos.), auxiliad (vos.), auxilien (ellos/Vds.).

15. AISLAR (*stressed* ***í*** *in certain persons of certain tenses*)

Pres Ind aíslo, aíslas, aísla, aislamos, aisláis, aíslan.

Pres Subj aísle, aísles, aísle, aislemos, aisléis, aíslen.

Imperat aísla (tú), aísle (él/Vd.), aislemos (nos.), aislad (vos.), aíslen (ellos/Vds.).

16. AUNAR (*stressed* ***ú*** *in certain persons of certain tenses*)

Pres Ind aúno, aúnas, aúna, aunamos, aunáis, aúnan.

Pres Subj aúne, aúnes, aúne, aunemos, aunéis, aúnen.

Imperat aúna (tú), aúne (él/Vd.), aunemos (nos.), aunad (vos.), aúnen (ellos/Vds.).

17. DESCAFEINAR (*stressed* ***í*** *in certain persons of certain tenses*)

Pres Ind descafeíno, descafeínas, descafeína, descafeinamos, descafeináis, descafeínan.

Pres Subj descafeíne, descafeínes, descafeíne, descafeinemos, descafeinéis, descafeínen.

Imperat descafeína (tú), descafeíne (él/Vd.), descafeinemos (nos.), descafeinad (vos.), descafeínen (ellos/Vds.).

18. REHUSAR (*stressed **ú** in certain persons of certain tenses*)
Pres Ind rehúso, rehúsas, rehúsa, rehusamos, rehusáis, rehúsan.
Pres Subj rehúse, rehúses, rehúse, rehusemos, rehuséis, rehúsen.
Imperat rehúsa (tú), rehúse (él/Vd.), rehusemos (nos.), rehusad (vos.), rehúsen (ellos/Vds.).

19. REUNIR (*stressed **ú** in certain persons of certain tenses*)
Pres Ind reúno, reúnes, reúne, reunimos, reunís, reúnen.
Pres Subj reúna, reúnas, reúna, reunamos, reunáis, reúnan.
Imperat reúne (tú), reúna (él/Vd.), reunamos (nos.), reunid (vos.), reúnan (ellos/Vds.).

20. AMOHINAR (*stressed **í** in certain persons of certain tenses*)
Pres Ind amohíno, amohínas, amohína, amohinamos, amohináis, amohínan.
Pres Subj amohíne, amohínes, amohíne, amohinemos, amohinéis, amohínen.
Imperat amohína (tú), amohíne (él/Vd.), amohinemos (nos.), amohinad (vos.), amohínen (ellos/Vds.).

21. PROHIBIR (*stressed **í** in certain persons of certain tenses*)
Pres Ind prohíbo, prohíbes, prohíbe, prohibimos, prohibís, prohíben.
Pres Subj prohíba, prohíbas, prohíba, prohibamos, prohibáis, prohíban.
Imperat prohíbe (tú), prohíba (él/Vd.), prohibamos (nos.), prohibid (vos.), prohíban (ellos/Vds.).

22. AVERIGUAR (*unstressed **u**; **gu** changes to **gü** before **e***)
Pres Ind averigüé, averiguaste, averiguó, averiguamos, averiguasteis, averiguaron.
Pres Subj averigüe, averigües, averigüe, averigüemos, averigüéis, averigüen.
Imperat averigua (tú), averigüe (él/Vd.), averigüemos (nos.), averiguad (vos.), averigüen (ellos/Vds.).

23. AHINCAR (*stressed **í** in certain persons of certain tenses; the **c** changes to **qu** before **e***)
Pres Ind ahínco, ahíncas, ahínca, ahincamos, ahincáis, ahíncan.
Pres Ind ahinqué, ahincaste, ahincó, ahincamos, ahincasteis, ahincaron.

Pres Subj ahínque, ahínques, ahínque, ahinquemos, ahinquéis, ahínquen.
Imperat ahínca (tú), ahínque (él/Vd.), ahinquemos (nos.), ahincad (vos.), ahínquen (ellos/Vds.).

24. ENRAIZAR (*stressed **í** in certain persons of certain tenses; the **z** changes to **c** before **e***)
Pres Ind enraízo, enraízas, enraíza, enraizamos, enraizáis, enraízan.
Pres Ind enraicé, enraizaste, enraizó, enraizamos, enraizasteis, enraizaron.
Pres Subj enraíce, enraíces, enraíce, enraicemos, enraicéis, enraícen.
Imperat enraíza (tú), enraíce (él/Vd.), enraicemos (nos.), enraizad (vos.), enraícen (ellos/Vds.).

25. CABRAHIGAR (*stressed **í** in certain persons of certain tenses; the **g** changes to **gu** before **e***)
Pres Ind cabrahígo, cabrahígas, cabrahíga, cabrahigamos, cabrahigáis, cabrahígan.
Pres Ind cabrahigué, cabrahigaste, cabrahigó, cabrahigamos, cabrahigasteis, cabrahigaron.
Pres Subj cabrahígue, cabrahígues, cabrahígue, cabrahiguemos, cabrahiguéis, cabrahíguen.
Imperat cabrahíga (tú), cabrahígue (él/Vd.), cabrahiguemos (nos.), cabrahigad (vos.), cabrahíguen (ellos/Vds.).

26. HOMOGENEIZAR (*stressed **í** in certain persons of certain tenses, the **z** changes to **c** before **e***)
Pres Ind homogeneízo, homogeneízas, homogeneíza, homogeneizamos, homogeneizáis, homogeneízan.
Pres Ind homogeneicé, homogeneizaste, homogeneizó, homogeneizamos, homogeneizasteis, homogeneizaron.
Pres Subj homogeneíce, homogeneíces, homogeneíce, homogeneicemos, homogeneicéis, homogeneícen.
Imperat homogeneíza (tú), homogeneíce (él/Vd.), homogeneicemos (nos.), homogeneizad (vos.), homogeneícen (ellos/Vds.).

27. ACERTAR (***e** changes to **ie** in stressed syllables*)
Pres Ind acierto, aciertas, acierta, acertamos, acertáis, aciertan.
Pres Subj acierte, aciertes, acierte, acertemos, acertéis, acierten.

Imperat acierta (tú), acierte (él/Vd.), acertemos (nos.), acertad (vos.), acierten (ellos/Vds.).

28. ENTENDER (***e*** *changes to* ***ie*** *in stressed syllables*)

Pres Ind entiendo, entiendes, entiende, entendemos, entendéis, entienden.

Pres Subj entienda, entiendas, entienda, entendamos, entendáis, entiendan.

Imperat entiende (tú), entienda (él/Vd.), entendamos (nos.), entended (vos.), entiendan (ellos/Vds.).

29. DISCERNIR (***e*** *changes to* ***ie*** *in stressed syllables*)

Pres Ind discierno, disciernes, discierne, discernimos, discernís, disciernen.

Pres Subj discierna, disciernas, discierna, discernamos, discernáis, disciernan.

Imperat discierne (tú), discierna (él/Vd.), discernamos (nos.), discernid (vos.), disciernan (ellos/Vds.).

30. ADQUIRIR (***i*** *changes to* ***ie*** *in stressed syllables*)

Pres Ind adquiero, adquieres, adquiere, adquirimos, adquirís, adquieren.

Pres Subj adquiera, adquieras, adquiera, adquiramos, adquiráis, adquieran.

Imperat adquiere (tú), adquiera (él/Vd.), adquiramos (nos.), adquirid (vos.), adquieran (ellos/Vds.).

31. CONTAR (***o*** *changes to* ***ue*** *in stressed syllables*)

Pres Ind cuento, cuentas, cuenta, contamos, contáis, cuentan.

Pres Subj cuente, cuentes, cuente, contemos, contéis, cuenten.

Imperat cuenta (tú), cuente (él/Vd.), contemos (nos.), contad (vos.), cuenten (ellos/Vds.).

32. MOVER (***o*** *changes to* ***ue*** *in stressed syllables*)

Pres Ind muevo, mueves, mueve, movemos, movéis, mueven.

Pres Subj mueva, muevas, mueva, movamos, mováis, muevan.

Imperat mueve (tú), mueva (él/Vd.), movamos (nos.), moved (vos.), muevan (ellos/Vds.).

33. DORMIR (*__o__ changes to __ue__ in stressed syllables or to __u__ in certain persons of certain tenses*)

Pres Ind duermo, duermes, duerme, dormimos, dormís, duermen.
Pres Ind dormí, dormiste, durmió, dormimos, dormisteis, durmieron.
Pres Subj duerma, duermas, duerma, durmamos, durmáis, duerman.
Imperf Subj durmiera, durmieras, durmiera, durmiéramos, durmierais, durmieran;
durmiese, durmieses, durmiese, durmiésemos, durmieseis, durmiesen.
Fut Subj durmiere, durmieres, durmiere, durmiéremos, durmiereis, durmieren.
Imperat duerme (tú), duerma (él/Vd.), durmamos (nos.), dormid (vos.), duerman (ellos/Vds.).

34. SERVIR (*__e__ weakens to __i__ in certain persons of certain tenses*)

Pres Ind sirvo, sirves, sirve, servimos, servís, sirven.
Pres Ind serví, serviste, sirvió, servimos, servisteis, sirvieron.
Pres Subj sirva, sirvas, sirva, sirvamos, sirváis, sirvan.
Imperf Subj sirviera, sirvieras, sirviera, sirviéramos, sirvierais, sirvieran;
sirviese, sirvieses, sirviese, sirviésemos, sirvieseis, sirviesen.
Fut Subj sirviere, sirvieres, sirviere, sirviéremos, sirviereis, sirvieren.
Imperat sirve (tú), sirva (él/Vd.), sirvamos (nos.), servid (vos.), sirvan (ellos/Vds.).

35. HERVIR (*__e__ changes to __ie__ in stressed syllables or to __i__ in certain persons of certain tenses*)

Pres Ind hiervo, hierves, hierve, hervimos, hervís, hierven.
Pres Ind herví, herviste, hirvió, hervimos, hervisteis, hirvieron.
Pres Subj hierva, hiervas, hierva, hirvamos, hirváis, hiervan.
Imperf Subj hirviera, hirvieras, hirviera, hirviéramos, hirvierais, hirvieran;
hirviese, hirvieses, hirviese, hirviésemos, hirvieseis, hirviesen.
Fut Subj hirviere, hirvieres, hirviere, hirviéremos, hirviereis, hirvieren.
Imperat hierve (tú), hierva (él/Vd.), hirvamos (nos.), hervid (vos.), hiervan (ellos/Vds.).

36. CEÑIR (*the **i** of certain endings is absorbed by **ñ**; the **e** changes to **i** in certain persons of certain tenses*)

Pres Ind ciño, ciñes, ciñe, ceñimos, ceñís, ciñen.
Pres Ind ceñí, ceñiste, ciñó, ceñimos, ceñisteis, ciñeron.
Pres Subj ciña, ciñas, ciña, ciñamos, ciñáis, ciñan.
Imperf Subj ciñera, ciñeras, ciñera, ciñéramos, ciñerais, ciñeran; ciñese, ciñeses, ciñese, ciñésemos, ciñeseis, ciñesen.
Fut Subj ciñere, ciñeres, ciñere, ciñéremos, ciñereis, ciñeren.
Imperat ciñe (tú), ciña (él/Vd.), ciñamos (nos.), ceñid (vos.), ciñan (ellos/Vds.).

37. REÍR (*like **ceñir**, but the loss of **i** is not due to the influence of any consonant*)

Pres Ind río, ríes, ríe, reímos, reís, ríen.
Pres Ind reí, reíste, rió, reímos, reísteis, rieron.
Pres Subj ría, rías, ría, riamos, riáis, rían.
Imperf Subj riera, rieras, riera, riéramos, rierais, rieran; riese, rieses, riese, riésemos, rieseis, riesen.
Fut Subj riere, rieres, riere, riéremos, riereis, rieren.
Imperat ríe (tú), ría (él/Vd.), riamos (nos.), reíd (vos.), rían (ellos/Vds.).

38. TAÑER (*the **i** ending is absorbed by **ñ** in certain persons of certain tenses*)

Pres Ind tañí, tañiste, tañó, tañimos, tañisteis, tañeron.
Imperf Subj tañera, tañeras, tañera, tañéramos, tañerais, tañeran; tañese, tañeses, tañese, tañésemos, tañeseis, tañesen.
Fut Subj tañere, tañeres, tañere, tañéremos, tañereis, tañeren.

39. EMPELLER (*the **i** ending is absorbed by **ll** in certain persons of certain tenses*)

Pres Ind empellí, empelliste, empelló, empellimos, empellisteis, empelleron.
Imperf Subj empellera, empelleras, empellera, empelléramos, empellerais, empelleran; empellese, empelleses, empellese, empellésemos, empelleseis, empellesen.
Fut Subj empellere, empelleres, empellere, empelléremos, empellereis, empelleren.

40. MUÑIR (*the **i** ending is absorbed by **ñ** in certain persons of certain tenses*)
Pres Ind muñí, muñiste, muñó, muñimos, muñisteis, muñeron.
Imperf Subj muñera, muñeras, muñera, muñéramos, muñerais, muñeran;
muñese, muñeses, muñese, muñésemos, muñeseis, muñesen.
Fut Subj muñere, muñeres, muñere, muñéremos, muñereis, muñeren.

41. MULLIR (*the **i** ending is absorbed by **ll** in certain persons of certain tenses*)
Pres Ind mullí, mulliste, mulló, mullimos, mullisteis, mulleron.
Imperf Subj mullera, mulleras, mullera, mulléramos, mullerais, mulleran;
mullese, mulleses, mullese, mullésemos, mulleseis, mullesen.
Fut Subj mullere, mulleres, mullere, mulléremos, mullereis, mulleren.

42. NACER (***c** changes to **zc** before **a** and **o***)
Pres Ind nazco, naces, nace, nacemos, nacéis, nacen.
Pres Subj nazca, nazcas, nazca, nazcamos, nazcáis, nazcan.
Imperat nace (tú), nazca (él/Vd.), nazcamos (nos.), naced (vos.), nazcan (ellos/Vds.).

43. AGRADECER (***c** changes to **zc** before **a** and **o***)
Pres Ind agradezco, agradeces, agradece, agradecemos, agradecéis, agradecen.
Pres Subj agradezca, agradezcas, agradezca, agradezcamos, agradezcáis, agradezcan.
Imperat agradece (tú), agradezca (él/Vd.), agradezcamos (nos.), agradeced (vos.), agradezcan (ellos/Vds.).

44. CONOCER (***c** changes to **zc** before **a** and **o***)
Pres Ind conozco, conoces, conoce, conemos, conocéis, conocen.
Pres Subj conozca, conozcas, conozca, conozcamos, conozcáis, conozcan.
Imperat conoce (tú), conozca (él/Vd.), conozcamos (nos.), conoced (vos.), conozcan (ellos/Vds.).

45. LUCIR (*c changes to **zc** before **a** and **o***)

Pres Ind luzco, luces, luce, lucimos, lucís, lucen.
Pres Subj luzca, luzcas, luzca, luzcamos, luzcáis, luzcan.
Imperat luce (tú), luzca (él/Vd.), luzcamos (nos.), lucid (vos.), luzcan (ellos/Vds.).

46. CONDUCIR (*c changes to **zc** before **a** and **o**; the Preterite is irregular*)

Pres Ind conduzco, conduces, conduce, conducimos, conducís, conducen.
Pres Ind conduje, condujiste, condujo, condujimos, condujisteis, condujeron.
Pres Subj conduzca, conduzcas, conduzca, conduzcamos, conduzcáis, conduzcan.
Imperf Subj condujera, condujeras, condujera, condujéramos, condujerais, condujeran;
condujese, condujeses, condujese, condujésemos, condujeseis, condujesen.
Fut Subj condujere, condujeres, condujere, condujéremos, condujereis, condujeren.
Imperat conduce (tú), conduzca (él/Vd.), conduzcamos (nos.), conducid (vos.), conduzcan (ellos/Vds.).

47. EMPEZAR (***e** changes to **ie** in stressed syllables; **z** changes to **c** before **e***)

Pres Ind empiezo, empiezas, empieza, empezamos, empezáis, empiezan.
Pres Ind empecé, empezaste, empezó, empezamos, empezasteis, empezaron.
Pres Subj empiece, empieces, empiece, empecemos, empecéis, empiecen.
Imperat empieza (tú), empiece (él/Vd.), empecemos (nos.), empezad (vos.), empiecen (ellos/Vds.).

48. REGAR (***e** changes to **ie** in stressed syllables; **g** changes to **gu** before* e)

Pres Ind riego, riegas, riega, regamos, regáis, riegan.
Pres Ind regué, regaste, regó, regamos, regasteis, regaron.
Pres Subj riegue, riegues, riegue, reguemos, reguéis, rieguen.
Imperat riega (tú), riegue (él/Vd.), reguemos (nos.), regad (vos.), rieguen (ellos/Vds.).

49. TROCAR (*o changes to* ***ue*** *in stressed syllables;* ***c*** *changes to* ***qu*** *before* ***e***)

Pres Ind trueco, truecas, trueca, trocamos, trocáis, truecan.
Pres Ind troqué, trocaste, trocó, trocamos, trocasteis, trocaron.
Pres Subj trueque, trueques, trueque, troquemos, troquéis, truequen.
Imperat trueca (tú), trueque (él/Vd.), troquemos (nos.), trocad (vos.), truequen (ellos/Vds.).

50. FORZAR (*o changes to* ***ue*** *in stressed syllables;* ***z*** *changes to* ***c*** *before* ***e***)

Pres Ind fuerzo, fuerzas, fuerza, forzamos, forzáis, fuerzan.
Pres Ind forcé, forzaste, forzó, forzamos, forzasteis, forzaron.
Pres Subj fuerce, fuerces, fuerce, forcemos, forcéis, fuercen.
Imperat fuerza (tú), fuerce (él/Vd.), forcemos (nos.), forzad (vos.), fuercen (ellos/Vds.).

51. AVERGONZAR (*in stressed syllables* ***o*** *changes to* ***ue*** *and* ***g*** *to* ***gü****;* ***z*** *changes to* ***c*** *before* ***e***)

Pres Ind avergüenzo, avergüenzas, avergüenza, avergonzamos, avergonzáis, avergüenzan.
Pres Ind avergoncé, avergonzaste, avergonzó, avergonzamos, avergonzasteis, avergonzaron.
Pres Subj avergüence, avergüences, avergüence, avergoncemos, avergoncéis, avergüencen.
Imperat avergüenza (tú), avergüence (él/Vd.), avergoncemos (nos.), avergonzad (vos.), avergüencen (ellos/Vds.).

52. COLGAR (*o changes to* ***ue*** *in stressed syllables;* ***g*** *changes to* ***gu*** *before* ***e***)

Pres Ind cuelgo, cuelgas, cuelga, colgamos, colgáis, cuelgan.
Pres Ind colgué, colgaste, colgó, colgamos, colgasteis, colgaron.
Pres Subj cuelgue, cuelgues, cuelgue, colguemos, colguéis, cuelguen.
Imperat cuelga (tú), cuelgue (él/Vd.), colguemos (nos.), colgad (vos.), cuelguen (ellos/Vds.).

53. JUGAR (*u changes to* ***ue*** *in stressed syllables and* ***g*** *changes to* ***gu*** *before* ***e***)

Pres Ind juego, juegas, juega, jugamos, jugáis, juegan.
Pres Ind jugué, jugaste, jugó, jugamos, jugasteis, jugaron.
Pres Subj juegue, juegues, juegue, juguemos, juguéis, jueguen.
Imperat juega (tú), juegue (él/Vd.), juguemos (nos.), jugad (vos.), jueguen (ellos/Vds.).

54. COCER (*__o__ changes to __ue__ in stressed syllables and __c__ changes to __z__ before __a__ and __o__*)

Pres Ind cuezo, cueces, cuece, cocemos, cocéis, cuecen.
Pres Subj cueza, cuezas, cueza, cozamos, cozáis, cuezan.
Imperat cuece (tú), cueza (él/Vd.), cozamos (nos.), coced (vos.), cuezan (ellos/Vds.).

55. ELEGIR (*__e__ changes to i in certain persons of certain tenses; __g__ changes to __j__ before __a__ and __o__*)

Pres Ind elijo, eliges, elige, elegimos, elegís, eligen.
Pres Ind elegí, elegiste, eligió, elegimos, elegisteis, eligieron.
Pres Subj elija, elijas, elija, elijamos, elijáis, elijan.
Imperf Subj eligiera, eligieras, eligiera, eligiéramos, eligierais, eligieran; eligiese, eligieses, eligiese, eligiésemos, eligieseis, eligiesen.
Fut Subj eligiere, eligieres, eligiere, eligiéremos, eligiereis, eligieren.
Imperat elige (tú), elija (él/Vd.), elijamos (nos.), elegid (vos.), elijan (ellos/Vds.).

56. SEGUIR (*__e__ changes to __i__ in certain persons of certain tenses; __gu__ changes to __g__ before __a__ and __o__*)

Pres Ind sigo, sigues, sigue, seguimos, seguís, siguen.
Pres Ind seguí, seguiste, siguió, seguimos, seguisteis, siguieron.
Pres Subj siga, sigas, siga, sigamos, sigáis, sigan.
Imperf Subj siguiera, siguieras, siguiera, siguiéramos, siguierais, siguieran; siguiese, siguieses, siguiese, siguiésemos, siguieseis, siguiesen.
Fut Subj siguiere, siguieres, siguiere, siguiéremos, siguiereis, siguieren.
Imperat sigue (tú), siga (él/Vd.), sigamos (nos.), seguid (vos.), sigan (ellos/Vds.).

57. ERRAR (*__e__ changes to __ye__ in stressed syllables*)

Pres Ind yerro, yerras, yerra, erramos, erráis, yerran.
Pres Subj yerre, yerres, yerre, erremos, erréis, yerren.
Imperat yerra (tú), yerre (él/Vd.), erremos (nos.), errad (vos.), yerren (ellos/Vds.).

58. AGORAR (*__o__ changes to __ue__ in stressed syllables; __g__ changes to __gü__ before __e__*)

Pres Ind agüero, agüeras, agüera, agoramos, agoráis, agüeran.
Pres Subj agüere, agüeres, agüere, agoramos, agoréis, agüeren.
Imperat agüera (tú), agüere (él/Vd.), agoremos (nos.), agorad (vos.), agüeren (ellos/Vds.).

59. DESOSAR (*o changes to hue* ***in*** *stressed syllables*)

Pres Ind deshueso, deshuesas, deshuesa, desosamos, desosáis, deshuesan.
Pres Subj deshuese, deshueses, deshuese, desosemos, desoséis, deshuesen.
Imperat deshuesa (tú), deshuese (él/Vd.), desosemos (nos.), desosad (vos.), deshuesen (ellos/Vds.).

60. OLER (*o changes to hue* ***in*** *stressed syllables*)

Pres Ind huelo, hueles, huele, olemos, oléis, huelen.
Pres Subj huela, huelas, huela, olamos, oláis, huelan.
Imperat huele (tú), huela (él/Vd.), olamos (nos.), oled (vos.), huelan (ellos/Vds.).

61. LEER (*the* ***i*** *ending changes to* ***y*** *before* ***o*** *and* ***e***)

Pres Ind leí, leíste, leyó, leímos, leísteis, leyeron.
Imperf Subj leyera, leyeras, leyera, leyéramos, leyerais, leyeran; leyese, leyeses, leyese, leyésemos, leyeseis, leyesen.
Fut Subj leyere, leyeres, leyere, leyéremos, leyereis, leyeren.

62. HUIR (***i*** *changes to* ***y*** *before* ***a***, ***e***, *and* ***o***)

Pres Ind huyo, huyes, huye, huimos, huís, huyen.
Pres Ind huí, huiste, huyó, huimos, huisteis, huyeron.
Pres Subj huya, huyas, huya, huyamos, huyáis, huyan.
Imperf Subj huyera, huyeras, huyera, huyéramos, huyerais, huyeran; huyese, huyeses, huyese, huyésemos, huyeseis, huyesen.
Fut Subj huyere, huyeres, huyere, huyéremos, huyereis, huyeren.
Imperat huye (tú), huya (él/Vd.), huyamos (nos.), huid (vos.), huyan (ellos/Vds.).

63. ARGÜIR (***i*** *changes to* ***y*** *before* ***a***, ***e***, *and* ***o***; ***gü*** *becomes* ***gu*** *before* ***y***)

Pres Ind arguyo, arguyes, arguye, argüimos, argüís, arguyen.
Pres Ind argüí, argüiste, arguyó, argüimos, argüisteis, arguyeron.
Pres Subj arguya, arguyas, arguya, arguyamos, arguyáis, arguyan.
Imperf Subj arguyera, arguyeras, arguyera, arguyéramos, arguyerais, arguyeran; arguyese, arguyeses, arguyese, arguyésemos, arguyeseis, arguyesen.
Fut Subj arguyere, arguyeres, arguyere, arguyéremos, arguyereis, arguyeren.

Imperat	arguye (tú), arguya (él/Vd.), arguyamos (nos.), argüid (vos.), arguyan (ellos/Vds.).

64. ANDAR

Pres Ind	anduve, anduviste, anduvo, anduvimos, anduvisteis, anduvieron.
Imperf Subj	anduviera, anduvieras, anduviera, anduviéramos, anduvierais, anduvieran;
	anduviese, anduvieses, anduviese, anduviésemos, anduvieseis, anduviesen.
Fut Subj	anduviere, anduvieres, anduviere, anduviéremos, anduviereis, anduvieren.

65. ASIR

Pres Ind	asgo, ases, ase, asimos, asís, asen.
Pres Subj	asga, asgas, asga, asgamos, asgáis, asgan.
Imperat	ase (tú), asga (él/Vd.), asgamos (nos.), asid (vos.), asgan (ellos/Vds.).

66. CABER

Pres Ind	quepo, cabes, cabe, cabemos, cabéis, caben.
Pres Ind	cupe, cupiste, cupo, cupimos, cupisteis, cupieron.
Fut Ind	cabré, cabrás, cabrá, cabremos, cabréis, cabrán.
Cond	cabría, cabrías, cabría, cabríamos, cabríais, cabrían.
Pres Subj	quepa, quepas, quepa, quepamos, quepáis, quepan.
Imperf Subj	cupiera, cupieras, cupiera, cupiéramos, cupierais, cupieran;
	cupiese, cupieses, cupiese, cupiésemos, cupieseis, cupiesen.
Fut Subj	cupiere, cupieres, cupiere, cupiéremos, cupiereis, cupieren.
Imperat	cabe (tú), quepa (él/Vd.), quepamos (nos.), cabed (vos.), quepan (ellos/Vds.).

67. CAER

Pres Ind	caigo, caes, cae, caemos, caéis, caen.
Pres Ind	caí, caíste, cayó, caímos, caísteis, cayeron.
Pres Subj	caiga, caigas, caiga, caigamos, caigáis, caigan.
Imperf Subj	cayera, cayeras, cayera, cayéramos, cayerais, cayeran;
	cayese, cayeses, cayese, cayésemos, cayeseis, cayesen.
Fut Subj	cayere, cayeres, cayere, cayéremos, cayereis, cayeren.
Imperat	cae (tú), caiga (él/Vd.), caigamos (nos.), caed (vos.), caigan (ellos/Vds.).

68. DAR

Pres Ind	doy, das, da, damos, dais, dan.
Pres Ind	di, diste, dio, dimos, disteis, dieron.
Pres Subj	dé, des, dé, demos, deis, den.
Imperf Subj	diera, dieras, diera, diéramos, dierais, dieran; diese, dieses, diese, diésemos, dieseis, diesen.
Fut Subj	diere, dieres, diere, diéremos, diereis, dieren.
Imperat	da (tú), dé (él/Vd.), demos (nos.), dad (vos.), den (ellos/ Vds.).

69. DECIR

Pres Ind	digo, dices, dice, decimos, decís, dicen.
Pres Ind	dije, dijiste, dijo, dijimos, dijisteis, dijeron.
Fut Ind	diré, dirás, dirá, diremos, diréis, dirán.
Cond	diría, dirías, diría, diríamos, diríais, dirían.
Pres Subj	diga, digas, diga, digamos, digáis, digan.
Imperf Subj	dijera, dijeras, dijera, dijéramos, dijerais, dijeran; dijese, dijeses, dijese, dijésemos, dijeseis, dijesen.
Fut Subj	dijere, dijeres, dijere, dijéremos, dijereis, dijeren.
Imperat	di (tú), diga (él/Vd.), digamos (nos.), decid (vos.), digan (ellos/Vds.).
Past Part	dicho,-a.

70. ERGUIR

Pres Ind	irgo, irgues, irgue, erguimos, erguís, irgen; yergo, yergues, yergue, erguimos, erguís, yergen.
Pres Ind	erguí, erguiste, irguió, erguimos, erguisteis, irguieron.
Pres Subj	irga, irgas, irga, irgamos, irgáis, irgan; yerga, yergas, yerga, irgamos, irgáis, yergan.
Imperf Subj	irguiera, irguieras, irguiera, irguiéramos, irguierais, irguieran; irguiese, irguieses, irguiese, irguiésemos, irguieseis, irguiesen.
Fut Subj	irguiere, irguieres, irguiere, irguiéremos, irguiereis, irguieren.
Imperat	irgue, yergue (tú), irga, yerga (él/Vd.), irgamos (nos.), erguid (vos.), irgan, yergan (ellos/Vds.).

71. ESTAR

Pres Ind	estoy, estás, está, estamos, estáis, están.
Imperf	estaba, estabas, estaba, estábamos, estabais, estaban.

Pres Ind	estuve, estuviste, estuvo, estuvimos, estuvisteis, estuvieron.
Fut Ind	estaré, estarás, estará, estaremos, estaréis, estarán.
Cond	estaría, estarías, estaría, estaríamos, estaríais, estarían.
Pres Subj	esté, estés, esté, estemos, estéis, estén.
Imperf Subj	estuviera, estuvieras, estuviera, estuviéramos, estuvierais, estuvieran;
	estuviese, estuvieses, estuviese, estuviésemos, estuvieseis, estuviesen.
Fut Subj	estuviere, estuvieres, estuviere, estuviéremos, estuviereis, estuvieren.
Imperat	está (tú), esté (él/Vd.), estemos (nos.), estad (vos.), estén (ellos/Vds.).

72. HABER

Pres Ind	he, has, ha, hemos, habéis, han.
Imperf Subj	había, habías, había, habíamos, habíais, habían.
Pres Ind	hube, hubiste, hubo, hubimos, hubisteis, hubieron.
Fut Ind	habré, habrás, habrá, habremos, habréis, habrán.
Cond	habría, habrías, habría, habríamos, habríais, habrían.
Pres Subj	haya, hayas, haya, hayamos, hayáis, hayan.
Imperf Subj	hubiera, hubieras, hubiera, hubiéramos, hubierais, hubieran;
	hubiese, hubieses, hubiese, hubiésemos, hubieseis, hubiesen.
Fut Subj	hubiere, hubieres, hubiere, hubiéremos, hubiereis, hubieren.
Imperat	he (tú), haya (él/Vd.), hayamos (nos.), habed (vos.), hayan (ellos/Vds.).

73. HACER

Pres Ind	hago, haces, hace, hacemos, hacéis, hacen.
Pres Ind	hice, hiciste, hizo, hicimos, hicisteis, hicieron.
Fut Ind	haré, harás, hará, haremos, haréis, harán.
Cond	haría, harías, haría, haríamos, haríais, harían.
Pres Subj	haga, hagas, haga, hagamos, hagáis, hagan.
Imperf Subj	hiciera, hicieras, hiciera, hiciéramos, hicierais, hicieran;
	hiciese, hicieses, hiciese, hiciésemos, hicieseis, hiciesen.
Fut Subj	hiciere, hicieres, hiciere, hiciéremos, hiciereis, hicieren.
Imperat	haz (tú), haga (él/Vd.), hagamos (nos.), haced (vos.), hagan (ellos/Vds.).
Past Part	hecho,-a.

74. IR

Pres Ind	voy, vas, va, vamos, vais, van.
Imperf Subj	iba, ibas, iba, íbamos, ibais, iban.
Pres Ind	fui, fuiste, fue, fuimos, fuisteis, fueron.
Pres Subj	vaya, vayas, vaya, vayamos, vayáis, vayan.
Imperf Subj	fuera, fueras, fuera, fuéramos, fuerais, fueran; fuese, fueses, fuese, fuésemos, fueseis, fuesen.
Fut Subj	fuere, fueres, fuere, fuéremos, fuereis, fueren.
Imperat	ve (tú), vaya (él/Vd.), vayamos (nos.), id (vos.), vayan (ellos/Vds.).

75. OÍR

Pres Ind	oigo, oyes, oye, oímos, oís, oyen.
Pres Ind	oí, oíste, oyó, oímos, oísteis, oyeron.
Pres Subj	oiga, oigas, oiga, oigamos, oigáis, oigan.
Imperf Subj	oyera, oyeras, oyera, oyéramos, oyerais, oyeran; oyese, oyeses, oyese, oyésemos, oyeseis, oyesen.
Fut Subj	oyere, oyeres, oyere, oyéremos, oyereis, oyeren.
Imperat	oye (tú), oiga (él/Vd.), oigamos (nos.), oíd (vos.), oigan (ellos/Vds.).

76. PLACER

Pres Ind	plazco, places, place, placemos, placéis, placen.
Pres Ind	plací, placiste, plació or plugo, placimos, placisteis, placieron or pluguieron.
Pres Subj	plazca, plazcas, plazca, plegue, plazcamos, plazcáis, plazcan.
Imperf Subj	placiera, placieras, placiera or pluguiera, placiéramos, placierais, placieran placiese, placieses, placiese or pluguiese, placiésemos, placieseis, placiesen.
Fut Subj	placiere, placieres, placiere or pluguiere, placiéremos, placiereis, placieren.
Imperat	place (tú), plazca (él/Vd.), plazcamos (nos.), placed (vos.), plazcan (ellos/Vds.).

77. PODER

Pres Ind	puedo, puedes, puede, podemos, podéis, pueden.
Pres Ind	pude, pudiste, pudo, pudimos, pudisteis, pudieron.
Fut Ind	podré, podrás, podrá, podremos, podréis, podrán.
Cond	podría, podrías, podría, podríamos, podríais, podrían.

Pres Subj	pueda, puedas, pueda, podamos, podáis, puedan.
Imperf Subj	pudiera, pudieras, pudiera, pudiéramos, pudierais, pudieran; pudiese, pudieses, pudiese, pudiésemos, pudieseis, pudiesen.
Fut Subj	pudiere, pudieres, pudiere, pudiéremos, pudiereis, pudieren.
Imperat	puede (tú), pueda (él/Vd.), podamos (nos.), poded (vos.), puedan (ellos/Vds.).

78. PONER

Pres Ind	pongo, pones, pone, ponemos, ponéis, ponen.
Pres Ind	puse, pusiste, puso, pusimos, pusisteis, pusieron.
Fut Ind	pondré, pondrás, pondrá, pondremos, pondréis, pondrán.
Cond	pondría, pondrías, pondría, pondríamos, pondríais, pondrían.
Pres Subj	ponga, pongas, ponga, pongamos, pongáis, pongan.
Imperf Subj	pusiera, pusieras, pusiera, pusiéramos, pusierais, pusieran; pusiese, pusieses, pusiese, pusiésemos, pusieseis, pusiesen.
Fut Subj	pusiere, pusieres, pusiere, pusiéremos, pusiereis, pusieren.
Imperat	pon (tú), ponga (él/Vd.), pongamos (nos.), poned (vos.), pongan (ellos/Vds.).
Past Part	puesto,-a.

79. PREDECIR

Pres Ind	predigo, predices, predice, predecimos, predecís, predicen.
Pres Ind	predije, predijiste, predijo, predijimos, predijisteis, predijeron.
Pres Subj	prediga, predigas, prediga, predigamos, predigáis, predigan.
Imperf Subj	predijera, predijeras, predijera, predijéramos, predijerais, predijeran; predijese, predijeses, predijese, predijésemos, predijeseis, predijesen.
Fut Subj	predijere, predijeres, predijere, predijéremos, predijereis, predijeren.
Imperat	predice (tú), prediga (él/Vd.), predigamos (nos.), predecid (vos.), predigan (ellos/Vds.).

80. QUERER

Pres Ind	quiero, quieres, quiere, queremos, queréis, quieren.
Pres Ind	quise, quisiste, quiso, quisimos, quisisteis, quisieron.

Fut Ind	querré, querrás, querrá, querremos, querréis, querrán.
Cond	querría, querrías, querría, querríamos, querríais, querrían.
Pres Subj	quiera, quieras, quiera, queramos, queráis, quieran.
Imperf Subj	quisiera, quisieras, quisiera, quisiéramos, quisierais, quisieran; quisiese, quisieses, quisiese, quisiésemos, quisieseis, quisiesen.
Fut Subj	quisiere, quisieres, quisiere, quisiéremos, quisiereis, quisieren.
Imperat	quiere (tú), quiera (él/Vd.), queramos (nos.), quered (vos.), quieran (ellos/Vds.).

81. RAER

Pres Ind	rao, raigo, rayo, raes, rae, raemos, raéis, raen.
Pres Ind	raí, raíste, rayó, raímos, raísteis, rayeron.
Pres Subj	raiga, raigas, raiga, raigamos, raigáis, raigan; raya, rayas, raya, rayamos, rayáis, rayan.
Imperf Subj	rayera, rayeras, rayera, rayéramos, rayerais, rayeran; rayese, rayeses, rayese, rayésemos, rayeseis, rayesen.
Fut Subj	rayere, rayeres, rayere, rayéremos, rayereis, rayeren.
Imperat	rae (tú), raiga, raya (él/Vd.), raigamos, rayamos (nos.), raed (vos.), raigan, rayan (ellos/Vds.).

82. ROER

Pres Ind	roo, roigo, royo, roes, roe, roemos, roéis, roen.
Pres Ind	roí, roíste, royó, roímos, roísteis, royeron.
Pres Subj	roa, roas, roa, roamos, roáis, roan; roiga, roigas, roiga, roigamos, roigáis, roigan; roya, royas, roya, royamos, royáis, royan.
Imperf Subj	royera, royeras, royera, royéramos, royerais, royeran; royese, royeses, royese, royésemos, royeseis, royesen.
Fut Subj	royere, royeres, royere, royéremos, royereis, royeren.
Imperat	roe (tú), roa, roiga, roya (él/Vd.), roamos, roigamos, royamos (nos.), roed (vos.), roan, roigan, royan (ellos/Vds.).

83. SABER

Pres Ind	sé, sabes, sabe, sabemos, sabéis, saben.
Pres Ind	supe, supiste, supo, supimos, supisteis, supieron.
Fut Ind	sabré, sabrás, sabrá, sabremos, sabréis, sabrán.
Cond	sabría, sabrías, sabría, sabríamos, sabríais, sabrían.

Pres Subj	sepa, sepas, sepa, sepamos, sepáis, sepan.
Imperf Subj	supiera, supieras, supiera, supiéramos, supierais, supieran; supiese, supieses, supiese, supiésemos, supieseis, supiesen.
Fut Subj	supiere, supieres, supiere, supiéremos, supiereis, supieren.
Imperat	sabe (tú), sepa (él/Vd.), sepamos (nos.), sabed (vos.), sepan (ellos/Vds.).

84. SALIR

Pres Ind	salgo, sales, sale, salimos, salís, salen.
Fut Ind	saldré, saldrás, saldrá, saldremos, saldréis, saldrán.
Cond	saldría, saldrías, saldría, saldríamos, saldríais, saldrían.
Pres Subj	salga, salgas, salga, salgamos, salgáis, salgan.
Imperat	sal (tú), salga (él/Vd.), salgamos (nos.), salid (vos.), salgan (ellos/Vds.).

85. SATISFACER

Pres Ind	satisfago, satisfaces, satisface, satisfacemos, satisfacéis, satisfacen.
Pres Ind	satisfice, satisficiste, satisfizo, satisficimos, satisficisteis, satisficieron.
Fut Ind	satisfaré, satisfarás, satisfará, satisfaremos, satisfaréis, satisfarán.
Cond	satisfaría, satisfarías, satisfaría, satisfaríamos, satisfaríais, satisfarían.
Pres Subj	satisfaga, satisfagas, satisfaga, satisfagamos, satisfagáis, satisfagan.
Imperf Subj	satisficiera, satisficieras, satisficiera, satisficiéramos, satisficierais, satisficieran; satisficiese, satisficieses, satisficiese, satisficiésemos, satisficieseis, satisficiesen.
Fut Subj	satisficiere, satisficieres, satisficiere, satisficiéremos, satisficiereis, satisficieren.
Imperat	satisfaz, satisface (tú), satisfaga (él/Vd.), satisfagamos (nos.), satisfaced (vos.), satisfagan (ellos/Vds.).
Past Part	satisfecho,-a.

86. SER

Pres Ind	soy, eres, es, somos, sois, son.
Imperf Subj	era, eras, era, éramos, erais, eran.
Pres Ind	fui, fuiste, fue, fuimos, fuisteis, fueron.

Fut Ind	seré, serás, será, seremos, seréis, serán.
Cond	sería, serías, sería, seríamos, seríais, serían.
Pres Subj	sea, seas, sea, seamos, seáis, sean.
Imperf Subj	fuera, fueras, fuera, fuéramos, fuerais, fueran; fuese, fueses, fuese, fuésemos, fueseis, fuesen.
Fut Subj	fuere, fueres, fuere, fuéremos, fuereis, fueren.
Imperat	sé (tú), sea (él/Vd.), seamos (nos.), sed (vos.), sean (ellos/Vds.).
Past Part	sido.

87. TENER

Pres Ind	tengo, tienes, tiene, tenemos, tenéis, tienen.
Pres Ind	tuve, tuviste, tuvo, tuvimos, tuvisteis, tuvieron.
Fut Ind	tendré, tendrás, tendrá, tendremos, tendréis, tendrán.
Cond	tendría, tendrías, tendría, tendríamos, tendríais, tendrían.
Pres Subj	tenga, tengas, tenga, tengamos, tengáis, tengan.
Imperf Subj	tuviera, tuvieras, tuviera, tuviéramos, tuvierais, tuvieran; tuviese, tuvieses, tuviese, tuviésemos, tuvieseis, tuviesen.
Fut Subj	tuviere, tuvieres, tuviere, tuviéremos, tuviereis, tuvieren.
Imperat	ten (tú), tenga (él/Vd.), tengamos (nos.), tened (vos.), tengan (ellos/Vds.).

88. TRAER

Pres Ind	traigo, traes, trae, traemos, traéis, traen.
Pres Ind	traje, trajiste, trajo, trajimos, trajisteis, trajeron.
Pres Subj	traiga, traigas, traiga, traigamos, traigáis, traigan.
Imperf Subj	trajera, trajeras, trajera, trajéramos, trajerais, trajeran; trajese, trajeses, trajese, trajésemos, trajeseis, trajesen.
Fut Subj	trajere, trajeres, trajere, trajéremos, trajereis, trajeren.
Imperat	trae (tú), traiga (él/Vd.), traigamos (nos.), traed (vos.), traigan (ellos/Vds.).

89. VALER

Pres Ind	valgo, vales, vale, valemos, valéis, valen.
Fut Ind	valdré, valdrás, valdrá, valdremos, valdréis, valdrán.
Cond	valdría, valdrías, valdría, valdríamos, valdríais, valdrían.
Pres Subj	valga, valgas, valga, valgamos, valgáis, valgan.
Imperat	vale (tú), valga (él/Vd.), valgamos (nos.), valed (vos.), valgan (ellos/Vds.).

90. VENIR

Pres Ind	vengo, vienes, viene, venimos, venís, vienen.
Pres Ind	vine, viniste, vino, vinimos, vinisteis, vinieron.
Fut Ind	vendré, vendrás, vendrá, vendremos, vendréis, vendrán.
Cond	vendría, vendrías, vendría, vendríamos, vendríais, vendrían.
Pres Subj	venga, vengas, venga, vengamos, vengáis, vengan.
Imperf Subj	viniera, vinieras, viniera, viniéramos, vinierais, vinieran; viniese, vinieses, viniese, viniésemos, vinieseis, viniesen.
Fut Subj	viniere, vinieres, viniere, viniéremos, viniereis, vinieren.
Imperat	ven (tú), venga (él/Vd.), vengamos (nos.), venid (vos.), vengan (ellos/Vds.).

91. VER

Pres Ind	veo, ves, ve, vemos, veis, ven.
Pres Ind	vi, viste, vio, vimos, visteis, vieron.
Imperf Subj	viera, vieras, viera, viéramos, vierais, vieran; viese, vieses, viese, viésemos, vieseis, viesen.
Fut Subj	viere, vieres, viere, viéremos, viereis, vieren.
Imperat	ve (tú), vea (él/Vd.), veamos (nos.), ved (vos.), vean (ellos/Vds.).
Past Part	visto,-a.

92. YACER

Pres Ind	yazco, yazgo, yago, yaces, yace, yacemos, yacéis, yacen.
Pres Subj	yazca, yazcas, yazca, yazcamos, yazcáis, yazcan; yazga, yazgas, yazga, yazgamos, yazgáis, yazgan; yaga, yagas, yaga, yagamos, yagáis, yagan.
Imperat	yace, yaz (tú), yazca, yazga, yaga (él/Vd.), yazcamos, yazgamos, yagamos (nos.), yaced (vos.), yazcan, yazgan, yagan (ellos/Vds.).

Falsos amigos

False friends

Spanish-English

acre: sharp, sour, rude, harsh, [acre]
actual: current, present *(time)*
admirar: to astonish, surprise, [admire]
apuntar: to point, aim; write down, make a note of
asignación: allowance, assignment, [assignation]
asistir: to attend, be present, to help, [to assist]
atender: to pay attention, take care of, [attend to]

carpeta: portfolio; file folder
carta: letter *(mail)*, charter, [playing card]
cigarro: cigarette
colegio: school *(private or high school)*
conferencia: lecture, interview, meeting, [conference]
constipado: suffering from a cold
contar: to tell, relate, [count]
contento: happy, glad, satisfied, [contented]
costumbre: custom

decepción: disillusionment, disappointment, [deception]
desgracia: misfortune, mishap, disfavour
desgraciado: unfortunate, wretched, unlucky
deshonesto: immodest, indecent
dirección: address *(mail)*, [direction]
disgusto: quarrel, annoyance, sorrow, [disgust]
distinto: different; clear; several; [distinct]
embarazada: pregnant
equipo: team; fittings; squad; [equipment]
equivocación: error, mistake
éxito: success
expedir: to issue *(a decree)*; send, ship; dispatch, [expedite]
explanar: to level, grade (ground); [explain]

fábrica: factory, mill, structure, [fabric]
falta: shortage, lack; blemish; defect, [fault]
formal: reliable, trustworthy; grave; definite [formal]
frase: sentence, [phrase]
fray: priest, friar

golpe: blow
gracioso: amusing, witty; graceful, charming
grande: large, big, great, [grand]

honesto: decent, pore, virtuous; reasonable [honest]

idioma: language, [idiom]
ignorar: to be unaware or ignorant of

largo: long
lectura: reading
leer: to read
liar: to fie, bind, roll up

media: stocking

ordinario: coarse, vulgar; usual, [ordinary]

parientes: relatives
probar: to test, taste, try out

quitar: to take away, deprive of, subtract

real: royal, [real]
realizar: to fulfil, achieve, carry out; [realize]
recordar: to remember, recall, remind, awaken
regular: ordinary; so so, fairly well; systematic, [regular]
renta: interest, revenue, [rent]
repente: start, sudden movement
replicar: to reply, answer, retort, [replicate]
ropa: clothes, clothing
ruin: vile, mean; petty, stingy; little

salvo: sate; easily; omitted
sano: healthy; sound; whole; [sane]
sauce: willow
sensible: sentient; sensitive; perceptible; [sensible]
simpático: agreeable, pleasant, congenial
sopa: soup
suceder: to happen, come about, [succeed]
suceso: event, incident

taller: workshop; laboratory; studio
tuna: prickly pear; idle and vagrant life
tutor: guardian, [tutor]

vagón: railway car or coach
vale: note, sales slip, coupon

Español-Inglés

acre: acre, unidad de medida
actual: verdadero, real
admire: considerar con placer, admirar
appoint: nombrar, señalar
assignation: asignación, destinación
assist: ayudar, asistir
attend: asistir a, cuidar, atender

carpet: alfombra
cart: carro, carreta
card: tarjeta, naipe, carta
cigar: puro
college: universidad
conference: junta, sesión, entrevista, conferencia
constipated: estreñido
count: *(v)* contar
contented: satisfecho, tranquilo, contento
costume: vestuario, traje

deception: engaño, fraude, decepción
disgrace: *(n)* deshonra, vergüenza, ignominia
disgraced: deshonrado, avergonzado
dishonest: engañoso, falso, poco honrado
direction: dirección
disgust: hastío, asco, repugnancia, disgusto
distinct: claro, visible; inequívoco; diferente, distinto

embarrassed: turbado, desconcertado
equipment: aparatos, equipo
equivocation: equívoco; subterfugio, engaño
exit: salida
expedite: acelerar, facilitar; apresurar, despachar
explain: explicar, aclarar
fabric: tela, textura; fábrica; construcción
fault: *(n)* culpa; defecto, falta
formal: convencional, ceremonioso, formal
phrase: expresión, frase
fray: *(v)* raerse, deshilacharse; *(n)* alboroto, riña

gulp: *(n)* trago
gracious: afable, cortés; atractivo; bondadoso
grand: magnífico; grandioso, majestuoso; grande

honest: honrado, integro, recto; sincero

idiom: modismo; lenguaje
ignore: no hacer caso de; desconocer

large: grande
lecture: *(n)* conferencia; lección; plática
leer: *(v)* mirar de soslayo; *(n)* mirada de soslayo
liar: *(n)* mentiroso, embustero

media: (*pl* of **medium**) medias; medios de comunicación (radio, televisión, etc.)

ordinary: corriente, común, ordinario, mediocre

parents: padres
probe: *(v)* tentar; examinar a fondo; sondear

quit: abandonar, cesar, parar, dejar (de hacer algo)

real: *(adj)* verdadero, real
realize: darse cuenta de; comprender; efectuar, llevar a cabo; realizar
record: *(v)* registrar, apuntar, asentar, inscribir; grabar en disco
regular: metódico, ordenado, regular
rent: *(n)* alquilar; *(n)* arrendamiento, rente; rasgadura
repent: arrepentirse
replicate: *(v)* duplicar, repetir, replicar
rope: *(n)* soga, cuerda
ruin: *(v)* arruinar, estropear; *(n)* ruina, destrucción

salvo: salva; pretexto
sane: cuerdo; razonable; sano
sauce: salsa, condimento
sensible: sensato, razonable, juicioso
sympathetic: compasivo; simpatizante
soap: jabón
succeed: lograr(se); medrar, salir bien; suceder
success: éxito

taller: más alto
tuna: atún
tutor: *(n)* maestro particular, tutor

wagon: carro, carreta, carretón
vale: valle, cañada

Guía de conversación

Conversation guide

II Los numerales cardinales *Cardinal numbers*

1	**uno** *one*	11	**once** *eleven*
2	**dos** *two*	12	**doce** *twelve*
3	**tres** *three*	13	**trece** *thirteen*
4	**cuatro** *four*	14	**catorce** *fourteen*
5	**cinco** *five*	15	**quince** *fifteen*
6	**seis** *six*	16	**dieciséis** *sixteen*
7	**siete** *seven*	17	**diecisiete** *seventeen*
8	**ocho** *eight*	18	**dieciocho** *eighteen*
9	**nueve** *nine*	19	**diecinueve** *nineteen*
10	**diez** *ten*	20	**veinte** *twenty*

21	**veintiuno** *twenty-one*	70	**setenta** *seventy*
30	**treinta** *thirty*	80	**ochenta** *eighty*
32	**treinta y dos** *thirty-two*	90	**noventa** *ninety*
40	**cuarenta** *forty*	100	**cien** *a hundred*
50	**cincuenta** *fifty*	101	**ciento uno** *a hundred and*[1] *one*
54	**cincuenta y cuatro** *fifty-four*	200	**doscientos** *two hundred*
60	**sesenta** *sixty*	300	**trescientos** *three hundred*

En inglés los millares se separan con una coma y los decimales, con punto: 1.57 (léase *one point five seven*).

1.000	**mil**	1,000	*a thousand*
1.050	**mil cincuenta**	1,050	*a thousand and*[1] *fifty*
10.500	**diez mil quinientos**	10,500	*ten thousand five hundred*
1.000.000	**un millón**	1,000,000	*a million*
1.000.000.000	**mil millones**	1,000,000,000	*a billion*

1 En el inglés británico se coloca *and* entre los centenares o millares y las unidades o decenas, no así en el inglés americano.

1.° **primer(o)**	1st *first*	6.° **sexto**	6th *sixth*
2.° **segundo**	2nd *second*	7.° **séptimo**	7th *seventh*
3.° **tercer(o)**	3rd *third*	8.° **octavo**	8th *eighth*
4.° **cuarto**	4th *fourth*	9.° **noveno**	9th *ninth*
5.° **quinto**	5th *fifth*	10.° **décimo**	10th *tenth*

11.° **undécimo/decimoprimer(o)/décimo primer(o)**	11th *eleventh*
12.° **duodécimo/decimosegundo/décimo segundo**	12th *twelfth*
13.° **decimotercer(o)/décimo tercer(o)**	13th *thirteenth*
14.° **decimocuarto/décimo cuarto**	14th *fourteenth*
15.° **decimoquinto/décimo quinto**	15th *fifteenth*
16.° **decimosexto/décimo sexto**	16th *sixteenth*
17.° **decimoséptimo/décimo séptimo**	17th *seventeenth*
18.° **decimoctavo/décimo octavo**	18th *eighteenth*
19.° **decimonoveno/décimo noveno**	19th *nineteenth*
20.° **vigésimo**	20th *twentieth*
21.° **vigesimoprimer(o)/vigésimo primer(o)**	21st *twenty-first*
30.° **trigésimo**	30th *thirtieth*
32.° **trigésimo segundo**	32nd *thirty-second*
40.° **cuadragésimo**	40th *fortieth*
50.° **quincuagésimo**	50th *fiftieth*
53.° **quincuagésimo tercer(o)**	53rd *fifty-third*
60.° **sexagésimo**	60th *sixtieth*
70.° **septuagésimo**	70th *seventieth*
80.° **octogésimo**	80th *eightieth*
90.° **nonagésimo**	90th *ninetieth*
100.° **centésimo**	100th *hundredth*

101.° **centésimo primer(o)**	101st *hundred and first*
200.° **ducentésimo**	200th *two-hundredth*
300.° **tricentésimo**	300th *three-hundredth*
1.000.° **milésimo**	1,000th *thousandth*
1.000.000.° **millonésimo**	1,000,000th *millionth*

V

lunes *Monday*	martes *Tuesday*	miércoles *Wednesday*	jueves *Thursday*	viernes *Friday*	sábado *Saturday*	domingo *Sunday*
31	1	2	3	4	5	6
			10	11		

hoy *today*
ayer *yesterday*
mañana *tomorrow*
el mes pasado *last month*
la semana/el año que viene *next week/year*

4 de septiembre (cuatro de septiembre):
4th September/September 4th
(September the fourth, September fourth, the fourth of September)

4/09 — 4/09 (GB) — 09/04 (US)

los meses del año *months of the year*

enero	*January*
febrero	*February*
marzo	*March*
abril	*April*
mayo	*May*
junio	*June*
julio	*July*
agosto	*August*
septiembre	*September*
octubre	*October*
noviembre	*November*
diciembre	*December*

Tanto los días de la semana como los meses se escriben con mayúscula en inglés.

¿Tiene hora, por favor?
Could you tell me the time please?

¿Qué hora es?
What time is it?

son las doce
it's twelve o'clock

es la una y cinco
it's five past one

son las dos y diez
it's ten past two

van a ser las siete
it's almost seven o'clock

tarda media hora
it takes half an hour

hace hora y media
an hour and a half ago

dura tres cuartos de hora
it lasts three quarters of an hour

es tarde/temprano
it's late/early

> Si los minutos no son un múltiplo de cinco, hay que emplear la palabra *minutes*: son las tres y catorce minutos – *it's fourteen minutes past three*.
>
> En inglés americano se usa *after* en vez de *past* y *of* en vez de *to*: *it's a quarter after three, it's a quarter of five*.

son las tres y cuarto
it's (a) quarter past three

son las cuatro y media
it's half past four

son las cinco menos cuarto
it's (a) quarter to five

son las seis menos diez
it's ten to six

a las diez de la mañana
at ten o'clock in the morning

a las once de la noche
at eleven o'clock at night

a las cinco de la tarde
at five o'clock in the afternoon

a las siete de la tarde
at seven o'clock in the evening

> Las fronteras entre *afternoon*, *evening* y *night* varían en función de la luz de día y, por lo tanto, de la época del año. *Afternoon* empieza a las doce del mediodía y termina a las cinco, aproximadamente. *Evening* empieza sobre las seis y sigue hasta la caída de la noche.

VI Saludos y despedidas *Greetings, saying hello and goodbye*

Buenos días.
Good morning.

Buenas tardes.
Good afternoon/evening.

Buenas noches.
Good evening (al llegar).
Good night (al despedirse).

Hola.
Hello, Hi.

Me llamo …
My name is …

Permítame que me presente.
Allow me to introduce myself.

Permítame que le presente a mi esposa.
Allow me to introduce you to my wife.

Encantado de conocerlo.
Pleased to meet you.

¿Cómo se llama?
What's your name?

Ha sido un placer.
It was a pleasure to meet you.

Nos vemos mañana.
See you tomorrow.

Hasta luego.
See you later.

Adiós.
Goodbye.

¡Que tenga un buen día!
Have a nice day!

¡Que tenga un buen fin de semana!
Have a good weekend!

¡Que tengan un buen viaje!
Have a good journey!

¿Cómo está usted?
How do you do? (más formal)
How are you? (menos formal)

¿Cómo va todo?
How are things?

aduana *customs*
aduanero *customs officer*
aranceles *duty*
carné de identidad *identity card*
ciudadanía *citizenship*
declarar *to declare*
estancia *stay*
hacer contrabando *to smuggle*
llave *key*
pasaporte *passport*
permiso de residencia *residence permit*
permiso de trabajo *work permit*
visado *visa*

¿Podría enseñarme su pasaporte/visado, por favor?
Could you show me your passport/visa, please?

¿Piensa usted trabajar en este país?
Are you intending to work in this country?

¿Cuánto dinero lleva usted?
How much money are you carrying?

¿Dónde se va a alojar en el país?
Where will you be staying in this country?

¿Podría abrir la maleta, por favor?
Could you open your suitcase, please?

¿Tiene algo que declarar?
Have you anything to declare?

No tengo nada que declarar.
I have nothing to declare.

¿Cuánto tiempo piensa quedarse en el país?
How long do you intend to stay in this country?

¿Desde qué país ha viajado?
Which country have you travelled from?

¿Cuál es el motivo de su visita?
What is the reason for your visit?

Estoy aquí por negocios/de vacaciones.
I'm here on business/holiday.

¿Qué lleva en esta maleta/este bolso?
What are you carrying in this suitcase/bag?

Es para uso personal.
It's for my personal use.

Solo tengo …
I only have …

aduana *customs*
aeropuerto *airport*
aterrizar *to land*
azafata *flight attendant; air hostess* (GB)
billete de avión *plane ticket*
cinturón de seguridad *seatbelt*
control de seguridad *security*
despegar *to take off*
equipaje *luggage, baggage*
equipaje de mano *hand luggage*
exceso de equipaje *excess baggage*
facturación *check-in*
llegadas *arrivals*
pasillo *aisle*
pista *runway*
puerta de embarque *boarding gate*
recogida de equipajes *baggage reclaim*
salidas *departures*
tarjeta de embarque *boarding card*
ventanilla *window*
vuelo chárter *charter flight*
vuelo regular *scheduled flight*

¿Dónde está el mostrador de Iberia?
Where is the Iberia check-in?

¿A qué hora sale el vuelo de Madrid?
What time does the Madrid flight leave?

¿A qué hora embarcamos?
What time do we board?

¿Tengo que facturar esta maleta?
Do I have to check this suitcase in?

¿Puedo llevar esto como equipaje de mano?
Can I take this as hand luggage?

¿Por qué puerta embarcamos?
Which gate do we board at?

Quisiera pasillo/ventanilla, por favor.
I'd like a window seat/an aisle seat, please.

Se ha perdido una de mis maletas.
One of my suitcases is missing.

¿Preparó la maleta usted mismo?
Did you pack this suitcase yourself?

El vuelo sufrirá un retraso de dos horas.
The flight will be delayed for two hours.

andén *platform*
billete de ida y vuelta *return ticket* (GB); *round-trip ticket* (US)
billete sencillo *single ticket*
coche *carriage*
coche-cama *sleeping car*
coche-restaurante *buffet car*
compartimento *compartment*
consigna *left-luggage office*
estación de trenes *railway station, train station*
hora punta *rush hour*
horario *timetable*
interventor, revisor *ticket inspector*
jefe de estación *station master*
litera *couchette*
primera/segunda clase *first/ second class*
trenes de cercanías *local trains*
trenes de largo recorrido *long-distance trains*
vagón *carriage*
vía *line*

¿A qué hora sale el próximo tren para …?
What time is the next train to …?

¿A qué hora es el último tren para …?
What time is the last train to …?

¿Cuántos trenes diarios hay para …?
How many trains are there a day to …?

¿A qué hora llega a …?
What time does it arrive in …?

¿Circula los domingos?
Does it run on Sundays?

¿Tengo que hacer transbordo?
Do I have to change?

¿De qué vía sale el tren para …?
Which platform does the train to … leave from?

¿Dónde tengo que bajarme?
Where do I have to get off?

¿Este tren va a …?
Is this train going to …?

¿Este tren para en …?
Does this train stop at …?

¿Cuál es la próxima estación?
Which is the next stop?

He perdido el tren.
I have missed my train.

¿Hay que validar el billete?
Do I have to validate my ticket?

atracar *to tie up, to moor*
bodega *hold*
bote salvavidas *lifeboat*
camarote *cabin*
chaleco salvavidas *life jacket*
crucero (barco) *cruise ship*
crucero (viaje) *cruise*
cubierta *deck*
desembarcar *to go ashore, to disembark*
embarcar *to go aboard, to embark*
ferry *ferry*
hacer escala en *to stop off at*
lancha *launch*
muelle *quay*
pasajero *passenger*
pasarela *gangway*
puente de mando *bridge*
puerto *port*
transbordador *ferry*
yate *yacht*
zarpar *to set sail*

¿Cuánto dura la travesía?
How long is the crossing?

¿Cómo está el mar?
What's the sea like?

Quisiera un camarote exterior.
I'd like an outside cabin.

¿Puedo embarcar el coche?
Can I take my car on board?

¿Dónde hacemos escala?
Where do we stop off?

¿Hay un médico a bordo?
Is there a doctor on board?

Me mareo.
I get seasick.

¿Tiene algo para el mareo?
Do you have anything for seasickness?

Estoy mareado.
I feel seasick.

¿Cuánto tiempo podemos pasar en tierra?
How long can we stay ashore?

Quisiera alquilar un barco con/sin tripulación.
I'd like to hire a boat with/without a crew.

Tengo el carné de patrón de barco.
I have a skipper's license.

aceite *oil*
alquilar un coche *to hire a car*
alquiler de coches *car hire*
automóvil *car; automobile* (US)
autopista *motorway* (GB); *freeway* (US)
autovía *dual carriageway* (GB); *divided highway* (US)
baca *roof rack*
coche de alquiler *hire car*
coche deportivo *sports car*
coche familiar *family car*
franquicia *waiver*
furgoneta *van*
gasoil *diesel*
gasolina *petrol*
gasolinera *petrol station, filling station*
maletero *boot* (GB); *trunk* (US)
monovolumen *people carrier*
peaje *toll*
permiso de conducir *driving license*
seguro *insurance*
todoterreno *four-wheel drive, all-terrain vehicle*

Quisiera alquilar un coche para el fin de semana.
I'd like to hire a car for the weekend.

Quisiera un seguro a todo riesgo.
I'd like fully-comprehensive insurance.

Hemos tenido una avería.
We've broken down.

Me he quedado sin batería.
The battery's dead.

He tenido un pinchazo.
I've got a puncture.

Me he quedado sin gasolina.
I've run out of petrol.

No consigo meter la marcha atrás.
I can't get it into reverse.

¿Podría enviar una grúa?
Could you send out a tow truck?

¿Hay un taller cerca?
Is there a garage nearby?

¿Cuánto tiempo necesitará para repararlo?
How long will it take you to repair it?

XII Metro, autobús y taxi — *Underground, bus and taxi*

abono mensual/semanal *monthly/weekly ticket*
autobús *bus*
autocar *coach*
billete sencillo *single ticket*
boca de metro *underground entrance* (GB); *subway entrance* (US)
bonobús *multi-journey bus ticket*
carril bus *bus lane*
estación de autobuses *bus station, coch station*
estación de metro *underground station*
hora punta *rush hour*
línea de autobús *bus route*
línea de metro *underground line* (GB); *subway line* (US)
maletero *luggage hold*
metro *underground*[1] (GB); *subway* (US)
parada de autobús *bus stop*
parada de taxis *taxi rank*
taxista *taxi driver*
vagón *coach*

¿Cómo puedo ir de aquí a …?
How can I get from here to …?

¿Cuál es la línea para (ir a) …?
Which line do I take to get to …?

¿Dónde tengo que hacer transbordo?
Where do I have to change?

¿A qué hora sale el último/próximo tren/autobús?
What time is the last/next train/bus?

¿Qué autobus necesito para ir a …?
Which bus do I need to get to …?

¿En qué parada debo bajarme?
Which stop do I have to get off at?

¿Podría pedirme un taxi?
Could you call me a taxi?

¿Cuánto me podría costar ir al aeropuerto?
How much would it cost me to get to the airport?

¿Me podría dejar en …?
Could you drop me off at …?

¿Puede darme un recibo, por favor?
Could I have a receipt, please?

1 El metro de Londres se llama familiarmente *the Tube*.

a la derecha/izquierda *on the right/left*
avenida *avenue*
calle *street*
callejón *sidestreet*
cruce *crossroads, junction*
curva *bend*
escalera *steps*
esquina *corner*
norte/sur/este/oeste *north/south/east/west*
parque *park*
paso de peatones *pedestrian crossing*
plaza *square*
puente *bridge*
río *river*
rotonda *roundabout* (GB); *traffic circle* (US)
semáforo *traffic lights*
subida *hill*
vía del tren *railway line*

¿Me podría decir dónde está ...?
¿Could you tell me where ... is?

¿Podría decirme cómo llegar a ...?
Could you tell me how to get to ...?

Estoy perdido.
I'm lost.

¿Me lo podría indicar en el mapa?
Could you show me on the map?

No tiene pérdida.
You can't miss it.

Siga por esta calle hasta el semáforo.
Go down this street as far as the traffic light.

Tuerza a la derecha/izquierda.
Turn right/left.

Siga recto.
Go straight ahead.

Coja la segunda bocacalle a la derecha.
Take the second turning on your right.

En el puente, gire a la izquierda.
Turn left at the bridge.

Cruce el puente.
Cross over the bridge.

Está a su derecha/izquierda.
It's on your right/left.

XIV La oficina de turismo *At the tourist information office*

guía turística *tourist guide*
información *tourist information*
oficina de turismo *tourist information office*
plano de la ciudad *town plan*

¿Tiene un plano de la ciudad?
Have you got a town plan?

¿Dónde está …?
Where is …?

¿Dónde hay un …?
Where is there a …?

¿Hay un … en la ciudad?
Is there a … in the city?

¿Podría marcármelo en el mapa?
Could you mark it on the map for me?

¿Cuál es la mejor manera de desplazarse por la ciudad?
What's the best way to get around the city?

¿Dónde puedo comprar billetes de autobús/metro?
Where can I buy bus/underground tickets?

¿Dónde puedo alquilar una bicicleta?
Where can I rent a bike?

¿Cuáles son los principales atractivos de la ciudad?
What are the city's main attractions?

¿Hay algo que no deberíamos perdernos?
Is there anything we shouldn't miss?

¿Hay visitas guiadas de la ciudad?
Are there any guided tours of the city?

¿Hay algo para los niños?
Is there anything for children?

¿Cuál es la mejor época para visitar …?
When is the best time of year to visit …?

¿Hay alguna especialidad típica que deberíamos probar?
Are there any local specialities we should try?

¿Tiene una lista de hoteles/hostales?
Do you have a list of hotels/guesthouses?

¿Podría recomendarme un hotel económico?
Could you recommend a reasonably-priced hotel?

¿Podría usted hacerme una reserva?
Could you make a booking for me?

almuerzo *lunch*
bañera *bath* (GB)*; bathtub* (US)
baño (cuarto de baño) *bathroom;* (servicio) *toilet*
cama individual/de matrimonio *single/double bed*
cena *evening meal, dinner*
con terraza *with a balcony*
con vistas al mar *with a sea view*
desayuno *breakfast*
ducha *shower*
escapada de fin de semana *weekend break*
gimnasio *gym*
habitación con desayuno *bed and breakfast*
habitación individual/doble *single/double room*
hotel de cuatro/cinco estrellas *four/five-star hotel*
llave *key*
media pensión *half board*
minibar *minibar*
pensión completa *full board*
piscina *swimming pool*
recepción *reception*
servicio de habitaciones *room service*

Tengo una reserva a nombre de …
I have a reservation. My name is …

¿Tienen habitaciones libres?
Do you have any rooms free?

¿Cuánto cuesta una habitación doble con baño?
How much is a double room with bath?

¿Podría ver la habitación?
Could I see the room?

¿Está incluido el desayuno en el precio?
Is breakfast included in the price?

¿A qué hora se sirve el desayuno?
What time do you serve breakfast?

Está bien, me la quedo.
It's fine, I'll take it.

¿A qué hora estará lista la habitación?
What time will the room be free?

¿Me da la llave de la habitación …, por favor?
Could I have the key to room …, please?

¿A qué hora debo dejar la habitación?
What time do I have to vacate the room?

No molestar.
Do not disturb.

agua mineral (con gas) *(sparkling) mineral water*
arroz *rice*
aves y caza *poultry and game*
- **pato** *duck*
- **pavo** *turkey*
- **pollo** *chicken*

café con leche *white coffee*
(café) cortado *coffee with a dash of milk*
café solo *expresso*
camarero/ra *waiter/waitress*
carne *meat*
- **bistec** *steak*
- **buey** *beef*
- **cerdo** *pork*
- **chuleta** *chop*
- **cordero** *lamb*
- **jamón de york** *boiled ham*
- **jamón serrano** *Parma ham*
- **salchicha** *sausage*
- **solomillo** *sirloin steak*
- **ternera** *veal, beef*

carta *menu*
carta de vinos *wine list*
cerveza *beer*
comer (almorzar) *to have lunch*
copa *glass*
crepe *pancake, crepe*
cuenta *bill* (GB); *check* (US)
ensalada *salad*
fruta *fruit*
- **cereza** *cherry*
- **fresa** *strawberry*
- **higo** *fig*
- **mandarina** *tangerine*
- **manzana** *apple*
- **melocotón** *peach*
- **melón** *melon*
- **naranja** *orange*
- **pera** *pear*
- **piña** *pineapple*
- **plátano** *banana*
- **sandía** *watermelon*

marisco *shellfish, seafood*
- **almeja** *clam*
- **calamar** *squid*
- **gamba** *prawn*
- **langosta** *spiny lobster*
- **mejillón** *mussel*
- **pulpo** *octopus*

menú del día *set menu*
pan *bread*
pedir *to order*
pescado *fish*
- **atún** *tuna*
- **bacalao** *cod*
- **boquerón** *anchovy*
- **dorada** *gilthead bream*
- **lenguado** *sole*
- **lubina** *bass*
- **merluza** *hake*

rape *angler fish, monkfish*
salmón *salmon*
sardina *sardine*
trucha *trout*
primer/segundo plato *first/second course*
postre *dessert*
flan *crème caramel*
helado *ice cream*
macedonia de frutas *fruit salad*
yogur *yoghurt*
sopa *soup*
vaso *glass*
verdura *vegetables*
col *cabbage*
coliflor *cauliflower*
judía *bean*
patata *potato*
zanahoria *carrot*
vino blanco/rosado/tinto *white/rosé/red wine*
vino de la casa *house wine*

¿Me puede recomendar un restaurante económico?
Can you recommend a reasonably-priced restaurant?

Quisiera reservar una mesa para dos personas a las ocho.
I'd like to book a table for two at eight o'clock.

¿Tienen una mesa para cuatro personas?
Have you got a table for four?

Yo tomaré …
I'll have the …

¿Viene acompañado de algo?
Does it come with anything?

¿Podría traernos más pan, por favor?
Could we have some more bread, please?

Quisiéramos una botella de vino blanco.
We'd like a bottle of white wine.

Quiero el bistec muy hecho/poco hecho.
I'd like my steak well done/rare.

¿Nos trae la cuenta, por favor?
Could we have the bill, please?

¿Tiene comedor para fumadores?
Is there a dining-room for smokers?

artesanía *crafts, handicrafts*
barato *cheap*
caja *cash desk;*
(en el supermercado) *checkout*
caro *dear, expensive*
centro comercial *shopping centre* (GB); *mall* (US)
cerámica *pottery, ceramics*
dependiente/ta *sales assistant*
devolver *to return;*
(dinero) *to refund*
garantía *guarantee*
grandes almacenes *department store*
hipermercado *hypermarket*
joyería *jeweller's*
mercado *market*
pagar *to pay*
papelería *stationer's*
perfumería *perfume shop*
recibo *receipt*
recuerdos/souvenirs *souvenirs*
supermercado *supermarket*
tienda de regalos *gift shop*
tienda de ropa *clothes shop*
zapatería *shoe shop*

A ver si me puede ayudar.
I wonder if you could help me.

Busco …
I'm looking for ….

Solo estoy mirando, gracias.
I'm just looking, thank you.

¿Cuánto vale este?
How much is this one?

¿Lo tiene en otro color?
Do you have this one in a different colour?

¿Lo tiene en una talla más grande/más pequeña?
Do you have this one in a larger/smaller size?

¿De qué está hecho?
What is it made of?

Me quedaré este.
I'll take this one, please.

¿Puedo pagar con tarjeta de crédito?
Can I pay by credit card?

¿Aceptan cheques de viaje/cheques personales?
Do you accept traveller's/personal cheques?

¿Lo puede envolver para regalo?
Could you gift-wrap it, please?

¿Dónde están los probadores?
Where are the fitting rooms?

zapatos de señora *ladies' shoes*

EUR	35	36	37	38	39	40	41	42	43
GB	2½	3½	4	5	6	6½	7	7½	8
US	5	6	6½	7½	8½	9	9½	10	10½

zapatos de hombre *men's shoes*

EUR	38	39	40	41	42	43	44	45	46
GB	5½	6½	7	7½	8	8½	10	11	11½
US	6	7	7½	8	8½	9	10½	11½	12

pantalones de señora *ladies' trousers*

EUR	34	36	38	40	42	44
GB	8	10	12	14	16	18
US	6	8	10	12	14	16

pantalones de hombre *men's trousers*

EUR	42	44	46	48	50	52	54
GB/US	26	28	30	32	34	36	38

camisas de hombre *men's shirts*

EUR	40	41	42	43	44	45	46	47
GB/US	15¾	16	16½	17	17¼	17¾	18	18½

vestidos de señora *ladies' dresses*

EUR	38	40	42	44	46	48
GB	8	10	12	14	16	18
US	6	8	10	12	14	16

americanas de hombre *men's jackets*

EUR	48	50	52	54	56	58	60
GB/US	38	40	42	44	46	48	50

¿Qué talla necesita? Necesito la 16.
What size do you take? I take a size 16.

¿Me lo podría probar, por favor?
Could I try it on, please?

¿Qué número calza? Calzo un 45.
What size do you take? I take a size 11.

Es demasiado grande/pequeño.
It's too big/small.

¿Podría probarme una talla más/menos?
Could I try the next size up/down?

XX La farmacia — *At the chemist's*

alergia (al polen) *hay fever*
analgésico *painkiller*
anginas *sore throat*
anticonceptivo *contraceptive*
calmante *painkiller*
champú *shampoo*
colirio *eyedrops*
constipado *cold*
desinfectante *disinfectant*
desodorante *deodorant*
diarrea *diarrhoea*
dolor de cabeza *headache*
dolor de estómago *stomachache*
dolor de garganta *sore throat*
dolor de oídos *earache*
enjuague bucal *mouthwash*
espray nasal *nasal spray*
estreñimiento *constipation*
farmacia *chemist's* (GB); *pharmacy*
farmacia de guardia *all-night chemist*
genérico *generic drug*
gripe *flu, influenza*
intoxicación alimentaria *food poisoning*
loción para después del sol *after-sun lotion*
migraña *migraine*
pasta de dientes *toothpaste*
pastilla *tablet*
picadura de insecto *insect bite*
pomada *ointment*
repelente de insectos *insect repellent*
tensión alta/baja *high/low blood pressure*
tirita *(sticking) plaster* (GB); *Band-Aid®* (US)
tos *cough*

¿Me podría dar algo para …?
Could you give me something for …?

Me duele/pica/escuece …
My … hurts/itches/is sore.

Tengo un dolor en ….
I have a pain in my …

Tengo fiebre.
I have a temperature.

¿Necesito receta médica?
Do I need a prescription?

¿Lo puede tomar un niño?
Is it OK for children to take it?

¿Cuántas veces al día debo tomarlo?
How often should I take it?

¿Antes o después de las comidas?
Should I take it before or after meals?

ambulatorio *clinic, health centre*
antibiótico *antibiotic*
caerse *to fall*
clínica *clinic*
constipado *cold*
corte *cut*
desmayarse *to faint*
dolor *pain*
enfermedad *illness*
enfermo *ill*
escayola *plaster (cast)*
herida *wound*
hinchazón *swelling*
hospital *hospital*
inyección *injection*
radiografía *X-ray*
resonancia *MRI scan*
romper *to break*
roto *broken*
sangrar *to bleed*
urgencias *casualty department, A and E*
venda *bandage*
vómitos *vomiting*

Necesito un médico.
I need a doctor.

Me encuentro muy mal.
I feel very ill.

Lléveme a urgencias, por favor.
Please take me to the casualty department.

Tengo náuseas.
I feel sick.

Creo que me he roto la pierna/el brazo.
I think I've broken my leg/arm.

Llevo así … días.
I've been like this for … days.

¿Le han operado alguna vez?
Have you ever been operated on?

No puedo tomar …
I can't take …

Soy hipertenso, hipotenso.
I have high/low blood pressure.

Soy diabético.
I'm a diabetic.

Estoy enfermo del corazón.
I have a heart condition.

Estoy embarazada de … meses.
I'm … months pregnant.

Soy alérgico a …
I'm allergic to …

¿Me podría recetar …?
Could you prescribe me …?

¿Toma algún medicamento?
Are you on medication?

accidente de tráfico *road accident*
ahogarse *to drown*
ambulancia *ambulance*
bomberos *fire brigade*
botiquín *first-aid kit*
explosión *explosion*
extintor *fire extinguisher*
grúa *tow truck*
herida *injury*
herido *injured, hurt*
incendio *fire*
romperse *to break*
sangrar *to bleed*
sangre *blood*
servicios de emergencia *emergency services*
socorrista *lifeguard*

Ha habido un accidente.
There has been an accident.

Que alguien llame una ambulancia.
Would somebody call an ambulance?

¿Puede enviar una ambulancia a …?
Could you send an ambulance to …?

No sé qué ha pasado.
I don't know what happened.

No hay heridos graves.
Nobody is seriously hurt.

El herido está inmovilizado.
The injured person has been immobilized.

Está herido grave.
He's seriously injured.

Se ha desmayado.
He has fainted.

Está inconsciente.
He's unconscious.

Ha perdido el conocimiento.
He's lost consciousness.

Aún respira.
He's still breathing.

Se está desangrando.
He's losing a lot of blood.

Alguien se ha caído al agua.
Someone has fallen into the water.

Lo han atropellado.
He's been run over.

¿Llevaba el casco puesto?
Was he/she wearing a crash helmet?

Le atenderán en aquella ambulancia.
They'll take care of you in that ambulance.

atracar *to mug*
atraco *mugging*
cartera *wallet* (GB); *billfold* (US)
carterista *pickpocket*
incendio *fire*
monedero *purse* (GB); *change purse* (US)
policía (agente) *policeman, policewoman*
policía (cuerpo) *the police*
robar (a una persona) *to rob;* (algo) *to steal*
robo *robbery*
servicios de emergencia *emergency services*
timador *confidence trickster*
timo *confidence trick*

He perdido a mi hijo/hija/marido/mujer.
I've lost my little boy/little girl/husband/wife.

He perdido el tren/avión/barco.
I have missed my train/plane/boat.

No encuentro el billete/pasaporte.
I can't find my ticket/passport.

Estoy perdido.
I'm lost.

Llamen a la policía, por favor.
Please call the police.

Quería cobrarme de más.
He tried to overcharge me.

Ha intentado robarme.
He tried to rob me.

Me han robado.
I've been robbed.

Me han robado la cartera/la tarjeta de crédito/el pasaporte.
My wallet/credit card/passport has been stolen.

Se ha extraviado …
My … has gone missing.

Quisiera denunciar el robo de …
I'd like to report the theft of …

Me han entrado en el coche/la habitación.
My car/room has been broken into.

Este hombre me está siguiendo.
This man is following me.

Me amenazó con un cuchillo/arma.
He threatened me with a knife/gun.

¿Dónde está el consulado de España?
Where is the Spanish consulate?

billete *note* (GB); *bill* (US)
cajero automático *cash dispenser*
cambiar *to change*
cambio *exchange*
cheque de viaje *traveller's cheque*
comisión *commission*
divisa *currency*
efectivo *cash*
ingresar dinero *to pay money in*
moneda (divisa) *currency*
moneda (pieza metálica) *coin*
oficina de cambio *bureau de change*
porcentaje *percentage*
sacar dinero *to take money out*
tipo de cambio *exchange rate*
transferencia internacional *international bank transfer*

¿Dónde puedo cambiar dinero?
Where can I change money?

¿Hay un banco cerca de aquí?
Is there a bank near here?

¿Puedo usar esta tarjeta de crédito en el cajero automático?
Can I use this credit card in the cash dispenser?

¿Podría cobrar este cheque?
Could you cash this cheque?

¿A cuánto está el euro?
What is the exchange rate for the euro?

¿Es posible que el cambio fluctúe mucho?
Is the exchange rate like to fluctuate very much?

Quisiera cambiar 100 euros en …
I'd like to change 100 euros into …

¿Tiene billetes más grandes/pequeños?
Do you have any larger/smaller notes?

Lo quiero en billetes grandes/pequeños, por favor.
I'd like it in large/small notes please.

¿Este billete es de curso legal?
Is this note legal tender?

¿Cuánto cobran en concepto de comisión?
How much commission do you charge?

¿Aceptan cheques de viaje?
Do you accept traveller's cheques?

apartado de correos *post office box*
buzón *postbox* (GB); *mailbox* (US)
carta *letter*
carta certificada *registered letter*
cartero *postman* (GB); *mailman* (US)
correo aéreo *airmail*
dirección *address*
enviar *to send*
firmar *to sign*
franquear *to postmark, to frank*
giro internacional *international money order*
giro postal *postal order*
lista de correos *poste restante* (GB); *general delivery* (US)
paquete postal *parcel*
postal *postcard*
recoger *to collect*
recogida *collection*
sello *stamp*
sobre *envelope*
telegrama *telegram*

Necesito … sellos para enviar cartas a España.
I need … stamps for letters to Spain.

Quisiera enviar este paquete a España.
I'd like to send this parcel to Spain.

¿Cuánto vale enviar una postal a España?
How much does it cost to send a postcard to Spain?

¿Cuándo saldrá?
When will it go?

¿Cuánto tardará en llegar?
How long will it take to get there?

¿Puedo enviarlo urgente?
Can I send it by express delivery?

Quisiera enviar un giro internacional a España.
I'd like to send an international money order to Spain.

¿Dónde puedo cobrar un giro postal?
Where can I cash a postal order?

¿Venden sellos de coleccionista?
Do you sell stamps for collectors?

¿Esta carta está bien franqueada?
Are there enough stamps on this letter?

XXVI El teléfono — *On the telephone*

cabina telefónica *phone box*
guía telefónica *phone book*
información *directory enquiries*
llamada *phone call*
marcar *to dial*
mensaje de texto *text message*
número de teléfono *phone number*
tarjeta telefónica *phonecard*
teléfono *telephone, phone*
teléfono fijo *landline*
teléfono móvil *mobile phone, cellphone*
telefonear *to telephone, to phone, to ring*

¿Hay una cabina telefónica por aquí cerca?
Is there a phone box near here?

¿Dónde puedo comprar una tarjeta telefónica?
Where can I buy a phonecard?

¿Me pone con …, por favor?
Could you put me through to …, please?

¿Podría hablar con …, por favor?
Could I speak to …, please?

¿Podría hablar más despacio, por favor?
Could you speak more slowly, please?

¿Podría darme el número de …, por favor?
Could you give me the number of …, please?

Se ha equivocado de número.
You've got the wrong number.

¿De parte de quién?
Who's calling, please?

Quisiera hacer una llamada a cobro revertido a España.
I'd like to make a reverse charge call to Spain.

No cuelgue, por favor.
Hold the line please.

Ahora mismo le paso con él.
I'll put you through to him now.

Volveré a llamar más tarde.
I'll call back later.

Comunica.
The line's engaged.

No tengo cobertura.
I can't get a signal.

Tengo que cargar la batería.
I need to charge my battery.

¿Puedo enchufar el cargador aquí?
Can I plug my charger in here?

acceso a Internet *Internet access*
batería *battery*
cámara desechable *disposable camera*
cámara de vídeo *camcorder*
cámara digital *digital camera*
cámara réflex *SLR*
carrete *(roll of) film*
cibercafé (cíber) *Internet café*
contraseña *password*
correo electrónico *e-mail*
diapositiva *slide*
imprimir *to print*
objetivo *lens*
ordenador portátil *laptop*
pila *battery*
revelar *to develop*
tarjeta de memoria *memory card*
teleobjetivo *telephoto lens*
zoom *zoom*

¿Dónde puedo conectar el (ordenador) portátil?
Where can I plug my laptop in?

¿Hay servicio wi-fi gratis?
Is there a free wi-fi service?

¿Hay algún cíber por aquí?
Is there an Internet café round here?

Me está pidiendo la contraseña.
It's asking me for a password.

Necesito un carrete de diapositivas de 100 ASA.
I need a 100 ASA slide film.

¿Dónde puedo revelar este carrete?
Where can I get this film developed?

¿Hay alguna tienda de fotografía por aquí cerca?
Is there a camera shop near here?

¿Cuánto vale revelar un carrete de 24 fotos?
How much is it to develop a film of 24 photos?

Necesito una tarjeta de memoria para esta máquina.
I need a memory card for this camera.

¿Hay algún sitio donde pueda imprimir fotos digitales?
Is there somewhere I can get my digital photos printed?

¿Nos podría hacer una foto, por favor?
Could you take a photo of us, please?

Necesitaría pasar esta cinta de vídeo a DVD.
I need to transfer this videotape to a DVD.

XXVIII Salir de noche — *A night out*

bailar *to dance*
bar *bar*
bar de copas *bar*
bar de tapas *tapas bar*
bar musical *music bar*
bar temático *theme bar*
cabaré *cabaret*
cine *cinema* (GB); *movie theater* (US)
concierto *concert*
discoteca *club*
entrada *ticket*
espacio sin humo *smoke-free zone*
espectáculo *show*
fiesta *party*
guardarropa *cloakroom*
karaoke (local) *karaoke bar*
pista de baile *dance floor*
salir *to go out*
teatro *theatre*
tomar una copa *to have a drink*

¿El hotel tiene programa de animación?
Does the hotel have an entertainment programme?

Me gustaría ver un espectáculo/una obra de teatro.
I'd like to see a show/play.

¿A qué hora empieza el espectáculo?
What time does the show start?

¿Cuál sería un buen sitio para ir a tomar una copa?
What would be a good place to go for a drink?

¿Hay algún sitio que no sea muy turístico?
Is there ahywhere that's not too touristy?

¿Hay algún sitio tranquilo?
Is there somewhere quiet?

¿Hay algún sitio con música en vivo?
Is there anywhere with live music?

¿Qué tipo de música ponen?
What sort of music do they play?

¿Hay que reservar con antelación?
Do we need to book in advance?

¿Se puede fumar?
Is smoking allowed?

¿Dónde puedo comprar las entradas?
Where can I buy tickets?

¿Hay algún autobús nocturno para volver al hotel?
Is there a late-night bus service back to the hotel?

autocar *coach*
barco *boat*
caminata *walk*
castillo de fuegos *firework display*
conductor *driver*
espectáculo de luz y sonido *son et lumière*
excursión *trip*
excursión de compras *shopping tour*
excursión en bicicleta *cycling tour*
folleto *leaflet*
guía *guide*
monumento *monument*
paseo a caballo *horseback tour*
paseo en barco *boat trip*
ruta ecológica *nature trail*
tienda de regalos *gift shop*
visita a la ciudad *city tour*
visita guiada *guided tour*

¿Qué excursiones podemos realizar?
What excursions are there?

¿Hay visitas guiadas en español?
Are there guided tours in Spanish?

¿A qué hora empieza la próxima visita?
What time does the next tour start?

¿El/la guía habla español?
Does the guide speak Spanish?

¿Cuánto dura la visita?
How long does the tour last?

¿A qué hora estaremos de vuelta?
What time will we be back?

¿Qué incluye el precio?
What does the price include?

¿Tenemos que traer la comida?
Do we need to take our own food?

¿Hay que llevar ropa especial?
Do we need to wear special clothes?

¿Nos pasan a recoger por el hotel?
Will they pick us up from our hotel?

¿Puedo hacer fotos?
May I take photos?

Me he perdido.
I'm lost.

No encuentro mi autocar.
I can't find my coach.

XXX La playa — *At the seaside*

agua *water*
ahogarse *to drown*
algas *seaweed*
arena *sand*
bandera verde/amarilla/roja *green/yellow/red flag*
bañador (de hombre) *swimming trunks*
bañador (de mujer) *swimming costume*
bañarse *to swim*
biquini *bikini*
broncearse *to tan*
bucear *to dive;* (con tubo) *to snorkel*
cala *cove*
chancletas *flip-flops* (GB); *thongs* (US)
chiringuito *beach bar*
colchoneta *airbed*
costa *coast*
gafas de sol *sunglasses*
leche solar *suntan lotion*
manguitos *water wings*
marea alta/baja *high/low tide*
medusa *jellyfish*
nadar *to swim*
piedra *pebble*
playa *beach*
playa nudista *nudist beach*
pescar *to fish*
socorrista *lifeguard*
sombrilla *beach umbrella*
tanga *tanga*
toalla *towel*
toldo *awning*
tomar el sol *to sunbathe*
tumbona *sun lounger*

¿A qué hora sube/baja la marea?
What time does the tide come in/go out?

¡Socorro!
Help!

¿Cubre?
Is it very deep?

¿Hay corrientes?
Are there any currents?

¿Es peligroso bañarse aquí?
Is it dangerous to swim here?

¿Se puede hacer top-less/nudismo?
Is it OK to go topless/Is nudity OK?

anorak *anorak*
botas de senderismo *hiking boots*
brújula *compass*
cantimplora *water bottle*
chubasquero *cagoule*
cima *summit, top*
cuerda *rope*
descenso *descent*
desnivel *difference in altitude*
desorientarse *to become disoriented*
equipo de rescate *rescue team*
escalada *climbing*
escalador *climber*
escalar *to climb*
excursionista *rambler, hiker*
hacer rápel *to abseil*
mapa *map*
mochila *backpack, rucksack*
montaña *mountain*
pasamontañas *balaclava*
pendiente *slope*
precipicio *precipice*
puerto de montaña *mountain pass*
rápel *abseiling; rappel* (US)
refugio de montaña *mountain shelter*
saco de dormir *sleeping bag*
senda *path*
senderismo *hiking*
senderista *hiker*
subir *to go up, to climb*
tienda de campaña *tent*
valle *valley*

¿Hay alguna caminata interesante por la zona?
Are there any interesting walks in the area?

¿Cuánto se tarda en llegar a la cima?
How long does it take to get to the top?

¿Qué desnivel hay?
What difference in altitude is there?

¿Cuánto se tarda en completar la caminata?
How long does it take to complete the walk?

¿Qué grado de dificultad tiene?
What is the degree of difficulty?

ayuntamiento *town hall* (GB); *city hall* (US)
barrio chino *red-light district*
biblioteca *library*
castillo *castle*
catedral *cathedral*
centro comercial *shopping centre* (GB); *mall* (US)
ciudad *city, town*
ciudad vieja *old town*
comisaría de policía *police station*
fuente *fountain*
galería de arte *art gallery*
hospital *hospital*
iglesia *church*
jardín botánico *botanical garden*
lago *lake*
mercado *market*
mezquita *mosque*
monasterio *monastery*
multicines *cinema complex*
muralla *wall*
museo *museum*
oficina de turismo *tourist information office*
palacio *palace*
parking *car park*
parque *park*
parque de atracciones *funfair*
parque zoológico *zoo*
piscina *swimming pool*
plaza principal *main square*
rastro *flea market*
río *river*
sinagoga *synagogue*
templo *temple*
universidad *university*
zona peatonal *pedestrian precinct*

¿Me puede indicar dónde está ..., por favor?
Could you tell me where ... is, please?

¿Dónde puedo comprar una guía de la ciudad?
Where can I buy a guidebook to the city?

¿Vale la pena visitar ...?
Is ... worth visiting?

¿Tienen un plano de los transportes públicos?
Do you have a map showing public transport?

atletismo *athletics*
balón *ball*
baloncesto *basketball*
bastón de esquí *ski stick* (GB); *ski pole* (US)
bicicleta *bike, bicycle*
bicicleta de montaña *mountain bike*
bolera *bowling alley*
ciclismo *cycling*
esquí (deporte) *skiing*; (tabla) *ski*
esquí acuático *waterskiing*
esquí de fondo *cross-country skiing*
estadio *stadium*
forfait *lift pass*
footing *jogging*
fútbol *football*
gimnasio *gym*
gol *goal*
maratón *marathon*
moto acuática *jetski*
natación *swimming*
partido *match*
pelota *ball*
pesca *fishing*
piscina *swimming pool*
pista de tenis *tennis court*
raqueta *racket*
tenis *tennis*
tenis de mesa *table tennis*
triatlón *triathlon*
rugby *rugby*
vela (deporte) *sailing*

¿Qué deportes puedo practicar?
What sports can I do?

¿Dónde puedo practicar el esquí/la pesca/la natación/la vela?
Where can I go skiing/fishing/swimming/sailing?

¿Dónde puedo alquilar el equipo?
Where can I hire the equipment?

¿Dan clases de esquí/vela/natación?
Are skiing/sailing/swimming lessons available?

Me gustaría ir a ver un partido de fútbol/rugby/baloncesto.
I'd like to go and see a football/rugby/basketball match.

XXXIV El tiempo — *The weather*

aguanieve *sleet*
aviso de temporal *gale warning*
despejado *clear*
chirimiri *drizzle*
granizo *hail*
helar *to freeze*
hielo *ice*
huracán *hurricane*
llover *to rain*
lluvia *rain*
lluvioso *wet, rainy*
nevar *to snow*
neblina *mist*
niebla *fog*
nieve *snow*
nube *cloud*
nublado *cloudy*
pronóstico del tiempo *weather forecast*
relámpagos *lightning*
sol *sun*
soleado *sunny*
tormenta *storm*
truenos *thunder*
viento *wind*

¿Qué tiempo hace?
What's the weather like?

Hace calor/frío/fresco/sol/viento.
It's hot/cold/cool/sunny/windy.

Está lloviendo/nevando/granizando/helando.
It's raining/snowing/hailing/freezing.

Hace bochorno.
It's muggy.

Hay niebla/neblina/truenos y relámpagos.
It's foggy/misty/thundering and lightning.

¿Qué tiempo hará mañana?
What will the weather be like tomorrow?

Mañana habrá intervalos nubosos.
Tomorrow there will be sunny intervals.

Estamos a 4 grados bajo cero.
It's 4 degrees below zero.

Parece que va a llover.
It looks as if it's going to rain.

Hay 20 cm de nieve en la calle.
There are 8 inches of snow in the street.

abuela *grandmother;*
(más familiar) *grandma*
abuelo *grandfather;*
(más familiar) *grandad*
abuelos *grandparents*
cuñada *sister-in-law*
cuñado *brother-in-law*
esposa *wife*
esposo *husband*
hermana *sister*
hermano *brother*
hermanos *brothers and sisters*
hija *daughter*
hijo *son*
hijos *children*
madre *mother*
mamá *mum*
nieta *granddaughter*
nieto *grandson*
nietos *grandchildren*
nuera *daughter-in-law*
padre *father*
padres *parents*
papá *dad*
prima *cousin*
primo *cousin*
sobrina *niece*
sobrino *nephew*
sobrinos *nephews and nieces*
suegra *mother-in-law*
suegro *father-in-law*
tía *aunt*
tío *uncle*
yerno *son-in-law*

Estoy casado/soltero/divorciado.
I'm married/single/divorced.

¿Tiene hijos?
Have you got any children?

¿Cuántos hijos tiene?
How many children have you got?

¿Qué edad tienen sus hijos?
How old are your children?

¿Quiere ver una foto de mi hijo/hija?
Would you like to see a photo of my son/daughter?

¿Viven aún sus abuelos?
Are your grandparents still alive?

¿Tiene usted hermanos?
Have you any brothers or sisters?

academia *school*
alumno *pupil, student*
aprobar *to pass*
asignatura *subject*
aula *classroom*
carrera universitaria *(university) degree*
catear *(fam.)* *to fail*
clase *class*
colegio *school*
deberes *homework*
derecho *law*
director *headteacher*
educación física *physical education, PE*
escuela *primary school*
estudiante *student, pupil*
examen *exam*
facultad *faculty*
formación profesional *occupational training*
horario *timetable*
instituto *secondary school*
licenciado *graduate*
licenciarse *to graduate*
magisterio *teacher training*
nota *mark* (GB); *grade* (US)
parvulario *nursery school*
pizarra *blackboard*
profesor *teacher*
profesor universitario *lecturer*
selectividad *university entrance exam*
suspender *to fail*
trimestre *term*
universidad *university*
universitario *university student;* (licenciado) *graduate*

¿Qué estudias?
What are you studying?

¿Cuál es tu asignatura preferida?
What's your favourite subject?

Voy muy bien en física/química/biología/matemáticas.
I'm doing well at physics/chemistry/biology/maths.

La geografía/historia/literatura no es mi fuerte.
Geography/history/literature isn't my strong subject.

¿Qué tal se te da el inglés/francés/alemán?
What are you like at English/French/German?

administrativo *office worker*
aumento de sueldo *wage rise*
contratar *to take on*
contrato *contract*
despacho *office*
despedir *to sack, to fire*
día libre *day off*
director *manager*
empleo *job*
fábrica *factory*
fichar *to clock on;* (a la salida) *to clock off*
ganar *to earn*
hacer huelga *to strike, to go on strike*
horario *working hours*
horas extras *overtime*
huelga *strike*
IRPF *income tax*
jefe *boss*
jubilado *retired*
parado *unemployed*
permiso de trabajo *work permit*
salario *salary*
sindicato *union, trade union*
sueldo *wage*
trabajador *worker*
trabajar *to work*
trabajar a jornada completa *to work full-time*
trabajar media jornada *to work part-time*
vendedor/ra *salesman/ saleswoman*
ventas *sales*

¿De qué trabaja (usted)?
What's your job? / What job do you do?

Estaré de vacaciones en agosto.
I will be on holiday in August.

Soy director financiero/de marketing/de ventas.
I'm a financial/marketing/sales director.

Estoy jubilado/en el paro.
I'm retired/ unemployed.

Soy autónomo.
I'm self-employed.

Soy administrativo/secretaria/ recepcionista.
I'm an office worker/secretary/ receptionist.

XXXVIII Pesos y medidas *Weights and measures*

Pesos *weights*

16 ounces = 1 pound	1 *ounce* – **onza** – 28,35 g
14 pounds = 1 stone	1 *pound* – **libra** – 453,6 g
8 stones = 1 hundredweight	
112 pounds = 1 hundredweight	1 *hundredweight* – 50,8 kg
20 hundredweight = 1 ton	1 *ton* – **tonelada** – 1.016 kg

Medidas de longitud *linear measures*

12 inches = 1 foot	1 *inch* – **pulgada** – 2,54 cm
3 feet = 1 yard	1 *foot* – **pie** – 30,48 cm
1,760 yards = 1 mile	1 *yard* – **yarda** – 91,44 cm
	1 *mile* – **milla** – 1,609 km

Medidas de capacidad *measures of capacity*

4 gills = 1 pint	*gill* – 0,142 litros (US: 0,118 litros)
2 pints = 1 quart	*pint* – **pinta** – 0,57 litros (US: 0,473 litros)
2 quarts = 1 gallon	*quart* – 1,136 litros (US: 0,946 litros)
	gallon – **galón** – 4,546 litros (US: 3,785 litros)

¿Cuánto pesa?
How much does it weigh?

¿Cuánto mide de largo/ancho/alto?
How long/wide/tall is it?

¿Me podría decir la distancia en kilómetros?
Could you tell me how far it is in kilometres?

¿Cuánto es eso en kilos/metros/litros?
How much is that in kilos/metres/litres?

Qué distancia hay de aquí a …?
How far is it from here to …?

¿Cuánto es una pinta/un galón en litros?
How much is a pint/gallon in litres?

GB	US	ESPAÑOL
aubergine	*eggplant*	**berenjena**
autumn	*fall*	**otoño**
bill	*check*	**cuenta, factura**
biscuit	*cookie*	**galleta**
boot	*trunk*	**maletero**
chemist's	*pharmacy*	**farmacia**
chips	*French fries*	**patatas fritas**
cinema	*movie theater*	**cine**
courgette	*zucchini*	**calabacín**
crisps	*chips*	**patatas fritas (de bolsa)**
dinner jacket	*tuxedo*	**esmoquin**
draughts	*checkers*	**damas (juego)**
drawing pin	*thumbtack*	**chincheta**
dummy	*pacifier*	**chupete**
dustbin	*garbage can*	**cubo de la basura**
film	*movie*	**película**
flat	*apartment*	**piso**
frying pan	*skillet*	**sartén**
handbag	*purse*	**bolso**
hoarding	*billboard*	**valla publicitaria**
lift	*elevator*	**ascensor**
lorry	*truck*	**camión**
marrow	*squash*	**calabaza**
motorway	*freeway*	**autopista**
nappy	*diaper*	**pañal**
pavement	*sidewalk*	**acera**
petrol	*gasoline, gas*	**gasolina**
purse	*change purse*	**monedero**

rubber	*eraser*	**goma de borrar**
rubbish	*garbage*	**basura**
subway	*underpass*	**paso subterráneo**
sweets	*candy*	**chucherías**
tailback	*backup*	**caravana**
tap	*faucet*	**grifo**
trousers	*pants*	**pantalón**
underground	*subway*	**metro**
waistcoat	*vest*	**chaleco**
wallet	*billfold*	**cartera**
windscreen	*windshield*	**parabrisas**

Español
Inglés

A

a 1 *prep* (*dirección*) to: **girar a la derecha** to turn (to the) right; **irse a casa** to go home. **2** (*destino*) to, towards. **3** (*distancia*) away: **a cien kilómetros de casa** a hundred kilometres away from home. **4** (*lugar*) at, on: **a la entrada** at the entrance; **a la izquierda** on the left. **5** (*tiempo*) at: **a las once** at eleven; **a tiempo** in time. **6** (*modo, manera*): **a ciegas** blindly; **a oscuras** in the dark; **a pie** on foot. **7** (*instrumento*): **a lápiz** in pencil; **escrito a mano** handwritten. **8** (*precio*) a: **a dos euros el kilo** two euros a kilo. **9** (*medida*) at: **a 90 kilómetros por hora** at 90 kilometres an hour. **10** (*finalidad*) to: **vino a vernos** he came to see us. **11** (*complemento directo - no se traduce*): **vi a Juana** I saw Juana. **12** (*complemento indirecto*) to: **te lo di a ti** I gave it to you. **13**: *verbo* **+ a +** *inf*: **aprender a nadar** to learn (how) to swim. **14** (*como imperat*): **¡a ver!** let's see!

abad,-esa *nm* (*hombre*) abbot; (*mujer*) abbess.

abadía *nf* (*edificio*) abbey.

abajo 1 *adv* (*situación*) below, down: **ahí abajo** down there. **2** (*en una casa*) downstairs. **3** (*dirección*) down, downward: **calle abajo** down the street.

abalanzarse [4] *vpr*: **abalanzarse sobre** to rush at, pounce on; **abalanzarse hacia** to rush towards.

abandonar 1 *vt* (*desamparar*) to abandon, forsake. **2** (*lugar*) to leave, quit. **3** (*actividad*) to give up. ‖ **4** *vi* (*ceder*) to give in. ‖ **5 abandonarse** *vpr* (*descuidarse*) to let oneself go.

abandono *nm* neglect.

abanicar [1] *vt* to fan.

abanico 1 *nm* (*para dar aire*) fan. **2** (*gama*) range.

abaratar *vt* reduce the price of.

abarcar [1] **1** *vt* (*englobar*) to cover, embrace. **2** (*abrazar*) to embrace.

abarrotar *vt* to pack (de, with).

abastecer [43] **1** *vt* to supply. ‖ **2 abastecerse** *vpr* to stock up (de/con, with).

abasto *nm* supply. • **dar abasto**: **es que no doy abasto** I just can't cope.

abatible *adj* folding.

abatimiento *nm* dejection.

abatir 1 *vt* (*derribar*) to knock down; (*árbol*) to cut down. **2** (*bajar*) to lower. **3** (*desanimar*) to depress. ‖ **4 abatirse** *vpr* (*desanimarse*) to lose heart.

abdomen *nm* abdomen, belly.

abdominales *nf pl* (*ejercicios*) situps.

abecedario 1 *nm* alphabet. **2** *fig* rudiments *pl*.

abeja *nf* bee.
abertura *nf* opening, gap.
abeto *nm* fir tree.
abierto,-a 1 *adj* (*puerta, boca, ojos*) open. 2 (*grifo*) on, running. 3 (*sincero*) frank. • **con los brazos abiertos** with open arms.
abismo *nm* abyss.
ablandar 1 *vt calmar*) to soothe. ‖ 2 **ablandarse** *vpr* to soften, go soft, go softer.
abnegación *nf* self-denial.
abochornar 1 *vt* to embarrass. ‖ 2 **abochornarse** *vpr* to be embarrassed.
abofetear *vt* to slap.
abogado,-a *nm,f* lawyer, solicitor. ▪ **abogado defensor** counsel for the defense.
abogar [7] 1 *vi* to plead. 2 *fig* to intercede: *abogar por algn* to defend sb; *abogar por algo* to advocate sth.
abolir *vt* to abolish.
abolladura *nf* dent.
abollar *vt* to dent.
abominable *adj* abominable, loathsome.
abonado,-a *nm,f* (*a teléfono, a revista*) subscriber; (*a teatro etc*) season-ticket holder.
abonar 1 *vt* (*pagar*) to pay. 2 (*tierra*) to fertilize. ‖ 3 **abonarse** *vpr* (*a revista*) to subscribe (a, for); (*a teatro etc*) to buy a season ticket (a, to).
abono 1 *nm* (*pago*) payment. 2 (*para tierra*) fertilizer. 3 (*a revista*) subscription; (*a teatro, tren etc*) season-ticket.
abordar 1 *vt* MAR to board. 2 (*persona, tema*) to approach.
aborigen 1 *adj* aboriginal. ‖ 2 *nm* (*pl* aborígenes) aborigine.
aborrecer [43] *vt* to abhor, hate.
abortar *vi* (*voluntariamente*) to abort; (*involuntariamente*) to miscarry.
aborto *nm* (*voluntario*) abortion; (*espontáneo*) miscarriage.
abotonar *vt* to button up.
abovedado,-a *adj* vaulted.
abrasador,-ra *adj* scorching.
abrasar 1 *vt* (*quemar*) to burn. ‖ 2 *vi* to be boiling hot: **abrasarse de calor** to be sweltering.
abrasivo,-a 1 *adj* abrasive. ‖ 2 **abrasivo** *nm* abrasive.
abrazar [4] 1 *vt* (*persona*) to embrace. ‖ 2 **abrazarse** *vpr* to embrace (each other), hug (each other).
abrazo *nm* hug, embrace.
abrebotellas *nm inv* bottle opener.
abrelatas *nm inv* tin-opener, US can-opener.
abreviar [12] *vt* (*acortar*) to shorten; (*texto*) to abridge; (*palabra*) to abbreviate.
abreviatura *nf* abbreviation.
abridor *nm* opener.
abrigar [7] 1 *vt* (*contra el frío*) to wrap up, keep warm. 2 (*proteger*) to shelter, protect. ‖ 3 **abrigarse** *vpr* (*contra el frío*) to wrap oneself up. 4 (*protegerse*) to take shelter.
abrigo 1 *nm* (*prenda*) coat, overcoat: **ropa de abrigo** warm clothing. 2 (*refugio*) shelter.
abril *nm* April.
abrillantar *vt* to polish, shine.
abrir 1 *vt* (*pp* abierto,-a) (*gen*) to open. 2 (*cremallera*) to undo. 3 (*túnel*) to dig. 4 (*luz*) to switch on,

turn on. **5** (*grifo, gas*) to turn on. || **6 abrirse** *vpr* (*gen*) to open. **7** (*sincerarse*) to open out. **8** *arg* (*largarse*) to clear off. • **abrir el apetito** to whet one's appetite; **abrir paso** to make way; **en un abrir y cerrar de ojos** *fam* in the twinkling of an eye.

abrochar **1** *vt* to button, button up. || **2 abrocharse** *vpr*: **abróchense los cinturones** please fasten your seat-belts.

abrupto,-a *adj* (*terreno*) rugged.

absceso *nm* abscess.

absoluto,-a *adj* absolute. • **en absoluto** not at all.

absolver [32] *vt* (*pp* absuelto,-a) (*de pecado*) to absolve; (*de cargo*) to acquit.

absorbente **1** *adj* (*algodón, papel*) absorbent. **2** (*trabajo*) absorbing, engrossing. || **3** *nm* absorbent.

absorber *vt* to absorb.

absorto,-a **1** *adj* (*pasmado*) amazed. **2** (*ensimismado*) engrossed (en, in).

abstemio,-a *nm,f* teetotaller.

abstenerse [87] *vpr* refrain (de, from).

abstinencia *nf* abstinence.

abstracto,-a *adj* abstract.

absurdo,-a *adj* absurd.

abuchear *vt* to boo.

abuela **1** *nf* (*pariente*) grandmother (*fam* grandma). **2** (*vieja*) old woman.

abuelo **1** *nm* (*pariente*) grandfather (*fam* grandad). **2** (*viejo*) old man. || **3 abuelos** *nm pl* grandparents.

abultado,-a *adj* bulky, big.

abultamiento *nm* swelling.

abundancia *nf* abundance, plenty.

abundante *adj* abundant, plentiful.

abundar *vi* to abound, be plentiful.

aburrido,-a **1** *adj* (*con ser*) boring: **es un libro muy aburrido** it's a very boring book. **2** (*con estar*) bored, weary: **estoy aburrido** I'm bored.

aburrimiento *nm* boredom.

aburrir **1** *vt* to bore. || **2 aburrirse** *vpr* to get bored.

abusar **1** *vi* (*autoridad, paciencia, hospitalidad*) to abuse. **2** (*sexualmente*) to sexually abuse. • **abusar de la situación** to take unfair advantage of the situation.

abusivo,-a *adj* excessive, exorbitant.

abuso **1** *nm* (*uso excesivo*) abuse, misuse. **2** (*injusticia*) injustice.

a. C. BC.

acá *adv* (*lugar*) here, over here: **de acá para allá** to and fro, up and down.

acabado,-a **1** *adj* (*completo*) finished. || **2 acabado** *nm* finish.

acabar **1** *vt* (*gen*) to finish; (*completar*) to complete: **he acabado el trabajo** I've finished the work. **2** (*consumir*) to use up, run out of: **hemos acabado el agua mineral** we've run out of mineral water. || **3** *vi* (*gen*) to finish, end; (*pareja*) to split up: **acabar en punta** to have a pointed end. **4** to end up: **acabarás comprando el vestido** you'll end up buying the dress. || **5 acabarse** *vpr* (*terminarse*) to end, finish; (*no quedar*) to run out. • **acabar**

bien to have a happy ending; **acabar con** to destroy, put an end to; **acabar de** to have just: **acabo de pintarlo** I've just painted it; **acabar mal** (*cosa*) to end badly; (*persona*) to come to a bad end; **¡acabáramos!** *fam* at last!; **¡se acabó!** that's it!

academia *nf* (*institución*) academy.

académico,-a *adj* academic.

acaecer [43] *vi* to happen.

acallar *vt* (*silenciar*) to silence.

acalorado,-a 1 *adj* (*con calor*) heated. 2 (*debate, conciencia*) heated, angry.

acalorarse *vpr* (*sofocarse*) to get warm, get hot.

acampar *vi* to camp.

acantilado *nm* cliff.

acaparador,-ra *adj* greedy.

acaparar 1 *vt* (*alimentos, mercancías*) to hoard. 2 (*monopolizar*) to monopolize: **acaparó la atención de todos** she commanded the attention of everyone.

acariciar [12] 1 *vt* (*persona*) to caress, fondle; (*animal*) to stroke. 2 (*esperanzas etc*) to cherish.

acarrear *vt* (*causar*) to cause, bring.

acaso *adv* perhaps, maybe. • **por si acaso** just in case.

acatar *vt* (*leyes, orden*) to obey.

acatarrarse *vpr* to catch a cold.

acaudalado,-a *adj* rich, wealthy.

acceder 1 *vi* (*consentir*) to consent (a, to), agree (a, to). 2 (*tener entrada*) to enter. 3 (*alcanzar*) to accede (a, to): **acceder al poder** to come to power. || 4 *vt* INFORM to access.

acceso 1 *nm* (*entrada*) access, entry. 2 (*ataque*) fit, outburst.

accesorio,-a 1 *adj* accessory. || 2 **accesorio** *nm* accessory.

accidentado,-a 1 *adj* (*turbado*) agitated. 2 (*terreno*) uneven, rough. || 3 *nm,f* (*persona herida*) casualty, accident victim.

accidentarse *vpr* to have an accident.

accidente 1 *nm* (*percance*) accident. 2 (*geográfico*) feature. • **accidente aéreo** plane crash; **accidente de circulación** road accident; **accidente laboral** industrial accident; **por accidente** by chance.

acción 1 *nf* (*actividad*) action; (*acto*) act, deed. 2 (*efecto*) effect: **la acción del agua sobre la piel** the effect of water on the skin. 3 COM share. 4 JUR action, lawsuit.

accionar *vt* (*máquina*) to activate.

accionista *nmf* shareholder.

acebo *nm* holly.

aceite *nm* oil.

aceitera 1 *nf* (*de mesa*) oil bottle. 2 (*de mecánico*) oilcan.

aceitoso,-a *adj* oily.

aceituna *nf* olive. ■ **aceituna rellena** stuffed olive.

aceleración *nf* acceleration.

acelerador *nm* accelerator.

acelerar *vt* AUTO to accelerate.

acelga *nf* chard.

acento 1 *nm* (*gráfico*) written accent; (*tónico*) stress. 2 (*pronunciación*) accent: **tiene acento andaluz** she has an Andalusian accent. 3 (*énfasis*) emphasis, stress.

acentuar [11] 1 *vt* to accent. 2 (*resaltar*) to emphasize, stress.

aceptable *adj* acceptable.

aceptación 1 *nf* (*acto*) acceptance. 2 (*aprobación*) approval: **tener poca aceptación** not to be popular.
aceptar 1 *vt* (*admitir*) to accept, receive. 2 (*aprobar*) to approve of.
acera *nf* pavement, US sidewalk. • **de la acera de enfrente** queer.
acerca de *prep* about, concerning.
acercar [1] 1 *vt* to bring closer, bring nearer: **¿me acercas el agua?** can you pass the water. ‖ 2 **acercarse** *vpr* to approach, come closer, come nearer: **acércate** come closer.
acero *nm* steel. ■ **acero inoxidable** stainless steel.
acertado,-a 1 *adj* (*opinión etc*) right, correct. 2 (*conveniente*) suitable.
acertante *nmf* winner.
acertar [27] 1 *vt* (*repuesta*) to get right. 2 (*adivinanza*) to guess. ‖ 3 *vi* (*dar con*) to succeed (con, in), be right (con, about): **acertó con la casa** he found the right house.
acertijo *nm* riddle.
achacar [1] *vt* to impute, attribute.
achaque 1 *nm* (*indisposición*) ailment. 2 (*excusa*) excuse, pretext.
achatar *vt* to flatten.
achicharrar 1 *vt* (*planta*) to scorch: **hace un sol que achicharra** it's boiling. ‖ 2 **achicharrarse** *vpr* (*pasar calor*) to roast.
achicoria *nf* chicory.
achuchón 1 *nm fam* (*empujón*) push. 2 *fam* (*indisposición*) indisposition.
acicalarse *vpr* to dress up.
acidez *nf* (*de fruta, vinagre*) sourness; (*en química*) acidity. ■ **acidez de estómago** heartburn.
ácido,-a 1 *adj* (*sabor*) sharp, tart. 2 QUÍM acidic. ‖ 3 **ácido** *nm* QUÍM acid.
acierto 1 *nm* (*solución correcta*) right answer. 2 (*éxito*) success. • **con acierto** wisely.
aclaración *nf* explanation.
aclarar 1 *vt* (*cabello, color*) to lighten. 2 (*líquido*) to thin. 3 (*enjuagar*) to rinse. 4 (*explicar*) to explain. ‖ 5 **aclararse** *vpr* (*tiempo*) to clear up.
acné *nf* acne.
acogedor,-ra 1 *adj* (*persona*) welcoming. 2 (*lugar*) cosy, warm.
acoger [5] 1 *vt* (*recibir*) to receive; (*invitado*) to welcome. 2 (*proteger*) to shelter, protect. 3 (*ideas etc*) to accept, take to. ‖ 4 **acogerse** *vpr* (*refugiarse*) to take refuge (a, in).
acogida 1 *nf* (*de persona*) welcome. 2 (*de noticia, libro*) reception.
acometer 1 *vt* (*embestir*) to attack. 2 (*emprender*) to undertake.
acometida *nf* attack, assault.
acomodado,-a *adj* (*rico*) well-to-do.
acomodador,-ra *nm,f* (*hombre*) usher; (*mujer*) usherette.
acomodar 1 *vt* (*colocar*) to arrange. 2 (*alojar*) to lodge, accommodate. ‖ 3 **acomodarse** *vpr* (*instalarse*) to make oneself comfortable.
acompañante 1 *adj* accompanying. ‖ 2 *nmf* (*gen*) companion.
acompañar 1 *vt* (*ir con*) to go with, accompany. 2 (*adjuntar*) to enclose. • **acompañar en el sentimiento** *fml* to express one's condolences.
acomplejado,-a *nm,f* person with a complex.
acomplejar 1 *vt* to give a complex. ‖ 2 **acomplejarse** *vpr* to develop a complex (**por**, about).

acondicionar *vt* to convert, adapt; (*mejorar*) to improve.
aconsejar 1 *vt* to advise. || **2 aconsejarse** *vpr* to seek advice.
acontecer [43] *vi* to happen.
acontecimiento *nm* event.
acoplar 1 *vt* (*juntar*) join. **2** Téc to couple, connect. || **3 acoplarse** *vpr* to pair.
acordar [31] **1** *vt* (*resolver*) to agree. || **2 acordarse** *vpr* to remember (de, -).
acorde 1 *adj* in agreement. || **2** *nm* Mús chord.
acordeón *nm* Mús accordion.
acordonar 1 *vt* (*atar*) to lace, tie. **2** (*rodear*) to surround.
acorralar *vt* to corner.
acortar *vt* to shorten.
acosar 1 *vt* (*perseguir*) to hound. **2** (*hostigar*) to harass.
acoso *nm* **1** (*persecución*) hounding. **2** (*hostigamiento*) harassment.
acostar [31] **1** *vt* to put to bed. || **2 acostarse** *vpr* to go to bed. • **acostarse con algn** to sleep with sb.
acostumbrado,-a *adj* (*persona*) accustomed, used.
acostumbrar 1 *vt* (*habituar*) to accustom to. || **2 acostumbrarse** *vpr* to become accustomed.
acre 1 *adj* (*olor*) acrid. **2** (*sabor*) bitter. || **3** *nm* (*medida*) acre.
acreditado,-a *adj* reputable.
acreditar 1 *vt* (*demostrar, probar*) to prove. **2** (*cuenta bancaria*) to credit (-, with).
acribillar 1 *vt* (*a balazos*) to riddle. **2** (*molestar*) to harass: **acribillar a algn a preguntas** to bombard sb with questions.
acrílico,-a *adj* acrylic.
acrobacia *nf* acrobatics.
acróbata *nmf* acrobat.
acta *nf* (*de reunión*) minutes *pl*.
actitud *nf* attitude.
activar *vt* (*iniciar*) to activate; (*acelerar*) to expedite.
actividad *nf* activity.
activo,-a *adj* active.
acto *nm* (*acción*) act. • **acto seguido** immediately afterwards; **en el acto** at once. ▪ **acto reflejo** reflex action; **acto sexual** sexual act.
actor, actriz *nm,f* (*hombre*) actor; (*mujer*) actress.
actuación 1 *nf* (*comportamiento*) behaviour. **2** (*interpretación*) performance.
actual 1 *adj* (*de este momento*) present, current. **2** (*actualizado*) up-to-date.
actualidad *nf* (*momento presente*) present time, present. • **en la actualidad** at present.
actualizar [4] **1** *vt* to bring up to date. **2** Inform to upgrade.
actualmente *adv* (*hoy en día*) nowadays; (*ahora*) at present.
actuar [11] **1** *vi* to act (de, as). **2** Cinem Teat to perform, act.
acuarela *nf* watercolour.
acudir *vi* (*ir*) to go; (*venir*) to come. • **acudir en ayuda de algn** to come to sb's aid.
acueducto *nm* aqueduct.
acuerdo *nm* agreement. • **¡de acuerdo!** all right!, O.K.!; **estar de acuerdo** to agree. ▪ **acuerdo marco** framework agreement.
acumulación *nf* accumulation.
acumular *vt* to accumulate.
acupuntura *nf* acupuncture.

acusación *nf* (*inculpación*) accusation; (*en derecho*) charge.
acusado,-a *adj* - *nm,f* accused.
acusar 1 *vt* (*culpar*) to accuse; (*en derecho*) charge (**de**, with). || **2 acusarse** *vpr* (*acentuarse*) to become more pronounced. • **acusar recibo de** to acknowledge receipt of.
acusica *adj* - *nmf fam* telltale.
acústica *nf* acoustics.
acústico,-a *adj* acoustic.
adaptación *nf* adaptation.
adaptar 1 *vt* (*acomodar*) to adapt. **2** (*ajustar*) to adjust. || **3 adaptarse** *vpr* to adapt oneself (a, to).
adecuado,-a *adj* adequate, suitable.
adecuar [10] *vt* to adapt.
adelantado,-a 1 *adj* (*precoz*) precocious. **2** (*aventajado*) advanced. **3** (*desarrollado*) developed. **4** (*reloj*) fast. • **por adelantado** in advance.
adelantamiento *nm* overtaking.
adelantar 1 *vt* (*mover adelante*) to move forward. **2** (*reloj*) to put forward. **3** (*vehículo*) to overtake. **4** (*dinero*) to pay in advance. || **5** *vi* (*progresar*) to make progress. || **6 adelantarse** *vpr* (*ir delante*) to go ahead. **7** (*llegar temprano*) to be early. **8** (*reloj*) to gain, be fast.
adelante 1 *adv* forward, further. || **2** *interj* come in! • **en adelante** henceforth; **más adelante** later on.
adelanto *nm* advance.
adelgazamiento *nm* slimming.
adelgazar [4] **1** *vt* to make slim. || **2** *vi* (*perder peso*) to lose weight.
además 1 *adv* (*por añadidura*) besides. **2** (*también*) also. • **y además ...** and what's more ....
adentro 1 *adv* inside. || **2 adentros** *nm pl*: **para sus adentros** in his heart.
adepto,-a *nm,f* follower, supporter.
aderezar [4] *vt* CULIN to season; (*ensalada*) to dress.
adherente *adj* adherent, adhesive.
adherir [35] **1** *vi* to stick (a, to). || **2 adherirse a** (*unirse*) to join.
adhesión *nf* support.
adhesivo,-a 1 *adj* adhesive, sticky. || **2 adhesivo** *nm* adhesive.
adicción *nf* addiction.
adición *nf* addition.
adicto,-a 1 *adj* (*a droga*) addicted (a, to). || **2** *nm,f* (*a droga*) addict.
adiestrar *vt* to train, instruct.
adiós 1 *nm* (*pl* adioses) goodbye. || **2** *interj* (*despidiéndose*) goodbye!; (*al cruzarse*) good morning!, good afternoon!, good evening!
aditivo *nm* additive.
adivinanza *nf* riddle, puzzle.
adivinar 1 *vt* (*respuesta, nombre*) to guess. **2** (*futuro*) to forecast. **3** (*enigma*) to solve.
adjetivo *nm* adjective.
adjudicar [1] **1** *vt* to award: **¡adjudicado!** sold! || **2 adjudicarse** *vpr* to appropriate.
adjunto,-a 1 *adj* (*en carta*) enclosed.|| **2** *nm,f* assistant teacher.
administración 1 *nf* (*de empresa*) administration, management. **2 la Administración** the Government, US the Administration.
administrador,-ra *nm,f* administrator.
administrar 1 *vt* (*organizar*) to administer. **2** (*proporcionar*) to give: **le**

administró un antibiótico he gave him an antibiotic.
administrativo,-a 1 *adj* administrative. ‖ 2 *nm,f* (*de empresa, banco*) office worker.
admirable *adj* admirable.
admiración 1 *nf* (*estima*) admiration. 2 (*signo de*) exclamation mark.
admirador,-ra *nm,f* admirer.
admirar 1 *vt* (*estimar*) to admire. ‖ 2 **admirarse** *vpr* to be astonished.
admisión *nf* admission.
admitir 1 *vt* (*reconocer*) to admit. 2 (*aceptar*) to accept. 3 (*permitir*) to allow.
ADN *abr* MED DNA.
adolecer [43] *vi* to suffer (de, from).
adolescencia *nf* adolescence.
adolescente *adj* - *nmf* adolescent.
adonde *adv* where.
adopción *nf* adoption.
adoptar *vt* to adopt.
adoptivo,-a *adj* adoptive.
adoquín *nm* cobble, paving stone.
adoración *nf* adoration, worship.
adorar *vt* to adore, worship.
adormecer [43] 1 *vt* (*dar sueño a*) to send to sleep. ‖ 2 **adormecerse** *vpr* (*dormirse*) to fall asleep. 3 (*entumecerse*) to go to sleep, go numb.
adormilarse *vpr* to doze, drowse.
adornar *vt* to decorate.
adosado,-a *adj* semidetached.
adquirir [30] *vt* (*conseguir*) to acquire; (*comprar*) to buy, get.
adquisición *nf* acquisition; (*compra*) buy, purchase.
adquisitivo,-a *adj* acquisitive.
adrede *adv* purposely, on purpose.
adrenalina *nf* adrenalin.
aduana *nf* customs *pl.* • **pasar por la aduana** to go through customs.
adular *vt* to adulate, flatter.
adulterar *vt* to adulterate.
adulterio *nm* adultery.
adulto,-a *adj* - *nm,f* adult.
adverbio *nm* adverb.
adversario,-a 1 *adj* opposing. ‖ 2 *nm,f* adversary, opponent.
adverso,-a 1 *adj* adverse. 2 (*opuesto*) opposite.
advertencia 1 *nf* (*aviso*) warning. 2 (*consejo*) advice.
advertir 1 *vt* (*darse cuenta de*) to notice. 2 (*avisar*) to warn.
adyacente *adj* adjacent.
aéreo,-a 1 *adj* (*vista, fotografía*) aerial. 2 (*tráfico*) air.
aerodinámico,-a *adj* aerodynamic.
aeródromo *nm* aerodrome, US airfield.
aeropuerto *nm* airport.
aerosol *nm* aerosol, spray.
afable *adj* affable, kind.
afamado,-a *adj* famous, renowned.
afán 1 *nm* (*anhelo*) eagerness: **con afán** keenly. 2 (*esfuerzo*) hard work.
afanar *vt fam* to nick, pinch. • **afanarse en/por hacer algo** to strive to do sth.
afección *nf* (*enfermedad*) complaint.
afectado,-a 1 *adj* (*poco natural*) affected. 2 (*fingido*) pretended.
afectar 1 *vt* (*concernir*) to affect. 2 (*impresionar*) to move. ‖ 3 **afectarse** *vpr* (*impresionarse*) to be affected, be moved.

afecto *nm* affection: **con todo mi afecto** with all my love.
afectuoso,-a *adj* affectionate.
afeitar *vt* - *vpr* to shave.
afeminado,-a *adj* effeminate.
aferrarse *vpr* to cling (a, to).
Afganistán *nm* Afghanistan.
afgano,-a 1 *adj* - *nm,f* Afghan. ‖ 2 **afgano** *nm* (*idioma*) Afghan.
afianzar [4] 1 *vt* (*asegurar*) to strengthen. 2 (*consolidar*) to consolidate.
afición *nf* (*inclinación*) liking: **tiene afición por la música** he's fond of music. ▪ **la afición** fans *pl*, supporters *pl*.
aficionado,-a 1 *adj* (*entusiasta*) keen, fond. 2 (*no profesional*) amateur. ‖ 3 *nm,f* fan, enthusiast.
aficionar 1 *vt* to make fond (a, of). ‖ 2 **aficionarse** *vpr* to become fond (a, of).
afilado,-a *adj* sharp.
afilar *vt* to sharpen.
afiliado,-a 1 *adj* affiliated. ‖ 2 *nm,f* member.
afín 1 *adj* (*semejante*) similar. 2 (*relacionado*) related.
afinar 1 *vt* (*perfeccionar*) to perfect, polish. 2 MÚS to tune. 3 (*puntería*) to sharpen.
afinidad *nf* affinity.
afirmación *nf* statement, assertion.
afirmar *vt* (*aseverar*) to state, say.
afligir [6] 1 *vt* to afflict, grieve. ‖ 2 **afligirse** *vpr* to grieve, be distressed.
aflojar 1 *vt* (*soltar*) to loosen. 2 *fam* (*dinero*) to pay up. ‖ 3 **aflojarse** *vpr* to come loose. • **aflojar la mosca** *fam* to cough up.
afluente *nm* tributary.
afónico,-a *adj* hoarse. • **estar afónico,-a** to have lost one's voice.
afortunado,-a 1 *adj* (*con suerte*) lucky, fortunate. 2 (*feliz*) happy.
afrenta *nf fml* affront, outrage.
África *nf* Africa.
africano,-a *adj* - *nm,f* African.
afrodisíaco *nm* aphrodisiac.
afrontar *vt* to face.
afuera 1 *adv* outside. ‖ 2 **afueras** *nf pl* outskirts.
agachar 1 *vt* (*cabeza*) to lower. ‖ 2 **agacharse** *vpr* (*acuclillarse*) to crouch down.
agarrado,-a *adj* stingy.
agarrar *vt* (*con la mano*) to clutch, seize.
agarrotado,-a 1 *adj* (*apretado*) tight. 2 (*músculo*) stiff.
agarrotarse *vpr* (*músculo*) to stiffen.
agencia *nf* agency. ▪ **agencia de viajes** travel agency.
agenda *nf* (*libro*) diary.
agente *nmf* agent. ▪ **agente de policía** police officer.
ágil *adj* agile.
agilizar [4] *vt* to speed up.
agitar 1 *vt* to agitate; (*botella*) to shake. ‖ 2 **agitarse** *vpr* (*mar*) to become rough.
aglomeración *nf* (*de gente*) crowd.
aglutinar *vt* - *vpr* to agglutinate.
agnóstico,-a *adj* - *nm,f* agnostic.
agobiado,-a 1 *adj* (*doblado*) bent over. 2 *fig* (*cansado*) exhausted. • **agobiado,-a de trabajo** up to one's eyes in work.
agobiar [12] 1 *vt* to overwhelm. ‖ 2 **agobiarse** *vpr* to worry too much.

agobio *nm* burden, fatigue.
agonía *nf* (*sufrimiento*) agony, grief; (*de moribundo*) death throes.
agonizar [4] *vi* to be dying.
agosto *nm* August. • **hacer su agosto** to make a packet.
agotado,-a 1 *adj* (*cansado*) exhausted. 2 (*mercancía*) sold out.
agotador,-ra *adj* exhausting.
agotamiento *nm* exhaustion.
agotar 1 *vt* to exhaust. ‖ 2 **agotarse** *vpr* (*acabarse*) to run out; (*existencias*) to be sold out.
agradable *adj* nice, pleasant.
agradar *vi* to please.
agradecer [43] 1 *vt* (*dar las gracias por*) to thank for: **gracias por venir** thank you for coming. 2 (*estar agradecido por*) to be grateful for: **te estaría muy agradecido si vinieras** I should be very grateful if you would come. ‖ 3 **agradecerse** *vpr* (*venir bien*) to welcome: **siempre se agradece un descanso** a rest is always welcome.
agradecido,-a *adj* grateful, thankful.
agradecimiento *nm* gratitude.
agrado *nm* pleasure: **no es de su agrado** it isn't to his liking.
agrandar 1 *vt* (*aumentar*) to enlarge. ‖ 2 **agrandarse** *vpr* to become larger.
agravante *nm* JUR aggravating circumstance.
agravar 1 *vt* to aggravate. ‖ 2 **agravarse** *vpr* to get worse.
agredir *vt* to attack.
agregar [7] 1 *vt* (*añadir*) to add. 2 (*unir*) to gather. ‖ 3 **agregarse** *vpr* to join.
agresión *nf* aggression.
agresivo,-a *adj* aggressive.
agresor,-ra *nm,f* aggressor.
agriar [12] 1 *vt* (*leche, vino*) to sour. ‖ 2 **agriarse** *vpr* (*leche, vino*) to turn sour.
agrícola *adj* agricultural.
agricultor,-ra *nm,f* farmer.
agricultura *nf* agriculture, farming.
agridulce 1 *adj* bittersweet. 2 CULIN sweet and sour.
agrietar *vt* - *vpr* to crack.
agrio,-a 1 *adj* sour. ‖ 2 **agrios** *nm pl* citrus fruits.
agrupación *nf* (*asociación*) association.
agrupar 1 *vt* (*congregar*) to gather. ‖ 2 **agruparse** *vpr* (*congregarse*) to group together. 3 (*asociarse*) to associate.
agua *nf* water. • **estar con el agua en el cuello** to be up to one's neck in it; **estar más claro que el agua** to be as clear as day; **hacérsele la boca agua a uno** to make one's mouth water; **nunca digas de esta agua no beberé** never say never; **romper aguas** (*parturienta*). ▪ **agua bendita** holy water; **agua con gas** sparkling water; **agua corriente** running water; **agua de colonia** cologne; **agua dulce** fresh water; **agua mineral** mineral water; **agua oxigenada** hydrogen peroxide; **agua potable** drinking water; **agua salada** salt water.
aguacero *nm* heavy shower, downpour.
aguado,-a *adj* watered down.
aguafiestas *nmf inv* killjoy.
aguantar 1 *vt* (*contener*) to hold back. 2 (*sostener*) to hold. 3 (*sopor-*

tar) to tolerate. ‖ **4 aguantarse** *vpr* (*resignarse*) to resign oneself.

aguante *nm* (*paciencia*) patience.

aguar [22] *vt* to water down. • **aguarle la fiesta a algn** to spoil sb's fun.

aguardar *vt - vi* to wait (for), await: **aguarda un momento** wait a minute; **nos aguardan tiempos mejores** better times are ahead.

aguardiente *nm* liquor, brandy.

agudeza 1 *nf* (*de dolor, sentidos*) sharpness. **2** (*viveza*) wit.

agudizar [4] **1** *vt - vpr* (*sentidos*) to sharpen.

agudo,-a 1 *adj* (*afilado*) sharp. **2** (*dolor*) acute. **3** (*ingenioso*) witty. **4** (*voz*) high-pitched. **5** (*palabra*) oxytone.

aguijón 1 *nm* (*de animal*) sting. **2** (*de planta*) thorn, prickle. **3** *fig* (*estímulo*) sting, spur.

águila *nf* eagle.

aguja 1 *nf* (*de coser, jeringuilla*) needle. **2** (*de reloj*) hand. **3** (*de tren*) point, US switch. • **buscar una aguja en un pajar** to look for a needle in a haystack.

agujerear *vt* to pierce, perforate.

agujero *nm* hole.

agujetas *nf pl* stiffness *sing*. • **tener agujetas** to feel stiff.

aguzar [4] *vt* (*afilar*) to sharpen. • **aguzar el oído** to prick up one's ears.

ahí *adv* there. • **ahí abajo** down there; **ahí arriba** up there; **de ahí que** hence, therefore.

ahijado,-a *nm,f* godchild; (*chico*) godson; (*chica*) goddaughter.

ahínco *nm* enthusiasm: **con ahínco** enthusiastically.

ahogado,-a 1 *adj* (*persona*) drowned. **2** (*voz, llanto*) stufled. **3** *nm,f* drowned person.

ahogar [7] **1** *vt* (*en agua*) to drown. ‖ **2 ahogarse** *vpr* (*en agua*) to be drowned. **3** (*asfixiarse*) to choke. **4** (*motor*) to be flooded. • **ahogarse en un vaso de agua** *fig* to make a mountain out of a molehill.

ahondar 1 *vt* to deepen. ‖ **2** *vt - vi* to go deep.

ahora 1 *adv* (*en este momento*) now. **2** (*hace un rato*) a while ago. **3** (*dentro de un rato*) in a minute, shortly. • **ahora bien** but, however; **ahora o nunca** now or never; **de ahora en adelante** from now on; **hasta ahora** until now, so far.

ahorcado,-a *nm,f* hanged person.

ahorcar [1] *vt* to hang.

ahorrar 1 *vt* (*esfuerzo, problema*) to spare. ‖ **2** *vt - vpr* (*tiempo, dinero, energía*) to save. ‖ **3 ahorrarse** *vpr* (*esfuerzo, problema*) to spare oneself, save oneself.

ahorros *nm pl* savings.

ahumado,-a *adj* (*gen*) smoked; (*bacon*) smoky.

ahumar [16] *vt - vi* to smoke.

ahuyentar *vt* to drive away, scare away.

aire 1 *nm* (*fluido*) air. **2** (*viento*) wind: **hace aire** it's windy. **3** (*aspecto*) air, appearance. • **al aire libre** in the open air, outdoors; **cambiar de aires** to change one's surroundings; **darse aires** to put on airs; **saltar por los aires** to blow up; **tomar el aire** to get some fresh air. ▪ **aire acondicionado** air conditioning.

airear 1 *vt* (*ventilar*) to air. 2 (*asunto*) to publicize. || 3 **airearse** *vpr* to get some fresh air.
airoso,-a 1 *adj* (*lugar*) windy. 2 (*persona*) graceful. • **salir airoso,-a** to be successful (de, in).
aislamiento 1 *nm* (*acción, estado*) isolation. 2 TÉC insulation.
aislante 1 *adj* insulating. || 2 *nm* insulator.
aislar [15] 1 *vt* (*apartar*) to isolate. 2 TÉC to insulate. || 3 **aislarse** *vpr* to isolate oneself (de, from).
ajá *interj* good!
ajedrez *nm* chess.
ajeno,-a 1 *adj* (*de otro*) another's. 2 (*indiferente*) not involved: **ajeno a la conversación** not involved in the conversation. 3 (*ignorante*) unaware of, oblivious to.
ajetreado,-a *adj* busy, hectic.
ajetreo *nm* activity, bustle.
ajillo *nm*. • **al ajillo** fried with garlic.
ajo *nm* garlic. • **estar en el ajo** to be in on it.
ajuar 1 *nm* (*de novia*) trousseau. 2 (*muebles*) furnishings.
ajustado,-a 1 *adj* (*justo*) right. 2 (*apretado*) tight, close-fitting.
ajustar 1 *vt* (*adaptar*) to adjust; (*uso técnico*) to fit. 2 (*ceñir*) to fit tight. 3 (*acordar*) to arrange. || 4 **ajustarse** *vpr* (*ceñirse*) to fit. 5 (*ponerse de acuerdo*) to come to an agreement. • **ajustar cuentas** (*asunto pendiente*) to settle an old score.
al *contr* (a + el) → **a**.
ala 1 *nf* (*de ave*) wing. 2 (*de sombrero*) brim. 3 (*de hélice*) blade. 4 DEP winger. ▪ **ala delta** hang glider.
alabanza *nf* praise.
alabar *vt* to praise.
alambre *nm* wire.
álamo *nm* poplar.
alarde *nm* display. • **hacer alarde de** to flaunt, show off.
alargado,-a *adj* long, elongated.
alargar [7] 1 *vt* (*aumentar*) to lengthen. 2 (*estirar*) to stretch.
alarido *nm* screech, yell.
alarma *nf* alarm. • **dar la alarma** to raise the alarm. ▪ **alarma antirrobo** (*para casa*) burglar alarm; (*para coche*) car alarm; **alarma contra incendios** fire alarm.
alarmante *adj* alarming.
alarmar 1 *vt* to alarm. || 2 **alarmarse** *vpr* to be alarmed.
alba *nf* dawn, daybreak.
albanés,-esa 1 *adj* - *nm,f* Albanian. || 2 **albanés** *nm* (*idioma*) Albanian.
Albania *nf* Albania.
albañil *nm* bricklayer.
albaricoque *nm* apricot.
alberca *nf* water tank.
albergar [7] *vt* (*alojar*) to put up, accommodate.
albergue 1 *nm* hostel. 2 (*refugio*) shelter. ▪ **albergue juvenil** youth hostel.
albino,-a *adj* - *nm,f* albino.
albóndiga *nf* meatball.
albornoz *nm* bathrobe.
alborotado,-a 1 *adj* (*agitado*) agitated, excited. 2 (*desordenado*) untidy.
alborotador,-ra *nm,f* troublemaker.
alboroto 1 *nm* (*gritería*) din, racket. 2 (*desorden*) uproar, commotion.

albufera *nf* lagoon.
alcachofa *nf* artichoke.
alcalde, -esa *nm,f* (*hombre*) mayor; (*mujer*) mayoress.
alcance 1 *nm* (*de persona*) reach: **al alcance de uno** within one's reach. **2** (*de arma*) range.
alcantarilla *nf* sewer.
alcanzar [4] **1** *vt* (*lugar, edad, temperatura*) to reach; (*persona*) to catch up with. **2** (*pasar*) to pass, hand over: **alcánzame el pan** pass me the bread. **3** (*conseguir*) to attain, achieve. ‖ **4** *vi* (*ser suficiente*) to be sufficient, be enough (para, for).
alcázar 1 *nm* (*fortaleza*) fortress. **2** (*palacio*) palace.
alcoba *nf* bedroom.
alcohol *nm* alcohol.
alcohólico,-a *adj - nm,f* alcoholic.
alcoholímetro *nm* breathalyzer.
alcoholismo *nm* alcoholism.
alcornoque 1 *nm* (*árbol*) cork oak. **2** (*persona tonta*) blockhead.
aldaba 1 *nf* (*llamador*) door knocker. **2** (*pestillo*) latch.
aldea *nf* hamlet, village.
aldeano,-a *nm,f* villager.
aleación *nf* alloy.
alegar [7] *vt* to allege, plead.
alegrar 1 *vt* (*poner contento*) to make happy. **2** (*avivar*) to brighten up. ‖ **3 alegrarse** *vpr* (*ponerse contento*) to be happy.
alegre 1 *adj* (*persona - contenta*) happy. **2** (*- borracha*) tipsy. **3** (*color*) bright. **4** (*música*) lively.
alegría *nf* happiness.
alejado,-a *adj* far away, remote.
alejar 1 *vt* (*llevar lejos*) to move away. **2** (*separar*) to separate, estrange. ‖ **3 alejarse** *vpr* to move away.
aleluya *interj* hallelujah.
alemán,-ana 1 *adj - nm,f* German. ‖ **2 alemán** *nm* (*idioma*) German.
Alemania *nf* Germany.
alentar [27] *vt* to encourage.
alergia *nf* allergy.
alérgico,-a *adj* allergic.
alero *nm* DEP winger.
alerta 1 *nf* alert. ‖ **2** *interj* look out! • **dar la voz de alerta** to give the alert.
aleta 1 *nf* (*de pez*) fin. **2** ANAT wing.
aletargar [7] **1** *vt* to make drowsy. ‖ **2 aletargarse** *vpr* to get drowsy.
aletear *vi* to flutter.
alevosía *nf* treachery. • **con alevosía** with malice aforethought
alfabético,-a *adj* alphabetical.
alfabeto *nm* alphabet.
alfarería *nf* pottery.
alfarero,-a *nm,f* potter.
alférez *nm* second lieutenant, ensign.
alfil *nm* bishop.
alfiler *nm* (*en costura*) pin. • **no caber ni un alfiler** to be crammed full.
alfombra 1 *nf* (*grande*) carpet; (*pequeña*) rug. **2** (*de baño*) bathmat. ■ **alfombra mágica** magic carpet.
alforja *nf* saddlebag.
alga *nf* BOT alga; (*marina*) seaweed.
álgebra *nf* algebra.
algo 1 *pron* (*en frases afirmativas*) something; (*en frases interrogativas*) anything: **vamos a tomar algo** let's have something to drink; **¿hay algo que no entiendas?** is there anything you don't under-

stand? || 2 *adv* (*un poco*) a bit, a little: **te queda algo grande** it's a bit too big for you. • **algo así** something like that; **algo es algo** something is better than nothing.

algodón *nm* cotton.

alguien *pron* somebody, someone; (*interrogativo, negativo*) anybody, anyone.

algún *adj* →**alguno,-a**.

alguno,-a 1 *adj* (*en frases afirmativas*) some; (*en frases interrogativas*) any; (*en frases negativas*) no, no... any: **me he comprado algunos libros** I've bought some books; **¿tienes alguna idea mejor?** do you have any better idea? || 2 *pron* (*en frases afirmativas*) someone, somebody; (*en frases interrogativas*) anybody: **hubo alguno que se quejó** there was somebody who complained; **¿alguno sabe la respuesta?** does anyone know the answer? • **alguno,-a que otro,-a** some, a few.

aliado,-a 1 *adj* allied. || 2 *nm,f* ally.

alianza 1 *nf* (*pacto*) alliance. 2 (*anillo*) wedding ring.

aliar [13] *vt* - *vpr* to ally.

alicates *nm pl* pliers.

aliciente *nm* incentive, inducement.

aliento 1 *nm* (*respiración*) breath. 2 (*ánimo*) spirit, courage. • **sin aliento** breathless.

aligerar 1 *vt* (*descargar*) to lighten. 2 (*acelerar*) to speed up.

alimentación 1 *nf* (*acción*) feeding. 2 (*alimento*) food.

alimentar 1 *vt* (*dar alimento*) to feed. 2 (*pasiones etc*) to encourage. 3 INFORM to feed. || 4 **alimentarse** *vpr* to live (de, on).

alimento *nm* food.

alinear *vt* - *vpr* to align, line up.

aliñar *vt* (*ensalada*) to dress.

alisar *vt* to smooth.

alistar *vt* - *vpr* to enlist.

aliviar [12] 1 *vt* (*enfermedad, dolor*) to relieve. 2 (*carga, peso*) to lighten. 3 (*consolar*) to comfort. || 4 **aliviarse** *vpr* to get better.

alivio 1 *nm* (*aligeramiento*) lightening. 2 (*mejoría*) relief.

allá 1 *adv* (*lugar*) there: **allá abajo** down there; **allá arriba** up there. 2 (*tiempo*) back: **allá por los años sesenta** back in the sixties. • **allá tú/vosotros** that's your problem; **el más allá** the beyond.

allanamiento de morada *nm* (*entrada a la fuerza*) unlawful entry.

allanar *vt* (*terreno*) to level, flatten.

allegado,-a *adj* close.

allí 1 *adv* (*lugar*) there: **allí abajo** down there; **allí arriba** up there. 2 (*tiempo*) then, at that moment. • **por allí** that way.

alma *nf* soul. • **no había ni un alma** there was not a soul; **ser el alma de la fiesta** to be the life and soul of the party.

almacén 1 *nm* (*depósito*) warehouse. 2 (*habitación*) storeroom.

almacenamiento *nm* storage.

almacenar *vt* (*gen*) to store.

almeja *nf* clam.

almendra *nf* almond.

almidón *nm* starch.

almirante *nm* admiral.

almohada *nf* pillow.

almohadilla *nf* (*cojín*) small cushion.

almohadón *nm* cushion.
almorzar [50] *vi* to have lunch.
almuerzo *nm* lunch.
alocado,-a *adj* foolish, wild.
alojamiento *nm* accommodation.
alojar 1 *vt* to lodge. ‖ **2 alojarse** *vpr* to be lodged, stay.
alpargata *nf* espadrille.
alpinismo *nm* mountaineering.
alpinista *nmf* mountaineer.
alpiste *nm* birdseed.
alquilar 1 *vt* (*dar en alquiler - casa*) to let; (*- coche, bicicleta*) to hire, rent; (*- aparato*) to rent. **2** (*tomar en alquiler - casa*) to rent; (*- coche, bicicleta*) to hire, rent.
alquiler *nm* (*cesión - de casa*) letting, US renting; (*- de coche etc*) hire, rental.
alquitrán *nm* tar.
alrededor 1 *adv* (*en torno*) around, round: **mira alrededor** look around. ‖ **2 alrededores** *nm pl* surrounding area *sing*.
alta *nf* (*a un enfermo*) discharge: **dar de alta** to discharge from hospital. ▲ Takes el and un in sing.
altar *nm* altar.
altavoz *nm* loudspeaker.
alteración 1 *nf* (*cambio*) alteration. **2** (*excitación*) agitation. **3** (*alboroto*) disturbance. • **alteración del orden público** breach of the peace.
alterar 1 *vt* (*cambiar*) to alter, change. **2** (*enfadar*) to annoy. **3** (*preocupar*) to disturb, upset. ‖ **4 alterarse** *vpr* ((*deteriorarse*) to go bad, go off. **5** (*enfadarse*) to lose one's temper.
altercado *nm* argument.
alternar 1 *vi* to socialize. **2** (*en salas de fiesta, bar*) to entertain.
alternativa *nf* alternative, option.
alternativo,-a *adj* alternate.
alteza *nf* highness.
altibajos *nm pl* ups and downs.
altitud *nf* height, altitude.
altivo,-a *adj* haughty, arrogant.
alto,-a 1 *adj* (*gen*) high: **tacón alto** high heel. **2** (*persona, edificio, árbol*) tall: **un hombre alto** a tall man. **3** (*ejecutivo, funcionario*) high, top. ‖ **4 alto** *nm* (*parada*) halt, stop: **dar el alto** to call to a halt, stop. ‖ **5** *adv* high (up). **6** (*hablar*) loud, loudly. ‖ **7 ¡alto!** *interj* halt!, stop! • **en lo alto de** on top of; **pasar por alto** to pass over; **por todo lo alto** in a grand way; **tirando alto** at the most. ■ **alta costura** haute couture; **alta fidelidad** high fidelity; **alta mar** high seas; **altas horas** late at night.
altura 1 *nf* (*gen*) height. **2** (*altitud*) altitude. **3** (*valía*) worth. ‖ **4 alturas** *nf pl* REL heaven *sing*. • **estar a la altura de las circunstancias** to be worthy of the occasion.
alubia *nf* bean.
alucinado,-a *adj* amazed.
alucinante 1 *adj* (*substancia*) hallucinatory. **2** (*increíble*) mind-blowing.
alucinar 1 *vi* (*tener alucinaciones*) to hallucinate. **2** *fam* (*asombrarse*) to be amazed, be spaced out.
alud *nm* avalanche.
aludir *vi* to allude (a, to).
alumbrado *nm* lighting, lights *pl*.
alumbrar 1 *vt* (*iluminar*) to give light to, illuminate. ‖ **2** *vi* (*parir*) to give birth.

aluminio *nm* aluminium, US aluminum.
alumno,-a *nm,f* (*de colegio*) pupil; (*de universidad*) student.
alusión *nf* allusion, reference.
alusivo,-a *adj* allusive, referring (a, to).
aluvión *nm* flood.
alzamiento **1** *nm* (*elevación*) raising. **2** (*rebelión*) uprising, insurrection.
alzar [4] **1** *vt* (*levantar*) to raise, lift. **2** (*construir*) to build. ‖ **3 alzarse** *vpr* (*levantarse*) to rise, get up. **4** (*sublevarse*) to rise, rebel. • **alzarse con** (*premio*) to win; (*botín*) to carry off.
ama *nf* (*propietaria*) landlady. ■ **ama de casa** housewife; **ama de llaves** housekeeper.
amabilidad *nf* kindness, affability: **¿tendría la amabilidad de acompañarme?** would you be so kind as to come with me?
amable *adj* kind, nice.
amaestrar *vt* to train.
amainar *vi* (*viento, temporal*) to die down.
amamantar *vt* to breast-feed, suckle.
amanecer [43] **1** *vi* (*día*) to dawn. **2** (*estar*) to be at dawn. ‖ **3** *nm* dawn, daybreak: **al amanecer** at daybreak.
amanerado,-a *adj* affected.
amante **1** *adj* loving, fond (de, of). ‖ **2** *nmf* lover.
amañar *vt* (*falsear*) to fiddle.
amar *vt* to love.
amargado,-a **1** *adj* embittered, resentful. ‖ **2** *nm,f* bitter person.
amargar [7] **1** *vt* (*persona*) to make bitter. **2** (*ocasión*) to spoil. ‖ **3** *vi* (*sabor*) to taste bitter.
amargo,-a **1** *adj* (*sabor*) bitter. **2** (*carácter*) sour.
amargura **1** *nf* bitterness. **2** (*dolor*) sorrow, grief.
amarillento,-a *adj* yellowish.
amarillo,-a *adj* - *nm* yellow.
amarra *nf* mooring cable.
amarrar *vt* MAR to moor.
amasar *vt* CULIN to knead; (*cemento*) to mix.
amateur *adj* - *nmf* amateur.
amazona *nf* horsewoman.
ámbar *nm* amber.
ambición *nf* ambition.
ambicionar *vt* to want, aspire to.
ambicioso,-a *adj* ambitious.
ambiental *adj* environmental.
ambiente **1** *nm* (*aire*) air, atmosphere. **2** (*de una época, sitio, estilo*) atmosphere. **3** (*animación*) life, atmosphere: **no hay ambiente** it's dead.
ambiguo,-a *adj* ambiguous.
ámbito **1** *nm* (*espacio*) sphere: **en el ámbito nacional** nationwide. **2** (*campo*) field: **en el ámbito de la informática** in the computer science field.
ambos,-as *adj* - *pron* both.
ambulancia *nf* ambulance.
ambulante *adj* itinerant, travelling.
ambulatorio *nm* surgery, clinic.
amén *nm* amen. • **amén de** besides, in addition to.
amenaza *nf* threat, menace.
amenazar [4] *vt* - *vi* to threaten.
ameno,-a *adj* pleasant, entertaining.

América *nf* America. ▪ **América Central** Central America; **América del Norte** North America; **América del Sur** South America.
americana *nf* jacket.
americano,-a *adj* - *nm,f* American.
ametralladora *nf* machine gun.
amianto *nm* asbestos.
amígdala *nf* tonsil.
amigo,-a 1 *adj* (*aficionado*) fond (de, of): **no es amiga de la lectura** she's not fond of reading. ‖ 2 *nm,f* (*gen*) friend. 3 (*novio*) boyfriend; (*novia*) girlfriend. • **hacerse amigo,-a de** to make friends with.
aminorar *vt* to reduce.
amistad 1 *nf* friendship. ‖ 2 **amistades** *nf pl* friends.
amistoso,-a *adj* friendly.
amnistía *nf* amnesty.
amo *nm* (*dueño*) owner.
amodorrarse *vpr* to become drowsy.
amoldar 1 *vt* to adapt, adjust. ‖ 2 **amoldarse** *vpr* to adapt oneself.
amonestar 1 *vt* (*reprender*) to reprove. 2 (*advertir*) to warn.
amontonar 1 *vt* - *vpr* (*problemas, trabajo*) to heap up, pile up. ‖ 2 **amontonarse** *vpr* (*gente*) to crowd together.
amor *nm* love. • **hacer el amor** to make love. ▪ **amor propio** self-esteem.
amoratado,-a 1 *adj* (*de frío*) blue. 2 (*de un golpe*) black and blue.
amordazar [4] *vt* (*persona*) to gag; (*perro*) to muzzle.
amorío *nm* love affair.
amoroso,-a *adj* loving, affectionate.
amortiguador *nm* shock absorber.
amortiguar [22] 1 *vt* (*golpe etc*) to deaden, cushion. 2 (*sonido*) to muffle.
amotinarse *vpr* to rebel, mutiny.
amparar *vt* to protect, shelter.
amparo 1 *nm* (*protección*) protection. 2 (*refugio*) shelter.
ampliación *nf* enlargement.
ampliar [13] 1 *vt* (*edificio, plazo*) to extend. 2 (*fotografía*) to enlarge, blow up.
amplio,-a 1 *adj* (*extenso*) ample. 2 (*espacioso*) roomy. 3 (*ancho*) wide.
amplitud 1 *nf* (*extensión*) extent. 2 (*espacio*) room, space.
ampolla 1 *nf* MED blister. 2 (*burbuja*) bubble. 3 (*para líquidos*) ampoule.
amueblar *vt* to furnish.
amuermado,-a 1 *adj fam* (*aburrido*) bored. 2 (*atontado*) dopey.
anales *nm pl* annals.
analfabeto,-a *adj* - *nm,f* illiterate.
análisis *nm inv* analysis. ▪ **análisis de sangre** blood test.
analítico,-a *adj* analytical.
analizar [4] *vt* to analyse.
anarquía *nf* anarchy.
anarquista *adj* - *nmf* anarchist.
anatomía *nf* anatomy.
anchoa *nf* anchovy.
ancho,-a 1 *adj* broad, wide. 2 (*prenda*) loose-fitting. ‖ 3 **ancho** *nm* breadth, width. • **a sus anchas** *fam* comfortable, at one's ease.
anchura *nf* breadth, width.
anciano,-a 1 *adj* elderly. ‖ 2 *nm,f* elderly man, elderly woman.
ancla *nf* anchor.

andaluz,-za *adj - nm,f* Andalusian.
andamio *nm* scaffolding.
andar [64] **1** *vi* (*caminar*) to walk. **2** (*moverse*) to move: **este coche anda despacio** this car goes very slowly. **3** (*funcionar*) to work, run, go. **4** (*estar*) to be: **¿cómo andas?** how are you?, how's it going? • **¡anda ya!** come off it!; **andar de puntillas** to tiptoe; **andarse por las ramas** to beat about the bush; **todo se andará** all in good time.
andén *nm* (*en estación*) platform.
andorrano,-a *adj - nm,f* Andorran.
andrajoso,-a *adj* ragged, in tatters.
anécdota *nf* anecdote.
anemia *nf* anaemia.
anestesiar [12] *vt* to anaesthetize.
anexo,-a 1 *adj* attached, joined (a, to). || **2 anexo** *nm* annex.
anfibio,-a 1 *adj* amphibious. || **2 anfibio** *nm* amphibian.
anfiteatro *nm* amphitheatre.
anfitrión,-ona *nm,f* (*hombre*) host; (*mujer*) hostess.
ángel *nm* angel. ▪ **ángel de la guarda** guardian angel.
angelical *adj* angelic, angelical.
angina *nf* angina. • **tener anginas** to have a sore throat. ▪ **angina de pecho** angina pectoris.
anglicano,-a *adj - nm,f* Anglican.
anglosajón,-na *adj - nm,f* Anglosaxon.
angosto,-a *adj* narrow.
anguila *nf* eel.
angula *nf* elver.
ángulo 1 *nm* MAT angle. **2** (*rincón*) corner.
angustia *nf* anguish, distress.
angustiar [12] **1** *vt* (*afligir*) to distress. **2** (*preocupar*) to worry. || **3 angustiarse** *vpr* (*afligirse*) to become distressed. **4** (*preocuparse*) to worry.
anhelar *vi* to long for, yearn for.
anidar *vi* to nest.
anilla *nf* ring.
anillo *nm* ring. • **venir como anillo al dedo** to be opportune. ▪ **anillo de boda** wedding ring.
animación 1 *nf* (*actividad*) activity. **2** (*viveza*) liveliness.
animado,-a 1 *adj* (*persona*) cheerful. **2** (*calle*) full of people.
animal 1 *adj* (*reino, instinto*) animal. || **2** *nm* (*ser vivo*) animal.
animar 1 *vt* (*alentar*) to encourage. || **2 animar(se)** *vt - vpr* (*alegrar - persona*) to cheer up; (*- fiesta, reunión*) to liven up. || **3 animarse** *vpr* (*decidirse*) to make up one's mind.
ánimo 1 *nm* (*espíritu*) spirit; (*mente*) mind. **2** (*valor*) courage. || **5** *interj* cheer up! • **dar ánimos a algn** to encourage sb.
aniquilar *vt* to annihilate, destroy.
anís 1 *nm* BOT anise. **2** (*bebida*) anisette.
aniversario *nm* anniversary.
ano *nm* anus.
anoche *adv* last night.
anochecer [43] **1** *vi* to get dark. || **2** *nm* nightfall, dusk, evening.
anónimo,-a 1 *adj* anonymous. || **2 anónimo** *nm* (*carta*) anonymous letter.
anotar *vt* (*apuntar*) to take down, write down.

ansia 1 *nf* (*sufrimiento*) anguish. 2 (*deseo*) eagerness, longing.
ansiar [13] *vt* to yearn for.
ansiedad *nf* anxiety.
ansioso,-a 1 *adj* (*desasosegado*) anguished. 2 (*deseoso*) eager (**por/de**, to).
Antártida *nf* Antarctica.
ante 1 *prep* (*delante de*) before, in the presence of. ‖ 2 *nm* ZOOL elk, moose. 4 (*piel*) suede. • **ante todo** (*primero*) first of all; (*por encima de*) above all.
anteanoche *adv* the night before last.
anteayer *adv* the day before yesterday.
antebrazo *nm* forearm.
antecedente 1 *adj* - *nm* antecedent. ■ **antecedentes penales** criminal record *sing*.
anteceder *vt* to antecede, precede.
antecesor,-ra 1 *nm,f* (*en un cargo*) predecessor. 2 (*antepasado*) ancestor.
antelación *nf*. • **con antelación** in advance.
antemano *adv*. • **de antemano** beforehand.
antena 1 *nf* RAD TV aerial, antenna. 2 ANAT antenna.
antepasado *nm* ancestor.
anterior *adj* former, previous: **el día anterior** the day before.
antes 1 *adv* (*en el tiempo*) before, earlier: **te lo he dicho antes** I told you earlier; **unas horas antes** some hours before. 2 (*en el espacio*) in front, before: **estaba antes de mí en la cola** she was in front of me in the queue. • **antes de nada** first of all; **cuanto antes, lo antes posible** as soon as possible.
antiadherente *adj* nonstick.
antiaéreo,-a *adj* anti-aircraft.
antibiótico,-a *adj* - *nm* antibiotic.
anticiclón *nm* anticyclone, high pressure area.
anticipación *nf* anticipation. • **con anticipación** in advance.
anticipar 1 *vt* to anticipate, hasten. 2 (*dinero*) to advance. ‖ 3 **anticiparse** *vpr* (*suceder antes*) to arrive early.
anticipo *nm* advance. • **ser un anticipo de algo** to be a foretaste of something.
anticonceptivo *nm* contraceptive.
anticongelante *adj* - *nm* antifreeze.
anticuado,-a *adj* old-fashioned.
anticuario *nm* antique dealer.
anticuerpo *nm* antibody.
antigüedad 1 *nf* (*período*) antiquity. 2 (*en empleo*) seniority. ‖ 3 **antigüedades** *nf pl* antiques.
antiguo,-a 1 *adj* (*muy viejo*) ancient: **la antigua Grecia** ancient Greece. 2 (*viejo*) old. 3 (*anterior*) old, former: **mi antiguo jefe** my former boss. 4 (*pasado*) old-fashioned.
antílope *nm* antelope.
antipatía *nf* antipathy, dislike.
antipático,-a *adj* unpleasant.
antirrobo 1 *adj inv* antitheft. ‖ 2 *nm* antitheft device.
antojarse *vpr* (*encapricharse*) to fancy: **se le antojaron unas olivas** she fancied some olives.
antojo 1 *nm* (*capricho*) whim; (*de embarazada*) craving. 2 (*en la piel*)

birthmark. • **a su antojo** as one pleases.

antorcha *nf* torch.

antro *nm fam* dump, hole.

antropología *nf* anthropology.

anual *adj* annual, yearly.

anudar *vt* to knot, tie.

anulación *nf* annulment, cancellation.

anular 1 *vt* (*gen*) to cancel; (*matrimonio*) to annul; (*gol*) to disallow; (*ley*) to repeal. ‖ **2** *adj* ring-shaped. ‖ **3** *nm* ring finger.

anunciar [12] **1** *vt* (*notificar*) to announce. ‖ **2 anunciarse** *vpr* to advertise oneself.

anuncio 1 *nm* (*en periódico*) advertisement, advert, ad; (*en televisión, radio*) advertisement, advert, commercial. **2** (*presagio*) sign, omen. **3** (*cartel*) poster.

anzuelo *nm* (*para pescar*) fishhook.

añadido,-a 1 *adj* added. ‖ **2 añadido** *nm* addition.

añadidura *nf* addition. • **por añadidura** besides, in addition.

añadir *vt* to add (a, to).

añejo,-a *adj* (*vino*) mature; (*costumbre*) age-old; (*noticia*) old.

añicos *nm pl.* • **hacerse añicos** to be smashed to pieces.

año *nm* year: **tengo 20 años** I'm 20 years old; **¿cuántos años tienes?** how old are you? ▪ **año bisiesto** leap year.

añorar *vt* to long for, miss.

apacible *adj* (*persona*) gentle; (*tiempo*) mild; (*vida*) peaceful.

apaciguar [22] **1** *vt* to pacify, appease, calm. ‖ **2 apaciguarse** *vpr* to calm down.

apadrinar 1 *vt* (*en bautizo*) to act as godfather to. **2** (*artista*) to sponsor.

apagado,-a 1 *adj* (*luz etc*) out, off. **2** (*persona*) subdued. **3** (*color*) dull.

apagar [7] **1** *vt* (*fuego*) to extinguish, put out. **2** (*luz, fuego*) to turn out, turn off. **3** (*aparato*) to switch off. ‖ **4 apagarse** *vpr* (*luz, fuego*) to go out.

apagón *nm* power cut, blackout.

apalear *vt* to beat, thrash.

apañado,-a 1 *adj fam* (*hábil*) skilful. **2** (*ordenado*) neat, tidy.

apañar 1 *vt* (*ordenar*) to tidy. **2** (*ataviar*) to smarten up. **3** (*remendar*) to patch, mend. ‖ **4 apañarse** *vpr* to manage. • **apañárselas** to get by, manage.

aparador 1 *nm* (*escaparate*) shop window. **2** (*mueble - bajo*) sideboard; (*- alto*) dresser.

aparato 1 *nm* (*máquina*) machine; (*electrodoméstico*) appliance. **2** (*dispositivo*) device. **3** (*teléfono*) telephone. **4** ANAT system. ▪ **aparato de radio/televisión** radio/television set.

aparcamiento 1 *nm* (*acción*) parking. **2** (*lugar*) car park, US parking lot.

aparcar [1] *vt - vi* to park.

aparecer [43] **1** *vi* to appear. **2** (*dejarse ver*) to show up, turn up.

aparejador,-ra *nm,f* (*de obras*) clerk of works; (*perito*) quantity surveyor.

aparentar 1 *vt* (*simular*) to feign, pretend. **2** (*edad*) to look.

aparente 1 *adj* apparent. **2** (*conveniente*) suitable.

aparición 1 *nf* (*acción*) appearance. 2 (*espectro*) apparition.
apariencia *nf* appearance. • **guardar las apariencias** to keep up appearances.
apartado,-a 1 *adj* (*lejano*) distant. 2 (*aislado*) isolated, cut off. ‖ 3 **apartado** *nm* (*párrafo*) section. ■ **apartado de correos** *post office* box.
apartamento *nm* (*piso pequeño*) flat, apartment.
apartar 1 *vt* - *vpr* (*alejar*) to move away: **apartar la mirada** to look away. 2 (*separar*) to separate, set apart.
aparte 1 *adv* (*por separado*) apart, aside, separately. 2 (*además*) besides. ‖ 3 *nm* TEAT aside. 5 GRAM paragraph: **punto y aparte** full stop, new paragraph.
apasionado,-a *adj* ardent, passionate.
apasionante *adj* exciting.
apasionar 1 *vt* to excite, fascinate. ‖ 2 **apasionarse** *vpr* to get excited (por/de, about).
apatía *nf* apathy.
apearse *vpr* (*de vehículo*) to get off.
apechugar [7] *vi fam* to put up (con, with).
apedrear *vt* to throw stones at.
apegado,-a *adj* attached (a, to).
apego *nm* attachment, fondness. • **tener apego a** to be fond of.
apelar *vi* to appeal.
apellido *nm* family name, surname.
apelotonar 1 *vt* to pile up. ‖ 2 **apelotonarse** *vpr* to crowd together.
apenar 1 *vt* to make sad. ‖ 2 **apenarse** *vpr* to be saddened.
apenas 1 *adv* (*casi no*) scarcely, hardly. 2 (*tan pronto como*) as soon as.
apéndice *nm* appendix.
aperitivo 1 *nm* (*bebida*) aperitif. 2 (*comida*) appetizer.
apertura *nf* (*comienzo*) opening.
apestar *vi* to stink (a, of).
apetecer [43] *vt* to feel like, fancy: **¿te apetece ir al cine?** do you fancy going to the cinema?
apetecible 1 *adj* (*plan, oferta*) desirable, tempting. 2 (*comida*) appetizing.
apetito *nm* appetite. • **abrir el apetito** to whet one's appetite.
apetitoso,-a *adj* appetizing.
apilar *vt* - *vpr* to pile up.
apiñar 1 *vt* to pack, jam. ‖ 2 **apiñarse** *vpr* to crowd (en, into).
apio *nm* celery.
apisonadora *nf* steamroller.
aplacar [1] 1 *vt* to placate, soothe. ‖ 2 **aplacarse** *vpr* to become appeased.
aplanar 1 *vt* (*igualar*) to smooth, level, make even. 2 (*deprimir*) to depress. ‖ 3 **aplanarse** *vpr* to be depressed.
aplastante *adj* overwhelming.
aplastar 1 *vt* (*chafar*) to flatten. 2 *fig* (*vencer*) to crush, destroy.
aplaudir 1 *vt* (*palmotear*) to clap, applaud. 2 (*aprobar*) to approve, praise.
aplauso *nm* applause.
aplazamiento *nm* (*de reunión, acto*) postponement; (*de pago*) deferment.

aplazar [4] *vt* (*una reunión, un acto*) to postpone, put off; (*un pago*) to defer.
aplicado,-a 1 *adj* (*ciencia*) applied. **2** (*estudiante*) studious, diligent.
aplicar [1] **1** *vt* to apply. ‖ **2 aplicarse** *vpr* (*esforzarse*) to apply oneself.
aplomo *nm* assurance.
apodar *vt* to nickname.
apoderado,-a *nm,f* representative.
apoderarse *vpr* to take possession (de, of).
apodo *nm* nickname.
apología *nf* apology, defence.
aporrear *vt* to beat.
aportar *vt* to contribute.
aposento 1 *nm* (*cuarto*) room. **2** (*hospedaje*) lodgings *pl*.
aposta *adv* on purpose.
apostar [31] *vt* - *vi* - *vpr* to bet.
apóstol *nm* apostle.
apóstrofo *nm* apostrophe.
apoyar 1 *vt* (*reclinar*) to lean. **2** (*basar*) to base, found. **3** (*defender*) to back, support. ‖ **4 apoyarse** *vpr* (*reclinarse*) to lean (en, on).
apoyo *nm* support.
apreciable *adj* (*estimable*) valuable.
apreciar [12] **1** *vt* (*valorar*) to appreciate. **2** (*detectar*) to notice, detect. ‖ **3 apreciarse** *vpr* to be noticeable.
aprecio *nm* esteem, regard. • **sentir aprecio por algn** to be fond of sb.
apremiante *adj* urgent, pressing.
apremiar [12] **1** *vt* (*meter prisa a*) to urge, press. ‖ **2** *vi* (*ser urgente*) to be urgent. • **el tiempo apremia** time is short.
aprender *vt* - *vi* - *vpr* to learn.
aprendizaje *nm* learning.
aprendiz,-za *nm,f* apprentice.
apresar *vt* (*ladrón*) to catch.
apresurado,-a *adj* hasty, hurried.
apresurar *vt* - *vpr* to hurry up.
apretado,-a 1 *adj* (*ajustado*) tight. **2** (*ocupado*) busy.
apretar [27] **1** *vt* (*estrechar*) to squeeze, hug. **2** (*tornillo, nudo*) to tighten. **3** (*comprimir*) to compress, press together. **4** (*pulsar - botón*) to press; (*- gatillo*) to pull. ‖ **5** *vi* (*prendas*) to be too tight. ‖ **6 apretarse** *vpr* (*agolparse*) to crowd together. • **apretarse el cinturón** to tighten one's belt.
apretón *nm* squeeze. ▪ **apretón de manos** handshake.
apretujar 1 *vt* to squeeze. ‖ **2 apretujarse** *vpr* to squeeze together.
aprieto *nm* fix, awkward situation. • **poner a algn en un aprieto** to put sb in an awkward situation; **salir del aprieto** to get out of trouble.
aprisa *adv* quickly.
aprisionar 1 *vt* (*encarcelar*) to imprison. **2** (*atrapar*) to trap.
aprobación *nf* approval.
aprobado,-a 1 *adj* approved, passed. ‖ **2 aprobado** *nm* pass mark.
aprobar [31] **1** *vt* (*decisión, plan, préstamo*) to approve. **2** (*examen, ley*) to pass.
apropiado,-a *adj* appropriate.

apropiarse [12] *vpr* to appropriate (de, -).

aprovechado,-a **1** *adj* (*bien empleado*) well used, well spent. **2** (*sinvergüenza*) opportunistic. || **3** *nm,f* opportunist.

aprovechar **1** *vt* (*sacar provecho de*) to make good use of. **2** (*emplear*) to use. || **3** *vi* to be useful. || **4 aprovecharse** *vpr* to take advantage (de, of). • **aprovechar la oportunidad** to seize the opportunity; **¡que aproveche!** enjoy your meal!

aprovisionar *vt* to supply, provide.

aproximado,-a *adj* approximate.

aproximar **1** *vt* to bring near. || **2 aproximarse** *vpr* to draw near.

aptitud *nf* aptitude, ability.

apto,-a **1** *adj* (*apropiado*) suitable. **2** (*capaz*) capable, able.

apuesta *nf* bet, wager.

apuesto,-a *adj* good-looking.

apuntador,-ra *nm,f* prompter.

apuntalar *vt* to prop (up).

apuntar **1** *vt* (*señalar*) to point at. **2** (*arma*) to aim. **3** (*anotar*) to note down. **4** TEAT to prompt. || **5 apuntar(se)** *vt - vpr* (*inscribir - en curso*) to enroll; (*- en lista*) to put down.

apunte **1** *nm* (*nota*) note. **2** (*dibujo*) sketch. || **3 apuntes** *nm pl* notes.

apuñalar *vt* to stab.

apurado,-a *adj* (*necesitado*) in need: **apurado,-a de dinero** hard up for money.

apurar *vt* (*terminar*) to finish up: **apurar una copa** to drain a glass. • **si me apuras ...** if you press me...

apuro **1** *nm* (*dificultad*) fix, tight spot; (*de dinero*) hardship. **2** (*vergüenza*) embarrassment. • **dar apuro** to embarrass sb.

aquel,-lla **1** *adj* that (*pl* those). || **2** *pron* (*ese*) that (*pl* those); (*el anterior*) the former.

aquello *pron* that, that thing.

aquí **1** *adv* (*lugar*) here: **aquí abajo** down here; **aquí arriba** up here; **por aquí** this way. **2** (*tiempo*) now: **de aquí en adelante** from now on. • **de aquí para allá** up and down, to and fro; **de aquí que** hence.

árabe **1** *adj* (*en general*) Arab; (*de Arabia*) Arabian; (*alfabeto, número*) Arabic. || **2** *nmf* (*persona*) Arab; (*de Arabia*) Arabian. || **3** *nm* (*idioma*) Arabic.

Arabia *nf* Arabia. ■ **Arabia Saudita** Saudi Arabia.

arandela *nf* TÉC washer.

araña *nf* ZOOL spider.

arañar *vt - vpr* to scratch.

arar *vt* to plough.

arbitrar **1** *vt* (*fútbol, rugby, boxeo*) to referee. **2** (*conflicto*) to arbitrate.

arbitrario,-a *adj* arbitrary.

árbitro **1** *nm* (*en fútbol, rugby, boxeo*) referee. **2** (*en conflicto*) arbiter, arbitrator.

árbol **1** *nm* BOT tree. **2** MAR mast. ■ **árbol de Navidad** Christmas tree.

arbusto *nm* shrub, bush.

arca *nf* chest. ■ **arca de Noé** Noah's ark.

arcada *nf* (*vómito*): **me dieron arcadas** I retched.

arcaico,-a *adj* archaic.

archivador,-ra **1** *nm,f* archivist. || **2 archivador** *nm* filing cabinet.

archivar **1** *vt* (*ordenar*) to file. **2** INFORM to save.

archivo 1 *nm* (*gen*) file. 2 (*mueble*) filing cabinet.
arcilla *nf* clay.
arco 1 *nm* ARQ arch. 2 MAT arc. 3 (*de violín*) bow. 4 (*para flechas*) bow. ■ **arco iris** rainbow.
arder *vi* (*quemarse*) to burn. • **arder de pasión** to burn with passion; **la cosa está que arde** things are getting pretty hot.
ardiente 1 *adj* (*encendido*) burning, hot. 2 (*apasionado*) passionate, fiery.
ardilla *nf* squirrel.
ardor 1 *nm* (*calor*) burning, heat. 2 (*ansia*) ardour, fervour. ■ **ardor de estómago** heartburn.
ardoroso,-a *adj* ardent, passionate.
arduo,-a *adj* arduous.
área 1 *nf* (*zona*) area: **área de servicio** service area. 2 (*medida*) are.
arena 1 *nf* (*de playa, desierto*) sand. 2 (*para combates*) arena. 3 (*para torear*) bullring. ■ **arenas movedizas** quicksand *sing*.
arenal *nm* sands *pl*, sandy area.
arenisca *nf* sandstone.
arenoso,-a *adj* sandy.
arenque *nm* herring.
Argel *nm* (*ciudad*) Algiers.
Argelia (*país*) Algeria.
argelino,-a *adj* - *nm,f* Algerian.
argentino,-a *adj* - *nm,f* Argentinian.
argolla *nf* ring.
argot 1 *nm* (*popular*) slang. 2 (*técnico*) jargon.
argüir [63] 1 *vt* (*alegar*) to argue. 2 (*deducir*) to deduce.
argumentación *nf* argumentation.
argumentar *vt* - *vi* to argue.
argumento 1 *nm* (*razón*) argument. 2 (*de novela, obra etc*) plot.
aridez *nf* aridity.
árido,-a *adj* (*tierra*) arid.
aries *nm* Aries.
arisco,-a *adj* unsociable, unfriendly.
arista *nf* edge.
aristócrata *nmf* aristocrat.
arma *nf* weapon. ■ **arma blanca** knife; **arma de fuego** firearm.
armada *nf* navy.
armado,-a *adj* armed.
armador,-ra *nm,f* shipowner.
armamento *nm* armament.
armar 1 *vt* (*proveer de armas*) to arm. 2 (*montar*) to assemble, put together. 3 (*alboroto*) to make. • **armarse de** to provide oneself with; **armarse de paciencia** to summon up one's patience; **va a armarse la gorda** there's going to be real trouble.
armario *nm* (*de cocina*) cupboard; (*de ropa*) wardrobe, US closet.
armatoste 1 *nm* (*cosa*) monstrosity. 2 (*persona*) useless great oaf.
armazón *nm* frame, framework.
armisticio *nm* armistice.
armónica *nf* harmonica, mouth organ.
armónico,-a *adj* -*nm* harmonic.
armonioso,-a *adj* harmonious.
arnés 1 *nm* (*armadura*) armour. ‖ 2 **arneses** *nm pl* (*arreos*) harness *sing*.
aro 1 *nm* hoop, ring. 2 (*juego*) hoop. 3 (*servilletero*) serviette ring.
aroma *nm* aroma; (*del vino*) bouquet.
arpa *nf* harp.
arpón *nm* harpoon.
arquear *vt* - *vpr* to arch, bend.

arqueología *nf* archaeology.
arqueólogo,-a *nm,f* archaeologist.
arquero *nm* (*de flechas*) archer.
arquitecto,-a *nm,f* architect.
arquitectura *nf* architecture.
arraigado,-a *adj* deeply rooted.
arraigarse [7] *vi - vpr* to take root.
arrancar [1] **1** *vt* (*planta*) to uproot. **2** (*clavo, muela*) to pull out. **3** (*coche*) to start; (*tren*) to pull out; (*ordenador*) to boot, boot up. **4** (*provenir*) to stem (de, from).
arranque 1 *nm* (*comienzo*) starting. **2** AUTO starting mechanism. **3** (*arrebato*) outburst.
arrasar 1 *vt* (*destruir*) to raze, demolish. **2** (*aplanar*) to level.
arrastrado,-a *adj* wretched.
arrastrar 1 *vt* (*llevar por el suelo*) to drag (along), pull (along). **2** (*llevar*) to have. ‖ **3 arrastrarse** *vpr* to trail on the ground. **4** *fig* (*humillarse*) to creep, crawl.
arrear 1 *vt* (*animales*) to drive. **2** (*pegar*) to hit: **arrearle una bofetada a algn** to slap sb in the face. • **¡arreando!** get moving!
arrebatado,-a *adj* (*iracundo*) furious.
arrebatador,-ra *adj fig* captivating, fascinating.
arrebatar *vt* (*quitar*) to snatch.
arrebato *nm* fit, outburst.
arreciar [12] *vi* (*viento*) to get stronger; (*tormenta*) to get worse.
arrecife *nm* reef.
arreglar 1 *vt* (*resolver - conflicto*) to settle; (*- asunto*) to sort out. **2** (*ordenar*) to tidy, tidy up. **3** (*reparar*) to mend, fix up. ‖ **4 arreglarse** *vpr* (*componerse*) to get ready, dress up; (*cabello*) to do. **5** *fam* (*apañarse*) to manage.
arreglo 1 *nm* (*reparación*) mending, repair. **2** (*limpieza*) cleaning. **3** (*acuerdo*) agreement. • **con arreglo a** according to.
arremeter *vi* to attack (contra, -).
arremolinarse 1 *vpr* to whirl. **2** (*gente*) to mill around.
arrendar [27] *vt* to rent, lease.
arrendatario,-a 1 *nm,f* lessee. **2** (*inquilino*) tenant.
arrepentido,-a *adj* regretful.
arrepentimiento *nm* regret.
arrepentirse [35] *vpr* to regret (de, -).
arrestar *vt* to arrest.
arresto *nm* arrest.
arriba 1 *adv* (*dirección*) up; (*encima*) on (the) top: **mirad hacia arriba** look up. **2** (*situación*) above: **desde arriba** from above. **3** (*piso*) upstairs: **vive arriba** she lives upstairs. ‖ **4** *interj* up! • **cuesta arriba** uphill; **de arriba abajo** from top to bottom; **hacia arriba** upwards; **patas arriba** *fam* upside down.
arriesgado,-a 1 *adj* (*peligroso*) risky, dangerous. **2** (*atrevido*) bold, rash.
arriesgar [7] *vt - vpr* to risk.
arrimar 1 *vt* to move closer, bring closer. ‖ **2 arrimarse** *vpr* to come closer, come nearer. • **arrimarse a algn** to seek sb's protection.
arrinconar 1 *vt* (*apartar*) to put in a corner. **2** (*acorralar*) to corner. ‖ **3 arrinconarse** *vpr* (*aislarse*) to isolate oneself.
arrodillado,-a *adj* on one's knees.

arrodillarse *vpr* to kneel down.
arrogancia *nf* arrogance.
arrojar 1 *vt* (*tirar*) to throw; (*con fuerza*) to hurl, fling. **2** (*echar*) to throw out. ‖ **3** *vi* to vomit. ‖ **4 arrojarse** *vpr* to throw oneself: **se arrojó sobre él** he jumped on him.
arrojo *nm* boldness, dash, bravery.
arrollador,-ra *adj* overwhelming.
arrollar *vt* (*atropellar*) to run over.
arropar *vt* (*abrigar*) to wrap up; (*en la cama*) to tuck up.
arroyo *nm* (*río*) stream.
arroz *nm* rice. ▪ **arroz integral** brown rice.
arruga *nf* (*en la piel*) wrinkle; (*en la ropa*) crease.
arrugar [7] *vt* - *vpr* (*piel*) to wrinkle; (*ropa*) to crease. • **arrugar el ceño** to frown.
arruinar 1 *vt* to bankrupt, ruin. ‖ **2 arruinarse** *vpr* to be bankrupt, be ruined.
arsenal *nm* (*de armas*) arsenal.
art. *abr* (artículo) art.
arte 1 *nm* (*gen*) art. **2** (*habilidad*) craft, skill. **3** (*astucia*) cunning. ▪ **arte dramático** drama.
artefacto *nm* device. ▪ **artefacto explosivo** bomb.
arteria *nf* artery.
artesanía *nf* craftmanship.
artesano,-a *nm,f* artisan, craftsman.
ártico,-a 1 *adj* Arctic. ‖ **2 el Ártico** *nm* the Arctic.
articulación *nf* ANAT joint.
articular *vt* - *vpr* to articulate.
articulista *nmf* columnist.
artículo *nm* article. ▪ **artículos de consumo** consumer goods.
artificial *adj* artificial.
artificio 1 *nm* (*habilidad*) skill. **2** (*astucia*) artifice. **3** (*mecanismo*) device.
artillería *nf* artillery.
artilugio 1 *nm* (*aparato*) device, gadget. **2** (*trampa*) trick.
artimaña *nf* trick.
artista *nmf* artist.
artístico,-a *adj* artistic.
artritis *nf inv* arthritis.
artrosis *nf inv* arthrosis.
arzobispo *nm* archbishop.
as *nm* ace.
asa *nf* handle.
asado,-a 1 *adj* roast, roasted. ‖ **2 asado** *nm* (*carne etc*) roast.
asalariado,-a 1 *adj* salaried. ‖ **2** *nm,f* wage earner.
asaltante *nmf* attacker.
asaltar *vt* to assault, attack.
asalto 1 *nm* (*ataque*) assault, attack. **2** (*en boxeo*) round.
asamblea *nf* assembly, meeting.
asar *vt* - *vpr* to roast.
ascender [28] **1** *vi* (*subir*) to climb. **2** (*sumar*) to amount (a, to). ‖ **3** *vt* to promote.
ascenso 1 *nm* (*subida - de precio*) rise; (*- montaña*) ascent. **2** (*de empleado*) promotion.
ascensor *nm* lift, US elevator.
asco *nm* disgust. • **dar asco** to be disgusting; **¡qué asco!** how disgusting!, how revolting!
ascua *nf* ember, red hot coal. • **en ascuas** on tenterhooks.
aseado,-a *adj* clean, neat, tidy.

asear 1 *vt* to clean, tidy. || **2 asearse** *vpr* to clean oneself up, tidy oneself up.
asedio *nm* siege.
asegurado,-a *adj* insured.
aseguradora *nf* insurance company.
asegurar 1 *vt* (*fijar*) to secure. **2** COM to insure. **3** (*garantizar*) to assure, guarantee. || **4 asegurarse** *vpr* (*cerciorarse*) to make sure.
asemejarse *vpr* to look alike.
asentar [27] **1** *vt* (*fijar*) to fix, set. **2** (*anotar*) to enter, note down. || **3 asentarse** *vpr* (*establecerse*) to settle, settle down.
asentimiento *nm* assent, consent.
asentir [35] *vi* to assent, agree; (*con la cabeza*) to nod.
aseo *nm* (*cuarto*) bathroom.
aséptico,-a *adj* MED aseptic.
asequible *adj* accessible: **a un precio asequible** at a reasonable price.
asesinar *vt* (*gen*) to kill, murder.
asesinato *nm* (*gen*) killing, murder.
asesino,-a 1 *adj* murderous. || **2** *nm,f* (*gen*) killer.
asesoramiento 1 *nm* (*acción*) advising. **2** (*consejo*) advice.
asesorar 1 *vt* to advise, give advice. || **2 asesorarse** *vpr* to seek advice.
asesor,-ra *nm,f* adviser, consultant.
asfalto *nm* asphalt.
asfixiar [12] *vt* - *vpr* to asphyxiate.
así 1 *adv* (*de esta manera*) like this, in this way. **2** (*de esa manera*) that way. **3** (*tanto*) as: **así usted como yo** both you and I. || **4** *adj* such: **un hombre así** a man like that, such a man. • **así así** so-so; **así que** (*de manera que*) so, therefore; (*tan pronto como*) as soon as; **aun así** even so; **por así decirlo** so to speak.
Asia *nf* Asia.
asiático,-a *adj* - *nm,f* Asian.
asiduo,-a *adj* assiduous, frequent.
asiento *nm* (*silla etc*) seat.
asignar 1 *vt* (*adjudicar*) to assign, allot. **2** (*nombrar*) to appoint.
asignatura *nf* subject.
asilo *nm* asylum.
asimilación *nf* assimilation.
asimilar 1 *vt* to assimilate. || **2 asimilarse** *vpr* to be assimilated.
asimismo 1 *adv* (*también*) also. **2** (*de esta manera*) likewise.
asir [65] *vt* to seize, grasp.
asistencia 1 *nf* (*presencia*) attendance, presence. **2** (*público*) audience, public. **3** (*ayuda*) assistance. ▪ **asistencia médica** medical care.
asistente *nmf* assistant. ▪ **asistente social** social worker.
asistir 1 *vi* to attend, be present. || **2** *vt* to assist, help.
asma *nf* asthma.
asno *nm* ass, donkey.
asociación *nf* association.
asociar [12] *vt* to associate.
asolar [31] *vt* to devastate.
asomar 1 *vi* (*aparecer*) to appear, show. || **2** *vt* (*sacar*) to stick out. || **3 asomarse** *vpr* (*a la ventana*) to lean out; (*al balcón*) to come out (a, onto).
asombrado,-a *adj* amazed.
asombrar 1 *vt* to amaze. || **2 asombrarse** *vpr* to be amazed.

asombroso,-a *adj* amazing.
asomo *nm* sign, indication. • **ni por asomo** by no means.
aspa 1 *nf* X-shaped cross. **2** (*de molino*) arm; (*de ventilador*) blade.
aspecto 1 *nm* (*faceta*) aspect. **2** (*apariencia*) look, appearance. • **tener buen aspecto** to look good.
aspereza *nf* roughness, coarseness.
áspero,-a *adj* rough, coarse.
aspersión *nf* sprinkling.
aspiración *nf fig* (*ambición*) aspiration, ambition.
aspiradora *nf* vacuum cleaner.
aspirante *nmf* candidate.
aspirar 1 *vt* (*absorber*) to suck in, draw in. ‖ **2** *vi* to aspire (a, to).
asqueroso,-a 1 *adj* (*sucio*) dirty, filthy. **2** (*desagradable*) disgusting.
asta 1 *nf* (*de bandera*) flagpole. **2** (*de lanza*) shaft. **3** (*cuerno*) horn. • **a media asta** at half-mast.
asterisco *nm* asterisk.
astilla *nf* splinter.
astro *nm* star.
astrología *nf* astrology.
astronomía *nf* astronomy.
astrónomo,-a *nm,f* astronomer.
astucia *nf* astuteness, cunning.
astuto,-a *adj* astute, cunning.
asumir *vt* to assume.
asunto 1 *nm* (*cuestión*) matter, subject. **2** (*ocupación*) affair, business. • **no es asunto tuyo** it's none of your business.
asustadizo,-a *adj* easily frightened.
asustar 1 *vt* to frighten. ‖ **2 asustarse** *vpr* to be frightened.
atacar [1] *vt* to attack.
atajar 1 *vi* to take a shortcut. ‖ **2** *vt* (*interrumpir*) to interrupt. **3** (*interceptar*) to intercept, head off.
atajo *nm* shortcut.
ataque 1 *nm* (*gen*) attack. **2** (*acceso*) fit: **ataque de tos** fit of coughing. ▪ **ataque aéreo** air raid.
atar *vt* to tie, fasten.
atardecer [43] **1** *vi* to get dark, grow dark. ‖ **2** *nm* evening, dusk.
atareado,-a *adj* busy.
atascar [1] **1** *vt* (*bloquear*) to block, obstruct. ‖ **2 atascarse** *vpr* (*bloquearse*) to be obstructed.
atasco 1 *nm* (*obstrucción*) obstruction. **2** (*de tráfico*) traffic jam.
ataúd *nm* coffin.
atemorizar [4] *vt* to frighten.
atención 1 *nf* (*interés*) attention. **2** (*cortesía*) courtesy. • **llamar la atención** to attract attention; **prestar atención** to pay attention. ▪ **atención al cliente** customer service.
atender [28] **1** *vt* (*cliente*) to attend to; (*bar, tienda*) to serve. **2** (*enfermo*) to take care of, look after. **3** (*asunto, protesta*) to deal with. **4** (*consejo, aviso*) to need. **5** (*llamada*) to answer. ‖ **6** *vi* to pay attention (a, to).
atentado *nm* attack, assault.
atentamente *adv* (*en carta*) sincerely, faithfully: **le saluda atentamente** yours sincerely, yours faithfully.
atentar [27] *vi* to commit a crime (a/contra, against).
atento,-a 1 *adj* (*pendiente*) attentive. **2** (*amable*) polite, courteous. • **estar atento,-a a** (*escuchar*) to pay attention to.
ateo,-a *adj* - *nm,f* atheist.

aterrador,-ra *adj* terrifying.
aterrizar [4] *vt* to land.
aterrorizar [4] **1** *vt* to terrify. || **2 aterrorizarse** *vpr* to be terrified.
atesorar *vt* to hoard.
atiborrar 1 *vt* to pack, cram, stuff (de, with). || **2 atiborrarse** *vpr* to stuff oneself (de, with).
ático *nm* penthouse.
atinar *vi* to guess right.
atisbar 1 *vt* (*espiar*) to peep at, spy on. **2** (*vislumbrar*) to make out.
atizar [4] *vt* (*fuego*) to poke, stir.
atlántico,-a *adj - nm* Atlantic.
atlas *nm inv* atlas.
atleta *nmf* athlete.
atletismo *nm* athletics.
atmósfera *nf* atmosphere.
atolladero *nm* fix, jam. • **estar en un atolladero** to be in a jam.
atómico,-a *adj* atomic.
átomo *nm* atom.
atónito,-a *adj* astonished, amazed.
atontado,-a 1 *adj* (*aturdido*) stunned, confused. **2** (*tonto*) stupid, silly.
atormentar 1 *vt* to torment. || **2 atormentarse** *vpr* to torment oneself.
atornillar *vt* to screw.
atracador,-ra *nm,f* (*de banco*) bank robber; (*en la calle*) mugger.
atracar [1] **1** *vt* (*robar - banco*) to hold up, rob; (*- persona*) to mug. || **2 atracarse** *vpr* (*de comida*) to gorge oneself (de, on).
atraco *nm* (*de banco*) hold-up, robbery; (*de persona*) mugging.
atracón *nm fam* binge.
atractivo,-a 1 *adj* attractive. || **2 atractivo** *nm* attraction, charm.
atraer [88] *vt* to attract.
atragantarse *vpr* to choke (con, on).
atrapar *vt* to capture, catch.
atrás 1 *adv* (*posición*) back. **2** (*tiempo*) ago: **días atrás** several days ago. || **3** *interj* stand back! • **ir hacia atrás** to go backwards; **quedarse atrás** to fall behind.
atrasado,-a 1 *adj* (*reloj*) slow. **2** (*pago*) overdue. **3** (*país*) backward, underdeveloped. **4** (*ideas*) old-fashioned.
atrasar 1 *vt* (*salida*) to delay. **2** (*reloj*) to put back. || **3** *vi* (*reloj*) to be slow. || **4 atrasarse** *vpr* (*tren etc*) to be late.
atraso 1 *nm* (*retraso*) delay. **2** (*de reloj*) slowness. **3** (*de país*) backwardness.
atravesar [27] **1** *vt* (*cruzar*) to cross. **2** (*bala etc*) to pierce, run through. **3** (*crisis, situación*) to go through.
atrayente *adj* attractive.
atreverse *vpr* to dare.
atrevido,-a 1 *adj* (*osado*) bold. **2** (*insolente*) cheeky.
atrevimiento 1 *nm* (*osadía*) daring, boldness. **2** (*insolencia*) cheek.
atribuir [62] **1** *vt* to attribute (a, to), ascribe (a, to). || **2 atribuirse** *vpr* (*crimen*) to admit to having committed; (*acto terrorista*) to claim responsibility for.
atributo *nm* attribute, quality.
atropellar *vt* AUTO to knock down.
atropello 1 *nm* (*accidente*): **ha habido muchos atropellos aquí** a lot of people have been run over here. **2** (*abuso*) outrage, abuse.

atroz 1 *adj* (*bárbaro*) atrocious. 2 (*enorme*) huge. 3 (*horrible*) awful.
ATS *abr* MED medical auxiliary.
atún *nm* tuna.
aturdido,-a 1 *adj* (*confundido*) stunned. 2 (*atolondrado*) reckless.
aturdir 1 *vt* to stun. 2 (*confundir*) to confuse. ‖ 3 **aturdirse** *vpr* to be confused.
audaz *adj* audacious, bold.
audición 1 *nf* (*acción*) hearing. 2 TEAT audition.
audiencia 1 *nf* (*recepción, público*) audience. 2 JUR high court.
audífono *nm* hearing aid.
auditorio 1 *nm* (*público*) audience. 2 (*lugar*) auditorium.
auge 1 *nm* (*buen momento*) boom. 2 (*subida*) rise. 3 (*crecimiento*) growth. • **en auge** (*prosperando*) booming; (*subiendo*) on the rise.
augurar *vt* (*suceso*) to augur.
aula *nf* (*en escuela*) classroom; (*en universidad*) lecture room.
aullar [16] *vt - vi* to howl.
aumentar *vi* to increase, rise.
aumento 1 *nm* (*incremento*) increase. 2 (*en óptica*) magnification. 3 (*de foto*) enlargement. 4 (*de salario*) rise.
aun *adv* even. • **aun cuando** even though.
aún 1 *adv* (*en afirmativas*) still: **aún la estoy esperando** I'm still waiting for her. 2 (*en negativas, interrogativas*) yet: **aún no ha llegado** he hasn't arrived yet; **¿aún no sabes montar en bici?** don't you know how to ride a bike yet?
aunque *conj* although, though.
aúpa 1 *interj* (*levántate*) get up! 2 (*ánimo*) come on!
auricular 1 *nm* (*de teléfono*) receiver, earpiece. ‖ 2 **auriculares** *nm pl* (*para escuchar música etc*) headphones, earphones.
aurora *nf* dawn.
ausencia *nf* absence.
ausentarse *vpr* to leave.
ausente 1 *adj* (*no presente*) absent. 2 (*distraído*) absentminded. ‖ 3 *nmf* absentee.
austero,-a *adj* austere.
australiano,-a *adj - nm,f* Australian.
austríaco,-a *adj - nm,f* Austrian.
auténtico,-a *adj* authentic, genuine.
autobús *nm* bus.
autocar *nm* coach.
autodidacta *adj* self-taught.
autoescuela *nf* driving school.
autógrafo *nm* autograph.
automóvil *nm* car; US automobile.
automovilista *nmf* motorist.
autonomía 1 *nf* (*independencia*) autonomy. 2 (*de coche*) range.
autónomo,-a 1 *adj* POL autonomous. 2 (*trabajador*) self-employed; freelance. ‖ 3 *nm,f* (*trabajador*) self-employed person; freelancer.
autopista *nf* motorway, US highway.
autopsia *nf* autopsy.
autoridad *nf* authority.
autorizar [4] *vt* to authorize.
autor,-ra 1 *nm,f* (*de obra*) author. 2 (*de crimen*) perpetrator.
autorretrato *nm* self-portrait.
autoservicio 1 *nm* (*restaurante*) self-service restaurant. 2 (*gasolinera*) self-service petrol station.
autoestop *nm* hitch-hiking. • **hacer autoestop** to hitch-hike.

auxiliar [14] **1** *vt* to help, assist. || **2** *adj* auxiliary. || **3** *nmf* assistant.
auxilio *nm* help, aid, assistance.
avance **1** *nm* (*progreso, movimiento*) advance. **2** (*pago*) advance payment. ■ **avance informativo** news preview.
avanzar [4] **1** *vt* - *vi* (*adelantar, ir hacia delante*) to advance, move forward. || **2** *vi* (*progresar*) to make progress.
avaricia *nf* avarice, greed.
avaricioso,-a *adj* avaricious, greedy.
avaro,-a **1** *adj* miserly. || **2** *nm,f* miser.
avasallar *vt* to subjugate, subdue.
ave *nf* bird. ■ **ave de rapiña** bird of prey.
avecinarse *vpr* to be on the way.
avellana *nf* hazelnut.
avemaría *nf* Hail Mary.
▲ Takes el and un in sing.
avena *nf* oats *pl*.
avenida **1** *nf* (*calle*) avenue. **2** (*de río*) flood.
avenirse [90] *vpr* to agree. • **avenirse con algn** to get on well with sb.
aventajado,-a *adj* outstanding.
aventajar **1** *vt* (*exceder*) to surpass. **2** (*ir en cabeza*) to lead.
aventura **1** *nf* (*suceso*) adventure. **2** (*relación amorosa*) affair, love affair.
aventurado,-a *adj* venturesome, risky.
aventurar **1** *vt* to hazard, risk. || **2** **aventurarse** *vpr* to venture, dare.
aventurero,-a **1** *adj* adventurous. || **2** *nm,f* (*hombre*) adventurer; (*mujer*) adventuress.
avergonzado,-a **1** *adj* (*por mala acción*) ashamed. **2** (*por situación bochornosa*) embarrassed.
avergonzar [51] **1** *vt* (*por mala acción*) to shame. **2** (*por situación bochornosa*) to embarrass. || **3** **avergonzarse** *vpr* (*por mala acción*) to be ashamed. **4** (*por situación bochornosa*) to be embarrassed.
avería **1** *nf* Téc failure. **2** Auto breakdown.
averiado,-a **1** *adj* Téc faulty, not working. **2** Auto broken down.
averiar [13] **1** *vt* Téc to cause to malfunction. **2** Auto to cause a breakdown to. || **3** **averiarse** *vpr* Téc to malfunction. **4** Auto to break down.
averiguar [22] *vt* to find out.
avestruz *nm* ostrich.
aviación **1** *nf* (*civil*) aviation. **2** Mil air force.
avícola *adj* poultry.
ávido,-a *adj* avid, eager (de, for).
avinagrado,-a *adj* (*vino*) vinegary.
avión *nm* plane, US airplane. • **por avión** by airmail.
avioneta *nf* light plane.
avisar **1** *vt* (*informar*) to inform. **2** (*advertir*) to warn.
aviso **1** *nm* (*información*) notice. **2** (*advertencia*) warning. • **sin previo aviso** without prior warning.
avispa *nf* wasp.
avivar **1** *vt* (*anhelos*) to enliven. **2** (*pasiones*) to intensify. **3** (*paso*) to quicken. || **4** **avivar(se)** *vi* - *vpr* to become brighter.
axila *nf* armpit, axilla.
ay *interj* (*dolor*) ouch!, ow!

ayer 1 *adv* (*el día anterior*) yesterday. || 2 *nm* past.
ayuda *nf* help, aid, assistance.
ayudante *nmf* assistant.
ayudar 1 *vt* to help, aid, assist. || 2 **ayudarse** *vpr* (*apoyarse*) to make use (de/con, of). 3 (*unos a otros*) to help one another.
ayunar *vi* to fast.
ayuno *nm* fast, fasting.
ayuntamiento 1 *nm* (*corporación*) town council. 2 (*edificio*) town hall.
azafata 1 *nf* (*de avión*) air hostess. 2 (*de congresos*) hostess.
azafrán *nm* saffron.
azahar *nm* (*de naranjo*) orange blossom; (*de limonero*) lemon blossom.
azar *nm* chance.
• **al azar** at random.
azotar 1 *vt* (*con látigo*) to whip. 2 (*golpear*) to beat.
azote 1 *nm* (*látigo*) whip. 2 (*manotada*) smack.
azotea *nf* flat roof.
azteca *adj* - *nmf* Aztec.
azúcar *nm* & *nf* sugar.
azucarar 1 *vt* (*endulzar*) to sugar, sweeten. 2 (*bañar*) to coat with sugar, ice with sugar.
azucarero *nm* sugar bowl.
azufre *nm* sulphur.
azul *adj* - *nm* blue. ■ **azul celeste** sky blue; **azul marino** navy blue.
azulado,-a *adj* blue, bluish.
azulejo *nm* tile.

B

baba 1 *nf* (*saliva*) spittle. **2** (*de caracol*) slime.
• **caérsele a uno la baba** *fam* to be delighted.
babear *vi* to drool.
babero *nm* bib.
babor *nm* port, port side.
• **a babor** to port.
babosa *nf* Zool slug.
baboso,-a 1 *adj* slobbering. **2** *fam* (*despreciable*) slimy. || **3** *nm,f fam* (*persona despreciable*) creep.
baca *nf* roof rack.
bacalao *nm* cod.
bache 1 *nm* (*en carretera*) pothole. **2** (*de aire*) air pocket. **3** *fig* bad patch.
bacilo *nm* bacillus.
bacteria *nf* bacterium.
bafle *nm* loudspeaker.
bahía *nf* bay.
bailar *vt* - *vi* to dance.
bailarín,-ina *nm,f* dancer.
baile 1 *nm* dance. **2** (*de etiqueta*) ball.
baja 1 *nf* fall, drop. **2** Mil casualty. **3** (*por enfermedad*) sick leave.
• **darse de baja** (*en una suscripción*) to cancel (de, -); (*por enfermedad*) to take sick leave.
bajada 1 *nf* descent: **subidas y bajadas** ups and downs. **2** (*en carretera etc*) slope.
bajamar *nf* low tide.
bajar 1 *vt* (*de un lugar alto*) to bring down, take down. **2** (*mover abajo*) to lower: **¿has bajado las persianas?** have you lowered the blinds? **3** (*recorrer de arriba abajo*) to come down, go down: **bajamos la escalera** we went down the stairs. **4** (*cabeza*) to bow. **5** (*voz*) to lower. **6** (*precios*) to reduce. **7** Inform (*de la red*) to download. || **8** *vi* (*ir abajo - acercándose*) to come down; (*- alejándose*) to go down: **¡baja de ahí!** come down from there!; **¿bajas en ascensor?** are you going down in the lift? **9** (*apearse - de coche*) to get out (de, of); (*- de bicicleta, avión, tren*) to get off (de, -). **10** (*reducirse*) to fall, drop, come down: **el dólar sigue bajando** the dollar continues to fall. || **11 bajarse** *vpr* (*ir abajo acercándose*) to come down; (*- alejándose*) to go down. **12** (*apearse - de coche*) to get out (de, of); (*- de bicicleta, avión, tren*) to get off (de, -).
bajeza 1 *nf* (*acción*) vile deed. **2** *fig* lowliness.
bajo,-a 1 *adj* low: **precios bajos** low prices. **2** (*persona*) short. **3** (*inclinado*) bent down. **4** (*cabeza*) bowed. **5** (*ojos*) downcast. **6** (*tosco*) vulgar. **7** (*territorio, río*) lower. **8** (*inferior*) poor, low: **la clase baja** the lower classes. || **9 bajo** *adv* (*volar*) low. **10** (*hablar*) softly, quietly. || **11** *prep* (*gen*) under; (*con temperaturas*) below: **12 bajo cero** 10 below

zero. || **13** *nm* MÚS bass. || **14 bajos** *nm pl* ground floor, US first floor.
bajón *nm* (*de salud*) relapse.
bala *nf* bullet.
• **como una bala** *fam* like a shot.
balada *nf* ballad.
balance *nm* oscillation, rocking.
balancear 1 *vi - vpr* (*mecerse*) to rock; (*en columpio*) to swing; (*barco*) to roll. || **2** *vi fig* to hesitate, waver.
balanceo *nm* swinging, rocking.
balancín *nm* rocking chair.
balanza *nf* (*aparato*) scales *pl*.
balar *vi* to bleat.
balazo *nm* shot.
balbucear 1 *vi* to stutter. **2** (*niño*) to babble.
balbuceo 1 *nm* stammering. **2** (*niño*) babbling.
balcón *nm* balcony.
baldado,-a 1 *adj* (*inválido*) crippled. **2** *fam* (*cansado*) shattered.
balde *nm* bucket, pail.
• **de balde** free, for nothing; **en balde** in vain.
baldosa *nf* floor tile.
balear *adj* Balearic. ▪ **Islas Baleares** Balearic Islands.
baleárico,-a *adj* Balearic.
balido *nm* bleating.
baliza 1 *nf* MAR buoy. **2** AV beacon.
ballena *nf* whale.
balneario *nm* spa, health resort.
balón *nm* DEP ball, football.
baloncesto *nm* basketball.
balonmano *nm* handball.
balsa 1 *nf* pool, pond. **2** MAR raft.
báltico,-a *adj* Baltic.
bambolear *vi* to swing.
bambú *nm* (*pl* bambúes) bamboo.
banal *adj* trivial.
banca 1 *nf* COM banking; (*bancos*) banks *pl*. **2** (*asiento*) bench.
bancario,-a *adj* banking.
bancarrota *nf* bankruptcy.
banco 1 *nm* bank. **2** (*asiento*) bench. **3** (*de peces*) shoal.
banda 1 *nf* (*faja*) sash. **2** (*gente armada*) gang. **3** (*musical*) band. **4** (*de pájaros*) flock. **5** (*lado*) side.
▪ **banda de frecuencia** RAD radio band; **banda sonora** CINEM sound track.
bandada *nf* flock.
bandazo *nm* lurch.
• **dar bandazos** to lurch.
bandeja *nf* tray.
• **poner algo a algn en bandeja** to hand sth to sb on a plate.
bandera *nf* flag.
banderín *nm* pennant, small flag.
bandido,-a *nm,f* bandit.
bando *nm* (*facción*) faction, party.
banquero,-a *nm,f* banker.
banqueta 1 *nf* (*taburete*) stool, footstool. **2** (*banco*) little bench.
banquete *nm* banquet, feast.
banquillo *nm* JUR dock; DEP bench.
bañador *nm* (*de mujer*) bathing costume, swimming costume; (*de hombre*) swimming trunks *pl*.
bañar 1 *vt* (*en bañera*) to bath. **2** (*cubrir*) to coat. || **3 bañarse** *vpr* (*en bañera*) to have a bath, take a bath; (*nadar*) to swim.
bañera *nf* bath, bath tub.
bañista *nmf* bather, swimmer.
baño 1 *nm* (*acción*) bath. **2** (*bañera*) bath, bathtub. **3** (*capa*) coat, coating. **4** (*aseo*) bathroom. ▪ **baño María** bain-marie.
bar *nm* (*pl* bares) (*cafetería*) café, snack bar; (*de bebidas alcohólicas*) bar.

baraja *nf* pack, deck.
barajar 1 *vt* (*naipes*) to shuffle. **2** (*posibilidades*) to consider.
baranda *nf* handrail, banister.
barandilla *nf* handrail, banister.
baratija *nf* trinket, knick-knack.
barato,-a *adj - adv* cheap.
barba 1 *nf* ANAT chin. **2** (*pelo*) beard.
barbaridad 1 *nf* (*crueldad*) cruelty. **2** (*disparate*) piece of nonsense: **¡qué barbaridad!** how awful!
bárbaro,-a 1 *adj* HIST barbarian. **2** (*cruel*) cruel. **3** (*temerario*) daring. **4** *fam* (*espléndido*) tremendous, terrific. ‖ **5** *nm,f* HIST barbarian.
barbería *nf* barber's shop.
barbero *nm* barber.
barbilla *nf* chin.
barbudo,-a *adj* bearded.
barco *nm* boat, ship. ▪ **barco de vapor** steamer.
barniz *nm* varnish.
barnizar [4] *vt* to varnish.
barómetro *nm* barometer.
barón *nm* baron.
barquillo *nm* wafer.
barra 1 *nf* (*de hierro*) bar. **2** (*en armario*) rail. **3** (*de bicicleta*) crossbar. **4** (*de hielo*) block. **5** (*de pan*) loaf. **6** (*de bar, cafetería*) bar. **7** (*de arena*) sandbank. ▪ **barra de labios** lipstick.
barraca 1 *nf* (*cabaña*) hut; (*chabola*) shanty. **2** (*de feria*) stall.
barranco 1 *nm* (*precipicio*) precipice. **2** (*torrentera*) gully.
barrendero,-a *nm,f* street sweeper.
barreño *nm* large bowl.
barrer *vt* to sweep.
barrera *nf* barrier. ▪ **barrera del sonido** sound barrier.
barriada *nf* neighbourhood.
barricada *nf* barricade.
barriga *nf* belly.
barril *nm* barrel, keg.
barrio *nm* area, US neighborhood.
barro 1 *nm* (*lodo*) mud. **2** (*arcilla*) clay.
barroco,-a *adj - nm* baroque.
barrote 1 *nm* (*de celda*) bar. **2** (*de escalera, silla*) rung.
bartola: **tumbarse a la bartola** to lie back lazily.
bártulos *nm pl* things, stuff *sing*.
barullo *nm* noise, din.
basar 1 *vt* to base (en, on). ‖ **2 basarse** *vpr* to be based (en, on).
báscula *nf* scales *pl*.
base 1 *nf* base. **2** *fig* basis. • **a base de**: **a base de trabajar mucho** by working hard. ▪ **base de datos** database.
básico,-a *adj* basic.
basílica *nf* basilica.
bastante 1 *adj* enough, sufficient. **2** (*abundante*) quite a lot. ‖ **3** *adv* enough. **4** (*un poco*) fairly, quite.
bastar *vi* to be sufficient, be enough. • **¡basta ya!** that's enough!
basto,-a 1 *adj* (*grosero*) coarse, rough. **2** (*sin pulimentar*) rough, unpolished.
bastón *nm* stick, walking stick.
basura *nf* rubbish, US garbage.
basurero *nm* dustman, US garbageman.
bata 1 *nf* (*de casa*) dressing gown. **2** (*de trabajo*) overall; (*de médicos etc*) white coat.
batacazo *nm* bang, bump, crash.
batalla *nf* battle.
batallar *vi* to battle.
batallón *nm* battalion.
bate *nm* bat.

batería 1 *nf* (*de coche*) battery. 2 MIL battery. 3 (*de conjunto*) drums *pl*. || 4 *nmf* drummer. ■ **batería de cocina** cookware set.
batido *nm* CULIN milk shake.
batidora *nf* CULIN (*manual*) whisk; (*automática*) blender.
batidor,-ra *adj* beating.
batir 1 *vt* (*huevos*) to beat; (*nata, claras*) to whip. 2 (*alas*) to flap. 3 (*atacar*) to beat, defeat. 4 DEP to break: **batir la marca** to break the record. 5 (*peinar*) to search, comb. || 6 **batirse** *vpr* to fight.
batuta *nf* baton.
• **llevar la batuta** to call the shots.
baúl *nm* (*cofre*) trunk.
bautismo *nm* baptism, christening.
bautizar [4] 1 *vt* REL to baptize, christen. 2 (*poner nombre a*) to name.
bautizo *nm* baptism, christening.
bayeta *nf* cloth.
bayoneta *nf* bayonet.
baza *nf* (*ocasión*) chance.
• **meter baza** to butt in.
bazar *nm* bazaar.
bazo *nm* spleen.
beatificar [1] *vt* to beatify.
beato,-a 1 *adj* REL blessed. 2 (*devoto*) devout.
bebé *nm* baby.
bebedor,-ra 1 *adj* drinking. || 2 *nm,f* hard drinker.
beber *vt* to drink.
• **beber a la salud de algn** to toast sb; **beber los vientos por algn** (*fam*) to be crazy about sb.
bebida *nf* drink, beverage.
• **darse a la bebida** to take to drink.
bebido,-a *adj* drunk.
beca *nf* grant, scholarship, award.
becar [1] *vt* to award a grant to.
becario,-a *nm,f* grant holder.
becerro *nm* calf.
bedel *nm* beadle, head porter.
begonia *nf* begonia.
belén *nm* REL nativity scene, crib.
belga *adj* - *nmf* Belgian.
Bélgica *nf* Belgium.
belleza *nf* beauty.
bello,-a *adj* beautiful. ■ **bellas artes** fine arts.
bendecir [79] *vt* to bless.
bendición *nf* blessing.
bendito,-a 1 *adj* REL blessed. || 2 *nm,f* simple person.
beneficencia *nf* beneficence, charity.
beneficiar [12] 1 *vt* to benefit, favour. || 2 **beneficiarse** *vpr* to benefit.
beneficio 1 *nm* (*ganancia*) profit. 2 (*bien*) benefit.
beneficioso,-a *adj* beneficial, useful.
benéfico,-a *adj* charitable.
bengala *nf* flare.
benigno,-a *adj* benign, gentle.
benjamín,-ina *nm,f* youngest child.
berberecho *nm* cockle.
berenjena *nf* aubergine, US eggplant.
bermudas *nf pl* Bermuda shorts.
berrear 1 *vi* (*becerro*) to bellow. 2 (*gritar*) to howl, bawl.
berrido 1 *nm* (*de becerro*) bellow. 2 (*grito*) howl, shriek.
berrinche *nm* tantrum.
berro *nm* watercress, cress.
berza *nf* cabbage.
besar 1 *vt* to kiss. || 2 **besarse** *vpr* to kiss.
beso *nm* kiss.
bestia 1 *nf* beast. || 2 *nmf* brute. || 3 *adj*: **¡no seas bestia!** don't be rude!

bestial 1 *adj* (*brutal*) beastly, bestial. 2 *fam* (*extraordinario*) great, fantastic.
bestialidad 1 *nf* (*brutalidad*) bestiality, brutality. 2 (*tontería*) stupidity. 3 *fam* (*gran cantidad*) tons *pl*.
besugo *nm* sea bream.
betún *nm* (*para zapatos*) shoe polish.
biberón *nm* baby's bottle.
bíblico,-a *adj* biblical.
biblioteca *nf* (*edificio*) library.
bibliotecario,-a *nm,f* librarian.
bicho 1 *nm* (*insecto*) bug, insect. 2 (*mala persona*) nasty character.
bicicleta *nf* bicycle.
bidón *nm* can, drum.
bien 1 *adv* (*de manera satisfactoria*) well: **canta bien** he sings well. 2 (*correctamente*) right, correctly: **contestó bien** he answered correctly. 3 (*debidamente*) properly: **¡pórtate bien!** behave yourself! 4 (*de acuerdo*) O.K., all right. 5 (*mucho*) very; (*bastante*) quite: **es bien sencillo** it's very simple. ‖ 6 *nm* good: **el bien y el mal** good and evil. ‖ 7 **bienes** *nm pl* property *sing*, possessions.
• **ahora bien** however; **bien que** although; **más bien** rather; **si bien** although; **¡ya está bien!** that's enough! ▪ **bienes inmuebles** real estate *sing*.
bienestar *nm* well-being, comfort.
bienhechor,-ra 1 *adj* , beneficial. ‖ 2 *nm,f* (*hombre*) benefactor; (*mujer*) benefactress.
bienio *nm* two-year period.
bienvenida *nf* welcome.
• **dar la bienvenida a** to welcome.
bienvenido,-a *adj* welcome.
bifurcación *nf* (*de la carretera*) fork.
bifurcarse [1] *vpr* to fork.
bígamo,-a 1 *adj* bigamous. ‖ 2 *nm,f* bigamist.
bigote 1 *nm* (*de persona*) moustache. 2 (*de gato*) whiskers *pl*.
bilingüe *adj* bilingual.
billar 1 *nm* (*juego*) billiards. 2 (*mesa*) billiard table.
billete 1 *nm* (*de banco*) note. 2 (*de tren, autobús, sorteo etc*) ticket. ▪ **billete de ida** one-way ticket; **billete de ida y vuelta** return ticket, US round-trip ticket.
billetero *nm* wallet.
billón *nm* trillion, GB (*antes*) billion.
bimensual *adj* twice-monthly.
bimestral *adj* every two months.
biografía *nf* biography.
biología *nf* biology.
biólogo,-a *nm,f* biologist.
bioquímica *nf* biochemistry.
birlar *vt fam* to pinch, nick.
birria *nf fam* load of rubbish.
bis *adv* (*en calle*) A: **viven en el 23 bis** they live at 23A. ‖ 3 *nm inv* encore.
bisabuelo,-a *nm,f* great-grandparent; (*hombre*) great-grandfather; (*mujer*) great-grandmother.
bisagra *nf* hinge.
bisiesto *adj* leap.
bisnieto,-a *nm,f* great-grandchild; (*chico*) great-grandson; (*chica*) great-granddaughter.
bisonte *nm* bison.
bistec *nm* steak.
bisturí *nm* (*pl* **bisturíes**) scalpel.
bisutería *nf* imitation jewellery.
bit *nm* bit.
bizco,-a 1 *adj* cross-eyed. ‖ 2 *nm,f* cross-eyed person.
bizcocho *nm* sponge cake.

blanco,-a 1 *adj* (*color*) white. 2 (*tez*) fair. 3 (*pálido*) pale. ‖ 4 **blanco** *nm* (*color*) white. 5 (*objetivo físico*) target; (*meta*) aim, goal. 6 (*hueco*) blank, gap; (*en escrito*) blank space.
• **dar en el blanco** (*acertar diana*) to hit the mark.

blancura *nf* whiteness.

blando,-a *adj* (*tierno*) soft; (*carne*) tender.

blanquear 1 *vt* (*poner blanco*) to whiten. ‖ 2 *vi* to whiten, turn white.

bledo *nm*.
• **me importa un bledo** *fam* I couldn't care less.

blindado,-a *adj* armour-plated; (*coche*) bullet-proof; (*puerta*) reinforced.

bloc *nm* pad, notepad.

bloque 1 *nm* (*de piedra*) block. 2 (*de papel*) pad, notepad. 3 Pol bloc.
• **en bloque** en bloc, en masse. ■ **bloque de pisos** block of flats.

bloquear 1 *vt* Mil to blockade. 2 (*precios, cuentas*) to freeze. ‖ 3 **bloquearse** *vpr* to freeze.

blusa *nf* blouse.

blusón *nm* loose blouse, smock.

bobada *nf* stupid thing.
• **decir bobadas** to talk nonsense.

bobina 1 *nf* (*carrete*) reel, bobbin. 2 Elec coil.

bobo,-a 1 *adj* silly, foolish. ‖ 2 *nm,f* fool, dunce.

boca 1 *nf* Anat mouth. 2 (*abertura*) entrance, opening.
• **boca abajo** face downwards; **boca arriba** face upwards; **no abrir boca** not to say a word; **se me hace la boca agua** it makes my mouth water. ■ **boca a boca** kiss of life, mouth-to-mouth resuscitation; **boca de metro** underground entrance, tube station entrance, US subway entrance; **boca del estómago** pit of the stomach.

bocacalle *nf* (*calle secundaria*) side street.

bocadillo 1 *nm* Culin sandwich. 2 (*en cómics*) speech balloon.

bocado 1 *nm* (*de comida*) mouthful. 2 (*piscolabis*) snack.

bocanada 1 *nf* (*de humo*) puff. 2 (*de líquido*) mouthful.

bocazas *nmf inv fam* bigmouth.

boceto *nm* (*dibujo*) sketch; (*proyecto*) outline.

bochorno 1 *nm* (*calor*) sultry weather, close weather, stifling heat. 2 (*vergüenza*) embarrassment, shame.

bochornoso,-a 1 *adj* (*tiempo*) hot, sultry. 2 (*vergonzoso*) shameful.

bocina *nf* horn.
• **tocar la bocina** to blow one's horn.

boda *nf* marriage, wedding. ■ **bodas de oro** golden wedding *sing*; **bodas de plata** silver wedding *sing*.

bodega 1 *nf* (*de vinos*) cellar, wine cellar. 2 (*tienda*) wine shop.

bodegón *nm* still-life painting.

bodrio *nm fam* load of trash: **¡vaya bodrio de película!** what a useless film!

bofetada *nf* slap.

boga *nf* vogue.
• **estar en boga** to be in fashion.

bogavante *nm* lobster.

bohemio,-a *adj* - *nm,f* bohemian.

boicotear 1 *vt* (*no acudir a*) to boycott. 2 (*sabotear*) to sabotage.

boina *nf* beret.

bola 1 *nf* (*cuerpo esférico*) ball. 2 *fam* (*mentira*) fib, lie. ■ **bola de nieve** snowball.

bolera *nf* bowling alley.

bolero,-a 1 *adj fam* lying. ‖ 2 *nm,f fam* liar.

boletín *nm* bulletin.

boleto 1 *nm* (*de lotería*) ticket. 2 (*de quiniela*) coupon.

bólido 1 *nm* ASTRON fireball. 2 AUTO racing car.

bolígrafo *nm* ball-point pen, Biro®.

boliviano,-a *adj* - *nm,f* Bolivian.

bollo 1 *nm* CULIN bun, roll. 2 (*abolladura*) dent. 3 (*chichón*) bump.

bolsa 1 *nf* (*gen*) bag. 2 (*de dinero*) purse. 3 (*en prenda*) bag. 4 FIN stock exchange: **jugar a la bolsa** to play the market. ▪ **bolsa de agua caliente** hot water bottle; **bolsa de estudios** scholarship, grant; **bolsa de trabajo** job section; **bolsa de viaje** travel bag.

bolsillo *nm* pocket.

bolso *nm* handbag, US purse.

bomba 1 *nf* (*explosivo*) bomb. 2 TÉC pump. 3 (*gran noticia*) bombshell.
• **a prueba de bomba** bombproof; **pasarlo bomba** to have a ball. ▪ **bomba aspirante** suction pump; **bomba atómica** atomic bomb.

bombacho *nm* knickerbockers *pl*.

bombardear *vt* to bombard, bomb.

bombardeo *nm* bombardment, bombing.

bombear (*agua*) to pump.

bombero,-a *nm,f* firefighter; (*hombre*) fireman; (*mujer*) firewoman.

bombilla *nf* light bulb, bulb.

bombo 1 *nm* MÚS bass drum. 2 (*elogio*) hype. 3 (*para sorteo*) lottery drum.
• **dar bombo** to hype; **darse bombo** to blow one's own trumpet.

bombón 1 *nm* (*de chocolate*) chocolate. 2 *fam* (*persona*) knock-out.

bombona *nf* cylinder, bottle. ▪ **bombona de butano** butane cylinder.

bonachón,-ona 1 *adj* kind, good-natured. ‖ 2 *nm,f* kind soul.

bondad 1 *nf* (*cualidad*) goodness. 2 (*afabilidad, amabilidad*) kindness.

bondadoso,-a *adj* kind, good.

boniato *nm* sweet potato.

bonificación *nf* (*descuento*) allowance, discount.

bonito,-a 1 *adj* pretty, lovely. ‖ 2 **bonito** *nm* (*pez*) bonito.

bono 1 *nm* FIN bond. 2 (*vale*) voucher. ▪ **bono del Tesoro** Treasury bond.

bonobús *nm* multiple-journey bus ticket.

boquerón *nm* anchovy.

boquete *nm* hole.

boquiabierto,-a *adj* open-mouthed.

boquilla 1 *nf* (*de pipa, instrumento*) mouthpiece. 2 (*sujeta cigarrillos*) cigarette holder. 3 (*filtro de cigarrillo*) tip.

borda *nf* MAR gunwale.
• **arrojar por la borda** to throw overboard.

bordado,-a *adj* embroidered.

bordar 1 *vt* to embroider. 2 (*hacer muy bien*) to perform exquisitely.

borde 1 *nm* (*extremo*) edge. ‖ 2 *adj fam* nasty.

bordear 1 *vt* (*rodear*) to skirt. 2 (*aproximarse a*) to border on, verge on.

bordillo *nm* kerb.

bordo *nm* MAR board.
• **a bordo** on board.
boreal *adj* northern.
borla *nf* tassel.
borracho,-a **1** *adj* - *nm,f* drunk.
borrador **1** *nm* (*apunte*) rough draft, rough version. **2** (*de pizarra*) duster.
borrar **1** *vt* (*con goma etc*) to erase, rub out. **2** INFORM to delete.
borrasca *nf* storm.
borrego,-a **1** *nm,f* (*animal*) lamb. **2** (*persona*) sheep.
borrico,-a **1** *nm,f* (*animal*) donkey. **2** *fam* (*persona*) ass, dimwit.
borroso,-a *adj* blurred.
bosque *nm* wood; (*grande*) forest.
bosquejo *nm* (*dibujo*) sketch; (*plan etc*) outline.
bostezar [4] *vi* to yawn.
bostezo *nm* yawn.
bota **1** *nf* (*calzado*) boot. **2** (*de vino*) wineskin.
• **ponerse las botas** *fam* to stuff oneself.
botánica *nf* botany.
botar **1** *vt* (*pelota*) to bounce. **2** (*barco*) to launch. ‖ **3** *vi* (*saltar*) to jump.
bote **1** *nm* MAR small boat. **2** (*salto*) bounce. **3** (*recipiente*) tin, can. ■ **bote salvavidas** lifeboat.
botella *nf* bottle.
botín **1** *nm* (*calzado*) ankle boot. **2** (*de robo*) booty, loot.
botiquín *nm* first-aid kit.
botón **1** *nm* (*de camisa, mecanismo*) button. **2** BOT bud.
botones *nm inv* bellboy, US bellhop.
bóveda *nf* vault. ■ **bóveda celeste** firmament.
bovino,-a *adj* bovine.
boxeador *nm* boxer.
boxeo *nm* boxing.
boya **1** *nf* MAR buoy. **2** (*corcho*) float.
bozal *nm* (*para perro*) muzzle.
bracear **1** *vi* (*nadar*) to swim. **2** (*forcejear*) to struggle.
bragas *nf pl* panties, knickers.
bragueta *nf* fly, flies *pl*.
bramar *vi* to bellow, roar.
bramido *nm* bellow, roar.
brasa *nf* live coal.
brasero *nm* brazier.
Brasil *nm* Brazil.
brasileño,-a *adj* - *nm,f* Brazilian.
bravo,-a **1** *adj* (*valiente*) brave, courageous. **2** (*fiero*) fierce, ferocious: **toro bravo** fighting bull. **3** (*mar*) rough. ‖ **4** *interj* well done!, bravo!
bravura **1** *nf* (*valentía*) bravery, courage. **2** (*fiereza*) fierceness.
braza *nf* (*en natación*) breast stroke.
brazada *nf* stroke.
brazalete *nm* bracelet.
brazo *nm* (*de persona*) arm.
• **cruzarse de brazos** (*literalmente*) to fold one's arms; (*no actuar*) to remain idle.
Bretaña **1** *nf* (*británica*) Britain. **2** (*francesa*) Brittany. ■ **Gran Bretaña** Great Britain.
breva *nf* (*higo*) early fig.
• **¡no caerá esa breva!** not much chance of that happening!
breve **1** *adj* brief. ‖ **2** *nf* MÚS breve.
• **en breve** soon, shortly.
brevedad *nf* brevity, briefness.
• **con la mayor brevedad** as soon as possible.

bribón,-ona 1 *adj* roguish. ‖ 2 *nm,f* rogue.
brigada 1 *nf* MIL brigade. 2 (*de policía*) squad.
brillante 1 *adj* (*luz, color*) bright; (*pelo, calzado*) shiny. 2 (*sobresaliente*) brilliant. ‖ 3 *nm* (*diamante*) diamond.
brillantez *nf* brilliance.
brillar 1 *vi* (*resplandecer*) to shine. 2 (*centellear*) to sparkle. 3 (*sobresalir*) to shine, be outstanding.
brillo 1 *nm* (*resplandor*) shine. 2 (*de estrella*) brightness, brilliance. 3 (*esplendor*) splendour, brilliance.
• **sacar brillo** to shine.
brincar [1] *vi* to jump, leap.
brinco *nm* jump, leap.
brindar *vi* to toast (a, -).
brindis *nm inv* toast.
brío 1 *nm* (*pujanza*) strength. 2 (*valentía*) courage.
brisa *nf* breeze.
británico,-a 1 *adj* British. ‖ 2 *nm,f* British person, Briton.
brizna *nf* (*pizca*) bit, piece; (*de hierba*) blade.
broca *nf* drill, bit.
brocha *nf* paintbrush: **pintor de brocha gorda** house painter. ■ **brocha de afeitar** shaving brush.
broche 1 *nm* COST fastener. 2 (*joya*) brooch.
broma *nf* joke.
bromear *vi* to joke.
bromista *nmf* joker.
bronca *nf* row, quarrel.
• **armar una bronca** to kick up a fuss.
bronce *nm* bronze.
bronceado,-a 1 *adj* tanned. ‖ 2 **bronceado** *nm* tan, suntan.
bronceador *nm* suntan lotion.
broncearse *vpr* to tan.
brotar 1 *vi* (*planta*) to sprout, bud. 2 (*agua*) to spring.
brote 1 *nm* (*de planta*) bud, sprout. 2 (*estallido*) outbreak.
bruja 1 *nf* (*hechicera*) witch. 2 *fam* (*harpía*) old hag.
brujo *nm* wizard, sorcerer.
brújula *nf* compass.
brusco,-a 1 *adj* (*persona*) brusque, abrupt. 2 (*movimiento*) sudden.
brusquedad 1 *nf* (*de carácter*) brusqueness. 2 (*rapidez*) suddenness.
brutal 1 *adj* (*salvaje*) beastly, savage. 2 (*enorme*) colossal. 3 (*magnífico*) terrific.
brutalidad 1 *nf* (*crueldad*) brutality. 2 (*necedad*) stupidity.
bruto,-a 1 *adj* (*necio*) stupid, ignorant. 2 (*tosco*) rough, coarse. 3 FIN gross. 4 (*peso*) gross. 5 (*piedra*) rough. 6 (*petróleo*) crude. ‖ 7 **bruto** *nm* brute, beast.
bucal *adj* oral, mouth.
bucear *vi* to dive.
buceo *nm* diving.
buche *nm fam* (*de persona*) belly.
bucle *nm* curl, ringlet.
budista *adj* - *nmf* Buddhist.
buenaventura *nf* good luck, fortune.
• **decirle a algn la buenaventura** to tell sb's fortune.
bueno,-a 1 *adj* good. 2 (*persona - amable*) kind; (- *agradable*) nice, polite. 3 (*apropiado*) right, suitable. 4 (*tiempo*) good, nice. ‖ 5 **¡bueno!** *interj* (*sorpresa*) hey!; (*de acuerdo*) OK!, all right!

• **buenas noches** good evening; **buenas tardes** good afternoon; **buenos días** good morning; **estar bueno,-a** (*de salud*) to be in good health; (*guapo*) to be good-looking.

buey *nm* ox, bullock.

bufanda *nf* scarf.

bufé *nm* buffet. ▪ **bufé libre** self-service buffet meal.

bufete 1 *nm* (*mesa*) writing desk. **2** (*de abogado*) lawyer's office.

bufón,-ona 1 *nm,f* HIST jester. ‖ **2** (*gracioso*) clown.

búho *nm* owl.

buitre *nm* vulture.

bujía *nf* spark plug.

búlgaro,-a 1 *adj* - *nm,f* Bulgarian. ‖ **2 búlgaro** *nm* (*idioma*) Bulgarian.

bullicio 1 *nm* (*ruido*) hubbub. **2** (*actividad*) hustle and bustle.

bullicioso,-a 1 *adj* (*ruidoso*) noisy. **2** (*animado*) busy.

bullir [41] *vi* (*líquido*) to boil, bubble up.

bulto 1 *nm* MED swelling, lump. **2** (*paquete*) package. **3** (*equipaje*) item of luggage.

buque *nm* MAR ship. ▪ **buque cisterna** tanker; **buque de vapor** steamer; **buque de vela** sailing ship; **buque mercante** merchant ship.

burbuja *nf* bubble.

burbujear *vi* to bubble.

burgués,-esa *adj* middle-class.

burguesía *nf* middle class.

burla 1 *nf* (*mofa*) mockery, gibe. **2** (*broma*) joke. **3** (*engaño*) deception, trick.

burlar 1 *vt* (*engañar*) to deceive, trick. **2** (*eludir*) to dodge, evade. ‖ **3 burlarse** *vpr* to mock.

• **burlarse de** to make fun of, laugh at.

burlón,-ona 1 *adj* mocking. ‖ **2** *nm,f* mocker, joker.

burocracia *nf* bureaucracy.

burrada 1 *nf* (*tontería*) stupid thing: **decir burradas** to talk nonsense; **hacer burradas** to do stupid things. **2** *fam* (*gran cantidad*) loads *pl* of.

burro,-a 1 *nm,f* (*asno*) donkey, ass. **2** (*ignorante*) ignorant person. ‖ **3** *adj* (*tonto*) stupid, thick.

• **no ver tres en un burro** to be as blind as a bat.

bursátil *adj* stock-exchange.

busca *nf* search, hunt.

• **ir en busca de** to search for.

buscar [1] *vt* (*gen*) to look for, search for; (*en diccionario*) to look up.

• **buscarse la vida** *fam* to try and earn one's living.

búsqueda *nf* search.

busto 1 *nm* ART bust. **2** (*pecho - de mujer*) bust; (*- de hombre*) chest.

butaca 1 *nf* (*sillón*) armchair. **2** TEAT seat.

butano *nm* butane.

buzo *nm* (*submarinista*) diver.

buzón 1 *nm* letter-box, US mailbox. **2** INFORM mailbox. • **echar una carta al buzón** to post a letter. ▪ **buzón de voz** voicemail.

C

cabalgar [7] *vi* to ride.
cabalgata *nf* cavalcade.
caballa *nf* mackerel.
caballar *adj* equine, horse.
caballería **1** *nf* (*montura*) mount. **2** MIL cavalry.
caballero **1** *nm* (*señor*) gentleman. **2** HIST knight.
caballete **1** *nm* (*de pintor*) easel. **2** ARQ ridge. **3** TÉC trestle. **4** (*de nariz*) bridge.
caballito **1** *nm* small horse. ‖ **2** **caballitos** *nm pl* (*tiovivo*) merry-go-round *sing*, US carousel *sing*.
caballo **1** *nm* ZOOL horse. **2** TÉC horsepower. **3** (*en ajedrez*) knight. **4** *arg* (*heroína*) smack, horse. • **a caballo** on horseback; **montar a caballo** to ride; **a caballo entre ...** *fig* halfway between ....
cabaña *nf* (*choza*) cabin, hut.
cabecear **1** *vi* (*negar*) to shake one's head. **2** (*dormirse*) to nod. **3** (*animal*) to move its head.
cabecera *nf* (*de cama*) bedhead.
cabecilla *nmf* leader.
cabellera **1** *nf* (*de pelo*) hair, head of hair. **2** (*de cometa*) tail.
cabello *nm* hair. ▪ **cabello de ángel** sweet marrow preserve.
caber [66] *vi* (*encajar*) to fit (en, into): **no me caben estos pantalones** these trousers don't fit; **en esta lata caben diez litros** this can holds ten litres; **no cabe más** there is no room for any more. • **dentro de lo que cabe** all things considered; **no cabe duda** there is no doubt.
cabestrillo *nm* sling.
cabeza **1** *nf* ANAT head. **2** (*mente*) mind. **3** (*persona*) chief, leader. **4** (*juicio*) sense. **5** (*cabello*) hair: **lavarse la cabeza** to wash one's hair. • **a la cabeza de** at the front, at top of; **cabeza abajo** upside down; **cabeza arriba** the right way up; **por cabeza** a head, (ten thousand) per person; **sentar la cabeza** to settle down. ▪ **cabeza de ajo** head of garlic; **cabeza de familia** head of the family.
cabezada *nf* (*saludo*) nod. • **echar una cabezada** to have a snooze.
cabezal *nm* (*gen*) head.
cabezazo **1** *nm* (*golpe dado*) butt; (*golpe recibido*) bump on the head. **2** (*en fútbol*) header.
cabezón,-ona **1** *adj* (*de cabeza grande*) bigheaded. **2** (*terco*) pigheaded.
cabezota **1** *adj* pigheaded. ‖ **2** *nm,f* (*terco*) pigheaded person.
cabida *nf* capacity, room.
cabina *nf* cabin, booth. ▪ **cabina telefónica** phone box.
cabizbajo,-a *adj* crestfallen.
cabo **1** *nm* (*extremo*) end, extremity. **2**: **al cabo de un mes** in a month. **3** GEOG cape. **4** MIL corpo-

ral. • **de cabo a rabo** from head to tail; **llevar a cabo** to carry out.

cabra *nf* goat. • **loco,-a como una cabra** *fam* as mad as a hatter.

cabrear 1 *vt fam* to make angry. ‖ **2 cabrearse** *vpr fam* to get worked up.

cabreo *nm fam* anger.

cabriola 1 *nf* (*brinco*) caper, hop. **2** (*voltereta*) somersault.

cabrito *nm* kid.

cabrón,-ona 1 *nm,f vulg* (*hombre*) bastard; (*mujer*) bitch. ‖ **2 cabrón** *nm* (*animal*) billy goat.

caca 1 *nf fam* poo, US poop. **2** *fam* (*cosa sucia*) dirty thing.

cacahuete *nm* peanut.

cacao 1 *nm* (*planta*) cacao. **2** (*polvo, bebida*) cocoa. **3** *fam* (*jaleo*) mess, chaos.

cacatúa *nf* cockatoo.

cacería *nf* hunt, hunting party.

cacerola *nf* saucepan.

cacha *nf fam* thigh. • **estar cachas** to be hunky.

cacharro 1 *nm* (*de cocina*) pot. **2** *fam* (*cosa*) thing.

cachear *vt* to search, frisk.

cachete *nm* (*bofetada*) slap.

cachivache 1 *nm* thingummy. ‖ **2 cachivaches** *nm pl* junk *sing*.

cacho *nm fam* bit, piece.

cachondearse *vpr* to poke fun (de, at).

cachondeo 1 *nm fam* (*bromas*) fooling around. **2** *fam* (*farsa*) joke. • **¡vaya cachondeo!** what a laugh!

cachondo,-a 1 *adj* (*excitado*) hot, randy, horny. **2** *fam* (*divertido*) funny.

cachorro,-a *nm,f* (*de perro*) puppy; (*de león, tigre*) cub.

caco *nm fam* thief.

cada *adj* each, every: **tres caramelos para cada uno** three sweets each; **cada cual, cada uno** each one. • **¿cada cuánto?** how often?; **cada vez más** more and more; **cada vez que** whenever, every time that.

cadáver *nm* corpse, body.

cadena 1 *nf* (*de eslabones*) chain. **2** (*industrial*) line. **3** (*montañosa*) range. **4** TV channel. **6** RAD station. • **tirar de la cadena del váter** to flush the toilet. ▪ **cadena perpetua** life imprisonment.

cadera *nf* hip.

caducar [1] *vi* to expire.

caducidad *nf* expiration.

caduco,-a 1 *adj* (*pasado*) expired, out-of-date. **2** (*viejo*) decrepit.

caer [67] **1** *vi* to fall: **caer de cabeza** to fall on one's head; **caer de rodillas** to fall on one's knees; **dejar caer** to drop. **2** (*hallarse*) to be located: **el camino cae a la derecha** the road is on the right. ‖ **3 caerse** *vpr* to fall (down). • **caer bien** (*prenda*) to suit; (*persona*) to like; **caer mal** (*prenda*) not to suit; (*persona*) not to like; **caer en la cuenta** to realize; **caer enfermo,-a** to fall ill.

café 1 *nm* (*bebida*) coffee. **2** (*cafetería*) café.

cafeína *nf* caffeine.

cafetera *nf* coffeepot.

cagada 1 *nf vulg* (*mierda*) shit. **2** *vulg fig* (*error*) cockup.

cagar [7] **1** *vi vulg* to shit. ‖ **2 cagarse** *vpr vulg* to shit oneself. • **cagarse de miedo** *vulg* to be shit-scared.

caída 1 *nf* fall. **2** (*pérdida*) loss: **la caída del cabello** hair loss. **3** (*de precios*) fall, drop. **4** INFORM crash.

caído,-a 1 *adj* fallen. 2 (*desanimado*) downhearted.
caimán *nm* alligator.
caja 1 *nf* (*gen*) box; (*de madera*) chest; (*grande*) crate. 2 (*de bebidas*) case. 3 (*en tienda, bar*) cash desk; (*en banco*) cashier's desk. 4 AUTO body. ▪ **caja de ahorros** savings bank; **caja de cambios** gearbox; **caja fuerte** safe.
cajero,-a *nm,f* cashier. ▪ **cajero automático** cash point.
cajetilla *nf* packet (of cigarettes).
cajón *nm* (*en mueble*) drawer.
cal *nf* lime.
cala *nf* (*en costa*) cove.
calabacín 1 *nm* (*pequeño*) courgette, US zucchini. 2 (*grande*) marrow, US squash.
calabaza *nf* gourd, pumpkin. • **dar calabazas a algn** to turn sb down; (*en examen*) to fail sb.
calabozo 1 *nm* (*prisión*) jail. 2 (*celda*) cell.
calada *nf* (*a cigarro*) puff.
calado,-a 1 *adj fam* (*empapado*) soaked.
calamar *nm* squid.
calambre *nm* cramp.
calamidad *nf* (*desastre*) calamity.
calaña *nf pey* kind, sort.
calar 1 *vt* (*mojar*) to soak, drench. 2 (*agujerear*) to go through, pierce. 3 *fam* (*intención*) to rumble: **¡te tengo calado!** I've got your number! ‖ 4 **calarse** *vpr* to get soaked. 5 (*sombrero*) to pull down. 6 (*motor*) to stop, stall.
calavera *nf* ANAT skull.
calcar [1] 1 *vt* (*dibujo*) to trace. 2 *fig* (*imitar*) to copy.
calcetín *nm* sock.
calcinar *vt* (*carbonizar*) to burn.
calcio *nm* calcium.
calculadora *nf* calculator.
calcular *vt* to calculate.
cálculo 1 *nm* (*de cantidad, presupuesto*) calculation, estimate. 2 (*conjetura*) conjecture, guess. 3 MED stone.
caldear 1 *vt* (*calentar*) to warm, liven. 2 *fig* (*excitar*) to heat up, warm up.
caldera *nf* boiler.
calderilla *nf* small change.
caldo *nm* CULIN stock, broth.
calefacción *nf* heating. ▪ **calefacción central** central heating.
calentador *nm* heater.
calentamiento *nm* warming.
calentar [27] 1 *vt* (*comida, cuerpo*) to warm up; (*agua, horno etc*) to heat. 2 DEP to warm up. 3 (*pegar*) to smack. ‖ 4 **calentarse** *vpr* (*en general*) to get hot, get warm. 5 (*excitarse sexualmente*) to get horny.
calentura *nf* fever, temperature.
calibre 1 *nm* (*de arma*) calibre. 2 TÉC gauge. 3 (*importancia*) importance.
calidad 1 *nf* (*de producto*) quality: **vino de calidad** good-quality wine. 2 (*condición*) rank, capacity: **en calidad de ministro** as a Minister. ▪ **calidad de vida** quality of life.
cálido,-a *adj* warm.
caliente 1 *adj* (*templado*) warm; (*ardiendo*) hot. 2 (*acalorado*) heated, spirited. 3 *fam* (*excitado*) hot, randy. • **en caliente** in the heat of the moment.
calificación *nf* EDUC mark, US grade.

calificado,-a 1 *adj* (*cualificado*) qualified. 2 (*de mérito*) eminent.
calificar [1] 1 *vt* (*etiquetar*) to describe (de, as). 2 EDUC to mark, US grade.
callado,-a *adj* silent, quiet.
callar 1 *vt* (*esconder*) to keep to oneself. ‖ 2 **callar(se)** *vi* - *vpr* (*no hablar*) to stop talking: **¡cállate!** shut up!
calle 1 *nf* street, road. 2 DEP lane. ■ **calle mayor** high street, main street; **calle peatonal** pedestrian street.
callejear *vi* to wander the streets.
callejero *nm* street directory.
callejón *nm* back street, back alley. ■ **callejón sin salida** cul-de-sac.
callista *nmf* chiropodist.
callo 1 *nm* MED callus, corn. ‖ 2 **callos** *nm pl* CULIN tripe *sing.*
calma 1 *nf* (*tranquilidad*) calm. 2 *fam* (*cachaza*) slowness, phlegm. • **mantener la calma** to keep calm; **perder la calma** to lose one's patience.
calmante *nm* painkiller.
calmar 1 *vt* (*dolor*) to relieve, soothe. ‖ 2 **calmar(se)** *vt* - *vpr* (*persona*) to calm down. ‖ 3 **calmarse** *vpr* (*dolor etc*) to abate.
calor *nm* (*sensación*) heat: **hace calor** it is hot; **tengo calor** I feel warm, I feel hot.
caloría *nf* calorie.
calumnia *nf* calumny, slander.
calumniar [12] *vt* to calumniate, slander.
caluroso,-a 1 *adj* (*tiempo*) warm, hot. 2 *fig* (*entusiasta*) warm, enthusiastic.
calva *nf* bald patch.
calvicie *nf* baldness.
calvo,-a 1 *adj* (*persona*) bald. 2 (*terreno*) bare, barren. ‖ 3 *nm,f* bald person.
calzada *nf* road, US pavement.
calzado *nm* footwear, shoes *pl.*
calzar [4] 1 *vt* (*llevar calzado*) to wear. ‖ 2 **calzarse** *vpr* to put (one's shoes) on. • **¿qué número calzas?** what size do you take?
calzón *nm* (*de deporte*) shorts *pl.*
calzoncillos *nm pl* underpants, pants, briefs.
cama *nf* bed. • **irse a la cama** to go to bed; **guardar cama** to stay in bed. ■ **cama doble** double bed; **cama individual** single bed.
camaleón *nm* chameleon.
cámara 1 *nf* (*sala*) chamber, room. 2 (*institución*) chamber. 3 POL house. 4 (*de rueda*) inner tube. 5 (*fotográfica*) camera. • **a cámara lenta** in slow motion.
camarada 1 *nmf* (*colega*) colleague; (*de colegio*) schoolmate. 2 POL comrade.
camaradería *nf* companionship.
camarero,-a *nm,f* (*en bar - hombre*) waiter; (- *mujer*) waitress.
camarón *nm* (common) prawn.
camarote *nm* cabin.
cambiar [12] 1 *vt* (*modificar*) to change: **¿puede cambiarme las patatas por arroz?** could I have rice instead of the chips? 2 (*de sitio*) to shift; (*de casa*) to move. 3 (*intercambiar*) to exchange: **cambiar impresiones** to exchange views. 4 (*moneda extranjera*) to change, exchange. ‖ 5 *vi* (*gen*) to change: **has cambiado mucho** you've changed

a lot. **6** (*viento*) to veer. ‖ **7 cambiarse** *vpr* to change: **cambiarse de ropa** to get changed. • **cambiar de idea** to change one's mind.

cambio 1 *nm* change: **no me has devuelto el cambio** you haven't given me back my change. **2** (*de valores, monedas*) price, quotation. **3** (*de tren*) switch. **4** AUTO gear change. • **a cambio de** in exchange for; **en cambio** (*por otro lado*) on the other hand; (*en lugar de*) instead. ■ **cambio automático** AUTO automatic transmission; **cambio de marchas** AUTO gearshift.

camelar 1 *vt - vpr* (*cortejar*) to court, flirt with. **2** (*engañar*) to cajole.

camello 1 *nm* ZOOL camel. **2** *arg* (*de drogas*) drugpusher, pusher.

camerino *nm* TEAT dressing room.

camilla *nf* stretcher.

caminar *vi - vt* to walk.

caminata *nf* long walk, trek.

camino 1 *nm* (*sendero*) path, track. **2** (*ruta*) way. **3** (*viaje*) journey. • **ponerse en camino** to set off, start out; **ir por buen camino** *fig* to be on the right track; **ir por mal camino** *fig* to be on the wrong track.

camión *nm* lorry, US truck. ■ **camión frigorífico** refrigerated truck.

camionero,-a *nm,f* lorry driver, US truck driver.

camioneta *nf* van.

camisa *nf* shirt. • **en mangas de camisa** in one's shirtsleeves; **meterse en camisa de once varas** *fig* to meddle in other people's business.

camisería *nf* shirt shop.

camiseta 1 *nf* (*interior*) vest. **2** (*exterior*) T-shirt. **3** DEP shirt.

camisón *nm* nightdress, nightie.

campamento *nm* camp.

campana *nf* bell. ■ **campana extractora** hood.

campanario *nm* belfry.

campaña *nf* countryside. ■ **campaña electoral** election campaign.

campechano,-a *adj* frank, open, good-humoured.

campeonato *nm* championship.

campeón,-ona *nm,f* champion.

campesino,-a 1 *adj* country, rural. ‖ **2** *nm,f* (*que vive en el campo*) country person; (*que trabaja en el campo*) farm worker.

campestre *adj* country, rural.

camping *nm* (*pl* campings) camp site. • **ir de camping** to go camping.

campiña *nf* countryside.

campo 1 *nm* (*extensión de terreno*) country; (*paisaje*) countryside. **2** (*terreno cultivado*) field: **campos de maíz** cornfields. **3** DEP MIL field. **4** (*ámbito*) space; (*área*) field, scope. • **ir campo a través** to cut across the fields. ■ **campo de fútbol** football pitch; **campo de golf** golf course.

camuflar *vt* to camouflage.

cana *nf* grey hair. • **echar una cana al aire** to let one's hair down.

Canadá *nm* Canada.

canadiense *adj - nmf* Canadian.

canal 1 *nm* (*artificial*) canal. **2** (*natural*) channel. **3** TV INFORM channel. ■ **Canal de la Mancha** English Channel; **Canal de Panamá** Panama Canal.

canalizar [4] **1** *vt* (*agua, área*) to canalize. **2** (*riego*) to channel.
canalla 1 *nm* (*persona ruin*) rascal, scoundrel, cad. || **2** *nf* (*gente despreciable*) riffraff.
canapé 1 *nm* (*pl* canapés) (*sofá*) couch, sofa. **2** CULIN canapé.
Canarias *nf pl* Canary Islands.
canario,-a 1 *adj* - *nm,f* (*de las Canarias*) of/from the Canary Islands. || **2** *nm,f* (*habitante*) Canary Islander || **3 canario** *nm* (*pájaro*) canary.
canasta *nf* basket.
canastilla 1 *nf* (*cestita*) small basket. **2** (*de bebé*) layette.
canasto *nm* large basket.
cancelar 1 *vt* (*gen*) to cancel. **2** (*deuda*) to pay off.
cáncer 1 *nm* cancer. **2** ASTROL ASTRON Cancer.
cancha *nf* DEP sports ground; (*tenis*) court.
canción *nf* song. ■ **canción de cuna** lullaby.
cancionero 1 *nm* (*de poemas*) collection of poems. **2** MÚS songbook.
candado *nm* padlock.
candente *adj* incandescent, red-hot: **un tema candente** a pressing issue.
candidato,-a *nm,f* candidate.
candidatura 1 *nf* (*propuesta*) candidacy. **2** (*lista*) list of candidates.
cándido,-a *adj* candid, ingenuous.
canela *nf* cinnamon.
cangrejo *nm* crab.
canguro 1 *nm* ZOOL kangaroo. || **2** *nmf* baby-sitter.
canica *nf* marble.
canijo,-a *adj* weak, sickly.
canino,-a 1 *adj* canine. || **2 canino** *nm* canine tooth.
canjear *vt* to exchange.
canoa *nf* canoe.
cano,-a *adj* grey, grey-haired.
canonizar [4] *vt* to canonize.
canoso,-a *adj* grey-haired.
cansado,-a 1 *adj* (*fatigado*) tired, weary. **2** (*pesado*) boring, tiring.
cansancio *nm* tiredness, weariness.
cansar 1 *vt* to tire. **2** (*molestar*) to annoy. || **3 cansarse** *vpr* to get tired.
cantante 1 *adj* singing. || **2** *nmf* singer.
cantar 1 *vt* - *vi* MÚS to sing. **2** *fam* (*confesar*) to squeak, confess. || **3** *vi fam* (*oler mal*) to stink.
cántaro 1 *nm* (*recipiente*) pitcher. **2** (*contenido*) pitcherful. • **llover a cántaros** to rain cats and dogs.
cante *nm* MÚS singing. • **dar el cante** to look ridiculous.
cantera 1 *nf* (*de piedra*) quarry. **2** DEP young players *pl*.
cantidad 1 *nf* (*volumen*) quantity, amount. || **2** *adv fam* (*un montón*) cantidad de, lots of: **cantidad de comida** lots of food.
cantimplora *nf* water bottle.
cantina *nf* canteen; (*de estación*) buffet.
canto 1 *nm* (*arte*) singing. **2** (*canción*) song. **3** (*extremo*) edge: **de canto** sideways. **4** (*esquina*) corner. **5** (*piedra*) stone. ■ **canto rodado** pebble.
cantor,-ra 1 *adj* singing. || **2** *nm,f* singer.
canturrear *vi* to hum.
canutas *nf pl fam.* • **pasarlas canutas** to have a hard time.

caña 1 *nf* reedbed. 2 (*de pescar*) fishing rod. • **meter caña** *fam* (*coche*) to go at full speed; (*persona*) to do sb over. ▪ **caña de azúcar** sugar cane.
cañería *nf* pipe.
caño 1 *nm* (*tubo*) tube. 2 (*chorro*) jet.
cañón 1 *nm* (*de artillería*) cannon. 2 (*de arma*) barrel. 3 (*tubo*) tube, pipe. 4 (*de chimenea*) flue. 5 GEOG canyon. • **al pie del cañón** *fig* in the breach; **estar cañón** *fam* to be terrific.
caoba *nf* mahogany.
capa 1 *nf* (*prenda*) cloak, cape. 2 (*baño*) coat: **una capa de pintura** a coat of paint. 3 GEOG layer: **la capa de ozono** the ozone layer. • **andar de capa caída** to be on the decline.
capacidad 1 *nf* (*cabida*) capacity, content. 2 (*habilidad*) capability, ability.
capar *vt* to geld, castrate.
caparazón *nm* shell.
capataz *nmf* (*hombre*) foreman; (*mujer*) forewoman.
capaz *adj* capable (de, of), able (de, to).
capellán *nm* chaplain.
capicúa *nm* palindromic number.
capilla 1 *nf* (*de iglesia*) chapel. 2 MÚS choir. ▪ **capilla ardiente** funeral chapel.
capital 1 *adj* (*principal*) capital. ‖ 2 *nm* FIN capital. ‖ 3 *nf* (*ciudad*) capital.
capitalista *adj* - *nmf* capitalist.
capitán,-ana *nm,f* captain.
capítulo *nm* (*de libro*) chapter; (*de serie de televisión*) episode.
capó *nm* bonnet, US hood.
capota *nf* folding top.
capricho *nm* caprice, whim.
caprichoso,-a *adj* capricious.
capricornio *nm* Capricorn.
cápsula 1 *nf* MED capsule. 2 (*de arma*) cartridge.
captar 1 *vt* (*atraer*) to attract. 2 (*ondas, emisora*) to pick up. 3 (*agua*) to collect. 4 (*comprender*) to understand.
captura *nf* capture, seizure.
capturar *vt* to capture, seize.
capucha *nf* hood.
capullo 1 *nm* (*de insectos*) cocoon. 2 BOT bud. 3 *vulg* (*estúpido*) silly bugger.
caqui 1 *adj* - *nm* khaki. ‖ 2 *nm* BOT persimmon.
cara 1 *nf* ANAT face. 2 (*lado*) side; (*de moneda*) right side. • **cara a cara** face to face; **cara o cruz** heads or tails; **dar la cara** to face the consequences; **de cara a** opposite, facing; **tener cara de** + *adj* to look + *adj*: **tiene cara de cansado** he looks tired; **verse las caras** to come face to face. ▪ **cara de pocos amigos** *fam* unfriendly face.
carabina 1 *nf* (*arma*) carbine, rifle. 2 *fam* (*acompañante*) chaperone.
caracol 1 *nm* (*de tierra*) snail; (*de mar*) winkle. 2 (*del oído*) cochlea.
carácter 1 *nm* (*pl* caracteres) character. 2 (*condición*) nature. 3 (*imprenta*) character. • **tener buen carácter** to be good-natured; **tener mal carácter** to be bad-tempered.
característico,-a *adj* - *nf* characteristic.
caracterizar [4] 1 *vt* (*distinguir*) to characterize. ‖ 2 **caracterizarse**

vpr (*distinguirse*) to be characterized. **3** TEAT to dress up (**de**, as).
caramba *interj* good gracious!
caramelo 1 *nm* (*golosina*) sweet, US candy. **2** (*azúcar quemado*) caramel. • **a punto de caramelo** caramelized.
caravana 1 *nf* (*vehículo*) caravan. **2** (*atasco*) tailback, US backup.
caray *interj* good heavens!
carbón 1 *nm* (*mineral*) coal. **2** (*lápiz*) charcoal. ■ **carbón vegetal** charcoal.
carboncillo *nm* charcoal.
carbonizar [4] *vt* - *vpr* to carbonize, burn.
carbono *nm* carbon.
carburador *nm* carburettor.
carburante *nm* fuel.
carca 1 *adj* - *nmf fam* square. **2** POL reactionary.
carcajada *nf* burst of laughter. • **reírse a carcajadas** to laugh one's head off.
cárcel *nf* jail, prison: **en la cárcel** in jail.
carcelero *nm* jailer, warder.
cardenal 1 *nm* REL cardinal. **2** (*hematoma*) bruise.
cardíaco,-a *adj* cardiac, heart.
cardo *nm* BOT thistle.
carecer [43] *vi* to lack (**de**, -).
carencia *nf* lack (**de**, of).
carestía 1 *nf* (*falta*) scarcity. **2** (*precio alto*) high cost.
careta *nf* mask.
carga 1 *nf* (*mercancías*) load. **2** (*peso*) burden. **3** (*flete*) cargo, freight. **4** (*tributo*) tax. **5** (*obligación*) duty. ■ **carga eléctrica** electric charge.
cargado,-a 1 *adj* (*con mercancías*) loaded. **2** (*bebida*) strong.
cargador 1 *nm* (*de mercancías*) loader. **2** (*instrumento*) charger.
cargamento *nm* (*de camión*) load; (*de barco*) cargo.
cargante *adj fam* annoying.
cargar [7] **1** *vt* (*vehículo, arma etc*) to load (**de**, with). **2** (*pila*) to charge. **3** (*precio*) to charge. **4** (*de trabajo, responsabilidad*) to burden (**de**, with). **5** *fam fig* (*molestar*) to bother, annoy. ‖ **6** *vi* JUR to charge. **7** (*atacar*) to charge (**contra**, -). ‖ **8 cargarse** *vpr fam* (*destrozar*) to smash, ruin. **9** EDUC *fam* to fail. **10** *fam* (*matar*) to knock off. • **cargar con** (*peso*) to carry; (*responsabilidad*) to take; **cargar algo en una cuenta de algn** to debit sb's account with sth; **cargar con el muerto** *fam* to be left holding the baby; (*ser culpado*) to get the blame.
cargo 1 *nm* (*puesto*) post, position. **2** (*gobierno, custodia*) charge, responsibility. **3** FIN charge, debit. **4** JUR (*falta*) charge, accusation. • **correr a cargo de algn** (*responsabilidad*) to be the responsibility of sb; (*gasto*) to be paid for by sb; ; **hacerse cargo de** (*responsabilizarse de*) to take charge of; (*entender*) to take into consideration, realize.
Caribe *nm* the Caribbean.
caricatura *nf* caricature.
caricia *nf* caress, stroke.
caridad *nf* charity.
caries *nf inv* caries *inv*, cavity.
cariño 1 *nm* love, affection, fondness. **2** (*querido*) darling. • **coger cariño a** to grow fond of.
cariñoso,-a *adj* loving, affectionate.

carmín *adj* - *nm* carmine.
carnaval *nm* carnival.
carne 1 *nf* ANAT flesh. **2** CULIN meat. **3** (*de fruta*) pulp. • **en carne viva** raw; **ser de carne y hueso** to be only human; **ser uña y carne** to be as thick as thieves. ▪ **carne asada** roasted meat; **carne de buey** beef; **carne picada** mincemeat.
carné *nm* card. ▪ **carné de conducir** driving licence; **carné de identidad** identity card.
carnero *nm* ZOOL ram.
carnicería 1 *nf* (*tienda*) butcher's. **2** *fig* (*matanza*) carnage, slaughter.
carnicero,-a *nm,f* butcher.
carnívoro,-a *adj* carnivorous.
carnoso,-a *adj* fleshy.
caro,-a 1 *adj* (*costoso*) expensive, dear. ‖ **2 caro** *adv* at a high price.
carpa 1 *nf* (*pez*) carp. **2** (*toldo*) marquee; (*de circo*) big top.
carpeta *nf* folder, file.
carpintería 1 *nf* (*labor*) carpentry. **2** (*taller*) carpenter's shop.
carpintero *nm* carpenter.
carrera 1 *nf* (*paso*) run(ning). **2** DEP race. **3** (*estudios*) university education: **hacer la carrera de medicina** to study medicine. **4** (*profesión*) career. **5** (*en las medias*) ladder. ▪ **carrera ciclista** cycle race; **carrera de coches** motor race.
carrerilla *nf*. • **saber algo de carrerilla** to know sth parrot fashion; **tomar carrerilla** to take a run-up.
carreta *nf* cart.
carrete 1 *nm* (*de película*) spool. **2** (*de hilo, pesca*) reel. **3** ELEC coil.
carretera *nf* road. ▪ **carretera de circunvalación** ring road, US beltway; **carretera nacional** A road, main road, US state highway.
carretilla *nf* wheelbarrow.
carril 1 *nm* (*ferrocarril*) rail. **2** AUTO lane. **3** (*surco*) furrow.
carrillo *nm* cheek.
carro 1 *nm* (*carreta*) cart. **2** (*militar*) tank. **3** (*de máquina de escribir*) carriage. • **¡para el carro!** *fam* hold your horses!
carrocería *nf* AUTO body.
carroña *nf* carrion.
carroza 1 *nf* coach, carriage. **2** (*de carnaval*) float. ‖ **3** *adj fam* (*anticuado*) out-of-date. ‖ **4** *nmf fam* (*persona anticuada*) old fogey.
carruaje *nm* carriage, coach.
carta 1 *nf* (*documento*) letter. **2** (*naipe*) card. **3** (*en restaurante*) menu. • **echar una carta** to post a letter; **echarle las cartas a algn** to tell sb's fortune. ▪ **carta blanca** carte blanche; **carta certificada** registered letter.
cartabón *nm* set square.
cartearse *vpr* to correspond.
cartel *nm* poster.
cartelera *nf* (*para carteles*) hoarding, US billboard.
cartera 1 *nf* (*monedero*) wallet. **2** (*de colegial*) satchel, schoolbag. **3** (*de ejecutivo*) briefcase. **4** COM portfolio.
carterista *nmf* pickpocket.
cartero,-a *nm,f* (*hombre*) postman; (*mujer*) postwoman.
cartón 1 *nm* (*material*) cardboard. **2** (*de cigarrillos*) carton. ▪ **cartón piedra** papier mâché.
cartucho 1 *nm* (*con explosivo, tinta*) cartridge. **2** (*de monedas*) roll.
cartulina *nf* (thin) cardboard.

casa 1 *nf* (*edificio*) house. **2** (*hogar*) home: **vete a casa** go home. **3** (*empresa*) firm, company. • **llevar la casa** to run the house; **como Pedro por su casa** as if he owned the place; **tirar la casa por la ventana** *fig* to go all out. ▪ **casa de campo** country house; **casa de citas** brothel; **casa de empeños** pawn-shop.

casado,-a 1 *adj* married. ‖ **2** *nm,f* married person.

casar 1 *vt* (*personas*) to marry. ‖ **2 casarse** *vpr* to get married.

cascabel *nm* (little) bell.

cascada *nf* cascade, waterfall.

cascado,-a *adj* (*gastado*) worn-out.

cascar [1] **1** *vt* (*romper*) to crack. **2** (*la salud*) to damage. **3** (*pegar*) to beat, thrash. ‖ **4** *vi fam* (*morir*) to peg out. **5** *fam* (*charlar*) to chat away. ‖ **6 cascarse** *vpr* (*romperse*) to crack.

cáscara 1 *nf* (*de huevo, nuez*) shell. **2** (*de fruta*) skin. **3** (*de grano*) husk.

cascarón *nm* eggshell.

cascarrabias *nmf inv fam* grouch.

casco 1 *nm* (*protector*) helmet. **2** (*envase*) empty bottle. **3** MAR hull. ‖ **4 cascos** *nm pl* (*auriculares*) headphones.

cascote *nm* piece of rubble.

caserío *nm* (*casa*) country house.

casero,-a 1 *adj* (*persona*) home-loving. **2** (*productos*) home-made. ‖ **3** *nm,f* (*dueño - hombre*) landlord; (*-mujer*) landlady.

caseta 1 *nf* (*de feria*) stall. **2** (*de perro*) kennel. **3** DEP changing room.

casete 1 *nm* (*magnetófono*) cassette player, cassette recorder. ‖ **2** *nf* (*cinta*) cassette (tape).

casi *adv* almost, nearly: **casi nunca** hardly ever.

casilla 1 *nf* (*casa*) hut. **2** (*de casillero*) pigeonhole. **3** (*cuadrícula*) square. • **sacar a algn de sus casillas** to drive sb mad.

caso 1 *nm* (*ocasión*) case, occasion. **2** (*suceso*) event, happening. • **el caso es que ...** the thing is that ...; **en caso de que** if; **en ese caso** in that case; **en todo caso** anyhow, at any rate; **hacer caso a** to pay attention to; **venir al caso** to be relevant.

caspa *nf* dandruff.

casta 1 *nf* (*grupo social*) caste. **2** (*linaje*) lineage, descent.

castaña *nf* (*fruto*) chestnut. • **darse una castaña** to come a cropper; **sacarle las castañas del fuego a algn** to save sb's bacon.

castaño,-a 1 *adj* chestnut-coloured; (*pelo*) brown. ‖ **2 castaño** *nm* (*árbol*) chestnut tree.

castañuela *nf* castanet.

castellano,-a 1 *adj - nm,f* Castilian. ‖ **2 castellano** *nm* (*idioma*) Castilian, Spanish.

castigar [7] **1** *vt* (*niño, condenado*) to punish. **2** DEP to penalize. **3** (*dañar*) to harm.

castigo 1 *nm* (*de niño, condenado*) punishment. **2** DEP penalty.

castillo *nm* castle.

castrar *vt* (*capar*) to castrate.

casual 1 *adj* chance. ‖ **2** *nm* chance. • **por un casual** just by chance.

casualidad *nf* chance, coincidence. • **por casualidad** by chance; **¡qué casualidad!** what a coincidence!

catalán,-ana 1 *adj - nm,f* Catalan. ‖ **2 catalán** *nm* (*idioma*) Catalan.

catalejo *nm* spyglass.

catálogo *nm* catalogue.
Cataluña *nf* Catalonia.
catar *vt* to taste.
catarata 1 *nf* (*de agua*) waterfall. 2 (*en ojo*) cataract.
catarro *nm* cold.
catástrofe *nf* catastrophe.
cate *nm fam* EDUC failed subject, fail.
catear *vt* (*estudiante*) to fail, US flunk.
catecismo *nm* catechism.
catedral *nf* cathedral.
catedrático,-a *nm,f* (*de universidad*) professor.
categoría *nf* (*rango*) category, rank. • **de categoría** important, prominent; **de primera categoría** first-class.
cateto,-a *nm,f* (*palurdo*) dimwit.
católico,-a *adj* - *nm,f* Catholic.
catorce *num* fourteen.
cauce 1 *nm* (*de río*) river bed. 2 (*canal*) channel.
caucho *nm* rubber.
caudal 1 *nm* (*de río*) flow. 2 *fig* (*riqueza*) fortune, wealth.
causa 1 *nf* (*razón*) cause. 2 JUR lawsuit. • **a causa de** because of, on account of.
causar 1 *vt* (*provocar*) to cause, bring about. 2 (*proporcionar*) to give.
cautela *nf* caution, wariness.
cauteloso,-a *adj* cautious, wary.
cautivar 1 *vt* (*apresar*) to take prisoner, capture. 2 (*atraer*) to captivate.
cautiverio *nm* captivity.
cautivo,-a *adj* - *nm,f* captive.
cauto,-a *adj* cautious.
cava 1 *nm* (*bebida*) cava, sparkling wine. ‖ 2 *nf* (*bodega*) wine cellar.
cavar *vt* to dig.
caverna *nf* cavern, cave.
cavidad *nf* cavity.
caza 1 *nf* (*acción*) hunting. 2 (*animales*) game. ‖ 3 *nm* AV fighter.
cazadora *nf* (*chaqueta*) jacket.
cazador,-ra 1 *adj* hunting. ‖ 2 *nm,f* (*persona*) hunter. ▪ **cazador furtivo** poacher.
cazar [4] 1 *vt* (*animal*) to hunt. 2 *fam* (*coger*) to catch.
cazo 1 *nm* (*cucharón*) ladle. 2 (*cacerola*) pot, pan.
cazuela *nf* casserole.
cebada *nf* barley.
cebar 1 *vt* (*animal*) to fatten (up). ‖ 2 **cebarse** *vpr* (*ensañarse*) to show no mercy (en/con, to).
cebo 1 *nm* (*para animales*) food. 2 (*para pescar*) bait.
cebolla *nf* onion.
cebolleta 1 *nf* (*hierba*) chives *pl*. 2 (*cebolla*) spring onion.
cebra *nf* zebra.
ceder 1 *vt* (*dar*) to cede. ‖ 2 *vi* (*rendirse*) to yield (a, to). 3 (*caerse*) to fall, give way. • **ceder el paso** AUTO to give way, US to yield way.
cedro *nm* cedar.
cédula *nf* certificate.
cegar [48] 1 *vt* (*persona*) to blind: **cegado por la ira** blind with rage. ‖ 2 *vi* (*quedar ciego*) to go blind. ‖ 3 **cegarse** *vpr fig* (*obstinarse*) to become blinded.
ceguera *nf* blindness.
ceja *nf* eyebrow, brow. • **tener algo entre ceja y ceja** to have sth in one's head.

celda *nf* cell.
celebración 1 *nf* (*fiesta*) celebration. **2** (*de una reunión etc*) holding.
celebrar 1 *vt* (*festejar*) to celebrate. **2** (*reunión*) to hold. **3** (*alabar*) to praise. **4** (*estar contento*) to be happy about. **5** REL (*misa*) to say. ‖ **6 celebrarse** *vpr* (*ocurrir*) to take place, be held.
célebre *adj* well-known, famous.
celebridad *nf* celebrity.
celeste 1 *adj* (*del cielo*) celestial. **2** (*azul*) light.
celo 1 *nm* (*entusiasmo*) zeal. ‖ **2 celos** *nm pl* jealousy *sing*.
celo® *nm* Sellotape®, US Scotch tape®.
celofán *nm* Cellophane®.
celoso,-a *adj* jealous.
celta 1 *adj* Celtic. ‖ **2** *nmf* (*persona*) Celt. ‖ **3** *nm* (*idioma*) Celtic.
célula *nf* cell.
cementerio *nm* cemetery.
cemento *nm* concrete, cement.
cena *nf* (*comida por la noche*) supper; (- *formal*) dinner. ▪ **la Santa Cena** the Last Supper.
cenar *vi* to have supper, have dinner.
cenicero *nm* ashtray.
ceniza *nf* ash, ashes *pl*.
censo *nm* census. ▪ **censo electoral** electoral roll.
censura 1 *nf* (*de prensa, cine etc*) censorship. **2** (*crítica*) censure.
censurar 1 *vt* (*prensa, cine etc*) to censor. **2** (*criticar*) to censure, criticize.
centavo,-a *adj* - *nm* hundredth.
centellear *vi* to sparkle; (*estrella*) to twinkle.
centena *nf* hundred.
centenar *nm* hundred.
centenario,-a 1 *adj* centennial. ‖ **2** *nm,f* (*persona*) centenarian. ‖ **3 centenario** *nm* (*aniversario*) centenary.
centeno *nm* rye.
centésimo,-a *num* hundredth.
centígrado,-a *adj* centigrade.
centilitro *nm* centiliter.
centímetro *nm* centimetre.
céntimo *nm* cent. • **estar sin un céntimo** to be penniless.
centolla *nf* spider crab.
central 1 *adj* central. ‖ **2** *nf* (*oficina principal*) head office. **3** ELEC power station. **4** (*telefónica*) exchange.
centralita *nf* switchboard.
centrar 1 *vt* to centre. ‖ **2 centrarse** *vpr* (*basarse*) to be centred (en, on). **3** (*concentrarse*) to concentrate (en, on).
centro 1 *nm* centre, middle. **2** (*asociación*) centre, association. ▪ **centro ciudad** city centre, US downtown; **centro comercial** shopping centre, US mall.
ceñir [36] **1** *vt* (*estrechar*) to cling to, fit tight. **2** (*rodear*) to hug around the waist. ‖ **3 ceñirse** *vpr* (*limitarse*) to limit oneself (a, to): **ceñirse al tema** to keep to the subject.
cepa 1 *nf* (*de vid*) vine. **2** (*tronco*) stump. **3** *fig* (*origen*) origin. • **de buena cepa** of good quality.
cepillar 1 *vt* (*pelo, zapato etc*) to brush. ‖ **2 cepillarse** *vpr* to brush. **3** *fam* (*matar*) to do in. **4** *fam* (*acabarse*) to finish: **se cepilló todo el pastel** she gobbled up the whole cake. **5** *vulg* (*copular*) to screw.

cepillo 1 *nm* (*para pelo, zapatos etc*) brush. 2 (*para limosnas*) alms box. ■ **cepillo de dientes** toothbrush.
cera *nf* wax.
cerámica *nf* ceramics, pottery.
cerca 1 *adv* near, close: **aquí cerca** near here. ‖ 2 *nf* (*valla*) fence. • **cerca de** (*cercano a*) near; (*casi*) nearly: **cerca de un año** nearly a year; **de cerca** closely.
cercanía *nf* proximity, nearness.
cercano,-a *adj* near, nearby.
cercar [1] 1 *vt* (*vallar*) to fence in. 2 (*rodear*) to surround. 3 MIL to besiege.
cerciorarse *vpr* to make sure (de, of).
cerco *nm* MIL siege.
cerda 1 *nf* (*pelo - de caballo*) horsehair; (*- de cerdo*) bristle. 2 (*animal*) sow.
Cerdeña *nf* Sardinia.
cerdo 1 *nm* (*animal*) pig. 2 (*carne*) pork.
cereal *adj* - *nm* cereal.
cerebral 1 *adj* cerebral, brain. 2 (*frío*) calculating.
cerebro 1 *nm* ANAT brain. 2 *fig* brains *pl*.
ceremonia *nf* ceremony.
cereza *nf* cherry.
cerezo *nm* cherry tree.
cero 1 *nm* MAT zero. 2 (*cifra*) nought. 3 DEP nil: **tres a cero** three-nil. • **bajo cero** below zero; **ser un cero a la izquierda** to be useless.
cerrado,-a 1 *adj* shut, closed. 2 (*persona*) uncommunicative.
cerradura *nf* lock.
cerrajero *nm* locksmith.
cerrar [27] 1 *vt* to close, shut. 2 (*grifo, gas*) to turn off. 3 (*luz*) to switch off. 4 (*cremallera*) to zip (up). 5 (*un negocio definitivamente*) to close down. 6 (*carta*) to seal. ‖ 7 **cerrarse** *vpr* to close, shut. • **cerrar la boca** to shut up.
cerro *nm* hill.
cerrojo *nm* bolt.
certamen *nm* competition, contest.
certero,-a 1 *adj* (*disparo*) accurate, good. 2 (*palabras*) appropriate.
certeza *nf* certainty.
certidumbre *nf* certainty.
certificado,-a 1 *adj* (*documento*) certified. 2 (*envío*) registered. ‖ 3 **certificado** *nm* (*documento*) certificate.
certificar [1] 1 *vt* (*gen*) to certify. 2 (*carta, paquete*) to register.
cerveza *nf* beer.
cervical 1 *adj* cervical. 2 (*del cuello*) neck.
cesar 1 *vi* (*parar*) to cease, stop. 2 (*en un empleo*) to leave. • **sin cesar** incessantly.
cese 1 *nm* (*fin*) cessation. 2 (*despido*) dismissal.
césped *nm* lawn, grass: **cortar el césped** to mow the lawn.
cesta *nf* basket. ■ **cesta de la compra** shopping basket.
cesto *nm* basket.
cetáceo *nm* cetacean.
cetro *nm* sceptre.
chabacanería *nf* coarseness, vulgarity.
chabacano,-a *adj* coarse, vulgar.
chabola *nf* shack.
chacal *nm* jackal.
chacha *nf fam pey* nurse(maid).

cháchara *nf fam* (*charla*) prattle, idle talk.
chachi *adj arg* great, terrific.
chafar *vt* (*aplastar*) to flatten.
chaflán *nm* chamfer.
chal *nm* shawl.
chalado,-a *adj* (*loco*) mad. • **estar chalado,-a por** to be mad about.
chaleco *nm* waistcoat, US vest. ■ **chaleco salvavidas** life jacket.
champiñón *nm* mushroom.
champú *nm* (*pl* champúes or champús) shampoo.
chamuscar [1] **1** *vt* to singe, scorch. ‖ **2 chamuscarse** *vpr* to be singed.
chamusquina *nf*. • **oler a chamusquina** *fig* to smell fishy.
chanchullo *nm fam* fiddle, wangle.
chancla *nf* flip-flip, US thong.
chancleta *nf* flip-flip, US thong.
chanclo 1 *nm* (*zueco - de madera*) clog. **2** (*- de goma*) galosh.
chándal *nm* tracksuit.
chantaje *nm* blackmail.
chantajear *vt* to blackmail.
chantajista *nmf* blackmailer.
chapa 1 *nf* (*de metal*) sheet; (*de madera*) board. **2** (*tapón*) bottle top. **3** (*insignia*) badge, disc. **4** AUTO bodywork.
chapado,-a *adj* plated. • **chapado,-a a la antigua** old-fashioned.
chapar 1 *vt* (*con metal*) to plate. **2** (*con madera*) to veneer. ‖ **3** *vt - vi fam* (*cerrar*) to close, shut.
chaparrón *nm* downpour, heavy shower.
chapapote *nm* bitumen, pitch.
chapotear *vi* to splash.
chapoteo *nm* splashing.
chapucero,-a 1 *adj* (*trabajo*) botched; (*persona*) bungling. ‖ **2** *nm,f* (*patoso*) bungler. **3** (*embustero*) liar.
chapurrear *vt* to speak badly.
chapuza *nf* botch, botched job. • **hacer una chapuza** to do a botched job.
chapuzón *nm* dip. • **darse un chapuzón** to have a dip.
chaqué *nm* morning coat.
chaqueta *nf* jacket. • **cambiar de chaqueta** *fam fig* to change sides.
chaquetón *nm* short coat.
charca *nf* pool, pond.
charco *nm* (*de lluvia*) puddle; (*de sangre etc*) pool.
charcutería *nf* pork butcher's shop.
charla 1 *nf* (*conversación*) talk, chat. **2** (*conferencia*) talk, lecture.
charlar *vi* to chat, talk.
charlatán,-ana 1 *adj* (*hablador*) talkative. **2** (*chismoso*) gossipy. ‖ **3** *nm,f* (*parlanchín*) chatterbox. **4** (*embaucador*) charlatan.
charol 1 *nm* (*barniz*) varnish. **2** (*cuero*) patent leather.
chascar [1] **1** *vt* (*lengua*) to click; (*dedos*) to snap. ‖ **2** *vi* (*madera*) to crack.
chasco 1 *nm* (*broma*) trick. **2** (*decepción*) disappointment.
chasquear 1 *vt* (*lengua*) to click. **2** (*látigo*) to crack. **3** (*dedos*) to snap.
chasquido *nm* (*de látigo, madera*) crack; (*de la lengua*) click.
chatarra 1 *nf* (*metal*) scrap metal. **2** *fam* (*monedas*) small change.
chatarrero,-a *nm,f* scrap merchant.

chato,-a 1 *adj* (*nariz*) snub. 2 (*persona*) snub-nosed. 3 (*objeto*) flat. ‖ 4 *nm,f* (*persona*) snub-nosed person. 5 *fam* (*cariño*) love, dear.

chau *interj fam* bye!, see you!

chaval,-la 1 *adj fam* young. ‖ 2 *nm,f* kid, youngster; (*chico*) lad; (*chica*) lass.

checo,-a 1 *adj* - *nm,f* Czech. ‖ 2 **checo** *nm* (*idioma*) Czech.

chepa *nf fam* hump.

cheque *nm* cheque, US check. • **extender un cheque** to issue a cheque. ▪ **cheque al portador** cheque payable to bearer; **cheque de viaje** traveller's cheque; **cheque sin fondos** dud cheque.

chequeo *nm* checkup.

chicha *nf* (*lenguaje infantil*) meat.

chicharra *nf* (*insecto*) cicada.

chicharrón *nm* CULIN pork crackling.

chichón *nm* bump, lump.

chicle *nm* chewing gum.

chico,-a 1 *adj* small, little. ‖ 2 *nm,f* (*niño*) kid; (*niña*) girl.

chiflado,-a *adj* mad, crazy.

chifladura *nf* craziness, madness.

chiflar 1 *vt*: **le chiflan los coches** he's mad about cars. ‖ 2 **chiflarse** *vpr* to be crazy (**por**, about).

chiflido *nm* whistling.

chilaba *nf* jellabah.

chileno,-a *adj* - *nm,f* Chilean.

chillar 1 *vi* (*de dolor, miedo*) to scream. 2 *fig* (*en voz alta*) to shout. 3 (*colores*) to be loud, be gaudy.

chillido *nm* shriek, screech, scream.

chillón,-ona 1 *adj* (*persona*) screaming. 2 (*color*) loud, garish.

chimenea 1 *nf* (*exterior*) chimney. 2 (*hogar*) fireplace. 3 (*de barco*) funnel.

chimpancé *nm* chimpanzee.

china 1 *nf* (*piedra*) pebble. 2 (*seda*) China silk. 3 (*porcelana*) china. 4 *arg* (*droga*) piece, deal.

chinchar 1 *vt fam* to annoy, pester. ‖ 2 **chincharse** *vpr fam* to grin and bear it. • **¡chínchate!** so there!

chinche *nm & nf* ZOOL bedbug.

chincheta *nf* drawing pin, US thumbtack.

chino,-a 1 *adj* Chinese. ‖ 2 *nm,f* (*persona*) Chinese person; (*hombre*) Chinese man; (*mujer*) Chinese woman. ‖ 3 **chino** *nm* (*idioma*) Chinese.

chip 1 *nm* INFORM chip. ‖ 2 **chips** *nm pl fam* crisps.

chipirón *nm* baby squid.

Chipre *nm* Cyprus.

chipriota *adj* - *nmf* Cypriot.

chiquillada *nf* childish prank.

chiquillo,-a *nm,f* kid, youngster.

chiquito,-a *adj* tiny, very small. • **no andarse con chiquitas** not to mess about.

chiripa *nf* fluke, stroke of luck. • **de chiripa** by sheer luck.

chirriar [13] 1 *vi* (*rueda, frenos*) to screech. 2 (*puerta*) to creak. 3 (*aves*) to squawk. 4 *fig* (*persona*) to sing badly.

chirrido 1 *nm* (*de rueda, frenos*) screech. 2 (*de puerta*) creaking.

chisme 1 *nm* (*comentario*) piece of gossip. 2 (*trasto*) knick-knack; (*de cocina etc*) gadget: **¿cómo funciona este chisme?** how does this thing work?

chismorrear *vi* to gossip.

chismoso,-a 1 *adj* gossipy. ‖ 2 *nm,f* gossip.

chispa 1 *nf* (*de fuego*) spark. 2 (*poco*) bit. 3 METEOR droplet. 4 *fig* (*ingenio*) wit. • **echar chispas** *fig* to be raging; **tener chispa** *fig* to be witty, be funny. ▪ **chispa eléctrica** spark.

chispazo *nm* spark, flash.

chispear 1 *vi* (*leña*) to spark. 2 METEOR to drizzle slightly.

chisporrotear *vi* (*leña*) to crackle.

chisporroteo *nm* (*de leña*) crackling.

chistar *vi* to speak. • **no chistar** not to say a word.

chiste *nm* joke. • **contar un chiste** to tell a joke. ▪ **chiste verde** blue joke, dirty joke.

chistera *nf* (*sombrero*) top hat.

chistoso,-a *adj* witty, funny.

chitón *interj* hush!, silence!

chivar 1 *vt fam* (*delatar*) to denounce, give away. ‖ 2 **chivarse** *vpr* to tell: **chivarse a la policía** to inform the police.

chivatazo *nm fam* tip-off. • **dar el chivatazo** to squeal.

chivato,-a *nm,f fam* (*delator*) informer; (*acusica*) telltale.

chivo,-a *nm,f* male kid. ▪ **chivo expiatorio** scapegoat.

chocante 1 *adj* (*raro*) odd, strange; (*sorprendente*) startling; (*escandaloso*) shocking.

chocar [1] 1 *vi* (*colisionar*) to collide (contra/con, with), crash (contra/con, into). 2 (*pelear*) to clash. 3 *fig* (*sorprender*) to surprise: **esto me choca** I am surprised at this. ‖ 4 *vt* (*las manos*) to shake. 5 (*copas*) to clink. • **¡chócala!/¡choca esos cinco!** put it there!

chochear *vi* (*anciano*) to be senile.

chocho,-a 1 *adj* (*anciano*) gaga, senile. ‖ 2 **chocho** *nm vulg* pussy.

chocolate 1 *nm* chocolate. 2 *arg* (*hachís*) dope, hash. • **las cosas claras y el chocolate espeso** *fam fig* let's get things clear. ▪ **chocolate a la taza** drinking chocolate.

chocolatina *nf* small bar of chocolate.

chófer *nm* (*pl* chóferes) (*particular*) chauffeur; (*de autocar etc*) driver.

chollo *nm fam* bargain, snip.

chopo *nm* poplar.

choque 1 *nm* (*colisión*) collision, crash. 2 (*enfrentamiento*) clash. 3 MIL skirmish. 4 (*discusión*) dispute, quarrel. 5 MED shock.

chorizar [4] *vt fam* to pinch, nick.

chorizo *nm fam* (*ratero*) thief.

chorlito *nm* (*ave*) plover.

chorrada 1 *nf fam* (*necedad*) piece of nonsense: **decir chorradas** to talk rubbish. 2 (*regalito*) little something.

chorrear 1 *vi* (*a chorros*) to spout, gush. 2 (*gotear*) to drip.

chorro *nm* jet, spout. • **a chorros** in abundance. ▪ **chorro de vapor** steam jet.

chotear *vt* - *vpr fam* to make fun (de, of).

choza *nf* hut.

chubasco *nm* heavy shower.

chubasquero *nm* raincoat.

chuchería *nf* (*trasto*) trinket, knick-knack.

chucho *nm fam* dog.

chufa *nf* tiger nut.

chulear 1 *vt* (*ponerse impertinente*) to get cocky with; (*reírse*) to make fun of. ‖ 2 **chulearse** *vpr* (*de algo*) to brag (de, about); (*de una persona*) to get cocky (de, with).
chulería *nf* (impertinencia) cockiness; (jactancia) bragging.
chuleta 1 *nf* chop, cutlet. 2 EDUC crib (note), US trot.
chulo,-a 1 *adj* (*engreído*) cocky. 2 *fam* (*bonito*) nice: **¡qué vestido tan chulo!** what a nice dress! ‖ 3 *nm,f* (*presuntuoso*) show-off. ‖ 4 **chulo** *nm* (*proxeneta*) pimp.
chumbera *nf* prickly pear.
chungo,-a *adj fam* (*malo*) rotten, nasty, lousy; (*roto*) knackered: **el tiempo está chungo** the weather's lousy; **lo tenemos chungo** we've got problems.
chupado,-a 1 *adj* (*delgado*) skinny, emaciated. 2 (*fácil*) dead easy.
chupar 1 *vt* (*succionar*) to suck. 2 (*absorber*) to absorb, soak up. • **chuparse el dedo** to suck one's thumb; **chuparse los dedos** to lick one's fingers; **chupar del bote** *fam* to scrounge; **¡chúpate esa!** *fam* stick that in your pipe and smoke it!
chupatintas *nm inv fam* pen pusher.
chupete *nm* dummy, US pacifier.
chupetear *vt* to lick.
chupón,-ona 1 *adj* (*succionador*) sucking. 2 (*gorrón*) sponging. ‖ 3 *nm,f* (*gorrón*) sponger. ‖ 4 **chupón** *nm* BOT sucker.
churra *nf fam* fluke, good luck.
churrasco *nm* barbecued meat.
churro *nm fam* (*chapuza*) botch.
chusma *nf* riffraff.
chut *nm* DEP shot, kick.
chutar *vi* DEP to shoot. • **... y va que chuta** ... and no problem.
chuzo *nm* short pike. • **llover chuzos** *fig* to pour.
ciberespacio *nm* cyberspace.
cibernética *nf* cybernetics.
cicatrizar [4] *vt* - *vpr* to heal.
ciclismo *nm* cycling.
ciclista 1 *adj* cycle, cycling. ‖ 2 *nmf* cyclist.
ciclo *nm* cycle.
ciclomotor *nm* moped.
ciclón *nm* cyclone.
ciego,-a 1 *adj* (*persona*) blind. ‖ 2 *nm,f* (*persona*) blind person. • **a ciegas** blindly.
cielo 1 *nm* sky. 2 REL heaven. 3 (*persona*) darling, angel. • **a cielo raso** in the open (air); **como caído del cielo** out of the blue; **poner el grito en el cielo** to hit the ceiling.
ciempiés *nm inv* centipede.
cien *num* (one) hundred. • **ponerse a cien** *fam fig* to blow one's top.
ciénaga *nf* marsh, bog.
ciencia *nf* science. • **a ciencia cierta** with certainty. ■ **ciencia ficción** science fiction; **ciencias aplicadas** applied sciences; **ciencias exactas** exact sciences.
científico,-a 1 *adj* scientific. ‖ 2 *nm,f* scientist.
ciento 1 *num* hundred. ‖ 2 *nm* one hundred. • **por ciento** per cent; **ciento por ciento** a hundred per cent. ■ **ciento y la madre** *fam* the world and his wife.
▲ See also cien.
cierre 1 *nm* (*acción*) closing, shutting. 2 (*de prenda*) fastener. 3 (*mecanismo*) catch. 4 (*de empresa, nego-*

cio) closure. ■ **cierre centralizado** central locking.
cierto,-a 1 *adj* (*seguro*) certain, sure. **2** (*verdadero*) true. **3** (*algún*) (a) certain, some: **cierto día** one day. ‖ **4 cierto** *adv* certainly. • **estar en lo cierto** to be right; **por cierto** by the way.
ciervo *nm* deer.
cifra 1 *nf* (*número*) figure, number. **2** (*cantidad*) amount.
cigala *nf* Dublin Bay prawn.
cigarrillo *nm* cigarette.
cigarro *nm* cigar.
cigüeña *nf* stork.
cilindro *nm* cylinder.
cima *nf* summit.
cimiento 1 *nf* ARQ foundation. **2** (*base*) basis.
cinco *num* five; (*en fechas*) fifth.
cincuenta *num* fifty.
cine 1 *nm* (*lugar*) cinema, US movie theater. **2** (*arte*) cinema. • **ir al cine** to go to the cinema, US go to the movies.
cinematografía *nf* film making.
cínico,-a 1 *adj* cynical. ‖ **2** *nm,f* cynic.
cinismo *nm* cynicism.
cinta 1 *nf* (*tira*) band; (*decorativa*) ribbon. **2** TÉC tape. **3** CINEM film. ■ **cinta métrica** tape measure; **cinta transportadora** conveyor belt.
cintura *nf* waist.
cinturón *nm* belt. • **apretarse el cinturón** *fig* to tighten one's belt. ■ **cinturón de seguridad** safety belt.
circo *nm* (*espectáculo*) circus.
circulación 1 *nf* (*de sangre, dinero*) circulation. **2** (*de vehículos*) traffic.
circular 1 *adj* circular. ‖ **2** *vi* (*líquido, gas*) to circulate. **3** (*tren, autobús*) to run; (*coche*) to drive. **4** (*persona*) to walk.
circulatorio,-a *adj* circulatory; (*del tráfico*) traffic.
círculo 1 *nm* (*forma*) circle. **2** (*asociación*) club. ■ **círculo vicioso** vicious circle.
circunferencia *nf* circumference.
circunstancia *nf* circumstance. • **poner cara de circunstancias** *fam* to look grave.
cirio *nm* candle. • **armar un cirio** *fam* to kick up a rumpus.
ciruela *nf* plum. ■ **ciruela pasa** prune.
ciruelo *nm* plum tree.
cirugía *nf* surgery.
cirujano,-a *nm,f* surgeon.
cisne *nm* swan.
cisterna *nf* cistern, tank.
cita 1 *nf* (*para negocios, médico etc*) appointment. **2** (*novios*) date. **3** (*mención*) quotation. • **darse cita** to meet; **tener una cita** to have an appointment.
citar 1 *vt* (*convocar*) to arrange to meet. **2** (*mencionar*) to quote. **3** JUR to summon.
cítrico,-a 1 *adj* citric. ‖ **2 cítricos** *nm pl* citrus fruits.
ciudad *nf* city, town.
ciudadano,-a 1 *adj* civic. ‖ **2** *nm,f* citizen.
cívico,-a 1 *adj* civic. **2** (*comportamiento*) public-spirited.
civil *adj* civil.
civilización *nf* civilization.
civilizado,-a *adj* civilized.
civilizar [4] **1** *vt* to civilize. ‖ **2 civilizarse** *vpr* to become civilized.

civismo *nm* public-spiritedness.

cizaña *nf* BOT bearded darnel. • **meter cizaña** *fig* to sow discord.

clamar 1 *vi* to clamour. ‖ 2 *vt* to cry out for.

clamor *nm* clamour.

clandestino,-a *adj* clandestine.

clara 1 *nf* (*de huevo*) egg white. 2 (*bebida*) shandy.

claraboya *nf* skylight.

clarear 1 *vi* (*amanecer*) to dawn. 2 METEOR to clear up.

claridad 1 *nf* (*inteligibilidad*) clearness, clarity. 2 (*luz*) light. 3 (*voz, agua etc*) clearness.

clarificar [1] *vt* to clarify.

clarín 1 *nm* bugle. ‖ 2 *nmf* bugler.

clarinete 1 *nm* clarinet. ‖ 2 *nmf* clarinettist.

claro,-a 1 *adj* (*gen*) clear. 2 (*color*) light. 3 (*salsa*) thin. 4 (*evidente*) clear. ‖ 5 **claro** *adv* clearly. ‖ 6 *nm* (*de bosque*) clearing. ‖ 7 **¡claro!** *interj* of course! • **estar claro** to be clear; **más claro que el agua** *fam* as clear as day.

clase 1 *nf* (*grupo*) class. 2 (*aula*) classroom. 3 (*tipo*) type, sort. • **dar clase** to teach. ▪ **clase alta** upper class; **clase baja** lower class; **clase media** middle class; **clase obrera** working class.

clásico,-a 1 *adj* classical; (*prototípico*) classic. ‖ 2 **clásico** *nm* classic.

clasificación 1 *nf* (*ordenación*) classification, sorting. 2 DEP league, table.

clasificar [1] 1 *vt* (*ordenar*) to class, classify, sort. ‖ 2 **clasificarse** *vpr* DEP to qualify.

clasista *adj* class-conscious.

claustro 1 *nm* ARQ cloister. 2 EDUC (*profesores*) staff.

cláusula *nf* clause.

clausura 1 *nf* (*cierre*) closure. 2 (*ceremonia*) closing ceremony.

clausurar 1 *vt* (*terminar*) to close. 2 (*cerrar*) to close (down).

clavado,-a 1 *adj* (*con clavos*) nailed, nail-studded. 2 *fam* (*preciso*) exact, precise. 3 (*fijo*) firmly fixed.

clavar 1 *vt* (*con clavos*) to nail. 2 *fam* (*cobrar caro*) to sting.

clave 1 *nf* (*de un enigma etc*) key: **palabra clave** key word. 2 MÚS key: **en clave de sol** in the key of G. ‖ 3 *nm* (*instrumento*) harpsichord.

clavel *nm* carnation.

clavícula *nf* clavicle, collarbone.

clavija 1 *nf* TÉC peg. 2 ELEC plug.

clavo 1 *nm* nail. 2 BOT clove. • **dar en el clavo** to hit the nail on the head.

claxon *nm* (*pl* cláxones) horn, hooter.

clemencia *nf* clemency, mercy.

clérigo *nm* clergyman, priest.

clero *nm* clergy.

cliente *nmf* client, customer.

clientela *nf* customers *pl*, clientele.

clima 1 *nm* climate. 2 (*ambiente*) atmosphere.

climatizado,-a *adj* air-conditioned.

clip 1 *nm* (*pl* clips) (*para papel*) clip. 2 (*para pelo*) hair-grip, US bobby pin.

cloaca *nf* sewer.

clon *nm* clone.

cloro *nm* chlorine.

cloroformo *nm* chloroform.

coacción *nf* coercion.
coagular *vt - vpr* to coagulate, clot.
coágulo *nm* coagulum, clot.
coartada *nf* alibi.
coba *nf fam* soft soap. • **dar coba a algn** to soft-soap sb.
cobarde *nmf* coward.
cobardía *nf* cowardice.
cobertizo *nm* shed.
cobertura 1 *nf* (*de seguro*) cover. **2** (*de teléfono*) range.
cobijar 1 *vt* (*cubrir*) to cover. **2** (*proteger*) to shelter. ‖ **3 cobijarse** *vpr* to take shelter.
cobrador,-ra 1 *nm,f* (*de deudas*) collector. **2** (*de autobús - hombre*) conductor; (*- mujer*) conductress.
cobrar 1 *vt* (*fijar precio por*) to charge; (*cheques*) to cash; (*salario*) to earn. **2** (*adquirir*) to gain, get: **cobrar fuerzas** to gather strength. • **¡vas a cobrar!** you're in for it!
cobre *nm* copper.
cobro *nm* cashing, collection.
coca *nf arg* (*droga*) cocaine.
cocaína *nf* cocaine.
cocción *nf* (*acción de guisar*) cooking; (*en agua*) boiling; (*en horno*) baking.
cocear *vi* to kick.
cocer [54] *vt - vpr* (*guisar*) to cook; (*hervir*) to boil; (*hornear*) to bake.
coche 1 *nm* (*automóvil*) car, automobile. **2** (*de tren, de caballos*) carriage, coach. ■ **coche blindado** bullet-proof car; **coche bomba** car bomb; **coche cama** sleeping car; **coche de carreras** racing car; **coche fúnebre** hearse; **coche restaurante** dining car.
cochera 1 *nf* (*para autobús*) depot. **2** (*garaje*) garage.
cochero *nm* coachman.
cochinillo *nm* sucking pig.
cochino,-a 1 *adj* (*sucio*) filthy. **2** (*miserable*) bloody: **¡cochino trabajo!** damn work! ‖ **3** *nm,f* ZOOL (*gen*) pig; (*- macho*) boar; (*- hembra*) sow. **4** *fam* (*persona*) dirty person.
cocido,-a 1 *adj* cooked; (*en agua*) boiled. ‖ **2 cocido** *nm* CULIN stew.
cociente *nm* quotient.
cocina 1 *nf* kitchen. **2** (*gastronomía*) cooking. **3** (*aparato*) cooker, US stove.
cocinar *vt* to cook.
cocinero,-a *nm,f* cook.
coco 1 *nm* BOT (*árbol*) coconut palm. **2** (*fruta*) coconut. **3** *fam* (*fantasma*) bogeyman. **4** *arg* (*cabeza*) head, nut. • **comer el coco a algn** *fam* to brainwash sb; **comerse el coco** *fam* to get worked up.
cocodrilo *nm* crocodile.
cocotero *nm* BOT coconut palm.
cóctel 1 *nm* (*bebida*) cocktail. **2** (*fiesta*) cocktail party.
codazo *nm* nudge; (*violento*) jab (with the elbow).
codear 1 *vi* (*empujar*) to elbow. ‖ **2 codearse** *vpr* to rub shoulders (con, with).
codicia *nf* greed.
codiciar [12] *vt* to covet, long for.
codicioso,-a *adj* covetous, greedy.
código *nm* code. ■ **código de circulación** highway code; **códico genético** genetic code.
codo 1 *nm* ANAT elbow. **2** TÉC bend. • **empinar el codo** to knock them back; **hablar por los codos** to talk nineteen to the dozen.

codorniz *nf* quail.
coeficiente *nm* coefficient. ■ **coeficiente de inteligencia** intelligence quotient.
coexistir *vi* to coexist.
cofre *nm* trunk, chest.
coger [5] **1** *vt* (*asir*) to seize, take hold of. **2** (*apresar*) to catch. **3** (*tomar*) to take. **4** (*tren etc*) to catch. **5** (*tomar prestado*) to borrow. **6** (*recolectar frutos etc*) to pick. **7** (*enfermedad*) to catch.
cogollo **1** *nm* (*de lechuga etc*) heart. **2** (*brote*) shoot.
cogote *nm* back of the neck, nape.
coherente *adj* coherent. • **coherente con algo** in line with something.
cohete *nm* rocket.
cohibir [21] **1** *vt* to restrain. ‖ **2 cohibirse** *vpr* to feel embarrassed.
COI *abr* IOC.
coincidencia *nf* coincidence.
coincidir *vi* to coincide.
cojear **1** *vi* (*persona*) to limp, hobble. **2** (*mueble*) to be rickety.
cojera *nf* limp, lameness.
cojín *nm* cushion.
cojo,-a **1** *adj* (*persona*) lame, crippled. **2** (*mueble*) wobbly. ‖ **3** *nm,f* (*persona*) lame person, cripple.
cojón **1** *nm* ANAT *vulg* ball, bollock. ‖ **2 ¡cojones!** *interj vulg* fuck it! • **por cojones** *vulg* like it or not; **tener cojones** *vulg* to have guts, have balls.
col *nf* cabbage. ■ **col de Bruselas** Brussels sprout.
cola **1** *nf* (*de animal*) tail. **2** (*fila*) queue, US line. **3** (*pegamento*) glue. • **hacer cola** to queue up, US stand in line; **traer cola** to have serious consequences. ■ **cola de caballo** (*peinado*) ponytail.
colaboración **1** *nf* (*en tarea*) collaboration. **2** (*en prensa*) contribution.
colaborar **1** *vi* (*en tarea*) to collaborate. **2** (*en prensa*) to contribute. **3** (*dar dinero*) to contribute (**con**, -).
colada *nf* washing.
colador **1** *nm* (*de té, café*) strainer. **2** (*de alimentos*) colander.
colapso **1** *nm* MED collapse. **2** *fig* (*paralización*) breakdown.
colar [31] **1** *vt* to strain; (*café*) to filter. **2** (*meter*) to slip, squeeze. ‖ **3** *vi* (*ser aceptado*) to wash: **eso no cuela** that won't wash. ‖ **4 colarse** *vpr* to jump the queue. **5** (*en un sitio*) to sneak in, slip in. **6** *fam* (*equivocarse*) to get it wrong, slip up.
colcha *nf* bedspread.
colchón *nm* mattress.
colchoneta **1** *nf* air bed. **2** (*para gimnasia*) mat.
coleccionar *vt* to collect.
coleccionista *nmf* collector.
colecta *nf* collection.
colegial,-la **1** *adj* school. ‖ **2** *nm,f* (*chico*) schoolboy; (*chica*) schoolgirl.
colegiarse [12] *vpr* to join a professional association.
colegio **1** *nm* (*escuela*) school. **2** (*asociación*) college, body, association. ■ **colegio de pago** fee-paying school; **colegio electoral** polling station; **colegio privado** private school; **colegio público** state school.
cólera **1** *nf* (*furia*) anger, rage. ‖ **2** *nm* (*enfermedad*) cholera. • **montar en cólera** to fly into a temper.

coleta *nf* pigtail.
colgador *nm* hanger, coat hanger.
colgante *adj* hanging.
colgar [52] **1** *vt* (*cuadro*) to hang, put up; (*colada*) to hang out; (*abrigo*) to hang up. **2** (*ahorcar*) to hang. **3** (*teléfono*) to put down: **¡me colgó el teléfono!** he hung up on me! ‖ **4** *vi* (*estar suspendido*) to hang (de, from). **5** (*teléfono*) to put down, hang up: **¡no cuelgue!** hold the line, please! ‖ **6 colgarse** *vpr* (*ahorcarse*) to hang oneself.
colibrí *nm* humming bird.
cólico *nm* colic.
coliflor *nf* cauliflower.
colilla *nf* cigarette end, cigarette butt.
colina *nf* hill.
colisión *nf* collision, clash.
collar *nm* (*joya*) necklace.
colmado *nm* grocer's.
colmar **1** *vt* (*vaso, copa*) to fill to the brim. **2** *fig* (*ambiciones etc*) to fulfil. • **colmar de** to fill with, stuff with.
colmena *nf* beehive.
colmillo **1** *nm* ANAT eye tooth, canine tooth. **2** ZOOL fang; (*de elefante, jabalí*) tusk.
colmo *nm* height, limit. • **¡esto es el colmo!** this is too much!
colocar [1] **1** *vt* (*situar*) to place, put. **2** (*emplear*) to give work to. **3** FIN to invest. ‖ **4 colocarse** *vpr* (*situarse*) to place oneself. **5** (*trabajar*) to get a job (de, as). **6** *arg* (*con alcohol*) to get sozzled; (*con drogas*) to get stoned.
colombiano,-a *adj* - *nm,f* Colombian.
colonia **1** *nf* (*grupo*) colony. **2** (*perfume*) cologne.
colonizar [4] *vt* to colonize.
colono *nm* (*habitante*) settler.
coloquial *adj* colloquial.
coloquio *nm* talk, discussion.
color *nm* colour. • **verlo todo de color de rosa** *fig* to see life through rose-coloured spectacles.
colorado,-a **1** *adj* coloured. **2** (*color*) red. ‖ **3 colorado** *nm* red. • **ponerse colorado,-a** to blush.
colorear *vt* to colour.
colorete *nm* rouge.
colorido *nm* colour.
colorín *nm*. • **... y colorín colorado este cuento se ha acabado.** and that's the end of the story.
columna *nf* column. ▪ **columna vertebral** spinal column.
columpiar [12] *vt* - *vpr* to swing.
columpio *nm* swing.
coma **1** *nf* GRAM MÚS comma. **2** MAT point. ‖ **3** *nm* MED coma.
comadrona *nf* midwife.
comandante **1** *nm* (*oficial*) commander. **2** (*graduación*) major.
comando **1** *nm* MIL commando. **2** INFORM command.
comba *nf* bend; (*en madera*) warp. • **saltar a la comba** to skip; US jump rope.
combar *vt* - *vpr* to bend; (*madera*) to warp.
combate **1** *nm* (*lucha*) combat, battle. **2** (*en boxeo*) fight.
combatiente *nmf* fighter.
combatir **1** *vi* to fight, struggle (contra, against). ‖ **2** *vt* to fight.
combinación **1** *nf* (*de elementos, números*) combination. **2** (*prenda*) slip.

combinar *vt* - *vpr* to combine.
combustible *nm* fuel.
combustión *nf* combustion, burning.
comedia 1 *nf* TEAT comedy, play. 2 (*farsa*) farce, pretence.
comedor 1 *nm* dining room. 2 (*muebles*) dining-room suite.
comentar *vt* (*por escrito*) to comment on; (*oralmente*) to talk about.
comentario *nm* (*observación*) remark, comment.
comentarista *nmf* commentator.
comenzar [47] *vt* - *vi* to begin, start.
comer 1 *vt* (*ingerir*) to eat. 2 (*color*) to fade. 3 (*corroer*) to corrode. ‖ 4 *vi* (*alimentarse*) to eat. 5 (*comida principal*) to have a meal; (*al mediodía*) to have lunch. ‖ 6 **comerse** *vpr fig* (*saltarse*) to omit; (*párrafo*) to skip; (*palabra*) to swallow. • **comerse las uñas** to bite one's nails; **dar de comer** to feed.
comercializar [4] *vt* to market.
comerciante 1 *nmf* (*negociante*) dealer, trader. 2 (*tendero*) shopkeeper.
comerciar [12] 1 *vi* (*comprar y vender*) to trade, deal. 2 (*hacer negocios*) to do business (con, with).
comercio 1 *nm* (*ocupación*) commerce, trade. 2 (*tienda*) shop, store.
comestible 1 *adj* edible. ‖ 2 **comestibles** *nm pl* groceries, food *sing*.
cometa 1 *nm* ASTRON comet. ‖ 2 *nf* (*juguete*) kite.
cometer *vt* (*crimen*) to commit; (*falta, error*) to make.
comicios *nm pl* POL elections.
cómico,-a 1 *adj* comic. ‖ 2 *nm,f* comedian, comic.
comida 1 *nf* (*comestibles*) food. 2 (*momento de comer*) meal. 3 (*almuerzo*) lunch.
comienzo *nm* start, beginning.
comillas *nf pl* inverted commas.
comilona *nf* big meal.
comilón,-ona *adj* - *nm,f* big eater, glutton.
comisaría *nf* (*de policía*) police station.
comisario *nm* (*de policía*) police inspector.
comisión (*comité*) committee.
comité *nm* committee.
como 1 *adv* (*lo mismo que*) as: **negro como la noche** as dark as night. 2 (*de tal modo*) like: **hablas como un político** you talk like a politician. 3 (*según*) as: **como dice tu amigo** as your friend says. ‖ 4 *conj* (*así que*) as soon as. 5 (*si*) if. 6 (*porque*) as, since. • **como quiera que** since, as; **como no sea** unless it is; **como sea** whathever happens, no matter what; **como si nada** as if nothing had happened; **hacer como si** to pretend to.
cómo 1 *adv* how: **¿cómo está usted?** how do you do? 2 (*exclamación*) how: **¡cómo corre el tiempo!** how time flies! • **¿a cómo va ...?** how much is ...?; **¿cómo es?** (*físicamente*) what does he look like?; (*de carácter*) what is he like?; **¿cómo es eso?** how come?; **¿cómo es que...?** how is it that ...?; **¡cómo no!** but of course!, certainly!
cómoda *nf* chest of drawers.
comodidad 1 *nf* (*confort*) comfort. 2 (*facilidad*) convenience.

comodín *nm* joker.
cómodo,-a 1 *adj* (*confortable*) comfortable, cosy. 2 (*útil*) convenient, handy.
compacto,-a *adj* compact.
compadecer [43] 1 *vt* to pity, feel sorry for. ‖ 2 **compadecerse** *vpr* to have pity (de, on).
compaginar *vt* (*combinar*) to combine.
compañerismo *nm* companionship.
compañero,-a 1 *nm,f* (*de trabajo*) colleague. 2 (*pareja*) partner. ▪ **compañero,-a de clase** classmate; **compañero,-a de piso** flatmate.
compañía *nf* company.
comparación *nf* comparison.
comparecer [43] *vi* Jur to appear.
compartir 1 *vt* (*dividir*) to divide up, split. 2 (*poseer en común*) to share.
compás 1 *nm* (*instrumento*) compasses. 2 Mús beat.
compasión *nf* compassion, pity. • **tener compasión (de algn)** to feel sorry (for sb).
compasivo,-a *adj* sympathetic.
compendio *nm* summary, digest.
compenetración *nf* (*entendimiento*) mutual understanding.
compenetrarse *vpr* to understand each other.
compensar 1 *vt* (*indemnizar*) to compensate. 2 (*resarcir*) to make up for. 3 *fam* (*merecer la pena*) to be worthwhile: **este trabajo no me compensa** this job's not worth my while.
competencia 1 *nf* (*rivalidad*) competition. 2 (*competidores*) competitors *pl.* 3 (*habilidad*) competence, ability. 4 (*incumbencia*) field, province.
competente 1 *adj* (*capaz*) competent, capable. 2 (*adecuado*) adequate.
competer 1 *vi* (*corresponder*) to be up to. 2 (*incumbir*) to be the duty of.
competidor,-ra 1 *adj* competing. ‖ 2 *nm,f* competitor.
competir [34] *vi* to compete (con, with/against), (en, in), (por, for).
competitivo,-a *adj* competitive.
compinche *nmf fam* chum, pal.
complacer [76] 1 *vt* (*satisfacer*) to please. ‖ 2 **complacerse** *vpr fml* to be pleased to.
complaciente *adj* helpful, obliging.
complejo,-a *adj* - *nm* complex.
complementar 1 *vt* to complement. ‖ 2 **complementarse** *vpr* to complement each other.
complementario,-a *adj* complementary.
complemento 1 *nm* complement. 2 Gram object.
completar 1 *vt* (*gen*) to complete. 2 (*acabar*) to finish.
completo,-a 1 *adj* (*terminado*) complete. 2 (*total*) full. • **por completo** completely.
complicado,-a *adj* complicated.
complicar [1] 1 *vt* (*situación*) to complicate. 2 (*implicar*) to involve (en, in).
cómplice *nmf* accomplice.
complot *nm* plot, conspiracy.
componente *adj* - *nm* component.

componer [78] **1** *vt* (*pp* compuesto, -a) (*formar*) to compose. **2** (*reparar*) to fix, repair. ‖ **3 componerse** *vpr* (*consistir*) to consist (de, of). • **componérselas** *fam* to manage.

comportamiento *nm* behaviour.

comportar 1 *vt* (*implicar*) to involve. ‖ **2 comportarse** *vpr* to behave, act. • **saber comportarse** to know how to behave.

compositor,-ra *nm,f* composer.

compota *nf* compote.

compra *nf* purchase, buy. • **ir de compras** to go shopping. ▪ **compra a plazos** hire purchase.

comprador,-ra *nm,f* buyer.

comprar 1 *vt* (*adquirir*) to buy. **2** (*sobornar*) to bribe, buy off.

comprender 1 *vt* (*entender*) to understand. **2** (*contener*) to comprise.

comprensible *adj* understandable.

comprensión *nf* understanding.

comprensivo,-a 1 *adj* (*que entiende*) understanding. **2** (*que contiene*) comprehensive.

compresa 1 *nf* (*higiénica*) sanitary towel. **2** (*venda*) compress.

comprimido *nm* tablet.

comprimir 1 *vt* (*apretar*) to compress. **2** (*reprimir*) to restrain.

comprobación *nf* verification, check.

comprobante *nm* proof.

comprobar [31] *vt* to verify, check.

comprometer 1 *vt* (*exponer a riesgo*) to compromise, risk. **2** (*obligar*) to engage. ‖ **3 comprometerse** *vpr* (*prometer*) to commit oneself.

compromiso 1 *nm* (*obligación*) commitment. **2** (*acuerdo*) agreement. • **poner (a algn) en un compromiso** to put (sb) in a tight spot.

compuesto,-a 1 *adj* compound. **2** (*elegante*) dressed up. ‖ **3 compuesto** *nm* (*químico, farmacéutico etc*) compound.

cómputo *nm* calculation.

común 1 *adj* (*normal*) common. **2** (*compartido*) shared. • **por lo común** generally.

comunicación 1 *nf* (*gen*) communication. **2** (*telefónica*) connection. ‖ **3 comunicaciones** *nf pl* communications.

comunicado *nm* communiqué. ▪ **comunicado a la prensa** press release.

comunicar [1] **1** *vi* (*teléfono*) to be engaged, US to be busy. ‖ **2 comunicar(se)** *vt* - *vi* - *vpr* to communicate.

comunicativo,-a 1 *adj* (*capacidad, método*) communicative. **2** (*persona*) open, communicative.

comunismo *nm* communism.

comunista *adj* - *nmf* communist.

con 1 *prep* (*compañía, instrumento, medio*) with: **¿con quién vives?** who do you live with? **2** (*modo, circunstancia*) in, with. **3** (*a pesar de*) in spite of: **con ser tan fuerte ...** in spite of his being so strong .... **4** (*relación*) to: **sé amable con ella** be kind to her. • **con que** as long as, if; **con tal (de) que** provided that; **con todo** nevertheless.

cóncavo,-a *adj* concave.

concebir [34] **1** *vt* - *vi* (*engendrar*) to conceive. ‖ **2** *vt fig* (*comprender*) to understand.

conceder 1 *vt* (*dar*) to grant; (*premio*) to award. 2 (*admitir*) to concede, admit.
concejal,-la *nm,f* town councillor.
concentración 1 *nf* (*atención*) concentration. 2 (*de gente*) rally.
concéntrico,-a *adj* concentric.
concepto 1 *nm* (*idea*) concept. 2 (*opinión*) opinion, view. • **bajo ningún concepto** under no circumstances.
concernir [29] *vi* to concern: **a ti no te concierne** it does not concern you. • **por lo que a mí concierne** as far as I am concerned.
concertar [27] 1 *vt* (*acordar - precio*) to fix, agree on; (*- cita*) to arrange; (*- acuerdo*) to reach. 2 (*voces*) to harmonize. ‖ 3 *vi* (*concordar*) to agree (con, with).
concesión 1 *nf* (*en negociación*) concession. 2 (*de premio*) awarding.
concesionario *nm* (*de coches*) dealer.
concha *nf* (*gen*) shell.
conciencia 1 *nf* (*moral*) conscience. 2 MED consciousness. • **a conciencia** conscientiously; **me remuerde la conciencia** I feel guilty.
concierto 1 *nm* MÚS (*espectáculo*) concert. 2 (*acuerdo*) agreement. • **sin orden ni concierto** any old how.
conciliar [12] 1 *vt* (*personas*) to conciliate. 2 (*enemigos*) to reconcile. ‖ 3 **conciliarse** *vpr* to win. • **conciliar el sueño** to get to sleep.
conciso,-a *adj* concise, brief.
concluir [62] 1 *vt* (*deducir*) to conclude, infer. ‖ 2 **concluir(se)** *vt - vi - vpr* (*terminar*) to finish.
conclusión *nf* conclusion, end.
concordar [31] 1 *vt* (*armonizar*) to make agree, reconcile. ‖ 2 *vi* GRAM to agree.
concretar 1 *vt* (*precisar*) to specify: **concretar una hora** to fix a time, set a time. 2 (*resumir*) to summarize. ‖ 3 **concretarse** *vpr* (*materializarse*) to become reality.
concreto,-a 1 *adj* (*real*) concrete. 2 (*particular*) specific, definite. • **en concreto** definite, specific.
concurrido,-a *adj* busy.
concurrir 1 *vi* (*asistir*) to attend (a, -). 2 (*participar*) to take part (a, in); (*a un premio*) to compete (a, for); (*a cargo electo*) to stand (a, for).
concursante 1 *nmf* (*de concurso*) contestant. 2 (*a empleo*) candidate.
concursar 1 *vi* (*en concurso*) to compete. 2 (*empleo*) to be a candidate.
concurso 1 *nm* (*competición - gen*) competition; (*- de belleza, deportivo*) contest; (*- en televisión*) quiz show. 2 (*concurrencia*) gathering.
condado *nm* county.
conde *nm* count.
condecoración *nf* decoration, medal.
condena *nf* sentence. • **cumplir una condena** to serve a sentence.
condenar 1 *vt* JUR (*castigar*) to condemn; (*sentenciar*) to convict. 2 (*desaprobar*) to condemn.
condensar *vt - vpr* to condense.
condesa *nf* countess.
condescendiente 1 *adj* obliging. 2 *pey* condescending, patronizing.
condición 1 *nf* (*situación*) condition. 2 (*naturaleza*) nature. 3 (*circunstancia*) circumstance. • **a condición de que** provided (that).

condimentar *vt* to season, flavour.
condimento *nm* seasoning.
condón *nm* condom, US rubber.
conducción 1 *nf* FÍS conduction. **2** AUTO driving.
conducir [46] **1** *vt* (*guiar*) to lead; (*coche, animales*) to drive. **2** (*negocio*) to manage.
conducta *nf* conduct, behaviour.
conducto 1 *nm* (*tubería*) conduit. **2** ANAT duct. **3** *fig* (*medio*) channel.
conductor,-ra 1 *adj* conducting. **2** FÍS conductive. ‖ **3** *nm,f* AUTO driver. ‖ **4 conductor** *nm* FÍS conductor.
conectar 1 *vt* (*unir*) to connect. **2** (*encender*) to switch on; (*enchufar*) to plug in.
conejo *nm* rabbit.
conexión *nf* connection.
confección 1 *nf* COST dressmaking. **2** (*realización*) making, creation.
confeccionar 1 *vt* (*realizar*) to make (up). **2** (*plato*) to prepare.
conferencia 1 *nf* (*charla*) talk, lecture. **2** (*teléfono*) long-distance call. ■ **conferencia de prensa** press conference.
conferenciante *nmf* lecturer.
confesar [27] *vt* - *vpr* to confess.
confesor *nm* confessor.
confeti *nm* (*pl* confetis) confetti *inv*.
confiado,-a 1 *adj* (*crédulo*) confiding, unsuspecting. **2** (*seguro*) self-confident.
confianza 1 *nf* (*seguridad*) confidence. **2** (*fe*) trust. **3** (*familiaridad*) familiarity. **4** (*ánimo*) encouragement. • **de confianza** reliable.
confiar [13] **1** *vi* (*tener fe*) to trust (en, -). **2** (*secreto*) to confide. ‖ **3** *vt* (*depositar*) to entrust. ‖ **4 confiarse** *vpr* to be trustful.
confidencia *nf* confidence, secret.
configurar 1 *vt* to configure, shape. **2** INFORM to configure.
confirmar *vt* to confirm.
confitura *nf* preserve.
conflictivo,-a *adj* (*tema*) controversial; (*persona*) difficult.
conflicto *nm* conflict. ■ **conflicto bélico** armed conflict; **conflicto laboral** labour dispute.
confluencia *nf* confluence.
confluir [62] **1** *vi* (*gente, carreteras*) to converge. **2** (*ríos, caminos*) to meet.
conformar 1 *vt* (*dar forma*) to shape. **2** (*concordar*) to conform. ‖ **3** *vi* (*concordar*) to agree (con, with). ‖ **4 conformarse** *vpr* (*contentarse*) to resign oneself (con, to), be content (con, with).
conforme 1 *adj* (*concorde*) in agreement: **estar conforme** to agree. **2** (*contento*) happy, satisfied. **3** (*en regla*) in order. ‖ **4** *adv* (*según*) as: **conforme lo vi** as I saw it. ‖ **5** *nm* approval. • **conforme a** in accordance with.
conformidad 1 *nf* (*acuerdo*) agreement. **2** (*aprobación*) approval. **3** (*resignación*) resignation.
conformista *adj* - *nmf* conformist.
confort *nm* comfort.
confortar 1 *vt* (*dar vigor*) to invigorate. **2** (*consolar*) to comfort.
confrontación *nf* (*enfrentamiento*) confrontation.
confrontar 1 *vt* (*carear*) to bring face to face. **2** (*cotejar*) to compare (con, with). **3** (*enfrentar*) to face,

confront. || **4 confrontarse** *vpr* to face up (con, to).

confundir 1 *vt* (*mezclar*) to mix up. **2** (*equivocar*) to confuse (con, with). **3** (*no reconocer*) to mistake (con, for). || **4 confundirse** *vpr* (*mezclarse*) to mingle. **5** (*equivocarse*) to be mistaken, make a mistake. **6** (*turbarse*) to be confounded.

confusión 1 *nf* (*desorden*) confusion. **2** (*equivocación*) mistake.

confuso,-a 1 *adj* (*desordenado*) confused. **2** (*difuso*) vague. **3** (*mezclado*) mixed up.

congelación 1 *nf* (*de agua, comida*) freezing. **2** MED frostbite.

congelado,-a 1 *adj* (*agua, comida*) frozen. **2** MED frostbitten. || **3 congelados** *nm pl* frozen food *sing.*

congelar *vt* - *vpr* to freeze.

congeniar [12] *vi* to get along well.

congénito,-a *adj* congenital.

congestión *nf* congestion. ■ **congestión cerebral** stroke.

congestionar 1 *vt* to congest. || **2 congestionarse** *vpr* to get congested.

congregar [7] *vt* - *vpr* to congregate.

congresista *nmf* (*hombre*) congressman; (*mujer*) congresswoman.

congreso *nm* congress.

cónico,-a *adj* conical.

conífera *nf* conifer.

conjugar [7] *vt* to conjugate.

conjunción *nf* conjunction.

conjunto,-a 1 *adj* joint. || **2 conjunto** *nm* (*grupo*) group, collection. **3** (*todo*) whole. **4** (*prenda*) outfit. **5** MÚS (*clásico*) ensemble; (*pop*) band. **6** MAT set. • **en conjunto** as a whole, altogether.

conjurar 1 *vt* to exorcise. || **2 conjurar(se)** *vi* - *vpr* to conspire (contra, against).

conmemorar *vt* to commemorate.

conmemorativo,-a *adj* commemorative.

conmigo *pron* with me, to me.

conmoción 1 *nf* (*agitación*) commotion. **2** MED concussion. **3** (*levantamiento*) riot.

conmocionar 1 *vt* (*agitar*) to shock. **2** MED to concuss.

conmovedor,-ra *adj* moving.

conmover [32] **1** *vt* (*persona*) to move, touch. **2** (*cosa*) to stir. || **3 conmoverse** *vpr* to be moved.

conmutar 1 *vt* (*intercambiar*) to exchange. **2** JUR to commute.

cono *nm* cone.

conocedor,-ra *adj* - *nm,f* expert (de, in).

conocer [44] **1** *vt* (*persona* - *gen*) to know; (- *por primera vez*) to meet: **¿conoces a Juan?** do you know Juan? **2** (*resultado, tema*) to know. **3** (*país, lugar*) to have been to: **no conozco Francia** I've never been to France. || **4 conocerse** *vpr* (*a uno mismo*) to know oneself; (*dos personas*) to know each other; (- *por primera vez*) to meet. • **darse a conocer** to make oneself known.

conocido,-a 1 *adj* (*reconocible*) familiar. **2** (*famoso*) well-known. || **3** *nm,f* acquaintance.

conocimiento 1 *nm* (*saber*) knowledge. **2** (*sensatez*) good sense. **3** (*conciencia*) consciousness. • **tener conocimiento de** to know about.

conque *conj* so.
conquista *nf* conquest.
conquistar 1 *vt* (*con armas*) to conquer. 2 (*victoria, título*) to win.
consagrar 1 *vt* REL to consecrate. 2 (*monumento*) to dedicate. || 3 **consagrarse** *vpr* (*dedicarse*) to devote oneself (a, to).
consciente *adj* conscious.
consecuencia *nf* consequence, result. • **a consecuencia de** because of, owing to, due to; **en consecuencia** consequently, therefore.
consecuente 1 *adj* (*siguiente*) consequent. 2 (*resultante*) resulting. 3 (*coherente*) consistent.
consecutivo,-a *adj* consecutive.
conseguir [56] *vt* (*cosa*) to obtain, get; (*objetivo*) to attain, achieve. • **conseguir** + *inf* to manage to + *inf*, succeed in + *ger*; **¡lo conseguí!** I did it!
consejero,-a *nm,f* (*asesor*) adviser.
consejo 1 *nm* (*recomendación*) advice. 2 (*junta*) council, board. ▪ **consejo de administración** board of directors; **consejo de guerra** court-martial.
consenso *nm* (*acuerdo*) consensus.
consentido,-a 1 *adj* spoilt. || 2 *nm,f* spoilt child.
consentimiento *nm* consent.
consentir [35] 1 *vt* (*permitir*) to allow, permit, tolerate. 2 (*a un niño*) to spoil. || 3 *vi* (*acceder a*) to consent (en, to).
conserje *nmf* porter.
conservas *nf pl* (*en lata*) tinned food.
conservación 1 *nf* (*de naturaleza, especie*) conservation. 2 (*mantenimiento*) maintenance.
conservador,-ra 1 *adj* - *nm,f* POL conservative.
conservante *nm* preservative.
conservar 1 *vt* (*alimentos*) to preserve. 2 (*mantener*) to keep, maintain.
consideración 1 *nf* (*deliberación, atención*) consideration. 2 (*respeto*) regard. • **de consideración** important.
considerado,-a 1 *adj* (*atento*) considerate. 2 (*apreciado*) respected. • **bien/mal considerado** to be well /badly thought of.
considerar 1 *vt* (*reflexionar*) to consider, think over. 2 (*respetar*) to treat with consideration.
consigna *nf* (*en estación etc*) left-luggage office, US check-room.
consigo *pron* (*con él*) with him; (*con ella*) with her; (*con usted, ustedes, vosotros,-as*) with you; (*con ellos,-as*) with them; (*con uno mismo*) with oneself.
consiguiente *adj* consequent. • **por consiguiente** therefore.
consistencia 1 *nf* (*dureza*) consistency. 2 (*coherencia*) coherence.
consistir *vi* to consist (en, of).
consistorio *nm* town council.
consola *nf* console table.
consolación *nf* consolation, comfort.
consolar [31] 1 *vt* to console, comfort. || 2 **consolarse** *vpr* to take comfort (con, from).
consolidar *vt* - *vpr* to consolidate.
consonante *adj* - *nf* consonant.
consorcio *nm* consortium.
constancia *nf* (*perseverancia*) constancy, perseverance.

constante **1** *adj* (*invariable*) constant, steady. **2** (*persona*) persevering. ▪ **constantes vitales** vital signs.

constar **1** *vi* (*consistir en*) to consist (de, of). **2** (*ser cierto*) to be a fact; (*figurar*) to be, figure: **me consta que ha llegado** I am absolutely certain that he has arrived.

constatar *vt* to verify, confirm.

constipado *nm* MED cold, chill.

constiparse *vpr* to catch a cold.

constitución *nf* constitution.

constituir [62] *vt* to constitute.

constituyente *adj* constituent.

construcción **1** *nf* (*acción*) construction. **2** (*edificio*) building.

constructivo,-a *adj* constructive.

constructor,-ra *nm,f* builder.

construir [62] *vt* to construct, build.

consuelo *nm* consolation, comfort.

cónsul *nmf* consul.

consulado *nm* (*oficina*) consulate.

consulta **1** *nf* (*pregunta*) consultation. **2** (*de médico*) surgery, US office.

consultar *vt* (*persona*) to consult (con, with); (*libro*) to look it up in.

consultorio *nm* (*de médico*) surgery, US office.

consumición *nf* (*bebida*) drink.

consumido,-a *adj* thin, emaciated.

consumidor,-ra *nm,f* consumer.

consumir **1** *vt* (*gastar, afligir*) to consume. **2** (*destruir*) to destroy. ‖ **3 consumirse** *vpr* (*gastarse, afligirse*) to be consumed.

consumo *nm* consumption.

contabilidad **1** *nf* (*profesión*) accounting. **2** (*en empresa etc*) bookkeeping. • **llevar la contabilidad** to keep the books.

contabilizar [4] **1** *vt* (*en contabilidad*) to enter. **2** (*contar*) to count.

contable *nmf* accountant.

contactar *vt* to contact (con, with).

contacto **1** *nm* (*entre personas cosas*) contact. **2** AUTO ignition. • **en contacto con** in touch with.

contado,-a *nm*. • **pagar al contado** to pay cash.

contador *nm* meter.

contagiar [12] **1** *vt* (*enfermedad*) to transmit, pass on. ‖ **2 contagiarse** *vpr* (*persona*) to be infected.

contagio *nm* contagion, infection.

contagioso,-a *adj* (*enfermedad*) contagious; (*risa*) infectious.

contaminación *nf* (*de agua*) contamination; (*atmosférica*) pollution.

contaminar **1** *vt* (*agua*) to contaminate; (*aire*) to pollute. ‖ **2 contaminarse** *vpr* to become contaminated, become polluted.

contante *adj*. • **dinero contante** (ready) cash.

contar [31] **1** *vt* (*calcular*) to count. **2** (*explicar*) to tell. ‖ **3** *vi* to count. • **a contar desde** starting from; **contar con algn** (*confiar*) to rely on sb; **contar con algo** (*esperar*) to expect sth; (*tener*) to have sth.

contemplar *vt - vi* to contemplate.

contenedor *nm* container. ▪ **contenedor de basura** rubbish bin.

contener [87] **1** *vt* (*tener dentro*) to contain, hold. **2** (*reprimir*) to restrain.

contenido *nm* content, contents *pl.*
contentar 1 *vt* (*satisfacer*) to please. ‖ 2 **contentarse** *vpr* (*estar satisfecho*) to be pleased (con, with).
contento,-a *adj* happy (con, with).
contestador *nm* answering machine.
contestar 1 *vt* (*pregunta, teléfono*) to answer. ‖ 2 *vi* (*replicar*) to answer back.
contexto *nm* context.
contienda *nf* contest, dispute.
contigo *pron* with you.
contiguo,-a *adj* contiguous, adjoining.
continente 1 *nm* GEOG continent. 2 (*recipiente*) container.
continuación *nf* continuation. • **a continuación** next.
continuar [11] *vt* - *vi* to continue, carry on: **Pablo continúa en Francia** Pablo is still in France.
continuidad *nf* continuity.
continuo,-a 1 *adj* continuous. ‖ 2 **continuo** *nm* continuum.
contorno 1 *nm* (*silueta*) outline. 2 (*perímetro*) perimeter.
contra 1 *prep* against. ‖ 2 *nm fam* drawback. • **los pros y los contras** the pros and cons; **llevar la contra** to contradict (a, -); **en contra** against; **en contra de ...** contrary to ...
contraatacar [1] *vt* to counterattack.
contrabajo 1 *nm* (*instrumento*) double bass. 2 (*voz*) basso profundo.
contrabandista *nmf* smuggler.
contrabando *nm* contraband.
contracción *nf* contraction.
contracepción *nf* contraception.
contradecir [69] 1 *vt* (*pp* contradicho,-a) to contradict. ‖ 2 **contradecirse** *vpr* to contradict oneself.
contradictorio,-a *adj* contradictory.
contraer [88] 1 *vt* (*encoger*) to contract. 2 (*enfermedad*) to catch. 3 (*deuda, compromiso*) to contract. • **contraer matrimonio** to get married.
contrahecho,-a *adj* deformed.
contrapeso 1 *nm* (*de balanza*) counterweight. 2 *fig* (*compensación*) counterbalance.
contraponer [78] 1 *vt* (*pp* contrapuesto,-a) (*oponer*) to set in opposition (a, to). 2 *fig* (*contrastar*) to contrast.
contraproducente *adj* counterproductive.
contrariar [13] 1 *vt* (*oponer*) to oppose. 2 (*disgustar*) to annoy.
contrariedad 1 *nf* (*oposición*) opposition. 2 (*disgusto*) annoyance.
contrario,-a 1 *adj* (*opuesto*) contrary, opposite. 2 (*perjudicial*) harmful. ‖ 3 *nm,f* opponent, adversary. • **al contrario** on the contrary.
contrarreloj *nf* time trial.
contrarrestar 1 *vt* (*hacer frente*) to resist, oppose. 2 (*neutralizar*) counteract, neutralize.
contraseña *nf* password.
contrastar *vt* to contrast.
contratación 1 *nf* (*contrato*) hiring. 2 (*en bolsa*) trading.
contratar 1 *vt* (*servicio etc*) to sign a contract for. 2 (*empleado*) to hire.
contratiempo 1 *nm* (*inconveniente*) setback. 2 (*accidente*) mishap.

contrato *nm* contract. ▪ **contrato de alquiler** lease.
contraventana *nf* (window) shutter.
contribución *nf* (*impuesto*) tax.
contribuir [62] *vt* - *vi* to contribute.
contribuyente *nmf* taxpayer.
contrincante *nm* competitor, rival.
control **1** *nm* (*dominio*) control. **2** (*verificación*) examination, inspection. ▪ **control de policía** police checkpoint.
controlador,-ra *nm,f* air traffic controller.
controlar **1** *vt* to control. ‖ **2 controlarse** *vpr* to control oneself.
controversia *nf* controversy.
contundente *adj fig* forceful.
contusión *nf* contusion, bruise.
convalecer [43] *vi* to convalesce, recover (de, from).
convaleciente *adj* - *nmf* convalescent.
convencer [2] **1** *vt* to convince. ‖ **2 convencerse** *vpr* to become convinced.
convencimiento *nm* conviction.
convención *nf* convention.
convenido,-a *adj* agreed, set.
conveniente **1** *adj* (*cómodo*) convenient. **2** (*ventajoso*) advantageous. **3** (*aconsejable*) advisable.
convenio *nm* agreement.
convenir [90] **1** *vi* (*ser oportuno*) to suit. **2** (*ser aconsejable*) to be advisable. **3** (*opinar igual*) to agree. **4** (*venir juntos*) to come together. • **a convenir** negotiable.
convento *nm* (*de monjas*) convent; (*de monjes*) monastery.
converger [5] *vi* to converge, come together.
conversación *nf* conversation, talk.
conversar *vi* to converse, talk.
convertir [29] **1** *vt* to convert. ‖ **2 convertirse** *vpr* to become (en, -).
convexo,-a *adj* convex.
convicción *nf* conviction: **tengo la convicción de que ...** I firmly believe that ...
convidado,-a *nm,f* guest.
convidar **1** *vt* (*invitar*) to invite; (*ofrecer*) to offer. **2** (*incitar*) to inspire, prompt.
convincente *adj* convincing.
convite **1** *nm* (*invitación*) invitation. **2** (*comida*) banquet.
convivencia **1** *nf* (*de personas*) living together. **2** *fig* (*simultaneidad*) coexistence.
convivir **1** *vi* to live together. **2** *fig* to coexist.
convocar [1] *vt* to call.
convocatoria **1** *nf* call: **una convocatoria de huelga** a strike call. **2** EDUC examination, sitting.
convoy *nm* (*pl* convoyes) train.
conyugal *adj* conjugal.
cónyuge **1** *nmf* spouse. ‖ **2 cónyuges** *nm pl* husband and wife.
coño **1** *nm vulg* cunt. ‖ **2 ¡coño!** *interj vulg* (*sorpresa*) fuck me!; (*disgusto*) for fuck's sake!
cooperar *vi* to co-operate (a/en, in) (con, with).
cooperativa *nf* co-operative (society).
coordinación *nf* co-ordination.
coordinador,-ra **1** *adj* co-ordinating. ‖ **2** *nm,f* co-ordinator.
coordinar *vt* to co-ordinate.

copa 1 *nf* (*recipiente*) glass. 2 (*de árbol*) top. 3 (*trofeo*) cup. • **ir de copas** to go (out) drinking; **tomar una copa** to have a drink.
copia 1 *nf* (*reproducción*) copy. 2 (*abundancia*) abundance. ▪ **copia de seguridad** backup.
copiar [12] 1 *vt* (*reproducir*) to copy. 2 EDUC to cheat. 3 (*escribir*) to take down.
copiloto 1 *nm* AV copilot. 2 AUTO co-driver.
copión,-ona 1 *nm,f fam* (*en examen*) cheat. 2 *fam* (*imitador*) copycat.
copioso,-a *adj fml* plentiful.
copo *nm* (*de cereal*) flake; (*de nieve*) snowflake.
copropietario,-a *nm,f* joint owner, co-owner.
coquetear *vi* to flirt.
coraje 1 *nm* (*valor*) courage. 2 (*ira*) anger.
coral 1 *adj* choral. ‖ 2 *nm* ZOOL coral. 3 *nf* MÚS (*agrupación*) choir.
corazón 1 *nm* ANAT heart. 2 (*de fruta*) core. • **de (todo) corazón** sincerely; **tener buen corazón ...** to be kind-hearted.
corazonada 1 *nf* (*impresión*) hunch, feeling. 2 (*impulso*) impulse.
corbata *nf* tie.
Córcega *nf* Corsica.
corchea *nf* quaver.
corchete 1 *nm* COST hook and eye. 2 (*signo impreso*) square bracket.
corcho *nm* (*material*) cork.
cordel *nm* rope, cord.
cordero,-a *nm,f* lamb.
cordial *adj* (*amistoso*) cordial, friendly.
cordialidad *nf* cordiality, friendliness.
cordillera *nf* mountain range.
cordón *nm* (*cuerda*) rope, string; (*de zapatos*) lace, shoelace. ▪ **cordón policial** police cordon; **cordón umbilical** umbilical cord.
cordura *nf* good sense.
Corea *nf* Korea. ▪ **Corea del Norte** North Korea; **Corea del Sur** South Korea.
coreano,-a *adj - nm,f* Korean. ‖ 2 **coreano** *nm* (*idioma*) Korean.
corear *vt* to say in chorus.
coreografía *nf* choreography.
córnea *nf* cornea.
corneta 1 *nf* MÚS cornet. 2 MIL bugle. ‖ 3 *nmf* cornet player. 4 MIL bugler.
cornudo,-a 1 *adj* (*animal*) horned, antlered. 2 *fam* (*marido*) cuckolded. ‖ **3 cornudo** *nm fam* cuckold.
coro 1 *nm* MÚS choir. 2 TEAT chorus. • **a coro** all together.
corona 1 *nf* (*de rey*) crown. 2 (*de flores etc*) wreath.
coronación *nf* coronation.
coronar *vt* to crown.
coronel *nm* colonel.
coronilla *nf* crown (of the head). • **estar hasta la coronilla** *fam* to be fed up (de, with).
corporación *nf* corporation.
corporal *adj* corporal, body.
corpulento,-a *adj* corpulent, stocky.
corral 1 *nm* (*de aves*) yard. 2 (*de granja*) farmyard, US corral.
correa 1 *nf* (*de piel*) strap. 2 (*de perro*) lead. 3 TÉC belt.

corrección 1 *nf* (*arreglo*) correction. 2 (*educación*) courtesy.

correcto,-a 1 *adj* (*exacto, adecuado*) correct. 2 (*educado*) polite, courteous.

corrector,-ra 1 *adj* corrective. ‖ 2 *nm,f* (*de textos*) proofreader.

corredero,-a *adj* sliding.

corredor,-ra 1 *adj* running. ‖ 2 *nm,f* DEP runner. ▪ **corredor de bolsa** stockbroker; **corredor de fincas** estate agent.

corregir [55] 1 *vt* (*enmendar*) to correct. 2 (*reprender*) to reprimand. ‖ 3 **corregirse** *vpr* to mend one's ways.

correo 1 *nm* (*correspondencia*) post, US mail. 2 (*persona*) courier. ‖ 3 **correos** *nm pl* (*oficina*) post office *sing*. • **echar al correo** to post, US mail. ▪ **correo aéreo** airmail; **correo certificado** registered post; **correo electrónico** e-mail, electronic mail.

correr 1 *vi* (*persona, animal*) to run. 2 (*viento*) to blow. 3 (*agua*) to flow. 4 (*tiempo*) to pass. 5 (*noticias*) to spread. 6 (*darse prisa*) to hurry. ‖ 7 *vt* (*carrera*) to run. 8 (*deslizar*) to close; (*cortina*) to draw. ‖ 9 **correrse** *vpr* (*desplazarse - persona*) to move over; (*objeto*) to shift. 10 *vulg* (*tener orgasmo*) to come. • **correr prisa** to be urgent; **dejar correr algo** to let sth pass.

correspondencia 1 *nf* (*acción*) correspondence. 2 (*cartas*) post, US mail. 3 (*de trenes etc*) connection.

corresponder 1 *vi* (*equivaler*) to correspond (a/con, to/with). 2 (*devolver*) to return. ‖ 3 **corresponderse** *vpr* (*ajustarse*) to correspond.

correspondiente 1 *adj* (*perteneciente*) corresponding (a, to). 2 (*apropiado*) suitable, appropriate. 3 (*respectivo*) own.

corresponsal *nmf* correspondent.

corrida *nf* (*carrera*) race. ▪ **corrida de toros** bullfight.

corriente 1 *adj* (*común*) ordinary. 2 (*agua*) running. 3 (*fecha*) current, present: **el cinco del corriente** the fifth of the present month. ‖ 4 *nf* (*masa de agua*) current, stream. 5 (*de aire*) draught, US draft. 6 ELEC current. 7 (*de arte etc*) current, trend. • **al corriente** up to date; **seguirle la corriente a algn** to humour sb; **salirse de lo corriente** to be out of the ordinary.

corro 1 *nm* (*círculo*) circle, ring. 2 (*juego*) ring-a-ring-a-roses.

corroborar *vt* to corroborate.

corroer [82] 1 *vt* (*metal*) to corrode. 2 *fig* (*persona*) to eat away, eat up. ‖ 3 **corroerse** *vpr* (*metal*) to become corroded. 4 *fig* (*persona*) to be eaten up (de, with).

corromper 1 *vt* (*estropear*) to spoil; (*pudrir*) to turn bad. 2 (*pervertir*) to corrupt. ‖ 3 **corromperse** *vpr* (*pudrirse*) to go bad. 4 (*pervertirse*) to become corrupted.

corrosivo,-a *adj* corrosive.

corrupción 1 *nf* (*perversión*) corruption. 2 (*putrefacción*) rot, decay.

corruptor,-ra *nm,f* corrupter.

cortado,-a 1 *adj* (*partido*) cut; (*en lonchas*) sliced. 2 (*estilo*) concise, clipped. 3 (*tímido*) shy.

cortante 1 *adj* (*objeto*) cutting, sharp. 2 (*aire*) biting.

cortar 1 *vt* (*partir*) to cut; (*carne*) to carve; (*árbol*) to cut down. **2** (*dividir*) to divide. **3** COST to cut out. **4** (*interrumpir*) to cut off, interrupt. **5** (*calle, carretera*) to close. || **6 cortarse** *vpr* (*herirse*) to cut. **7** (*el pelo - por otro*) to have one's hair cut; (*- uno mismo*) to cut one's hair. **8** (*leche*) to sour, curdle. **9** (*darle vergüenza*) to get embarrassed.

cortaúñas *nm inv* nail clippers *pl*.

corte 1 *nf* (*del rey*) court. || **2** *nm* (*herida, interrupción*) cut. **3** (*filo*) edge. **4** *fam* (*respuesta brusca*) rebuff. ▪ **corte de luz** powercut.

cortejo 1 *nm* (*acompañantes*) entourage. **2** (*galanteo*) courting.

cortés *adj* courteous, polite.

cortesía *nf* courtesy, politeness.

corteza 1 *nf* (*de árbol*) bark. **2** (*de pan*) crust. **3** (*de fruta*) peel, skin.

cortina *nf* curtain. • **cortina de humo** *fig* smoke screen.

corto,-a 1 *adj* (*calle, cuerda etc*) short. **2** *fig* (*tonto*) thick. • **corto,-a de vista** short-sighted; **quedarse corto** *fam* to underestimate.

cortocircuito *nm* short circuit.

corzo,-a *nm,f* (*macho*) roe buck; (*hembra*) roe deer.

cosa 1 *nf* (*objeto*) thing. **2** (*asunto*) matter. || **3 cosas** *nf pl fam* (*manías*) hang-ups. • **como si tal cosa** as if nothing had happened.

cosecha 1 *nf* harvest, crop. **2** (*tiempo*) harvest time. **3** (*año del vino*) vintage.

cosechar *vt* (*recoger - cosecha*) to harvest, gather; (*- éxitos etc*) to reap.

coser 1 *vt* (*ropa*) to sew. **2** MED to stitch up. **3** *fig* (*atravesar*) to pierce.

cosmético,-a *adj - nm* cosmetic.

cosmopolita *adj* cosmopolitan.

cosmos *nm inv* cosmos.

cosquillas *nf pl*. • **hacer cosquillas a algn** to tickle sb; **tener cosquillas** to be ticklish.

cosquilleo *nm* tickling.

costa 1 *nf* GEOG coast; (*playa*) seaside. **2** FIN cost, price. || **3 costas** *nf pl* JUR costs. • **a costa de** at the expense of.

costado 1 *nm* (*lado*) side. **2** MIL flank.

costar [31] **1** *vi* (*al comprar*) to cost. **2** (*ser difícil*) to be difficult: **me cuesta creerlo** I find it difficult to believe. • **cueste lo que cueste** at any cost; **costar un ojo de la cara** *fam* to cost an arm and a leg.

costarricense *adj - nmf* Costa Rican.

coste *nm* cost, price. ▪ **coste de (la) vida** cost of living.

costear 1 *vt* COM to pay for. || **2 costearse** *vpr* : **costearse algo** to pay for sth (oneself).

costero,-a 1 *adj* coastal, seaside.

costilla 1 *nf* ANAT rib. **2** CULIN cutlet.

costo *nm arg* (*hachís*) dope.

costoso,-a 1 *adj* (*caro*) costly, expensive. **2** (*difícil*) hard.

costra 1 *nf* (*de pan*) crust. **2** (*de herida*) scab.

costumbre 1 *nf* (*hábito*) habit. **2** (*tradición*) custom.

costura 1 *nf* (*cosido*) sewing. **2** (*línea de puntadas*) seam.

costurero *nm* sewing basket.

cotejar *vt* to compare.

cotidiano,-a *adj* daily, everyday.

cotilla *nmf* busybody.

cotillear *vi fam* to gossip.
cotización 1 *nf* value. 2 (*en la bolsa*) price.
coto 1 *nm* (*reserva*) reserve. 2 (*poste*) boundary mark. 3 (*límite*) restriction. ■ **coto de caza** game preserve.
cotorra 1 *nf* (*animal*) (small) parrot. 2 *fam fig* (*persona*) chatterbox.
coz *nf* kick. • **dar una coz** to kick.
crac *nm* (*quiebra*) crash.
cráneo *nm* cranium, skull.
cráter *nm* crater.
creador,-ra 1 *adj* creative. ‖ 2 *nm,f* creator, maker.
crear 1 *vt* (*producir*) to create. 2 (*fundar*) to found, establish. 3 (*inventar*) to invent.
crecer [43] 1 *vi* (*persona, planta*) to grow. 2 (*incrementar*) to increase. 3 (*corriente, marea*) to rise. ‖ 4 **crecerse** *vpr* (*engreírse*) to become conceited.
creces *nf pl*. • **con creces** (*con intereses*) with interest.
crecido,-a 1 *adj* large; (*persona*) grown-up. 2 (*marea, río*) swollen.
creciente *adj* (*capital, interés*) growing; (*luna*) crescent.
crecimiento *nm* growth, increase.
crédito 1 *nm* COM credit. 2 (*fama*) reputation. ‖ 3 **créditos** *nm pl* CINEM TV credits. • **dar crédito a** to believe.
crédulo,-a *adj* credulous, gullible.
creencia *nf* belief.
creer [61] 1 *vt* (*tener fe*) to believe (en, in). 2 (*suponer, opinar*) to think, suppose. ‖ 3 **creerse** *vpr* (*considerarse*) to think. • **creo que sí** I think so; **creo que no** I don't think so.
creíble *adj* credible, believable.
creído,-a *adj* arrogant.
crema 1 *nf* (*nata*) cream. 2 (*natillas*) custard. ‖ 3 *adj* cream, cream-coloured.
cremallera *nf* zipper, zip.
crematorio *nm* crematorium.
cremoso,-a *adj* creamy.
crepúsculo *nm* twilight.
cresta 1 *nf* (*de ola*) crest. 2 (*de gallo*) comb.
creyente 1 *adj* believing. ‖ 2 *nmf* believer.
cría 1 *nf* (*de plantas*) growing; (*de animal*) breeding. 2 (*cachorro*) baby. 3 (*camada*) litter.
criado,-a 1 *adj* (*animal*) reared; (*persona*) bred. ‖ 2 *nm,f* servant. • **bien criado,-a** well-bred; **mal criado,-a** ill-bred.
crianza 1 *nf* (*de animales*) breeding; (*de vino*) aging. 2 (*lactancia*) nursing.
criar [13] 1 *vt* (*educar niños*) to bring up. 2 (*nutrir*) to nurse. 3 (*plantas*) to grow; (*animales*) to breed. 4 (*producir*) to have, grow; (*vinos*) to make.
criatura 1 *nf* (*ser*) creature. 2 (*niño*) baby, child.
cribar 1 *vt* (*colar*) to sift. 2 *fig* (*seleccionar*) to screen.
crimen 1 *nm* (*pl* crímenes) (*delito*) crime. 2 (*asesinato*) murder.
crío,-a *nm,f fam* kid.
crisantemo *nm* chrysanthemum.
crisis 1 *nf inv* (*mal momento*) crisis. 2 (*ataque*) fit, attack.
crisma *nf fam* head.
crispar 1 *vt* ANAT to contract. 2 (*irritar*) to annoy. ‖ 3 **crisparse** *vpr* to get annoyed.

cristal 1 *nm* (*gen*) glass. **2** (*fino, mineral*) crystal. **3** (*de ventana*) (window) pane. ■ **cristal de aumento** magnifying glass.
cristalería *nf* (*conjunto*) glassware.
cristalino,-a *adj* transparent, clear.
cristalizar [4] *vt - vi - vpr* to crystallize.
cristianismo *nm* Christianity.
cristiano,-a *adj - nm,f* Christian.
criterio 1 *nm* (*norma*) criterion. **2** (*juicio*) judgement. **3** (*opinión*) opinion.
crítica 1 *nf* (*juicio, censura*) criticism. **2** (*prensa*) review. **3** (*críticos*) critics *pl*.
criticar [1] **1** *vt* (*actuación, postura*) to criticize. || **2** *vi* (*murmurar*) to gossip.
crítico,-a 1 *adj* critical. || **2** *nm,f* critic.
croata *adj - nmf* Croat, Croatian.
crol *nm* crawl.
cromo 1 *nm* (*metal*) chromium. **2** (*estampa*) picture card. • **ir hecho,-a un cromo** *fam* to look a real sight.
crónica 1 *nf* (*informe*) chronicle. **2** (*en periódico*) article.
crónico,-a *adj* chronic.
cronometrar *vt* to time.
cronómetro *nm* chronometer.
cruce 1 *nm* (*acción*) crossing. **2** AUTO crossroads. **3** (*de razas*) crossbreeding. **4** (*interferencia*) crossed line.
crucero 1 *nm* (*buque*) cruiser. **2** (*viaje*) cruise. **3** ARQ transept.
crucifijo *nm* crucifix.
crucigrama *nm* crossword.
crudeza 1 *nf* (*de imágenes etc*) brutality, harshness. **2** (*de clima*) harshness.
crudo,-a 1 *adj* (*sin cocer*) raw; (*poco hecho*) underdone. **2** (*imagen etc*) harsh.
crueldad *nf* cruelty.
crujido *nm* (*de seda, papel*) rustle.
crujiente *adj* (*alimentos*) crunchy.
crujir 1 *vi* (*puerta*) to creak. **2** (*seda, hojas*) to rustle. **3** (*dientes*) to grind.
crustáceo *nm* crustacean.
cruz 1 *nf* (*figura*) cross. **2** (*de moneda*) tails *pl*. **3** *fig* (*molestia*) burden. • **¿cara o cruz?** heads or tails?.
cruzar [4] **1** *vt* (*atravesar*) to cross. **2** GEOM to intersect. **3** (*miradas, palabras*) to exchange. || **4 cruzarse** *vpr* to pass each other. • **cruzarse de brazos** to fold one's arms.
cuadernillo *nm* booklet.
cuaderno *nm* notebook, exercise book.
cuadra *nf* (*establo*) stable.
cuadrado,-a *adj - nm* square: **diez metros cuadrados** ten square metres. • **elevar un número al cuadrado** to square a number.
cuadrante 1 *nm* (*reloj*) sundial. **2** (*instrumento*) quadrant.
cuadrar 1 *vt* (*ajustar*) to square. || **2** *vi* (*ajustarse*) to suit (con, -). **3** COM to balance. || **4 cuadrarse** *vpr* MIL to stand to attention.
cuadriculado,-a *adj* squared.
cuadrilátero *nm* ring.
cuadrilla 1 *nf* (*de trabajadores*) team. **2** (*de bandidos etc*) gang.
cuadro 1 *nm* (*cuadrado*) square. **2** (*pintura*) painting. **3** (*descripción*) description. **4** (*gráfico*) chart. • **a cuadros** checkered. ■ **cuadro de mandos** control panel; **cuadro sinóptico** diagram.

cuadrúpedo,-a *adj - nm* quadruped.
cuádruple *adj* quadruple, fourfold.
cuajar 1 *vt* (*leche*) to curdle; (*sangre*) to clot. **2** (*adornar*) to fill with. || **3** *vi* (*lograrse*) to be a success: **la cosa no cuajó** it didn't come off. || **4 cuajarse** *vpr* (*nieve*) to settle; (*leche*) to curdle.
cuajo *nm* rennet. • **de cuajo** by the roots.
cual *pron* (*pl* cuales) (*precedido de artículo - persona*) who, whom; (*- cosa*) which: **los trabajadores, los cuales estaban en huelga ...** the workers, who were on strike ...; **la gente a la cual preguntamos ...** the people whom we asked ... • **cada cual** everyone, everybody; **con lo cual** with the result that; **lo cual** which.
cuál *pron* (*pl* cuáles) which one, what.
cualidad *nf* quality.
cualificado,-a *adj* qualified, skilled.
cualificar [1] *vt* to qualify.
cualquiera 1 *adj* (*pl* cualesquiera) any: **cualquier cuchillo sirve** any knife will do. || **2** *pron* (*persona indeterminada*) anybody, anyone; (*cosa indeterminada*) any, any one. **3** (*nadie*) nobody: **¡cualquiera lo coge!** nobody would take it! || **4** *nmf pey* nobody.
cuan *adv* as.
cuán *adv* how.
cuando 1 *adv* when. || **2** *conj* when. **3** (*condicional*) provided, if. • **aun cuando** even though; **de (vez en) cuando** now and then.
cuándo *adv* when.
cuantía *nf* amount.
cuantioso,-a *adj* large.
cuanto,-a 1 *adj* (*pl* cuantos,-as) (*singular*) as much as; (*plural*) as many as: **coge cuantos libros desees** take as many books as you want. || **2** *pron* (*singular*) everything, all; (*plural*) all who, everybody who: **vendió cuanto tenía** he sold everything he had. || **3 cuanto** *adv*: **cuanto antes** as soon as possible; **cuanto más ..., más ...** the more ..., the more; **cuanto menos ..., menos ...** the less ..., the less ...; **en cuanto** as soon as. • **unos,-as cuantos,-as** some, a few.
cuánto,-a 1 *adj* (*interrogativo - singular*) how much; (*- plural*) how many: **¿cuánto dinero cuesta?** how much money does it cost?; **¿cuántos coches hay?** how many cars are there? **2** (*exclamativo*) what a lot of: **¡cuánta gente!** what a lot of people! || **3** *pron* (*singular*) how much; (*plural*) how many: **¿cuánto pesas?** how much do you weigh?; **¿cuántos erais?** how many of you were there? || **4** *adv* how, how much: **¡cuánto me alegro!** I'm so glad!
cuarenta *num* forty. • **cantarle las cuarenta a algn** to give sb a piece of one's mind.
cuaresma *nf* Lent.
cuartel *nm* MIL barracks. ▪ **cuartel general** headquarters inv.
cuarto,-a 1 *num* fourth. || **2 cuarto** *nm* (*parte*) quarter. **3** (*habitación*) room. || **4 cuartos** *nm pl fam* money. ▪ **cuarto de baño** bathroom.
cuarzo *nm* quartz.
cuatro *num* four. • **decir cuatro cosas a algn** to say a few things to sb.

cuatrocientos,-as *num* four hundred.

cuba *nf* cask, barrel. • **como una cuba** (as) drunk as a lord.

cubano,-a *adj* - *nm,f* Cuban.

cubertería *nf* cutlery.

cúbico,-a *adj* cubic.

cubierta 1 *nf* (*tapa*) covering. 2 (*de libro*) jacket. 3 ARQ roof. 4 (*de neumático*) tyre. 5 MAR deck.

cubierto 1 **cubierto** *nm* (*techumbre*) cover. ‖ 2 **cubiertos** *nm pl* (*para comer*) the cutlery. • **estar a cubierto** to be under cover; **ponerse a cubierto** to take cover.

cubilete 1 *nm* (*molde*) mould. 2 (*de dados*) dice cup.

cubito *nm* ice cube.

cubo 1 *nm* (*recipiente*) bucket. 2 (*contenido*) bucketful. 3 (*figura*) cube. 4 (*de rueda*) hub. ■ **cubo de la basura** dustbin, US garbage can.

cubrecama *nm* bedspread.

cubrir 1 *vt* (*pp* cubierto,-a) (*tapar*) to cover. 2 (*montar*) to mount. ‖ 3 **cubrirse** *vpr* (*abrigarse*) to cover oneself. 4 (*protegerse*) to protect oneself. 5 (*cielo*) to become overcast.

cucaracha *nf* cockroach.

cuchara *nf* spoon.

cucharada *nf* spoonful.

cucharilla *nf* teaspoon.

cucharón *nm* ladle.

cuchichear *vi* to whisper.

cuchilla *nf* (*hoja*) blade.

cuchillo *nm* knife.

cuchitril 1 *nm* (*establo*) pigsty. 2 *fam* (*cuarto pequeño*) hovel.

cuco,-a 1 *adj fam* (*simpático*) cute. ‖ 2 **cuco** nm ZOOL cuckoo.

cucurucho 1 *nm* (*cartucho*) paper cone. 2 (*helado*) cornet, cone.

cuello 1 *nm* ANAT neck. 2 (*de prenda*) collar. 3 (*de botella*) bottleneck. • **estar metido,-a hasta el cuello** *fam fig* to be up to one's neck in it.

cuenco *nm* bowl.

cuenta 1 *nf* (*bancaria*) account. 2 (*factura*) bill. 3 (*de collar etc*) bead. • **ajustarle las cuentas a algn** to give sb a piece of one's mind; **darse cuenta de algo** to realize sth; **en resumidas cuentas** in short; **más de la cuenta** too much; **por cuenta de** by; **tener en cuenta** to take into account. ■ **cuenta atrás** countdown; **cuenta corriente** current account.

cuentakilómetros *nm inv* speedometer.

cuentista *nmf* (*mentiroso*) fibber.

cuento *nm* story, tale. • **venir a cuento** to be relevant; **vivir del cuento** *fam* to live by one's wits. ■ **cuento chino** tall story; **cuento de hadas** fairy tale.

cuerda 1 *nf* (*cordel*) rope, string. 2 MÚS string. 3 (*de reloj*) spring: **dar cuerda a un reloj** to wind up a watch. ■ **cuerdas vocales** vocal chords.

cuerdo,-a *adj* sane.

cuerno *nm* (*de toro*) horn. • **ponerle los cuernos a algn** *fam* to be unfaithful to sb; **romperse los cuernos** *fam* to break one's back.

cuero 1 *nm* (*de animal*) skin, hide. 2 (*curtido*) leather. • **en cueros** *fam* starkers. ■ **cuero cabelludo** scalp.

cuerpo 1 *nm* ANAT body. 2 (*grupo*) body; MIL corps: **el cuerpo de bomberos** the fire brigade. 3 (*ca-*

dáver) corpse. • **en cuerpo y alma** wholeheartedly.
cuervo *nm* raven.
cuesta *nf* slope. • **a cuestas** on one's back, on one's shoulders. ▪ **cuesta abajo** downhill; **cuesta arriba** uphill.
cuestión 1 *nf (pregunta)* question. **2** *(asunto)* business. • **ser cuestión de vida o muerte** *fig* to be a matter of life or death.
cuestionar *vt* to question.
cuestionario *nm* questionnaire.
cueva *nf* cave.
cuidado 1 *nm (atención)* care. **2** *(recelo)* worry. ‖ **3 ¡cuidado!** *interj* look out! • **tener cuidado** to be careful. ▪ **cuidados intensivos** intensive care.
cuidadoso,-a *adj* careful.
cuidar 1 *vt* - *vi* to look after, care for, mind. ‖ **2 cuidarse** *vpr* to take care of oneself.
culebra *nf* snake.
culebrón *nm* soap opera.
culinario,-a *adj* culinary, cooking.
culminar 1 *vi* to climax. ‖ **2** *vt* to finish.
culo 1 *nm (trasero)* bottom, backside. **2** *(ano)* anus. **3** *(de recipiente)* bottom. • **caer de culo** *fam* to fall flat on one's bottom; **ir de culo** *fam fig* to be rushed off one's feet; **¡vete a tomar por el culo!** *vulg* fuck off!
culpa 1 *nf (culpabilidad)* guilt, blame. **2** *(falta)* fault. • **echar la culpa a** to blame; **tener la culpa de** to be to blame for.
culpabilidad *nf* guilt, culpability.
culpable 1 *adj* guilty. ‖ **2** *nmf* culprit.
culpar *vt* to blame.
cultivado,-a 1 *adj (terreno)* cultivated. **2** *fig (persona)* cultured, refined.
cultivar *vt (terreno)* to cultivate.
cultivo 1 *nm (de terreno)* cultivation, farming. **2** BIOL culture.
culto,-a 1 *adj (con cultura)* cultured, learned. **2** *(estilo)* refined. ‖ **3 culto** *nm* worship.
cultura *nf* culture.
cumbre 1 *nf (de montaña)* summit, top. **2** *(culminación)* pinnacle. **3** *(reunión)* summit.
cumpleaños *nm inv* birthday.
cumplido *nm (piropo)* compliment.
cumplir 1 *vt (llevar a cabo)* to carry out. **2** *(promesa)* to keep. **3** *(años)* to be. ‖ **4** *vi* to do one's duty. ‖ **5 cumplirse** *vpr (realizarse)* to be fulfilled.
cúmulo *nm* heap, pile.
cuna 1 *nf* cradle. **2** *(linaje)* birth, lineage. **3** *fig (origen)* cradle, beginning.
cundir 1 *vi (extenderse)* to spread: **cundió el pánico** people panicked. **2** *(dar de sí)* to increase in volume.
cuneta 1 *nf (de carretera)* verge. **2** *(zanja)* ditch.
cuña *nf* wedge.
cuñado,-a *nm,f (hombre)* brother-in-law; *(mujer)* sister-in-law.
cuota 1 *nf (pago)* membership fee, dues *pl*. **2** *(porción)* quota, share.
cupo *nm* quota.
cupón *nm* coupon.
cúpula 1 *nf* ARQ cupola, dome. **2** POL leadership.

cura 1 *nm* priest. || **2** *nf* cure, healing.
curación *nf* cure, healing.
curandero,-a *nm,f* quack.
curar 1 *vt* (*sanar*) to cure. **2** (*herida*) to dress; (*enfermedad*) to treat. || **3** *vi* (*cuidar*) to take care (de, of). || **4 curarse** *vpr* (*recuperarse*) to recover (de, from), get well. **5** (*herida*) to heal up.
curativo,-a *adj* curative.
curiosear 1 *vt* to pry into. || **2** *vi* to pry.
curiosidad 1 *nf* (*interés*) curiosity. **2** (*aseo*) cleanliness.
curioso,-a 1 *adj* (*indiscreto*) curious, inquisitive. **2** (*aseado*) clean, tidy. **3** (*extraño*) strange.
currante *nmf arg* worker.
currar *vi arg* to grind, slave.
currículum *nm* curriculum (vitae).
cursar 1 *vt* (*estudiar*) to study. **2** (*enviar*) to send, dispatch. **3** (*tramitar*) to make an application.
cursi *adj* affected.
cursillo *nm* short course.
curso 1 *nm* (*dirección*) course, direction. **2** EDUC course: **curso académico** academic year, school year. • **estar en curso** to be under way; **en curso** current. ■ **curso intensivo** intensive course.
curtir 1 *vt* (*piel*) to tan. **2** (*acostumbrar*) to harden. || **3 curtirse** *vpr* (*acostumbrarse*) to become hardened.
curva 1 *nf* MAT curve. **2** (*de carretera*) bend. ■ **curva cerrada** sharp bend.
curvo,-a *adj* curved, bent.
custodia 1 *nf* (*vigilancia*) custody, care. **2** REL monstrance.
custodiar [12] *vt* to keep, take care of.
cutis *nm inv* skin, complexion.
cuyo,-a *pron* whose, of which. • **en cuyo caso** in which case.

D

D. *abr* (don) Mr.

D.ª *abr* (doña) Mrs, Miss, Ms.

dado,-a 1 *adj* given. ‖ **2 dado** *nm* die. • **dadas las circunstancias** in view of the circumstances; **dado que** given that; **ser dado,-a a** to be keen on, be fond of.

daga *nf* dagger.

daltonismo *nm* colour blindness.

dama 1 *nf* (*señora*) lady. **2** (*en ajedrez*) queen; (*en damas*) king. ‖ **3 damas** *nf pl* draughts, US checkers. ■ **dama de honor** bridesmaid.

damnificar [1] *vt* to injure, harm.

danés,-esa 1 *adj* Danish. ‖ **2** *nm,f* (*persona*) Dane. ‖ **3 danés** *nm* (*idioma*) Danish.

danza *nf* dance.

dañar 1 *vt* (*cosa*) to damage; (*persona*) to hurt, harm. ‖ **2 dañarse** *vpr* (*cosa*) to become damaged; (*persona*) to get hurt. **3** (*pudrirse*) to go bad.

dañino,-a *adj* harmful, damaging.

daño 1 *nm* (*en cosas*) damage. **2** (*en personas*) harm, injury. • **hacer daño** (*doler*) to hurt; (*lastimar*) to hurt, injure: **hacerse daño** to hurt oneself. ■ **daños y perjuicios** damages.

dar [68] **1** *vt* (*gen*) to give; (*entregar*) to deliver, hand over. **2** (*luz, gas*) to turn on. **3** (*fruto, flores*) to bear. **4** (*las horas*) to strike. **5** (*película*) to show; (*teatro*) to perform. **6** (*golpear*) to hit. **7** (*pintura, barniz*) to apply, put on. **8** (*una fiesta*) to have. ‖ **9** *vi* (*mirar a*) to overlook (a, -). ‖ **10 darse** *vpr* (*entregarse*) to give in, surrender. **11** (*chocar*) to crash (contra/con, into). • **da lo mismo** it's all the same; **dar a luz** to give birth; **dar con** to find; **dar de comer** to feed; **dar de sí** to give, stretch; **dar un paseo** to take a walk; **darse a la bebida** to take to drink; **darse por vencido,-a** to give in.

dardo *nm* dart.

datar 1 *vt* to date, put a date on. ‖ **2** *vi* to date back (de, to/from).

dátil *nm* date.

dato 1 *nm* fact, piece of information. ‖ **2 datos** *nm pl* (*informáticos*) data. ■ **datos personales** personal details.

d. C. *abr* AD.

dcha. *abr* (derecha) right.

de 1 *prep* (*posesión*) of, 's, s': **el libro de Juan** Juan's book. **2** (*tema*) of, on, about. **3** (*materia*) of. **4** (*origen, procedencia*) from. **5** (*modo*) on, in, as: **de pie** standing up. **6** (*tiempo*) at, by: **de día** by day; **de noche** at night. **7** if: **de seguir así, acabarás en la cárcel** if you continue like this, you'll end up in prison.

deambular *vi* to wander.

debajo *adv* underneath, below. • **debajo de** under, beneath.
debate *nm* debate, discussion.
debatir 1 *vt* (*moción*) to debate; (*tema*) to discuss. || 2 **debatirse** *vpr* to struggle.
deber 1 *nm* (*obligación*) duty, obligation. || 2 *vt* (*dinero*) to owe. || 3 **deber + inf** *v aux* (*obligación*) must, to have to; (*recomendación*) should: **debo irme** I must go; **deberías ir al médico** you should see the doctor. 4 (*conjetura*) must: **deben de ser las seis** it must be six o'clock. || 5 **deberse** *vpr* to be due. || 6 **deberes** *nm pl* (*de escuela*) homework *sing*.
debidamente *adv* duly, properly.
debido,-a 1 *adj* owed. 2 (*apropiado*) due, just, proper. • **como es debido** right, properly; **debido,-a a** due to, owing to.
débil 1 *adj* (*persona*) weak, feeble. 2 (*ruido*) faint. 3 (*luz*) dim.
debilidad *nf* weakness.
debilitar 1 *vt* to weaken. || 2 **debilitarse** *vpr* to become weak.
debutar *vi* to make one's debut.
década *nf* decade.
decadencia *nf* decadence.
decaer [67] *vi* to decline, decay, fall.
decaído,-a 1 *adj* (*débil*) weak. 2 (*triste*) sad, depressed.
decantarse *vpr* to prefer (por, -).
decena *nf* group of ten.
decencia 1 *nf* (*decoro*) decency, propriety. 2 (*honestidad*) honesty.
decente 1 *adj* (*decoroso*) decent, proper. 2 (*honesto*) honest. 3 (*limpio*) tidy.
decepción *nf* disappointment.
decepcionar *vt* to disappoint.
decidido,-a *adj* (*audaz*) determined.
decidir 1 *vt - vi* to decide. || 2 *vt* (*convencer*) to persuade. || 3 **decidirse** *vpr* to decide, make up one's mind.
décima *nf* tenth.
decimal *adj - nm* decimal.
décimo,-a 1 *num* tenth. || 2 **décimo** *nm* (tenth part of a) lottery ticket.
decimoctavo,-a *num* eighteenth.
decimocuarto *num* fourteenth.
decimonoveno,-a *num* nineteenth.
decimoquinto,-a *num* fifteenth.
decimoséptimo,-a *num* seventeenth.
decimosexto,-a *num* sixteenth.
decimotercero,-a *num* thirteenth.
decir [69] 1 *vt* (*pp* dicho,-a) (*gen*) to say; (*a alguien*) to tell. || 2 **decirse** *vpr* to say to oneself. • **como quien dice** so to speak; **decir para sí** to say to oneself; **es decir** that is to say; **querer decir** to mean; **se dice ...** they say ..., it is said ....
decisión 1 *nf* (*resolución*) decision. 2 (*firmeza*) determination, resolution.
decisivo,-a *adj* decisive, final.
declaración 1 *nf* (*afirmación*) declaration, statement. 2 JUR statement. ▪ **declaración de la renta** income tax return.
declarar 1 *vt* (*gen*) to declare. 2 JUR (*considerar*) to find. || 3 *vi* (*afirmar*) to state, declare. 4 JUR (*dar testimonio*) to testify. || 5 **declararse** *vpr*

(*considerarse*) to declare oneself. **6** (*fuego, guerra*) to start, break out.
declinar 1 *vi* (*salud*) to decline. **2** (*negocio, ventas*) to decline, fall off. || **3** *vt* (*rechazar*) to decline.
decorado *nm* TEAT scenery, set.
decorar *vt* to decorate.
decrecer [43] *vi* to decrease.
decretar *vt* to decree, order.
dedicar [1] **1** *vt* to dedicate. || **2 dedicarse** *vpr* to devote oneself (a, to).
dedicatoria *nf* dedication.
dedillo *nm*. • **saber algo al dedillo** to know sth inside out; **conocer un lugar al dedillo** to know a place like the back of one's hand.
dedo *nm* (*de la mano*) finger; (*del pie*) toe. • **hacer dedo** to hitchhike. ▪ **dedo anular** ring finger; **dedo del corazón** middle finger; **dedo gordo** thumb; **dedo índice** forefinger, index finger; **dedo meñique** little finger.
deducción *nf* deduction.
deducir [46] **1** *vt* (*inferir*) to deduce. **2** (*dinero*) to deduct.
defecto *nm* defect, fault.
defectuoso,-a *adj* defective, faulty.
defender [28] **1** *vt* (*país, acusado, intereses*) to defend. **2** (*afirmación*) to assert, maintain. || **3 defenderse** *vpr* (*arreglárselas*) to manage.
defensa 1 *nf* (*de país, acusado, intereses*) defence. || **2** *nmf* DEP defender. || **3 defensas** *nf pl* MED defences. • **en defensa propia** in self-defence.
defensivo,-a *adj* defensive.
defensor,-ra *nm,f* defender.
deficiencia *nf* **1** *nf* deficiency. **2** (*falta*) lack.
deficiente 1 *adj* (*producto*) deficient; (*vista etc*) defective. **2** (*cantidad*) inadequate. **3** (*persona*) handicapped.
déficit 1 *nm* (*comercial, presupuestario*) deficit. **2** (*falta*) shortage.
definir *vt* to define.
definitivo,-a *adj* definitive, final.
deformar 1 *vt* to deform, distort. || **2 deformarse** *vpr* to become deformed.
defraudar 1 *vt* (*decepcionar*) to disappoint, deceive. **2** (*estafar*) to defraud.
degenerar *vi* to degenerate.
degradación 1 *nf* (*deterioro*) degradation. **2** MIL demotion.
degradar 1 *vt* (*deteriorar*) to degrade. **2** MIL to demote. || **3 degradarse** *vpr* to demean oneself.
degustar *vt* to taste, sample.
dejadez 1 *nf* (*abandono*) neglect, slovenliness. **2** (*pereza*) laziness.
dejado,-a 1 *adj* (*descuidado*) untidy, slovenly. **2** (*perezoso*) lazy.
dejar 1 *vt* (*gen*) to leave; (*persona*) to abandon; (*lugar, trabajo*) to quit; (*hábito*) to give up. **2** (*permitir*) to allow, let. **3** (*prestar*) to lend. **4** (*legar*) to bequeath. || **5 dejar de +** *inf v aux* to stop: **dejar de llover** to stop raining. || **6 dejarse** *vpr* (*abandonarse*) to let oneself go. **7** (*olvidar*) to forget. • **¡déjalo!** don't worry about it; **dejar a un lado** to leave aside; **dejar atrás** to leave behind; **dejar caer** to drop; **dejar en paz** to leave alone.
delantal *nm* apron.

delante 1 *adv* (*enfrente*) in front, before, facing, opposite. || **2 delante de** *prep* (*enfrente de*) in front of. • **hacia delante** forward; **por delante** ahead.
delantera 1 *nf* (*frente*) front. **2** DEP forward line. **3** (*ventaja*) lead, advantage.
delantero,-a 1 *adj* front, fore. || **2 delantero** *nm* DEP forward.
delatar 1 *vt* (*denunciar*) to denounce, inform on. **2** (*revelar*) to reveal.
delegación 1 *nf* (*personas*) delegation. **2** (*sucursal*) branch.
delegado,-a *nm,f* delegate.
delegar [7] *vt* to delegate.
deleitar 1 *vt* to delight, please. || **2 deleitarse** *vpr* to take delight (con, in).
deletrear *vt* to spell.
delfín *nm* ZOOL dolphin.
delgadez *nf* thinness.
delgado,-a *adj* thin.
deliberar *vt - vi* to deliberate.
delicadeza 1 *nf* (*cuidado*) care; (*suavidad*) gentleness. **2** (*finura*) delicacy. **3** (*tacto*) tact. • **tener la delicadeza de** to be thoughtful enough to.
delicado,-a 1 *adj* (*en general*) delicate. **2** (*persona - discreto*) tactful; (*- sensible*) sensitive; (*- tiquismiquis*) hard to please.
delicia *nf* delight.
delicioso,-a *adj* delicious, delightful.
delimitar *vt* to delimit.
delincuencia *nf* crime.
delincuente *adj - nmf* criminal.
delirio 1 *nm* delirium. **2** *fig* nonsense.
delito *nm* offence, crime.
demacrado,-a *adj* emaciated.
demacrarse *vpr* to waste away.
demanda 1 *nf* (*solicitud*) petition, request. **2** COM demand: **tener demanda** to be in demand. **3** JUR lawsuit.
demandado,-a *nm,f* defendant.
demandante *nmf* claimant.
demandar 1 *vt* JUR to sue. **2** (*pedir*) to demand, ask for.
demás 1 *adj* other, rest of: **los demás libros** the other books. || **2** *pron* the other, the rest: **yo me fui, los demás se quedaron** I left, the rest stayed. • **lo demás** the rest; **por lo demás** otherwise; **y demás** and so on.
demasiado,-a 1 *adj* (*singular*) too much; (*plural*) too many: **demasiado ruido** too much noise; **demasiados coches** too many cars. || **2 demasiado** *adv* (*después de verbo*) too much; (*delante de adjetivo*) too: **comes demasiado** you eat too much; **es demasiado caro** it's too expensive.
demencia *nf* insanity, madness.
demente 1 *adj* mad, insane. || **2** *nmf* lunatic, maniac.
democracia *nf* democracy.
democrático,-a *adj* democratic.
demografía *nf* demography.
demoler [32] *vt* to demolish.
demolición *nf* demolition.
demonio *nm* demon, devil. • **de mil demonios** *fam* horrific; **¡qué demonio!** *fam* what the devil!
demora *nf* delay.
demorar 1 *vt* (*retardar*) to delay, hold up. || **2** *vi* (*detenerse*) to stay, remain.

demostración 1 *nf* (*muestra*) demonstration. 2 (*ostentación*) show. 3 (*prueba*) proof.
demostrar [31] 1 *vt* (*mostrar*) to demonstrate. 2 (*ostentar*) to show. 3 (*probar*) to prove.
denegar [48] *vt* to deny, refuse.
denso,-a *adj* dense, thick.
dentadura *nf* teeth *pl*. ■ **dentadura postiza** false teeth.
dentífrico *nm* toothpaste.
dentista *nmf* dentist.
dentro 1 *adv* (*gen*) inside, within, in; (*de edificio*) indoors. ‖ 2 **dentro de** *prep* in. • **dentro de poco** shortly; **por dentro** inside.
denuncia *nf* denunciation, accusation.
denunciar [12] *vt* (*situación*) to denounce, condemn; (*delito*) to report.
departamento *nm* (*sección*) department, section.
dependencia 1 *nf* (*de persona, drogas*) dependence, dependency. 2 (*en edificio*) outbuilding.
depender 1 *vi* to depend (de, on): **depende de ti** it's up to you. 2 (*económicamente*) to be dependent (de, on).
dependiente,-a 1 *adj* depending, dependent. ‖ 2 *nm,f* shop assistant.
depilación *nf* depilation, hair removal.
depilar 1 *vt* (*con cera*) to wax; (*con maquinilla*) to shave.
depilatorio *nm* hair-remover.
deportar *vt* to deport.
deporte *nm* sport.
deportista *nmf* (*hombre*) sportsman; (*mujer*) sportswoman.
deportivo,-a 1 *adj* (*centro, club*) sports. 2 (*conducta*) sporting. 3 (*imparcial*) sportsmanlike.
depositar 1 *vt* to deposit. ‖ 2 **depositarse** *vpr* (*poso*) to settle.
depósito 1 *nm* FIN deposit. 2 (*poso*) sediment, deposit. 3 (*almacén*) depot, store, warehouse. 4 (*receptáculo*) tank. ■ **depósito de gasolina** petrol tank.
depresión *nf* depression. ■ **depresión nerviosa** nervous breakdown.
depresivo,-a *adj* depressive.
deprimente *adj* depressing.
deprimir 1 *vt* to depress. ‖ 2 **deprimirse** *vpr* to become depressed.
deprisa *adv* quickly.
derecha 1 *nf* (*dirección*) right. 2 POL right wing. • **a la derecha** to the right.
derecho,-a 1 *adj* (*diestro*) right. 2 (*recto*) straight. 3 (*de pie*) standing, upright. ‖ 4 **derecho** *nm* (*poder, oportunidad*) right. 5 (*ley*) law. • **¡no hay derecho!** it's not fair!; **al derecho** the right way. ■ **derecho civil** civil law; **derechos humanos** human rights.
deriva *nf* drift. • **ir a la deriva** to drift.
derivado *nm* derivative.
derivar 1 *vi* to derive (de, from). 2 (*barco*) to drift. ‖ 3 *vt* to divert; (*paciente*) to refer. 4 MAT GRAM to derive. ‖ 5 **derivarse** *vpr* to be derived (de, from).
derramar 1 *vt* (*leche, vino*) to spill. 2 (*sangre, lágrimas*) to shed.
derrame 1 *nm* (*de leche, vino*) spilling. 2 (*de sangre, lágrimas*) shed-

ding. ▪ **derrame cerebral** MED cerebral haemorrhage.
derrapar *vi* to skid.
derretir *vt* - *vpr* to melt.
derribar 1 *vt* (*edificio*) to pull down, demolish. 2 MIL to shoot down. 3 (*gobierno*) to overthrow.
derribo *nm* demolition.
derrocar [1] 1 *vt* (*derribar*) to pull down, demolish. 2 (*gobierno*) to overthrow.
derrochador,-ra *adj* wasteful.
derrochar *vt* to waste, squander.
derroche *nm* waste, squandering.
derrota *nf* (*de rival, enemigo*) defeat.
derrotar *vt* to defeat.
derruir [62] *vt* to pull down.
derrumbamiento *nm* (*de edificio*) collapse.
derrumbar 1 *vt* to pull down, demolish. ‖ 2 **derrumbarse** *vpr* (*edificio*) to collapse.
desabrochar 1 *vt* to undo, unfasten. 2 **desabrocharse** *vpr* to come undone
desacierto *nm* mistake, blunder.
desaconsejar *vt* to advise against.
desacuerdo *nm* disagreement.
desafiante *adj* challenging, defiant.
desafiar [13] *vt* to challenge.
desafinado,-a *adj* out of tune.
desafinar *vi* to be out of tune.
desafío *nm* (*reto*) challenge.
desafortunado,-a *adj* unlucky.
desagradable *adj* unpleasant.
desagradar *vt* to displease.
desagradecido,-a *adj* ungrateful.
desagrado *nm* displeasure. • **con desagrado** reluctantly.
desagüe *nm* drain.
desahogar [7] 1 *vt* (*rabia*) to vent. ‖ 2 **desahogarse** *vpr* (*penas*) to pour one's heart out.
desahogo 1 *nm* (*alivio*) relief. 2 (*comodidad*) comfort, ease.
desalentar [27] 1 *vt* to discourage. ‖ 2 **desalentarse** *vpr* to lose heart.
desaliento *nm* discouragement.
desaliñado,-a *adj* scruffy.
desalojar 1 *vt* (*persona*) to eject, remove. 2 (*inquilino*) to evict. 3 (*ciudad*) to evacuate. 4 (*edificio*) to clear.
desamparado,-a 1 *adj* (*niño*) helpless, defenceless. 2 (*lugar*) exposed.
desangrarse *vpr* to bleed heavily.
desanimado,-a *adj* (*sin ánimo*) despondent, downhearted.
desanimar 1 *vt* to discourage, dishearten. ‖ 2 **desanimarse** *vpr* to become discouraged, disheartened.
desánimo *nm* despondency.
desapacible *adj* unpleasant.
desaparecer [43] 1 *vt* to make disappear. ‖ 2 *vi* to disappear, vanish.
desapercibido,-a *adj* unprepared, unready. • **pasar desapercibido** to go unnoticed.
desaprovechar *vt* to waste, not take advantage of.
desarmado,-a 1 *adj* (*quitar armas*) unarmed. 2 (*desmontado*) dismantled, taken to pieces.
desarmar 1 *vt* (*quitar armas*) to disarm. 2 (*desmontar*) to dismantle, take apart.

desarme *nm* disarmament.
desarrollar 1 *vt* (*gen*) to develop. **2** (*realizar*) to carry out. ‖ **3 desarrollarse** *vpr* (*crecer*) to develop, grow. **4** (*ocurrir*) to take place.
desarrollo *nm* development. • **en vías de desarrollo** developing.
desarticular 1 *vt* MED to dislocate. **2** *fig* (*organización*) to break up.
desaseado,-a 1 *adj* (*desordenado*) untidy. **2** (*sucio*) dirty.
desasosiego *nm* disquiet, uneasiness, anxiety.
desastre *nm* disaster.
desatado,-a 1 *adj* (*suelto*) loose, untied. **2** (*violento*) wild, violent.
desatar 1 *vt* to untie, undo. ‖ **2 desatarse** *vpr* (*soltarse*) to come untied, come undone. **3** (*tormenta*) to break.
desatascar [1] *vt* to unblock.
desatender [28] **1** *vt* (*obligación, persona*) to neglect. **2** (*consejo*) to disregard.
desatornillar *vt* to unscrew.
desautorización 1 *nf* (*de declaración*) contradiction. **2** (*de persona*) discrediting.
desautorizar [4] **1** *vt* (*declaración*) to contradict. **2** (*persona*) to discredit.
desavenencia *nf* disagreement.
desayunar 1 *vt* to have for breakfast. ‖ **2** *vi* to breakfast, have breakfast.
desayuno *nm* breakfast.
desbarajuste *nm* disorder.
desbaratar 1 *vt* (*plan*) to destroy, ruin. **2** (*fortuna*) to waste, squander.
desbordante *adj* boundless.
desbordar 1 *vt* (*sobrepasar*) to surpass, go beyond. ‖ **2 desbordarse** *vpr* (*río*) to overflow. **3** (*persona*) to lose one's self-control. • **desbordar entusiasmo** to be brimming with enthusiasm.
descabellado,-a *adj* wild, crazy.
descafeinado,-a *adj* decaffeinated.
descalificar [1] *vt* to disqualify.
descalzo,-a *adj* barefoot.
descansado,-a 1 *adj* (*persona*) rested, refreshed. **2** (*tarea*) easy.
descansar 1 *vi* (*reposar*) to have a rest, take a break. **2** (*dormir*) to sleep. **3** (*apoyarse*) to rest (**sobre**, on), be supported (**sobre**, by). ‖ **4** *vt* to rest. • **descansar en paz** to rest in peace.
descanso 1 *nm* (*reposo*) rest, break. **2** (*alivio*) relief. **3** (*obra de teatro*) interval; (*encuentro deportivo*) half time.
descapotable *adj* - *nm* convertible.
descarado,-a *adj* cheeky.
descarga 1 *nf* (*de mercancías*) unloading. **2** ELEC discharge. **3** (*de fuego*) discharge, volley. **4** INFORM download.
descargar [7] **1** *vt* (*mercancías*) to unload. **2** *fig* (*conciencia*) to ease. **3** (*de obligaciones*) to free, discharge. **4** (*arma*) to fire, discharge. **5** INFORM to download. ‖ **6 descargarse** *vpr* (*batería*) to go flat.
descaro *nm* impudence, cheek.
descarriar [13] **1** *vt* to send the wrong way. ‖ **2 descarriarse** *vpr* to lose one's way. **3** *fig* to go astray.
descarrilamiento *nm* derailment.

descarrilar *vi* to be derailed.
descartar *vt* to discard, reject.
descender [28] **1** *vi* (*persona*) to descend, go down, come down. **2** (*temperatura, índice*) to drop, fall.
descendiente **1** *adj* decreasing. ‖ **2** *nmf* descendant.
descenso **1** *nm* (*de escalera, cumbre*) descent, coming down. **2** (*de temperatura, índice*) drop, fall.
descifrar *vt* to decipher, decode.
descojonarse *vpr vulg* to piss oneself laughing.
descolgar [52] **1** *vt* (*cuadro, cortina*) to take down. **2** (*teléfono*) to pick up.
descolorido,-a *adj* faded.
descomponer [78] **1** *vt* (*pp* descompuesto,-a) (*palabra, cantidad*) to break down. **2** TÉC to break. ‖ **3 descomponerse** *vpr* (*pudrirse*) to decompose, rot. **4** TÉC to break down, develop a fault. **5** (*sentirse mal*) to be indisposed.
descomposición **1** *nf* (*putrefacción*) decomposition, decay. **2** MED looseness of the bowels.
descomunal *adj* huge, enormous.
desconcertante *adj* disconcerting.
desconcertar [27] **1** *vt* to disconcert. ‖ **2 desconcertarse** *vpr* to be disconcerted, be confused.
desconcharse *vpr* (*pintura*) to flake off, peel off; (*taza etc*) to chip.
desconectar **1** *vt* to disconnect. ‖ **2 desconectarse** *vpr fam* to stop listening, turn off.
desconexión *nf* disconnection.
desconfiado,-a *adj* distrustful.
desconfianza *nf* mistrust, suspicion.
desconfiar [13] *vi* to be distrustful (de, *of*); to distrust (de, -); not trust (de, -).
descongelar **1** *vt* (*comida*) to thaw. **2** (*nevera*) to defrost.
desconocer [44] *vt* not to know.
desconocido,-a **1** *adj* (*no conocido*) unknown. **2** (*extraño*) strange, unfamiliar. ‖ **3** *nm,f* stranger. • **estar desconocido,-a** to be unrecognizable ▪ **lo desconocido** the unknown.
desconocimiento *nm* ignorance.
desconsolado,-a *adj* disconsolate.
desconsolar [31] *vt* to distress.
desconsuelo *nm* distress.
descontado,-a **1** *adj* (*rebajado*) discounted. **2** (*excluido*) left out. • **dar por descontado** to take for granted; **por descontado** needless to say, of course.
descontar [31] **1** *vt* (*rebajar*) to discount, deduct. **2** (*excluir*) to leave out.
descontento,-a **1** *adj* displeased, unhappy. ‖ **2 descontento** *nm* discontent, displeasure.
descontrol *nm fam* lack of control.
descontrolarse *vpr* to lose control.
descorchar *vt* to uncork.
descorrer *vt* to draw back.
descortés *adj* impolite, rude.
descoser **1** *vt* to unstitch,unpick. ‖ **2 descoserse** *vpr* to come unstitched.
descremado,-a *adj* skimmed.
describir *vt* to describe.
descubierto *nm* COM overdraft. • **en descubierto** COM overdrawn.

descubrimiento *nm* discovery.
descubrir 1 *vt* (*pp* descubierto,-a) (*encontrar*) to discover. **2** (*revelar*) to make known. **3** (*averiguar*) to find out.
descuento *nm* discount.
descuidado,-a 1 *adj* (*negligente*) careless, negligent. **2** (*desaseado*) slovenly.
descuidar 1 *vt* (*no atender*) to neglect. **2** (*no preocuparse*) not to worry. || **3 descuidarse** *vpr* not to be careful.
descuido 1 *nm* (*negligencia*) negligence, carelessness. **2** (*desaliño*) slovenliness. **3** (*despiste*) oversight. **4** (*desliz*) slip, error.
desde 1 *prep* (*lugar*) from. **2** (*tiempo*) since. • **desde ... hasta** from ... to; **desde ahora** from now on; **desde entonces** since then, ever since; **desde hace** for: **desde hace cinco años** for five years; **desde luego** of course, certainly; **desde que** since, ever since.
desdén *nm* disdain, scorn.
desdeñar *vt* to disdain, scorn.
desdeñoso,-a *adj* disdainful.
desdicha *nf* misfortune.
desdichado,-a *adj* unfortunate.
desdoblar *vt* to unfold, spread open.
deseable *adj* desirable.
desear *vt* to desire, wish, want.
desechable *adj* disposable.
desechar 1 *vt* to cast aside. **2** (*rechazar*) to refuse, reject.
desecho 1 *nm* refuse. || **2 desechos** *nm pl* (*basura*) waste *sing*. **3** (*sobras*) leftovers.
desembarazar [4] **1** *vt* (*liberar*) to free. **2** (*habitación*) to evacuate. || **3 desembarazarse** *vpr* to rid oneself (de, of).
desembarcar [1] *vi* to disembark, land, go ashore.
desembarco *nm* landing.
desembocar [1] *vi* (*río*) to flow (en, into).
desembolsar *vt* to pay out.
desembolso 1 *nm* (*pago*) payment. **2** (*gasto*) expenditure.
desempaquetar *vt* to unpack.
desempatar *vt* DEP to break the tie
desempate *nm* breakthrough.
desempeñar 1 *vt* (*objeto*) to redeem, take out of pawn. **2** (*obligación*) to discharge, fulfil. **3** (*cargo*) to fill, hold. **4** (*papel*) to play.
desempleado,-a *adj* unemployed.
desempleo *nm* unemployment.
desencadenar 1 *vt* (*quitar cadenas*) to unchain. **2** (*desatar*) to free, unleash. || **3 desencadenarse** *vpr* (*desatarse*) to break loose. **4** (*tormenta, guerra*) to break out.
desencanto *nm* disillusionment.
desenchufar *vt* to unplug, disconnect.
desenfadado,-a *adj* free and easy.
desenfocado,-a *adj* out of focus.
desenfundar *vt* to pull out.
desenganchar *vt* (*soltar*) to unhook, unfasten.
desengañar 1 *vt* (*anunciar la verdad*) to put wise. **2** (*desilusionar*) to disappoint. || **3 desengañarse** *vpr* to be disappointed.
desengaño *nm* disillusion, disappointment.
desenlace 1 *nm* (*de aventura*) outcome. **2** (*de libro, película*) ending.

desenmascarar *vt* to unmask.
desenredar 1 *vt* to disentangle.
desenrollar *vt* to unroll, unwind.
desenroscar [1] *vt* to unscrew.
desentenderse [28] *vpr* cease to be interested (de, in).
desenterrar [27] **1** *vt* (*objeto escondido*) to unearth. **2** (*cadáver*) to disinter, exhume. **3** (*recuerdos*) to recall.
desentonar 1 *vi* (*al cantar*) to be out of tune. **2** (*no casar*) not to match.
desenvoltura 1 *nf* (*seguridad*) confidence. **2** (*atrevimiento*) boldness.
desenvolver [32] **1** *vt* (*pp* desenvuelto,-a) to unwrap. ‖ **2 desenvolverse** *vpr* (*espabilarse*) to manage.
deseo *nm* wish, desire, longing.
deseoso,-a *adj* desirous, eager.
desequilibrado,-a *adj* unbalanced.
desequilibrio *nm* lack of balance, imbalance.
desertar 1 *vi* Mil to desert. **2** (*abandonar*) to abandon.
desértico,-a *adj* desert.
desertor,-ra *nm,f* deserter.
desesperación 1 *nf* (*angustia*) despair. **2** (*irritación*) exasperation.
desesperado,-a 1 *adj* (*angustiado*) desperate. **2** (*irritado*) exasperated.
desesperante *adj* infuriating.
desesperar 1 *vt* (*angustiar*) to drive to despair. **2** (*irritar*) to exasperate. ‖ **3 desesperar(se)** *vi - vpr* (*irritarse*) to be exasperated.
desestabilizar [4] *vt* to destabilize.
desfachatez *nf* cheek, nerve.
desfallecer [43] **1** *vi* (*desmayarse*) to faint. **2** (*decaer*) to lose heart.
desfallecido,-a *adj* faint, weak.
desfasado,-a *adj* (*teoría, objeto etc*) out-dated; (*persona*) old-fashioned.
desfavorable *adj* unfavourable.
desfilar 1 *vi* (*marchar en fila*) to march past, parade. **2** (*irse*) to file out.
desfile *nm* parade.
desganado,-a 1 *adj* (*sin hambre*) not hungry. **2** (*indiferente*) indifferent.
desgarbado,-a *adj* ungainly.
desgarrar 1 *vt* (*romper*) to tear, rend. **2** *fig* (*corazón*) to break.
desgarrón *nm* tear, rip.
desgastar 1 *vt* (*ropa*) to wear out, wear away; (*tacones*) to wear down. **2** (*debilitar*) to weaken. ‖ **3 desgastarse** *vpr* (*persona*) to wear oneself out.
desgaste 1 *nm* (*de ropa*) wear; (*de metal*) corrosion. **2** (*debilitamiento*) weakening.
desgracia 1 *nf* misfortune. **2** (*mala suerte*) bad luck, mischance. **3** (*pérdida de favor*) disfavour. **4** (*accidente*) mishap, accident. • **caer en desgracia** to lose favour, fall into disgrace; **por desgracia** unfortunately; **¡qué desgracia!** how awful!
desgraciado,-a 1 *adj* (*desafortunado*) unlucky. **2** (*infeliz*) unhappy. ‖ **3** *nm,f* wretch, unfortunate person.
desgravar 1 *vt* to deduct. ‖ **2** *vi* to be tax-deductible.
deshabitado,-a *adj* uninhabited.

deshacer [73] **1** *vt* (*labor, tarea*) to unmake. **2** (*nudo*) to undo. **3** (*maleta*) to unpack. || **4 deshacerse** *vpr* to come undone. **5** (*fundirse*) to melt. **6** (*librarse*) to get rid (**de**, of).
deshecho,-a 1 (*fundido*) melted. **2** *fig* (*cansado*) shattered, exhausted.
deshidratar *vt* to dehydrate.
deshinchar 1 *vt* to deflate, let down. || **2 deshincharse** *vpr* (*neumático*) to go flat; (*globo, hinchazón*) to go down.
deshojar *vt* to strip the petals off.
deshonesto,-a 1 *adj* (*no honrado*) dishonest. **2** (*inmoral*) indecent.
deshonra *nf* dishonour, disgrace.
deshonroso,-a *adj* dishonourable.
deshora *nf* inconvenient time.
desierto,-a 1 *adj* (*deshabitado*) uninhabited; (*vacío*) empty, deserted. || **2 desierto** *nm* desert.
designar 1 *vt* (*nombrar*) to assign, appoint. **2** (*fijar*) to set.
desigual 1 *adj* (*diferente*) unequal. **2** (*irregular*) uneven, irregular.
desigualdad 1 *nf* (*diferencia*) inequality. **2** (*irregularidad*) unevenness.
desilusión *nf* disappointment.
desilusionar *vt* to disappoint.
desinfectar *vt* to disinfect.
desinflar 1 *vt* - *vpr* (*perder el aire*) to deflate. || **2 desinflarse** *vpr fam* (*perder el ánimo*) to cool off.
desintegrar *vt* to disintegrate.
desinterés *nm* indifference.
desinteresado,-a *adj* unselfish.
desinteresarse *vpr* to lose interest.
desintoxicar [1] **1** *vt* to detoxify. || **2 desintoxicarse** *vpr* (*del alcohol*) to dry out; (*de la droga*) to come off drugs.
desleal *adj* disloyal.
desligar [7] **1** *vt* (*desatar*) to untie, unfasten. || **2 desligarse** *vpr* to break away.
deslizante *adj* sliding.
deslizar [4] **1** *vt* - *vi* to slide, slip (in). || **2 deslizarse** *vpr* (*resbalar*) to slip; (*sobre agua*) to glide. **3** (*río*) to flow.
deslumbrante *adj* dazzling, glaring.
deslumbrar *vt* to dazzle, daze.
desmadrarse *vpr fam* to go wild.
desmadre *nm* chaos.
desmaquillador,-ra 1 *adj* cleansing. || **2 desmaquillador** *nm* make-up remover.
desmayarse *vpr* to faint.
desmayo 1 *nm* (*desánimo*) discouragement. **2** MED fainting fit.
desmejorado,-a *adj* worse.
desmejorar 1 *vt* to impair, make worse. || **2 desmejorar(se)** *vi* - *vpr* to get worse.
desmemoriado,-a *adj* forgetful, absent-minded.
desmentir [35] **1** *vt* (*negar*) to deny. **2** (*contradecir*) to contradict. **3** (*desmerecer*) not to live up to.
desmenuzar [4] *vt* (*pan, galletas*) to crumble, break into pieces.
desmesurado,-a *adj* excessive.
desmontar 1 *vt* (*mueble*) to dismantle, take apart. **2** (*edificio*) to knock down.
desmoralizar [4] *vt* to demoralize.
desmoronar 1 *vt* (*destruir*) to crumble. || **2 desmoronarse** *vpr*

(*destruirse*) to crumble, fall to pieces.

desnatado,-a *adj* (*leche*) skimmed; (*yogur*) low-fat.

desnivelar 1 *vt* to make uneven. ‖ **2 desnivelarse** *vpr* to become uneven.

desnucar [1] *vt* to break the neck of.

desnudarse *vpr* to get undressed.

desnudo,-a 1 *adj* (*persona*) naked, nude. **2** (*paisaje*) plain, bare. ‖ **3 desnudo** *nm* ART nude.

desobedecer [43] *vt* to disobey.

desobediencia *nf* disobedience.

desocupado,-a 1 *adj* (*libre*) free, vacant. **2** (*ocioso*) unoccupied. **3** (*desempleado*) unemployed.

desocupar *vt* to vacate, empty.

desodorante *adj - nm* deodorant.

desolación 1 *nf* (*abandono*) desolation. **2** (*tristeza*) distress, grief.

desolar [31] **1** *vt* to devastate. ‖ **2 desolarse** *vpr* to be desolated.

desorbitado,-a *adj* exhorbitant.

desorden 1 *nm* (*falta de orden*) disorder, disarray, mess: **en desorden** in disarray. **2** (*alteración*) disturbance, riot.

desordenado,-a 1 *adj* (*sin orden*) untidy, messy. **2** (*desaseado*) slovenly.

desorganización *nf* disorganization.

desorganizado,-a *adj* disorganized.

desorientar *vt* to disorientate.

despabilado,-a 1 *adj* (*despierto*) wide awake. **2** (*listo*) smart, sharp.

despabilar 1 *vt - vpr* (*despertar*) to wake up. **2** (*mentalmente*) to liven up. ‖ **3** *vi* (*despertar*) to wake up. **4** (*mentalmente*) to get one's act together. **5** (*darse prisa*) to hurry up.

despachar 1 *vt* (*terminar*) to finish; (*completar*) to complete. **2** (*enviar*) to send. **3** (*despedir*) to sack. **4** (*en tienda*) to serve; (*vender*) to sell. **5** (*asunto*) to deal with.

despacho 1 *nm* (*envío*) sending, dispatch. **2** (*en oficina*) office; (*en casa*) study. **3** (*venta*) sale. **4** (*tienda*) shop, office. **5** (*comunicación*) message, dispatch.

despachurrar 1 *vt fam* to crush, squash. ‖ **2 despachurrarse** *vpr* to get crushed, get squashed.

despacio *adv* slowly.

despampanante *adj* stunning.

desparpajo 1 *nm* (*desenvoltura*) confidence, self assurance. **2** (*descaro*) nerve, impudence.

despectivo,-a 1 *adj* (*gesto, tono*) contemptuous. **2** GRAM pejorative.

despedazar [4] *vt* to tear into pieces.

despedida *nf* farewell, goodbye. ▪ **despedida de soltero** stag party.

despedir [34] **1** *vt* (*lanzar*) to throw. **2** (*emitir*) to emit, give off. **3** (*del trabajo*) to dismiss, fire. ‖ **4 despedirse** *vpr* (*decirse adiós*) to say goodbye (de, to). • **despedirse a la francesa** to take French leave; **salir despedido,-a** to shoot off.

despegado,-a 1 *adj* (*desenganchado*) detached, unglued, unstuck. **2** (*poco cariñoso*) cool, indifferent.

despegar [7] **1** *vt* (*desenganchar*) to unstick, unglue. ‖ **2** *vi* (*avión*) to take off.

despegue *nm* takeoff.

despeinado,-a *adj* dishevelled.
despejado,-a **1** *adj* (*espacioso*) wide, spacious. **2** METEOR cloudless, clear.
despejar **1** *vt* (*hacer sitio*) to clear. **2** (*despertar*) to wake up. || **3 despejarse** *vpr* (*persona*) to clear one's head.
despensa **1** *nf* (*armario*) pantry, larder. **2** (*víveres*) store of provisions.
despeñarse *vpr* (*accidentalmente*) to plunge; (*adrede*) to throw oneself off (*a cliff*).
desperdiciar [12] *vt* to waste, squander.
desperdicio **1** *nm* waste. || **2 desperdicios** *nm pl* scraps.
desperdigar [7] *vt* - *vpr* to scatter.
desperfecto **1** *nm* (*daño*) slight damage. **2** (*defecto*) flaw, defect.
despertador *nm* alarm clock.
despertar [27] **1** *vt* (*persona, animal*) to wake, awaken. **2** (*apetito*) to excite.
despiadado,-a *adj* pitiless, ruthless.
despido *nm* dismissal, sacking.
despierto,-a **1** *adj* awake. **2** (*espabilado*) lively, smart.
despilfarrar *vt* to waste, squander.
despilfarro *nm* waste, extravagance.
despistado,-a **1** *adj* absent-minded. || **2** *nm,f* absent-minded person.
despistar **1** *vt* (*desorientar*) to confuse. || **2 despistarse** *vpr* (*perderse*) to get lost. **3** (*distraerse*) to get distracted.
despiste **1** *nm* (*error*) mistake: **tener un despiste** to make a mistake. **2** (*distracción*) absent-mindedness.
desplazar [4] **1** *vt* (*trasladar*) to move. || **2 desplazarse** *vpr* to go travel (a, to).
desplegar [48] **1** *vt* (*mapa*) to unfold. **2** (*alas*) to spread. **3** MIL to deploy.
desplomarse **1** *vpr* (*edificio*) to fall down, collapse. **2** (*persona*) to collapse.
despojar **1** *vt* (*quitar*) to despoil, deprive (de, of). **2** JUR to dispossess. || **3 despojarse** *vpr* (*de ropa*) to take off (de, -). **4** *fig* to free oneself (de, of).
despojos **1** *nm pl* (*de animal*) offal *sing*. **2** (*de persona*) mortal remains.
déspota *nmf* despot, tyrant.
despotismo *nm* despotism. ■ **despotismo ilustrado** enlighted despotism.
despotricar [1] *vi* to rant (contra, about).
despreciable *adj* contemptible.
despreciar [12] **1** *vt* to despise, scorn. **2** (*desestimar*) to lay aside, reject.
desprecio *nm* contempt, scorn.
desprender **1** *vt* (*soltar*) to detach, unfasten. || **2 desprenderse** *vpr* (*retirarse*) to withdraw (de, from), renounce. **3** (*soltarse*) to come off.
desprendido,-a *adj* generous.
desprendimiento **1** *nm* (*generosidad*) generosity, unselfishness. **2** (*de tierra*) landslide.
despreocupación **1** *nf* (*tranquilidad*) nonchalance. **2** (*negligencia*) negligence, carelessness.

desprestigiar [12] **1** *vt* to discredit. ‖ **2 desprestigiarse** *vpr* to lose one's prestige.
desprevenido,-a *adj* unprepared.
desproporción *nf* disproportion.
desprovisto,-a *adj* lacking (de, -).
después **1** *adv* (*más tarde*) afterwards, later. **2** (*entonces*) then. ‖ **3 después de** *prep* (*tras*) after. • **después de Cristo** AD; **después de todo** after all; **poco después** soon after.
desquiciar [12] **1** *vt* (*puerta, ventana*) to unhinge. **2** (*persona*) to drive mad.
desquitar **1** *vt* (*compensar*) to compensate. ‖ **2 desquitarse** *vpr* (*vengarse*) to take revenge (de, on).
destacado,-a *adj* outstanding.
destacamento *nm* detachment.
destacar [1] **1** *vt* MIL to detach. **2** (*resaltar*) to emphasize. ‖ **3 destacarse** *vpr* to stand out.
destajo *nm* piecework. • **a destajo** by the piece.
destapar **1** *vt* (*olla, caja*) to take the lid off. **2** (*botella*) to open. **3** (*descubrir*) to uncover.
destartalado,-a *adj* (*casa*) tumbledown, ramshackle.
destellar *vi* to sparkle.
destemplado,-a *adj* (*persona*) under the weather.
desteñir [36] **1** *vt* to fade. ‖ **2 desteñir(se)** *vi* - *vpr* to fade.
desternillarse *vpr fam.* • **desternillarse de risa** to split one's sides laughing.
desterrar [27] *vt* to exile, banish.
destiempo a destiempo *adv* inopportunely, at the wrong time.
destierro *nm* banishment, exile.
destilar *vt* (*agua, alcohol*) to distil.
destilería *nf* distillery.
destinar **1** *vt* (*asignar*) to assign, allot. **2** (*a un cargo*) to appoint.
destinatario,-a **1** *nm,f* (*de carta*) addressee. **2** (*de mercancías*) consignee.
destino **1** *nm* (*sino*) destiny, fate. **2** (*lugar*) destination. **3** (*empleo*) employment, post.
destitución *nf* dismissal.
destituir [62] *vt* to dismiss.
destornillador *nm* screwdriver.
destornillar *vt* to unscrew.
destreza *nf* skill, dexterity.
destronar *vt* to dethrone.
destrozado,-a **1** *adj* (*zapatos*) ruined; (*coche*) wrecked. **2** (*persona -físicamente*) shattered; (*- anímicamente*) devastated.
destrozar [4] **1** *vt* (*zapatos, mueble*) to ruin; (*edificio, ciudad*) to destroy. **2** (*persona -físicamente*) to shatter; (- *anímicamente*) to devastate.
destrucción *nf* destruction.
destruir [62] *vt* to destroy.
desunir **1** *vt* to divide, separate. **2** *fig* to cause a rift between.
desuso *nm* disuse.
desvalido,-a **1** *adj* helpless, destitute. ‖ **2** *nm,f* helpless person, destitute person.
desvalijar *vt* (*local*) to ransack; (*persona*) to rob.
desván *nm* loft, attic.
desvanecerse [43] *vpr* **1** (*desaparecer*) to vanish. **2** (*desmayarse*) to faint.
desvariar [13] *vi* to be delirious.
desvelar **1** *vt* (*quitar el sueño*) to keep awake. **2** (*dar a conocer*) to

reveal. || **3 desvelarse** *vpr* (*estar en vela*) to be unable to sleep. **4** (*dedicarse*) to devote oneself (**por**, to).
desventaja *nf* disadvantage, drawback.
desvergonzado,-a *adj* shameless.
desvestir [34] *vt* - *vpr* to undress.
desviar [13] **1** *vt* (*trayectoria*) to deviate. **2** (*carretera*) to divert. **3** (*tema*) to change. || **4 desviarse** *vpr* (*coche*) to take a detour.
desvío *nm* diversion, detour.
desvivirse *vpr* (*hacer lo posible*) to do one's utmost (**por**, for).
detallar 1 *vt* (*tratar con detalle*) to detail. **2** (*especificar*) to specify.
detalle 1 *nm* (*pormenor*) detail, particular. **2** (*delicadeza*) gesture. • **¡qué detalle!** how nice!; **tener un detalle** to be considerate, be thoughtful.
detectar *vt* to detect.
detective *nmf* detective.
detención *nf* (*arresto*) detention, arrest.
detener [87] **1** *vt* (*parar*) to stop. **2** (*retener*) to keep, retain. **3** (*arrestar*) to detain, arrest. || **4 detenerse** *vpr* to stop, halt.
detenido,-a 1 *adj* (*arrestado*) under arrest. || **2** *nm,f* JUR prisoner.
detenimiento *nm* care, thoroughness.
detergente *adj* - *nm* detergent.
deteriorarse *vpr* to get damaged.
deterioro *nm* damage, deterioration.
determinado,-a 1 *adj* (*alguno*) certain. **2** (*concreto*) particular, specific.
determinante *adj* decisive.
determinar 1 *vt* (*decidir*) to decide. **2** (*fijar*) to fix, set, appoint.
detestar *vt* to detest, hate, abhor.
detrás 1 *adv* (*gen*) behind, at the back. || **2 detrás de** *prep* behind, after: **detrás de la puerta** behind the door; **voy detrás de ti** I'm after you. • **ir detrás de** to go after.
deuda *nf* debt.
devaluar [11] *vt* to devaluate.
devanar *vt* to wind, reel. • **devanarse los sesos** *fam* to rack one's brains.
devastar *vt* to devastate.
devolución 1 *nf* (*de compra*) refund. **2** (*de robo*) return. **3** JUR devolution.
devolver [32] **1** *vt* (*pp* **devuelto,-a**) to give back, pay back, return. **2** *fam* (*vomitar*) to vomit.
devorador,-ra 1 *adj* devouring. || **2** *nm,f* devourer.
devorar *vt* to devour.
devoto,-a 1 *adj* (*religioso*) devout, pious. **2** (*dedicado*) devoted.
día 1 *nm* (*gen*) day. **2** (*horas de luz*) daylight, daytime. • **¡buenos días!** good morning!; **cada día** every day; **del día** fresh; **día a día** day by day; **hoy en día** today, now, nowadays; **ponerse al día** to get up to date; **todos los días** every day. ■ **día de año nuevo** New Year's Day; **día de fiesta** holiday; **día festivo** holiday; **día laborable, hábil** working day; **día libre** day off.
diabético,-a *adj* - *nm, f* diabetic.
diablo *nm* (*demonio*) devil. • **¿qué diablos ...?** what the hell ...?
diablura *nf* mischief.
diafragma *nm* diaphragm.

diagnosticar [1] *vt* to diagnose.
diagnóstico *nm* diagnosis.
diálogo *nm* dialogue.
diamante *nm* diamond.
diámetro *nm* diameter.
diana 1 *nf* MIL reveille. 2 (*blanco*) bull's eye.
diapositiva *nf* slide.
diario,-a 1 *adj* daily. ‖ 2 **diario** *nm* (*prensa*) newspaper. 3 (*íntimo*) diary, journal. • **a diario** daily, every day.
diarrea *nf* diarrhoea.
dibujante *nmf* (*artista*) artist.
dibujar 1 *vt* ART to draw, sketch. 2 (*describir*) to describe.
dibujo 1 *nm* ART drawing, sketch. 2 (*modelo*) pattern. ▪ **dibujos animados** cartoons.
diccionario *nm* dictionary.
dicha 1 *nf* (*felicidad*) happiness. 2 (*suerte*) fortune, good luck.
dicho *nm* saying, proverb. • **dicho y hecho** no sooner said than done; **mejor dicho** or rather.
dichoso,-a 1 *adj* (*feliz*) happy. 2 (*con suerte*) lucky. 3 *fam* (*maldito*) damn, damned, cursed.
diciembre *nm* December.
dictado *nm* dictation.
dictador *nm* dictator.
dictadura *nf* dictatorship.
dictar 1 *vt* (*carta*) to dictate. 2 (*inspirar*) to inspire, suggest.
diecinueve *num* nineteen.
dieciocho *num* eighteen.
dieciséis *num* sixteen.
diecisiete *num* seventeen.
diente 1 *nm* ANAT tooth. 2 (*de ajo*) clove.
diéresis *nf* diaeresis, dieresis.
diestra *nf* right (hand).
diestro,-a 1 *adj* right. 2 (*hábil*) dexterous, skilful. ‖ 3 **diestro** *nm* bullfighter. • **a diestro y siniestro** right, left and centre.
dieta 1 *nf* (*régimen*) diet. ‖ 2 **dietas** *nf pl* expenses allowance *sing*. 4 doctor's fees.
dietético,-a *adj* dietetic.
diez *num* ten.
difamar *vt* to defame, slander.
diferencia *nf* difference. • **a diferencia de** unlike.
diferenciar [12] 1 *vt* (*distinguir*) to differentiate, distinguish (entre, between). 2 (*hacer diferente*) to make different. ‖ 3 **diferenciarse** *vpr* (*distinguirse*) to differ, be different. 4 (*destacarse*) to distinguish oneself.
diferente *adj* different.
diferido,-a *adj* recorded.
difícil 1 *adj* (*costoso*) difficult, hard. 2 (*improbable*) unlikely.
dificultad 1 *nf* (*circunstancia*) difficulty. 2 (*obstáculo*) obstacle.
dificultar *vt* to make difficult, hinder.
dificultoso,-a *adj* difficult, hard.
difundir 1 *vt* (*luz*) to diffuse. 2 (*noticia*) to spread. 3 RAD to broadcast. ‖ 4 **difundirse** *vpr fig* (*noticia*) to spread.
difunto,-a *adj* deceased, late.
digerir [35] 1 *vt* (*alimento*) to digest. 2 *fig* (*asimilar*) to assimilate.
digestivo,-a *adj* digestive.
dignarse *vpr* to deign (a, to).
dignidad 1 *nf* (*cualidad*) dignity. 2 (*cargo*) rank.
digno,-a 1 *adj* (*merecedor*) worthy, deserving: **digno de confianza**

trustworthy. **2** (*respetable*) respectable.

dilatar 1 *vt* (*abrir*) to dilate. **2** (*propagar*) to spread. **3** (*diferir*) to put off, delay.

diligencia 1 *nf* (*cualidad*) diligence, care. **2** (*carreta*) stagecoach.

diligente 1 *adj* (*eficaz*) diligent. **2** (*rápido*) quick.

diluir [62] *vt* - *vpr* to dilute.

diluviar [12] *vi* to pour with rain.

diluvio *nm* flood.

dimensión *nf* dimension, size.

diminutivo,-a *adj* diminutive.

diminuto,-a *adj* little, tiny.

dimisión *nf* resignation.

dimitir *vt* to resign.

Dinamarca *nf* Denmark.

dinámico,-a *adj* dynamic.

dinamita *nf* dynamite.

dinastía *nf* dynasty.

dinero *nm* money. ▪ **dinero al contado** cash; **dinero contante y sonante** cash; **dinero suelto** loose change.

dinosaurio *nm* dinosaur.

dioptría *nf* dioptre.

dios *nm* god. • **Dios mediante** God willing; **¡Dios mío!** my God!, good heavens!; **ni Dios** *fam* not a soul; **¡por Dios!** for God's sake!; **todo Dios** *fam* everybody.

diosa *nf* goddess.

dióxido *nm* dioxide. ▪ **dióxido de carbono** carbon dioxide.

diplomático,-a 1 *adj* diplomatic, tactful. ‖ **2** *nm,f* diplomat.

diputado,-a *nm,f* deputy.

dique 1 *nm* (*en río*) dyke; (*en puerto*) dock. **2** (*rompeolas*) breakwater.

dirección 1 *nf* (*rumbo*) direction; (*sentido*) way. **2** (*junta*) board of directors, management. **3** (*domicilio*) address. ▪ **dirección asistida** AUTO power steering.

directivo,-a 1 *adj* directive, managing. ‖ **2** *nm,f* director, manager.

directo,-a *adj* direct, straight. • **en directo** TV live.

director,-ra 1 *nm,f* (*gerente*) director, manager. **2** (*de colegio - hombre*) headmaster; (*- mujer*) headmistress. **3** (*de orquesta*) conductor.

dirigente 1 *adj* leading, governing. ‖ **2** *nm,f* leader.

dirigir [6] **1** *vt* (*orientar*) to direct. **2** (*negocio*) to manage, run. **3** (*orquesta*) to conduct. ‖ **4 dirigirse** *vpr* (*ir*) to go (a, to), make one's way (a, to). **5** (*hablar*) speak (a, to).

discapacitado,-a *adj* disabled.

discernir [29] *vt* to discern, distinguish.

disciplina 1 *nf* (*conducta*) discipline. **2** (*doctrina*) doctrine.

discípulo,-a 1 *nm,f* disciple, follower. **2** (*alumno*) pupil.

disco 1 *nm* (*de música*) record. **2** DEP discus. **3** INFORM disk. ▪ **disco duro** hard disk.

discordia *nf* discord, disagreement.

discreción *nf* discretion.

discreto,-a *adj* discreet.

discriminar *vt* to discriminate.

disculpa *nf* excuse, apology. • **pedir disculpas a** to apologize to.

disculpar 1 *vt* to excuse. ‖ **2 disculparse** *vpr* to apologize (por, for).

discurrir 1 *vi* (*río*) to flow. **2** (*tiempo*) to pass. **3** *fig* (*reflexionar*) to meditate.

discurso *nm* (*conferencia*) speech.

discusión 1 *nf* (*disputa*) argument. 2 (*debate*) discussion.
discutir 1 *vt* - *vi* (*debatir*) to discuss. 2 (*disputar*) to argue.
diseñador,-ra *nm,f* designer.
diseñar *vt* to design.
disfraz 1 *nm* (*para engañar*) disguise. 2 (*para fiesta*) fancy dress.
disfrazarse [4] *vpr* 1 (*para engañar*) to disguise oneself. 2 (*para fiesta*) to wear fancy dress, dress up (de, as).
disfrutar *vt* to enjoy.
disgustar 1 *vt* (*molestar*) to displease, upset, annoy. ‖ 2 **disgustarse** *vpr* (*molestarse*) to be displeased, be upset.
disgusto 1 *nm* displeasure, annoyance. 2 (*pelea*) argument, quarrel.
disimular *vt* to disguise, conceal.
disipar 1 *vt* (*eliminar*) to dissipate. 2 (*derrochar*) to squander. ‖ 3 **disiparse** *vpr* (*desaparecer*) to vanish.
dislocar [1] *vt* - *vpr* to dislocate.
disminución *nf* drop, decrease.
disminuir [62] *vt* - *vi* - *vpr* to diminish, reduce, decrease.
disolución 1 *nf* (*desunión*) dissolution, breaking up. 2 (*anulación*) invalidation. 3 (*disipación*) dissipation.
disolver [32] *vt* - *vpr* to dissolve.
disparar 1 *vt* (*arma*) to discharge, fire, let off: **disparar un tiro** to fire a shot. 2 (*lanzar*) to hurl, throw. ‖ 3 **dispararse** *vpr* (*precio*) to shoot up. • **salir disparado,-a** to shoot out.
disparatado,-a *adj* absurd, foolish.
disparate 1 *nm* (*tontería*) absurdity, nonsense, crazy idea. 2 (*error*) blunder, mistake. 3 (*enormidad*) enormity.
disparo *nm* shot.
dispersar *vt* - *vpr* to disperse, scatter.
disponer [78] 1 *vt* - *vi* (colocar) to dispose, arrange. 2 (*preparar*) to prepare, get ready. 3 (*ordenar*) to order, decree. ‖ 4 **disponerse** *vpr* (*prepararse*) to get ready (a, for).
disponible available.
disposición 1 *nf* (*actitud*) disposition. 2 (*colocación*) arrangement. 3 (*estado de ánimo*) frame of mind. • **a su disposición** at your disposal, at your service.
dispositivo *nm* TÉC device. ▪ **dispositivo de seguridad** security measures *pl*.
dispuesto,-a *adj* (*preparado*) ready.
disputa *nf* dispute, argument.
disputar 1 *vt* (*discutir*) to argue. 2 DEP (*partido*) to play.
distancia 1 *nf* (*separación*) distance. 2 *fig* (*diferencia*) difference.
distanciarse *vpr* (*para evitar problemas*) to distance oneself (de, from).
distante *adj* distant, remote.
distar *vi* to be distant (de, from). • **distar mucho de** to be far from.
distinción 1 *nf* (*diferencia*) distinction. 2 (*elegancia*) refinement.
distinguido,-a 1 *adj* (*diferente*) distinguished. 2 (*elegante*) elegant.
distinguir [8] 1 *vt* (*diferenciar*) to distinguish. 2 (*ver*) to see. ‖ 3 **distinguirse** *vpr* (*destacar*) to excel, stand out. 4 (*ser visible*) to be visible.

distinto,-a *adj* different.
distracción 1 *nf* (*divertimiento*) amusement, pastime. 2 (*despiste*) distraction, absent-mindedness. 3 (*error*) oversight.
distraer [88] 1 *vt* (*divertir*) to amuse, entertain. 2 (*atención*) to distract. ‖ 3 **distraerse** *vpr* (*despistarse*) to be absentminded.
distraído,-a *adj* absent-minded.
distribuir [62] 1 *vt* (*repartir*) to distribute. 2 (*colocar*) to arrange.
distrito *nm* district.
disturbio *nm* disturbance, riot.
disuadir *vt* to dissuade, deter.
diurno,-a *adj* daily, diurnal.
divagar [7] *vi* to digress, ramble.
diversidad *nf* diversity, variety.
diversión *nf* fun, amusement.
diversos,-as *adj pl* several, various.
divertido,-a *adj* entertaining, fun.
divertir [35] 1 *vt* to amuse, entertain. ‖ 2 **divertirse** *vpr* to enjoy oneself.
dividir 1 *vt* to divide. ‖ 2 **dividirse** *vpr* to divide. 3 (*repartir*) to split.
divino,-a *adj* divine.
divisa *nf* (*moneda*) foreign currency.
división *nf* division.
divorciado,-a 1 *adj* divorced. ‖ 2 *nm,f* (*hombre*) divorcé; (*mujer*) divorcée.
divorciar [12] 1 *vt* to divorce. ‖ 2 **divorciarse** *vpr* to get divorced.
divorcio *nm* divorce.
divulgar [7] *vt* (*secreto*) to spread.
dobladillo *nm* hem.
doblar 1 *vt* (*duplicar*) to double. 2 (*plegar*) to fold. 3 (*esquina*) to turn, go round. 4 (*película*) to dub. ‖ 5 *vi* (*girar*) to turn. 6 (*campana*) to toll. ‖ 7 **doblarse** *vpr* (*plegarse*) to fold. 8 (*torcerse*) to bend.
doble 1 *adj* (*dos veces*) double. ‖ 2 *nm* double. ‖ 3 *nmf* CINEM double; (*hombre*) stunt man; (*mujer*) stunt woman. ‖ 4 *adv* double. • **ver doble** to see double.
doblez *nm* (*pliegue*) fold.
doce *num* twelve.
docena *nf* dozen.
doctor,-ra *nm,f* doctor.
doctrina *nf* doctrine.
documentación *nf* papers *pl*.
documental *adj* - *nm* documentary.
dólar *nm* dollar.
doler [32] 1 *vi* (*físico*) to ache, hurt. 2 *fig* (*moral*) to feel hurt. ‖ 3 **dolerse** *vpr* (*arrepentirse*) to repent, feel sorry (de, for). 4 (*lamentarse*) to complain (de, of).
dolido,-a *adj fig* hurt, grieved.
dolor *nm* pain, ache. ▪ **dolor de cabeza** headache; **dolor de garganta** sore throat; **dolor de muelas** toothache.
dolorido,-a 1 *adj* (*herida, físico*) sore, aching. 2 *fig* (*apenado*) distressed, upset.
doloroso,-a *adj* painful.
doméstico,-a 1 *adj* domestic. ‖ 2 *nm,f* domestic, servant.
domiciliar [12] *vt* FIN to pay by standing order.
domicilio *nm* address.
dominante 1 *adj* (*mayoritario*) dominant. 2 (*avasallador*) domineering.
dominar 1 *vt* (*gen*) to dominate. 2 (*tema*) to master. ‖ 3 *vi* (*destacar*) to stand out.

domingo *nm* Sunday. ▪ **domingo de Ramos** Palm Sunday.
dominicano,-a *adj - nm,f* Dominican. ▪ **República Dominicana** Dominican Republic.
dominio **1** *nm* (*territorio*) dominion. **2** (*poder*) domination, control. **3** (*de tema*) mastery. **4** INFORM domain.
dominó *nm* (*ficha*) domino; (*juego*) dominoes *pl*.
don *nm* (*talento*) talent.
donante *nmf* donor.
donar *vt* to donate.
donativo *nm* gift, donation.
donde *adv - pron* where, in which. • **de donde** from where, whence; **hasta donde** up to where.
dónde *pron* where: **¿dónde está?** where is it?
dondequiera *adv* wherever.
dorado,-a *adj* gilt, golden.
dorar **1** *vt* TÉC to gild. **2** CULIN to brown.
dormilón,-ona **1** *adj fam* sleepyheaded. ‖ **2** *nm,f fam* sleepyhead.
dormir [33] **1** *vi* to sleep. ‖ **2 dormirse** *vpr* to fall asleep. • **dormir a pierna suelta** to sleep like a log; **dormir la mona** to sleep it off.
dormitar *vi* to doze.
dormitorio *nm* (*en casa*) bedroom.
dorso *nm* back, reverse.
dos *num* two: **son las dos** it's two o'clock. • **cada dos por tres** every five minutes; **de dos en dos** in twos. ▪ **dos puntos** colon.
dosis *nf* (*pl* dosis) dose.
dote **1** *nm & nf* (*ajuar*) dowry. ‖ **2** *nf* (*talento*) gift, talent.
dragón *nm* dragon.
dramático,-a *adj* dramatic.
drenar *vt* to drain.
droga *nf* MED drug.
drogadicción *nf* drug addiction.
drogadicto,-a *nm,f* drug addict.
drogar [7] **1** *vt* to drug. ‖ **2 drogarse** *vpr* to take drugs.
drogata *nmf arg* junkie.
dromedario *nm* dromedary.
ducha *nf* shower. • **darse una ducha** to have a shower.
duchar **1** *vt* to shower. ‖ **2 ducharse** *vpr* to take a shower.
duda *nf* doubt. • **en caso de duda** if in doubt; **sin duda** undoubtedly.
dudar **1** *vi* (*estar inseguro*) to be doubtful. **2** (*vacilar*) to hesitate. ‖ **3** *vt* to doubt: **lo dudo** I doubt it. • **dudar de algn** to suspect sb.
dudoso,-a **1** *adj* (*inseguro*) doubtful, uncertain. **2** (*vacilante*) hesitant, undecided. **3** (*sospechoso*) suspicious.
duende **1** *nm* (*elfo*) goblin, elf, gnome. **2** (*encanto*) charm.
dueño,-a *nm,f* (*propietario*) owner.
dulce **1** *adj* (*comida, bebida*) sweet. **2** *fig* (*persona, voz*) soft, gentle. ‖ **3** *nm* (*caramelo*) sweet. **4** (*pastel*) cake.
dulcificar [1] **1** *vt* to sweeten. **2** *fig* to soften.
dulzura **1** *nf* (*de postre, vino*) sweetness. **2** *fig* (*de persona, voz*) softness, gentleness.
duna *nf* dune.
dúo *nm* duet.
duodécimo,-a *num* twelfth.
duplicado,-a *adj* duplicate.
duplicar [1] **1** *vt* (*documento, llave*) to copy; (*cantidad*) to double. ‖ **2 duplicarse** *vpr* to double.

duque, -quesa *nm,f* (*hombre*) duke; (*mujer*) duchess.
duración *nf* duration, length.
duradero,-a *adj* durable, lasting.
durante *adv* during, in, for: **durante todo el día** all day long.
durar *vi* to last, go on.
dureza 1 *nf* (*de material*) hardness, toughness. **2** *fig* (*de carácter*) toughness, harshness. **3** MED callus.
duro,-a 1 *adj* hard, tough. **2** (*difícil*) hard, difficult. **3** (*cruel*) tough, hardhearted. **4** (*resistente*) strong.

E

e *conj* and.
ébano *nm* ebony.
ebrio,-a *adj* intoxicated, drunk.
ebullición *nf*. • **en ebullición** boiling; **entrar en ebullición** to come to the boil.
echar 1 *vt* (*lanzar*) to throw. 2 (*del trabajo*) to sack, dismiss. 3 (*correo*) to post, US mail. 4 (*brotar*) to grow, sprout. 5 (*emanar*) to give out, give off. 6 *fam* (*en el cine, teatro*) to show. ‖ 7 **echar a** + *inf vi - vpr* to begin to: **echar a correr** to run off. ‖ 8 **echarse** *vpr* (*lanzarse*) to throw oneself. 9 (*tenderse*) to lie down. • **echar algo a perder** to spoil sth; **echar cuentas** to do some sums; **echar de menos** to miss; **echar algo en cara a algn** to reproach sb for sth; **echar por tierra** (*edificio*) to demolish; (*planes*) to ruin; **echar una mano** to lend a hand; **echarse a perder** (*comida*) to go off; **echarse atrás** (*inclinarse*) to lean back; (*desdecirse*) to back out.
eclesiástico,-a 1 *adj* ecclesiastic, ecclesiastical. ‖ 2 **eclesiástico** *nm* clergyman, ecclesiastic.
eclipsar *vt* to eclipse.
eclipse *nm* eclipse.
eco *nm* echo.
ecografía *nf* scan.
ecología *nf* ecology.
ecológico,-a 1 *adj* (*gen*) ecological. 2 (*cultivo*) organic.
ecologista 1 *adj* ecological, environmental. ‖ 2 *nmf* ecologist, environmentalist.
economía 1 *nf* (*administración*) economy. 2 (*ciencia*) economics. ■ **economía sumergida** black economy.
económico,-a 1 *adj* (*de la economía*) economic. 2 (*barato*) cheap, economical.
economista *nmf* economist.
economizar [4] 1 *vt* to economize on, save. ‖ 2 *vi* to economize.
ecosistema *nm* ecosystem.
ecuación *nf* equation.
ecuador *nm* equator.
ecuatorial *adj* equatorial.
ecuatoriano,-a *adj - nm, f* Ecuadorian.
ecuestre *adj* equestrian.
ed. *abr* (edición, editorial) ed.
edad *nf* age. ■ **Edad Media** Middle Ages *pl*; **la tercera edad** old age, senior citizens *pl*.
edición 1 *nf* (*tirada*) edition. 2 (*publicación*) publication.
edificio *nm* building.
editar 1 *vt* (*publicar*) to publish. 2 (*preparar*) to edit.
editor,-ra 1 *adj* publishing. ‖ 2 *nm,f* (*que publica*) publisher. 3 (*que prepara*) editor. ‖ 4 **editor** *nm* INFORM editor.
editorial 1 *nm* (*artículo*) editorial, leading article. ‖ 2 *nf* publishing house.

edredón *nm* duvet.
educación **1** *nf* (*enseñanza*) education: **educación física** physical education. **2** (*cortesía*) manners *pl*, politeness.
educado,-a *adj* polite.
educar [1] **1** *vt* (*enseñar*) to educate, teach. **2** (*criar*) to bring up.
educativo,-a *adj* educational.
EE UU *abr* USA.
efectivamente **1** *adv* (*realmente*) in fact, really. **2** (*así es*) that's right.
efectivo,-a **1** *adj* (*eficaz*) effective. **2** (*verdadero*) real. || **3 efectivo** *nm* (*dinero*) cash. || **4 efectivos** *nm pl* forces.
efecto **1** *nm* effect. **2** (*impresión*) impression. **3** (*fin*) aim, object. || **4 efectos** *nm pl* personal belongings. • **a tal efecto** to this end; **en efecto** in fact, indeed. ▪ **efectos especiales** special effects.
efectuar [11] **1** *vt* (*maniobra, investigación etc*) to carry out. **2** (*pago, viaje etc*) to make. || **3 efectuarse** *vpr* (*realizarse*) to be carried out; (*acto etc*) to take place.
efervescente *adj* (*pastilla*) effervescent.
eficacia **1** *nf* (*efectividad*) effectiveness. **2** (*eficiencia*) efficacy.
eficiente *adj* efficient.
egipcio,-a *adj* - *nm,f* Egyptian.
Egipto *nm* Egypt.
egoísmo *nm* selfishness, egoism.
egoísta **1** *adj* selfish, egoistic. || **2** *nmf* selfish person, egoist.
eh *interj* (*aclarando*) OK!; (*llamando la atención*) hey!
eje **1** *nm* ASTRON MAT axis. **2** TÉC shaft, spindle. **3** AUTO axle.
ejecución **1** *nf* (*de orden*) carrying out, execution. **2** MÚS performance. **3** (*ajusticiamiento*) execution.
ejecutar **1** *vt* (*una orden*) to carry out. **2** MÚS to perform. **3** INFORM to run. **4** (*ajusticiar*) to execute.
ejecutiva *nf* executive.
ejecutivo,-a **1** *adj* - *nm, f* executive. || **2 el ejecutivo** *nm* POL the executive.
ejemplar **1** *adj* (*modélico*) exemplary. || **2** *nm* (*obra*) copy.
ejemplo *nm* example. • **por ejemplo** for example.
ejercer [2] **1** *vt* (*profesión etc*) to practise. **2** (*derecho, poder*) to exercise. **3** (*influencia*) to exert.
ejercicio **1** *nm* (*gen*) exercise. **2** (*financiero*) year. • **hacer ejercicio** to exercise. ▪ **ejercicio fiscal** tax year; **ejercicio físico** physical exercise.
ejercitar **1** *vt* (*músculo, derecho etc*) to exercise. **2** (*profesión*) to practise. || **3 ejercitarse** *vpr* (*aprender*) to train, practise.
ejército *nm* army.
el **1** *det* the: **el coche** the car. **2** the one: **el de tu amigo,-a** your friend's; **el de Valencia** the one from Valencia. **3** the one: **el que vino ayer** the one who came yesterday.
él **1** *pron* (*sujeto - persona*) he; (*- cosa, animal*) it. **2** (*después de preposición - persona*) him; (*- cosa, animal*) it: **vino con él** she came with him. • **de él** (*posesivo*) his.
elaboración **1** *nf* (*de producto*) manufacture, production. **2** (*de lista, presupuesto*) drawing up. **3** (*de informe*) writing.

elaborar 1 *vt* (*de producto*) to make, manufacture. 2 (*de lista, presupuesto*) to draw up. 3 (*de informe*) to write.
elástico,-a *adj* elastic.
elección 1 *nf* (*gen*) election. 2 (*opción*) choice.
electo,-a *adj* elect.
elector,-ra *nm,f* elector, voter.
electricidad *nf* electricity.
electricista *nmf* electrician.
electrodoméstico *nm* home electrical appliance.
electrónica *nf* electronics.
electrónico,-a *adj* electronic.
elefante *nm* elephant.
elegancia *nf* elegance, smartness.
elegante *adj* elegant, stylish.
elegir [55] 1 *vt* (*escoger*) to chose. 2 POL to elect.
elemental 1 *adj* (*obvio*) elementary, obvious. 2 (*primordial*) essential.
elemento 1 *nm* FÍS QUÍM element. 2 (*parte*) component, part. 3 (*individuo*) type, sort.
elevación 1 *nf* (*de terreno*) elevation. 2 (*de precios, temperatura*) rise.
elevado,-a 1 *adj* (*alto*) tall, high; (*número*) high. 2 (*ideales, pensamientos*) elevated, lofty.
elevar 1 *vt* (*levantar*) to raise, lift. ‖ 2 **elevarse** *vpr* (*aumentar*) to rise, go up. 3 (*ascender - avión*) to climb; (*- globo*) to rise.
eliminar 1 *vt* (*gen*) to eliminate. 2 (*obstáculo, mancha*) to remove.
eliminatoria *nf* qualifying round.
eliminatorio,-a *adj* qualifying.
ella 1 *pron* (*sujeto - persona*) she; (*- cosa, animal*) it. 2 (*después de preposición - persona*) her; (*- cosa, animal*) it: **vino con ella** he came with her. • **de ella** hers.
ello *pron* it.
ellos,-as 1 *pron* (*sujeto*) they. 2 (*complemento*) them. • **de ellos** theirs.
elocuente *adj* eloquent.
elogiar [12] *vt* to praise.
eludir *vt* to avoid, elude.
emancipar 1 *vt* to emancipate. ‖ 2 **emanciparse** *vpr* to become emancipated.
embajada *nf* embassy.
embajador,-ra *nm,f* ambassador.
embalaje *nm* packing.
embalse *nm* dam, reservoir.
embarazada *adj* pregnant.
embarazo 1 *nm* (*preñez*) pregnancy. 2 (*turbación*) embarrassment.
embarcación *nf* boat, craft.
embarcadero *nm* pier, jetty.
embarcar [1] *vt* - *vpr* to embark.
embargo *nm* POL embargo. • **sin embargo** nevertheless.
embarque *nm* (*de personas*) boarding; (*de mercancías*) loading.
embarrado,-a *adj* muddy.
embarullar 1 *vt* to muddle, make a mess of. ‖ 2 **embarullarse** *vpr fam* to get into a muddle.
embellecer [43] *vt* to embellish.
embestida *nf* (*acometida*) attack, onslaught; (*de toro*) to charge.
embestir [34] *vt* (*acometer*) to attack, assault; (*toro*) to charge.
embolsarse *vpr* to pocket.
emborracharse *vpr* to get drunk.
emboscada *nf* ambush.
embotellamiento *nm* (*de tráfico*) traffic jam.
embotellar *vt* to bottle.
embrague *nm* clutch.

embrión *nm* embryo.
embrujo *nm* (*hechizo*) spell, charm.
embudo *nm* funnel.
embuste *nm* lie.
embustero,-a *nm,f* liar.
emergencia 1 *nf* (*imprevisto*) emergency. 2 (*salida*) emergence.
emerger [5] *vi* (*aparecer*) to emerge.
emigrante *adj* - *nmf* emigrant.
emigrar *vi* (*persona*) to emigrate.
eminencia *nf* (*persona*) leading figure.
eminente *adj* eminent.
emisario,-a *nm,f* emissary.
emisión 1 *nf* (*de energía, gas*) emission. 2 FIN issue. 3 RAD TV transmission, broadcast.
emisor,-ra 1 *adj* FIN issuing. 2 RAD TV broadcasting.
emisora *nf* broadcasting station.
emitir 1 *vt* (*sonido, luz, calor*) to emit. 2 FIN to issue. 3 RAD TV to broadcast.
emoción 1 *nf* (*sentimiento*) emotion, feeling. 2 (*excitación*) excitement.
emocionante 1 *adj* (*conmovedor*) moving, touching. 2 (*excitante*) exciting.
emocionar 1 *vt* (*conmover*) to move, touch. 2 (*excitar*) to excite. ‖ 3 **emocionarse** *vpr* (*conmoverse*) to be moved, be touched.
emotivo,-a *adj* emotional.
empachar 1 *vt* to give indigestion. ‖ 2 **empacharse** *vpr* to get indigestion.
empalagar [7] *vt* (*dulces*) to be sickly.
empalagoso,-a 1 *adj* (*dulces*) sickly, oversweet. 2 (*persona*) smarmy.
empalmar 1 *vt* (*tuberías, cables*) to join. 2 (*planes etc*) to combine. ‖ 3 *vi* (*enlazar*) to connect.
empalme 1 *nm* (*de tuberías, cables*) connection. 2 (*de vías*) junction.
empanado,-a *adj* breaded.
empañar 1 *vt* (*cristal*) to steam up. 2 (*reputación*) to tarnish. ‖ 3 **empañarse** *vpr* (*cristal*) to steam up. 4 (*reputación*) to become tarnished.
empapar 1 *vt* to soak. ‖ 2 **empaparse** *vpr* to get soaked.
empapelar *vt* (*una pared*) to paper.
empaquetar *vt* to pack.
emparedado *nm* sandwich.
emparejar 1 *vt* (*cosas*) to match; (*personas*) to pair off. ‖ 2 **emparejarse** *vpr* to pair off.
empastar *vt* to fill.
empaste *nm* filling.
empatar 1 *vt* DEP (*acabar igualados*) to draw; **empataron a cero** they drew nil-nil. 2 (*en votación etc*) to tie.
empate *nm* tie, draw.
empeñar 1 *vt* to pawn. ‖ 2 **empeñarse** *vpr* (*endeudarse*) to get into debt. 3 (*insistir*) to insist (en, on).
empeño *nm* (*insistencia*) determination; (*esfuerzo*) effort; (*intento*) attempt. • **con empeño** eagerly.
empeorar 1 *vi* to worsen. ‖ 2 **empeorarse** *vpr* to get worse.
empequeñecer [43] *vt* to diminish, make smaller.
emperador,-triz *nm,f* (*hombre*) emperor; (*mujer*) empress.
emperifollarse *vpr fam* to get dolled up.
empezar [47] *vt* - *vi* to begin, start. • **al empezar** at the beginning; **empezar a** + inf to begin to + *inf*, start to + *inf*.
empinado,-a *adj* steep.
empinar *vt* to raise, lift. • **empinar el codo** (*fam*) to drink heavily.

empírico,-a 1 *adj* empiric, empirical. ‖ 2 *nm,f* empiricist.
empleado,-a *nm,f* (*gen*) employee; (*oficinista*) clerk, office worker.
emplear 1 *vt* (*usar*) to employ. 2 (*dinero, tiempo*) to spend.
empleo 1 *nm* (*puesto*) occupation, job. 2 (*trabajo*) employment. 3 (*uso*) use.
empobrecer [43] 1 *vt* to impoverish. ‖ 2 **empobrecerse** *vpr* to become poor.
empollar 1 *vt* (*huevo*) to hatch, sit on. 2 *fam* (*lección*) to swot up.
empollón,-ona *nm,f fam pey* swot.
empotrado,-a *adj* fitted, built-in.
empotrar 1 *vt* to fit, build in. ‖ 2 **empotrarse** *vpr* (*coche*) to crash into.
emprendedor,-ra *adj* enterprising.
emprender *vt* (*trabajo, proyecto*) to undertake; (*viaje*) to embark on. • **emprender la marcha** to start out.
empresa 1 *nf* (*compañía*) firm, company. 2 (*acción*) enterprise, venture.
empresarial *adj* managerial. ▪ **empresariales** business studies.
empresario,-a 1 *nm,f* (*hombre*) businessman; (*mujer*) businesswoman. 2 (*patrón*) employer.
empujar *vt* to push.
empuje 1 *nm* (*fuerza*) push. 2 (*presión*) pressure. 3 (*energía*) energy, drive.
empujón *nm* push, shove. • **a empujones** by fits and starts.
empuñar *vt* to clutch, grasp.
en 1 *prep* (*lugar - gen*) in, at; (*- en el interior*) in, inside; (*- sobre*) on: **en casa** at home; **en Valencia** in Valencia; **en el cajón** in the drawer; **en la mesa** on the table. 2 (*tiempo - año, mes, estación*) in; (*- día*) on. 3 (*dirección*) into: **entró en su casa** he went into his house. 4 (*transporte*) by, in: **ir en coche** to go by car. 5 (*tema, materia*) at, in: **experto,-a en política** expert in politics. 6 (*modo*) in: **en voz baja** in a low voice; **en inglés** in English.
enaguas *nf pl* petticoat *sing*.
enamorado,-a 1 *adj* in love. ‖ 2 *nm,f* lover.
enamorarse *vpr* to fall in love (de, with).
enano,-a *adj - nm, f* dwarf.
encabezar [4] 1 *vt* (*en escrito*) to head. 2 (*ser líder*) to lead.
encadenar 1 *vt* (*poner cadenas*) to chain, chain up. 2 (*enlazar*) to connect, link up. 3 *fig* (*atar*) to tie down.
encajar *vt - vi* to fit (con, into).
encaje 1 *nm* COST lace. 2 (*acto*) fitting.
encallar *vi* (*plan, proyecto*) to founder, fail.
encaminar 1 *vt* (*guiar, orientar*) to direct. ‖ 2 **encaminarse** *vpr* (*dirigirse*) to head (a/hacia, for/towards).
encantado,-a 1 *adj* (*contento*) delighted. 2 (*embrujado*) enchanted. 3 (*distraído*) absent-minded. • **encantado,-a de conocerle** *fml* pleased to meet you.
encantador,-ra 1 *nm,f* (*hechicero*) enchanter; (*hechicera*) enchantress. ‖ 2 *adj* (*agradable*) charming, delightful.
encantamiento *nm* spell, charm.
encantar 1 *vt* (*hechizar*) to cast a spell on. 2 *fam* (*gustar*) to delight.
encanto 1 *nm* (*hechizo*) enchantment, spell. 2 (*atractivo*) charm. 3

fam (*apelativo*) darling. • **ser un encanto** to be a treasure.
encapotarse *vpr* to become overcast.
encapricharse *vpr* to take a fancy (con, to).
encapuchado,-a *adj* hooded.
encarcelar *vt* to imprison, jail.
encarecerse [43] *vpr* to become more expensive.
encargado,-a **1** *adj* in charge. ‖ **2** *nm,f* (*responsable*) person in charge.
encargar [7] **1** *vt* (*encomendar*) to entrust. **2** (*solicitar*) to order. ‖ **3 encargarse** *vpr* to take charge (de, of). • **encargar a algn que haga algo** to ask sb to do sth.
encargo **1** *nm* (*recado*) errand; (*tarea*) job. **2** COM order. • **por encargo** to order.
encarrilar *vt* (*asunto, persona*) to direct, guide.
encauzar [4] **1** *vt* (*corriente, río*) to channel. **2** (*discusión, persona*) to direct, guide.
encendedor *nm* lighter.
encender [28] **1** *vt* (*fuego, vela, cigarro*) to light, set fire to; (*cerilla*) to strike. **2** (*luz, radio, tele*) to turn on, switch on. **3** (*pasión*) to inflame; (*entusiasmo*) to arouse. ‖ **4 encenderse** *vpr* (*persona - excitarse*) to flare up.
encendido,-a **1** *adj* (*mejillas, color*) glowing; (*rostro*) red, flushed. ‖ **2 encendido** *nm* AUTO ignition.
encerado *nm* black board.
encerar *vt* to wax, polish.
encerrar [27] **1** *vt* to shut in, shut up. ‖ **2 encerrarse** *vpr* (*con llave*) to lock oneself in.
encestar *vt* to score, score a basket.
enchufado,-a *nm,f fam* wirepuller. • **ser un/una enchufado,-a** to have good contacts.
enchufar **1** *vt* ELEC to connect, plug in. **2** *fam* to pull strings for.
enchufe **1** *nm* ELEC (*hembra*) socket; (*macho*) plug. **2** *fam* (*cargo*) cushy job, easy job; (*influencias*) contacts *pl*.
encía *nf* gum.
enciclopedia *nf* encyclopedia.
encierro *nm* (*protesta*) sit-in.
encima **1** *adv* (*más arriba*) above, overhead; (*sobre*) on top. **2** (*consigo*) on you/him, etc: **¿llevas cambio encima?** do you have any change on you? **3** (*además*) in addition, besides. • **encima de** on, upon; **por encima** (*a más altura*) above; (*de pasada*) superficially; **por encima de** over; **por encima de todo** above all; **quitarse algo/algn de encima** to get rid of sth/sb.
encina *nf* evergreen oak.
enclenque *adj* (*flaco*) skinny, weedy; (*enfermizo*) sickly.
encoger(se) [5] *vt - vi* to shrink. • **encogerse de hombros** to shrug one's shoulders.
encolar *vt* to glue, stick.
encomendar [27] *vt* to entrust (a, to).
encontrar [31] **1** *vt* (*hallar*) to find. **2** (*persona*) to come (a, across). ‖ **3 encontrarse** *vpr* (*hallarse*) to be. **4** (*sentirse*) to feel. • **encontrarse con** to come across, meet up with.
encontronazo **1** *nm* (*choque*) collision. **2** (*riña*) quarrel.

encorvar 1 *vt* to bend, curve. || 2 **encorvarse** *vpr* to bend over.
encrespar 1 *vt* (*pelo*) to frizz. 2 (*enfurecer*) to infuriate. || 3 **encresparse** *vpr* (*pelo*) to go curly. 4 (*enfurecerse*) to get cross.
encrucijada *nf* crossroads *pl*.
encuadernar *vt* to bind.
encubrir *vt* (*pp* encubierto,-a) (*ocultar*) to conceal, hide; (*delito*) to cover up.
encuentro 1 *nm* (*coincidencia*) encounter. 2 (*reunión*) meeting. 3 DEP match. 4 (*choque*) collision. • **salir al encuentro de algn** to go to meet sb.
encuesta *nf* (*sondeo*) poll, survey.
endeble *adj* feeble.
enderezar [4] 1 *vt* (*poner derecho*) to straighten out. 2 (*poner vertical*) to set upright.
endeudarse *vpr* to get into debt.
endibia *nf* endive.
endulzar [4] *vt* (*hacer dulce*) to sweeten.
endurecer [43] *vt* - *vpr* to harden.
endurecimiento *nm* hardening.
enemigo,-a *adj* - *nm,f* enemy.
enemistar 1 *vt* to make enemies of. || 2 **enemistarse** *vpr* to become enemies.
energía *nf* energy. ■ **energía eléctrica** electric power; **energía nuclear** nuclear power; **energía solar** solar power.
enérgico,-a 1 *adj* (*persona, ejercicio*) energetic. 2 (*protesta*) vigorous.
enero *nm* January.
enésimo,-a 1 *adj* nth. 2 *fam* umpteenth: **te lo digo por enésima vez** this is the umpteenth time I've told you.
enfadado,-a *adj* angry.
enfadarse *vpr* to get angry (con, with).
enfado *nm* anger, irritation.
énfasis *nm & nf* emphasis.
enfatizar [4] *vt* to emphasize, stress.
enfermar *vi* to fall ill, be taken ill.
enfermedad *nf* illness, disease.
enfermería *nf* infirmary, sick bay.
enfermero,-a *nm,f* nurse.
enfermizo,-a *adj* sickly, unhealthy.
enfermo,-a 1 *adj* ill, sick. || 2 *nm,f* sick person.
enfocar [1] 1 *vt* (*con cámara*) to focus on. 2 (*problema etc*) to approach.
enfoque 1 *nm* (*de imagen*) focus. 2 (*de asunto*) approach, point of view.
enfrentamiento *nm* confrontation.
enfrentar 1 *vt* (*afrontar*) to face, confront. || 2 **enfrentarse** *vpr* (*encararse*) to face up (a, to). 3 (*pelearse*) to have a confrontation.
enfrente *adv* opposite, facing: **la casa de enfrente** the house opposite.
enfriar [13] 1 *vt* to cool down. || 2 **enfriarse** *vpr* (*algo caliente*) to cool down. 3 MED to get a cold, catch a cold.
enfurecer [43] 1 *vt* to infuriate, enrage. || 2 **enfurecerse** *vpr* (*persona*) to get furious (con/contra/por, at).
enfurruñarse *vpr fam* to sulk.
engalanar 1 *vt* to adorn, deck out. || 2 **engalanarse** *vpr* to dress up.
enganchar 1 *vt* (*gen*) to hook, hook up; (*animales*) to hitch; (*vagones*) to couple. || 2 **engancharse**

vpr (*prenderse*) to get caught. **3** *arg* (*a drogas*) to get hooked (a, on).
engañabobos *nm fam* con, con trick.
engañar **1** *vt* (*gen*) to deceive. **2** (*mentir*) to lie to. **3** (*a la pareja*) to be unfaithful to, cheat on. || **4 engañarse** *vpr* (*ilusionarse*) to deceive oneself.
engaño **1** *nm* (*gen*) deceit. **2** (*estafa*) fraud. **3** (*mentira*) lie. **4** (*ardid*) trick, ploy.
engatusar *vt fam* to sweet-talk.
engendrar **1** *vt* BIOL to engender, beget. **2** (*originar*) to generate, give rise to.
englobar *vt* to include, comprise.
engordar **1** *vt* (*animal*) to fatten. || **2** *vi* (*persona*) to put on weight. **3** (*alimento*) to be fattening.
engorro *nm* bother, nuisance.
engranaje **1** *nm* TÉC gears *pl*, gearing. **2** (*sistema*) machinery.
engrasar *vt* to lubricate; (*con grasa*) to grease; (*con aceite*) to oil.
engreído,-a *adj* vain, conceited.
engrosar [31] *vt* to swell.
engullir [41] *vt* to gobble up.
enhorabuena *nf* congratulations *pl*. • **dar la enhorabuena a algn** to congratulate sb.
enigma *nm* enigma, puzzle.
enjabonar **1** *vt* (*lavar*) to soap. **2** (*adular*) to soft-soap.
enjambre *nm* swarm.
enjuagar [7] *vt* - *vpr* to rinse.
enjuague **1** *nm* (*proceso*) rinse. **2** (*líquido*) mouthwash.
enjuto,-a *adj* lean.
enlace **1** *nm* (*conexión*) link, connection. **2** (*boda*) marriage. **3** (*intermediario*) liaison.
enlatar *vt* to can, tin.
enlazar [4] *vt* (*unir*) to link, connect.
enloquecer [43] **1** *vi* (*volverse loco*) to go mad. **2** *fam* (*gustar mucho*) to be mad about. || **3** *vt* (*volver loco*) to drive mad. || **4 enloquecerse** *vpr* to go mad.
enmarañar **1** *vt* (*entrelazar*) to tangle. **2** (*asunto, situación*) to complicate, muddle up. || **3 enmarañarse** *vpr* (*cabellos, hilos etc*) to get tangled. **4** (*complicarse*) to get complicated.
enmendar [27] **1** *vt* (*error*) to correct; (*daño*) to repair. **2** JUR to amend. || **3 enmendarse** *vpr* mend one's ways.
enmienda **1** *nf* (*de error*) correction; (*de daño*) repair. **2** POL amendment.
enmudecer [43] *vi* to become dumb.
ennegrecerse [43] **1** *vpr* (*ponerse negro*) to go black, turn black. **2** (*oscurecerse*) to darken.
enojado,-a *adj* angry, cross.
enojar **1** *vt* (*enfadar*) to anger; (*molestar*) to annoy. || **2 enojarse** *vpr* (*enfadarse*) to get angry.
enojo *nm* (*enfado*) anger, irritation; (*molestia*) annoyance.
enorgullecer [43] **1** *vt* to fill with pride. || **2 enorgullecerse** *vpr* to be proud, feel proud.
enorme *adj* enormous, huge.
enraizar [24] *vi* BOT to take root.
enredadera *nf* climbing plant.
enredar **1** *vt* (*enmarañar*) to tangle up. **2** (*dificultar*) to complicate || **3** *vi* (*travesear*) to be mischievous. || **4 enredarse** *vpr* (*hacerse un lío*) to

get tangled up. **5** (*complicarse*) to get complicated; (*en discusión*) to get caught up.

enredo 1 *nm* (*maraña*) tangle. **2** (*engaño*) deceit. **3** (*confusión*) mix-up, mess. **4** (*amoroso*) love affair. || **5 enredos** *nm pl* (*trastos*) bits and pieces.

enrejado 1 *nm* (*de verja, balcón*) railings *pl*. **2** (*celosía*) trellis.

enrevesado,-a *adj* complicated.

enriquecer [43] **1** *vt* (*hacer rico*) to make rich. **2** (*mejorar*) to enrich. || **3 enriquecerse** *vpr* to become rich, get rich.

enrojecer [43] **1** *vt* (*volver rojo*) to redden. **2** (*ruborizar*) to make blush. || **3 enrojecerse** *vpr* (*ruborizarse*) to go red, blush. **4** (*volverse rojo*) to turn red.

enrollado,-a *adj fam* (*persona*) really cool.

enrollar 1 *vt* to roll up. || **2 enrollarse** *vpr fam* (*hablar*) to go on and on. • **enrollarse con algn** to get off with sb; **estar enrollado,-a con algn** to be involved with sb.

enroscar [1] **1** *vt* (*cable*) to twist. **2** (*tornillo*) to screw. || **3 enroscarse** *vpr* (*cable*) to roll up; (*serpiente*) to coil up.

ensalada *nf* salad.

ensamblaje *nm* assembly.

ensamblar *vt* to assemble.

ensanchamiento *nm* widening.

ensanchar *vt* (*agrandar*) to widen, enlarge; (*prenda*) to let out.

ensangrentado,-a *adj* bloodstained.

ensangrentar [27] *vt* to stain with blood.

ensayar 1 *vt* (*obra de teatro*) to rehearse; (*música*) to practise. **2** (*probar*) to try out, test.

ensayo 1 *nm* (*obra de teatro*) rehearsal; (*música*) practise. **2** (*prueba*) test, experiment. **3** (*literario*) essay. ■ **ensayo general** dress rehearsal.

enseguida *adv* at once, straight away.

enseñanza 1 *nf* (*educación*) education. **2** (*instrucción*) teaching.

enseñar 1 *vt* (*en escuela etc*) to teach. **2** (*educar*) to educate. **3** (*mostrar*) to show. • **enseñar a algn a hacer algo** to teach sb to do sth.

enseres *nm pl* belongings, goods.

ensimismarse *vpr* (*abstraerse*) to become lost in thought.

ensombrecerse [43] *vpr* to darken.

ensordecedor,-ra *adj* deafening.

ensordecer [43] **1** *vt* to deafen. || **2** *vi* to go deaf.

ensuciar [12] **1** *vt* (*manchar*) to dirty. **2** (*reputación, nombre*) to sully. || **3 ensuciarse** *vpr* to get dirty.

ensueño *nm* daydream, fantasy.

entablar *vt* (*conversación*) to begin, start; (*amistad*) to strike up.

entender [28] **1** *nm* opinion: **a mi entender** in my opinion. || **2** *vt* (*comprender*) to understand. || **3 entenderse** *vpr fam* (*llevarse bien*) to get along well together. • **entenderse con algn** to have an affair with sb; **dar a entender que ...** to imply that ...; **hacerse entender** to make oneself understood; **no entender ni jota** *fam* not to understand a word.

entendido,-a *nm,f* expert (en, on).

enterado,-a 1 *adj* knowledgeable, well-informed. ‖ 2 *nm,f fam* expert.
enterarse 1 *vpr* (*averiguar*) to find out (de, about). 2 (*darse cuenta*) to notice. 3 (*comprender*) to understand. 4 to find out (de, about).
entereza 1 *nf* (*integridad*) integrity. 2 (*fortaleza*) fortitude.
enternecedor,-ra *adj* touching.
enternecer [43] 1 *vt* to touch. ‖ 2 **enternecerse** *vpr* to be touched.
entero,-a *adj* (*completo*) entire, whole.
enterrar [27] *vt* to bury.
entidad *nf* entity.
entierro 1 *nm* (*acto*) burial. 2 (*ceremonia*) funeral.
entonces *adv* then. • **desde entonces** since then.
entornar 1 *vt* (*ojos*) to half-close. 2 (*puerta*) to leave ajar.
entorno *nm* environment.
entorpecer [43] *vt* (*dificultar*) to obstruct, hinder.
entrada 1 *nf* (*acción*) entrance, entry. 2 (*en espectáculo*) ticket. 3 (*pago inicial*) down payment. 4 INFORM input. ‖ 5 **entradas** *nf pl* (*en la cabeza*) receding hairline *sing*. • **"Prohibida la entrada"** "No admittance"; **de entrada** from the start.
entrañable *adj* beloved.
entrañas 1 *nf pl* ANAT entrails. 2 (*sentimientos*) heart *sing*.
entrar 1 *vi* (*ir adentro*) to come in, go in. 2 (*en una sociedad etc*) to join (en, -). 3 (*encajar*) to fit. 4 (*empezar - año, estación*) to begin; (*- período*) to enter. 5 (*venir*): **me entró dolor de cabeza** I got a headache; **me entraron ganas de llorar** I felt like crying. ‖ 6 *vt* INFORM to enter. • **entrado,-a en años** *fam* well on in years; **no me entra en la cabeza** *fam* I can't believe it.
entre 1 *prep* (*dos términos*) between; (*más de dos términos*) among, amongst. 2 (*sumando*) counting: **entre niños y adultos somos doce** counting children and adults, there are twelve of us. • **de entre** among.
entreabierto,-a *adj* half-open.
entreabrir *vt* to half open.
entreacto *nm* interval.
entrecejo *nm*. • **fruncir el entrecejo** to frown.
entrecot *nm* fillet steak.
entrega 1 *nf* (*acción*) handing over; (*de mercancía*) delivery. 2 (*fascículo*) instalment. 3 *fig* (*devoción*) selflessness. ■ **entrega contra reembolso** cash on delivery.
entregar [7] 1 *vt* (*dar*) to hand over; (*deberes, solicitud*) to hand in. 2 COM to deliver. 3 (*rehén*) to hand over. ‖ 4 **entregarse** *vpr* (*rendirse*) to give in, surrender. 5 (*dedicarse*) to devote oneself (a, to).
entremés 1 *nm* CULIN hors d'oeuvre. 2 TEAT interlude.
entremeter *vt* to insert, place between.
entrenador,-ra *nm,f* trainer, coach.
entrenamiento *nm* training.
entrenar *vt* - *vpr* to train.
entrepierna *nf* crotch.
entresuelo *nm* mezzanine.
entretanto *adv* meanwhile.
entretener [87] 1 *vt* (*retrasar*) to delay, detain. 2 (*divertir*) to entertain, amuse. 3 (*distraer*) to disc-

tract. ‖ **4 entretenerse** *vpr* (*retrasarse*) to be delayed. **5** (*divertirse*) to amuse oneself.

entretenido,-a *adj* (*divertido*) entertaining, amusing.

entretenimiento *nm* amusement.

entrever [91] **1** *vt* (*vislumbrar*) to glimpse. **2** (*conjeturar*) to guess.

entrevista *nf* (*de prensa*) interview.

entrevistar 1 *vt* to interview. ‖ **2 entrevistarse** *vpr* to have a meeting (con, with).

entristecer [43] **1** *vt* to sadden. ‖ **2 entristecerse** *vpr* to be sad (por, about).

entrometerse *vpr* to meddle.

entrometido,-a 1 *adj* interfering, nosy. ‖ **2** *nm,f* meddler, busybody.

entusiasmado,-a *adj* excited.

entusiasmar 1 *vt* to captivate, excite. ‖ **2 entusiasmarse** *vpr* to get enthusiastic (con, about).

entusiasmo *nm* enthusiasm.

entusiasta *nmf* fan (de, of).

enumerar *vt* to enumerate, list.

enunciar [12] *vt* to state.

envasar *vt* (*en paquete*) to pack; (*en botella*) to bottle; (*en lata*) to can, tin. • **envasar al vacío** to vacuum-pack.

envase *nm* (*recipiente*) container.

envejecer [43] **1** *vt* to age. ‖ **2** *vi* to grow old.

envejecido,-a *adj* aged, old-looking.

envejecimiento *nm* ageing.

envenenar *vt* to poison.

envergadura *nf* (*relevancia*) importance.

enviado,-a *nm,f* messenger, envoy. ▪ **enviado,-a especial** special correspondent.

enviar [13] **1** *vt* (*mandar*) to send. **2** COM to dispatch; (*por barco*) to ship.

envidia *nf* envy. • **dar envidia** to make envious.

envidiar [12] *vt* to envy.

envidioso,-a *adj* envious.

envío 1 *nm* (*de mercancía*) dispatch, shipment. **2** (*remesa*) consignment; (*paquete*) parcel.

enviudar *vi* to be widowed.

envoltorio 1 *nm* (*de caramelo etc*) wrapper. **2** (*lío*) bundle.

envoltura *nf* wrapping.

envolver [32] **1** *vt* (*pp* envuelto,-a) (*cubrir*) to cover; (*con papel*) to wrap (up). ‖ **2 envolverse** *vpr* (*implicarse*) to become involved (en, in).

enyesar 1 *vt* (*pared*) to plaster. **2** (*pierna, brazo*) to put in plaster.

enzima *nm & nf* enzime.

épica *nf* epic poetry.

épico,-a *adj* epic.

epidemia *nf* epidemic.

epílogo *nm* epilogue.

episodio 1 *nm* (*de narración, serie*) episode. **2** (*suceso*) incident, episode.

época 1 *nf* (*período*) time. **2** HIST period, epoch. **3** AGR season.

equilibrar *vt - vpr* to balance.

equilibrio *nm* balance. • **hacer equilibrios** to do a balancing act; **perder el equilibrio** to lose one's balance.

equipaje *nm* luggage, baggage. • **hacer el equipaje** to pack. ▪ **equipaje de mano** hand luggage.

equipar *vt* to equip (con/de, with).
equipo **1** *nm* (*de personas, jugadores*) team. **2** (*de soldado*) kit; (*de deportista*) gear.
equitación **1** *nf* (*acto*) horse riding. **2** (*arte*) horsemanship.
equivaler [89] *vi* (*ser igual*) to be equivalent (a, to).
equivocación *nf* mistake, error.
equivocarse [1] **1** *vpr* (*no tener razón*) to be mistaken, be wrong. **2** (*cometer un error*) to make a mistake: **equivocarse de hora** to get the wrong time.
equívoco,-a **1** *adj* equivocal, ambiguous. ‖ **2 equívoco** *nm* misunderstanding.
era *nf* (*período*) era, age.
erguir [70] **1** *vt* to raise, erect. ‖ **2 erguirse** *vpr* (*ponerse derecho*) to straighten up. **3** (*engreírse*) to swell with pride.
erigir [6] **1** *vt* to erect, build. ‖ **2 erigirse** *vpr* set oneself up (en, as).
erizo *nm* hedgehog. ▪ **erizo de mar** sea urchin.
ermita *nf* hermitage.
ermitaño,-a *nm,f* hermit.
erosionar **1** *vt* to erode. ‖ **2 erosionarse** *vpr* to erode, be eroded.
erotismo *nm* eroticism.
erradicar [1] *vt* to eradicate.
errar [57] **1** *vt* (*objetivo*) to miss, get wrong; (*vocación*) to mistake. ‖ **2** *vi* (*vagar*) to wander, rove.
errata *nf* misprint, erratum.
error *nm* error, mistake. • **caer en un error** to make a mistake; **por error** by mistake. ▪ **error de cálculo** error of judgement; **error de imprenta** misprint.
eructar *vi* to belch, burp.
erudito,-a **1** *adj* erudite, learned. ‖ **2** *nm,f* scholar.
erupción **1** *nf* (*volcánica*) eruption. **2** (*cutánea*) rash.
esbelto,-a *adj* slim, slender.
esbozo *nm* sketch, outline.
escabeche *nm* pickle.
escabullirse [13] **1** *vpr* (*deslizarse*) to slip through. **2** (*escaparse*) to slip away.
escala *nf* scale. • **a gran escala** on a large scale; **a pequeña escala** on a small scale; **hacer escala** (*avión*) to stop over (en, in). ▪ **escala musical** musical scale.
escalada *nf* climbing.
escalador,-ra *nm,f* climber.
escalar *vt* to climb, scale.
escaldar *vt* to scald.
escalera **1** *nf* (*de edificio*) stairs, staircase. **2** (*portátil*) ladder. ▪ **escalera de caracol** spiral staircase; **escalera mecánica** escalator.
escalerilla *nf* (*de barco*) gangway; (*de avión*) steps.
escalofriante *adj* blood-curdling.
escalofrío *nm* shiver.
escalón *nm* (*peldaño*) step.
escama *nf* (*de pez, reptil*) scale.
escandalizar [4] **1** *vt* to scandalize, shock. ‖ **2** *vi* to make a racket. ‖ **3 escandalizarse** *vpr* to be shocked (de/por, at).
escándalo **1** *nm* (*acto inmoral*) scandal. **2** (*alboroto*) racket. • **armar un escándalo** to kick up a fuss.
escandaloso,-a **1** *adj* (*inmoral*) scandalous. **2** (*ruidoso*) noisy.
escanear *vt* INFORM to scan.
escaño **1** *nm* (*banco*) bench. **2** POL seat.

escapada 1 *nf* (*huida*) escape. **2** *fam* (*viaje*) quick trip.
escapar 1 *vi* - *vpr* (*lograr salir*) to escape, run away (de, from). ‖ **2 escaparse** *vpr* (*gas etc*) to leak out. • **escaparse por los pelos** *fam* to have a narrow escape; **escaparse de las manos** to slip out of one's hands; **no se le escapa (ni) una** he doesn't miss a thing.
escaparate *nm* shop window.
escapatoria 1 *nf* (*huida*) escape, way out. **2** (*excusa*) excuse.
escape 1 *nm* (*huida*) escape, flight. **2** (*de gas etc*) leak.
escaquearse *vpr fam* to skive off.
escarabajo *nm* beetle.
escarbar 1 *vt* (*suelo*) to scratch. **2** (*inquirir*) to inquire into.
escarlata *adj* - *nm* scarlet.
escarmentar [27] **1** *vt* to punish. ‖ **2 escarmentar(se)** *vi* - *vpr* to learn one's lesson.
escarmiento *nm* lesson, punishment. • **servir de escarmiento** to serve as a lesson.
escarola *nf* curly endive, US escarole.
escasear *vi* to be scarce.
escasez *nf* shortage, scarcity.
escaso,-a *adj* scarce, scant: **ando escaso de dinero** I'm short of money.
escatimar *vt* to stint, skimp on. • **no escatimar esfuerzos** to spare no effort.
escayola *nf* plaster.
escayolar *vt* to put in plaster.
escena *nf* (*gen*) scene. • **montar una escena** to make a scene; **poner en escena** to stage.
escenario 1 *nm* (*de suceso*) scene. **2** TEAT stage.
escéptico,-a 1 *adj* sceptical. ‖ **2** *nm,f* sceptic.
esclarecer [43] *vt* to clear up.
esclavitud *nf* slavery, servitude.
esclavizar [4] *vt* to enslave.
esclavo,-a *nm,f* slave.
escoba *nf* broom.
escobilla 1 *nf* small brush. **2** AUTO windscreen wiper blade.
escocer [54] *vi* (*herida*) to smart, sting.
escocés,-a 1 *adj* Scottish. ‖ **2** *nm,f* (*persona*) Scot; (*hombre*) Scotsman; (*mujer*) Scotswoman. ‖ **3 escocés** *nm* (*idioma*) Scottish, Scottish Gaelic.
Escocia *nf* Scotland.
escoger [5] *vt* to choose, select.
escolar 1 *adj* school. ‖ **2** *nmf* (*chico*) schoolboy; (*chica*) schoolgirl.
escolarizado,-a *adj* in school.
escollo 1 *nm* MAR reef, rock. **2** (*obstáculo*) difficulty.
escolta *nf* escort.
escoltar *vt* to escort.
escombros *nm pl* debris *sing*.
esconder *vt* to hide, conceal.
escondidas *nf pl*. • **a escondidas** in secret.
escondite *nm* hiding place. • **jugar al escondite** to play hide-and-seek.
escopeta *nf* shotgun.
escorpión 1 *nm* scorpion. **2** ASTROL ASTRON Scorpio.
escotado ,-a *adj* low-necked, low-cut.
escote *nm* (*de vestido*) neckline.

escozor 1 *nm* (*picor*) irritation, smarting. 2 (*resentimiento*) resentment, bitterness.
escribir 1 *vt* - *vi* (*pp* escrito,-a) to write. ‖ 2 **escribirse** *vpr* (*palabra*) to spell.
escrito,-a 1 *adj* written. • **por escrito** in writing.
escritor,-ra *nm,f* writer.
escritorio 1 *nm* (*mueble*) writing desk. 2 (*oficina*) office. 3 INFORM desktop.
escritura *nf* writing.
escrúpulo 1 *nm* (*recelo*) scruple. 2 (*aprensión*) fussiness.
escrupuloso,-a 1 *adj* (*cuidadoso*) scrupulous. 2 (*aprensivo*) finicky, fussy.
escrutar 1 *vt* (*examinar*) to scrutinize. 2 (*contar votos*) to count.
escrutinio 1 *nm* (*examen*) scrutiny, examination. 2 (*de votos*) count.
escuadra 1 *nf* (*instrumento*) square. 2 MIL squad.
escuadrón *nm* squadron.
escucha *nf* monitoring. ▪ **escuchas telefónicas** phone tapping *sing*.
escuchar 1 *vt* (*atender*) to listen to. 2 (*oír*) to hear.
escudo *nm* shield.
escuela *nf* school.
escueto,-a *adj* (*estilo, lenguaje*) bare, plain; (*explicación*) concise, succint.
esculpir *vt* (*piedra*) to sculpt; (*madera*) to carve.
escultor,-ra *nm,f* (*hombre*) sculptor; (*mujer*) sculptress.
escultura *nf* sculpture.
escupir *vi* to spit (a, at).
escurridizo,-a *adj* slippery.
escurridor 1 *nm* (*colador*) strainer, colander. 2 (*de platos*) dish rack.
escurrir 1 *vt* (*platos*) to drain; (*ropa*) to wring out. ‖ 3 **escurrirse** *vpr fam* (*escapar*) to slip away. 4 (*resbalarse*) to slip.
ese,-a 1 *adj* that. ‖ 2 *pron* that one.
esencia *nf* essence.
esfera 1 *nf* (*figura*) sphere. 2 (*de reloj*) face.
esfinge *nf* sphinx.
esforzarse [50] *vpr* to try hard, strive.
esfuerzo *nm* effort.
esfumarse 1 *vpr* (*desvanecerse*) to fade away. 2 *fam* (*largarse*) to disappear.
esgrima *nf* fencing.
esguince *nm* sprain.
eslabón *nm* link.
eslavo,-a 1 *adj* Slavonic. ‖ 2 *nm,f* (*persona*) Slav. ‖ 3 **eslavo** *nm* (*idioma*) Slavonic.
eslip *nm* briefs *pl*, underpants *pl*.
esmaltar *vt* to enamel.
esmalte *nm* enamel. ▪ **esmalte de uñas** nail polish.
esmeralda *nf* emerald.
esmerarse *vpr* to do one's best.
esnobismo *nm* snobbery.
eso *pron* that. • **a eso de las ...** (*hora*) around ...; **¿y cómo es eso?** how come?; **nada de eso** nothing of that kind; **¡eso es!** that's it!
esófago *nm* oesophagus.
espabilado,-a 1 *adj* (*listo*) quick-witted. 2 (*despierto*) awake.
espabilar 1 *vt* (*despertar*) to wake up. ‖ 2 *vi* (*darse prisa*) to get a move on. ‖ 3 **espabilarse** *vpr* (*despertar-*

se) to wake up. **4** (*darse prisa*) to get a move on.

espacial *adj* (*cohete etc*) space; (*en física*) spatial.

espaciar [12] *vt* to space, space out.

espacio 1 *nm* (*sitio*) space, room. **2** (*de tiempo*) length. **3** RAD TV programme.

espacioso,-a *adj* spacious, roomy.

espada *nf* sword.

espalda 1 *nf* ANAT back. **2** (*en natación*) backstroke. • **a espaldas de** behind sb's back; **dar la espalda a** to turn one's back on; **de espaldas a** with one's back to.

espantapájaros *nm inv* scarecrow.

espantar 1 *vt* (*asustar*) to frighten, scare. **2** (*ahuyentar*) to frighten away.

espanto *nm* fright, dread. • **estar curado de espantos** to have seen it all before.

espantoso,-a 1 *adj* (*terrible*) frightful, dreadful. **2** (*muy feo*) hideous.

España *nf* Spain.

español,-la 1 *adj* Spanish. ‖ **2** *nm,f* (*persona*) Spaniard. ‖ **3 español** *nm* (*idioma*) Spanish.

esparadrapo *nm* sticking plaster.

esparcir [3] **1** *vt* (*diseminar*) to scatter. **2** (*divulgar*) to spread. ‖ **3 esparcirse** *vpr* to amuse oneself.

espárrago *nm* asparagus.

esparto *nm* esparto grass.

espátula 1 *nf* MED spatula. **2** ART palette knife. **3** (*rasqueta*) scraper.

especia *nf* spice.

especial *adj* special.

especializar [4] *vi* - *vpr* to specialize.

especie 1 *nf* (*de animales, plantas*) species. **2** (*tipo*) kind, sort.

especificar [1] *vt* to specify.

específico,-a *adj* specific.

espécimen *nm* specimen.

espectáculo 1 *nm* (*escena*) spectacle, sight. **2** (*de TV, radio etc*) show, performance. • **montar un espectáculo** to make a scene.

espectador,-ra 1 *nm,f* DEP spectator. **2** (*de televisión*) viewer.

espectro 1 *nm* FÍS spectrum. **2** (*fantasma*) spectre.

especular 1 *vi* (*comerciar*) to speculate (en, on). **2** (*conjeturar*) to guess (sobre, about).

espejismo 1 *nm* (*fenómeno óptico*) mirage. **2** (*ilusión*) illusion.

espejo *nm* mirror. ■ **espejo retrovisor** rear-view mirror.

espeluznante *adj* hair-raising.

espera *nf* wait.

esperanza *nf* hope. • **con la esperanza de que ...** in the hope that ...; **perder la esperanza** to lose hope. ■ **esperanza de vida** life expectancy.

esperar 1 *vt* (*aguardar*) to wait for, await. **2** (*confiar*) to hope for, expect: **espero que sí** I hope so; **espero ganar la carrera** I hope to win the race. **3** (*bebé*) to expect. ‖ **4** *vi* to wait. • **hacer esperar a algn** to keep sb waiting.

espermatozoide *nm* spermatozoid.

espesar *vt* - *vpr* to thicken.

espeso,-a *adj* (*gen*) thick; (*niebla, bosque*) dense, thick.

espesor *nm* (*grosor*) thickness; (*densidad*) density.

espiar [13] *vt* to spy on.

espiga 1 *nf* (*de trigo*) ear; (*de flor*) spike. 2 (*clavija*) peg.
espigón *nm* breakwater, jetty.
espina 1 *nf* (*de planta*) thorn. 2 (*de pez*) fishbone. 3 *fig* scruple, suspicion.
espinacas *nf pl* spinach *sing.*
espinilla 1 *nf* (*tibia*) shinbone. 2 (*grano*) blackhead.
espinoso,-a 1 *adj* (*planta*) thorny. 2 (*pez*) bony. 3 *fig* (*problema etc*) thorny, awkward.
espionaje *nm* spying, espionage.
espirar *vt - vi* to exhale, breathe out.
espíritu *nm* spirit. ■ **Espíritu Santo** Holy Ghost.
espléndido,-a 1 *adj* (*magnífico*) splendid, magnificent. 2 (*generoso*) lavish, generous.
esplendor 1 *nm* (*magnificencia*) splendour. 2 (*resplandor*) radiance.
espliego *nm* lavender.
espolvorear *vt* to sprinkle, dust (con, with).
esponja *nf* sponge.
espontáneo,-a *adj* spontaneous.
esporádico,-a *adj* sporadic.
esposas *nf pl* handcuffs.
esposo,-a 1 *nm,f* spouse. ‖ 2 **esposos** *nm pl* husband and wife.
espuela *nf* spur.
espuma 1 *nf* (*de mar*) foam; (*de olas*) surf; (*de jabón*) lather; (*de cerveza*) froth, head. 2 (*impurezas*) scum.
espumoso,-a *adj* (*jabón*) foamy, lathery; (*cerveza*) frothy; (*vino*) sparkling.
esquelético,-a 1 *adj* ANAT skeletal. 2 *fam* (*flaco*) skinny.
esqueleto *nm* ANAT skeleton.
esquema *nm* (*plan*) outline.
esquí 1 *nm* (*pl* esquís) (*tabla*) ski. 2 (*deporte*) skiing. ■ **esquí acuático** water-skiing.
esquiador,-ra *nm,f* skier.
esquiar [13] *vi* to ski.
esquimal *adj - nmf* Eskimo.
esquina *nf* corner. • **a la vuelta de la esquina** just around the corner; **doblar la esquina** to turn the corner.
esquirol *nm* blackleg, scab.
esquivar 1 *vt* (*persona*) to avoid, shun. 2 (*golpe*) to dodge.
esquivo,-a *adj* cold, aloof.
estabilidad *nf* stability.
estabilizar [4] *vt* to stabilize.
estable *adj* stable, steady.
establecer [43] 1 *vt* (*gen*) to establish. 2 (*ordenar*) to state, decree. ‖ 3 **establecerse** *vpr* (*instalarse*) to settle; (*abrir un negocio*) to set up in business.
establecimiento 1 *nm* (*acto*) establishment, founding. 2 (*local*) establishment; (*tienda*) shop; (*almacén*) store.
establo *nm* stable.
estaca 1 *nf* (*palo con punta*) stake, picket. 2 (*garrote*) stick, cudgel.
estación 1 *nf* (*del año*) season. 2 (*de tren*) station. ■ **estación de esquí** ski resort.
estacionar 1 *vt* to park. ‖ 2 **estacionarse** *vpr* AUTO to park.
estadio *nm* DEP stadium.
estadística 1 *nf* (*ciencia*) statistics. 2 (*dato*) statistic, figure.
estado 1 *nm* (*situación*) state. 2 MED condition. 3 POL state. • **estar en mal estado** (*alimento*) to be off; (*carretera*) to be in poor condi-

tion; **estar en estado** to be pregnant. ▪ **estado civil** marital status; **estado de ánimo** state of mind.

estadounidense *adj - nmf* American.

estafa 1 *nf* (*timo*) swindle. **2** JUR fraud.

estafador,-ra 1 *nm,f* swindler.

estafar *vt* (*timar*) to swindle.

estallar 1 *vi* (*bomba*) to explode. **2** (*neumático, globo*) to burst. **3** (*rebelión, guerra*) to break out.

estallido 1 *nm* (*de bomba*) explosion. **2** (*de neumático, globo*) bursting. **3** (*de rebelión, guerra*) outbreak.

estambre *nm* BOT stamen.

estampa *nf* (*imagen*) picture.

estampado,-a 1 *adj* printed. ‖ **2 estampado** *nm* (*tela*) print.

estampar 1 *vt* (*imprimir*) to print. **2** (*metales*) to stamp.

estancarse [1] **1** *vpr* (*líquido*) to stagnate. **2** (*proceso*) to come to a standstill.

estancia 1 *nf* (*permanencia*) stay. **2** (*aposento*) room.

estanco *nm* tobacconist's.

estándar *adj - nm* standard.

estandarte *nm* standard, banner.

estanque *nm* pool, pond.

estante *nm* (*gen*) shelf; (*para libros*) bookcase.

estantería *nf* shelving, shelves *pl*.

estaño *nm* tin.

estar [71] **1** *vi* (*en lugar, posición*) to be: **allí está** there it is; **estamos a dos de noviembre** it's the second of November. **2** (*permanecer*) to be, stay. ‖ **3 estar +** *gerundio v aux* to be: **estar comiendo** to be eating. • **está bien** it's all right; **estar al caer** to be just round the corner; **no estar para bromas** not to be in the mood for jokes; **¡ya le está bien!** it serves him right!.

estatal *adj* state.

estático,-a *adj* static.

estatua *nf* statue.

estatura *nf* height.

este *adj - nm* east.

este,-a 1 *adj* this. ‖ **2** *pron* this one.

estela 1 *nf* (*de barco*) wake; (*de avión*) vapour trail. **2** *fig* (*huella*) trail.

estelar *adj* (*sideral*) stellar.

estéril *adj* sterile.

esterilizar [4] *vt* to sterilize.

esterilla *nf* mat.

esternón *nm* sternum, breastbone.

estética *nf* aesthetics.

esteticista *nmf* beautician.

estético,-a *adj* aesthetic.

estilista *nmf* stylist.

estilo 1 *nm* (*gen*) style. **2** GRAM speech. **3** (*en natación*) stroke. • **algo por el estilo** something like that. ▪ **estilo de vida** way of life, lifestyle.

estimado,-a *adj* (*valorado*) valued. • **estimado señor** (*carta*) Dear Sir; **estimada señora** (*carta*) Dear Madam.

estimar 1 *vt* (*apreciar*) to esteem; (*objeto*) to value. **2** (*juzgar*) to consider.

estimulante 1 *adj* stimulating. ‖ **2** *nm* stimulant.

estimular 1 *vt* (*avivar*) to stimulate. **2** (*animar*) to encourage.

estímulo 1 *nm* BIOL stimulus. **2** (*aliciente*) encouragement.

estirado,-a 1 *adj* (*alargado*) stretched; (*brazo etc*) stretched out. **2** (*orgulloso*) stiff, conceited.

estirar 1 *vt* to stretch, pull out. ‖ **2** *vi* (*crecer*) to shoot up. ‖ **3 estirarse** *vpr* (*desperezarse*) to stretch. • **estirar la pata** *fam* to kick the bucket.
estirón *nm* pull, tug. • **pegar un estirón** to shoot up.
esto *pron* this. • **esto de ...** the business about ...
estofado *nm* stew.
estómago *nm* stomach: **le duele el estómago** he has a stomach-ache.
estonio,-a *adj - nm, f* Estonian.
estoque *nm* sword.
estorbar 1 *vt* (*dificultar*) to hinder, obstruct. **2** (*molestar*) to annoy.
estorbo 1 *nm* (*obstáculo*) obstruction. **2** (*persona*) nuisance.
estornudar *vi* to sneeze.
estos,-as *adj - pron pl* these. • **en estas** *fam* just then.
estrafalario,-a *adj fam* eccentric.
estragón *nm* tarragon.
estragos *nm pl.* • **hacer estragos en** to play havoc with.
estrambótico,-a *adj fam* outlandish.
estrangular *vt* to strangle.
estratégico,-a *adj* strategic.
estrechar 1 *vt* (*calle*) to narrow; (*vestido*) to take in. **2** (*abrazar*) to embrace. ‖ **3 estrecharse** *vpr* (*calle*) to narrow, get narrower. **4** (*relaciones*) to strengthen, tighten. • **estrechar la mano** to shake hands (de, with).
estrecho,-a 1 *adj* narrow; (*vestido, zapatos*) tight. **2** (*amistad etc*) close. ‖ **3 estrecho** *nm* GEOG straits *pl.* • **ser estrecho de miras** to be narrow-minded.
estrella *nf* star. • **tener buena estrella** to be lucky; **tener mala estrella** to be unlucky; **ver las estrellas** to see stars. ▪ **estrella de cine** film star; **estrella de mar** starfish; **estrella fugaz** shooting star; **estrella polar** pole star.
estrellado,-a 1 *adj* (*cielo*) starry, star-spangled. **2** (*forma*) star-shaped.
estrellar 1 *vt fam* (*hacer pedazos*) to smash (to pieces), shatter (contra, against). ‖ **2 estrellarse** *vpr* (*chocar*) to crash, smash (contra/en, into).
estremecer [43] **1** *vt* (*hacer temblar*) to shake; (*de frío*) to shiver. ‖ **2 estremecerse** *vpr* (*de miedo, frío*) to tremble. • **de frío** to shiver.
estrenar 1 *vt* (*gen*) to use for the first time; (*ropa*) to wear for the first time. **2** (*obra de teatro*) to premiere; (*película*) to release. ‖ **3 estrenarse** *vpr* to make one's debut. **4** (*película*) to be premiered.
estreno 1 *nm* (*de cosa*) first use. **2** (*de artista*) debut. **3** (*de obra de teatro*) first night, opening night; (*de película*) new release, premiere.
estreñimiento *nm* constipation.
estrepitoso,-a 1 *adj* (*ruidoso*) noisy. **2** (*fracaso*) resounding.
estría 1 *nf* (*ranura*) groove. **2** (*en la piel*) stretch mark. **3** ARQ flute.
estribillo 1 *nm* (*de poesía*) refrain. **2** (*de canción*) chorus.
estribo *nm* (*de montura*) stirrup.
estribor *nm* starboard.
estricto,-a *adj* strict.
estropeado,-a *adj* (*roto*) broken; (*dañado*) damaged.
estropear 1 *vt* (*máquina*) to damage, break. **2** (*plan etc*) to spoil, ruin. ‖ **3 estropearse** *vpr* (*máquina*)

to break down. **4** (*plan etc*) to fail. **5** (*comida*) to go off, spoil.
estructura *nf* structure.
estruendo 1 *nm* (*ruido*) great noise, din. **2** (*confusión*) uproar.
estrujar 1 *vt* (*gen*) to crush. **2** (*papel*) to crumple, crumple up. **3** (*persona*) to drain, bleed dry.
estuario *nm* estuary.
estuche *nm* case, box.
estudiar [12] *vt* - *vi* to study.
estudio 1 *nm* (*gen*) study. **2** (*apartamento, oficina*) studio. ‖ **3 estudios** *nm pl* (*conocimientos*) studies, education *sing*. **4** CINEM studio *sing*. ▪ **estudios superiores** higher education *sing*.
estufa *nf* heater.
estupefacto,-a *adj* astounded.
estupendo,-a 1 *adj* marvellous. ‖ **2 ¡estupendo!** *interj* great!, super!
estúpido,-a 1 *adj* stupid, silly. ‖ **2** *nm,f* berk, idiot.
estupor *nm* amazement.
etapa 1 *nf* stage. **2** DEP leg, stage.
etcétera *nf* etcetera, and so on.
eternidad *nf* eternity.
eterno,-a *adj* eternal, everlasting.
ética *nf* ethics.
etíope *adj* - *nmf* Ethiopian.
etiqueta 1 *nf* (*rótulo*) label. **2** (*formalidad*) etiquette, formality.
etiquetar *vt* to label.
etnia *nf* ethnic group.
étnico,-a *adj* ethnic.
eucalipto *nm* eucalyptus.
euforia *nf* euphoria, elation.
Europa *nf* Europe.
europeo,-a *adj* - *nm, f* European.
evacuar [10] *vt* to evacuate.
evadir 1 *vt* (*peligro etc*) to avoid. **2** (*capital*) to evade. ‖ **3 evadirse** *vpr* (*escaparse*) to escape.
evaluación 1 *nf* (*gen*) evaluation. **2** EDUC (*acción*) assessment; (*examen*) exam.
evaluar [11] *vt* to evaluate, assess.
evangélico,-a *adj* evangelic.
evangelio *nm* gospel.
evaporar *vt* - *vpr*. to evaporate
evasión 1 *nf* (*fuga*) escape. **2** (*rechazo*) avoidance. ▪ **evasión de divisas** capital flight; **evasión fiscal** tax evasion.
evasivo,-a *adj* evasive.
eventual 1 *adj* (*posible*) possible. **2** (*trabajo*) casual, temporary. ‖ **3** *nmf* casual worker, temporary worker.
evidente *adj* evident, obvious.
evitar *vt* to avoid.
evocar [1] **1** *vt* (*recuerdo*) to evoke, call up. **2** (*espíritu*) to invoke.
evolución *nf* (*gen*) evolution; (*de enfermedad*) development; (*de enfermo*) progress.
evolucionar *vi* (*gen*) to evolve; (*enfermedad*) to develop; (*enfermo*) progress.
exactitud *nf* accuracy, exactness.
exacto,-a 1 *adj* exact, accurate. ‖ **2 ¡exacto!** *interj* (*expresando acuerdo*) precisely!, exactly!; (*diciendo que sí*) yes!
exagerado,-a 1 *adj* (*gen*) exaggerated: **¡no seas exagerado!** don't exaggerate! **2** *pey* (*excesivo*) excessive.
exaltarse *vpr* (*excitarse*) to get overexcited, get worked up.
examen 1 *nm* (*pl* exámenes) EDUC exam, examination. ▪ **examen de conducir** driving test; **examen médico** check-up, medical.
examinar 1 *vt* EDUC to examine. **2** (*considerar*) to look into, consider. ‖

3 examinarse *vpr* to take an exam, sit an exam.
exasperar 1 *vt* to exasperate. ‖ **2 exasperarse** *vpr* to get exasperated.
excavación 1 *nf* (*acción*) excavation, digging. **2** (*lugar*) dig.
excavar *vt* (*gen*) dig; (*en arqueología*) to excavate.
exceder 1 *vt* to exceed, surpass. ‖ **2 excederse** *vpr* to go too far.
excelente *adj* excellent.
excéntrico,-a *adj* eccentric.
excepción *nf* exception.
excepto *adv* except, apart from.
excesivo,-a *adj* excessive.
exceso *nm* (*demasía*) excess; (*de mercancía*) surplus. • **en exceso** in excess. ▪ **exceso de equipaje** excess baggage; **exceso de velocidad** speeding.
excitación 1 *nf* (*acción*) excitation. **2** (*sentimiento*) excitement.
excitante 1 *adj* (*emocionante*) exciting. **2** MED stimulating. ‖ **3** *nm* stimulant.
excitar 1 *vt* (*gen*) to excite. ‖ **2 excitarse** *vpr* to get excited.
exclamar *vt - vi* to exclaim, cry out.
excluir [62] *vt* to exclude, shut out.
exclusiva 1 *nf* (*reportaje*) exclusive.
exclusivo,-a *adj* exclusive.
excremento *nf* excrement.
excursión *nf* excursion, trip.
excursionismo *nm* hiking.
excursionista *nmf* tripper; (*a pie*) hiker.
excusa *nf* excuse.
excusar 1 *vt* (*disculpar*) to excuse. **2** (*eximir*) to exempt (de, from). ‖ **3 excusarse** *vpr* to apologize.
exento,-a *adj* JUR exempt (de, from).
exhalar 1 *vt* (*gases, vapores etc*) to exhale. **2** (*suspiros*) to heave.
exhibición *nf* (*exposición*) exhibition.
exhibir 1 *vt* (*mostrar*) to exhibit, show. **2** JUR to produce. ‖ **3 exhibirse** *vpr* to show off.
exigencia 1 *nf* (*petición*) demand. **2** (*requisito*) requirement.
exigente *adj* demanding, exacting.
exigir [6] *vt* (*pedir*) to demand; (*necesitar*) to require, demand: **este trabajo exige mucho esfuerzo** this job requires a lot of effort.
exiliado,-a 1 *adj* exiled, in exile. ‖ **2** *nm,f* exile.
exilio *nm* exile.
existencia 1 *nf* existence, life. ‖ **2 existencias** *nf pl* stock *sing*, stocks. • **en existencia** in stock.
existir 1 *vi* (*ser real*) to exist. **2** (*haber*) to be.
éxito *nm* success. • **tener éxito** to be successful.
éxodo *nm* exodus.
exorbitante *adj* exorbitant.
exótico,-a *adj* exotic.
expandir 1 *vt - vpr* (*dilatar*) to expand. **2** (*divulgar*) to spread.
expansión 1 *nf* (*dilatación*) expansion. **2** (*difusión*) spreading. **3** (*recreo*) relaxation, recreation.
expansivo,-a 1 *adj* (*gas etc*) expansive. **2** (*persona*) open, frank.
expectativa 1 *nf* (*esperanza*) expectation, hope. **2** (*posibilidad*) prospect. • **a la expectativa** on the lookout. ▪ **expectativa de vida** life expectancy.

expedición 1 *nf* (*viaje, grupo*) expedition. 2 (*envío*) dispatch.
expediente 1 *nm* JUR proceedings *pl*, action. 2 (*informe*) dossier, record.
expedir [34] 1 *vt* (*documento*) to issue. 2 (*carta, paquete*) to dispatch.
expensas *nf pl* expenses. • **a expensas de** at the expense of.
experiencia *nf* (*gen*) experience. • **por experiencia** from experience.
experimentado,-a 1 *adj* (*persona*) experienced. 2 (*método*) tested.
experimentar 1 *vt* (*probar*) to experiment, try. 2 to undergo: **experimentar una mejoría** to improve.
expirar *vi* to expire.
explanada *nf* open area.
explicación *nf* explanation.
explicar [1] 1 *vt* to explain. ‖ 2 **explicarse** *vpr* (*hacerse entender*) to make oneself understood.
explícito,-a *adj* explicit.
exploración 1 *nf* exploration. 2 MED probe.
explorar 1 *vt* (*gen*) to explore. 2 MED to probe. 3 MIL to reconnoitre.
explosión *nf* explosion, blast.
explosionar *vt* - *vi* to explode.
explosivo,-a *adj* - *nm* explosive.
explotar 1 *vt* (*sacar provecho de*) to exploit; (*mina*) to work; (*tierra*) to cultivate. ‖ 2 *vi* (*explosionar*) to explode, go off.
exponer [78] 1 *vt* (*explicar*) to expound, explain. 2 (*mostrar*) to show, exhibit. 3 (*arriesgar*) to expose, risk. ‖ 4 **exponerse** *vpr* (*arriesgarse*) to expose oneself (a, to).
exportar *vt* to export.
exposición 1 *nf* (*de arte*) exhibition. 2 (*de fotografía*) exposure. 3 (*explicación*) account, explanation. 4 (*riesgo*) risk.
expresamente 1 *adv* (*específicamente*) specifically. 2 (*adrede*) on purpose.
expresar 1 *vt* to express. ‖ 2 **expresarse** *vpr* to express oneself.
expresivo,-a 1 *adj* (*elocuente*) expressive. 2 (*afectuoso*) affectionate, warm.
expreso,-a 1 *adj* express. ‖ 2 **expreso** *nm* (*tren*) express train, express.
exprimir *vt* to squeeze.
expulsar 1 *vt* (*gen*) to expel. 2 DEP to send off.
expulsión 1 *nf* (*gen*) expulsion. 2 DEP sending off.
exquisito,-a 1 *adj* (*belleza, modales*) exquisite. 2 (*comida*) delicious.
éxtasis *nm inv* ecstasy.
extender [28] 1 *vt* (*gen*) to extend. 2 (*brazo etc*) to stretch out. 3 (*documento*) to draw up; (*pasaporte, certificado*) to issue. 4 (*mantequilla, pintura*) to spread. ‖ 5 **extenderse** *vpr* (*propagarse*) to extend. 6 (*durar*) to extend, last. 7 (*terreno*) to spread out.
extensión 1 *nf* (*gen*) extension. 2 (*dimensión*) extent, size.
extenso,-a 1 *adj* (*territorio*) extensive, vast. 2 (*documento, película*) long.
exterior 1 *adj* exterior, outer. 2 (*extranjero*) foreign: **política exterior** foreign policy. ‖ 3 *nm* exterior, outside. 4 (*de una persona*) appearance.

exteriorizar [4] *vt* to show, reveal.
exterminar *vt* to exterminate.
externo,-a *adj* external, outward: **parte externa** outside.
extinción *nf* extinction.
extinguir [8] **1** *vt fuego)* to extinguish, put out. **2** (*especie*) to wipe out. ‖ **3 extinguirse** *vpr* (*fuego*) to go out. **4** (*especie*) to become extinct.
extintor *nm* fire extinguisher.
extirpar *vt* MED to remove.
extra 1 *adj* (*adicional*) extra. ‖ **2** *nm* (*gasto*) extra expense. **3** (*plus*) bonus.
extracción *nf* extraction.
extracto 1 *nm* (*substancia*) extract. **2** (*resumen*) summary. ■ **extracto de cuenta** statement of account.
extraer [88] *vt* to extract.
extranjero,-a 1 *adj* foreign. ‖ **2** *nm,f* foreigner. ‖ **3 extranjero** *nm* foreign countries *pl*: **viajar al extranjero** to travel abroad.
extrañar 1 *vt* (*sorprender*) to surprise. ‖ **2 extrañarse** *vpr* (*sorprenderse*) to be surprised (de/por, at).
extraño,-a 1 *adj* (*raro*) strange, peculiar. **2** (*desconocido*) alien, foreign. ‖ **3** *nm,f* stranger.
extraordinario,-a *adj* extraordinary.
extrarradio *nm* outskirts *pl*.
extraterrestre 1 *adj* - *nmf* alien.
extravagancia *nf* extravagance.
extraviado,-a *adj* missing, lost: **perro extraviado** stray dog.
extraviar [13] **1** *vt* (*persona*) to lead astray. **2** (*objeto*) to mislay. ‖ **3 extraviarse** *vpr* (*persona*) to get lost. **4** (*objeto*) to get mislaid.
extremado,-a *adj* extreme.
extremar 1 *vt* to carry to extremes. ‖ **2 extremarse** *vpr* to do one's best.
extremidad 1 *nf* (*punta*) end, tip. ‖ **2 extremidades** *nf pl* ANAT limbs.
extremista *adj* - *nmf* extremist.
extremo,-a 1 *adj* (*máximo*) extreme, utmost. **2** (*distante*) far. ‖ **3 extremo** *nm* (*límite*) extreme; (*punta*) end. • **en último extremo** as a last resort; **hasta tal extremo** to such a point.
extrovertido,-a 1 *adj* - *nm,f* extrovert.
eyacular *vi* to ejaculate

F

fa *nf* MÚS F.
fábrica 1 *nf* (*industria*) factory, plant. 2 (*fabricación*) manufacture.
fabricación *nf* manufacture, production.
fabricante *nmf* manufacturer.
fabricar [1] 1 *vt* (*crear*) to make, manufacture, produce. 2 (*inventar*) to fabricate, invent.
fábula *nf* fable. • **de fábula** wonderful.
fabuloso,-a *adj* fabulous, fantastic.
faceta *nf* faceta.
facha 1 *nf fam* (*aspecto*) appearance, look. ‖ 2 *adj - nmf pey* fascist.
fachada *nf* (*de edificio*) façade, front.
fácil 1 *adj* (*sencillo*) easy. 2 (*probable*) probable, likely.
facilidad 1 *nf* (*sencillez*) easiness, facility. 2 (*talento*) talent, gift.
facilitar 1 *vt* (*simplificar*) to make easy, facilitate. 2 (*proporcionar*) to provide (-, with), supply (-, with).
factible *adj* feasible, practicable.
factoría *nf* factory, mill.
factura *nf* invoice, bill. • **pasar factura** (*hacer pagar*) to make sb pay; (*traer consecuencias*) to take its toll.
facturar 1 *vt* (*cobrar*) to invoice, charge for; (*vender*) to have a turnover of. 2 (*equipaje*) to register, check in.
facultad 1 *nf* (*capacidad*) faculty, ability. 2 (*poder*) faculty, power. 3 (*de universidad*) faculty, school.
faena 1 *nf* (*tarea*) task, job. 2 *fam* (*mala pasada*) dirty trick.
faenar *vi* (*pesca*) to fish.
faisán *nm* pheasant.
faja 1 *nf* (*de mujer*) girdle. 2 (*cinturón*) band, belt. 3 (*banda*) sash. 4 (*correo*) wrapper. 5 (*franja*) strip.
fajo *nm* (*de billetes*) wad; (*de papeles*) bundle.
falda 1 *nf* (*prenda*) skirt. 2 (*regazo*) lap. 3 (*ladera*) slope. ▪ **falda escocesa** kilt.
fallar 1 *vi - vt* (*en juicio*) to pass judgement. 2 (*premio*) to award. ‖ 3 *vi* (*no funcionar*) to fail. 4 (*decepcionar*) to let down.
fallecer [43] *vi fml* to pass away, die.
fallecimiento *nm* decease, demise.
fallo 1 *nm* (*error*) mistake, blunder; (*fracaso*) failure. 2 (*defecto*) fault, defect. 3 JUR judgement, sentence.
falsear 1 *vt* (*informe etc*) to falsify; (*hechos*) to distort. 2 (*documento*) to forge.
falsedad 1 *nf* (*hipocresía*) falseness, hypocrisy. 2 (*mentira*) falsehood, lie.

falsificación *nf* falsification, forgery.
falsificador,-ra *nm,f* forger.
falsificar [1] **1** *vt* (*informe, pruebas, cuentas*) to falsify. **2** (*cuadro, firma*) to forge; (*billete de banco*) to counterfeit.
falso,-a **1** *adj* (*declaración*) false, untrue. **2** (*persona*) deceitful. ■ **falsa alarma** false alarm.
falta **1** *nf* (*carencia*) lack, shortage. **2** (*ausencia*) absence. **3** (*error*) mistake: **falta de ortografía** spelling mistake. **4** (*defecto*) fault, defect. **5** DEP (*fútbol*) foul; (*tenis*) fault. • **a/por falta de algo** for want/lack of sth; **hacer falta** to be necessary; **sin falta** without fail. ■ **falta de educación** bad manners *pl.*
faltar **1** *vi* (*no estar; cosa*) to be missing; (*persona*) to be absent. **2** (*haber poco*) to be lacking, be needed. **3** (*no tener*) to lack, not have enough. **4** (*no acudir*) not to go, miss (a, -). **5** (*quedar*) to be left. • **¡lo que me faltaba!** that's all I needed!; **¡no faltaba más!** (*por supuesto*) of course!
falto,-a *adj* lacking, without, short.
fama **1** *nf* (*renombre*) fame, renown. **2** (*reputación*) reputation. • **tener buena/mala fama** to have a good/bad name.
familia **1** *nf* (*parientes*) family. **2** (*prole*) children *pl.* • **en familia** among friends.
familiar **1** *adj* (*de la familia*) family. **2** (*conocido*) familiar, well-known. ‖ **3** *nmf* relation, relative.
familiaridad *nf* familiarity, informality.
familiarizar [4] **1** *vt* to familiarize (con, with) ‖ **2** **familiarizarse** *vpr* to become familiar (con, with).
famoso,-a *adj* famous, well-known.
fanático,-a *adj* - *nm, f* fanatic.
fanfarrón,-ona *nm,f* show-off.
fanfarronear **1** *vi fam* (*chulear*) to show off. **2** (*bravear*) to brag, boast.
fango *nm* (*barro*) mud.
fantasía *nf* fantasy, fancy.
fantasioso,-a *adj* imaginative.
fantasma **1** *nm* (*espectro*) phantom, ghost. **2** *fam* (*fanfarrón*) show-off.
fardar *vi arg* (*presumir*) to show off.
faringe *nf* pharynx.
farmacéutico,-a **1** *adj* pharmaceutical. ‖ **2** *nm,f* (*licenciado*) pharmacist. **3** (*en una farmacia*) chemist, US druggist.
farmacia **1** *nf* (*estudios*) pharmacology. **2** (*tienda*) chemist's, US drugstore, pharmacy.
fármaco *nm* medicine, medication.
faro **1** *nm* (*torre*) lighthouse, beacon. **2** (*en coche*) headlight. ■ **faros antiniebla** foglamps.
farol **1** *nm* (*de luz*) lantern; (*farola*) streetlamp, streetlight. **2** *arg* (*fardada*) brag; (*engaño*) bluff. • **marcarse un farol/tirarse un farol** *arg* to brag, boast.
farola *nf* streetlight, streetlamp.
farsa *nf* farce.
farsante *nmf* fake, impostor.
fascículo *nm* fascicle, instalment.
fascinante *adj* fascinating.
fascinar *vt* to fascinate, captivate.

fase *nf* phase, stage.
fastidiar [12] **1** *vt* (*hastiar*) to sicken, disgust. **2** (*molestar*) to annoy, bother. **3** *fam* (*estropear*) to damage, ruin; (*planes*) to spoil, upset, mess up. ‖ **4 fastidiarse** *vpr* (*aguantarse*) to put up with. **5** *fam* (*estropearse*) to get damaged, get broken. **6** (*lastimarse*) to hurt oneself, injure oneself. • **¡que se fastidie!** *fam* that's his/her tough luck!; **¡no fastidies!** *fam* you're kidding!
fatal 1 *adj* (*inexorable*) fateful. **2** *fam* (*muy malo*) awful, horrible, terrible. ‖ **3** *adv fam* awfully, terribly.
fatiga 1 *nf* (*cansancio*) fatigue. ‖ **2 fatigas** *nf pl* (*molestia*) troubles, difficulties.
fatigar [7] **1** *vt* (*cansar*) to wear out, tire. **2** (*molestar*) to annoy. ‖ **3 fatigarse** *vpr* to tire, get tired.
fauces *nf pl* jaws.
favor *nm* favour. • **a favor de** in favour of; **por favor** please.
favorecer [43] **1** *vt* (*ayudar*) to favour, help. **2** (*agraciar*) to flatter, suit.
favorito,-a *adj* - *nm, f* favourite.
fe *nf* faith. • **de buena/mala fe** with good/dishonest intentions.
fealdad *nf* ugliness.
febrero *nm* February.
fecha 1 *nf* (*día, mes etc*) date. ‖ **fechas** *nf pl* (*época*) time sing: **por esas fechas** at that time. • **con/de fecha...** dated...; **fecha límite/fecha tope** deadline; **hasta la fecha** so far. ▪ **fecha de caducidad...** best before...
fechar *vt* to date, put the date on.
fecundo,-a *adj* fertile, fecund.
felicidad *nf* happiness. • **¡felicidades!** congratulations!
felicitación *nf* (*tarjeta*) greetings card.
felicitar *vt* to congratulate (**por**, on). • **felicitar a algn las Navidades/por su santo** to wish sb Merry Christmas/a Happy Saint's Day; **¡te/os felicito!** congratulations!
feligrés,-esa *nm,f* parishioner.
felino,-a *adj* - *nm* feline.
feliz 1 *adj* (*contento*) happy. **2** (*acertado*) fortunate. • **¡feliz Navidad!** Happy Christmas!, Merry Christmas!
felpa *nf* felt.
felpudo *nm* doormat.
femenino,-a *adj* (*mujer, vestido*) feminine; (*sexo*) female.
fenomenal 1 *adj* (*extraordinario*) phenomenal. **2** *fam* (*fantástico*) great, terrific. **3** *fam* (*enorme*) colossal, huge. ‖ **4** *adv* wonderfully, marvellously.
fenómeno 1 *nm* (*hecho*) phenomenon. **2** (*prodigio*) genius. **3** (*monstruo*) freak. ‖ **4** *adj fam* fantastic, terrific.
feo,-a 1 *adj* (*gen*) ugly. **2** (*malo*) nasty. **3** (*indigno*) improper. ‖ **4** *nm,f* ugly person. ‖ **5 feo** *nm* (*ofensa*) slight, snub. • **hacerle un feo a algn** to slight sb.
féretro *nm* coffin.
feria *nf* fair. ▪ **feria de muestras** trade fair.
fermentar *vi* to ferment.
feroz *adj* fierce, ferocious.
ferretería 1 *nf* (*tienda*) ironmonger's, hardware store. **2** (*género*)

ironmongery, hardware. **3** (*ferrería*) forge.

ferrocarril *nm* railway, US railroad.

ferroviario,-a *adj* railway, US railroad.

fértil *adj* fertile, rich.

fertilidad *nf* fertility.

fertilizante *nm* (*abono*) fertilizer.

fertilizar [4] *vt* to fertilize.

fervor *nm* fervour.

festejo 1 *nm* (*celebración*) feast, entertainment. || **2 festejos** *nm pl* festivities.

festividad 1 *nf* (*fiesta*) festivity, celebration. **2** (*día*) feast day, holiday.

festivo,-a *adj* (*alegre*) festive, merry.

feto 1 *nm* MED foetus. **2** *fam* (*feo*) monster, ugly sod.

fiable *adj* reliable, trustworthy.

fiambre 1 *adj* cold. || **2** *nm* (*de carne*) cold meat. **3** *fam* (*cadáver*) stiff, corpse. • **dejar fiambre a algn** to do sb in.

fiambrera *nf* lunch box.

fianza *nf* (*depósito*) deposit, security. • **bajo fianza** on bail.

fiar [13] **1** *vt* to sell on credit. || **2 fiarse** *vpr* (*confiarse*) to trust (de, -). • **de fiar** trustworthy.

fibra 1 *nf* (*filamento*) fibre. **2** (*de madera*) grain. **3** *fig* (*carácter*) push, go.

ficha 1 *nf* (*tarjeta*) index card. **2** (*de máquina*) token. **3** (*en juegos*) counter; (*de ajedrez*) piece, man. ▪ **ficha policial** police record; **ficha técnica** specifications *pl*.

fichaje *nm* signing.

fichar 1 *vt fam* (*conocer*) to size up. || **2** *vi* (*al entrar*) to clock in; (*al salir*) to clock out.

fichero 1 *nm* (*archivo*) card index. **2** (*mueble*) filing cabinet, file. **3** INFORM file.

ficticio,-a *adj* fictitious.

fidelidad 1 *nf* (*lealtad*) fidelity, faithfulness. **2** (*exactitud*) accuracy.

fideo *nm* noodle.

fiebre 1 *nf* MED fever. **2** (*agitación*) fever, excitement. • **tener fiebre** to have a temperature.

fiel 1 *adj* (*leal*) faithful, loyal. **2** (*exacto*) accurate.

fiero,-a 1 *adj* (*animal; salvaje*) wild; (*feroz*) fierce, ferocious. **2** (*persona*) cruel. || **3 fiera** *nf* (*animal*) wild animal. **4** *fig* (*persona*) beast, brute. **5** *fig* (*genio*) wizard. • **estar hecho,-a una fiera** *fam* to be in a rage.

fiesta 1 *nf* (*día festivo*) holiday. **2** (*celebración*) party. **3** REL feast. • **¡tengamos la fiesta en paz!** let's have no more arguments! ▪ **fiesta de guardar** day of obligation.

figura 1 *nf* (*objeto*) figure. **2** (*forma*) shape. **3** CINEM TEAT character.

figuración *nf* imagination.

figurar 1 *vt* (*representar*) to represent. **2** (*simular*) to simulate, pretend. || **3** *vi* (*aparecer*) to appear, figure. || **4 figurarse** *vpr* (*imaginarse*) to imagine. • **¡figúrate!** just imagine!; **ya me lo figuraba** I thought as much.

fijador *nm* (*laca*) hairspray; (*gomina*) hair gel; (*para dibujo etc*) fixative.

fijar 1 *vt* (*sujetar*) to fix, fasten. **2** (*pegar*) to stick. **3** (*establecer*) to set, determine. || **4 fijarse** *vpr* (*poner*

atención) to pay attention, watch. • **¡fíjate!/¡fíjese!** (just) fancy that!; **fijar la vista/los ojos** to stare (en, at).

fijo,-a 1 *adj* (*sujeto*) fixed, fastened. 2 (*establecido*) set, determined. 3 (*firme*) steady, stable, firm. 4 (*permanente*) permanent.

fila 1 *nf* (*línea*) file, line. 2 (*en cine, clase*) row. ‖ 3 **filas** *nf pl* MIL ranks. • **en fila india** in single file; **poner en fila** to line up.

filatelia *nf* philately, stamp collecting.

filete *nm* (*de carne, pescado*) fillet; (*solomillo*) sirloin.

filial 1 *adj* filial. ‖ 2 *adj* - *nf* COM subsidiary.

Filipinas *nm* Philippines.

filipino,-a *adj* - *nmf* Filipino.

filmar *vt* to film, shoot.

filo *nm* edge. • **sacar filo a algo** to sharpen sth; **al filo de la medianoche** *fig* on the stroke of midnight; **arma de doble filo** *fig* double-edged argument.

filón 1 *nm* (*de mineral*) seam, vein. 2 (*buen negocio*) gold mine.

filósofo,-a *nm,f* philosopher.

filtración 1 *nf* (*de líquido*) filtration. 2 (*de información*) leak.

filtrar 1 *vt* - *vi* (*líquido*) to filter. ‖ 2 **filtrarse** *vpr* (*información*) to leak (out).

filtro *nm* filter.

fin 1 *nm* (*final*) end. 2 (*objetivo*) purpose, aim. • **a fin de** in order to, so as to; **a fin de que** so that; **en fin** anyway; **¡por fin!/¡al fin!** at last! ▪ **fin de año** New Year's Eve; **fin de semana** weekend.

final *adj* final, last. • **al final** in the end.

finalidad *nf* purpose, aim.

finalista 1 *adj* in the final. ‖ 2 *nmf* finalist.

finalizar [4] *vt* - *vi* to end, finish.

financiación *nf* financing.

financiero,-a 1 *adj* financial. ‖ 2 *nm,f* financier.

finanzas *nm pl* finances.

finca *nf* property, estate.

fingido,-a *adj* feigned, false.

fingir [6] 1 *vt* to feign, pretend. ‖ 2 **fingirse** *vpr* to pretend to be.

finiquito 1 *nm* (*acción*) settlement. 2 (*documento*) final discharge.

finlandés,-esa 1 *adj* Finnish. ‖ 2 *nm,f* (*persona*) Finn. ‖ 3 **finlandés** *nm* (*idioma*) Finnish.

Finlandia *nf* Finland.

fino,-a 1 *adj* (*tela, pelo etc*) fine. 2 (*persona, papel etc*) thin. 3 (*alimento*) choice, select. 4 (*sentidos*) sharp, acute.

finura 1 *nf* (*calidad*) fineness. 2 (*agudeza*) sharpness, acuteness. 3 (*refinamiento*) refinement.

firma 1 *nf* (*autógrafo*) signature. 2 (*acto*) signing. 3 (*empresa*) firm.

firmar *vt* to sign.

firme 1 *adj* firm, steady. ‖ 2 *nm* (*de carretera*) road surface. ‖ 3 *adv* hard.

firmeza *nf* firmness, steadiness.

fiscal *nmf* JUR public prosecutor, US district attorney.

fisgón,-ona *adj* (*espía*) snooper; (*curioso*) busybody.

física *nf* physics.

físico,-a 1 *adj* physical. ‖ 2 *nm,f* (*profesión*) physicist. ‖ 3 **físico** *nm* (*aspecto*) physique.

fisioterapia *nf* physiotherapy.
fisonomía *nf* appearance.
fisura *nf* fissure.
flácido,-a *adj* flaccid, flabby.
flaco,-a 1 *adj* (*delgado*) thin, skinny. 2 (*débil*) weak, frail.
flamante 1 *adj* (*vistoso*) splendid, brilliant. 2 (*nuevo*) brand-new.
flan *nm* caramel custard. • **estar hecho,-a un flan** *fam* to be shaking like a leaf.
flanco *nm* flank, side.
flaquear 1 *vi* (*ceder*) to weaken, give in. 2 (*fallar*) to fail. 3 (*desalentarse*) to lose heart. 4 (*disminuir*) to decrease.
flaqueza *nf* weakness, frailty.
flauta 1 *nf* flute. ‖ 2 *nmf* flautist. ▪ **flauta dulce** recorder; **flauta travesera** transverse flute, cross flute.
flecha *nf* arrow.
fleco 1 *nm* (*adorno*) fringe. 2 (*deshilachado*) frayed edge.
flequillo *nm* fringe, US bangs *pl*.
flexionar *vt* (*músculo*) to flex; (*cuerpo*) to bend.
flipar *vt arg* to fascinate, drive wild.
flojear 1 *vi* (*disminuir*) to fall off, go down. 2 (*debilitarse*) to weaken, grow weak.
flojera *nf fam* weakness, faintness.
flojo,-a 1 *adj* (*suelto*) loose, slack. 2 (*débil*) weak. 3 (*perezoso*) lazy, idle. ‖ 4 *nm,f* idler.
flor *nf* flower. • **a flor de piel** skin-deep; **echarle flores a algn** to pay compliments to sb; **en flor** in blossom; **en la flor de la vida** *fig* in the prime of life; **la flor y nata** *fig* the cream of society; **¡ni flores!** no idea!
florecer [43] 1 *vi* (*plantas*) to flower, bloom; (*árboles*) to blossom. 2 (*prosperar*) to flourish, thrive.
florero *nm* vase.
florido,-a 1 *adj* (*con flores*) flowery. 2 (*selecto*) choice, select.
floristería *nf* florist's.
flota *nf* fleet.
flotador 1 *nm* float. 2 (*de niño*) rubber ring.
flotar 1 *vi* to float. 2 (*ondear*) to wave, flutter.
flote *nm* floating. • **a flote** afloat; **salir a flote** *fig* to get out of difficulty.
fluctuar [11] *vi* to fluctuate.
fluidez 1 *nf* (*de un líquido*) fluidity. 2 (*al hablar*) fluency.
fluido,-a 1 *adj* (*sustancia*) fluid. 2 (*lenguaje*) fluent. ‖ 3 **fluido** *nm* FÍS fluid. ▪ **fluido eléctrico** current.
fluir [62] *vi* to flow.
flujo 1 *nm* (*gen*) flow: **flujo y reflujo** ebb and flow. 2 FÍS flux.
flúor *nm* fluorine.
fluorescente 1 *adj* fluorescent. ‖ 2 *nm* fluorescent light.
foca 1 *nf* (*animal*) seal. 2 *fam* (*persona*) fat lump.
foco 1 *nm* (*centro*) centre, focal point. 2 FÍS MAT focus. 3 (*lámpara - en teatro*) spotlight; (*- en estadio*) floodlight.
fofo,-a 1 *adj* (*material*) soft, spongy. 2 (*persona*) flabby.
fogón *nm* (*cocina*) stove; (*quemador*) burner.
folio *nm* sheet of paper.
follar *vi - vpr vulg* (*copular*) to fuck.
folleto *nm* pamphlet, leaflet, brochure.

follón 1 *nm fam* (*alboroto*) fuss. 2 *fam* (*enredo, confusión*) mess. • **armar follón** *fam* to kick up a rumpus.

fomentar 1 *vt* (*industria, turismo*) to promote. 2 (*desarrollo, ahorro*) to encourage. 3 (*crecimiento*) to foster.

fonda 1 *nf* (*para comer*) inn, small restaurant. 2 (*para alojarse*) guest house.

fondo 1 *nm* (*parte más baja*) bottom. 2 (*parte más lejana*) end, back. 3 (*segundo término*) background. 4 Fin fund. 5 (*de libros etc*) stock. || 6 **fondos** *nm pl* (*dinero*) funds, money *sing*. • **a fondo** thoroughly; **en el fondo** *fig* deep down, at heart; **tocar fondo** *fig* to reach rock bottom. ▪ **fondo común** kitty; **fondo del mar** sea bed.

fonético,-a 1 *adj* phonetic. || 2 **fonética** *nf* phonetics.

fontanero,-a *nm,f* plumber.

footing *nm* jogging.

forastero,-a 1 *adj* foreign, alien. || 2 *nm,f* stranger, outsider.

forcejear *vi* to wrestle, struggle.

forense 1 *adj* forensic, legal. || 2 *nmf* forensic surgeon.

forjar 1 *vt* (*metales*) to forge. 2 (*plan*) to create, make.

forma 1 *nf* (*figura*) form, shape. || 2 **formas** *nf pl* (*modales*) manners, social conventions. 3 *fam* (*de mujer*) curves. • **de todas formas** anyway, in any case; **estar en forma** to be in shape, be fit. ▪ **forma de pago** method of payment; **forma física** physical fitness.

formación 1 *nf* (*proceso*) formation. 2 (*educación*) upbringing. 3 (*enseñanza*) education, training.

formal 1 *adj* (*serio*) serious. 2 (*cumplidor*) reliable, dependable. 3 (*cortés*) polite.

formalidad 1 *nf* (*en actitud*) formality. 2 (*seriedad*) seriousness. 3 (*fiabilidad*) reliability. 4 (*trámite*) formality, requisite.

formalizar [4] 1 *vt* (*hacer formal*) to formalize. 2 (*contrato*) to legalize. || 3 **formalizarse** *vpr* to be formalized.

formar 1 *vt* (*dar forma a*) to form. 2 (*integrar, constituir*) to form, constitute. 3 (*educar*) to bring up. 4 (*enseñar*) to educate. || 5 **formarse** *vpr* (*desarrollarse*) to grow, develop.

formatear *vt* to format.

formato 1 *nm* (*de revista, periódico*) format. 2 (*del papel*) size.

formidable 1 *adj* (*tremendo*) tremendous. 2 (*maravilloso*) terrific.

fórmula 1 *nf* Gram Mat formula. 2 (*receta*) recipe.

formular 1 *vt* (*teoría*) to formulate. 2 (*quejas, peticiones*) to make. 3 (*deseo*) to express. 4 (*pregunta*) to ask.

formulario,-a 1 *adj* routine. || 2 **formulario** *nm* (*documento*) form.

forofo,-a *nm,f* fan.

forrar 1 *vt* (*por dentro*) to line. 2 (*por fuera*) to cover. || 3 **forrarse** *vpr fam* (*de dinero*) to make a packet.

forro 1 *nm* (*interior*) lining. 2 (*funda*) cover, case.

fortalecer [43] 1 *vt* (*estructura, organismo*) to fortify, strengthen. || 2 **fortalecerse** *vpr* to become stronger.

fortaleza 1 *nf* (*vigor*) strength, vigour. 2 (*castillo*) fortress.

fortuna 1 *nf* (*destino*) fortune, fate. 2 (*suerte*) luck. 3 (*capital*) fortune.
forzar [50] 1 *vt* (*obligar*) to force, compel. 2 (*reventar - puerta*) break open; (*cerradura*) to force.
forzoso,-a 1 *adj* (*inevitable*) inevitable, unavoidable. 2 (*obligatorio*) obligatory, compulsory.
forzudo,-a *adj* strong, brawny.
fosa 1 *nf* (*sepultura*) grave. 2 (*hoyo*) pit, hollow. ▪ **fosas nasales** nostrils.
fósforo 1 *nm* (*elemento*) phosphorus. 2 (*cerilla*) match.
fósil *nm* fossil.
foso *nm* (*gen*) pit; (*de castillo etc*) moat.
foto *nf fam* photo, picture.
fotocopia *nf* photocopy.
fotocopiadora *nf* photocopier.
fotografía 1 *nf* (*proceso*) photography. 2 (*retrato*) photograph.
fotografiar [13] *vt* to photograph, take a photograph of.
fotógrafo,-a *nm,f* photographer.
FP *abr* EDUC vocational training.
frac *nm* dress coat, tails *pl*.
fracasado,-a 1 *adj* unsuccessful. ‖ 2 *nm,f* (*persona*) failure.
fracasar *vi* to fail (en, in).
fracaso *nm* failure.
fracción 1 *nf* (*parte*) fraction. 2 POL faction.
fraccionar *vt* to break up, split up.
fractura *nf* fracture.
fracturar *vt - vpr* to fracture, break.
fragancia *nf* fragrance.
fragante *adj* fragrant, scented.
frágil 1 *adj* (*delicado*) fragile, breakable. 2 (*débil*) frail, weak.
fragilidad 1 *nf* (*de algo rompible*) fragility. 2 (*debilidad*) frailty, weakness.
fragmentar 1 *vt* to fragment, divide up. ‖ 2 **fragmentarse** *vpr* to break up.
fragmento 1 *nm* (*pedazo*) fragment, piece. 2 (*literario*) passage.
frambuesa *nf* raspberry.
francés,-esa 1 *adj* French. ‖ 2 *nm,f* (*persona*) French person; (*hombre*) Frenchman; (*mujer*) Frenchwoman. ‖ 3 **francés** *nm* (*idioma*) French.
Francia *nf* France.
franco,-a 1 *adj* (*sincero*) frank, open. ‖ 2 **franco** *nm* (*moneda*) franc.
franela *nf* flannel.
franja 1 *nf* (*banda*) band, strip. 2 (*de tierra*) strip. 3 COST fringe, border.
franquear 1 *vt* (*dejar libre*) to free, clear. 2 (*atravesar*) to cross. 3 (*carta*) to frank. ‖ 4 **franquearse** *vpr* to unbosom oneself, open up one's heart.
franqueo *nm* postage.
franqueza *nf* frankness, openness. • **con toda franqueza** to be honest with you.
franquicia *nf* COM franchise.
frasco *nm* flask.
frase *nf* GRAM (*oración*) sentence. ▪ **frase hecha** set phrase.
fraternidad *nf* brotherhood.
fraude *nm* fraud. ▪ **fraude fiscal** tax evasion.
frecuencia *nf* frequency.
frecuentar *vt* to frequent, visit.
frecuente 1 *adj* (*repetido*) frequent. 2 (*usual*) common.
fregadero *nm* kitchen sink.

fregar [48] **1** *vt* (*lavar*) to wash. **2** (*frotar*) to scrub. **3** (*el suelo*) to mop.
fregona *nf* (*utensilio*) mop.
freír [37] *vt* to fry.
frenar *vt - vi* (*vehículo*) to brake.
frenazo *nm* sudden braking.
frenético,-a 1 *adj* (*exaltado*) frenzied, frenetic. **2** (*colérico*) wild, mad.
freno *nm* (*de vehículo*) brake. • **pisar el freno** to put one's foot on the brake; **poner freno** to curb.
frente 1 *nm* (*parte delantera*) front.‖ **2** *nf* ANAT forehead. ‖ **3 frente a** *adv* in front of, opposite: **frente al mar** facing the sea. • **al frente de** at the head of; **frente a frente** face to face; **hacer frente a algo** to face sth, stand up to sth.
fresa *nf* strawberry.
fresca 1 *nf* (*aire fresco*) fresh air, cool air. **2** *fam* (*impertinencia*) cheeky remark. • **decirle cuatro frescas a algn** to tell sb a few home truths; **tomar la fresca** to get some fresh air.
fresco,-a 1 *adj* cool, cold. **2** (*tela, vestido*) light, cool. **3** (*aspecto*) healthy, fresh. **4** (*comida*) fresh. **5** (*reciente*) fresh, new: **noticias frescas** the latest news. **6** (*desvergonzado*) cheeky, shameless. ‖ **7 fresco** *nm* (*frescor*) fresh air, cool air. **8** ART fresco. • **al fresco** in the cool; **hacer fresco** to be chilly; **quedarse tan fresco** not to bat an eyelid; **¡sí que estamos frescos!** now we're in a fine mess!
frescor *nm* coolness, freshness.
frescura 1 *nf* (*frescor*) freshness, coolness. **2** (*desvergüenza*) cheek, nerve. **3** (*calma*) coolness, calmness. • **¡qué frescura!** what a nerve!
fresno *nm* ash tree.
fresón *nm* large strawberry.
fricción 1 *nf* friction. **2** (*friega*) rubbing.
frigorífico *nm* refrigerator, fridge.
frío,-a *adj - nm* cold. • **hacer frío** to be cold; **hace un frío que pela** *fam* it's freezing cold.
friolera 1 *nf* (*cosa insignificante*) trifle, trinket. **2** *fam* (*gran cantidad*) fortune.
frito,-a 1 *adj* CULIN fried. **2** *fam* (*harto*) exasperated, fed up. • **quedarse frito** *fam* (*dormido*) to fall asleep; (*muerto*) to snuff it; **tener a uno frito con algo** to be sick to death of sth.
frívolo,-a *adj* frivolous.
frontal 1 *adj* (*choque*) head-on. **2** (*oposición*) direct.
frontera 1 *nf* (*geográfica*) frontier, border. **2** *fig* (*barrera*) limit.
frontón ARQ pediment.
frotar *vt* to rub.
fructífero,-a *adj* fruitful.
frustrar 1 *vt* (*gen*) to frustrate. ‖ **2 frustrarse** *vpr* (*proyectos, planes*) to fail. **3** (*persona*) to be frustrated.
fruta *nf* fruit. ▪ **fruta del tiempo** fresh fruit.
frutería *nf* fruit shop.
frutero,-a 1 *adj* fruit. ‖ **2** *nm,f* fruiterer. ‖ **3 frutero** *nm* fruit dish, fruit bowl.
fruto *nm* fruit. ▪ **frutos secos** (*almendras etc*) nuts; (*pasas etc*) dried fruit *sing*.
fuego 1 *nm* (*gen*) fire. **2** (*lumbre*) light: **¿me da fuego?** have you got a light?. **3** (*cocina*) burner, ring. • **a**

fuego lento on a low flame. ▪ **fuegos artificiales** fireworks.
fuelle *nm* bellows *pl*.
fuente 1 *nf* (*manantial*) spring. 2 (*artificial*) fountain. 3 (*recipiente*) serving dish. 4 *fig* source.
fuera 1 *adv* out, outside: **por fuera** on the outside. 2 (*en otro lugar*) away; (*en el extranjero*) abroad: **estudió fuera** she studied abroad. 3 (*excepto*) except for, apart from. ‖ 4 *nm* DEP (*falta*) out.‖ 5 **¡fuera!** *interj* get out! • **estar fuera de sí** to be beside oneself; **fuera de combate** knocked out; **fuera de lo normal** extraordinary, very unusual. ▪ **fuera de juego** offside.
fuerte 1 *adj* (*gen*) strong. 2 (*intenso*) severe. 3 (*sonido*) loud. 4 (*golpe*) heavy. ‖ 5 *nm* (*fortificación*) fort. 6 (*punto fuerte*) forte, strong point. ‖ 7 *adv* a lot, hard: **comer fuerte** to eat a lot. • **¡abrázame fuerte!** hold me tight!; **estar fuerte en algo** to be good at something; **¡habla más fuerte!** speak up!
fuerza 1 *nf* (*poder, resistencia*) strength, force. ‖ 2 **fuerzas** *nf pl* (*el poder*) authorities. • **a fuerza de** by dint of, by force of; **por la fuerza** against one's will. ▪ **fuerza de voluntad** willpower; **fuerza mayor** force majeure.
fuga 1 *nf* (*escapada*) flight, escape. 2 (*de gas, líquido*) leak. 3 MÚS fugue. • **darse a la fuga** to take flight.
fugarse [7] *vpr* to flee, escape.
fugaz *adj* fleeting, brief.
fugitivo,-a 1 *adj* (*en fuga*) fleeing. 2 *fig* (*efímero*) ephemeral, fleeting. ‖ 3 *nm,f* fugitive, runaway.
fulano,-a 1 *nm,f* (*persona cualquiera*) so-and-so. ‖ 2 **fulano** *nm fam pey* fellow, guy. ‖ 3 **fulana** *nf pey* whore, tart.
fulminante *adj* (*despido*) instant; (*muerte*) sudden; (*enfermedad*) devastating; (*mirada*) withering.
fulminar 1 *vt* (*rayo*) to strike with lightning. 2 (*matar*) to strike dead. • **fulminar a algn con la mirada** to look daggers at sb.
fumador,-ra *nm,f* smoker. ▪ **los no fumadores** non-smokers.
fumar *vt - vi - vpr* to smoke. • **"No fumar"** "No smoking".
función 1 *nf* (*gen*) function. 2 (*cargo*) duties *pl*. 3 (*espectáculo*) performance. • **en función de** according to; **en funciones** acting. ▪ **función de noche** late performance; **función de tarde** matinée.
funcionamiento *nm* operation.
funcionar *vi* to function, work. • **"No funciona"** "Out of order".
funcionario,-a *nm,f* civil servant.
funda 1 *nf* (*flexible*) cover. 2 (*rígida*) case. ▪ **funda de almohada** pillowcase.
fundación *nf* foundation.
fundamento 1 *nm* (*base*) basis, grounds *pl*. 2 (*seriedad*) seriousness. ‖ 3 **fundamentos** *nm pl* (*de edificio*) foundations. • **sin fundamento** unfounded.
fundar 1 *vt* (*crear*) to found; (*erigir*) to raise. 2 (*basar*) to base, found. ‖ 3 **fundarse** *vpr* (*teoría, afirmación*) to be based (en, on).
fundición 1 *nf* (*fusión*) smelting. 2 (*lugar*) foundry, smelting works.
fundir 1 *vt* (*un sólido*) to melt. 2 (*metal*) to found, cast; (*hierro*) to

smelt. **3** (*bombilla, plomos*) to blow. **4** (*unir*) to unite, join.

fúnebre 1 *adj* (*mortuorio*) funeral. **2** (*lúgubre*) mournful, lugubrious.

funerario,-a 1 *adj* funerary, funeral. || **2 funeraria** *nf* (*establecimiento*) undertaker's.

funesto,-a *adj* ill-fated, fatal.

furgón 1 *nm* AUTO van, wagon. **2** (*de tren*) goods wagon, US boxcar.

furgoneta *nf* van.

furia *nf* fury, rage. • **ponerse hecho,-a una furia** to become furious, fly into a rage.

furioso,-a *adj* furious.

furor *nm* fury, rage. • **hacer furor** *fig* to be all the rage.

fusilar 1 *vt* (*ejecutar*) to shoot, execute. **2** (*plagiar*) to plagiarize.

fusión 1 *nf* (*de metales*) fusion, melting; (*de hielo*) thawing, melting. **2** (*de empresas*) merger, amalgamation.

fusionar 1 *vt - vpr* (*metales*) to fuse. **2** COM (*empresas*) to merge.

fustigar [7] **1** *vt* (*caballo*) to whip, lash. **2** (*criticar*) to lash.

futbolista *nmf* footballer.

futuro,-a *adj - nm* future.

G

gabardina 1 *nf* (*tela*) gabardine. 2 (*impermeable*) raincoat.
gabinete 1 *nm* (*estudio*) study. 2 POL cabinet.
gacela *nf* gazelle.
gafas *nm pl* glasses. ■ **gafas de sol** sunglasses.
gafe 1 *adj* jinxed. ‖ 2 *nmf*: **eres un gafe** you've got a jinx on you.
gaita *nf* bagpipes *pl*. • **¡menuda gaita!** what a drag!
gaitero,-a *nm,f* piper.
gajo *nm* (*de naranja*) section.
gala *nf* (*espectáculo*) gala. • **hacer gala de** to make a show of. ■ **traje de gala** evening dress.
galán 1 *nm* (*pretendiente*) heart-throb. 2 TEAT leading man. ■ **galán de noche** valet.
galante *adj* courteous, gallant.
galantería 1 *nf* (*elegancia*) gallantry. 2 (*piropo*) compliment.
galardonado,-a 1 *adj* award winning. ‖ 2 *nm,f* award winner.
galaxia *nf* galaxy.
galería *nf* (*en casa, mina*) gallery. ■ **galería de arte** art gallery; **galería comercial** shopping arcade *sing*, US mall.
Gales *nm* Wales.
galés,-a 1 *adj* Welsh. ‖ 2 *nm,f* (*persona*) Welsh person; (*hombre*) Welshman; (*mujer*) Welshwoman: **los galeses** the Welsh. ‖ 3 **galés** *nm* (*idioma*) Welsh.
galgo *nm* greyhound.
galimatías *nm inv fam* gibberish.
gallego,-a 1 *adj* - *nm, f* (*persona*) Galician. ‖ 2 **gallego** *nm* (*idioma*) Galician.
galleta *nf* biscuit, US cookie.
gallina 1 *nf* (*ave*) hen. ‖ 2 *nmf fam* (*cobarde*) chicken, coward.
gallo 1 *nm* (*ave*) cock, rooster. 2 *fig* (*desafinación*) false note.
galón 1 *nm* (*distintivo*) stripe. 2 (*medida*) gallon.
gama *nf* (*variedad*) range.
gamba *nf* prawn.
gamberro,-a *nm,f* hooligan.
gamuza *nf* chamois leather.
gana *nf* wish, desire. • **de buena gana** willingly; **de mala gana** reluctantly; **tener ganas de** to wish, feel like.
ganadería 1 *nf* (*cría*) cattle-raising. 2 (*ganado*) livestock.
ganadero,-a 1 *adj* cattle-raising. ‖ 2 *nm,f* (*criador*) cattle raiser; (*tratante*) cattle dealer.
ganado *nm* cattle, livestock.
ganador,-ra 1 *adj* winning. ‖ 2 *nm,f* winner.
ganancia *nf* gain, profit.
ganar 1 *vt* (*triunfar*) to win. 2 (*dinero*) to earn. ‖ 3 *vi* (*mejorar*) to improve. • **ganarse la vida** to earn one's living.
ganchillo *nm* (*labor*) crochet.

gancho *nm* hook. • **tener gancho** to be attractive.
gandul,-la 1 *adj* idle, lazy. ‖ 2 *nm,f* lazybones.
gandulear *vi* to idle, loaf around.
ganga *nf* bargain.
ganso 1 *nm* ZOOL goose. ‖ 2 **ganso,-a** *nm,f fig* dimwit. • **hacer el ganso** to play the fool.
garabato *nm* scrawl, scribble.
garantía 1 *nf* (*período*) guarantee. 2 (*documento*) guarantee, warranty.
garantizar [4] 1 *vt* COM to guarantee, warrant. 2 (*responder por*) to vouch for.
garbanzo *nm* chickpea.
garbeo *nm fam* stroll. • **dar un garbeo** to go for a walk.
garbo *nm* gracefulness, jauntiness.
garfio *nm* hook.
garganta 1 *nf* ANAT throat. 2 GEOG gorge.
gargantilla *nf* necklace.
gárgaras *nm pl* gargle *sing*.
garra 1 *nf* (*de león etc*) claw; (*de halcón etc*) talon. 2 *pey* (*de persona*) clutch.
garrafal *adj* terrible, enormous.
garrote 1 *nm* thick stick, cudgel. 2 (*pena capital*) garrotte.
garza *nf* heron.
gas *nm* gas. • **tener gases** to have wind. ▪ **gas lacrimógeno** tear-gas.
gasa *nf* gauze, chiffon.
gaseoso,-a 1 *adj* gaseous. 2 (*bebida*) carbonated, fizzy.
gasóleo *nm* gas-oil.
gasolina *nf* petrol, US gas, gasoline. • **echar gasolina** to put some petrol in.
gasolinera *nf* petrol station, US gas station.
gastado,-a 1 *adj* (*ropa, calzado*) worn out. 2 (*pila*) used up.
gastar 1 *vt* (*dinero*) to spend. 2 (*usar*) to use. ‖ 3 **gastarse** *vpr* to run out.
gasto *nm* expenditure, expense. ▪ **gastos de envío** postage and packing.
gatear *vi* to creep, crawl.
gatillo *nm* trigger.
gato,-a 1 *nm,f* (*animal*) cat. ‖ 2 **gato** *nm* (*de coche*) jack. • **a gatas** on all fours; **dar gato por liebre** *fam* to take sb in.
gaviota *nf* gull.
gazapo 1 *nm* (*cría de conejo*) young rabbit. 2 *fig* (*errata*) misprint.
gelatina *nf* (*de fruta*) jelly.
gemelo,-a 1 *adj* - *nm, f* (*hermanos*) twin. ‖ 2 **gemelo** *nm* (*músculo*) calf muscle. ‖ 3 **gemelos** *nm pl* (*botones*) cufflinks. 4 (*prismáticos*) binoculars.
gemido *nm* (*de persona*) groan; (*de animal*) whine.
géminis *nm* Gemini.
gemir [34] *vi* (*persona*) to groan; (*animal*) to whine.
general *adj* (*global*) general. • **en general** in general.
generalizar [4] 1 *vt* to generalize. ‖ 2 **generalizarse** *vpr* to become widespread.
generar *vt* to generate.
género 1 *nm* (*clase*) kind, sort. 2 GRAM gender. 3 BIOL genus. 4 ART genre. 5 (*tela*) cloth. 6 COM merchandise. ▪ **géneros de punto** knitwear *sing*.
generoso,-a *adj* generous.
genético,-a *adj* genetic.
genial *adj* brilliant.

genio 1 *nm* (*carácter*) temper. 2 (*persona*) genius.
genitales *nm pl* genitals.
gente 1 *nf* (*personas*) people. 2 (*familia*) family: **mi gente** my family.
gentil 1 *adj* (*agradable*) courteous, graceful. ‖ 2 *adj - nmf* heathen, pagan.
gentileza 1 *nf* (*elegancia*) grace. 2 (*cortesía*) politeness.
gentío *nm* crowd.
genuino,-a *adj* genuine, true.
geografía *nf* geography.
geología *nf* geology.
geometría *nf* geometry.
geranio *nf* geranium.
gerencia *nf* management, administration.
gerente *nmf* (*hombre*) manager; (*mujer*) manageress.
germen *nm* (*pl* gérmenes) germ.
gerundio *nm* gerund.
gestación 1 *nf* (*embarazo*) pregnancy. 2 (*de proyecto etc*) gestation.
gestar 1 *vt* to gestate. ‖ 2 **gestarse** *vpr fig* (*sentimiento*) to grow; (*idea*) to develop; (*plan*) to be in the pipeline.
gesticular *vi* to gesticulate.
gestión 1 *nf* (*negociación*) negotiation. 2 (*de negocio*) administration, management. 3 (*diligencia*) step.
gestionar 1 *vt* (*tramitar*) to arrange. 2 (*administrar*) to run, manage.
gesto *nm* grimace, gesture.
gestor,-ra *nm,f* agent. ■ **gestor de fondos** fund manager.
gigante,-a *adj - nm* giant.
gigantesco,-a *adj* gigantic.
gilipollas *nmf vulg* jerk.
gimnasia *nf* gymnastics.
gimnasio *nm* gymnasium, gym.
ginebra *nf* gin.
ginecólogo,-a *nm,f* gynaecologist.
gira 1 *nf* (*artística*) tour. 2 (*excursión*) trip, excursion.
girar 1 *vi* (*dar vueltas*) to rotate, spin. 2 (*torcer*) to turn. 3 *fig* (*conversación*) to centre around. ‖ 4 *vt* (*dinero*) to send.
girasol *nm* sunflower.
giratorio,-a *adj* revolving.
giro 1 *nm* (*vuelta*) turn. 2 (*de dinero*) money order. 3 (*frase*) turn of phrase.
gitano,-a *adj - nm, f* gypsy.
glaciar *nm* glacier.
glándula *nf* gland.
global *adj* total.
globo 1 *nm* (*esfera*) globe, sphere. 2 (*de aire*) balloon. 3 (*Tierra*) globe. ■ **globo aerostático** hot air balloon; **globo ocular** eyeball; **globo terráqueo** globe.
glóbulo *nm* globule. ■ **glóbulo blanco** white corpuscle; **glóbulo rojo** red corpuscle.
gloria 1 *nf* glory. 2 (*fama*) fame. 3 (*cielo*) heaven. 4 (*placer*) bliss, delight. 5 (*esplendor*) glory.
glosario *nm* glossary.
glotón,-ona 1 *adj* gluttonous. ‖ 2 *nm,f* glutton.
glucosa *nf* glucose.
gobernador,-ra *nm,f* governor.
gobernante 1 *adj* governing, ruling. ‖ 2 *nmf* ruler, leader.
gobernar [27] 1 *vt* (*país*) to govern. 2 (*barco*) to steer.
gobierno 1 *nm* (*de país*) government. 2 (*dirección*) direction, control.

golfa *nf vulg* slut.
golfo,-a 1 *nm,f* (*gamberro*) lout. || 2 **golfo** *nm* GEOG gulf.
golondrina *nf* swallow.
golosinas *nf* sweets, US candy *sing*.
goloso,-a *adj* sweet-toothed.
golpe 1 *nm* (*porrazo*) blow, knock. 2 (*en coche*) bump. 3 *fig* (*desgracia*) blow. • **de golpe** suddenly; **de un golpe** all at once. ▪ **golpe de Estado** coup d'état.
golpear *vt* to hit, blow.
goma 1 *nf* (*material*) gum, rubber. 2 (*de borrar*) rubber, eraser.
gomina *nf* hair gel.
gordo,-a 1 *adj* (*persona, cara*) fat. 2 (*libro, jersey*) thick. 3 (*accidente, problema*) serious. || 4 *nm,f* fatty.
gordura *nf* fatness, obesity.
gorjear *vi* to trill.
gorra *nf* (*con visera*) cap, bonnet; (*de lana*) bonnet. • **vivir de gorra** *fam* to scrounge.
gorrión *nm* sparrow.
gorro 1 *nm* cap. 2 (*de bebé*) bonnet. ▪ **gorro de baño** swimming cap; **gorro de ducha** shower cap.
gorrón,-ona 1 *adj fam* sponging. || 2 *nm,f* sponger, parasite.
gota 1 *nf* (*de líquido*) drop. 2 (*enfermedad*) gout.
gotear *vi* to dribble, drip, leak.
gotera *nf* leak.
gótico,-a *adj* Gothic.
gozada *nf fam* delight. • **¡qué gozada!** it's great!
gozar [4] *vi* to enjoy oneself. • **gozar con** to delight in.
gozo *nm* delight, pleasure.
grabación *nf* recording.
grabado,-a 1 *adj* engraved, stamped. || 2 **grabado** *nm* (*técnica*) engraving, print.
grabador,-ra 1 *adj* recording. || 2 *nm,f* engraver. || 3 **grabadora** *nf* (*de CD, DVD*) burner.
grabar 1 *vt* (*en piedra*) to engrave. 2 (*sonido*) to record. 3 INFORM to save.
gracia 1 *nf* (*donaire*) gracefulness. 2 (*encanto*) charm. • **gracias a** thanks to; **hacer gracia** to be funny; **tener gracia** to be funny; **¡muchas gracias!** thank you very much!; **¡qué gracia!** how funny!
gracioso,-a 1 *adj* (*divertido*) funny, amusing. 2 (*persona*) funny. || 3 *nm,f* TEAT jester, clown, fool.
grada 1 *nf* (*peldaño*) step. 2 (*asiento*) row of seats.
gradería *nf* rows *pl* of seats.
grado 1 *nm* (*gen*) degree. 2 (*estado*) stage. • **de buen grado** willingly; **de mal grado** unwillingly.
graduable *adj* adjustable.
graduación 1 *nf* (*acción*) grading. 2 (*de licor etc*) strength. ▪ **graduación de la vista** eye test.
graduado,-a 1 *adj* graduated, graded. || 2 *nm,f* EDUC graduate.
graduar [11] 1 *vt* (*clasificar*) to adjust. 2 (*regular*) to regulate. || 3 **graduarse** *vpr* to graduate. • **graduarse la vista** to have one's eyes tested.
gráfico,-a 1 *adj* graphic. 2 *fig* (*vívido*) vivid, lifelike. || 3 **gráfica** *nf* graph, diagram. || 4 **gráfico** *nm* (*dibujo*) sketch.
gragea *nf* pill, tablet.
gral. *abr* gen.
gramática *nf* grammar.

gramo *nm* gram, gramme.
granada 1 *nf* BOT pomegranate. **2** MIL grenade, shell.
granate *adj* - *nm* maroon.
grande 1 *adj* (*de tamaño*) big, large: **una casa grande** a big house. **2** (*de número, cantidad*) large: **un gran número de participantes** a large number of participants. **3** (*de importancia*) great: **un gran escritor** a great writer. || **4** *nm* (*noble*) grandee, nobleman.
grandioso,-a *adj* grandiose, grand, magnificent.
granel a granel *adv* (*sólidos*) loose, in bulk; (*líquidos*) in bulk.
granero *nm* granary, barn.
granito *nm* granite.
granizada *nf* hailstorm.
granizado *nm* granita.
granizar [4] *vi* to hail.
granizo *nm* hail.
granja *nf* farm.
granjero,-a *nm,f* farmer.
grano 1 *nm* (*de arroz*) grain; (*de café*) bean. **2** MED spot, pimple. • **ir al grano** *fam* to come to the point.
grapa *nf* (*para papel*) staple.
grapadora *nf* stapler.
grapar *vt* to staple.
grasa 1 *nf* (*comestible*) fat. **2** (*lubricante, suciedad*) grease.
grasiento,-a *adj* greasy, oily.
graso,-a 1 *adj* greasy. **2** (*alimentos*) fatty.
gratificación 1 *nf* (*satisfacción*) gratification. **2** (*recompensa*) reward.
gratificar [1] **1** *vt* to gratify. **2** (*recompensar*) to reward, tip.
gratinar *vt* to brown under the grill.
gratis *adv* free.
gratitud *nf* gratitude, gratefulness.
grato,-a *adj* agreeable, pleasant.
gratuito,-a 1 *adj* (*gratis*) free. **2** (*arbitrario*) arbitrary, gratuitous.
gravar *vt* to tax.
grave 1 *adj* (*accidente, enfermedad*) grave, serious. **2** (*situación*) difficult. **3** (*solemne*) solemn. **4** GRAM (*acento*) grave. **5** (*voz*) deep, low.
gravedad 1 *nf* gravity. **2** (*importancia*) importance, seriousness. **3** (*de sonido*) depth.
Grecia *nf* Greece.
gremio *nm* (*históricamente*) guild; (*profesión*) profession, trade.
greña *nf* tangled mop of hair.
gresca *nf* row, racket.
griego,-a *adj* - *nm, f* Greek.
grieta 1 *nf* crack, crevice. **2** (*en la piel*) chap.
grifo *nm* tap, US faucet.
grillo 1 *nm* ZOOL cricket. || **2 grillos** *nm pl* (*grilletes*) fetters *pl*.
grima *nf* disgust. • **dar grima** to set one's teeth on edge.
gripe *nf* flu, influenza.
gris *adj* - *nm* grey, US gray.
grisáceo,-a *adj* greyish.
gritar *vi* (*gen*) to shout; (*chillar*) cry out, scream.
griterío *nm* shouting, uproar.
grito *nm* shout, cry, scream.
Groenlandia *nf* Greenland.
grosella *nf* red currant. ▪ **grosella silvestre** gooseberry.
grosería 1 *nf* (*vulgaridad*) coarseness, rudeness. **2** (*dicho vulgar*) rude remark.
grosero,-a 1 *adj* (*vulgar*) coarse, rough. **2** (*maleducado*) rude. || **3** *nm,f* rude person.

grosor *nm* thickness.
grotesco,-a *adj* grotesque, ridiculous.
grúa 1 *nf* crane. **2** AUTO breakdown van, US towtruck.
grueso,-a 1 *adj* (*ancho*) thick. **2** (*gordo*) bulky, fat, stout. || **3 grueso** *nm* (*parte principal*) main body.
grulla *nf* crane.
grumete *nm* cabin boy.
grumo 1 *nm* (*de salsa*) lump. **2** (*de sangre*) clot.
gruñido 1 *nm* (*de cerdo*) grunt. **2** (*de perro*) growl. **3** (*de persona*) grumble.
gruñir [40] **1** *vi* (*cerdo*) to grunt. **2** (*perro*) to growl. **3** (*persona*) to grumble.
gruñón,-ona 1 *adj* grumpy. || **2** *nm,f* grumbler.
grupo *nm* group.
gruta *nf* cavern, grotto, cave.
guadaña *nf* scythe.
guantazo *nm* slap.
guante *nm* glove.
guantera *nf* glove compartment.
guapo,-a 1 *adj* (*persona*) good-looking. **2** *arg* (*cosa*) cool, ace.
guarda 1 *nmf* (*vigilante*) guard, keeper. || **2** *nf* (*custodia*) custody, care. **3** (*de la ley etc*) observance.
guardabarros *nm inv* mudguard.
guardabosque *nmf* forest ranger.
guardacostas 1 *nm inv* (*embarcación*) coastguard ship. **2** (*vigilante*) coastguard.
guardaespaldas *nm inv* bodyguard.
guardar 1 *vt* (*vigilar*) to guard, watch over. **2** INFORM to save. **3** (*en su sitio*) to put away. • **guardar cama** to stay in bed; **guardar silencio** to remain silent.
guardarropa 1 *nm* (*en museo, discoteca*) cloakroom. **2** (*armario*) wardrobe.
guardería *nf* crèche, nursery.
guardia 1 *nmf* (*vigilante*) guard. || **2** *nf* (*defensa*) defense, protection. **3** (*servicio*) duty. **4** (*tropa*) guard. • **estar de guardia** to be on duty. ■ **Guardia Civil** civil guard; **guardia urbana** local police (force).
guardián,-ana *nm,f* guardian.
guarecer [43] **1** *vt* to shelter, protect. || **2 guarecerse** *vpr* to take shelter, seek refuge.
guarida 1 *nf* (*de animales*) den, lair. **2** *pey* (*de ladrones*) den.
guarnición 1 *nf* CULIN garnish. **2** MIL garrison.
guarrada 1 *nf* (*cosa indecorosa*) disgusting thing; (*cosa sucia*) dirty thing. **2** (*mala pasada*) dirty trick.
guarrería 1 *nf* (*cosa indecorosa*) disgusting thing; (*cosa sucia*) dirty thing. **2** (*mala pasada*) dirty trick.
guarro,-a 1 *adj* dirty, filthy. || **2** *nm,f* (*cerdo*) pig.
guasa *nf* joke. • **estar de guasa** to be joking.
guasón,-ona 1 *adj* joking. || **2** *nm,f* jester, joker.
guatemalteco,-a *adj - nm,f* Guatemalan.
guay *adj fam* super.
gubernamental *adj* government.
guerra *nf* war.
guerrero,-a 1 *adj* warlike. || **2** *nm,f* warrior, soldier.
guerrilla 1 *nf* (*lucha armada*) guerrilla warfare. **2** (*banda*) guerrilla band.
guía 1 *nmf* (*persona*) guide, leader. || **2** *nf* (*libro*) guidebook.

guiar [13] **1** *vt* (*instruir, orientar*) to guide, lead. **2** (*coche*) to drive, steer. **3** (*avión*) to pilot. ‖ **4 guiarse** *vpr* to be guided (**por**, by).
guijarro *nm* pebble.
guillotina *nf* guillotine.
guinda *nf* cherry.
guindilla *nf* chilli pepper.
guiñar *vt* to wink.
guiño *nm* wink.
guiñol *nm* puppet theatre.
guión **1** *nm* GRAM hyphen, dash. **2** (*de discurso*) notes *pl*. **3** CINEM script.
guionista *nmf* scriptwriter.
guiri *nmf arg* foreigner.
guirigay *nm* racket, din.
guisado,-a **1** *adj* CULIN cooked, prepared. ‖ **2 guisado** *nm* stew.
guisante *nm* pea.
guisar *vt* to cook, stew.
guiso *nm* stew.
guitarra *nf* guitar.
gula *nf* gluttony.
gusano **1** *nm* (*lombriz*) worm; (*oruga*) caterpillar. **2** *fig* (*persona*) worm. ▪ **gusano de seda** silkworm.
gustar *vt* to like.
gusto **1** *nm* (*sentido*) taste. **2** (*sabor*) flavour. **3** (*placer*) pleasure. **4** (*capricho*) whim, fancy. • **con mucho gusto** with pleasure; **dar gusto** to please, delight; **de buen gusto** in good taste; **de mal gusto** in bad taste; **tanto gusto** pleased to meet you.
gustoso,-a **1** *adj* (*sabroso*) tasty. **2** (*con gusto*) gladly, willingly.

H

haba *nf* broad bean.
haber [72] **1** *v aux* to have: **no ha/había llamado** he hasn't/hadn't phoned. **2** (*obligación*) to have (de, to), must: **hubo que hacerlo como él dijo** we had to do it as he said. ‖ **3** *vi* to be: **hay un puente** there is a bridge. ‖ **4** *nm* (*cuenta corriente*) credit. • **habérselas con algn** to be up against sb; **hola, ¿qué hay?** hello, how is it going?
habichuela *nf* kidney bean.
hábil 1 *adj* (*diestro*) skilful. **2** (*despabilado*) clever.
habilidad 1 *nf* (*maestría*) skill. **2** (*astucia*) cleverness.
habilidoso,-a *adj* skilful.
habilitar 1 *vt* (*espacio*) to fit out. **2** (*capacitar*) to authorize. **3** FIN to finance.
habitación 1 *nf* (*cuarto*) room. **2** (*dormitorio*) bedroom.
habitante *nmf* inhabitant.
habitar *vt* to live in.
hábitat *nm* habitat.
hábito 1 *nm* (*costumbre*) habit, custom. **2** (*vestido*) habit.
habitual 1 *adj* (*normal*) usual, habitual, customary. **2** (*asiduo*) regular.
habituar [11] **1** *vt* to accustom (a, to). ‖ **2 habituarse** *vpr* to become accustomed (a, to).
habla *nf* (*facultad*) speech. • **¡al habla!** speaking!
hablado,-a *adj* spoken.
hablador,-ra 1 *adj* (*parlanchín*) talkative. **2** (*chismoso*) gossipy.
hablante *nmf* speaker.
hablar 1 *vi* to speak (con, to) (de, about), talk (con, to) (de, about). ‖ **2** *vt* (*idioma*) to speak. • **hablar claro** to speak plainly; **hablar en broma** to be joking; **¡ni hablar!** certainly not!; **hablar por los codos** *fam* to be a chatterbox.
hacer [73] **1** *vt* (*producir*) to make; (*comida*) to prepare. **2** (*efectuar, recorrer*) to do. **3** (*creer, suponer*) to think: **la hacía en Roma** I thought she was in Rome. **4** (*aparentar*) to act: **hacer el imbécil** to act stupid. ‖ **5** *vi* (*representar*) to play (de, -). **6** (*clima*) to be: **hace buen día** it's a fine day. **7** (*tiempo pasado*) ago: **hace tres años** three years ago. ‖ **8 hacerse** *vpr* (*fingirse*) to pretend to be, act as: **se hizo el importante** he acted as if he were important. **9** (*volverse*) to become, grow, get: **te estás haciendo viejo** you're getting old. • **hacer bien/mal** to do the right/wrong thing; **hacer cola** to queue up; **hacer recados** to run errands; **hacer sombra** to cast a shadow; **hacerse con** to get hold of; **hacerse a un lado** to step

aside; **hacerse el sordo** to pretend not to hear.

hacha *nf* axe.

hacia 1 *prep* (*dirección*) towards, to. **2** (*tiempo*) at about, at around. • **hacia abajo** downwards; **hacia adelante** forwards; **hacia arriba** upwards; **hacia atrás** backwards.

hacienda 1 *nf* (*bienes*) property. **2** (*finca*) estate, property. **3** (*ministerio*) the Treasury.

hada *nf* fairy.

hala 1 *interj* (*dar prisa*) go on! **2** (*infundir ánimo*) come on! **3** (*sorpresa*) wow!

halagar [7] *vt* to flatter.

halago *nm* compliment.

hale *interj* get going!

hallar 1 *vt* (*encontrar*) to find. **2** (*averiguar*) to find out. **3** (*ver, notar*) to see, observe. ‖ **4 hallarse** *vpr* (*estar*) to be.

hallazgo 1 *nm* (*descubrimiento*) finding, discovery. **2** (*cosa descubierta*) find.

halo *nm* halo, aura.

hambre *nf* hunger, starvation. • **tener hambre** to be hungry; **ser un muerto de hambre** *pey* to be a good-for-nothing.

hambriento,-a *adj* hungry.

harapiento,-a *adj* ragged, tattered.

harapo *nm* rag, tatter.

harina *nf* flour.

hartar 1 *vt* (*atiborrar*) to satiate, fill up. **2** (*cansar*) to tire: **me estás hartando con tus mentiras** I'm getting tired of your lies. ‖ **3 hartarse** *vpr* (*atiborrarse*) to eat one's fill. **4** (*cansarse*) to get fed up (de, with).

harto,-a 1 *adj* (*repleto*) full. **2** *fam* (*cansado*) tired of, fed up with.

hasta 1 *prep* (*tiempo*) until, till, up to: **hasta ahora** up to now. **2** (*lugar*) as far as: **te acompañaré hasta la iglesia** I'll go with you as far as the church. **3** (*cantidad*) up to, as many as: **lee hasta diez libros por semana** she reads as many as ten books a week. ‖ **4** *conj* even. **5** until. • **hasta cierto punto** to a certain extent; **¡hasta luego!** see you later!

hastío 1 *nm* (*repugnancia*) disgust. **2** *fig* boredom.

haya *nf* (*árbol*) beech.

haz 1 *nm* (*de leña*) bundle; (*de cereales*) sheaf. **2** (*de luz*) beam.

hazaña *nf* deed, exploit.

hazmerreír *nm* laughing stock.

he *pres indic* → **haber**. • **he aquí** here is, here are: **he aquí una lista** here is a list.

hebilla *nf* buckle.

hebra 1 *nf* (*de hilo*) thread. **2** (*de carne*) sinew. **3** *fig* thread.

hebreo,-a *adj* - *nm, f* Hebrew.

hechicero,-a 1 *adj* bewitching. ‖ **2** *nm,f* (*hombre*) sorcerer, wizard; (*mujer*) sorceress, witch.

hechizar [4] **1** *vt* (*embrujar*) to bewitch. **2** *fig* (*cautivar*) to charm.

hechizo 1 *nm* (*embrujo*) charm, spell. **2** *fig* (*embelesamiento*) fascination.

hecho,-a 1 *adj* made: **un bistec bien hecho** a well-done steak. ‖ **2 hecho** *nm* (*realidad*) fact. **3** (*suceso*) event, incident. ‖ **4 ¡hecho!** *interj* done! • **¡bien hecho!** well done!; **de hecho** in fact; **dicho y hecho** no sooner said than done; **hecho,-**

a a mano hand-made; **hecho,-a a máquina** machine-made.
hectárea *nf* hectare.
heder [28] *vi* to stink.
hedor *nm* stink, stench.
helada *nf* METEOR frost, freeze.
heladería *nf* ice-cream parlour.
helado,-a 1 *adj* (*congelado - gen*) frozen. ‖ **2 helado** *nm* ice cream. • **quedarse helado,-a** *fam fig* to be flabbergasted.
helar [27] **1** *vi* to freeze: **anoche heló** there was a frost last night. ‖ **2 helarse** *vpr* to freeze.
helecho *nm* fern.
hélice *nf* propeller.
helicóptero *nm* helicopter.
hembra 1 *nf* (*animal*) female. **2** (*mujer*) woman. **3** (*de tornillo*) nut. **4** (*de enchufe*) socket. **5** (*corchete*) eye.
hemisferio *nm* hemisphere.
heno *nm* hay.
heptágono *nm* heptagon.
herbicida *nm* weedkiller, herbicide.
herbívoro,-a 1 *adj* herbivorous. ‖ **2** *nm,f* herbivore.
herbolario *nm* (*tienda*) herbalist's.
herboristería *nf* herbalist's.
heredar *vt* to inherit.
heredero,-a *nm,f* (*hombre*) heir; (*mujer*) heiress.
herencia 1 *nf* (*bienes*) inheritance. **2** (*genética*) heredity.
herida *nf* wound.
herido,-a 1 *adj* wounded, injured. ‖ **2** *nm,f* wounded person, injured person.
herir [35] *vt* to wound, injure, hurt.
hermanastro,-a *nm,f* (*hombre*) stepbrother; (*mujer*) stepsister.
hermandad *nf* (*congregación*) fraternity, brotherhood, sisterhood.
hermano,-a 1 *nm,f* (*hombre*) brother; (*mujer*) sister. ‖ **2 hermanos** *mpl* (*solo hombres*) brothers; (*hombres y mujeres*) brothers and sisters. ■ **hermana política** sister-in-law; **hermano político** brother-in-law.
hermético,-a 1 *adj* (*al vacío*) hermetic, airtight. **2** (*inaccesible*) impenetrable.
hermoso,-a *adj* beautiful, lovely.
héroe *nm* hero.
heroico,-a *adj* heroic.
heroína 1 *nf* (*mujer*) heroine. **2** (*droga*) heroin.
herradura *nf* horseshoe.
herramienta *nf* tool.
herrar [27] **1** *vt* (*caballo*) to shoe. **2** (*ganado*) to brand.
hervir [35] *vt - vi* to boil.
heterogéneo,-a *adj* heterogeneous.
hexágono *nm* hexagon.
hez 1 *nf* (*pl* heces) scum, dregs *pl*. ‖ **2 heces** *nf pl* excrement.
hibernar *vi* to hibernate.
híbrido,-a *adj* hybrid.
hidratante *adj* moisturizing.
hidratar 1 *vt* to hydrate. **2** (*piel*) to moisturize.
hidrato *nm* hydrate. ■ **hidrato de carbono** carbohydrate.
hidráulico,-a *adj* hydraulic.
hidrógeno *nm* hydrogen.
hiedra *nf* ivy.
hielo *nm* ice. • **romper el hielo** to break the ice.
hierba 1 *nf* (*césped, pasto*) grass. **2** *arg* (*marihuana*) grass.
hierbabuena *nf* mint.

hierro *nm* iron. ■ **hierro colado** cast iron; **hierro fundido** cast iron; **hierro forjado** wrought iron.
hígado *nm* liver.
higiene *nf* hygiene.
higo *nm* fig.
higuera *nf* fig tree.
hijastro,-a *nm,f* stepchild; (*chico*) stepson; (*chica*) stepdaughter.
hijo,-a *nm,f* child; (*chico*) son; (*chica*) daughter; (*sin especificar*) child.
hilar *vt* to spin.
hilera *nf* line, row.
hilo 1 *nm* (*de coser*) thread. **2** (*lino*) linen. **3** (*telefónico*) wire.
hilvanar 1 *vt* (*tela*) to tack, baste. **2** (*ideas*) to put together.
himno *nm* hymn. ■ **himno nacional** national anthem.
hincapié *nm*. • **hacer hincapié en** to insist on.
hincar [1] *vt* to drive in. • **hincar el diente a** to get one's teeth into.
hincha *nmf* fan, supporter.
hinchar 1 *vt* to inflate, blow up. ‖ **2 hincharse** *vpr* MED to swell. **3** (*engreírse*) to get conceited. **4** *fam* (*comer*) to stuff oneself (de, with): **hincharse de patatas** to stuff oneself with potatoes.
hinchazón *nf* swelling.
hípico,-a *adj* horse: **carreras hípicas** horse races.
hipnotizar [4] *vt* to hypnotize.
hipo *nm* hiccup, hiccough.
hipocondríaco,-a *adj* - *nm,f* hypochondriac.
hipocresía *nf* hypocrisy.
hipócrita 1 *adj* hypocritical. ‖ **2** *nmf* hypocrite.
hipódromo *nm* racetrack, racecourse.
hipopótamo *nm* hippopotamus.
hipoteca *nf* mortgage.
hipotecar [1] **1** *vt* (*propiedad*) to mortgage. **2** (*futuro*) to jeopardize.
hipótesis *nf inv* hypothesis.
hirviente *adj* boiling.
hispánico,-a *adj* Hispanic, Spanish.
hispanidad 1 *nf* Spanishness. **2** (*mundo hispánico*) Hispanic world.
hispano,-a 1 *adj* (*de España*) Spanish, Hispanic. **2** (*de América*) Spanish-American. ‖ **3** *nm,f* (*de España*) Spaniard. **4** (*de América*) Spanish American, US Hispanic.
hispanohablante 1 *adj* Spanish-speaking. ‖ **2** *nmf* Spanish-speaking person.
histérico,-a *adj* hysterical.
historia 1 *nf* (*estudio del pasado*) history. **2** (*relato*) story, tale.
historiador,-ra *nm,f* historian.
historial 1 *nm* MED record. **2** (*currículo*) curriculum vitae.
histórico,-a 1 *adj* (*del pasado*) historical. **2** (*importante*) historic.
hocico *nm* snout.
hogar 1 *nm* (*de chimenea*) hearth. **2** (*casa*) home.
hogareño,-a 1 *adj* (*vida*) home, family. **2** (*persona*) home-loving.
hoguera *nf* bonfire.
hoja 1 *nf* (*de planta*) leaf. **2** (*de flor*) petal. **3** (*de papel*) sheet, leaf. **4** (*de metal*) sheet. **5** (*de cuchillo*) blade. • **de hoja caduca** deciduous; **de hoja perenne** evergreen. ■ **hoja de afeitar** razor blade.
hojaldre *nm & nf* puff pastry.
hojarasca 1 *nf* (*hojas secas*) fallen, leaves *pl*, dead leaves *pl*. **2** (*palabras*) verbiage.

hojear *vt* to leaf through.
hola *interj* hello!, hullo!, US hi!
Holanda *nf* Holland.
holandés,-esa 1 *adj* Dutch. ‖ 2 *nm,f* (*persona*) Dutch person; (*hombre*) Dutchman; (*mujer*) Dutchwoman. ‖ 3 **holandés** *nm* (*idioma*) Dutch.
holgado,-a 1 *adj* (*ropa*) loose, baggy. 2 (*espacio*) roomy.
holgazán,-ana 1 *adj* idle, lazy. ‖ 2 *nm,f* lazybones inv, layabout.
hombre 1 *nm* (*varón*) man. 2 (*especie*) mankind. 3 *fam* (*marido*) husband. ‖ 4 **¡hombre!** *interj* what a surprise!: **¡hombre, claro!** well, of course!, you bet! ▪ **hombre de negocios** businessman.
hombrera 1 *nf* (*en abrigo*) shoulder pad. 2 (*de uniforme*) epaulette.
hombro *nm* shoulder. • **arrimar el hombro** to help out.
homenaje *nm* homage, tribute.
homenajear *vt* to pay tribute to.
homicida 1 *adj* homicidal. ‖ 2 *nmf* killer.
homicidio *nm* homicide, murder.
homogéneo,-a *adj* homogeneous, uniform.
homólogo,-a 1 *adj* comparable. ‖ 2 *nm,f* opposite number.
honda *nf* sling.
hondo,-a 1 *adj* deep. ‖ 2 **hondo** *nm* bottom, the depths *pl*.
hondureño,-a *adj - nm, f* Honduran.
honestidad 1 *nf* (*honradez*) honesty. 2 (*recato*) modesty.
honesto,-a 1 *adj* (*honrado*) honest, upright. 2 (*recatado*) modest.
hongo 1 *nm* BOT fungus. 2 (*sombrero*) bowler hat.
honorario,-a 1 *adj* honorary. ‖ 2 **honorarios** *nm pl* fee *sing*.
honra 1 *nf* (*dignidad*) honour, dignity. 2 (*respeto*) respect. • **¡y a mucha honra!** and proud of it!
honradez *nf* honesty.
honrado,-a 1 *adj* (*honesto*) honest. 2 (*decente*) upright.
honrar 1 *vt* (*respetar*) to honour. 2 (*enaltecer*) to do credit to. ‖ 3 **honrarse** *vpr* to be honoured.
honroso,-a 1 *adj* (*que honra*) honourable. 2 (*decoroso*) respectable.
hora 1 *nf* (*60 minutos*) hour. 2 (*tiempo*) time: **¿tiene hora, por favor?** have you got the time?; **a la hora de comer** at lunchtime. 3 (*cita*) appointment. • **a altas horas** in the small hours. ▪ **hora de cenar** suppertime; **hora de comer** lunchtime; **hora oficial** standard time; **hora punta** (*tráfico*) rush hour; (*electricidad, teléfonos*) peak time; **horas de oficina** business hours; **horas extras** overtime.
horario *nm* timetable, schedule.
horcajadas a horcajadas *adv* astride.
horizonte *nm* horizon.
hormiga *nf* ant.
hormigón *nm* concrete.
hormigueo *nm* itch.
hornada *nf* batch.
horno 1 *nm* (*de cocina*) oven. 2 TÉC furnace. 3 (*para cerámica, ladrillos*) kiln. • **no estar el horno para bollos** *fam* not to be the right time.
horóscopo *nm* horoscope.
horquilla 1 *nf* (*de pelo*) hairgrip, hairpin. 2 (*de bicicleta*) fork.
horrendo,-a *adj* awful, frightful.

horrible *adj* horrible, dreadful.
horripilante *adj* hair-raising.
horror 1 *nm* (*miedo*) horror. **2** (*repulsión*) hate. **3** *fig* (*atrocidad*) atrocity. **4** *fam fig* awful lot.
horrorizar [4] **1** *vt* to horrify, terrify. ‖ **2 horrorizarse** *vpr* to be horrified.
horroroso,-a 1 *adj* (*atroz*) horrible. **2** (*feo*) ugly. **3** *fam* (*malísimo*) dreadful.
hortalizas *nf pl* vegetables, greens.
hortera *adj arg* vulgar, tacky.
horterada *nf arg* tacky thing.
hosco,-a 1 *adj* (*persona*) sullen, surly. **2** (*lugar*) gloomy.
hospedaje *nm* (*alojamiento*) lodging; (*precio*) cost of lodging.
hospedar 1 *vt* to lodge. ‖ **2 hospedarse** *vpr* to stay (en, at).
hospicio 1 *nm* (*de huérfanos*) orphanage. **2** (*de pobres, peregrinos*) hospice.
hospitalario,-a 1 *adj* (*acogedor*) hospitable. **2** (*de hospital*) hospital.
hospitalidad *nf* hospitality.
hospitalizar [4] *vt* to send into hospital, hospitalize.
hostal *nm* hostel.
hostelería *nf* catering business.
hostia 1 *nf* REL host, Eucharistic wafer. **2** *fam* (*choque*) bash. ‖ **3 ¡hostia!** *interj fam* (*enfado*) damn it!, bugger!; (*sorpresa*) bloody hell! • **ser la hostia** *fam* (*fantástico*) to be bloody amazing; (*penoso*) to be bloody useless.
hostiar [12] *vt fam* to thump.
hostil *adj* hostile.
hoy 1 *adv* (*día*) today. **2** (*actualmente*) now. • **de hoy en adelante** from now on; **hoy por hoy** at the present time.
hoyo *nm* hole.
hoyuelo *nm* dimple.
hoz 1 *nf* AGR sickle. **2** GEOG ravine.
hucha *nf* money box.
hueco,-a 1 *adj* (*vacío*) empty. **2** (*mullido*) spongy, soft. ‖ **3 hueco** *nm* (*cavidad*) hollow. **4** (*de tiempo*) free time; (*de espacio*) gap. **5** (*vacante*) vacancy.
huelga *nf* strike. ▪ **huelga de celo** work-to-rule; **huelga general** general strike.
huelguista *nmf* striker.
huella 1 *nf* (*de pie*) footprint; (*de animal, máquina*) track. **2** (*vestigio*) trace, sign. • **dejar huella** to leave one's mark. ▪ **huella dactilar** fingerprint.
huérfano,-a *adj* - *nm,f* orphan.
huerta *nf* market garden.
huerto *nm* vegetable garden, kitchen garden; (*de frutales*) orchard.
hueso 1 *nm* ANAT bone. **2** (*de fruta*) stone.
huésped,-da *nm,f* guest.
huesudo,-a *adj* bony.
huevo 1 *nm* egg. ‖ **2 huevos** *nm pl vulg* balls *pl*. • **costar un huevo** *vulg* to cost an arm and a leg; **estar hasta los huevos** *vulg* to be pissed off. ▪ **huevo duro** hard-boiled egg; **huevo escalfado** poached egg; **huevo frito** fried egg; **huevos revueltos** scrambled eggs.
huida *nf* flight, escape.
huir [62] *vi* (*escapar*) to flee, run away (de, from).
hule *nm* oilcloth, oilskin.
humanidad 1 *nf* (*cualidad*) humanity. **2** (*especie*) mankind. **3** (*benignidad*) benevolence, kindness.

humanitario,-a *adj* humanitarian.

humano,-a 1 *adj* (*de la persona*) human. 2 (*benigno*) humane. ‖ 3 **humano** *nm* human being.

humareda *nf* cloud of smoke.

humeante 1 *adj* (*de humo*) smoking. 2 (*de vaho*) steaming.

humear 1 *vi* (*humo*) to smoke. 2 (*vaho*) to steam.

humedad *nf* (*del aire*) humidity; (*de vapor*) moisture; (*de pared, suelo*) damp; (*sensación*) dampness.

humedecer [43] 1 *vt* to moisten, dampen. ‖ 2 **humedecerse** *vpr* to become damp.

húmedo,-a 1 *adj* (*tiempo, clima*) humid. 2 (*pelo, tierra*) damp. 3 (*pared, raíz*) moist.

humildad 1 *nf* (*sumisión*) humility. 2 (*pobreza*) humbleness.

humilde *adj* humble.

humillación *nf* humiliation.

humillar 1 *vt* to humiliate, humble. ‖ 2 **humillarse** *vpr* to humble oneself.

humo 1 *nm* (*de cigarro, incendio*) smoke. 2 (*vapor*) steam, vapour. ‖ 3 **humos** *nm pl fig* conceit *sing*. • **bajarle los humos a algn** to take sb down a peg or two; **subírsele los humos a algn** to become conceited.

humor 1 *nm* (*ánimo*) mood. 2 (*gracia*) humour. 3 (*líquido*) humour. • **tener humor para (hacer) algo** to feel like (doing) sth; **estar de buen/mal humor** to be in a good/bad mood.

humorista 1 *nmf* (*cómico - hombre*) comedian; (*mujer*) comedienne. 2 (*escritor*) humorist.

humorístico,-a *adj* humorous, funny, amusing.

hundido,-a *adj* sunken.

hundimiento 1 *nm* (*de barco*) sinking. 2 (*de tierra*) subsidence. 3 (*de edificio*) collapse.

hundir 1 *vt* (*sumir*) to sink. 2 (*barco*) to sink. 3 (*derrumbar*) to cause to collapse. 4 *fig* (*abatir*) to demoralize. 5 (*arruinar*) to ruin. ‖ 6 **hundirse** *vpr* (*sucumbir*) to be destroyed. 7 (*barco*) to sink. 8 (*derrumbarse*) to collapse. 9 (*arruinarse*) to be ruined.

húngaro,-a *adj - nm,f* Hungarian.

Hungría *nf* Hungary.

huracán *nm* hurricane.

huraño,-a *adj* sullen, unsociable.

hurgar [7] *vi* to rummage (en, in). • **hurgarse la nariz** to pick one's nose.

hurón *nm* ferret.

hurra *interj* hurray!, hurrah!

hurtar 1 *vt* (*robar*) to steal, pilfer. 2 (*desviar*) to dodge.

hurto *nm* petty theft.

husmear 1 *vt* (*oler*) to sniff out, scent. ‖ 2 vi to nose around.

huy *interj* ouch!, ow!

I

icono *nm* icon.
ida *nf* outward journey. • **idas y venidas** comings and goings. ■ **billete de ida** single, US one-way ticket; **billete de ida y vuelta** return ticket, US round-trip ticket.
idea 1 *nf* idea. **2** (*noción*) notion. **3** (*ingenio*) imagination. • **ni idea** *fam* no idea, not a clue. ■ **idea fija** obsession.
idealizar [4] *vt* to idealize.
idear 1 *vt* (*concebir*) to think up. **2** (*inventar*) to invent.
ídem *pron* ditto.
idéntico,-a *adj* identical (a, to).
identidad *nf* identity.
identificar [1] *vt* to identify. • **identificarse con algn** to identify oneself with sb.
idilio *nm* love affair.
idioma *nm* language.
idiota *nmf* idiot.
idiotez *nf* stupid thing.
ido,-a 1 *adj* (*loco*) mad. **2** (*despistado*) absent-minded.
idóneo,-a *adj* suitable, fit (para, for).
iglesia *nf* church.
ignorancia *nf* ignorance.
ignorante 1 *adj* ignorant. || **2** *nmf* ignoramus.
ignorar 1 *vt* not to know. **2** to ignore.
igual 1 *adj* (*idéntico*) equal: **a partes iguales** in equal parts. **2** (*lo mismo*) the same: **son iguales a los míos** they are the same as mine. **3** (*empatados*) even. || **4** *nm* (*en categoría*) equal. || **5** *adv* (*quizá*) maybe: **igual no vienen** they may not come. • **igual de...** as... as: **es igual de alto que tú** he is as tall as you; **es igual** it doesn't matter; **por igual** equally.
igualar 1 *vt* (*hacer igual*) to make equal. **2** (*allanar*) to level. **3** DEP to equalize.|| **4** **igualarse** *vpr* to become equal.
igualdad *nf* equality.
igualmente 1 *adv* (*del mismo modo*) equally. **2** (*también*) also. • **¡igualmente!** the same to you.
ilegítimo,-a *adj* illegitimate.
ileso,-a *adj* unharmed, unhurt.
ilícito,-a *adj* illicit, unlawful.
ilógico,-a *adj* illogical.
iluminación *nf* lighting, illumination.
iluminar *vt* to light up, illuminate.
ilusión 1 *nf* (*esperanza*) hope. **2** (*imagen falsa*) illusion. • **hacer ilusión: me hace mucha ilusión que vengas** I'm really looking forward to you coming; **hacerse ilusiones** to build one's hopes up; **¡qué ilusión!** how wonderful!
ilusionado,-a *adj* excited.
ilusionarse 1 *vpr* (*esperanzarse*) to build up one's hopes. **2** (*entusiasmarse*) to get excited (con, about).

iluso,-a *nm,f* dupe.
ilustrar *vt* to illustrate.
ilustre *adj* illustrious, distinguished.
imagen 1 *nf* (*gen*) image. 2 TV picture.
imaginar *vt* - *vpr* to imagine.
imaginario,-a *adj* imaginary.
imaginativo,-a *adj* imaginative.
imán *nm* magnet.
imbécil 1 *adj* stupid. ‖ 2 *nmf* idiot.
imitador,-ra *nm,f* imitator.
imitar *vt* (*copiar*) to imitate; (*gestos*) to mimic; (*como diversión*) to do an impression of.
impaciencia *nf* impatience.
impacientar 1 *vt* to make lose patience, exasperate. ‖ 2 **impacientarse** *vpr* to get impatient.
impacto *nm* impact. ▪ **impacto de bala** (*señal*) bullet hole; (*tiro*) bullet wound: **murió por impacto de bala** he was shot dead.
impar 1 *adj* odd. ‖ 2 *nm* odd number.
imparcial *adj* impartial.
impasible *adj* impassive.
impecable *adj* impeccable, faultless.
impedido,-a *adj* disabled.
impedir [34] 1 *vt* (*imposibilitar*) to prevent. 2 (*dificultar*) to impede, hinder. • **impedir el paso** to block the way.
impensable *adj* unthinkable.
imperdible *nm* safety pin.
imperdonable *adj* unforgivable.
imperfección 1 *nf* (*cualidad*) imperfection. 2 (*defecto*) defect, fault.
imperfecto,-a 1 *adj* (*defectuoso*) flawed, imperfect. 2 (*acción, tiempo verbal*) imperfect.
imperio *nm* empire.
imperioso,-a 1 *adj* (*dominante*) imperious. 2 (*necesario*) urgent, pressing.
impermeable 1 *adj* waterproof. ‖ 2 *nm* raincoat.
impertinente *adj* impertinent.
ímpetu 1 *nm* (*impulso*) impetus. 2 (*energía*) energy. 3 (*violencia*) violence.
impetuoso,-a *adj* impetuous.
implantar *vt* MED to implant; (*reforma*) to introduce.
implicar [1] 1 *vt* (*involucrar*) to implicate. 2 (*conllevar*) to imply.
implícito,-a *adj* implicit.
imponente 1 *adj* (*impresionante*) impressive. 2 *fam* (*estupendo*) terrific.
imponer [78] 1 *vt* (*castigo, tarea*) to impose. 2 (*respeto, miedo*) to inspire. 3 FIN to deposit. ‖ 4 **imponerse** *vpr* to impose one's authority (a, on).
importación *nf* import.
importador,-ra *nm,f* importer.
importancia *nf* importance. • **darle importancia a algo** to attach importance to sth; **darse importancia** to give oneself airs.
importante *adj* important.
importar 1 *vi* (*tener importancia*) to matter; **no me importa** I don't care. 2 (*molestar*) to mind: **¿te importaría?** would you mind? ‖ 3 *vt* COM (*traer de fuera*) to import. • **¡a ti qué te importa!** mind your own business.
importe *nm* price, cost.
importunar *vt* to importune, pester.

imposible *adj* impossible. • **hacer lo imposible** to do the impossible, do one's utmost.

impotencia *nf* impotence.

impreciso,-a *adj* vague, imprecise.

imprenta 1 *nf* (*arte*) printing. 2 (*taller*) printer's, printing house.

imprescindible *adj* essential.

impresión 1 *nf* (*sensación*) impression. 2 (*de texto*) printing. 3 (*huella*) impression, imprint. • **causar buena impresión** to make a good impression; **me da la impresión de que...** I have the impression that..., I think that...

impresionante *adj* impressive, striking.

impresionar 1 *vt* (*afectar*) to impress, affect. 2 (*conmover*) to touch, move. ‖ **3 impresionarse** *vpr* (*estar afectado*) to be impressed. 4 (*conmoverse*) to be touched, be moved.

impreso,-a 1 *pp adj* printed. ‖ **2 impreso** *nm* (*formulario*) form.

impresora *nf* printer.

impresor,-ra *nm,f* printer.

imprevisible *adj* unforeseeable.

imprevisto,-a 1 *adj* unforeseen. ‖ **2 imprevisto** *nm* unforeseen event.

imprimir *vt* (*pp* imprimido,-a or impreso,-a) to print.

improductivo,-a *adj* unproductive.

impropio,-a 1 *adj* (*incorrecto*) improper. 2 (*inadecuado*) unsuitable.

improvisar *vt* - *vi* to improvise.

improviso de improviso *loc* unexpectedly; (*de repente*) suddenly.

imprudencia *nf* rashness.

imprudente *adj* imprudent, rash.

impuesto *nm* tax, duty. • **libre de impuestos** duty-free.

impulsar 1 *vt* (*empujar*) to drive forward, propel. 2 (*animar*) to drive. 3 (*promocionar*) to promote.

impulsivo,-a *adj* impulsive.

impulso 1 *nm* (*súbito*) impulse. 2 (*fuerza, velocidad*) momentum. 3 (*estímulo*) boost.

impureza *nf* impurity.

inadecuado,-a 1 *adj* (*inapropiado*) unsuitable, inappropriate. 2 (*insuficiente*) inadequate.

inadmisible *adj* unacceptable.

inagotable *adj* inexhaustible.

inaguantable *adj* unbearable.

inalámbrico,-a *adj* cordless.

inalterable 1 *adj* (*no alterable*) unalterable. 2 (*impasible*) impassive, imperturbable.

inanimado,-a *adj* inanimate.

inapreciable 1 *adj* (*incalculable*) invaluable, priceless. 2 (*insignificante*) imperceptible.

inauguración *nf* inauguration.

inaugurar *vt* to inaugurate, open.

incansable *adj* indefatigable.

incapacidad 1 *nf* (*falta de capacidad*) incapacity. 2 (*incompetencia*) incompetence. 3 JUR incapacity.

incapaz 1 *adj* (*no capaz*) incapable (de, of). 2 (*incompetente*) incompetent.

incendiar [12] 1 *vt* to set on fire, set fire to. ‖ **2 incendiarse** *vpr* to catch fire.

incendio *nm* fire. ▪ **incendio provocado** arson.

incentivo *nm* incentive.

incertidumbre *nf* uncertainty.

incesto *nm* incest.

incierto,-a 1 *adj* (*dudoso*) uncertain, doubtful. 2 (*desconocido*) unknown.

incineración *nf* (*de basura*) incineration; (*de cadáver*) cremation.

incinerar *vt* (*basura*) to incinerate; (*cadáver*) to cremate.

incisivo,-a 1 *adj* (*que corta*) cutting, sharp. 2 (*mordaz*) incisive. ‖ 3 **incisivo** *nm* (*diente*) incisor.

incitar *vt* to incite.

inclinación 1 *nf* (*pendiente*) slope. 2 (*tendencia*) propensity. 3 (*saludo*) bow.

inclinado,-a *adj* (*plano*) inclined; (*tejado*) slanted, sloping.

inclinar 1 *vt* (*ladear*) to tilt; (*cuerpo*) to bow; (*cabeza*) to nod. 2 (*persuadir*) to dispose, move. ‖ 3 **inclinarse** *vpr* (*ladearse*) to lean, slope.

incluido,-a *adj* included.

incluir [62] 1 *vt* (*gen*) to include. 2 (*en carta etc*) to enclose.

incluso *adv* - *conj* - *prep* even.

incógnita 1 *nf* MAT unknown quantity. 2 *fig* (*misterio*) mystery.

incógnito,-a *adj* unknown.

incoherencia *nf* incoherence.

incoloro,-a *adj* colourless.

incombustible *adj* fireproof.

incomodar 1 *vt* (*causar molestia*) to inconvenience. 2 (*enojar*) to annoy. ‖ 3 **incomodarse** *vpr* (*avergonzarse*) to feel uncomfortable. 4 (*enfadarse*) to get annoyed, get angry.

incomodidad 1 *nf* discomfort. 2 (*molestia*) inconvenience. 3 (*malestar*) unrest, uneasiness.

incómodo,-a *adj* uncomfortable. • **sentirse incómodo,-a** to feel uncomfortable, feel awkward.

incompleto,-a *adj* incomplete.

incomprendido,-a *adj* misunderstood.

incomprensible *adj* incomprehensible.

incomprensión *nf* lack of understanding.

incomunicado,-a 1 *adj* (*aislado*) isolated; (*por la nieve*) cut off. 2 (*preso*) in solitary confinment.

incondicional 1 *adj* unconditional. ‖ 2 *nmf* staunch supporter.

inconfundible *adj* unmistakable.

inconsciente 1 *adj* MED unconscious. 2 (*irreflexivo*) thoughtless.

inconveniente 1 *adj* inconvenient. ‖ 2 *nm* (*desventaja*) drawback.

incordiar [12] *vt* to pester, bother.

incorporar 1 *vt* (*añadir*) to incorporate. 2 (*levantar*) to help to sit up. ‖ 3 **incorporarse** *vpr* (*levantarse*) to sit up. 4 (*a puesto, regimiento*) to join.

incorrecto ,-a 1 *adj* (*inexacto*) incorrect. 2 (*descortés*) impolite.

incrédulo,-a 1 *adj* incredulous. ‖ 2 *nm,f* REL sceptic, US skeptic.

increíble *adj* incredible, unbelievable.

incrementar *vt* to increase.

incremento *nm* increase, rise.

incubadora *nf* incubator.

inculcar [1] *vt* to instil.

inculto,-a *adj* uneducated.

incultura *nf* lack of culture.

incumplir *vt* (*deber*) not to fulfil; (*promesa*) to break; (*contrato*) to breach.

indagar [7] *vt* to investigate, inquire into.

indecente *adj* indecent, obscene.

indeciso,-a 1 *adj* (*sin decidir*) undecided. 2 (*dudoso*) indecisive.

indefenso,-a *adj* defenceless.
indefinido,-a 1 *adj* (*impreciso*) undefined, vague. **2** (*ilimitado*) indefinite.
indemnización *nf* compensation.
indemnizar [4] *vt* to compensate (de/ por, for).
independencia *nf* independence.
independizarse [4] *vpr* to become independent.
indescriptible *adj* indescribable.
indeterminado,-a 1 *adj* (*por determinar*) indeterminate. **2** (*indefinido*) indefinite.
indicación 1 *nf* (*señal*) sign. **2** (pista) hint, indication. || **3 indicaciones** *nf pl* (*instrucciones*) instructions.
indicador,-ra 1 *adj* indicating. || **2 indicador** *nm* (*gen*) indicator; (*uso técnico*) gauge.
indicar [1] **1** *vt* (*señalar*) to indicate, point out, show. **2** (*aconsejar*) to advise.
índice 1 *nm* (*gen*) index. **2** (*dedo*) index finger, forefinger. **3** (*indicio*) sign, indication. ▪ **índice de mortalidad** death rate; **índice de natalidad** birth rate.
indicio *nm* sign, indication.
indiferente *adj* indifferent: **me es indiferente** I don't mind.
indígena 1 *adj* indigenous, native. || **2** *nmf* native.
indigente *nmf* poor person: **los indigentes** the needy.
indigestarse *vpr* to get indigestion.
indigestión *nf* indigestion.
indignado,-a *adj* indignant (por, at/about).
indignante *adj* outrageous.
indignar 1 *vt* to infuriate, make angry. || **2 indignarse** *vpr* to become annoyed (por, at/about).
indigno,-a 1 *adj* (*impropio*) unworthy (de, of). **2** (*vil*) low, undignified.
indio,-a *adj* - *nm,f* Indian. • **hacer el indio** to play the fool.
indirecta *nf* hint, insinuation. • **lanzar una indirecta** to drop a hint.
indiscreción *nf* (*falta de discreción*) indiscretion.
indiscreto,-a *adj* indiscreet.
indiscutible *adj* unquestionable, indisputable.
indispuesto,-a *adj* MED indisposed, ill.
indistinto,-a 1 *adj* (*poco claro*) indistinct, vague. **2** (*igual*) the same.
individual 1 *adj* (*gen*) individual; (*habitación, cama*) single. || **2 individuales** *nm pl* DEP singles.
individuo 1 *nm* person. **2** *pey* bloke.
indonesio,-a *adj* - *nm, f* Indonesian.
indudable *adj* doubtless, unquestionable.
indultar *vt* to pardon.
industria *nf* industry.
industrial *adj* industrial.
industrializar [4] *vt* to industrialize.
ineficaz *adj* (*persona, método*) inefficient; (*medida*) ineffective, ineffectual.
inepto,-a *adj* incompetent.
inercia *nf* inertia. • **por inercia** out of habit.
inesperado,-a *adj* unexpected.

inestable *adj* unstable, unsteady.
inestimable *adj* invaluable.
inexacto,-a *adj* inexact, inaccurate.
inexistente *adj* non-existent.
inexperto,-a *adj* inexperienced.
infancia *nf* childhood.
infantil 1 *adj* children's. 2 (*aniñado*) childlike; (*peyorativo*) childish.
infarto *nm* heart attack.
infección *nf* infection.
infectar 1 *vt* to infect. ‖ 2 **infectarse** *vpr* to become infected.
infeliz 1 *adj* unhappy. ‖ 2 *nmf* poor wretch.
inferior 1 *adj* (*situado debajo*) lower. 2 (*cantidad*) less, lower. ‖ 3 *nmf* inferior.
inferioridad *nf* inferiority.
infestar *vt* to infest.
infidelidad *nf* infidelity.
infiel 1 *adj* (*desleal*) unfaithful (a/con/para, to). ‖ 2 *nmf* REL infidel.
infierno *nm* hell.
infinidad *nf* infinity. • **una infinidad de** countless.
infinito,-a 1 *adj* infinite. ‖ 2 **infinito** *nm* infinity
inflación *nf* inflation.
inflamar 1 *vt* (*encender*) to set on fire. ‖ 2 **inflamarse** *vpr* MED to become inflamed.
inflar 1 *vt* (*globo, neumático*) to inflate, blow up. 2 (*hechos, noticias*) to exaggerate. ‖ 3 **inflarse** *vpr* (*engreírse*) to get conceited. 4 *fam* (*hartarse*) to stuff oneself (de, with).
influencia *nf* influence. • **tener influencias** to be influential.
influir [62] *vi* to influence (en, -).
influyente *adj* influential.
información 1 *nf* (*datos*) information. 2 (*oficina*) information desk. 3 (*noticia*) piece of news.
informal 1 *adj* (*desenfadado*) informal. 2 (*irresponsable*) unreliable.
informar 1 *vt* to inform. ‖ 2 *vi* to report (de, on). ‖ 3 **informarse** *vpr* to find out.
informática *nf* computer science.
informático,-a 1 *adj* computer, computing. ‖ 2 *nm,f* computer technician.
informativo,-a 1 *adj* informative. ‖ 2 **informativo** *nm* news bulletin.
informatizar [4] *vt* to computerize.
informe 1 *adj* shapeless. ‖ 2 *nm* report. ‖ 3 **informes** *nm pl* references.
infracción *nf* offence; (*de ley*) infringement.
infrarrojo,-a *adj* infrared.
infusión *nf* infusion.
ingeniería *nf* engineering.
ingeniero,-a *nm,f* engineer.
ingenio *nm* (*chispa*) wit.
ingenioso,-a *adj* (*inteligente*) ingenious, clever; (*con chispa*) witty.
ingenuo,-a *adj* ingenuous, naïve.
ingerir [35] *vt* to consume, ingest.
Inglaterra *nf* England.
ingle *nf* groin.
inglés,-esa 1 *adj* English. ‖ 2 *nm,f* (*persona*) English person; (*hombre*) Englishman; (*mujer*) Englishwoman. ‖ 3 **inglés** *nm* (*idioma*) English.
ingratitud *nf* ingratitude.
ingrato,-a 1 *adj* (*desagradecido*) ungrateful. 2 (*desagradable*) unpleasant.

ingresar 1 *vt* (*dinero*) to pay in, deposit. 2 (*paciente*) to admit. ‖ 3 *vi* (*en colegio*) to enter; (*en club*) to become a member; (*en ejército*) to join; (*en hospital*) to be admitted; **ingresar en prisión** to be sent to prison.

ingreso 1 *nm* (*entrada*) entry. 2 (*en hospital, club etc*) admission (en, to). 3 (*en cuenta bancaria*) deposit. ‖ **4 ingresos** *nm pl* (*sueldo, renta*) income *sing*.

inhalar *vt* to inhale.

inhumano,-a *adj* inhuman, cruel.

iniciación *nf* initiation, introduction (a, to).

inicial *adj* - *nf* initial.

iniciar [12] 1 *vt* (*introducir*) to initiate (en, in). 2 (*empezar*) to begin. ‖ **3 iniciarse** *vpr* to begin, start.

iniciativa *nf* initiative.

inicio *nm* beginning, start.

injusticia *nf* injustice, unfairness.

injustificado,-a *adj* unjustified.

injusto,-a *adj* unjust, unfair.

inmaduro,-a *adj* (*persona*) immature; (*fruta*) unripe.

inmediaciones *nf pl* vicinity *sing*.

inmediato,-a *adj* (*reacción, respuesta*) immediate.

inmejorable *adj* unbeatable.

inmenso,-a *adj* immense, vast.

inmigración *nf* immigration.

inmigrar *vi* to immigrate.

inmobiliaria *nf* estate agency.

inmobiliario,-a *adj* property, US real estate.

inmortalizar [4] *vt* to immortalize.

inmóvil *adj* still, motionless.

inmueble *nm* building.

inmunidad *nf* immunity.

innecesario,-a *adj* unnecessary.

innegable *adj* undeniable.

innovación *nf* innovation.

innumerable *adj* innumerable.

inocencia *nf* innocence.

inocente 1 *adj* (*libre de culpa*) innocent. 2 (*ingenuo*) naïve. 3 JUR not guilty, innocent.

inofensivo,-a *adj* inoffensive.

inolvidable *adj* unforgettable.

inoportuno,-a *adj* inopportune, untimely.

inoxidable *adj* (*gen*) rustproof; (*acero*) stainless.

inquietar *vt* - *vpr* to worry.

inquieto,-a 1 *adj* (*agitado*) restless. 2 (*preocupado*) worried, anxious.

inquietud 1 *nf* (*agitación*) restlessness. 2 (*preocupación*) worry, anxiety.

inquilino,-a *nm,f* tenant.

insaciable *adj* insatiable.

insatisfecho,-a 1 *adj* (*persona*) dissatisfied. 2 (*deseo, curiosidad*) unsatisfied.

inscribir 1 *vt* (*pp* inscrito,-a) (*apuntar*) to register, record. ‖ **2 inscribirse** *vpr* (*matricularse*) to enrol.

inscripción 1 *nf* (*grabado*) inscription. 2 (*registro*) enrolment, registration.

insecto *nm* insect.

inseguridad 1 *nf* (*falta de confianza*) insecurity. 2 (*duda*) uncertainty. 3 (*peligro*) lack of safety.

inseguro,-a 1 *adj* (*falto de confianza*) insecure. 2 (*que duda*) uncertain. 3 (*peligroso*) unsafe.

insensato,-a *adj* stupid, foolish.

inservible *adj* useless, unusable.

insignia 1 *nf* (*distintivo*) badge. 2 (*bandera*) flag, banner. 3 MAR pennant.
insignificante *adj* insignificant.
insinuación *nf* insinuation, hint.
insinuar [11] *vt* to insinuate, hint.
insistir *vi* to insist (en, on).
insolación *nf* sunstroke.
insolencia *nf* insolence.
insolente 1 *adj* (*irrespetuoso*) insolent. 2 (*arrogante*) haughty. || 3 *nmf* (*irrespetuoso*) insolent person. 4 (*arrogante*) haughty person.
insólito,-a *adj* unusual.
insomnio *nm* insomnia.
insoportable *adj* intolerable.
inspeccionar *vt* to inspect.
inspector,-ra *nm,f* inspector.
inspiración 1 *nf* (*de artista*) inspiration. 2 (*inhalación*) inhalation.
inspirar 1 *vt* (*aspirar*) to inhale, breathe in. 2 (*infundir*) to inspire. || 3 **inspirarse** *vpr* to be inspired (en, by).
instalación 1 *nf* (*colocación*) installation. 2 (*equipo*) equipment. || 3 **instalaciones** *nf pl* (*servicios*) facilities.
instalar 1 *vt* to install. 2 (*equipar*) to fit up. || 3 **instalarse** *vpr* (*establecerse*) to settle.
instancia *nf* (*solicitud*) request; (*escrito*) application form.
instantánea *nf* snapshot.
instantáneo,-a *adj* instantaneous. ■ **café instantáneo** instant coffee.
instante *nm* moment, instant. • **a cada instante** all the time; **al instante** immediately.
instintivo,-a *adj* instinctive.
instinto *nm* instinct.
institución *nf* institution.
instituir [62] *vt* to institute.
instituto 1 *nm* institute. 2 EDUC state secondary school, US high school.
instrucción 1 *nf* (*educación*) instruction, education. 2 MIL drill. || 3 **instrucciones** *nf pl* instructions.
instructivo,-a *adj* instructive.
instructor,-ra *nm,f* instructor.
instruir [62] *vt* to instruct.
instrumento *nm* instrument.
insuficiencia 1 *nf* lack, shortage. 2 MED failure.
insuficiente 1 *adj* insufficient. || 2 *nm* EDUC fail.
insulso,-a *adj* insipid.
insultar *vt* to insult.
insurrección *nf* uprising.
intacto,-a *adj* intact.
integral 1 *adj* (*total*) comprehensive. 2 (*sin refinar - pan, harina*) wholemeal; (- *arroz*) brown.
integrar 1 *vt* to compose, make up. || 2 **integrarse** *vpr* to integrate.
integridad *nf* integrity.
íntegro,-a 1 *adj* (*completo*) whole, entire. 2 (*honrado*) honest, upright.
inteligencia 1 *nf* (*facultad*) intelligence. 2 (*comprensión*) understanding.
inteligente *adj* intelligent, clever.
intemperie *nf*. • **a la intemperie** in the open air.
intención *nf* intention. • **tener intención de** to intend. ■ **buena intención** good will; **mala intención** ill will.
intensidad *nf* intensity.
intensificar [1] *vt* to intensify.
intenso,-a *adj* intense; (*dolor*) acute.

intentar *vt* to try, attempt.
intento *nm* attempt, try.
intercambiar [12] *vt* to exchange.
interceptar *vt* (*mensaje, balón etc*) to intercept; (*tráfico*) to hold up.
interés *nm* interest. • **poner interés en algo** to take an interest in sth; **tener interés en algo** to be interested in sth.
interesado,-a 1 *adj* (*gen*) interested, concerned. 2 (*egoísta*) selfish. ‖ 3 *nm,f* interested person.
interesar *vt* to interest. • **interesarse por algo** to be interested in sth; **interesarse por algn** to ask about sb.
interferir [35] 1 *vt* (*interponerse en*) to interfere with. 2 RAD to jam.
interfono *nm* intercom.
interior 1 *adj* (*jardín, patio*) interior. 2 (*estancia, piso*) inner. 3 (*bolsillo*) inside. 4 (*de la nación*) domestic, internal. 5 GEOG inland. ‖ 6 *nm* (*parte interna*) inside, inner part.
interjección *nf* interjection.
intermediario,-a 1 *adj* intermediate. ‖ 2 *nm,f* COM middleman.
intermedio,-a 1 *adj* intermediate. ‖ 2 **intermedio** *nm* intermission, interval.
intermitente 1 *adj* intermittent. ‖ 2 *nm* indicator, US turn signal.
internado *nm* boarding school.
interno,-a 1 *adj* (*gen*) internal. 2 POL domestic. ‖ 3 *nm,f* boarder.
interponer [78] 1 *vt* to interpose. ‖ 2 **interponerse** *vpr* to intervene.
interpretación 1 *nf* (*explicación*) interpretation. 2 MÚS TEAT performance. 3 (*traducción*) interpreting.
interpretar 1 *vt* (*explicar, traducir*) to interpret. 2 (*obra, pieza*) to perform; (*papel*) to play; (*canción*) to sing.
intérprete 1 *nmf* (*traductor*) interpreter. 2 (*actor, músico*) performer.
interrogación *nf* (*interrogatorio*) interrogation, questioning.
interrogante *nm* question mark.
interrogar [7] 1 *vt* (*testigo*) to question. 2 (*sospechoso*) to interrogate.
interrogatorio *nm* (*de testigo*) questioning; (*de sospechoso, detenido*) interrogation, questioning.
interrumpir *vt* to interrupt.
interruptor *nm* switch.
intervalo 1 *nm* (*de tiempo*) interval. 2 (*de espacio*) gap.
intervención 1 *nf* (*gen*) intervention. 2 MED operation.
intervenir [90] 1 *vi* (*tomar parte*) to take part (en, in). 2 (*interponer*) to intervene. 3 (*mediar*) to mediate. ‖ 4 *vt* MED to operate on. 5 (*cuentas*) to audit. 6 (*decomisar*) to seize.
intestino *nm* intestine.
intimidad 1 *nf* (*amistad*) intimacy. 2 (*vida privada*) private life.
íntimo,-a 1 *adj* (*secreto, ambiente*) intimate. 2 (*vida*) private. 3 (*amistad*) close.
intolerancia *nf* intolerance.
intoxicación *nf* poisoning.
intoxicar [1] *vt* to poison.
intranquilidad *nf* restlessness, uneasiness.
intranquilo,-a 1 *adj* (*nervioso*) restless. 2 (*preocupado*) worried, uneasy.
intratable 1 *adj* (*persona*) unsociable. 2 (*asunto*) intractable.
intriga 1 *nf* (*maquinación*) intrigue. 2 (*de película etc*) plot.

intrigar [7] **1** *vt* (*interesar*) to intrigue. || **2** *vi* (*maquinar*) to plot, scheme.
introducir [46] **1** *vt* (*meter*) to put in, insert; (*instaurar*) to bring in. || **2 introducirse** *vpr* (*meterse*) to get in.
intromisión *nf* interference.
introvertido,-a *adj* introverted.
intruso,-a *nm,f* intruder.
intuición *nf* intuition.
intuir [62] *vt* to know by intuition.
intuitivo,-a *adj* intuitive.
inundación *nf* flood.
inundar *vt* to flood.
inútil **1** *adj* useless. || **2** *nmf fam* (*persona*) good-for-nothing.
inutilizar [4] *vt* (*gen*) to make useless, render useless.
invadir *vt* (*ejército*) to invade.
inválido,-a **1** *adj* (*documento, ley*) invalid. **2** (*persona*) disabled, handicapped. || **3** *nm,f* disabled / handicapped person.
invasor,-ra *nm,f* invader.
invencible *adj* (*ejército etc*) invincible.
invención **1** *nf* (*invento*) invention. **2** (*mentira*) fabrication.
inventar **1** *vt* (*crear*) to invent. **2** (*imaginar*) to imagine. **3** (*mentir*) to make up, fabricate.
invento *nm* invention.
inventor,-ra *nm,f* inventor.
invernadero *nm* greenhouse.
invernal *adj* wintry, winter.
invernar [27] **1** *vi* (*pasar el invierno*) to winter. **2** (*animales*) to hibernate.
inverosímil *adj* unlikely.
inversión **1** *nf* (*de dinero, tiempo*) investment. **2** (*del orden*) inversion.
inverso ,-a *adj* inverse, opposite. • **a la inversa** the other way round.
inversor,-ra *nm,f* investor.
invertebrado *nm* invertebrate.
invertir [35] **1** *vt* (*orden*) to invert. **2** (*tiempo*) to spend. **3** FIN to invest (en, in).
investigación **1** *nf* (*policial, judicial*) investigation, enquiry. **2** (*científica, académica*) research.
investigador,-ra **1** *adj* investigating. || **2** *nm,f* (*científico*) researcher. **3** (*detective*) investigator.
investigar [7] **1** *vt* (*indagar*) to investigate. **2** EDUC MED to do research on.
invierno *nm* winter.
invitado,-a *nm,f* guest.
invitar *vt* to invite.
inyectar **1** *vt* to inject (en, into). || **2 inyectarse** *vpr* to give oneself an injection, inject oneself.
ir [74] **1** *vi* (*gen*) to go. **2** (*camino etc*) to lead. **3** (*funcionar*) to work. **4** (*sentar bien*) to suit; (*gustar*) to like: **el rojo te va** red suits you. **5** (*tratar*) to be about: **¿de qué va la película?** what's the film about? || **6 ir + a +** *inf* going to: **voy a salir** I'm going out. **7**: **ir andando** to go on foot. || **8 irse** *vpr* (*marcharse*) to go away, leave. **9** (*deslizarse*) to slip. • **ir a pie** to go on foot; **ir de compras** to go shopping; **ir de culo** *fam* to be rushed off one's feet; **ir en coche** to go by car; **ir en tren** to go by train; **irse a pique** (*barco*) to sink; (*proyecto*) to fall through; **irse de la lengua** to tell it all; **¡qué va!** not at all!, no way!; **¡vete tú a saber!** who knows!

ira *nf* anger, wrath, rage.
Irak *nm* Iraq.
Irán *nm* Iran.
iraní *adj* - *nmf* Iranian.
iraquí *adj* - *nmf* Iraqi.
Irlanda *nf* Ireland. ▪ **Irlanda del Norte** Northern Ireland.
irlandés,-esa 1 *adj* Irish. ‖ 2 *nm,f* (*hombre*) Irishman; (*mujer*) Irish woman. ‖ 3 **irlandés** *nm* (*idioma*) Irish.
ironía *nf* irony.
IRPF *abr* income tax.
irreal *adj* unreal.
irresistible 1 *adj* (*muy atractivo*) irresistible. 2 (*insoportable*) unbearable.
irrespetuoso,-a *adj* disrespectful.
irresponsable *adj* irresponsible.
irritación *nf* irritation.
irritar 1 *vt* to irritate. ‖ 2 **irritarse** *vpr* to lose one's temper.
irrompible *adj* unbreakable.
irrumpir *vi* to burst (en, into).
isla *nf* island.
islamismo *nm* Islam.
islandés,-esa 1 *adj* Icelandic. ‖ 2 *nm,f* (*persona*) Icelander. ‖ 3 **islandés** *nm* (*idioma*) Icelandic.
Islandia *nf* Iceland.
isleño,-a *nm,f* islander.
israelí *adj* - *nmf* Israeli.
istmo *nm* isthmus.
Italia *nf* Italy.
italiano,-a *adj* - *nm, f* Italian.
itinerario *nm* itinerary, route.
ITV *abr* AUTO MOT test.
IVA *abr* VAT.
izar [4] *vt* to hoist.
izquierda 1 *nf* (*dirección*) left. 2 (*mano*) left hand; (*pierna*) left leg. 3 POL left wing. • **a la izquierda** to the left; **de izquierdas** left-wing.
izquierdo,-a 1 *adj* left. 2 (*zurdo*) left-handed: **mano izquierda** left hand.

J

jabalí *nm* (*pl* jabalíes) wild boar.
jabón *nm* soap.
jabonera *nf* soapdish.
jabonoso,-a *adj* soapy.
jaca *nf* pony.
jacinto *nm* hyacinth.
jactancia *nf* boastfulness, boasting.
jactancioso,-a 1 *adj* boastful. ‖ 2 *nm,f* braggart.
jactarse *vpr* to boast, brag (de, about).
jadeante *adj* panting, breathless.
jadear *vi* to pant, gasp.
jadeo *nm* panting, gasping.
jalea *nf* jelly.
jalear 1 *vt* (*animar*) to cheer on, clap and shout at. 2 (*caza*) to urge on.
jaleo 1 *nm* (*alboroto*) din, racket. 2 (*escándalo*) fuss, commotion. 3 (*confusión*) muddle.
jalón 1 *nm* (*estaca*) marker pole. 2 *fig* (*hito*) milestone. 3 *fig* (*tirón*) pull.
jalonar 1 *vt* (*señalar con estacas*) to stake out. 2 *fig* (*marcar*) to mark.
jamaicano,-a *adj - nm,f* Jamaican.
jamás *adv* never, ever. • **nunca jamás** never ever; **por siempre jamás** for ever and ever.
jamón *nm* ham. ■ **jamón de York** boiled ham; **jamón serrano** cured ham.
Japón *nm* Japan.
japonés,-esa *adj - nm,f* Japanese.
jaque *nm* check. ■ **jaque mate** checkmate.
jaqueca *nf* migraine, headache. • **dar jaqueca a algn** *fig* to bore sb, be a pain in the neck to sb.
jarabe *nm* syrup.
jardín *nm* garden. ■ **jardín de infancia** nursery school.
jardinera *nf* (*para plantas*) plant stand; (*en ventana*) window box.
jardinería *nf* gardening.
jardinero,-a *nm,f* gardener.
jarra *nf* jug, US pitcher. • **con los brazos en jarras** *fig* arms akimbo, hands on hips. ■ **jarra de cerveza** beer mug.
jarro *nm* jug.
jarrón 1 *nm* (*para flores*) vase. 2 ART urn.
jaspeado,-a *adj* mottled, speckled.
jaula 1 *nf* (*para animales*) cage. 2 (*de embalaje*) crate.
jauría *nf* (*de perros*) pack of hounds.
jazmín *nm* jasmine.
jefatura 1 *nf* (*cargo, dirección*) leadership. 2 (*sede*) central office; (*militar*) headquarters *inv*.
jefe,-a 1 *nm,f* (*encargado*) head, chief, boss. 2 COM (*hombre*) manager; (*mujer*) manageress. ‖ 3 **jefe** *nm* POL leader. ■ **jefe de estación**

station master; **jefe de Estado** Head of State; **jefe de redacción** editor-in-chief.

jerarquía 1 *nf* (*gradación*) hierarchy. 2 (*grado*) scale. 3 (*categoría*) rank.

jerga 1 *nf* (*técnica*) jargon. 2 (*vulgar*) slang.

jerigonza *nf* (*extravagancia*) oddness.

jeringuilla *nf* syringe.

jeroglífico,-a 1 *adj* hieroglyphic. ‖ 2 **jeroglífico** *nm* (*texto antiguo*) hieroglyph. 3 (*juego*) rebus.

jersey *nm* (*pl* jerseyes or jerséis) sweater, pullover, jumper.

jeta 1 *nf fam* (*cara*) mug, face. 2 (*hocico*) snout. 3 (*descaro*) cheek. • **tener jeta** *fam* to be cheeky, have a nerve.

jilguero *nm* goldfinch.

jinete *nm* rider, horseman.

jira 1 *nf* (*pedazo de tela*) strip of cloth. 2 (*merienda*) picnic.

jirafa *nf* (*animal*) giraffe.

jirón 1 *nm* (*tela desgarrada*) shred, strip. 2 (*pedazo suelto*) bit, scrap. • **hecho,-a jirones** in shreds.

jocoso,-a *adj* funny, humorous.

joder 1 *vt vulg* (*copular*) to fuck, screw. 2 *vulg* (*fastidiar*) to piss off, US piss. ‖ 3 **joder(se)** *vt* - *vpr vulg* (*echar a perder, estropear*) to fuck up. ‖ 4 **joderse** *vpr vulg* (*aguantarse*) to put up with it. 5 *vulg* (*lastimarse*) to knock oneself up. 6 *vulg* (*estropearse*) to go bust, be buggered. ‖ 7 **¡joder!** *interj vulg* bloody hell!, fuck! • **¡la jodiste!** *vulg* you screwed up!; **¡no me jodas!** *vulg* come on, don't give me that!; **¡que se joda!** *vulg* fuck him/her!

jodido,-a 1 *adj vulg* (*maldito*) bloody, fucking. 2 *vulg*; (*cansado*) knackered, exhausted. 3 *vulg* (*estropeado, roto*) fucked, kaput, buggered. 4 *vulg* (*difícil*) complicated.

jolgorio 1 *nm fam* (*juerga*) binge. 2 (*algazara*) fun.

jolín 1 *interj fam* (*sorpresa*) gosh!, good grief! 2 (*enfado*) blast!, damn!

Jordania *nf* Jordan.

jordano,-a *adj* - *nm, f* Jordanian.

jornada 1 *nf* (*día*) day. 2 (*camino recorrido en un día*) day's journey. ‖ 3 **jornadas** *nf pl* conference *sing*, congress *sing*. ■ **jornada completa** full-time; **jornada laboral** working day.

jornal *nm* day's wage.

jornalero,-a *nm,f* day labourer.

joroba 1 *nf* (*deformidad*) hump. 2 *fam* (*fastidio*) nuisance, drag. ‖ 3 *interj* blast!

jorobado,-a 1 *adj* hunchbacked, humpbacked. ‖ 2 *nm,f* hunchback, humpback.

jorobar 1 *vt arg* (*fastidiar*) to annoy, bother. 2 *arg* (*estropear*) to ruin, wreck. ‖ 3 **jorobarse** *vpr* (*aguantarse*) to put up with it. • **me joroba** it really gets up my nose; **¡no jorobes!** (*fastidio*) stop pestering me!; (*incredulidad*) pull the other one!

joven 1 *adj* young. ‖ 2 *nmf* (*hombre*) youth, young man; (*mujer*) girl, young woman.

joya 1 *nf* jewel, piece of jewellery. 2 *fig* (*persona*) real treasure, godsend.

joyería 1 *nf* (*tienda*) jewellery shop, jeweller's. 2 (*comercio*) jewellery trade.

joyero,-a 1 *nm,f* jeweller. ‖ 2 **joyero** *nm* jewel case, jewel box.
jubilación 1 *nf* (*acción*) retirement. 2 (*dinero*) pension.
jubilado,-a 1 *adj* retired. ‖ 2 *nm,f* retired person.
jubilarse *vpr* (*retirarse*) to retire.
judía *nf* (*planta*) bean. ▪ **judía blanca** haricot bean; **judía pinta** kidney bean.
judicial *adj* judicial.
judío,-a 1 *adj* (*religión*) Jewish. ‖ 2 *nm,f* (*persona*) Jew.
juego 1 *nm* (*para entretenerse*) game. 2 DEP sport. 3 (*apuestas*) gambling. 4 (*conjunto de piezas*) set. • **a juego** *fig* matching; **descubrir el juego a algn** *fig* to see through sb; **seguir el juego a algn** *fig* to play along with sb; **hacer juego** to match. ▪ **juego de palabras** play on words, pun; **juegos de azar** games of chance.
juerga *nf fam* binge, rave-up. • **estar de juerga** be having a good time.
jueves *nm inv* Thursday.
juez *nmf* JUR judge.
jugada 1 *nf* (*ajedrez*) move. 2 *fam* (*trastada*) dirty trick.
jugador,-ra 1 *nm,f* (*en deportes, juegos*) player. 2 (*apostador*) gambler. 3 FIN speculator.
jugar [53] 1 *vi* - *vt* (*para divertirse*) to play; **¡juegas tú!** it's your turn! ‖ 2 **jugarse** *vpr* (*apostar*) to bet. 3 (*arriesgar*) to risk. • **jugársela a algn** (*engañar*) to trick sb; (*ser infiel*) to two-time.
jugarreta *nf fam* dirty trick.
jugo *nm* juice. • **sacar el jugo a algo** *fig* to make the most of sth; **sacar el jugo a algn** *fig* to exploit sb, bleed sb dry.
jugoso,-a 1 *adj* (*comida, fruta*) juicy. 2 *fig* (*rentable*) profitable.
juguete *nm* toy.
juguetear *vi* to play.
juguetería *nf* (*tienda*) toy shop.
juguetón,-ona *adj* playful.
juicio 1 *nm* (*facultad*) judgement. 2 (*sensatez*) reason, common sense. 3 JUR trial, lawsuit. 4 REL judgement. • **dejar algo a juicio de algn** to leave sth to sb's discretion; **en su sano juicio** in one's right mind; **perder el juicio** to go mad; **quitar/trastornar el juicio a algn** to drive sb insane. ▪ **juicio final** last judgement.
juicioso,-a *adj* (*persona*) judicious, sensible; (*decisión*) wise.
julio *nm* July.
junco *nm* BOT rush.
jungla *nf* jungle.
junio *nm* June.
junta 1 *nf* (*reunión*) meeting, assembly, conference. 2 (*conjunto de personas*) board, council, committee. 3 (*sesión*) session, sitting. 4 (*juntura*) joint. ▪ **junta directiva** board of directors.
juntar 1 *vt* (*unir*) to join/put together; (*piezas*) to assemble. 2 (*reunir; dinero*) to raise; (*gente*) to gather together. ‖ 3 **juntarse** *vpr* (*unirse a*) to join, get together.
junto,-a 1 *adj* together. ‖ 2 **junto** *adv* near, close. 3 (*al mismo tiempo*) at the same time. • **junto a** close to; **junto con** together with; **todo junto** all together.
jurado,-a 1 *adj* sworn. ‖ 2 **jurado** *nm* JUR (*tribunal*) jury; (*miembro*

del tribunal) juror, member of the jury.

juramentar *vt* to swear in.

juramento 1 *nm* (*promesa*) oath. **2** (*blasfemia*) swearword.

jurar 1 *vt* to swear. ‖ **2** *vi* (*blasfemar*) to swear, curse. • **jurar fidelidad** to pledge allegiance; **tenérsela jurada a algn** to have it in for sb.

jurídico,-a *adj* juridical, legal.

justicia *nf* justice.

justificación *nf* justification.

justificante 1 *adj* justifying. ‖ **2** *nm* (*gen*) proof: **traigo un justificante del médico** I've brought a note from the doctor. ▪ **justificante de compra** receipt; **justificante de pago** proof of payment.

justificar [1] *vt* to justify.

justo,-a 1 *adj* (*con justicia*) just, fair. **2** (*apretado, escaso*) tight. **3** (*exacto*) right, accurate. ‖ **4** *nm,f* just/fair person. ‖ **5 justo** *adv* (*exactamente*) exactly, precisely. **6** (*suficiente*) just enough. • **ir justo,-a de...** to be short of...

juvenil *adj* youthful, young.

juventud 1 *nf* (*edad*) youth. **2** (*aspecto joven*) youthfulness.

juzgado *nm* court, tribunal. • **ser de juzgado de guardia** to be absolutely scandalous.

juzgar [7] **1** *vi* (*en tribunal*) to judge. **2** (*considerar*) to consider, think.

K

kart *nm* go-cart.
katiuska *nf* rubber boot.
Kenia *nf* Kenya.
keniano,-a *adj* - *nm,f* Kenyan.
kilogramo *nm* kilogram, kilogramme.
kilométrico,-a 1 *adj* kilometric. ‖ 2 **kilométrico** *nm* runabout ticket.
kilómetro *nm* kilometre, kilometer.
kilovatio *nm* kilowatt.
kiwi *nm* kiwi.
koala *nm* koala.
kuwaití *adj* - *nmf* Kuwaiti.

L

la 1 *det* the. || 2 *pron* (*objeto*) her; (*cosa, animal*) it. || 3 *nm* MÚS la, lah, A.
laberinto *nm* labyrinth, maze.
labio *nm* lip.
labor 1 *nf* (*trabajo*) work, task. 2 COST embroidery, needlework; (*punto*) knitting. 3 AGR farm work.
laborable *adj* working.
laboral *adj* labour.
laboratorio *nm* laboratory.
laborioso,-a *adj* arduous.
labrar 1 *vt* (*metal*) to work; (*madera*) to carve; (*piedra*) to cut. 2 AGR to plough.
laca 1 *nf* (*barniz*) lacquer. 2 (*para pelo*) hair lacquer, hair spray.
lacayo 1 *nm* (*persona servil*) lackey. 2 (*criado*) footman.
lacio,-a *adj* (*cabello*) straight.
lacrimógeno,-a *adj* tearful: **una historia lacrimógena** a tear jerker.
lactante *nf* breast-feeding mother.
lácteo,-a *adj* milk.
ladear *vt* to tilt.
ladera *nf* slope, hillside.
lado 1 *nm* side. 2 (*aspecto*) aspect. • **al lado** close by, near by; **al lado de** beside; **hacerse a un lado** to get out of the way; **por un lado... por otro...** on the one hand... on the other hand...
ladrar *vi* to bark.
ladrido *nm* bark.
ladrillo *nm* brick.
ladrón,-ona *nm,f* thief.
lagartija *nf* lizard.
lago *nm* lake.
lágrima *nf* tear.
laguna 1 *nf* small lake. 2 *fig* (*vacío*) blank, gap.
laico,-a *adj* lay, secular.
lamentación *nf* moaning.
lamentar 1 *vt* to regret. || 2 **lamentarse** *vpr* to complain.
lamento *nm* wail, moan, cry.
lamer *vt* to lick.
lámina 1 *nf* (*hoja*) sheet. 2 (*ilustración*) illustration.
lámpara *nf* lamp.
lamparón *nm* stain.
lana *nf* (*de oveja*) wool.
lancha *nf* launch, motorboat.
langosta 1 *nf* (*insecto*) locust. 2 (*crustáceo*) crawfish, spiny lobster.
langostino *nm* prawn, shrimp.
lánguido,-a *adj* weak, languid.
lanza *nf* lance, spear.
lanzadera *nf* shuttle.
lanzamiento 1 *nm* cast, throwing. 2 (*de cohete etc*) launching.
lanzar [4] 1 *vt* to throw, fling, hurl. 2 (*nave*) to launch. || 3 **lanzarse** *vpr* to throw oneself. • **lanzar un grito** to scream; **lanzar una mirada** to cast a glance.
lapicero *nm* (*lápiz*) pencil.
lápida *nf* tombstone, slab.
lápiz *nm* pencil. ■ **lápiz de color** coloured pencil, coloured crayon; **lápiz de labios** lipstick.

lapso *nm* lapse.
largar [7] **1** *vt* (*soltar*) to let go. **2** *fig* (*dar*) to give. **3** (*decir*) to let out. ‖ **4 largarse** *vpr fam* to get out, leave.
largo,-a 1 *adj* long. ‖ **2 largo** *nm* length: **tiene dos metros de largo** it's two metres long. ‖ **3 ¡largo!** *interj* get out! • **a la larga** in the long run; **a lo largo de** (*recorrido*) along; (*tiempo, espacio*) throughout; **pasar de largo** to pass by.
larguirucho,-a *adj* lanky.
laringe *nf* larynx.
las 1 *det* the: **las casas** the houses. ‖ **2** *pron* (*objeto directo*) them: **las vi** I saw them.
láser *nm* laser.
lástima *nf* pity, compassion, grief. • **¡qué lástima!** what a pity!; **sentir lástima por algn** to feel sorry for sb.
lastimar 1 *vt* to hurt, injure. ‖ **2 lastimarse** *vpr* to get hurt.
lata 1 *nf* (*hojalata*) tinplate. **2** (*envase*) tin, can. **3** (*fastidio*) bore, nuisance. • **dar la lata** to annoy; **en lata** canned, tinned.
latente *adj* latent, hidden.
lateral *adj* lateral, side.
latido *nm* beat.
latigazo 1 *nm* (*golpe*) lash. **2** *fam* (*trago*) swig.
látigo *nm* whip.
latín *nm* Latin.
Latinoamérica *nm* Latin America.
latinoamericano,-a *adj - nm,f* Latin American.
latir *vi* to beat, throb.
latitud *nf* latitude.
latón *nm* brass.
laurel 1 *nm* (*árbol*) bay tree. **2** (*hoja*) bay leaf.
lavable *adj* washable.
lavabo 1 *nm* (*pila*) washbasin. **2** (*cuarto de baño*) bathroom. **3** (*público*) toilet.
lavadora *nf* washing machine.
lavandería *nf* laundry.
lavar 1 *vt* (*manos etc*) to wash. **2** (*platos*) to wash up. **3** (*limpiar*) to clean. ‖ **4 lavarse** *vpr* get washed. • **lavar en seco** to dry-clean.
lavavajillas *nm inv* dishwasher.
laxante *adj - nm* laxative.
lazo 1 *nm* bow. **2** (*nudo*) knot. **3** *fig* (*vínculo*) tie, bond.
le 1 *pron* (*objeto directo*) him; (*usted*) you. **2** (*objeto indirecto - a él*) him; (*- a ella*) her; (*a cosa, animal*) it; (*a usted*) you.
leal *adj* loyal, faithful.
lealtad *nf* loyalty, faithfulness.
lección *nf* lesson. • **dar una lección a algn** *fig* to teach sb a lesson.
leche 1 *nf* milk. **2** *fam* (*golpe*) bash. **3** *fam* (*suerte*) luck. • **tener mala leche** *fam* to have a nasty temper.
lechero,-a 1 *adj* milk. ‖ **2** *nm,f* (*hombre*) milkman, dairyman; (*mujer*) milkmaid, dairymaid.
lecho *nm* bed.
lechón *nm* sucking pig.
lechuga *nf* lettuce.
lector,-ra 1 *nm,f* reader. **2** (*universitario*) lecturer. ‖ **3 lector** *nm* TÉC reader.
lectura 1 *nf* reading. **2** (*interpretación*) interpretation.
leer [61] *vt* to read.
legal 1 *adj* legal. **2** *fam* (*persona*) honest.
legalidad *nf* legality, lawfulness.
legalizar [4] *vt* to legalize.

legar [7] **1** *vt* to will, bequeath. **2** *fig* to pass on.
legendario,-a *adj* legendary.
legionario *nm* legionary, legionnaire.
legislación *nf* legislation.
legislar *vt* to legislate.
legítimo,-a 1 *adj* JUR legitimate. **2** (*genuino*) genuine, real.
legua *nf* league.
lejanía *nf* distance.
lejano,-a *adj* distant, remote, far.
lejía *nf* bleach.
lejos *adv* far, far away, far off. • **a lo lejos** in the distance, far away; **de lejos** from afar.
lelo,-a *adj fam* stupid, dull.
lema *nm* motto, slogan.
lencería *nf* (*de mujer*) lingerie.
lengua 1 *nf* ANAT tongue. **2** (*idioma*) language. **3** (*de tierra*) strip. ■ **lengua materna** mother tongue.
lenguado *nm* sole.
lenguaje 1 *nm* (*gen*) language. **2** (*habla*) speech.
lente 1 *nm & nf* lens. ‖ **2 lentes** *nm pl* AM glasses, spectacles.
lenteja *nf* lentil.
lentejuela *nf* sequin.
lentilla *nf* contact lens.
lentitud *nf* slowness.
lento,-a *adj* slow.
leña *nf* firewood.
leño *nm* log.
leo *nm inv* Leo.
león,-ona *nm,f* (*macho*) lion; (*hembra*) lioness.
leonera *nf* lion's den. • **ser una leonera** to be a tip.
lerdo,-a *adj* clumsy.
les 1 *pron* (*objeto indirecto*) them; (*a ustedes*) you. **2** (*objeto directo*) them; (*ustedes*) you.
lesión *nf* wound, injury.
letal *adj* lethal, deadly.
letón,-ona *adj - nm,f* Latvian.
Letonia *nf* Latvia.
letra 1 *nf* (*del alfabeto*) letter. **2** (*de imprenta*) character. **3** (*escritura*) handwriting. **4** (*de canción*) words *pl*. ‖ **5 letras** *nf pl* EDUC arts; (*literatura*) letters.
letrero *nm* sign, notice.
leucemia *nf* leukaemia.
levadura *nf* yeast.
levantamiento 1 *nm* (*supresión*) lifting, raising. **2** (*insurrección*) uprising.
levantar 1 *vt* to raise, lift, hoist. **2** (*construir*) to erect, build. **3** (*mesa*) to clear. ‖ **4 levantarse** *vpr* (*ponerse de pie*) to rise, stand up. **5** (*de la cama*) to get up, rise. **6** (*sublevarse*) to rebel. • **levantarse con el pie izquierdo** *fig* to get out of bed on the wrong side.
levante 1 *nm* East. **2** (*viento*) east wind. **3** GEOG east coast of Spain.
leve 1 *adj* light. **2** *fig* (*poco importante*) slight, trifling.
levita *nf* frock coat.
léxico *nm* vocabulary.
ley *nf* (*gen*) law; (*del parlamento*) act, bill. • **aprobar una ley** to pass a bill.
leyenda 1 *nf* legend. **2** (*inscripción*) inscription.
liar [13] **1** *vt* (*atar*) to tie up; (*envolver*) to wrap up, bind. **2** (*cigarrillo*) to roll. **3** (*confundir*) to muddle up. **4** (*implicar*) to involve. ‖ **5 liarse** *vpr* (*complicarse*) to get mixed up. **6**

fam (*con algn*) to have an affair (con, with).

libanés,-esa *adj - nm,f* Lebanese.

Líbano *nm* Lebanon.

liberación *nf* liberation.

liberar *vt* to liberate, free.

libertad *nf* liberty, freedom.

libertinaje *nm* licentiousness.

Libia *nf* Libya.

libio,-a *adj - nm, f* Libyan.

libra 1 *nf* pound. **2** ASTROL ASTRON Libra.

librar 1 *vt* to free, deliver, save. **2** (*batalla*) to fight. ‖ **3 librarse** *vpr* to get rid (de, of), escape (de, from).

libre 1 *adj* free. **2** (*asiento*) vacant. **3** (*casa*) empty. ▪ **libre albedrío** free will; **libre comercio** free trade.

librería 1 *nf* (*tienda*) bookshop. **2** (*estantería*) bookcase.

librero,-a *nm,f* bookseller.

libreta *nf* notebook.

libro *nm* book. • **llevar los libros** COM to keep the accounts. ▪ **libro blanco** POL white paper; **libro de bolsillo** paperback; **libro de caja** COM cash-book; **libro de reclamaciones** complaints book; **libro de texto** textbook.

licencia 1 *nf* (*permiso*) permission. **2** (*documento*) licence, permit.

licenciado,-a *nm,f* (*universitario*) graduate.

licenciarse [12] *vpr* to graduate.

licenciatura *nf* bachelor's degree.

licitar 1 *vt* (*pujar*) to bid for. ‖ **2** (*sacar a concurso*) to put out to tender.

lícito,-a *adj* licit, lawful.

licor *nm* liquor, spirits *pl*.

licuadora *nf* juice extractor, juicer.

lidiar [12] **1** *vi* (*pelear*) to fight (con, against), struggle (con, with). **2** *fig* to deal (con, with).

liebre *nf* hare.

lienzo *nm* ART canvas, painting.

liga 1 *nf* (*para media*) garter. **2** (*alianza*) league, alliance. **3** DEP league.

ligamento *nm* ligament.

ligar [7] **1** *vt* (*atar*) to tie, bind. **2** (*unir*) to join, unite. **3** CULIN to thicken. ‖ **4** *vi fam* (*conquistar*) pick up (con, -).

ligereza 1 *nf* (*liviandad*) lightness. **2** (*prontitud*) swiftness. **3** (*agilidad*) agility. **4** *fig* (*frivolidad*) flippancy, frivolity.

ligero,-a 1 *adj* (*liviano*) light. **2** (*rápido*) swift. **3** (*ágil*) agile. **4** *fig* (*frívolo*) flippant, thoughtless. • **a la ligera** lightly.

light 1 *adj* (*comida*) low-calorie; (*refresco*) diet. **2** (*tabaco*) light.

ligón,-ona *nm,f fam* flirt.

ligue *nm fam* pick-up.

lija *nf* sandpaper.

lijar *vt* to sand.

lila *adj - nf* lilac.

lima 1 *nf* (*utensilio*) file. **2** (*fruta*) lime.

limar 1 *vt* to file. **2** *fig* to polish up.

limitación *nf* limitation, limit.

limitar 1 *vt* to limit. ‖ **2** *vi* to border (con, on).

límite 1 *nm* limit, boundary. **2** (*frontera*) border.

limón *nm* lemon.

limonada *nf* lemonade.

limosna *nf* alms *pl*, charity. • **pedir limosna** to beg.

limpiaparabrisas *nm* windscreen wiper, US windshield wiper.
limpiar [12] **1** *vt* to clean. **2** (*con paño*) to wipe. **3** *fam* (*robar*) to clean out.
limpieza 1 *nf* cleanness, cleanliness. **2** (*acción*) cleaning.
limpio,-a 1 *adj* (*gen*) clean. **2** (*persona*) neat, tidy. **3** (*puro*) pure. **4** (*juego*) fair. • **dejar limpio,-a** to clean out.
lince 1 *nm* ZOOL lynx. **2** *fig* (*persona*) sharp-eyed person.
linchar *vt* to lynch.
lindar *vi* to border (**con**, on).
lindo,-a *adj* pretty, nice, lovely. • **de lo lindo** a great deal.
línea 1 *nf* (*gen*) line. **2** (*tipo*) figure.
lingote *nm* ingot.
lingüista *nmf* linguist.
lingüística *nf* linguistics.
lino 1 *nm* (*tela*) linen. **2** BOT flax.
linterna *nf* torch.
lío 1 *nm* (*embrollo*) tangle, muddle, mess. **2** (*atado*) bundle, parcel. • **hacerse un lío** to get muddled up; **meterse en un lío** to get oneself into a mess; **¡qué lío!** what a mess!; **tener un lío con algn** to be having an affair with sb.
liquen *nm* lichen.
liquidación *nf* clearance sale.
liquidar 1 *vt* COM (*deuda*) to settle. **2** COM (*mercancías*) to sell off. **3** *fam* (*matar*) to kill.
líquido,-a *adj* - *nm* liquid.
lira *nf* lira.
lírico,-a *adj* lyrical.
lirio *nm* iris.
lisiado,-a 1 *adj* crippled. ‖ **2** *nm,f* cripple.
liso,-a 1 *adj* smooth, even. **2** (*pelo*) straight. **3** (*color*) plain.
lista 1 *nf* (*raya*) stripe. **2** (*relación*) list, register. • **pasar lista** to call the register. ▪ **lista de correo** mailing list; **lista de espera** (*en general*) waiting list; (*para avión*) standby.
listado,-a 1 *adj* striped. ‖ **2 listado** *nm* (*lista*) list. **3** INFORM listing.
listo,-a 1 *adj* (*preparado*) ready, prepared. **2** (*inteligente*) clever, smart.
listón 1 *nm* (*madera*) lath. **2** DEP bar.
litera *nf* bunk bed; (*en barco*) bunk; (*tren*) couchette.
literario,-a *adj* literary.
literatura *nf* literature.
litigar [7] **1** *vt* JUR to litigate. ‖ **2** *vi* (*disputar*) to argue, dispute.
litigio 1 *nm* JUR litigation, lawsuit. **2** (*disputa*) dispute.
litoral 1 *adj* coastal. ‖ **2** *nm* coast.
litro *nm* litre.
Lituania *nf* Lithuania.
lituano,-a *adj* - *nm,f* Lithuanian.
liturgia *nf* liturgy.
liviano,-a 1 *adj* (*ligero*) light. **2** *fig* (*inconstante*) fickle.
llaga *nf* ulcer, sore.
llama 1 *nf* (*de fuego*) flame, blaze. **2** ZOOL llama.
llamada 1 *nf* (*telefónica*) call. **2** (*a la puerta*) knock, ring.
llamamiento *nm* call, summons, appeal.
llamar 1 *vt* (*gen*) to call: **he llamado un taxi** I've called a taxi. **2** (*dar nombre*) to name, call. ‖ **3** *vi* (*a la puerta*) to knock: **llaman a la puerta** someone's knocking at the

door. **4** (*por teléfono*) to phone, call, ring. || **5 llamarse** *vpr* (*tener nombre*) to be called. • **llamar la atención** (*resaltar*) to catch the attention; **llamar la atención a algn** (*reñir*) to tell sb off.

llamativo,-a *adj* showy, flashy.

llano,-a 1 *adj* (*plano*) flat, even, level. **2** (*franco*) open, frank. **3** (*sencillo*) simple. || **4 llano** *nm* (*llanura*) plain.

llanta *nf* wheel rim.

llanto *nm* crying, weeping.

llanura *nf* plain.

llave *nf* (*de puerta etc*) key. • **cerrar con llave** to lock.

llavero *nm* key ring.

llegada 1 *nf* arrival. **2** DEP finishing line.

llegar [7] **1** *vi* to arrive (a, at/in), get (a, at), reach (a, -): **llegar a casa** to arrive home. **2** (*alcanzar*) to reach. **3** (*ser suficiente*) to be enough, suffice. **4** (*suceder*) to come, arrive: **llegó el momento** the moment arrived.

llenar 1 *vt* to fill (up); (*formulario*) to fill in; (*tiempo*) to fill, occupy. **2** (*satisfacer*) to fulfil, please. || **3 llenarse** *vpr* to fill (up). **4** (*de gente*) to get crowded. **5** (*de comida*) to overeat.

lleno,-a 1 *adj* full (de, of), filled (de, with). **2** (*de gente*) crowded (de, with).

llevadero,-a *adj* bearable, tolerable.

llevar 1 *vt* (*transportar*) to carry. **2** (*prenda*) to wear, have on. **3** (*conducir*) to take, lead, guide. **4** (*aguantar*) to cope with. **5** (*libros, cuentas*) to keep: **mi mujer lleva las cuentas** my wife keeps the accounts. **6** (*dirigir*) to be in charge of, manage, run. **7** (*pasar tiempo*) to be: **llevo un mes aquí** I have been here for a month. || **8 llevarse** *vpr* to take. **9** (*premio*) to win. **10** (*estar de moda*) to be fashionable. **11** (*entenderse*) to get on (con, with). • **llevar algo adelante** to carry on with sth; **llevar las de perder** to be likely to lose; **llevarse un chasco** to be disappointed; **llevarse un susto** to get a shock.

llorar 1 *vi* to cry, weep. **2** *fam* (*quejarse*) to moan. || **3** *vt* to mourn.

lloriquear *vi* to whine.

llorón,-ona *nm,f* crybaby.

lloroso,-a *adj* tearful, weeping.

llover [32] *vi* to rain. • **llover a cántaros** to pour down.

llovizna *nf* drizzle.

lluvia 1 *nf* rain. **2** *fig* shower.

lluvioso,-a *adj* rainy, wet.

lo 1 *det* the: **lo bueno** the good thing. || **2** *pron* (*objeto directo*) him; (*cosa, animal*) it; (*usted*) you. • **lo cual** which; **lo que** what.

loable *adj* laudable, praiseworthy.

lobo,-a *nm,f* wolf.

lóbrego,-a *adj* dark, gloomy.

lóbulo *nm* lobe.

local 1 *adj* local. || **2** *nm* premises *pl*.

localidad 1 *nf* (*ciudad*) village, town. **2** TEAT (*asiento*) seat.

localizar [4] **1** *vt* (*encontrar*) to locate, find. **2** (*fuego, dolor*) to localize.

loción *nf* lotion.

loco,-a 1 *adj* mad, crazy, insane. || **2** *nm,f* lunatic, insane person. • **¡ni loco,-a!** no way!; **volverse loco,-**

a to go crazy. ▪ **loco,-a de remate** stark mad.

locomotora *nf* engine, locomotive.

locuaz *adj* loquacious, talkative.

locución *nf* locution, phrase, idiom.

locura *nf* madness, insanity, folly.

locutor,-ra *nm,f* announcer.

lodo *nm* mud, mire.

lógica *nf* logic.

logotipo *nm* logo.

lograr 1 *vt* to get, obtain. **2** (*objetivo*) to attain, achieve. **3** (*tener éxito*) to succeed.

logro *nm* success, achievement.

loma *nf* hill, hillock.

lombriz *nf* earthworm.

lomo 1 *nm* ANAT back. **2** CULIN loin. • **ir a lomo de** to ride.

lona *nf* canvas, sailcloth.

loncha *nf* slice.

londinense *nmf* Londoner.

Londres *nm* London.

longaniza *nf* pork sausage.

longevidad *nf* longevity, long life.

longitud *nf* length.

loro *nm* parrot.

los 1 *det* the. ‖ **2** *pron* them.

losa 1 *nf* flagstone, slab. **2** (*de sepulcro*) gravestone.

lote 1 *nm* COM lot. **2** (*en informática*) batch.

lotería *nf* lottery. • **tocarle la lotería a algn** (*ganar dinero*) to win the lottery; (*tener suerte*) to be very lucky.

loza 1 *nf* (*cerámica*) pottery. **2** (*cocina*) crockery.

lozano,-a 1 *adj* (*vigoroso*) blooming, fresh, vigorous. **2** (*frondoso*) luxuriant.

lubina *nf* bass.

lubricante *nm* lubricant.

lucero *nm* bright star.

lucha 1 *nf* fight, struggle. **2** DEP wrestling.

luchador,-ra 1 *nm,f* fighter. **2** DEP wrestler.

luchar 1 *vi* to fight. **2** DEP to wrestle.

lucidez *nf* lucidity.

lúcido,-a *adj* clear, lucid.

luciérnaga *nf* glow-worm.

lucio *nm* pike.

lucir [45] **1** *vi* (*brillar*) to shine. **2** (*dar luz*) to be bright. **3** (*quedar bien*) to look good: **ese cuadro no luce nada ahí** that picture doesn't look very good there. ‖ **4** *vt* (*presumir*) to show off: **lucía sus joyas** she was showing off her jewellery. ‖ **5 lucirse** *vpr* (*presumir*) to show off. **6** *irón* (*meter la pata*) to excel oneself.

lucrativo,-a *adj* lucrative, profitable.

lucro *nm* gain, profit.

luego 1 *adv* (*después*) afterwards, next. **2** (*más tarde*) later. **3** (*después de algo*) then. ‖ **4** *conj* therefore, then. • **desde luego** of course; **hasta luego** so long, see you later.

lugar 1 *nm* place. **2** (*posición*) position. **3** (*espacio*) space. • **dar lugar a** to give rise to; **en lugar de** instead of; **fuera de lugar** out of place; **tener lugar** to take place, happen.

lugareño,-a *nm,f* local.

lúgubre *adj* lugubrious, gloomy.

lujo *nm* luxury. • **de lujo** de luxe.
lujoso,-a *adj* luxurious.
lumbre *nf* fire.
luminoso,-a *adj* bright.
luna 1 *nf* ASTRON moon. **2** (*cristal*) window pane; (*de vehículo*) windscreen, US windshield. **3** (*espejo*) mirror. • **estar en la luna** *fig* to be miles away. ■ **luna de miel** honeymoon.
lunar 1 *adj* lunar. ‖ **2** *nm* (*en la piel*) mole, beauty spot. • **de lunares** spotted.
lunático,-a 1 *adj* (*loco*) lunatic. **2** (*temperamental*) changeable, moody. ‖ **3** *nm,f* lunatic.
lunes *nm inv* Monday.
lupa *nf* magnifying glass.
lustrar *vt* to polish, shine.
lustre 1 *nm* (*brillo*) polish, shine, lustre. **2** *fig* (*esplendor*) glory.
luto *nm* mourning. • **ir de luto** to wear mourning.
Luxemburgo *nm* Luxembourg.
luz 1 *nf* light. **2** *fam* (*electricidad*) electricity. • **a todas luces** evidently; **dar a luz** to give birth to; **sacar a la luz** to bring to light. ■ **luces de cruce** dipped headlights; **luces de posición** sidelights; **luz del día** daylight.

M

m/ 1 *abr* (mes) month. **2** (mi) my.
macabro,-a *adj* macabre.
macarra *nm fam* (*de prostituta*) pimp; (*hortera*) flash Harry; (*rufián*) lout.
macedonia *nf* fruit salad.
maceta *nf* plant pot, flowerpot.
macetero *nm* flowerpot stand.
machacar [1] **1** *vt* to crush. **2** *fam* (*estudiar*) to swot. || **3** *vi fam* (*insistir en*) to harp on.
macho 1 *adj* male. **2** (*viril*) manly, virile. || **3** *nm* Zool male. **4** Téc male piece, male part; (*del corchete*) hook.
macizo,-a 1 *adj* solid. || **2 macizo** *nm* (*de flores*) bed. **3** (*montañoso*) massif, mountain mass.
macrobiótica *nf* macrobiotics.
macuto *nm* knapsack.
madera 1 *nf* (*gen*) wood; (*para la construcción*) timber. **2** *fig* (*talento*) talent. • **¡toca madera!** touch wood!
madrastra *nf* stepmother.
madre *nf* mother. • **¡madre mía!** *fam* good heavens!; **¡la madre que te parió!** *vulg* you bastard!; **¡tu madre!** *vulg* up yours! ▪ **futura madre** mother-to-be; **madre política** mother-in-law.
madriguera 1 *nf* (*de conejo etc*) hole, burrow. **2** (*de gente*) den, hideout.
madrina *nf* (*de bautizo*) godmother.
madrugada 1 *nf* (*alba*) dawn. **2** (*después de medianoche*) early morning. • **de madrugada** at daybreak, at dawn.
madrugador,-ra 1 *adj* early rising. || **2** *nm,f* early riser.
madrugar [7] *vi* to get up early.
madurar 1 *vt* (*fruta*) to ripen. **2** *fig* (*plan etc*) to think out. || **3** *vi* to mature.
madurez 1 *nf* maturity. **2** (*de la fruta*) ripeness.
maduro,-a 1 *adj* mature. **2** (*fruta*) ripe.
maestro,-a 1 *nm,f* teacher. || **2** *adj* (*principal*) main. || **3 maestro** *nm* Mús (*compositor*) composer.
magdalena *nf* bun, cake.
magia *nf* magic.
mágico,-a 1 *adj* magic. **2** (*maravilloso*) magical.
magisterio *nm* teaching.
magistrado,-a *nm,f* judge.
magistral *adj* (*superior*) masterly; (*tono*) magisterial.
magnetismo *nm* magnetism.
magnetófono *nm* tape recorder.
magnífico,-a *adj* magnificent.
mago,-a *nm,f* magician, wizard. ▪ **los Reyes Magos** the Three Wise Men.
magro,-a *adj* (*sin grasa*) lean.
magulladura *nf* bruise, contusion.

magullar 1 *vt* to bruise. ‖ 2 **magullarse** *vpr* to get bruised.
maíz *nm* maize, US corn.
majara *adj* - *nmf fam* loony.
majestad *nf* majesty.
majestuoso,-a *adj* majestic, stately.
majo,-a 1 *adj* pretty, lovely. 2 (*simpático*) nice. 3 (*tratamiento*) darling.
mal 1 *adj* bad: **he tenido un mal día** I've had a bad day. ‖ 2 *nm* evil, wrong: **el bien y el mal** good and evil. 3 (*enfermedad*) illness, disease. ‖ 4 *adv* badly, wrong: **lo hizo mal** he did it wrong. • **encontrarse mal** to feel ill; **menos mal que...** thank goodness...; **nada mal** not bad: **tomar a mal** to take badly.
malabarismo *nm* juggling.
malapata 1 *nmf fam* jinx. ‖ 2 *nf fam* bad luck.
malayo,-a *adj* - *nm, f* Malay.
Malaysia *nf* Malaysia.
malcriar [13] *vt* to spoil.
maldad 1 *nf* (*cualidad*) evil. 2 (*acto*) evil deed.
maldecir [79] *vt* - *vi* to curse, damn.
maldición *nf* curse.
maldito,-a 1 *adj* (*condenado*) cursed, damned. 2 *fam* (*que causa molestia*) damned, bloody.
maleducado,-a 1 *adj* bad mannered. ‖ 2 *nm,f* bad mannered person.
maleficio *nm* spell, charm.
malentendido *nm* misunderstanding.
malestar 1 *nm* (*incomodidad*) discomfort. 2 *fig* (*inquietud*) uneasiness.
maleta *nf* suitcase, case. • **hacer la maleta** to pack.
maletero *nm* AUTO boot, US trunk.
maletín *nm* briefcase.
maleza *nf* (*malas hierbas*) weeds *pl*.
malgastador,-ra *nm,f* spendthrift.
malgastar *vt* to waste, squander.
malhablado,-a *adj* foulmouthed.
malherir [35] *vt* to wound seriously.
malhumor *nm*. • **estar de malhumor** to be in a bad mood; **tener malhumor** to be bad-tempered.
malicia 1 *nf* (*mala intención*) malice. 2 (*picardía*) mischief.
malicioso,-a *adj* malicious.
maligno,-a *adj* malignant.
malintencionado,-a 1 *adj* ill-intentioned. ‖ 2 *nm,f* ill-intentioned person.
malla 1 *nf* (*red*) mesh, network. 2 (*prenda*) leotard.
malo,-a 1 *adj* bad. 2 (*malvado*) wicked. 3 (*travieso*) naughty. 4 (*nocivo*) harmful. 5 (*enfermo*) ill, sick. 6 (*difícil*) difficult. • **estar de malas** to be out of luck; **estar malo,-a** to be ill; **lo malo es que...** the trouble is that...; **por las malas** by force. ▪ **mala hierba** weed.
malogrado,-a 1 *adj* (*difunto*) ill-fated. 2 (*desaprovechado*) wasted.
malograr 1 *vt* to waste. ‖ 2 **malograrse** *vpr* to fail, fall through.
maloliente *adj* foul-smelling.
malsonante *adj* (*grosero*) offensive.
maltratar *vt* to ill-treat.

maltrecho,-a *adj* battered, injured.
malva *adj* - *nm* (*color*) mauve.
malvado,-a *adj* wicked, evil.
malversación *nf* embezzlement.
Malvinas *nf pl* Falklands.
malvivir *vi* to live very badly.
mama 1 *nf* (*de mujer*) breast; (*de animal*) udder. 2 *fam* (*madre*) mum.
mamá *nf fam* mum, mummy.
mamar 1 *vi* (*leche*) to suck. ‖ 2 *vt* (*aprender de pequeño*) to grow up with.
mamarracho 1 *nm fam* (*ridículo*) sight. 2 (*tonto*) idiot.
mamífero *nm* mammal.
mamón,-ona *adj vulg* pillock, prick.
mamotreto 1 *nm* (*libro*) book. 2 (*armatoste*) monstrosity.
mampara *nf* screen.
manada *nf* (*vacas, elefantes*) herd; (*ovejas*) flock; (*lobos, perros*) pack.
manantial *nm* spring.
manar 1 *vi* (*salir*) to flow, run. 2 *fig* (*abundar*) to abound.
manazas *nmf inv fam* clumsy person.
mancha *nf* stain, spot. ■ **mancha solar** sunspot.
manchado,-a *adj* stained.
manchar 1 *vt* to stain. ‖ 2 **mancharse** *vpr* to get dirty.
manco,-a 1 *adj* one-handed. ‖ 2 *nm,f* one-handed person.
mandamás *nmf fam* bigwig, big boss.
mandamiento 1 *nm* order, command. 2 REL Commandment.
mandar 1 *vt* (*ordenar*) to order. 2 (*enviar*) to send. • **mandar recuerdos** to send regards; **mandar a algn a paseo** *fam* to send sb packing; **¿mande?** *fam* pardon?
mandarina *nf* mandarin, tangerine.
mandato *nm* (*orden*) order, command.
mandíbula *nf* jaw.
mando 1 *nm* (*autoridad*) command. 2 (*para mecanismos*) control. • **estar al mando de** to be in charge of. ■ **mando a distancia** remote control.
mandón,-ona 1 *adj* bossy. ‖ 2 *nm,f* bossy person.
manecilla *nf* (*de reloj*) hand.
manejable *adj* manageable.
manejar 1 *vt* (*manipular*) to handle, operate. 2 (*dirigir*) to run.
manejo *nm* (*uso*) handling.
manera 1 *nf* way, manner. ‖ 2 **maneras** *nf pl* (*educación*) manners. • **a mi manera** my way; **de manera que** so that; **de todas maneras** at any rate, anyhow; **de mala manera** *fam* rudely. ■ **manera de ser** character.
manga *nf* sleeve: **en mangas de camisa** in shirtsleeves. • **sacarse algo de la manga** to pull sth out of one's hat; **tener manga ancha** to be too easygoing.
mangar [7] *vt arg* to knock off, pinch.
mango 1 *nm* handle. 2 BOT mango.
mangonear 1 *vi fam pey* (*manipular*) to be bossy. 2 (*interferir*) to meddle.
manguera *nf* hose.
manía 1 *nf* (*ojeriza*) dislike. 2 (*pasión*) craze. 3 MED mania. • **coger-**

le manía a algn *fam* to take a dislike to sb.
maníaco,-a *adj* - *nm,f fam* maniac.
maniático,-a *adj* fussy, cranky.
manicomio *nm* mental hospital.
manifestación 1 *nf* (*de protesta etc*) demonstration. 2 (*declaración*) statement, declaration.
manifestante *nmf* demonstrator.
manifestar [27] 1 *vt* (*opinión*) to express, to state; (*sentimiento*) to show. || 2 **manifestarse** *vpr* (*en la calle etc*) to demonstrate. 3 (*hacerse evidente*) to become apparent.
manifiesto,-a 1 *adj* obvious, evident. || 2 **manifiesto** *nm* manifesto. • **poner de manifiesto** to reveal.
manillar *nm* handlebar.
maniobrar *vi* to manoeuvre.
manipular 1 *vt* (*persona*) to manipulate. 2 (*mercancías*) to handle. 3 *fig* to interfere with.
maniquí 1 *nm* (*pl* maniquíes) (*muñeco*) dummy. || 2 *nmf* (*modelo*) model.
manitas *nmf inv* handy person.
manivela *nf* crank.
manjar *nm* delicacy.
mano 1 *nf* hand. 2 Zool forefoot, forepaw. 3 (*de reloj*) hand. 4 (*de pintura etc*) coat. 5 (*control, posesión*) hands. • **cogidos,-as de la mano** hand in hand; **dar la mano a** (*saludar*) to shake hands with; **de segunda mano** second-hand; **echar una mano** to lend a hand; **hecho,-a a mano** handmade; **tener mano izquierda** to be tactful; **pillar a algn con las manos en la masa** *fam* to catch sb red-handed. ▪ **mano de obra** labour.
manojo *nm* bunch.
manopla 1 *nf* (*guante*) mitten. 2 (*para lavarse*) flannel.
manosear *vt* to finger.
manotazo *nm* cuff, slap.
manso,-a 1 *adj* (*animal*) tame, docile. 2 (*persona*) meek, gentle.
manta 1 *nf* blanket. || 2 *nmf fam* (*perezoso*) lazybones inv. • **a manta** *fam* abundantly.
manteca *nf* fat. ▪ **manteca de cacao** cocoa butter; **manteca de cerdo** lard.
mantecoso,-a *adj* greasy, buttery.
mantel *nm* tablecloth.
mantelería *nf* table linen.
mantener [87] 1 *vt* (*conservar*) to keep. 2 (*sostener*) to support, hold up. 3 (*ideas etc*) to defend, maintain. 4 (*sustentar*) to support. || 5 **mantenerse** *vpr* (*alimentarse*) to support oneself. 6 (*continuar*) to keep; (*mantenerse en contacto*) to keep in touch.
mantenimiento *nm* maintenance.
mantequilla *nf* butter.
manto *nm* cloak.
mantón *nm* shawl.
manufacturar *vt* to manufacture.
manuscrito *nm* manuscript.
manutención *nf* maintenance.
manzana 1 *nf* Bot apple. 2 (*de casas*) block.
manzanilla *nf* camomile.
manzano *nm* apple tree.
maña *nf* skill.
mañana 1 *nf* (*parte del día*) morning. || 2 *nm* (*porvenir*) tomorrow, future. || 3 *adv* tomorrow. • **hasta mañana** see you tomorrow; **pasado mañana** the day after to-

morrow; **por la mañana** in the morning.
mañoso,-a *adj* dexterous, skilful.
mapa *nm* map. • **borrar del mapa** *fam* to get rid of.
maqueta 1 *nf* scale model. **2** (*de libro*) dummy. **3** (*de disco*) rough-cut.
maquillaje *nm* make-up.
maquillar *vt* to make up.
máquina *nf* machine. ▪ **máquina de coser** sewing machine; **máquina tragaperras** slot machine.
maquinaria *nf* machinery.
maquinilla *nf* (*de afeitar*) razor.
maquinista *nmf* (*de tren*) engine driver.
mar *nm* & *nf* sea. • **en alta mar** on the high seas; **hacerse a la mar** to put out to sea; **la mar de** *fam* (*muchos*) a lot of, loads of; (*muy*) very, really: **la mar de difícil** really difficult; **mar adentro** out to sea.
maravilla *nf* wonder, marvel. • **a las mil maravillas** wonderfully well.
maravillar 1 *vt* to astonish, dazzle. ‖ **2 maravillarse** *vpr* to wonder, marvel.
maravilloso,-a *adj* wonderful, marvellous.
marca 1 *nf* (*señal*) mark, sign. **2** (*comestibles, productos del hogar*) brand; (*otros productos*) make. **3** DEP record. • **de marca** branded; (*ropa*) designer. ▪ **marca de fábrica** trademark; **marca registrada** registered trademark.
marcado,-a *adj* (*señalado*) marked.
marcador *nm* DEP scoreboard.
marcar [1] **1** *vt* to mark. **2** DEP (*hacer un tanto*) to score. **3** DEP (*al contrario*) to mark. **4** (*teléfono*) to dial. • **marcar el paso** to mark time.
marcha 1 *nf* march. **2** (*partida*) departure. **3** (*velocidad*) speed. **4** AUTO gear. **5** MÚS march. **6** *fam* (*energía*) go: **tener mucha marcha** to be wild. • **a marchas forzadas** against the clock; **a toda marcha** at full speed. ▪ **marcha atrás** AUTO reverse gear.
marchar 1 *vi* (*andar*) to walk. **2** (*tropas*) to march. **3** (*funcionar*) to work. ‖ **4 marcharse** *vpr* to leave. • **¡marchando!** coming up!
marchitar *vt* - *vpr* to shrivel, wither.
marco 1 *nm* (*de cuadro, ventana etc*) frame. **2** *fig* framework, setting.
marea *nf* tide. ▪ **marea alta** high tide; **marea baja** low tide; **marea negra** oil slick.
mareado,-a 1 *adj* sick. **2** (*aturdido*) dizzy, giddy.
marear 1 *vt* - *vi* (*molestar*) to annoy, bother. ‖ **2 marearse** *vpr* to get sick.
marejada *nf* swell.
maremoto *nm* seaquake.
mareo *nm* sickness.
marfil *nm* ivory.
margarina *nf* margarine.
margarita *nf* BOT daisy.
margen 1 *nm* (*de papel*) margin. **2** COM margin. ‖ **4** *nf* (*de río*) bank.
marginación *nf* exclusion.
marginado,-a 1 *adj* excluded. ‖ **2** *nm,f* social misfit.
marginar *vt* to leave out, exclude.

maría 1 *nf* EDUC easy subject. 2 *arg* (*marihuana*) marijuana, pot.
marica *nm fam* poof, US fag.
marido *nm* husband.
marina 1 *nf* (*pintura*) seascape. 2 (*barcos*) seamanship.
marinero,-a 1 *adj* sea. ‖ 2 **marinero** *nm* sailor.
marino,-a 1 *adj* marine. ‖ 2 **marino** *nm* seaman.
marioneta *nf* puppet, marionette.
mariposa *nf* butterfly.
mariquita 1 *nf* ZOOL ladybird. ‖ 2 *nm fam* (*marica*) poof, US fag.
mariscal *nm* marshal.
marisco *nm* shellfish, seafood.
marisma *nf* salt marsh.
marisquería *nf* seafood restaurant.
marítimo,-a *adj* maritime, sea.
mármol *nm* marble.
marqués,-esa *nm,f* (*hombre*) marquis; (*mujer*) marchioness.
marquesina *nf* canopy.
marquetería *nf* marquetry.
marranada *nf* (*porquería*) filthy thing; (*vileza*) dirty trick.
marrano,-a 1 *adj* (*sucio*) dirty. ‖ 2 **marrano** *nm* ZOOL pig. 3 *fam* (*sucio*) dirty pig.
marrón *adj* - *nm* brown.
marroquí *adj* - *nm,f* Moroccan.
Marruecos *nm* Morocco.
Marte *nm* Mars.
martes *nm inv* Tuesday.
martillazo *nm* hammer blow.
martillear *vt* to hammer.
martillo *nm* hammer.
mártir *nmf* martyr.
martirio 1 *nm* martyrdom. 2 *fig* torment.
martirizar [4] 1 *vt* to martyr. 2 *fig* to torment.
marxismo *nm* Marxism.
marzo *nm* March.
más 1 *adv* (*comparativo*) more. 2 (*con números o cantidades*) more than: **más de tres** more than three. 3 (*superlativo*) most: **el más caro** the most expensive. 4 (*de nuevo*) anymore: **no voy más a ese sitio** I'm not going there anymore. 5 (*con pronombre*) else: **¿algo más?** anything else?; **¿hay alguien más?** is there anybody else? ‖ 6 *pron* more: **¿quieres más?** do you want any more? ‖ 7 *nm* (*signo*) plus. • **a lo más** at the most; **como el que más** as well as anyone; **de más** spare, extra; **estar de más** to be unwanted; **es más** what's more; **más bien** rather; **más o menos** more or less; **ni más ni menos** no less; **por más (que)** however much. ■ **el más allá** the beyond.
masa 1 *nf* mass. 2 CULIN dough. 3 (*multitud*) crowd of people.
mascar [1] *vt* - *vi* to chew.
máscara *nf* mask.
masculino,-a 1 *adj* male. 2 (*para hombres*) men's. 3 GRAM masculine.
mascullar *vt* to mumble, mutter.
masivo,-a *adj* massive, huge.
masón,-ona *nm,f* Mason, Freemason.
masoquismo *nm* masochism.
masticar [1] *vt* - *vi* to chew.
mástil 1 *nm* (*asta*) flagpole. 2 MAR mast.
masturbar *vt* - *vpr* to masturbate.

mata 1 *nf* (*arbusto*) shrub, bush. 2 (*ramita*) sprig. 3 AM (*bosque*) forest. ■ **mata de pelo** head of hair.
matadero *nm* slaughterhouse.
matador,-ra 1 *adj* killing. ‖ 2 **matador** *nm* matador, bullfighter.
matanza *nf* slaughter.
matar 1 *vt* - *vi* to kill. ‖ 2 **matarse** *vpr* to kill oneself.
matarratas 1 *nm inv* (*raticida*) rat poison. 2 (*aguardiente*) rotgut.
matasellos *nm inv* postmark.
mate 1 *adj* (*sin brillo*) matt, dull. ‖ 2 *nm* (*ajedrez*) checkmate.
matemáticas *nf pl* mathematics *sing*.
matemático,-a 1 *adj* mathematical. ‖ 2 *nm,f* mathematician.
materia 1 *nf* matter. 2 EDUC subject.
material 1 *adj* material. ‖ 2 *nm* material, equipment. ■ **material de oficina** office equipment; **material escolar** school materials *pl*.
materialista 1 *adj* materialistic. ‖ 2 *nmf* materialist.
maternal *adj* maternal, motherly.
maternidad *nf* maternity.
matiz 1 *nm* (*color*) shade, tint. 2 *fig* (*variación*) nuance.
matizar [4] 1 *vt* (*colores*) to blend. 2 *fig* (*palabras etc*) to tinge. 3 *fig* (*precisar*) to be more explicit about.
matojo *nm* bush, small shrub.
matón,-ona *nm,f fam* bully, thug.
matorral *nm* bushes *pl*, thicket.
matraca *nf* (*molestia*) pest, nuisance.
matrícula 1 *nf* (*registro*) registration. 2 AUTO (*placa*) number plate, US licence plate.
matricular *vt* - *vpr* to register, enrol.
matrimonio 1 *nm* (*ceremonia, institución*) marriage. 2 (*pareja*) married couple.
matriz *nf* ANAT womb.
matutino,-a *adj* morning.
maullar [16] *vi* to mew, miaow.
mausoleo *nm* mausoleum.
maxilar 1 *adj* maxillary. ‖ 2 *nm* jaw.
máxima *nf* (*principio*) maxim.
máximo,-a *adj* - *nm* maximum.
mayo *nm* May.
mayonesa *nf* mayonnaise.
mayor 1 *adj* (*comparativo*) bigger, greater, larger; (*persona*) older; (*hermanos, hijos*) elder. 2 (*superlativo*) biggest, greatest, largest; (*persona*) oldest; (*hermanos, hijos*) eldest. 3 (*de edad*) elderly. ‖ 4 *adj* - *nm* (*adulto*) grown-up, adult. • **al por mayor** wholesale; **ser mayor de edad** to be of age.
mayordomo *nm* butler.
mayoría *nf* majority.
mayorista *nmf* wholesaler.
mayormente *adv* chiefly, principally.
mayúsculo,-a 1 *adj* (*enorme*) huge. ‖ 2 **minúscula** *nf* (*letra*) capital.
maza *nf* mace.
mazapán *nm* marzipan.
mazmorra *nf* dungeon.
mazo *nm* mallet.
mazorca *nf* spike, cob.
me 1 *pron* me: **no me lo digas** don't tell me. 2 (*reflexivo*) myself: **me veo en el espejo** I can see myself in the mirror.
meada *nf vulg* piss, slash.

mear 1 *vi fam* to piss, have a piss. ‖ 2 **mearse** *vpr fam* to wet oneself.
mecánica *nf* (*ciencia*) mechanics.
mecánico,-a 1 *adj* mechanical. ‖ 2 *nm,f* mechanic.
mecanismo *nm* mechanism.
mecedora *nf* rocking chair.
mecer [2] *vt* - *vpr* to rock.
mecha 1 *nf* (*de vela*) wick. 2 MIL fuse. ‖ 3 **mechas** *nf pl* (*pelo*) highlights.
mechero *nm* lighter.
mechón *nm* (*de pelo*) lock.
medalla *nf* medal.
medallón *nm* medallion.
media 1 *nf* stocking. 2 (*promedio*) average. 3 MAT mean. • **hacer media** to knit.
mediador,-ra *nm,f* mediator.
mediados *nm pl*. • **a mediados de** about the middle of.
medialuna *nf* (*símbolo*) crescent.
mediano,-a 1 *adj* (*de tamaño*) middle-sized. 2 (*de calidad*) average, medium.
medianoche *nf* midnight.
mediante *adj* by means of.
mediar [12] 1 *vi* (*interponerse*) to mediate, intervene. 2 (*tiempo*) to elapse.
medicación *nf* medication.
medicamento *nm* medicine.
medicar [1] 1 *vt* to medicate. ‖ 2 **medicarse** *vpr* to take medicine.
medicina *nf* medicine.
medición *nf* measuring.
médico,-a 1 *adj* medical. ‖ 2 *nm,f* doctor, physician.
medida 1 *nf* (*acción*) measurement. 2 (*contenido*) measure. 3 (*prudencia*) moderation. 4 (*disposición*) measure, step. • **a medida que** as; **tomar medidas** to take steps.
medio,-a 1 *adj* (*mitad*) half: **media clase está enferma** half the class is ill. 2 (*intermedio*) middle: **a media tarde** in the middle of the afternoon. 3 (*promedio*) average. ‖ 4 **medio** *nm* (*mitad*) half. 5 (*centro*) middle. ‖ 6 *adv* half: **medio terminado,-a** half-finished. ‖ 7 **medios** *nm pl* (*recursos*) means. • **a medias** (*sin terminar*) half done, half finished; (*entre dos*) between the two: **lo pagamos a medias** we went halves on it; **quitar de en medio** to get out of the way. ▪ **media pensión** half board; **medio ambiente** environment; **medio de transporte** means of transport; **medios de comunicación** the mass media.
mediodía 1 *nm* noon, midday. 2 (*hora del almuerzo*) lunchtime.
medir [34] 1 *vt* to measure. 2 (*calcular*) to gauge. 3 (*moderar*) to weigh. ‖ 4 **medirse** *vpr* to measure oneself.
meditar *vt* - *vi* to meditate, think.
mediterráneo,-a *adj* - *nm,f* Mediter-ranean.
medusa *nf* jellyfish.
megáfono *nm* megaphone.
mejilla *nf* cheek.
mejillón *nm* mussel.
mejor 1 *adj* - *adv* (*comparativo*) better. 2 (*superlativo*) best. • **a lo mejor** perhaps, maybe.
mejora *nf* improvement.
mejorar 1 *vt* to better, improve. ‖ 2 **mejorar(se)** *vi* - *vpr* to recover, get better. 3 METEOR to clear up.
mejoría *nf* improvement.
mejunje *nm* concoction.

melancolía *nf* melancholy.
melena 1 *nf* (*de cabello*) long hair. 2 (*de león, caballo*) mane.
melenudo,-a *adj* long-haired.
mellizo,-a *adj* - *nm,f* twin.
melocotón *nm* peach.
melodía *nf* melody.
melón *nm* melon.
membrana *nf* membrane.
membrillo *nm* quince.
memo,-a 1 *adj fam* silly, foolish. || 2 *nm,f* fool, simpleton.
memoria 1 *nf* memory. 2 (*informe*) report. || 3 **memorias** *nf pl* (*biografía*) memoirs. • **de memoria** by heart.
memorizar [4] *vt* to memorize.
mencionar *vt* to mention.
mendigar [7] *vi* to beg.
mendigo,-a *nm,f* beggar.
menear 1 *vt* to shake; (*cola*) to wag. 2 *fam* (*el cuerpo*) to wiggle. || 3 **menearse** *vpr* to sway, swing.
menestra *nf* vegetable stew.
menguar [22] 1 *vi* to diminish, decrease. 2 (*luna*) to wane.
menisco *nm* meniscus.
menopausia *nf* menopause.
menor 1 *adj* (*comparativo*) smaller, lesser; (*persona*) younger. 2 (*superlativo*) smallest, least; (*persona*) youngest. || 3 **menor (de edad)** *nmf* minor. • **al por menor** retail.
Menorca *nf* Minorca.
menos 1 *adj* - *adv* (*comparativo*) less, fewer. || 2 *adv* (*superlativo*) least, fewest. 3 (*para hora*) to: **las tres menos cuarto** a quarter to three. || 4 *prep* (*excepto*) except, but. || 5 *nm* minus. • **a menos que** unless; **al menos** at least; **por lo menos** at least
menospreciar [12] 1 *vt* (*no valorar*) to undervalue, underrate. 2 (*despreciar*) to despise.
mensaje *nm* message.
menstruación *nf* menstruation.
mensual *adj* monthly.
menta *nf* mint.
mentalidad *nf* mentality.
mentalizar [4] 1 *vt* to make aware. || 2 **mentalizarse** *vpr* (*prepararse*) to prepare oneself.
mente *nf* mind. • **tener en mente hacer algo** to intend to do sth.
mentir [35] *vi* to lie, tell lies.
mentira *nf* lie. • **parece mentira** it's unbelievable. ■ **mentira piadosa** white lie.
mentiroso,-a *nm,f* liar.
mentón *nm* chin.
menudo,-a 1 *adj* (*pequeño*) small, tiny. 2 *irón* fine: **¡menudo lío!** what a fine mess! • **a menudo** often, frequently.
meñique *nm* little finger.
meollo 1 *nm* (*médula*) marrow. 2 *fig* (*esencia*) heart.
mercadillo *nf* market, street market.
mercado *nm* market.
mercancía *nf* goods *pl*.
mercante 1 *adj* merchant. || 2 *nm* merchant ship.
mercantil *adj* mercantile.
mercurio *nm* mercury.
merecer [43] *vt* - *vi* to deserve.
merecido,-a *adj* deserved.
merendero *nm* picnic spot.
merengue *nm* meringue.
meridiano,-a 1 *adj* (*de mediodía*) meridian. 2 *fig* (*claro*) obvious. || 3 **meridiano** *nm* meridian.
meridional *adj* southern.

merienda *nf* afternoon snack, tea.
mérito *nm* merit, worth.
merluza *nf* hake.
mermar *vt - vi - vpr* to decrease.
mermelada *nf* jam; (*de cítricos*) marmalade.
mero,-a 1 *adj* mere, pure. || **2 mero** *nm* (*pez*) grouper.
merodear 1 *vi* (*rondar*) to prowl. **2** MIL to maraud.
mes *nm* month.
mesa *nf* table. • **poner la mesa** to set the table; **quitar la mesa** to clear the table. ▪ **mesa de trabajo** desk; **mesa redonda** round table.
meseta *nf* tableland, plateau.
mesilla *nf* small table. ▪ **mesilla de noche** bedside table.
mesón *nm* (*venta*) inn, tavern.
mestizo,-a *adj* half-breed.
meta 1 *nf* (*portería*) goal; (*de carreras*) finish line. **2** *fig* (*objetivo*) aim, purpose.
metabolismo *nm* metabolism.
metáfora *nf* metaphor.
metal 1 *nm* metal. **2** MÚS brass.
metálico,-a 1 *adj* metallic. || **2 metálico** *nm* cash.
meteorito *nm* meteorite.
meteorología *nf* meteorology.
meter 1 *vt* to put. **2** (*punto, gol*) to score. **3** *fam* (*dar*) to give: **me metieron una multa** I got fined. **4** (*ropa*) to take in. || **5 meterse** *vpr* (*entrar*) to get in: **se metió en la cama** she got into bed. **6** (*entrometerse*) to interfere, meddle: **no te metas en lo que no te importa** mind your own business. **7** (*dedicarse*) to go into. • **meter miedo a algn** to frighten sb.
meticuloso,-a *adj* meticulous.
método *nm* method.
metomentodo *nmf fam* busybody.
metralleta *nf* submachine gun.
métrico,-a *adj* metric.
metro 1 *nm* metre. **2** (*transporte*) underground, tube, US subway.
metropolitano,-a *adj* metropolitan.
mexicano,-a *adj - nm,f* Mexican.
México *nm* Mexico.
mezcla 1 *nf* (*acción*) mixing, blending. **2** (*producto*) mixture, blend.
mezclar 1 *vt* to mix, blend. **2** (*desordenar*) to mix up. || **3 mezclarse** *vpr* (*cosas*) to get mixed up.
mezquino,-a 1 *adj* (*avaro*) stingy, niggardly. **2** (*mentalidad*) petty, small-minded. **3** (*escaso*) miserable, paltry.
mezquita *nf* mosque.
mi 1 *adj* my. || **2** *nm* MÚS E.
mí 1 *pron* me. **2** (*mí mismo,-a*) myself.
miau *nm* miaow, mew.
mico *nm* long-tailed monkey.
microbio *nm* microbe.
micrófono *nm* microphone.
microondas *nm* microwave.
microscopio *nm* microscope.
miedo *nm* fear. • **dar miedo** to be scary; **dar miedo a algn** to frighten sb; **tener miedo** to be afraid (de, of); **de miedo** *fam* great, terrific.
miedoso,-a *adj* fearful.
miel *nf* honey.
miembro 1 *nm* (*socio*) member. **2** (*extremidad*) limb. **3** (*pene*) penis.
mientras 1 *conj* while. **2** (*condición*) as long as, while. || **3** *adv* meanwhile. • **mientras no** until;

mientras tanto meanwhile, in the meantime.
miércoles *nm inv* Wednesday.
mierda 1 *nf fam* shit. 2 *fam* (*porquería*) dirt, filth.
miga *nf* crumb. • **hacer buenas migas con algn** to get along well with sb.
migaja *nf* crumb.
migración *nf* migration.
migraña *nf* migraine.
mil *num* thousand.
milagro *nm* miracle, wonder.
milagroso,-a 1 *adj* miraculous. 2 (*asombroso*) marvellous.
milenario,-a 1 *adj* ancient. ‖ 2 **milenario** *nm* millenium.
milenio *nm* millenium.
milésimo,-a *num* thousandth.
milicia *nf* militia.
miligramo *nm* milligram.
mililitro *nm* millilitre.
milímetro *nm* millimetre.
militar 1 *adj* military. ‖ 2 *nm* military man, soldier. ‖ 3 *vi* POL to be a militant.
milla *nf* mile.
millar *nm* thousand.
millón *nm* million.
millonario,-a *nm,f* millionaire.
mimar *vt* to spoil.
mimbre *nm* wicker.
mímica *nf* mime.
mimo 1 *nm* TEAT mime. 2 (*cariño*) pampering.
mimoso,-a *adj* affectionate.
mina 1 *nf* mine. 2 (*paso subterráneo*) underground passage. 3 (*de lápiz*) lead; (*de bolígrafo*) refill.
minería *nf* mining.
minero,-a 1 *adj* mining. ‖ 2 *nm,f* miner.
miniatura *nf* miniature.
minifalda *nf* miniskirt.
mínimo,-a 1 *adj* minimal, lowest. ‖ 2 **mínimo** *nm* minimum. • **como mínimo** at least.
ministerio *nm* ministry, US department.
ministro,-a *nm,f* minister. ■ **primer,-ra ministro,-a** prime minister.
minoría *nf* minority.
minuciosamente *adv* in detail.
minucioso,-a 1 *adj* (*detallado*) detailed. 2 (*persona*) meticulous.
minúscula *nf* small letter.
minúsculo,-a *adj* 1 minute, tiny. ‖ 2 **minúscula** *nf* small letter.
minusválido,-a *adj* handicapped, disabled.
minuta 1 *nf* (*factura*) lawyer's bill. 2 (*borrador*) draft. 3 (*menú*) menu.
minutero *nm* minute hand.
minuto *nm* minute. • **al minuto** at once.
mío,-a 1 *adj* my, of mine. ‖ 2 *pron* mine.
miope 1 *adj* shortsighted. ‖ 2 *nmf* shortsighted person.
miopía *nf* myopia, shortsightedness.
mirada *nf* look. • **echar una mirada** to have a look.
mirado,-a 1 *adj* (*considerado*) considerate, thoughtful. 2 (*cuidadoso*) careful. • **bien mirado** when you think about it.
mirador *nm* viewpoint.
miramiento *nm* consideration.
mirar 1 *vi* to look at. 2 (*dar a*) to look, face. ‖ 3 **mirarse** *vpr* (*a uno mismo*) to look at oneself. • **mirar con buenos ojos** to approve of; **mirar con malos ojos** to disap-

prove of; **mirar por** to look after; **¡mira quién habla!** *fam* look who's talking!

mirilla *nf* peephole.

mirón,-ona 1 *adj pey* peeping. 2 (*espectador*) onlooking. ‖ 3 *nm,f pey* voyeur. 4 (*espectador*) onlooker.

misa *nf* mass.

miserable 1 *adj* miserable. 2 (*canalla*) wretched.

miseria 1 *nf* misery. 2 (*pobreza*) extreme poverty.

misericordia *nf* mercy, pity.

misionero,-a *nm,f* missionary.

mismo,-a 1 *adj* same. 2 (*enfático - propio*) own; (*- uno mismo*) oneself. ‖ 3 *pron* same, one. ‖ 4 *adv* right: **aquí mismo** right here.

misterio *nm* mystery.

misterioso,-a *adj* mysterious.

místico,-a *adj - nm,f* mystic.

mitad 1 *nf* half. 2 (*en medio*) middle. • **a mitad de** halfway through.

mitigar [7] *vt* to mitigate, relieve.

mito *nm* myth.

mitológico,-a *adj* mythological.

mixto,-a *adj* mixed.

mobiliario *nm* furniture.

mocasín *nm* loafer.

mochila *nf* rucksack, backpack.

moción *nf* motion.

moco *nm* mucus.

mocoso,-a *nm,f fam* brat.

moda *nf* fashion. • **estar de moda** to be in fashion; **pasado de moda** old-fashioned.

modales *nm pl* manners.

modalidad *nf* form, category.

modelo 1 *adj - nm* model. ‖ 2 *nmf* fashion model.

moderación *nf* moderation.

moderador,-ra 1 *adj* moderating. ‖ 2 *nm,f* chairperson; (*hombre*) chairman; (*mujer*) chairwoman.

moderar 1 *vt* to moderate. ‖ 2 **moderarse** *vpr* to control oneself.

modernizar [4] 1 *vt* to modernize ‖ 2 **modernizarse** *vpr* to get up to date.

moderno,-a *adj* modern.

modestia *nf* modesty.

modesto,-a *adj* modest.

modificar [1] 1 *vt* to modify, change ‖ 2 **modificarse** *vpr* to change, alter.

modista *nmf* (*que confecciona*) dressmaker; (*que diseña*) fashion designer.

modisto *nm* (*sastre*) tailor; (*diseñador*) fashion designer.

modo 1 *nm* manner, way. 2 GRAM mood. ‖ 3 **modos** *nm pl* manners. • **de cualquier modo** anyway; **de ningún modo** by no means; **de todos modos** anyhow, at any rate.

modorra *nf* drowsiness.

mofarse *vpr* to scoff (de, at).

mogollón *nm fam* load, heap.

moho *nm* mould.

mojado,-a *adj* wet.

mojar 1 *vt* to wet. ‖ 2 **mojarse** *vpr* to get wet. 3 *fam* (*comprometerse*) to commit oneself.

molde *nm* mould.

moldear *vt* to mould, shape.

mole *nf* mass, bulk.

moler [32] 1 *vt* to grind, mill. 2 (*cansar*) to wear out. • **moler a palos** to beat up.

molestar 1 *vt - vi* to disturb, bother. ‖ 2 **molestarse** *vpr* to bother. 3 (*ofenderse*) to get upset.

molestia 1 *nf* nuisance, bother. 2 MED slight pain, discomfort.
molesto,-a 1 *adj* annoying, troublesome. 2 (*enfadado*) annoyed.
molinero,-a *nm,f* miller.
molinillo *nm* grinder, mill. ▪ **molinillo de café** coffee grinder.
molino *nm* mill. ▪ **molino de viento** windmill.
momentáneo,-a *adj* momentary.
momento *nm* moment, instant. • **al momento** at once; **de momento** for the time being; **por el momento** for the present.
momia *nf* mummy.
monada *nf.* • **ser una monada** *loc* to be gorgeous, to be cute.
monarca *nm* monarch.
monarquía *nf* monarchy.
monasterio *nm* monastery.
monda *nf* (*piel*) peel, skin. • **ser la monda** *fam* to be a scream.
mondar *vt* (*pelar*) to peel.
moneda 1 *nf* (*gen*) currency, money. 2 (*pieza*) coin.
monedero *nm* purse.
monetario,-a *adj* monetary.
monigote 1 *nm* (*muñeco*) rag doll, paper doll. 2 (*tonto*) fool.
monitor,-ra 1 *nm,f* (*profesor*) instructor. ‖ 2 **monitor** *nm* (*pantalla*) monitor.
monja *nf* nun.
monje *nm* monk.
mono,-a 1 *adj* (*bonito*) pretty, cute. ‖ 2 **mono** *nm* ZOOL monkey. 3 (*prenda - de trabajo*) overalls *pl*; (- *de vestir*) catsuit.
monolingüe *adj* monolingual.
monólogo *nm* monologue.
monopatín *nm* skateboard.
monopolio *nm* monopoly.
monosílabo,-a 1 *adj* monosyllabic. ‖ 2 **monosílabo** *nm* monosyllable.
monotonía *nf* monotony.
monstruo *nm* monster.
monstruoso,-a 1 *adj* monstrous. 2 (*grande*) outrageous, huge.
monta *nf* value. • **de poca monta** of little value.
montaje 1 *nm* assembly. 2 CINEM cutting, editing. 3 TEAT staging.
montaña *nf* mountain. ▪ **montaña rusa** big dipper.
montañismo *nm* mountaineering.
montañoso,-a *adj* mountainous.
montar 1 *vi* (*subir*) to mount, get on. 2 (*caballo, bicicleta*) to ride (en, -). ‖ 3 *vt* (*nata, claras*) to whip, whisk. 4 (*máquinas*) to assemble. 5 (*negocio*) to set up. 6 CINEM to edit, mount. 7 TEAT to stage. ‖ 8 **montarse** *vpr* (*subirse*) to get on.
monte 1 *nm* mountain, mount. 2 (*bosque*) woodland. 3 (*terreno*) scrubland.
montículo *nm* mound, hillock.
montón 1 *nm* heap, pile. 2 *fam* (*gran cantidad*) loads *pl*, great quantity. • **ser del montón** to be nothing special.
montura 1 *nf* (*cabalgadura*) mount. 2 (*silla*) saddle. 3 (*de gafas*) frame.
monumento *nm* monument.
moño *nm* (*de pelo*) bun. • **estar hasta el moño** *fam* to be fed up to the back teeth.
moqueta *nf* fitted carpet.
mora 1 *nf* BOT (*de moral*) mulberry. 2 (*zarzamora*) blackberry.

morada *nf fml* abode, dwelling.
morado,-a 1 *adj* dark purple. ‖ 2 **morado** *nm* (*color*) dark purple. 3 (*golpe*) bruise.
moral 1 *nf* (*reglas*) morality, morals *pl*. 2 (*ánimo*) morale, spirits *pl*.
moraleja *nf* moral.
moralidad *nf* morality.
moratón *nm* bruise.
morbo *nm fam* morbidity.
mordaza *nf* gag.
mordedura *nf* bite.
morder [32] *vt* - *vi* to bite.
mordisco *nm* bite.
mordisquear *vt* to nibble.
moreno,-a 1 *adj* (*pelo*) dark-haired. 2 (*piel*) dark-skinned. 3 (*bronceado*) tanned. ‖ 4 **moreno** *nm* suntan.
moribundo,-a *adj* dying.
morir [33] *vi* - *vpr* to die. • **morirse de hambre** (*literalmente*) to starve; (*estar hambriento*) to be starving.
moro,-a 1 *adj* (*norteafricano*) Moorish. 2 (*musulmán*) Moslim. ‖ 3 *nm,f* (*norteafricano*) Moor. 4 (*musulmán*) Moslim.
moroso,-a 1 *adj* FIN in arrears. ‖ 2 *nm,f* FIN defaulter.
morral 1 *nm* (*para bestias*) nosebag. 2 (*de cazador*) gamebag. 3 MIL haversack.
morriña *nf fam* homesickness.
morro 1 *nm fam* (*de persona*) mouth, lips. 2 (*de animal*) snout, nose. • **¡vaya morro!** *fam* what a cheek!
morsa *nf* walrus.
mortaja *nf* shroud.
mortal 1 *adj* mortal. 2 (*mortífero*) fatal, lethal. ‖ 3 *nmf* mortal.
mortalidad *nf* mortality.
mortero *nm* mortar.
mortificar [1] 1 *vt* to torment. ‖ 2 **mortificarse** *vpr* to torment oneself.
mosaico *nm* mosaic.
mosca *nf* fly. • **estar mosca** (*sospechar*) to smell a rat; (*enfadado*) to be annoyed; **por si las moscas** just in case.
mosquearse 1 *vpr fam* (*resentirse*) to get cross. 2 (*sospechar*) to smell a rat.
mostaza *nf* mustard.
mostrador *nm* counter.
mostrar 1 *vt* to show. 2 (*exponer*) to exhibit, display. 3 (*señalar*) to point out.
mote *nm* (*apodo*) nickname.
motín *nm* riot, uprising.
motivar 1 *vt* (*causar*) to cause, give rise to. 2 (*estimular*) to motivate.
motivo 1 *nm* (*causa*) motive, reason. 2 (*de dibujo, música*) motif. • **con motivo de** (*debido a*) owing to; (*en ocasión de*) on the occasion of.
moto *nf fam* motorbike.
motociclismo *nm* motorcycling.
motor,-ra 1 *adj* motor. ‖ 2 **motor** *nm* TÉC engine. ▪ **motor de búsqueda** search engine; **motor de explosión** internal combustion engine.
motorista *nmf* motorcyclist.
mover [32] 1 *vt* to move. 2 (*suscitar*) to incite. ‖ 3 **moverse** *vpr* to move. 4 *fam* (*hacer gestiones etc*) to take every step, get moving.
móvil 1 *adj* movable, mobile. ‖ 2 *nm* (*teléfono*) mobile phone, cellular phone. 3 (*motivo*) motive, inducement.

movilidad *nf* mobility.
movilizar [4] *vt* to mobilize.
movimiento *nm* (*gen*) movement. • **en movimiento** in motion. ▪ **movimiento de caja** turnover; **movimiento sísmico** earth tremor.
mozo,-a 1 *adj* young. ‖ 2 *nm,f* (*chico*) boy, lad; (*chica*) girl, lass. ‖ 3 **mozo** *nm* (*de hotel*) buttons. 4 (*de estación*) porter.
muchacho,-a *nm,f* (*chico*) boy, lad; (*chica*) girl, lass.
muchedumbre *nf* multitude, crowd.
mucho,-a 1 *adj* (*frases afirmativas - singular*) a lot of, much; (*- plural*) a lot of, many. 2 (*frases negativas e interrogativas - singular*) much; (*- plural*) many: **no tenemos mucho tiempo** we don't have much time. ‖ 3 *pron* (*singular - frases afirmativas*) a lot, much; (*- frases negativas e interrogativas*) much; (*plural*) many: **aún me queda mucho por hacer** I've still got a lot left to do; **muchos no acabaron el examen** many didn't finish the exam. ‖ 4 *adv* (*gen*) a lot: **lo siento mucho** I'm really sorry. 5 (*comparaciones*) much: **mucho más caro** it's much more expensive. 6 (*mucho tiempo*) a long time. 7 a lot, much. 8 (*frecuentemente*) often. • **por mucho que** however much.
mudar 1 *vt* to change. 2 (*trasladar*) to change, move. 3 (*plumas*) to moult. 4 (*piel*) to shed. ‖ 5 **mudarse** *vpr* (*de ropa*) to change. 6 (*de residencia*) to move.
mudo,-a 1 *adj* dumb. ‖ 2 *nm,f* dumb person.
muebles *nm pl* furniture.
mueca *nf* grimace.
muela *nf* tooth. ▪ **muela del juicio** wisdom tooth.
muelle 1 *nm* MAR dock. 2 (*elástico*) spring.
muerte *nf* death.
muerto,-a 1 *adj* dead. 2 *fam* (*cansado*) dead beat. ‖ 3 *nm,f* dead person.
muestra 1 *nf* (*ejemplar*) sample. 2 (*señal*) proof, sign. • **dar muestras de** to show signs of.
mugir [6] *vi* to moo.
mugre *nf* filth.
mujer 1 *nf* woman. 2 (*esposa*) wife.
muleta *nf* crutch.
mullir [41] 1 *vt* (*esponjar*) to soften. 2 (*la tierra*) to break up.
mulo,-a *nm,f* (*macho*) mule; (*hembra*) she-mule.
multa *nf* (*gen*) fine.
multar *vt* to fine.
multicolor *adj* multicoloured.
múltiple 1 *adj* multiple. 2 (*muchos*) many, a number of.
multiplicar [1] *vt* - *vpr* to multiply.
múltiplo,-a *adj* - *nm,f* multiple.
multitud *nf* multitude, crowd.
mundial 1 *adj* worldwide, world. ‖ 2 *nm* world championship.
mundo *nm* world. • **correr mundo** to get around; **ver mundo** to see the world. ▪ **todo el mundo** everybody; **el otro mundo** the hereafter.
munición *nf* ammunition.
municipio 1 *nm* municipality. 2 (*ayuntamiento*) town council.
muñeca 1 *nf* ANAT wrist. 2 (*juguete*) doll.

muñeco 1 *nm* (*monigote*) dummy. 2 (*juguete*) doll. ▪ **muñeco de peluche** soft toy.
muñequera *nf* wristband.
muralla *nf* wall.
murciélago *nm* bat.
murmurar 1 *vt* to mutter. ‖ 2 *vi* to gossip (de, about).
muro *nm* wall.
musa *nf* Muse.
músculo *nm* muscle.
musculoso,-a *adj* muscular.
museo *nm* museum.
musgo *nm* moss.
música *nf* music.
músico,-a *nm,f* musician.
musitar *vi* to whisper.
muslo *nm* thigh.
mustio,-a 1 *adj* (*plantas*) withered, faded. 2 (*persona*) sad, melancholy.
musulmán,-ana *adj* - *nm, f* Muslim, Moslem.
mutilado,-a *nm,f* cripple.
mutilar *vt* to mutilate.
mutuo,-a *adj* mutual, reciprocal.
muy *adv* very.

N-Ñ

nabo *nm* turnip.
nacer [42] **1** *vi* (*persona, animal*) to be born. **2** (*río*) to rise. **3** (*tener su origen*) to originate, start.
nacido,-a *adj* born.
naciente **1** *adj* (*nuevo*) new. **2** (*creciente*) growing.
nacimiento **1** *nm* (*de persona, animal*) birth. **2** (*de río*) source. **3** *fig* origin, beginning.
nación *nf* nation.
nacional **1** *adj* (*bandera, equipo*) national. **2** (*productos, mercados*) domestic.
nacionalidad *nf* nationality.
nacionalizar [4] **1** *vt* (*empresa*) to nationalize. **2** (*persona*) to naturalize. || **3 nacionalizarse** *vpr* (*empresa*) to be nationalized; (*persona*) to become naturalized.
nada **1** *pron* nothing, not... anything. || **2** *adv* not at all: **no me gusta nada** I don't like it at all. || **3** *nf* nothingness. • **como si nada** just like that.
nadador,-ra *nm,f* swimmer.
nadar *vi* to swim.
nadie *pron* nobody, not... anybody.
naipe *nm* card.
nal. *abr* (nacional) nat.
nalga *nf* buttock.
nana *nf* lullaby.
naranja **1** *adj* - *nm* (*color*) orange. || **2** *nf* (*fruta*) orange.
naranjada *nf* orangeade.
naranjo *nm* orange tree.
narciso *nm* (*flor blanca*) narcissus; (*flor amarilla*) daffodil.
narcótico,-a *adj* - *nm* narcotic.
narcotráfico *nm* drug trafficking.
nariz **1** *nf* (*órgano*) nose. **2** (*olfato*) sense of smell. • **estar hasta las narices de** *fam* to be fed up to the back teeth with.
narración **1** *nf* (*acción*) narration, account. **2** (*relato*) story.
narrador,-ra *nm,f* narrator.
narrar *vt* to narrate.
nata *nf* (*para montar*) cream.
natación *nf* swimming.
natal *adj* (*país*) native; (*ciudad*) home.
natalidad *nf* birth-rate.
nativo,-a *adj* - *nm, f* native.
natural **1** *adj* (*color, estado, gesto*) natural. **2** (*fruta, flor*) fresh. **3** (*sin elaboración*) plain. • **al natural** (*en la realidad*) in real life; (*alimento*) in its own juice; **ser natural de** to come from.
naturaleza **1** *nf* (*universo*) nature. **2** (*forma de ser*) nature, character. **3** (*complexión*) physical constitution.
naturalidad **1** *nf* (*sencillez*) naturalness. **2** (*espontaneidad*) ease, spontaneity.
naufragar [7] **1** *vi* (*barco*) to be wrecked. **2** (*proyecto, plan*) to fail.

naufragio 1 *nm* (*de barco*) shipwreck. 2 (*de proyecto, plan*) failure.
náufrago,-a 1 *adj* shipwrecked. ‖ 2 *nm,f* shipwrecked person, castaway.
náusea *nf* nausea, sickness. • **me da náuseas** it makes me sick.
náutica *nf* navigation, seamanship.
navaja *nf* (*cuchillo*) penknife. ▪ **navaja de afeitar** razor.
nave 1 *nf* (*barco*) ship, vessel. 2 (*cohete*) spaceship. 3 (*de iglesia*) nave. ▪ **nave industrial** industrial premises *pl*; **nave lateral** aisle.
navegación *nf* navigation.
navegador *nm* INFORM browser.
navegante 1 *adj* sailing. ‖ 2 *nmf* navigator.
navegar [7] *vi* to navigate, sail. • **navegar en Internet** to surf the Net.
Navidad *nf* Christmas.
neblina *nf* mist.
nebulosa *nf* nebula.
nebuloso,-a 1 *adj* (*cielo*) cloudy. 2 (*idea, plan*) nebulous, vague.
necesario,-a *adj* necessary. • **es necesario hacerlo** it has to be done; **si fuera necesario** if need be.
neceser 1 *nm* (*de aseo*) toilet bag. 2 (*de maquillaje*) make-up bag.
necesidad 1 *nf* (*falta*) necessity, need. 2 (*hambre*) hunger. 3 (*pobreza*) poverty, want.
necesitado,-a *adj* needy, poor.
necesitar *vt* to need. • **"Se necesita camarero"** "Waiter required".
necio,-a *adj* silly, stupid.
neerlandés,-esa 1 *adj* Dutch. ‖ 2 *nm,f* (*hombre*) Dutchman; (*mujer*) Dutch woman. ‖ **3 neerlandés** *nm* (*idioma*) Dutch.
nefasto,-a 1 *adj* (*desgraciado*) unlucky, ill-fated. 2 (*perjudicial*) harmful, fatal. 3 (*pésimo*) awful, dreadful.
negación 1 *nf* (*de un ideal*) negation. 2 (*de una acusación*) denial. 3 (*negativa*) refusal. 4 GRAM negative.
negado,-a *nm,f* nohoper. • **ser negado,-a para algo** to be useless at sth.
negar [48] 1 *vt* (*acusación, afirmación*) to deny. 2 (*rechazar*) to refuse. ‖ **3 negarse** *vpr* to refuse (a, to). • **negar con la cabeza** to shake one's head.
negativa *nf* refusal.
negligente *adj* negligent.
negociación *nf* negotiation.
negociante *nmf* dealer.
negociar [12] 1 *vi* (*comerciar*) to do business, deal (con, with). ‖ 2 *vt - vi* (*hablar*) to negotiate.
negocio 1 *nm* (*empresa*) business. 2 (*transacción*) deal, transaction. 3 (*asunto*) affair. • **hacer un buen negocio** (*trato comercial*) to do a good deal; (*en general*) to do well; **hacer negocio** to make a profit.
negra *nf* crotchet, US quarter note.
negro,-a 1 *adj* (*color, raza, pelo*) black. 2 (*tono, ojos, piel*) dark. 3 (*bronceado*) suntanned. ‖ 4 *nm,f* (*hombre*) black man; (*mujer*) black woman. ‖ **5 negro** *nm* (*color*) black. • **pasarlas negras** to have a rough time of it; **verlo todo negro** to be very pessimistic.
negrura *nf* blackness.
nene,-a *nm,f* baby.

nervio 1 *nm* nerve. 2 (*de la carne*) tendon, sinew.
nerviosismo *nm* nervousness.
nervioso,-a *adj* nervous. • **estar nervioso,-a** to be nervous; **poner nervioso,-a a algn** to get on sb's nerves.
neto,-a 1 *adj* (*peso, cantidad*) net. 2 (*claro*) neat, clear.
neumático,-a 1 *adj* pneumatic. ‖ 2 **neumático** *nm* tyre.
neura 1 *nf fam* obsession, bug. ‖ 2 *adj* - *nmf fam* neurotic.
neurótico,-a *adj* - *nm, f* neurotic.
neutralidad *nf* neutrality.
neutro,-a 1 *adj* neutral. 2 GRAM neuter.
nevada *nf* snowfall.
nevado,-a *adj* (*ciudad, prado*) covered with snow; (*montaña*) snowcapped.
nevar [27] *vi* to snow.
nevera *nf* fridge, refrigerator.
nexo *nm* connexion, link.
ni 1 *conj* (*en doble negación*) neither... nor: **no tengo tiempo ni dinero** I have got neither time nor money. 2 (*ni siquiera*) not even: **ni por dinero** not even for money. • **¡ni hablar!** no way!
nicho *nm* niche.
nicotina *nf* nicotine.
nido *nm* nest.
niebla *nf* fog.
nieto,-a *nm,f* (*gen*) grandchild; (*niño*) grandson; (*niña*) granddaughter.
nieve *nf* snow.
Nilo *nm* Nile.
ninguno,-a 1 *adj* no, not... any; **no tengo ninguna mascota** I have no pets, I don't have any pets. ‖ 2 *pron* (*persona*) nobody, no one. 3 (*objeto*) not... any, none: **ninguno me gusta** I don't like any of them, I like none of them. • **en ninguna parte** nowhere.
niñera *nf* nursemaid, nanny.
niñez *nf* childhood, infancy.
niño,-a *nm,f* (*gen*) child; (*chico*) boy; (*chica*) girl; (*bebé*) baby. • **de niño,-a** as a child; **desde niño,-a** from childhood.
nítido,-a 1 *adj* (*transparente*) limpid, transparent. 2 (*claro*) accurate, precise. 3 (*imagen*) sharp.
nitrógeno *nm* nitrogen.
nivel 1 *nm* (*altura*) level, height. 2 (*categoría*) standard, degree. 3 (*instrumento*) level. • **a nivel del mar** at sea level. ■ **nivel de vida** standard of living.
nivelar *vt* to level out, level off.
no 1 *adv* no, not: **no, no quiero** no, I don't want any. 2 (*prefijo*) non: **la no violencia** nonviolence. ‖ 3 *nm* no. • **¡a que no!** I bet you don't; **el no va más** the ultimate.
noble 1 *adj* noble. ‖ 2 *nmf* (*hombre*) nobleman; (*mujer*) noblewoman.
noche *nf* night. • **buenas noches** (*saludo*) good evening; (*despedida*) good night; **esta noche** tonight; **hacerse de noche** to get dark; **por la noche** at night, in the evening; **son las nueve de la noche** it's nine p.m.; **de la noche a la mañana** overnight.
nochebuena *nf* Christmas Eve.
nochevieja *nf* New Year's Eve.
noción 1 *nf* notion, idea. ‖ 2 **nociones** *nf pl* smattering *sing*, basic knowledge *sing*.
nocivo,-a *adj* noxious, harmful.

nocturno,-a 1 *adj* (*gen*) night, evening. 2 (*animal*) nocturnal.

nómada *adj* - *nmf* nomad.

nombrar *vt* to name, appoint.

nombre 1 *nm* (*gen*) name. 2 (*sustantivo*) noun. 3 (*reputación*) reputation. • **a nombre de** addressed to; **en nombre de** on behalf of; **llamar a las cosas por su nombre** *fig* to call a spade a spade; **no tiene nombre** *fig* it's unspeakable. ■ **nombre de pila** first name, given name; **nombre propio** proper noun.

nominar *vt* to nominate.

non *adj* (*número*) odd. • **pares y nones** odds and evens.

noreste *nm* northeast.

noria 1 *nf* (*para agua*) waterwheel. 2 (*de feria*) big wheel.

norirlandés,-esa 1 *adj* Northern Irish. ‖ 2 *nm,f* (*hombre*) Northern Irishman; (*mujer*) Northern Irishwoman.

norma *nf* norm, rule.

normal *adj* normal, usual, average.

normalidad *nf* normality.

normalizar [4] 1 *vt* to normalize, restore to normal. ‖ 2 **normalizarse** *vpr* to return to normal.

normativa *nf* rules *pl*, regulations.

noroeste *nm* northwest.

norte *adj-nm* (*punto cardinal*) north.

norteamericano,-a *adj* - *nm,f* North American.

Noruega *nf* Norway.

noruego,-a *adj* - *nm,f* Norwegian.

nos 1 *pron* (*complemento*) us. 2 (*reflexivo*) ourselves. 3 (*recíproco*) each other: **nos queremos mucho** we love each other very much.

nosotros,-as 1 *pron* (*sujeto*) we. 2 (*complemento*) us.

nostalgia 1 *nf* nostalgia. 2 (*morriña*) homesickness.

nostálgico,-a *adj* nostalgic.

nota 1 *nf* (*anotación*) note. 2 (*calificación*) mark, grade. 3 (*cuenta*) bill. 4 *fig* (*detalle*) touch. 5 (*musical*) note. • **sacar buenas notas** to get good marks; **tomar nota de algo** (*apuntar*) to note sth down; (*fijarse*) to take note of sth.

notable *adj* (*apreciable*) noticeable; (*digno de notar*) remarkable.

notar 1 *vt* (*percibir*) to notice, note. 2 (*sentir*) to feel. ‖ 3 **notarse** *vpr* (*percibirse*) to be noticeable, show. 4 (*sentirse*) to feel.

notario,-a *nm,f* notary public.

noticia *nf* news *pl*. • **dar la noticia** to break the news. ■ **noticia bomba** bombshell.

notificación *nf* notification.

notificar [1] *vt* to notify, inform.

notorio,-a *adj* well-known.

novato,-a 1 *adj* (*persona*) inexperienced, green. ‖ 2 *nm,f* (*principiante*) novice, beginner. 3 (*en universidad*) fresher.

novecientos,-as *num* nine hundred.

novedad 1 *nf* (*cualidad*) newness. 2 (*cosa nueva*) novelty. 3 (*cambio*) change, innovation. 4 (*noticia*) news *pl*.

novela *nf* novel. ■ **novela negra** detective story; **novela policíaca** detective story; **novela rosa** romance.

novelista *nmf* novelist.

noveno,-a *num* ninth.

noventa *num* ninety.

noviazgo *nm* engagement.
noviembre *nm* November.
novillo *nm* young bull. • **hacer novillos** to play truant, US play hooky.
novio,-a 1 *nm,f* (*chico*) boyfriend; (*chica*) girlfriend. **2** (*prometido - chico*) fiancé; (*- chica*) fiancée. **3** (*en boda - hombre*) bridegroom; (*- mujer*) bride.
nube *nf* METEOR cloud.
nublado,-a *adj* cloudy, overcast.
nublarse *vpr* to cloud over.
nubosidad *nf* cloudiness.
núcleo 1 *nm* FÍS nucleus. **2** (*parte central*) core. **3** (*grupo de gente*) circle, group.
nudillo *nm* knuckle.
nudo *nm* (*atadura*) knot.
nuera *nf* daughter-in-law.
nuestro,-a 1 *adj* our, of ours. ‖ **2** *pron* ours.
nuevamente *adv* again.
nueve *num* nine; (*en fechas*) ninth.
nuevo,-a 1 *adj* (*reciente*) new. **2** (*adicional*) further. ‖ **3** *nm,f* newcomer; (*principiante*) beginner; (*en universidad*) fresher. • **de nuevo** again; **estar como nuevo, -a** (*objeto*) to be as good as new; (*persona*) to feel like a new man/woman; **¿qué hay de nuevo?** *fam* what's new?
nuez *nf* walnut.
nulo,-a 1 *adj* (*inepto*) useless, totally inept. **2** (*sin valor*) null and void.
núm. *abr* (número) n.
numeral *nm* numeral.
numerar *vt* to number.
numérico,-a *adj* numerical.
número 1 *nm* MAT number. **2** (*ejemplar*) number, issue. **3** (*de zapatos*) size. **4** (*en espectáculo*) sketch, act. • **montar un número** *fam* to make a scene. ■ **número cardinal** cardinal number; **número extraordinario** special issue; **número impar** odd number; **número ordinal** ordinal number; **número par** even number; **número primo** prime number.
numeroso,-a *adj* numerous; (*grupo*) large.
nunca 1 *adv* (*en negativa*) never. **2** (*en interrogativa*) ever. • **casi nunca** hardly ever; **más que nunca** more than ever; **nunca jamás** never ever; **nunca más** never again.
nupcias *nm pl fml* wedding *sing*, nuptials.
nutrición *nf* nutrition.
nutrir 1 *vt* to feed. ‖ **2 nutrirse** *vpr* to feed (de, on).
nutritivo,-a *adj* nutritious, nourishing.

ñoñería 1 *nf* (*cosa*) insipidness. **2** (*persona*) fussiness.
ñoño,-a 1 *adj* (*cosa*) insipid. **2** (*persona*) fussy.
ñu *nm* gnu.

O

o *conj* or. • **o ... o ...** either ... or ...; **o sea** that is to say.
oasis *nm inv* oasis.
obedecer [43] **1** *vt* (*a persona, norma*) to obey. ‖ **2** *vi* (*a causa*) to be due (a, to).
obediencia *nf* obedience.
obediente *adj* obedient.
obesidad *nf* obesity.
obeso,-a *adj* obese.
obispo *nm* bishop.
objeción *nf* objection.
objetar *vt* to object.
objetividad *nf* objectivity.
objetivo,-a 1 *adj* objective. ‖ **2 objetivo** *nm* (*fin*) objective, aim, goal. **3** MIL target. **4** (*fotografía*) lens.
objeto 1 *nm* (*cosa*) object. **2** (*fin*) aim, purpose, object. **3** (*tema*) theme, subject, matter. • **con objeto de** in order to. ■ **objeto directo** direct object; **objeto indirecto** indirect object; **objetos perdidos** lost property *sing*.
obligación *nf* (*deber*) obligation.
obligar [7] *vt* to oblige, force, make.
obligatorio,-a *adj* compulsory.
obra 1 *nf* (*trabajo*) piece of work. **2** (*pintura, escultura*) work; (*literatura*) book; (*teatro*) play. **3** (*institución*) institution, foundation. **4** (*construcción*) building site. ■ **obra benéfica** act of charity; **obra de arte** work of art; **obra de caridad** charitable deed; **obra maestra** masterpiece.
obrar 1 *vi* (*proceder*) to act, behave. ‖ **2** *vt* (*trabajar*) to work.
obrero,-a *nm,f* worker.
obscenidad *nf* obscenity.
obsceno,-a *adj* obscene.
obsequiar [12] **1** *vt* (*dar regalos*) to give. **2** (*agasajar*) to entertain.
obsequio *nm* gift, present.
observación *nf* observation.
observador,-ra 1 *adj* observant. ‖ **2** *nm,f* observer.
observar 1 *vt* (*mirar*) to observe. **2** (*notar*) to notice. **3** (*cumplir*) to obey.
obsesionar 1 *vt* to obsess. ‖ **2 obsesionarse** *vpr* to get obsessed.
obsesivo,-a *adj* obsessive.
obseso,-a *adj* obsessed. ■ **obseso, -a sexual** sex maniac.
obstaculizar [4] *vt* to obstruct.
obstáculo *nm* obstacle, hindrance.
obstante *adv* • **no obstante** nevertheless.
obstinado,-a *adj* obstinate, stubborn.
obstinarse *vpr* to persist (en, in).
obstruir [62] **1** *vt* (*obstaculizar*) to block, obstruct. ‖ **2 obstruirse** *vpr* to get blocked up.
obtener [87] *vt* to obtain, get.
obvio,-a *adj* obvious.
oca *nf* goose.

ocasión 1 *nf* (*momento*) occasion. 2 (*oportunidad*) opportunity, chance. 3 (*ganga*) bargain. • **dar ocasión a algo** to give rise to sth; **de ocasión** (*segunda mano*) secondhand; (*barato*) bargain.
ocasionar *vt* (*causar*) to cause.
ocaso 1 *nm* (*anochecer*) sunset. 2 (*occidente*) west. 3 *fig* (*declive*) fall, decline.
occidental 1 *adj* western. ‖ 2 *nmf* (*persona*) westerner.
occidente *nm* the West.
Oceanía *nf* Oceania.
océano *nm* ocean.
ochenta *num* eighty.
ocho *num* eight.
ochocientos,-as *num* eight hundred.
ocio 1 *nm* (*tiempo libre*) leisure. 2 (*inactividad*) idleness.
ocioso,-a 1 *adj* (*inactivo*) idle. 2 (*inútil*) pointless, useless. ‖ 3 *nm,f* idler.
octavo,-a *num* eighth.
octogonal *adj* octogonal.
octógono *nm* octagon.
octubre *nm* October.
ocular 1 *adj* eye. ‖ 2 *nm* eyepiece.
oculista *nmf* oculist.
ocultar *vt* to hide (a, from).
oculto,-a *adj* concealed, hidden.
ocupado,-a 1 *adj* (*persona*) busy. 2 (*asiento*) taken; (*aseos, teléfono*) engaged; (*puesto de trabajo*) filled.
ocupante *nmf* occupant.
ocupar 1 *vt* (*conquistar*) to occupy, take. 2 (*llevar un tiempo*) to take. 3 (*trabajadores*) to employ. ‖ 4 **ocuparse** *vpr* (*emplearse*) to occupy oneself (de/en/con, with). 5 (*vigilar*) to look after (de, -). • **ocuparse de algn** to take care of sb; **ocuparse de un asunto** to deal with a matter.
ocurrencia 1 *nf* (*agudeza*) witty remark. 2 (*idea*) idea.
ocurrente *adj* bright, witty.
ocurrir 1 *vi* to happen, occur. ‖ 2 **ocurrirse** *vpr* to think, occur to. • **¿qué te ocurre?** what's the matter?, what's up?
odiar [12] *vt* to hate, loathe.
odio *nm* hatred, loathing.
odioso,-a *adj* hateful, detestable.
odontólogo,-a *nm,f* dental surgeon.
oeste *nm* west.
ofender 1 *vt* to offend. ‖ 2 **ofenderse** *vpr* to be offended (con/por, by), take offence (con/por, at).
ofensa *nf* insult.
ofensivo,-a 1 *adj* (*comentario*) offensive, rude. 2 (*táctica*) offensive.
oferta 1 *nf* (*propuesta*) offer. 2 COM bid, tender. 3 (*suministro*) supply. • **de oferta** on offer. ▪ **oferta y demanda** supply and demand.
oficial 1 *adj* official. ‖ 2 *nm* MIL officer. 3 (*empleado*) clerk. 4 (*obrero*) skilled worker.
oficina *nf* office. ▪ **oficina de empleo** job centre, US job office; **oficina de prensa** press office; **oficina de turismo** tourist office; **oficina pública** government office.
oficinista *nmf* office worker.
oficio 1 *nm* (*ocupación*) job, occupation. 2 (*función*) role, function. 3 REL service.
oficioso,-a 1 *adj* (*noticia, fuente*) unofficial. 2 (*persona*) officious.

ofrecer [43] **1** *vt* (*dar - premio, amistad*) to offer; (- *banquete, fiesta*) to hold; (*regalo*) to give. **2** (*presentar*) to present. ‖ **3 ofrecerse** *vpr* (*prestarse*) to offer, volunteer.
ofrecimiento *nm* offer.
oídas de oídas *loc* by hearsay: **la conozco de oídas** I've heard of her.
oído 1 *nm* (*sentido*) hearing. **2** (*órgano*) ear. • **de oído** by ear.
oír [75] *vt* to hear. • **¡oye!** hey!; **como lo oyes** *fam* believe it or not.
ojal *nm* buttonhole.
ojalá *interj* if only, I wish: **¡ojalá fuera rico!** I wish I were rich!
ojeada *nf* glance, quick look. • **echar una ojeada** (*mirar*) to take a quick look (a, at); (*vigilar*) to keep an eye (a, on).
ojear *vt* (*mirar*) to have a quick look at.
ojeras *nm pl* bags under the eyes.
ojo 1 *nm* (*órgano*) eye. **2** (*agujero*) hole. ‖ **3 ¡ojo!** *interj* careful, look out. • **a ojo** at a rough guess; **mirar con buenos ojos** to look favourably on; **no pegar ojo** not to sleep a wink; **saltar a los ojos** to be evident; **tener ojo clínico** to have a good eye. ▪ **ojo de la cerradura** keyhole.
ola *nf* wave.
oleada *nf* wave.
oleaje *nm* swell.
óleo *nm* (*material*) oil paint; (*cuadro*) oil painting.
oler [60] *vt - vi* to smell (a, of): **huele a gas** I can smell gas. • **olerse algo** to suspect sth.
olfatear 1 *vt* (*oler*) to sniff, smell. **2** *fig* (*indagar*) to nose into, pry into.
olfato 1 *nm* sense of smell. **2** *fig* (*intuición*) good nose, instinct, flair.
olimpiada *nf* Olympiad.
olímpico,-a *adj* Olympic.
oliva 1 *adj - nm* (*color*) olive. ‖ **2** *nf* (*aceituna*) olive.
olivar *nm* olive grove.
olivo *nm* olive tree.
olmo *nm* elm.
olor *nm* smell.
olvidadizo,-a *adj* forgetful.
olvidar 1 *vt* (*gen*) to forget. **2** (*dejar*) to leave. ‖ **3 olvidarse** *vpr* to forget (de, -).
olvido 1 *nm* (*desmemoria*) oblivion. **2** (*descuido*) forgetfulness, absentmindedness. **3** (*lapsus*) oversight, lapse.
ombligo *nm* navel.
omisión *nf* omission.
omiso,-a *adj* negligent. • **hacer caso omiso de** to take no notice of.
omitir *vt* to omit, leave out.
omóplato *nm* shoulder blade.
once *num* eleven; (*en fechas*) eleventh.
onceavo,-a *num* eleventh.
onda *nf* wave. ▪ **onda expansiva** shock wave.
ondear 1 *vi* (*bandera*) to flutter. **2** (*agua*) to ripple. • **ondear a media asta** to be flying at half mast.
ondulación 1 *nf* (*de movimiento*) undulation. **2** (*de pelo*) wave. **3** (*de agua*) ripple.
ondulado,-a *adj* wavy.
ondulante *adj* undulating.
ondular 1 *vt* (*pelo*) to wave. ‖ **2** *vi* (*moverse*) to undulate.
ONG *abr* NGO.
opaco,-a *adj* opaque.

opción 1 *nf* (*elección*) option, choice. 2 (*derecho*) right.
ópera *nf* opera.
operación 1 *nf* (*gen*) operation. 2 FIN transaction, deal.
operador,-ra *nm,f* TÉC operator.
operar 1 *vt* MED to operate (a, on). 2 (*producir*) to bring about. || 3 *vi* (*hacer efecto*) to operate, work. 4 FIN to deal, do business. || 5 **operarse** *vpr* MED to have an operation (de, for).
operario,-a *nm,f* operator, worker.
opinar *vi* to think.
opinión *nf* (*juicio*) opinion, point of view. • **cambiar de opinión** to change one's mind. ▪ **opinión pública** public opinion.
oponente 1 *adj* opposing. || 2 *nmf* opponent.
oponer [78] 1 *vt* to put forward. 2 (*resistencia*) to offer. || 3 **oponerse** *vpr* (*estar en contra*) to oppose (a, -). 4 (*ser contrario*) to be in opposition (a, to).
oportunidad 1 *nf* (*ocasión*) opportunity, chance. 2 (*ganga*) bargain.
oportuno,-a 1 *adj* (*a tiempo*) opportune, timely. 2 (*conveniente*) appropriate.
oposición 1 *nf* (*enfrentamiento*) opposition. 2 (*examen*) competitive examination.
opresor,-ra 1 *adj* oppressive, oppressing. || 2 *nm,f* oppressor.
oprimir 1 *vt* (*tecla, botón*) to press. 2 (*persona, pueblo*) to oppress.
optar 1 *vi* (*elegir*) to choose. 2 (*aspirar*) to apply (a, for).
optativo,-a *adj* optional.
óptica 1 *nf* (*tienda*) optician's. 2 (*ciencia*) optics.
óptico,-a 1 *adj* optical. || 2 *nm,f* optician.
optimista 1 *adj* optimistic. || 2 *nmf* optimist.
óptimo,-a *adj* very best, optimum.
opuesto,-a 1 *adj* (*contrario*) opposed, contrary. 2 (*de enfrente*) opposite.
opulencia *nf* opulence, luxury.
opulento,-a *adj* opulent.
oración 1 *nf* REL prayer. 2 GRAM clause, sentence.
orador,-ra *nm,f* speaker, orator.
orar *vi* to pray.
órbita 1 *nf* (*de satélite*) orbit. 2 (*de ojo*) socket.
orca *nf* killer whale.
orden 1 *nm* (*disposición*) order. || 2 *nf* (*mandato, cuerpo*) order. 3 JUR warrant. • **de primer orden** first-rate; **poner algo en orden** to sort sth out. ▪ **orden de arresto** arrest warrant; **orden de pago** money order; **orden del día** agenda; **orden judicial** court order; **orden público** law and order.
ordenación 1 *nf* (*disposición*) arrangement, organizing. 2 REL ordination.
ordenado,-a *adj* tidy.
ordenador *nm* INFORM computer. ▪ **ordenador portátil** laptop.
ordenar 1 *vt* (*arreglar*) to put in order; (*habitación*) to tidy up. 2 (*mandar*) to order to. 3 REL to ordain.
ordeñar *vt* to milk.
ordinario,-a 1 *adj* (*corriente*) ordinary, common. 2 (*grosero*) vulgar. • **de ordinario** usually.

orégano *nm* oregano.
oreja *nf* ear.
orfanato *nm* orphanage.
organismo 1 *nm* (*ser viviente*) organism. 2 (*entidad*) organization, body.
organización *nf* organization.
organizador,-ra 1 *adj* organizing. ‖ 2 *nm,f* organizer.
organizar [4] 1 *vt* (*gen*) to organize. ‖ 2 **organizarse** *vpr* (*persona*) to organize oneself.
órgano *nm* organ.
orgasmo *nm* orgasm.
orgía *nf* orgy.
orgullo 1 *nm* (*propia estima*) pride. 2 (*arrogancia*) arrogance, haughtiness.
orgulloso,-a 1 *adj* (*satisfecho*) proud. 2 (*arrogante*) arrogant, haughty.
orientación 1 *nf* (*dirección*) orientation. 2 (*enfoque*) approach. 3 (*guía*) guidance.
oriental *adj* eastern, oriental.
orientar 1 *vt* (*dirigir*) to orientate, direct. 2 (*guiar*) to guide, give directions. ‖ 3 **orientarse** *vpr* (*encontrar el camino*) find one's way about.
oriente *nm* east, orient.
orificio *nm* orifice, hole.
origen *nm* origin.
originar 1 *vt* to cause, give rise to. ‖ 2 **originarse** *vpr* to originate, have its origin.
originario,-a *adj* original. • **ser originario,-a de** (*persona*) to come from; (*costumbre*) to originate in.
orilla 1 *nf* (*borde*) edge. 2 (*del río*) bank; (*del mar*) shore. • **a la orilla del mar** by the sea.
orina *nf* urine.
orinal *nm* chamber pot; (*de niño*) potty.
orinar *vi* to urinate.
oriundo,-a *adj* . • **ser oriundo,-a de** to come from.
oro *nm* gold.
orquesta 1 *nf* (*clásica, sinfónica*) orchestra. 2 (*banda*) dance band.
orquídea *nf* orchid.
ortografía *nf* spelling, orthography.
ortográfico,-a *adj* spelling.
ortopédico,-a *adj* (*cirugía etc*) orthopaedic; (*pierna etc*) artificial.
oruga *nf* caterpillar.
os 1 *pron* (*complemento directo*) you. 2 (*complemento indirecto*) to you. 3 (*reflexivo*) yourselves. 4 (*recíproco*) each other.
osadía 1 *nf* (*audacia*) daring, boldness. 2 (*desvergüenza*) impudence.
osado,-a 1 *adj* (*audaz*) daring, bold. 2 (*desvergonzado*) shameless.
osar *vi* to dare.
oscilación 1 *nf* (*de precios*) fluctuation. 2 (*de movimiento*) oscillation.
oscilar 1 *vi* (*variar*) to vary, fluctuate. 2 (*balancearse*) to oscillate.
oscurecer [43] 1 *vt* (*ensombrecer*) to darken. ‖ 2 *vi* (*anochecer*) to get dark. ‖ 3 **oscurecerse** *vpr* (*nublarse*) to become cloudy.
oscuridad 1 *nf* (*de lugar, color*) darkness. 2 (*de explicación*) obscurity.
oscuro,-a 1 *adj* (*lugar, color*) dark. 2 (*origen, explicación*) obscure. • **a oscuras** in the dark.
oso *nm* bear. ▪ **oso de peluche** teddy bear.

ostensible *adj* ostensible, obvious.

ostentación *nf* ostentation.

ostentar 1 *vi* (*jactarse*) to show off, flaunt. **2** (*poseer*) to hold.

ostentoso,-a *adj* ostentatious.

ostra 1 *nf* oyster. ‖ **2 ¡ostras!** *interj* crikey!, US gee!

otoño *nm* autumn, US fall.

otorgar [7] **1** *vt* (*conceder*) to grant, give (a, to); (*premio*) to award (a, to). **2** JUR to execute, draw up.

otro,-a 1 *adj* (*singular*) another; (- *con det o adj*) other: **vino otra persona en su lugar** another person came in his place. **2** (*plural*) other: **entre otras cosas** amongst other things. ‖ **3** *pron* (*singular*) another, another one: **necesito otro** I need another one. **4** (*con artículo definido - singular*) other one; (*plural*) others: **los otros también quieren venir** the others want to come too. • **otra cosa** something else; **otro día** another day; **otro tanto** as much; **un día sí y otro no** every two days.

ovación *nf* ovation, applause.

ovacionar *vi* to applaud (a, -).

ovalado,-a *adj* oval.

óvalo *nm* oval.

ovario *nm* ovary.

oveja *nf* (*gen*) sheep. • **ser la oveja negra de la familia** to be the black sheep of the family.

ovino,-a *adj* sheep.

OVNI *abr* UFO.

oxidado,-a *adj* rusty.

oxidarse *vpr* to rust, go rusty.

óxido 1 *nm* QUÍM oxide. **2** (*herrumbre*) rust.

oxígeno *nm* oxygen.

oyente 1 *nmf* RAD listener. **2** (*estudiante*) occasional student. ‖ **3 oyentes** *nm pl* audience *sing*.

ozono *nm* ozone.

P

pabellón 1 *nm* ARQ (*edificio - aislado*) block, section; (- *anexo*) pavilion. 2 (*tienda*) tent. 3 (*bandera*) flag. 4 ANAT external ear. ■ **pabellón deportivo** sports hall.

pacer [42] *vi - vt* to graze.

pachorra *nf fam* slowness.

pachucho,-a 1 *adj* (*fruta*) overripe. 2 (*persona*) under the weather.

paciencia *nf* patience. • **perder la paciencia** to lose one's patience; **tener paciencia** to be patient.

paciente *adj - nmf* patient.

pacificar [1] *vt* to pacify.

pacífico,-a 1 *adj* (*tranquilo*) peaceful. 2 (*del Pacífico*) Pacific.

pacifista *adj - nmf* pacifist.

pacotilla de pacotilla *loc fam* shoddy.

pactar *vt* to agree to.

pacto *nm* pact, agreement.

padecer [43] 1 *vt* to suffer. ‖ 2 *vi* to suffer (de, from).

padrastro *nm* stepfather.

padre 1 *nm* father. ‖ 2 *adj fam* tremendous. ‖ 3 **padres** *nm pl* (*padre y madre*) parents. ■ **padre político** father-in-law.

padrenuestro *nm* Lord's Prayer.

padrino 1 *nm* (*de bautizo*) godfather. 2 (*de boda - padre*) bride's father; (- *amigo*) best friend. 3 (*patrocinador*) sponsor.

paga *nf* (*sueldo*) pay. ■ **paga extra** bonus.

pagano,-a *adj - nm, f* pagan.

pagar [7] *vt* (*compra, entrada*) to pay for; (*sueldo, alquiler, cuenta*) to pay; (*deuda*) to pay off. • **pagar al contado** to pay cash; **¡me las pagarás!** *fam* you'll pay for this!

página *nf* page.

pago 1 *nm* COM FIN payment. 2 (*recompensa*) reward. • **en pago por** in payment for. ■ **pago al contado** cash payment; **pago anticipado** advance payment; **pago inicial** down payment.

país *nm* country. ■ **país natal** native country; **País Vasco** Basque Country.

paisaje 1 *nm* (*terreno*) landscape. 2 (*vista*) scenery.

paisano,-a *nm,f* (*compatriota - hombre*) fellow countryman; (- *mujer*) fellow countrywoman. • **de paisano** in plain clothes.

paja 1 *nf* (*tallo seco*) straw. 2 (*relleno*) padding, waffle.

pajarería *nf* pet shop.

pajarita 1 *nf* (*lazo*) bow tie. 2 (*de papel*) paper bird.

pájaro *nm* ZOOL bird. • **matar dos pájaros de un tiro** to kill two birds with one stone.

pala 1 *nf* (*para cavar*) spade. 2 (*de cocina*) slice. 3 (*de hélice*) blade.

palabra *nf* word. • **dar uno su palabra** to give one's word; **dejar a uno con la palabra en la boca**

to cut sb off in mid-sentence; **en una palabra** in a word, to sum up; **tener la palabra** to have the floor; **tener la última palabra** to have the final say; **ser de pocas palabras** not to be very talkative. ■ **palabra clave** keyword.

palabrota *nf* swearword.

palacio *nm* palace. ■ **palacio de congresos** conference centre; **palacio de deportes** sports centre; **palacio de justicia** courthouse.

paladar *nm* palate.

paladear *vt* to savour, relish.

palanca *nf* lever. ■ **palanca de cambio** gear lever.

palco *nm* box.

Palestina *nf* Palestine.

palestino,-a *adj* - *nm, f* Palestinian.

paleta 1 *nf* (*de pintor*) palette. **2** (*de albañil*) trowel. **3** (*de hélice etc*) blade.

paletilla 1 *nf* ANAT shoulder blade. **2** CULIN shoulder.

paleto,-a *nm,f pey* country bumpkin.

paliar [12] *vt* to palliate, alleviate.

palidecer [43] *vi* to turn pale.

palidez *nf* paleness, pallor.

pálido,-a *adj* pale.

palillo *nm* (*mondadientes*) toothpick.

paliza 1 *nf* (*zurra*) beating, thrashing. **2** *fam* (*pesadez*) bore. • **darle una paliza a algn** (*pegarle*) to beat sb up; (*aburrirle*) to bore sb.

palma 1 *nf* BOT palm tree. **2** (*de la mano*) palm. ‖ **3 palmas** *nf pl* (*aplausos*) clapping *sing*, applause *sing*. • **batir palmas** to clap; **conocer algo como la palma de la mano** to know sth like the back of one's hand; **llevarse la palma** to be the best, take the biscuit.

palmada *nf* (*golpe*) slap, pat.

palmera *nf* palm tree.

palmo *nm* span, handspan.

palo 1 *nm* (*vara*) stick. **2** MAR mast. **3** (*golpe*) blow. **4** (*de naipes*) suit. • **dar palos** to hit, strike; **a palo seco** on its own; **dar palos de ciego** to grope about in the dark; **de tal palo tal astilla** like father like son.

paloma *nf* dove, pigeon. ■ **paloma mensajera** carrier pigeon.

palomitas *nf pl* popcorn *sing*.

palpable 1 *adj* (*al tacto*) palpable. **2** (*evidente*) obvious, evident.

palpar *vt* to touch, feel.

palpitar *vi* to palpitate, throb.

palurdo,-a 1 *adj pey* uncouth, rude. ‖ **2** *nm,f pey* boor, churl.

pamela *nf* sun hat.

pamplina *nf* nonsense.

pan *nm* (*alimento*) bread; (*hogaza*) round loaf; (*barra*) French loaf. • **ganarse el pan** to earn one's living; **llamar al pan, pan y al vino, vino** to call a spade a spade; **ser más bueno que el pan** to be as good as gold; **ser pan comido** to be a piece of cake. ■ **pan de molde** sliced bread; **pan integral** wholemeal bread.

pana *nf* corduroy.

panadería *nf* bakery, baker's.

panal *nm* honeycomb.

pancarta *nf* placard.

pandereta *nf* small tambourine.

pandilla 1 *nf* (*de amigos*) group of friends. **2** (*de criminales*) gang, band.

panecillo *nm* roll.

panel *nm* panel.

panera *nf* (*de mesa*) bread basket; (*de cocina*) bread bin, US bread box.
pánfilo,-a 1 *adj* (*lento*) slow. **2** (*tonto*) stupid. || **3** *nm,f* fool.
panfleto *nm* pamphlet.
pánico *nm* panic.
panorama 1 *nm* (*vista*) panorama, view. **2** (*perspectiva*) outlook.
pantalla 1 *nf* CINEM TV screen. **2** (*de lámpara*) shade. ▪ **la pequeña pantalla** the small screen, the TV; **pantalla de cristal líquido** liquid crystal display; **pantalla plana** flat screen.
pantalón *nm* trousers *pl*. • **bajarse los pantalones** to give in; **llevar los pantalones** to wear the trousers. ▪ **pantalón corto** shorts.
pantano *nm* marsh.
pantanoso,-a *adj* marshy.
panteón *nm* pantheon.
pantera *nf* panther.
pantorrilla *nf* calf.
pantufla *nf* slipper.
panza *nf fam* paunch, belly.
pañal *nm* nappy, US diaper.
paño 1 *nm* (*tela*) cloth, material. **2** (*trapo para polvo*) duster.
pañuelo 1 *nm* (*para sonarse*) handkerchief. **2** (*para la cabeza*) headscarf, scarf. **3** (*para el cuello*) scarf. ▪ **pañuelo de papel** tissue.
papa 1 *nm* (*pontífice*) pope. || **2** *nf* (*patata*) potato.
papá *nm fam* dad, daddy.
papada *nf* double chin.
papagayo *nm* parrot.
papanatas *nmf fam* simpleton.
papel 1 *nm* (*material*) paper. **2** CINEM TEAT role, part. • **desempeñar el papel de** to play the part of. ▪ **papel carbón** carbon paper; **papel de aluminio** aluminium foil; **papel de lija** sandpaper; **papel de plata** silver pa-per, tinfoil; **papel higiénico** toilet paper; **papel pintado** wallpaper.
papeleo *nm fam* red tape.
papelera 1 *nf* (*en oficina*) wastepaper basket. **2** (*en la calle*) litter bin, US litter basket.
papelería *nf* stationer's.
papeleta 1 *nf* (*para votar*) ballot paper. **2** (*de examen*) report.
paperas *nf pl* mumps.
papilla 1 *nf* (*para enfermo*) pap. **2** (*para bebé*) baby food. • **hacer papilla a algn** to make mincemeat of sb.
paquete 1 *nm* (*de libros, ropa*) package, parcel; (*de cigarros, folios, galletas*) packet; (*de azúcar, harina*) bag. **2** (*conjunto*) package. **3** *fam* (*genitales*) packet, bulge. • **ir de paquete** to ride pillion. ▪ **paquete postal** parcel.
par 1 *adj* (*igual*) equal. **2** MAT even. || **3** *nm* (*pareja*) pair. • **a la par** (*al mismo tiempo*) at the same time; (*juntos*) together; **de par en par** wide open; **sin par** matchless.
para 1 *prep* (*finalidad*) for, to, in order to: **para ahorrar dinero** (in order) to save money. **2** (*dirección*) for, to: **salimos para Lugo el domingo** we leave for Lugo on Sunday. **3** (*tiempo, fechas límites*) by: **para Navidad** by Christmas. • **dar para** to be sufficient for; **hay para rato** it will be some time before it's over; **para entonces** by then.
parabólica *nf* satellite dish.
parabrisas *nm inv* windscreen, US windshield.
paracaídas *nm inv* parachute.

parachoques 1 *nm inv* AUTO bumper, US fender. 2 (*de tren*) buffer.
parada 1 *nf* (*acción*) stop, halt. 2 (*de autobús etc*) stop. 3 DEP catch. ▪ **parada de taxis** taxi stand, US cab stand.
parado,-a 1 *adj* (*quieto*) still, motionless. 2 (*lento*) slow, awkward. 3 *fam* (*desempleado*) unemployed. ‖ 4 *nm,f* unemployed person. • **salir bien parado de algo** to come off well out of sth; **salir mal parado de algo** to come off badly out of sth.
paradoja *nf* paradox.
parador *nm* state-run hotel.
paraguas *nm inv* umbrella.
paraguayo,-a *adj* - *nm,f* Paraguayan.
paraíso *nm* paradise.
paraje *nm* spot, place.
paralelo,-a *adj* - *nm* parallel.
parálisis *nf inv* paralysis. ▪ **parálisis cerebral** cerebral palsy.
paralítico,-a *adj* - *nm,f* paralytic.
paralizar [4] 1 *vt* MED to paralyse. 2 (*tráfico*) to bring to a standstill. ‖ 3 **paralizarse** *vpr* (*miembro*) to be paralysed. 4 *fig* (*actividad*) to come to a standstill.
parapente *nm* (*deporte*) paragliding; (*paracaídas*) paraglider.
parar 1 *vt* (*detener*) to stop. 2 DEP to catch. ‖ 3 *vi* (*detenerse*) to stop. 4 (*acabar*) to end: **fue a parar a la cárcel** he ended up in prison. ‖ 5 **pararse** *vpr* (*detenerse*) to stop. • **ir a parar** to end up at, end up in; **no parar** to be always on the go; **pararse en seco** to stop dead; **sin parar** nonstop, without stopping; **parar los pies a algn** *fig* to put sb in his/her place.
parásito,-a 1 *adj* parasitic. ‖ 2 **parásito** *nm* BIOL parasite. 3 *fam* (*persona*) hanger-on.
parasol *nm* parasol, sunshade.
parcela *nf* plot.
parche 1 *nm* (*remiendo*) patch. 2 (*emplasto*) plaster. 3 *fig* (*chapuza*) botch.
parcial 1 *adj* (*incompleto*) partial. 2 (*subjetivo*) biased, partial. ‖ 3 *nm* (*examen*) mid-term exam.
pardo,-a *adj* - *nm* drab, dark grey.
parecer [43] 1 *vi* to seem; (*a la vista*) to look like; (*al tacto*) to feel like; (*al gusto*) to taste like; (*al oído*) to sound like: **parece fácil** it seems easy, it looks easy; **parece un mono** it looks like a monkey. 2 (*opinar*) to think: **me parece que sí** I think so. 3 (*aparentar*) to look as if: **parece que va a llover** it looks as if it's going to rain. ‖ 4 *nm* (*opinión*) opinion, mind. ‖ 5 **parecerse** *vpr* to look alike. 6 **parecerse a** to look like. • **al parecer** apparently; **¿le parece bien?** do you agree?; **me parece mal** I think it's wrong; **¡parece mentira!** I can't believe it!; **según parece** apparently.
parecido,-a 1 *adj* similar. ‖ 2 **parecido** *nm* resemblance, likeness. • **bien parecido,-a** good-looking;.
pared *nf* wall. • **subirse por las paredes** to hit the roof, go up the wall.
pareja 1 *nf* (*gen*) pair. 2 (*de personas*) couple. 3 (*de baile*) partner.
parentesco *nm* kinship, relationship.
paréntesis 1 *nm inv* (*signo*) parenthesis, bracket. 2 (*pausa*) break. • **entre paréntesis** in brackets.

pariente,-a *nm,f* relative.
parir *vi* to give birth.
parking *nm* (*público*) carpark, US parking lot; (*particular*) garage.
parlamentario,-a 1 *adj* parliamentary. || 2 *nm,f* member of parliament.
parlamento *nm* parliament.
parlanchín,-ina 1 *adj* talkative. || 2 *nm,f* chatterbox.
paro 1 *nm* (*desempleo*) unemployment. 2 (*interrupción*) stoppage. • **estar en el paro** to be out of work.
parodia *nf* parody.
parpadear 1 *vi* (*ojos*) to blink. 2 (luz) to flicker; (estrella) to twinkle.
párpado *nm* eyelid.
parque *nm* park. ■ **parque de atracciones** funfair.
parqué *nm* parquet.
parra *nf* grapevine. • **subirse a la parra** *fam* to hit the roof.
párrafo *nm* paragraph.
parricidio *nm* parricide.
parrilla *nf* CULIN grill. • **a la parrilla** grilled.
parrillada *nf* mixed grill.
párroco *nm* parish, priest.
parroquia 1 *nf* (*zona*) parish; (*iglesia*) parish church. 2 *fam* (*clientela*) customers *pl*, clientele.
parte 1 *nf* (*gen*) part; (*en una partición*) portion, lot. 2 JUR party. 3 (*lugar*) place, region. || 4 *nm* (*comunicado*) report. • **dar parte** to report; **de parte de** on behalf of, from; **¿de parte de quién?** who's calling?; **en ninguna parte** nowhere; **en parte** partly; **estar de parte de** to support; **por todas partes** everywhere; **por una parte..., por otra** on the one hand..., on the other hand...
partera *nf* midwife.
partición *nf* partition, division.
participación 1 *nf* (*colaboración*) participation. 2 (*de lotería*) share. 3 (*comunicado*) announcement.
participante 1 *adj* participating. || 2 *nmf* participant.
participar 1 *vi* (*tomar parte*) to take part, participate (en, in). || 2 *vt* (*notificar*) to notify, inform.
participio *nm* participle.
partícula *nf* particle.
particular 1 *adj* (*específico*) particular. 2 (*especial*) special. 3 (*de propiedad*) private, individual. || 4 *nmf* (*persona*) private. || 5 *nm* (*detalle*) particular.
particularidad *nf* particular feature.
partida 1 *nf* (*salida*) departure. 2 (*documento*) certificate. 3 FIN entry, item. 4 (*remesa*) lot, shipment. 5 (*de juego*) game. 6 (*de soldados*) squad, gang. • **jugar una mala partida** to play a mean trick. ■ **partida de nacimiento** birth certificate.
partidario,-a *nm,f* supporter.
partido 1 *nm* (*grupo*) party, group. 2 (*provecho*) profit, advantage. 3 DEP (*equipo*) team; (*partida*) game, match. • **sacar partido de** to profit from; **tomar partido** to take sides.
partir 1 *vt* (*separar*) to divide, split. 2 (*romper*) to break, crack. 3 (*repartir*) to share, distribute. || 4 *vi* (*irse*) to leave, set out, set off. || 5 **partirse** *vpr* to split up, break up. • **a partir de hoy** from today on-

wards; **partirle la cara a algn** to smash sb's face in.
parto *nm* birth, delivery.
pasa *nf* raisin.
pasada *nf*. • **de pasada** (*de paso*) in passing; (*rápidamente*) hastily.
pasadizo *nm* passage.
pasado,-a 1 *adj* (*anterior*) past, gone by. 2 (*último*) last. 3 (*estropeado*) gone bad. ‖ 4 **pasado** *nm* past. • **pasadas las...** after...; **pasado,-a de moda** out of date, out of fashion. ▪ **pasado mañana** the day after tomorrow.
pasador 1 *nm* (*de puerta etc*) bolt, fastener. 2 (*de pelo*) hair-pin.
pasaje 1 *nm* (*billete*) ticket, fare. 2 (*calle*) lane, alley.
pasajero,-a *nm,f* passenger.
pasamano *nm* handrail.
pasamontañas *nm* balaclava.
pasaporte *nm* passport.
pasar 1 *vi* (*ir*) to go past, walk past, pass. 2 (*tiempo*) to pass, go by. 3 (*entrar*) to come in, go in. 4 (*cesar*) to come to an end. 5 (*límite*) to exceed (de, -). 6 (*ocurrir*) to happen. ‖ 7 *vt* (*entregar*) to pass: **pásame la sal, por favor** pass me the salt, please. 8 (*trasladar*) to carry across. 9 (*mensaje*) to give. 10 (*página*) to turn. 11 (*calle etc*) to cross. 12 (*límite*) to go beyond. 13 AUTO to overtake. 14 (*tolerar*) to tolerate, overlook. 15 (*tiempo*) to spend. 16 (*película*) to show. ‖ 17 **pasarse** *vpr* (*desertar*) to pass over (a, to). 18 (*excederse*) to go too far (de, -). 19 (*pudrirse*) to go off. 20 (*olvidarse*) to forget. • **ir pasando** to get along; **pasar a** to go on to; **pasar por alto algo** to ignore sth; **pasarlo bien** to have a good time; **¿qué pasa?** what's the matter?, what's wrong?; **pasar sin** to do without.
pasarela *nf* (*de barco*) walkway; (*de modelos*) catwalk.
pasatiempo *nm* pastime, hobby.
Pascua 1 *nf* (*cristiana*) Easter; (*judía*) Passover. ‖ 2 **Pascuas** *nf pl* Christmas. • **de Pascuas a Ramos** once in a blue moon; **...y santas pascuas** ...and that's that. ▪ **Pascua de Resurrección** Easter.
pase 1 *nm* (*permiso*) pass, permit. 2 CINEM showing. 3 DEP pass.
pasear 1 *vt* to walk. ‖ 2 **pasear (se)** *vi* - *vpr* to take a walk.
paseo 1 *nm* (*a pie*) walk, stroll; (*en coche*) drive; (*en bici, a caballo*) ride. 2 (*calle*) avenue, promenade. • **dar un paseo** to go for a walk; **mandar a algn a paseo** *fam* to send sb packing.
pasillo *nm* corridor.
pasión *nf* passion.
pasivo,-a 1 *adj* passive. ‖ 2 **pasivo** *nm* COM liabilities *pl*.
pasmar 1 *vt* (*asombrar*) to astonish, amaze. 2 (*atontar*) to stun. ‖ 3 **pasmarse** *vpr* to be astonished, be amazed.
paso 1 *nm* step, footstep. 2 (*ritmo*) pace. 3 (*camino*) way. 4 (*avance*) advance. 5 (*trámite*) step, move. 6 (*de montaña*) pass. • **a dos pasos** just round the corner; **abrirse paso** to force one's way through; **estar de paso** to be passing through; **marcar el paso** to mark time; **paso a paso** step by step; **"Prohibido el paso"** "No entry". ▪ **paso a nivel** level crossing; **paso de cebra** zebra crossing; **paso**

de peatones pedestrian crossing; **paso subterráneo** subway.

pasota *adj fam* couldn't-care-less.

pasta 1 *nf* (*masa*) paste; (*de pan*) dough. **2** (*fideos, macarrones etc*) pasta. **3** (*pastelito*) cake. **4** *fam* (*dinero*) dough. ■ **pasta dentífrica** toothpaste.

pastar *vt* - *vi* to pasture, graze.

pastel 1 *nm* (*bizcocho*) cake; (*tipo empanada*) pie. **2** ART pastel.

pastelería *nf* cake shop.

pastelero,-a *nm,f* pastrycook.

pastilla 1 *nf* (*medicina*) tablet, pill. **2** (*de chocolate*) bar. **3** (*de jabón*) cake, bar. • **a toda pastilla** *fam* at full tilt.

pasto *nm* (*lugar*) pasture. • **ser pasto de las llamas** to go up in flames.

pastor,-ra *nm,f* (*hombre*) shepherd; (*mujer*) shepherdess.

pata 1 *nf* (*gen*) leg. **2** (*garra*) paw. **3** (*pezuña*) hoof. **4** (*ave*) female duck. • **a cuatro patas** on all fours; **patas arriba** upside down; **estirar la pata** *fam* kick the bucket; **meter la pata** *fam* to put one's foot in it; **tener mala pata** *fam* to have bad luck.

patada *nf* kick.

pataleta *nf fam* tantrum.

patata *nf* potato. ■ **patatas fritas** (*de bolsa*) crisps, US potato chips; (*de sartén*) chips, US French fries.

patatús *nm fam* fit.

patear *vt* to kick.

patentar *vt* to patent.

patente 1 *adj* patent, evident. ‖ **2** *nf* patent.

paternidad 1 *nf* (*estado*) parenthood, paternity. **2** JUR fatherhood. **3** (*autoría*) authorship.

patético,-a *adj* pathetic.

patidifuso,-a *adj fam* astonished.

patillas *nf pl* sideboards, US sideburns.

patín *nm* skate. ■ **patines de ruedas** roller skates; **patines en línea** rollerblades.

patinaje *nm* skating. ■ **patinaje artístico** figure skating; **patinaje sobre hielo** ice skating.

patinar 1 *vi* (*con patines*) to skate. **2** (*vehículo*) to skid. **3** (*errar*) to slip up.

patinazo 1 *nm* (*con el coche*) skid. **2** *fam* (*error*) blunder.

patio 1 *nm* (*de casa*) patio. **2** (*de escuela*) playground. **3** TEAT pit.

patitieso,-a *adj fam* astonished.

pato *nm* duck. • **pagar el pato** *fam* to carry the can.

patoso,-a *adj fam* clumsy.

patraña *nf* tall story.

patria *nf* homeland.

patrimonio *nm* heritage, patrimony.

patrocinar *vt* to sponsor.

patrocinio *nm* sponsorship.

patrón,-ona 1 *nm,f* (*jefe*) employer, boss. **2** (*de barco*) skipper. ‖ **3 patrón** *nm* COST pattern. **5** (*modelo*) standard. ■ **patrón oro** gold standard.

patrulla *nf* patrol.

pausa *nf* (*interrupción*) pause.

pausado,-a *adj* slow, deliberate.

pauta 1 *nf* (*guía*) guideline. **2** (*modelo*) standard, model.

pavimentar 1 *vt* (*calle*) to pave. **2** (*suelo*) to tile.

pavimento 1 *nm* (*calle*) roadway. **2** (*suelo*) flooring.

pavo *nm* turkey. ■ **pavo real** peacock.

payaso *nm* clown.
paz *nf* peace. • **dejar en paz** to leave alone; **hacer las paces** to make up **make it up**.
P.D. *abr* PS.
peaje *nm* toll.
peatón *nm* pedestrian.
peca *nf* freckle.
pecado *nm* sin. ■ **pecado capital** deadly sin; **pecado mortal** mortal sin.
pecador,-ra 1 *adj* sinful, sinning. ‖ **2** *nm,f* sinner.
pecar [1] *vi* to sin: **peca de inocente** he's very naïve.
pecera *nf* (*redonda*) fishbowl; (*rectangular*) aquarium, fish tank.
pecho 1 *nm* (*tórax*) chest. **2** (*de mujer - busto*) bust; (- *seno*) breast. • **dar el pecho** to nurse, suckle; **tomarse algo a pecho** (*ofenderse*) to take sth to heart.
pechuga *nf* breast.
pedagogía *nf* pedagogy.
pedalear *vi* to pedal.
pedantería *nf* pedantry.
pedazo *nm* piece, bit. • **hacer pedazos** to break to pieces.
pedestal *nm* pedestal.
pediatra *nmf* pediatrician.
pedido 1 *nm* COM order. **2** (*petición*) request, petition. • **hacer un pedido** to place an order.
pedir [34] **1** *vt* (*gen*) to ask for. **2** (*mendigar*) to beg. **3** (*mercancías, en restaurante*) to order. • **estar pidiendo algo a gritos** to be crying out for sth.
pedo *nm fam* (*ventosidad*) fart. • **estar pedo** *fam* to be drunk; **tirarse un pedo** *fam* to fart.
pedrisco *nm* hailstorm.
pega *nf fam* (*dificultad*) snag. • **de pega** fake, false; **poner pegas a todo** to find fault with everything.
pegadizo,-a *adj* catchy.
pegajoso,-a 1 *adj* (*sustancias, manos*) sticky. **2** (*persona*) clinging.
pegamento *nm* glue.
pegar [7] **1** *vt* (*golpear*) to hit. **2** (*dar*) to give: **me pegó una patada** he gave me a kick; **deja ya de pegar gritos** stop shouting. **3** (*adhesivo - gen*) to stick; (- *con pegamento*) to glue. **4** (*contagiar*) to give. ‖ **5** *vi* (*combinar*) to match. ‖ **6 pegarse** *vpr* (*adherirse*) to stick. **7** (*golpearse*) to hit each other. • **pegarle fuego a algo** to set fire to sth.
pegatina *nf* sticker.
peinado *nm* hair style.
peinar 1 *vt* to comb. ‖ **2 peinarse** *vpr* to comb one's hair.
peine *nm* comb.
pelado,-a 1 *adj* (*terreno, árbol*) bald, bare. **2** (*cabeza*) hairless. **3** (*número*) exact, round. **4** *fam* (*sin dinero*) penniless. ‖ **5 pelado** *nm fam* (*corte de pelo*) haircut.
pelar 1 *vt* to cut sb's hair. **2** (*ave*) to pluck. **3** (*fruta etc*) to peel. ‖ **4 pelarse** *vpr* (*perder piel*) to peel: **se me está pelando la nariz** my nose is peeling. **5** (*cortarse el pelo*) to get one's hair cut.
peldaño *nm* step.
pelea *nf* fight, quarrel.
pelear *vi* - *vpr* to fight, quarrel; (*a golpes*) to come to blows.
peliagudo,-a *adj* difficult, tricky.
pelícano *nm* pelican.
película *nf* film. ■ **película de suspense** thriller; **película muda** silent movie.

peligrar *vi* to be in danger.
peligro *nm* danger. • **poner en peligro** to put at risk.
peligroso,-a *adj* dangerous.
pelirrojo,-a 1 *adj* red-haired. ‖ 2 *nm,f* redhead.
pellejo *nm* (*piel*) skin.
pellizcar [1] *vt* to pinch, nip.
pellizco *nm* pinch, nip.
pelma *nmf fam* bore, pain.
pelo 1 *nm* (*gen*) hair. 2 (*de barba*) whisker. 3 (*de animal*) coat, fur. • **con pelos y señales** in great detail; **no tener pelos en la lengua** to speak one's mind; **tomarle el pelo a algn** to pull sb's leg.
pelota 1 *nf* ball. ‖ 2 *nmf fam* crawler. • **en pelotas** *fam* naked.
pelotera *nf fam* dispute, quarrel.
pelotillero,-a 1 *adj fam* crawling. ‖ 2 *nm,f fam* crawler.
pelotón *nm* squad.
peluca *nf* wig.
peluche *nm* (*juguete*) cuddly toy.
peludo,-a *adj* hairy.
peluquería *nf* hairdresser's.
peluquero,-a *nm,f* hairdresser.
pelusa *nf* fluff.
pena 1 *nf* (*tristeza*) grief, sorrow. 2 (*lástima*) pity. 3 (*dificultad*) hardship, trouble. 4 (*castigo*) penalty. • **dar pena** to arouse pity; **valer la pena** to be worth while.
penalizar [4] *vt* to penalize.
pender *vi* to hang, dangle.
pendiente 1 *adj* (*por resolver*) pending. 2 (*deuda*) outstanding. ‖ 3 *nf* slope, incline. ‖ 4 *nm* earring. • **pendiente de** waiting for.
péndulo *nm* pendulum.
penetración 1 *nf* (*acción*) penetration. 2 (*perspicacia*) insight.
penetrante *adj* penetrating.
penetrar 1 *vt* (*atravesar*) to penetrate. 2 (*líquido*) to permeate.
penicilina *nf* penicillin.
penitencia *nf* penance.
penitente *adj* - *nmf* penitent.
penoso,-a 1 *adj* (*lamentable*) awful, dreadful. 2 (*trabajoso*) laborious, hard.
pensado,-a *adj* thought-out.
pensamiento 1 *nm* thought. 2 (*mente*) mind. 3 BOT pansy.
pensar [27] 1 *vt* - *vi* (*gen*) to think (en, of/about) (sobre, over/about). ‖ 2 *vt* (*considerar*) to consider. 3 (*imaginar*) to imagine. 4 (*tener la intención*) to intend. ‖ 5 **pensarse** *vpr* to think about. • **¡ni pensarlo!** no way!, don't even think about it!
pensativo,-a *adj* pensive, thoughtful.
pensión 1 *nf* (*dinero*) pension. 2 (*residencia*) boarding house. ▪ **media pensión** half board; **pensión completa** full board; **pensión de jubilación** retirement pension.
pensionista 1 *nmf* (*jubilado etc*) pensioner. 2 (*residente*) boarder.
pentágono *nm* pentagon.
penúltimo,-a *adj* - *nm,f* penultimate.
peña *nf* (*roca*) rock.
peñón *nm* rocky outcrop, rock.
peón 1 *nm* (*trabajador*) unskilled labourer. 2 (*en damas*) man. 3 (*en ajedrez*) pawn.
peonza *nf* whipping-top.
peor 1 *adj* - *adv* (*comparativo*) worse: **tu coche es peor que el mío** your car is worse than mine. 2 (*superlativo*) worst. • **en el peor de los**

casos at worst; **peor es nada** it's better than nothing.
pepinillo *nm* gherkin.
pepino *nm* cucumber.
pepita 1 *nf* (*de fruta*) seed, pip. **2** (*de metal*) nugget.
pequeñez 1 *nf* (*de tamaño*) smallness. **2** (*insignificancia*) trifle.
pequeño,-a 1 *adj* (*de tamaño*) little, small. **2** (*de edad*) young, small. ‖ **3** *nm,f* child. • **de pequeño,-a** as a child; **ser el pequeño** to be the youngest.
pera *nf* pear. • **ser la pera** *fam* to be the limit.
percance *nm* mishap.
percatarse *vpr* to notice (de, -).
percepción *nf* perception.
percha *nf* (*de ropa*) hanger; (*fija*) rack; (*para pájaros*) perch.
perchero *nm* clothes rack.
percibir 1 *vt* (*notar*) to perceive, notice. **2** (*cobrar*) to receive.
perdedor,-ra *nm,f* loser.
perder [28] **1** *vt* (*gen*) to lose. **2** (*malgastar*) to waste. **3** (*tren etc*) to miss. **4** (*arruinar*) to be the ruin of. ‖ **5** *vi* (*salir derrotado*) to lose. **6** (*empeorar*) to go downhill. ‖ **7 perderse** *vpr* (*extraviarse*) to go astray, get lost. **8** (*fruta etc*) to be spoiled. • **echar a perder** to spoil; **perder de vista** to lose sight of; **salir perdiendo** to come off worse, lose out.
perdición *nf* undoing, ruin.
pérdida 1 *nf* (*extravío*) loss. **2** (*de tiempo, dinero*) waste. **3** (*escape*) leak.
perdido,-a 1 *adj* (*gen*) lost. **2** (*desorientado*) at a loss. **3** (*desperdiciado*) wasted. **4** (*bala, perro*) stray. • **dar algo por perdido** to give sth up for lost; **estar loco,-a perdido,-a por** to be madly in love with.
perdón *nm* pardon, forgiveness. • **pedir perdón** to apologize; **¡perdón!** sorry!
perdonar 1 *vt* (*error, ofensa*) to forgive. **2** (*deuda*) to let off. **3** (*excusar*) to excuse.
perecer [43] *vi* to perish, die.
peregrinaje *nm* pilgrimage.
peregrino,-a 1 *adj* (*ave*) migratory. **2** *fig* (*disparatado*) strange, outlandish. ‖ **3** *nm,f* REL pilgrim.
perejil *nm* parsley.
perenne *adj* perennial, perpetual.
pereza *nf* laziness, idleness. • **tener pereza** to feel lazy.
perezoso,-a *adj* lazy, idle.
perfección *nf* perfection.
perfeccionar 1 *vt* (*mejorar*) to improve. **2** (*hacer perfecto*) to perfect.
perfecto,-a 1 *adj* (*ideal*) perfect. **2** (*rematado*) complete.
perfil 1 *nm* (*gen*) profile. **2** (*silueta*) outline. • **de perfil** in profile.
perfilar 1 *vt* to outline. ‖ **2 perfilarse** *vpr* (*destacarse*) to stand out. **3** (*concretarse*) to shape up.
perforar 1 *vt* (*gen*) to perforate. **2** TÉC to drill, bore.
perfume *nm* perfume, scent.
pericia *nf* expertise, skill.
periferia 1 *nf* (*gen*) periphery. **2** (*afueras*) outskirts *pl*.
periférico,-a 1 *adj* peripheral. ‖ **2 periférico** *nm* INFORM peripheral.
perímetro *nm* perimeter.
periódico,-a 1 *adj* periodic. ‖ **2 periódico** *nm* newspaper.
periodismo *nm* journalism.
periodista *nmf* journalist.
período *nm* period.

periquito *nm* parakeet.
perito,-a *adj - nm* expert.
perjudicar [1] *vt* to damage, harm.
perjudicial *adj* damaging, harmful.
perjuicio *nm* (*moral*) injury; (*material*) damage. • **en perjuicio de** to the detriment of.
perla 1 *nf* (*joya*) pearl. 2 (*maravilla*) gem.
permanecer [43] *vi* to remain, stay.
permanencia 1 *nf* (*estancia*) stay. 2 (*continuidad*) permanence.
permanente 1 *adj* permanent, lasting. ‖ 2 *nf* (*del pelo*) perm.
permiso 1 *nm* (*autorización*) permission. 2 (*documento*) permit. 3 MIL leave. ■ **permiso de conducir** driving licence; **permiso de trabajo** work permit.
permitir 1 *vt* to permit, allow, let. ‖ 2 **permitirse** *vpr* to take the liberty of. • **poder permitirse** to be able to afford.
pernoctar *vi* to spend the night.
pero 1 *conj* but. ‖ 2 *nm* objection, fault. • **ponerle peros a algo** to find fault with sth.
peroné *nm* fibula.
perpetuidad *nf* perpetuity.
perpetuo,-a *adj* perpetual, everlasting.
perplejidad *nf* perplexity.
perra 1 *nf* ZOOL bitch. 2 *fam* (*pataleta*) tantrum. ‖ 3 **perras** *nf pl fam* money *sing*.
perrera *nf* kennel.
perro,-a 1 *nm,f* ZOOL dog. 2 *fam* (*persona*) rotter. • **"Cuidado con el perro"** "Beware of the dog"; **de perros** foul. ■ **perro callejero** stray dog; **perro lazarillo** guide dog.
persa *adj - nmf* Persian.
persecución 1 *nf* (*seguimiento*) pursuit. 2 (*represión*) persecution.
perseguir [56] 1 *vt* (*delincuente, presa*) to pursue, chase. 2 *fig* (*pretender*) to be after.
perseverancia *nf* perseverance.
perseverar *vi* to persevere, persist.
persiana *nf* blind.
persistir *vi* to persist, persevere.
persona *nf* person: **una persona, dos personas** one person, two people.
personaje 1 *nm* (*estrella*) celebrity. 2 CINEM TEAT character.
personal 1 *adj* personal. ‖ 2 *nm* personnel, staff.
personalidad *nf* personality.
personarse *vpr* to go in person.
personificar [1] *vt* to personify.
perspectiva 1 *nf* (*gen*) perspective. 2 (*posibilidad*) prospect. 3 (*vista*) view. • **en perspectiva** in prospect.
perspicacia *nf* perspicacity.
perspicaz *adj* perceptive.
persuadir 1 *vi* to persuade, convince. ‖ 2 **persuadirse** *vpr* to be convinced.
persuasión *nf* persuasion.
pertenecer [43] *vi* to belong (a, to).
perteneciente *adj* belonging.
pertenencia 1 *nf* (*posesión*) ownership. 2 (*afiliación*) membership. ‖ 3 **pertenencias** *nf pl* (*enseres*) belongings.
pertinente *adj* pertinent, relevant.

perturbación *nf* disturbance.
perturbado,-a *adj* disturbed.
perturbar *vt* to disturb, perturb.
peruano,-a *adj* - *nm,f* Peruvian.
perversión *nf* perversion.
perverso,-a *adj* perverse.
pervertir [35] **1** *vt* to pervert. ‖ **2 pervertirse** *vpr* to become perverted.
pesa *nf* weight.
pesadez 1 *nf* (*molestia*) heaviness. **2** (*aburrimiento*) tiresomeness.
pesadilla *nf* nightmare.
pesado,-a 1 *adj* (*gen*) heavy, weighty. **2** (*aburrido*) dull, tiresome, boring.
pésame *nm* condolences *pl*. • **dar el pésame** to offer one's condolences.
pesar 1 *vt* - *vi* (*gen*) to weigh. ‖ **2** *vi* (*tener mucho peso*) to be heavy. **3** (*sentir*) to be sorry, regret. ‖ **4** *nm* (*pena*) sorrow, grief. **5** (*arrepentimiento*) regret. • **a pesar de** in spite of, despite.
pesca *nf* fishing.
pescadero,-a *nm,f* fishmonger.
pescadilla *nf* small hake.
pescado *nm* fish.
pescador *nm* fisherman.
pescar [1] *vt* to catch. • **ir a pescar** to go fishing.
pescuezo *nm* neck.
pesebre 1 *nm* (*para animales*) manger, stall. **2** (*de Navidad*) crib.
pesimista 1 *adj* pessimistic. ‖ **2** *nmf* pessimist.
pésimo,-a *adj* abominable, very bad.
peso 1 *nm* (*gen*) weight. **2** (*balanza*) scales *pl*, balance. **3** (*carga*) weight, burden. • **quitarse un peso de encima** to take a load off one's mind.
pesquero,-a 1 *adj* fishing. ‖ **2 pesquero** *nm* fishing boat.
pestaña 1 *nf* (*del ojo*) eyelash. **2** TÉC flange.
pestañear *vi* to wink, blink.
peste 1 *nf* (*epidemia*) plague. **2** (*mal olor*) stink, stench.
pestilencia *nf* stink, stench.
pestillo *nm* bolt.
pétalo *nm* petal.
petición *nf* (*ruego*) request; (*documento escrito*) petition. • **a petición de** at the request of.
peto *nm* (*prenda*) bib.
petrificar [1] **1** *vt* to petrify. ‖ **2 petrificarse** *vpr* to become petrified.
petróleo *nm* petroleum, oil.
petrolero *nm* oil tanker.
petrolífero,-a *adj* oil.
pez *nm* fish. • **estar como pez en el agua** to be in one's element; **estar pez en algo** *fam* to have no idea about sth. ▪ **pez gordo** *fam* big shot.
pezón *nm* nipple.
pezuña *nf* hoof.
piadoso,-a 1 *adj* (*devoto*) pious, devout. **2** (*compasivo*) compassionate.
pianista *nmf* pianist.
piar [13] *vi* to chirp.
piara *nf* herd of pigs.
pica *nf* (*lanza*) pike.
picadero *nm* riding school.
picado,-a 1 *adj* (*agujereado*) perforated, pricked. **2** (*ajo, cebolla*) chopped; (*carne*) minced. **3** (*tabaco*) cut. **4** (*diente*) decayed. **5** *fam* (*ofendido*) offended. • **caer en picado** to plummet.

picadora *nf* mincer.
picadura *nf* (*de mosquito, serpiente*) bite; (*de abeja, avispa*) sting.
picante 1 *adj* (*sabor*) hot, spicy. **2** (*pícaro*) spicy.
picapedrero *nm* stonecutter.
picaporte 1 *nm* (*llamador*) door knocker. **2** (*pomo*) door handle.
picar [1] **1** *vt* (*agujerear*) to prick, pierce. **2** (*mosquito, serpiente*) to bite; (*abeja, avispa*) to sting. **3** (*algo de comer*) to nibble. **4** CULIN to chop; (*carne*) to mince. ‖ **5** *vt - vi* (*sentir escozor*) to itch. ‖ **6 picarse** *vpr* (*fruta*) to begin to rot. **7** (*diente*) to begin to decay. **8** (*enfadarse*) to take offense. • **picar alto** to aim high.
picardía *nf* slyness, craftiness.
pícaro,-a 1 *adj* (*malicioso*) mischievous. **2** (*astuto*) sly, crafty.
picazón *nf* itch, itching.
pico 1 *nm* (*de ave*) beak. **2** (*de montaña*) peak. **3** *fam* (*boca*) mouth. **4** (*punta*) corner. **5** (*herramienta*) pick, pickaxe. • **cerrar el pico** *fam* to keep one's mouth shut.
picor *nm* itch.
picotear 1 *vt* (*ave*) to peck at. **2** (*persona*) to nibble.
pie 1 *nm* ANAT foot. **2** (*fondo*) bottom. **3** (*base*) base, stand. • **a pie** on foot; **al pie de la letra** literally; **ni pies ni cabeza** neither head nor tail; **no dar pie con bola** *fam* to get everything wrong; **pararle los pies a algn** to put sb in his/her place. ■ **pie de atleta** athlete's foot.
piedad 1 *nf* (*devoción*) piety. **2** (*compasión*) pity, mercy.
piedra 1 *nf* (*gen*) stone. **2** METEOR hail. **3** (*de mechero*) flint. • **dejar a algn de piedra** to stun sb; **menos da una piedra** it's better than nothing; **no ser de piedra** not to be made of stone. ■ **piedra pómez** pumice stone.
piel 1 *nf* (*de persona, animal*) skin. **2** (*cuero tratado*) leather; (*sin tratar*) pelt. **3** (*de naranja, manzana, patata*) peel. • **dejarse la piel** to give one's all. ■ **piel de gallina** goose pimples.
pierna *nf* leg. • **dormir a pierna suelta** *fam* to sleep like a log; **estirar las piernas** to stretch one's legs.
pieza 1 *nf* (*parte*) piece, fragment. **2** TEAT play.
pifia *nf fam* blunder.
pijo,-a 1 *adj fam* posh. ‖ **2** *nm,f fam* rich kid.
pila 1 *nf* (*recipiente*) stone trough. **2** (*de bautismo*) font. **3** *fam* (*montón*) pile, heap. **4** ELEC battery.
pilar *nm* pillar, column.
píldora *nf* pill.
pillar *vt* to catch.
pillo,-a *nm,f* rogue, rascal.
pilotar *vt* (*avión*) to pilot; (*barco*) to steer.
piloto *nmf* (*de avión, barco*) pilot; (*de coche*) driver.
pimentón *nm* red pepper.
pimienta *nf* pepper.
pimiento *nm* pepper.
pinar *nm* pine grove.
pincel *nm* brush, paintbrush.
pinchar 1 *vt* (*gen*) to prick. **2** (*rueda*) to puncture. **3** (*globo, pelota*) to burst. **4** *fam* (*poner una inyección a*) to give a shot to. **5** *fam* (*provocar*) to needle. ‖ **6 pincharse** *vpr* (*persona*) to prick oneself. **7** *fam* (*droga*) to shoot up.

pinchazo 1 *nm* (*punzada*) prick. 2 (*de rueda*) puncture, flat. 3 (*inyección*) jab.
pincho 1 *nm* (*espina*) thorn, prickle. 2 (*aperitivo*) tapa, bar snack.
pingajo *nm pey* rag, tatter.
pingüino *nm* penguin.
pino *nm* pine tree. • **en el quinto pino** miles away.
pinta 1 *nf fam* (*aspecto*) look: **¡vaya pinta que tienes!** what a sight you are! 2 (*medida*) pint.
pintado,-a 1 *adj* (*maquillado*) made-up. 2 (*moteado*) spotted. • **venirle a algn que ni pintado** to suit sb down to the ground.
pintalabios *nm inv* lipstick.
pintar 1 *vt* (*cuadro, pared*) to paint. 2 (*dar color*) to colour. 3 (*describir*) to paint, describe. 4 *fam* (*hacer*) to do: **¿qué pinta ese aquí?** what's he doing here? ‖ 5 **pintarse** *vpr* to make up one's face.
pintaúñas *nm inv* nail varnish.
pintor,-ra *nm,f* painter. ▪ **pintor de brocha gorda** house painter.
pintoresco,-a *adj* picturesque.
pintura 1 *nf* (*arte*) painting. 2 (*color, bote*) paint. 3 (*cuadro*) picture.
pinzas 1 *nf pl* tweezers, tongs. 2 (*de cangrejo*) claws.
piña 1 *nf* (*fruta*) pineapple. 2 (*de pino*) pine cone. 3 (*de personas*) close-knit group.
piñón 1 *nm* (*de pino*) pine nut. 2 TÉC pinion.
piojo *nm* louse.
piojoso,-a *adj* lousy.
pionero,-a 1 *adj* pioneering. ‖ 2 *nm,f* pioneer.
pipa *nf* (*de tabaco*) pipe. • **pasarlo pipa** *fam* to have a whale of a time.
piquete *nm* picket.
pirado,-a 1 *adj fam* crazy, loony. ‖ 2 *nm,f fam* nutter, loony.
pirámide *nf* pyramid.
pirarse *vpr fam* to beat it, split.
pirata *nm* pirate.
Pirineos *nm pl* the Pyrenees.
pirómano,-a *nm,f* pyromaniac.
piropo *nm* compliment.
pirrarse *vpr fam* to be crazy (**por**, about).
pirueta *nf* pirouette, caper.
piruleta *nf* lollipop.
pis *nm fam* wee. • **hacer pis** to have a wee.
pisada 1 *nf* (*acción*) footstep. 2 (*huella*) footprint.
pisapapeles *nm inv* paperweight.
pisar 1 *vt* (*con el pie*) to tread on, step on. 2 (*humillar*) to trample on.
piscina *nf* swimming-pool.
piscis *nm inv* Pisces.
piso 1 *nm* (*planta, suelo*) floor. 2 (*apartamento*) flat, apartment.
pisotear *vt* to trample on.
pista 1 *nf* (*rastro*) trail, track. 2 (*indicio*) clue. 3 DEP track; (*de tenis*) court; (*de esquí*) slope, ski run. ▪ **pista de baile** dance floor.
pistacho *nm* pistachio.
pistolero *nm* gunman.
pitar 1 *vi* (*con silbato*) to blow a whistle. ‖ 2 *vt* (*abuchear*) to boo at. • **salir pitando** *fam* to be off like a shot.
pitido *nm* whistle.
pitillera *nf* cigarette case.
pito 1 *nm* (*silbato*) whistle. 2 (*claxon*) horn. 3 (*abucheo*) booing.
pitorrearse *vpr fam* to mock.
pizarra 1 *nf* (*roca*) slate. 2 (*de escuela*) blackboard.

pizca *nf* bit, jot.
placa 1 *nf* (*lámina*) plate. **2** (*inscrita*) plaque. **3** (*de policía*) badge. ■ **placa de matrícula** number plate, US license plate; **placa solar** solar panel.
placentero,-a *adj* pleasant.
placer [76] *nm* pleasure.
plácido,-a *adj* placid, calm.
plaga *nf* plague, pest.
plagiar [12] *vt* (*copiar*) to plagiarize.
plagio *nm* plagiarism.
plan 1 *nm* (*proyecto*) plan, project. **2** (*dibujo*) drawing. • **en plan de broma** *fam* as a joke. ■ **plan de estudios** syllabus.
plancha 1 *nf* (*de metal*) plate, sheet. **2** (*para planchar*) iron.
planchar *vt* to iron, press.
planeador *nm* glider.
planear 1 *vt* to plan. ‖ **2** *vi* Av to glide.
planeta *nm* planet.
planetario,-a 1 *adj* planetary. ‖ **2 planetario** *nm* planetarium.
planificar [1] *vt* to plan.
plano,-a 1 *adj* flat, even. ‖ **2 plano** *nm* (*superficie*) plane. **3** (*mapa*) plan, map. **4** *Cinem* shot. ■ **primer plano** (*foto*) close-up; (*terreno*) foreground.
planta 1 *nf* BOT plant. **2** (*del pie*) sole. **3** (*piso*) floor. ■ **planta baja** ground floor.
plantación 1 *nf* (*acción*) planting. **2** (*terreno*) plantation.
plantar 1 *vt* (*en tierra*) to plant. **2** (*colocar*) to set up, place. ‖ **3 plantarse** *vpr* to stand firm. • **dejar a algn plantado** to stand sb up.
planteamiento 1 *nm* (*exposición*) exposition. **2** (*de problema*) statement. **3** (*enfoque*) approach.
plantear 1 *vt* (*planear*) to plan, outline. **2** (*problema*) to state. **3** (*pregunta*) to pose, raise.
plantilla 1 *nf* (*de zapato*) insole. **2** (*patrón*) model, pattern. **3** (*personal*) staff.
plantón *nm*. • **darle un plantón a algn** *fam* to stand sb up.
plástico,-a *adj* - *nm* plastic.
plastilina *nf* Plasticine®.
plata *nf* (*metal*) silver. ■ **plata de ley** sterling silver.
plataforma *nf* platform. ■ **plataforma de lanzamiento** launchpad; **plataforma petrolífera** oil rig.
plátano *nm* (*fruta*) banana.
plateado,-a 1 *adj* (*bañado en plata*) silver-plated. **2** (*color*) silvery.
platillo 1 *nm* (*plato*) saucer. **2** (*de balanza*) pan. **3** MÚS cymbal. ■ **platillo volante** flying saucer.
platino *nm* platinum.
plato 1 *nm* (*recipiente*) plate, dish. **2** CULIN dish. **3** (*en comida*) course. • **lavar los platos** to do the washing-up, wash up; **pagar los platos rotos** to carry the can.
plató *nm* set.
platónico,-a *adj* platonic.
playa *nf* beach.
playero,-a *adj* beach.
plaza 1 *nf* (*de pueblo, ciudad*) square. **2** (*mercado*) market-place. **3** (*asiento*) seat. • **cubrir una plaza** to fill a vacancy.
plazo 1 *nm* (*de tiempo*) period. **2** (*pago*) instalment. • **a corto plazo** in the short term; **a largo plazo** in

the long term; **a plazos** by instalments.
plazoleta *nf small* square.
pleamar *nf* high tide.
plebe *nf* common people.
plegable *adj* folding.
plegar [48] **1** *vt* to fold. ‖ **2 plegarse** *vpr* (*doblarse*) to bend. **3** (*rendirse*) to yield, submit.
plegaria *nf* prayer.
pleito *nm* JUR litigation, lawsuit.
plenitud *nf* fullness.
pleno,-a *adj* full, complete: **en pleno día** in broad daylight.
pliego 1 *nm* (*hoja*) sheet of paper. **2** (*documento*) document.
pliegue *nm* (*doblez*) fold.
plomada *nf* plumb line.
plomo 1 *nm* (*metal*) lead. **2** ELEC fuse. **3** (*pesado*) boring person. • **a plomo** vertically; **caer a plomo** to fall flat.
pluma *nf* (*de ave*) feather.
plumaje *nm* plumage.
plumero *nm* feather duster. • **se le ve el plumero** you can see through him.
pluralidad *nf* plurality.
población 1 *nf* (*habitantes*) population. **2** (*ciudad*) city, town; (*pueblo*) village.
poblado,-a 1 *adj* (*zona*) populated. ‖ **2 poblado** *nm* settlement.
poblar 1 *vt* (*de personas*) to people. **2** (*de árboles*) to plant with.
pobre 1 *adj* poor. ‖ **2** *nmf* poor person.
pobreza *nf* poverty.
pocho,-a 1 *adj* (*fruta*) overripe. **2** *fig* (*persona - enfermo*) off-colour; (-*triste*) depressed, down.
pocilga *nf* pigsty.
poco,-a 1 *adj* (*singular*) little, not much; (*plural*) few, not many: **tenemos poco tiempo** we haven't much time. ‖ **2** *pron* (*singular*) little; (*plural*) not many: **lo poco que aprendí** what little I learned. ‖ **3** *adv* little, not much: **voy poco por allí** I go there very little, I rarely go there. • **dentro de poco** soon, presently; **hace poco** not long ago; **poco a poco** little by little; **por poco** nearly; **un poco** a little, a bit.
podar *vt* to prune.
poder [77] **1** *vt* (*tener la facultad de*) can, to be able to. **2** (*tener permiso para*) can, may: **¿puedo fumar?** may I smoke? **3** (*en conjeturas*) may, might: **puede que esté enfermo** he may be ill, he might be ill. **4** (*en quejas, sugerencias*) can: **¡podrías habérmelo dicho!** you could have told me! ‖ **5** *nm* power. **6** (*fuerza*) force, strength. • **estar en poder de algn** to be in sb's hands; **no poder con** not to be able to cope with; **no poder más** to be unable to do more; **¿se puede?** may I come in?
poderoso,-a *adj* powerful.
podio *nm* podium.
podrido,-a 1 *adj* (*putrefacto*) rotten. **2** (*corrupto*) corrupt.
poema *nm* poem.
poesía *nf* (*género*) poetry.
poeta *nmf* poet.
poetisa *nf* poetess.
polaco,-a 1 *adj* Polish. ‖ **2** *nm,f* (*persona*) Pole. ‖ **3 polaco** *nm* (*idioma*) Polish.
polea *nf* pulley.
polémica *nf* controversy.
polémico,-a *adj* controversial.

polen *nm* pollen.
poli *nmf fam* cop.
policía 1 *nf* police force. || 2 *nmf* (*hombre*) policeman; (*mujer*) policewoman.
policíaco,-a *adj* police.
polideportivo *nm* sports centre.
polígamo,-a 1 *adj* polygamous. || 2 **polígamo** *nm* polygamist.
polígono *nm* polygon. ▪ **polígono industrial** industrial estate.
politécnico,-a *adj* polytechnic.
política 1 *nf* (*ciencia*) politics. 2 (*método*) policy.
político,-a 1 *adj* (*partido, programa*) politic. 2 (*parentesco*) -in-law: **padre político** father-in-law. || 3 *nm,f* politician.
póliza *nf* COM certificate, policy.
pollo *nm* chicken. ▪ **pollo asado** roast chicken.
polo 1 *nm* GEOG ELEC pole. 2 DEP polo. 3 (*helado*) ice lolly, US Popsicle®. 4 (*jersey*) polo shirt.
Polonia *nf* Poland.
polvareda *nf* cloud of dust.
polvera *nf* powder compact.
polvo 1 *nm* (*en aire, muebles*) dust. 2 (*en farmacia, cosmética*) powder. • **echar un polvo** *vulg* to have a screw; **estar hecho polvo** *fam* to be knackered. ▪ **polvos de talco** talcum powder *sing*.
pólvora *nf* gunpowder.
polvoriento,-a *adj* dusty.
pomada *nf* ointment.
pomelo *nm* grapefruit.
pomo *nm* knob, handle.
pompa 1 *nf* (*de jabón*) bubble. 2 (*ostentación*) pomp. ▪ **pompas fúnebres** (*ceremonia*) funeral; (*empresa*) undertaker's.
pomposo,-a *adj* pompous.
pómulo *nm* cheekbone.
ponche *nm* punch.
poner [78] 1 *vt* (*pp* puesto,-a) (*gen*) to place, put, set. 2 (*encender*) to turn on, put on: **puso la radio** she put the radio on. 3 (*huevos*) to lay. 4 (*suponer*) to suppose: **pongamos que es así** let's suppose that it is so. 5 (*estar escrito*) to say: **¿qué pone en ese letrero?** what does that sign say? 6 (*establecer*) to open: **han puesto un bar** they've opened a bar. 7 CINEM TV to show. 8 to make: **me pone enfermo** he makes me sick; **poner triste a algn** to make sb feel sad. || 9 **ponerse** *vpr* (*sombrero, ropa*) to put on. 10 (*sol*) to set. 11 (*volverse*) to become, get, turn: **se puso triste** he became sad. 12 (*al teléfono*) to answer. • **poner al día** to bring up to date; **poner como un trapo** *fam* to pull to pieces; **poner de relieve** to emphasize; **poner en libertad** to set free; **poner reparos** to make objections; **ponerse a** + *inf* to start to + *inf*, begin to + *inf*.
poniente *nm* west.
pontífice *nm* pontiff, pope.
popa *nf* stern.
popularidad *nf* popularity.
por 1 *prep* (*finalidad*) for: **lo hice por ti** I did it for you. 2 (*a causa de*) because of. 3 (*tiempo*) at: **por la noche** at night. 4 (*lugar*) along, in, on, by: **íbamos por la calle** we were walking along the street. 5 (*medio*) by: **enviar por avión** to send by air. 6 (*distribución*) per: **cinco por ciento** five per cent. 7 (*con pasiva*) by: **comprado por ella** bought by

her. **8** (*en lugar de*) instead of, in the place of: **ve tú por mí** you go in my place. • **estar por hacer** to remain to be done, not to have been done; **por aquí** around here; **¡por Dios!** for heaven's sake!; **por lo visto** apparently; **por mí** as far as I am concerned; **¿por qué?** why?; **por supuesto** of course; **por tanto** therefore.

porcelana 1 *nf* (*material*) porcelain. **2** (*vajilla*) china.

porcentaje *nm* percentage.

porche *nm* porch.

porción 1 *nf* (*parte*) portion, part. **2** (*cuota*) share.

pormenor *nm* detail.

pornografía *nf* pornography.

poro *nm* pore.

poroso,-a *adj* porous.

porque 1 *conj* (*de causa*) because: **no voy porque no quiero** I'm not going because I don't want to. **2** (*de finalidad*) in order that, so that.

porqué *nm* cause, reason.

porquería *nf* dirt, filth.

porra *nf* (*de polocía*) truncheon.

porrazo *nm* blow, knock.

porro *nm arg* joint.

portada 1 *nf* ARQ façade. **2** (*de libro*) cover.

portador,-ra *nm,f* carrier, bearer. • **páguese al portador** pay the bearer.

portaequipajes *nm inv* luggage rack.

portal 1 *nm* (*entrada*) doorway; (*vestíbulo*) entrance hall. **2** ARQ (*porche*) porch.

portarse *vpr* to behave, act.

portátil 1 *adj* portable. || **2** *nm* (*ordenador*) laptop, portable computer.

portavoz *nmf* spokesman.

portazo *nm* bang: **se marchó dando un portazo** she slammed the door and left.

portería 1 *nf* (*de edificio*) porter's lodge. **2** DEP goal.

portero,-a 1 *nmf* (*de edificio*) doorkeeper, porter. **2** DEP goalkeeper.

portugués,-esa *adj - nm,f* Portuguese.

porvenir *nm* future.

posada *nf* lodging-house, inn.

posar 1 *vi* ART to pose. || **2 posarse** *vpr* (*pájaro*) to alight, perch, sit. **3** (*sedimento*) to settle.

posdata *nf* postscript.

poseedor,-ra *nm,f* owner, possessor.

poseer [61] *vt* to own, possess.

posesivo,-a *adj* possessive.

posibilidad 1 *nf* possibility. || **2 posibilidades** *nf pl* (*recursos*) means.

posible *adj* possible. • **hacer todo lo posible** to do one's best.

posición *nf* position.

positivo,-a *adj* positive.

poso *nm* sediment, dregs *pl*.

posponer [78] *vt* to postpone.

posta *nf*. • **a posta** on purpose.

postal 1 *adj* postal. || **2** *nf* postcard.

poste *nm* post, pillar. ■ **poste indicador** signpost.

postergar [7] **1** *vt* (*aplazar*) to delay, postpone. **2** (*relegar*) to disregard, neglect.

posterior 1 *adj* (*de atrás*) back, rear. **2** (*más tarde*) later.

posteriormente *adv* afterwards.

postigo *nm* shutter.

postizo,-a 1 *adj* false. ‖ 2 **postizo** *nm* hairpiece.
postre *nm* dessert. • **a la postre** at last, finally.
póstumo,-a *adj* posthumous.
postura 1 *nf* (*posición*) posture, position. 2 (*actitud*) bid.
potable *adj* drinkable.
potaje *nm* stew.
pote *nm* pot, jar.
potencia *nf* power.
potencial *adj* - *nm* potential.
potente *adj* powerful.
potro,-a 1 *nm,f* colt, foal. ‖ 2 **potro** *nm* (*de tortura*) rack.
pozo 1 *nm* well. 2 (*mina*) shaft.
práctica 1 *nf* practice. ‖ 2 **prácticas** *nf pl* training. • **en la práctica** in practice; **poner en práctica** to put into practice.
practicable *adj* practicable, feasible.
practicante 1 *adj* practising. ‖ 2 *nm,f* nurse, medical assistant.
practicar [1] 1 *vt* (*idioma, profesión*) to practice. 2 (*deporte*) to play, do. 3 (*hacer*) to make. ‖ 4 *vi* to practice.
práctico,-a 1 *adj* practical. 2 (*hábil*) skilful, practised.
pradera *nf* prairie, meadow.
prado *nf* field, meadow, lawn.
preámbulo *nm* preamble, preface.
precaución *nf* precaution. • **actuar con precaución** to act with caution; **tomar precauciones** to take precautions.
precavido,-a *adj* cautious, wary.
precedente 1 *adj* preceding, prior, foregoing. ‖ 2 *nm* precedent.
preceder *vt* - *vi* to precede, go ahead (a, of).
precinto *nm* seal.
precio 1 *nm* price. 2 *fig* (*valor*) value, worth. • **no tener precio** (*ser muy valioso*) to be priceless.
precioso,-a 1 *adj* (*valioso*) precious. 2 (*bello*) beautiful.
precipicio *nm* precipice.
precipitación 1 *nf* (*prisa*) rush, haste, hurry. 2 METEOR precipitation.
precipitado,-a *adj* hasty.
precipitar 1 *vt* (*acelerar*) to precipitate, hasten, hurry. 2 QUÍM to precipitate. ‖ 3 **precipitarse** *vpr* (*apresurarse*) to be hasty. 4 (*obrar sin reflexión*) to act rashly. 5 (*caer*) to fall.
precisar 1 *vt* (*especificar*) to specify. 2 (*necesitar*) to need.
precisión *nf* precision, accuracy.
preciso,-a 1 *adj* (*exacto*) precise, exact, accurate. 2 (*necesario*) necessary.
precocinado,-a *adj* precooked.
precoz *adj* precocious.
predecir [79] *vt* (*pp* predicho,-a) to predict, foretell.
predicar [1] *vt* to preach.
predicción *nf* prediction. ▪ **predicción meteorológica** weather forecast.
predominar *vt* to predominate, prevail.
preescolar *adj* pre-school.
prefabricado,-a *adj* prefabricated.
preferencia *nf* preference. • **tener preferencia** AUTO to have right of way.
preferir [35] *vt* to prefer: **yo preferiría no ir** I'd rather not go.
pregunta *nf* question.

preguntar 1 *vt* to ask. || 2 **preguntarse** *vpr* to wonder. • **preguntar por algn** to ask after sb.
preguntón,-ona *nm,f fam* nosey parker.
prehistórico,-a *adj* prehistoric.
prejuicio *nm* prejudice.
prematuro,-a *adj* premature.
premeditado,-a *adj* deliberate.
premiar [12] 1 *vt* (*otorgar premio a*) to award a prize to. 2 (*recompensar*) to reward.
premio 1 *nm* (*en concurso, sorteo*) prize. 2 (*recompensa*) reward.
prenda *nf* (*de vestir*) garment. • **no soltar prenda** not say a word.
prendarse *vpr* to take a fancy (de, to).
prender 1 *vt* (*agarrar*) to seize. 2 (*fuego*) to set. || 3 **prenderse** *vpr* to catch fire.
prensa *nf* press.
preocupación *nf* worry.
preocupar *vt* - *vpr* to worry.
preparación *nf* preparation.
preparado,-a 1 *adj* ready, prepared. || 2 **preparado** *nm* (*medicamento*) preparation.
preparar 1 *vt* to prepare, get ready. || 2 **prepararse** *vpr* (*disponerse*) to get ready. 3 (*educarse*) to train.
preparativos *nm pl* preparations.
preposición *nf* preposition.
presa 1 *nf* (*acción*) capture. 2 (*cosa prendida*) prey. 3 (*embalse*) dam.
prescindir *vi* to do without.
presencia *nf* presence. • **en presencia de** in the presence of. ▪ **buena presencia** smart appearance.
presenciar [12] *vt* to be present at, witness.
presentación 1 *nf* (*gen*) presentation. 2 (*de personas*) introduction.
presentador,-ra *nm,f* presenter, host.
presentar 1 *vt* (*gen*) to present. 2 (*mostrar*) to display, show. 3 (*personas*) to introduce. || 4 **presentarse** *vpr* (*comparecer*) to present oneself; (*candidato*) to stand. 5 (*ofrecerse*) to volunteer.
presente *adj* - *nm* present. • **tener presente** to bear in mind.
presentir [35] *vt* to have a premonition of.
preservar *vt* to preserve.
preservativo *nm* condom.
presidencia 1 *nf* (*de nación*) presidency. 2 (*en reunión*) chairmanship.
presidente,-a 1 *nm,f* (*de nación, club etc*) president. 2 (*en reunión - hombre*) chairman; (*- mujer*) chairwoman.
presidiario,-a *nm,f* convict, prisoner.
presidir 1 *vt* (*nación*) to be president of. 2 (*reunión*) to chair.
presión *nf* pressure. ▪ **presión arterial** blood pressure.
presionar 1 *vt* (*apretar*) to press. 2 (*coaccionar*) to put pressure on.
preso,-a *nm,f* prisoner.
préstamo *nm* loan.
prestar 1 *vt* (*dejar prestado*) to lend, loan. 2 (*pedir prestado*) to borrow. 3 (*atención*) to pay. || 4 **prestarse** *vpr* (*ofrecerse*) to lend oneself. 5 (*dar motivo*) to cause.
prestigio *nm* prestige.
prestigioso,-a *adj* prestigious.
presumido,-a 1 *adj* vain. || 2 *nm,f* vain person.

presumir 1 *vt* (*suponer*) to presume, suppose. || 2 *vi* (*vanagloriarse*) to be vain, be conceited.
presunto,-a *adj* presumed, supposed.
presuntuoso,-a *adj* conceited, vain.
presuponer [78] *vt* to presuppose.
presupuestar *vt* to budget for.
presupuesto *nm* FIN (*cómputo anticipado*) estimate; (*coste*) budget.
pretencioso,-a *adj* pretentious.
pretender 1 *vt* (*querer*) to want to. 2 (*intentar*) to try to. 3 (*cortejar*) to court.
pretendiente,-a 1 *nm,f* (*enamorado*) suitor. 2 (*a cargo*) applicant.
pretexto *nm* pretext, excuse.
prevención 1 *nf* (*precaución*) prevention. 2 (*medida*) preventive measure.
prevenir [90] 1 *vt* (*prever*) to prevent. 2 (*advertir*) to warn.
prever [91] *vt* to foresee, forecast.
previo,-a *adj* previous, prior.
previsión 1 *nf* (*anticipación*) forecast. 2 (*precaución*) precaution.
previsor,-ra *adj* far-sighted.
prieto,-a *adj* (*ceñido*) tight.
primavera *nf* (*estación*) spring.
primera 1 *nf* (*clase*) first class. 2 AUTO first gear. • **de primera** great, first-class.
primero,-a 1 *num* first. || 2 **primero** *adv* first. • **a primeros de mes** at the beginning of the month; **lo primero es lo primero** first things first; **ser el primero de clase** to be top of the class. ▪ **primeros auxilios** first aid *sing*.
primicia *nf* exclusive, scoop.
primitivo,-a *adj* primitive.
primo,-a 1 *adj* (*materia*) raw. || 2 *nm,f* cousin. || 3 **prima** *nf* bonus.
primogénito,-a *adj* - *nm,f* firstborn.
primordial *adj* essential.
princesa *nf* princess.
principado *nm* principality.
principal 1 *adj* main, chief. || 2 *nm* (*jefe*) chief. 3 (*piso*) first floor.
príncipe *nm* prince. ▪ **príncipe azul** Prince Charming.
principiante,-a *nm,f* beginner.
principio 1 *nm* (*inicio*) beginning, start. 2 (*base*) principle. || 3 **principios** *nm pl* rudiments. • **al principio** at first; **en principio** in principle.
pringar [7] 1 *vi fam* (*ensuciar*) to make greasy. 2 (*trabajar*) to work hard. || 3 **pringarse** *vpr* (*ensuciarse*) to get covered (con/de, with/in).
pringoso,-a *adj* greasy.
prioridad *nf* priority.
prisa *nf* hurry. • **correr prisa** to be urgent; **darse prisa** to hurry, hurry up; **tener prisa** to be in a hurry.
prisión *nf* prison, jail.
prisionero,-a *nm,f* prisoner.
prisma *nm* prism.
prismáticos *nm pl* binoculars.
privación *nf* deprivation, privation.
privado,-a *adj* private.
privar 1 *vt* (*despojar*) to deprive (de, of). 2 (*prohibir*) to forbid. 3 *fam* (*gustar*) to like. || 4 *vi fam* (*beber*) to booze.
privilegiado,-a *adj* privileged.
privilegio *nm* privilege.

pro 1 *nm & nf* advantage. ‖ 2 *prep* in favour of. • **pros y contras** the pros and cons.
probabilidad *nf* probability.
probable *adj* probable, likely.
probador *nm* fitting room.
probar [31] 1 *vt* (*demostrar*) to prove. 2 (*comprobar*) to try, test. 3 (*vino, comida*) to taste, try. 4 (*prendas*) to try on. ‖ 5 *vi* (*intentar*) to try.
probeta *nf* test-tube.
problema *nm* problem.
procedencia *nf* origin, source.
procedente *adj* coming (de, from).
proceder 1 *vi* (*ejecutar*) to proceed. 2 (*venir de*) to come (de, from). 3 (*actuar*) to behave. 4 JUR to take proceedings. ‖ 5 *nm* behaviour.
procedimiento 1 *nm* (*método*) procedure, method. 2 JUR proceedings *pl*.
procesado,-a 1 *adj* - *nm,f* accused. ‖ 2 **procesado** *nm* INFORM processing.
procesamiento *nm* processing.
procesar 1 *vt* (*dato, texto*) to process. 2 JUR to prosecute.
proceso 1 *nm* (*gen*) process. 2 (*en el tiempo*) course, lapse of time. 3 JUR trial. ■ **proceso de datos** data processing.
proclamación *nf* proclamation.
proclamar *vt* to proclaim.
procrear *vt* to procreate.
procurar 1 *vt* (*intentar*) to try to, attempt. 2 (*proporcionar*) to manage to get.
prodigio 1 *nm* (*persona*) prodigy. 2 (*milagro*) miracle; (*maravilla*) wonder.
prodigioso,-a 1 *adj* (*increíble*) prodigious. 2 (*maravilloso*) marvellous.
producción *nf* production.
producir [46] 1 *vt* (*gen*) to produce. ‖ 2 **producirse** *vpr* to happen.
productivo,-a *adj* productive.
producto *nm* product. ■ **producto químico** chemical.
productor,-ra 1 *adj* productive. ‖ 2 *nm,f* producer.
proeza *nf* heroic deed.
profanar *vt* to profane, desecrate.
profano,-a 1 *adj* (*no sagrado*) profane, secular. 2 (*no experto*) lay. ‖ 3 *nm,f* layman.
profecía *nf* prophecy.
profesión *nf* profession.
profesor,-ra *nm,f* (*gen*) teacher; (*de universidad*) lecturer. ■ **profesor de autoescuela** driving instructor; **profesor particular** private tutor.
profesorado *nm* teaching staff.
profeta *nm* prophet.
profetizar [4] *vt* to prophesy, foretell.
profundidad *nf* depth.
profundizar [4] 1 *vt* to deepen. ‖ 2 *vt* - *vi* (*discurrir*) to go deeply into.
profundo,-a 1 *adj* (*agujero, piscina etc*) deep. 2 (*pensamiento, misterio etc*) profound.
programación 1 *nf* (*televisiva*) programmes, programming. 2 INFORM programming.
programador,-ra *nm,f* INFORM programmer.
programar 1 *vt* (*organizar*) to programme, US to program. 2 INFORM to program.
progresar *vi* to progress.
progresivo,-a *adj* progressive.
progreso *nm* progress.

prohibición *nf* prohibition, ban.
prohibir [21] *vt* (*gen*) to forbid; (*por ley*) to prohibit, ban.
proletariado *nm* proletariat.
prólogo *nm* prologue.
prolongación *nf* prolongation.
promedio *nm* average.
promesa *nf* promise.
prometer 1 *vt* to promise. ‖ **2** *vi* to be promising. ‖ **3 prometerse** *vpr* (*pareja*) to get engaged.
prometido,-a *nm,f* (*hombre*) fiancé; (*mujer*) fiancée.
promoción 1 *nf* (*gen*) promotion. **2** (*curso*) class, year.
promocionar *vt* to promote.
promotor,-ra *nm,f* promoter.
pronombre *nm* pronoun.
pronosticar [1] *vt* to predict, foretell.
pronóstico 1 *nm* forecast. **2** MED prognosis.
pronto,-a 1 *adj* quick, fast. ‖ **2 pronto** *adv* soon. ‖ **3** *nm* sudden impulse. • **de pronto** suddenly; **¡hasta pronto!** see you soon!; **lo más pronto posible** as soon as possible; **tan pronto como...** as soon as...
pronunciación *nf* pronunciation.
pronunciar [12] **1** *vt* to pronounce. **2** (*discurso*) to make. ‖ **3 pronunciarse** *vpr* to declare oneself.
propagar *vt* - *vpr* to spread.
propenso,-a *loc* prone (a, to).
propiciar [12] *vt* (*causar*) to cause.
propiedad 1 *nf* (*derecho*) ownership. **2** (*objeto*) property. **3** (*cualidad*) propriety. • **con propiedad** properly, appropriately.
propietario,-a *nm,f* owner.
propina *nf* tip.
propio,-a 1 *adj* (*perteneciente*) own. **2** (*indicado*) proper, appropriate. **3** (*particular*) typical, peculiar. **4** (*mismo - él*) himself; (*- ella*) herself; (*- cosa, animal*) itself: **el propio autor** the author himself.
proponer [78] *vt* (*pp* **propuesto,-a**) to propose, put forward. • **proponerse hacer algo** to intend to do sth.
proporción 1 *nf* proportion. ‖ **2 proporciones** *nf pl* size *sing*.
proporcionar 1 *vt* (*facilitar*) to supply, give. **2** (*acomodar*) to adapt (a, to).
proposición 1 *nf* (*sugerencia*) proposition, proposal. **2** GRAM clause.
propósito 1 *nm* (*intención*) intention. **2** (*objetivo*) purpose, aim. • **a propósito** (*por cierto*) by the way; (*adrede*) on purpose.
prórroga 1 *nf* extension. **2** DEP extra time, US overtime.
prorrogar [7] **1** *vt* (*posponer*) to postpone. **2** (*alargar*) to extend.
prosa *nf* prose.
proseguir [56] *vt* - *vi* to continue, carry on.
prospecto *nm* leaflet, prospectus.
prosperar *vi* to prosper, thrive.
prosperidad *nf* prosperity.
próspero,-a *adj* prosperous.
próstata *nf* prostate.
prostituta *nf* prostitute.
protagonista 1 *nm,f* CINEM main character. **2** (*de suceso*): **los protagonistas del crimen** those involved in the murder.

protagonizar [4] 1 *vt* (*película etc*) to play the lead in. 2 (*suceso*) to be involved in.
protección *nf* protection.
protector,-ra 1 *adj* protecting. ‖ 2 *nm,f* protector. ▪ **protector de pantalla** screen saver.
proteger [5] *vt* to protect.
proteína *nf* protein.
protesta *nf* protest.
protestante *adj* - *nmf* Protestant.
protestar *vt* - *vi* to protest.
prototipo *nm* prototype.
provecho *nm* profit, benefit. • **sacar provecho de** to benefit from.
provechoso,-a *adj* profitable.
proveedor,-ra *nm,f* supplier.
proveer [61] *vt* to supply, provide.
provenir [90] *vi* to come (de, from).
proverbio *nm* proverb, saying.
provocación *nf* provocation.
provocador,-ra 1 *adj* provocative. ‖ 2 *nm,f* agitator.
provocar [1] 1 *vt* (*irritar*) to provoke. 2 (*causar*) to cause. 3 (*excitar*) to arouse. • **provocar un incendio** to start a fire.
próximamente *adv* soon, shortly.
proximidad *nf* nearness, proximity.
próximo,-a 1 *adj* (*cercano*) near, close to. 2 (*siguiente*) next:.
proyección 1 *nf* (*gen*) projection. 2 CINEM screening. 3 (*alcance*) scope; (*fama*) renown.
proyectar 1 *vt* (*luz*) to project. 2 CINEM to show. 3 (*planear*) to plan.
proyectil *nm* projectile, missile.
proyecto 1 *nm* (*plan*) plan. 2 (*estudio, esquema*) project. ▪ **proyecto de ley** bill.
proyector 1 *nm* (*reflector*) searchlight. 2 CINEM projector.
prudencia *nf* prudence, discretion.
prudente *adj* sensible, wise, prudent.
prueba 1 *nf* (*demostración*) proof. 2 (*examen*) test. 3 COST fitting. 4 TÉC trial. 5 JUR piece of evidence: **no hay pruebas** there is no evidence. • **a prueba de bomba** bombproof; **como prueba de** in proof of. ▪ **prueba de acceso** entrance examination; **prueba de alcoholemia** breath test.
psicología *nf* psychology.
psicólogo,-a *nm,f* psychologist.
psicópata *nmf* psychopath.
psiquiatra *nmf* psychiatrist.
psíquico,-a *adj* psychic.
púa 1 *nf* (*pincho*) sharp point. 2 BOT thorn. 3 ZOOL quill. 4 (*de peine*) tooth. 5 MÚS plectrum.
pubertad *nf* puberty.
pubis 1 *nm inv* pubes *pl*. 2 (*hueso*) pubis.
publicación *nf* publication.
publicar [1] *vt* (*editar*) to publish; (*dar a conocer*) to make known.
publicidad 1 *nf* (*difusión*) publicity. 2 COM advertising. • **hacer publicidad de algo** to advertise sth.
publicitario,-a *adj* advertising.
público,-a *adj nm* public.
puchero *nm* (*olla*) cooking pot. • **hacer pucheros** to pout.
pudiente *adj* wealthy.
pudor 1 *nm* (*recato*) shyness. 2 (*modestia*) modesty.

pudrirse *vpr* (*gen*) to rot; (*comida*) to go bad.

pueblo 1 *nm* (*población*) village, small town. **2** (*gente*) people. **3** (*nación*) nation.

puente 1 *nm* ARQ bridge. **2** (*fiesta*) long weekend. ■ **puente aéreo** (*de pasajeros*) shuttle service; (*en emergencias*) airlift.

puerco,-a 1 *adj fam* dirty, filthy. ‖ **2** *nm,f* (*macho*) pig; (*hembra*) sow.

puericultura 1 *nf* (*pediatría*) paeditriatics. **2** (*cuidado de niños*) childcare.

puerro *nm* leek.

puerta 1 *nf* (*de casa, edificio*) door. **2** (*verja*) gate. • **a puerta cerrada** behind closed doors; **darle a algn con la puerta en las narices** to slam the door in sb's face. ■ **puerta de embarque** boarding gate.

puerto 1 *nm* (*de mar*) port, harbour. **2** (*de montaña*) mountain pass. **3** INFORM port.

puertorriqueño,-a *adj - nm,f* Puerto Rican.

pues 1 *conj* (*ya que*) since, as. **2** (*por lo tanto*) therefore. **3** (*enfático*) well: **pues bien** well then; **¡pues claro!** of course!; **pues no** well no.

puesta *nf* setting. ■ **puesta al día** updating; **puesta a punto** tuning; **puesta de sol** sunset.

puesto,-a 1 *adj* (*ropa*) on: **durmió con el vestido puesto** she slept with her dress on. ‖ **2 puesto** *nm* place. **3** (*de mercado*) stall; (*de feria etc*) stand. **4** (*empleo*) position, post. **5** MIL post. • **puesto que** since, as.

pugna *nf* fight, battle.

pulcro,-a *adj* neat, tidy.

pulga *nf* flea. • **tener malas pulgas** *fam* to have a nasty streak.

pulgada *nf* inch.

pulgar *nm* thumb.

pulimentar *vt* to polish.

pulir 1 *vt* (*pulimentar*) to polish. **2** (*perfeccionar*) to refine.

pulmón *nm* lung.

pulmonar *adj* lung, pulmonary.

pulmonía *nf* pneumonia.

pulpa *nf* pulp, flesh.

púlpito *nm* pulpit.

pulpo *nm* octopus.

pulsación *nf* (*de corazón*) beat, throb.

pulsar 1 *vt* (*tecla, botón*) to press. **2** MÚS (*cuerda*) to pluck; (*tecla*) to play. **3** MED to feel the pulse of. **4** (*opinión*) to sound out. ‖ **5** *vi* (*corazón etc*) to beat, throb.

pulsera 1 *nf* (*brazalete*) bracelet. **2** (*de reloj*) watch strap.

pulso 1 *nm* (*latidos*) pulse. **2** (*seguridad de mano*) steady hand. • **ganarse algo a pulso** to work hard for sth; **echar un pulso** to armwrestle.

pulverizador *nm* spray, atomizer.

pulverizar [4] **1** *vt* (*sólidos*) to pulverize. **2** (*líquidos*) to atomize, spray.

punta 1 *nf* (*extremo - de dedo, lengua*) tip; (*- de aguja, cuchillo, lápiz*) point. **2** (*pizca*) bit. ‖ **3 puntas** *nf pl* (*del pelo*) ends. • **de punta en blanco** dressed up to the nines; **sacar punta a** (*lápiz*) to sharpen; (*palabras*) to read too much into.

puntapié *nm* kick.

puntear 1 *vt* (*dibujar*) to dot. **2** (*guitarra*) to pluck.

puntería *nf* aim. • **tener buena puntería** to be a good shot.
puntero *nm* pointer.
puntiagudo,-a *adj* pointed.
puntilla *nf* COST lace. • **de puntillas** on tiptoe.
punto 1 *nm* (*gen*) point. **2** (*marca*) dot. **3** (*de puntuación*) full stop, US period. **4** (*lugar*) spot. **5** COST stitch. • **en punto** sharp, on the dot; **estar a punto de** to be on the point of; **estar en su punto** to be just right; **hasta cierto punto** up to a certain point; **punto por punto** in detail. ▪ **dos puntos** colon; **punto de vista** point of view; **punto y coma** semicolon.
puntuación 1 *nf* (*en ortografía*) punctuation. **2** (*en competición*) scoring. **3** EDUC marking.
puntual *adj* (*persona, tren*) punctual. • **llegar puntual** to be on time.
puntualidad *nf* punctuality.
puntuar [11] **1** *vt* (*texto*) to punctuate. **2** EDUC to mark.
puñado *nm* handful. • **a puñados** by the score.
puñal *nm* dagger.
puñalada *nf* stab.
puñeta *nf fam* nuisance. • **hacerle la puñeta a algn** to pester sb; **mandar a algn a hacer puñetas** to tell sb to get lost.
puñetazo *nm* punch.
puño 1 *nm* (*mano*) fist. **2** (*mango*) handle. **3** (*de prenda*) cuff.
pupa 1 *nf fam* (*en los labios*) cold sore. **2** *fam* (*daño*) pain. • **hacerse pupa** to hurt oneself.
pupila *nf* pupil.
pupitre *nm* desk.
puré *nm* purée. ▪ **puré de patatas** mashed potatoes.
pureza *nf* purity.
purgar [7] *vt* to purge.
purificar [1] *vt* to purify.
puritano,-a *adj* - *nm,f* puritan.
puro,-a 1 *adj* pure. **2** (*mero*) sheer, mere. ‖ **3 puro** *nm* cigar.
púrpura *adj* - *nm* purple.
puta *nf vulg* whore, prostitute. • **de puta madre** *vulg* great, terrific.
putada *nf vulg* dirty trick.
putear 1 *vi vulg* to go whoring. ‖ **2** *vt vulg* to fuck about, piss about.
putrefacción *nf* putrefaction, rotting.

Q

que 1 *pron* (*sujeto - persona*) who, that; (*- cosa*) that, which. **2** (*complemento - persona*) whom, who; (*cosa*) that, which. **3** (*complemento tiempo*) when; (*lugar*) where: **el año en que nació** the year when he was born. ‖ **4** *conj* that. **5** than: **es más alto que su padre** he is taller than his father. • **¡que te diviertas!** ¡enjoy yourself!; **que yo sepa** as far as I know.

qué 1 *pron* what: **¿qué quieres?** what do you want? ‖ **2** *adj* (*en exclamativas*) how, what: **¡qué bonito!** ¡how nice!; **¡qué gol!** what a goal! **3** (*en interrogativas*) which: **no sé qué libro quiere** I don't know which book he wants. • **¿para qué?** what for?; **¿por qué?** why?; **¡qué lástima!** what a pity!; **¿qué tal?** how are things?; **¡y qué!** so what!

quebradero *nm*. ▪ **quebradero de cabeza** worry, headache.

quebrado,-a 1 *adj* (*roto*) broken. **2** FIN bankrupt. **3** (*terreno*) rough.

quebrantar 1 *vt* (*incumplir*) to break. **2** (*debilitar*) to weaken.

quebrar [27] **1** *vt* to break. ‖ **2** *vi* FIN to go bankrupt. ‖ **3 quebrarse** *vpr* to break.

quedar 1 *vi* (*faltar*) to remain, be left: **queda poco** there's not much left. **2** (*estar situado*) to be: **¿por dónde queda tu casa?** whereabouts is your house? **3** (*acordar*) to agree (en, to). ‖ **4 quedarse** *vpr* (*permanecer*) to remain, stay, be. **5** (*retener*) to keep (con, -). • **quedar bien** to make a good impression; **quedar mal** to make a bad impression; **quedarse sin algo** to run out of sth; **todo quedó en nada** it all came to nothing; **quedarse con algn** *fam* to make a fool of sb.

quehacer *nm* task, chore.

queja 1 *nf* (*protesta*) complaint. **2** (*de dolor*) moan, groan.

quejarse 1 *vpr* (*protestar*) to complain (de, about). **2** (*de dolor*) to moan, groan.

quejica *nmf fam* whinger.

quejido 1 *nm* (*gemido*) groan, moan. **2** (*grito*) cry.

quema 1 *nf* (*acción, efecto*) burning. **2** (*fuego*) fire. • **huir de la quema** to beat it, flee.

quemado,-a 1 *adj* burnt. **2** (*resentido*) embittered. **3** *fam* (*acabado*) spent, burnt-out.

quemadura *nf* burn.

quemar 1 *vt* (*gen*) to burn. **2** (*incendiar*) to set on fire. **3** *fam* (*acabar*) to burn out. ‖ **4** *vi* (*estar muy caliente*) to be burning hot. ‖ **5 quemarse** *vpr* (*con fuego*) to burn oneself. **6** (*al sol*) to get burnt.

quemarropa *adv*. • **a quemarropa** point-blank.

quemazón 1 *nf* (*calor*) intense heat. 2 (*comezón*) itching.
querella *nf* JUR charge.
querellarse *vpr* JUR to bring an action, lodge a complaint.
querer [80] 1 *vt* (*amar*) to love. 2 (*desear*) to want: **quiero que vengas** I want you to come. 3 (*auxiliar*) would: **¿quieres venir?** would you like to come? 4 (*posibilidad*) may: **parece que quiere llover** it looks as if it might rain. • **está como quiere** *fam* he is gorgeous; **lo hice sin querer** I didn't mean to do it; **¡qué más quisiera!** if only I could!; **querer decir** to mean; **querer es poder** where there's a will there's a way; **quieras o no** like it or not.
querido,-a 1 *adj* dear, beloved. ‖ 2 *nm,f fam* (*apelativo*) darling.
queso *nm* cheese.
quicio *nm* door jamb. • **sacar a algn de quicio** to get on sb's nerves.
quiebra *nf* COM failure, bankruptcy. • **ir a la quiebra** to go bankrupt.
quien 1 *pron* (*sujeto*) who. 2 (*complemento*) who, whom. 3 (*indefinido*) whoever, anyone who.
quién 1 *pron* (*sujeto*) who: **¿quién sabe?** who knows? 2 (*complemento*) who, whom: **¿con quién hablas?** who are you talking to? 3 **de quién** whose: **¿de quién es esto?** whose is this?
quienquiera *pron* whoever.
quieto,-a 1 *adj* (*sin moverse*) still. 2 (*sosegado*) quiet, calm.
quilate *nm* carat.
química *nf* chemistry.
químico,-a 1 *adj* chemical. ‖ 2 *nm,f* chemist.
quince *num* fifteen.
quinceañero,-a 1 *adj* teenage. ‖ 2 *nm,f* teenager.
quincena *nf* fortnight.
quinientos,-as *num* five hundred.
quinina *nf* quinine.
quinqui *nmf fam* delinquent.
quinta *nf*. • **ser de la misma quinta** to be the same age.
quintillizo,-a *nm,f* quintuplet, quin.
quinto,-a *num* fifth.
quintuplicar [1] *vt* to quintuple, increase fivefold.
quiosco *nm* kiosk.
quirófano *nm* operating theatre.
quirúrgico,-a *adj* surgical.
quisquilloso,-a *adj* finicky, fussy, touchy.
quiste *nm* cyst.
quitamanchas *nm inv* stain remover.
quitanieves *nm inv* snowplough.
quitar 1 *vt* (*sacar*) to remove, take out, take off. 2 (*restar*) to subtract. 3 (*robar*) to steal, rob of. 4 (*coger*) to take. 5 (*apartar*) to take away. 6 (*ropa, zapatos*) to take off. 7(*mesa*) to clear. ‖ 8 **quitarse** *vpr* (*apartarse*) to move away. 9 (*desaparecer*) to go away, come out: **se me han quitado las ganas** I don't feel like it any more. 10 (*prendas*) to take off. • **de quita y pon** detachable; **quitar de en medio a algn** to get rid of sb; **quitar la sed** to quench one's thirst; **quitarle importancia a algo** to play sth down.
quizá *adv* perhaps, maybe.

R

rábano *nm* radish.
rabia 1 *nf* (*enfermedad*) rabies. 2 (*enfado*) rage, fury. • **dar rabia** to make furious; **tener rabia a algn** to have it in for sb.
rabiar [12] 1 *vi* (*por enfermedad*) to have rabies. 2 (*enfadarse*) to rage, be furious. 3 (*sufrir*) to be in great pain. • **rabiar por** to be dying for.
rabieta *nf fam* tantrum.
rabioso,-a 1 *adj* rabid. 2 (*airado*) furious, angry. 3 (*excesivo*) terrible.
rabo *nm* tail.
racha 1 *nf* (*de viento*) gust. 2 (*período*) spell, patch.
racimo *nm* bunch.
ración *nf* (*de comida*) portion.
racionar *vt* to ration.
racismo *nm* racism.
racista *adj* - *nmf* racist.
radiación *nf* radiation.
radiactividad *nf* radioactivity.
radiactivo,-a *adj* radioactive.
radiador *nm* radiator.
radiante *adj* radiant (de, with).
radiar [12] 1 *vt* - *vi* Fís to radiate. ‖ 2 *vt* (*retransmitir*) to broadcast.
radical 1 *adj* radical. ‖ 2 *nm* Gram root.
radicar [1] 1 *vi* (*encontrarse*) to lie (en, in): **el problema radica en la economía** the problem lies in the economy. 2 (*arraigar*) to take root. ‖ 3 **radicarse** *vpr* to settle down.
radio 1 *nm* Anat radius. 2 Quím radium. 3 (*de rueda*) spoke. 4 (*campo*) scope. ‖ 5 *nf* (*radiodifusión*) radio, broadcasting. 6 (*aparato*) radio. ■ **radio macuto** *fam* bush telegraph, grapevine.
radiodifusión *nf* broadcasting.
radiofónico,-a *adj* radio.
radiografía 1 *nf* (*técnica*) radiography. 2 (*imagen*) X-ray.
radioyente *nmf* listener.
ráfaga 1 *nf* (*de viento*) gust. 2 (*de disparos*) burst. 3 (*de luz*) flash.
raído,-a *adj* threadbare, worn.
raíz *nf* root. • **a raíz de** as a result of; **de raíz** completely, utterly.
raja 1 *nf* (*corte*) cut. 2 (*grieta*) crack. 3 (*descosido*) split. 4 (*tajada*) slice.
rajar 1 *vt* (*tela*) to split. ‖ 2 *vi fam* (*hablar*) to chatter. ‖ 3 **rajarse** *vpr* (*partirse*) to split, crack. 4 *fam* (*desistir*) to back out, quit. • **rajar de algn** to slag sb off.
rajatabla a rajatabla *adv* to the letter, strictly.
rallado,-a *adj* grated.
rallador *nm* grater.
rallar *vt* to grate.
rama *nf* branch. • **andarse por las ramas** to beat about the bush.
ramal 1 *nm* (*de cuerda*) strand. 2 (*de camino etc*) branch.
rambla *nf* (*paseo*) boulevard, avenue.

ramo 1 *nm* (*de flores*) bunch. 2 (*de árbol*) branch.
rampa 1 *nf* (*inclinación*) ramp. 2 (*calambre*) cramp.
rana *nf* frog.
ranchero,-a *nm,f* (*granjero*) rancher, farmer.
rancio,-a 1 *adj* (*mantequilla*) rancid. 2 (*linaje*) old, ancient.
rango *nm* rank, class.
ranura 1 *nf* (*canal*) groove. 2 (*para monedas, fichas*) slot.
rapapolvo *nm fam* ticking off.
rapar 1 *vt* (*afeitar*) to shave. 2 (*cortar al rape*) to crop.
rapaz 1 *adj* ZOOL predatory, of prey. 2 (*persona*) rapacious.
rapaz,-za *nm,f* (*chico*) lad; (*chica*) lass.
rape *nm* angler fish.
rapidez *nf* speed.
rápido,-a 1 *adj* quick, fast. ‖ 2 **rápidos** *nm pl* (*del río*) rapids.
raptar *vt* to kidnap.
raqueta *nf* DEP racket.
raquítico,-a 1 *adj* MED rachitic. 2 (*exiguo*) meagre. 3 (*débil*) weak.
rareza 1 *nf* (*cosa inusual*) rarity, rareness. 2 (*peculiaridad*) oddity. 3 (*extravagancia*) eccentricity.
raro,-a 1 *adj* (*poco común*) scarce: **raras veces** seldom. 2 (*peculiar*) odd, strange.
ras a ras de *adv* on a level with.
rascacielos *nm inv* skyscraper.
rascar [1] *vt* to scratch.
rasgar [7] *vt* - *vpr* to tear, rip.
rasgo 1 *nm* (*línea*) stroke. 2 (*facción*) feature. 3 (*peculiaridad*) characteristic. • **a grandes rasgos** in outline.
rasguño *nm* scratch.
raso,-a 1 *adj* (*plano*) flat, level; (*liso*) smooth. 2 (*atmósfera*) clear. ‖ 3 **raso** *nm* (*tejido*) satin. • **al raso** in the open air.
raspar *vt* (*rascar*) to scrape off.
rasposo,-a *adj* (*áspero*) rough.
rastra 1 *nf* (*rastro*) trail, track. 2 (*sarta*) string. 3 (*para pescar*) trawl net. • **a rastras** (*arrastrándose*) dragging; (*sin querer*) unwillingly.
rastrear 1 *vt* (*pista*) to trail, track, trace. 2 (*río*) to drag. 3 (*zona*) to comb, search.
rastrero,-a *adj* (*bajo*) vile.
rastro 1 *nm* (*señal*) trace, track. 2 (*vestigio*) vestige. 3 (*mercado*) flea market.
rata 1 *nf* ZOOL rat. ‖ 2 *nm fam* (*ratero*) pickpocket. ‖ 3 *nmf* (*tacaño*) mean person, stingy person.
ratero,-a *nm,f* petty thief.
ratificar [1] 1 *vt* to ratify. ‖ 2 **ratificarse** *vpr* to be ratified.
rato *nm* (*momento*) time, while, moment. • **a ratos perdidos** in one's spare time; **pasar el rato** to kill time; **un buen rato** (*tiempo*) a long time; (*distancia*) a long way; (*diversión*) a pleasant time.
ratón *nm* mouse.
raya 1 *nf* (*línea*) line. 2 (*de color*) stripe: **a rayas** striped. 3 (*pez*) skate. 4 *arg* (*de droga*) fix, dose. • **tener a raya** to keep within bounds.
rayado,-a 1 *adj* (*con rayas*) striped. 2 (*papel*) ruled.
rayar 1 *vt* (*líneas*) to draw lines on, line, rule. 2 (*superficie*) to scratch. 3 (*tachar*) to cross out. 4 (*subrayar*) to underline. ‖ 5 *vi* to border (**con/en**, on).

rayo 1 *nm* (*de luz*) ray, beam. 2 (*chispa eléctrica*) flash of lightning. ■ **rayo de sol** sunbeam.
raza 1 *nf* (*humana*) race. 2 (*animal*) breed. • **perder la razón** to lose one's reason; **tener razón** to be right; **no tener razón** to be wrong. ■ **razón social** trade name.
razonamiento *nm* reasoning.
re *nm* MÚS re, ray.
reaccionar *vi* to react.
reacio,-a *adj* reluctant, unwilling.
reactivar *vt* to reactivate.
reactor 1 *nm* FÍS reactor. 2 AV jet plane.
reafirmar *vt* to reassert.
real 1 *adj* (*auténtico*) real. 2 (*regio*) royal.
realeza *nf* royalty.
realidad *nf* reality. • **en realidad** really, in fact.
realismo *nm* realism.
realista 1 *adj* realistic. ‖ 2 *nmf* realist.
realizable *adj* feasible.
realizar [4] 1 *vt* (*propósito, sueño*) to realize. 2 (*tarea*) to accomplish, carry out, do. ‖ 3 **realizarse** *vpr* (*persona*) to fulfil oneself.
realzar [4] 1 *vt* (*rasgo, belleza*) to heighten, enhance. 2 (*pintura*) to highlight.
reanimar *vt* - *vpr* to revive.
reanudar 1 *vt* to renew, resume. ‖ 2 **reanudarse** *vpr* to be renewed, be resumed.
reaparecer [43] *vi* to reappear.
rearme *nm* rearmament, rearming.
reavivar *vt* to revive.
rebaja 1 *nf* reduction. ‖ 2 **rebajas** *nf pl* sales.
rebajar 1 *vt* (*precio, coste*) to reduce. 2 (*nivel*) to lower. 3 (*a alguien*) to humiliate. ‖ 4 **rebajarse** *vpr* to humble oneself. • **rebajarse a** to stoop to.
rebanada *nf* slice.
rebaño *nm* (*de cabras*) herd; (*de ovejas*) flock.
rebasar *vt* to exceed, go beyond.
rebelarse *vpr* to rebel, revolt.
rebelde 1 *adj* rebellious. ‖ 2 *nmf* rebel.
rebelión *nf* rebellion, revolt.
reblandecer [43] *vt* to soften.
reborde *nm* flange, rim.
rebosar 1 *vi* (*derramarse*) to overflow (de, with). ‖ 2 *vt* - *vi* (*abundar*) to overflow (-, with).
rebotar 1 *vi* (*balón*) to bounce; (*bala*) to ricochet. ‖ 2 *vt* (*clavo*) to clinch. ‖ 3 **rebotarse** *vpr* (*enfadarse*) to get angry.
rebote *nm* rebound. • **de rebote** *fig* on the rebound.
rebozar [4] *vt* (*con pan rallado*) to coat in breadcrumbs; (*con huevo*) to batter.
recado 1 *nm* (*mensaje*) message. 2 (*encargo*) errand.
recaer [67] 1 *vi* (*en enfermedad*) to suffer a relapse. 2 (*responsabilidad*) to fall (sobre, on); (*prize*) to go (sobre, to).
recaída *nf* relapse.
recalcar [1] *nf* to emphasize, stress.
recalentar [27] 1 *vt* (*volver a calentar*) to reheat, warm up. 2 (*calentar demasiado*) to overheat.
recambio *nm* (*de maquinaria*) spare part, spare; (*de pluma, bolígrafo*) refill.

recapacitar 1 *vt* to think over. || 2 *vi* to reflect (**sobre**, on).
recargado,-a 1 *adj* (*sobrecargado*) overloaded. 2 (*exagerado*) overelaborate, exaggerated.
recargar [7] 1 *vt* (*volver a cargar*) to reload. 2 (*sobrecargar*) to overload. 3 (*exagerar*) to overelaborate.
recargo *nm* extra charge.
recaudar *vt* to collect.
recelar *vt* to suspect.
recepción 1 *nf* (*de personas, señal*) reception. 2 (*de documento etc*) receipt.
recepcionista *nmf* receptionist.
receta 1 *nf* MED prescription. 2 CULIN recipe.
recetar *vt* to prescribe.
rechazar [4] *vt* to reject, turn down.
rechazo *nm* rejection.
rechistar *vi* to complain.
rechoncho,-a *adj* chubby.
recibidor *nm* entrance hall.
recibimiento *nm* welcome.
recibir 1 *vt* (*carta, señal etc*) receive. 2 (*salir al encuentro*) to meet.
recibo 1 *nm* (*resguardo*) receipt. 2 (*factura*) invoice, bill.
reciclaje *nm* recycling.
reciclar 1 *vt* (*materiales*) to recycle. 2 (*profesionales*) to retrain.
recién 1 *adv* recently, newly: **pan recién hecho** freshly baked bread. ▪ **recién casados** newlyweds; **recién nacido** newborn baby.
recinto *nm* enclosure, precinct.
recio,-a 1 *adj* (*fuerte*) strong, robust. 2 (*grueso*) thick. 3 (*duro*) hard; (*clima*) harsh.
recipiente *nm* vessel, container.
recíproco,-a *adj* reciprocal, mutual.
recitar *vt* to recite.
reclamación 1 *nf* (*demanda*) claim, demand. 2 (*queja*) complaint, protest.
reclamar 1 *vt* (*pedir*) to demand. || 2 *vi* (*quejarse*) to complain (**contra**, against).
reclinar 1 *vt* to lean (**en/sobre**, on). || 2 **reclinarse** *vpr* to lean back.
reclusión 1 *nf* (*aislamiento*) seclusion. 2 (*encarcelamiento*) imprisonment.
recluso,-a *nm,f* prisoner.
recluta 1 *nm* (*voluntario*) recruit. 2 (*obligado*) conscript.
reclutar *vt* to recruit.
recodo *nm* bend.
recoger [5] 1 *vt* (*coger*) to pick up. 2 (*juntar*) to gather. 3 (*ordenar*) to clear up. 4 (*ir a buscar*) to fetch, pick up. 5 (*dar asilo*) to take in (**a**, -). || 6 **recogerse** *vpr* (*irse a casa*) to go home. 7(*para meditar*) to retire. • **recoger la mesa** to clear the table.
recogida *nf* collection. ▪ **recogida de equipajes** baggage reclaim.
recogido,-a 1 *adj* (*apartado*) secluded. 2 (*pelo*) gathered up.
recolección *nf* AGR harvest.
recomendación *nf* recommendation.
recomendar [27] *vt* to recommend.
recompensa *nf* reward, recompense.
recompensar 1 *vt* (*compensar*) to compensate. 2 (*remunerar*) to reward, recompense.
reconciliar [12] 1 *vt* to reconcile. || 2 **reconciliarse** *vpr* to be reconciled.

reconfortar 1 *vt* (*consolar*) to comfort. 2 (*animar*) to encourage.
reconocer [44] 1 *vt* (*identificar*) to recognize. 2 MED to examine. 3 (*admitir*) to admit. || 4 **reconocerse** *vpr* (*identificarse*) to recognize each other.
reconocimiento 1 *nm* (*identificación*) recognition. 2 MED examination, check up.
reconquista *nf* reconquest.
reconquistar *vt* to reconquer.
reconstruir [62] *vt* to reconstruct.
recopilación 1 *nf* (*resumen*) summary. 2 (*colección*) compilation, collection.
recopilar *vt* to compile, collect.
recordar [31] 1 *vt* (*nombre, dato*) to remember. 2 (*persona*) to remind.
recorrer 1 *vt* (*atravesar*) to travel. 2 (*reconocer*) to go over.
recorrido 1 *nm* (*trayecto*) journey. 2 (*distancia*) distance travelled.
recortar 1 *vt* (*muñecos, telas etc*) to cut out. 2 (*lo que sobra*) to cut off.
recorte 1 *nm* (*acción*) cutting. 2 *fig* (*de importe*) cut.
recrear 1 *vt* (*reproducir*) to recreate. || 2 **recrearse** *vpr* to amuse oneself.
recreativo,-a *adj* recreational.
recreo 1 *nm* (*entretenimiento*) recreation, amusement. 2 (*en la escuela*) playtime.
recriminar *vt* to recriminate.
recta *nf* MAT straight line.
rectángulo *nm* rectangle.
rectificar [1] *vt* (*corregir*) to rectify.
recto,-a 1 *adj* (*derecho*) straight. 2 (*honesto*) just, honest. || 3 **recto** *nm* ANAT rectum.
rector,-ra 1 *adj* ruling, governing. || 2 *nm,f* EDUC (*de colegio*) head; (*universidad*) vice-chancellor.
recubrir *vt* to cover.
recuento *nm* recount.
recuerdo 1 *nm* (*imagen mental*) memory. 2 (*regalo*) souvenir. || 3 **recuerdos** *nm pl* (*saludos*) regards; (*en carta*) best wishes.
recuperación 1 *nf* (*de enfermedad*) recovery. 2 EDUC remedial lessons *pl*.
recuperar *vt* - *vpr* to recover. • **recuperar el conocimiento** to regain consciousness.
recurrir 1 *vi* JUR to appeal. 2 (*acogerse - a algo*) to resort (a, to); (- *a algn*) to turn (a, to).
recurso 1 *nm* (*medio*) resort. 2 JUR appeal. || 3 **recursos** *nm pl* resources, means.
red 1 *nf* (*de pesca, Internet*) net. 2 (*sistema*) network. 3 *fig* (*trampa*) trap.
redacción 1 *nf* (*escritura*) writing. 2 (*estilo*) wording. 3 (*redactores*) editorial staff.
redactar *vt* (*gen*) to write; (*acuerdo, contrato*) to draw up.
redactor,-ra *nm,f* editor.
redada *nf* raid.
redonda *nf*. • **a la redonda** around.
redondear 1 *vt* (*objeto, borde*) to (make) round. 2 (*cantidad*) to round off.
redondel *nm* circle.
redondo,-a 1 *adj* (*circular*) round. 2 (*rotundo*) categorical. 3 (*perfecto*) perfect, excellent: **un negocio redondo** an excellent business deal.
reducción *nf* reduction.

reducido,-a *adj* limited, small.
reducir [46] **1** *vt* (*disminuir*) to reduce. **2** (*vencer*) to subdue. **3** MED to set. ‖ **4** *vi* AUTO to change down. • **reducirse a** to come down to.
reembolsar *vt* (*pagar*) to reimburse; (*devolver*) to refund.
reembolso *nm* (*pago*) reimbursement; (*devolución*) refund. • **contra reembolso** cash on delivery.
reemplazar [4] *vt* to replace.
reestructurar *vt* to restructure.
referencia 1 *nf* (*mención*) reference. ‖ **2 referencias** *nf pl* references. • **con referencia a** with reference to.
referente *adj* concerning (a, -).
referir [35] **1** *vt* (*expresar*) to relate, tell. ‖ **2 referirse** *vpr* (*aludir*) to refer (a, to).
refinar *vt* (*azúcar, petróleo*) to refine.
refinería *nf* refinery.
reflector 1 *nm* (*cuerpo*) reflector. **2** (*foco*) searchlight.
reflejar 1 *vt* to reflect. ‖ **2 reflejarse** *vpr* to be reflected (en, in).
reflejo,-a 1 *adj* (*movimiento*) reflex. ‖ **2 reflejo** *nm* (*imagen*) reflection. **3** (*destello*) gleam. • **buenos reflejos** good reflexes.
reflexión *nf* reflection.
reflexionar *vt* to reflect (en, on).
reforma 1 *nf* (*cambio*) reform. **2** (*mejora*) improvement. ‖ **3 reformas** *nf pl* alterations, repairs.
reformar 1 *vt* (*cambiar*) to reform. **2** ARQ to renovate. ‖ **3 reformarse** *vpr* to mend one's ways.
reforzar [50] *vt* to strengthen.
refrán *nm* proverb, saying.
refrescante *adj* refreshing.
refrescar [1] **1** *vt* (*bebida*) to cool, chill. **2** (*memoria*) to refresh. ‖ **3** *vi* (*tiempo*) to turn cool. ‖ **4 refrescarse** *vpr* (*tomar el fresco*) to take a breath of fresh air. **5** (*beber*) to refresh oneself, have a cold drink.
refresco *nm* (*bebida*) refreshment.
refrigeración 1 *nf* (*enfriamiento*) refrigeration. **2** (*aire acondicionado*) air conditioning.
refrigerar 1 *vt* (*enfriar*) to refrigerate. **2** (*con aire acondicionado*) to air-condition.
refrigerio *nm* refreshments *pl*.
refuerzo *nm* reinforcement, strengthening.
refugiado,-a *adj - nm, f* refugee.
refugiarse [12] *vpr* to take refuge.
refugio *nm* shelter, refuge.
refunfuñar *vi* to grumble.
reg. *abr* reg.
regadío 1 *nm* (*sistema*) irrigation. **2** (*terreno*) irrigated land.
regalar 1 *vt* (*dar*) to give as a present. **2** (*deleitar*) to delight. ‖ **3 regalarse** *vpr* (*darse un capricho*) to spoil oneself (con, with).
regaliz *nm* liquorice.
regalo *nm* (*presente*) gift, present.
regañadientes a regañadientes *adv* reluctantly, grudgingly.
regañar 1 *vt fam* to scold, tell off. ‖ **2** *vi* to argue, quarrel.
regañina *nf* scolding, telling-off.
regar [48] *vt* (*plantas*) to water.
regatear 1 *vt* (*en precio*) to bargain. ‖ **2** *vi* DEP to dribble.
regazo *nm* lap.
regenerar *vt* to regenerate.
regentar 1 *vt* POL to govern. **2** (*cargo*) to hold. **3** (*dirigir*) to manage.

régimen 1 *nm* (*pl* regímenes) POL regime. 2 MED diet. 3 (*condiciones*) rules *pl*.
regimiento *nm* regiment.
regio,-a 1 *adj* (*real*) royal, regal. 2 (*suntuoso*) sumptuous, luxurious.
regir [55] 1 *vt* (*gobernar*) to govern, rule. 2 (*dirigir*) to manage, direct. ‖ 3 *vi* (*ley etc*) to be in force; (*costumbre*) to prevail.
registrar 1 *vt* (*inspeccionar*) to search, inspect. 2 (*inscribir*) to register, record. 3 (*anotar*) to note.
registro 1 *nm* (*inspección*) search, inspection: **orden de registro** search warrant. 2 (*inscripción*) registration. 3 JUR (*oficina*) registry.
regla 1 *nf* rule. 2 (*instrumento*) ruler. 3 (*menstruación*) period. • **en regla** in order; **por regla general** as a rule.
reglamentario,-a *adj* statutory.
reglamento *nm* regulations *pl*.
regocijar 1 *vt* to delight. ‖ 2 **regocijarse** *vpr* to be delighted.
regocijo 1 *nm* (*placer*) delight. 2 (*júbilo*) merriment.
regordete,-a *adj* plump, chubby.
regresar *vi* (*volver*) to return.
regresión *nf* regression.
regreso *nm* return.
reguero *nm* trickle.
regular 1 *adj* (*habitual*) regular. 2 (*pasable*) average. ‖ 3 *vt* to regulate.
regularidad *nf* regularity.
rehabilitar *vt* - *vpr* to rehabilitate.
rehacer [73] 1 *vt* (*pp* rehecho,-a) to do again. 2 (*reconstruir*) to rebuild. 3 (*reparar*) to repair, mend. ‖ 4 **rehacerse** *vpr* (*reforzarse*) to regain strength.
rehén *nmf* hostage.
rehuir [62] *vt* to avoid, shun.
rehusar [18] *vt* to refuse, decline.
reina *nf* queen.
reinado *nm* reign.
reinar *vi* (*gobernar*) to reign.
reincidir *vi* to relapse (en, into).
reino *nm* kingdom.
reír [37] *vi* - *vpr* to laugh (**de**, at).
reiterar *vt* to reiterate, repeat.
reivindicación *nf* claim.
reivindicar [1] *vt* to claim.
reja *nf* (*de ventana, puerta*) grille.
rejilla 1 *nf* (*de ventilación*) grille. 2 (*de chimenea*) grate. 3 (*de silla*) wickerwork.
relación 1 *nf* (*vínculo*) relation. 2 (*conexión*) link. 3 (*lista*) list. ▪ **relaciones públicas** public relations.
relacionar 1 *vt* (*vincular*) to relate (con, with), connect (**con**, with). ‖ 2 **relacionarse** *vpr* (*tener amistad*) to get acquainted (con, with).
relajación *nf* relaxation.
relajar 1 *vt* (*tranquilizar*) to relax. 2 (*aflojar*) to loosen, slacken. ‖ 3 **relajarse** *vpr* (*descansarse*) to relax. 4 (*dilatarse*) to slacken.
relamer *vt* to lick.
relámpago *nm* flash of lightning.
relampaguear 1 *vi* METEOR to lighten. 2 (*brillar*) to flash.
relatar *vt* to relate, tell.
relativo,-a *adj* - *nm* relative.
relato *nm* story, tale.
relevante 1 *adj* (*significativo*) relevant. 2 (*importante*) excellent, outstanding.
relevar 1 *vt* (*sustituir*) to relieve. 2 (*eximir*) to exempt from. 3 (*destituir*) to dismiss. 4 (*engrandecer*) to exaggerate.

relevo 1 *nm* MIL relief. 2 DEP relay.
relieve *nm* relief. • **poner de relieve** *fig* to emphasize.
religioso,-a 1 *adj* religious. ‖ 2 *nm,f* (*hombre*) monk; (*mujer*) nun.
reliquia *nf* relic.
rellano *nm* landing.
rellenar 1 *vt* (*volver a llenar*) to refill. 2 (*enteramente*) to cram. 3 (*cuestionario*) to fill in. 4 CULIN to stuff.
relleno,-a 1 *adj* stuffed. ‖ 2 **relleno** *nm* CULIN stuffing.
reloj *nm* (*de pared, mesa*) clock; (*de pulsera*) watch. • **contra reloj** against the clock. ■ **reloj de arena** hourglass; **reloj despertador** alarm clock.
relojería 1 *nf* (*arte*) watchmaking. 2 (*tienda*) watchmaker's shop.
relojero,-a *nm,f* watchmaker.
reluciente *adj* bright, shining.
relucir [45] 1 *vi* (*brillar*) to shine. 2 (*destacar*) to excel. • **sacar a relucir** to bring up.
remar *vi* to row.
rematar *vt* to finish off.
remate *nm* (*final*) end. • **de remate** totally.
remediar [12] 1 *vt* (*solucionar*) to remedy. 2 (*reparar*) to repair. 3 (*evitar*) to avoid.
remedio 1 *nm* MED remedy, cure. 2 *fig* (*solución*) solution. • **no tener más remedio que...** to have no choice but to...
rememorar *vt* to remember.
remendar [27] 1 *vt* (*zurcir*) to mend, repair. 2 (*con parche*) to patch.
remesa 1 *nf* (*de dinero*) remittance. 2 (*de mercancías*) consignment, shipment.
reminiscencia *nf* reminiscence.
remitente *nmf* sender.
remitir 1 *vt* (*enviar*) to remit, send. 2 (*referir*) to refer. 3 REL to forgive. 4 (*aplazar*) to postpone. ‖ 5 **remitirse** *vpr* (*referirse*) to refer (a, to).
remo 1 *nm* (*pala*) oar, paddle. 2 (*deporte*) rowing.
remojar *vt* to soak (en, in).
remojo *nm* soaking. • **poner en remojo** to soak.
remolacha *nf* beetroot.
remolcador 1 *nm* AUTO tow truck.
remolcar [1] *vt* to tow.
remolino 1 *nm* (*de humo*) whirl; (*de agua*) whirlpool; (*de aire*) whirlwind. 2 (*de pelo*) tuft, US cowlick. 3 (*de gente*) swirling mass.
remolque 1 *nm* (*acción*) towing. 2 (*vehículo*) trailer. • **a remolque** in tow.
remontar 1 *vt* (*elevar*) to raise. 2 (*río*) to go up. 3 (*superar*) to overcome. ‖ 4 **remontarse** *vpr* to go back (a, to).
remordimiento *nm* remorse.
remoto,-a *adj* remote.
remover [32] 1 *vt* (*líquido, salsa*) to stir. 2 (*ensalada*) to toss. 3 (*objeto*) to move. 4 (*tierra*) to turn over. 5 (*tema*) to bring up again.
remunerar *vt* to remunerate.
renacer [42] 1 *vi* (*volver a nacer*) to be reborn. 2 *fig* (*reavivar*) to revive.
renacimiento *nm* rebirth. ■ **el Renacimiento** the Renaissance.
renacuajo *nm* tadpole.
rencoroso,-a *adj* rancorous.
rendido,-a *adj* (*cansado*) worn out.
rendija *nf* crack.
rendimiento 1 *nm* (*producción*) output. 2 (*sumisión*) submissiveness.

rendir [34] **1** *vt* (*producir*) to yield, produce. || **2** *vt - vi* (*dar fruto*) to pay: **este negocio rinde poco** this business doesn't pay much. || **3 rendirse** *vpr* (*entregarse*) to surrender. • **¡me rindo!** *fam* I give up!

renegar [48] **1** *vi* (*blasfemar*) to swear, curse. || **2** *vt* (*negar*) to deny, disown. **3** (*abominar*) to detest.

reno *nm* reindeer.

renovar [31] **1** *vt* (*contrato etc*) to renew. **2** (*casa*) to renovate. || **3 renovarse** *vpr* to be renewed.

renta 1 *nf* (*ingresos*) income. **2** (*beneficio*) interest. **3** (*alquiler*) rent. ▪ **renta per cápita** per capita income.

rentable *adj* profitable.

rentar *vt* (*rendir*) to produce, yield.

renuncia 1 *nf* (*rechazo*) renunciation. **2** (*dimisión*) resignation.

renunciar [12] **1** *vt* (*dejar*) to give up; (*abandonar*) to abandon; (*rechazar*) to refuse. **2** (*dimitir*) to resign.

reñido,-a 1 *adj* (*enemistado*) on bad terms. **2** (*muy disputado*) hard-fought.

reñir [36] **1** *vi* (*discutir*) to quarrel, argue. || **2** *vt* (*reprender*) to scold.

reo *nmf* offender, culprit.

reojo mirar de reojo *vt* to look out of the corner of one's eye at.

reparación 1 *nf* (*arreglo*) repair. **2** (*desagravio*) reparation.

reparar 1 *vt* (*arreglar*) to repair, mend. **2** (*desagraviar*) to make amends for. || **3 reparar en** *vt - vi* (*advertir*) to notice, see.

reparo *nm* objection. • **no tener reparos en** not to hesitate to; **poner reparos a** to object to.

repartidor,-ra *nm,f* distributor.

repartir 1 *vt* (*distribuir*) to distribute. **2** (*entregar*) to give out; (*correo*) to deliver.

reparto 1 *nm* (*distribución*) distribution. **2** (*en mano*) handing out. **3** COM delivery. **4** TEAT cast.

repasar 1 *vt* (*lección, texto*) to revise, go over. **2** (*remendar*) to mend. **3** *fam* (*mirar*) to look over.

repaso 1 *nm* (*revisión*) revision, check; (*de lección*) review. **2** (*remiendo*) mending. **3** (*máquina etc*) check, overhaul.

repelente *adj* repellent, repulsive.

repeler 1 *vt* (*rechazar*) to repel, reject. **2** (*repugnar*) to disgust.

repente *nm* sudden impulse. • **de repente** suddenly.

repentino,-a *adj* sudden.

repercusión *nf* repercussion.

repercutir 1 *vi* (*trascender*) to have repercussions (en, on). **2** (*rebotar*) to rebound. **3** (*sonido*) to echo.

repertorio 1 *nm* (*resumen*) repertory, index. **2** TEAT repertoire.

repetir [34] *vt - vi* to repeat.

repicar [1] *vt* (*campanas*) to ring out.

repique *nm* pealing.

repleto,-a *adj* full up (de, with).

réplica 1 *nf* (*respuesta*) answer; (*objeción*) retort. **2** (*copia*) replica.

replicar [1] *vt - vi* to answer back.

repoblar [31] *vt* (*zona*) to repopulate; (*bosque*) to reafforest.

repollo *nm* cabbage.

reponer [78] **1** *vt* (*pp* repuesto,-a) (*devolver*) to put back, replace. **2** (*obra teatral*) to revive; (*película*) to rerun. || **3 reponerse** *vpr* to recover.

reportaje *nm* TV report; (*prensa*) feature.
reportar *vt* (*proporcionar*) to bring.
reportero,-a *nm,f* reporter.
reposar *vt* - *vi* to rest.
reposo *nm* rest.
repostar *vt* (*provisiones*) to stock up with; (*combustible*) to fill up.
repostería **1** *nf* (*tienda*) confectioner's shop. **2** (*pastas*) cakes and pastries *pl*.
represalia *nf* reprisal, retaliation. • **tomar represalias** to retaliate.
representación **1** *nf* (*imagen*) representation. **2** TEAT performance.
representar **1** *vt* (*ilustrar, sustituir*) to represent. **2** TEAT to perform.
representativo,-a *adj* representative.
represión *nf* repression.
reprimido,-a *adj* repressed.
reprimir **1** *vt* to repress. ‖ **2 reprimirse** *vpr* to restrain oneself.
reprochar *vt* to reproach, censure.
reproche *nm* reproach, criticism.
reproducción *nf* reproduction.
reproducir [46] *vt* - *vpr* to reproduce.
reptar *vi* to crawl.
reptil *nm* reptile.
república *nf* republic.
republicano,-a *adj* - *nm,f* republican.
repuesto,-a **1** *adj* (*recuperado*) recovered. ‖ **2 repuesto** *nm* (*recambio*) spare part. • **de repuesto** spare, reserve.
repugnante *adj* repugnant.
repugnar *vi* to disgust, revolt.
reputación *nf* reputation.
requerir [35] **1** *vt* (*necesitar*) to require. **2** (*solicitar*) to request.
requesón *nm* cottage cheese.
requisito *nm* requisite, requirement.
res *nf* beast, animal.
resaca *nf* hangover.
resaltar **1** *vi* (*sobresalir*) to project, jut out. **2** *fig* to stand out. • **hacer resaltar** to emphasize.
resbaladizo,-a *adj* slippery.
resbalar **1** *vi* - *vpr* (*deslizarse*) to slide. **2** (*sin querer*) to slip. **3** (*coche*) to skid. **4** *fig* (*equivocarse*) to slip up.
resbalón *nm* slip.
rescatar **1** *vt* (*salvar*) to rescue. **2** (*recuperar*) to recover.
rescate **1** *nm* rescue. **2** (*dinero*) ransom.
resecar [1] *vt* - *vpr* to dry up.
resentido,-a **1** *adj* resentful. ‖ **2** *nm,f* resentful person.
resentimiento *nm* resentment.
resentirse [35] **1** *vpr* (*sufrir*) to suffer (de, from). **2** (*enojarse*) to become resentful, feel resentment.
reseña **1** *nf* (*crítica*) review. **2** (*narración*) brief account.
reserva **1** *nf* (*de plazas*) booking, reservation. **2** (*provisión*) reserve. **3** (*discreción*) discretion. **4** (*vino*) vintage. **5** (*de animales*) reserve. ‖ **6 reservas** *nf pl* COM stocks. • **sin reserva** openly.
reservado,-a **1** *adj* (*plazas*) booked, reserved. **2** (*persona*) reserved, discreet. ‖ **3 reservado** *nm* private room.
reservar **1** *vt* (*plazas*) to book, reserve. **2** (*provisiones*) to keep, save.
resfriado *nm* cold. • **estar resfriado** to have a cold.

resfriarse [13] *vpr* MED to catch a cold.

resguardar *vt* to protect.

resguardo 1 *nm* (*protección*) protection. **2** (*recibo*) receipt.

residencia *nf* residence.

residir 1 *vi* (*habitar*) to reside (en, in). **2** *fig* (*radicar*) to lie (en, in).

residuos *nmpl* waste *sing*.

resignación *nf* resignation.

resignarse *vpr* to resign (a, to).

resina *nf* resin.

resistencia 1 *nf* (*de material*) resistance. **2** (*de persona*) endurance. **3** (*oposición*) reluctance, opposition.

resistente 1 *adj* resistant (a, to). **2** (*fuerte*) tough.

resistir 1 *vt* (*no ceder*) to withstand. **2** (*tolerar*) to stand, bear. **3** (*peso*) to take, bear. **4** (*tentación etc*) to resist. || **5 resistirse** *vpr* (*forcejear*) to resist. **6** (*oponerse*) to offer resistance. **7** *fam* (*resultar difícil*) to struggle: **la física se le resiste** he finds physics hard.

resolución 1 *nf* (*ánimo*) resolution, decision. **2** (*solución*) solving.

resolver [32] **1** *vt* (*pp* resuelto,-a) (*decidir*) to resolve. **2** (*problema*) to solve. **3** QUÍM to dissolve. || **4 resolverse** *vpr* to resolve, make up one's mind.

resonancia *nf* (*gen*) resonance.

resonar [31] *vi* MÚS to resound.

resoplar *vi* to puff and pant.

resorte 1 *nm* (*muelle*) spring. **2** *fig* (*medio*) means.

respaldar 1 *vt* to support, back. || **2 respaldarse** *vpr* to lean back (en, on).

respaldo 1 *nm* (*de asiento*) back. **2** (*apoyo*) support, backing.

respectivo,-a *adj* respective.

respecto *nm*. • **al respecto** on the matter; **con respecto a** with regard to.

respetar *vt* to respect.

respeto 1 *nm* (*consideración*) respect. **2** *fam* (*miedo*) fear.

respetuoso,-a *adj* respectful.

respiración 1 *nf* (*acción*) breathing: **sin respiración** out of breath. **2** (*aliento*) breath. **3** (*aire*) ventilation.

respirar 1 *vi* (*tomar aire*) to breathe. **2** *fig* (*relajar*) to breathe a sigh of relief.

respiratorio,-a *adj* respiratory.

respiro *nm* (*descanso*) breather.

resplandecer [43] *vi* to shine.

resplandeciente *adj* resplendent.

resplandor 1 *nm* (*luz*) brightness. **2** (*esplendor*) splendour.

responder *vt* (*contestar*) to answer, reply. • **responder por** to be responsible for.

responsabilidad *nf* responsibility.

responsabilizar [4] **1** *vt* to make responsible, hold responsible (de, for). || **2 responsabilizarse** *vpr* to assume responsibility (de, for).

responsable 1 *adj* responsible. || **2** *nmf* (*jefe*) head.

respuesta *nf* (*contestación*) answer, reply; (*reacción*) response.

resta *nf* substraction.

restablecer [43] **1** *vt* (*contacto*) to reestablish. **2** (*orden*) to restore. || **3 restablecerse** *vpr* MED to recover.

restante *adj* remaining.

restar 1 *vt* MAT to subtract. 2 (*disminuir*) to reduce. || 3 *vi* (*quedar*) to be left, remain.
restauración *nf* restoration.
restaurar *vt* to restore.
restituir [62] 1 *vt* (*restablecer*) to restore. 2 (*devolver*) to return, give back.
resto 1 *nm* (*lo que queda*) remainder, rest. || 2 **restos** *nm pl* (*gen*) remains; (*de comida*) leftovers.
restregar [48] *vt* to rub hard.
restricción *nf* restriction.
restringir [6] *vt* to restrict.
resucitar *vt* - *vi* to resuscitate.
resuelto,-a *adj* (*decidido*) resolute.
resultado *nm* result.
resultar 1 *vi* (*funcionar*) to work. 2 (*ocurrir, ser*) to turn out to be. 3 (*salir*) to come out: **resultar bien** to come out well. • **resulta que** it turns out that.
resumen *nm* summary. • **en resumen** in short, to sum up.
resumir *vt* to summarize.
resurgir [6] *vi* to reappear.
resurrección *nf* resurrection.
retaguarda *nf* rearguard.
retar *vt* to challenge.
retener [87] 1 *vt* (*conservar*) to retain, keep back. 2 (*en la memoria*) to remember. 3 (*arrestar*) to detain, arrest. 4 FIN to deduct, withold.
retirada 1 *nf* withdrawal. 2 MIL retreat.
retirado,-a 1 *adj* (*apartado*) remote. 2 (*del trabajo*) retired.
retirar 1 *vt* (*apartar*) to take away. || 2 **retirarse** *vpr* MIL to retreat. 3 (*jubilarse*) to retire.
retiro 1 *nm* (*jubilación*) retirement. 2 (*pensión*) pension. 3 (*lugar, recogimiento*) retreat.
reto *nm* (*desafío*) challenge.
retocar [1] *vt* to touch up.
retoque *nm* finishing touch.
retorcer [54] 1 *vt* (*redoblar*) to twist. 2 (*tergiversar*) to distort. || 3 **retorcerse** *vpr* (*de dolor*) to writhe.
retorcido,-a *adj fig* twisted.
retornar 1 *vt* (*restituir*) to return, give back. || 2 **retornar(se)** *vi* - *vpr* (*volver*) to come back, go back.
retorno 1 *nm* (*regreso*) return. 2 (*recompensa*) reward.
retraído,-a *adj* unsociable.
retransmisión *nf* broadcast.
retransmitir *vt* to broadcast.
retrasado,-a 1 *adj* (*persona*) behind. 2 (*reloj*) slow. 3 (*tren*) late. 4 (*país*) backward. || 5 *nm,f* mentally retarded person.
retrasar 1 *vt* (*salida, proceso*) to delay, put off. 2 (*reloj*) to put back. || 3 **retrasar(se)** *vi* - *vpr* (*ir atrás*) to fall behind. 4 (*llegar tarde*) to be late. 5 (*reloj*) to be slow.
retraso 1 *nm* (*de tiempo*) delay. 2 (*subdesarrollo*) backwardness.
retratar 1 *vt* ART to portray. 2 (*foto*) to photograph. 3 (*describir*) to describe.
retrato 1 *nm* ART portrait. 2 (*foto*) photograph. 3 (*descripción*) description.
retrete *nm* toilet, lavatory.
retribución 1 *nf* (*pago*) pay. 2 (*recompensa*) recompense, reward.
retribuir [41] 1 *vt* (*pagar*) to pay. 2 (*recompensar*) to remunerate, reward.
retroactivo,-a *adj* retroactive.
retroceder *vi* to go back.
retroceso *nm* backward movement.

retrógrado,-a *adj - nm,f* reactionary.
retrovisor *nm* rear-view mirror.
reuma *nm* rheumatism.
reunión *nf* meeting.
reunir [19] *vt - vpr* to meet.
revalorizar [4] **1** *vt* to revalue. ‖ **2 revalorizarse** *vpr* to rise in value.
revancha *nf* revenge.
revelación *nf* revelation.
revelar *vt* (*descubrir*) to reveal.
reventar [27] **1** *vt* (*molestar*) to annoy: **su amiga me revienta** I hate his friend. ‖ **2 reventar(se)** *vt - vi - vpr* (*explotar*) to burst.
reventón 1 *nm* (*de tubería*) burst. **2** (*de neumático*) blowout.
revés 1 *nm* (*reverso*) back, reverse. **2** (*bofetada*) slap. **3** (*contrariedad*) misfortune. **4** DEP backhand. • **al revés** (*todo lo contrario*) on the contrary; (*como no es normal*) the other way round; (*lo delantero detrás*) back to front; **del revés** inside out.
revisar *vt* to revise, review, check.
revisión *nf* revision. ■ **revisión médica** checkup.
revisor,-ra *nm,f* ticket inspector.
revista 1 *nf* (*publicación*) magazine, review. **2** TEAT revue.
revolcar [49] **1** *vt* (*derribar*) to knock down, knock over. **2** (*vencer*) to floor. ‖ **3 revolcarse** *vpr* to roll about.
revoltoso,-a 1 *adj* (*rebelde*) rebellious. **2** (*travieso*) mischievous, naughty. ‖ **3** *nm,f* (*sedicioso*) troublemaker.
revolución *nf* revolution.
revolucionario,-a *adj - nm,f* revolutionary.
revólver *nm* (*pl* revólveres) revolver.
revolver [32] **1** *vt* (*pp* revuelto,-a) (*agitar*) to stir, shake. **2** (*desordenar*) to mess up. **3** (*producir náuseas*) to upset. ‖ **4 revolverse** *vpr* (*tiempo*) to turn stormy.
revuelta 1 *nf* (*revolución*) revolt, riot. **2** (*curva*) bend, turn.
rey *nm* king. ■ **los Reyes Magos** the Three Kings.
reyerta *nf* quarrel, row, fight.
rezagar [7] **1** *vt* (*dejar atrás*) to leave behind. **2** (*atrasar*) to delay, put off. ‖ **3 rezagarse** *vpr* to fall behind, lag behind.
rezar [4] *vt* (*orar*) to pray.
rezo *nm* prayer.
ría *nf* estuary.
riachuelo *nm* stream.
riada *nf* flood.
ribera 1 *nf* (*de río*) bank. **2** (*de mar*) seashore.
rico,-a 1 *adj* (*adinerado*) rich, wealthy. **2** (*tierra*) fertile. **3** (*sabroso*) tasty, delicious. **4** *fam* (*niño*) lovely, sweet.
ridiculez 1 *nf* (*hecho, acción*) ridiculous thing, ridiculous action. **2** (*nimiedad*) triviality.
ridiculizar [4] *vt* to ridicule.
ridículo,-a 1 *adj* ridiculous, absurd. ‖ **2 ridículo** *nm* ridicule. • **hacer el ridículo** to make a fool of oneself; **poner a algn en ridículo** to make a fool of sb.
riego *nm* irrigation, watering.
riel *nm* rail.
riesgo *nm* risk, danger.
rifa *nf* raffle.
rifle *nm* rifle.

rígido,-a 1 *adj* (*tieso*) rigid, stiff. 2 (*severo*) strict.
rigor 1 *nm* (*precisión*) rigour. 2 (*severidad*) strictness. 3 (*dureza*) harshness. • **en rigor** strictly speaking.
riguroso,-a 1 *adj* (*exacto*) rigorous. 2 (*severo*) strict. 3 (*inclemente*) harsh.
rimar *vt* - *vi* to rhyme.
rímel *nm* mascara.
rincón *nm* corner.
rinoceronte *nm* rhinoceros.
riña 1 *nf* (*pelea*) fight. 2 (*discusión*) quarrel.
riñón *nm* kidney. • **costar un riñón** *fam* to cost a bomb.
río *nm* river.
riqueza 1 *nf* (*cualidad*) richness. 2 (*abundancia*) wealth, riches *pl*.
risa 1 *nf* laugh. ‖ 2 **risas** *nf pl* laughter *sing*. • **¡qué risa!** what a laugh!; **tomar a risa** to treat as a joke.
risueño,-a 1 *adj* (*sonriente*) smiling. 2 (*animado*) cheerful. 3 (*próspero*) bright.
ritmo 1 *nm* (*compás*) rhythm. 2 *fig* (*velocidad*) pace, speed.
rito *nm* rite.
rivalidad *nf* rivalry.
rizado,-a *adj* (*pelo*) curly.
rizar [4] 1 *vt* (*papel*) to crease. ‖ 2 **rizar(se)** *vt* - *vpr* (*pelo*) to curl.
rizo 1 *nm* (*de pelo*) curl. 2 Av loop.
robar *vt* (*banco, persona*) to rob; (*objeto*) to steal; (*casa*) to burgle, break into.
roble *nm* oak.
robo *nm* (*a un banco, persona*) robbery; (*de un objeto*) theft, stealing; (*en casa*) burglary.
robusto,-a *adj* robust, strong.
roca *nf* rock.
roce 1 *nm* (*señal - en superficie*) scuff mark; (*- en piel*) chafing mark. 2 (*contacto físico*) light touch.
rocío *nm* dew.
rocoso,-a *adj* rocky.
rodaja *nf* slice.
rodaje *nm* CINEM filming, shooting.
rodar [31] 1 *vi* (*dar vueltas*) to roll, turn. 2 (*caer*) to roll down. 3 (*rondar*) to wander about, roam. ‖ 4 *vt* CINEM to shoot.
rodear 1 *vt* (*cercar*) to surround. 2 (*desviarse*) to make a detour.
rodeo 1 *nm* (*desvío*) detour. 2 (*elusión*) evasiveness.
rodilla *nf* knee. • **ponerse de rodillas** to kneel down.
rodillo 1 *nm* roller. 2 CULIN rolling pin.
roedor,-ra *adj* - *nm* rodent.
roer [82] *vt* to gnaw.
rogar [52] 1 *vt* (*suplicar*) to beg. 2 (*pedir*) to ask, request.
rojizo,-a *adj* reddish.
rojo,-a *adj* - *nm* red.
rol *nm* (*papel*) role.
rollizo,-a *adj* plump, chubby.
rollo 1 *nm* (*de tela, papel*) roll: **rollo de papel higiénico** toilet roll. 2 *fam* (*aburrimiento*) drag, bore: **¡qué rollo!** what a pain. 3 *fam* (*amorío*) affair.
románico,-a 1 *adj* GRAM Romance. 2 ARQ Romanesque.
romano,-a *adj* - *nm,f* Roman.
romántico,-a *adj* - *nm,f* romantic.
rombo *nm* rhombus.
romero *nm* (*hierba*) rosemary.
rompecabezas 1 *nm inv* (*juego*) puzzle. 2 (*problema*) riddle.

romper 1 *vt* (*pp* roto,-a) (*gen*) to break; (*papel, tela*) to tear. || 2 *vi* (*pareja*) to break up, split up. || 3 **romperse** *vpr* (*gen*) to break; (*papel, tela*) to tear. • **romper a llorar** to start to cry.
ron *nm* rum.
roncar [1] *vi* to snore.
ronco,-a *adj* hoarse. • **quedarse ronco,-a** to lose one's voice.
ronda 1 *nf* (*patrulla*) patrol, night watch. 2 (*de policía*) beat. 3 (*de bebidas, cartas*) round. 4 (*carretera*) ring road.
rondar 1 *vt* - *vi* (*vigilar*) to patrol. 2 (*merodear*) to prowl around.
ronquido *nm* snore.
ronronear *vi* to purr.
roña 1 *nf* (*suciedad*) filth, dirt. || 2 *nmf* (*tacaño*) skinflint.
roñoso,-a 1 *adj* (*sucio*) filthy, dirty. 2 (*tacaño*) stingy.
ropa *nf* clothing, clothes *pl*. ▪ **ropa interior** underwear.
ropero *nm* wardrobe.
rosa 1 *adj* - *nm* (*color*) pink. || 2 *nf* (*flor*) rose. • **fresco,-a como una rosa** as fresh as a daisy. ▪ **rosa de los vientos** compass rose.
rosada *nf* (*pescado*) kingclip.
rosado,-a 1 *adj* (*color*) rosy, pink. || 2 **rosado** *adj* - *nm* (*vino*) rosé.
rosal *nm* rosebush.
rosario 1 *nm* (*para rezar*) rosary. 2 (*infinidad*) string.
rosca 1 *nf* (*en espiral*) thread. 2 (*anilla*) ring. • **pasarse de rosca** *fam* to go too far.
rosco *nm* ring-shaped pastry. • **no comerse un rosco** *arg* not to get one's oats.
rosquilla *nf* doughnut.
rostro *nm fml* face.
rotación *nf* rotation.
roto,-a 1 *adj* broken. || 2 **roto** *nm* hole, tear.
rotonda *nf* roundabout.
rótula *nf* knee-cap.
rotulador *nm* felt-tip pen.
rotular *vt* to label, letter.
rótulo 1 *nm* (*etiqueta*) label. 2 (*letrero*) sign. 3 (*anuncio*) poster, placard. ▪ **rótulo luminoso** illuminated sign.
rotundo,-a *adj* categorical.
rotura 1 *nf* break. 2 MED fracture.
rozadura *nf* scratch.
rozar [4] *vt* - *vi* (*tocar ligeramente*) to touch, brush.
rubí *nm* (*pl* rubíes) ruby.
rubio,-a *adj* (*hombre*) blond; (*mujer*) blonde.
ruborizarse [4] *vpr* to blush, go red.
rudimentario,-a *adj* rudimentary.
rudo,-a *adj* rough, coarse.
rueda 1 *nf* (*de vehículo*) wheel. 2 (*círculo*) circle, ring. • **ir sobre ruedas** *fam* to go like clockwork.
ruego *nm* request.
rufián 1 *nm* (*proxeneta*) pimp. 2 (*canalla*) scoundrel.
rugir [6] *vi* to roar; (*viento*) to howl.
rugoso,-a *adj* rough, wrinkled.
ruido 1 *nm* (*sonido*) noise. 2 (*jaleo*) din, row.
ruidoso,-a *adj* noisy, loud.
ruin 1 *adj pey* (*mezquino*) mean, base. 2 (*tacaño*) stingy.
ruina *nf* ruin.
ruinoso,-a *adj* ruinous, disastrous.
ruiseñor *nm* nightingale.
rulo *nm* (*para pelo*) curler.
Rumanía *nf* Romania.

rumano,-a *adj - nm,f* Romanian, Rumanian.
rumbo *nm* course, direction. • **con rumbo a** bound for; **sin rumbo** aimlessly.
rumiar [12] **1** *vi* (*alimentos*) to ruminate. **2** (*decisión*) to meditate.
rumor 1 *nm* (*murmullo*) murmur. **2** (*noticia, voz*) rumour.
rumorearse *vi* to be rumoured.
rupestre *adj* (*planta*) rock; (*pintura*) cave.
ruptura 1 *nf* (*de acuerdo*) breaking, breakage. **2** (*de relación*) breaking-off.
rural *adj* rural, country.
Rusia *nf* Russia.
ruso,-a 1 *adj - nm,f* Russian. ‖ **2 ruso** *nm* (*idioma*) Russian.
rústico,-a *adj* rustic. • **en rústica** paper-backed.
ruta *nf* route.
rutina *nf* routine.
rutinario,-a *adj* routine.

S

sábado *nm* Saturday.
sabana *nf* savannah.
sábana *nf* sheet.
sabelotodo *nmf inv pey* know-all.
saber [83] **1** *nm* knowledge. ‖ **2** *vt - vi* to know. ‖ **3** *vt* (*poder*) can: **¿sabes francés?** can you speak French? ‖ **4** *vi* (*sabor a*) to taste (a, of). • **hacer saber** to inform; **que yo sepa** as far as I know; **a saber** *fml* namely; **¡y yo qué sé!** *fam* how should I know!
sabiduría 1 *nf* knowledge. **2** (*prudencia*) wisdom.
sabiendas a sabiendas *adv* knowingly.
sabihondo,-a *nm,f pey* know-all.
sabio,-a 1 *adj* learned, wise. ‖ **2** *nm,f* wise person, sage.
sablazo *nm* (*golpe*) blow with a sabre. • **pegar un sablazo a algn** *fam* to scrounge money off sb.
sable *nm* sabre.
sabor *nm* taste, flavour. • **dejar mal sabor de boca** to leave a bad taste in one's mouth.
saborear *vt* to savour.
sabotaje *nm* sabotage.
sabroso,-a *adj* tasty.
sacacorchos *nm inv* corkscrew.
sacapuntas *nm inv* pencil sharpener.
sacar [1] **1** *vt* (*gen*) to take out. **2** (*obtener*) to get. **3** (*sonsacar algo*) to get sth out of sb. **4** (*quitar*) to remove. **5** (*extraer*) to extract, pull out. **6** (*entrada, pasaporte*) to get. **7** DEP to serve. • **sacar a bailar** to ask to dance; **sacar a luz** to bring to light; **sacar a relucir** to mention; **sacar adelante** (*proyecto*) to carry out; (*hijos*) to bring up; **sacar de un apuro** to bail out; **sacar una foto** to take a picture.
sacarina *nf* saccharine.
sacerdote *nm* priest.
saciar [12] **1** *vt* to satiate; (*sed*) to quench. **2** *fig* to satisfy. ‖ **3 saciarse** *vpr* to satiate oneself, be satiated.
saco *nm* sack, bag. ■ **saco de dormir** sleeping bag.
sacrificar [1] **1** *vt* to sacrifice. **2** (*animal*) to put down. ‖ **3 sacrificarse** *vpr* to sacrifice oneself (por, for).
sacrificio *nm* sacrifice.
sacudida *nf* shake, jolt.
sacudir 1 *vt* to shake. **2** (*para quitar el polvo*) to shake off. **3** (*golpear*) to beat.
sádico,-a 1 *adj* sadistic. ‖ **2** *nm,f* sadist.
sagaz *adj* clever, shrewd.
sagitario *nm inv* Sagittarius.
sagrado,-a *adj* sacred, holy.
sajón,-ona *adj - nm,f* Saxon.
sal 1 *nf* salt. **2** *fig* wit. ■ **sales de baño** bath salts.

sala 1 *nf* room. 2 (*de hospital*) ward. 3 JUR courtroom. 4 (*cine*) cinema. ▪ **sala de espera** waiting room; **sala de estar** living room; **sala de exposiciones** art gallery.
salado,-a 1 *adj* (*con sal*) salted. 2 (*con sabor a sal*) salty. 3 (*no dulce*) savoury. 4 *fig* (*persona*) witty amusing.
salamandra *nf* salamander.
salar *vt* to salt.
salario *nm* salary, wages *pl*.
salchicha *nf* sausage.
saldar 1 *vt* (*cuenta*) to settle, balance. 2 (*rebajar*) to sell off.
saldo 1 *nm* (*de una cuenta*) balance. 2 (*rebajas*) sales.
salero 1 *nm* (*recipiente*) saltcellar. 2 (*gracia*) charm, wit.
salida 1 *nf* (*acto*) departure. 2 (*puerta etc*) exit, way out. 3 DEP start. 4 (*excursión*) trip, outing. 5 (*astro*) rising. 6 *fig* (*ocurrencia*) witty remark. ▪ **salida de emergencia** emergency exit; **salida de tono** improper remark.
salir [84] 1 *vi* (*gen*) to go out. 2 (*ir de dentro para fuera*) to come out. 3 (*partir*) to leave. 4 (*aparecer*) to appear. 5 (*proceder*) to come (de, from). 6 (*resultar*) to (turn out) to be: **salir vencedor** to be the winner. 7 (*producto*) to come out, be released. ‖ 8 **salirse** *vpr* (*soltarse*) to come off. 9 (*líquido*) to leak (out). • **salir adelante** to be successful; **salir con algn** to go out with sb; **salir con algo** to come out with: **salir de dudas** to make sure; **salir pitando** *fam* to rush out; **salirse con la suya** *fam* to get one's own way.
saliva *nf* saliva.
salmón *nm* salmon.
salmonete *nm* red mullet.
salón 1 *nm* (*en casa*) drawing room, lounge. 2 (*público*) hall. 3 (*exposición*) show, exhibition. ▪ **salón de actos** assembly hall; **salón de baile** ballroom; **salón de belleza** beauty salon, beauty parlour.
salpicadero *nm* dashboard.
salpicadura *nf* splash.
salpicar [1] 1 *vt* to splash, spatter. 2 *fig* to sprinkle.
salsa *nf* sauce.
saltar 1 *vi* to jump. 2 (*romperse*) to shatter. ‖ 3 *vt* (*valla etc*) to jump (over). 4 (*omitir*) to skip, miss out. ‖ 5 **saltarse** *vpr* (*ley etc*) to ignore. • **saltar a la cuerda** to skip; **saltar a la vista** to be obvious.
salto 1 *nm* jump, leap. 2 DEP jump; (*natación*) dive. 3 *fig* (*omisión*) gap. • **a salto de mata** (*vivir al día*) from hand to mouth; (*de cualquier manera*) haphazardly; **de un salto** in a flash. ▪ **salto de agua** waterfall, falls *pl*; **salto mortal** somersault.
salud 1 *nf* health. ‖ 2 **¡salud!** *interj* cheers!
saludable 1 *adj* healthy. 2 (*beneficioso*) good.
saludar 1 *vi* to say hello. ‖ 2 *vt* to say hello to. 3 MIL to salute. • **salúdale de mi parte** give him/her my regards.
saludo *nm* greeting. • **"Un (atento) saludo de ..."** "Best wishes from ...".
salvación *nf* salvation.
salvador,-ra *nm,f* saviour.

salvadoreño,-a *adj - nm,f* Salvadorian.
salvaje 1 *adj* (*gen*) wild; (*pueblo*) savage, uncivilized. || **2** *nmf* savage.
salvamanteles *nm inv* table mat.
salvar 1 *vt* to save, rescue (de, from). **2** (*obstáculo*) to clear. **3** (*dificultad*) to overcome. **4** (*distancia*) to cover. **5** (*exceptuar*) to exclude: **salvando a los presentes** present company excepted. || **6 salvarse** *vpr* (*sobrevivir*) to survive. • **¡sálvese quien pueda!** every man for himself!
salvavidas *nm* (*flotador*) life belt; (*chaleco*) life jacket.
salvo,-a 1 *adj* safe. || **2 salvo** *prep* except, except for. • **a salvo** safe and sound.
sanar 1 *vt - vi* to heal, cure. || **2** *vi* (*enfermo*) to recover, get better.
sanatorio *nm* sanatorium.
sanción 1 *nf* (*aprobación*) sanction. **2** (*pena*) penalty.
sancionar 1 *vt* (*aprobar*) to sanction. **2** (*penar*) to penalize.
sandalia *nf* sandal.
sandía *nf* watermelon.
sanear 1 *vt* (*edificio*) to clean. **2** (*economía*) to put on a sound footing.
sangrar 1 *vt - vi* (*persona, animal*) to bleed. || **2** *vt* (*texto*) to indent.
sangre *nf* blood. • **de sangre fría** cold-blooded; **de sangre caliente** warm-blooded. ■ **sangre fría** sangfroid, calmness.
sangría 1 *nf* (*bebida*) sangria. **2** MED bleeding. **3** (*texto*) indentation.
sangriento,-a *adj* bloody.
sanidad *nf* (*servicios*) public health.
sanitario,-a 1 *adj* health. || **2 sanitario** *nm* toilet.
sano,-a 1 *adj* healthy. **2** (*entero*) undamaged, intact. • **sano y salvo** safe and sound.
santiamén *nm* **en un santiamén** in the twinkling of an eye.
santidad *nf* saintliness, holiness.
santificar [1] *vt* to sanctify.
santiguar [22] **1** *vt* to bless. || **2 santiguarse** *vpr* to cross oneself.
santo,-a 1 *adj* holy, sacred. **2** (*con nombre*) Saint: **Santo Tomás** Saint Thomas. **3** (*para enfatizar*) blessed: **todo el santo día** the whole day long. || **4** *nm,f* saint. || **5 santo** *nm* (*onomástica*) saint's day. • **se le fue el santo al cielo** it completely slipped his mind.
santuario *nm* sanctuary.
sapo *nm* toad.
saque 1 *nm* (*tenis*) service. **2** (*fútbol*) kick-off. ■ **saque de banda** DEP throw-in.
saquear *vt* to sack, plunder; (*en casas, comercios*) to loot.
saqueo *nm* sacking, plundering; (*en casa, comercio*) looting.
sarampión *nm* measles.
sarcasmo *nm* sarcasm.
sardina *nf* sardine.
sargento *nm* sergeant.
sarpullido *nm* rash.
sartén *nf* frying pan, US skillet.
sastre,-a *nm,f* (*hombre*) tailor; (*mujer*) dressmaker.
satén *nm* satin.
satírico,-a *adj* satirical.
satisfacer [85] **1** *vt* (*pp* satisfecho,-a) to satisfy. **2** (*deuda*) to pay. || **3 satisfacerse** *vpr* to be satisfied.

satisfecho,-a *adj* satisfied, pleased.
sauce *nm* willow. ▪ **sauce llorón** weeping willow.
saudí *adj* - *nmf* Saudi.
saudita *adj* - *nmf* Saudi.
saxófono *nm* saxophone.
sazonar *vt* to season, flavour.
se 1 *pron* (*reflexivo - a él mismo*) himself; (*- a ella misma*) herself; (*- a usted mismo*) yourself; (*- a ellos mismos*) themselves; (*- a ustedes mismos*) yourselves. **2** (*de por sí*) itself. **3** (*recíproco*) one another, each other: **se quieren** they love each other. **4** (*en pasivas e impersonales*): **se dice que ...** it is said that ...; **se han abierto las puertas** the doors have been opened. **5** (*objeto indirecto - a él*) him; (*- a ella*) her; (*cosa*) it; (*- a usted/ustedes*) you; (*- a ellos/ellas*) them: **se lo diré mañana** I'll tell you/him/her/them tomorrow.
secador *nm* dryer. ▪ **secador de pelo** hair-dryer.
secadora *nf* tumble-dryer.
secar [1] **1** *vt* to dry; (*lágrimas, vajilla*) to wipe. ‖ **2 secarse** *vpr* to dry. **3** (*planta*) to wither.
sección *nf* section.
seco,-a 1 *adj* (*gen*) dry. **2** (*planta*) withered. **3** (*golpe, ruido*) sharp.
secretaría *nf* secretary's office.
secretario,-a *nm,f* secretary.
secreto,-a *adj* - *nm* secret.
sector 1 *nm* sector. **2** (*zona*) area.
secuela *nf* consequence, effects *pl*.
secuencia *nf* sequence.
secuestrar 1 *vt* to kidnap. **2** (*avión*) to highjack.
secuestro 1 *nm* (*gen*) kidnapping. **2** (*de avión*) highjacking.
secundario,-a *adj* secondary.
sed *nf* thirst. • **tener sed** to be thirsty.
seda *nf* silk. • **como una seda** *fig* smoothly.
sedante *adj* - *nm* sedative.
sede 1 *nf* (*oficina central*) headquarters, central office. **2** (*del gobierno*) seat.
sedentario,-a *adj* sedentary.
sediento,-a *adj* thirsty.
sedimento *nm* sediment.
seducción *nf* seduction.
seducir [46] *vt* to seduce.
seductor,-ra 1 *adj* seductive. **2** (*atractivo*) tempting. ‖ **3** *nm,f* seducer.
segar [48] *vt* AGR to reap.
seguido,-a 1 *adj* continuous. **2** (*consecutivo*) consecutive: **dos días seguidos** two days running.
seguidor,-ra *nm,f* follower.
seguir [56] **1** *vt* (*perseguir*) to pursue, chase. **2** (*continuar*) to continue. ‖ **3** *vi* (*proseguir*) to go on. **4** (*permanecer*) to remain: **siguió de pie** he remained standing. **5** (*estar todavía*) to be still: **sigue enfermo** he's still sick. ‖ **6 seguir(se)** *vt* - *vpr* (*gen*) to follow.
según 1 *prep* according to. **2** (*depende de ...*) depending on. **3** (*depende*) it depends. **4** (*como*) just as: **todo quedó según estaba** everything stayed just as it was. **5** (*a medida que*) as.
segundero *nm* second hand.
segundo,-a *num* - *nm* second.
seguridad 1 *nf* (*física*) safety. **2** (*estabilidad*) security. **3** (*certeza*) certainty, sureness. **4** (*confianza*) confidence.
seguro,-a 1 *adj* (*físicamente*) safe. **2** (*estable*) secure. **3** (*firme*) firm,

steady. **4** (*cierto*) certain, sure. **5** (*confiado*) confident. || **6 seguro** *nm* (*contrato, póliza*) insurance. **7** (*mecanismo*) safety catch, safety device. || **8** *adv* definitely. • **sobre seguro** without risk. ▪ **seguro de vida** life insurance.

seis *num* six.

seiscientos,-as *num* six hundred.

seísmo *nm* earthquake.

seleccionar *vt* to select.

selectividad *nf* selectivity.

selecto,-a *adj*: **un club selecto** an exclusive club; **comida selecta** fine food; **vinos selectos** fine wines, choice wines.

sellar 1 *vt* (*cerrar*) to seal. **2** (*documento*) to stamp.

sello 1 *nm* stamp. **2** (*de estampar, precinto*) seal. **3** (*distintivo*) hallmark.

selva 1 *nf* (*bosque*) forest. **2** (*jungla*) jungle.

semáforo *nm* traffic lights *pl*.

semana *nf* week. ▪ **Semana Santa** Easter.

semanal *adj* weekly.

semanario *nm* weekly magazine.

sembrar [27] **1** *vt* AGR to sow. **2** (*esparcir*) to scatter, spread.

semejante 1 *adj* similar. **2** (*tal*) such. || **3** *nm* fellow being.

semejanza *nf* similarity, likeness.

semejar 1 *vi* to look like, resemble. || **2 semejarse** *vpr* to look alike: **semejarse a** to look like, resemble.

semestral *adj* six-monthly, half-yearly.

semestre *nm* semester.

semicírculo *nm* semicircle.

semilla *nf* seed.

seminario 1 *nm* EDUC seminar. **2** REL seminary.

sémola *nf* semolina.

senado *nm* senate.

senador,-ra *nm,f* senator.

sencillez *nf* simplicity.

sencillo,-a 1 *adj* simple. **2** (*persona*) natural, unaffected.

senda *nf* path.

sendos,-as *adj* each.

senil *adj* senile.

seno 1 *nm* breast. **2** MAT sine.

sensación 1 *nf* (*percepción*) feeling. **2** (*efecto*) sensation.

sensatez *nf* good sense.

sensato,-a *adj* sensible.

sensibilidad *nf* sensitivity.

sensible 1 *adj* (*profundo*) sensitive. **2** (*manifiesto*) perceptible, noticeable.

sensualidad *nf* sensuality.

sentado,-a *adj* seated, sitting. • **dar algo por sentado,-a** to take sth for granted.

sentar [27] **1** *vt* to sit, seat. || **2** *vi* (*comida*) to agree: **el chocolate no me sienta bien** chocolate doesn't agree with me. **3** (*ropa*) to suit: **esa corbata te sienta bien** that tie suits you. || **4 sentarse** *vpr* to sit down.

sentencia *nf* (*condena*) sentence.

sentido,-a 1 *adj* (*sensible*) heartfelt, deep. || **2 sentido** *nm* (*gen*) sense. **3** (*dirección*) direction. **4** (*juicio*) consciousness. • **perder el sentido** to faint; **tener sentido** to make sense.

sentimiento *nm* feeling.

sentir [35] **1** *nm* (*sentimiento*) feeling. **2** (*opinión*) opinion. || **3** *vt* (*lamentar*) to regret. **4** (*oír*) to hear. || **5**

sentir(se) *vt* - *vpr* to feel. • **¡lo siento!** I'm sorry!; **sentir miedo** to be afraid; **sentirse mal** to feel ill.

seña 1 *nf* (*indicio, gesto*) sign. ‖ **2 señas** *nf pl* address *sing*. • **dar señas de algo** to show signs of sth; **hacer señas** to signal, gesture.

señal 1 *nf* sign, signal. **2** (*marca*) mark; (*vestigio*) trace. **3** (*por teléfono*) tone. **4** (*de pago*) deposit. • **en señal de** as a sign of. ▪ **señal de tráfico** road sign.

señalado,-a 1 *adj* distinguished, special. **2** (*fijado*) appointed.

señalar 1 *vt* (*indicar*) to show. **2** (*marcar*) to mark. **3** (*hacer notar*) to point to. **4** (*con el dedo*) to point at. **5** (*designar - a persona*) to appoint; (*- fecha, lugar*) to set, determine.

señalización *nf* road signs *pl*.

señalizar [4] *vt* to signpost.

señor,-ra 1 *adj fam* fine: **es un señor coche** it's quite a car. ‖ **2 señor** *nm* man; (*caballero*) gentleman. **3** (*amo*) master. **4** (*en tratamientos*) sir; (*delante de apellido*) Mr.

señora 1 *nf* woman, lady. **2** (*ama*) mistress. **3** (*esposa*) wife. **4** (*en tratamientos*) madam; (*delante de apellido*) Mrs.

señorial *adj* stately.

separado,-a 1 *adj* separate. **2** (*divorciado*) separated.

separar 1 *vt* (*guardar*) to set aside. ‖ **2 separar(se)** *vt* - *vpr* to separate.

sepia 1 *nf* cuttlefish. ‖ **2** *adj* - *nm* (*color*) sepia.

septentrional *adj* northern.

septiembre *nm* September.

séptimo,-a *num* seventh.

sepulcro *nm* tomb.

sepultar *vt* to bury.

sepultura *nf* grave. • **dar sepultura a** to bury.

sequedad 1 *nf* dryness. **2** *fig* curtness.

sequía *nf* drought.

séquito *nm* entourage, retinue.

ser [86] **1** *vi* (*gen*) to be. **2** (*pertenecer*) to belong (de, to). **3** (*proceder*) to come from. ‖ **4** *v aux* to be: **fue encontrado por Juan** it was found by Juan; **es de esperar que ...** it is to be expected that ... ‖ **5** *nm* (*ente*) being. • **a no ser que** unless; **a poder ser** if possible; **de no ser por ...** had it not been for ...; **es más** furthermore; **sea como sea** in any case; **ser de** to be made of. ▪ **ser humano** human being.

serenar 1 *vt* to calm, soothe. ‖ **2 serenarse** *vpr* to become calm. **3** METEOR to clear up.

serenidad *nf* serenity, calm.

sereno,-a *adj* (*sosegado*) calm.

serie *nf* series *inv*.

seriedad 1 *nf* (*gravedad*) seriousness, gravity. **2** (*formalidad*) reliability.

serio,-a 1 *adj* serious. **2** (*formal*) reliable. • **en serio** seriously.

serpiente *nf* snake.

serrar [27] *vt* to saw.

servicial *adj* obliging.

servicio 1 *nm* service. **2** (*criados*) servants *pl*. **3** (*juego*) set. ‖ **4 servicios** *nm pl* toilet *sing*. • **estar de servicio** to be on duty. ▪ **servicio a domicilio** home delivery service; **servicio postal** postal service.

servidor,-ra 1 *nm,f* servant. ‖ **2 servidor** *nm* INFORM server. • **ser-**

vidor,-ra de usted *fml* at your service.
servidumbre 1 *nf* servitude. 2 (*criados*) servants *pl*.
servilleta *nf* napkin, serviette.
servir [34] 1 *vt* - *vi* to serve. ‖ 2 *vi* (*ser útil*) to be useful. ‖ 3 **servirse** *vpr* (*comida etc*) to help oneself. • **servir de** to be used as; **servir para** to be used for; **servirse de** to make use of; **sírvase** *fml* please.
sesenta *num* sixty.
sesión 1 *nf* session, meeting. 2 CINEM showing.
seso 1 *nm* brain. 2 *fig* brains *pl*.
seta *nf* mushroom; (*no comestible*) toadstool.
setecientos,-as *num* seven hundred.
setenta *num* seventy.
seto *nm* hedge.
seudónimo *nm* pseudonym; (*de escritores*) pen name.
severo,-a *adj* severe.
sexista *adj* sexist.
sexo 1 *nm* sex. 2 (*órganos*) genitals *pl*.
sexto,-a *num* sixth.
short *nm* (*pantalón corto*) shorts *pl*.
si 1 *conj* if, whether. 2 (*para enfatizar*) but: **¡si yo no quería!** but I didn't want to! ‖ 3 *nm* (*pl* sis) MÚS ti, si, B. • **si bien** although.
sí 1 *adv* yes. 2 (*enfático*): **sí que me gusta** I do like it, of course I like it. 3 (*sustituye el verbo*): **ella no irá, pero yo sí** she won't go, but I will. ‖ 4 *pron* (*él*) himself; (*ella*) herself; (*cosa*) itself; (*uno mismo*) oneself; (*plural*) themselves. ‖ 5 *nm* (*pl* síes) yes. • **estar fuera de sí** to be beside oneself; **volver en sí** to regain consciousness.
Sicilia *nf* Sicily.
sida *nm* AIDS.
siderurgia *nf* iron and steel industry.
sidra *nf* cider.
siega 1 *nf* (*época*) harvest. 2 (*acción*) reaping.
siembra 1 *nf* (*época*) sowing time. 2 (*acción*) sowing.
siempre *adv* always. • **para siempre** forever, for good; **siempre y cuando** provided, as long as.
sien *nf* temple.
sierra 1 *nf* saw. 2 GEOG mountain range.
siesta *nf* siesta, afternoon nap.
siete 1 *num* seven. ‖ 2 *nm* (*rasgón*) tear.
sífilis *nf inv* syphilis.
sifón 1 *nm* (*tubo acodado*) U-bend. 2 (*tubo encorvado*) siphon. 3 (*bebida*) soda water.
sigiloso,-a *adj* stealthy.
sigla *nf* abbreviation.
siglo *nm* century.
significado *nm* meaning.
significar [1] *vt* to mean.
significativo,-a *adj* significant.
signo 1 *nm* sign. 2 GRAM mark. ■ **signo de admiración** exclamation mark; **signo de interrogación** question mark; **signo de puntuación** punctuation mark.
siguiente *adj* following, next.
sílaba *nf* syllable.
silbar 1 *vi* to whistle. 2 (*abuchear*) to hiss.
silbato *nm* whistle.
silencio *nm* silence.
silencioso,-a *adj* quiet, silent.

silicona *nf* silicone.
silla *nf* chair. ▪ **silla de montar** saddle; **silla de ruedas** wheelchair; **silla giratoria** swivel chair; **silla plegable** folding chair.
sillín *nm* saddle.
sillón *nm* armchair.
silueta 1 *nf* (*contorno*) silhouette. 2 (*figura*) figure, shape.
silvestre *adj* wild.
simbolizar [4] *vt* to symbolize.
símbolo *nm* symbol.
simetría *nf* symmetry.
simétrico,-a *adj* symmetrical.
simiente *nf* seed.
similitud *nf* similarity.
simio *nm* simian, ape.
simpatía 1 *nf* (*sentimiento*) affection. 2 (*amabilidad*) pleasant manner, friendliness. 3 (*afinidad*) affinity.
simpático,-a *adj* pleasant, nice.
simpatizante *nmf* supporter.
simpatizar [4] *vi* (*dos personas*) to get on (con, with).
simple 1 *adj* (*sencillo*) simple. 2 (*puro*) mere.
simpleza 1 *nf* (*idiotez*) simplemindedness. 2 (*tontería*) nonsense, silly thing.
simplificar [1] *vt* to simplify.
simulacro *nm* sham, pretence.
simular *vt* to simulate, feign.
simultáneo,-a *adj* simultaneous.
sin *prep* without.
sincerarse *vpr* to open one's heart (con, to).
sinceridad *nf* sincerity.
sincero,-a *adj* sincere.
sincronizar [4] *vt* synchronize.
sindicato *nm* trade union.
sinfín *nm* endless number.
sinfonía *nf* symphony.
singular 1 *adj* (*único*) singular, single. 2 (*excepcional*) extraordinary. 3 (*raro*) peculiar. ‖ 4 *nm* GRAM singular.
siniestro,-a 1 *adj* left, left-hand. 2 (*malo*) sinister. ‖ 3 **siniestro** *nm* disaster, accident.
sino *conj* but, except.
sinónimo,-a 1 *adj* synonymous. ‖ 2 **sinónimo** *nm* synonym.
sintaxis *nf inv* syntax.
sintético,-a *adj* synthetic.
síntoma *nm* symptom.
sintonizar [4] 1 *vt* to tune in to. ‖ 2 *vi fig* to get on well.
sinvergüenza *nmf* cheeky devil.
siquiera 1 *conj* even if. ‖ 2 *adv* at least. • **ni siquiera** not even.
sirena 1 *nf* (*alarma*) siren. 2 (*ninfa*) mermaid.
sirviente,-a *nm,f* servant.
sísmico,-a *adj* seismic.
sistema *nm* system.
sitiar [12] *vt* to besiege.
sitio 1 *nm* place. 2 (*espacio*) space, room. 3 MIL siege. • **hacer sitio** to make room (a, for).
situación 1 *nf* situation. 2 (*posición*) position.
situar [11] 1 *vt* to place, locate. ‖ 2 **situarse** *vpr* to be placed.
sobaco *nm* armpit.
sobar *vt* (*manosear*) to fondle.
soberano,-a *adj* - *nm,f* sovereign.
soberbia 1 *nf* arrogance. 2 (*magnificencia*) sumptuousness.
soberbio,-a 1 *adj* arrogant. 2 (*magnífico*) superb.
sobón,-ona 1 *adj fam* groping. ‖ 2 *nm,f fam* groper.

sobornar *vt* to bribe.
soborno 1 *nm* bribery. **2** (*regalo*) bribe.
sobra 1 *nf* excess, surplus. || **2 sobras** *nf pl* leftovers. • **de sobra** (*no necesario*) superfluous; (*excesivo*) more than enough.
sobrar 1 *vi* (*quedar*) to be left over. **2** (*sin aprovechar*) to be more than enough. **3** (*estar de más*) to be superfluous.
sobre 1 *prep* (*encima*) on, upon. **2** (*por encima*) over, above. **3** (*acerca de*) on. **4** (*alrededor de*) around, about. || **5** *nm* envelope. • **sobre todo** above all, especially.
sobrecarga *nf* overload.
sobrecogedor,-ra 1 *adj* overwhelming. **2** (*que da miedo*) frightening.
sobredosis *nf inv* overdose.
sobremesa *nf* (*comida*) after-lunch chat; (*cena*) after-dinner chat.
sobrentender [28] **1** *vt* to deduce, infer. || **2 sobrentenderse** *vpr* to go without saying.
sobrepasar *vt* to exceed.
sobresaliente 1 *adj* outstanding. || **2** *nm* (*calificación*) A, first.
sobresalir [84] **1** *vi* (*destacarse*) to stand out, excel. **2** (*abultar*) to protrude.
sobresaltar 1 *vt* to startle. || **2 sobresaltarse** *vpr* to be startled.
sobresalto *nm* start; (*de temor*) fright.
sobrevivir *vi* to survive.
sobriedad *nf* sobriety, moderation.
sobrino,-a *nm,f* (*chico*) nephew; (*chica*) niece.
sobrio,-a *adj* sober, temperate.
socavón *nm* (*bache*) pothole.
sociable *adj* sociable, friendly.
socialismo *nm* socialism.
sociedad 1 *nf* society. **2** COM company.
socio,-a 1 *nm,f* member. **2** COM partner.
sociología *nf* sociology.
sociólogo,-a *nm,f* sociologist.
socorrer *vt* to help, assist.
socorrismo *nm* life-saving.
socorrista *nmf* life-saver, lifeguard.
socorro 1 *nm* help, aid, assistance. || **2** *interj* **¡socorro!** help!
sofisticado,-a *adj* sophisticated.
sofocante *adj* suffocating, stifling.
sofocar [1] **1** *vt* (*ahogar*) to suffocate. **2** (*incendio*) to put out. || **3 sofocarse** *vpr* (*avergonzarse*) to get embarrassed. **4** (*enfadarse*) to get angry.
sofreír [37] *vt* to fry lightly.
soja *nf* soya bean.
sol 1 *nm* sun. **2** (*luz*) sunlight, sunshine. **3** MÚS sol, G. • **tomar el sol** to sunbathe.
solapa 1 *nf* (*de prenda*) lapel. **2** (*de sobre, libro*) flap.
solar 1 *adj* solar. || **2** *nm* (*terreno*) plot.
soldado *nm* soldier.
soldadura 1 *nf* (*acción*) welding; (*con estaño*) soldering. **2** (*unión*) weld; (*con estaño*) solder.
soldar [31] *vt* to weld; (*con estaño*) to solder.
soleado,-a *adj* sunny.
soledad 1 *nf* (*estado*) solitude. **2** (*sentimiento*) loneliness.
solemnidad *nf* solemnity.

soler [32] **1** *vi* (*presente*) to usually do, be in the habit of. **2** (*pasado*) to use to.
solfeo *nm* solfa.
solicitante *nmf* applicant.
solicitar *vt* to request.
solicitud **1** *nf* (*petición*) request; (*de trabajo*) application. **2** (*diligencia*) solicitude.
solidaridad *nf* solidarity.
solidarizarse [4] *vpr* to support (con, -).
solidez *nf* solidity.
solidificar [1] **1** *vt* - *vpr* to solidify. **2** (*pasta*) to harden, set.
sólido,-a *adj* - *nm* solid.
solista *nmf* soloist.
solitario,-a **1** *adj* (*sin compañía*) solitary. **2** (*sentimiento*) lonely. **3** (*lugar*) deserted. ‖ **4 solitario** *nm* solitaire.
sollozar [4] *vi* to sob.
sollozo *nm* sob.
solo,-a **1** *adj* alone. **2** (*solitario*) lonely. **3** (*único*) sole, single. ‖ **4 solo** *nm fam* black coffee. **5** MÚS solo. ‖ **6** *adv fam* only. • **a solas** alone, in private.
solomillo *nm* sirloin.
soltar [31] **1** *vt* (*desasir*) to release. **2** (*desatar*) to untie, unfasten. **3** *fam* (*decir*) to come out with. **4** (*liberar*) to let go. ‖ **5 soltarse** *vpr* (*desatarse*) to come loose. **6** (*desprenderse*) to come off.
soltero,-a **1** *adj* single, unmarried. ‖ **2** *nm,f* (*hombre*) bachelor; (*mujer*) single woman.
solterón,-ona *nm,f pey* (*hombre*) old bachelor; (*mujer*) old maid.
soltura *nf* (*al hablar*) fluency.
solucionar *vt* to solve.
sombra **1** *nf* shade. **2** (*silueta*) shadow.
sombrero *nm* hat.
sombrilla *nf* parasol, sunshade.
sombrío,-a **1** *adj* (*lugar*) dark. **2** *fig* gloomy.
someter **1** *vt* (*subyugar*) to subdue. **2** (*probar*) to subject (a, to). ‖ **3 someterse** *vpr* (*rendirse*) to surrender (a, to). **4** (*tratamiento etc*) to undergo (a, -).
somnífero *nm* sleeping pill.
sonado,-a *adj* (*conocido*) famous.
sonámbulo,-a sleepwalker.
sonar [31] **1** *vi* to sound. **2** (*timbre etc*) to ring. **3** (*reloj*) to strike. **4** (*conocer vagamente*) to sound familiar. ‖ **5 sonarse** *vpr* to blow one's nose.
sonda *nf* probe.
sondear **1** *vt* to explore, probe. **2** (*encuestar*) to sound out.
sondeo *nm* (*encuesta*) poll.
sonido *nm* sound.
sonreír [37] *vi* - *vpr* to smile.
sonrisa *nf* smile.
sonrojarse *vpr* to blush.
sonrosado,-a *adj* rosy, pink.
sonsacar [1] **1** *vt* (*a una persona*) to pump. **2** (*secreto*) to worm out.
soñador,-ra **1** *adj* dreamy. ‖ **2** *nm,f* dreamer.
soñar [31] *vt* - *vi* to dream.
soñoliento,-a *adj* drowsy, sleepy.
sopa *nf* soup.
sopesar *vt* to weigh up.
sopetón *nm*. • **de sopetón** all of a sudden.
soplar **1** *vi* to blow. ‖ **2** *vt* to blow away. **3** (*delatar*) to grass. **4** *fam*

(*robar*) to swipe, pinch. **5** *fam* (*beber*) to down.
soplete *nm* blowtorch, blowlamp.
soplo 1 *nm* blow. **2** (*viento*) puff. **3** MED murmur. **4** *fam* (*de secreto etc*) tip-off.
soplón,-ona *nm,f fam* informer, squealer.
soportar 1 *vt* (*sostener*) to support. **2** (*aguantar*) to put up with. **3** (*tolerar*) to stand.
soporte *nm* support.
sorber *vt* to sip.
sorbete *nm* sorbet.
sorbo *nm* sip, gulp.
sordera *nf* deafness.
sórdido,-a 1 *adj* (*sucio*) squalid. **2** (*vil*) sordid.
sordo,-a 1 *adj* deaf. **2** (*sonido, dolor*) dull. ‖ **3** *nm,f* deaf person.
sordomudo,-a 1 *adj* deaf and dumb. ‖ **2** *nm,f* deaf mute.
sorprendente *adj* surprising.
sorprender 1 *vt* to surprise. ‖ **2 sorprenderse** *vpr* to be surprised (de, at).
sortear 1 *vt* (*echar a suertes*) to draw lots for, cast lots for; (*rifar*) to raffle. **2** (*obstáculos*) to get round.
sorteo *nm* draw; (*rifa*) raffle.
sortija *nf* ring.
sosegado,-a *adj* calm, quiet.
sosegar [48] *vt - vpr* to calm down.
sosiego *nm* calmness, peace.
soso,-a 1 *adj* tasteless. **2** *fig* dull.
sospecha *nf* suspicion.
sospechar *vt* to suspect.
sospechoso,-a 1 *adj* suspicious. ‖ **2** *nm,f* suspect.
sostén 1 *nm* support. **2** (*prenda*) bra.
sostener [87] **1** *vt* to support, hold up. **2** (*sujetar*) to hold. **3** (*conversación, reunión*) to have. **4** (*opinión*) to maintain, affirm. ‖ **5 sostenerse** *vpr* (*mantenerse*) to support oneself. **6** (*permanecer*) to stay.
sostenido,-a *adj - nm* MÚS sharp.
sótano *nm* cellar, basement.
Sr. *abr* Mr.
Sra. *abr* Mrs.
stop *nm* stop sign.
su *adj* (*de él*) his; (*de ella*) her; (*de usted/ustedes*) your; (*de ellos*) their; (*de animales, cosas*) its.
suave 1 *adj* soft. **2** (*liso*) smooth. **3** (*apacible*) gentle, mild.
suavidad 1 *nf* softness. **2** (*lisura*) smoothness. **3** (*docilidad*) gentleness, mildness.
suavizante *nm* fabric softener.
suavizar [4] **1** *vt* to soften. **2** (*alisar*) to smooth.
subasta *nf* auction.
subastar *vt* to auction.
subconsciente *adj - nm* subconscious.
subdesarrollado,-a *adj* underdeveloped.
subdirector,-ra *nm,f* deputy director.
súbdito,-a *adj - nm, f* subject.
subestimar *vt* to underestimate.
subida 1 *nf* (*ascenso*) ascent; (*a montaña*) climb. **2** (*pendiente*) slope. **3** (*aumento*) rise, increase.
subir 1 *vi* (*elevarse, aumentar*) to rise. **2** (*ascender*) to go up. **3** (*categoría, puesto*) to be promoted. ‖ **4** *vt* (*escalar*) to climb. **5** (*elevar, aumentar*) to raise. **6** (*mover arriba*) to carry up, take up. ‖ **7 subir(se)** *vi - vpr* (*montar - vehículo*) get on; (*- coche*) get in-

to; (- *caballo*) to mount. ‖ **8 subirse** *vpr* (*trepar*) to climb.
súbito,-a *adj* sudden.
sublevar 1 *vt* to incite to rebellion. **2** (*indignar*) to infuriate. ‖ **3 sublevarse** *vpr* to rebel.
submarinismo *nm* scuba diving.
submarino,-a 1 *adj* underwater. ‖ **2 submarino** *nm* submarine.
subordinado,-a *adj* - *nm,f* subordinate.
subrayar 1 *vt* to underline. **2** (*recalcar*) to emphasize.
subsidio *nm* subsidy, aid. ■ **subsidio de paro** unemployment benefit.
subsistir *vi* to subsist, survive.
subsuelo *nm* subsoil.
subterráneo,-a *adj* subterranean, underground.
suburbano,-a *adj* suburban.
suburbio *nm* poor suburb.
subvención *nf* subsidy, grant.
subvencionar *vt* to subsidize.
succionar *vt* to suck.
sucedáneo,-a *adj* - *nm* substitute.
suceder 1 *vi* (*acontecer*) to happen, occur: **¿qué sucede?** what's happening? **2** (*seguir*) to follow (a, -). ‖ **3** *vt* (*sustituir*) to succeed.
sucesión 1 *nf* succession. **2** (*descendientes*) heirs *pl*.
sucesivo,-a *adj* successive. • **en lo sucesivo** from now on.
suceso 1 *nm* (*hecho*) event, happening. **2** (*incidente*) incident. **3** (*delito*) crime.
sucesor,-ra *nm,f* successor.
suciedad 1 *nf* (*inmundicia*) dirt. **2** (*calidad*) dirtiness.
sucio,-a *adj* dirty.
sucursal *nf* branch office.
sudadera *nf* sweatshirt.
Sudamérica *nf* South America.
sudamericano,-a *adj* - *nmf* South American.
sudar *vi* to sweat.
sudeste *adj* - *nm* southeast.
sudoeste *adj* - *nm* southwest.
sudor *nm* sweat.
Suecia *nf* Sweden.
sueco,-a 1 *adj* Swedish. ‖ **2** *nm,f* (*persona*) Swede. ‖ **3 sueco** *nm* (*idioma*) Swedish.
suegro,-a *nm,f* (*hombre*) father-in-law; (*mujer*) mother-in-law.
suela *nf* sole.
sueldo *nm* salary, pay.
suelo 1 *nm* ground; (*de interior*) floor. **2** (*tierra*) soil. **3** (*terreno*) land.
suelto,-a 1 *adj* (*no sujeto*) loose; (*desatado*) undone. **2** (*estilo etc*) easy. **3** (*desparejado*) odd. ‖ **4 suelto** *nm* (*cambio*) small change.
sueño 1 *nm* (*acto*) sleep. **2** (*ganas de dormir*) sleepiness. **3** (*mientras se duerme*) dream. • **tener sueño** to be sleepy.
suerte 1 *nf* (*fortuna*) luck. **2** (*azar*) chance.
suficiente *adj* - *pron* enough.
sufragar [7] *vt* (*pagar*) to pay.
sufrido,-a *adj* patient, long-suffering.
sufrimiento *nm* suffering.
sufrir 1 *vt* (*padecer*) to suffer. **2** (*ser sujeto de*) to have; (*operación*) to undergo. **3** (*soportar*) to bear.
sugerencia *nf* suggestion.
sugerir [35] *vt* to suggest.
sugestionar *vt* to influence.
suicida 1 *adj* suicidal. ‖ **2** *nmf* suicide.
suicidarse *vpr* to commit suicide.

suicidio *nm* suicide.
Suiza *nf* Switzerland.
suizo,-a *adj* - *nm,f* Swiss.
sujetador *nm* bra, brassière.
sujetar 1 *vt* (*agarrar*) to hold. 2 (*para que no caiga*) to fix, secure. ‖ 3 **sujetarse** *vpr* to hold on (a, to).
sujeto,-a 1 *adj* (*sometido*) subject (a, to), liable (a, to). 2 (*agarrado*) fastened. ‖ 3 **sujeto** *nm* (*persona*) fellow.
sulfato *nm* sulphate.
sulfurar 1 *vt* to exasperate. ‖ 2 **sulfurarse** *vpr* to loose one's temper.
suma 1 *nf* (*cantidad*) sum, amount. 2 MAT sum, addition. • **en suma** in short.
sumar 1 *vt* MAT to add up. 2 (*total*) to total. ‖ 3 **sumarse** *vpr* to join (a, in). • **suma y sigue** carried forward.
sumergible 1 *adj* (*reloj etc*) waterproof. ‖ 2 *nm* (*submarino*) submarine.
sumergir [6] 1 *vt* (*meter en líquido*) to put in; (*con fuerza*) to plunge; (*rápidamente*) to dip. ‖ 2 **sumergirse** *vpr* (*submarinista*) to go underwater, dive; (*submarino*) to dive. 3 *fig* (*en un ambiente*) to immerse oneself (en, in).
suministrar *vt* to provide.
suministro *nm* provision, supply.
sumisión *nf* submission.
sumiso,-a *adj* submissive, obedient.
sumo,-a *adj* highest. • **a lo sumo** at most.
súper 1 *adj fam* super, great. ‖ 2 *nm fam* (*tienda*) supermarket.
superación 1 *nf* (*de obstáculo*) overcoming. 2 (*de récord*) breaking.
superar 1 *vt* to surpass, exceed. 2 (*obstáculo etc*) to overcome, surmount. 3 (*récord*) to break, beat. ‖ 4 **superarse** *vpr* to excel oneself.
superávit *nm* surplus.
superdotado,-a *adj* exceptionally gifted.
superficie 1 *nf* surface. 2 (*área*) area.
superfluo,-a *adj* superfluous.
superior 1 *adj* (*encima de*) upper. 2 (*mayor*) greater. 3 (*mejor*) superior.
superioridad *nf* superiority.
superlativo,-a *adj* - *n* superlative.
supermercado *nm* supermarket.
supersticioso,-a *adj* superstitious.
supervisar *vt* to supervise.
supervivencia *nf* survival.
superviviente 1 *adj* surviving. ‖ 2 *nmf* survivor.
suplemento *nm* supplement.
suplencia *nf* substitution.
suplente *adj* - *nmf* substitute.
supletorio *nm* (*teléfono*) extension.
súplica *nf* request.
suplicar [1] *vt* to beseech, beg.
suplicio 1 *nm* (*castigo*) torture. 2 *fig* (*gran carga*) torment.
suplir *vt* to replace, substitute.
suponer [78] 1 *vt* (*pp* **supuesto,-a**) to suppose. 2 (*dar por sentado*) to assume. 3 (*acarrear*) to entail.
suposición *nf* supposition, assumption.
supositorio *nm* suppository.
supremacía *nf* supremacy.
supremo,-a *adj* supreme.
supresión *nf* suppression; (*de ley, impuesto*) abolition; (*de palabra, texto*) deletion.

suprimir *vt* to suppress; (*ley, impuestos*) to abolish; (*palabras, texto*) to delete.

supuesto,-a 1 *adj* supposed, assumed. ‖ **2 supuesto** *nm* supposition. • **dar por supuesto,-a** to take for granted; **por supuesto** of course.

supurar *vi* to suppurate.

sur *adj* - *nm* south.

surco *nm* (*en tierra*) trench.

sureste *adj* - *nm* southeast.

surgir [6] **1** *vi* to arise, appear. **2** (*agua*) to spring forth.

suroeste *adj* - *nm* southwest.

surtido,-a 1 *adj* assorted. ‖ **2 surtido** *nm* assortment.

surtidor 1 *nm* (*fuente*) fountain. **2** (*chorro*) jet, spout.

surtir *vt* to supply, provide. • **surtir efecto** to work.

susceptible 1 *adj* (*gen*) susceptible. **2** (*capaz*) capable (de, of). **3** (*sentido*) touchy.

suscribir 1 *vt* (firmar) to sign. **2** (*apoyar*) to subscribe to. ‖ **3 suscribirse** *vpr* to subscribe to..

suscripción *nf* suscription.

suspender 1 *vt* (*colgar*) to hang up. **2** (*aplazar*) to postpone. **3** EDUC to fail.

suspensión 1 *nf* AUTO suspension. **2** (*aplazamiento*) postponement. **3** (*cancelación*) suspension.

suspenso *nm* EDUC fail.

suspicacia *nf* suspicion, mistrust.

suspirar *vi* to sigh. • **suspirar por** to long for.

suspiro *nm* sigh.

sustancia *nf* substance.

sustancial *adj* substantial.

sustento *nm* means of support.

sustitución *nf* substitution.

sustituir [62] *vt* to substitute.

sustituto,-a *nm,f* substitute.

susto *nm* fright, scare.

sustraer [88] *vt* to steal.

susurrar 1 *vi* to whisper. **2** (*agua*) to murmur. **3** (*hojas*) to rustle.

susurro 1 *nm* whisper. **2** (*agua*) murmur. **3** (*hojas*) rustle.

sutil *adj* subtle, delicate.

sutileza *nf* subtlety.

suyo,-a 1 *adj* (*de él*) of his; (*de ella*) of hers; (*de usted/ustedes*) yours; (*de ellos*) theirs: **¿es amigo suyo?** is he a friend of his/hers/yours/theirs? ‖ **2** *pron* (*de él*) his; (*de ella*) hers; (*de usted/ustedes*) yours; (*de ellos,-as*) theirs: **este es suyo** this one is his/hers/yours/theirs. • **salirse con la suya** to get one's way; **hacer de las suyas** to be up to one's tricks.

T

t. *abr* (tomo) volume; (*abreviatura*) vol.
tabaco 1 *nm* (*planta, hoja*) tobacco. **2** (*cigarrillos*) cigarettes *pl.*
tabarra *nf.* • **dar la tabarra** *fam* to be a pest.
taberna *nf* pub, bar.
tabernero,-a *nm,f* bartender.
tabique *nm* partition wall. ▪ **tabique nasal** nasal bone.
tabla 1 *nf* (*de madera*) plank, board. **2** ART panel. **3** COST pleat. **4** (*índice*) table. **5** MAT table. ‖ **6 tablas** *nf pl* (*ajedrez*) stalemate *sing,* draw *sing.* **7** TEAT stage *sing.* ▪ **tabla de materias** table of contents.
tablero 1 *nm* (*tablón*) panel, board. **2** (*en juegos*) board.
tableta 1 *nf* (*pastilla*) tablet. **2** (*de chocolate*) bar.
tablón 1 *nm* (*de madera*) plank. **2** (*en construcción*) beam. ▪ **tablón de anuncios** notice board.
tabú *adj* - *nm* (*pl* tabúes) taboo.
taburete *nm* stool.
tacañería *nf* meanness, stinginess.
tacaño,-a 1 *adj* stingy. ‖ **2** *nm,f* miser.
tachadura *nf* crossing out.
tachar *vt* to cross out. • **tachar de** to accuse of.
tachón *nm* crossing out.
tachuela *nf* tack, stud.
taco 1 *nm* (*tarugo*) plug, stopper. **2** (*para pared*) plug. **3** (*de billar*) cue. **4** CULIN cube, piece. **5** *fam* (*palabrota*) swearword. **6** *fam* (*año*) year: **ya tiene 60 tacos** she's already 60.
tacón *nm* heel.
taconear 1 *vi* (*pisar*) to tap one's heels. **2** (*golpear*) to stamp one's heels.
táctica *nf* tactics *pl.*
táctil *adj* tactile.
tacto 1 *nm* (*sentido*) touch. **2** (*delicadeza*) tact. • **tener tacto** to be tactful.
tailandés,-esa *adj* - *nm,f* Thai.
tajada 1 *nf* (*rodaja*) slice. **2** (*corte*) cut; (*cuchillada*) stab. • **sacar tajada** to take one's share.
tajante *adj* categorical.
tajo 1 *nm* (*corte*) cut, slash. **2** (*en el terreno*) steep cliff. **3** *fam* (*trabajo*) work.
tal 1 *adj* (*semejante*) such: **en tales condiciones** in such conditions. **2** (*tan grande*) such, so: **es tal su valor que ...** he is so courageous that ... **3** (*sin especificar - cosa*) such and such; (*- persona*) someone called: **tal día** such and such a day; **te llamó un tal García** someone called García phoned you. ‖ **4** *pron* (*cosa*) something; (*persona*) someone, somebody. ‖ **5** *conj* as. • **como si tal cosa** as if nothing had happened; **con tal de que** so long as, provided; **de tal manera que** in such a way that; **¿qué tal?** how are things?; **tal**

cual just as it is; **tal para cual** two of a kind; **tal vez** perhaps, maybe; **y tal y cual** and so on.

taladradora *nf* drill.

taladro 1 *nm* (*herramienta*) drill; (*barrena*) gimlet. **2** (*agujero*) drill hole.

talar *vt* to fell, cut down.

talego 1 *nm* (*bolsa*) sack. **2** *arg* (*cárcel*) clink, slammer.

talento *nm* talent.

talismán *nm* talisman, lucky charm.

talla 1 *nf* (*estatura*) height; (*altura moral etc*) stature. **2** (*de prenda*) size. **3** (*escultura*) carving, sculpture. **4** (*tallado*) cutting, carving; (*de metal*) engraving. • **dar la talla** (*ser competente*) to measure up.

tallar 1 *vt* (*madera, piedra*) to carve, shape; (*piedras preciosas*) to cut; (*metales*) to engrave. **2** (*medir*) to measure the height of. **3** (*valorar*) to value.

taller 1 *nm* (*obrador*) workshop. **2** ART studio. **3** (*industrial*) factory, mill.

tallo *nm* stem, stalk.

talón 1 *nm* (*de pie, calzado*) heel. **2** (*cheque*) cheque, US check. • **pisarle los talones a algn** to be hot on sb's heels.

talonario *nm* (*de cheques*) cheque book, US check book.

tamaño *nm* size. • **del tamaño de** as large as. ■ **tamaño de bolsillo** pocket-size; **tamaño familiar** family-size.

tambalearse *vpr* (*persona*) to stagger, totter; (*mueble*) to wobble.

también 1 *adv* (*también*) also, too, as well; **¿lo harás? Yo también** are you going to do it? So am I. **2** (*además*) besides, in addition.

tambor 1 *nm* MÚS (*instrumento*) drum. **2** (*de lavadora*) drum.

Támesis *nm* the Thames.

tamiz *nm* sieve. • **pasar por el tamiz** to sift.

tamizar [4] **1** *vt* (*harina, tierra*) to sieve. **2** (*luz*) to filter. **3** (*seleccionar*) to screen.

tampoco *adv* neither, nor, not ... either: **Juan no vendrá y María tampoco** Juan won't come and María won't either, Juan won't come and neither/nor will María.

tampón 1 *nm* (*de entintar*) inkpad. **2** MED tampon.

tan 1 *adv* so; (*después de sustantivo*) such: **no me gusta tan dulce** I don't like it so sweet; **no quiero una moto tan grande** I don't want such a big motorbike. **2** (*comparativo*) as ... as, so ... that: **es tan alto como tú** he's as tall as you are. • **tan siquiera** even, just; **tan solo** only.

tanda 1 *nf* (*conjunto*) batch, lot; (*serie*) series, course. **2** (*turno*) shift. • **por tandas** in batches.

tangente *adj -nf* tangent. • **salirse por la tangente** to go off at a tangent.

tanque 1 *nm* (*depósito*) tank, reservoir. **2** MIL tank. **3** (*vehículo cisterna*) tanker.

tantear 1 *vt* (*probar*) to test, test out; (*rival*) to size up. **2** (*sondear*) to sound out. **3** (*probabilidades*) to weigh up. ‖ **4** *vi* DEP to score.

tanteo 1 *nm* (*prueba*) test; (*de rival*) sizing up. **2** (*sondeo*) sounding out. **3** (*cálculo*) rough estimate; (*de probabilidades*) weighing up. **4** DEP score.

tanto,-a **1** *adj* (*incontables*) so much; (*contables*) so many: **¡ha pasado tanto tiempo!** it's been so long! **2** (*en comparaciones - incontables*) as much; (*- contables*) as many. **3** (*en cantidades aproximadas*) odd: **cincuenta y tantas personas** fifty-odd people. ‖ **4** *pron* (*incontables*) so much; (*contables*) so many: **–no tanto como ayer** –not so much as yesterday; **no había tantos** there weren't so many. ‖ **5** *adv* (*cantidad*) so much: **¡te quiero tanto!** I love you so much! **6** (*tiempo*) so long: **¡esperamos tanto!** we waited for so long! **7** (*frecuencia*) so often. ‖ **8** *nm* (*punto*) point. **9** (*poco*) bit: **es un tanto estrecho** it's a bit narrow. • **a las tantas** very late; **estar al tanto** (*informado*) to be informed; **mientras tanto** meanwhile; **no es para tanto** it's not that bad; **por lo tanto** therefore; **ser uno,-a de tantos,-as** to be one of many; **¡y tanto!** oh, yes!, certainly!

tañer [38] **1** *vt* (*instrumento*) to play. **2** (*campanas*) to ring, toll.

tapa **1** *nf* (*cubierta*) lid, top; (*de libro*) cover. **2** (*de zapato*) heelplate.

tapadera **1** *nf* (*de recipiente*) cover, lid. **2** (*de fraude, organización*) cover, front.

tapar **1** *vt* (*cubrir*) to cover. **2** (*abrigar*) to wrap up. **3** (*cerrar - olla, tarro*) to put the lid; (*- botella*) to put the top on. **4** (*obstruir*) to obstruct; (*tubería*) to block. **5** (*ocultar*) to hide; (*vista*) to block. ‖ **6 taparse** *vpr* (*cubrirse*) to cover oneself; (*abrigarse*) to wrap up.

tapete *nm* table runner. • **estar sobre el tapete** to be under discussion.

tapia **1** *nf* (*cerca*) garden wall. **2** (*muro*) wall. • **estar más sordo,-a que una tapia** to be as deaf as a post.

tapiar [12] *vt* (*área*) to wall in; (*puerta, ventana*) to brick up.

tapicería **1** *nf* (*de muebles, coche*) upholstery. **2** (*tienda*) upholsterer's workshop.

tapiz **1** *nm* (*paño*) tapestry. **2** (*alfombra*) rug, carpet.

tapizar [4] **1** *vt* (*muebles, coche*) to upholster. **2** (*una pared*) to cover.

tapón **1** *nm* (*de goma, vidrio*) stopper; (*de botella*) cap, cork; (*de lavabo*) plug. **2** (*para el oído*) earplug. **3** *fam* (*persona*) shorty. **4** (*baloncesto*) block.

taponar **1** *vt* (*gen*) to block. **2** (*herida*) to plug. ‖ **3 taponarse** *vpr* to get blocked.

taquilla **1** *nf* (*de tren etc*) ticket office; (*de teatro, cine*) box-office. **2** (*recaudación*) takings *pl*. **3** (*armario*) locker.

taquillero,-a *nm,f* ticket clerk.

tara **1** *nf* (*peso*) tare. **2** (*defecto*) defect.

tarado,-a **1** *adj* (*defectuoso*) defective, damaged. ‖ **2** *nm,f fam* idiot.

tararear *vt* to hum.

tardanza *nf* delay.

tardar **1** *vt* (*emplear tiempo*) to take: **tardé tres años** it took me three years. ‖ **2** *vi* (*demorar*) to take long: **se tarda más en tren** it takes longer by train. • **a más tardar** at the latest; **¿cuánto se tarda?** how long does it take?; **no tardes** don't be long.

tarde **1** *nf* (*hasta las seis*) afternoon. **2** (*después de las seis*) evening. ‖ **3**

adv (*hora avanzada*) late: **se está haciendo tarde** it's getting late. • **llegar tarde** to be late; **más tarde** later; **tarde o temprano** sooner or later.

tardío,-a *adj* late, belated.

tarea *nf* task, job. ▪ **tareas de la casa** chores, housework *sing*; **tareas escolares** homework *sing*.

tarifa *nf* rate. ▪ **tarifa reducida** reduced rate.

tarima *nf* platform.

tarjeta *nf* card. ▪ **tarjeta de crédito** credit card; **tarjeta de visita** (*personal*) visiting card, US calling card; (*profesional*) business card; **tarjeta de embarque** boarding card; **tarjeta postal** postcard.

tarro 1 *nm* (*vasija*) jar, pot. **2** *fam* (*cabeza*) bonce.

tarta *nf* (*pastel*) cake; (*de hojaldre*) tart, pie.

tartamudear *vi* to stutter, stammer.

tartamudo,-a *nm,f* stutterer, stammerer.

tartera *nf* (*fiambrera*) lunch box.

tarugo 1 *nm* (*de madera*) lump of wood. **2** *fam* (*persona*) blockhead.

tasa 1 *nf* (*valoración*) valuation, appraisal. **2** (*precio*) fee, charge. **3** (*impuesto*) tax. **4** (*índice*) rate.

tasar 1 *vt* (*valorar*) to value, appraise. **2** (*poner precio*) to set the price of. **3** (*gravar*) to tax.

tasca *nf* bar, pub.

tata *nf* (*niñera*) nanny.

tatarabuelo,-a *nm,f* (*hombre*) great-great-grandfather; (*mujer*) great-great-grandmother.

tataranieto,-a *nm,f* great-great-grandchild; (*chico*) great-great-grandson; (*chica*) great-great-granddaughter.

tatuaje 1 *nm* (*dibujo*) tattoo. **2** (*técnica*) tattooing.

tatuar [11] *vt* to tattoo.

taurino,-a *adj* bullfighting.

tauro *nm* Taurus.

taxi *nm* taxi, cab.

taxímetro *nm* taximeter, clock.

taza 1 *nf* (*recipiente*) cup. **2** (*retrete*) bowl.

tazón *nm* bowl.

te 1 *pron* (*complemento directo*) you; (*complemento indirecto*) you, for you. **2** (*reflexivo*) yourself: **lávate** get washed.

té *nm* tea: **té con limón** lemon tea.

teatral 1 *adj* theatrical, dramatic. **2** (*exagerado*) stagy, theatrical.

teatro 1 *nm* (*recinto*) theatre. **2** (*profesión*) acting, stage. **3** (*género*) drama. **4** (*exageración*) theatrics. • **hacer teatro** *fig* to play-act.

tebeo *nm* comic.

techo 1 *nm* (*interior*) ceiling. **2** (*exterior*) roof. **3** (*tope*) limit.

tecla *nf* key. • **tocar muchas teclas** to try to do too many things at once.

teclado *nm* keyboard.

teclear 1 *vi* (*en ordenador*) to type. **2** (*en piano*) to play. ‖ **3** *vt* (*escribir*) to key in, type in.

teclista *nmf* (*músico*) keyboard player.

técnica 1 *nf* (*tecnología*) technics *pl*, technology. **2** (*habilidad*) technique, method.

técnico,-a 1 *adj* technical. ‖ **2** *nm,f* technician, technical expert.

tecnología *nf* technology.

teja *nf* tile. • **pagar a toca teja** to pay on the nail.
tejado *nm* roof.
tejer 1 *vt* (*en telar*) to weave. **2** (*con agujas*) to knit. **3** (*araña*) to spin. **4** (*plan*) to weave, plot.
tejido 1 *nm* (*tela*) fabric, material. **2** ANAT tissue. ▪ **tejido de punto** knitted fabric; **tejido óseo** bone tissue.
tejón *nm* badger.
tela 1 *nf* (*tejido*) material, fabric, cloth; (*retal*) piece of material. **2** *fam* (*dinero*) dough. **3** ART painting. • **poner en tela de juicio** to question.
telar *nm* loom.
telaraña *nf* cobweb, spider's web.
telecomunicaciones *nf pl* telecommunications.
telediario *nm* television news.
teleférico *nm* cable car.
telefonazo *nm fam* buzz, ring. • **darle un telefonazo a algn** to give sb a ring.
telefonear *vi* - *vt* to phone.
teléfono *nm* telephone, phone. • **contestar al teléfono** to answer the phone; **estar hablando por teléfono** to be on the phone; **llamar a algn por teléfono** to phone sb, ring sb. ▪ **teléfono inalámbrico** cordless telephone; **teléfono móvil** mobile phone; **teléfono público** public phone.
telegrama *nm* telegram, cable.
telenovela *nf* soap opera.
telepatía *nf* telepathy.
telescopio *nm* telescope.
telesilla *nf* chair lift.
telespectador,-ra *nm,f* viewer.
telesquí *nm* ski lift.
televidente *nmf* viewer.
televisar *vt* to televise.
televisión 1 *nf* (*sistema*) television. **2** *fam* (*aparato*) television set.
televisivo,-a *adj* television.
televisor *nm* television set.
telón *nm* curtain. ▪ **telón de fondo** (*en teatro*) backdrop; (*uso figurado*) background.
tema *nm* (*asunto*) topic. • **atenerse al tema** to keep to the point; **salirse del tema** to go off at a tangent.
temario *nm* (*de examen*) programme; (*de conferencia*) agenda.
temblar [27] **1** *vi* (*de frío*) to shiver; (*de miedo*) to tremble (**de**, with); (*con sacudidas*) to shake. **2** (*voz*) to quiver.
temblor *nm* tremor, shudder.
tembloroso,-a 1 *adj* (*de frío*) shivering; (*de miedo*) trembling; (*con sacudidas*) shaking. **2** (*voz*) quivering.
temer 1 *vt* to fear, be afraid of. ‖ **2** *vi* (*preocuparse*) to worry. ‖ **3 temer (se)** *vi* - *vpr* (*tener miedo*) to be afraid.
temerario,-a *adj* reckless, rash.
temeroso,-a *adj* fearful, timid.
temible *adj* dreadful, fearful, frightening.
temor *nm* fear.
témpano *nm* ice floe.
temperamento *nm* temperament, nature.
temperatura *nf* temperature.
tempestad *nf* storm.
tempestuoso,-a *adj* stormy.
templado,-a 1 *adj* (*agua, comida*) lukewarm; (*clima, temperatura*) mild, temperate. **2** (*no exagerado*) moderate; (*sereno*) composed, unruffled. **3** (*metal*) tempered.
templar 1 *vt* (*algo frío*) to warm up; (*algo caliente*) to cool down. **2**

(*apaciguar*) to calm down. **3** (*metal*) to temper.

temple 1 *nm* (*fortaleza*) boldness, courage. **2** (*estado de ánimo*) frame of mind, mood. **3** (*de metal*) temper. **4** ART tempera.

templo *nm* temple.

temporada 1 *nf* (*en artes, deportes, moda*) season. **2** (*período*) period, time. ▪ **temporada alta** high season; **temporada baja** low season.

temporal 1 *adj* (*transitorio*) temporary, provisional. ‖ **2** *nm* METEOR storm.

temprano,-a *adj - adv* early.

tenaz *adj* (*persona - terco*) tenacious; (- *perseverante*) persevering.

tenazas *nf pl* (*herramienta*) pliers, pincers; (*para el fuego*) tongs.

tendedero *nm* (*cuerda*) clothesline; (*lugar*) drying place.

tendencia *nf* tendency, inclination.

tender [28] **1** *vt* (*red*) to cast; (*puente*) to build; (*vía, cable*) to lay. **2** (*ropa, colada*) to hang out. **3** (*mano*) to stretch out, hold out. **4** (*emboscada, trampa*) to lay, set. ‖ **5 tenderse** *vpr* (*tumbarse*) to lie down, stretch out.

tendero,-a *nm,f* shopkeeper.

tendón *nm* tendon, sinew.

tenebroso,-a 1 *adj* (*sombrío*) dark, gloomy. **2** (*siniestro*) sinister, shady.

tenedor *nm* fork.

tener [87] **1** *vt* (*gen*) to have, have got. **2** (*poseer*) to own, possess. **3** (*sostener*) to hold. **4** (*coger*) to take. **5** (*sensación, sentimiento*) to be, feel: **tengo hambre** I'm hungry. **6** (*mantener*) to keep. **7** (*medir*) to measure. **8** (*contener*) to hold, contain. **9** (*edad*) to be: **tiene diez años** he is ten. **10** (*celebrar*) to hold: **tener una reunión** to hold a meeting. **11** (*considerar*) to consider, think: **me tienen por estúpido** they think I'm a fool. ‖ **12 tener que** *v aux* (*obligación*) to have to, must. ‖ **13 tenerse** *vpr* (*sostenerse*) to stand up. **14** (*considerarse*) to consider oneself, think oneself: **se tiene por guapo** he thinks he's handsome. • **tener calor** to be hot; **tener compasión** to take pity (de, on); **tener frío** to be cold; **tener ganas de** to feel like; **tener ilusión** to be enthusiastic; **tener miedo** to be frightened; **tenerle cariño a** to be fond of; **no tenerse en pie** to be tired out; ¿qué tienes? what's wrong with you?

teniente *nm* lieutenant.

tenis *nm* tennis.

tenista *nmf* tennis player.

tensar *vt* (*cable, cuerda*) to tauten; (*arco*) to draw.

tensión 1 *nf* (*de cable, cuerda, músculo*) tension. **2** ELEC voltage. **3** MED pressure. **4** (*de situación*) tension; (*estrés*) stress, strain. • **tener la tensión alta** to have high blood pressure; **tomarle la tensión a algn** to take sb's blood pressure. ▪ **tensión arterial** blood pressure.

tenso,-a 1 *adj* (*cable, cuerda*) taut. **2** (*persona, músculo*) tense. **3** (*relaciones*) strained.

tentación *nf* temptation.

tentáculo *nm* tentacle.

tentador,-ra *adj* tempting.

tentar [27] **1** *vt* (*palpar*) to feel, touch. **2** (*incitar*) to tempt. **3** (*atraer*) to attract, appeal.

tentativa *nf* attempt.

tenue 1 *adj* (*delgado*) thin, light. **2** (*luz, sonido*) subdued, faint.

teñir [36] *vt* to dye.
teología *nf* theology.
teorema *nm* theorem.
teoría *nf* theory. • **en teoría** theoretically.
teórico,-a 1 *adj* theoretic. ‖ 2 *nm,f* theoretician, theorist.
terapia *nf* therapy. ▪ **terapia de choque** shock therapy; **terapia de grupo** group therapy.
tercermundista *adj* third-world.
tercero,-a 1 *num* third. ‖ 2 **tercero** *nm* (*en contrato etc*) third party.
terceto 1 *nm* (*poesía*) tercet. 2 MÚS trio.
tercio *nm* one third.
terciopelo *nm* velvet.
terco,-a *adj* obstinate, stubborn.
tergiversar *vt* to twist, distort.
térmico,-a *adj* thermal.
terminal *adj - n* terminal.
terminante 1 *adj* (*categórico*) categorical. 2 (*dato, resultado*) conclusive, definitive.
terminar 1 *vt - vi* (*acabar*) to finish. ‖ 2 *vi* (*ir a parar*) to end up (como, as), end (en, in/with). 3 (*eliminar*) to put an end (con, to). 4 (*reñir*) to break up (con, with). ‖ 5 **terminarse** *vpr* (*acabarse*) to finish, end, be over. 6 (*agotarse*) to run out.
término 1 *nm* (*fin*) end, finish. 2 (*estación*) terminus. 3 (*límite*) limit, boundary. 4 (*plazo*) term, time. 5 (*palabra, argumento*) term. 6 (*lugar, posición*) place. • **dar término a** to conclude; **en otros términos** in other words; **en términos generales** generally speaking. ▪ **término medio** average.
termita *nf* termite.
termómetro *nm* thermometer.
termostato *nm* thermostat.
ternera *nf* CULIN veal.
ternero,-a *nm,f* calf.
ternura *nf* tenderness.
terquedad *nf* obstinacy, stubbornness.
terraplén *nm* embankment.
terrateniente *nmf* landowner.
terraza 1 *nf* (*balcón*) terrace. 2 (*azotea*) roof terrace. 3 (*de un café*) veranda.
terremoto *nm* earthquake.
terreno,-a 1 *adj* worldly, earthly. ‖ 2 **terreno** *nm* (*tierra*) piece of land, ground; (*solar*) plot, site. 3 GEOG terrain. 4 AGR (*de cultivo*) soil; (*campo*) field. 5 (*ámbito*) field, sphere. • **estar en su propio terreno** to be on home ground; **ser terreno abonado para algo** to be receptive to sth.
terrestre 1 *adj* (*vida, transporte*) land, terrestrial. 2 (*animal, vegetación*) land. • **por vía terrestre** overland, by land.
terrible *adj* terrible, awful.
terrícola *nmf* earthling.
territorio *nm* territory.
terrón *nm* lump. ▪ **terrón de azúcar** lump of sugar.
terror *nm* terror. ▪ **película de terror** horror film.
terrorífico,-a *adj* terrifying, frightening.
terrorismo *nm* terrorism.
terso,-a *adj* (*liso*) smooth.
tertulia *nf* get-together.
tesis *nf inv* thesis.
tesón *nm* tenacity, firmness.
tesorero,-a *nm,f* treasurer.
tesoro 1 *nm* (*cosas de valor*) treasure. 2 (*erario*) treasury, exchequer.

testamento *nm* will, testament. • **hacer testamento** to make one's will.
testarudo,-a *adj* obstinate, stubborn, pigheaded.
testículo *nm* testicle.
testificar [1] *vt - vi* to testify.
testigo *nmf* witness. • **poner a algn por testigo** to call sb to witness. ▪ **testigo de cargo** witness for the prosecution; **testigo de descargo** witness for the defence; **testigo ocular** eyewitness.
testimonio 1 *nm* JUR testimony. **2** (*prueba*) evidence, proof. • **dar testimonio** to give evidence.
teta 1 *nf fam* (*de mujer*) tit. **2** (*de animal*) teat.
tetera *nf* teapot.
tetilla 1 *nf* (*de biberón*) teat. **2** (*de hombre*) nipple.
tetina *nf* teat.
tétrico,-a *adj* gloomy, dismal.
texto *nm* text.
textura *nf* texture.
tez *nf* complexion.
ti *pron* you.
tía 1 *nf* (*pariente*) aunt. **2** *fam* (*mujer*) woman; (*joven*) girl. ▪ **tía abuela** great aunt.
tibia *nf* tibia, shinbone.
tibio,-a *adj* tepid, lukewarm.
tiburón *nm* shark.
tictac *nm* tick-tock, ticking.
tiempo 1 *nm* (*gen*) time. **2** METEOR weather. **3** (*edad*) age. **4** (*temporada*) season. **5** MÚS (*compás*) tempo, time; (*de sinfonía*) movement. **6** DEP (*parte*) half. **7** GRAM tense. • **a su debido tiempo** in due course; **a tiempo** in time; **al poco tiempo** soon afterwards; **el tiempo es oro** time is money; **hacer tiempo** to make time; **¿qué tiempo hace?** what's the weather like? ▪ **tiempo libre** spare time; **tiempo muerto** time out.
tienda *nf* COM shop, US store. ▪ **tienda de campaña** tent.
tierno,-a 1 *adj* (*blando*) tender, soft. **2** (*reciente*) fresh. **3** (*cariñoso*) affectionate.
tierra 1 *nf* (*planeta*) earth. **2** (*superficie sólida*) land. **3** (*terreno cultivado*) soil, land. **4** (*país*) country. **5** (*suelo*) ground. ▪ **tierra firme** terra firma; **tierra natal** homeland.
tieso,-a 1 *adj* (*rígido*) stiff, rigid. **2** (*erguido*) upright, erect. **3** *fam* (*engreído*) stiff, starchy.
tiesto *nm* flowerpot.
tijeras *nf pl* scissors *pl*.
tila *nf* lime-blossom tea.
tilo *nm* lime tree.
timador,-ra *nm,f* swindler.
timar *vt* to swindle, cheat.
timbal *nm* kettledrum.
timbrar *vt* **1** (documento) to stamp. **2** (carta) to frank.
timbre 1 *nm* (*de la puerta*) bell. **2** (*sello*) stamp.
timidez *nf* shyness.
tímido,-a *adj* shy, timid.
timo *nm* swindle, fiddle.
timón *nm* (*de barco etc*) rudder.
tímpano *nm* eardrum.
tina *nf* (*recipiente*) vat, tub.
tinaja *nf* large earthenware jar.
tinglado 1 *nm* (*cobertizo*) shed. **2** (*tablado*) platform. **3** (*desorden*) mess. **4** (*asunto*) business.
tiniebla *nf* darkness.
tinta *nf* ink. • **cargar las tintas** to exaggerate; **saber algo de buena tinta** to have got sth straight from

the horse's mouth; **sudar tinta** to sweat blood.

tinte 1 *nm* (*colorante*) dye. **2** (*proceso*) dyeing. **3** (*tintorería*) dry-cleaner's. **4** *fig* (*matiz*) shade, colouring.

tintinear 1 *vi* (*vidrio*) to clink, chink. **2** (*campanillas*) to jingle, tinkle.

tintineo 1 *nm* (*de vidrio*) clink, chink. **2** (*de campanillas*) jingling, ting-a-ling.

tinto,-a 1 *adj* (*vino*) red. **2** (*teñido*) dyed. ‖ **3 tinto** *nm* red wine.

tintorería *nf* dry-cleaner's.

tío 1 *nm* (*pariente*) uncle. **2** *fam* guy, GB bloke. ■ **tío abuelo** great uncle.

tiovivo *nm* merry-go-round.

típico,-a *adj* typical, characteristic.

tipo 1 *nm* (*clase*) type, kind. **2** FIN rate. • **tener buen tipo** to have a good fig-ure; **jugarse el tipo** to risk one's neck; **aguantar el tipo** to keep cool, keep calm.

tira *nf* strip. • **la tira** *fam* a lot, loads *pl*.

tirabuzón *nm* (*rizo*) ringlet.

tirachinas *nm inv* catapult, US slingshot.

tirada 1 *nf* (*lanzamiento*) throw. **2** (*número de ejemplares*) print run. • **de una tirada** in one go.

tirado,-a 1 *adj fam* (*precio*) dirt cheap. **2** *fam* (*abandonado*) let down.

tirador,-ra 1 *nm,f* (*persona*) shooter. ‖ **2 tirador** *nm* (*de puerta, cajón*) knob, handle; (*cordón*) bell-pull.

tiranía *nf* tyranny.

tirano,-a *nm,f* tyrant.

tirante 1 *adj* (*cable, cuerda*) taut, tight. **2** (*relación, situación*) tense. ‖ **3 tirantes** *nm pl* braces, US suspenders.

tirantez 1 *nf* (*de cable, cuerda*) tautness, tension. **2** (*de relación, situación*) tension.

tirar 1 *vt* (*echar*) to throw; (*tiro*) to fire; (*bomba*) to drop; (*beso*) to blow. **2** (*dejar caer*) to drop. **3** (*desechar*) to throw away. **4** (*derribar*) to knock down. **5** (*derramar*) to spill. **6** (*hacer - foto*) to take; (*- línea, plano*) to draw. ‖ **7** *vi* (*cuerda, puerta*) to pull (de, -). **8** (*en juegos*) to be a player's turn/move/go. **9** *fam* (*funcionar*) to work, run. **10** *fam* (*durar*) to last. **11** (*parecerse*) to take after (a, -). **12** (*ir*) to go, turn. ‖ **13 tirarse** *vpr* (*lanzarse*) to throw oneself. **14** (*tumbarse*) to lie down. **15** *fam* (*tiempo*) to spend. **16** *arg* (*fornicar*) to lay (a, -). • **ir tirando** (*arreglárselas*) to manage; (*tener buena salud*) to be okay; **tira y afloja** give and take; **tirar el dinero** to squander money.

tirita® *nf* plaster, US Band-aid®.

tiritar *vi* to shiver, shake.

tiro 1 *nm* (*lanzamiento*) throw. **2** (*disparo, ruido*) shot. • **a tiro** (*de arma*) within range; (*a mano*) within reach; **dar un tiro** to shoot, fire a shot; **de tiros largos** all dressed up; **salirle el tiro por la culata a algn** to backfire on sb. ■ **tiro al blanco** target shooting.

tirón 1 *nm* (*acción*) pull, tug. **2** (*robo*) bag-snatching. • **de un tirón** *fam* in one go.

tirotear *vt* to shoot at, fire at.

tiroteo *nm* shooting.

tirria *nf fam* dislike. • **tenerle tirria a algn** to have a grudge against sb.

títere *nm* puppet, marionette.

titubear 1 *vi* (*vacilar*) to hesitate. 2 (*tartamudear*) to stammer.
titulación *nf* qualifications *pl*.
titular 1 *adj* appointed, official. ‖ 2 *nmf* (*persona*) holder. ‖ 3 *nm* (*de prensa*) headline. 4 **titularse** *vpr* (*obra, película*) to be called.
título 1 *nm* (*gen*) title. 2 (*de texto legal*) heading. 3 EDUC degree; (*diploma*) certificate, diploma. 4 (*titular de prensa*) headline. 5 (*banca*) bond, security. ‖ 6 **títulos** *nm pl* (*méritos*) qualifications, qualities. ■ **título de propiedad** title deed.
tiza *nf* chalk.
tizón *nm* half-burnt stick, brand.
toalla *nf* towel. • **tirar la toalla** to throw in the towel.
tobillo *nm* ankle.
tobogán *nm* (*rampa*) slide.
tocador 1 *nm* (*mueble*) dressing table. 2 (*habitación*) dressing room.
tocar [1] 1 *vt* (*gen*) to touch. 2 (*palpar*) to feel. 3 (*hacer sonar - instrumento, canción*) to play; (*- timbre*) to ring; (*- bocina*) to blow, honk. 4 (*mencionar*) to touch on. ‖ 5 *vi* (*corresponder*) to be one's turn. 6 (*caer en suerte*) to win. 7 (*afectar*) to touch, affect. • **tocar a su fin** to be coming to an end.
tocayo,-a *nm,f* namesake.
tocinería *nf* pork butcher's.
tocino 1 *nm* (*grasa*) lard. 2 (*carne*) bacon.
todavía 1 *adv* (*a pesar de ello*) nevertheless. 2 (*tiempo*) still, yet. 3 (*para reforzar*) even: **esto todavía te gustará más** you'll enjoy this even more.
todo ,-a 1 *adj* (*gen*) all: **se comió todo el pastel** he ate all the cake. 2 (*por completo*) whole: **toda la clase** the whole class. 3 (*cada*) every: **todos los lunes** every Monday. ‖ 4 **todo** *pron* (*sin exclusión*) all, everything. ‖ 5 **todo,-as** everybody, everyone. • **ante todo** first of all; **con todo** in spite of everything; **del todo** completely; **después de todo** after all; **estar en todo** to be really with it; **todo el mundo** everybody, everyone; **todo lo más** at the most.
todopoderoso,-a *adj* almighty.
toga *nf* robe, gown.
toldo *nm* awning.
tolerancia *nf* tolerance.
tolerar 1 *vt* (*consentir*) to tolerate. 2 (*inconvenientes*) to stand. 3 (*gente*) to put up with. 4 (*comida, bebida*) to take.
toma 1 *nf* (*acción*) taking. 2 MED dose. 3 (*grabación*) recording. 4 CINEM take, shot. ■ **toma de corriente** power point; **toma de posesión** takeover; **toma de tierra** earth wire, US ground wire.
tomado,-a *adj* (*voz*) hoarse.
tomar 1 *vt* (*gen*) to take. 2 (*autobús, tren*) to catch, take. ‖ 3 **tomarse** *vpr* (*vacaciones, comentario*) to take. 4 (*comida*) to have, eat; (*bebida*) to have, drink; (*medicina*) to take. • **tomar la palabra** to speak; **tomar tierra** to land.
tomate 1 *nm* (*fruto*) tomato. 2 *fam* (*jaleo*) fuss, commotion. • **ponerse como un tomate** to go as red as a beetroot.
tomillo *nm* thyme.
tomo *nm* volume.
ton sin ton ni son without rhyme or reason.

tonada *nf* (*melodía*) tune, song.

tonalidad *nf* tone.

tonel *nm* barrel, cask. • **como un tonel** *fam* as fat as a pig.

tonelada *nf* ton.

tónica 1 *nf* (*bebida*) tonic. 2 (*tendencia*) tendency, trend.

tónico,-a 1 *adj* tonic. ‖ 2 **tónico** *nm* tonic.

tono 1 *nm* (*gen*) tone. 2 MÚS key, pitch. 3 (*de color*) shade. • **a tono con** in tune with, in harmony with; **bajar el tono** to lower one's voice; **subir el tono** to speak louder; **darse tono** to put on airs; **fuera de tono** inappropriate, out of place.

tontear 1 *vi* (*decir tonterías*) to act the clown, fool about. 2 (*galantear*) to flirt.

tontería 1 *nf* (*dicho, hecho*) silly thing, stupid thing. 2 (*insignificancia*) trifle. • **decir tonterías** to talk nonsense; **dejarse de tonterías** to be serious.

tonto,-a 1 *adj* silly, dumb. ‖ 2 *nm,f* fool, idiot. • **hacer el tonto** to act the fool; **hacerse el tonto** to play dumb; **ponerse tonto** to get stroppy.

topar 1 *vi* (*con alguien*) to bump into, run into. 2 (*con algo*) to come across.

tope 1 *adj* top, maximum. ‖ 2 *nm* (*límite*) limit, end. ‖ 3 *adv fam* incredibly. • **a tope** *fam* (*lleno*) packed; (*al máximo*) flat out; **estar hasta los topes** *fam* to be bursting at the seams.

tópico *nm* commonplace, cliché.

topo *nm* mole.

topónimo *nm* place name.

toque 1 *nm* (*acto*) touch. 2 (*tañido*) ringing. 3 (*advertencia*) warning note. ▪ **toque de queda** curfew.

torbellino *nm* whirlwind.

torcedura *nf* sprain.

torcer [54] 1 *vt* (*cuerda etc*) to twist. 2 (*doblar*) to bend. 3 (*inclinar*) to slant. ‖ 4 **torcerse** *vpr* MED to sprain. 5 (*plan*) to fall through.

torcido ,-a 1 *adj* (*cuadro, línea, nariz*) crooked. 2 (*alambre, tubería*) bent; (*mente*) twisted.

torear 1 *vi* - *vt* (*toro*) to fight. ‖ 2 *vt* (*persona*) to tease, confuse.

toreo *nm* bullfighting.

torero,-a *nm,f* bullfighter.

tormenta *nf* storm.

tormento 1 *nm* (*tortura*) torture. 2 (*dolor*) torment, pain.

tormentoso,-a *adj* stormy.

torneo *nm* tournament.

tornillo *nm* screw.

torno *nm* lathe. • **en torno a** (*alrededor de*) around; (*acerca de*) about, concerning.

toro *nm* bull. ▪ **toro bravo** fighting bull.

torpe *adj* (*patoso*) clumsy.

torpeza 1 *nf* (*falta de habilidad*) clumsiness. 2 (*falta de inteligencia*) slowness. • **cometer una torpeza** to make a blunder.

torre *nf* (*de edificio*) tower.

torrente *nm* mountain stream.

torta 1 *nf* (*pastel*) cake. 2 *fam* (*bofetón*) slap. 3 *fam* (*golpe*) thump. • **ni torta** not a thing; **pegarse una torta** to give oneself a bump.

tortazo *nm* (*bofetón*) slap; (*golpe*) thump.

tortícolis *nf inv* stiff neck.

tortilla *nf* (*de huevos*) omelette. ■ **tortilla de patatas** Spanish omelette; **tortilla francesa** plain omelette.
tortuga 1 *nf* (*de tierra*) tortoise, US turtle. 2 (*marina*) turtle.
torturar 1 *vt* to torture. ‖ 2 **torturarse** *vpr* to torture oneself.
tos *nf* cough.
tosco,-a *adj* rough, coarse.
toser *vi* to cough.
tostada *nf* piece of toast. • **olerse la tostada** to smell a rat.
tostado,-a 1 *adj* (*pan*) toasted; (*café*) roasted. 2 (*moreno*) tanned. 3 (*color*) brown.
tostadora *nf* toaster.
tostar [31] 1 *vt* (*pan*) to toast; (*café*) to roast; (*carnes*) to brown. 2 (*piel*) to tan.
tostón *nm fam* bore, drag.
total 1 *adj* - *nm* total. ‖ 2 *adv* in short.
totalidad *nf* whole, totality.
totalitario,-a *adj* totalitarian.
tóxico,-a 1 *adj* toxic. ‖ 2 **tóxico** *nm* poison.
toxicómano,-a *nm,f* drug addict.
tozudo,-a *adj* stubborn.
traba *nf* hindrance, obstacle.
trabajador,-ra 1 *adj* hard-working. ‖ 2 *nm,f* worker.
trabajar 1 *vi* to work. ‖ 2 *vt* (*tierra, madera, metal*) to work; (*masa*) to knead. ‖ 3 **trabajarse** *vpr* (*persona, asunto*) to work on.
trabajo 1 *nm* (*gen*) work. 2 (*tarea*) task, job. 3 (*empleo*) job. 4 (*esfuerzo*) effort. 5 EDUC essay. ■ **trabajos forzados** hard labour *sing*.
trabajoso,-a *adj* laborious.
trabalenguas *nm inv* tongue twister.
trabar 1 *vt* (*unir*) to join. 2 (*amistad, conversación*) to strike up. ‖ 3 **trabarse** *vpr* (*mecanismo*) to jam. • **trabársele la lengua a algn** to get tongue-tied.
traca *nf* string of firecrackers.
tradición *nf* tradition.
traducción *nf* translation.
traducir [46] *vt* to translate (de, from) (a, into).
traductor,-ra *nm,f* translator.
traer [88] 1 *vt* (*trasladar*) to bring. 2 (*llevar consigo*) to carry. • **traer entre manos** to be busy with; **me trae sin cuidado** I couldn't care less; **traérselas** *fam* to be really difficult.
traficante *nmf* dealer, trafficker.
traficar [1] *vi* to deal, traffic (con, in).
tráfico *nm* traffic. ■ **tráfico aéreo** air traffic; **tráfico de drogas** drug trafficking, drug dealing.
tragaluz *nm* skylight.
tragaperras *nf inv* slot machine.
tragar [7] 1 *vt* - *vpr* (*comida, medicina*) to swallow. ‖ 2 *vt fam* (*situación, persona*) to put up with.
tragedia *nf* tragedy.
trágico,-a *adj* tragic.
trago 1 *nm* (*sorbo*) swig. 2 (*bebida*) drink. • **echar un trago** to have a drink; **pasar un mal trago** to have a bad time of it.
traición 1 *nf* (*deslealtad*) betrayal. 2 (*delito*) treason.
traicionar *vt* to betray.
traidor,-ra 1 *adj* treacherous. ‖ 2 *nm,f* traitor.
tráiler 1 *nm* CINEM trailer. 2 AUTO articulated lorry, US trailer truck.

traje 1 *nm* (*de hombre*) suit. 2 (*de mujer*) dress. ■ **traje de baño** bathing suit, bathing costume; **traje de etiqueta** evening dress; **traje sastre** skirt and jacket.
trajín *nm fam* comings and goings *pl*.
trajinar *vi fam* (*moverse*) bustle about.
trama 1 *nf* (*textil*) weft, woof. 2 (*argumento*) plot.
tramar 1 *vt* (*tejidos*) to weave. 2 (*preparar*) to plot.
tramitar *vt* to negotiate, carry out.
trámite 1 *nm* (*paso*) step. 2 (*negociación*) procedures *pl*.
tramo 1 *nm* (*de carretera*) stretch, section. 2 (*de escalera*) flight.
trampa 1 *nf* (*para cazar*) trap. 2 (*abertura*) trapdoor. 3 (*engaño*) trap, trick. • **hacer trampas** to cheat; **tenderle una trampa a algn** to set a trap for sb.
trampilla *nf* trapdoor.
trampolín 1 *nm* (*de piscina*) springboard. 2 (*de esquí*) ski jump.
tramposo,-a 1 *adj* deceitful, tricky. ‖ 2 *nm,f* trickster.
tranca 1 *nf* (*palo*) club, truncheon. 2 (*para puertas etc*) bar. • **a trancas y barrancas** with great difficulty.
trancazo 1 *nm* (*golpe*) blow with a stick. 2 *fam* (*gripazo*) bout of flu.
tranquilidad *nf* calmness, tranquillity.
tranquilizante *nm* tranquillizer.
tranquilizar [4] *vt* - *vpr* to calm down.
tranquilo,-a 1 *adj* (*pesona, voz, mar*) calm. 2 (*lugar*) quiet, peaceful.
transacción *nf* transaction.
transatlántico,-a 1 *adj* transatlantic. ‖ 2 **transatlántico** *nm* liner.
transbordador *nm* ferry. ■ **transbordador espacial** space shuttle.
transbordo *nm* (*de pasajeros*) change; (*de equipajes*) transfer.
transcribir *vt* to transcribe.
transcurrir *vi* to pass, elapse.
transcurso *nm* course, passing. • **en el transcurso de** in the course of.
transeúnte *nmf* (*peatón*) passer-by.
transferencia *nf* FIN transfer.
transferir [35] *vt* to transfer.
transformador *nm* transformer.
transformar 1 *vt* to transform. ‖ 2 **transformarse** *vpr* to change. • **transformar en** to become.
transfusión *nf* transfusion.
transición *nf* transition.
transigir [6] *vi* to compromise.
transitar *vi* to travel, go.
transitivo,-a *adj* transitive.
tránsito *nm* (*acción*) passage, transit.
transitorio,-a *adj* transitory.
translúcido,-a *adj* translucent.
transmisión 1 *nf* (*gen*) transmission. 2 RAD TV broadcast. 3 TÉC drive.
transmitir 1 *vt* (*gen*) to transmit. 2 RAD TV to broadcast.
transparencia 1 *nf* (*de agua, cristal*) transparency. 2 (*diapositiva*) slide.
transparente 1 *adj* (*gen*) transparent. 2 (*tela*) see-through.
transpirar *vi* to perspire.
transportar *vt* (*gen*) to transport; (*en barco*) to ship.
transporte *nm* transport. ■ **transporte público** public transport, US public transportation.
transportista *nmf* carrier.

transversal *adj* transverse, cross.
tranvía *nm* tram, US streetcar.
trapecio 1 *nm* (*de circo, gimnasia*) trapeze. **2** (*en geometría*) trapezium.
trapecista *nmf* trapeze artist.
trapo 1 *nm* (*tela vieja*) rag. **2** (*paño*) cloth. ‖ **3 trapos** *nm pl* clothes. • **a todo trapo** (*barco*) at full sail; (*uso figurado*) flat out; **poner a algn como un trapo** to tear sb apart.
tráquea *nf* trachea.
tras 1 *prep* (*después de*) after: **día tras día** day after day. **2** (*detrás de*) behind.
trascendencia 1 *nf* (*importancia*) significance. **2** (*en filosofía*) transcendence.
trascender [28] **1** *vi* (*darse a conocer*) to become known. **2** (*tener consecuencias*) to have an effect.
trasero,-a 1 *adj* back, rear. ‖ **2 trasero** *nm fam* bottom, bum.
trasladar 1 *vt* (*desplazar*) to move. ‖ **2 trasladarse** *vpr* (*cosa*) to move (de/a, from/to); (*persona*) to go.
traslado 1 *nm* (*mudanza*) move. **2** (*de cargo etc*) transfer.
trasluz *nm* diffused light. • **mirar algo al trasluz** to hold sth against the light.
trasnochar *vi* to stay up late.
traspapelarse *vpr* to get mislaid.
traspasar 1 *vt* (*atravesar*) to go through, pierce. **2** (*negocio etc*) to transfer.
traspaso 1 *nm* (*venta*) transfer. **2** (*precio*) take-over fee.
traspié *nm* stumble, trip. • **dar un traspié** to stumble, trip.
trasplantar *vt* to transplant.
trasplante *nm* transplant.
trastada *nf* dirty trick.
traste *nm*. • **irse al traste** to fall through.
trastero *nm* lumber room.
trasto 1 *nm* (*cosa*) piece of junk. **2** (*persona*) useless person. ‖ **3 trastos** *nm pl* (*utensilios*) tackle *sing*. • **tirarse los trastos a la cabeza** to have a flaming row.
trastocarse [49] *vpr* to go mad.
trastornado,-a 1 *adj* (*preocupado*) upset. **2** (*loco*) mad.
trastornar 1 *vt* (*revolver*) to upset, turn upside down. **2** (*alterar*) to disturb. **3** (*enloquecer*) to drive crazy. ‖ **4 trastornarse** *vpr* to go mad.
trastorno 1 *nm* (*desorden*) confusion. **2** (*molestia*) trouble. **3** MED upset.
tratable *adj* friendly, congenial.
tratado 1 *nm* (*pacto*) treaty. **2** (*estudio*) treatise.
tratamiento 1 *nm* (*gen*) treatment. **2** (*título*) title, form of address.
tratar 1 *vt* (*gen*) to treat. **2** (*asunto*) to discuss. **3** (*manejar*) to handle. **4** INFORM to process. ‖ **5** *vi* (*relacionarse*) to be acquainted (con, with). **6** (*tener tratos*) to deal (con, with), negotiate (con, with). **7** COM to deal (en, in). ‖ **8 tratarse** *vpr* (*ser cuestión*) to be a question (de, of). • **tratar de** (*intentar*) to try to; (*versar*) to be about.
trato 1 *nm* (*de personas*) manner, treatment. **2** (*contacto*) contact. **3** (*acuerdo*) agreement. **4** COM deal. **5** (*tratamiento*) title.
través *nm*. • **a través de** through; **de través** (*transversalmente*) crosswise; (*de lado*) sideways.
travesaño *nm* DEP crossbar.

travesía 1 *nf* (*viaje*) voyage, crossing. 2 (*calle*) street. 3 (*distancia*) distance.
travesura *nf* mischief, prank.
traviesa 1 *nf* (*de ferrocarril*) sleeper. 2 ARQ beam.
travieso,-a *adj* naughty.
trayecto 1 *nm* (*distancia*) distance, way. 2 (*recorrido*) route, itinerary.
trayectoria 1 *nf* (*recorrido*) trajectory. 2 (*evolución*) line, course.
traza 1 *nf* (*apariencia*) looks *pl*, appearance. 2 (*mañas*) skill, knack. 3 ARQ plan, design.
trazado 1 *nm* (*plano*) layout, plan. 2 (*dibujo*) drawing, sketch. 3 (*de carretera, ferrocarril*) route, course.
trazar [4] 1 *vi* (*línea*) to draw, trace. 2 (*parque*) to lay out; (*edificio*) to design. 3 (*describir*) to sketch.
trazo 1 *nm* (*línea*) line. 2 (*de letra*) stroke.
trébol *nm* (*planta*) clover.
trece *num* thirteen.
trecho 1 *nm* (*distancia*) distance, way. 2 (*tramo*) stretch.
tregua 1 *nf* MIL truce. 2 (*descanso*) respite, rest.
treinta *num* thirty.
tremendo,-a 1 *adj* (*terrible*) terrible, dreadful. 2 (*muy grande*) huge, tremendous.
tren 1 *nm* (*ferrocarril*) train. 2 TÉC set of gears, set of wheels. 3 *fig* (*ritmo*) speed, pace. ▪ **tren de aterrizaje** undercarriage.
trenza 1 *nf* (*de pelo*) plait, US braid. 2 COST braid.
trenzar [4] 1 *vt* (*pelo*) to plait, US braid. 2 COST to braid.
trepador,-ra 1 *adj* (*planta*) climbing. ‖ 2 *nm,f fam* go-getter, social climber.
trepar *vt* - *vi* to climb.
tres *num* three.
trescientos,-as *num* three hundred.
tresillo *nm* three-piece suite.
treta *nf* trick, ruse.
triángulo *nm* triangle.
tribu *nf* tribe.
tribuna 1 *nf* (*plataforma*) rostrum. 2 DEP grandstand. ▪ **tribuna de prensa** press box.
tribunal *nm* JUR court.
tributo *nm* tax.
triciclo *nm* tricycle.
tricotar *vt* to knit.
trifulca *nf fam* row.
trigésimo,-a *num* thirtieth.
trigo *nm* wheat.
trigonometría *nf* trigonometry.
trillado,-a 1 *adj* (*expresión*) overworked, well-worn. 2 (*camino*) beaten.
trillar *vt* to thresh.
trillizo,-a *nm,f* triplet.
trimestral *adj* quarterly, three-monthly.
trimestre 1 *nm* quarter. 2 EDUC term.
trinar *vi* to warble. • **está que trina** *fam* she's hopping mad, she's fuming.
trinchar *vt* to carve.
trinchera *nf* trench.
trineo *nm* sleigh, sledge.
tripa 1 *nf* (*intestino*) gut, intestine. 2 (*estómago*) stomach. 3 (*panza*) belly.
triplicado *nm* triplicate. • **por triplicado** in triplicate.
triplicar [1] *vt* to triple, treble.

tripudo,-a *adj fam* paunchy, pot-bellied.
tripulación *nf* crew.
tripular *vt* to man.
triste 1 *adj* (*infeliz*) sad, unhappy; (*futuro*) bleak. **2** (*oscuro, sombrío*) gloomy, dismal. **3** (*insignificante*) poor, humble.
tristeza 1 *nf* sadness. ‖ **2 tristezas** *nf pl* problems, sufferings.
triturar 1 *vt* (*moler*) to grind; (*papel*) to shred. **2** (*físicamente*) to beat; (*moralmente*) to tear apart.
triunfador,-ra 1 *adj* winning. ‖ **2** *nm,f* winner.
triunfar *vi* to triumph, win. • **triunfar en la vida** to succeed in life.
triunfo 1 *nm* (*victoria*) triumph, victory; (*en deportes*) win. **2** (*éxito*) success.
trivial *adj* trivial, petty.
triza *nf* bit, fragment. • **estar hecho,-a trizas** *fam* to feel washed out; **hacer trizas** (*desgarrar*) to tear to shreds; (*gastar*) to wear out.
trocear *vt* to cut up.
trofeo *nm* trophy.
trola *nf fam* lie, fib.
tromba *nf* (*gastar*) downpour.
trombón *nm* Mús trombone.
trompa 1 *nf* Mús horn. **2** (*de elefante*) trunk. • **coger una trompa** to get plastered.
trompazo *nm fam* bump.
trompeta *nf* Mús trumpet.
trompicón 1 *nm* (*tropezón*) trip, stumble. **2** (*golpe*) blow, hit. • **a trompicones** in fits and starts.
tronar [31] *vi* to thunder.
tronchar *vt* to snap. • **troncharse de risa** to split one's sides laughing.
tronco 1 *nm* ANAT trunk, torso. **2** BOT (*tallo de árbol*) trunk; (*leño*) log. **3** *arg* (*compañero*) mate, pal, chum. • **dormir como un tronco** to sleep like a log.
trono *nm* throne.
tropa *nf* MIL troops *pl*, soldiers *pl*.
tropezar [47] **1** *vi* (*trompicar*) to trip (con, over). **2** (*reñir*) to disagree (con, with). • **tropezar con** (*persona*) to bump into; (*cosa*) to come across; (*dificultad*) to come up against.
tropezón *nm* (*traspié*) trip, stumble.
trópico *nm* tropic.
tropiezo 1 *nm* (*obstáculo*) trip. **2** *fig* (*error*) blunder, faux pas; (*revés*) setback, mishap. **3** (*riña*) quarrel.
trotamundos *nmf* inv globetrotter.
trotar [4] *vi* to trot.
trote 1 *nm* (*de caballo*) trot. **2** *fam* (*actividad*) chasing about, hustle and bustle. • **de todo trote** for everyday wear; **no estar para esos trotes** not to be up to that.
trozo *nm* piece, chunk.
trucar [1] *vt* to doctor, alter.
trucha *nf* trout.
truco 1 *nm* (*ardid*) trick. **2** (*tranquillo*) knack.
trueno *nm* thunderclap, clap of thunder.
trueque *nm* barter, exchange.
trufa *nf* truffle.
truhán,-ana *nm,f* rogue, crook.
truncar [1] *vt* to truncate.
tu *adj* your.
tú *pron* you. • **de tú a tú** on equal terms.

tubérculo 1 *nm* Bot tuber. 2 Med tubercle.
tubería 1 *nf* (*de agua*) piping, pipes *pl*, plumbing. 2 (*de gas, petróleo*) pipeline.
tubo 1 *nm* (*de laboratorio*) tube. 2 (*tubería*) pipe. ▪ **tubo de escape** exhaust pipe; **tubo de ensayo** test tube; **tubo digestivo** alimentary canal.
tuerca *nf* nut.
tuerto,-a 1 *adj* one-eyed, blind in one eye. ‖ 2 *nm,f* one-eyed person.
tufo 1 *nm* (*mal olor*) stink, fug. 2 (*emanación*) fume, vapour.
tugurio 1 *nm* (*chabola*) hovel, hole. 2 (*bar*) joint.
tulipán *nm* tulip.
tumba *nf* tomb, grave. • **ser como una tumba** to keep one's mouth shut.
tumbar 1 *vt* (*derribar*) to knock down, knock over. 2 Educ to fail. ‖ 3 *vi* (*caer al suelo*) to fall down. ‖ 4 **tumbarse** *vpr* (*acostarse*) to lie down.
tumbo *nm* jolt, bump. • **dar tumbos** to jolt, bump along.
tumbona *nf* (*de playa*) deckchair; (*para tumbarse*) lounger.
tumor *nm* tumour.
tumulto *nm* tumult, commotion.
tunante,-a *nm,f* rascal, rogue.
tunda *nf fam* thrashing, beating.
tunecino,-a *adj* - *nm,f* Tunisian.
túnel *nm* tunnel. ▪ **túnel de lavado** car wash.
Túnez 1 *nm* (*ciudad*) Tunis. 2 (*país*) Tunisia.
túnica *nf* tunic.
tupé *nm* quiff.
tupido,-a 1 *adj* (*grueso*) dense, thick. 2 Am (*torpe*) clumsy.
turbante *nm* turban.
turbar 1 *vt* (*alterar*) to unsettle, disturb. 2 (*desconcertar*) to baffle, put off.
turbina *nf* turbine.
turbio,-a 1 *adj* (*agua*) cloudy, muddy. 2 (*asunto, negocio*) shady, dubious.
turbulento,-a *adj* turbulent, troubled.
turco,-a 1 *adj* Turkish. ‖ 2 *nm,f* (*persona*) Turk. ‖ 3 **turco** *nm* (*idioma*) Turkish.
turismo 1 *nm* (*actividad*) tourism. 2 Auto private car. • **hacer turismo** to go touring, go sightseeing.
turista *nmf* tourist.
turnar 1 *vi* to alternate. ‖ 2 **turnarse** *vpr* to take turns.
turno 1 *nm* (*tanda*) turn, go. 2 (*de trabajo*) shift. • **estar de turno** to be on duty. ▪ **turno de día** day shift; **turno de noche** night shift.
turquesa *adj* - *nf* turquoise.
Turquía *nf* Turkey.
tutela 1 *nf* Jur tutelage, guardianship. 2 (*protección*) protection, guidance.
tutor,-ra 1 *nm,f* Jur guardian. 2 Educ tutor.
tuyo,-a 1 *adj* of yours. ‖ 2 *pron* yours. ‖ 3 **los tuyos** *nm pl* (*familiares*) your family *sing*; (*amigos*) your friends.
TV *abr* TV.

U

u *conj* or.
ubicación *nf* location, position.
ubicar [1] **1** *vt* to locate. ‖ **2 ubicarse** *vpr* to be, be situated.
ubre *nf* udder.
UCI *abr* MED Intensive Care Unit.
ufano,-a 1 *adj* (*satisfecho*) satisfied, happy. **2** (*orgulloso*) conceited, arrogant.
ujier *nm* usher.
úlcera *nf* ulcer.
ultimar 1 *vt* to finish, complete. **2** AM (*matar*) to kill, to finish off.
último,-a 1 *adj* (*gen*) last. **2** (*más reciente*) latest; (*de dos*) latter. **3** (*más alejado*) furthest; (*de más abajo*) bottom, lowest; (*de más arriba*) top; (*de más atrás*) back. **4** (*definitivo*) final. • **a la última** up to date; **a últimos de** at the end of; **estar en las últimas** (*moribundo*) to be at death's door; (*arruinado*) to be down and out; **por último** finally.
ultrajante *adj* outrageous, insulting.
ultrajar *vt* to outrage, insult.
ultramar *nm* overseas.
ultramarino,-a 1 *adj* overseas. ‖ **2 ultramarinos** *nm pl* (*tienda*) grocer's; (*comestibles*) groceries.
ultravioleta *adj* ultraviolet.
ulular *vi* to howl.
umbral *nm* threshold.
un,-a 1 *det* a, an: **un coche** a car; **un huevo** an egg. ‖ **2** *adj* one: **un hombre de cada tres** one man in five. ‖ **3 unos,-as** *det* (*plural*) some: **unas flores** some flowers.
unánime *adj* unanimous.
unanimidad *nf* unanimity. • **por unanimidad** unanimously.
undécimo,-a *num* eleventh.
ungüento *nm* ointment.
único,-a 1 *adj* (*solo*) only: **la única vez** the only time. **2** (*extraordinario*) unique.
unidad 1 *nf* COM MAT MIL unit. **2** (*cohesión*) unity.
unido,-a *adj* (*gen*) united; (*pareja*) attached.
unificar [1] *vt* to unify.
uniformar 1 *vt* (*igualar*) to make uniform, standardize. **2** (*poner en uniforme*) to put into uniform.
uniforme 1 *adj* (*gen*) uniform; (*superficie*) even. ‖ **2** *nm* uniform.
uniformidad 1 *nf* (*gen*) uniformity. **2** (*de superficie*) evenness.
unión 1 *nf* (*gen*) union. **2** TÉC (*acoplamiento*) joining; (*junta*) joint. • **la unión hace la fuerza** united we stand.
unir 1 *vt* (*juntar*) to unite, join. **2** (*combinar*) to combine (a, with). **3** (*enlazar*) to link. • **estar muy unidos** to be very attached to one another.
unísono *nm* harmony, unison. • **al unísono** in unison.
universidad *nf* university.

universitario,-a 1 *adj* university. || 2 *nm,f* (*en curso*) university student; (*con título*) university graduate.
universo *nm* universe.
uno,-a 1 *adj* (*cardinal*) one. || 2 *pron* one: **es uno de ellos** he's one of them. 3 (*impersonal*) one, you. 4 *fam* (*persona*) someone, somebody. || 5 *nm* one. || 6 **unos,-as** *adj pl* some; (*aproximado*) about, around: **habrá unos veinte** there must be around twenty. • **hacerle una a algn** to play a dirty trick on sb.
untar 1 *vt* (*grasa, ungüento*) to smear; (*mantequilla, queso*) to spread. 2 *fam* (*sobornar*) to bribe. || 3 **untarse** *vpr* (*mancharse*) to get stained.
uña 1 *nf* (*de la mano*) nail, fingernail; (*del pie*) nail, toenail. 2 (*garra*) claw; (*pezuña*) hoof. • **comerse las uñas** to bite one's nails; **ser uña y carne** to be inseparable.
uranio *nm* uranium.
urbanismo *nm* town planning.
urbanización 1 *nf* (*proceso*) urbanization. 2 (*conjunto residencial*) housing development, housing estate.
urbanizar [4] *vt* to urbanize, develop.
urbano,-a *adj* urban, city.
urbe *nf* large city, metropolis.
urdir 1 *vt* (*tela*) to warp. 2 (*plan, conspiración*) to plot.
urgencia 1 *nf* (*cualidad*) urgency. 2 (*asunto*) emergency.
urgente 1 *adj* (*llamada, asunto*) urgent. 2 (*enfermo*) emergency. 3 (*carta*) express.
urgir [6] *vi* to be urgent, be pressing.
urinario,-a 1 *adj* urinary. || 2 **urinario** *nm* urinal.
urna 1 *nf* Pol ballot box. 2 (*vasija*) urn. 3 (*caja*) glass case.
urólogo,-a *nm,f* urologist.
urticaria *nf* rash.
uruguayo,-a *adj* - *nm,f* Uruguayan.
usado,-a 1 *adj* (*gastado*) worn out, old. 2 (*de segunda mano*) second-hand, used.
usar 1 *vt* (*utilizar*) to use. 2 (*prenda*) to wear. || 3 **usarse** *vpr* (*utilizarse*) to be used.
uso 1 *nm* (*utilización*) use. 2 (*ejercicio*) exercise: **el uso de un privilegio** the exercise of a privilege. 3 (*de prenda*) wearing. 4 (*costumbre*) usage, custom. 5 (*en farmacia*) application: **uso externo** external application. • **al uso** in the style of, in the fashion of; **hacer uso de la palabra** to take the floor.
usted *pron* (*pl* **ustedes**) *fml* you.
usual *adj* usual, common.
usuario,-a *nm,f* user.
utensilio 1 *nm* (*herramienta*) tool, utensil. 2 (*aparato*) device, implement.
útero *nm* uterus.
útil *adj* useful.
utilidad 1 *nf* (*cualidad*) utility, usefulness. 2 (*beneficio*) profit.
utilización *nf* use.
utilizar [4] *vt* to use, utilize.
utopía *nf* utopia.
uva *nf* grape. • **de mala uva** *fam* in a bad mood.
UVI *abr* Med Intensive Care Unit.

V

v. *abr* (véase) see.
vaca 1 *nf* (*animal*) cow. **2** (*carne*) beef. ■ **las vacas flacas** the lean years; **las vacas gordas** the years of plenty; **vaca loca** mad cow.
vacaciones *nf pl* holiday, holidays, US vacation. • **de vacaciones** on holiday, US vacation.
vacante 1 *adj* vacant. ‖ **2** *nf* vacancy.
vaciar [13] **1** *vt* (*recipiente*) to empty. **2** (*contenido*) to pour away, pour out. **3** (*moldear*) to cast, mould.
vacilación 1 *nf* (*duda*) hesitation. **2** (*oscilación*) wobbling, unsteadiness.
vacilar 1 *vi* (*dudar*) to hesitate. **2** (*oscilar*) to sway, stagger.
vacilón,-ona 1 *adj fam* (*fanfarrón*) swanky. **2** (*bromista*) jokey, teasing. ‖ **3** *nm,f* (*fanfarrón*) show-off. **4** (*bromista*) tease.
vacío,-a 1 *adj* (*recipiente, lugar*) empty. **2** (*no ocupado*) unoccupied. **3** (*hueco*) hollow. ‖ **4 vacío** *nm* (*abismo*) void, emptiness. **5** Fís vacuum. **6** (*hueco*) gap, blank. • **envasado al vacío** vacuum-packed; **hacerle el vacío a algn** to cold-shoulder sb. ■ **vacío de poder** power vacuum.
vacuna *nf* vaccine.
vacunar 1 *vt* to vaccinate (contra, against). ‖ **2 vacunarse** *vpr* to get vaccinated.
vacuno,-a *adj* bovine.
vadear 1 *vt* (*río*) to ford, wade. **2** (*dificultad*) to overcome.
vado 1 *nm* (*de río*) ford. **2** (*en calle*) garage entrance.
vagabundo,-a 1 *adj* vagrant. ‖ **2** *nm,f* tramp, vagrant.
vagancia 1 *nf* idleness. **2** (*vagabundeo*) vagrancy.
vagar [7] *vi* to wander about.
vago,-a 1 *adj* (*holgazán*) idle, lazy. **2** (*impreciso*) vague. ‖ **3** *nm,f* idler, loafer. • **hacer el vago** to laze around.
vagón 1 *nm* (*para pasajeros*) carriage, coach, US car. **2** (*para mercancías*) wagon, goods van, US boxcar, freight car. ■ **vagón cama** sleeping-car; **vagón restaurante** restaurant car.
vagoneta *nf* wagon.
vaho 1 *nm* (*vapor*) vapour, steam. **2** (*aliento*) breath.
vaina 1 *nf* (*funda*) sheath, scabbard. **2** (*de guisante, judía*) pod.
vainilla *nf* vanilla.
vaivén 1 *nm* (*de columpio*) swaying, swinging. **2** (*de la gente*) coming and going, bustle. **3** (*cambio*) fluctuation.
vajilla *nf* dishes *pl*, crockery.
vale *nm* (*de compra*) voucher.
valentía *nf* bravery, courage.
valer [89] **1** *vi* (*tener valor*) to be worth: **no vale nada** it is worthless. **2** (*costar*) to cost, amount to:

¿cuánto vale? how much is it? **3** (*ser válido*) to be valid, count. **4** (*servir*) to be useful, be of use: **este lápiz no vale** this pencil is of no use. ‖ **5 valerse** *vpr* (*usar*) to use, make use (of, de). **6** (*espabilarse*) to manage. • **hacer valer** to assert; **¿vale?** all right?, O.K.?; **vale más** it is better; **valer la pena** to be worthwhile; **¡válgame Dios!** Good heavens!

valeroso,-a *adj* courageous, brave.

validez *nf* validity.

válido,-a *adj* valid.

valiente 1 *adj* (*valeroso*) brave, courageous. ‖ **2** *nmf* (*persona*) brave person.

valioso,-a *adj* valuable.

valla 1 *nf* (*cerca*) fence, barrier. **2** DEP hurdle. **3** (*dificultad*) obstacle. ■ **valla publicitaria** hoarding, US billboard.

vallar *vt* to fence, enclose.

valle *nm* valley.

valor 1 *nm* COM value, worth. **2** (*precio*) price. **3** (*coraje*) courage, valour. **4** (*desvergüenza*) daring, nerve. ‖ **5 valores** *nm pl* FIN securities; (*acciones*) shares. • **armarse de valor** to pluck up courage; **dar valor a** to attach importance to; **¡qué valor!** what a nerve!; **sin ningún valor** worthless.

valoración *nf* valuation.

valorar 1 *vt* (*tasar*) to value; (*pérdidas*) to assess. **2** (*apreciar*) to value, appreciate.

válvula *nf* valve.

vampiro *nm* vampire.

vandalismo *nm* vandalism.

vanguardia *nf* ART avant-garde.

vanidad *nf* vanity, conceit.

vanidoso,-a *adj* vain, conceited.

vano,-a 1 *adj* (*inútil*) vain, useless. **2** (*ilusorio*) illusory, futile. **3** (*frívolo*) frivolous. **4** (*arrogante*) vain, conceited. ‖ **5 vano** *nm* opening. • **en vano** in vain.

vapor 1 *nm* (*de agua*) vapour, steam. **2** (*barco*) steamship, steamer. • **al vapor** CULIN steamed.

vaporizar [4] *vt* - *vpr* to vaporize.

vaporoso,-a 1 *adj* (*de vapor*) vaporous. **2** (*ligero*) diaphanous, sheer.

vapulear 1 *vt* to beat, thrash. **2** (*criticar*) to slate.

vaquería *nf* dairy.

vaquero 1 *nm* cowherd, US cowboy. ‖ **2 vaqueros** *nm pl* (*pantalones*) jeans.

vara 1 *nf* (*palo*) stick, rod. **2** (*mando*) staff, mace.

varar 1 *vt* to beach. ‖ **2** *vi* - *vpr* to run aground.

variación *nf* variation, change.

variante 1 *adj* variant. ‖ **2** *nf* (*carretera*) by-pass.

variar [13] *vt* - *vi* to vary, change. • **para variar** *irón* as usual.

varicela *nf* chickenpox.

variedad *nf* (*pluralidad*) variety, diversity.

varilla 1 *nf* (*palito*) stick, rod. **2** (*de paraguas*) rib.

vario,-a 1 *adj* (*distinto*) varied, different. **2** (*algunos*) some, several.

variz *nf* varicose vein.

varón *nm* male, man.

varonil *adj* manly, virile, male.

vasco,-a *adj* - *nm,f* Basque.

vaso 1 *nm* (*para beber*) glass. **2** (*para flores*) vase. **3** ANAT vessel.

vástago 1 *nm* BOT shoot, bud. **2** (*descendencia*) offspring. **3** TÉC rod.

vasto,-a *adj* vast, immense, huge.
vaticano,-a *adj* Vatican.
vatio *nm* watt.
vaya *interj* well!: **¡vaya casa!** what a house!
vecindario 1 *nm* (*barrio*) neighbourhood. **2** (*vecinos*) neighbours *pl.*
vecino,-a 1 *adj* (*cercano*) nearby, next, neighbouring. ‖ **2** *nm,f* (*de edificio, calle*) neighbour. **3** (*habitante*) inhabitant.
veda 1 *nf* (*gen*) prohibition. **2** (*de caza*) close season.
vega *nf* fertile plain.
vegetal *adj* - *nm* vegetable.
vegetar *vi fig* to vegetate.
vegetariano,-a *adj* - *nm,f* vegetarian.
vehículo 1 *nm* (*gen*) vehicle. **2** (*coche*) car.
veinte *num* twenty.
vejez *nf* old age.
vejiga *nf* bladder.
vela 1 *nf* (*vigilia*) watch, vigil. **2** (*desvelo*) wakefulness. **3** (*candela*) candle. **4** (*de barco*) sail. • **pasar la noche en vela** to have a sleepless night.
velada *nf* evening.
velar 1 *vi* (*estar despierto*) to stay awake. **2** (*cuidar*) to watch (**por,** over), look (**por,** after).
velatorio *nm* wake, vigil.
velero *nm* sailing boat.
veleta 1 *nf* (*en tejado*) weathercock. ‖ **2** *nmf fig* (*persona*) fickle person.
vello *nm* hair.
velo *nm* veil. • **echar un tupido velo sobre** *fig* to draw a veil over.
velocidad 1 *nf* (*rapidez*) speed, velocity. **2** AUTO (*marcha*) gear. ▪ **velocidad de transmisión** bit rate.
velódromo *nm* cycle track.
veloz *adj* fast, quick, swift.
vena 1 *nf* ANAT vein. **2** (*de metal*) vein, seam. **3** (*inspiración*) poetical inspiration.
venado 1 *nm* ZOOL stag, deer. **2** CULIN venison.
vencedor,-ra 1 *adj* DEP winning. **2** MIL conquering, victorious. ‖ **3** *nm,f* DEP winner. **4** MIL conqueror.
vencer [2] **1** *vt* DEP to beat. **2** MIL to defeat, conquer. **3** (*problema etc*) to overcome. ‖ **4** *vi* DEP to win. **5** (*deuda*) to fall due. **6** (*plazo, pasaporte*) to expire.
vencido,-a 1 *adj* (*persona*) defeated. **2** (*deuda*) due, payable.
venda *nf* bandage.
vendar *vt* to bandage. • **vendar los ojos** to blindfold.
vendaval *nm* strong wind, gale.
vendedor,-ra 1 *adj* selling. ‖ **2** *nm,f* (*hombre*) salesman; (*mujer*) saleswoman.
vender 1 *vt* (*comerciar*) to sell. **2** *fig* (*traicionar*) to betray. ‖ **3 venderse** *vpr* (*comerciar*) to be sold. **4** (*dejarse sobornar*) to sell oneself, accept a bribe. • **"Se vende"** "For sale".
vendimia *nf* grape harvest.
veneno *nm* (*químico, vegetal*) poison; (*de animal*) venom.
venenoso *adj* poisonous.
venezolano,-a *adj* - *nm,f* Venezuelan.
venganza *nf* revenge, vengeance.
vengar [7] **1** *vt* to avenge. ‖ **2 vengarse** *vpr* to take revenge (**de,** on).
venida *nf* coming, arrival.

venidero,-a *adj* future, forthcoming. • **en lo venidero** in the future.
venir [90] **1** *vi* (*acercarse*) to come. **2** (*llegar*) to arrive. ‖ **3 venirse** *vpr* to come back. • **el mes que viene** next month; **venir a menos** to decline; **venir al caso** to be relevant; **venir bien** to be suitable; **venir grande a algn** to be too big for sb; **venir mal** not to be suitable; **venir pequeño a algn** to be too small for sb; **venirse abajo** (*edificio*) to collapse, fall down; (*persona*) to go to pieces.
venta 1 *nf* (*transacción*) sale, selling. **2** (*hostal*) roadside inn. • **"En venta"** "For sale". ▪ **venta al por mayor** wholesale; **venta al por menor** retail.
ventaja *nf* advantage.
ventajoso,-a 1 *adj* (*con ventaja*) advantageous. **2** (*beneficioso*) profitable.
ventana *nf* window.
ventanilla 1 *nf* (*de coche etc*) window. **2** (*mostrador*) counter.
ventilador 1 *nm* (*aparato*) fan. **2** (*abertura*) air vent.
ventilar 1 *vt* (*estancia*) to air, ventilate. **2** *fig* (*tema*) to discuss; (*opinión*) to air.
ventisca *nf* snowstorm, blizzard.
ventosa *nf* sucker.
ventoso,-a *adj* windy.
ventrículo *nm* ventricle.
ver [91] **1** *vt* (*pp* visto,-a) (*percibir*) to see. **2** (*mirar*) to look (at). **3** (*televisión*) to watch. **4** (*entender*) to understand. **5** (*visitar*) to visit. ‖ **6 verse** *vpr* (*con algn*) to meet, see each other. **7** (*encontrarse*) to find oneself. **8** (*tener aspecto*) to look: **te ves divina** you look divine. • **a ver** let's see; **hasta más ver** see you; **¡hay que ver!** would you believe it!; **no poder ver** to detest; **no tener nada que ver con** to have nothing to do with; **se ve que** apparently; **verse obligado,-a a** to be obliged to.
vera *nf* edge, verge. • **a la vera de** near, close to.
veracidad *nf* veracity, truthfulness.
veraneante *nmf* summer resident.
veraneo *nm* summer holiday.
veraniego,-a *adj* summer.
verano *nm* summer.
veras *adv*. • **de veras** really, truly.
veraz *adj* truthful, veracious.
verbo *nm* verb.
verdad 1 *nf* truth. **2** (*confirmación*): **es bonita, ¿verdad?** she's pretty, isn't she? • **a decir verdad** to tell you the truth; **en verdad** really.
verdadero,-a *adj* true, real.
verde 1 *adj* (*color, tela, ojos*) green. **2** (*fruta*) unripe. **3** *fam* (*chiste*) blue, dirty. ‖ **4** *nm* (*color*) green. • **poner verde** *fam* to lay into.
verdor *nm* greenness.
verdoso,-a *adj* greenish.
verdugo *nm* executioner.
verdulera *nf* (*mujer vulgar*) coarse woman.
verdulería *nf* greengrocer's.
verdulero,-a *nm,f* greengrocer.
verdura *nf* vegetables *pl*.
veredicto *nm* verdict.
vergonzoso,-a 1 *adj* (*acto*) shameful, shocking. **2** (*persona*) shy, bashful.

vergüenza 1 *nf* (*timidez*) bashfulness. 2 (*situación*) embarrassment. • **sentir vergüenza** to be ashamed.
verídico,-a *adj* truthful, true: **es verídico** it is a fact.
verificar [1] 1 *vt* (*confirmar*) to verify, confirm. 2 (*probar*) to prove. ‖ 3 **verificarse** *vpr* (*comprobarse*) to come true. 4 (*efectuarse*) to take place.
verja 1 *nf* (*reja*) grating. 2 (*cerca*) railing.
verosímil *adj* likely, probable.
verruga *nf* wart.
versátil *adj* versatile.
versión *nf* version.
verso *nm* verse.
vértebra *nf* vertebra.
vertebrado,-a *adj* - *nm,f* vertebrate.
vertedero *nm* dump, tip.
verter [28] 1 *vt* (*echar* - *líquido*) to pour; (- *basura*) to dump. 2 (*derramar*) to spill; (*lágrimas*) to shed.
vértice *nm* vertex.
vertiente 1 *nf* (*de monte*) slope. 2 (*aspecto*) angle.
vertiginoso,-a *adj* dizzy, giddy.
vértigo 1 *nm* MED vertigo. 2 (*turbación*) dizziness, giddiness:.
vesícula *nf* vesicle.
vespertino,-a *adj* evening.
vestíbulo 1 *nm* (*de casa*) hall, entrance. 2 (*de hotel etc*) hall, lobby.
vestido 1 *nm* (*ropa en general*) clothes *pl*, clothing. 2 (*de mujer*) dress. ▪ **vestido de etiqueta** evening dress; **vestido de novia** wedding dress.
vestigio *nm* trace.
vestir [34] 1 *vt* (*llevar*) to wear. 2 (*a algn*) to dress (de, in). ‖ 3 *vi* to dress: **vestir de negro** to dress in black. 4 (*ser elegante, lucir*) to be elegant, look smart. ‖ 5 **vestirse** *vpr* to dress, get dressed. • **el mismo que viste y calza** the very same; **vestirse de** (*ir vestido*) to wear, dress in; (*disfrazarse*) to disguise oneself as.
vestuario *nm* wardrobe, clothes *pl*.
veta 1 *nf* (*en mineral*) seam, vein. 2 (*en madera*) grain.
veterano,-a *adj* - *nm,f* veteran.
veterinaria *nf* veterinary medicine, veterinary science.
veterinario,-a 1 *adj* veterinary. ‖ 2 *nm,f* vet, US veterinarian.
vez 1 *nf* (*ocasión*) time. 2 (*turno*) turn. • **a la vez** at the same time; **a su vez** in turn; **a veces** sometimes; **alguna vez** (*en afirmación*) sometimes; (*en pregunta*) ever; **cada vez** every time; **de una vez para siempre** once and for all; **de vez en cuando** from time to time; **dos veces** twice; **en vez de** instead of; **muchas veces** often; **otra vez** again; **pedir la vez** to ask who's last; **pocas veces** seldom; **rara vez** seldom; **tal vez** perhaps, maybe.
vía 1 *nf* (*camino*) road, way. 2 (*de tren*) track, line. • **en vías de** in the process of; **por vía oral** to be taken orally. ▪ **vía de acceso** slip road; **vía aérea** airway; **vía férrea** railway, track; **Vía Láctea** Milky way; **vías respiratorias** respiratory tract *sing*.
viajar *vi* to travel.
viaje 1 *nm* (*desplazamiento*) journey, trip. 2 (*por mar, largo*) voyage. 3 (*concepto de viajar*) travel. • **¡buen viaje!** have a good jour-

ney!; **estar de viaje** to be away; **irse de viaje** to go on a journey, go on a trip. ▪ **viaje de ida y vuelta** return trip, US round trip; **viaje de negocios** business trip; **viaje de novios** honeymoon.

viandante *nmf* pedestrian, passer-by.

víbora *nf* viper.

vibrar *vt - vi* to vibrate.

vicepresidente,-a *nm,f* vice-president.

viceversa *adv* vice versa.

viciar [12] **1** *vt* (*madera*) to warp. ‖ **2 viciarse** *vpr* (*persona*) to take to vice, become corrupted.

vicio 1 *nm* (*corrupción*) vice, corruption. **2** (*mala costumbre*) bad habit. • **por vicio** for no reason at all, for the sake of it.

vicioso,-a 1 *adj* depraved. ‖ **2** *nm,f* depraved person.

víctima *nf* victim.

victoria *nf* victory, triumph.

victorioso,-a *adj* victorious, triumphant.

vida 1 *nf* (*de ser vivo*) life. **2** (*tiempo*) lifetime. **3** (*medios*) living, livelihood. • **de por vida** for life; **en mi/tu/su vida** never; **ganarse la vida** to earn one's living; **perder la vida** to lose one's life; **¡vida mía!** my love! ▪ **vida conyugal** married life.

vidente *nmf* clairvoyant.

videocámara *nf* camcorder.

videoclip *nm* video.

videoconsola *nf* game console.

videojuego *nm* video game.

vidriera 1 *nf* (*en casa - ventana*) window; (- *puerta*) glass door. **2** ART stained window.

vidrio *nm* glass.

viejo,-a 1 *adj* (*persona*) old, elderly; (*cosa*) ancient, antique. ‖ **2** *nm,f* (*hombre*) old man; (*mujer*) old woman. ▪ **viejo verde** *fam* dirty old man.

viento *nm* wind.

vientre 1 *nm* (*barriga*) belly, abdomen. **2** (*de embarazada*) womb.

viernes *nm inv* Friday. ▪ **Viernes Santo** Good Friday.

vietnamita *adj - nm,f* Vietnamese.

viga 1 *nf* (*de madera*) beam, rafter. **2** (*de acero etc*) girder.

vigente *adj* in use, in force.

vigésimo,-a *num* twentieth.

vigía 1 *nf* (*atalaya*) watchtower. ‖ **2** *nmf* (*persona*) lookout; (*hombre*) watchman; (*mujer*) watchwoman.

vigilante 1 *adj* vigilant, watchful. ‖ **2** *nmf* (*hombre*) watchman; (*mujer*) watchwoman.

vigilar 1 *vt - vi* (*ir con cuidado*) to watch. **2** (*con armas etc*) to guard. **3** (*supervisar*) to oversee. **4** (*cuidar*) to look after.

vigor 1 *nm* vigour, strength. **2** (*validez*) force, effect. • **en vigor** in force.

vigoroso,-a *adj* vigorous, strong.

VIH *abr* MED HIV.

vil *adj* vile, base, despicable.

villancico *nm* Christmas carol.

villano,-a *nm,f* villain.

vilo en vilo *loc* (*suspendido*) in the air; (*inquieto*) in suspense.

vinagre *nm* vinegar.

vinagreta *nf* vinaigrette.

vincular 1 *vt* (*unir*) to link, bind. **2** (*relacionar*) to relate. **3** JUR to entail.

vínculo 1 *nm* (*conexión*) tie, bond. 2 JUR entail. ■ **vínculos familiares** family ties.
vinícola *adj* wine-producing.
vino *nm* wine. ■ **vino blanco** white wine; **vino rosado** rosé wine; **vino tinto** red wine.
viñedo *nm* vineyard.
viñeta *nf* cartoon.
violación 1 *nf* (*transgresión*) violation, infringement. 2 (*sexual*) rape.
violador,-ra *nm,f* rapist.
violar 1 *vt* (*transgredir*) to violate, infringe. 2 (*persona*) to rape.
violencia 1 *nf* (*brutalidad*) violence. 2 (*sentimiento*) embarrassment.
violentar 1 *vt* (*obligar*) to force. 2 (*entrar*) to break into. ‖ 3 **violentarse** *vpr* (*molestarse*) to get annoyed. 4 (*avergonzarse*) to be embarrassed.
violento,-a 1 *adj* (*bruto*) violent. 2 (*vergonzoso*) embarrassing, awkward.
violeta 1 *adj* - *nm* (*color*) violet. ‖ 2 *nf* (*flor*) violet.
violín *nm* MÚS violin.
violinista *nmf* violinist.
violonchelo *nm* cello.
viraje *nm* swerve, bend.
virar *vi* MAR to tack.
virgen 1 *adj* (*persona*) virgin. 2 (*en estado natural*) unspoiled. ‖ 3 *nf* virgin.
virginidad *nf* virginity.
virgo *nm inv* Virgo.
virilidad *nf* virility.
virtud 1 *nf* (*cualidad*) virtue. 2 (*eficacia*) property, quality. • **en virtud de** by virtue of.
virtuoso,-a 1 *adj* virtuous. ‖ 2 *nm,f* virtuous person. 3 ART virtuoso.
viruela 1 *nf* (*enfermedad*) smallpox. 2 (*marca*) pockmark.
virulento,-a *adj* virulent.
viruta *nf* shaving.
visado *nm* visa.
víscera 1 *nf* internal organ. ‖ 2 **vísceras** *nf pl* viscera, entrails.
viscosidad *nf* viscosity.
visera *nf* (*de gorra*) peak; (*de casco*) visor.
visible 1 *adj* (*que se ve*) visible. 2 (*manifiesto*) evident.
visillo *nm* net curtain.
visión 1 *nf* (*capacidad*) sight, vision. 2 (*perspectiva*) view. • **ver visiones** to dream, see things. ■ **visión de conjunto** overall view.
visita 1 *nf* (*acción*) visit. 2 (*invitado*) visitor, guest. • **hacer una visita a** to pay a visit to.
visitante 1 *adj* visiting. ‖ 2 *nmf* visitor.
visitar *vt* (*ir a casa de*) to visit, pay a visit, call upon.
vislumbrar *vt* to discern, make out.
visón *nm* mink.
víspera *nf* (*día anterior*) eve. • **en vísperas de** on the eve of.
vista 1 *nf* (*sentido*) sight, vision. 2 (*ojo*) eye. 3 (*panorama*) view, scene. 4 (*aspecto*) aspect, looks *pl*. 5 (*propósito*) outlook, prospect. 6 JUR trial, hearing. • **a la vista** at sight; **a simple vista** at first sight; **bajar la vista** to look down; **con vistas a** (*habitación*) overlooking; **conocer de vista** to know by sight; **en vista de** in view of; **estar a la vista** to be evident; **hacer la vista gorda** to pretend not to see; **hasta la vista** good-bye, so long.

vistazo *nm* glance, look. • **echar un vistazo a** to have a look at.
visto,-a *adj* seen. • **estar bien visto** to be (perfectly) acceptable; **por lo visto** as it seems; **ser lo nunca visto** to be unheard of.
vistobueno *nm* approval.
vistoso,-a *adj* bright, colourful.
vital 1 *adj* (*de la vida*) vital: **órgano vital** vital organ. **2** (*esencial*) essential. **3** (*persona*) lively.
vitalidad *nf* vitality.
vitamina *nf* vitamin.
vitorear *vt* to cheer, acclaim.
vitrina 1 *nf* (*armario*) glass cabinet, display cabinet. **2** (*de exposición*) glass case, showcase. **3** (*escaparate*) shop window.
viudo,-a 1 *adj* widowed. || **2** *nm,f* (*hombre*) widower; (*mujer*) widow.
viva 1 *nm* cheer, shout. || **2 ¡viva!** *interj* hurrah!
vivaracho,-a *adj* vivacious, lively.
vivaz 1 *adj* (*vivo*) vivacious, lively. **2** (*perspicaz*) keen, quick-witted.
víveres *nm pl* food *sing*, provisions.
vivero 1 *nm* (*de plantas*) nursery. **2** (*de peces*) fish farm.
vivienda *nf* (*alojamiento*) housing, accommodation.
viviente *adj* living, alive.
vivir 1 *vi* (*tener vida*) to live, to be alive. **2** (*residir*) to live. || **3** *vt* (*pasar*) to live through. || **4** *nm* living, life. • **vivir de** to live on; **vivir a lo grande** *fam* to live it up, live in style.
vivo,-a 1 *adj* (*con vida*) alive, living. **2** (*color etc*) bright, vivid. **3** (*animado*) lively. **4** (*dolor etc*) acute, sharp. || **5** *nm,f* living person: **los vivos** the living.
vocablo *nm* word, term.
vocabulario *nm* vocabulary.
vocación *nf* vocation, calling.
vocal 1 *adj* vocal. || **2** *nf* GRAM vowel. || **3** *nmf* (*de junta etc*) member.
vocear 1 *vi* (*dar voces*) to shout, cry out. || **2** *vt* (*divulgar*) to publish. **3** (*gritar*) to shout, call.
vocerío *nm* shouting, uproar.
vociferar *vi* - *vt* to vociferate, shout.
volador,-ra *adj* flying.
volante 1 *adj* (*volador*) flying. || **2** *nm* COST flounce. **3** AUTO steering wheel. **4** (*para médico*) referral note.
volar [31] **1** *vi* to fly. **2** (*desaparecer*) to disappear. **3** (*noticia*) to spread rapidly. || **4** *vt* (*hacer explotar*) to blow up.
volátil *adj* volatile.
volcán *nm* volcano.
volcar [49] **1** *vt* - *vi* (*vaso*) to turn over, upset. **2** MAR to capsize. || **3 volcarse** *vpr* (*vaso*) to turn over; (*coche*) to overturn. **4** *fig* (*entregarse*) to devote oneself.
voltaje *nm* voltage.
voltereta *nf* somersault.
voluble *adj* changeable, fickle.
volumen 1 *nm* (*de cuerpo, sonido*) volume. **2** (*tamaño*) size. • **bajar el volumen** to turn the volume down; **subir el volumen** to turn the volume up.
voluminoso,-a *adj* voluminous, bulky.
voluntad 1 *nf* (*de decidir*) will. **2** (*propósito*) intention, purpose. **3** (*deseo*) wish. • **a voluntad** at will. ▪ **buena voluntad** goodwill.
voluntario,-a 1 *adj* voluntary. || **2** *nm,f* volunteer.

volver [32] **1** *vt* (*pp* vuelto,-a) (*dar vuelta a*) to turn (over); (*hacia abajo*) to turn upside down; (*de fuera a dentro*) to turn inside out. ‖ **2** *vi* (*regresar*) to come back, go back, return. ‖ **3 volverse** *vpr* (*regresar*) to come back, go back. **4** (*darse la vuelta*) to turn (round). **5** (*convertirse*) to turn, become. • **volver a hacer algo** to do sth again; **volver en sí** to recover consciousness; **volverse atrás** to back out; **volverse loco** to go mad.

vomitar *vt* - *vi* to vomit.

vómito *nm* (*resultado*) vomit.

vosotros,-as *pron* you. ▪ **vosotros,-as mismos,-as** yourselves.

votación **1** *nf* (*papeleta*) vote, ballot. **2** (*acto*) vote, voting.

votante *nmf* voter.

votar *vi* to vote (por/contra, for/against).

voto **1** *nm* (*papeleta*) vote. **2** REL vow. **3** (*deseo*) wish, prayer.

voz *nf* (*gen*) voice. • **a media voz** in a whisper; **dar voces** to shout; **en voz alta** aloud; **en voz baja** in a low voice. ▪ **voz activa** active voice; **voz pasiva** passive voice.

vuelco *nm* upset.

vuelo *nm* (*de avión, pájaro*) flight. • **alzar el vuelo** to take flight; **cazarlas al vuelo** to be quick on the uptake. ▪ **vuelo sin motor** gliding.

vuelta **1** *nf* (*giro*) turn. **2** (*en un circuito*) lap, circuit. **3** (*paseo*) walk, stroll. **4** (*regreso*) return. **5** (*dinero de cambio*) change. **6** (*curva*) bend, curve. **7** (*reverso*) back, reverse. • **a la vuelta** on the way back; **dar la vuelta** (*alrededor*) to go round; (*girar*) to turn round; (*de arriba abajo*) to turn upside down; (*de dentro a fuera*) to turn inside out; (*cambiar de lado*) to turn over; **dar una vuelta** (*andando*) to go for a walk; (*en coche*) to go for a drive; **dar vueltas** to turn; **estar de vuelta** to be back; **dar vueltas a algo** *fig* to turn sth over in one's mind; **no tiene vuelta de hoja** there are no two ways about it; **poner de vuelta y media** *fig* to lay into.

vuestro,-a **1** *adj* your, of yours. ‖ **2** *pron* yours.

vulgar **1** *adj* (*grosero*) vulgar. **2** (*corriente*) common, ordinary.

vulgaridad **1** *nf* (*grosería*) vulgarity. **2** (*dicho o hecho*) something vulgar.

vulnerar **1** *vt* (*reputación*) to harm, damage. **2** (*ley etc*) to violate.

vulva *nf* vulva.

W-X

wáter *nm* (*pl* wáteres) *fam* toilet.
waterpolo *nm* water polo.
web **1** *nf* (*sitio*) website. **2** (*página*) webpage. **3** (*Internet*) Internet.
whisky *nm* whisky; (*irlandés*) whiskey. ■ **whisky escocés** Scotch, Scotch whisky.
windsurf *nm* windsurfing.
windsurfista *nmf* windsurfer.
wolframio *nm* wolfram.
xenofobia *f* xenophobia.
xerografía *f* xerography.
xilófono *m* xylophone.
xilografía **1** *f* (*arte*) xylography. **2** (*impresión*) xylograph.

Y

y 1 *conj* and. **2** (*con hora*) past: **son las tres y cuarto** it's a quarter past three. **3** (*en pregunta*) what about: **¿y López?** what about López? • **y eso que** although, even though; **¿y qué?** so what?; **¿y si...?** what if ...?

ya 1 *adv* (*con pasado*) already: **ya lo sabía** I already knew. **2** (*con presente*) now: **es preciso actuar ya** it is vital that we act now. **3** (*ahora mismo*) immediately, at once. || **4 ¡ya!** *interj irón* oh yes! • **ya entiendo** I see; **ya era hora** about time too; **¡ya está!** there we are!, done!; **ya no** not any more, no longer; **ya que** since; **ya ... ya** sometimes ... sometimes.

yacer [92] *vi* to lie, be lying.

yacimiento *nm* bed, deposit.

yanqui *adj* - *nmf pey* Yankee.

yarda *nf* yard.

yate *nm* yacht.

yayo,-a 1 *nm,f fam* (*abuelo*) grandad; (*abuela*) grandma, granny.

yegua *nf* mare.

yema 1 *nf* (*de huevo*) yolk. **2** BOT bud. **3** (*del dedo*) fingertip.

yermo,-a 1 *adj* (*sin vegetación*) barren, uncultivated. **2** (*despoblado*) deserted, uninhabited. || **3 yermo** *nm* (*terreno inculto*) barren land. **4** (*terreno inhabitado*) wilderness.

yerno *nm* son-in-law.

yerro *nm* error, mistake.

yerto,-a *adj* stiff, rigid.

yeso 1 *nm* (*mineral*) gypsum. **2** (*en construcción*) plaster. **3** (*tiza*) chalk.

yo 1 *pron* I, me: **soy yo** it's me. || **2 el yo** *nm* the ego, the self.

yodo *nm* iodine.

yogur *nm* yoghurt.

yonqui *nmf arg* junkie.

yóquey *nm* jockey.

yoyó *nm* yo-yo.

yudo *nm* judo.

yugo *nm* yoke.

yugular *adj* - *nf* jugular.

yunque *nm* anvil.

yunta *nf* yoke, team of oxen.

yute *nm* jute.

Z

zafar 1 *vt* (*soltar*) to loosen, untie. ‖ **2 zafarse** *vpr* (*librarse*) to get away (de, from), escape (de, from).
zafio,-a *adj* uncouth, rough, coarse.
zafiro *nm* sapphire.
zaguán *nm* hallway.
zalamería *nf* flattery.
zalamero,-a 1 *adj* flattering, fawning. ‖ **2** *nm,f* flatterer.
zamarra *nf* sheepskin jacket.
zambiano,-a *adj* - *nm,f* Zambian.
zambo,-a *adj* (*patizambo*) knock-kneed.
zambomba 1 *nf* rumbling pot. ‖ **2 ¡zambomba!** *interj fam* phew!
zambullida *nf* dive, plunge.
zambullir [41] **1** *vt* (*en agua - persona*) to duck; (*- cosa*) to dip, plunge. ‖ **2 zambullirse** *vpr* (*en agua*) to dive, plunge. **3** (*en actividad*) to become absorbed (en, in).
zampar 1 *vi* to stuff oneself. ‖ **2 zampar(se)** *vt* - *vpr* to gobble up.
zanahoria *nf* carrot.
zancada *nf* stride.
zancadilla 1 *nf* (*para caer*) trip. **2** *fam* (*engaño*) ruse, trick.
zanco *nm* stilt.
zancudo,-a 1 *adj* (*ave*) wading. **2** (*persona*) longlegged.
zángano,-a 1 *nm,f fam* (*persona*) idler, lazybones *inv*. ‖ **2 zángano** *nm* (*insecto*) drone.
zanjar 1 *vt* (*abrir zanjas*) to dig a ditch, dig a trench in. **2** *fig* (*asunto*) to settle.
zapatería 1 *nf* (*tienda*) shoe shop. **2** (*oficio*) shoemaking.
zapatero,-a *nm,f* shoemaker. ■ **zapatero remendón** cobbler.
zapatilla *nf* slipper. ■ **zapatilla de ballet** ballet shoe; **zapatilla de deporte** trainer, running shoe.
zapato *nm* shoe. ■ **zapatos de tacón** high-heeled shoes.
zar *nm* tsar, czar.
zarandajas *nm pl* nonsense.
zarandear 1 *vt* (*agitar*) to shake. ‖ **2 zarandearse** *vpr* (*contonearse*) to swagger, strut.
zarpa *nf* paw; (*uña*) claw.
zarpar *vi* to weigh anchor, set sail.
zarpazo *nm* swipe (with a paw). • **dar un zarpazo** to claw.
zarza *nf* bramble, blackberry bush.
zarzal *nm* bramble patch.
zarzamora *nf* (*planta*) blackberry bush; (*fruto*) blackberry.
zas *interj* crash!, bang!
zenit *nm* zenith.
zigzag *nm* zigzag.
zigzaguear *vi* to zigzag.
Zimbabue *adj* - *nm,f* Zimbabwean.
zimbabuense *adj* - *nmf* Zimbabwean.
zinc *nm* zinc.
zócalo 1 *nm* (*de pared*) skirting board. **2** (*pedestal*) plinth.
zodíaco *nm* zodiac.
zombi *nmf* zombie.

zona *nf* zone, area.
zoo *nm* zoo.
zoología *nf* zoology.
zoólogo,-a *nm,f* zoologist.
zopenco,-a 1 *adj* daft, stupid. ‖ 2 *nm,f* dope, half-wit.
zoquete 1 *adj fam* (*lerdo*) stupid. ‖ 2 *nmf fam* (*lerdo*) blockhead. ‖ 3 *nm* (*de madera*) block of wood.
zorro,-a 1 *nm,f* (*animal*) fox; (*macho*) dog fox; (*hembra*) vixen. 2 (*persona*) sly person, fox. ‖ 3 *adj* (*astuto*) cunning, sly. ‖ 4 **zorra** *nf* (*prostituta*) whore. ‖ 5 **zorros** *nm pl* (*para el polvo*) duster *sing*. • **estar hecho unos zorros** *fam* to be knackered; **no tener ni zorra** *fam* not to have the slightest idea.
zozobra 1 *nf* (*de barco*) sinking, capsizing. 2 (*congoja*) worry, anxiety.
zozobrar 1 *vi* (*barco*) to sink, capsize. 2 (*proyecto*) to fail, be ruined.
zueco *nm* clog.
zumbado,-a *adj fam* crazy, mad.
zumbar 1 *vi* (*insecto*) to buzz. 2 (*motor*) to hum. ‖ 3 *vt fam* (*pegar*) to thrash.
zumbido 1 *nm* (*de insecto*) buzzing. 2 (*de motor*) humming.
zumo *nm* juice.
zurcido *nm* darn, mend.
zurcir [3] *vt* to darn, mend.
zurda *nf* (*mano*) left hand.
zurdo,-a 1 *adj* (*persona*) left-handed; (*mano*) left. ‖ 2 *nm,f* left-handed person.
zurra *nf* beating, thrashing.
zurrar *vt* to beat, thrash.
zurrón *nm* shepherd's pouch.